重庆近代期刊提要

主编 任竞
学术审稿 张荣祥 周晓风

重庆大学出版社

《重庆近代期刊提要》编纂委员会

（以姓氏笔画为序）

主　　编： 任　竞

副 主 编： 刘　威　陈桂香　谭　翠

编　　委： 张　丁　张保强　周兴伟　袁佳红　傅晓岚　曾　妍　蔡　斐

执行编委： 孙治刚　郑　利　胡承金　黄菊香

总序

蓝锡麟

两百多万字的《巴渝文献总目》编成出版发行，一部七册，相当厚实。它标志着，历经七年多的精准设计、切实论证和辛勤推进，业已纳入《重庆市国民经济和社会发展第十三个五年规划纲要》的《巴渝文库》编纂工程，取得了第一个硕重的成果。它也预示着，依托这部重庆历史上前所未有的大书所摸清和呈显的巴渝文献的可靠家底，对巴渝文化的挖掘、阐释、传承和弘扬，都有可能进入一个崭新的阶段。

《巴渝文库》是一套以发掘梳理、编纂出版为主轴，对巴渝历史、巴渝人文、巴渝风物等进行广泛汇通、深入探究和当代解读，以供今人和后人充分了解巴渝文化、准确认知巴渝文化，有利于存史、传箴、资治、扬德、励志、育才的大型丛书。整套丛书都将遵循整理、研究、求实、适用的编纂方针，运用系统、发展、开放、创新的文化理念，力求能如宋人张载所倡导的“为天地立心，为生民立命，为往圣继绝学，为万世开太平”那样，对厘清巴渝文化文脉，光大巴渝文化精华，作出当代文化视野所能达致的应有贡献。

这其间有三个关键词，亦即“巴渝”“文化”和“巴渝文化”。

“巴渝”称谓由来甚早。西汉司马相如的《上林赋》中，即有“巴俞（渝）宋蔡，淮南《于遮》”的表述，桓宽的《盐铁论·刺权篇》也有“鸣鼓巴俞（渝），作于堂下”的说法。西晋郭璞曾为《上林赋》作注，指认“巴西阆中有俞（渝）水，獠人居其上，皆刚勇好舞，汉高募取以平三秦。后使乐府习之，因名‘巴俞（渝）舞’也”。从前后《汉书》到新旧《唐书》等正史，以及《三巴记》《华阳国志》等方志中，都能见到“巴渝乐”“巴渝舞”的记载。据之不难判定，“巴渝”是一个得名颇久远的地域历史概念，它泛指的是先秦巴国、秦汉巴郡辖境所及，中有渝水贯注的广大区域。当今重庆市，即为其间一个至关重要的组成部分，并且堪称主体部分。

关于“文化”的界说，古今中外逾百种，我们只取在当今中国学界比较通用的一种。马克思在《1844年经济学哲学手稿》里指出：“动物只生产自己本身，而人则再生产整个自然界。”因此，“自然的人化”，亦即人类超越本能的、有意识地作用于自然界和社会的一切创造性活动及其物质、精神产品，就是广义的文化。在广义涵蕴上，文化与文明大体上相当。广义文化的技术体系和价值体系建构两极，两极又经由语言和社会结构组成文化统一体。其中的价值体系，即与特定族群的生产方式和生活方式相适应，构成以语言为符号传播的价值观念和行为准则，通常被称为观念形态，就是狭义的文化。文字作为语言的主要记载符号，累代相积地记录、传播和保存、认证人类文明的各种成果，即形成跨时空的基本文献。随着人类文明的进步，文献的生成形式日益增多，但任何别的形式都取代不了文字的文献主体地位。以文字为主体的文献直属于狭义文化，具有知识性特征，同时也是广义文化的价值结晶。《巴渝文库》的“文”即专指以文字为主体的文献，整部丛书都将依循上述认知从文献伸及文化。

将“巴渝”和“文化”两个概念链接起来和合为一，标举出“巴渝文化”特指概念，乃是二十世纪中后期发生的事。肇其端，在于卫聚贤主编的《说文月刊》，1941年10月在上海，1942年8月在重庆，先后发表了他本人撰写的《巴蜀文化》一文，并以“巴蜀文化专号”名义合计发表了25篇相关专题文章，破天荒揭橥了巴蜀文化的基本内涵。继其后，从五十年代到九十年代，以成渝两地的学者群作为学术研究主体，也吸引了全国学界一些专家的关注和参与，对巴蜀文化的创新探究逐步深化、丰富和拓展，并由“巴蜀文化”总体维度向“巴蜀文明”“巴渝文化”两个向度切分、提升和衍进。在此基础上，以1989年11月重庆市博物馆编辑、重庆出版社出版第一辑《巴渝文化》首树旗帜，经1993年秋在渝召开“首届全国巴渝文化学术研讨会”激扬波澜，到1999年间第四辑《巴渝文化》结集面世，确证了“巴渝文化”这一地域历史文化概念的提出和形成距今已近三十年，且已获得全国学界的广泛认同。黎小龙所撰《“巴蜀文化”“巴渝文化”概念及其基本内涵的形成与嬗变》一文，对其沿革、流变及因果考镜翔实，梳理通达，足可供而今而后一切关注巴渝文化的人溯源知流，辨伪识真。

从中不难看出，巴蜀文化与巴渝文化不是并列关系，而是种属关系，彼此间有同有异，可合可分。用系统论的观点考察种属，自古及今，巴蜀文化都是与荆楚文化、吴越文化同一层级的长江流域文化的一大组成部分，巴渝文化则是巴蜀文化的一个重要分支。自先秦迄于两汉，巴渝文化几近巴文化的同义语，与蜀文化共融而成巴蜀文化。魏晋南北朝以降，跟巴渝相对应的行政区划迭有变更，仅言巴渝渐次不能遍及巴，但是，在巴渝文化的核心区、主体圈和辐射面以内，巴文化与蜀文化的兼容性和互补性，或者一言以蔽之曰同质性，仍然不可移易地扎根存在，任何时势下都毋庸置疑。而与之同时，大自然的伟力所造就的巴渝山水地质地貌，又以不依任何人的个人意志为转移的超然势能，对于生息其间的历代住民的生产方式和生活方式施予重大影响，从而决定了巴人与蜀人的观念取向和行为取向不尽一致，各有特色。再加上巴渝地区周边四向，除西之蜀外，东之楚、南之黔、北之秦以及更广远的中原地区，其文化都会与之相互交流、渗透和浸润，其中楚文化与巴文化的相互作用尤其不可小觑，这就势所必至地导致了巴渝文化之于巴蜀文化会有某些异质性。既具同质性，又有异质性，共生一体就构成了巴渝文化的特质性。以此为根基，在尊重巴蜀文化对巴渝文化的统摄地位的前提下，将巴渝文化切分出来重新观照，切实评价，既合乎逻辑，也大有可为。

楚文化对于巴渝文化的深远影响仅次于蜀文化，历史文献早有见证。《华阳国志·巴志》指出：“江州以东，滨江山险，其人半楚，姿态敦重。垫江以西，土地平敞，精敏轻疾。上下殊俗，情性不同。”这正是巴、楚两种文化交相作用的生动写照。就地缘结构和族群渊源而言，恰是长江三峡的自然连接和荆巴先民的人文交织，造成了巴、楚地域历史文化密不可分。理当毫不含糊地说，巴渝文化地域恰是巴蜀文化圈与荆楚文化圈的边缘交叉地带。既边缘，又交叉，正负两端效应都有。正面的效应，主要体现在有利于生成巴渝文化的开放、包容、多元、广谱结构走向上。而负面的效应，则集中反映在距离两大文化圈的核心地区比较远，在社会生产力和文化传播力比较低下的古往年代，无论在广义层面，还是在狭义层面，巴渝文化的演进发展都难免于相对滞后。负面效应贯穿先秦以至魏晋南北朝时期，直至唐宋才有根本的改观。

地域历史的客观进程即是构建巴渝文化的学理基石。当第四辑《巴渝文化》出版面世时，全国学界已对巴渝文化概念及其基本内涵取得不少积极的研究成果，认为巴渝文化是指以今重庆为中心，辐射川东、鄂西、湘西、黔北这一广大地区内，从夏商至明清乃至于近现代的物质文化和精神文化的总和，已然成为趋近共识的地域历史文化界说。《巴渝文库》自设计伊始，便认同这一界说，并将其贯彻编纂全过程。但在时空界线上略有调整，从有文物佐证和文字记载的商周之际开始，直至1949年9月30日为止，举凡曾对今重庆市以及周边相关的历代巴渝地区的历史进程产生过影响，留下过印记，具备文献价值，能够体现巴渝文化的基本内涵的各种信息记录，尤其是得到自古及今广泛认同的著作乃至单篇，都在尽可能搜集、录入和整理、推介之列，当今学人对于巴渝历史、巴渝人文、巴渝风物等的开掘、传扬性研究著述也将与之相辅相成。一定意义上，它也可以叫《重庆文库》，然而不忘文化渊源，不忘文化由来，还是命名《巴渝文库》顺理成章。

必须明确指出，《巴渝文库》瞩目的历代文献，并非一概出自巴渝本籍人士的手笔。因为一切文化得以生成和发展，注定都是在其滋生的热土上曾经生息过的所有人，包括历代的本籍人和外籍人，有所发现、有所创造的累积式的共生结果，不应当流于偏执和狭隘。对巴渝文化而言，珍重和恪守这一理念尤关紧要。唐宋时期和抗战时期，毫无疑义是巴渝文化最辉煌的两大时段，抗战时期尤其代表着当时中国的最高成就。在这两大时段中，非巴渝籍人士确曾有的发现和创造，明显超过了巴渝本籍人士，排斥他们便会自损巴渝文化。在其他的时段中，无分籍贯的共生共荣也是常态。所以我们对于文献的收取原则，是不分彼此，一视同仁，尊重历史，敬畏前贤。只不过，有惩于诸多发抉限制，时下文本还做不到应收尽收，只能做到尽力而为。拾遗补阙之功，容当俟诸后昆。

还需要强调一点，那就是作为观念形态的狭义的文化，在其生成和发展的过程中，必然会受到一定时空的自然条件和社会条件，尤其是后者中的经济、政治等广义文化要素的多层性多样性的制约和支配。无论是共时态还是历时态，都因之而决定，不同的地域文化会存在不平衡性和可变动性。但文化并不是经济和政治的单相式仆从，它也有自身的构成品质和运行规律。一方面，文化的发展与经济、政治的发展并不一定同步，通常呈现出相对滞后性和相对稳定性，而在特定的社会异动中又有可能凸显超前，引领未来。另一方面，不管处于哪种状态下，文化都对经济、政治等具有能动性的反作用，特别是反映优秀传统或先进理念的价值观念和行为准则，对整个社会多维度的、广场域的渗透影响十分巨大，不可阻遏。除此而外，任何文化强势区域的产生和延续，决然都离不开文化贤良和学术精英富于创造性的引领和开拓。这一切，在巴渝文化三千多年的演进流程中都有长足的映现，而《巴渝文库》所荟萃的历代文献正是巴渝文化行进路线图的历史风貌长卷。

从这一长卷可以清晰地指认，巴渝文献为形，巴渝文化为神，历代先人所创造的巴渝地域历史文化的确堪称源远流长，根深叶茂，绚丽多姿，历久弥新。如果将殷商卜辞当中关于“巴方”的文字记载当作文献起点，那么，巴渝文献累积进程已经有3200余年。尽管文献并不能够代替文物、风俗之类对于文化也具有的载记功能和传扬作用，但它作为最重要的传承形态，载记功能和传扬作用更是无可比拟的。《巴渝文献总目》共收入著作文献7212种，单篇文献29479条，已经足以彰显巴渝文化的行进路线。特别是7212种著作文献，从商周到六朝将近1800年为24种，从隋唐至南宋将近700年为136种，元明清三代600多年增至1347种，民国38年间则猛增到5705种，分明已经展示出了巴渝文化的四个行进阶段。即便考虑到不同历史阶段确有不少文献生存的不可比因素，这组统计数字也昭示人们，巴渝文化的发展曾经历了一个怎样的漫长过程。笼而统之地称述巴渝文化博大精深未必切当，需要秉持实事求是的学理和心态，对之进行梳理和诠释。

第一个阶段，起自商武丁年间，结于南朝终止。在这将近1800年当中，前大半段恰为上古巴国、秦汉巴郡的存在时期，因而正是巴渝文化的初始时期；后小半段则为三国蜀汉以降，多族群的十几个纷争政权先后交替分治时期，因而从文化看只是初始时期的迟缓延伸。巴国虽曾强盛过，却如《华阳国志·巴志》所记，在鲁哀公十八年（前477）以后，即因“楚主夏盟，秦擅西土，巴国分远，故于盟会希”，沦落为一个无足道的僻远弱国。政治上的边缘化，加之经济上的山林渔猎文明、山地农耕文明相交错，生产力低下，严重地桎梏了文化的根苗茁壮生长。其间最大的亮点，在于巴、楚交流、共建而成的巫、神、辞、谣相融合的三峡文化，泽被后世，长久不衰。两汉四百年大致延其续，在史志、诗文等层面上时见踪影，但表现得相当零散，远不及以成都为中心的蜀文化在辞赋、史传等领域都蔚为大观。魏晋南北朝三百多年，巴渝地区社会大动荡，生产大倒退，文化生态极为恶劣，反倒陷入了裹足不前之状。较之西向蜀文化和东向楚文化，这一阶段的巴渝文化，明显地处于后发展态势。

第二个阶段，涵盖了隋唐、五代、两宋，近七百年。其中的前三百余年国家统一，驱动了巴渝地区经济社会恢复性的良动发展，后三百多年虽然重现政治上的分合争斗，但文化开拓空前自觉，合起来都给巴渝文化注入了生机和活力。特别是科举、仕宦、贬谪、游历诸多因素，促成了包括李白、“三苏”在内，尤其是杜甫、白居易、刘禹锡、黄庭坚、陆游、范成大等文学巨擘寓迹巴渝，直接催生出两大辉煌。一是形成了以“夔州诗”为品牌的诗歌胜境，流誉峡江，彪炳汗青，进入了唐宋两代中华诗歌顶级殿堂。二是发掘出了巴渝本土始于齐梁的民歌“竹枝词”，创造性转化为文人“竹枝词”，由唐宋至于明清，不仅传播到全中国的众多民族和广大地区，而且传播到全世界五大洲，这一旷世奇迹实为历代中华民歌之独一无二。与之相仿佛，宋代理学大师周敦颐、程颐先后流寓巴渝，也将经学、理学以及兴学施教之风传播到巴渝，迄及明清仍见光扬。在这两大场域内，领受他们的雨露沾溉，渐次有了巴渝本土文人如李远、冯时行、度正、阳枋等的身影和行迹。尽管这些本土文人并没有跻身全国一流，但他们在局部范围的异军突起，卓尔不群，在巴渝文化史上终究有标志意义。就文化突破价值而言，丝毫不亚于1189年重庆升府得名，进而将原先只有行政、军事功能的本城建成一座兼具行政、军事、经济、文化、交通等多功能的城市。尽有理由说，这个阶段显示出巴渝文化振起突升，重新融入中华文化的大进程，并给自己确立了不可忽视的地位。

第三个阶段，贯通元明清，六百多年。在这一时期，中华民族统一国家的族群结构和版图结构最终底定，四川省内成渝之间的统属格局趋于稳固，经济社会发展进入了新的里程，巴渝文化也因之而拓宽领域沉稳地成长。特别是明清两代大量移民由东、北、南三向进入巴渝地区，晚清重庆开埠，相继带来新技术和新思想，对促进经济发展、社会开放和文化繁荣起了大作用。本地区文化名人应运而生，前驱后继，文学如邹智、张佳胤、傅作楫、周煌、李惺、李士棻、王汝璧、钟云舫，史学如张森楷，经学如来知德，佛学如破山海明，书画如龚晴皋，成就和影响都超越了一时一地。特别是邹容，其《革命军》宣传民主主义国民革命思想，更是领异于清末民初，标举着那个时代先进政治学的制高点。外籍的文化名人，诸如杨慎、曹学佺、王士祯、王尔鉴、李调元、张问陶、赵熙等，亦有多向的不俗建树。尽管除邹容一响绝尘之外，缺少了足以与唐宋高标相比并的全国顶尖级的大师与巨擘，但在总体文化实力上确乎已经超越唐宋。这就好比按照地理学分类，巴渝境内的诸多雄峰尚属中山，却已群聚成为相对高地那样，巴渝文化在这个阶段也构筑起了有体量的相对高地。

第四个阶段，本应从1891年重庆开埠算起，延伸至今仍没有终结，但按《巴渝文库》文献取舍的既定体例，只截取了从1912年中华民国成立开始，到1949年9月30日为止的一段，共38年。虽然极短暂，社会历史的风云激荡却是亘古无二的，重庆在抗日战争时期成为全中国的战时首都更是空前绝后的。由辛亥革命到五四运动，重庆的思想、政治精英已经站在全川前列，家国情怀、革命意识已经在巴渝地区强势偾张。至抗战首都期间，数不胜数的、难以列举的全国一流的文化贤良和学术精英汇聚到了当时重庆和周边地区，势所必至地全方位、大纵深地推动文化迅猛突进，从而将重庆打造成了那个时期全中国的最大最高的文化高地，其间还耸立着不少全国性的文化高峰。其先其中其后，巴渝本籍的文化先进也竞相奋起，各展风骚，如任鸿隽、卢作孚、刘雪庵就在他们所致力的文化领域高扬过旗帜，向楚、杨庶堪、潘大逵、吴芳吉、胡长清、张锡畴、何其芳、李寿民、杨明照等也声逾夔门，成就不凡。毫无疑问，这是巴渝文化臻至鼎盛、最为辉煌的一个阶段，前无古人，后世也难以企及。包括大量文献在内，它所留下的极其丰厚的思想、价值和精神遗产，永远都是巴渝文化最珍贵的富集宝藏。

由文献反观文化，概略勾勒出巴渝文化的四个生成、流变、发展、壮大阶段，当有助于今之巴渝住民和后之巴渝住民如实了解巴渝文化，切实增进对于本土文化的自知之明、自信之气和自强之力，从而做到不忘本来，吸收外来，面向未来，更加自觉地传承和弘扬巴渝文化，持续不懈地推动巴渝文化在新的语境中创造性转化，创新性发展。对于本土以外关注巴渝文化的各界人士，同样也具有认识意义。最先推出的《巴渝文献总目》没有按照这四个阶段划段分卷，而是依从学界通例分成“古代卷”和“民国卷”，与如此分段并不相抵牾。四分着眼于细密，两分着眼于大观，各有所长，相得益彰。

《巴渝文献总目》作为《巴渝文库》起始发凡的第一部大书，基本的编纂目的在于摸清文献家底，这一个目的已然达到。但它展现的主要是数量。回溯到文化本体，文献数量承载的多半还是文化总体的支撑基座的长度和宽度，而并不是足以代表那种文化的品格和力量的厚度与高度。文化的品格和力量蕴含在创造性发现和创新性发展中，浸透着质量，亦即思想、价值、精神的精华，任何文化形态均无所例外。因此，几乎与编纂《巴渝文献总目》同时起步，我们业已组织专业团队，着手披沙拣金，精心遴选优秀文献，分门别类，钩玄提要，以期编撰出第二部大书《巴渝文献要目提要》。两三年以内，当《巴渝文献要目提要》也编成出版以后，两部大书合为双璧，就将对传承和弘扬巴渝文化，历久不衰地发出别的文化样式所不可替代的指南工具书作用。即便只编成出版这样两部大书，《巴渝文库》文化工程即建立了历代前人未建之功，足可以便利当代，嘉惠后世，恒久存传。

《巴渝文库》的期成目标，远非仅编成出版上述两部大书而已。今后十年内外，还将以哲学宗教、政治法律、军事、经济、文化科学教育、语言文学艺术、历史与地理、地球科学、医药卫生、交通运输、市政与乡村建设、名人名家文集、方志碑刻与报纸期刊等十三大类的架构形式，分三步走，继续推进，力争总体量达到300种左右。规划明确的项目实施大致上安排启动、主推、扫尾三个阶段，前后贯连，有序推进。2018年至2020年为启动阶段，着力做好《巴渝文库》文化工程的实施规划和项目发布两项工作，并且形成10种有影响的示范性成果。2021年至2025年为主推阶段，全面展开《巴渝文库》文化工程十三大类的项目攻关，努力完成200种左右文献的搜集、整理、编纂和出版任务，基本呈现这一工程的社会影响。2026年至2028年为扫尾阶段，继续落实《巴渝文库》文化工程的各项规则，既为前一阶段可能遗留的未尽项目按质结项，又再完成另外90种文献的搜集、整理、编纂和出版任务，促成这一工程的综合效应得到充分体现。如果届时还不能如愿扫尾，宁肯延长两三年，多花些功夫，也要坚持责任至上，质量第一，慎始慎终，善始善终，确保圆满实现各项既定目标。

应该进一步强调，《巴渝文库》是重庆有史以来规模最大、历时最长的综合性文化工程，涉及先秦至民国几乎所有的学科。与一般的文献整理和课题研究不同，它所预计整理、出版的300种左右图书，每种图书根据实际文献数量的多少，将分成单册与多册兼行，多册又将分成几册、数十册乃至上百册不等，终极体量必将达到数千册，从而蔚成洋洋大观。搜集、整理、编纂和出版如此多的文献典籍，必须依靠多学科的专家、学者通力合作，接力建功，这其间必定会既出作品，又出人才，其社会效益注定将是难以估量的。

规划已具轮廓，项目已然启动，《巴渝文库》文化工程正在路上。回顾来路差堪欣慰，展望前景倍觉任重。从今往后的十年内外，所有参与者都极需要切实做到有抱负，有担当，攻坚克难，精益求精，前赴后继地为之不懈进取，不竟全功，决不止息。它也体现着党委意向和政府行为，对把重庆建设成为长江上游的文化高地具有不容低估的深远意义，因而也需要党委和政府高屋建瓴，贯穿全程地给予更多关切和支持。它还具备了公益指向，因而尽可能地争取社会各界关注和扶助，同样不可或缺。事关立心铸魂，必须不辱使命，前无愧怍于历代先人，后无愧怍于次第来者。初心长在，同怀勉之！

2016年12月16日初稿

2018年9月27日改定

凡例

《巴渝文库》是一套以发掘梳理、编纂出版巴渝文献为主轴，对巴渝历史、巴渝人文、巴渝风物等进行广泛汇通、深入探究和当代解读，以供今人和后人充分了解巴渝文化、准确认知巴渝文化，有利于存史、传箴、资治、扬德、励志、育才的大型丛书。整套丛书都将遵循整理、研究、求实、适用的编纂方针，运用系统、发展、开放、创新的文化理念，力求能如宋人张载所倡导的“为天地立心，为生民立命，为往圣继绝学，为万世开太平”那样，对厘清巴渝文化文脉，光大巴渝文化精华，作出当代文化视野所能达致的应有贡献。

一、收录原则

1. 内容范围

①凡是与巴渝历史文化直接相关的著作文献，无论时代、地域，原则上都全面收录；

②其他著作之中若有完整章（节）内容涉及巴渝的，原则上也收入本《文库》；全国性地理总志中的巴渝文献，收入本《文库》；

③巴渝籍人士（包括在巴渝出生的外籍人士）的著作，收入本《文库》；

④寓居巴渝的人士所撰写的其他代表性著作，按情况酌定收录，力求做到博观约取、去芜存菁。

2. 地域范围

古代，以先秦巴国、秦汉巴郡辖境所及，中有渝水贯注的广大区域为限；民国，原则上以重庆直辖（1997年）后的行政区划为基础，参酌民国时期的行政建制适当张弛。

3. 时间范围

古代，原则上沿用中国传统断代，即上溯有文字记载、有文物佐证的先秦时期，下迄1911年12月31日；民国，收录范围为1912年1月1日至1949年9月30日。

4. 代表性与重点性

《巴渝文库》以“代表性论著”为主，即能反映巴渝地区历史发展脉络、对巴渝地区历史进程产生过影响、能够体现地域文化基本内涵、得到古今广泛认同且具有文献价值的代表性论著。

《巴渝文库》突出了巴渝地区历史进程中的“重点”，即重大历史节点、重大历史阶段、重大历史事件、重要历史人物。就古代、民国两个阶段而言，结合巴渝地区历史进程和历史文献实际，突出了民国特别是抗战时期重庆的历史地位。

二、收录规模

为了全面、系统展示巴渝文化，《巴渝文库》初步收录了哲学宗教、政治法律、军事、经济、文化科学教育、语言文学艺术、历史与地理、地球科学、医药卫生、交通运输、市政与乡村建设、名人名家文集、方志碑刻与报纸期刊等方面论著约300种。

其中，古代与民国的数量大致相同。根据重要性、内容丰富程度与相关性等，“一种”可能是单独一个项目，也可能是同“类”的几个或多个项目，尤以民国体现最为明显。

三、整理原则

《巴渝文库》体现“以人系文”“以事系文”的整理原则，以整理、辑录、点校为主，原则上不影印出版，部分具有重要价值、十分珍贵、古今广泛认同、流传少的论著，酌情影印出版。

每一个项目有一个“前言”。“前言”，包括文献著者生平事迹、文献主要内容与价值，陈述版本源流，说明底本、主校本、参校本的情况等。文献内容重新编次的，则说明编排原则及介绍有关情况。

四、出校示例

（一）出校改字例

1. 明燕京再被围皆能守，独闯来即破。杜勋、曹化淳[1]献城计早定也。

校记：①淳，原作“淳”，据《明史》卷三百五改。下同。

2. 清节平生懔四知，何劳羊酒祀金卮[1]。夕阳汉口襟题处，暮雨西山帘卷时。

校记：①卮，原作“危”，误，据文义、音律改。

（二）出校不改字例

1. 喉舌穿成珠一串，肌肤[1]借得雪三分。

校记：①肌肤，文听阁本作“容光”。

2. 靴底霜寒光弼刀，壶中唾化苌宏[1]血。

校记：①宏，当作“弘”，避清高宗弘历名讳。以下不再出校。

3. 无依鸟[1]已愁三匝，不厌书还读百回。

校记：①鸟，疑为“乌”之误。

五、注释示例

（一）名物制度类

1. 清时川省田赋，只地丁一项为正供，然科则[1]极轻。

注释：①科则：征收田赋按田地类别、等级而定的赋率。

2. 有其人已死，子孙已析产，然仅分执田契管业，未将廒册[1]上粮名改为各继承人之名，以致此一户之粮，须由数家朋纳者。

注释：①廒册：又名鱼鳞册，是旧时为地籍管理和征收赋税而编制的土地登记簿册。

3. 警察总局，设皇华馆内，为岑云阶制府任内所创办[1]。

注释：①光绪二十九年（1903）四月初一，成都的警察总局正式挂牌理事。

（二）生僻字、异体字类

1. 川省毗连藏卫，又西南之越西、宁远，西北之懋功、松潘，悉属夷巢，种族纷繁，指不胜偻[1]。

注释：①偻：此处指弯曲。

2. 公之声威，虽远近詟[1]伏，然临下接人，仍蔼然如书生。

注释：①詟：zhé，惧怕、忌。

3. 先太守对以宦京八年，措资摒挡[1]，非咄嗟[2]可办。公曰：是固恒情，然或亦规避新疆耶？先太守见其神明，始实谓：寒唆[3]若远宦万里，则骨肉恐无聚日。公曰：谅哉！此等事只可绳受恩深重之大臣。

注释：①摒挡：收拾料理。

②咄嗟：duō jiē，霎时。

③寒唆：穷苦的读书人。

（三）用典类

1. 每岁十二月二十日前后，大小各官署皆行封印礼。次年正月二十日前后，皆行开印礼。其日期悉由钦天监诹定奏明，由部通行遵照。在封印期间内，每日仍照常启用，惟于印外加盖“预用空白”四字戳记。上行公文，则曰：“遵印空白”盖封印、开印，久成虚文，其礼式直如告朔饩羊[1]而已。

注释：①告朔饩羊：古代的一种制度，原指鲁国自文公起不亲到祖庙告祭，只杀一只羊应付一下。后比喻照例应付，敷衍了事。

2. 又尝见公从径尺许之窗孔内耸身而出，复耸身而入，无丝毫牵挂及声响，真可谓“熏笼上立，屏风上行”[1]矣。

注释：①据《太平广记》记载，李泌少时，能屏风上立，熏笼上行。因李泌一生爱好神仙佛道，犹如神仙中人。

前言

王志昆　张家钧

期刊肇始于17世纪的欧洲。

最初，期刊和报纸的形式差不多，极易混淆。比如我们熟知的《渝报》（1897年创刊），其名虽为“报”，但其版式采用中国传统书本样式，虽然有明显的新闻特征，但其大量的论文（16期共30篇），证明其具有一定的期刊的成分。

后来，报纸逐渐趋向于刊载有时间性的新闻，期刊则专刊小说、游记和娱乐性文章，在内容的区别上越来越明显。在形式上，报纸的版面越来越大，为3~5英尺，需对折；而期刊则经装订，加封面，成了书的形式。此后，报纸和期刊在人们的观念中才具体地分开。

期刊，又叫杂志。所谓“杂”，一是内容不单一，二是作者非一人。所谓“志”，本义为记载，记载的文字、文章，也可称之为“志”，这里用的是文章的意思。

1904年4月，杨庶堪、胡数楠等创办了《广益丛报》。它虽名为“报”，却集新闻、时事、科普为一体，可算是综合性的文摘类期刊。其后又有《重庆日报》副刊、《重庆商会公报》、《川东学生联合周刊》（性质与前述大体相同）等，也可以看作重庆早期期刊的雏形。

重庆虽然因开埠而在“西部领先”，但在出版方面完全不能与东南沿海城市相比。如上海的“墨海书馆”（The London Missionary Society Press，1843—1863年），由英国基督教出版机构创办，其《六合丛谈》月刊，创办于1857年，是目前所知上海最早的期刊；美华书馆（The American Presbyterian Mission

Press，1860—1923年），由美国传教士创办的基督教出版机构，印刷出版了《中国教会新报》（后更名为《万国公报》）；而由中国人张雪堂创办的翼化堂善书局活跃于清咸丰七年（1857年）至20世纪30年代，其搜罗道学、劝善等方面的书籍，出版了不下千种，不过没有期刊。

我们知道，第一份中文期刊——1815年8月5日英国传教士威廉·米怜等主编的《察世俗每月统记传》在马六甲创刊，它是近代以来以中国人为对象的第一份中文期刊。中国境内的第一份中文期刊——由普鲁士传教士郭士立等主编的《东西洋考每月统记传》于1833年8月1日在广州创刊。中国的第一份画报——《小孩月报》（1875—1915年）由美国传教士范约翰在上海主办。粗略地说，中国东南沿海城市创办期刊的时间比《渝报》的创刊时间要早近半个世纪。

清末（1895—1911 年）在重庆创刊的期刊

这一时期可以看作重庆近代期刊的萌芽阶段。

1895年甲午中日战争后，重庆被开为商埠，一定程度上加速了重庆与外界在各个层面的交流。1895—1911年在重庆创办的期刊仅有两种。一是英文报刊《华西教会新闻》，它是西方传教士在中国西南地区经营的最早以英文出版的近代期刊，出版时间持续近半个世纪，记载了当时的教会，特别是中国西南地区的教会活动情况，在中国新闻史、出版史、宗教史上都占有非常重要的地位。二是《重庆商务公报》（后改名为《重庆商会公报》），其内容倾向于改良主义，刊发商务公文、商情、物价和中外工商新闻，有助于今人了解当时重庆商界的面貌及其动态。

民国前中期（1912—1936 年）在重庆创刊的期刊

这一时期可以看作重庆近代期刊的初步发展阶段。

民国伊始，蜀军政府创办的《皇汉大事记》就带有期刊的部分性质。但其后战乱频仍，重庆虽然有地方通讯社二三十家[①]，但没有一份真正意义上的本土期刊。《民国时期期刊全文数据库（1911~1949）》收录的1915年创刊的《科学》月刊，由中国科学社编辑并出版，实际创刊地在上海，因重庆人任鸿隽是中国科学社第一任社长，该刊较早在重庆得到传播。1917年创刊的《教育与职业》，1919年创刊的《中华农学会丛刊》，1921年创刊的《中国矿业纪要》，1922年创刊的《小朋友》《中国地质学会志》，1923年创刊的《学生杂志》，1924年创刊的《南开统计周报》，1925年创刊的《中国工程学报》《林学》《气象学报》《司法公报》《哲学评论》等，均从上海、南京、北平等地迁来。20世纪20年代，仅有1924年刘作新发行的《改建周报》，1925年四川省教育厅编发的《四川教育公报》，1926年重庆商务日报社出版的《重庆商务日报十二周年纪念刊》，1927年发行的《重庆商埠月刊》《建国旬刊》等数十种，可以看作完全在重庆本地创刊的期刊。

1912年至1936年，全国创刊的期刊数量统计结果如图1所示。

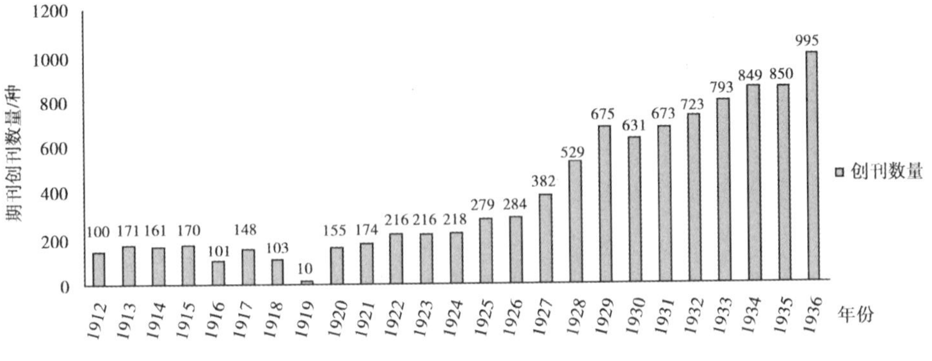

图1　1912—1936年中国期刊创刊数量[②]

换言之，1912年至1936年，在全国各地创刊的有相关记录的期刊杂志约9606种，而同期在重庆本地创刊的期刊充其量不过百余种，其差距之大，令人咋舌。

从辛亥革命到抗战全面爆发之前这一时期，重庆期刊的内容多以地方各项

① 蔡斐：《重庆近代新闻传播史稿》（1897~1949），重庆出版社，2017年，第121页。

② 以上数据依据《民国时期期刊全文数据库（1911~1949）》统计。

事业的建设为主，不仅有重庆各地区的政务建设、党务建设、团务建设等，还有各地区的市政建设、经济建设、医务与财务状况等。而倡导改造社会、宣传新思想则是重庆地区期刊的宣传主流。五四运动后，各地的各种宣传民主与科学的书刊通过各种途径涌入重庆，使重庆的一些青年知识分子不断受到新思想的影响，巴渝大地上兴起了青年学生和学生团体办刊的热潮，其创办的刊物有《平平》《渝江评论》《人声杂志》《涪声》等。这些刊物抨击封建礼教，要求男女平等，提倡民主，追求自由，对新文化的传播也起到了一定的推动和促进作用。在学生团体刊物的影响下，赞成新文化运动的人士也纷纷创办报刊，反对强权，反对军阀统治，革新社会。

战时（1937—1945年）在重庆创刊的期刊

这一时期可以看作重庆近代期刊的繁荣阶段。

民国时期，全国各地战乱频仍，经济凋敝，民生艰难，但思想文化方面却大放异彩，一度形成了中西汇流、百家争鸣的兴盛局面，尤其是马克思主义在中国的译介与传播，对中国共产党的发展和推动中国新民主主义革命的进程具有重要意义。民国文献就是这一特殊时期各种思想、文化的最主要载体。而期刊这种新媒体，由于其类似于报纸注重时效，又具备兼顾学者的详尽评论等内容优势，故更受重视。学界普遍认为，期刊的思想文化价值不在古籍善本之下，更遑论其史料价值了。

1937年，全国登记创刊的期刊约1038种，历史上首次突破千位数大关，但这一年爆发的抗日战争把中国人民推入了深重的苦难之中。1937年11月20日，国民政府宣布“移驻”重庆，重庆即从此正式担负起中国战时首都的责任，全国的大量人口、各类出版机构陆续向重庆迁移。大量人口和各类出版机构的迁移促进了全国文化的交流，而迁移人口中不乏东部沿海地区的精英人才，这极大地改善了重庆的人口素质结构，因此重庆的文化实力有了迅猛的发展，呈现出空前繁荣的局面，成为战时中国的文化中心。在这种特定的历史条件下，重庆的新闻出版事业不但没有因战事而衰落，反而出现了空前繁荣的兴盛局面，期刊行业也得到了极大的发展。

但由于北平、上海、南京与广州等地相继沦陷，1938年全国登记创刊的期刊数量猛降为624种，其后也持续陷入低谷，1939年为685种，1940年为668种，1941年为665种，1942年为420种，1943年为424种，1944年为421种。只有1945年的创刊数量略微上升，约为564种，尚不及20世纪30年代初的最低水平[①]。

反观以重庆为中心的抗战大后方，一改过去的落后面貌，呈现出完全不同的格局。抗战期间，大后方总共出版了多少期刊，目前仍无法统计清楚。不过，我们通过一鳞半爪的历史记载，也可以看出一些端倪。

潘公展在《抗战七年来之出版事业》之四《全国出版杂志之量与质的变动》中的统计数据为：1941年573种，1942年776种，1943年718种。潘公展总结说："最近数年所出版之杂志，以文艺、政治、教育之杂志为最多，其次为经济之杂志，再其次为科学、军事、戏剧、哲学等杂志。"[②]因期刊杂志为连续出版物，我们基本上可以认定，抗战时期大后方连续出版的主要期刊杂志有800种左右。

2009年6月，我们开展了重庆市大后方抗战文献的普查工作。截至2010年6月，重庆市各市级单位及10余个区县公共图书馆、博物馆、档案馆，各大学、中学图书馆共收藏期刊3986种（剔除重复数据），近50000册。

不过，这3986种期刊，大半为只有几期甚至只有1期创刊号的小品种。抗战时期，由于"检查机关的积极性……每天都有大批稿件遭受无理的扣留和删除"[③]，许多期刊杂志难以生存。这里，我们以重庆北碚本地出版的现存期刊加以说明。比如，北碚嘉陵江三峡乡村建设实验区署北碚月刊编辑部的《北碚》、（北碚）国民政府实业部中央工业试验所的《工业中心》、（北碚）战时医政月刊社的《战时医政》、（北碚）国民政府经济部矿冶研究所的《燃料汇报》、（北碚）中国气象学会的《气象学报》、（北碚）侨民教育季刊社的《侨民教育》、（北碚）中国书学研究会的《书学》、（北碚）中国儿童福利

① 以上数据依据《民国时期期刊全文数据库（1911~1949）》统计。

② 潘公展：《抗战七年来之出版事业》，《文化先锋》，1944年第3卷第23期。

③ 《大后方报纸杂志的命运》，《大公报》，1945年第9期。

协会的《儿童福利》、（北碚）中国地理研究所的《地理》《地理集刊》《地理专刊》《海洋集刊》、（北碚）中国西部科学院的《中国西部科学院地质研究所丛刊》《中国西部科学院理化研究所丛刊》等，种数虽多，但卷期甚少，大多只有数期甚至1期。这与抗战时期大后方出版的主要期刊杂志的影响力相比，实在难以相提并论。这些期刊虽然五花八门，但由于其内容特异，有时亦具有特别的史料价值。所以，本书在注重主要期刊的同时，也对这类卷期数很少的小刊给予了特殊的关注。

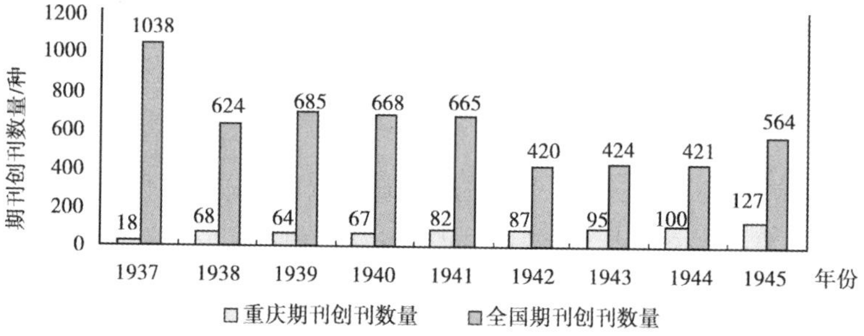

图 2　抗战时期（1937—1945 年）全国和重庆期刊创刊数量统计[①]

需要特别说明的是，根据1929年国民党中央执委会常务会议审议并颁布的《宣传品审查条例》，报纸、通讯稿等宣传品须呈送国民党中央宣传部审查，凡宣传共产主义、反对国民党政纲及政策的宣传品须予以查禁、查封或究办；各级党部发现反动刊物，“先行扣留查勘”；“印售反动宣传品”，需究办机构及负责人。所以早期的有关共产党的期刊不可能大规模地流入四川、重庆这些国统区。进入抗战时期后，由于国共合作，加之得到苏联的援助，国民政府不再明目张胆地查禁共产党的报纸期刊，自然也不能形诸文件，但暗地里仍在进行限制。1939年5月，国民党中央常务委员会修正通过了《图书杂志查禁解禁暂行办法》，其中第二条规定：各地发现“反动嫌疑之杂志”，“暂行扣押”，一旦查实，“悉行销毁”；1939年6月，国民政府行政院以训令的形式通行《战时新闻检查办法》，发布“新闻检查标准”“战时新闻禁载标准”，特别规定禁载“凡可资敌利用损害国家、民族利益者”及“强调或暗示阶级对立

① 以上数据依据《民国时期期刊全文数据库（1911~1949）》统计。

或煽动劳资纠纷者”。故此，当时的“满洲国”“冀东防共自治政府”“华北临时政府”“蒙疆联盟自治政府”和伪“南京维新政府”的报纸期刊自然也无法成批量地进入抗战大后方。1941年皖南事变后，国民党开始积极反共。1942年5月，国民政府行政院颁布《书店印刷店管理规则》，其中第十二条规定：不得发行或代售“法令所禁止之图书杂志或其他出版品”。一旦违反，除撤销登记外，还须“依法处罚之”。

综上所述，由于当时的客观条件，抗战大后方的民众一般情况下是接触不到有关共产党和敌伪的期刊杂志的。本书编者对此有选择地进行了整理介绍。

战时在重庆出版的期刊，最多而有代表性的是国民政府各迁渝机构编辑出版的刊物，例如，教育部国民教育司与重庆市社会教育局合编的《国民教育指导月刊》、军事委员会政治部的《士兵月刊》、资源委员会资渝炼钢厂的《钢铁季刊》、经济部矿冶研究所的《经济部矿冶研究所专刊》、经济部农本局的《农本月刊》、社会部统计处的《各重要市县工资指数》、农林部垦务总局的《垦讯》、农林部总务司的《农林公报》、农林部农场经营改进处的《农场经营指导通讯》、粮食部督导室的《督导通讯》、（重庆）党政工作考核委员会秘书处的《考核汇刊》等。其他的，如外交部情报司的《外交部公报》、司法院与司法部合编的《司法公报》、监察院的《监察院公报》、财政部总务司的《财政部公报》、交通部驿运总管理处的《驿讯》等。

战时由重庆市政府及其下属机构编辑出版的期刊，有《重庆市政府公报》《重庆市政》《重庆市物价月报》《重庆市物价年报》《重庆物价专刊》等，为大家熟知。所以，上述期刊杂志构成了本书内容的主体。

当时，极具普遍性的刊物还有所谓“下江人”迁渝后创办或在渝重刊的期刊杂志，例如，（北碚）中国地理研究所的《地理集刊》《地理专刊》、（重庆）世界文学社的《法国文学》、（重庆）中国滑翔总会的《中国滑翔》、（北碚）复旦青年社的《复旦青年》、（重庆）中国工业合作协会的《工合之友》《工合通讯》、（重庆）中华工商协进社的《工商协进通讯》、（重庆）国防经济社的《国防经济》、（重庆）血路周刊社的《血路周刊》、（重庆）中国诗艺社的《中国诗艺》、（重庆）中华全国戏剧界抗敌协会的《戏剧新闻》等。

总体而言，在艰苦、残酷、复杂的抗战时期，在重庆出版的期刊注重从各个层面宣传全民抗战、团结群众一致对外，展现了期刊媒体的社会责任。本书特别注意到了这段特殊时期中上述各类型期刊的不同特色，对其做了较为全面的调查，并收入书中。

战后（1946—1949年）在重庆创刊的期刊

这一时期可以看作重庆近代期刊的回落阶段。

抗日战争胜利后，国民政府迁回南京。1946年2月5日，蒋介石宣布，“还都以后，重庆将永久成为中国之陪都”。但是，随着国民政府还都南京，大批出版机构陆续迁走，重庆出版界的地位下降，期刊业急剧衰落。与此同时，作为国统区的重庆笼罩在“白色恐怖”之中，国民党当局对新闻杂志的控制和对新闻人的镇压变本加厉，这进一步压制了重庆期刊业的发展。

据《民国时期期刊全文数据库（1911～1949）》统计：1946年，全国有1072种期刊，又一次登上千种大关，而重庆只有67种期刊；1947年，全国有1012种期刊，重庆只有45种期刊；1948年，随着解放战争战事的发展，整体的期刊业呈现回落状态，全国有976种期刊，重庆占62种；1949年，全国只有699种期刊，重庆占35种。

虽然这一时期在重庆创刊的本地期刊数量较少，但这些期刊中大多具有鲜明的重庆特色。如重庆民主生活社的《民主生活》（1946年）“倡导民主政治、民主经济、民主文化，支持政治协商会议”，“阐扬民主理论，为实现民主服务”。重庆曙光三日刊社的《曙光》（1946年）以重庆等西部地区为背景，介绍国家时事、政治、军事、教育、青年组织、文艺作品等。中共重庆市委秘密创办的《反攻》（1947年）刊载新华社的评论、报道和文件，“在总反攻、总胜利的革命浪潮中，作一只海燕”。重庆火种诗社的《火种》（1949年）在客观环境的限制下，勇于刊载“庄严的血肉淋漓的纪实的诗篇和强烈的反映现实的作品”，体现现实社会，反映大众的喜乐悲哀。总体上，这一时期重庆地区期刊的内容以反对内战、争取自由民主、普及科学知识为主。

近代的重庆经历了清末开埠通商、民初军阀割据、抗战战时首都的发展历程，山城百姓与各地人民一道在此创造了绚丽多彩的巴渝文化，抒写了中国近代史上波澜壮阔的历史篇章。重庆近代期刊诞生并存续在这段历史之中，它以丰富的文本内容、鲜明的时代特征和宝贵的历史价值成为传承和弘扬巴渝文化的重要载体。从不同学科、不同领域看，重庆近代的期刊文献具有多元的社会文化价值。在新时代，我们要实现巴渝文化的大繁荣、大发展，就需要加强对重庆近代期刊文献的整理与利用，使之成为发展当代巴渝文化的源头活水。

同时，撰写提要是我国文献编目工作的优良传统。我国文献编目体系在与国际标准接轨的过程中，把提要作为提要项保留，再把提要项赋予传统信息，这是由我国文献和书目的特色所决定的，也符合我国目录学传统、读者检索习惯，并且与国际书目控制原则相吻合。韩愈在《进学解》中提到："纪事者必提其要，纂言者必钩其玄。"近代学者姚名达先生按照刘向校书"每一书已，向辄条其篇目，撮其指意，录而奏之"的原则，从图书内容的角度出发，将提要编写工作归纳为八项：①著录书名与篇目；②叙雠校之原委；③介绍著者生平与思想；④说明书名之含义、著书之原委，及书之性质；⑤辨别书之真伪；⑥评论思想或史事；⑦叙述学术源流；⑧判定书之价值。经此八项工作之后，形成"叙录"载进书中，"书既有录，学者可一览而得其指归，然后因录以求书，因书而研究学术，无茫然不知所从之苦，无浪费精神之弊"。

故此，本书编者从大量在渝创刊或迁渝再版的期刊中，遴选出包括重庆主城9区及下辖的38个区县出版的主要期刊近2000种，汇为一辑，同时在编纂整理过程中，不仅针对每种刊物编写必要的内容提要，对于期刊的创办、分合、改名以及现保存地等情况也视资料完整程度作了简要介绍，执简御繁，鉴往知来，实属不易。当然，本书的编纂历时数载，又出自众手，内容详略不一，水平参差不齐，错漏在所难免，但瑕不掩瑜。本书的出版无疑为更多读者进一步的研究工作提供了极大的便利，功不可没，值得为之序。

2020年6月1日

整理说明

一、本书收录了自1899年至1949年中华人民共和国成立前在重庆刊印的各种公开、内部或非公开出版的铅印、石印或油印的期刊。地域范围以1997年直辖后的重庆市行政区划为准。

二、本书收录的期刊依创刊时间先后，按年、月、日顺序排列。只知创刊年或年月，不知具体日期的，排在该年或某月的最后面。创刊时间无法确定的，按所见的最早一期的出版时间排列。只知申请登记时间，不知出版与否，或创刊时间不详的，均按申请登记时间排列。抗日战争时期，迁渝的外地报刊均以在渝出版时间排列。

三、只知期刊名，其他信息不详的，放在书后单独列出。同一期刊而有其他名称的，在文中加以说明，不再单列。期刊在出版过程中改名的，其原名与改用名之间用“—”标记。期刊在出版过程中出现新增副刊等的，以“+”来标记。

四、本书对所收录期刊择要介绍其创刊、停刊、复刊、终刊时间，以及创办人、发行人、编辑、刊期、卷期、开张、版面等基本信息，并介绍刊物的创办宗旨、特点、内容、现保存地等。

五、本书收录的部分期刊附有图片，主要选择封面、目录页等含有重要信息的页面。受多方面条件制约，本书部分图片清晰度不高，敬请读者谅解。本书图片来源于多家单位，以重庆图书馆和上海图书馆为主，其中重庆图书馆的图片为黑白色，上海图书馆的图片为彩色并有红色水印。编者在此谨致谢意。

六、本书著录的期刊现保存地，收录不分先后顺序。受汇总整理工作量大、查询手段有限等因素影响，部分期刊的现保存地信息收录尚不完整。

七、实物原文中模糊不清的字，本书引用时以“□”表示。

目录

CONTENTS

1899 年期刊

《华西教会新闻》(1899年)

《华西教会新闻》(*The West China Missionary News*)是20世纪下半期西方传教士在中国西南地区经营的一份英文报刊，也是西南地区最早以英文出版的近代期刊。

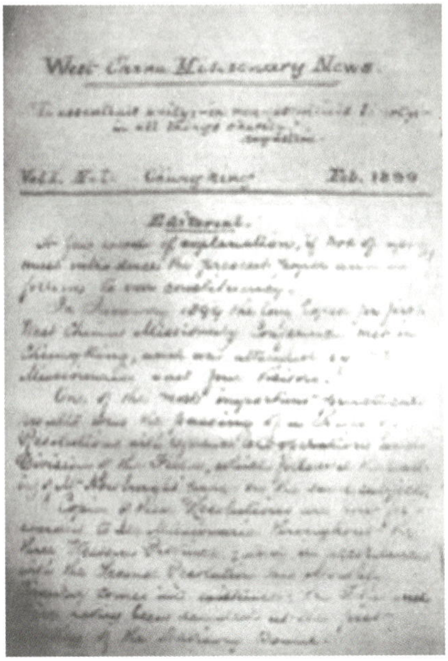
West China Missionary News
Editorial.

《华西教会新闻》创刊号(手写)　　　　《华西教会新闻》再版封面

1899年1月召开的第一届华西传教士大会决定创办一份刊物，并交由大会组建的华西差会顾问部管理。1899年2月，《华西教会新闻》创刊号在重庆出版。1907年，本刊从重庆迁到成都。

华西差会顾问部在每年年会上选出出版委员会，该委员会由刊物主编、业务经理和另一个委员组成，负责刊物的管理工作，如具体的组稿和财务事宜。《华西教会新闻》的主编先后有陶维新夫人、巴约翰夫人、启尔德、霍德进、周忠信、杜荣昌、何体道等。从1900年开始，《华西教会新闻》还先后设有各版面编辑，分别负责教育、文字、青年工作、妇女工作、医药工作、主日学校、布道等具体版面的业务。1937年9月，华西差会顾问部执行委员会决定，终止差会顾问部的工作，由各差会任命几位代表组成新的《华西教会新闻》出版委员会，各地传教站负责给刊物提供当地的信息。

《华西教会新闻》最初以在华西工作的西方传教士为作者、读者和发行对象。其内容有华西差会的公告、各类文件，传教士的行踪、家庭生活、公休、去世等消息，四川各地风土人情、社会生活、生产状况等，对四川历史上发生的重大事件（如保路运动、辛亥革命等）都有一定的报道。总之，刊物主要围绕传教士在华西工作、生活的各个方面进行报道和讨论，以关注传教士、关注传教士工作的得失为主题。

1929年1月到1930年12月，何体道在任职期间，对刊物的办刊方针做出了大胆改革。1929年2月，他在担任主编后发行的第二期社论中明确了组稿方针："给对宣教工作有兴趣的人提供阅读、了解华西作者——无论中外，激进或保守——的观点的机会。"该方针突破了刊物由传教士自己写、为了传教士、关于传教士的限制，扩大了刊物的稿件来源与读者范围。

《华西教会新闻》初为手写，1901年改为铅印，大32开本，每年1卷，每月1期，每期20~35页不等。《华西教会新闻》作为各差会联络沟通的工具，发行量不大，最初每期仅220多册，1914年达到每期400册，最多时也未超过每期450册。

《华西教会新闻》在1899年创刊到1943年因经费短缺而停刊的近半个世纪中持续出版，从未间断，跨度长达45年，是基督教徒在中国西南地区创办的第一份且存续时间最久的期刊，是基督教徒在中国出版的历史最悠久的英文期刊之一，在中国新闻史、出版史、宗教史上占有非常重要的地位。现保存于四川大学博物馆。

1905 年期刊

《重庆商务公报》—《重庆商会公报》（1905年）

《重庆商务公报》于1905年在重庆创刊，后改名为《重庆商会公报》，重庆商务总会主办，广益书局发行印刷。

本刊倾向于改良主义，主要刊发商务公文、商情、物价和中外工商新闻。本刊在发展过程中设置的栏目由少到多，大致有阅抄、奏牍、公牍、厘税、论说、商情、商史、物价、采报、案件、录要、拾遗、余谈、小说、科学、要件、调查、纪实、杂俎等。

本刊为商业刊物，旬刊。1908年改为周报，每逢周日出一册。1909年底停刊。其他出版信息不详。保存地不详。

1916 年期刊

《重庆红十字会月刊》—《重庆红十字会季刊》(1916年)

《重庆红十字会月刊》于1916年8月创刊于重庆。1929年改名为《重庆红十字会季刊》。

本刊发刊词说，“方今世界丧失和平，竞尚战斗。伤人之器不厌求精，战争之法务期于备。是则杀人之术日以多，生人之道日以少”，本刊“以启国人慈爱之心，兼励会员毅行之气，他日销兵息祸，仁寿同跻，是则本报之职也”。本刊刊载了有关重庆红十字会的撰述、选录、专讲、记事、函电等，展现出重庆红十字会将“救死护生、广施博爱”作为该会工作的重点和中心。

本刊为协会刊物，原为月刊，改季刊后每3月出1期。终刊时间不详。1916年出版的第一期现保存于四川省图书馆。另见的一期为1930年出版的第四十六期，现保存于南京图书馆。

《女铎报》(1916年)

1916年12月在重庆出版，程悲娲任社长。

本刊探讨妇女婚姻、教育、就业等问题，介绍新思想、新学说，注重关于妇女问题的调查。

本刊是重庆最早的妇女刊物，刊期不详。保存地不详。

1917 年期刊

《四川盐务公报》—《四川盐务官报》（1917年）

《四川盐务公报》于1917年7月在重庆创刊，四川盐运使署第一科编辑课编辑。各期印刷社不固定，如第五十七、五十八、五十九、六十二期由重庆中西铅石印局印刷，第六十四、七十期由重庆德新铅石印刷社印刷（地址在重庆下都邮街），四川盐运使署发行。1925年10月自第四十二期起改名为《四川盐务官报》。

本刊宗旨是帮助川省盐务机关以及商人、民众等了解盐法的规定，发现措施得失。其内容分为插画、命令、法规、公牍（部署公牍和本署公牍）、事件、表册、省外盐务撮要、杂录八个部分。

本刊为地方行政刊物，月刊，实际发行时间不定。32开本，线装油印。竖版，单栏。封面为简单的文字布局。正文部分有四边栏，版心刻有刊名，黑单鱼尾。每册90~150页。现保存于重庆图书馆、上海图书馆、四川省图书馆。

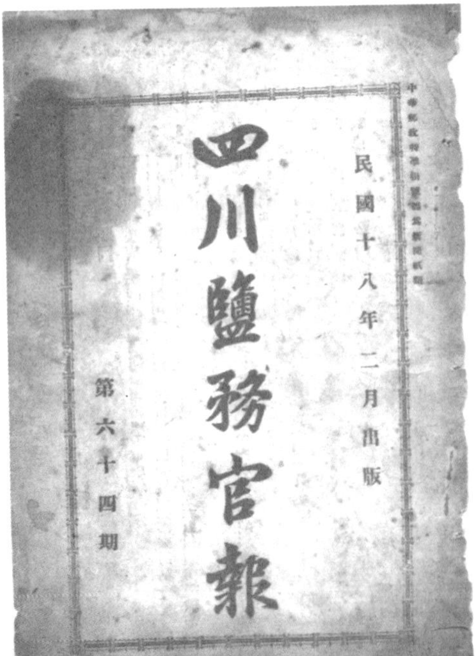

《四川盐务官报》1929 年第六十四期封面

1919 年期刊

《綦评》（1919年）

1919年邹进贤在綦江青年砥砺会创办的刊物。邹进贤（1899—1930年）又名邹游、邹定达，化名周三元、周正清。

本刊侧重宣传綦江青年砥砺会的性质，阐扬该会的宗旨（“团结青年，增进友谊，砥砺学行，以促进地方文化教育，改革社会”）。

本刊为学生会刊物，刊期不详。保存地不详。

1920年期刊

《文艺会刊》(1920年)

1920年在重庆创刊，四川省立第三中学校印行。

本刊封面后有秦鸿谟于1920年3月1日为刊物作的题词，在题词中，秦鸿谟写到了创刊的缘由，以及“讨论学术，振奋蜀人之精神，健全国民之教育”的宗旨。本刊刊载了多篇论著（如《新中国少年自拔问题》《强权与公理》《个个之责任》等），设有学艺、文林、杂俎等栏目。本刊还介绍了四川省立第三中学校的校训（即辨志、存诚、明公、尚勇、知恒），并刊载了1919年本校大事记、经济状况等。

本刊为中学校刊，刊期不详。仅见1期，94页，全文无标点。由陈佳泉赠送，单册保存。现保存于重庆图书馆。

《文艺会刊》第一卷第一期封面

《川东学生联合会周刊》(1920年)

约1920年在重庆创刊，川东学生联合会临时办事处编辑发行（地址在重庆夫子池巴县图书馆）。

本刊以“主张公理，排斥强权，改良社会”为宗旨，设有公电、评论、特载、转载、本会记事、本会要闻、随感录、文艺等栏目。载文有《对于以武装调停战争之感言》《裁兵与废督》《教育与军阀》《教育破产的日子到了》等。

本刊为学生联合会刊物，周刊。4开4版。仅见4期。停刊时间及原因不详。现保存于上海图书馆。

1921年期刊

《人声杂志》（1921年）

1921年3月在重庆创刊，由重庆地方社团适社出版，江九凝、陈小我是主要发起人。本刊由重庆商业场华洋书报社、上海北四川路新华校、成都高等师范学校、汉口后马路东壁图书社等处代销。

本刊宗旨在于“激起劳动人民的革命斗志”，主要介绍产业工人的生活状况、劳工调查、工会调查、世界形势等内容。1921年4月第二期刊载了巴金的《五一纪念感言》、晓峨的《是谁的劳动节》以及吴稚晖的《人日》等文章。本刊与成都刊物《半月》联系密切，《半月》曾为它的出版刊登广告。

本刊为社科刊物，月刊。仅见第二期，16页，每页以一黑色细线分割为上下两版。现保存于上海图书馆。

《渝江评论》（1921年）

约1921年4月出版，由学生朱近之发起，重庆联中学生组织益社创办的刊物。其发行处设在重庆商业场华洋书报社。

益社的主要成员有张璞、宴横秋（巴县人）、朱近之（江津人）、封岳松、周绍溪、孙一中（綦江人）、吴大猷、冉晴松（南川人）、陈鸿藻、游鸣儒（武胜人）等。本刊的创刊宗旨是“下切实的批评，作沉痛的呼唤，以求群众的觉醒和社会的改进”。

本刊为学生会会刊，刊期不详。保存地不详。

《南川魂》(1921年)

约1921年冬在重庆南川创刊，南川旅渝同学会出版。

本刊内容以抨击南川的恶势力为主，矛头直指南川团练局局长刘树槐，揭露他拐卖、横征暴敛、拉丁等事实。本刊还出版了“驱刘运动特刊”“锄刘特刊”。

本刊为同学会刊物，刊期不详。16开本。出版12期后停刊。保存地不详。

《适社年刊》(1921年)

1921年创刊，为重庆地方社团适社所办。

本刊点明“适社志趣和大纲”，提到“我们不空谈什么主义，改造美善的新环境，来适应人类全体生存的要求”，故名“适社”。《适社年刊》宣称该社的宗旨是“铲除统治权力”，“建设互助—博爱—平等—自由的世界”。本刊的内容主要“报告本社经过的事实”，如“各同志题名录，助资表，经费出入表，逐日通信概略，各种出版品大意，印刷、贩卖两组营业状况，以及教育、生产、消费、娱乐、医疗等机关实施情况和适社的一切要件等”。

本刊为学会刊物，年刊。保存地不详。

1922 年期刊

《工学月刊》（1922年）

1922年4月在重庆出版，旅法四川勤工俭学学生会编辑发行。

1921年，旅法勤工俭学学生因当局停发维持费，剥夺他们求学的权利，于是以赵世炎、陈毅、蔡和森为首的留法学生，向中法大学当局请愿，被扣押于军营。陈毅等108人于同年10月被法国当局强行遣返回国。被押送到沪的学生34人，他们组成“四川留法勤工俭学学生团”，并推举陈毅、黎纯一为代表，回川力求解决生活、求学等问题。旅法四川勤工俭学学生回川后拜访了刘湘、杨森、李公度等，但都遭到消极拖延。为了争取社会的同情与支持，他们便以旅法四川勤工俭学学生会的名义，创办《工学月刊》。

在本刊第一期刊载的《为什么我们要发布这个月刊》一文中，他们详细阐述了出版刊物的意图。另外，他们在《本刊的主张》一文中，表明刊物的言论宗旨是，“将列强和旁边主义把矛头指向中国的情况，告诉国内人民”，使同胞“早日觉悟，同心协力，防慰四面楚歌的帝国主义和侵略主义”，“介绍欧洲的文明、科学与技术，以改造中国”等。本刊栏目有论说、译著、记载、文艺、世界大事记、国内大事记、会务、特载。本刊第二期发表有《被迫归国四川同学来件》，作为本刊的附件。本刊还刊登广告，如第二期刊登有普育电影公司招股简章的广告，并附文说明刊登的理由是为了对留法学生萧健在南洋用电影的形式普及教育的做法表示赞赏和支持。《工学月刊》的“五一”纪念号，提出了“劳工运动”的口号，主张用社会主义革命手段解决社会问题。

本刊为学生会刊物，月刊。16开本，油印。仅出2期。现保存于四川省图书馆。

《教育经费独立》(1922年)

教育经费独立运动是民国时期中国共产党领导的维护教育事业的群众运动。当时在四川军阀的统治下，四川全省没有独立的专项教育经费，严重阻碍了教育事业的发展。1922年夏，四川许多学校爆发了要求教育经费独立的运动。6月10日，社会主义青年团成都地区组织以“四川社会主义青年团”的名义，公开发表宣言，支持并主张维护教育事业，改造教育并进而改造社会。本刊在此背景下，于1922年6月10日在重庆创刊。

本刊是四川省教职员联合会会刊，内容为该会的活动报道，设有公文、训令、通电、规则、规程、专件等栏目。8开4版，石印。保存地不详。

《教育独立》(1922年)

1922年6月26日在重庆创刊，重庆全川教育改进会编辑发行。

本刊的创刊宗旨“意在表达教育经费和教育行政独立的主要诉求”，“力主教育应摆脱来自政治、宗教的种种牵制”。本刊通过评论、专论、通电、特载等专栏来介绍教育现状、反映教育独立运动开展的实况、论述教育独立的重要意义等。

本刊为地方协会刊物，刊期不详。8开4版。保存地不详。

《平平》(1922年)

约1922年下半年创刊，平平学会编辑出版，社址在江北县平平学会编辑股。平平学会是重庆治平学校、平儿院两校教员和学生成立的学会组织。

本刊宗旨在于“研究工学主义、小学教育学，求真实的科学，普及世界语，传播文化，交换知识”。本刊“欢迎各小学校学生作品，关于学校的调查，社会和乡村生活的纪实”。本刊创刊号刊出《平和的社会运动》一文，主

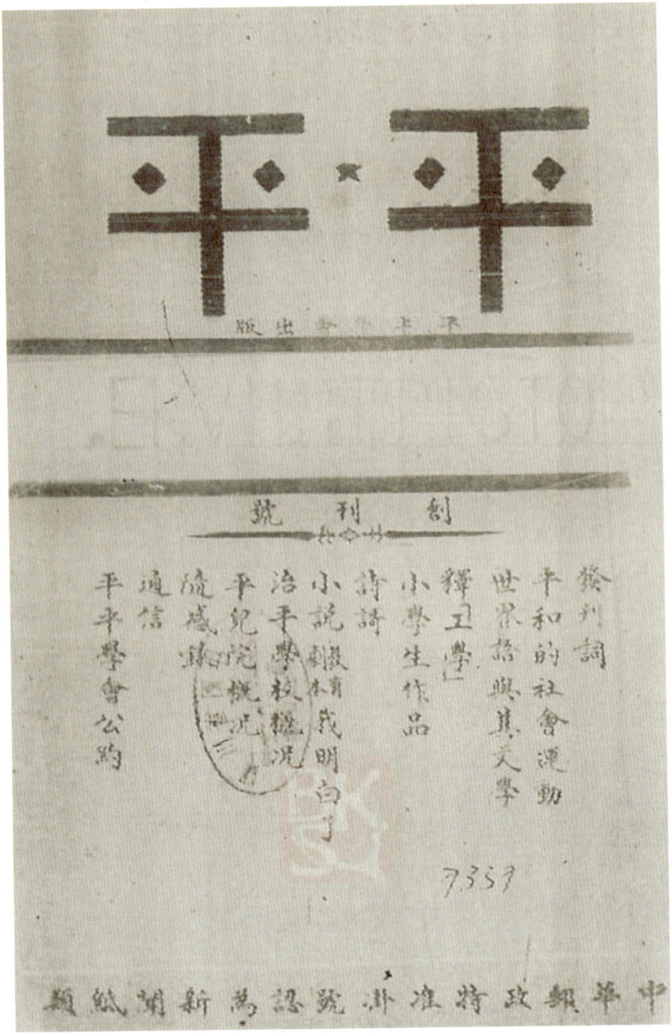

《平平》创刊号封面

张“改造社会不用武力，平和的手段较胜于武力”，号召“有志的青年们一同起来，作平和改造社会的运动，以达到社会真正永久平和之日”。

本刊为学校刊物，月刊。16开本，铅印。竖版，双栏。本刊封面由刊名、本期目录、出版项组成，正文部分有上边栏和中间栏。现保存于四川省图书馆、上海图书馆。

《四川省立第二女子师范学校特刊》(1922年)

1922年7月2日创刊，地址在重庆师范街四川省立第二女子师范学校内。

本刊第一号第一版上刊载的《宣言》阐明出版刊物是为了“各抒所怀，分期以出。言者得以传其声，默者得以喻其志。集群情以为喉舌，合五味以作和美。长言短歌，曼声杂咏，是则任本校同人自择者”。本刊又在《我们为什么要出特刊》一文中进一步阐明其目的是要“推广女学，提高女子人格，推倒军阀，破除贵族式的教育，实行平民主义的教育”。

本刊为学校刊物，特刊。4开4版。保存地不详。

《美术世界》(1922年)

1922年9月创刊，重庆美术社出版（社址在重庆商业场）。编辑有邓少琴、何聘九、贺伯辛、万从木、赵善述、赵公绩、刘啸嵩、卢幼鹤。

《美术世界》第一卷第八期封面及内页刊载的国粹画

本刊图文并茂，一图一文，每幅图画配有故事说明，栏目分为肖像、国粹、仕女、历史、学艺、名胜、装饰、小说、艺术、博物、说丛、新闻、讽世。每期刊载20幅图画，有风景画、美女画、政治讽刺画、针砭时弊画等。

本刊为图画刊物，周刊。16开本，油印。竖版，单栏。现保存于四川省图书馆、上海图书馆。

《医林丛录》（1922年）

1922年夏创刊，出版地在重庆三牌坊街庚兴大药行，四川医学协进会编辑发行。四川医学协进会于1922年6月成立。

本刊未分专栏，刊载“近时磷类药品之研究、用凡生来治战伤、嵇吉氏说明心肌过长原理”等文章。

本刊为医药学术刊物，季刊。封面由两部分组成，左边为竖版刊名，右边为出版时间、卷期及目录，有四边栏。现保存于四川省图书馆。

《教育改进社杂志》（1922年）

约1922年夏秋之间出版，全川教育改进会编辑出版。

1922年夏，四川成立全川教育改进会，总部设在重庆，各县设支部。陈愚生（《新蜀报》社长）被推举为全川教育改进会总干事，从事教育改革。该会的宗旨是“以平允的态度，时代的眼光，科学的方法，实验的精神，共谋教育之改进”。该会约于夏秋之间出版《教育改进社杂志》，“研究讨论实施新教育的各种问题，作为新文化、新思想的宣传阵地”。

本刊为教育研究刊物，月刊。保存地不详。

《教育月刊》(1922年)

1922年在重庆创刊，巴县教育研究会出版。

巴县教育研究会“以研究教育事项，集思广益，力图县属教育发达为宗旨”。本刊“将研究会所讨论的问题、教育的经验等编撰刊登”，“以引起实施教育者之批评和商榷，促使平民教育之普及，实用主义之提倡”。

本刊为教育刊物，月刊。16开本，石印。竖版，双栏。现保存于四川省图书馆。

1924年期刊

《合力周报》（1924年）

1924年1月创刊，出版者不详。

本刊主要是为了宣传国民党的政策方针、路线和思想。比如，第五十六、五十七、五十九、六十、六十一期所刊的内容主要是探讨军人革命论、纸币和现金的关系，以及纪念孙中山先生；第六十二期刊发的内容涉及战争与经济的关系、改良社会应从保甲制度开始等；第六十三期刊文指出商人在革命中应起到的作用及四川如何解决自身的经济问题。

本刊为时政刊物，周刊。16开本，铅印。竖版，双栏。每期8页。本刊没有独立的封面页。现保存于上海图书馆、重庆图书馆。

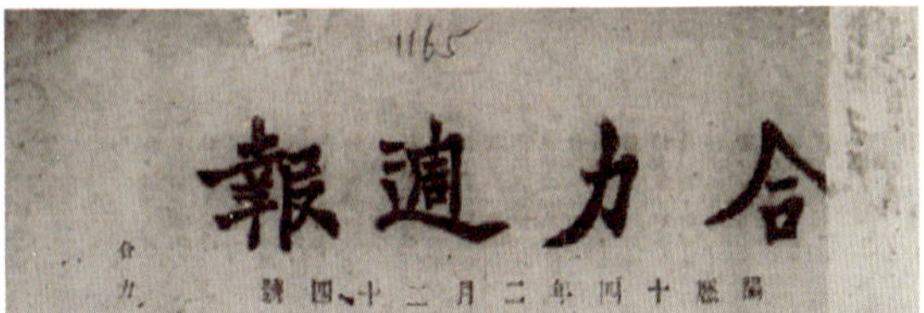

合力週報

陽曆十四年二月二十四號

第五十期目錄

走那一條路呢？

國民黨運動的時代背景

走那一條路呢？

《合力周报》第五十期封面

《四川政报》（1924年）

1924年8月1日在重庆创刊，四川省长行署秘书处政报股编辑发行，重庆长安寺启渝公司印刷。

本刊所载内容均是四川政务的重要文件，主要刊载中央及各级政府公电、命令、呈批、通令、通告、公文等，涉及财政、教育、实业、警务、盐务等方面。“公电”栏目包括各地来电、中央来电、本省电文等内容；“命令”栏目包括内务令、财务令与上级发布的命令等内容；“呈批”栏目包括各部门的批文、统计等内容；“通告”栏目包括四川省各部所发布告、通知、启事等内容；“公文”栏目包括本省关于行政事务的决定与文件等内容。

本刊为政务刊物，半月刊，每月间隔15日刊发1册，每月出2册，全年共计24册。现保存于四川省图书馆、四川大学图书馆。

《社会问题研究会会刊》（1924年）

1924年8月创刊，社会问题研究会编辑出版。

中国社会主义青年团重庆地委秘书童庸生在涪陵省立四中任教时组织成立了社会问题研究会，并创办此刊。本刊宗旨在于“宣传马列主义，团结青年学生”。

本刊为社会学刊物，刊期不详。保存地不详。

《川赈特刊》（1924年）

1924年在重庆创刊，扬子江通信社编辑。

本刊主要“呈报四川各县灾情和省署及行署核办情形、省长筹办川赈之经过、照会尹仲老为四川筹赈督办文等”。

本刊为赈灾刊物，刊期不详。16开本，油印。竖版，单栏。本刊封面为纯文字布局，正文部分有上边栏。现保存于上海图书馆。

《川赈特刊》封面

《南川青年》（1924年）

1924年在重庆南川创刊，南川青年社编辑出版。

1924年，南川县在外求学的青年在全国高涨的革命形势下，纷纷返回家乡，希望改变南川的落后状况。由上海回县的汪石冥、张庚白，广州回县的张鸿沉、张庆余，重庆回县的张嘉明等人，与南川的进步青年余启彬、谭如渊，在县城西门外罗氏洋房（后为南川搬运社）发起组织南川青年社，并创办此刊。《南川青年》宣传进步思想，针砭南川时弊，以唤起民众与当地封建恶势力代表杨守藩、刘树槐、张茂春等展开斗争。保存地不详。

《重庆商务日报十周年纪念刊》(1924年)

1924年在重庆出版。

本刊主要回顾该报十年来的历史，以“挽国势之将坠，促商业之进展”为宗旨。本刊除了发表纪念性文章外，还刊登了反映重庆商业发展和变迁及教育、马克思主义、历史、戏曲、医学、法律等方面的文章。

本刊为纪念类刊物，特刊。16开本，铅印。竖版，双栏。其他出版信息不详。现保存于上海图书馆、重庆图书馆。

1925 年期刊

《合力周报周年纪念册》（1925年）

1925年1月在重庆出版。《合力周报》以发扬民治、宣传文化为宗旨，周刊，每星期出版一张，遇有特别事情时另出专号，文稿由北京、上海、广州、四川等地的作者提供。本纪念册是一周年纪念刊。

本纪念册刊有邵振青（邵飘萍）的题词“合作与努力”、石青阳的题词“民治精神”等，另刊有孙中山的《建国大纲》、恽代英的《宣传国民革命》、北京国际大学新闻学教授毛壮侯的《新闻纸对于社会教育之责任》等文章。

本刊为纪念类刊物，特刊。16开本。竖版，双栏。现保存于四川省图书馆、四川大学图书馆、重庆图书馆、上海图书馆。

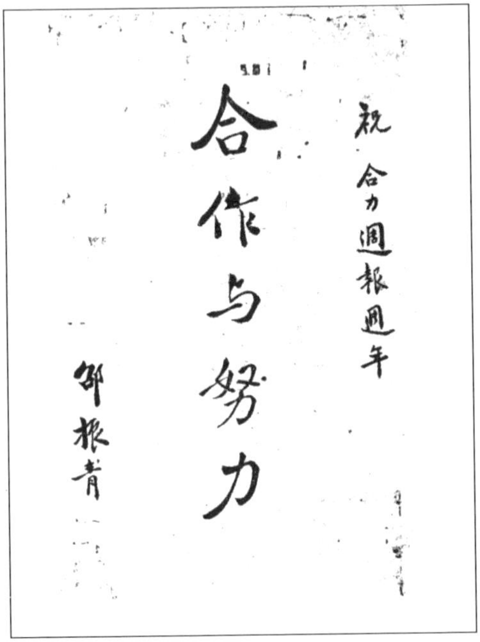

《合力周报周年纪念册》封三邵振青题字

《南鸿》(1925年)

1925年3月30日由张闻天创办。1925年5月中旬，本刊被重庆卫戍司令部查封。共出8期。后改名继续出版，情况不详。

本刊自称“我们反抗一切压抑青年清新的思想与活跃的行动的旧道德、旧思想与旧制度。我们提倡自由思想、自由批判与活泼的新文艺与新生活”。本刊刊发了《追悼孙中山先生》《神圣同盟之下重庆严格教育》等文章。

本刊为文艺性刊物，旬刊。16开本，铅印。竖版，三栏，有四边栏。现保存于上海图书馆。

(第一期) 一九二五年三月三十日 (第一版)
南鸿
第一期
地址 北京胡同……先生 江北重庆书店
發刊辭
「死人之都」的反應及其他
本期目錄

《南鸿》第一期封面

《马克思与国家主义》(1925年)

1925年4月上旬，重庆成立了本地首个国家主义派组织——起舞社，接着惕社、自民社等国家主义派组织相继在重庆成立。同年4月，起舞社出版刊物《马克思与国家主义》，宣扬国家主义派的主张。本刊约在1936年“六二”事件后停刊。保存地不详。

《爝光》(1925年)

1925年5月1日由杨闇公、萧楚女、罗世文在重庆创办，共出3期，随后被重庆卫戍司令部查封。

1925年初，杨闇公被选为中国社会主义青年团重庆地委书记，与奉派到四川的团中央特派员萧楚女共同工作，整理和改组四川地区的团组织，发动群众开展反帝反封建斗争。他们先后在重庆建立了“四川反帝国主义同盟”“四川平民学社”，后者在许多县均设有分社。1925年5月，他们组织出版机关刊物《爝光》，宣传马克思主义等进步思想。1925年7月，本刊被迫停刊之际，罗世文还专门为《爝光》停刊赋诗三首。“一、勒令淫威下，《爝光》得永生。燎原燃野火，草木自春荣。二、苛政猛于虎，先行誓死争。疾风知劲草，抱璞守忠贞。三、落帽秋风易，牺牲革命常。前茅如海塔，后启允鹰扬。”

本刊为进步思想宣传刊物，刊期不详。保存地不详。

《川东学生潮》（1925年）

1925年10月27日创刊，川东学生联合会宣传部发行（地址在重庆巴县图书馆内）。

本刊刊载了《川东学生联合会对省二女师校（四川省立第二女子师范学校）学生驱逐校长黄尚毅宣言》《川东学生联合会对省二女师校驱黄运动第二次宣言》《川东学生联合会致女师同学函》《川东学生联合会致女师校教职员函》等内容。

本刊为学生联合会刊物，刊期不详。现保存于重庆中国三峡博物馆。

《川东学生潮》第一期封面

《武德月刊》—《武德半月刊》(1925年)

《武德月刊》是由武德励进会于1925年创办的刊物。武德励进会是四川军阀刘湘军队内的核心团体。刘湘任第二十一军军长期间，为了联络官兵感情，在军队内设武德励进会，自任会长，会址设在重庆，所属全体军官均为会员。后刘湘任四川省政府主席，本刊于1935年7月15日由重庆迁往成都三圣祠街89号。

本刊1936年以前每期的军事内容较多，介绍孙武兵法、德国古典军事理论等，政治方面文章较少，1936年以后逐渐增多。西安事变后，刘湘在本刊发表通电，表达对时局的主张，还刊有其他将领的政治性文章。

本刊为军队刊物，月刊，1934年改为半月刊，出至1937年7月第四卷第六期。本刊在军队内部传阅，非卖品。现保存于重庆图书馆、四川省图书馆、达州市档案馆、上海图书馆。

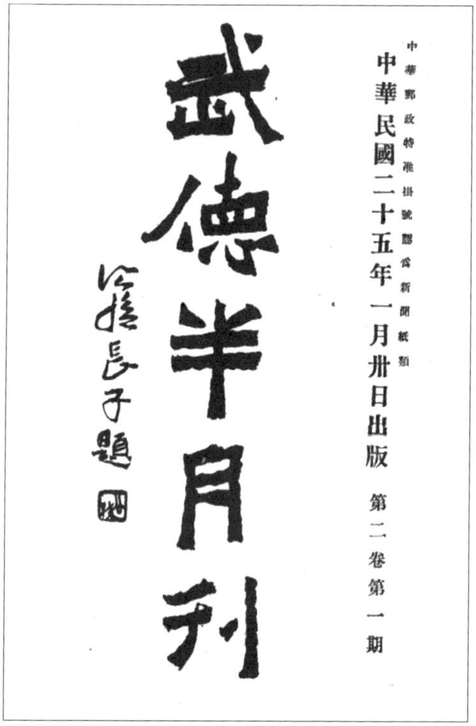

《武德半月刊》第二卷第一期封面

《驱贺特刊》(1925年)

1924年秋，四川省教育厅厅长贺执中下达训令，规定必须是师范学校毕业生才有资格担任教师。这在教育界引起轩然大波。重庆教育界有不少诚学会的成员，诚学会便发起和领导了一场驱逐贺执中的运动。

诚学会于1918年10月10日在北京成立，主要成员是在北京大学、国立高等师范学校读书的四川籍青年和留学英、德、日的学生，宗旨是“笃学励行，促进社会”。参加这个组织的有胡子昂、刘伯量、杨叔明、郑献征、邹附初、陈铭德、罗承烈、舒启元、鄢公复、孔宗庆、刘明扬等。他们中的许多人此时已在四川工作，胡子昂当时在重庆任教育局局长，以他为首的诚学会动员各方力量在重庆发起驱贺运动，1925年编发《驱贺特刊》，遍发全川各学校，形成很大声势。驱贺运动最终取得了胜利，贺执中被停职。保存地不详。

《合川青年》（1925年）

约1925年创刊，合川青年社出版。

1926年3月20日出版第九期，为“三一八”专号，主要内容为谴责帝国主义的侵略和军阀政府的卖国行径。

本刊为时政刊物，不定期刊。16开本。赠阅。四川省图书馆现保存有第一至九期。

《孙中山先生重庆追悼会特刊》（1925年）

约1925年在重庆出版，出版者不详。

本刊介绍了孙中山先生一生的事迹及他所主张的三民主义等。

本刊为纪念类刊物，特刊。16开本，24页。竖版。现保存于重庆图书馆。

《正谊月刊》（1925年）

约1925年出版，正谊月刊社编辑发行。正谊月刊社由铜梁县私立正谊学校创办。本刊于1930年出版五周年纪念特刊一册。

《正谊月刊》五周年纪念特刊封面为纪念碑，刊载了学校景致（8幅）、校歌、五周年纪念会歌、校舍平面图、历年教职员人数比较、历年学生人数比较、正谊之教学、正谊之训育、正谊之养护、正谊之印刷、正谊之学生家属、正谊之校董会、五年大事年表、纪念碑铭、学则等内容。

本刊为校刊，月刊。16开本。横版，双栏。现保存于四川省图书馆、重庆图书馆。

《正谊月刊》五周年纪念特刊封面

《工农之声》—《四川工人》(1925年)

《工农之声》约于1925年创刊，四川劳工互助社出版。

1925年初，杨闇公任团地委代理书记后，组织了劳工互助社。同年7月，团地委又决定把劳工互助社改为青年劳工互助社；同年冬，又组织建立了工界公益联合会。1926年初，以杨闇公为首的中共重庆地委成立不久，专门增设了职工运动委员，以便加强对工人运动的领导，同时将劳工互助社的刊物更名为《四川工人》，扩大发行。

本刊以加强对工人群众的宣传、教育和引导为宗旨，介绍中共重庆地委和重庆团委领导下的工人组织、工人运动的情况等。

本刊为工人运动刊物，旬刊。保存地不详。

《救国青年》（1925年）

约1925年在重庆出版，出版者不详（地址在重庆大樑子24号）。

本刊是国家主义派创办的刊物，主要宣传国家主义。国家主义派是20世纪20年代出现的一个右翼派别。

本刊为政治类刊物，刊期不详。其他信息不详。保存地不详。

《夜鹰》（1925年）

约1925年在重庆出版，出版者不详。

本刊第九期发表了张闻天的《青年之敌》一文，对国家主义派控制的学校抑制学生运动、禁锢学生思想、实行封建的法西斯教育进行揭露和抨击。

本刊为学生刊物，月刊。保存地不详。

《四川教育公报》（1925年）

1925年在重庆创刊，四川省教育厅教育公报编辑处编辑，四川省教育厅教育公报发行处发行。

本刊主要撰稿人有贺孝齐、马叙伦、黄理澄、游辅国、张皑、黄秉衡、张鹄、任星海、万克明、赖心辉等，主要栏目有规程、公牍、公电、部令、报告、著述、杂录、厅令、命令等。本刊主要刊载国民党中央及四川省关于教育之各项命令函件、法规章程、工作报告、统计资料、学术论著，也有国外教育事业现状介绍等内容。

本刊为地方教育刊物，月刊。16开本，铅印。竖版，单栏。现保存于重庆图书馆、上海图书馆、四川省图书馆。

1926 年期刊

《重庆商务日报十二周年纪念刊》(1926年)

1926年4月26日出版，编辑主任李时辅，编辑彭宅三、周继能、张自娱、田星五，重庆商务日报社发行。

本刊为纪念类刊物，特刊。16开本，铅印。现保存于重庆图书馆。

《北京惨案女烈士重庆妇女追悼大会特刊》(1926年)

1926年4月1日，重庆各界妇女联合会正式成立。1926年5月2日，重庆各界妇女联合会发起召开追悼北京惨案（即“三一八”惨案）死难女烈士大会，控诉帝国主义和封建军阀迫害中国妇女的罪行。会后出版本特刊，对大会进行报道，刊出了《为追悼北京惨案死难女烈士敬告全国妇女》《为追悼北京惨案死难女烈士宣言》等文章。

本刊为政治事件纪实刊物，特刊。铅印。保存地不详。

《武力与民众》(1926年)

1926年7月创刊，川军第三师陈书农师部政治部出版。该师政治部成立于1926年6月，陈书农担任名誉主任，陈的堂叔陈梦云任副主任，中共原川西领导人刘愿庵任宣传科长。初期本刊每期刊出的文章皆是刘愿庵一人撰写。到是年年底，刘愿庵兼任川东党的领导职务，无暇顾及政治部宣传工作，致使本刊年末两期脱期，于是他介绍范英士任宣传科长、陈毅任政治部组织科长。范、陈二人到职后，积极着手于1927年1月复刊，复刊后的撰稿人为范、陈两人。截至1927年3月底（即重庆“三三一”惨案发生时），本刊共刊出20期。后因时局骤变，范、陈二人出走，本刊停办。

本刊为政治宣传刊物，着重宣传打倒帝国主义、打倒北洋军阀、反对封建主义，旨在唤醒民众和改造地方军阀所统治的军队。原为半月刊，1927年1月复刊时改为旬刊。16开本，铅印。现保存于重庆图书馆。

《武力与民众》封面

《四川国民》（1926年）

约1926年初创刊，由冉钧用邓劼刚、刘成辉等的名义创办，是国民党四川省临时执行委员会的机关报。

本刊宣传孙中山联俄、联共、扶助农工的三大政策，每期的内容除论文外，多是各地县党部的代电、省党部活动报道等。现能看到的有3期，最早一期是1926年2月25日出版的第三期，由重庆四川国民社出版，发行通信处为重庆会府街中山学校（光国学校）转《四川国民》。1926年4月21日出版的第七期，发行通信处为四川重庆莲花池积厚里31号转《四川国民》。另一期是1926年5月18日出版的第十期。本刊撰稿、编辑、发行工作几乎都由冉钧一人承担。冉钧在1927年“三三一”惨案中牺牲。

本刊为政治刊物，不定期刊。16开本。赠阅。封面刊名上方印有“革命尚未成功，同志仍须努力”字样。现保存于四川省图书馆、重庆图书馆。

《苛捐特刊》（1926年）

1926年8月由曾鼎勋立案，1926年9月由重庆总商会临时调查苛捐办事处编辑，重庆总商会发行，重庆商业场渝商公司代印。

本刊内容主要是汇编有关商业苛税的文件。

本刊为经济刊物，刊期不详。1928年停刊。现保存于四川省图书馆。

《财务月刊》（1926年）

1926年10月创刊，川康边务督办署财务处编辑出版。本刊以“公开川康边务督办署财务状况，并策励前途之改进”为目的，设有章制及规则事项、公牍、视察及报告、记录、统计、论著及建议、特载及转载等栏目。主任编辑鄢公复，编辑邓文炳、韩荫俗。

本刊为财务刊物，月刊。16开本，铅印。竖版，单栏。正文部分有上边栏。非卖品。现保存于四川省图书馆、四川大学图书馆、上海图书馆。

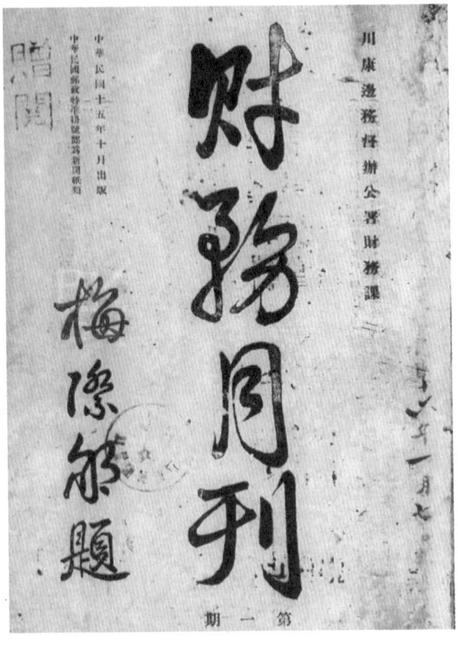

《财务月刊》第一期封面

《军育周刊》（1926年）

1926年10月创刊，由驻防万县的国民革命军第二十军编辑出版（地址在万县城内公乐堂）。杨森委任王秉君为社长，庶务为林文辅、李寰，编辑有鲁静渊、胡哲先等14人。

本刊以“宣传三民主义，普及党化教育，阐发新军事学术，增进新军人智识，并发布本军文告与统计调查，俾贯彻本军精神与民众结合”为宗旨，主要发表该军消息、军事动态、会议纪录及中外军事特讯，栏目有论坛、时评、简讯、政府法令、本军改良及整理、中外军事特讯、本省要闻、本军公牍等。

本刊为军事刊物，周刊。32开本，铅印。1927年3月，本刊一度停刊，约同年秋续刊发行。终刊时间不详。现保存于四川省图书馆、重庆图书馆、上海图书馆。

《正轨旬刊》（1926年）

1926年11月出版，杂志社社长罗为藩，主任编辑范岑楼，总经理陆百年，经理汪迪之，社址在万县白岩书院。

杨森为刊物写了发刊词，认为“倘政治趋入轨道，则日正当中，磷火莫由逞其焰；犀能分水，魍魉无可隐其行”，“则南北问题，与各省纠纷以及教育、实业、财政、外资，自不难迎刃而解”。这也正是刊名之由来。邓锡侯为本刊写了祝词。

本刊为地方政治刊物，旬刊。16开本，铅印。现保存于四川省图书馆。

《春雷》（约1926年末或1927年初）

约1926年末或1927年初在荣昌县粤园创刊，春雷编辑部编辑发行（通信处为第二十一军第四师政治部闵言富代收转）。总编辑易觉先。

现存有1927年9月15日出版的第五、六期合刊一册，栏目有老实话、泪珠、社会之镜、诗歌、青年邮箱等。

本刊为政治宣传刊物，刊期不详。16开本。终刊时间不详。现保存于四川省图书馆、重庆图书馆。

1927 年期刊

《重庆商埠月刊》（1927年）

1927年1月出版，重庆商埠督办公署编印，重庆下都邮街新铅石印刷公司代印，重庆商埠督办公署总务处发行。本刊经费由重庆商埠督办公署开支，封面刊名为督办潘文华题写。本刊设主任编辑1人，编辑员2人，校刊1人，均由公署内科长、科员兼任，主任编辑谢璋。

本刊“汇载商埠督办公署办理市政之近事，以供研究市政者之参考为宗旨”，内容有商埠公牍、规章、收支事项、调查事项、统计事项、记录事项、杂录等。本刊对重庆市政各项建设的发展、人口、庙宇、会馆、机关法团、祠堂、学校、学生、市场管理等均有详细记载。

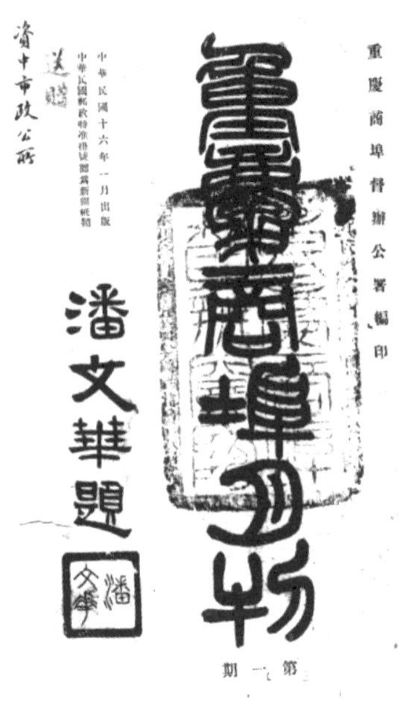

《重庆商埠月刊》第一期封面

本刊为机关刊物，月刊，月末发行。16开本，铅印。竖版，单栏。每期约120页。非卖品。现保存于重庆图书馆、四川省图书馆、上海图书馆。

《前进周刊》(1927年)

约1927年2月创刊，四川涪陵第五师政治部编印。

本刊有党声、时评、论文、特载等栏目，刊发了《一周间时事述评》《克复沪宁后之重要工作》《打倒疯狂的英帝国主义者》《一切革命分子联合起来》等文章。

本刊为军事教育刊物，周刊。16开本，铅印。竖版，双栏。封面分两个部分，左边为图片、本期目录及卷期数，右边为刊名及出版项，刊名为红色。1927年5月停刊，共出16期。现保存于中国社会科学院世界历史研究所资料室、上海图书馆。

《政治旬刊》(1927年)

1927年3月30日在重庆创刊，国民革命军第二十一军第八师政治部编辑出版（地址在重庆劝工局内）。

本刊“为宣传主义，引导民众，训练士兵之刊物”，每期印刷1000册。后因第八师“编并潘师（潘文华部），奉令撤销”，本刊随即停刊，共出版12期。

本刊为政治刊物，旬刊。16开本，铅印。竖版，双栏。非卖品。现保存于四川大学图书馆、上海图书馆。

《重庆商埠汇刊》(1927年)

约1927年初出版，重庆商埠督办公署编行。该署于1926年6月由重庆市政公所改组成立，由川康边务督办、第三十三师师长潘文华任公署督办。

本刊将1926年公署成立以来的重庆市政建设情况、各项工作进展及规划详细汇集成册。全册20余万字，并附各类账目、报表、地图70余种，对了解重庆市的发展有史料价值。

本刊为机关刊物，不定期刊。16开本，铅印。竖版，单栏。现保存于四川省图书馆、上海图书馆。

《江津县教育局月刊》（1927年）

约1927年初出版，江津县教育局发行。

本刊“以发挥教育原理，传达教育事业及报告本县学务情形为宗旨”，设有论述、命令、公牍、法规、报告、讲演、议决案、委任录、专载、文艺等栏目。

本刊为教育刊物，刊期不详。16开本，石印。现保存于宜宾市档案馆。

《学生周刊》—《嘉陵江日报》（1927年）

1927年春，卢作孚在重庆北碚任峡防局局长，成立学生队，出版了《学生周刊》，专载学生生活及社会服务消息，发行约30期后停刊。

1928年4月，卢作孚改组《学生周刊》为《嘉陵江日报》，初为三日刊，继改为间日刊，1931年改为日刊，每日发行4开一张，后因纸张短缺，改用土纸印刷并缩小篇幅，改为8开一张，每日发行500份。本刊除刊发国内外的新闻，还常有中国西部科学院于边地采集的通讯以及峡区各项事业的消息。每月约需经费180元，经常性收入约有广告费100元、报费30元，不足之数由区署拨足。保存地不详。

《小学月刊》（1927年）

约1927年4月出版，巴县小学教职员联合会编辑发行（通信处在巴县教育会内）。

本刊宗旨为“改良小学教育，促进社会文明”。本刊刊有总理遗嘱、教职员须知、本会发刊特别启事五则，有专论和小评两个栏目。

本刊为小学教育刊物，原定每月出版一次，每次印一小张，后为酌减手续计每月仍出一次，每次则以两小张材料合载成册。16开本，现存的第四期有12页。非卖品。现保存于重庆图书馆。

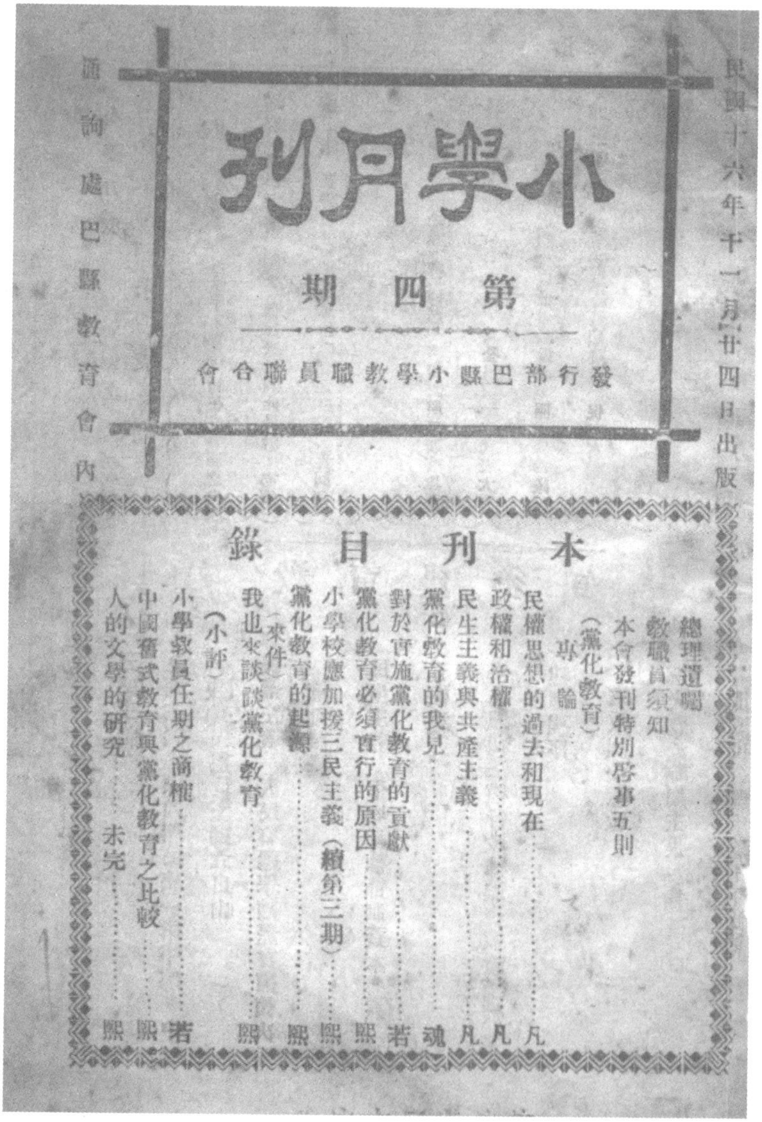

民國十六年十一月廿四日出版

小學月刊

第四期

發行部巴縣小學教職員聯合會

通詢處巴縣教育會內

本刊目錄

總理遺囑
教職員須知
本會發刊特別啟事五則
專論（黨化教育）
民權思想的過去和現在……凡
政權和治權……凡
民生主義與共產主義……凡
黨化教育的我見……魂
對於實施黨化教育的貢獻……若
黨化教育必須實行的原因……照
小學校應加授三民主義（續第三期）……照
黨化教育的起源……照
（來件）
我也來談談黨化教育……照
（小評）
小學教員任期之商榷……若
中國舊式教育與黨化教育之比較……照
人的文學的研究……未完……照

《小学月刊》第四期封面

《建国旬刊》（1927年）

1927年5月10日创刊，国民革命军第二十一军第七师政治部编辑（地址在重庆浮图关），重庆中西铅石印局代印。

本刊内容有时评、党务消息、通讯等。在每一期的封底均印有“我们的口号”，如第十七期是“打倒一切帝国主义，废除不平等条约，实行三民主义，建设一律平等的新社会”等。

本刊为政治刊物，旬刊。16开本，石印。竖版，双栏。非卖品。现保存于四川省图书馆、上海图书馆。

《清党特刊》（1927年）

1927年5月26日出版，中国国民党四川登记委员会重庆办事处编行。

本刊为政治刊物，半月刊。16开本，铅印。竖版，双栏。非卖品。本刊封面由刊名、出版项及本期目录组成，正文部分两栏之间有分割栏。现保存于上海图书馆、四川大学图书馆。

《前兵》（1927年）

1927年8月创刊，国民革命军第二十一军第一师政治部宣传部编审科编辑发行（通信处在重庆绣壁街云贵公所本师政治部宣传科）。

本刊主要撰稿人有阮衡白、何渊、竟立、梦人、蕴玉、马寅初等，其中一些或为笔名。本刊以“宣传主义，引导民众，训练士兵为宗旨”，设有时评、论说、专电、附录等栏目，主要发表时政评论，报道国内外重大新闻和该军动态。

本刊为政治宣传刊物，半月刊。32开本，油印。竖版，单栏。封面由简单图画和文字组成。现保存于四川省图书馆、上海图书馆。

《党务周镌》(1927年)

1927年10月10日创刊，国民革命军第二十一军特别党部印行。本刊曾用刊名《党务周刊》《党务》。

本刊为党务刊物，周刊，但未能按周出版，时断时续。16开本。1929年5月27日出版的第五十六期是目前所见的最晚一期。现保存于四川大学图书馆。

《四川通讯》(1927年)

1927年10月10日在重庆创刊，中共四川临时省委内部发行的刊物。

本刊内容每期分为省内和省外两大部分，主要是党内的各类文件、重要报告、工作经验，以及政策解释、宣传材料等，并转载《中央通讯》上的材料，是中共四川临时省委的重要刊物。

本刊为政治宣传刊物，月刊。32开本，油印。本刊发行到各个支部，在党员中传阅。保存地不详。

《川潮》(1927年)

1927年11月10日在重庆出版，中共四川临时省委对外宣传的刊物。

本刊内容主要是抨击新旧军阀，宣传党的主张。如现存的1927年11月20日出版的第二期，刊发的文章有《新军阀张发奎的旧把戏》《广州海员的英勇斗争》《讨伐唐生智》《军阀铁蹄下的青年》《四川军阀崩溃了》等。

本刊为政治宣传刊物，旬刊，逢十出版。32开本，折叠式小册子，油印。本刊从左至右横排刻印，每期十多篇文章，作者均署以别名。保存地不详。

《血花旬刊》(1927年)

1927年11月创刊，国民革命军第二十一军第六师政治部编辑发行（通信处在重庆川东道尹公署本师政治部）。

本刊内容有时评、通讯、文艺、特载、党务消息。本刊宗旨是“宣传主义，领导民众，训练士兵”。

本刊为政治刊物，旬刊。16开本，铅印。现保存于四川省图书馆。

《教育丛刊》(1927年)

1927年12月创刊，璧山县教育局编辑发行。

本刊宗旨为“改进璧山全县教育，为诚志事事公开”。本刊分书牍、表报、杂俎、馀霞等栏目，专门刊载中央及四川关于教育的法令文告。

本刊为教育刊物，不定期刊，亦称《璧山县教育丛刊》。16开本，铅印。竖版，双栏。非卖品。现保存于四川省图书馆、四川大学图书馆、重庆图书馆、上海图书馆。

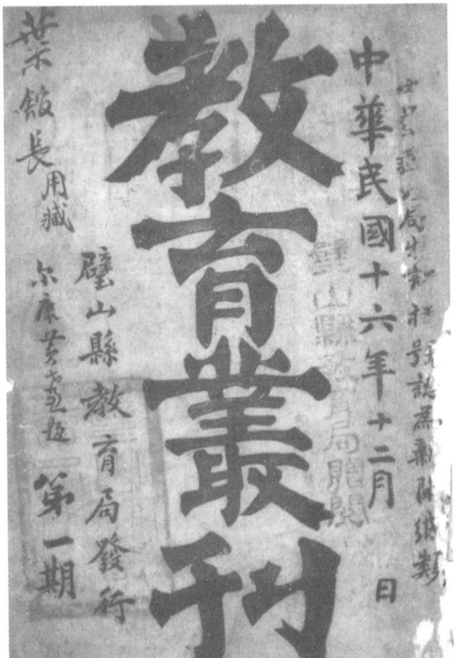

《教育丛刊》第一期封面

《革命周刊》(1927年)

1927年12月创刊，国民革命军第二十一军政治训练部印行（通信处在重庆红土地）。

本刊内容有时评、论说、特载、附录等。1930年5月30日出版“革命五月专号”，还曾出版“纪念廖仲恺先生专号”。

本刊为政治评论刊物，周刊，每逢周日出版。16开本。竖版，双栏。每期约20页，合刊约60页。现存最晚一期是1930年8月30日出版的第五十七期。现保存于四川省图书馆、四川大学图书馆。

《联中月刊》(1927年)

1927年创刊，重庆联合中学校学生会出版。

本刊内容有论文、评论、杂文、文艺等。

本刊为中学刊物，月刊。16开本，铅印。竖版，单栏。目前仅见创刊号，现保存于重庆图书馆。

《联中月刊》创刊号封面

1928年期刊

《重庆“三三一”惨案纪念特刊》(1928年)

1928年3月创刊。1927年3月31日，四川军阀制造了屠杀革命群众的重庆“三三一”惨案。次年3月31日，重庆市民召开大会纪念这一惨案发生一周年，并出此特刊。

本刊有邓士英写的《重庆“三三一”惨案始末记》一文，介绍了“三三一”惨案发生前国民党四川省党部的内部情况，以及惨案发生的缘由及结果。本特刊附有《刘湘屠杀民众之军事布置》图，还有赵韵逸写的《重庆“三三一”惨案的责任问题》等9篇文章，并附录重庆《大中华日报》的《“三三一”惨案受伤者之调查》。

本刊为纪念类刊物，特刊。现保存于四川省图书馆。

《大足之声》(1928年)

1928年3月创刊，大足县留省学会出版。

本刊内容有时论、教育、论著、文艺，载文有《县中小学教育不发达之因果及应兴应革之我见》《中国学术界之微弱》等，以及一些文艺作品。现仅见第二期。

本刊为学会刊物，季刊。16开本，铅印。竖版，双栏。本刊封面为纯文字布局。现保存于上海图书馆。

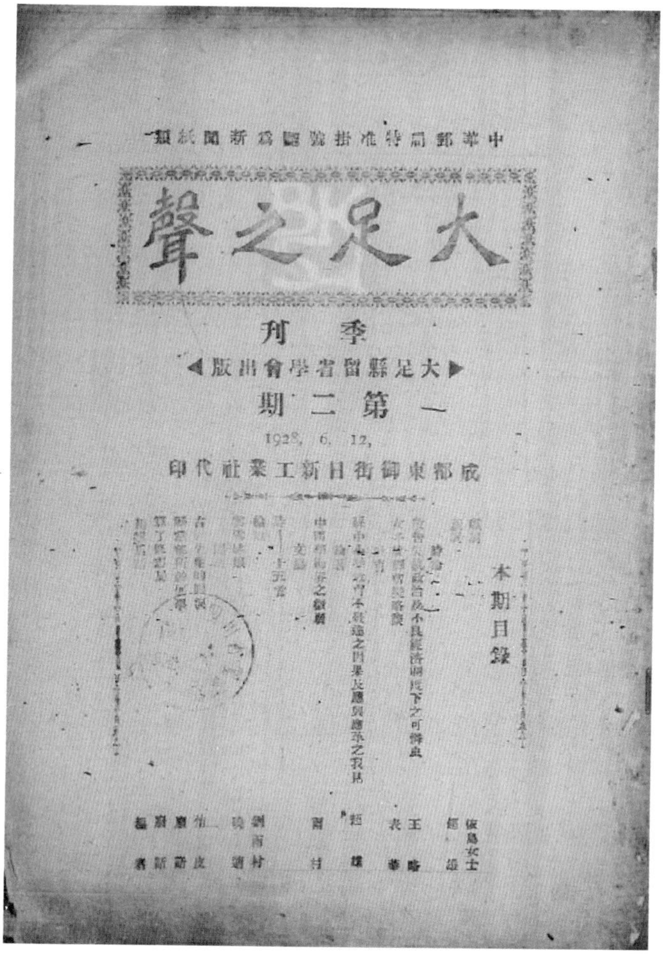

《大足之声》第二期封面

《旭刊》(1928年)

1928年4月22日出版，驻万县国民革命军第二十军政治部编辑发行。

本刊以“宣传三民主义，唤醒民众”为宗旨，阐述北伐前途的新局面，刊登时事述评。本刊由杨森撰写发刊词。

本刊为政治刊物，刊期不详。16开本，铅印。竖版，双栏。本刊封面为纯文字布局，正文部分有中间分割栏。现保存于上海图书馆。

《德育周刊》(1928年)

1928年4月在开县出版，国民革命军第二十军政治部编印。

本刊由第二十军军长杨森题写刊名，“以崇尚军人道德，研究军事、政治、学术，发扬革命精神，唤醒民众觉悟为主旨”，设有论文、特载、学术、党务、国内外要闻、本省及本军要闻、文艺、通讯等栏目。

本刊为政治宣传刊物，刊期不详。16开本，石印。非卖品。第一期现保存于四川省图书馆，其他期保存地不详。

《川盐特刊》(1928年)

1928年8月在重庆创刊，川盐特刊社编辑发行（地址在重庆庆余家巷口），中华邮政行准挂号为立卷新闻纸类。

本刊旨在“扶持川盐发展，辅助川盐改进，主张争论，维护公益”，载文发表盐业社论，发布盐署法令、公牍，介绍盐业知识，刊载厂岸行情等。主要撰稿人有历樵、寒山、邹文奎、邓云基、徐仲年、谭辅之、何说崖、杨赞卿、谭备三、王缵绪等，主要栏目有公牍、命令、社论、调查、统计、时事、附载、川盐消息等。

本刊为制盐工业刊物，月刊。16开本，铅印。竖版，双栏。本刊封面由图片和文字组成，正文部分有中间分割线。1935年6月出第一百九十六期后停刊。现保存于上海图书馆、上海科技图书馆、四川省图书馆、重庆图书馆。

《川盐特刊》第六十一期封面

《璧山党务周刊》(1928年)

1928年9月创刊，国民党璧山县党务指导委员会编辑出版。

本刊内容有评论、特载、专件、一周大事等。

本刊为党务刊物，周刊。16开本，石印。竖版，双栏。现保存于四川省图书馆、四川大学图书馆、重庆图书馆、上海图书馆。

《万梁马路月刊》(1928年)

1928年10月在万县创刊，万梁马路局总务科编辑发行，万县石琴印刷公司代印。

本刊以“提倡筑路，研究路政”为宗旨，发表关于路政消息的言论，设有公牍、规章、工务、财务、撰著、消息、杂组等栏目。

本刊为路政刊物，月刊。16开本，石印。竖版，双栏。非卖品，函索即寄。封面为纯文字布局，正文部分有中间分割线。现仅见创刊号。现保存于上海图书馆。

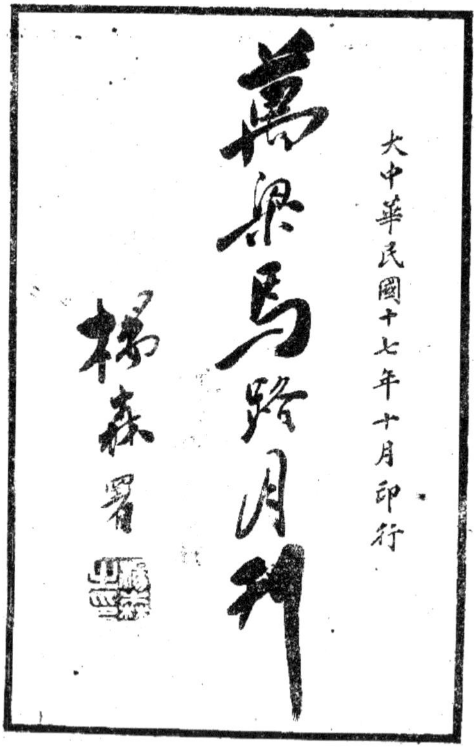

《万梁马路月刊》封面

《万县商埠月刊》（1928年）

1928年10月创刊，万县商埠月刊社编辑，万县商埠局发行，万县石琴印刷公司印刷。

本刊宣传市政常识、学理、法规、计划，供经营都市与研究者参考，载文有命令、规程、公牍、会议录、专载、论述及该局大事记和各地市政消息。

本刊为地方政治刊物，月刊。16开本，铅印。竖版，单栏。正文有双线四边栏。现保存于重庆图书馆、上海图书馆。

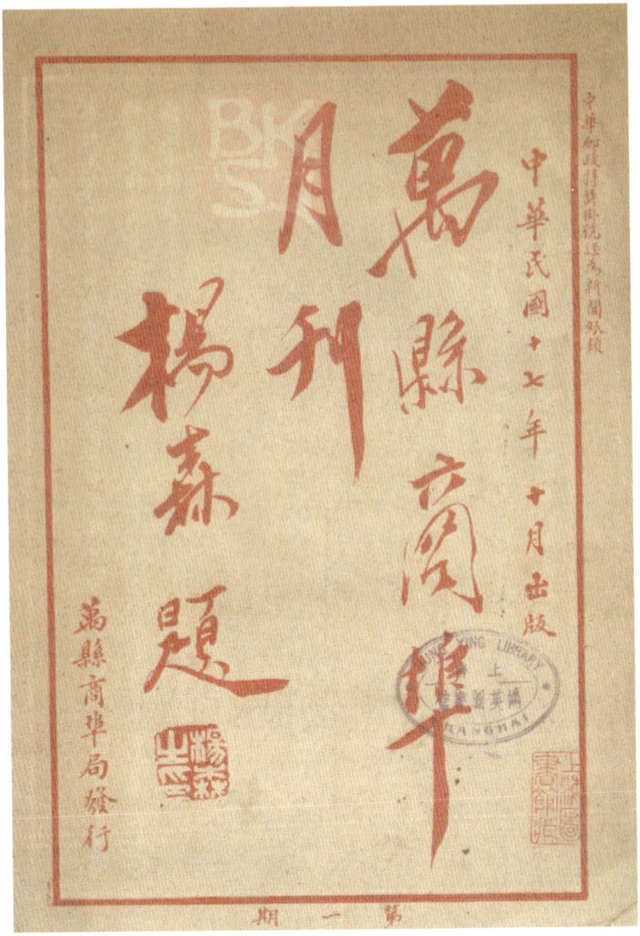

《万县商埠月刊》第一期封面

《青年通讯》（1928年）

约1928年秋冬在重庆出版，共青团四川省委创办的刊物。

本刊宣传党的方针路线，教育团员，指导团的工作，研讨团务、青年问题，刊载有关各地团员工作实况及工作经验的通讯等。

本刊为政治宣传刊物，刊期不详。现保存于重庆图书馆。

《四川重庆市党务指导委员会半月刊》（1928年）

1928年12月创刊，中国国民党四川重庆市党务指导委员会宣传部编印。

本刊旨在“提倡民族主义，以打倒帝国主义为要点，以扶助弱小民族为义务”。本刊设有论著、党务录、会议纪事、党务报告、特载、文艺等栏目。

本刊为国民党党务刊物，半月刊。16开本，铅印。竖版，双栏。正文部分有中间栏。现保存于四川省图书馆、上海图书馆。

《教育周刊》（1928年）

1928年在重庆梁平出版，由中共地下党员王炎离编辑。王炎离经常在刊物上发表文章，其所写的《孩子的自由》一文意在教育孩子们懂得是非，爱憎分明。

本刊为教育刊物，周刊。现保存于重庆图书馆。

《重庆市市政公报》（1928年）

1928年创刊，重庆市市政厅总务处编印。

本刊内容包括本市公牍、委任状、呈文、布告、规章、收支报告等。

本刊为地方政府刊物，刊期不详。16开本，铅印。竖版，单栏。本刊封面由图片和文字组成，正文部分有四边栏。现保存于上海图书馆、重庆图书馆。

《重庆市市政公报》第一期封面

《荣昌安福镇棠乡中学校校友会会刊》(1928年)

约1928年创刊，棠乡中学校校友会主办。

本刊以“讨论学术，钻研文艺，交换智识”为宗旨，经费由校友会与学校共同负担，设有通论、学术、教育、文录、诗录、杂俎、本校消息、歌谣、附录九个栏目。

本刊为中学校刊，不定期刊。16开本，石印。现保存于四川省图书馆。

1929 年期刊

《实业月刊》(1929年)

1929年1月1日创刊，巴县实业局实业月刊社编辑发行（地址在巴中县实业局），巴县大同石印社印刷。

本刊由刘湘题写刊名，内容主要有国内新闻、政令、著述、日用工艺品制造法、杂讯等。

本刊为实业刊物，月刊。16开本，油印。现保存于重庆图书馆、四川省图书馆、四川大学图书馆。

《团务月刊》(1929年)

1929年1月25日创刊，重庆市团务委员会出版，团务月刊社编辑。

本刊刊载了《对于团务人员的诤言》《希望重庆市团务机关做一件事》《站在农民立场谈四川团务问题》《办团的几条大道》《会务报告》等文章。

本刊为团务刊物，月刊。16开本。竖版，双栏。非卖品。本刊也登载新书、报刊的广告。现保存于重庆图书馆。

《万县市市政月刊》—《市政月刊》(1929年)

《万县市市政月刊》于1929年1月发刊，万县市市政月刊社编辑，万县市市政府发行，万县石琴印刷公司印刷。

《万县市市政月刊》主要刊载政府的各项法令、条例、规程、公牍、图表、议程等，旨在“宣传市政常识、学理，供给经营都市与研究者之参考”。

《万县市市政月刊》后更名为《市政月刊》，地方政务刊物，月刊。16开本，铅印。王方舟（陵基）题写刊名。现保存于重庆图书馆、四川大学图书馆。

《劝业月刊》（1929年）

1929年1月创刊，璧山实业局劝业月刊社印行。

本刊宗旨在于宣传实业，刊载了《整顿璧山县蚕场实施计划》《璧山县矿务调查报告表》《璧山县实业局征收田房公告费数目表》《璧山县实业局整顿农业试验场实施计划及预订计划书》等内容。

本刊为实业刊物，月刊。大32开本，油印。每期约60页。竖版，单栏，有四边栏。现保存于重庆图书馆、四川省图书馆。

《四川党务周刊》（1929年）

1929年2月15日在重庆出版，国民党四川省党务指导委员会宣传部编行，王中美负责筹备和编辑事务。

本刊的办刊宗旨为“搜集宣传材料及党务消息，增加宣传效力”。其主要内容分为论著、批评、中央党部颁发的法规和法令、本会的法规法令及通告、特载、本会会议记录、本会各部及各处工作报告、民众运动概况、各省党务消息、附录等。

本刊为党务刊物，周刊。现保存于重庆图书馆。

《民众周刊》（1929年）

约1929年初由国民党万县党务指导委员会创办，编辑贾希谊。本刊创刊后曾停刊，于1929年7月复刊。1931年，本刊交由万县民众教育馆主办，因经费困难又停刊。1936年12月再次复刊，约1939年冬终刊。

本刊主要介绍教育、文字、生计、家事、社交等内容。

本刊为民众教育刊物，周刊。现保存于四川大学图书馆。

《三三一惨案二周年纪念特刊》（1929年）

1929年3月31日创刊。

1927年3月31日，中共重庆地委联合重庆各界在重庆打枪坝召开反英大会，抗议帝国主义军舰炮击南京。大会遭到军阀刘湘、王陵基、蓝文彬等人的镇压，许多群众、进步人士和共产党人被杀害。1929年3月为纪念这一惨案发生两周年而出此特刊。

本刊为纪念类刊物，特刊。现保存于四川省图书馆。

《江津县团务会刊》（1929年）

约1929年春创刊，江津县团务局发行，社长刘颖滨。

本刊“以发展团务，流通消息，及公开财务为宗旨”，设有命令、公牍、公电、规程、宣传、议决案、判决案、报告、专件、短评等栏目。

本刊为政治刊物，不定期刊。32开本，石印。现仅见1929年6月出版的第三期。现保存于四川省图书馆。

《璧中校刊》（1929年）

约1929年春季创刊，璧山县立中学出版委员会编辑出版，重庆长安寺半边街进化社铅石印局代印。

本刊以“公开璧中本校内容及登载学生论述”为宗旨，分校闻、论述、杂俎等栏目。本刊刊头语为璧中学生何宗元所作。本刊第三期是1930年4月15日出版的该校二十周年纪念特大号，对该校的历史、现状有较详细的介绍。

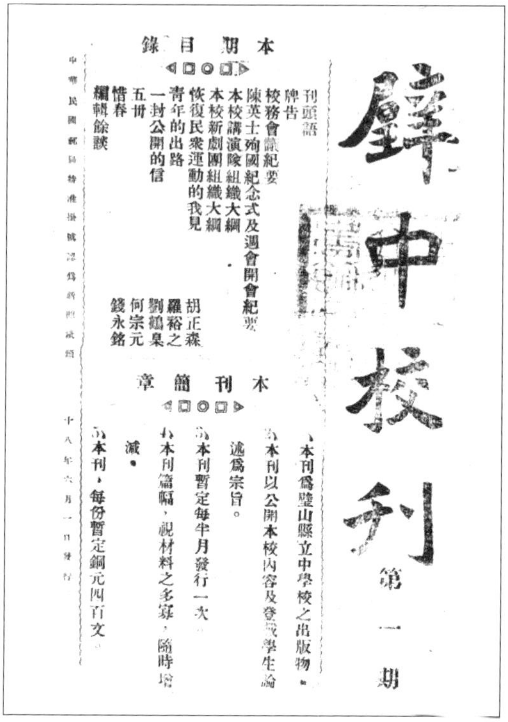

壁中校刊 第一期

本期目錄

刊頭語
牌告
校務會議紀要
陳英士殉國紀念式及週會開會紀要
本校講演隊組織大綱
本校新劇團組織大綱
恢復民衆運動的我見 胡正森
青年的出路 羅裕之
一封公開的信 劉鶴臯
五卅 何宗元
惜春 錢永銘
編輯餘談

本刊簡章

1、本刊爲璧山縣立中學校之出版物。
2、本刊以公開本校內容及發表學生論述爲宗旨。
3、本刊暫定每半月發行一次。
4、本刊篇幅，視材料之多寡，隨時增減。
5、本刊，每份暫定銅元四百文。

中華民國郵局特准掛號認爲新聞紙類

十八年六月一日發行

《壁中校刊》第一期封面

本刊为校刊，半月刊。16开本，铅印。每半个月发行一次，篇幅长短视材料多少而定，随时增减，无广告。封面为纯文字布局，有刊名、本期目录、本刊简介及出版项。正文除刊头语外，都以波浪线将版面分为上下两栏。现保存于四川省图书馆、重庆图书馆。

《重庆市平民图书馆一周年纪念特刊》（1929年）

约1929年出版，其他出版信息不详。

本刊发刊词指出重庆市平民图书馆的任务是“普及民众知识，提供给人们学术研究所需的材料”，“给学生以材料和机会，使他们能得以深造，为人类蕴储知识”。

本刊为纪念类刊物，特刊。16开本，铅印。现保存于四川省图书馆。

《永川教育月刊》(1929年)

约1929年4月创刊，永川县教育局编辑发行，重庆渝商印刷公司印刷，编辑主任由教育局局长黄孝永兼任，另设编辑、书记各一人。

本刊由黄墨涵题写刊名，以“发挥教育原理，传达教育事业，及报告本县学务情形”为宗旨，主要“提供实际教育材料以辅助教师进修，刊载有关教育的论著，介绍教学方法，报道教育消息，评论时事”。本刊栏目有论著、教导方法、补充教材、通讯、研究、史摘、时事评述、教育消息、研究报告、书报评介等。

本刊为教育刊物，月刊。16开本，铅印。竖版，单栏。封面为纯文字布局，正文部分有上边栏。现保存于四川省图书馆、上海图书馆。

《重庆市民纪念大会特刊》(1929年)

1929年5月创刊，出版者不详。

本刊刊载了重庆市民纪念大会的宣言、大会宣传大纲，指出重庆市民纪念大会的召开是为了纪念“五一”劳动节、“五三”济南惨案、“五四”爱国运动、“五卅”惨案四周年暨“六一”孙中山奉安日等。本刊对各事件的纪念意义、来历作了详尽的介绍，并提出“打倒帝国主义”“打倒军阀”“废除一切不平等条约”“誓死反日到底”“五四运动万岁”等口号。

本刊为政治刊物，特刊。16开本，铅印。竖版，单栏。无目录页。现保存于重庆图书馆、四川大学图书馆。

《群力旬刊》(1929年)

1929年5月创刊，国民革命军第二十一军炮兵政训部编印。

本刊介绍了国民革命军第二十一军炮兵的军事、政治宣传工作及工人与革命军的关系等内容。

本刊为军事政治刊物，刊期不详。16开本。竖版，单栏。现保存于重庆图书馆。

《正声》（1929年）

1929年5月创刊，正声旬刊社编辑发行（社址在重庆桂花街温家院附4号），重庆天主堂街重庆书店代售。

本刊内容主要是评论时事，报道并分析时局。其目的在于“使民众认识中国国民革命”。

本刊为时政评论刊物，旬刊。16开本，铅印。竖版，双栏。现保存于四川省图书馆、四川大学图书馆、重庆图书馆。

《自救》（1929年）

1929年5月创刊，川民自救团宣传组发行（地址在重庆白龙池7号川民自救团筹备处内）。

本刊的宗旨在于“唤醒各级被压迫民众，自动地以自己的力量，谋本身一切解放”。本刊的任务是“暴露压迫者的罪恶，揭穿社会黑幕，调查被压迫的苦况，讨论自救的根本理论，研究自救的具体方案，建筑党的下层基础”。

本刊为社团刊物，周刊，每周六出版。16开本，铅印。竖版，双栏。封面为纯文字布局，正文有四边栏。发行4期后停刊。现保存于重庆图书馆。

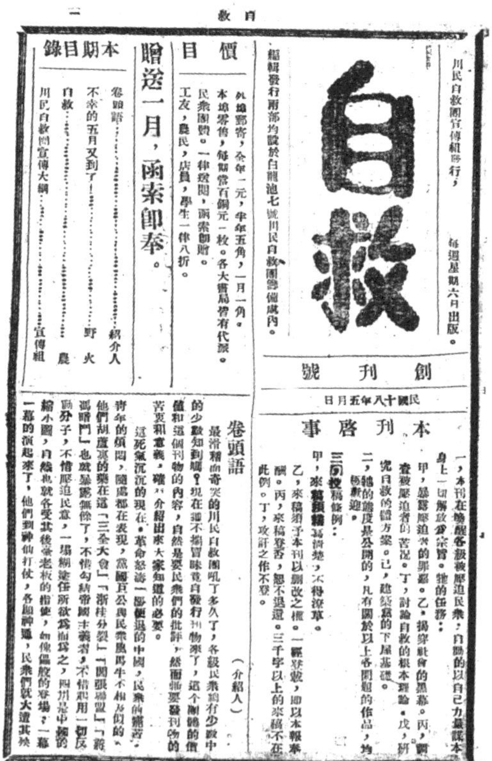

二　自救

川民自救團宣傳組發行，每週星期六日出版。

自救

編輯發行兩部均設於白龍池七號川民自救團籌備處內。

創刊號

民國十八年五月　日

本刊啟事

一，本刊在喚醒各級被壓迫民衆，自動的以自己力量謀本身上一切解放爲宗旨。牠的任務：甲，暴露壓迫者的罪惡。乙，揭穿社會的黑幕。丙，調查被壓迫者的苦況。丁，討論自救的根本理論。戊，研究自救的具體方案。己，建築黨的下層基礎。

二，牠的態度是公開的，凡有關於以上各問題的作品，均極歡迎。

三，投稿條例：甲，來稿須繕寫清楚，不得潦草。乙，來稿須予本刊以删改之權。一經登載，即以本報奉酬。丙，來稿登否，恕不退還。三千字以上的來稿不在此例。丁，攻訐之作不登。

價目

外埠郵寄，全年一元，半年五角，一月一角。本埠零售，每期當百銅元一枚。各大書局皆有代派。民衆團體，一律致閱，函索即贈。工友，農民，店員，學生一律八折。

贈送一月，函索即奉。

本期目錄

卷頭語……紹介人
不幸的五月又到了！……野火
自救……農
川民自救團宣傳大綱……宣傳組

卷頭語

（介紹人）

最滑稽而奇突的川民自救團吼了多久了，各級民衆祗有少數中的少數知到罷？現在猶不揣冒昧竟自發行刊物來了，這个團體的價值和這個刊物的內容，自然是要民衆們的批評，然而仍要發刊物的苦衷和意義，確有介紹出來大家知道的必要。

這死氣沉沉的現在，革命怒濤一瀉便退的中國，民衆的痛苦，青年的煩悶，隨處都在表現，黨國頁公與民衆風馬牛不相及似的，他們胡蘆裏的藥在這「三全大會」「浙桂分裂」「閻張聯盟」「蔣馮暗鬥」也就暴露無餘了，不惜勾結帝國主義者，不惜利用一切反動分子，不惜壓迫民意，一場糊塗任所欲爲而爲之，四川是中國的縮小圖，自然也就各受其後臺老板的指使，如傀儡般的登場了，一幕一幕的演起來了，他們到神仙打仗，各顯神通，民衆們就大遭其殃

《自救》创刊号封面

《荒原》（1929年）

1929年6月出版，凡夫、痴君为编辑（地址在江津文庙志和图书馆）。

本刊以宣传文艺、启迪民智为宗旨，刊载内容多为文学、艺术作品。

本刊为文艺刊物，半月刊。32开本，石印。目前所见的最晚一期是1930年7月15日出版的第二十七期。现保存于四川省图书馆。

《四川省立第四中学校季刊》—《四川省立第四中学校刊》（1929年）

《四川省立第四中学校季刊》于1929年6月出版，为四川省立第四中学校刊，重庆市杨柳街新文化社印刷。1931年6月更名为《四川省立第四中学校刊》。

本刊详细记录了四川省立第四中学校的发展历史、该校各种公约、经费预算、组织系统表、学生籍贯统计比较图、学生年龄统计比较图等，设有特载、论文、文艺等栏目。

本刊为中学校刊，季刊。16开本，石印。竖版，单栏。非卖品。现保存于重庆图书馆、四川大学图书馆、上海图书馆。

《四川省立第四中学校季刊》创刊号封面

《江津聚奎校留渝校友分会会刊》（1929年）

1929年7月创刊，江津聚奎校留渝校友分会编辑发行（通信处为重庆川东师范学校）。编辑有周昌海、陈良循。

本刊设有专论、评论、建言、通讯、文艺、杂俎等栏目，介绍该校校友分会的概况及组织活动。

本刊为校友会刊物，刊期不详。16开本。非卖品。现保存于重庆市北碚图书馆。

《蜀道》（1929年）

1929年8月1日创刊，重庆铁道协会蜀道月刊社编辑发行（社址在重庆白象街34号）。社长赵巨旭、朱理君，编辑主任李剑秋，编辑赵达三、杨剑潭、廖辉如、曾少为、朱理君、张节之、万雨甘。

本刊的宗旨是“提倡交通事业，研究工作学术，促成全川之建设”。本刊刊载了重庆交通的概况、建设情况。

本刊为交通建设刊物，月刊。16开本，铅印。竖版，双栏。现保存于四川省图书馆、四川大学图书馆、重庆图书馆。

《蜀道》创刊号封面

《建设之路》（1929年）

1929年8月在重庆出版，欧美同学会创办（地址在放牛巷61号）。总编辑喻正衡，季叔平、张致中、黎纯一、税西恒、袁税伯、朱一逊等为编辑。

本刊设有社会、军事、政治、机械、理化、医学等栏目，以传播新知识为主要目的。

本刊为综合类刊物，月刊。终刊时间不详。保存地不详。

《般若》（1929年）

1929年10月出版，般若半月刊社编辑出版（社址在重庆滴水岩极乐精舍）。经理释铸堂，编辑谢而农。进化社印刷。

本刊内容有关于佛学及四川佛教活动，主要为宣扬佛法，介绍佛教轶事，报道佛教消息。其栏目有祝词、理法界、事法界、短讯、小说、专载、通讯等。

本刊为宗教刊物，半月刊。32开本，铅印。竖版，单栏。非卖品。正文部分有上边栏。目前仅见1929年出版的第二期。现保存于重庆图书馆。

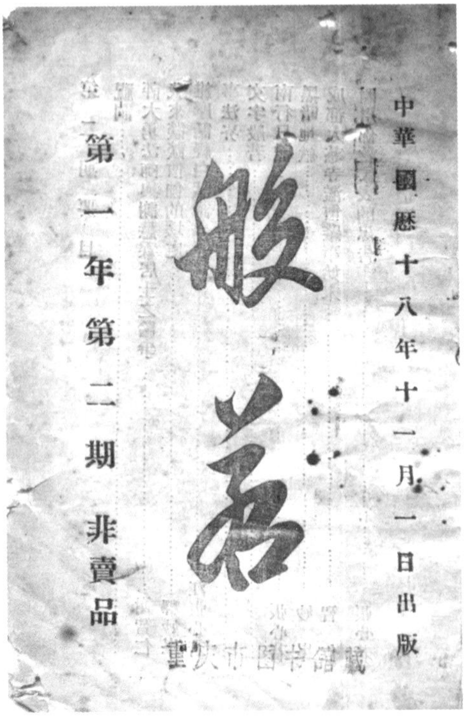

《般若》第二期封面

《新生活》（1929年）

1929年11月30日在重庆出版，国民革命军第二十一军编译委员会创办，发行处设在新蜀报社馆内。

本刊“以改善人群生活，以各种常识贡献社会为目的”，设有青年生活、社会常识、文艺、杂俎等栏目。

本刊为社科刊物，旬刊。16开本，铅印。横版。本刊刊登的小广告字数最多不能超过30字，关于教育、美术等的广告收取特价。现保存于重庆图书馆。

《朝华》（1929年）

1929年12月15日出版，朝华社编辑发行（社址在重庆戴家巷8号）。

朝华社是鲁迅、柔石、王方仁、崔真吾等为了介绍东欧和北欧的文学，输入外国的版画，于1928年11月创办。本刊主要登载国外文学、艺术作品。

本刊为文艺刊物，半月刊。32开本，铅印。其他出版信息不详。现保存于四川省图书馆、上海图书馆。

《微光》（1929年）

1929年12月16日创刊，梁山中学校学生会出版。

本刊介绍了梁山中学校的概况和学生会章程、组织结构，以及学生活动等内容，设有文艺、论文、杂感、批评等栏目。

本刊为学生会会刊，不定期刊。32开本，石印。其他出版信息不详。现保存于四川大学图书馆。

《渝綦路半月刊》(1929年)

1929年创刊，出版者不详。

本刊宗旨为“以渝綦马路的修筑来带动綦江政治、教育、工业、商业的发展”，设有著论、账务、路讯、公布、插图及路工等栏目，刊载了公路摭言、告民众书、宣传日记、总务课办事细则、账务计划等内容。

本刊为铁路工程刊物，半月刊。16开本，手刻油印。竖版，双栏。正文部分有中间栏。其他出版信息不详。仅见第二期。现保存于重庆图书馆。

《政务月刊》(1929年)

1929年在重庆出版，国民革命军第二十一军政务处编辑出版。

本刊设有内政、司法、公牍、教育、建设等栏目。

本刊为地方政务刊物，月刊。16开本，铅印。现保存于重庆图书馆。

《党务半月刊》—《党务训练周刊》(1929年)

《党务半月刊》由国民党重庆市党务指导委员会于1929年创办，不久因经费问题停刊。1930年1月，改出《党务训练周刊》，由该指导委员会宣传部编辑发行。曾晴初、龙文治、刘子隅任编辑。

本刊宗旨在于“对三民主义的宣传，对党员思想及时纠正，对民众方面加强训练”。

本刊为党务刊物，半月刊，后改为周刊。每期印5000份，送本市及各县民众团体。保存地不详。

《建设月刊》（1929年）

1929年在重庆创刊，国民革命军第二十一军编译委员会编辑发行。

本刊主要讨论建设问题，论述当地政治、经济、实业及教育等建设情况。

本刊为地方建设刊物，月刊。16开本，铅印。竖版，双栏。本刊封面由简单图片和文字组成，正文部分有中间分割线。现保存于上海图书馆。

《江北县政半月刊》—《江北县政月刊》—《江北县政周刊》（1929年）

《江北县政半月刊》于1929年由江北县县政府编印，连续出版4年多。1934年4月改为《江北县政月刊》，四川江北县政月刊社编辑，四川江北县团务委员会发行，重庆合川印刷厂印刷。后又改名为《江北县政周刊》。

本刊的办刊宗旨为宣传文化及政令，设有专载、法规汇编、公牍、政令提要、人事动态、政闻、附载等栏目，记载当时的政情大事。

本刊为县政刊物，半月刊，后改为月刊、周刊。16开本，铅印。竖版，单栏。目前仅见《江北县政月刊》。现保存于重庆图书馆。

《江北县政月刊》1934年第一期封面

《教育周刊》—《教育旬刊》(1929年)

约1929年在重庆出版，梁平县教育局局长、中共地下党员陈克农主办，重庆梁平县教育局出版。

本刊设有论著、特载、教育周鉴、杂俎等栏目，后改名为《教育旬刊》，内容包括教育工作经验与方法、有关教育的法令、国内外新闻等。

本刊为教育刊物，周刊，后改为旬刊。32开本，石印。封面由刊名、图片及出版项组成；目录的上方有小图画；正文部分以黑色细线将版面分为上下两栏；正文中的栏目有明显区分，以竖版图片作为划分标志；未刊登广告。每期出版后发行到各学校、团体、机关，约出30期。1930年停刊。目前仅见3期。现保存于重庆图书馆。

《教育周刊》第十九、二十两期合刊封面

《中央汇刊》(1929年)

约1929年下半年在重庆创刊，国民党改组派办的刊物。国民党改组派是中国国民党改组同志会的简称。1929年该会在重庆等20多个省市建立了支部，并创办刊物《中央汇刊》。

本刊的宗旨是“奉行孙总理提倡的革命的整个的三民主义，继承第一、第二次代表大会的纲领，努力改组运动，务期重新建设能担负实现三民主义的中国国民党”。其内容多是声讨蒋介石独裁专政，指责蒋介石是新军阀，违背三民主义。本刊后因这些反蒋言论而被查封。

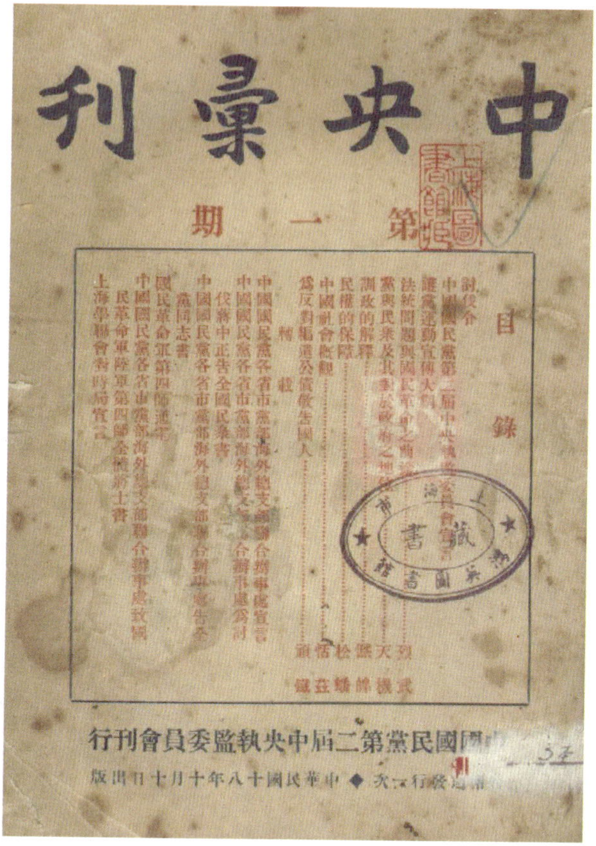

《中央汇刊》第一期封面

本刊为政治刊物，双周刊。16开本，铅印。竖版，单栏。现保存于上海图书馆。

《四川省立第四中学校校友会月刊》(1929年)

四川省立第四中学校于1914年成立，奉四川省政府令创立于涪陵城内南华宫。1928年春学校迁入秦义园。1931年秋，学校奉四川省政府令迁入奉节县。

本刊约于1929年11月或12月创刊，记载了该校的规模、校友会成员、组织活动等内容。

本刊为校友会刊物，月刊。现保存于重庆图书馆。

《鞠华周刊》(1929年)

约1929年11月或12月创刊，鞠华社创办（通信处为重庆商业场西三街新蜀报社收转）。

本刊主旨在于研究皮黄小道，也有文章评论戏剧及一切有关戏曲的诗歌、杂撰。

本刊为戏曲刊物，周刊。保存地不详。

《光明周刊》(1929年)

1929年在重庆创刊，重庆市妇女协会出版。

本刊希望“被剥削的人们要求共同的解放，不能有男女之分，而应该联合起来，一致向压迫阶级、剥削阶级进攻”。其主要内容包含重庆市妇女协会的成立纪事以及会议记录等，载文有《社会进化与妇女解放》《回忆》等。本刊是《新社会日报》副刊之一。

本刊为妇女刊物，周刊。16开本，铅印。竖版，双栏。本刊设有独立封面，正文部分有上边栏和中间分割线。现保存于上海图书馆。

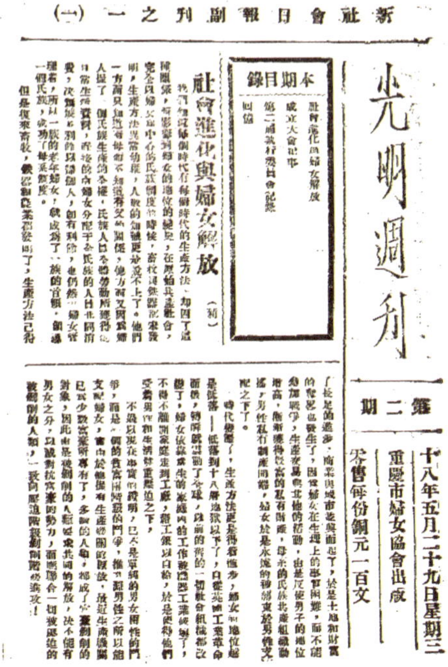

新社會日報副刊之一（一）

光明週刊

第二期

十八年五月二十九日星期三

重慶市婦女協會出版

零售每份銅元一百文

本期目錄

社會進化與婦女解放

成立大會記事

第二屆執行委員會記錄

回憶

社會進化與婦女解放（續）

《光明周刊》第二期封面

1930 年期刊

《璧声》(1930年)

1930年1月31日在重庆发行，璧山第二男女小学旅渝同学会创办。

本刊是璧山第二男女小学毕业生当中的旅渝同乡为“敦睦友谊、砥砺学行并维持母校之进行和巩固发达”而创办的。主要供稿人有黄德毅、张明安、林占萱、黄瑶仙、龙廷国、彭文蔚等。本刊刊载了大量学校教育方面的公文以及关于母校建设的相关文章，此外还有少量文艺作品。本刊设置的栏目有呈文、公函、论述、小品等。本刊还刊载了《璧山第二男女小学旅渝同学会简章》，详细介绍了该同学会创办的宗旨与组织结构。

本刊为小学同学会刊物，不定期刊。16开本，铅印。竖版，双栏。赠阅刊物。仅见第一期。现保存于重庆图书馆、上海图书馆。

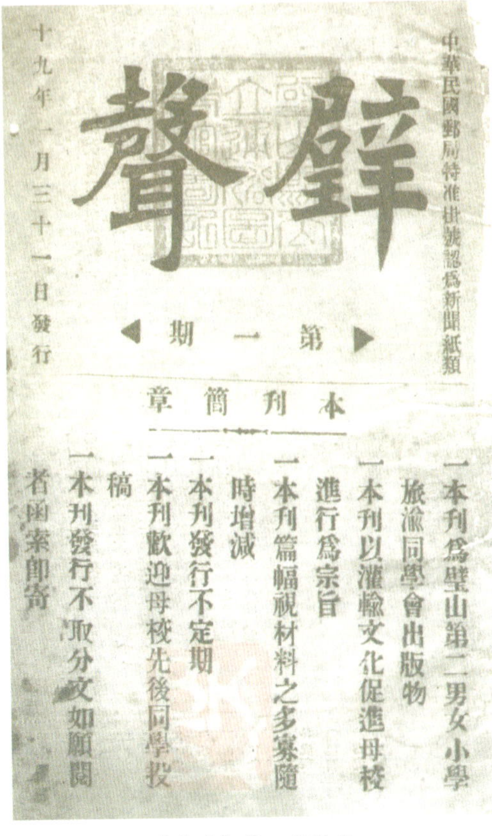

《璧声》第一期封面

《医药周刊》（1930年）

1930年2月创刊，重庆医学分会主办。

本刊宗旨为“以备同业之参考，及群众之采择”，主要讨论医药学上的问题，并聘请医药专家撰稿。

本刊为医药刊物，周刊。现保存于重庆图书馆。

《武光》（1930年）

1930年3月创刊，国民革命军第二十一军同学会编辑发行。

本刊主要撰稿人有张东权、刘光瑜、谢君帆、杨廷树、周绍轩、（日）杉山元、希平等。本刊主要品评军人思想修养，探讨富国强兵之策略及报道该同学会活动等，还有一些文学性的时评、随笔、诗歌和散文等。

本刊为同学会会刊，旬刊。16开本，铅印。竖版，双栏。正文部分有中间栏。现存2期，即第二期和第三期。现保存于四川省图书馆、上海图书馆。

《武光》第二期封面

《新生》（1930年）

1930年6月1日创刊，出版者不详（地址在江津文庙内）。

本刊宗旨为“向青年宣传新知识、新文化”，自称是“江津县文化向外发展的唯一刊物”。本刊内容有对社会科学、哲学、妇女解放、中国文学发展趋势等的研究，还有文艺诗歌、小品文等作品。

本刊为青年刊物，半月刊。仅见第一期。现保存于重庆图书馆。

《妇职校校刊》（1930年）

1930年6月在江津创刊，国民革命军第二十四军第二旅妇女职业学校出版。

本刊内容是职业学校学生为反映他们的生活、学习和思想而写的作文，目的在于鼓励学生，激发学生们的创作兴趣。

本刊为校刊，不定期刊。32开本。现保存于四川省图书馆、重庆市北碚图书馆。

《星槎》（1930年）

1930年6月在重庆创刊，邓少琴创办，星槎周刊社编辑发行（社址在重庆千厮门大院坝），重庆代售处有天主堂街重庆书店、商业场维一书店、陕西街善成堂，万县代售处为陈家坝航务管理处，宜昌代售处为川江各轮船公司。

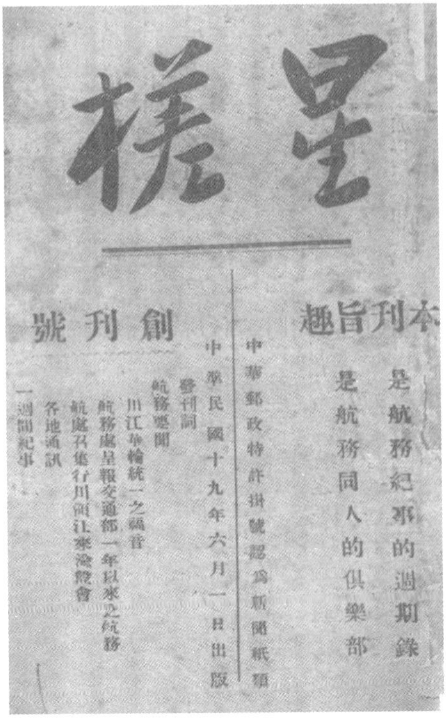

《星槎》创刊号封面

本刊主要栏目有航务要闻、航表、转载、专件、一周间纪事、运输消息、文苑等。本刊的旨趣是“航务纪事的周期录”，“航务同人的俱乐部”，主要刊载航业消息、航业材料以及每周航务纪事。

本刊为航运刊物，周刊。16开本，铅印。竖版，双栏。封面为纯文字布局，正文有中间分割线。1932年1月停刊，共出83期。现保存于上海图书馆。

《璧山团务月刊》(1930年)

1930年7月10日创刊，璧山县团务月刊编辑处印行。

本刊创刊宗旨在于“推进民众自卫效能，维持地方治安，使民众的生命财产得到相当保证”。本刊设有公牍、特载、专件等栏目，主要刊载规程、制度、地方治安等内容。

本刊为地方团务刊物，月刊。16开本，石印。现保存于重庆图书馆。

《璧山县县府公报》(1930年)

1930年8月创办，主办单位为璧山县县政府。

本刊创办宗旨在于“谋求县政公开”。本刊刊载了璧山县县政府公牍、命令、文件、法规等内容。

本刊为政府公报，半月刊。石印。现保存于四川省图书馆。

《南泉》(1930年)

约1930年10月10日创刊，巴县南泉乡村师范学校出版发行。巴县南泉乡村师范学校创立于1930年，是四川省师范教育革命的典范，校长杨砺坚。该校的学业年限独具一格，招收初中毕业生，修业年限为1年、2年或4年。

本刊宗旨在于“革新师范教育及推动乡村建设运动的发展”。本刊刊载了巴县南泉乡村师范学校的概况、章程、活动等内容。本刊出专刊，如第二期（1931年1月1日出版）是“旅行专号”，即到工农兵、社会中去之意，内容包括旅行前、旅行中、经过、归来。第三期（1931年1月20日出版）是“新青年号”，讨论乡村教育、经济、建设、农业等问题。

本刊为校刊，半月刊。大16开本，封面石印，内页油印。现保存于四川大学图书馆、重庆市北碚图书馆。

《博物专刊》（1930年）

1930年10月出版，中国西部科学院博物苑编辑发行。中国西部科学院是中国第一所民办科学院，由爱国实业家卢作孚创办，以“从事于科学之探讨，以开发宝藏，富裕民生”为目的，地址在重庆北碚文星湾42号。

本刊创刊目的是“搜集峡区古玩，整理排列，联合展览，总结成果”。本刊刊载了博物馆成立的经过、在东北征集标本的经过、科学院概况等内容。

本刊为自然科学类刊物，仅出1期。线装，手写影印本，共17页。四周双边栏，版心有页码，单黑鱼尾。现保存于重庆图书馆、四川省图书馆。

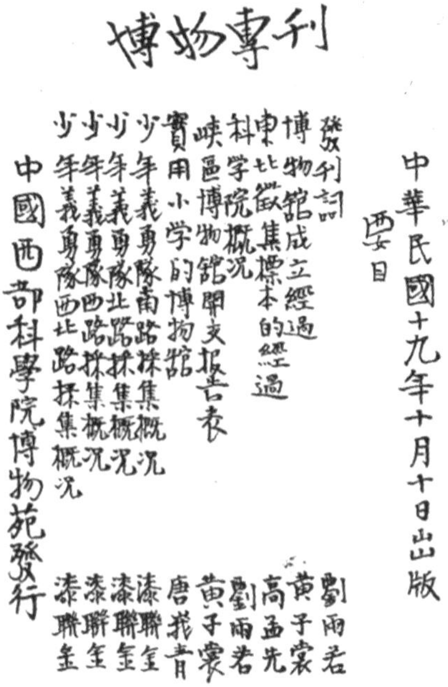

《博物专刊》封面

《合师校刊》（1930年）

1930年创办，合川师范学校编辑出版。

本刊“登载学校的历史、概况及动态，报道学术研究、学校的学制概况”，设有论著、书报介绍、大事记、文艺等栏目。

本刊为校刊，刊期不详。16开本，石印。现保存于重庆市北碚图书馆。

《新宜宾》（1930年）

1930年创刊，宜宾留渝学会出版（地址在重庆曹家巷65号）。黄菀乡主办，曾得到宜宾地方军政官员的捐助。

本刊以“灌输文化，联络感情，揭穿乡梓黑暗”为宗旨。本刊语言诙谐幽默，以揭露贪污土劣之辈为主要内容，“以其人之金钱，揭穿彼辈之黑幕”。

本刊为学会刊物，月刊。16开本。出4期后停刊。现保存于四川省图书馆。

《妇女周刊》（1930年）

1930年创刊，重庆市妇女协会编辑出版（地址在重庆市党务指导委员会内）。

本刊“以阐扬三民主义，铲除封建制度，促进妇女智识，提高妇女权能，谋自身解放利益为宗旨”，设有论文、会务、批评、文艺、特载等栏目。本刊刊载了《重庆市妇女协会简介》《重庆市妇女协会成立暨国际妇女运动节二十周年纪念宣言》等内容。

本刊为妇女刊物，周刊。32开本，铅印。横版，单栏。其创刊号现保存于重庆图书馆。

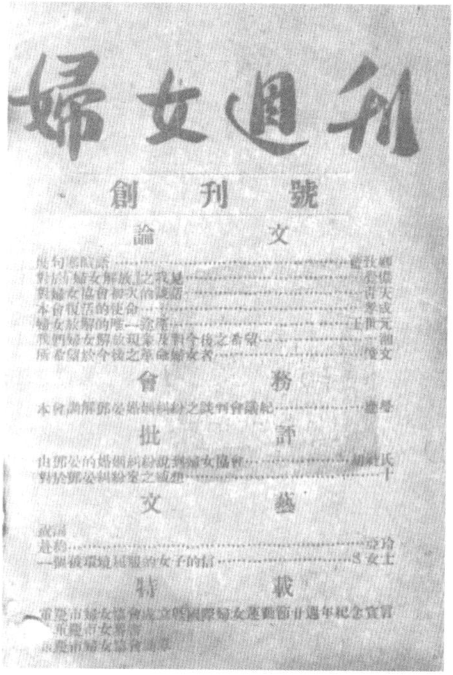

《妇女周刊》创刊号封面

《万县县立中学校校刊》（1930年）

1930年出版，万中校刊编辑室编辑，万县石琴印刷公司印刷。

本刊设有特载、论坛、校闻、文艺等栏目，载文有《我也谈谈教育》《我所盼望于青年学生的三件事》《我之贫富观》等。

本刊为中学校刊，不定期刊。目前仅见第二期。现保存于上海图书馆。

《路灯》(1930年)

1930年在重庆出版，国民革命军第二十一军特务委员会编印。

本刊为军事政治工作刊物，刊期不详。出版1年多后停刊。32开本，铅印。竖版，单栏。现保存于重庆图书馆。

《新生特刊》(1930年)

1930年在重庆创刊，永川新生特刊社编印。主笔为曾砚愚。

本刊办刊宗旨为“调和精神与物质的关系，竭力以取其应当保留与接受的部分，予以修正与追求”。本刊设有论著、文艺、小新闻、杂俎、时评等栏目。

本刊为社科类刊物，刊期不详。32开本，石印。现保存于重庆市北碚图书馆。

《铁塔》(1930年)

1930年在重庆创刊，铁塔半月刊社编辑发行。

本刊以“介绍现代思想，推进新兴的革命艺术”为宗旨，也“重视青年修养生活问题”。其栏目有论文、译著、小说、诗、小品、青年修养、生活、求学、恋爱等，载文有《现阶段的文艺特征》《我的艺术观》《爱的幻灭》等。

本刊为文艺刊物，半月刊。16开本，铅印。横版。封面由简单的图案和文字组成。终刊时间不详。现保存于重庆图书馆、上海图书馆。

《政刊》(1930年)

1930年在重庆创刊，国民革命军第二十一军政务委员会编辑。

本刊刊登国民革命军第二十一军政务委员会发布的公牍、法规、训令、指令、函电、批文。

本刊为政务刊物，不定期刊。16开本，铅印。竖版，单栏。现保存于上海图书馆。

《县政周刊》—《万县政刊》（1930年）

《县政周刊》约于1930年初创刊，万县县政府周刊编辑处编辑，万县县政府发行，王方舟题写刊名。本刊出第五十二期后进行改组，1931年4月改组后的第一期即第五十三期。约出至1933年1月第七十期改名为《万县政刊》，刊期续前，万县政刊编辑处编辑，万县监狱习艺所印刷，仍由万县县政府发行，主编林惠生，另有校对、收发各一人。约1934年末林惠生辞职，由王朴欧接编。1934年4月，万县成立四川省第九区行政署督察专员公署，本刊即停刊，前后共出约120期。

本刊创刊宗旨为“阐明县政的真正意义，公布县政的法令”。本刊主要刊载政府的各种文件，报道各地的新闻及消息，设有论著、公牍、规程、本周国内外新闻、专载、时评、文艺、训令、各地县政消息、附录等栏目。

本刊为县政刊物，周刊；1933年1月自第七十期起改为半月刊；1935年起改为月刊。16开本，铅印。竖版，单栏。非卖品。每月经费300余元，由县所属机关摊派，每期发行百余份，均为赠阅。现保存于重庆图书馆、达州市档案馆、四川省图书馆。

《艺专周刊》（1930年）

1930年10月创刊，重庆市私立艺术专门学校编行。

本刊创刊宗旨为“不断努力，以竟艺术教育之全功”，设有论著、演讲、文艺、通讯、校闻栏目。

本刊为学校刊物，周刊。16开本。横版，单栏。其他出版信息不详。目前仅见1930年12月30日出版的第二期。现保存于重庆图书馆。

1931年期刊

《县政周刊》—《石柱县政月刊》—《石柱县政周刊》—《县政半月刊》（1931年）

《县政周刊》于1931年1月1日创刊，县政周刊社主任为白景韩。1935年5月改名为《石柱县政月刊》，由石柱县政月刊编辑处编辑，石柱县政月刊发行处发行。1935年8月经县行政会议议决，改出周刊。不久，又改名为《县政半月刊》。

本刊刊载石柱县县政府发布的政令、工作报告、地区信息等内容。

本刊为县政刊物，先为周刊，后改为月刊、周刊、半月刊。32开本，石印。目前仅见第三期，现保存于达州市档案馆。

《涪陵县政周刊》（1931年）

1931年1月6日创刊，涪陵县政周刊社编辑处编辑，涪陵县县政府收发科发行。

本刊“以公布政令、发挥政论，促进地方事业，阐扬民治精神为宗旨”，设有选载、法规、公牍、附载、消息等栏目，消息又分为国际、国内、省内、县内等版块。

本刊为地方行政刊物，周刊；1932年4月改为旬刊；同年10月改为月刊。常常不能按时出版。1931年11月8日出版第十九期，1932年2月10日出版第二十五期。大32开本，后改为小32开本，石印。非卖品。每期发行260份。现保存于四川大学图书馆、达州市档案馆、上海图书馆。

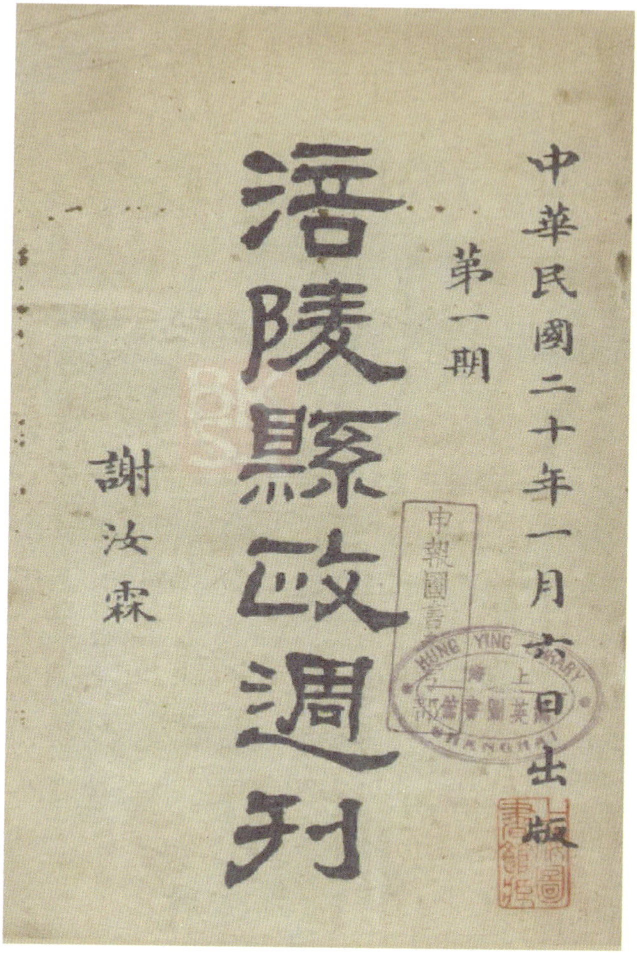

《涪陵县政周刊》第一期封面

《医务月刊》(1931年)

1931年1月创刊，国民革命军第二十一军编行。

本刊以“灌输医药智识”为宗旨。本刊主要栏目有论坛、专著、卫生行政、市政卫生、译述、临床实验、转载、杂俎等，载有《中西医药学术之比较观》《军队中卫生人员易犯之通病》《军医与战斗力之关系》《论鼠疫之危害》等文章。

本刊为军事医学刊物，月刊。16开本，铅印。竖版，双栏。其他出版信息不详。现保存于重庆图书馆、上海图书馆。

《长寿县政周刊》（1931年）

1931年2月9日创刊，长寿县政周刊社编辑处编辑，长寿县县政府发行，教育品贩卖厅印刷。

本刊设有训令、规程、公牍、会议录、专载、本周政务消息、附录等栏目，登载长寿县一周政务消息。

本刊为县政刊物，周刊。现保存于重庆图书馆。

《造林特刊》（1931年）

1931年3月出版，中国西部科学院农林研究所编辑发行（地址在重庆北碚）。中国西部科学院农林研究所于1931年由卢作孚创设，其宗旨为“垦荒地，培育森林，并收求优良稻、麦、蔬菜、果树及牲畜作改良之研究，试验成功即从事繁殖推广，以增加农业生产”。

本刊刊载中国西部科学院农林研究所的造林计划、造林面积等内容。

本刊为林业刊物，不定期刊。16开本。保存地不详。

《建设半月刊》—《建设月刊》（1931年）

《建设半月刊》于1931年4月21日创刊，国民党万县党务指导委员会主办，华盛印务公司印刷。

本刊设有论文、特载、工作报告、政治、党务报告、政治问答、杂谈等栏目，主要刊载万县党务概况、规章等内容。

本刊为党务刊物，半月刊，后改为月刊。重庆图书馆现保存有1期。

《归纳学报》(1931年)

1927年12月在菲律宾创刊，为纯学术杂志。伍剑禅创办兼编辑，归纳学报社发行，华洋铅印石印有限公司印刷。后因伍剑禅归国讲学停刊，仅出1期。1931年4月在渝出版，期数另起，主编伍剑禅，编辑兼干事王正燧，通信处为重庆江北洗布塘唐宅王正燧收转，由归纳学报社发行，重庆半边街进化铅石印社印刷，重庆中华书局总代售（地址在白象街14号）。

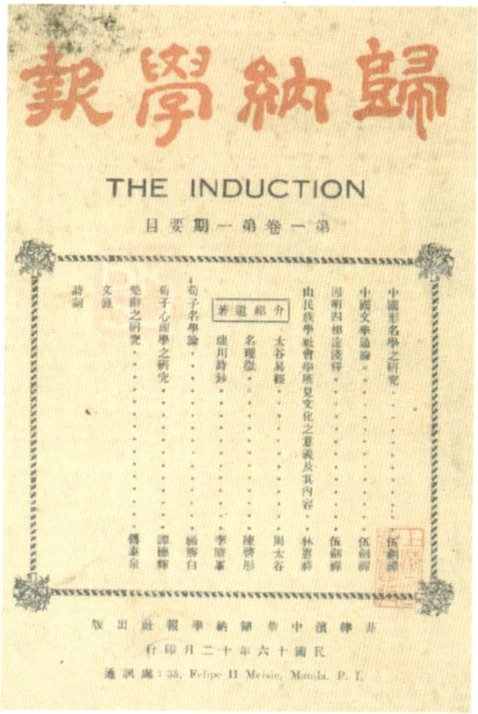

《归纳学报》第一卷第一期封面

本刊以“提倡文化，研究学术、文艺为宗旨”。主要撰稿人有乐调甫、蓝梦九、毕无方、景昌极、林惠祥、沈星北、宋介、汪清渝、甘蛰仙、伍非百、伍剑禅、王正燧等。本刊刊载了《摄论学派之缘起及其经典之译传》《春秋左传引诗异同考》等内容。

本刊为中国文化研究刊物，月刊。16开本，铅印。竖版，单栏。本刊登载广告，按等级收费。现保存于四川省图书馆、四川大学图书馆、上海图书馆。

《西南和平法会特刊》(1931年)

1931年4月，重庆南岸真武山曾建坛场，名曰西南和平法会，为川滇黔三省人民消灾祈福。会后于1931年4月8日出版《西南和平法会特刊》。出版者为西南和平法会，编辑者为张若心，发行者为西南和平法会，重庆竞争铅石印社代为印刷。

本刊主要撰稿人不详，主要栏目有要电、法宝、诗录、照片等。本刊刊载有关佛学的言论、译丛、传授、纪录、通讯、文苑等，还有与佛教有关的照片等。

本刊为特刊。非卖品，奉赠全国佛学机关、佛教团体及海内外诸山长老、诸大德居士等。竖版，单栏。目录以字体变化划分版块，正文中以简单的图案来区分栏目。现保存于重庆图书馆、四川省图书馆、甘孜州档案馆。

《税务汇刊》（1931年）

约1931年4月创刊，重庆税捐总局编辑发行。仅出2期后，虽重庆税捐总局改组为川东税捐总局，但“川东税捐总局仍有编纂计划，以资衔接，汇分或不尽相同，体制则无大异”。

本刊由甘绩镛作序，有唐式遵、刘航琛、潘文华、王缵绪等人的题词，刊载了税捐总局成立的经过、概况、原有各税捐沿革等内容。

本刊为税务刊物，不定期刊。16开本，铅印。竖版，双栏。终刊时间不详。现保存于重庆图书馆、四川省图书馆。

《农事》（1931年）

1931年2月重庆四川农学研究会成立，1931年5月初创办《农事》，重庆四川农学研究会编印，出28期后因经费困难停刊。后因“会员日益加多，且以此种刊物为目前环境所需要”，本刊在1935年5月复刊。

本刊刊载重庆四川农学研究会的概况、规章、制度及组织活动，并对农作物的研究工作给予指导。

本刊为农学刊物，月刊。终刊时间不详。现保存于南京图书馆。

《学生半月刊》(1931年)

1931年5月9日创刊，奉节联合县立中学校学生自治会编辑出版。

本刊被看作“夔州的暮鼓晨钟”，其创刊宗旨为“灌输文化，铲除迷信，阐扬三民主义，发扬学校精神”。本刊设有讲演、论著、文艺、常识、杂俎、专载等栏目。

本刊为中学社团刊物，半月刊。现保存于四川大学图书馆。

《航空月刊》(1931年)

1931年5月创刊，国民革命军第二十一军航空部参谋处编译股编辑发行，重庆博文印字馆印刷。

本刊主要刊登航空学术论文和译述，航空司令部的呈文、公函、公电，同时报道当时国内外航空方面的新闻。

本刊为航空类刊物，月刊。16开本，铅印。竖版，单栏。封面由图片和文字组成。1934年出第二十三期后停刊。现保存于中国国家图书馆、上海图书馆、重庆大学图书馆。

《航空月刊》第二期封面

《四川交通统计简报》(1931年)

1931年6月创刊，交通部总务司编辑出版。

本刊详细介绍了全川的地理环境、道路修建概况、交通部门的章程与命令等内容。

本刊为交通类刊物，月刊。现保存于中国国家图书馆。

《建设月刊》(1931年)

约1931年7月创刊，璧山县建设局编行。

本刊的创刊宗旨为“宣传及研究全县建设、行政事业的进行，以实施地方物质建设为目的”。其主要内容是有关建设范围、内容的各种法令，以及“实施计划与训政时期应用之科学常识”，设有论述、公牍、局务概况、法规等栏目。

本刊为地方建设刊物，月刊。石印。其他出版信息不详。现保存于重庆市北碚图书馆。

《建设专刊》(1931年)

1931年9月创刊，合川县建设局创办。

本刊刊载的内容有合川县建设局人员概况、会议决议案、本县的公路路线图、公牍、章则，以及会议纪要等资料。

本刊为地方建设刊物，半月刊。现保存于北京大学图书馆、中山大学图书馆。

《潼南县教育季刊》（1931年）

1931年10月创刊，潼南县教育季刊编辑部印行。

本刊创刊目的是“担负评判全县教育的责任，担负介绍教育学说的责任，担负传播意见的责任”，设有论著、译汇、公牍、教育报告、教育消息、文艺、附录等栏目。

本刊为地方教育刊物，刊期不详。16开本，铅印。竖版，双栏。目录以字体大小简单区分版块。仅见第一期。现保存于重庆图书馆。

《峡影》（1931年）

1931年11月7日创刊，重庆北碚实验小学峡影编辑室编辑。

本刊的创刊目的在于“表露重庆北碚实验小学学生的生活，显示学生们的学习天地”，内容都是小学生的作品。

本刊为小学校刊，不定期刊。仅见第二期、第六期和第八期。现保存于重庆市北碚图书馆。

《反日特刊》（1931年）

1931年11月创刊，合川各界反日救国大会宣传科编辑发行，合川进新印刷公司印刷。

本刊创刊宗旨在于“爰本先总理提倡民族精神之义，唤醒我国民深自‘体量一番’，一欲我四万万同胞之良心，作最后一脉之跳动”。本刊“刊载日军的暴行，讨论日本侵略的目的”，刊载了《合川各界反日救国大会职员一览表》及《武装救国》《我国过去之反日运动》等内容。

本刊为抗日民主运动刊物，特刊。仅出1期。线装，铅印。版心有刊名及页码，单黑鱼尾，四周双栏。现保存于重庆图书馆。

《四川省立第二女子师范学校校友会期刊》(1931年)

1931年出版，四川省立第二女子师范学校校友会编辑发行。

本刊的创刊宗旨为“使女子获得真正的解放”，主要栏目有记载、论著、社论、教育、文学批评、读书杂记、文艺、诗、附录等。本刊以报道学校消息、刊发研究论著为主，还刊登文艺作品等。

本刊为校友会刊物，特刊。16开本，铅印。竖版，双栏。现保存于重庆图书馆。

《四川省立第二女子师范学校校友会期刊》创刊号封面

《重庆市中华基督教青年会十周年纪念专册》(1931年)

1931年发行，重庆市中华基督教青年会编辑发行。

重庆市中华基督教青年会于1921年5月开始筹备，租陕西街万寿宫为会所，于1922年5月正式成立，名誉会长甘典夔、李翰丞，会长李志豪，副会长陈铁生。该会初设德育、智育、体育、童子、总务五部，后又增设职工、电影、农民、学生等部，还设有南泉分会、两路口办事处、歌乐山办事处、沙坪坝学生服务社等。

本刊有张之江先生为之作的序，刊载了重庆市中华基督教青年会十年来的组织发展概况，各部的赈灾、助学等各项活动情况介绍，重庆市中华基督教青年会十年来收支总报告等内容。

本刊为教会刊物，纪念特刊。仅见1期，110页。16开本，铅印。现保存于重庆图书馆。

《重庆市中华基督教青年会十周年纪念专册》封面

《团务旬刊》(1931年)

约1931年创刊，在潼南出版。

本刊以“革新民众自卫方法，实施政治训练，以期养成民众武力，拥护民众利益”为宗旨，刊登潼南团练局的公电、命令、公牍、法规、团务消息等内容。

本刊为团务刊物，初为旬刊，后因人力、财力不足，曾并入《潼南民报》。保存地不详。

《救国周刊》(1931年)

约1931年创刊，在潼南出版。

本刊“建议全国同胞，一致团结起来，促息内争，御外侮，赈灾区，集中全民技能力量，做长期抗日的后盾”。本刊刊载了分析时局、介绍国内外形势以及坚持抗日救国立场的文章。

本刊为救国宣传刊物，初为周刊，后因人力、财力不足，曾并入《潼南民报》。保存地不详。

《涪陵教育旬刊》(1931年)

1931年9月创刊，涪陵县教育局编辑发行，涪陵德利石印局印刷。

本刊设有论说、特载、法规、计划、公牍等栏目。主要撰稿人有梁漱溟、钟伯良等。本刊以“研讨教育实际问题，介绍国内外教育消息，促进本县教育发展”为宗旨，刊载的内容有关于国内外教育问题的著述、涪陵县教育局督学服务细则及学校教育的实际情形、各种教育统计事项等。

本刊为教育类刊物，旬刊。16开本，石印。现保存于重庆图书馆。

《涪陵教育旬刊》第五期封面

1932 年期刊

《青年世界》(1932年)

1932年1月1日创刊，青年世界社编辑发行（地址在重庆天主堂街），经售处有北平文化学社、武昌群化书局、成都现代文化社、广州图书消费合作社、开封豫郁文书局及本外埠各大书店。

本刊旨在“指导青年思想，灌输必需知识，增进生活兴趣”，设有青年论坛、日本研究、文艺讲座、科学百话、小说、诗歌随笔等栏目。

本刊为综合性青年刊物，月刊。16开本。竖版，单栏。现保存于中国国家图书馆、北京大学图书馆、上海图书馆、湖北省图书馆、四川省图书馆、重庆图书馆、中山大学图书馆。

《青年世界》第一卷第一期封面

《绿漪》(1932年)

1932年1月1日创刊，四川省四师校（万县师范前身）文史组编辑发行。

本刊第一期为“诗歌专号”，刊载了《这一片幽情》《灵魂的呼号》《落花》《何处是我的故乡》《月下回忆》《黄昏道上》《海边》等45首诗歌。

本刊为文学刊物，不定期刊。32开本，铅印。竖版，双栏。现保存于重庆图书馆。

《济川公报第一周年纪念特刊》(1932年)

《济川公报》是国民革命军第二十一军的机关报，1931年1月11日在重庆创办。由第二十一军核心组织武德励进会中的彭光汉、刘尧黎、周瑞麟、张联芳等人筹备创办。1932年1月该报出版一周年时特出《济川公报第一周年纪念特刊》。

本刊主要栏目有论著、专著、小说、诗。其中有勉生的《身在报界好修行》、周瑞麟的《我对于济川报一年来的观感和将来的希望》、伍剑禅的《说十二因缘》等文章。

本刊为地方宣传刊物，特刊。仅出1期。大32开本，铅印，共104页。竖版，单栏。现保存于四川省图书馆、重庆图书馆、上海图书馆。

《工人读物》(1932年)

1932年2月1日出版，中国劳动学社发行，中国劳动学社编纂委员会编辑（地址在重庆新街口第11号）。

本刊“研究与探讨劳工问题，介绍各种工业概况及常识”，旨在强调“工业生产重要性，号召工人加紧生产，做抗战的后盾”。其栏目有论坛、工业常识、安全须知、工人须知、调查统计、报告经验谈、文艺等。

本刊为工人刊物，月刊。16开本，铅印。竖版，单栏。本刊封面由刊名、出版项及本期目录组成。现保存于中国国家图书馆、陕西省图书馆、甘肃省图书馆、中山大学图书馆、上海图书馆。

《涪陵县立女中校校刊》(1932年)

1932年2月创刊，涪陵县立女中校出版委员会编辑，涪陵县立女中校校务处发行，上海黎明书局代印。

本刊登载涪陵县立女中校校歌、县长谢汝霖的题词，介绍涪陵县立女中校校史、学校的现状及今后的计划。本刊刊载的学生作品，“纯系平时作文集成，意在保存其真实性，未加修改，不免有一些错误”。本刊设有校闻、论述、文艺、附录等栏目。

本刊为中学校刊，不定期刊。16开本，铅印。横版，单栏。本刊刊载了北碚农村银行的广告。现保存于重庆图书馆。

《造林运动特刊》(1932年)

1932年3月出版，涪陵县建设局所办。

涪陵县建设局为纪念本县的造林运动和总结本县的造林成果，特出此特刊。本刊刊载了涪陵县建设局关于植树造林的办法、保护森林的制度及规章等内容。

本刊为地方林业建设刊物，特刊。保存地不详。

《巴县县政旬刊》—《巴县政刊》(1932年)

约1932年春创刊，1932年6月改为《巴县政刊》，巴县政刊编辑室编行，巴蜀印刷社代印。

本刊主要刊登民政、建设等方面的公牍、公文，发表行政会议报告、法规，介绍当地商情、账务情况，报道重要新闻等。第四十六期到第五十四期合刊为“县乡财政划分专号”。

本刊为地方行政刊物，旬刊，后改为三日刊。有四边栏，竖版，每期8页。现保存于重庆图书馆。

《卫防通讯》(1932年)

1932年4月创刊，黔江军政部战时卫生人员训练所第四分所创办。

本刊专载了黔江县的卫生动态、卫生环境、规章办法、工作报告、工作计划等。

本刊为地方卫生刊物，月刊。受财力、人力、战争等影响，本刊并没有按月准时出版。1945年抗日战争胜利后停刊，共出44期。现保存于重庆图书馆、南京图书馆。

《涪陵县政旬刊》(1932年)

1932年4月创刊，涪陵县政旬刊社编辑处编辑，涪陵县县政府收发科发行，涪陵县德利石印社印刷，涪陵县各书局代售。

本刊“以公布法令，宣传政教，启迪民智为宗旨”，“以实现三民主义，完成政训工作为使命”。本刊主要刊载全县有关地方行政和地方自治的各种论文、评述以及统计、规则、命令、布告等内容。本刊是《涪陵县政周刊》的延续。

本刊为地方行政刊物，旬刊。小32开本，铅印。竖版，单栏。现保存于上海图书馆。

《酉阳党政周刊》(1932年)

1932年6月创刊，国民党酉阳县党务指导委员会干事冉启熙任主编，洪恩沛、王行余等负责采访、编辑、发行工作。1938年冬停刊。1939年2月复刊，王伯群、陈子如任编辑。

本刊主要刊发国民党的政策、法令和地方新闻。

本刊为地方政论性刊物，周刊。1949年酉阳解放前夕终刊。保存地不详。

《新世界》(1932年)

1932年7月12日在重庆创刊，张从吾编辑，民生实业股份有限公司发行（地址在重庆第一模范市场）。民生公司的合川电灯自来水厂、泸县代办处、万县代办处、宜昌分公司、汉口办事处、上海办事处、各轮船账房等分售。到1939年5月共出了14卷149期。因为敌机轰炸，印刷困难而停刊。1944年1月在上海复刊，至1947年8月停刊，复刊后发行期数不详。

本刊主要撰稿人有星林、王天循、江昌绪、潘疏九、甘南引、陈齐元、罗任吾、郝德柱、李桐先、萧本仁等。本刊设有短评、读书报告等栏目。

本刊的创刊方针是“不宣传个人，只宣传事业；不介绍事业的成绩，只介绍事业的艰难困苦”。本刊以报道“新世界和新中国的新事业、新发明、新运动以及成功事业与人物为己任”。其内容在1932—1939年以发布该公司内部消息和活动为主，复刊后内容扩大到介绍港口业、建筑业、农业的经济发展，科学技术的新发明和工业、企业界优秀人物，并有经济、贸易、金融、物价等方

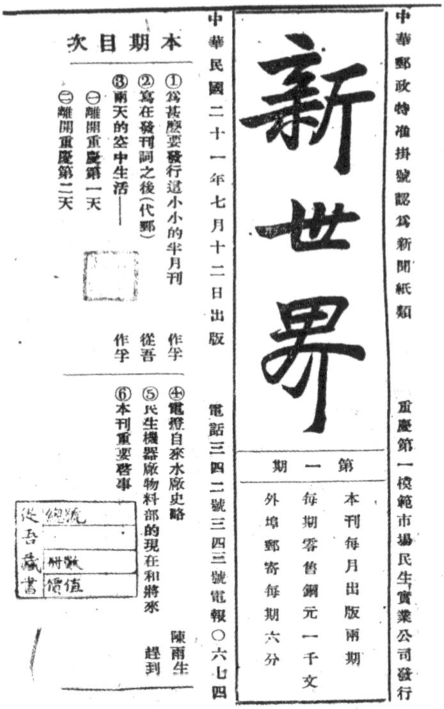
中華郵政特准掛號認爲新聞紙類
新世界
重慶第一模範市場民生實業公司發行
第一期
本刊每月出版兩期
每期零售銅元一千文
外埠郵寄每期六分
中華民國二十一年七月十二日出版
電話三四二號三四三號電報〇六七四

本期目次

① 爲甚麼要發行這小小的半月刊 作孚
② 寫在發刊詞之後（代郵） 從吾
③ 兩天的空中生活—— 作孚
㈠ 離開重慶第一天
㈡ 離開重慶第二天
④ 電燈自來水廠史略 陳雨生
⑤ 民生機器廠物料部的現在和將來 趕到
⑥ 本刊重要啓事

《新世界》第一期封面

面的问题讨论和介绍美国等发达国家解决劳资问题的方法，发表有关实业、金融、工业革命、战时军需方面的论文和译文，介绍西方各国经济建设的经验教训与经济著作。

本刊为经济刊物，半月刊，1937年9月改为月刊，1939年2月又改为旬刊，约同年4月再改为月刊。本刊原以期计算，从第一百〇九期起（第十卷第一期）改为卷期计算。原为32开本，自总期第一百二十一期起改为16开本，铅印。竖版，双栏或三栏。本刊封面由无独立封面发展到图文组合封面。现保存于中国国家图书馆、中国科学院图书馆、中国人民大学图书馆、北京大学图书馆、清华大学图书馆、中国社会科学院世界历史研究所资料室、南开大学图书馆、山东省图书馆、山东大学图书馆、陕西省图书馆、甘肃省图书馆、辽宁省图书馆、上海图书馆、复旦大学图书馆、华东师范大学图书馆、南京图书馆、南京大学图书馆、安徽省图书馆、浙江图书馆、武汉图书馆、武汉大学图书馆、四川省图书馆、四川大学图书馆、重庆图书馆、云南大学图书馆、桂林图书馆、广东省立中山图书馆。

《合川县政务月刊》（1932年）

1932年7月创刊，合川县政府总务科编辑，合川县民福印刷公司代印。

本刊主要栏目有法规、政令、团务、教育、附注、财政、建设、公安、慈善、附载。

本刊为地方行政刊物，月刊。16开本，铅印。竖版，单栏，每期约140页。现保存于重庆图书馆、四川省图书馆、达州市档案馆。

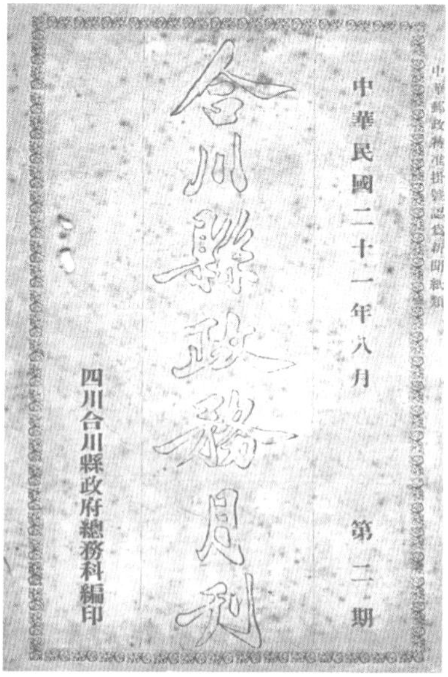

《合川县政务月刊》第二期封面

《四川月报》(1932年)

1932年7月创刊，重庆中国银行编辑发行。

本刊“材料纯据各报之记载分类编成”，内容包括财政、金融、商业、产业、交通、社会一瞥、教育、川边、时事等。

本刊为综合性刊物，月刊，每6期为1卷。32开本，铅印。竖版，单栏。本刊封面由图片和文字组成。现保存于中国国家图书馆、中国人民大学图书馆、清华大学图书馆、首都图书馆、中国社会科学院世界历史研究所资料室、南开大学图书馆、上海科技图书馆、复旦大学图书馆、南京图书馆、南京大学图书馆、浙江图书馆、武汉大学图书馆、华东师范大学图书馆、贵州省图书馆、中山大学图书馆。

《夏令营汇刊》(1932年)

1932年夏出版，重庆青年会少年部编辑发行。卢作孚题写刊名。

本刊刊载了重庆历届夏令营的情况，介绍了重庆第四届夏令营活动的盛况。本刊还刊登了卢作孚的讲演《青年之出路》。

本刊为社团刊物，刊期不详。16开本，铅印。现保存于四川省图书馆。

《政务月刊》(1932年)

1932年8月1日发行，国民革命军第二十一军政务处总务科第三股编辑发行（地址在重庆左营街国民革命军第二十一军政务处），国民革命军第二十一军财政处印刷所印刷。1933年8月1日起改为卷期出版。

本刊主要栏目有插图、法规、特载、新闻，刊载了国民革命军第二十一军司令部政务处组织大纲、办事细则、政务讨论会规程以及国民革命军第二十一军戍区县政府组织大纲等内容。

本刊为地方军政刊物，月刊，每月逢1日出版。封面为纯文字布局，有花纹四边框；正文有四边栏。竖版，双栏。现保存于重庆图书馆、四川省图书馆、达州市档案馆。

《九一八纪念特刊》(1932年)

1932年9月出版，国民党潼南县党务指导委员会宣传部编行。

本刊主要栏目有论著、特载、记述、文艺等，刊载的内容有《纪念“九一八”县党部告民众书》、抗日史事，还介绍了当时有关国际形势、抗日问题的论著，刊登了爱国忧国的诗词等。

本刊为抗战宣传刊物，特刊。仅见1期。大32开本，石印。现保存于四川大学图书馆。

《道教季刊》(1932年)

约1932年9月创刊，合川县道教会编辑出版。

本刊宣扬道教思想，刊载合川县道教会的组织制度及活动。

本刊为宗教刊物，季刊。共出2期。现保存于浙江图书馆、湖南图书馆、广东省立中山图书馆。

《南川平儿院季报》(1932年)

约1932年秋创刊，南川平儿院季刊社编行。

本刊内容有专载、生活实录、学艺研究、经济概况等。

本刊为学校刊物，季刊。32开本，石印。其他出版信息不详。目前仅见第三期。现保存于重庆市北碚图书馆。

《铜梁县政公报》（1932年）

1932年10月创刊，铜梁县政公报社编辑，铜梁县政府发行，铜梁文化石印社印刷。

本刊以“谋政务之公开，事业之刷新”为宗旨，刊登铜梁县内政、团务、教育、建设、社会、财政、公安等公牍，县政会议录和本县新闻。本刊经费由县政府教育、建设、财务三科分担。

本刊为县政刊物，月刊。16开本，石印。先后有闵永濂、钟雨涛为本刊题写刊名。1934年出至第三十期终刊。现保存于重庆图书馆、上海图书馆。

《武装的民族》（1932年）

1932年10月创刊，重庆市川康团务委员会编行，德新印刷局印刷，新中华晚报社、平民书店代售。

本刊设有时事述评、论著、译著、特载、团务、章令等栏目。本刊还刊登了忠县、垫江、梁平临时特组团务局组织大纲等内容。

本刊为民众武装刊物，周刊。竖版，单栏，每期约90页。其他出版信息不详。现保存于重庆图书馆、四川省图书馆。

《武装的民族》第二期封面

《警备部月刊》（1932年）

约1932年11月出版，重庆警备司令部编行。

本刊主要登载重庆警备司令部的组织架构、法规、公牍、言论、杂录等资料，还有在职职员统计表等内容。

本刊为警备工作刊物，月刊。保存地不详。

《世界佛学苑汉藏教理院开学纪念特刊》（1932年）

1932年12月1日出版，汉藏教理院编辑发行（地址在重庆嘉陵江缙云寺），上海佛学书局印刷，发行处有嘉定乌尤寺、武昌佛学院、重庆佛学社、成都文殊院、闽南佛学院、上海佛学书局。1931年5月，汉藏教理院筹备处正式成立，地址初设于重庆佛学社内，后定院址为北碚缙云寺，以组织世界佛学苑汉藏教理院为目的，办理一切筹备事务。

本刊的创办宗旨为“研究汉藏佛学，沟通汉藏文化，团结汉藏精神，巩固西陲边防，并发扬汉藏佛教，增进世界文化”。本刊主要栏目有演说、纪事、文件、院务、杂俎、章则等。本刊详细刊载了汉藏教理院的创办过程、教理院的各种文件、电函等内容。

本刊为学院刊物，纪念特刊。16开本。竖版，双栏。目录页有简单的版块划分，共229页。现保存于重庆图书馆、四川省图书馆。

《朝暾》（1932年）

1932年创刊，江津中学学生王利器等组织的朝暾社编印。

本刊的创刊目的是揭露军阀横征暴敛的罪行，主要刊载了漆树棻的《帝国主义铁蹄下的中国》，及郭沫若、蒋光慈的作品等。朝暾社被迫解散后，本刊即停刊。

本刊为学生社团刊物，月刊。油印。保存地不详。

《秀山周刊》(1932年)

1932年创刊，国民党秀山县党务指导委员会创办，原为《党务月刊》。

本刊主要刊登政令，也发表抨击时局的文章，登载抗日战争消息和县内新闻。

本刊为地方行政刊物，刊期不详。石印。本刊出版时间较长，约出至秀山解放前夕停刊。其他出版信息不详。保存地不详。

《重庆晚报四周年纪念特刊》(1932年)

1932年出版，重庆晚报社编辑发行。

本刊为《重庆晚报》出版四周年的纪念刊，内容包括该报“出版四年来之回顾及以后之展望”，另有一些新闻事业方面的文章。

本刊为新闻出版类刊物，特刊。现保存于重庆图书馆、上海图书馆。

《商馀季刊》(1932年)

1932年创刊，开县职业学校编印。

本刊有论坛、谈丛、文艺、小诗等栏目。

本刊为职业学校刊物，刊期不详。16开本，油印。竖版，单栏。本刊封面由简单的图片和文字组成。仅见1期。终刊时间不详。现保存于上海图书馆。

《凯特》(1932年)

1932年在重庆出版，凯特旬刊社编辑发行。

本刊主要刊载有关时事评论的文章，如淞沪会战结束后，日本提出了所谓的“圆桌会议”，本刊对此事发表了《对上海圆桌会议之分析》一文，痛斥了《淞沪停战协定》签订后日军新的扩张行径。

本刊为时事评论刊物，旬刊。16开本，铅印。仅见创刊号。现保存于四川省图书馆。

《合川教育》（1932年）

1932年创刊，合川县政府教育科编辑发行，合川县民福印刷公司代印。

本刊以“传达教育消息，改进合川教育”为宗旨，刊载的内容有合川各区教育成绩概况、教育论文、统计事项等。

本刊为教育刊物，月刊。竖版，单栏。目录有版块划分。共出5期，1932年停刊。目前仅见1932年出版的第四、五期合刊，为1932年春季全县小学视察专号。现保存于重庆图书馆。

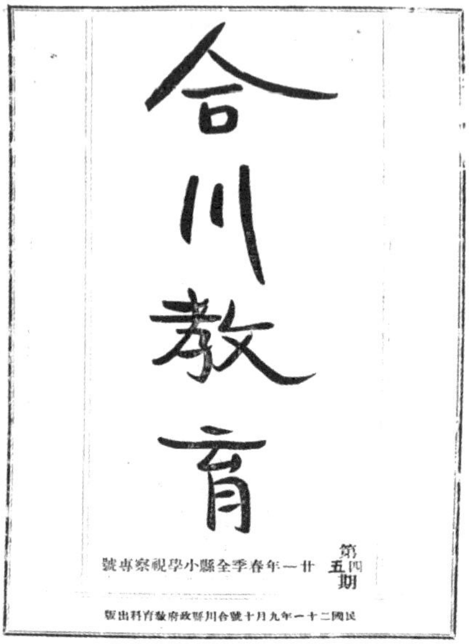

《合川教育》第四、五期合刊封面

《后劲周刊》（1932年）

约1932年在云阳出版，云阳县城绅商界为反对国民革命军第二十一军过量摊派“国难救急费”而创办《后劲周刊》。

本刊旨在揭露军阀搜刮民财，声援赴省代表请愿。

本刊为地方民情刊物，刊期不详。共出7期后停办。保存地不详。

1933年期刊

《梁山县政半月刊》（1933年）

1933年1月创刊，梁山县政半月刊社编印。编辑主任贾民新，编辑刘直材、罗世杰、刘明忠、马晋魏。

本刊主要刊载了梁山县的法规、县府政令、教育概况、建设情况、财政、团务消息、慈善事业、杂俎、特载、专载等内容。

本刊为地方县政刊物，半月刊。16开本，铅印。现保存于四川省图书馆。

《革命军人》（1933年）

1933年1月创刊，国民革命军第二十一军编纂委员会编辑，国民革命军第二十一军特别党部发行，重庆德新印刷局代印。

本刊主要刊载时事论评、国内外局势、该军军事情况，也刊有文学作品，设有论著、时事述评、文艺、专载等栏目。

本刊为军队刊物，半月刊。16开本，铅印。竖版，单栏。非卖品。其他出版信息不详。现保存于重庆图书馆、上海图书馆。

《世界佛学苑汉藏教理院年刊》（1933年）

本刊又称《汉藏理学院年刊》，于1933年3月1日出版发行。汉藏教理院编辑发行（地址在缙云山缙云寺），上海佛学书局印刷。嘉定乌龙寺、武昌佛学院、南京佛学会、奉化雪宝寺、重庆佛学社、成都文殊院、闽南佛学院、上海佛学书局分发。

太虚大师为本刊撰写发刊词。本刊设有论著、学僧成绩、概况、函复等栏目，主要刊载“汉藏教理院的院务概况、教务概况、本院事务的过去与现在及未来、本院训育处之经过与未来、外界对于本院的记载”。本刊还刊登了太虚大师的《从全部佛教的教史教法说到今后僧教育的建设》、满智的《留别汉藏教理院同学书》等论著。

本刊为学院刊物，年刊。16开本，铅印。非卖品。封面有太虚大师的题字，刊内有藏汉两种文字，藏文为横排，汉文为竖排。现保存于重庆图书馆。

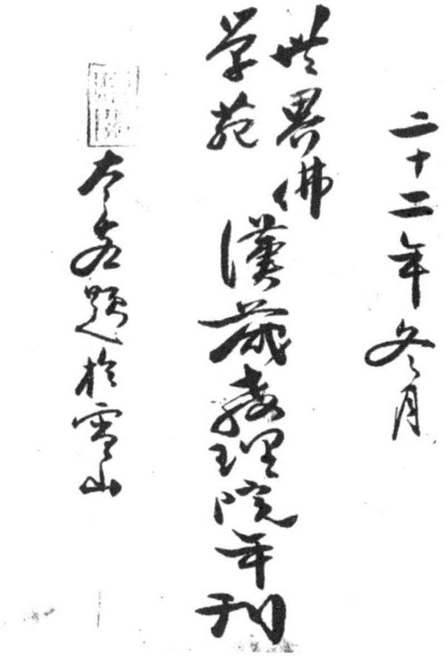

《世界佛学苑汉藏教理院年刊》封面

《教育月刊》(1933年)

1933年3月创刊，教育月刊筹备委员会编辑，重庆华北书局出版。

本刊旨在“有利于研究教育学术，介绍教育方法，讨论实际教育问题，教育为国家及社会的事业，一切设施，都应该昭示大众”。

本刊为教育刊物，月刊。现保存于重庆图书馆。

《工作周刊》—《工作月刊》—《北碚》(1933年)

《工作周刊》于1933年3月23日在重庆北碚创刊，由江巴璧合特组峡防团务局与中国西部科学院编辑，嘉陵江日报社发行，重庆德新印刷局印刷。

1936年，《工作周刊》改名为《工作月刊》，卷期另起，从第一卷第一期开始。嘉陵江三峡乡村建设实验区工作月刊编辑部编辑，嘉陵江三峡乡村建设实验区署发行，重庆新民印书馆印刷，各大书局分售。

1937年1月，《工作月刊》从第一卷第五期起改名为《北碚》，仍为月刊。其《更名启事》说：“兹因多数阅者之建议，同时敝部亦深觉《工作月刊》在顾名思义上，取材每多拘束，不如改为《北碚》后发行，因此本刊决定第五期起，改为《北碚》，

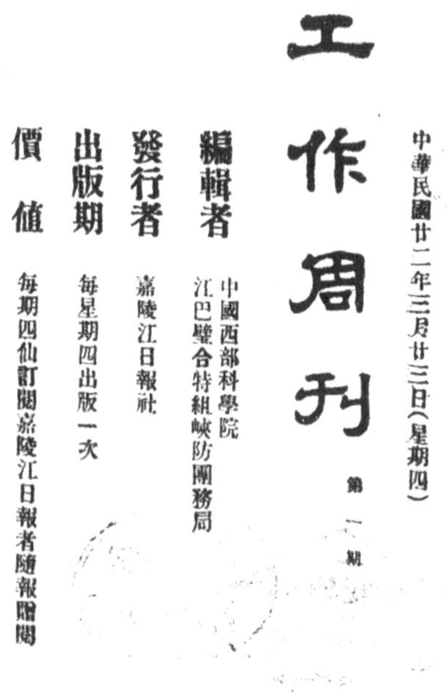
中華民國廿二年三月廿三日(星期四)

工作周刊

第一期

編輯者　中國西部科學院　江巴璧合特組峽防團務局

發行者　嘉陵江日報社

出版期　每星期四出版一次

價值　每期四仙訂閱嘉陵江日報者隨報贈閱

《工作周刊》第一期封面

其内容、质量多仍依旧。”《北碚》由嘉陵江三峡乡村建设实验区北碚月刊编辑部编辑，嘉陵江三峡乡村建设实验区署发行，新记巴蜀印刷社代印。

《工作月刊》第一卷第一期封面

《北碚》第一卷第五期封面

本刊后因“沪战关系，纸张来源断绝，本刊亦因之暂停出版，但仍继续编辑工作”，即1937年8月1日出完第一卷第十二期后停刊。1938年3月15日出版第二卷第一至第六期合刊，1938年12月1日出版第二卷第七至第十二期合刊，嘉陵江三峡乡村建设实验区北碚月刊编辑部编辑，嘉陵江三峡乡村建设实验区署发行，新记巴蜀印刷社代印，各埠大书局分售。1941年12月出版第三卷第十二期后停刊。

卢作孚为本刊创刊号写了《〈工作周刊〉所贡献的和所贡献于〈工作周刊〉的》代发刊词。本刊内容“以记述农村实况，传达乡建实施方法，研究农村改良技术等为主”，要求稿件能反映“农村社会概况”，以及“乡村建设之理论及实施，各地乡村运动之消息及现况，乡村建设之调查之报告，时代知识之介绍，学术问题之商榷，写实的文艺作品，国内外旅行实记等。”本刊栏目有论著、调查、计划、报告、科学、教育、文艺、通讯、随笔等，内容十分丰富，保存了许多有关三峡乡村建设实验区的宝贵史料。

本刊为政治宣传刊物，先为周刊，每逢周四出版，订阅《嘉陵江日报》者随报赠阅。1936年8月改为月刊。16开本，铅印。竖版，单栏。本刊每期印1000册，内容特别者则加印500~1000册，每期字数约以6万字为限。现保存于中国国家图书馆、北京大学图书馆、陕西省图书馆、甘肃省图书馆、吉林大学图书馆、上海图书馆、上海科技图书馆、复旦大学图书馆、南京图书馆、南京大学图书馆、江西省图书馆、湖北省图书馆、武汉图书馆、武汉大学图书馆、四川省图书馆、四川大学图书馆、重庆图书馆、厦门大学图书馆、广东省立中山图书馆、中山大学图书馆。

《卫生公报》(1933年)

1933年3月出版，国民革命军第二十一军卫生委员会编行。其前身为1931年1月创刊的《医务月刊》。

本刊意在“灌输公民应有之卫生常识，提倡公众及个人卫生，推行本军戍区卫生行政、各种卫生事业”。本刊设有论坛、著述、译述、实验、卫生行政、卫生常识、杂组等栏目，载有《外科界之饮食调养问题》《戒烟药之中毒》《从光疗法说到电疗法》《用科学方法研究中国药物》等文章。

本刊为军事医药刊物，月刊。16开本，铅印。竖版，双栏。现保存于重庆图书馆。

《丰都县政半月刊》（1933年）

1933年3月创刊，丰都县政半月刊社编辑部编辑，丰都县政半月刊社发行，丰都县新新石印社印刷。

本刊设有法令、行政、团务、建设、教育、司法、特载、内政、法规等栏目，刊载了直属市参议会暂行监督办法、县市参议员违法失职暂行处分办法等法令，民政厅奉省政府训令取缔旧式讣闻等内政情况。

本刊为地方行政刊物，半月刊，每月逢1日、16日出版。自第五十三期起改为月刊，月底出版。16开本，铅印。竖版，单栏。非卖品。现保存于中国国家图书馆、重庆图书馆。

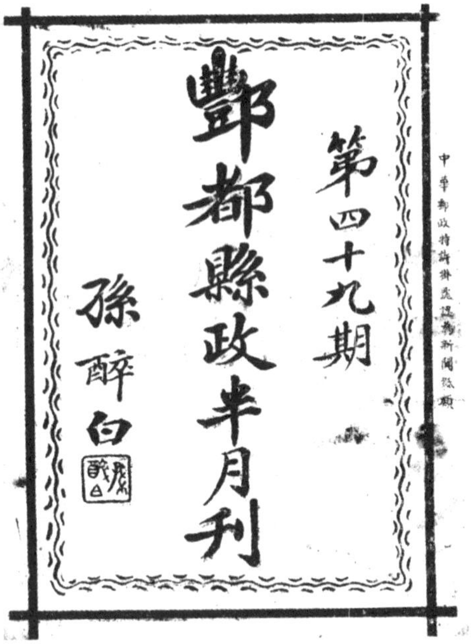

《丰都县政半月刊》第四十九期封面

《民众教育》—《民众教育月刊》—《民众教育汇刊》（1933年）

《民众教育》于1933年3月创刊，万县县立民众教育馆出版部编辑发行（地址在万县一马路），万县华盛印务公司代印，编辑向子渔。

本刊出至1934年7月第二十一期停刊，后向子渔离万县赴江西，改由民众教育馆主任倪永清编辑，刊物改名为《民众教育月刊》，并于1934年7月23日出版，期数另起。出了1期后，倪永清离开，由秦子健接编。本刊出6期后，1936年3月改出《民众教育汇刊》，于右任题写刊名，期数从第一卷第一期起。目前所见的最晚一期是第二卷第二期。

《民众教育》第三期封面

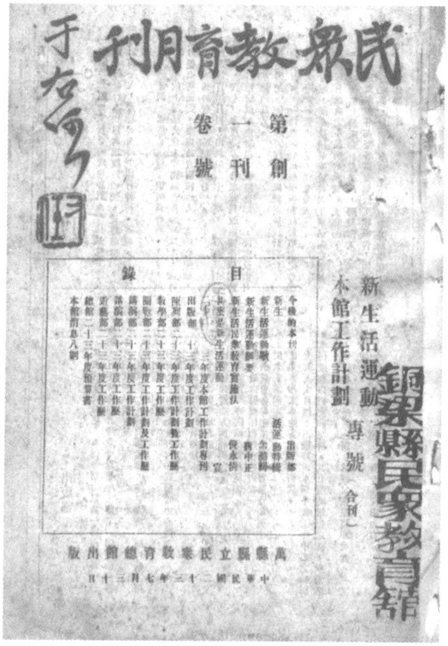

《民众教育月刊》创刊号封面

本刊内容有对学理的研讨，对本馆特殊活动的记载，还介绍本馆各部各支馆的工作情况。本刊由于后期人事变动等原因，经常脱期，内容以工作报告、转载文件为多。本刊1933年第四期为“艺术展览会专号”，1935年第一卷第四期为“儿童教育特辑”。

本刊为地方教育刊物，半月刊，1934年7月改为月刊，1936年3月再改为汇刊。16开本，铅印。每期发行600份，大部分为赠阅。现保存于中国国家图书馆、四川省图书馆、重庆图书馆。

《心力》(1933年)

1933年4月1日在重庆创刊，编辑者黄绶、王国源，心力杂志社发行（地址在重庆来龙巷莫京楼），肇明印刷公司印刷（地址在重庆大樑子），重庆书店、北新书局、平民书店分售。

本刊由巴蜀日报社社长黄绶（原名黄元赍）发起创办，报社同人蒋阆仙等参与工作。本刊主要撰稿人有马受龄、何鲁、邹文奎、周葵叔、苏孟守及王仁果等，主要栏目包括四川大事件、居鱼韵、省外的新闻、珍闻、近诗及旧诗等。

本刊为综合性刊物，月刊。16开本，铅印。目录页无版块划分，有以花纹为主体的上下边栏。正文竖版，双栏。1934年4月1日出第十三期后终刊。现保存于中国国家图书馆、北京大学图书馆、北京师范大学图书馆、吉林大学图书馆、南京图书馆、四川省图书馆、重庆图书馆。

《心力》创刊号封面

《大观》（1933年）

1933年4月30日出版，大观社编辑发行（社址在重庆大观坪2号），巴蜀印刷社代印。

本刊以“革命的三民主义为立场”，强调了科学及依科学办事对一个国家的重要性。本刊内容有“革命理论之检讨，世界经济及中国经济之分析，国际政治与中国政治之分析，世界革命之现势与展望，革命史料与文献，重要的调查与统计资料，各政党之纲领及其策略之批评”。

本刊为时事政论性刊物，半月刊，每月逢10日、15日出版。16开本，铅印。竖版，单栏，正文部分有四边栏。现保存于南京图书馆、四川省图书馆、重庆图书馆、上海图书馆。

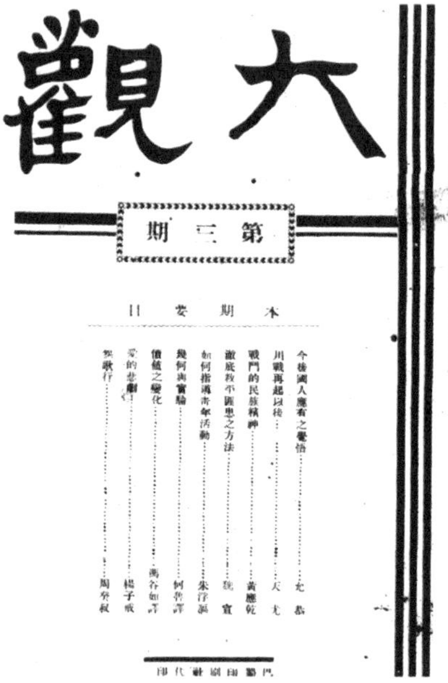

《大观》第三期封面

《中国西部科学院地质研究所丛刊》（1933年）

1933年4月在重庆创刊，中国西部科学院地质研究所编辑发行，重庆肇明橡皮铅石印刷公司承印。

本刊从创刊到1937年止，共计出过3号，分别为《重庆南川间地质志》《四川嘉陵江三峡地质志》《四川叠溪地震调查记》。本刊发表研究成果的综合论述、实地调查和专题研究报告，内容偏重于对西南地区的地质矿产考察成果的报道。

本刊为地质刊物，不定期刊。16开本，铅印。横版。封面有中英文两版，目录以章节划分版块，正文部分有上边栏，边栏上方有该专号名称。现保存于中国地质图书馆、重庆图书馆。

《工商特刊》（1933年）

1933年4月在重庆出版，重庆市商会编辑发行。本刊以市商会调查科办公室为编辑社，社长由市商会主席兼任，总编辑由市商会事务主任担任，编辑主任设正副两人并由调查科科长及主任担任，编辑若干人由调查科调查员充任，又有外勤记者若干人由各同业公会派员充任。重庆渝商印书馆印刷。温嗣康题写刊名。

本刊第一期为创刊号，号召“工商界同仁，应一面为文字探讨，一面更须从实际上着手”，“发展经济为救国之道，在国难时期提倡国货，促进我国工商业发展，抵抗国外经济侵略”。本刊“刊登关于工商业方面的巨作，论述最新学说，调查各种工商业，研讨我国实业发展前途”等，曾刊有《中国现在的经济破碎应如何救济》等文章。此外，还刊载关于改良工商业及推广工商业的各种消息与广告，并刊发各种小说及杂俎。本刊第二期为“国货运动专号”。

本刊为工商业刊物，不定期刊。16开本，铅印。目录页有简单的版块划分。正文部分为竖版，单栏。1933年12月终刊。现保存于重庆图书馆、上海图书馆。

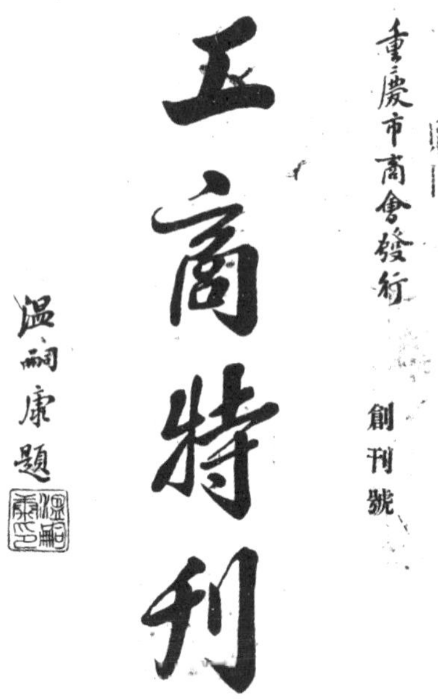

《工商特刊》创刊号封面

《大道》(1933年)

1933年5月在重庆创刊，出版者不详。

本刊创刊目的为“讨论国内国际时事状况”，曾发表《今后中国的出路》《从九一八到现在国人应有之认识》《美国经济恐慌的前因后果》《中日问题关键和未来》等文章。

本刊为时事政治刊物，不定期刊。现保存于重庆图书馆。

《忠县教育》(1933年)

1933年6月30日出版，忠县县政府教育科编辑。

本刊内容为有关考试的论著、法规、计划、报告、调查研究、教育信息、文艺、附录等。

本刊为地方教育类期刊，不定期刊。16开本，石印。终刊时间不详。现保存于四川省图书馆。

《救川运动周刊》(1933年)

1933年6月末或7月初出版，重庆救川运动各团体联合办事处编行。

本刊为“努力救川运动”而创办，因经费困难，由重庆各报馆轮流增版，随报附送。创刊号由《商务日报》出版，第二期由《巴蜀日报》负责。

本刊为地方时政刊物，刊期不详。保存地不详。

《县政公报》—《荣昌县政公报》—《荣昌县政周刊》(1933年)

《县政公报》于1933年7月出版，荣昌县县政府编行，自1935年8月第二十六期起改名为《荣昌县政公报》。1936年3月，与《荣昌党务周刊》合并，改出《荣昌县政周刊》，主编林七贤，地址在国民党荣昌县党务指导委员会内。

本刊所“登载各项法令，一律发生效力”，主要赠送县内各机关、法团、学校，内容有命令、公牍、法规、特载、统计、附录等。

本刊为地方行政刊物，先为月刊，后改周刊。16开本，铅印。终刊时间不详。现保存于达州市档案馆、重庆市荣昌区档案馆。

《大利校刊》（1933年）

1933年出版，地址在江津县大利养蜂场。编辑骆硕先。大利养蜂场发行，北碚三峡厂石印社代印。

本刊宗旨在于“加强从事养蜂业间的互相联络，繁荣养蜂事业”，刊载有关养蜂业的论著，以及对世界各国养蜂刊物的新颖学术的译述等内容。

本刊为养蜂专业刊物，不定期刊。16开本，石印。终刊时间不详。现保存于重庆市北碚图书馆。

《江北半月刊》—《江北县政月刊》（1933年）

《江北半月刊》约于1933年创刊，1934年5月31日改为《江北县政月刊》，四川江北县政月刊编辑处编辑，四川江北县团务委员会发行，重庆合川印刷社印刷。

本刊专门记载各项法规及关于本县团务、教育、财政、建设、公安、慈善等事务，设有法规、公牍、专载、附载等栏目。

本刊为政务刊物，半月刊，后改为月刊。16开本，铅印。竖版，单栏。其他出版信息不详。现保存于重庆图书馆。

《美丰》（1933年）

约1933年出版，重庆市四川美丰银行编辑发行。美丰银行于1922年2月在美国注册，总行设在重庆新街口。

本刊刊载美丰银行的发展概况，有关金融的专论、译著、讲座、实务讨论等内容。

本刊为经济金融类刊物，刊期不详。目前所见最晚一期为1936年6月出版的第三卷第三期。现保存于四川省图书馆。

《荣昌党务周刊》（1933年）

约1933年出版，国民党荣昌县党务指导委员会编行。1936年后与《荣昌县政公报》合并为《荣昌县政周刊》。

本刊内容有荣昌县教育、建设、财政方面的公牍、法规、新闻、专载和各地县政消息等。

本刊为县政刊物，刊期不详。其他出版信息不详。仅见1933年8月22日出版的第七期。现保存于重庆市荣昌区档案馆。

《大足简报》（1933年）

约1933年创刊，国民党大足县党务指导委员会创办。

本刊主要报道大足的民政、财政、教育、建设 、社会等各方面的消息。

本刊为地方政务刊物，不定期刊。1935年2月曾停刊，约4月恢复出版，并增加篇幅。终刊时间不详。保存地不详。

1934 年期刊

《市农月刊》（1934年）

1934年1月31日创刊，潘文华题写刊名，重庆市农会刊行（地址在重庆二府衙街71号）。

本刊“以复兴农村，改进农业为宗旨”，“灌输农民知识，介绍科学方法”，“凡关于农业的论著、调查、研究、歌谣等均予刊载”。本刊刊载的农业学术方面的论著“描述农业的重要性，介绍农业技术，普及农业常识，以及针对农村落后的养殖技术、农业发展的趋向加以深度探讨”。自第五期起，设有短评、论述、农林浅说、小统计、报告、农村歌谣等栏目。所需经费“由重庆市农会作正开支，决不受任何机关之津贴”。

本刊为农业刊物，月刊。16开本，铅印。其他出版信息不详。目前所见的最晚一期是1934年5月31日出版的第五期。终刊时间不详。现保存于四川大学图书馆、南京大学图书馆。

《四川经济月刊》—《四川经济季刊》—《四川经济汇报》（1934年）

《四川经济月刊》于1934年1月创刊，重庆市四川地方银行调查部编辑出版（地址在重庆新桥），国民革命军第二十一军财政处印刷所印刷。自1935年11月第四卷第五期起，改由四川省银行经济调查室编辑，出至1939年8月第十二卷第二期停刊。1943年12月15日出版《四川经济季刊》，期数另起，四川省银行经济研究处编辑（地址在重庆新桥，后迁至白象街15号），四川省银行印刷所印刷，于右任题写刊名。1948年改出《四川经济汇报》，卷期另起。目前所见的“汇报”最晚一期是1949年1月15日出版的第一卷第五、六期合刊。

本刊以“促进四川经济发展，协助抗战建国国策的进行”为宗旨，刊载了有关四川经济、工矿、农林、牧畜、交通、金融、财政、合作等方面的文章，设有论文、四川经济论丛、研究、经济评论摘要、四川经济调查、四川经济统计、经济消息纪要、经济名人介绍等栏目。1948年2月15日出“汇报”第一卷第一期，栏目有时评、论著、学术评介、经济动态、经济调查统计、经济法规辑要、经济消息汇志等。

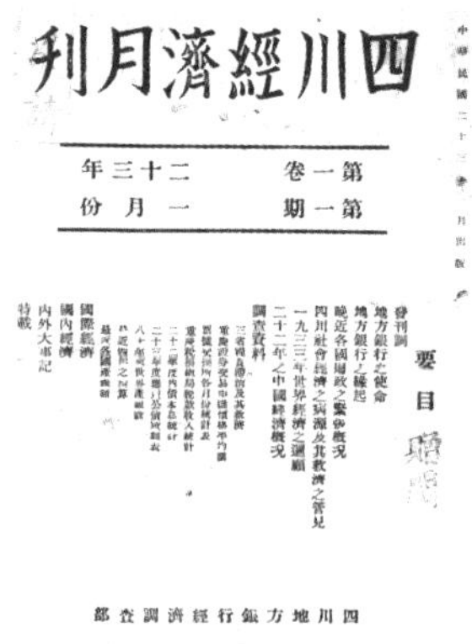
四川經濟月刊
第一卷 第一期
二十三年 一月份
要目
四川地方銀行經濟調查部

四川經濟季刊
第一卷第一期
創刊特大號要目

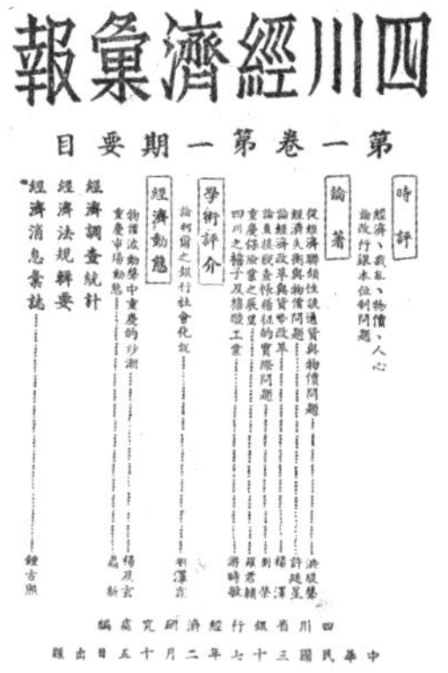
四川經濟彙報
第一卷第一期要目
時評
論著
學術評介
經濟動態
經濟調查統計
經濟法規輯要
經濟消息彙誌
四川省銀行經濟研究處編
中華民國三十七年二月十五日出版

《四川经济月刊》《四川经济季刊》《四川经济汇报》第一卷第一期封面

本刊为地方经济刊物，月刊，6期为1卷，每年出2卷。1943年12月改为季刊，1948年又以“汇报”的形式改为双月刊。16开本，铅印。封面为纯文字布局，上部分为刊名及卷期，下部分为本期目录及编辑单位。竖版，双栏。现保存于中国国家图书馆、中国科学院图书馆、中国人民大学图书馆、北京大学图书馆、北京师范大学图书馆、中国社会科学院历史研究所资料室、中国社会科学院世界历史研究所资料室、南开大学图书馆、中共中央马克思恩格斯列宁斯大林著作编译局图书馆、陕西省图书馆、甘肃省图书馆、兰州大学图书馆、辽宁省图书馆、上海图书馆、吉林大学图书馆、上海科技图书馆、复旦大学图书馆、华东师范大学图书馆、南京图书馆、南京大学图书馆、浙江图书馆、浙江大学图书馆、湖北省图书馆、武汉图书馆、武汉大学图书馆、四川省图书馆、四川大学图书馆、重庆图书馆、贵州省图书馆、厦门大学图书馆、云南大学图书馆、福建省图书馆、桂林图书馆、中山大学图书馆、南充市档案馆、达州市档案馆、绵阳市档案馆、峨眉山市档案馆。

《四川农业》（1934年）

1934年1月在重庆创刊，四川乡村建设学院中心农事试验场编。1935年6月出版第十八期时，四川省政府改组，乡村建设学院经费无着落，停刊达两年之久。1937年12月1日复刊，自第三卷第一期起，因乡村建设学院改为教育学院，故由教育学院农事试验场编辑，出至第三卷第三期。1938年5月，因经费困难再次停刊。1948年再次复刊，期数另起。复刊后仅见1期。

本刊宗旨为“调查四川农业实况，讨论四川农业建设，灌输四川农业科学”。本刊设有论著、调查、农林消息等栏目，所载文章深刻地分析了当时四川省农、林、牧业所面临的形势，对肥料尤其是无机肥的使用常识作了科学介绍。全面抗战开始后，本刊内容主要为“研究农业生产如何适应战时需要，完成国防任务”。

本刊为农业刊物，月刊，1948年改为季刊。16开本，铅印。竖版，双栏，有细波浪线为分割线。封面以纯文字为主，有简单颜色衬托，正文部分以简单图片来区分栏目。现保存于中国国家图书馆、中国人民大学图书馆、中国科学院图书馆、首都图书馆、南开大学图书馆、上海图书馆、上海科技图书馆、复旦大学图书馆、南京图书馆、南京大学图书馆、武汉大学图书馆、厦门大学图书馆、中山大学图书馆、广东省立中山图书馆、重庆图书馆、四川省图书馆、四川大学图书馆、峨眉山市档案馆。

《我们的呐喊》（1934年）

1934年1月创刊，国民革命军第二十一军特务委员会编印。

本刊旨在“唤醒士兵无辜的迷梦，唤起战地一切被蹂躏的群众们起来帮助前方将士”。

本刊为军事政治工作刊物，刊期不详。16开本，铅印。竖版，单栏。现保存于重庆图书馆、上海图书馆。

《中国西部科学院生物研究所丛刊》（1934年）

1934年1月出版，中国西部科学院生物研究所印行。

本刊第一期为调查报告《嘉陵江下游的鱼类》，第二期为《四川嘉定峨眉鱼类之调查》。1933—1934年，中国西部科学院在北碚与合川之间收集了大量鱼类标本，由张春霖、施白南写成调查报告《嘉陵江下游的鱼类》。该报告列举了鱼类共八科四十八种，记载了新种“卢氏鲶”，且配有图片。该报告对每种鱼类的产量、价格以及部分鱼类的食用方法等情况也作了记载。《四川嘉定峨眉鱼类之调查》主要记载了“鲤科、鲶科、乌鱼科、弹涂科、鲈科”五个科属，所列鱼类名称包括其学名、当地俗名及拉丁名称，记载了新种“峨眉旁皮”，未附有图片。

本刊为生物科学刊物，月刊。16开本，铅印，分中英文两版。仅见2期。现保存于重庆图书馆。

《万县县立民教总馆第一周年纪念特刊》（1934年）

1934年3月出版，万县县立民众教育总馆编辑出版。

本刊内容为介绍该馆一年的工作概况、内部组织、设施、教育计划大纲，以及其他相关消息。

本刊为民众教育刊物，特刊。16开本，铅印。其他出版信息不详。现保存于中国国家图书馆、四川省图书馆、四川大学图书馆、重庆图书馆。

《秀山县政月刊》(1934年)

约1934年5月创刊，秀山县政月刊社编行(社址在秀山县东街县政府内)。

本刊内容是关于县政的法令、革新县政的意见、乡镇自治要闻、社会情况素描等。

本刊为县政刊物，月刊，每月逢1日出版。16开本，石印。非卖品。现保存于达州市档案馆、重庆市北碚图书馆。

《驴溪季刊》—《驴溪月刊》(1934年)

1934年6月15日创刊，四川平民教育促进会江津试验区驴溪季刊编辑委员会编辑发行（地址在江津白沙驴溪），重庆安庆印书局印刷（地址在重庆天主堂街）。本刊经常因为经费问题而脱期，1939年5月停刊，共出29期。

四川平民教育促进会于1933年11月在江津成立，并划定江津县为实验区，以县属中白沙的驴溪作为研究、试验和推广平民教育的基点，对平民进行文艺、生计、卫生、公民四大教育。为了“刊布同人工作区域内农村的实况，报告日常工作所遭受的困难，并提供值得全国人士注意和研讨的问题”，“同人才决定发行驴溪这个季刊”。

《驴溪季刊》第二、三期合刊封面

本刊“以研究平民教育之理论与实施，及宣扬平民教育事业为宗旨”。本刊内容有论著、研究、介绍、调查、报告、文艺、插图等。其中1934年第二、三期合刊近乎为工作报告。

本刊为教育类刊物，季刊。1936年10月15日第四期起改为月刊。16开本，铅印。竖版，双栏。本刊对白沙实验区编辑的各种图书广而告之。现保存于中国国家图书馆、四川省图书馆、四川大学图书馆、重庆图书馆。

《南泉》（1934年）

1934年6月25日创刊，出版者不详（地址在巴县南泉公园事务所）。编辑张翼翔。

本刊旨在介绍南泉的名胜，还对南泉地区的改革计划提出建议和批评。

本刊为地方宣传刊物，不定期刊。16开本，铅印。到1936年4月15日共出11期。其他出版信息不详。现保存于重庆图书馆。

《重庆新运旬刊》（1934年）

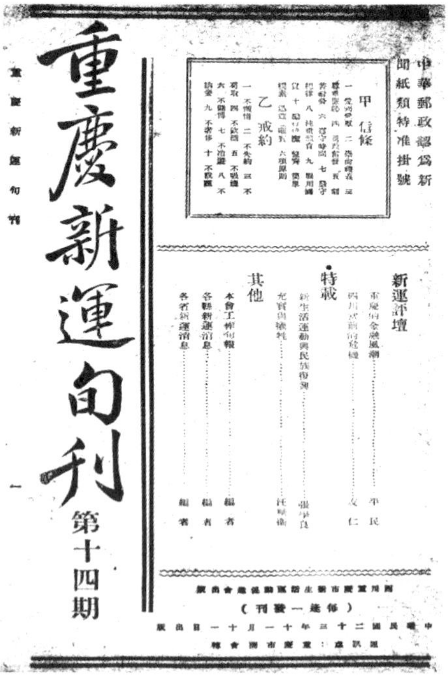

《重庆新运旬刊》第十四期封面

1934年7月1日创刊，重庆市新生活运动促进会创办（通信处为重庆市商会转）。

本刊宗旨为“阐发新生活运动之理论，商讨新生活运动之进行，及传达新生活运动消息”。本刊设有新运评坛、特载、专载、选录、记事、其他等栏目。“新运评坛”中刊载了《重庆的金融风潮》《四川当前的危机》《新运与破除迷信》《严惩奸商操纵金融》《厉行禁烟从公务人员做起》《命运、机会与努力》等文章。

本刊为社会生活刊物，旬刊。16开本，铅印。竖版，三栏。正文部分有双线上下边栏。封面为纯文字布局，左边为刊名及期数，右边为信条、戒约、本期目录及出刊日期。现保存于中国国家图书馆、四川大学图书馆、重庆图书馆、重庆大学图书馆。

《中国西部科学院理化研究所丛刊》（1934年）

1934年7月创刊于重庆，中国西部科学院理化研究所编辑并出版，主要撰稿人有李乐元、徐崇林、唐建中等。

本刊旨在研究和发扬理化学术，每期刊载一个研究专题，主要登载四川煤炭的研究情况、煤炭化验方法及煤炭蒸馏试验方法，还附有大量的表格辅助阅读。如第二期为“四川煤炭之分析”专题，第四期为“四川煤炭之续报”专题。

本刊为理化学术刊物，不定期刊。停刊时间及原因不详。现保存于重庆图书馆。

《初等算学杂志》（1934年）

约1934年7月创刊，重庆初等算学杂志社编辑发行，重庆永厚祥石印局印刷。

本刊内容分三个部分。“一、理论部分，范围限于算术、代数、几何、三角、解析几何、微积分、物理等，用以补教科书之缺，及供学生教员参考之用。二、分类题解，就是上述范围各科选择一二种好数本，将其习题全数演出，俾学生易于致用及领悟，某科演完，则将某科这题停止。三、杂题，分初等算学、高等算学及物理三部，广择

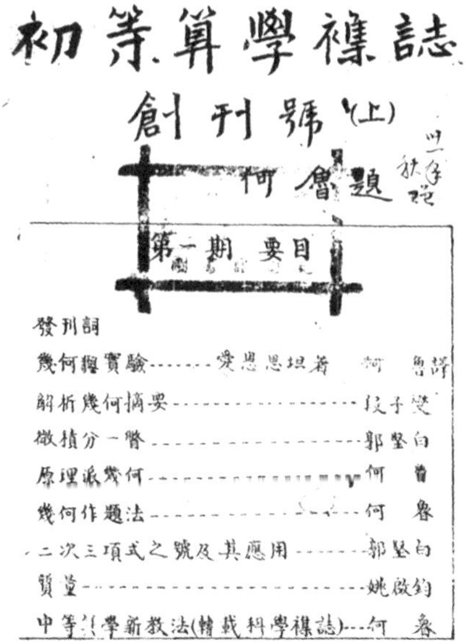
初等算學襍誌
創刊號（上）
何魯題
第一期 要目
發刊詞
幾何與實驗……愛恩思坦著 何魯譯
解析幾何摘要……段子燮
微積分一瞥……郭堅白
原理派幾何……何魯
幾何作題法……何魯
二次三項式之號及其應用……郭堅白
質量……姚啟鈞
中等算學新教法(轉載科學襍誌)……何魯

《初等算学杂志》创刊号封面

有趣之习题，以期引起读者兴趣，可供中学生及大学生之参考，分类题解答毕，此一部将占本杂志之重要部分。征答问题也将于此栏发表，读者如提出问题，也愿意给出详细解释。”本刊还设有算学琐谈、书评等栏目。

本刊为数学期刊，不定期刊。16开本，手写石印。横版，单栏。封面为纯文字布局，目录页没有版块划分。现保存于重庆图书馆。

《气象月刊》（1934年）

1934年7月创刊，重庆大学理学院气象月刊社编辑发行。

本刊主要撰稿人有易明晖等，刊名由何鲁题写，主要栏目不详。本刊将气候观测结果按月汇集成册，每期收录有逐日天气状况、气态、气压、温度、风向、风速、云状等各项气象要素变化情况等。本刊以科学的方式对重庆气象数据进行统计，促进了近代重庆气象事业的发展。

本刊为气象专业刊物，月刊。16开本，石印，后改为铅印。约1937年6月停刊，共出4卷6期。现保存于重庆图书馆、四川大学图书馆。

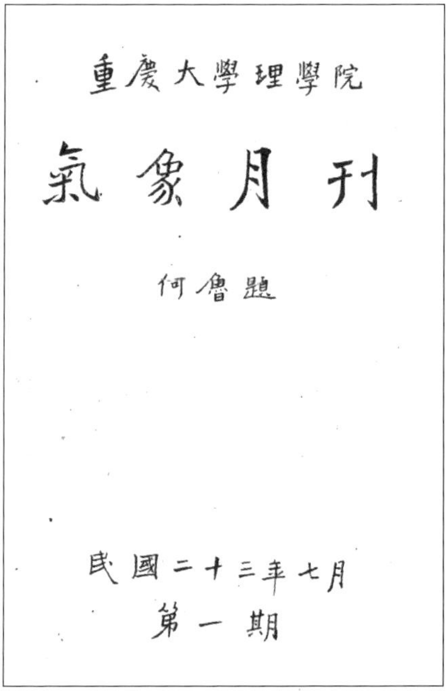

《气象月刊》第一期封面

《江北建设特刊》（1934年）

1934年9月在重庆江北创刊，江北县政府建设科编辑。

本刊旨在“报道县政建设计划及进行情况，望邦人君子详加指导，使全县建设事业蒸蒸日上”，主要内容分行政、事业、调查、统计、专载等栏目。载文有《江北县成立建设机关之沿革纪略》《江北县民食问题》《重庆米价之研究》等。

本刊为县政建设刊物，特刊，共378页。封面为纯文字布局，目录页有简单的版块划分。现保存于上海图书馆、四川省图书馆、四川大学图书馆。

《长途》(1934年)

1934年10月13日创刊，长途周刊社编辑发行，接洽处在重庆商业场西三街1号，1935年迁重庆公园畔仓坝子，青年书店发行（地址在重庆武库街81号），重庆博文印字馆印刷，后由重庆启文印字馆印刷。外埠分销处有成都北门武胜街乐观书社、泸县人和路大东书局，本埠代售处有唯一书局、重庆书店、益民书店、军用图书社、开明书店、中学生书局、民众书报社。

本刊刊载了周开庆的《善择事业与选定职业》、潘我的《时代思潮的转变与智识阶级应有的觉悟》等文章。

本刊为文艺刊物，周刊，每逢周六出版。1935年改为每两期合为一期出版。第一卷共出26期。停刊时间及原因不详。现保存于中国国家图书馆、南京大学图书馆、湖北省图书馆、湖南图书馆、重庆图书馆、四川省图书馆、四川大学图书馆。

《长途》1934 年第一卷第九期封面

《实业周报》（1934年）

1934年11月25日创刊，重庆实业周刊社编辑出版（地址在重庆小樑子29号），罗吟沧组办，重庆博文印字馆承印。

本刊创刊宗旨在于“共同研究发展中国实业的道理”。本刊“论著”栏刊载了《四川产业经济的现状及其趋势》《四川洋水问题》《重庆申汇问题之检讨》等文，“译述”栏刊载了《评江浙丝厂提议组织售丝机关》《中国的茶叶》等文，“短评”栏刊载了《闭关与统制》《质的不足与量的浪费》等文。本刊还设有商业常识、文艺等栏目。

本刊为综合性实业刊物，周刊。16开本，铅印。竖版，三栏，有双实线分界栏。封面为纯文字布局，最上方为刊名，中间为本期目录，下方为出版项。现保存于重庆图书馆。

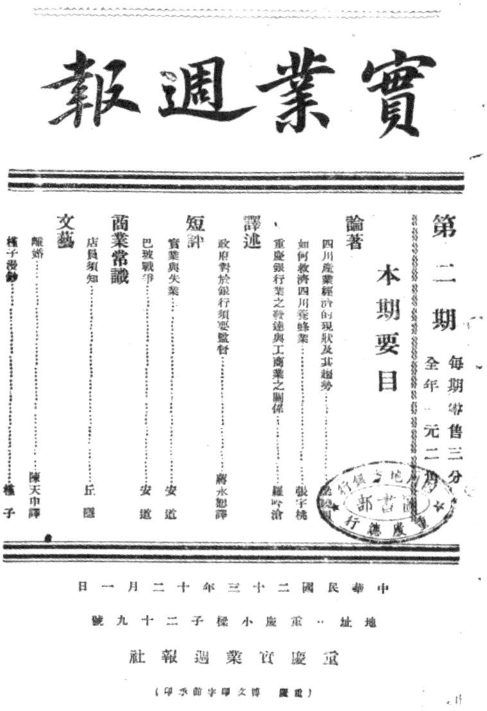
實業週報

第二期 每期零售三分 全年一元二角

本期要目

論著
四川產業經濟的現狀及其趨勢……[illegible]
如何救濟四川蠶蜂業……張宇桃
重慶銀行業之發達與工商業之關係……羅吟滄

譯述
政府對於銀行須要監督……蔣水恕譯

短評
實業與失業……安道
巴玻戰爭……安道

商業常識
店員須知……丘隱

文藝
離婚……陳天中譯
種子漫鈔……種子

中華民國二十三年十二月一日
地址：重慶小樑子二十九號
重慶實業週報社
（重慶博文印字館承印）

《实业周报》第二期封面

《忠县县政月刊》—《忠县县政府公报》（1934年）

1934年11月创刊，忠县县政月刊社编辑发行，忠县善明堂石印社印刷。本刊自1936年第十九期改刊名为《忠县县政府公报》。

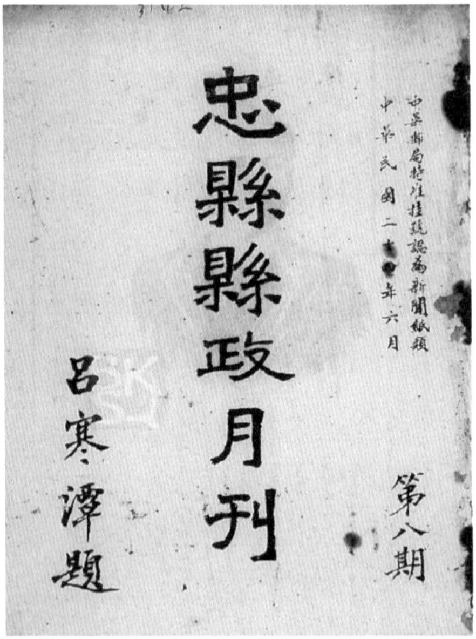

《忠县县政月刊》第八期封面

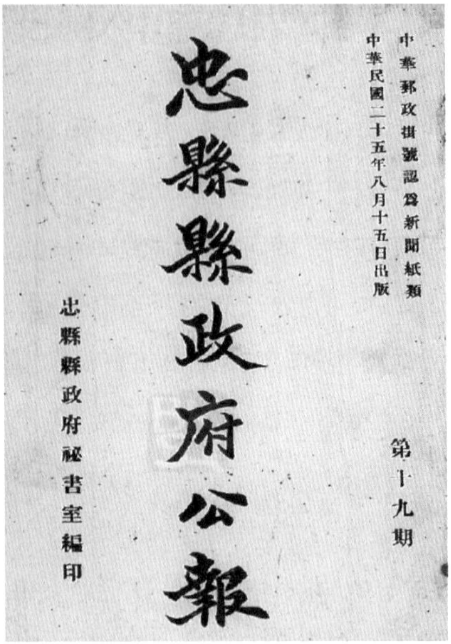

《忠县县政府公报》第十九期封面

本刊主要公布忠县县政府政令、法规，报道有关动态、工作经验，有专载、法规、公牍、布告、批示、统计等栏目。载文有《国民经济建设运动与新生活运动》《国民经济建设问题研究纲要》等。

本刊为县政刊物，月刊。16开本，石印。竖版，单栏。现保存于重庆图书馆、达州市档案馆。

《大足县政月刊》（1934年）

1934年12月26日出版，大足县政月刊社编辑处编辑，大足县县政府发行，风文石印社印刷。

本刊刊登有大足县县政府法规、团务、教育、公牍、建设、司法、财政等方面的训令、指令、条例。

本刊为县政刊物，月刊。16开本，手写石印。竖版，双栏。现保存于上海图书馆、四川省图书馆。

《农林部中央农业实验所特刊》(1934年)

约1934年出版，农林部中央农业实验所编行（地址在重庆荣昌）。

本刊内容为用英文写作的《四川之土壤与农业》《近七年乡村物价调查》等，附有大量图表。

本刊为农业刊物，不定期刊。16开本，铅印。横版。终刊时间不详。四川大学图书馆现保存有1942年6月出版的第二十七期。

《党声半月刊》(1934年)

1934在重庆创刊，国民革命军第二十一军特别党部编印。

本刊创刊宗旨为“阐扬三民主义，研讨社会政治、经济等问题，讨论时事问题，记载社会状况，讨论整理党务问题”。

本刊为党务刊物，半月刊。16开本，铅印。竖版，单栏。其他出版信息不详。现保存于上海图书馆。

《丰都留渝学会会刊》(1934年)

1934年在重庆创刊。

本刊主要“论述丰都的文化教育事业，研讨青年的时代责任，反映抗战情况和战时民生问题”，并刊有部分文艺作品，载文有《丰都的教育》《妇女解放的途径》《青年对于复兴民族的责任》等。

本刊为学会会刊，不定期刊。竖版。目前仅见1936年6月刊行的第九期。现保存于上海图书馆。

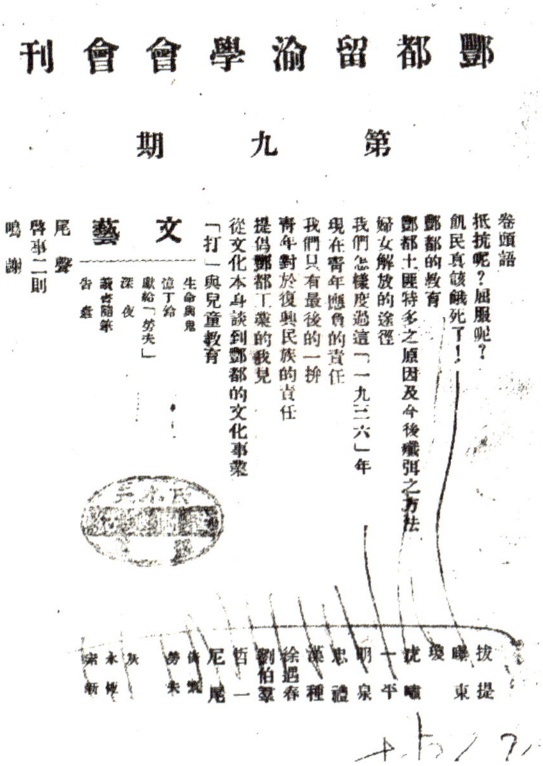

酆都留渝學會會刊

第九期

卷頭語
抵抗呢？屈服呢？
飢民真餓死了！
酆都的教育
酆都土匪特多之原因及今後殲弭之方法
婦女解放的途徑
我們怎樣度過這「一九三六」年
現在青年應負的責任
我們只有最後的一拚
青年對於復興民族的責任
提倡酆都工業的我見
從文化本身談到酆都的文化事業
「打」與兒童教育
文藝
生命與鬼
這丁給
獻給「勞夫」
深夜
讀書隨筆
告蠢
尾聲
啓事二則
鳴謝

拔提 曉東 璦 沈曠 十平 明泉 忠禮 漢種 徐遇春 劉伯羣 哲一 尼尾 倚紫 勞夫 灰 永修 宗新

《丰都留渝学会会刊》第九期封面

《四川民众》（1934年）

1934年2月在重庆出版，通信地址在国民党四川省党部特派员办事处。

本刊主要刊载四川省政情与国民党四川省党务，刊发了《青年与“新生活运动”》《革命与文学》等文章，“分析四川问题，研讨复兴中国之路及如何救济破产之农村”。

本刊为地方政治性刊物，旬刊。16开本，铅印。竖版，三栏，有双黑直线上下边栏，正文第一栏与第二栏之间双黑细直线为分割栏。封面为纯文字布局，上部分为刊名，下部分为本期目录及出版时间。现保存于重庆图书馆、上海图书馆、四川省图书馆。

四川民衆

四川民衆旬刊第五期目錄

擴大新生活運動

中華民國二十三年三月三十日出版（每逢十發刊）

《四川民众》第五期封面

《新蜀报四千号纪念特刊》(1934年)

1934年5月在重庆出版，新蜀报编辑部编辑发行，上海华丰印刷铸字所印刷。

1921年2月1日，《新蜀报》创刊于重庆，1933年6月7日该报出版第4000号。此纪念刊因印刷等原因未能及时出版。本刊主要撰稿人有郭沫若、张恨水、戴传贤、王白与、曹仲英等。

本刊内容分为四部分：第一部分为创始人及历届编辑的照片和民主革命知名人士的题词，第二部分是关于新闻事业的研讨性文章，第三部分是关于四川

《新蜀报四千号纪念特刊》封面

地方工业现状及发展、重庆卫生运动、妇女解放运动、革命战争理论及社评，第四部分是诗词、文艺、小说。本刊刊载的文章有《妇女运动与妇女解放》《怎样做新闻记者》《由广告中所见的社会相》《地方报纸与教育》《重庆报纸小史》《抓住读者与改造社会》《略论中国社会与四川社会》《妇女运动与解放》等，是研究当时重庆的参考资料。

本刊为新闻刊物，特刊。16开本，共243页。竖版，双栏。封面由文字和简单线条及图案构成，刊名为红色字体。现保存于上海图书馆、四川省图书馆、四川大学图书馆。

《工商》(1934年)

1934年在重庆创刊，工商三日社编辑并发行（社址在重庆小樑子53号，后迁至重庆商业场西三街）。

本刊旨在“灌输工商知识”，载文“发布工商时事专论，刊登学术论文，谈论职业生活，报道省内各地工商情况，发表各种文艺作品”等。本刊撰稿人有孙麟昌、钱美璋、任琼、林文鉴、愚公、玄万、安夫等，栏目有长篇连载、三日大事记、工商顾问、名人成功小志等。

本刊为工商业刊物，三日刊。16开本，铅印。竖版，三栏，正文部分有上边栏，正文三栏有黑细直线为分割线。现保存于重庆图书馆、上海图书馆。

1935 年期刊

《沙龙》（1935年）

《沙龙》第二卷第一期封面

1935年1月1日在重庆出版，沙龙旬刊出版社出版（地址在重庆陕西街101号），新民印书馆承印，国内各大书局代售。毛一波、叶菲洛、祝世德发起组办，王民铎、夏文焕任编辑。

本刊载文有《十九世纪的法国文坛》《关于现实主义》《韩昌黎祭十二郎文辩疑》《李义山及其诗》《街头艺术》《古庙杂谈》《玉棠春》等。

本刊为文艺性刊物，旬刊。16开本，铅印。竖版，双栏。封面由文字和简单图形构成。现保存于重庆图书馆。

《四川中心工业试验所年刊》（1935年）

1935年1月1日在重庆出版，四川中心工业试验所编辑出版（地址在重庆兴隆巷15号）。

本刊为四川中心工业试验所成立一年纪念刊，内有刘湘、甘绩镛、郭昌明等人的题字。本刊“使命在于发表公私研究之结果，以作工业之参考；灌输工业知识，使各级社会明了工业之重要，以便群策改进之方；公开讨论种种工业问题，以供政府及人民兴办工业探路”。本刊内容包括工作报告、调查报告、各项研究工作报告、译著、规章等，载文有《四川中心工业试验所成立之经过及一年来的工作之概况》《发展四川工业之商榷》《建设改进四川火柴工业意见书》等。

本刊为工业技术刊物，年刊。32开本，铅印。横版。现保存于上海图书馆。

《四川中心工业试验所年刊》封面

《聚星新编》（1935年）

1935年1月在重庆出版，重庆聚兴诚银行总管理处编辑发行。聚兴诚银行是近代四川最早成立的一家民营商业银行，也是中国近代著名的商业银行之一。它于1915年在重庆正式创建，整个经营历程共计35年，在中国近代金融发展史上占有相当的地位，因而被誉为中国近代四大银行集团——华西集团的核心和领头羊。本刊出8期后停刊。1947年7月在上海复刊，1949年4月终刊。

本刊旨在“训练行员，使其具有现代知识，增进办事能力，实诚服务社会，便利人群”。本刊介绍了聚兴诚银行的发展经历，刊载了该银行的行规及职员守则等内容。

本刊为金融刊物，月刊。现保存于四川省图书馆。

《川边季刊》(1935年)

1935年3月创刊，重庆中国银行编辑发行。

本刊刊载了西康地区的经济概况、财政状况、田赋税、捐税、货币、商业、产业、工业、垦务等调查资料，介绍了川康地区的概略、宗教、教育、团务等情况。

本刊为川边情况调查研究刊物，季刊，原定1月、4月、7月、10月发行，因筹备不及，改为3月、6月、9月发行。16开本，铅印。竖版，单栏。封面由川康地域图及刊名组成。现保存于重庆图书馆、上海图书馆、四川省图书馆、四川大学图书馆。

《烂漫》(1935年)

1935年4月出版，重庆烂漫周刊社编辑（接洽处在重庆售珠市18号），中国合作社出版部发行，外埠代售处有上海浦东中学、江津县立中学，本埠代售处有开明书店、中学生书局等，重庆启文印书馆印刷。

本刊主要刊载文学作品，载文有《“英雄”新解》《性格描写》《脱臼》《春里的秋意》《归侨日记》《忆惜》等。

本刊为文学期刊，周刊。竖版，三栏，有上下边栏，上边栏为双黑细实线，两线之间有刊名及页码，下边栏为单黑细实线，第一栏和第二栏以空白为分界线，第二栏和第三栏以单黑实线为分界线。封面为纯文字布局，左为刊名及卷期，右下方为本期目录。现保存于重庆图书馆、四川省图书馆。

《公安月刊》(1935年)

1935年4月创刊，重庆市公安局秘书室编辑发行，重庆新民印书馆印刷。

本刊主要刊登重庆市公安局的委任令、法规、警务人员管理条例等，并有警政计划、函电和治安统计资料等内容，设有组织、经费、用人、事件、杂录等栏目。

本刊为公安专业刊物，月刊，每月30日出版。16开本。现保存于四川省图书馆、四川大学图书馆。

《中国西部科学院特刊》(1935年)

1935年4月出版，中国西部科学院雷马峨屏考察团编辑出版。

《四川省雷马峨屏调查记》作为《中国西部科学院特刊》第一号出版，此报告为“研究凉山问题的一种必不可少的文献”。本刊内容涉及雷马峨屏的地域、山脉、河流、交通、气候、生活、语言文字及历法、社会组织等，介绍了凉山地区的动物、植物、地质，也讨论了开发大小凉山的事宜。本刊还附有雷马峨屏四县合图及大洋山地质图。

本刊为地理专业刊物，特刊。16开本，铅印。横版，单栏，共124页。现保存于重庆图书馆、四川大学图书馆。

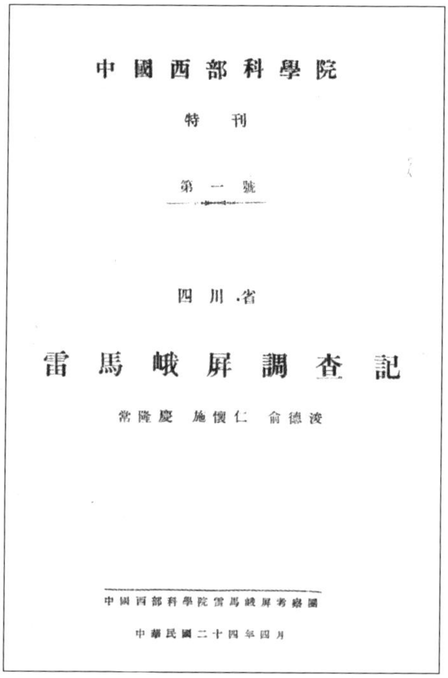
中國西部科學院
特刊
第一號
四川省
雷馬峨屏調查記
常隆慶 施懷仁 俞德浚
中國西部科學院雷馬峨屏考察團
中華民國二十四年四月

《中国西部科学院特刊》第一号封面

《新生活半月刊》—《四川省新生活运动促进会会刊》(1935年)

《新生活半月刊》于1935年5月1日在重庆创刊，四川省新生活运动促进会出版，出3期后停刊。1936年3月30日在成都复刊，更名为《四川省新生活运动促进会会刊》。

本刊目的在于“阐发新生活运动之理论，商讨新生活运动之方法，传播新生活运动之消息，正确贡献而能实践之办法予社会，使‘新运’之推行无碍”。本刊设有论坛、特载、会务等栏目。本刊复刊后第六期《重要启事》中说：“内容以工作报告为主，用符‘少说话，多做事’之至意。”

本刊为社会生活刊物，半月刊，复刊后自第六期改为月刊，第十一期改为双月刊。16开本，铅印。竖版，双栏。封面为纯文字布局。现保存于重庆图书馆、上海图书馆、四川大学图书馆、达州市档案馆。

《山城》(1935年)

1935年5月5日在重庆创刊，山城月刊编辑部编辑，山城月刊发行部发行（地址在重庆大樑子），肇明印刷公司印刷，总经销处为新生命书店、北新书店、开明书店，各大书坊分售。

本刊设有杂文、特写、诗歌、小说、译文、长篇小说连载、一月小事记等栏目。

本刊为文学刊物，月刊，1935年12月改为半月刊。16开本，铅印。竖版，双栏。正文有上下边栏，上边栏为黑色双细直线，下边栏为黑色单细直线。本刊封面及广告均采用三色版。现保存于四川省图书馆、重庆图书馆、南京图书馆。

《聚奎》(1935年)

1935年5月31日创刊，江津白沙聚奎学校聚奎月刊社编辑，聚奎校友会发行，江津金藏号铅石印社印刷。

聚奎中学位于重庆江津白沙镇，其前身是聚奎书院。1905年废书院办小学，改称聚奎学堂，邓鹤翔任堂长，并由留日归来的邓鹤丹协助办学。1930年该校增办初中，初名石泉中学，1931年始称聚奎中学。本刊的内容有论著、文艺、校况。

本刊为中学校刊，刊期不详。16开本。现保存于重庆市北碚图书馆。

《国医月刊》(1935年)

1935年5月在重庆创刊，国医月刊社发行（社址在莲花池后街德兴里第17号），国医月刊社编辑部编辑（地址在小樑子五公馆9号），重庆合川印刷社印刷，尚志书店、开明书店、大东书店代售，分销处有小樑子五公馆熊寥笙诊所、黄葛街9号川藏制药厂、天主堂街益民书店。创刊号由章炳麟题字。

本刊创刊宗旨为“将国医以科学方法融会新知，与时潮相推进，逐渐完备”。本刊主要介绍中国传统医学的进步与发展，以论坛、学说、专著、讨论等栏目的形式刊载了《国医在世界医学上之位置与权威》《国医与科学》《伤寒论浅释》等文章及医学笔记、卫生常识等内容。

本刊第三期（1935年7月出版）为温病专刊。该期目录后有光华医药杂志社主编赵丰题词：“改进中国医学不可迷新，亦不可能泥古，必须全乎中国民族性为依归。”第五期为妇女专病专刊。本刊从第四期开始增设读者信箱、问病答案、公布验方三个栏目。

本刊为医学刊物，月刊。16开本，每期35~50页不等。竖排，每版或单栏或双栏，用波浪线作为分割线。仅见2期。现保存于重庆图书馆。

《计政月刊》(1935年)

约1935年5月出版，重庆计政学会创办。计政学会会长甘绩镛任社长。

本刊以“研究计政学术，灵通计政消息”为目的，主要探讨地方政府如何处理好财政问题，内容由各县会员提供，包括会计制度、财政预算与结算、统计手段与方法等，从理论入手，结合重庆的具体实施情况加以分析报道。本刊所需经费由会员按月薪抽取十分之一。

本刊为会计刊物，月刊。保存地不详。

《万县党务旬刊》（1935年）

约1935年6月出版，国民党万县党务指导委员会编辑发行。

本刊创刊目的在于“主张国民革命，注重宣传，阐扬党义，使一般民众了解政治”。本刊刊登关于政治、经济、法律的研究文章，以及新生活运动讲座、党务消息、十日大事辑要和少量文艺作品。

本刊为党务刊物，旬刊。现保存于上海图书馆、四川省图书馆。

《乡村建设季刊》（1935年）

1935年7月创刊于重庆巴县，四川乡村建设学院研究实验部编行。

本刊旨在“积极训练乡村建设人才，培养乡民之新道德，灌输农事之新智识，传播农业之新技术，进而完成以乡农新兴实力复兴中华民族之使命”，载文有《乡村建设的目标理想与途径》《乡村建设的教育应用于乡村建设的效率观》《全国乡村运动概观》《中央集权与地方自治》等。

本刊为乡村建设刊物，季刊。竖版，双栏。封面为纯文字布局，目录页没有版块划分。仅出1期。现保存于重庆图书馆、上海图书馆、四川省图书馆。

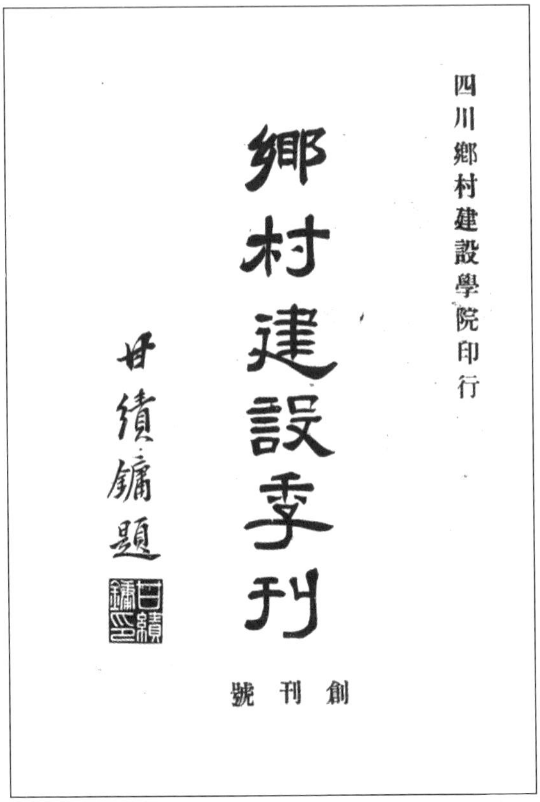

《乡村建设季刊》创刊号封面

《党务旬刊》（1935年）

1935年8月创刊，国民党南川县党务指导委员会主编。

本刊内容有党务计划、专件、一周小县大事简报、一周党国要闻汇志。

本刊为党务刊物，旬刊。16开本，铅印。约1939年停刊，原因不详。现保存于上海图书馆。

《净土宗》（1935年）

1934年11月创刊于湖北武昌，自1935年8月迁至重庆北碚缙云寺刊印，净土宗月刊社编辑发行。1936年11月迁至江苏淮阴觉津寺出版。

本刊的宗旨是“弘扬净土宗经典，讲解净土宗起源及在各宗中之地位”，“介绍一些净土的教理及其修行的方法”。其主要内容有大师念佛讲经稿、本宗讲座、净土论提要等。主要撰稿人有战德克、温光熹、张圣慧、郑重佛、李慧雨、王莲君、苇舫、尘空等。

本刊为佛学专刊，月刊。16开本，铅印。竖版，双栏。正文部分有黑粗单直线为四边栏，中间有黑波浪线为分割线。自创刊至1937年3月，共发行29期。现保存于重庆图书馆、上海图书馆、重庆市北碚图书馆。

《儿童周报》（1935年）

1935年9月9日在万县创刊，由儿童实施委员会第五次全体会议决定出版。本刊主要人员有蔡红云、李朋、伍志云、周希陶、何声扬、寇天群、佘登先、彭显章。

本刊以小学生为发行对象，旨在“灌输儿童时事知识，提高儿童对时事知识的了解，提高儿童写作兴趣”。本刊向儿童介绍国内外时事和本埠新闻，刊载地理常识、生物常识、科学小品、自然科学知识、名人介绍等。

本刊为儿童课外读物，周刊。经费由各小学承担。约1937年抗日战争爆发初期停刊。保存地不详。

《垫江县政月刊》（1935年）

1935年9月16日创刊，垫江县县政府编辑发行，垫江广益石印社印刷。

本刊为垫江县县政府公布政令之机关刊物，设有特载、法规、公牍（呈文、训令、指令、函电、布告、批示、委任令）、会议录、附录等栏目。

本刊为地方行政刊物，月刊。手写石印，竖版，双栏。封面为纯文字布局，目录页有简单的版块划分，正文由细波浪线分为两栏。现保存于上海图书馆、达州市档案馆。

《政训半月刊》（1935年）

1935年10月16日创刊于重庆，国民政府军事委员会委员长行辕参谋团政训处印行。

本刊设有图片、短评、特载、通讯、文艺、一月大事等栏目，载文有《吾人对国民经济建设运动应有之认识》《国民经济建设运动的几个基本理论》《国民经济建设运动与现在的军队政训工作》《国民经济建设运动与新生活运动》等。

本刊为训政刊物，半月刊。16开本，铅印。竖版，双栏。封面由底纹和文字组成。目录页有明显的版块划分。正文有上边栏，上边栏由三条细黑直线和页码、刊名、卷期组成。重庆图书馆保存的第四、五期合刊为国民经济建设运动特辑。

《艺囊周刊》（1935年）

1935年11月在重庆创刊，四川文学研究会编行，吕次文等创办，重庆市渝商印书馆承印。

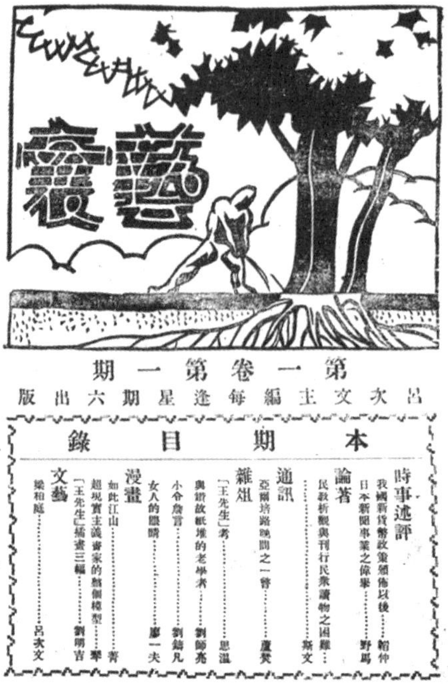

《艺囊周刊》第一卷第一期封面

本刊以“普及民众教育，提高文化水准为主旨”，其刊载的作品主要反映社会现状及民众生活，栏目有时事述评、论著、杂俎、通讯、漫画、文艺，固定撰稿人有罗承培、卢焚、韬仲、文可卿、蒲仰峦、邹信学、刘明吉、罗博、刘铸凡、尹树藩等。

本刊为文艺刊物，周刊。16开本，铅印。竖版，三栏。封面由图片和文字组成。双页有左边栏，单页有右边栏。现保存于重庆图书馆、上海图书馆。

《业余生活》(1935年)

1935年12月20日创刊，主编李得裴，发行人江昌绪，业余生活月刊社发行（社址在重庆第三模范市场32号），励精汉文正楷印刷所印刷。

本刊设有经济、特写、合作、漫谈、论著、农业、文艺等栏目。本刊内容还包括世界小知识、生活记录、读书心得等。本刊第九期、第十一期扉页分别刊有高尔基和鲁迅的木刻像。

本刊为业余读书会刊物，刊期不详。32开本，铅印。现保存于四川省图书馆、四川大学图书馆。

《涪陵县政公报》（1935年）

约1935年出版，涪陵县县政府创办。

本刊旨在“传达政情，沟通信息”，设有政令、规章、公牍、函电、统计、调查等栏目。

本刊为县政刊物，旬刊。终刊时间不详。保存地不详。

《公共卫生月刊》（1935年）

1935年创刊，卫生署公共卫生月刊编辑委员会编辑，卫生署战时医疗药品经理委员会售品室经售（地址在重庆市民医院内）。

本刊主要刊载卫生行政技术会议日程、大会纪要、名单、决议内容等。

本刊为卫生刊物，月刊。16开本，铅印。竖版，双栏。本刊封面由简单的色块和文字组成。现保存于重庆图书馆、上海图书馆。

《华光》（1935年）

1935年在重庆创刊，出版者不详。

本刊旨在“开发全国富源，提高大众之生活水准；努力国防事业，巩固国家基础；自力完成中国之生产建设，杜绝外来之经济侵略；拟议全国建设计划，并努力协助其实施；策励大规模国营生产及建设事业之进行”。此外，本刊还刊登有关华社的社论、社纲、公告、消息等内容。

本刊为社会团体刊物，双月刊。16开本，铅印。竖版，双栏。本刊没有独立封面。现保存于上海图书馆。

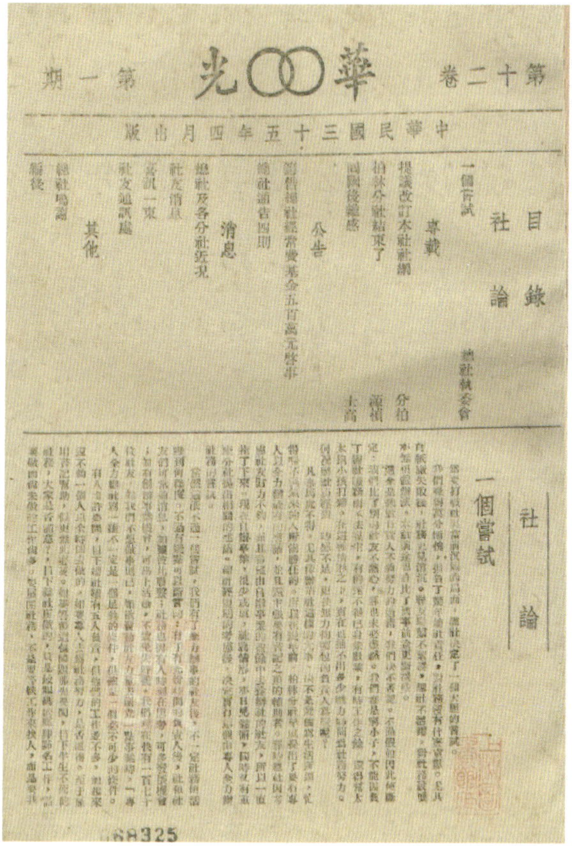

第十二卷　華光　第一期

中華民國三十五年四月出版

目錄

社論

一個嘗試　總社執委會

專載

提議改訂本社社綱　分柏

柏林分社結束了　源禎

回國後雜感　士高

公告

關於總社經常費基金五百萬元啓事

總社通告四則

消息

總社及各分社近況

社友消息

喜訊一束

社友通訊處

其他

總社啓謂

編後

社論

一個嘗試

《华光》第十二卷第一期封面

《劳工戒烟所工作月报》(1935年)

1935年在重庆出版，四川省新生活运动促进会、各界禁烟促成劳工戒烟所出版发行（地址在重庆千厮门外）。

本刊详细介绍了劳工戒烟所成立的缘由及成立过程，记载了劳工戒烟所的工作情况，报道该所的筹备、组织情况，以及该所收容瘾民和施戒情形。同时附有指拨经费、管理纪事、各项规则、重要文牍、月工作日记等。

本刊为社会团体刊物，月刊。16开本，铅印。竖版，单栏。现保存于上海图书馆。

《施政特刊》(1935年)

约1935年创刊，国民革命军第二十一军司令部编行。

本刊创刊宗旨为“远达中央法规之意旨，近察当地特殊之情形”，设有内政、团务、建设栏目。

本刊为地方行政刊物，不定期刊。竖版，单栏。现保存于重庆图书馆。

《文建周刊》(1935年)

1935年创刊于重庆，中国文化建设协会四川分会编辑发行（通信地址为重庆市售珠市大陆通讯社转），巴蜀印刷社印刷。各大书局均有销售。

本刊由何鲁题写刊名。简伯良、何鲁、周癸叔、何应枢、王国源、杜少昕、陈叔华等为主要撰稿人。本刊设有专论、时评、时论、讲演、文苑、游记、杂俎等栏目。“专论”栏目涉及水利、管理等方面的内容，如税西恒的《西川水利》、简伯良的《怎样叫做科学管理法》等；“时评”栏目关注时事状况，如何鲁的《对于行政专员之希望》《侨胞之厄运》等；“游记”栏目主要刊登部分作者的旅游见闻，如何应枢的《峨眉游记》等。本刊“评论省政消息，发表科学专著专论，讲解调查工作，刊登诗词文选，漫谈教育等”，以社科、时政和经济发展为主要内容，文章深刻，图文并茂，视野宽广，是民国时期重庆刊物的代表之一。

本刊为综合性社科刊物，周刊。32开本，铅印。竖版，双栏，每栏之间有黑细波浪线分割。仅见4期。1935年8月停刊。现保存于四川省图书馆、重庆图书馆、上海图书馆。

1936 年期刊

《合川县政旬刊》—《合川县政旬镌》—《合川县政府公报》（1936年）

1936年1月10日创刊，合川县县政府秘书室编行，后改名为《合川县政旬镌》。1936年9月15日又改名为《合川县政府公报》，合川县县政府编辑组编印。

本刊“为合川县政府传达及公布一切政令与宣扬政情之机关报”，刊载合川县县政府的法令、法规等内容。

本刊为政务刊物，旬刊，后改为半月刊。又因经费核减，自1937年1月1日起改为单页式，每旬出版一张。现保存于四川大学图书馆、达州市档案馆。

《推行新文字十日刊》（1936年）

1936年1月下旬创刊，重庆推行新文字社编印。

本刊以“宣传、推动拉丁化新文字运动，报告文字拉丁化运动进展状况”为宗旨，刊内载有研究拉丁化新文字写法的文章，解答学习新文字出现的问题，也报道国际和国内的新闻，刊发各地通讯和短篇文艺作品等。第一期为拼音特辑，第二期为词儿特辑，第三期是川音特辑。

本刊为语言文字刊物，旬刊。保存地不详。

《现代读物》(1936年)

1936年1月在重庆创刊，现代读物社编辑发行（社址在重庆忠烈祠街24号，通信处为重庆大梁子，1939年12月迁到重庆牛角沱生生花园），总编杨若瑜，高泳秀曾任发行人兼社长。先后由重庆肇明印刷公司、京华印书馆重庆分馆、时与潮社印刷所、巴渝印刷所、鸿福印书馆、中央青年印刷所、自强日报社印刷。1941年12月本刊暂停出刊，1943年6月复刊，1946年2月停刊。

1932年高显鉴发起组织四川平民教育促进会，大力提倡并推动乡村建设、大众教育和平民教育。1935年他任乡村建设学院院长，为了扩大乡村建设的影响，指导乡村建设的实施，学院成立了现代读物社，并发行了《现代读物》。

本刊以“推行乡村建设，促进地方自治”为目的，内容侧重为四川省内的时事、政治、经济、乡村建设、财政、教育等问题，也刊有少量文艺作品。本刊主要撰稿人有罗敦敏、汪通祺、叶新明、田子贞、陈济棠及刘仁庸等，主要栏目包括专文、文艺、论著、诗歌及现代评坛等。

本刊为时事政治刊物，旬刊。自第十七期起改为半月刊，期数连续，一年为一卷。自1938年第三卷起改为月刊。1944年第九卷起改为双月刊。16开本，铅印。竖版，双栏。封面为纯文字布局。售价及刊登广告费用每年不定。现保存于中国国家图书馆、中国科学院图书馆、中国人民大学图书馆、北京大学图书馆、中国社会科学院世界历史研究所资料室、南开大学图书馆、陕西省图书馆、甘肃省图书馆、辽宁省图书馆、吉林大学图书馆、上海图书馆、复旦大学图书馆、南京图书馆、南京大学图书馆、安徽

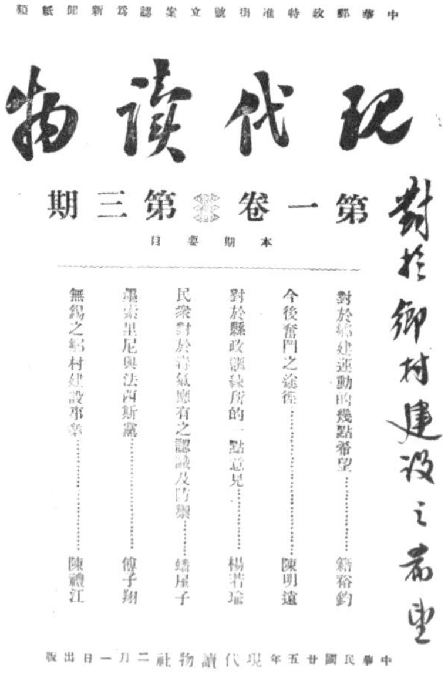
中華郵政特准掛號立案認爲新聞紙類

現代讀物

第一卷第三期

本期要目

今後奮鬥之途徑……陳明遠
對於縣政訓練所的一點意見……楊若瑜
墨索里尼與法西斯黨……傅子翔
無錫之鄉村建設事業……陳禮江

中華民國廿五年現代讀物社二月一日出版

《现代读物》第一卷第三期封面

省图书馆、浙江图书馆、浙江大学图书馆、湖北省图书馆、湖南图书馆、四川省图书馆、四川大学图书馆、重庆图书馆、贵州省图书馆、云南大学图书馆、福建省图书馆、厦门大学图书馆、桂林图书馆。

《云阳留渝同学会会刊》(1936年)

1936年2月创刊，云阳留渝同学会学术股编辑，云阳留渝同学会发行，重庆安庆印书局印刷。

本刊以“灌输乡土文化，促进桑梓福利”为宗旨。本刊设有建议、评论、论著、文艺、专载、附录等栏目，载文有《我国农村破产的原因及其救济方法》《国难期中青年应善用求学机会》《举办我县农村合作事业应怎样组织信用合作》等。

本刊为地方建设刊物，月刊。16开本，铅印。竖版，双栏。封面为纯文字布局，目录页有简单的版块划分。正文部分有上边栏。目前所见最晚一期为1938年的第十二期。现保存于重庆图书馆、上海图书馆。

《救国月刊》(1936年)

1936年3月创刊，重庆大学救国联合会创办。

本刊作为20世纪30年代民族危机逐步加深时期的刊物，关注时事政治的发展情况，对列强对中国的侵略行径予以报道。其主要内容包括“讨论救国问题，记载各省军事、政治、经济事实，论述国际外交形势，介绍学术思想，刊登近周间大事评述及时事漫画和照片”。

本刊为时事政治类刊物，月刊。仅见1期。现保存于四川省图书馆。

《春野》(1936年)

1936年4月29日出版，春野学术研究社编辑出版。春野学术研究社是1936年由涪陵北岩简易师范男生部学生陈民先、张世德等人发起组织并在涪陵创建的。

本刊设有论著、诗与散文、杂俎等栏目。

本刊为文艺类刊物，半月刊。石印。保存地不详。

《綦江留渝学会会刊》（1936年）

1936年4月30日创刊，綦江留渝同学会编辑发行，重庆合川印刷社印刷。

本刊以“灌输时代文化，促进乡邦各种建设”为宗旨。本刊设有建言、论著、通讯、文艺、杂俎等栏目，载文有《綦江小学教育之通弊》《防空之重要》《綦人应有之觉悟与努力》等。

本刊为同学会刊物，不定期刊。16开本，铅印。竖版，双栏。现保存于上海图书馆。

《南开中学校刊》（1936年）

约1936年5月创刊，重庆南开中学主办。重庆南开中学坐落于重庆沙坪坝，始建于1936年。当时华北局势危急，天津南开学校校长张伯苓决定于四川设南开分校。南开中学部主任喻传鉴受命主持建校，从选地、购地、一期校舍工程、招聘教职工，经半年时间而招生开学，取校名为南渝中学。1938年9月，南渝中学更名为南开中学。

本刊刊载了南开中学的建校历史、学校规章、组织活动、话剧演出等内容。

本刊为中学校刊，不定期刊。保存地不详。

《法治周刊》（1936年）

1936年6月创刊，司法院法官训练所同学会编辑发行，大东印书馆印刷。

本刊“发表有关刑法、民法、检察制度等法律方面的论著，介绍国外现行法令条例和理论，研讨民事诉讼法条例规定”，“刊载司法院法令、训令、指令及司法界动态消息、最高法院民事诉讼裁判等”内容。

本刊为法律刊物，周刊。16开本，铅印。现保存于重庆图书馆、上海图书馆。

《大地》(1936年)

约1936年上半年在重庆创刊。

本刊以传播知识为宗旨，所载内容有科学论文、文艺小品文、外语讲座等。由于创刊时正值第二次世界大战前期，所以也介绍军事知识和战争技术方面的内容。

本刊为社会科学综合性刊物，刊期不详。保存地不详。

《天地人》(1936年)

约1936年上半年在重庆创刊。

本刊主要向民众传播知识。其载文主要讲述历史内容，讨论过去中国的经济文化，报道国内外时事等。

本刊为社会科学刊物，刊期不详。保存地不详。

《四川旬刊》(1936年)

1936年7月11日创刊，国民党四川省党部创办。

本刊内容“除关于党义之阐发，及关于党务之记载之外，并按旬将重要时事作一综合之叙述”。

本刊为政务刊物，旬刊。保存地不详。

《财训》（1936年）

1936年7月在重庆创刊，四川省财务人员训练所编辑发行。

本刊主要撰稿人有关吉玉、颜伯华、常凤元、王丕烈、徐弼、苏松芬、熊鼎盛、王绵阶等，主要栏目有讲演、附录、研究、所务纪实等。本刊内容涉及经济、财政、税赋等，每期刊有国内外经济参考资料、四川省财政参考资料。本刊关注四川财政与发展的问题，以财政赋税为主要观察点，深入分析四川的财政状况及以后的发展，并附有许多专业性的财政类文章。载文有《川省省税之回顾与前瞻》《四川省财务人员训练所学员实习暂行规程》《新盐法与四川盐政》《四川省财政之症结及其解决之途径》《四川财政之前途》等。

本刊为财政刊物，不定期刊。16开本，铅印。竖版，单栏。封面为纯文字布局。现保存于重庆图书馆、上海图书馆、四川大学图书馆。

《经济杂志》（1936年）

1936年7月创刊，四川经济学会主编（编辑部在重庆机房街省商校），重庆市商会出版，重庆渝商印书馆印刷。

本刊刊有鄢公复为刊物撰写的发刊词。本刊撰稿人有杨及玄、唐及甫、王遂平、邓少琴、鄢公复等，设有经济要闻、调查、诗词等栏目。本刊主旨在于“研究经济学理，促进国民经济建设，普及经济常识”。本刊发表国内外及有关四川经济问题的论著、译述、地方经济事实的调查、经济统计资料等，

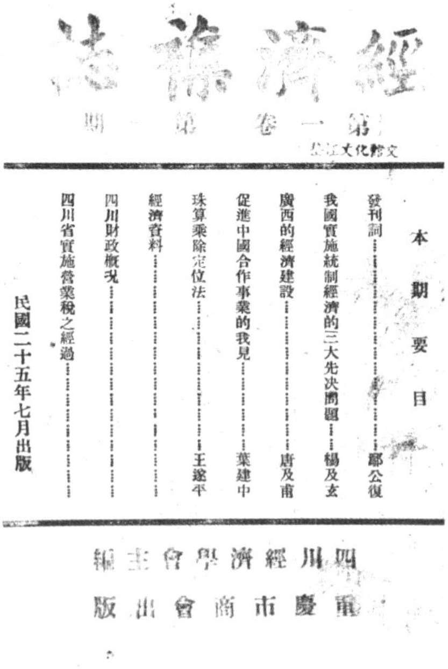

《经济杂志》第一卷第一期封面

經濟雜誌

第一卷第一期

本期要目

發刊詞……鄢公復

我國實施統制經濟的三大先決問題……楊及玄

廣西的經濟建設……唐及甫

促進中國合作事業的我見……葉建中

珠算乘除定位法……王遂平

經濟資料……

四川財政概況……

四川省實施營業稅之經過……

民國二十五年七月出版

四川經濟學會主編

重慶市商會出版

介绍四川财政概况、四川经济要闻，刊有重庆各银行业务报告书等。本刊曾刊发《人寿保险之意义》一文，从个人、家庭、社会、国家四个角度论及“寿险关系吾人之重要”。本刊刊发的《重庆市零售物价指数表》（1936）、《重庆市零售物价指数图》（1936）、《四川财政状况》等文章，对研究彼时四川经济情况具有参考价值。

本刊为经济类刊物，月刊。16开本，铅印。竖版，双栏。封面为纯文字布局，正文有黑细波浪线为分割线。仅出6期。1936年12月停刊。现保存于四川省图书馆、四川大学图书馆、重庆图书馆、峨眉山市档案馆。

《妇女时报》（1936年）

1936年8月10日出版，出版者不详（地址在重庆大阳沟49号），负责人陈国华。

本刊以“提倡女子学问，增进女界知识”为宗旨，主要内容包括实验谈、社会观、家政说、交际说、歌曲、评论、小说、诗词、科学小品、生活知识、西方文艺、图片等。

本刊为妇女刊物，月刊。铅印。保存地不详。

《警察旬报》（1936年）

1936年8月创刊，重庆市公安局警察训练所编辑发行，重庆巴蜀印刷社代印。

本刊设有论著、法令法规、局所纪要、警界情报、政闻备忘录等栏目。

本刊为警政刊物，旬刊。16开本，铅印。竖版，双栏。现保存于重庆图书馆。

《内外什志》（1936年）

1936年8月创刊，出版者不详（地址为重庆小较场特17号）。

本刊载有“各民族特殊文化及其习俗之讲述，社会经济状况之调查，国际政治经济之评论，各地特殊事件之通讯，文艺、歌曲之采集，名胜古迹之游记，人物描写等”。自1938年第四卷起出战时特刊，内容主要是时事形势分析、评论，也刊有小说、剧本等文艺作品，设有内外时评、内外通讯、内外人物志、内外文摘等栏目。

本刊为综合性刊物，半月刊。16开本，铅印。竖版，双栏。现存最晚一期为1939年4月出版的第五卷第七期。现保存于中国国家图书馆、北京大学图书馆、中国社会科学院世界历史研究所资料室、甘肃省图书馆、上海图书馆、复旦大学图书馆、南京图书馆、南京大学图书馆、武汉大学图书馆、四川省图书馆、重庆图书馆、湖南图书馆、福建省图书馆、厦门大学图书馆、广东省立中山图书馆、中山大学图书馆。

《内外什志》1938年战时特刊封面

《忠县县政府公报》(1936年)

1936年8月出版，忠县县政府秘书室编辑，忠县县政府发行室发行，忠县民生工厂铅印部印刷。

本刊主要公布该县县政府政令、法规，报道有关动态、工作经验。本刊栏目除原有专载、法规、公牍、布告、批示、统计、附载外，后期新增调查报告、会议录两栏。主要撰稿人有吴白桦、余我生、刘桂芳、张光璧、张瑞森、陈仲平、袁蔚人等。

本刊为县政刊物，月刊，逢15日出版。16开本，铅印。竖版，双栏。封面为纯文字布局，正文部分上下栏有黑单波浪线分割。现保存于上海图书馆。

《农民周刊》(1936年)

1936年9月28日创刊，嘉陵江三峡乡村建设实验区民众教育委员会编辑（地址在重庆北碚），随《嘉陵江报》发行。自第十三期起，改由民众教育委员会北碚月刊编辑部编辑，嘉陵江三峡乡村建设实验区署发行。

本刊设有谈天、国家大事、豆棚瓜架、有话大家说、三峡建设等栏目。“谈天”栏目的内容为宣传抗日或介绍大事；“国家大事”栏目的内容为报道国内外和本地新闻；“豆棚瓜架”栏目以通俗的文艺形式讲解农业知识；“有话大家说”栏目的内容为解答农民不懂的问题；“三峡建设”栏目的内容在于介绍三峡乡村建设实验区的风景名胜，以及区内建设情况。刊物形式活泼，语言通俗。

本刊为农业技术推广刊物，周刊，逢周一出版。16开本，每期4~6页。现存最晚一期是1937年3月出版的第二十至二十三期合刊。停刊时间及原因不详。现保存于四川大学图书馆。

《渠县旅渝学会会刊》(1936年)

1936年秋季在重庆创刊。

本刊介绍了渠县旅渝学会会史，刊发渠县交通、商业、教育等方面的专论及一些文艺作品，设有专载、专论、诗、词、歌、曲、新诗、小说等栏目。

本刊为社团刊物，不定期刊。其他出版信息不详。现保存于达州市档案馆、重庆图书馆。

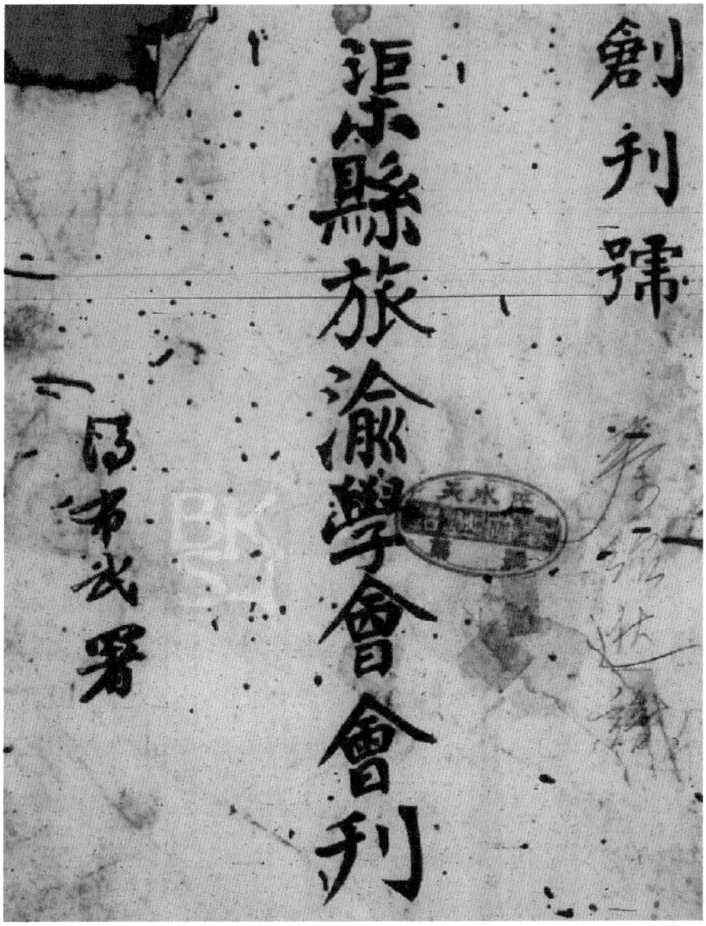

《渠县旅渝学会会刊》创刊号封面

《四川省立重庆大学校刊》(1936年)

1936年10月16日创刊，四川省立重庆大学出版课编辑发行，国民公报社印刷部印刷。

本刊除刊载校史要闻之外，“凡属有益身心修养，与夫增加课外知识，不拘时代，尽是选刊，以补本校社会科学之不足，以谋诸生精神教育之充实”。

本刊为校务刊物，双周刊，寒暑假停刊。16开本，铅印。竖版，双栏。约出至解放前夕停刊。现保存于达州市档案馆、四川大学图书馆、重庆图书馆。

《华西月刊》(1936年)

1936年10月创刊，华西月刊社编辑发行（社址在重庆道门口）。

本刊是重庆华西兴业公司办的刊物，华西兴业公司成立于1932年8月，总经理是胡子昂。本刊旨在“交流工程心得，报导工程进展，登载工程报告，发布同人消息”，载有《全国铁路现状》《华西实业之发展》《我的公余消遣法》等文章。

本刊为工业经济刊物，月刊。16开本，铅印。竖版，双栏。封面为纯文字布局。1938年6月停刊。现保存于复旦大学图书馆、南京图书馆、南京大学图书馆、四川省图书馆、重庆图书馆。

《华西月刊》第十一期封面

《新巴琼》(1936年)

1936年10月创刊，铜梁旅渝同学会宣传股编辑，铜梁旅渝同学会发行，肇明印刷公司印刷（地址在重庆大樑子）。本刊创刊号封面题名“新巴琼”，逐页题名“铜梁旅渝同学会会刊”。

本刊针对当时铜梁县政、教育、建设方面的落后现象，由在外求学的知识分子为改造家乡发表评论，栏目有论著、评论、杂俎、会务报告、调查报告、附录。

本刊为同学会会刊，不定期刊。16开本，手写油印。竖版，三栏，每栏之间以细黑波浪线分割。封面为纯文字布局。现保存于重庆图书馆、上海图书馆。

《黑画》（1936年）

1936年11月10日在重庆创刊，黑画社编辑，发行人李得麦，发行所黑画社（地址在重庆第三模范市场32号），重庆新民印刷社印刷（地址在长安寺庙内）。

本刊“希望一切爱好文学艺术的青年向寻求真理的道路前进”。其内容多以小说、散文、诗歌等为主，载文有《王家坪》《私刑》《需要》《文学家的梦》《天生的乞儿》等。

本刊为文学刊物，半月刊。横版，单栏。正文有上下边栏，边栏是黑单细直线。现保存于上海图书馆。

黑畫

一九三六年十一月上半月

發刊辭 （一）
王家坪 [illegible]（二）
私刑 上 [illegible]（七）
[illegible] 李得麥（一〇）
一個四人的信 克 磊（一一）
年 外一篇 王天[illegible]（一三）
鬼火下（木刻） [illegible]（一七）

第一期

發刊辭

處在現代這個極度動亂的時代裏，祇要是沒有麻木不仁的人，都會感到「長夜漫漫何時旦」？並且還希冀着將來光明的實現，天國建在地上，人間成為樂園，四海之內的兄弟姊妹[illegible]們，各得其所，[illegible]，能盡量的發展其良善的個性，與會[illegible]從前的奴性，文學藝術科學哲學，一切一切，都回到民衆手中，不再操在少數特權者貴族們[illegible]，物心一元，靈肉一致，體力勞動與精神勞動合一，纔算正算得合理。上面的希望和理想，祇有社會變革的[illegible]根據，然而必得要有若干犧牲般的艱苦耐勞，及在非常艱難環境[illegible]的犧牲努力的人，方有實現的一天。「黑畫」的命義，就在現時代裏由黑暗進到光明的意思。

我們少數志同道合的朋友，大家特別愛好的是文學藝術，但都並非[illegible]的為藝術而藝術的象牙之塔裏的個人享樂者，而是志願為人生藝術的大衆的一羣，我們不甘是幼稚，祇患自己缺乏熱情毅力，外界的惡魔實不能為我們的恐患，內心的鬼怪纔是我們的大敵人，我們[illegible]這樣的魔境業業的在「戒慎不睹恐懼不聞」裏，同時，我們還尤其歡迎一切文學藝術的愛好者們，與我們手攜手兒前進，為了愛人類的原故，都應該自勵的變成為播種者，勤苦的園丁。

文學藝術上的古典主義，特別着重形式美，全忽略了內容的生命與活氣，於是就起浪漫主義的特別要打倒形式美——一切的一切束縛，而偏重自我的創造熱情

《黑画》创刊号封面

《东高校刊》(1936年)

1936年11月创刊，永川县东高小学校刊社编行。

本刊主要内容有论著、文艺、校闻。

本刊为学校校刊，半月刊。1937年4月20日自第四期起改为月刊。32开本。现保存于四川大学图书馆。

《黑昼》(1936年)

1936年11月在重庆出版，主编谢又仙。谢又仙曾参加1937年5月成立的重庆市文化界救国联合会，并被选为候补干事。

本刊内容以小说、散文、诗歌为主。

本刊为文学刊物，半月刊。1936年12月停刊。现保存于四川省图书馆。

《一年来的云阳》(1936年)

1936年12月20日创刊，云阳县秘书室编辑发行。

因为此前于1936年7月出版的“《云阳汇刊》记载了1936年上半年的工作”，本刊则记载1936年全年的工作，所以对“上期曾披露之各项消息，皆削而不载”。本刊内容有插图、论著、专载、函牍、民政、财政、教育、建设、保安、司法、特载、会议记录、文艺等。

本刊为政务刊物，刊期不详。16开本，铅印，共320多页。终刊时间不详。现保存于四川大学图书馆。

《春云》(1936年)

1936年12月在重庆出版，重庆银行的职员创办，是中共地下党支持的进步刊物。春云月刊社编辑部编辑（地址在重庆陕西街1号），春云月刊社发行，开明书店总经售，今日出版合作社、民众书报社、知识书店代售，人民印刷社印刷。编委会成员有涂绍宇、李华飞、廖翔农、朱芝菲、李斯琪。1937年初由重庆救国会的李华飞接办。

本刊主要撰稿人有邓友民、梁实秋、老舍、蓬子、谢冰莹、方殷等。本刊发表文学评论，刊登杂文、小说、译作、漫画、戏剧、诗歌、游记、文化报道等内容。

本刊为文艺刊物，月刊。16开本，铅印。竖版，单栏。封面为彩色，由图片和文字组成。1938年12月停刊，共出4卷24期。现保存于重庆图书馆、上海图书馆、四川省图书馆、南充市图书馆。

《涪陵旅渝学会会刊》（1936年）

1936年在重庆创刊。

本刊有刘孟衡、何鲁、刘主生、龙文治等人的题字。本刊“以三民主义为原则，灌输时代文化，启迪民众思想，促进乡邦建设，俾建自觉之精神、合理之生活”为宗旨，栏目有建言、论著、评论、杂俎、文艺等，载文有《从体验中的失败找出民众教育实施的办法》《近年来我国教育的几个新趋势》《涪陵教育何以不发达》等。

本刊为地方教育研究刊物，不定期刊。16开本，铅印。竖版，双栏。封面为纯文字布局。正文部分有上边栏。现保存于重庆图书馆、上海图书馆。

《涪陵旅渝学会会刊》创刊号封面

《回声周刊》（1936年）

1936年在重庆创刊。当时重庆巴县中学在党的领导下成立了抗日救亡理论研究会。1936年，校长吴人初诬陷学生闹事，开除学生，引起广大师生的愤怒。抗日救亡理论研究会出版《回声周刊》，抗议学校当局，并进行抗日救亡宣传。

本刊为抗战宣传刊物，刊期不详。其他出版信息不详。现保存于重庆图书馆。

《教育法令汇编》（1936年）

约1936年在重庆出版，教育部参事处编行，吴秉常为发行人，正中书局印刷兼发行。

本刊主要选编经国民政府行政院及教育部颁布之各项重要教育法令。

本刊为教育刊物，刊期不详。16开本，铅印。现保存于重庆图书馆。

《军政月刊》（1936年）

1936年在重庆出版，国民政府军事委员会委员长行营第二厅编辑发行，重庆馀庆印书馆印刷（地址在上新街口）。

本刊主要登载国民政府军事委员会的特载、命令、公牍、法规、政务报告等。

本刊为军政刊物，月刊。16开本，铅印。竖版，单栏。现保存于重庆图书馆、上海图书馆。

《綦江政务要刊》（1936年）

约1936年在綦江创刊。

本刊公布綦江颁布的各项法规、章程及有关辖区内政、司法、教育、建设等的公函、文件、工作计划、调查报告等。

本刊为政务刊物，刊期不详。保存地不详。

《万县民众教育汇刊》（1936年）

约1936年创刊，万县民众教育馆编行。

本刊介绍了万县民众教育馆创办的定期刊物，自1933年4月到1934年6月有《民众教育半月刊》1种，共计21期，每期发行500份；自1934年7月到12月，有《民众教育月刊》1种，每期发行600份。本汇刊记载了万县民众教育总馆的经费数目、支馆经费支配情形并附表格，此外还登载了本馆三年计划大纲等内容。

本刊为民众教育刊物，不定期刊。16开本，铅印。竖版，双栏。现保存于重庆图书馆。

《新农业》（1936年）

1936年创刊，四川巴县职业学校编行。

本刊内容包括畜产讲座、农产制造讲座、园艺讲座、病虫害讲座、农讯，也有四川巴县职业学校校闻，刊载了《四川植棉之我见》《四川畜种改良之商榷》《酱油制造新方法》等文章。

本刊为农业科技刊物，月刊。16开本，铅印。竖版，双栏。封面为纯文字布局，目录页有简单的版块划分。其他出版信息不详。现保存于重庆市图书馆。

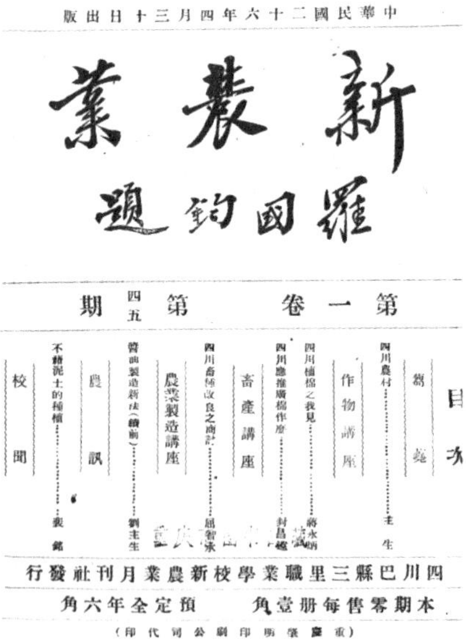

《新农业》第一卷第四、五期合刊封面

《新鲁会刊》(1936年)

1936年创刊，重庆北碚复旦大学新鲁学会编行。

本刊设专著、转载、文艺等栏目，内容有敌后通讯、同乡闻零、山东教育近况，并发表一些文艺作品。

本刊为学会会刊，不定期刊。16开本，油印。竖版，单栏。正文部分有上下边栏。目前仅见第二期，现保存于复旦大学图书馆。

《云阳留渝学会会刊》(1936年)

约1936年创刊，云阳留渝同学会学术股编辑发行。

本刊以“灌输时代文化，促进乡邦各种建设”为宗旨，主要设论著、建言、通讯、文艺、杂俎等栏目。

本刊为学会会刊，刊期不详。终刊时间不详。第三期、第五期和第七期现保存于重庆图书馆，第十一期现保存于重庆市北碚图书馆。

《壮训特刊》(1936年)

1936年在重庆创刊，四川省第三区壮丁队干部训练班编行。（四川省第三区是当时的行政区划，即今江津地区。）

本刊主要登载有关训练班教育、壮丁训练和户口异动方面的内容，栏目有插画、特载、卷头语、论述、公牍、法规、文艺、学员园地等，载文有《如何办理户口异动》《壮丁训练与教育》《国防论》《关于修养方面》等。

本刊为民兵训练刊物，不定期刊。16开本，铅印。竖版，双栏。正文部分有黑细双实直线为上边栏，无下边栏。现保存于重庆图书馆、上海图书馆。

《壮训特刊》第二期封面

1937 年期刊

《渡舟月报》（1937年）

1937年1月31日创刊，四川云阳佛学社佛经流通处出版（地址在云阳云厂慈航阁）。

本刊的创刊宗旨在于“释惑决疑，弘扬佛法”。其内容是“关于佛理之阐发；关于弘扬佛法之新途径，佛法各法门之经验谈，省内外推行佛教之重要消息；关于与佛法相关的诗歌、小品和小说”。

本刊为佛教刊物，月刊。16开本，铅印。现保存于四川大学图书馆、南京图书馆。

《戏剧周报》（1937年）

1937年1月创刊，重庆艺术界人士张宗礼等人创办。

本刊创刊目的是“阐扬戏剧、电影、魔术、杂技艺术”。

本刊为戏剧刊物，周刊，逢周三出版。现保存于重庆图书馆。

《正论》（1937年）

1937年3月12日创刊，正论周刊社编辑发行（社址在重庆新丰街37号，后迁至桂花街42号附9号），商务日报印刷部印刷。

本刊以政论为主，每期发表2~5篇有关国内外问题的评述，以及结合时局而撰写的论著，设有小言论、杂文、通信、每周大事记等栏目。第四期是“四川问题专号”，探讨四川与中国、四川的军事、四川的矿产与国防等问题，介绍了四川的公路概况、四川的哥老会等。本刊载文言论观点鲜明，为研究抗战初期的政治、思想、经济、文化提供了一定的史料。

本刊为时事刊物，周刊，每逢周六出版。16开本，铅印。竖版，双栏，有上边栏。约出5期后停刊。现保存于重庆图书馆、上海图书馆、四川省图书馆、四川大学图书馆。

《书讯》—《文化街》（1937年）

1937年3月出版，重庆市北碚图书馆编行。

本刊的出版目的在于介绍北碚图书馆藏书，便于读者查阅。本刊内容有新书、杂志介绍、馆藏图书介绍、名著概要、参考书等。

本刊为图书情报刊物，不定期刊。32开本。现保存于重庆市北碚图书馆。

《文化三日刊》—《文化街》（1937年）

约1937年春创刊，后改名为《文化街》，由重庆市文化界人士发起创办，主编杨菊芜。本刊因经费困难，时断时续地出了30期后停刊。其他信息不详。保存地不详。

《四川省商校半月刊》（1937年）

1937年4月16日在重庆创刊，四川省商校半月刊社编行，天主堂街安庆印书局代印。

本刊“以交换意见，联络感情，促进生产建设各项事业，揭穿帝国主义的黑幕为使命”，栏目有时事摘要、论著、杂俎、谈薮、文艺、校闻等。

本刊为学校刊物，半月刊，每逢1日、16日出版。16开本，铅印。现保存于重庆图书馆。

《起华医药杂志》（1937年）

1937年5月10日创刊，万县起华中医院编行（地址在万县环城路82号），名誉社长马登沪，社长周君律，副社长郭子渊，主编李重人。华盛印刷公司印刷。

本刊目的在于“研讨并改进中国医药学”，设有小言、论坛、医药研究、医案、专著、特载、医药问答、卫生常识、文艺等栏目。主要撰稿人有李重人、郑惠伯、吴介眉、林一森、郭子渊等。本刊“比较中西医药之优劣，分析近代医药界之一般趋势与未来展望；用科学方法探讨国产药物之精华；调查各地医药状况；刊载有关医事上之法规条例及行医之伦理道德”。

本刊为医药刊物，半月刊。16开本，铅印。竖版，单栏。现保存于重庆图书馆、上海图书馆。

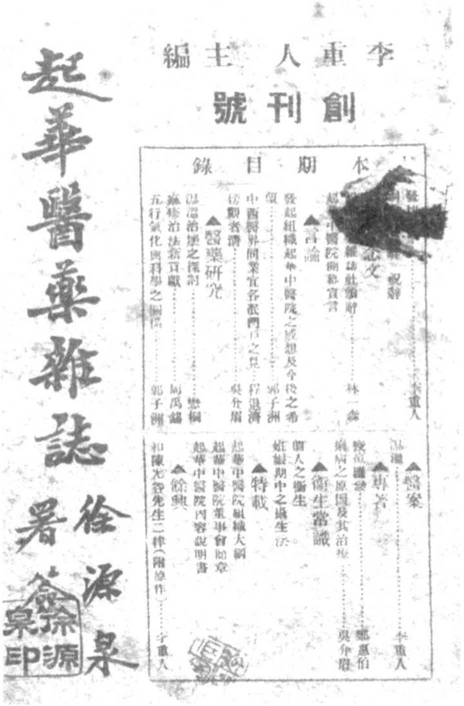

《起华医药杂志》创刊号封面

《荣昌县政半月刊》（1937年）

1937年5月在重庆出版，荣昌县县政府秘书室编辑。

本刊为荣昌县县政府传达政令的刊物，主要内容分通行法令、县府公文录要、县政会议纪录、各局处公文等。

本刊为政务刊物，半月刊。16开本，铅印。现保存于重庆市荣昌区档案馆、四川省图书馆。

《生百世》（1937年）

1937年5月创刊，生百世会编辑，生百世周刊社发行（社址在重庆新丰街41号），新记巴蜀印刷社印刷，本外埠各大书店经售。

本刊以“提倡日光浴保健”为宗旨，主要“介绍有关天然疗养、卫生健康、旅行、运动、山村生活的身体强健方法，也登载一周内重庆、四川、中国乃至世界的时事消息”。其载文有《天然疗养的意义》《日常食物中所包含的维他命》《运动与健康》等。

本刊为卫生保健刊物，周刊，每逢周六出版。16开本，铅印。竖版，双栏。共出15期。现保存于重庆图书馆、上海图书馆、四川省图书馆。

《青年之道》（1937年）

1937年6月在重庆创刊，明诚青年之道月刊社编辑，重庆曾家岩圣家书局印刷及发行。

本刊旨在“提倡圣体军组织，陶冶教友热心情感”，内容包括道理、军人前途讨论、故事、瞻礼、组织与训练、保禄队生活、军情、本刊报告、新闻等。1938年1月出版新年特大号。

本刊为宗教刊物，月刊，每月1日发行。16开本，铅印。竖版，单栏。封面由图片、刊名、卷期组成。现保存于上海图书馆、重庆市档案馆。

《学术汇刊》（1937年）

1937年7月1日出版，行营学术研究总会军事委员会编辑发行，新民印刷馆印刷（地址在长安寺庙内）。

本刊以“反省所学，知与行合一，研究练习，并举不废”为宗旨，主要栏目有演讲、论著、英文译述、日文译述、藏文译述、调查、附载等。其载文有《改革四川盐政之我见》《中国近代边疆外侮志略》《药用植物之研究》等。

本刊为综合性刊物，刊期不详。大32开本，除分发行营系统各单位外，还分赠各市、县政府及党部。竖版，单栏。封面由图片和文字组成。现保存于中国国家图书馆、重庆图书馆、上海图书馆。

《业余生活》（1937年）

1937年7月1日创刊，北碚业余生活社编辑发行，北碚三峡文化印刷社印刷。名誉社长王道济，编辑刘上品、唐建中。

本刊宣传北碚业余生活，宗旨为“调剂业余生活，及利用集团力量，增进本身技能”。本刊设有论著、杂俎、文艺等栏目。

本刊为社会生活刊物，月刊。32开本。现保存于重庆图书馆。

《鸡声周刊》（1937年）

约1937年“七七事变”后创刊，开县县立西津坝小学彭德之、陈延芳、廖家岷等创办。

本刊创刊目的为在小学生范围内宣传抗日。本刊主要刊载各地抗战情况及该校的抗日活动。

本刊为抗战宣传刊物，周刊。保存地不详。

《抗敌周刊》（1937年）

约1937年“七七事变”后创刊，刘思德、赵纯文编辑，发行人萧德勋，编辑地点在荣昌县大西街47号。

本刊抱定“为读者服务的宗旨，不以营利为目的”。本刊内容主要为救亡理论与实践、抗战教育、国际情势、各地通讯、抗战文艺，也报道抗日前线的战况和国内国际一周发生的时事。第十期载有“台儿庄大捷”的时事解说。

本刊为抗战宣传刊物，周刊。现保存于重庆图书馆。

《警声月刊》(1937年)

1937年8月1日创刊于重庆，中华警察学术研究社编辑发行（社址在重庆弹子石复兴街9号）。本刊以10期为1卷。1946年迁至南京出版，卷期另起。约1948年停刊。

本刊“以研究警察学术为目的”。本刊内容为关于警察之论著、译述、短评、史料、文艺、通讯、科学知识、警察常识以及服务经验、警政动态等，先后辟有警声论坛、转载、论著、译述、警政资料、探案译丛、社会、法令等栏目。

本刊为警察学术研究刊物，月刊。16开本，铅印。竖版，三栏。封面由刊名、本期概要和卷期组成。现保存于中国国家图书馆、重庆图书馆、上海图书馆、四川大学图书馆。

《社友通讯》(1937年)

1932年7月在无锡创刊，无锡中国社会教育社编辑。1937年8月迁重庆出版。

本刊旨在“研究社会教育学术，联络社友感情，系统报道社务发展近况、社友的活动消息和珍闻趣事”，刊有中国社会教育社事务所工作报告和组织大纲。

本刊为社团刊物，不定期刊。竖版，三栏。现保存于上海图书馆、四川省图书馆。

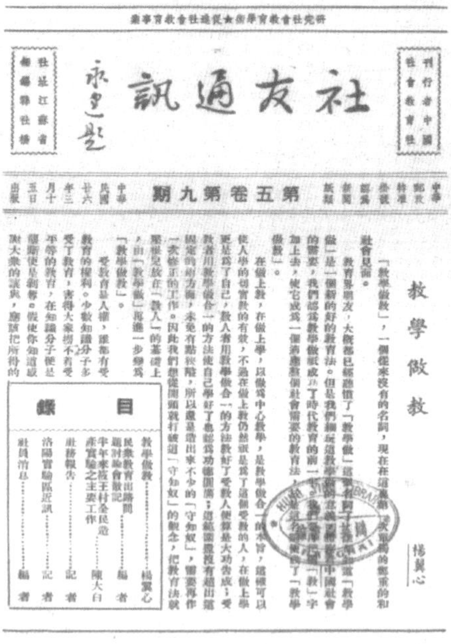

《社友通讯》1937年第五卷第九期渝版封面

《万县县立沙河子小学校校刊》（1937年）

1937年9月15日创刊，编辑杨群方、杨世半、吴浩、孙慕萍等，万县瑞华印刷文具纸号印刷。

本刊旨在“培养合格人才，引起学生竞争心，兴奋学生文思，并增进学生现在之知识”，主要刊载该校的历史、学校的各种统计图表、行政章则、师生情况，以及该校教师的论著和学生们的文艺作品等内容。

本刊为小学校刊，不定期刊。现保存于四川大学图书馆。

《大众科学》（1937年）

1937年9月30日出版，大众科学社编辑发行（社址在重庆临江门唐家院），重庆肇明印刷公司印刷。

本刊“提供新的知识、新的理论”，“普及科学知识”，“以应一般大众战时的需要”，如防空、防毒、救护等知识，并有“读者问答”栏，回答读者的问题。

本刊为综合性科普刊物，刊期不详。现保存于四川大学图书馆、南京大学图书馆。

《抗战之路》（1937年）

1937年9月在重庆出版，抗战之路社编辑发行。

本刊旨在“激发四川父老乡亲抗战建国之热诚，研究抗战建国之方略”。

本刊为抗战宣传刊物，刊期不详。1937年10月停刊，共出5期。现保存于四川省图书馆、重庆图书馆。

《抗战月刊》（1937年）

1937年9月创刊，抗战月刊社编行（社址在重庆五四路江家巷9号），重庆中国文化服务社总经售。中途曾休刊，1940年10月复刊，卷期续前。1941年5月终刊。

本刊旨在“阐述抗战的意义，坚定全民族长期、持久抗战的决心，探讨战时金融、工业、教育、军事、外交、乡村等问题”。第三卷第四期为粮食公卖问题专号，载文有《民生主义经济政策与粮食问题》《从粮食价格狂涨之原因说到公卖制度》《借粮抗战借粮建国》《粮食公卖的是非难易辨》等。

本刊为综合性抗战刊物，初为旬刊，后改为月刊。16开本，石印。竖版，双栏，正文部分有上边栏。现保存于中国国家图书馆、重庆图书馆、湖北省图书馆、南京大学图书馆。

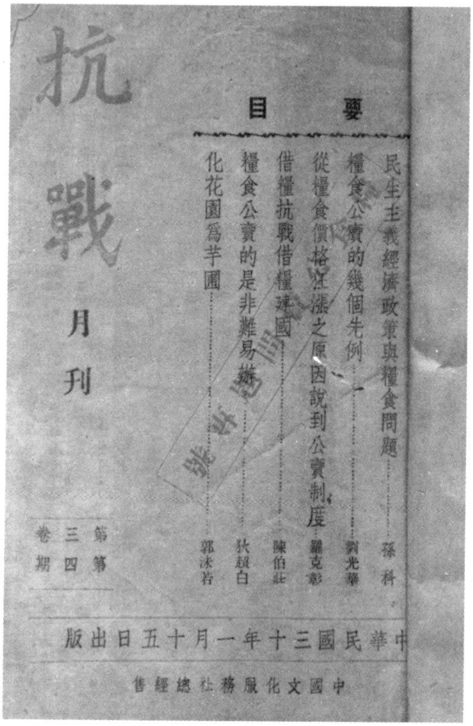

《抗战月刊》第三卷第四期封面

《战时国民知识书目》（1937年）

1937年10月出版，国立中央图书馆筹备处编印（地址在重庆上清寺聚兴村3号）。至1938年8月共出27期。本刊为适应战时需要，在南京、武昌、岳阳、万县、重庆等地备有油印机随时编印。

本刊为图书馆刊物，半月刊。保存地不详。

《禁政月刊》(1937年)

1937年10月创刊于重庆，四川禁烟总局秘书室编纂组编辑发行，肇明印刷公司印刷。

本刊旨在“促进四川禁政之行政效率，完成中央六年禁烟计划，阐述政府行政机关对禁烟的责任，使民众对禁烟法令有普通的了解”，内容分为专载、命令、法规、公牍、统计调查、布告批示、附录等。

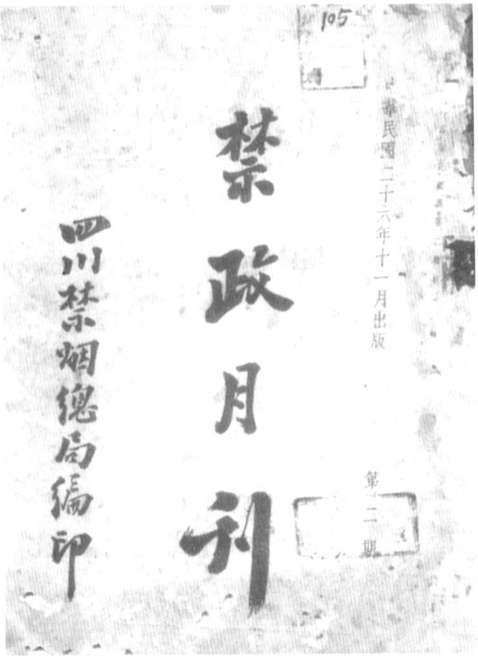

《禁政月刊》第二期封面

本刊为禁烟刊物，月刊。16开本，铅印，每册约110页。竖版，双栏，正文部分双栏之间有黑细单波浪线为分割线。1938年4月停刊，共出6期。现保存于中国国家图书馆、重庆图书馆、达州市档案馆、绵阳市档案馆。

《战情》(1937年)

1937年10月创刊于重庆，战时社编辑（社址在重庆市商业场），今日出版合作社发行，重庆安庆印书局印刷。

本刊主要内容为时事评论、每日战况报道、全国各战场动态、列强各国对于中国抗战的态度等。

本刊为时事政治刊物，周刊。16开本，铅印。竖版，三栏。封面有“民族求生战史，人人均应保存”字样。现保存于重庆图书馆。

民族求生戰史。人人均應保存
戰情
第五輯 中華民國廿六年九月十八日出版
滬戰有新開展
誘敵深入我守新陣地
編輯者 戰時出版社
5

《战情》第五期封面

《四川营业税周报》(1937年)

1937年11月1日在重庆创刊，四川营业税局编辑发行（地址在重庆第三模范市场），重庆余庆印书馆印刷（地址在金沙岗10号），各地各大书局代售。

本刊刊载了《战时财政应遵守的几个原则》《战时特价统制》《川省各属田赋整理之先后及其方法述要》等论著，《四川省营业税局各月税款现金收入统计》《重庆市商户每周变动情况》等统计，《三峡实验区煤业土窖情况》等各地通讯，《四川省营业税局所属各分局所人员任用办法》《非常时期四川营业税征免办法》等法令。

本刊为营业税专业刊物，周刊。16开本，铅印。竖版，双栏。封面由刊名、卷期和本期目录组成。现保存于重庆图书馆。

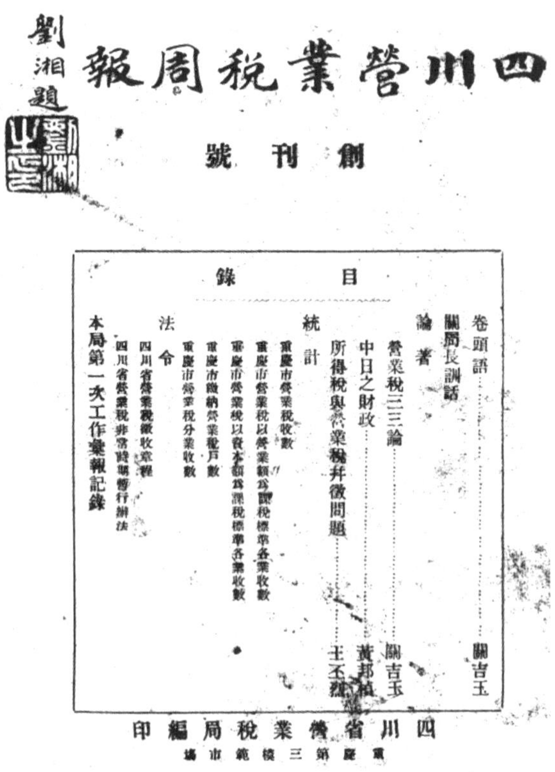

四川營業稅周報

劉湘題

創刊號

目錄

卷頭語……關吉玉

關局長訓話

論著

營業稅三三論……關吉玉

中日之財政……黃邦楨

所得稅與營業稅并徵問題……王丕烈

統計

重慶市營業稅收數

重慶市營業稅以營業額為課稅標準各業收數

重慶市營業稅以資本額為課稅標準各業收數

重慶市徵納營業稅戶數

重慶市營業稅分業收數

法令

四川省營業稅徵收章程

四川省營業稅非常時期暫行辦法

本局第一次工作彙報記錄

四川省營業稅局編印

重慶第三模範市場

《四川营业税周报》创刊号封面

《奋斗》(1937年)

1937年11月15日创刊，奋斗周刊社编辑发行（社址在重庆会府街8号），编辑张正宣、熊明煊。今日出版合作社总代售，商务社印刷社印刷，每期发行1000册。本刊经费由办刊人自筹，曾得到聂士悫、周远谟、李湘陵、王嘉猷的赞助。

本刊“进行全民抗战总动员，抵抗日本帝国主义的侵略，报道沦陷区的战地通讯，分析国际局势，关注国际舆论对日本入侵中国的评论”，每期还刊有一首救亡歌曲和一幅木刻画。第二期和第三期分别刊出夏衍的短剧《咱们要反攻》、石西民的文章《扫荡和平声浪》，号召团结抗日，反对妥协投降。

本刊为政论刊物，周刊，每逢周一出刊。16开本，铅印。竖版，三栏。没有单独的封面，只在第一页上方居中印有“奋斗”两个木刻黑体字，每期约16页。1937年12月13日出完第五期后停刊。现保存于重庆图书馆、四川大学图书馆。

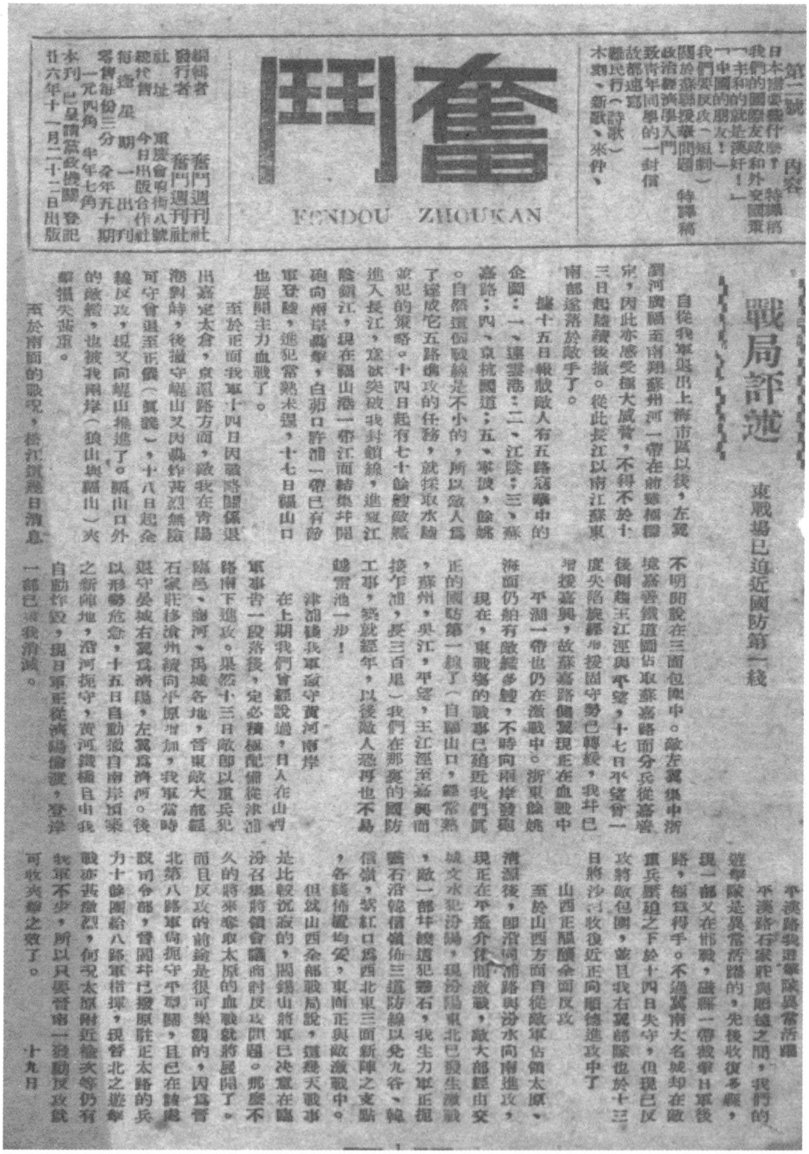

第二號 內容
日本帝國主義是什麼？ 特撰稿
我們的國際友和外交國策
「主和的就是漢奸！」
「中國的朋友！」
我們要反侵略（短劇）
關於蘇聯援華問題 特譯稿
政治經濟學入門
致都市青年同學的一封信
故都速寫
難民行（詩歌）
木刻、新歌、來件、

奮鬥

FENDOU ZHOUKAN

編輯者 奮鬥週刊社
發行者 奮鬥週刊社
社址 重慶會府街八號
總代售 今日出版合作社
每逢星期一出刊
零售每份三分 半年七角 全年五十期一元四角
本刊已呈請黨政機關登記
廿六年十一月二十二日出版

戰局評述

東戰場已迫近國防第一線

《奋斗》第二期封面

《化学通讯》(1937年)

1936年8月在南京创刊，中国化学会出版。该会设在南京国立中央大学校内。1937年10月该校迁至重庆沙坪坝，同年11月15日本刊在重庆续出第二卷第十七期，改为不定期刊。经理、编辑袁翰青，总干事吴承洛。1939年11月1日出版的第三卷第五期为第七届年会专号。1940年11月袁翰青调至兰州，本刊即在兰州出版，但因印刷困难而停刊。在停刊期间，出版《会务特刊》，1941年6月5日为第一期。同年因在成都举行中国化学会第九届年会，筹备期间于7月出版《化学通讯·第九届年会指南专号》。10月10日又出版《化学通讯·第九届年会专号》。1942年3月20日自第六卷第一期起，《化学通讯》在渝复刊，一年出4期，高济宇主编。1946年5月国立中央大学迁返南京，本刊出完第九卷亦随校迁返南京。

本刊内容主要是中国化学会及各地分会的活动报道、会员消息、学会各项收支等。

本刊为化学学会刊物，月刊，迁重庆后改为不定期刊。16开本，铅印。竖版，双栏。正文有上边栏，边栏上方有卷期、刊名、页码。现保存于中国国家图书馆、重庆图书馆、四川省图书馆、四川大学图书馆。

《救亡周刊》(1937年)

1937年11月16日创刊，由流亡到重庆的青年所办。

本刊致力于“推动国共合作抗日，报道各地救亡工作的通讯、战时常识”等内容。

本刊为抗战宣传刊物，周刊。其他出版信息不详。现保存于重庆图书馆。

《财政部四川区税务局学报》(1937年)

1937年11月20日创刊于重庆，财务部四川区税务局编辑发行，重庆余庆铅石印书馆印刷。

本刊内容有论述、视察、报告、统计、会议记录等。

本刊为财政刊物，不定期刊。16开本，铅印。其他出版信息不详。现保存于四川大学图书馆、中国人民大学图书馆。

《生路》(1937年)

1937年11月20日在重庆出版，生路周刊社编辑发行，由罗犇、邱琦、李华飞等创办。方家什字新生命书店总经售，武库街德光印书局印刷。

本刊宣传抗日救亡，内容有抗战一周、战地通讯等，载文有《日德意反共协定的透视》《论对日宣战》《再谈怎么样组织农民》《难民收容所接办记》等。

本刊为抗战宣传刊物，周刊。16开本，铅印。竖版，三栏。正文上方有细波浪线为边栏，边栏上有刊名和页码，第二栏和第三栏也有细波浪线为分割线。1937年12月出4期后停刊。现保存于四川省图书馆、重庆图书馆。

《生路》创刊号封面

《儿童战线》(1937年)

1937年11月在万县创刊，儿童战线社编辑部编辑，儿童战线社发行部发行，万县华盛印务公司印刷。

本刊刊登“适合儿童阅读的抗战文章，具有爱国精神的文艺作品和游戏，有关时局的论著和战局展望”。其载文有《大上海陷落》《国民政府为什么要搬到重庆》等。

本刊为儿童刊物，周刊。16开本，石印。竖版，双栏。封面由图画和文字组成。现保存于重庆图书馆、上海图书馆。

《儿童战线》创刊号封面

《前锋》(1937年)

1937年11月创刊，重庆青年职业互助学会学术部编辑，新生命书局代售，肇明印刷局印刷。

本刊的创刊目的是“为争取全面民族战争胜利而奋斗”。其载文有《义国退盟与中国》《日本阁潮的透视》《从弱点进至强点》等，还刊载小调、诗歌、木刻等内容。

本刊为时事政治刊物，半月刊。16开本，铅印。竖版，二栏。正文最上方有双细黑边栏，封面附有刊名、卷期、页码和目录等。1938年1月停刊，仅出4期。现保存于南京图书馆、重庆图书馆。

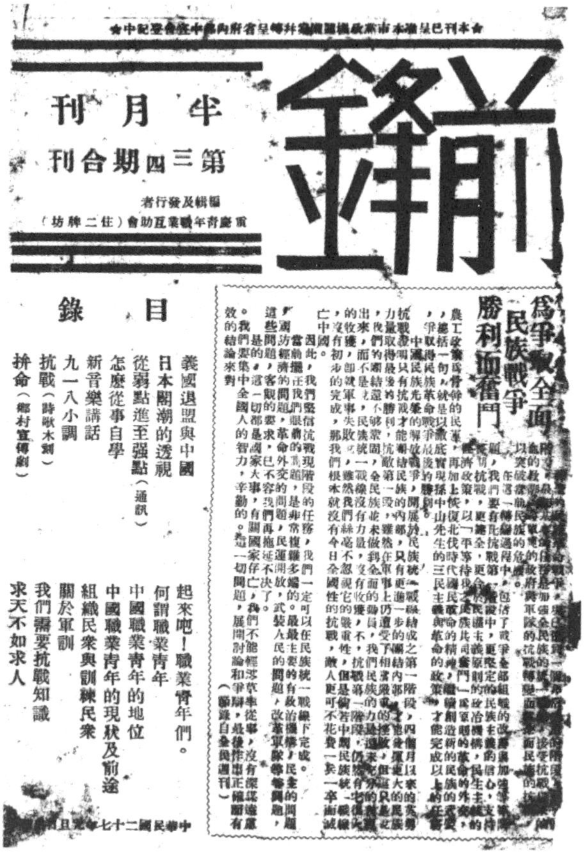

前鋒
半月刊
第三四期合刊
編輯及發行者
重慶青年職業互助會（住二牌坊）

為爭取全面民族戰爭勝利而奮鬥

目錄

義國退盟與中國
日本閣潮的透視
從弱點進至强點（通訊）
怎麼從事自學
新音樂講話
九一八小調
抗戰（詩歌木刻）
拚命（鄉村宣傳劇）
起來吧！職業青年們。
何謂職業青年
中國職業青年的地位
中國職業青年的現狀及前途
組織民衆與訓練民衆
關於軍訓
我們需要抗戰知識
求天不如求人

中華民國二十七年
《前锋》第三、四期合刊封面

《铁血周刊》（1937年）

1937年11月出版，万县铁血社编辑发行（社址在万县环城路），新生书店总经售。

本刊办刊宗旨是“要用‘铁’与‘血’来求弱小民族的解放，来打倒帝国主义者，来维持全世界的和平”。本刊主要刊载以抗战为主题的短评、专载、诗歌及战局分析等。

本刊为抗战宣传刊物，周刊。每期12页。竖版，三栏。封面为纯文字布局。现保存于重庆图书馆、上海图书馆。

鐵血
週刊
本刊已呈請主管機關登記
編輯兼發行 鐵血社
社址 萬縣環城路
總經售 新生書店
零售三分
第一期
二十六年十一月十二日出版
戰局分析
易孝思
鐵血之辭
鐵血社
徐素芳主編

《铁血周刊》第一期封面

《怒火》（1937年）

1937年12月1日出版，重庆市新闻学会创办。

本刊以“扩大宣传，唤起各级民众，加强抗战力量”为宗旨。其内容有时事短评、诗、小说、散文、翻译作品等。

本刊为抗战文学刊物，半月刊。每期8页。终刊时间不详。保存地不详。

《国粹医药特刊伤科接骨专号》(1937年)

1937年12月1日出版，重庆市国粹医馆编辑部编印，主办人张乐天，巴蜀印刷社印刷，重庆市国粹医馆发行，各大书坊代售。

本刊以“保存国粹，提倡经方，讲求实验，呼醒民众”为宗旨，“结合抗战，呼吁把所有祖传枪伤接骨灵药贡献出来救治我们忠勇抗敌的受伤将士”。其主要内容为探讨骨科医理，分析典型病例。本刊载文有《从非常时期说到提倡国医伤科之必要》《中国医学约编序》等。

本刊为中医骨伤科专业学术刊物，特刊。仅见1期。16开本，铅印。竖版，双栏。现保存于上海图书馆、重庆图书馆。

《诗报》(1937年)

1937年12月16日在重庆创刊，编辑有李华农、郝威、张天授等，发行人为辜敬华，发行所为重庆知识书店。

本刊旨在“以诗歌的形式暴露敌人的罪恶，以澎湃的热情激发民众的抗敌意志，提高诗歌的地位，重新发扬它的社会意义”。本刊载文有《三十七条爱自由的灵魂》《抗战中的诗歌阵线》《到处都是民主的友人》等。

本刊为诗歌文学刊物，半月刊。16开本，铅印。竖版，双栏。本刊没有独立的封面。现保存于重庆图书馆、上海图书馆。

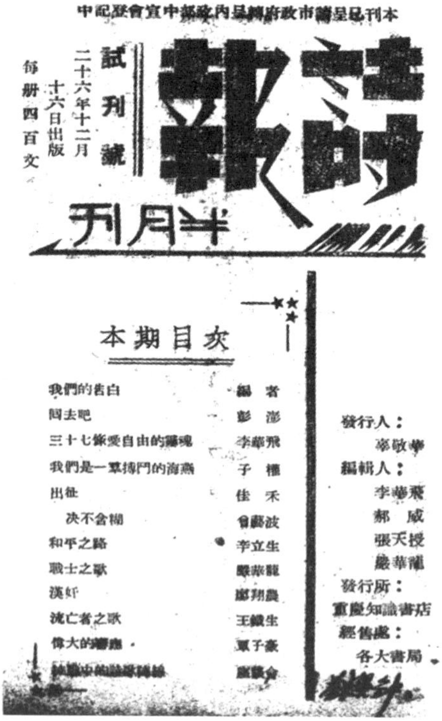
本刊已呈請市政府轉呈內政部中宣會登記中
詩報
半月刊
試刊號
二十六年十二月十六日出版
每册四百文
本期目次
我們的告白 編者
回去吧 彭澎
三十七條愛自由的靈魂 李華飛
我們是一羣搏鬥的海燕 子槿
出征 佳禾
決不含糊 曾蘇波
和平之路 李立生
戰士之歌 蘇萊龍
漢奸 鄘翔農
流亡者之歌 王鐵生
偉大的響應 覃子豪
發行人：辜敬華
編輯人：李華飛 郝威 張天授 辜敬華
發行所：重慶知識書店
經售處：各大書局

《诗报》试刊号封面

《群众周报》(1937年)

1937年12月26日出版，重庆大学抗敌后援会编行。

本刊内容有一周时事、时评、小言以及抗日文艺作品。

本刊为时事政论刊物，周刊，每逢周日出版。16开本，铅印。竖版，三栏。正文有上边栏。现保存于四川大学图书馆、重庆图书馆。

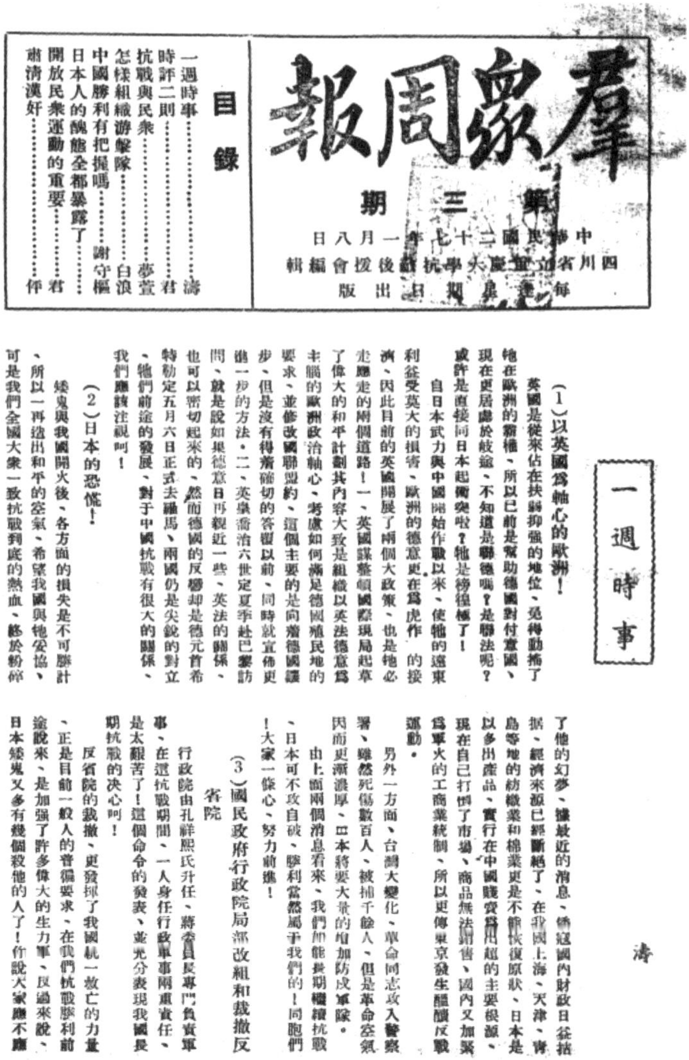

羣衆周報

第三期

中華民國二十七年一月八日

四川省立重慶大學抗敵後援會編輯

每逢星期日出版

目錄

一週時事

濤

(1)以英國為軸心的歐洲！

英國是從來佔在扶弱抑強的地位、免得動搖了牠在歐洲的霸權、所以已前是幫助德國對付意國、現在更居慮於岐途、不知道是聯德嗎？是聯法呢？或許是直接同日本起衝突啦？牠是徬徨極了！

自日本武力與中國開始作戰以來、使牠的遠東利益受莫大的損害、歐洲的德意更在為虎作 的援濟、因此目前的英國開展了兩個大政策、也是牠必走應走的兩個道路！一、英國謀整頓國際現局起草了偉大的和平計劃其內容大致是組織以英法德意為主腦的歐洲政治軸心、考慮如何滿足德國殖民地的要求、並修改國聯盟約、這個主要的是向着德國讓步、但是沒有得着確切的答覆以前、同時就宣佈更進一步的方法。二、英皇喬治六世定夏季赴巴黎訪問、就是說如果德意日再親近一些、英法的關係、也可以密切起來的、然而德國的反響却是德元首希特勒定五月六日正式去羅馬、兩國仍是尖銳的對立、牠們前途的發展、對于中國抗戰有很大的關係、我們應該注視呵！

(2)日本的恐慌！

矮鬼與我國開火後、各方面的損失是不可勝計、所以一再造出和平的空氣、希望我國與牠妥協、可是我們全國大衆一致抗戰到底的熱血、終於粉碎了他的幻夢、據最近的消息、倭寇國內財政日益拮据、經濟來源已經斷絕了、在我國上海、天津、青島等地的紡織業和棉業更是不能恢復原狀、日本是以多出產品、實行在中國傾賣為出超的主要根源、現在自己打倒了市場、商品無法銷售、國內又加緊為軍火的工商業統制、所以更傳東京發生醞釀反戰運動。

另外一方面、台灣大變化、革命同志攻入警察署、雖然死傷數百人、被捕千餘人、但是革命空氣因而更漸濃厚、日本將要大量的增加防戍軍隊。

由上面兩個消息看來、我們加能長期繼續抗戰、日本可不攻自破、勝利當然屬于我們的！同胞們！大家一條心、努力前進！

(3)國民政府行政院局部改組和裁撤反省院

行政院由孔祥熙氏升任、蔣委員長專門負責軍事、在這抗戰期間、一人身任行政軍事兩重責任、是太艱苦了！這個命令的發表、並充分表現我國長期抗戰的決心呵！

反省院的裁撤、更發揮了我國執一救亡的力量、正是目前一般人的普徧要求、在我們抗戰勝利前途說來、是加强了許多偉大的生力軍、反過來說、日本矮鬼又多有幾個殺他的人了！作說大家應不應

《群众周报》第三期封面

《国医月刊》(1937年)

1937年12月创刊，重庆市国医月刊社主编（社址在重庆市机房街104号，编辑部地址在纯阳洞街10号），社长邓炳榷、安自强，编辑主任唐阳春，编辑周复生等。重庆国医学术研究会发行（地址在重庆市通远门外德安国药房）。

本刊主要论述中医中药理论，介绍医案和医药常识，登载有关法令。其载文有《中医对于六经六气阴阳五行之学说应否废弃说》《空袭受伤急救治法之研究》《伤寒与流行性热病之研究》等。

本刊为医学刊物，月刊。16开本，铅印。竖版，双栏。正文有黑细直线为上边栏，中间有黑细直线为分割线。现保存于中国国家图书馆、重庆图书馆、上海图书馆、四川省图书馆。

《外交部公报》(1937年)

1928年5月在南京创刊，外交部公报编辑所编辑，外交部总务处文书科发行（发行处在南京城内狮子桥），美丰祥印刷所印刷，商务印书馆、中华书局、世界书局代售。1937年12月迁至重庆出版，由外交部情报司编辑。

本刊主要撰稿人有黄郛、王正廷、宋子文、朱兆莘、张群、王宠惠、唐悦良、马克谟等，主要栏目有文书、命令、报告、附录、统计、法规、特载等。本刊载文包括《修正国民政府外交部组织法》《国民政府外交部办事细则》等法规，各驻外领事馆的报告，进出口货物统计等。本刊辑有外交部的规章制度、涉外的法律规则、中外重大案件交涉的往来照会、中外双边及相关的多边条约、国际会议与国际组织的有关文件、中国驻外使领馆发回的情报等。

本刊为外交刊物，月刊，后改为季刊。16开本，铅印。竖版，单栏。1949年6月停刊。现保存于中国人民大学图书馆、北京大学图书馆、清华大学图书馆、山东省图书馆、陕西省图书馆、甘肃省图书馆、辽宁省图书馆、上海图书馆、上海科技图书馆、复旦大学图书馆、南京图书馆、南京大学图书馆、湖北省图书馆、安徽省图书馆、武汉图书馆、湖南图书馆、四川省图书馆、重庆图书馆、云南大学图书馆、福建省图书馆、桂林图书馆、广东省立中山图书馆。

《战时经济》（1937年）

1937年12月创刊于重庆，战时经济月刊社编辑发行（社址在重庆青年会336号，后为重庆南岸野猫溪石溪路35号）。

本刊“专门研究抗战时期中国的经济理论、经济建设及对敌经济作战问题，以及与战时经济相关的财政金融、交通运输和政治措施”，刊发有关理论专著、战时经济问题解决方案的资料。

本刊为战时经济刊物，月刊。1940年2月出至第二卷第十期停刊。现保存于南京图书馆、上海图书馆。

《内政公报》（1937年）

1928年创刊于南京，国民政府内政部秘书处第二科编辑发行，南京美利生印书馆印刷，商务印书馆、中央书局、中华书局、世界书局代售。1937年12月迁重庆，由国民政府内政部公报处编辑发行（地址在重庆观音岩），商务印刷所印刷（地址在重庆商业场）。

本刊主要栏目有内政消息、法规、附录、总务、民政、警政、卫生、地政、国民政府命令、礼俗、禁烟、诉愿、行政院命令等。其主要“刊登国民政府命令、内政部部令，发布法规、公牍，记录内政部部务会议，统计收发文件，登载部长提案等”内容。

本刊为行政刊物，月刊，1931年自第四卷第五期改为周刊，自第九卷起又改为月刊。16开本，铅印。竖版，单栏。封面有刊名、卷期、出版单位等内容，还有“要雪国耻须人人不仇货，要救国家须人人购用国货”字样 。1940年停刊。现保存于中国人民大学图书馆、北京大学图书馆、甘肃省图书馆、上海图书馆、南京大学图书馆、安徽省图书馆、江西省图书馆、湖北省图书馆、湖南图书馆、四川省图书馆、重庆图书馆、贵州省图书馆、福建省图书馆、广东省立中山图书馆、南京图书馆。

《战时儿童》(1937年)

1937年12月10日在重庆出版，主编白桃。

本刊设有小评论、时事评述、简要新闻、新连环画、战时儿童知识、新唱本等栏目。

本刊为儿童刊物，三日刊。保存地不详。

《工业标准与度量衡》(1937年)

1934年7月15日在南京创刊，实业部全国度量衡局编辑发行（地址在南京水西门下浮桥），仁声印书局印刷（地址在南京锦绣坊16号），全国各大书局代售。1937年底迁至重庆出版第四卷第七期至第十二期合刊，经济部全国度量衡局编辑发行（地址在北碚新村56号，办事处在重庆上清寺夔园），商务日报印刷厂印刷（地址在北碚夏溪口）。

本刊创刊宗旨在于“谋行政指导的推广便利，与标准事业的阐扬传播”。本刊强调了统一度量衡的重要性，讨论了度量衡在各国宪法上的地位、度量衡行政的经过与将来、工业标准的意义与价值等问题，刊载了各种度量衡统计资料，及任用类、征用类、推行类、营业类、制造类、处罚类、检查类等度量衡法令和工业标准法令。

本刊为度量衡专业刊物，月刊。16开本，铅印。竖版，双栏。封面由文字和简单图片构成，本刊未设栏目，故目录页没有版块划分。1944年12月终刊。现保存于中国国家图书馆、中国科学院图书馆、中国人民大学图书馆、北京大学图书馆、清华大学图书馆、南开大学图书馆、甘肃省图书馆、上海图书馆、上海科技图书馆、复旦大学图书馆、华东师范大学图书馆、南京图书馆、南京大学图书馆、浙江大学图书馆、武汉大学图书馆、四川省图书馆、四川大学图书馆、贵州省图书馆、广东省立中山图书馆、中山大学图书馆、云南大学图书馆。

《晨曦》(1937年)

1937年抗战爆发后创刊，在秀山出版。由进步人士颜学曾、王伯弼创办，秀山县民众教育馆馆长刘兆麟任主编。

本刊主要刊登教师和学生的各种专门论著、文艺作品及社论、时评等内容。本刊还发表揭露国民党、宣传抗日的作品，因而受到地方当局的迫害，刘兆麟逃往贵州，本刊随之停刊。

本刊为文艺类刊物，月刊。16开本，铅印。竖版，单栏。现保存于重庆图书馆。

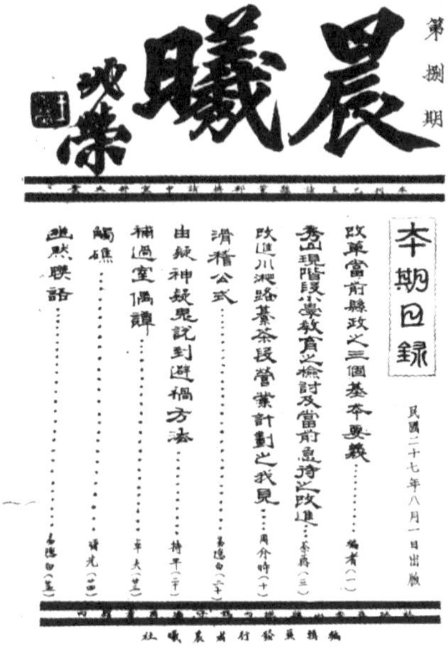

《晨曦》第八期封面

《重庆银行通讯录》(1937年)

约1937年在重庆创刊。

本刊主要“论述贷款、信用制度、信托、外汇管理等问题，报告储蓄情况，记录该行会议，报道该行人事动态”，栏目有论著及译述、杂俎、报告及通讯、会议记录、人事消息等。其载文有《日本害怕经济制裁》《苏联信用制度论》《管理外汇后的上海市场》等。

本刊为银行业务刊物，刊期不详。16开本，铅印。竖版，单栏。现保存于上海图书馆。

《川东文艺半月刊》(1937年)

1937年在万县创刊，川东广场社编辑，川东日报社发行（社址在万县文明路），华盛印务公司印刷。

本刊号召四川文艺界“使用各自的文笔，作抗战的武器，为抗战救国出一份力”。其主要内容为宣传抗战的文学作品，包括论说、散文、剧本、诗歌、童话、文学讲座等体裁，载文有《非常时期的大众文艺》《文学上的新启蒙运动》《说到农村去宣传》《家国》等。

本刊为文学刊物，半月刊，逢10日、25日出版。16开本，铅印。竖版，双栏。仅见2期。现保存于重庆图书馆、上海图书馆。

《地政学院通讯》(1937年)

1937年在重庆创刊，中央政治学校地政学院编印。

本刊刊有地政学院院务和土地管理事务方面的要闻、学员情况、研究室工作概况，栏目有本院消息、同学调动、问题解答。

本刊为地政学校刊物，月刊。16开本，铅印。竖版，单栏。封面由简单的图形和文字组成。现保存于重庆图书馆、上海图书馆。

《吼声》(1937年)

1937年在重庆创刊，强心编辑，吼声社发行（社址在白象街蜀报社内）。

本刊主张“讨日锄奸，激发良知，积极宣传抗日，为担负起救亡图存的重任，向沉睡的民众发出宏伟的吼声”。

本刊为时事刊物，半月刊。16开本，铅印。竖版，双栏。本刊没有独立的封面。正文部分有上边栏和中间分割线。现保存于重庆图书馆、上海图书馆。

《民众周刊》—《新潼南》—《民智周刊》—《民众周刊》（1937年）

《民众周刊》于1937年由潼南县民众教育馆创办，社长龙汇川。1938年改名为《新潼南》，主编为民众教育馆馆长夏居凉，主要撰稿人为罗云石，有少量外稿。1939年又改名为《民智周刊》，主编为民众教育馆干事罗曦辄，编辑张汐如、米学渊，三人均是中共地下党员。县长赵秉衡题写刊名。后来罗曦辄离去，张汐如接替他工作。1942年12月恢复原名《民众周刊》，社长由县临时参议会议长吉庆光担任，总编辑张良材。潼南县解放前夕停刊。

本刊初期内容以扫盲和普及民众教育为主。《新潼南》时期主要登载本县党政要闻。《民智周刊》时期主要宣传抗日和党的方针。本刊发行至区乡机关、学校。

本刊先后为教育刊物、县政刊物，周刊。石印。保存地不详。

《南开校友》（1937年）

《南开校友》前身为1931年创办的《校友季刊》，1934年更名为《南开校友月刊》，自1934年底出版，到1935年共出9期。1936年开始设编辑委员会负专责。其间曾出版《三十年来南开校友》年刊一册。南开学校校友总会主办发行，不定期出版。1937年6月15日第二卷第十期出版后，天津南开学校被日军炸毁，遂改在重庆出版第三至六卷，1945年10月停刊。1946年12月15日在天津复刊出版复一号，至1947年共出版5号。1948年出版复刊第二卷第一号为新年

《南开校友》第一卷第一期封面

号，出版第二号后又停刊。

本刊以“联络校友，互通消息”为主旨，主要“报导母校消息，传达国内外各地校友消息，刊载校友会会务”，也刊有文艺学术作品、科学知识等内容。本刊主要撰稿人有张子丹、昝宝澄、张伯苓、周中覃、何廉、喻传鉴、罗皑岚、章辑五、卢镛培等。本刊栏目有母校消息、会务消息、校友消息、科学知识、暑假旅行记、校友通信、母校近讯、个人近讯等，1936年第二卷第一期起又增加校友事业报告、校友会公告、校友学术讨论与会务建议等栏目。本刊作为南开学校的校刊，是研究南开学校发展变迁的重要资料。

本刊为校友会刊物，不定期刊。32开本，铅印。竖版，双栏。封面由文字和简单的图案组成，目录页有栏目版块划分，并有图片为上边栏。现保存于四川省图书馆、南京图书馆。

《人力》(1937年)

1937年在重庆创刊，人力社编辑出版（社址在重庆天主堂街益民书店），巴蜀印刷社代印。

本刊“以爱国运动为宗旨，指导青年开展爱国运动，唤起青年学生投身爱国运动”。本刊设有我们的话、评论、信箱、特载等栏目。

本刊为青年刊物，周刊，每逢周五出版。初为4开4版，后改为32开本，铅印。竖版，双栏或三栏。1937年9月停刊，共出30期。现保存于重庆图书馆、四川省图书馆、上海图书馆。

人力
第三十期
中華民國二十六年九月十八日出版
本期零售每份二百文
九一八六週年紀念特輯
我們的話
九一八
永野修身爲侵滬主將
人力評論
我軍退守第一道防線
本期目錄

《人力》第三十期封面

《生力》(1937年)

1937年在重庆创刊，生力刊社编辑（地址在重庆两路口燕窝邱孟园后院），经售处为正中书局杂志推广所（地址在重庆东水门石门坎18号）。

本刊创刊目的为“暴露日寇弱点，提供救亡知识，鼓励青年在抗战的紧要关头竭尽全力投身于救亡运动”，主要“刊载有关抗战的时事评论、国内战时经济、教育情况，分析战时日本的经济、军事及有关情报，并介绍苏联妇女在保卫和建设国家方面所起的作用”。

本刊为时事政治刊物，月刊。16开本，铅印。竖版，三栏。正文有上边栏，第一栏与第二栏之间有分割线。1944年5月出至第五卷第八期停刊。现保存于重庆图书馆、南京图书馆。

《校友园地》(1937年)

1937年在重庆创刊，重庆女师编辑。

本刊设有时评、论文、真理、电影、生活写真、文艺、转载、杂俎、教育问题、学术、校外同学通讯等栏目。其载文有《中国往何处去》《妇女解放的途径》《怎样改进中学训育》等。

本刊为师范教育刊物，刊期不详。16开本，铅印。竖版，三栏。封面由简单图案和文字组成。正文部分有上边栏。现保存于重庆图书馆、上海图书馆。

《校友园地》第三期封面

《抗战文摘》（1937年）

1937年秋在重庆出版，编辑萧崇素。因刊物在登记未核准前发行，于同年12月被查封。其他出版信息不详。重庆图书馆现保存有第一期。

《中国回民救国协会通告》（1937年）

1937年创刊于重庆，中国回民救国协会编辑。本刊于1938年5月出版第十三号后曾停刊，至1938年11月18日复刊出版第十四号。

本刊旨在“团结回教同胞，精诚团结，一德一心，集中力量，为抗战建国作出弘伟之贡献”。其载文有《祈祷抗战胜利的意义》《论救国的力量》等。

本刊为抗战宣传刊物，周刊。16开本，铅印。竖版，双栏。本刊没有独立的封面，正文部分有四边栏和中间分割栏。四川省图书馆现保存有1938年12月出版的第十八至二十号。

《中华自然科学社社闻》（1937年）

1931年8月在南京创刊，中华自然科学社组织部编行。中华自然科学社前身为1927年9月成立的华西自然科学社，1928年改组为中华自然科学社。1937年，该社将社址设于重庆沙坪坝，本刊也迁往重庆出版。1941年7月出至第五十七期休刊。1942年复刊，并改以卷期计算，从第十五卷开始。1944年8月出至第十七卷第二期停刊。

本刊是供中华自然科学社社友阅读的小型内部刊物，主要登载该社简史，发布该社社务会议记录，报道各分社消息及各地社友动态等。本刊主要栏目有社论、总社社务、分社消息、社友动态。每期刊首有社论一篇，针对国内科学事业和该社社务的发展方向做启发性的阐述或评论。每期刊末有“社友意见”一栏，刊登从社友调查表中摘出的各项意见，或社友们写给社务会的意见书。

本刊为自然科学类社团刊物，月刊，后改为双月刊或不定期刊。竹纸印刷。横版，单栏。其他出版信息不详。现保存于四川省图书馆、南京图书馆、南京大学图书馆。

1938 年期刊

《新文摘》（1938年）

1938年1月1日在重庆创刊，编辑者戴竹邨，发行者李依平。万县新生书店发行兼总经售（地址在万县环城路）。

本刊旨在“唤起民众，增强全民族的抗日救亡信心”。其载文有《以真正民权打到汉奸民权》《危机百出的敌国内部》《中国青年誓为国际反侵略的先锋》等。

本刊为时事文摘刊物，旬刊，每月逢1日、11日、21日出刊。16开本，铅印。竖版，双栏。封面由图片或漫画、刊名及卷期、本期目录组成。正文部分有上边栏。现保存于中国国家图书馆、四川省图书馆、重庆图书馆、南京大学图书馆。

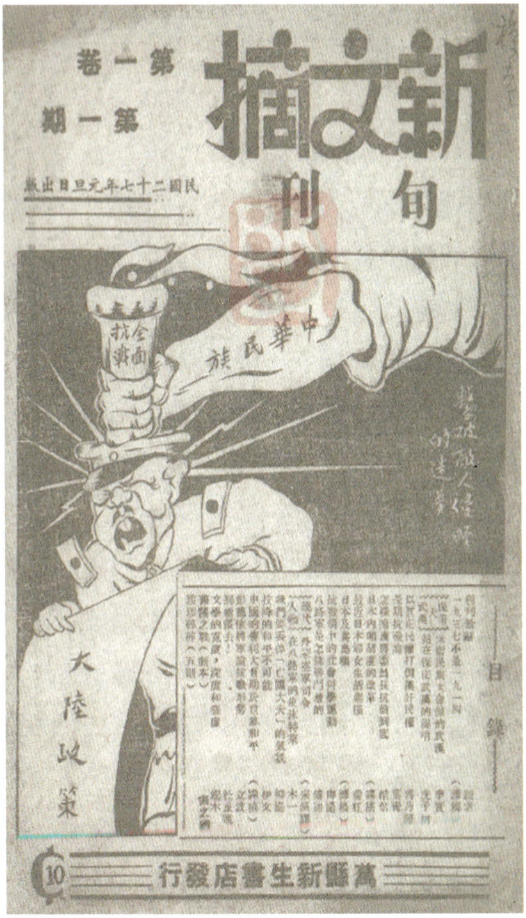

《新文摘》第一卷第一期封面

《边事研究》（1938年）

1934年在南京创刊，边事研究会编译组编辑（地址先在南京高楼门峨眉路8号，后迁至南京百子亭40号），边事研究会发行，南京拔提书店总经售，拔提书店印刷所印刷，后由南京休城开文印刷所印刷。1938年1月20日迁重庆出版第六卷第五期“抗战特刊”，南京边事研究月刊移渝出版处编辑发行（地址在重庆商业场四三街1号），重庆商务印刷组代印，今日出版合作社总经售。1942年3月发行第十三卷第一期后停刊。

本刊旨在“呼吁民众关注边疆问题，详细调查，确实统计，制成方案，贡献政府，促进边疆事业开发”。其载文主要介绍边地政治、法制、军事、文化、宗教、社会等情况，“考察边地实际资料，考证地理历史”。本刊是研究民国时期边疆政治、经济、文化、社会的重要史料，同时也是研究国民政府边疆政策的必读刊物。本刊主要撰稿人有张觉人、邱怀瑾、刘文敷、品金梁、霍策时、陈尊泉、张建勋、张佐华等。本刊设有 ·月间边事纪略、政治、交通、经济、文化、教育、杂讯、伪满洲与伪外蒙方面、云南方面、康藏方面、海疆方面等栏目。

本刊为民国时期重要的边政刊物之一，月刊。竖版，双栏。封面有简单的版式设计，目录页有简单的版块划分，有图片为上边栏。现保存于中国国家图书馆、中国科学院图书馆、中国人民大学图书馆、北京大学图书馆、中国社会科学院世界历史研究所资料室、南开大学图书馆、山东省图书馆、山东大学图书馆、陕西省图书馆、甘肃省图书馆、辽宁省图书馆、吉林大学图书馆、上海图书馆、复旦大学图书馆、华东师范大学图书馆、四川省图书馆、四川大学图书馆、甘孜藏族自治州图书馆、重庆图书馆、湖北省图书馆、浙江图书馆、浙江大学图书馆、江西省图书馆、武汉图书馆、湖南图书馆、厦门大学图书馆、云南省图书馆、广东省立中山图书馆。

《国讯》（1938年）

《国讯》为中华职业教育社创办的刊物。中华职业教育社由我国著名教育家黄炎培先生联合社会知名人士蔡元培、梁启超、张謇、宋汉章等48人于1917年5月6日在上海创立。该社以倡导、研究和推行职业教育，改革脱离生产劳动、脱离社会生活的传统教育为职志。

本刊于1931年12月23日在上海创办，开始时称《救国通讯》，1934年1月改名为《国讯》。总编辑孙起孟，发行人薛明剑，通信处为上海静安寺路1138号。1937年10月4日因淞沪抗战失败而停刊。1938年1月，本刊迁重庆出版，社址先在重庆青年会12号，后迁到重庆张家花园56号。1939年1月，出香港版，香港发行人为吴涵真。1940年11月，又出桂林版。至1944年仅存重庆版。1945年10月10日迁回上海复刊，社址在上海龙华路980号，黄炎培为发行人，杨卫玉、俞颂华担任主编。

本刊设有国难要闻、国难大事记、同志通信、各地消息、这几天、特载等栏目。抗战胜利后迁回上海，半保留重庆版编辑部，原计划从第四百期移沪出版，由沪渝两地轮流编辑，以期保证按时出版。由于客观条件所限，未能如愿。复刊后的《国讯》内容比以前更为广泛，包括政治、经济、时事、外交、文化、艺术等方面。1946年9月，因“内战再起，政协破坏，加以物价飞涨，纸张枯竭”，“不得不再忍痛停刊”。1947年7月，本刊再次复刊。1948年4月9日，当局以《国讯》“刊载为匪宣传的文字”为借口，强令停刊。《国讯》前后共出版了457期。

國訊

1

周刊第一期（總四一一期）

中華民國三十六年五月四日出版

—本期要目—

復刊詞

《国讯》1947 年复刊第一期封面

本刊是以时事政治为中心内容的统一战线性质的刊物中出版时间最长、影响最大的刊物，在争取民主和平、反对独裁内战的斗争中发挥了重要作用。初创时期为不定期刊，1934年6月从第七十一期起改为半月刊，定期出版，略收刊费。1935年1月从第八十四期起改为旬刊，每期约20页。抗战胜利后迁回上海，改为半月刊，每期约10页。16开本，有双栏竖版，有四栏竖版。封面由纯文字组成，上部分为刊名、编辑委员、出版时间及卷期，下部分为文章一篇及本期目录。1937年封面有所变化，由文字和图画组成。现保存于中国国家图书馆、中国科学院图书馆、中国人民大学图书馆、北京大学图书馆、中国社会科学院世界历史研究所资料室、中共中央马克思恩格斯列宁斯大林著作编译局图书馆、南开大学图书馆、山东省图书馆、山东大学图书馆、吉林大学图书馆、上海图书馆、南京图书馆、南京大学图书馆、安徽省图书馆、浙江图书馆、浙江大学图书馆、湖北省图书馆、武汉图书馆、湖南图书馆、四川省图书馆、四川大学图书馆、重庆图书馆、贵州省图书馆、云南大学图书馆、福建省图书馆、厦门大学图书馆、桂林图书馆、广东省立中山图书馆。

《建群杂志》(1938年)

1938年1月出版，重庆建群学会编辑出版。

本刊“努力研求关系抗战的各类学术，推进抗战建国和民族复兴”。本刊设有言论、战时文品、科学、文艺、杂俎等栏目，载文有《在校青年对国难应有的认识与努力》《自然科学概说》《数之概念发展史》《知识分子的责任》等。

本刊为综合性刊物，不定期刊。16开本，铅印。竖版，单栏。现保存于上海图书馆、四川省图书馆。

《抗战六月》(1938年)

1938年1月在重庆出版，新蜀报社编辑。

本刊载文有《抗战的献词》《抗战六月的总检讨》《抗战中的国际形势》《抗战时期的经济动向》《抗战中的民众运动》《抗战与三民主义》等。

本刊为抗战宣传刊物，刊期不详。仅见1期。现保存于重庆图书馆。

《东北救亡》（1938年）

约1938年初在重庆创刊，东北民众抗日救国会出版。“九一八”事变后，流亡北平的东北各界爱国人士，组织了东北民众抗日救国会。1938年，东北民众抗日救国会迁至重庆，创办《东北救亡》。

本刊宗旨即“动员东北民众，积极参加抗战，创造新的抗战力量，以保证抗战的最后胜利”。本刊主要报道开展抗日斗争的情况以及在东北军和政界上层人士中从事统战工作的概况等。

本刊为抗战宣传刊物，刊期不详。保存地不详。

《四川省园艺试验场丛刊》（1938年）

约1938年初创刊。

四川省园艺试验场于1937年在江津县几江镇鲤鱼石成立，全称四川省农业改进所园艺改良场。目前仅见丛刊的第二种《四川桐油栽培之现状与改进》，介绍了桐油在当时的重要地位和作用以及四川油桐栽培的现状与改进方法。

本刊为农业技术刊物，刊期不详。现保存于四川大学图书馆。

《大时代》（1938年）

1938年2月1日创刊，大时代画报社编辑部编辑（社址在重庆天主堂街30号），巴蜀印刷社印刷，全民书店总发行。

本刊为画报，以宣传抗战为主，有时事漫画、救亡漫画、儿童漫画，也有艺术性图画，另外还有言论性文字和战地通讯、歌曲等。

本刊为时事新闻综合性画刊，半月刊，每月1日、16日出版。16开本，铅印。其他出版信息不详。现保存于四川大学图书馆、重庆市北碚图书馆。

《农情报告》（1938年）

1933年在南京创刊，实验部中央农业实验所农业经济科发行。1938年2月15日从第六卷第二期起出版地改为重庆（地址在重庆上水巷76号），从第七卷第一期起出版地改为荣昌，出至1939年6月第七卷第六期停刊。

本刊主要栏目有各省主要作物收获初步估计、各省田赋调查等。本刊主要刊发全国各省每年主要农产品收获及丰歉的调查统计数字、各地农作物种植面积、农作物产量估计、灾情调查、部分农民负债的情况、各地赋税的调查、地价的变迁、农村人口增减的趋势、各省县农产物价格指数表等。第一卷第一期至第九期为油印本。刊物有部分英文内容。

本刊为农业经济刊物，月刊。16开本，初为油印，后改为铅印。横版，单栏。现保存于中国国家图书馆、中国科学院图书馆、中国人民大学图书馆、北京大学图书馆、中国社会科学院世界历史研究所资料室、南开大学图书馆、甘肃省图书馆、兰州大学图书馆、辽宁省图书馆、上海图书馆、复旦大学图书馆、华东师范大学图书馆、南京图书馆、南京大学图书馆、安徽省图书馆、武汉大学图书馆、四川省图书馆、重庆图书馆、湖南图书馆、贵州省图书馆、福建省图书馆、厦门大学图书馆。

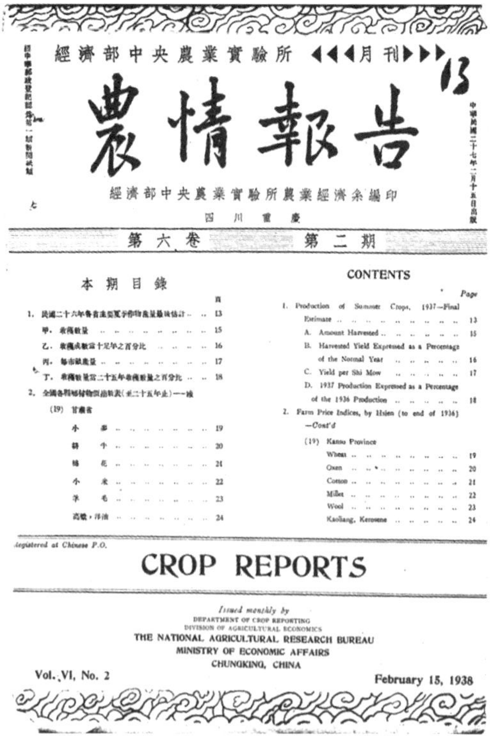

中華郵政登記認為第一類新聞紙類

經濟部中央農業實驗所 月刊 13

農情報告

經濟部中央農業實驗所農業經濟系編印

四川 重慶

中華民國二十七年二月十五日出版

第六卷 第二期

本期目錄

	頁
1. 民國二十六年各省主要夏季作物產量最後估計	13
甲．收穫數量	15
乙．收穫成數當十足年之百分比	16
丙．每市畝產量	17
丁．收穫數量當二十五年收穫數量之百分比	18
2. 全國各縣農村物價指數表（至二十五年止）——續	
(19) 甘肅省	
小麥	19
耕牛	20
棉花	21
小米	22
羊毛	23
高粱，洋油	24

CONTENTS

	Page
1. Production of Summer Crops, 1937—Final Estimate	13
A. Amount Harvested	15
B. Harvested Yield Expressed as a Percentage of the Normal Year	16
C. Yield per Shi Mow	17
D. 1937 Production Expressed as a Percentage of the 1936 Production	18
2. Farm Price Indices, by Hsien (to end of 1936) —Cont'd	
(19) Kansu Province	
Wheat	19
Oxen	20
Cotton	21
Millet	22
Wool	23
Kaoliang, Kerosene	24

Registered at Chinese P.O.

CROP REPORTS

Issued monthly by
DEPARTMENT OF CROP REPORTING
DIVISION OF AGRICULTURAL ECONOMICS
THE NATIONAL AGRICULTURAL RESEARCH BUREAU
MINISTRY OF ECONOMIC AFFAIRS
CHUNGKING, CHINA

Vol. VI, No. 2 February 15, 1938

《农情报告》第六卷第二期封面

《瞄准》(1938年)

1938年2月在重庆创刊，瞄准社编行。

本刊“以纯文艺刊物的形式贡献于读者，希望将民众的力量集中起来，循着正当的动向，向目标迈进，来实现发扬抗战精神，指出错误现状的最低限度的愿望”，载文有《老岔道夫》《十字架的悲哀》《十一个流血者》等。

本刊为文学刊物，半月刊。竖版，双栏。现保存于中国国家图书馆、上海图书馆。

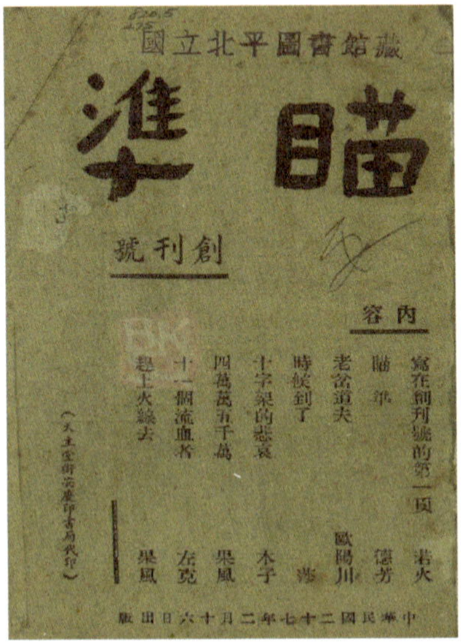

《瞄准》创刊号封面

《新民族》(1938年)

1938年2月在重庆创刊，国立中央大学新民族编辑部编辑发行（地址在重庆柴家巷54号）。自第二卷第十三期起由新民族周刊社编辑，有重庆版和汉口版，重庆时事新报馆（重庆版）、汉口印刷公司（汉口版）印刷。

本刊主要撰稿人有胡焕庸、罗家伦、黄正铭、邹树文、许恪士等，主要栏目有短评等。本刊以“发扬民族精神，树立建国意识，增进抗敌力量”为宗旨，“希望以文艺的力量激起广大民众抗战建国的热情”。其内容包括国内外战局的报道评论、战地通讯，战时政治、社会、文化建设的相关论著，鼓舞抗战、宣扬民族精神的文艺作品等。

本刊为抗战宣传刊物，周刊。16开本，铅印。竖版，单栏。1939年6月停刊。现保存于中国国家图书馆、中国人民大学图书馆、北京大学图书馆、中国社会科学院世界历史研究所资料室、南开大学图书馆、山东省图书馆、吉林大学图书馆、上海图书馆、复旦大学图书馆、南京图书馆、南京大学图书馆、安徽省图书馆、江西省图书馆、武汉图书馆、湖南图书馆、四川省图书馆、四川大学图书馆、重庆图书馆、云南大学图书馆、福建省图书馆、厦门大学图书馆、贵州省图书馆。

《光明》(1938年)

1938年3月21日在重庆出版，光明旬刊社编辑发行（社址在重庆武库街21号），生活书店经售。

本刊内容主要是“抗战的理论、救亡工作报告、救运工作批评、前线生活、救运人物速写、创作、戏剧、诗歌、木刻、漫画，以及杂感、随笔一类的小作品”。

本刊为抗战宣传刊物，旬刊。16开本，铅印。竖版，三栏。封面由漫画、刊名、出版项组成。正文部分有上边栏。1938年4月停刊，共出3期。现保存于中国国家图书馆、上海图书馆。

《光明》创刊号封面

《店务通讯》—《社务通讯》(1938年)

《店务通讯》约于1938年3月由重庆生活书店出版。重庆生活书店于1937年12月1日开始营业（地址在重庆武库街21号）。1938年5月25日改名为《社务通讯》。1941年1月停刊。

本刊是“加强各地生活书店的联系，彼此互通情况的工具”。《社务通讯》在发刊词中说，本刊是同人“生活的交流”“心声的广播”，“是本社一切决定和如何执行决定的号角。我们的任务，不仅是出版健全的、前进的精神粮食，还要把这些食粮送到每一个角落，而且要做文化的清道夫，防阻那些有毒的文字流入大众”。

本刊为社团刊物，周刊。油印。保存地不详。

《工业中心》(1938年)

1932年8月在南京创刊，经济部中央工业试验所发行（地址在南京下浮桥），所长吴承洛，编辑孙祥骛。自1938年3月第七卷起迁重庆北碚，经济部中央工业试验所编辑发行（发行地址在重庆陕西街建设银行内，后迁至沙坪坝盘溪34号、歌乐山金刚坡）。抗战胜利后迁回南京。

本刊创刊宗旨在于“介绍新科学、新技术，直接为读者服务，间接促进本国工业 之发展”。其内容为发表工业技术方面的研究论著，介绍国内工业企业及中央工业试验所下属工场和试验室的情况，并有少量文章介绍国外工业建设发展情况。

本刊为经济类刊物，月刊，迁重庆后改为季刊，抗战胜利后迁回南京，改为双月刊。封面由图文组成。1949年出至第十二卷停刊。现保存于中国科学院图书馆、中国人民大学图书馆、北京大学图书馆、清华大学图书馆、首都图书馆、南开大学图书馆、山东大学图书馆、甘肃省图书馆、吉林大学图书馆、

《工业中心》第一卷第一期封面

上海图书馆、上海科技图书馆、复旦大学图书馆、南京图书馆、南京大学图书馆、浙江大学图书馆、江西省图书馆、湖北省图书馆、武汉图书馆、四川省图书馆、重庆图书馆、云南大学图书馆、厦门大学图书馆、桂林图书馆、广东省立中山图书馆、中山大学图书馆。

《抗战与交通》(1938年)

1938年3月在重庆创刊，交通部部务司创办。

本刊论述了战时交通在军事、民事上的重要性，着重“从人事与员工训练、铁路、公路、电政、邮政、航空等方面反映交通系统的动态及问题”，主要内容有交通部会务纪要、战地交通照片、全国各交通运输网运行状况及战地通讯。

本刊为交通业务刊物，半月刊。16开本，铅印。竖版，三栏。正文有黑细直线为上下边栏、中间栏。没有独立封面。约1942年12月停刊，共出97期。现保存于中国国家图书馆、中国人民大学图书馆、北京大学图书馆、清华大学图书馆、南开大学图书馆、上海图书馆、华东师范大学图书馆、南京图书馆、南京大学图书馆、浙江图书馆、湖南图书馆、四川省图书馆、重庆图书馆、广东省立中山图书馆。

《生力军》(1938年)

1938年3月创刊，生力军社编辑发行（社址在重庆公园路大江日报社内）。

本刊主要“宣传、巩固和扩大抗日民族统一战线，登载有关抗战的论文、译述、文艺及各地通讯”。

本刊为抗战宣传刊物，周刊。竖版，三栏。最初每期发行1000册，后增至2000册。本刊没有独立封面。1939年1月中旬被迫停刊，共出20期，另有1期“五一专号”。现保存于中国国家图书馆、南京图书馆、重庆图书馆。

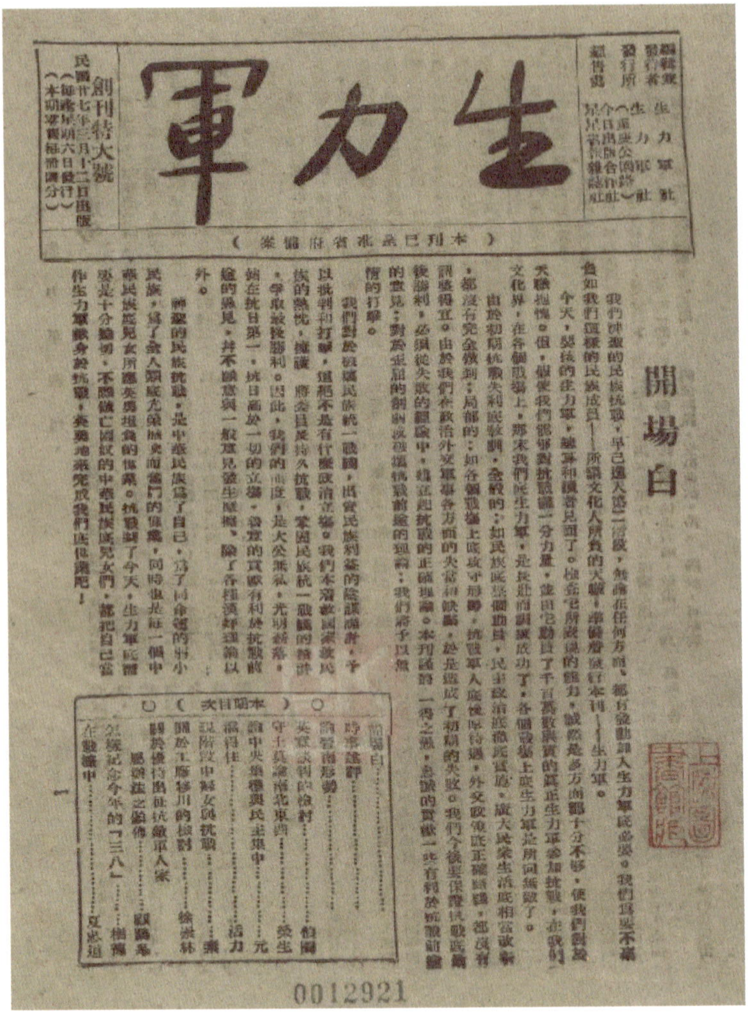
生力軍

創刊特大號

民國廿七年三月十二日出版

（每逢星期六日發行）

（本刊已呈准省府備案）

開場白

《生力军》创刊特大号封面

《水利周刊》（1938年）

1938年3月创刊，四川綦江水利人员训练所编行。

本刊以“研究水利工程学术，促进水利建设”为目的，刊发国内外有关水利大事的论著或译述，介绍疏江防汛、农田水利、水文观察以及各国水利工程情报。

本刊为水利刊物，周刊。仅出1期便停刊。现保存于四川省图书馆。

《西南周刊》(1938年)

1938年3月创刊，重庆人民日报社主办。杜之载、雷啸吟主编。

本刊为《重庆人民日报》副刊，刊载有全国教授、学者、名流关于政治、经济、法律、教育、乡村建设、军事、文艺等方面的言论。

本刊为综合性刊物，周刊。16开本，铅印。竖版，三栏。封面由刊名、卷期、本期目录组成。正文有上边栏，第二栏和第二栏之间有分割线。1938年5月停刊，共出10期，其中第九期和第十期为合刊。现保存于中国国家图书馆、重庆图书馆、四川省图书馆、复旦大学图书馆、南京大学图书馆。

《租税研究》(1938年)

1938年3月在重庆创刊，财政部所得税事务处川康滇黔办事处编行。

本刊刊载川康滇黔等地的租税状况、规章、法令等内容。

本刊为财税刊物，月刊。其他出版信息不详。1938年4月停刊，仅出2期。现保存于中国国家图书馆、中国科学院图书馆、中国人民大学图书馆、复旦大学图书馆、南京图书馆、重庆图书馆、四川省图书馆。

《春草》(1938年)

1938年4月1日在重庆北碚创办，主办者张从吴，编辑吴敏。

本刊刊载的多为散文、诗歌等作品，宣传抗日。本刊设有论著、文苑、游记、诗坛、杂俎等栏目。

本刊为文艺刊物，不定期刊。手抄本。1939年停刊，共出3期。现保存于重庆市北碚图书馆 。

《民族生命》(1938年)

本刊正在呈請登記中
每逢五日十五日二十五日出版

民族生命

創刊號

定價 每冊
預定半年六角全年一元二角
總經售處 重慶黎明書局
二十七年四月十五日出版
編輯人 民族生命社編輯部
發行人 民族生命社發行部
通訊處 重慶柴家巷二十九號黎明書局

敵人埋葬在台兒莊

陳孝直

戰情論述
敵人埋葬在台兒莊 陳孝直
論文
迅速統一抗戰陣綫 朱文中
經濟制裁之檢討
由幻想到幻滅的國際制裁
游擊戰之理論與實際
論建兵整軍
豫北游擊隊的姿態
上海特稿

《民族生命》创刊号封面

1938年4月创刊，民族生命社编辑部编辑，民族生命社发行部发行（通信地址在重庆柴家巷29号），重庆黎明书局总经售。

本刊主要“报道全国抗战和经济建设情况、沦陷区情况，以及日本政治、经济、文化等情况，转载外国评论社评论文章，同时还反映各界人士希望统一抗战的愿望”。本刊栏目有战情论述、论文、译稿、随笔、特稿等。

本刊为抗战宣传刊物，旬刊。16开本，铅印。竖版，三栏。正文部分有上边栏。现保存于重庆图书馆、上海图书馆、四川省图书馆、四川大学图书馆。

《中国社会》(1938年)

1934年7月在南京创刊，中国社会问题研究会编辑发行（会址在南京汉府街玉琳坊5号），南京美吉印刷社印刷，南京钟同书局总代售。1938年4月15日第四卷第三期起迁重庆出版，中国社会问题研究会编辑出版（地址在重庆千厮门顺城街21号），正中书局发行（地址在重庆售珠市）。

本刊是研讨中国社会问题的刊物，旨在“把握现阶段中国社会问题的重心，重新估量现阶段中国社会问题的本质，建立新的、能够解决中国社会问题的社会哲学和社会科学，发展社会事业，推动时代车轮向前进”。其内容包括中国社会史论战、社会问题探讨、社会情报报道等。

本刊为社科刊物，季刊，每季首月15日出版。32开本，铅印。竖版，三栏。封面由简单的色块及刊名、卷期及本期目录组成。目录页有明显的栏目划分，以图片为上边栏。1941年1月出完第六卷第一期停刊。现保存于重庆图书馆、上海图书馆、四川省图书馆、四川大学图书馆、自贡市档案馆。

《中国社会》第四卷第三期封面

《民力》(1938年)

1938年4月创刊，民力周刊社编辑发行（社址在重庆机房街111号），重庆新生命书局总经售。

本刊主旨为“阐发全民族抗战之正确理论与方略，研究战时实际问题，分析国际问题，激励民族意识，及提倡科学救国”。其主要内容有国内外大事述评、论坛、科学研究、译载通讯、文艺及青年园地等。

本刊为综合刊物，周刊，每逢周六出版。16开本，铅印。竖版，三栏。本刊没有独立的封面。现保存于中国国家图书馆、北京大学图书馆、复旦大学图书馆、上海图书馆、重庆图书馆、南京图书馆、南京大学图书馆、四川省图书馆、四川大学图书馆、福建省图书馆、厦门大学图书馆。

《战时记者》(1938年)

1938年4月创刊，重庆市新闻社联合会创办，编辑委员有袁道尊、胡善机、曹明华、黄石山、隆曙明等。

本刊以新闻记者为读者对象，“阐述民族危亡时记者的任务”。其载文主要“宣传抗战建国，研究中外新闻事业理论及实际，以及在战时如何做新闻记者”等，介绍各地报纸的情况及敌方报刊的概况。此外，本刊还报道国际时事问题、国外报刊的情况。

本刊为新闻刊物，半月刊。现保存于上海图书馆。

《战时经济专刊》(1938年)

约1938年4月出版，为重庆《国民公报》的星期增刊，由重庆国民经济研究所编辑。

本刊专门研究抗战时期中国的经济理论、经济建设及对敌经济作战问题，刊发与战时经济相关的财政金融、交通运输和政治措施等的资料。

本刊为战时经济刊物，周刊。1939年4月停刊，共出24期。现保存于中国国家图书馆、四川省图书馆。

《叱咤》(1938年)

1938年5月1日创刊，叱咤文艺社发行（社址在合川南津街县立中学内）。主编罗涤尘、汪端木、沈远荣、梁伯亚、李渊琴、杨芹生。

本刊刊载纪念五四运动的文章和诗歌，主要内容为围绕抗日主题发表社论、短评、小说、儿童文艺作品等，载文有《扩大和巩固抗日民族统一战线》等。

本刊为文艺刊物，半月刊，每月1日、15日出版。16开本，铅印。1939年8月1日出完第七期后停刊。现保存于四川省图书馆、四川大学图书馆。

《血战》(1938年)

1938年5月1日创刊，血战半月刊社编辑（地址在重庆柴家巷46号），辽吉黑热旅川同乡总会发行，重庆生活书店代售。

本刊主要撰稿人有王克道、刘清扬、陈豹隐等，设有社论、半月评论、半月战报、血战文艺、先锋队、小消息、剪辑、流亡史料等栏目。

本刊为时政刊物，半月刊，每逢1日、16日出版。1938年6月停刊，共出6期。现保存于中国国家图书馆、重庆图书馆、南京图书馆。

編輯 血戰半月刊社 地址：重慶柴家巷四十六號
發行 遼吉黑熱旅川同鄉總會
代售 重慶生活書店
中華民國廿七年六月十日出版

血戰
半月刊

本刊依法呈請登記 中華郵政掛號立案
零售：每期七分 本期增訂特價一角
預訂：半年八角 一年一元五角

本刊每逢一日十六日出版 第三四期合訂本

社論

爭取最後勝利底條件

克道

自五月十九日我軍因戰略所迫放棄徐州後，抗日戰爭可說已發展到空前的嚴重階段。徐州是保衛隴海、平漢底重要據點，隴海、平漢又是保衛武漢底屏障。不可諱言地徐州之失，中華民族底解放事業益加艱鉅了！

固然，我們對日抗戰已具有莫大的信心，恰有如蔣委員長對外籍記者所宣示的：「作戰上不必以一城一地的得失進退為重，」以及「敵人一日不止，我們抗戰一日不休，決不可以年月計；」底認識與決心。

同時，我們為了順利地達到勝利之途，猶須虛心檢討二期抗戰期間底缺點，及走向最後勝利底條件。

二期抗戰中間，無論在軍事上或政治上都有莫大的改革和進步，但這種進步仍然很顯明地落在客觀要求底後面，各方面還表現着不夠！

[illegible]地指出就是：在前方軍隊與民眾仍未能打成一片，做到真正的「軍民合作」這一步；在後方動員民眾和組織民眾底工作，不但沒有充分地展開，反而有時遭受到阻礙；在地方政治方面，不但沒有多大改善，貪污之風反借着「救國」與「抽壯丁」為名，大有日熾之勢；在保障救國言論和抗日黨派團結方面，查禁書報問題，由邊區竟而波到政治中心的武漢，在福建和湖南等地還有鎗殺已被判處徒刑及刑滿的政治犯的不幸事件發生。

我們相信這些缺點，黨政底當局領袖已在或正擬改進中。因為這些缺點，若不切實地糾正過來，在我們這民族危亡的嚴重關頭，那我們底抗戰前途是不堪設想的！

這些缺點也可說是爭取最後勝利底必備條件。因為我們軍隊在裝備上底不及敵人，我們必須用政治方法來彌補，也就是必須利用我們優於敵人底社會條件以增加我軍底戰鬥力打擊敵人。前方切實做到「軍民合作」和後方動員起廣大的民眾來，這都是我們優於敵人底社會條件。所以說加速提高軍隊中底政治工作與展開民眾底組織工作，是爭取抗戰勝利必備底第一個條件。

貪官污吏是國家底最大毒害，在這全民抗戰時期，其罪惡不減於漢奸！和直等於敵人底「別動隊」！這些不顧大局和民生疾苦

第三期

1

《血战》第三、四期合订本封面

《服务团旬刊》(1938年)

1938年5月5日创刊,重庆战区中小学教师四川服务团秘书室主编。

本刊主要报道该团的服务消息和战时教育情况。该服务团由从战区流亡到后方的中小学教师组成,为后方推行战时教育。本刊栏目有论坛、教育法令、本团消息、参考资料、教育问题研究、教育调查及统计、团员园地等。

本刊为社会教育刊物,旬刊。16开本,铅印,每期4页。竖版,三栏。现存最晚一期为1939年5月25日出版的第三十九期。现保存于中国国家图书馆、南京图书馆、南京大学图书馆。

《国立东大南高中大毕业同学总会会刊》(1938年)

1938年5月在重庆创刊。

本刊主要刊载三校毕业同学和部分教师的言论、著作等,以及同学通讯录、母校校闻和有关统计资料,并报道该会及其分会的会务情况。

本刊为同学会会刊,刊期不详。16开本,铅印。竖版,三栏。本刊没有独立封面。正文有上边栏。现保存于上海图书馆。

《进展》(1938年)

1938年5月创刊,进展社编辑发行(社址在重庆大樑子61号附1号),星渝印刷部印刷(地址在商业场西三街4号)。

本刊主要刊载时事评论、抗战局势、分析抗战形势下的各类社会问题的文章和抗战题材的文学作品。

本刊为政治刊物,旬刊。16开本,铅印。竖版,三栏。现保存于中国国家图书馆、四川省图书馆、复旦大学图书馆、上海图书馆、重庆图书馆。

《进展》创刊号封面

《康藏前锋》（1938年）

1933年9月在南京创刊，康藏前锋社编辑发行（社址在南京和平门外晓庄），东南印刷所印刷（地址在南京洪武路25号），各大书店代售。1938年5月因抗日战争爆发，康藏前锋社迁至四川巴县继续编辑出版战时特刊，但因战时困难加剧，本刊在1939年出完第五卷第十期战时特刊后不得不停刊。

本刊以“联络汉藏感情，沟通康藏文化”为宗旨，“唤起国人的民族意识和国家观念，为开发建设康藏起先导作用”。本刊发表有关康藏地区政治、经济、文化教育、军事、民族问题的论著，介绍康藏人民生活、社会风俗，记载康藏地理、历史及其考证，探讨开发建设康藏边疆，刊载康藏各地实际调查报告。本刊设有论著、时论、专载、文艺、叙述、通讯、藏文增刊等栏目，是民国时期创办较早的大型专业性藏学期刊之一。

本刊为综合性刊物，月刊。本刊刊载的文章内容丰富、资料翔实，很多已成为有关当时政治、经济、文化等方面的珍贵史料，对研究康藏历史有重要的价值。本刊目录页有简单的版块划分，以简单图片为上边栏。正文部分不同栏目也有区分。竖版，双栏，偶数页有右边栏，奇数页有左边栏。现保存于中国国家图书馆、中国科学院图书馆、北京大学图书馆、中国社会科学院世界历史研究所资料室、南开大学图书馆、山东大学图书馆、上海图书馆、甘肃省图书馆、复旦大学图书馆、南京图书馆、南京大学图书馆、浙江大学图书馆、湖南图书馆、重庆图书馆、四川大学图书馆、云南大学图书馆、福建省图书馆、厦门大学图书馆。

《康藏前锋》创刊号封面

《科学世界》(1938年)

1932年11月1日在南京创刊，中华自然科学社编辑发行，南京钟山书局总经售。1938年5月1日迁至重庆出版，重庆生活书店总经售。

本刊“以研讨科学及科学运动为宗旨，以自然科学及其相关科学为主要内容”，浅显通俗。

本刊为自然科学刊物，月刊。32开本，铅印。横版，双栏。现保存于中国国家图书馆、四川省图书馆、四川大学图书馆、重庆图书馆、中国科学院图书馆、中国人民大学图书馆、北京大学图书馆、清华大学图书馆、北京师范大学图书馆、南开大学图书馆、山东省图书馆、山东大学图书馆、陕西省图书馆、甘肃省图书馆、兰州大学图书馆、辽宁省图书馆、吉林大学图书馆、吉林师范大学图书馆、上海图书馆、上海科技图书馆、复旦大学图书馆、华东师范大学图书馆、南京图书馆、南京大学图书馆、安徽省图书馆、浙江图书馆、浙江大学图书馆、江西省图书馆、湖北省图书馆、武汉图书馆、武汉大学图书馆、湖南图书馆、贵州省图书馆、云南省图书馆、云南大学图书馆、福建省图书馆、厦门大学图书馆、桂林图书馆、广东省立中山图书馆、中山大学图书馆。

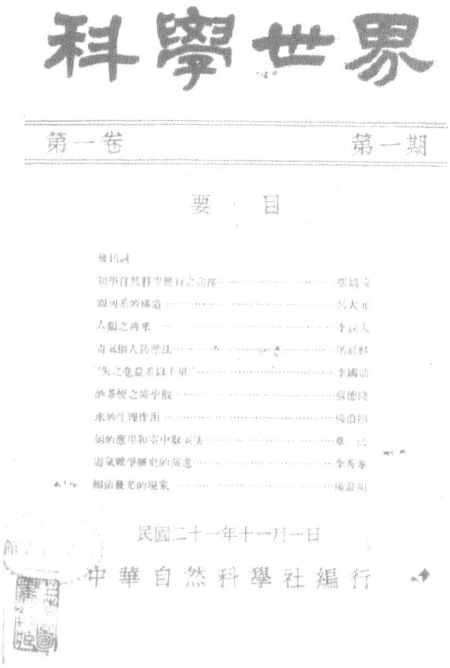

《科学世界》1932年第一卷第一期封面

《抗战文艺》(1938年)

1938年5月创刊于汉口，中华全国文艺界抗敌协会抗战文艺编辑委员会编辑发行（地址在汉口交通路40号）。编委会由当时文艺界抗日民族统一战线各方面的代表作家组成。适夷、蓬子、锡金、罗荪等执编。武汉沦陷前夕出版《武汉特刊》，由冯乃超、罗荪、叶以群、戈宝权编辑。1938年10月8日，《抗战文艺》第二卷第五期迁往重庆继续出版，由老舍、蓬子执编，罗荪曾一度参与编辑工作。

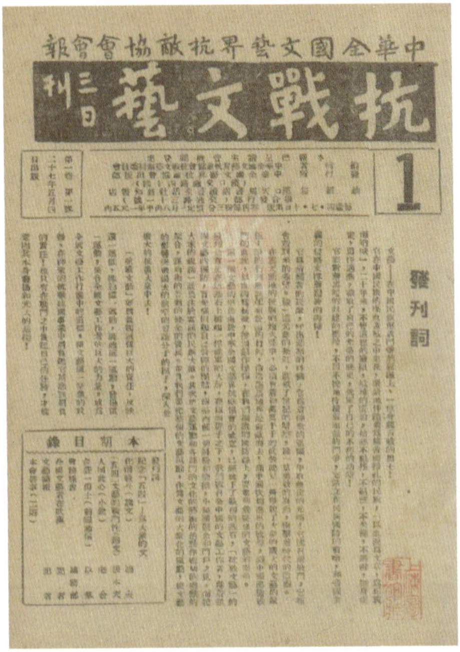

中華全國文藝界抗敵協會會報

抗戰文藝 三日刊

1

發刊詞

本期目錄

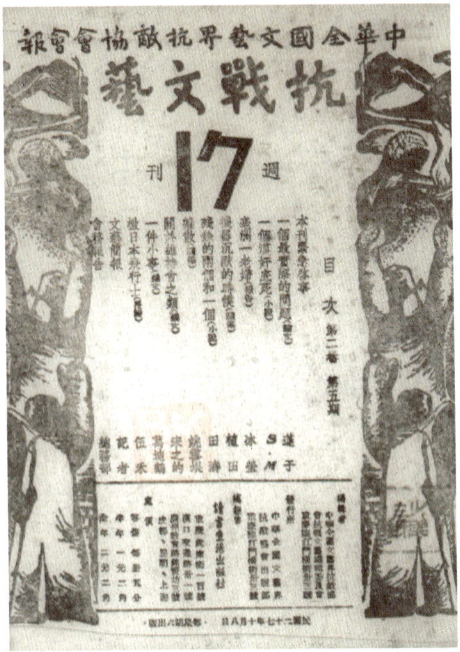

中華全國文藝界抗敵協會會報

抗戰文藝

週刊 17

目次 第二卷 第五期

《抗战文艺》创刊号封面、渝版第二卷第五期封面

本刊创办的目的是“想把整个的文艺运动作为文艺的大众化运动，使文艺深入到抗战大众中去”，“以血泪写文章，为正义而呐喊”，“为神圣的祖国争取光明的前途，以坚固的文艺堡垒投入到神圣的抗战斗争中去。采取创作与评论并重的编辑方针，重视文艺消息的报道和各地（包括延安和敌后根据地、沦陷区）文艺动态的交流”。本刊为战争中分散于各地的、不通音讯却又相互关切的作家随时提供消息，也为抗战文化史、文艺史的研究保存了丰富的有价值的资料。本刊主要栏目有通讯、论文、小说、启事、漫画、歌谣、报告、随笔、诗等。撰稿人有郁达夫、姚雪垠、老舍、适夷、胡风、张天冀、艾青等。

抗战胜利后，中华全国文艺界抗敌协会更名为中华全国文艺界协会，《抗战文艺》也随之停刊，另行编辑《中国作家》出版。

本刊为文艺刊物，初为三日刊，自第一卷第五期起改为周刊，自第四卷起改为半月刊，自第六卷起改为月刊。16开本，铅印。竖版，双栏，后改为竖版，三栏。本刊开始无独立封面，后来设计的封面由图片和文字组成。正文部分有上边栏。第一卷至第三卷每卷出12期，第四卷、第五卷每卷出6期，第六卷出4期，第七卷出6期，第八卷出4期，第九卷、第十卷每卷出6期。1946年5月出版第十卷第六期后停刊。现保存于中国国家图书馆、中国科学院图书馆、中国人民大学图书馆、清华大学图书馆、山东省图书馆、陕西省图书馆、甘肃省图书馆、吉林大学图书馆、上海图书馆、复旦大学图书馆、南京图书馆、南京大学图书馆、安徽省图书馆、江西省图书馆、武汉图书馆、湖南图书馆、四川省图书馆、四川大学图书馆、重庆图书馆、贵州省图书馆、云南省图书馆、云南大学图书馆、福建省图书馆、厦门大学图书馆、广东省立中山图书馆、中山大学图书馆。

《五月专刊》(1938年)

1938年5月在重庆出版，重庆大学抗敌后援宣传组出版。

本刊刊登文章“纪念发生在五月里的重大政治事件，激励民众投身到抗战救亡的民族战争中”，载文有《十个月抗战的收获》《五月里的血账》等。

本刊为抗战宣传刊物，不定期刊。16开本，石印。竖版，三栏。现保存于上海图书馆、四川省图书馆。

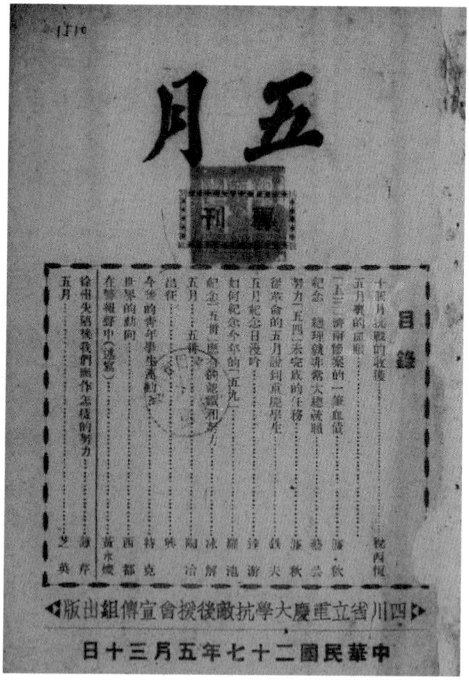

《五月专刊》封面

《中大电声》（1938年）

约1938年5月创刊于重庆，国立中央大学电工学会编辑发行。

本刊主要刊载明星们的电影剧照和生活照片等。

本刊为电影类期刊，季刊。现保存于南京大学图书馆。

《前线的安徽》（1938年）

1938年6月10日创刊于重庆，前线的安徽月刊社编辑（社址在重庆通远门外新金饭店），主编潘冰父，安徽旅渝同乡会发行。

本刊是“全安徽的共同喉舌”，内容“以与本省有关者为限”，“报告本省各地沦陷情形，揭露日寇暴行，讨论难民救济问题”。本刊设有“乡音”专栏，专门刊载安徽省消息。

本刊为同乡会会刊，月刊，每月10日出版。竖版，三栏。目前所见的最晚一期为1939年4月1日出版的第六期。现保存于中国国家图书馆、重庆图书馆。

《中航》（1938年）

1938年6月10日创刊，中航职工公益会筹备会编印（地址在重庆红房子）。

中航职工公益会筹备会“以发扬互助精神，办理职工福利事业为目的”。本刊“是中航职工公益会全体会员的喉舌”，“是融合中航全体同人感情的熔铁炉”。本刊设有小言论、专论、特辑、中航生活种种、各地风光、同人消息、会务报告等栏目。

本刊为民航业务刊物，月刊。约1939年4月停刊，共出11期。现保存于中国国家图书馆。

《国是公论》(1938年)

1938年6月15日创刊于重庆，国是公论旬刊社编辑发行（通信处在重庆中营街56号转3楼），华中图书公司总经售，重庆明达公司印刷部印刷。

本刊创立于抗战相持阶段的时代大背景之下，一方面关注抗日战争中的重大战事和国内外政治形势，另一方面对国家的经济政策、金融、外交、思想文化等均有评论。本刊载有《大时代的政治水准》《战时西南工业建设问题》《日寇进攻武汉与各国远东政策之转变问题》《怎样充实下层政治机构的民主精神》等文章。本刊在抗日相持阶段的艰难时期，积极宣传抗战建国思想，对国际形势和时局的分析准确深刻、立场客观，对当时的一些经济建设与外交政策的评述也比较实事求是、入情入理，尤其对研究中国大西南战时经济建设的情况具有重要参考价值。本刊主要撰稿人有张国安、田牧、王成城、林云谷、董汝舟、楼桐孙等。

本刊为政论性刊物，旬刊。16开本，铅印。竖版，双栏。封面由刊名、卷期及本期目录组成。1940年7月停刊，共出37期。现保存于中国国家图书馆、中国人民大学图书馆、清华大学图书馆、南开大学图书馆、陕西省图书馆、甘肃省图书馆、吉林大学图书馆、上海图书馆、复旦大学图书馆、南京图书馆、南京大学图书馆、江西省图书馆、武汉大学图书馆、湖南图书馆、重庆图书馆、四川省图书馆、四川大学图书馆、云南大学图书馆、福建省图书馆、广东省立中山图书馆。

《民族战士》(1938年)

1938年6月25日创刊，中央军校黄埔月刊社编辑发行（社址在重庆莲花池正街4号）。

本刊主要综合讨论抗战期间的政治与军事问题，介绍战略战术和最新军事技术，研究抗战中的军事教训和各种政治问题，并有国民党对抗战政策的解释与检讨。

本刊为军政刊物，周刊，每逢周六出版。16开本，竖版，双栏或三栏。正文部分有上边栏。1938年9月终刊，共出10期。现保存于中国国家图书馆、上海图书馆、重庆图书馆。

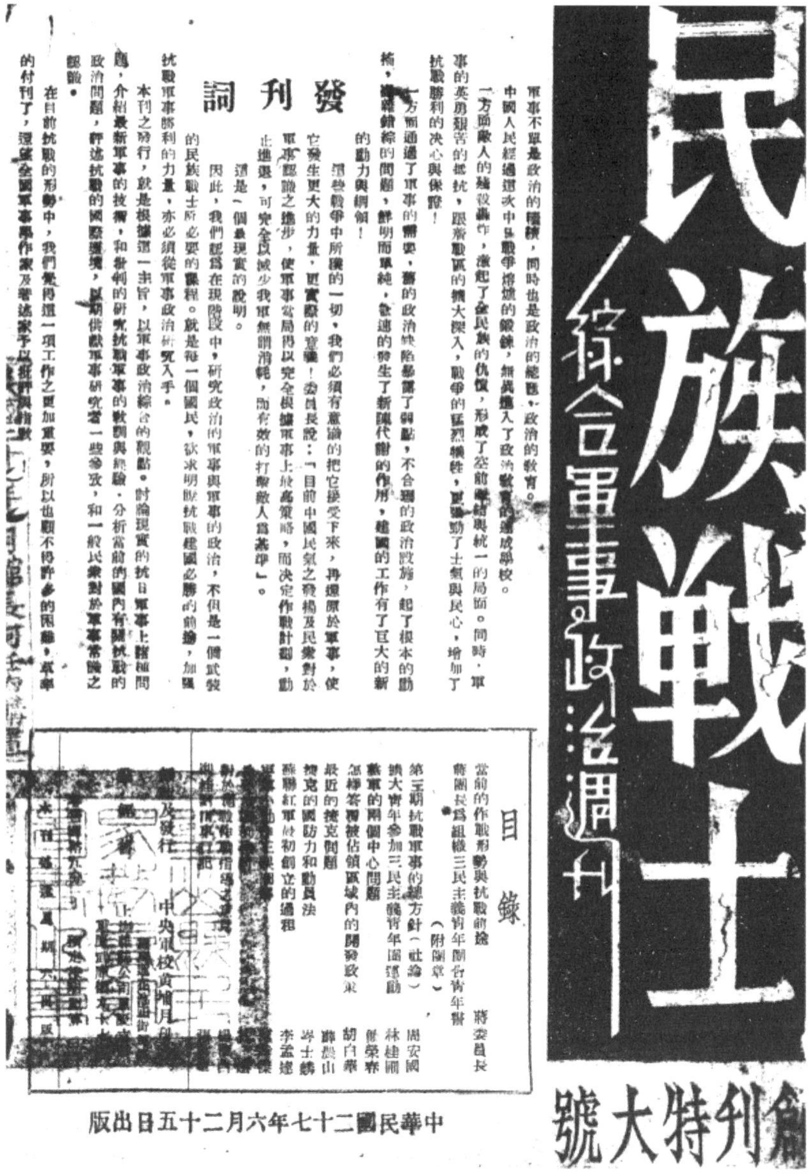

民族戰士

綜合軍事政治週刊

創刊特大號

發刊詞

軍事不單是政治的繼續，同時也是政治的總匯，政治的教育。

中國人民經過這次中日戰爭熔爐的鍛鍊，無異進入了政治教育的速成學校。

一方面敵人的殘殺轟炸，激起了全民族的仇恨，形成了空前團結與統一的局面。同時，軍事的英勇艱苦的抵抗，跟着戰區的擴大深入，戰爭的猛烈犧牲，更激動了士氣與民心，增加了抗戰勝利的決心與保證！

一方面通過了軍事的需要，舊的政治缺陷暴露了弱點，不合理的政治設施，起了根本的動搖，錯綜複雜的問題，鮮明而單純，急速的發生了新陳代謝的作用，建國的工作有了巨大的新的動力與綱領！

經營戰爭中所獲的一切，我們必須有意識的把它接受下來，再還原於軍事，使它發生更大的力量，更實際的宣傳！委員長說：「目前中國民氣之發揚及民衆對於軍事認識之進步，使軍事當局得以完全根據軍事上最高策略，而決定作戰計劃，動止進退，可完全以減少我軍無謂消耗，而有效的打擊敵人爲基準」。

這是一個最現實的說明。

因此，我們認爲在現階段中，研究政治的軍事與軍事的政治，不但是一個武裝的民族戰士所必要的課程。就是每一個國民，欲求明瞭抗戰建國必勝的前途，加強抗戰軍事勝利的力量，亦必須從軍事政治研究入手。

本刊之發行，就是根據這一宗旨，以軍事政治綜合的觀點。討論現實的抗日軍事上諸種問題，介紹最新軍事的技術，和批判的研究抗戰軍事的教訓與經驗。分析當前的國內有關抗戰的政治問題，評述抗戰的國際環境，以期供獻軍事研究者一些參考，和一般民衆對於軍事常識之認識。

在目前抗戰的形勢中，我們覺得這一項工作之更加重要，所以也顧不得許多的困難，草率的付刊了，還望全國軍事學作家及著述家予以批評與指教！

目錄

中華民國二十七年六月二十五日出版

《民族战士》创刊特大号封面

《抗战军人》（1938年）

1938年6月在重庆创刊，抗战军人杂志社编辑。自1941年第四卷第五期起由中国兵学研究会编辑发行（地址在重庆村13号）。

本刊“探讨抗战时期的军事战略战术，增进军人道德修养及技能，新兵器之配备及使用，各兵种之配合及各军作战之联系的研究，国土防空之理论与实际”。其载文有《论倭寇战略上之变化及我制敌必胜之策》《闪击战的理论与实际》《现代战术研究之方法》等。

本刊为军事刊物，半月刊，1939年改为月刊，期数续前。原以期计算，1940年起从第三卷第一期计算。16开本，铅印。竖版，双栏。本刊没有独立封面。正文部分有上边栏。现保存于中国国家图书馆、北京大学图书馆、中共中央马克思恩格斯列宁斯大林著作编译局图书馆、山东省图书馆、陕西省图书馆、甘肃省图书馆、吉林大学图书馆、南京图书馆、南京大学图书馆、安徽省图书馆、湖北省图书馆、四川省图书馆、重庆图书馆、贵州省图书馆、福建省图书馆、厦门大学图书馆、中山大学图书馆。

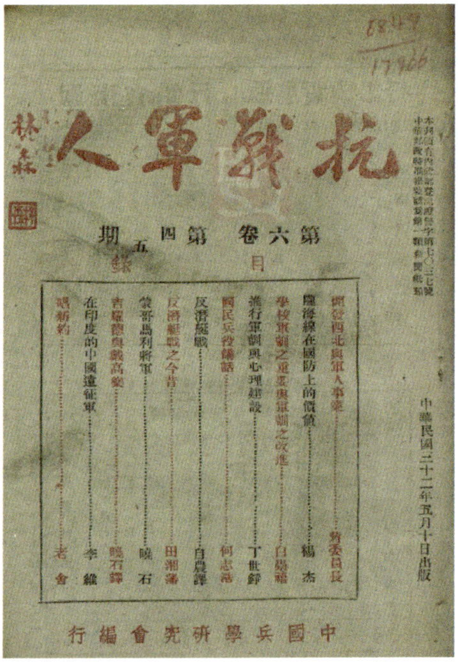
抗戰軍人
林森
第六卷第四五期
目錄
開發西北與軍人事業……蔣委員長
隴海線在國防上的價值……楊杰
學校軍訓之重要與軍訓之改進……白崇禧
推行軍制與心理建設……丁世鐸
國民兵役講話……何志浩
反潛艇戰……白農譯
反滑翔戰之今昔……田湘藩
蒙哥馬利將軍……曉石
吉羅德與戴高樂……曉石譯
在印度的中國遠征軍……李維
頌新約……老舍
中華民國三十二年五月十日出版
中國兵學研究會編行

《抗战军人》第六卷第四、五期合刊封面

《创导》（1938年）

1937年5月5日在南京出版，创导社编辑发行（社址在南京淮海路韬园15号），中国图书杂志公司总经售（地址在上海福州路380号），文华美术印刷公司印刷（地址在南京太平路237号）。1937年11月从第二卷第三期起迁至湖北汉口出版。1938年6月迁至重庆出版，编辑姚宝贤，发行人洪传经。

本刊旨在“唤醒广大青年与知识分子，重视民族创造精神与领导能力，由出版界牵头，引导民族走向复兴、独立、创造的大道”。其内容涵括政治、经济、社会、教育、思想、文艺、科学杂谈、掌故、漫画等方面。本刊主要供稿人有罗敦伟、高龙生、成之、李立侠、姚宝贤、傅遂之、蒋静一、唐际清、胡怀琛等，主要栏目有科学珍闻、漫画之页等。本刊“为适应时势需要，扩大抗战宣传，树立抗战中心理论，特发行《战争专刊》”。本刊作为抗日期刊，在鼓舞青年和知识分子的抗日士气方面起了重要作用，也有助于对抗日战争相关问题的研究。

本刊为社会科学综合性刊物，半月刊。16开本，铅印。竖版，双栏。封面由图片和刊名、卷期等组成。正文部分有上边栏和中间栏。现保存于中国国家图书馆、北京大学图书馆、陕西省图书馆、甘肃省图书馆、吉林大学图书馆、上海图书馆、南京图书馆、南京大学图书馆、安徽省图书馆、江西省图书馆、四川省图书馆、四川大学图书馆、重庆图书馆、湖南图书馆、贵州省图书馆、福建省图书馆、厦门大学图书馆、中山大学图书馆。

《创导》创刊号封面

《战时民众》（1938年）

1938年6月在重庆创刊，教育部第二社会教育工作团编行（通信处在重庆朝天门三元庙市立第二小学校内）。

本刊设有谈话、时事解说、常识、生活指导、后援工作、战区写真或通讯、大人文艺、漫画等栏目。本刊“号召国民一起来为国力谋补充、求建设，提升抗战力量，战胜敌人，复兴国家”，主要刊登抗战宣讲材料、战争常识和战区通讯，并刊登以多种形式歌颂抗日的文艺作品。

本刊为抗战宣传刊物，周刊，每逢周三出版。16开本，铅印。竖版，双栏。本刊没有独立的封面。正文部分有上边栏和中间栏。1939年3月出第三十四期后停刊。1940年复刊，重新编号，同年内出10期。现保存于中国国家图书馆、四川省书馆、重庆图书馆、南开大学图书馆。

《文化国际》（1938年）

1938年7月1日创刊，中苏文化协会四川分会编行（地址在重庆第一模范市场35号）。主编芮沐，编辑委员有沈起予、高璘度等10人。

中苏文化协会是抗日战争时期致力于中苏友好的文化团体，1935年7月25日在南京成立，以“研究及宣扬中苏文化并促进两国国民之友谊”为宗旨。

本刊“宣传抗日民族统一战线的理论，致力于抗战建国问题的研讨，特别是对于复兴民族根据地的四川将在可能范围内进行研究”。本刊还探讨抗战期间的文化发展问题，以及国内外政治、社会、军事、文艺理论问题，研究和介绍国际文化，尤其是苏联文化，以增进两国人民相互了解与认识。此外还有书报评述等栏目。

本刊为文化交流刊物，月刊。16开本，铅印。现保存于中国国家图书馆、重庆图书馆、四川省图书馆、四川大学图书馆。

《文化国际》创刊号封面

《中农所简讯》(1938年)

1938年7月1日创刊，经济部中央农业实验所编印（地址在重庆江家湾21号）。1939年3月1日第九期迁至荣昌县宝城寺，同年8月1日出完第十二期后终刊。

本刊宗旨为“推动各省农业建设，以增加农业生产而图自治与输出”。

本刊为农业刊物，月刊。16开本，铅印。现保存于中国国家图书馆、四川省图书馆、四川大学图书馆、雅安市档案馆。

《青年向导》(1938年)

1938年7月7日出版，青年向导社编辑出版（社址在重庆武库街68号），重庆七七书局发行，重庆时事新报馆印刷。

本刊载有探讨抗战时期的经济、金融、科学、文化和青年修养、青年军训等问题的论著，以及对抗战形势中重大事件的论述和国际重大问题的论述。

本刊为抗战宣传刊物，周刊。16开本，铅印。竖版，三栏。正文部分有上边栏。1940年1月出版第二卷第七期后终刊。现保存于中国国家图书馆、北京大学图书馆、南开大学图书馆、吉林大学图书馆、南京图书馆、南京大学图书馆、四川省图书馆、四川大学图书馆、重庆图书馆、湖南图书馆、贵州省图书馆、福建省图书馆、厦门大学图书馆。

青年嚮導
創刊號
由舊路線到新嚮導
目要

《青年向导》创刊号封面

《四川农业抗战特辑》(1938年)

约1938年7月30日前在重庆出版,今日出版合作社编辑发行(社址在商业场西二街15号)。

本刊所载文章深刻地"分析了抗战时期四川省农、林、牧业所面临的形势,劝告各界人士要重视农业,热爱土地"。

本刊为农业刊物,特刊。保存地不详。

《川中校刊》(1938年)

1938年7月在重庆北碚创刊,国立四川中学编印。

本刊主要刊发国立四川中学师生的校内外活动、集会记录、学校规章、研究报告、师生论著、统计图表等内容,载文有《战时师范教育要旨》《良师兴国运动的发展及意义》等。

本刊为中学校刊,刊期不详。16开本,铅印。竖版,三栏。本刊没有独立的封面。现保存于重庆市北碚图书馆、四川大学图书馆。

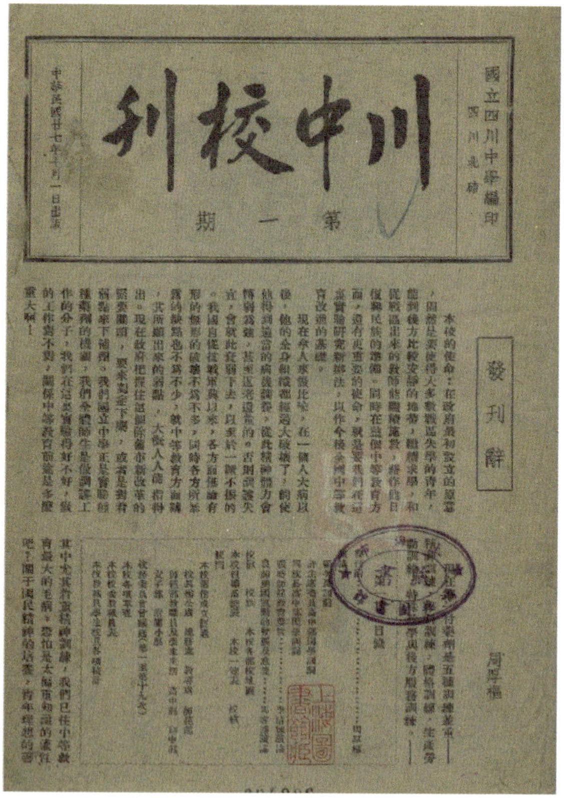
國立四川中學編印
四川北碚
川中校刊
第一期
發刊辭

《川中校刊》第一期封面

《合作指导》(1938年)

1938年7月在重庆创刊，经济部农本局合作指导室编行。

本刊刊载合作事业的某些条例、办法、规则、各地合作社的新闻等，载有《合作实际问题的复杂性》《再论社员教育》等文章。

本刊为合作事业刊物，月刊。16开本，铅印。竖版，双栏。1939年5月停刊，共出11期。现保存于中国国家图书馆、南京图书馆、南京大学图书馆、四川省图书馆、上海图书馆、复旦大学图书馆、重庆图书馆。

《机工》(1938年)

1935年在南京创刊，中大机械工程学会编辑发行。1938年7月迁至重庆发行，重庆新民印书馆印刷。

本刊以“研究学术，推进中国机械工业”为宗旨，介绍机械工程方面的发展历史、最新科技、设计制造、学校教师及国立中央大学机械工程学会的情况。本刊主要撰稿人有杨承祉、王庆方、陈宝敏、王谔、离娄、张铁生、杨立洲、高良润、刘泽民、邢道谦、顾崇衔、高绪侃、赵允中、任毓钟、周云观、朱思本、杨家瑜、陈允杰、徐如兰等。本刊栏目有短论、专著、译述、调查、科学鳞爪、通俗讲座、会员通讯、校闻、杂俎等。

《机工》第三卷第一期封面

本刊为机械工程刊物，半年刊。32开本，铅印。横版。封面由图片和文字组成。现保存于中国国家图书馆、甘肃省图书馆、复旦大学图书馆、南京图书馆、南京大学图书馆、武汉图书馆、武汉大学图书馆、重庆图书馆、重庆大学图书馆、上海图书馆、湖南图书馆、中山大学图书馆。

《江北县教育特刊》(1938年)

1938年7月创刊，江北县县政府印发。

本刊主要刊载重要的教育法令、该县拟发学校的各种章程、江北县教育委员须知等内容，另载有《小学经济教学的一百二十二个原则》《四川省各县市教育委员规程》等文章。

本刊为地方教育刊物，刊期不详。16开本，铅印。竖版，双栏。现保存于重庆图书馆、上海图书馆。

《教育部第二社会教育工作团团务通讯》(1938年)

1938年7月在重庆出版，教育部第二社会教育工作团编印。

本刊刊载教育部第二社会教育工作团的章程、工作报告等内容。

本刊为教育工作刊物，月刊。1940年8月20日出完第三卷第十一、十二期合刊后停刊。现保存于南京图书馆、广东省立中山图书馆、云南大学图书馆、达州市档案馆。

《警察向导》(1938年)

1938年7月在重庆创刊，内政部警察总队警察向导编辑室编辑发行（地址在重庆望龙门），重庆君立印刷公司印刷，正中书局杂志推广所总代售。

本刊以“研究警察学术，发扬现代警察精神”为宗旨，主要刊登警界学术论文，报道重庆警察抗战实情，还刊有工作纪要、时事日记等。本刊栏目有论著、译作、警察新闻、警察生活、调查统计、法规等。

本刊为警政学术刊物，月刊。现保存于重庆图书馆、四川大学图书馆、上海图书馆。

《抗敌画展特刊》（1938年）

1938年7月在重庆出版，重庆市抗敌后援会发行，重庆市江巴各界五月抗敌宣传大会编辑，南京艺新制版社制版，南京京华印书馆印刷（地址在打铜街38号）。

本刊创刊目的在于“用艺术的形式宣传抗战建国，唤醒民众，一致参加抗战建国工作”，其内容主要反映日寇暴行，宣传抗战斗争。

本刊为抗战宣传刊物，特刊。16开本。现保存于重庆图书馆、上海图书馆。

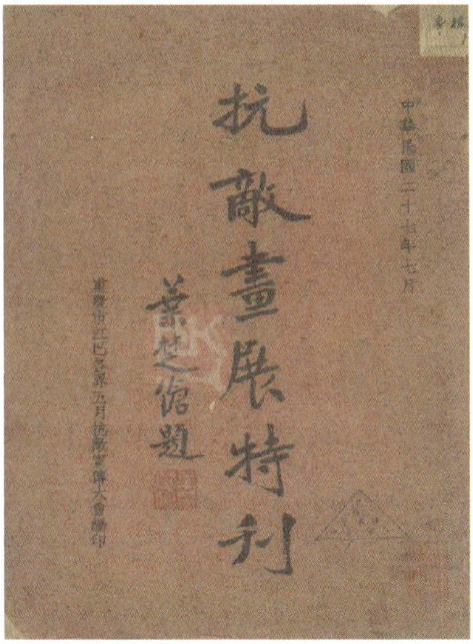

《抗敌画展特刊》封面

《抗战建国特刊》（1938年）

1938年7月在重庆创刊，重庆四川抗战建国协进会编行。重庆四川抗战建国协进会“以团结四川各界人士，本三民主义原则，发动全川力量，拥护政府抗战建国纲领，建设新四川，争取民族最后胜利为宗旨”。

本刊为重庆四川抗战建国协进会会刊，主要“论述抗战及政治经济建设，以通俗的文艺宣传抗战建国，激励同胞们抗战到底，建好我河山”。本刊栏目有论坛、国民党的政治经济路线、插图、诗歌、文艺等。

本刊为抗战宣传刊物，旬刊。16开本，铅印。竖版，三栏。本刊没有独立的封面。正文部分有上下边栏和中间栏。共出5期。1938年9月停刊，停刊原因不详。现保存于四川省图书馆、四川大学图书馆、重庆图书馆。

《人人看》(1938年)

1938年5月在汉口创办，教育部第一社会教育工作团人人看社编印。1938年7月迁至重庆出版。

本刊主要评论国内外军政局势，讲述民众抗日斗争的故事，载文有《抗战人人读》《民众们！排起队伍吧！》《抗战殉国两师长》《中原战场说明》等，用图画形式报道时事新闻。本刊主要撰稿人有刘承清、史金生、杨锡类、江涛、闾江等。本刊设有本国新闻、外国新闻、诗歌、木刻等栏目。

本刊为时政刊物，周刊。竖版，三栏。封面由图片、刊名及卷期、本期目录组成。正文部分有上边栏。现保存于上海图书馆、广东省立中山图书馆。

《人人看》第三期封面

《四川省农业税局月刊》(1938年)

1938年7月在重庆创刊，四川省农业税局编行。

本刊研究四川农业税务问题，设有论著、法令、统计等栏目。

本刊为税务刊物，月刊。1941年2月出版第四卷第十二期后终刊。现保存于中国国家图书馆、中国人民大学图书馆、南开大学图书馆、辽宁省图书馆、南京图书馆、南京大学图书馆、武汉大学图书馆、重庆图书馆、四川省图书馆、复旦大学图书馆。

《江苏乡讯》(1938年)

1938年七八月间出版，江苏乡讯社编行（社址在重庆苍坪街63号）。

本刊主要刊登有关江苏的新闻、讯息等，让民众及时了解家乡各方面的情况。

本刊为同乡会刊物，初为旬刊，后改为半月刊。竖版，三栏。本刊没有独立封面。正文部分有上边栏。1939年2月停刊，共出19期。现保存于中国国家图书馆、上海图书馆。

《时事类编特刊》(1938年)

《时事类编》于1933年8月10日在上海创刊，中山文化教育馆编行（馆址在上海福煦路803号），印刷者先后有仓颉印务有限公司、中国科学公司，总代售为作者书社（地址在上海四马路）。1935年2月25日第三卷第四期改在南京出版（地址在南京总理陵园体育场路），总代售处上海杂志公司，印刷者先后有仓颉印务有限公司、文心印制社、民光印刷公司。主编钟天心，编辑李万居、马润庠、高璘度、高植、潘蕙田。后主编改为梅汝璈。改特刊前出第一至第十五卷共111期，从未脱期。

《时事类编特刊》第五十四期
“抗战三周年纪念号”封面

《时事类编》于1937年9月15改名为《时事类编特刊》，期数另起。编行者为中山文化教育馆（馆址在南京总理陵园），印刷者为文心印刷社（地址在南京八条巷14号）。本刊第一期出版数千册，三四日内销售殆尽，于是9月20日再版，9月25日发行第三版。1937年2月10日迁汉口出版，上海杂志公司汉口总公司代发行，扫荡报社印刷。1938年8月1日第十八、十九期合刊在重庆出版，上海杂志公司重庆支店总发行（地址在重庆武库街97号），印刷者先后有重庆启文印刷局（地址在仓坝子22号）、扫荡报社（社址在重庆小较场）、南京京华印书馆重庆分馆（馆址在打铜街38号）。

本刊内容有世界论坛、学术论著、文艺、人物评传、科学新闻、新书介绍、时事文献、国际时事漫画等。1939年1月1日出版的第二十九期为“新年特大号”，1940年6月10日出版的第五十三期为“宪政宪草专号”，1940年7月10日出版的第五十四期为“抗战三周年纪念号”，1941年7月7日出版的第六十四、六十五合期为“抗战四周年纪念特大号”。

本刊为时事类综合刊物。《时事类编》时期初为旬刊，1934年9月改为半月刊。更名后改为月刊。现保存于中国国家图书馆、中国科学院图书馆、中国人民大学图书馆、北京大学图书馆、清华大学图书馆、中国社会科学院世界历史研究所资料室、中共中央马克思恩格斯列宁斯大林著作编译局图书馆、南开大学图书馆、山东大学图书馆、陕西省图书馆、甘肃省图书馆、辽宁省图书馆、吉林大学图书馆、吉林师范大学图书馆、上海图书馆、复旦大学图书馆、南京图书馆、南京大学图书馆、浙江图书馆、浙江大学图书馆、江西省图书馆、湖北省图书馆、湖南图书馆、重庆图书馆、四川大学图书馆、贵州省图书馆、云南省图书馆、云南大学图书馆、福建省图书馆、广东省立中山图书馆。

《兴仁校刊》（1938年）

1938年8月1日在重庆创刊，江津县私立兴仁小学编行，江津星记铅石印刷社印刷。主编姚智杰，编辑杨近思、王百遐、刘表华、王沛然。

本刊封面有林森的题字，封二页登载了兴仁小学“明礼、知耻、勤学、爱群”的校训、江津县私立兴仁小学校歌、发刊词、目录。

本刊介绍了学校的校务及教导情况，刊载了小论、小品文、小诗歌、戏剧、信稿、日记等学生创作的作品，专载了兴仁小学的四年计划，附有校董会简章、兴仁小学组织大纲、校董一览表、职员一览表、来信六件等内容。

本刊为小学校刊，刊期不详。16开本，竖版，约80页。重庆图书馆现保存有第一期。

《兴仁校刊》封面

《政论》（1938年）

1938年1月5日创刊于汉口，政论社编辑发行（社址在汉口会通路94号）。同年8月5日自第十九期起迁重庆出版（社址在菜园坝正街26号）。

本刊主要内容有“国际及国内政治经济问题的分析与评论，抗战实际问题之理论与方法，并对各种政治主张作公开的商榷”。本刊栏目分政治评论、国际外交、经济与文化等类。主要撰稿人有陶希圣、江鸿、沈巨尘、何兹全、王宜昌等。

本刊为政治刊物，旬刊。1938年3月5日第五期和1938年3月20日第六期改为半月刊，1938年4月5日第七期又改为旬刊。16开本。竖版，三栏，每期约16页。封面有简单的版块划分，上部分为刊名、卷期、出版项，下部分为本期第一篇文章的部分内容。1938年出第三十三期后终刊。现保存于中国国家图书馆、北京大学图书馆、中国社会科学院世界历史研究所资料室、中共中央马克思恩格斯列宁斯大林著作编译局图书馆、陕西省图书馆、上海图书馆、复旦大学图书馆、南京图书馆、南京大学图书馆、安徽省图书馆、江西省图书馆、湖北省图书馆、湖南图书馆、四川省图书馆、重庆图书馆、贵州省图书馆、云南大学图书馆、福建省图书馆、广东省立中山图书馆、中山大学图书馆。

《文艺月刊》—《文艺月刊战时特刊》(1938年)

《文艺月刊》于1930年8月15日在南京创刊，中国文艺社主办，编委有商章孙、王平陵、陈晓南、唯明等。1937年9月出至第十一卷第三期停刊，共出74期。1937年10月改出《文艺月刊战时特刊》，前三期不分卷，从第四期起，卷期另起，标为第一卷第四期。1937年11月迁往武汉出版。后又迁至重庆，于1938年8月16日出版第二卷第一期，中国文艺社编辑出版（社址在重庆售珠市36号，后迁至中山一路384号），上海杂志公司总批发（地址在重庆武库街97号），后由重庆各大书局代售。1941年4月16日起又改署第十一年四月号，到十一月号终刊。

《文艺月刊》第二卷第三期“九一八专号”封面

本刊主要发表文艺创作和翻译作品，每期的翻译作品所占比例不少，主要是欧美的文艺理论和创作，以小说、戏剧居多。本刊对于文艺理论大多采用正面研讨的方式，颇有学术研究气。

《文艺月刊》初为旬刊，后为不定期刊。《文艺月刊战时特刊》为半月刊，每逢1日、16日发行。前后12年共计出版126期，除“号外”为32开本，其余各期都为16开本。封面有两种形式，一种由一幅图画和刊名、卷期组成，另一种由纯文字刊名及卷期组成。目录页没有专门的版块划分。现保存于重庆图书馆、四川省图书馆等。

《血路周刊》（1938年）

1938年1月15日在汉口创刊，血路周刊社社长陶百川主编，编委先后有杨家麟、王龙章、黄旭初、陶愚川、张仲明、陶祖潜，发行人杨坚，通信处在武昌候补街24号。1938年8月27日第二十七期开始迁渝出版，地址在重庆五福街53号。1939年5月因日机轰炸，又迁至蔡家石堡新街39号。约1939年8月停刊。1940年1月6日在合川复刊，期号另起，为复第一期，血路周刊社编辑部编辑（社址在合川双牌坊38号三民印刷厂内），重庆正中书局总经售。后因交通困难，作者稿件经常因邮递而延误，1940年五六月间又迁回重庆，通信处在重庆五福街53号。

本刊是国民党人办的刊物，以集中力量、持久抗战为口号，经常邀请国共两党人士和学者就抗战问题、党派问题、民主政治问题等人们关心的重要问题举行笔谈会，发表不同看法。

本刊为时事政治刊物，周刊，每逢周六出版。16开本，铅印。1940年5月11日出版的复第十五期是现存最晚一期。现保存于重庆图书馆、上海图书馆。

《新涪陵》（1938年）

1938年8月31日创刊，涪陵县旅外学会创办（地址在重庆张家花园64号）。林森题写刊名。发行人龙文治，编辑人罗承烈。

本刊发行旨趣为“其意义当然在补救某一些缺点，在欲对抗战建国略尽一些更大的责任”。本刊创刊号刊登了《贪污政治的演进》《良师兴国与师道不尊》《对涪陵教育的几点意见》《涪人对于抗战应有之认识与责任》等文章，还刊登了涪陵县旅外学会成立宣言、会员一览和会务纪要，对涪陵抗战时期的教育和县政提出的批评和建议等。

本刊为同乡会刊物，刊期不详。其他出版信息不详。现保存于重庆图书馆。

《教育通讯》（1938年）

1938年3月在汉口创刊，教育通讯周刊社编辑发行（社址在汉口中山路积庆里42号）。1938年8月27日第二十三期在重庆出版，教育通讯周刊社编辑发行（社址在重庆忠烈祠街25号），至1944年3月第七卷第九期停刊。1946年3月于上海出版复刊第一卷第一期，一直发行到1949年1月复刊第六卷第十期后终刊。本刊在抗日战争期间共出版7卷254期，战后复刊共出版6卷70期。

本刊主要撰稿人有华罗庚、庄泽宣、王克仁、陈友松、朱佐廷、高振业等。本刊主要“探讨中国教育实际问题，颁布政府教育法令，传播教育消息，宣传公民常识”，内容涵盖了教育论文、进修资料、补充教材、书报介绍、教育调查及统计等方面，主要栏目有教育问题研讨、参考资料、教育消息、教育法令等。

本刊为教育类刊物，先为周刊，自第五卷起改为旬刊，后改为半月刊。16开本，铅印。竖版，三栏。本刊没有独立的封面。正文第二栏与第三栏之间有分割线。现保存于中国国家图书馆、中国科学院图书馆、中国人民大学图书馆、北京大学图书馆、清华大学图书馆、北京师范大学图书馆、中共中央马克思恩格斯列宁斯大林著作编译局图书馆、南开大学图书馆、山东省图书馆、山东大学图书馆、陕西省图书馆、甘肃省图书馆、辽宁省图书馆、吉林大学图书馆、上海图书馆、复旦大学图书馆、南京大学图书馆、安徽省图书馆、浙江图书馆、江西省图书馆、湖北省图书馆、武汉图书馆、武汉大学图书馆、四川省图书馆、重庆图书馆、湖南图书馆、贵州省图书馆、云南大学图书馆、福建省图书馆、厦门大学图书馆、桂林图书馆、广东省立中山图书馆。

《抗战与建国》(1938年)

1938年8月在重庆创刊，抗战与建国旬刊社编辑发行。

本刊主要论述抗战及政治经济建设，“以通俗的文艺宣传抗战建国，激励同胞们抗战到底，建好我河山”。本刊栏目有论坛、国民党的政治经济路线、插图、诗歌、文艺等。

本刊为抗战宣传刊物，旬刊。16开本，铅印。竖版，三栏。本刊没有独立的封面。正文部分第二栏与第三栏之间有分割线。现保存于中国国家图书馆、四川省图书馆、重庆图书馆。

抗戰與建國
旬刊
創刊號
每逢十日出版
中華民國二十七年八月十日
文化人與老百姓
洪傳經

《抗战与建国》创刊号封面

《矿冶半月刊》(1938年)

1938年8月在重庆创刊，经济部矿冶研究所编行（地址在重庆永龄巷子3号），各地生活书店经销。

本刊宗旨在于“才资的利用，供求的适应，促进西南矿冶事业的进展，实现矿冶研究所所员的使命”。本刊的主要内容为“关于西南各省矿产矿质调查研究和有利矿冶进行的种种资料及消息等”。

本刊为矿业冶金刊物，半月刊，每月1日、16日发行。竖版，双栏。刊名由翁文灏题写。1943年出至第八期停刊。现保存于中国国家图书馆、北京大学图书馆、南开大学图书馆、复旦大学图书馆、南京图书馆、南京大学图书馆、浙江大学图书馆、四川省图书馆、四川大学图书馆、重庆图书馆、重庆大学图书馆、广东省立中山图书馆。

《民意》(1938年)

1937年5月在汉口创刊，民间周刊社编辑部编辑，民间周刊社发行部发行。1938年8月24迁至重庆出版第三十七期。

本刊“宣传国民党的主张，号召民众坚持抗战，刊登有关国际形势、抗日战局、政治与外交、经济与财政、教育与文化等方面的评述”。

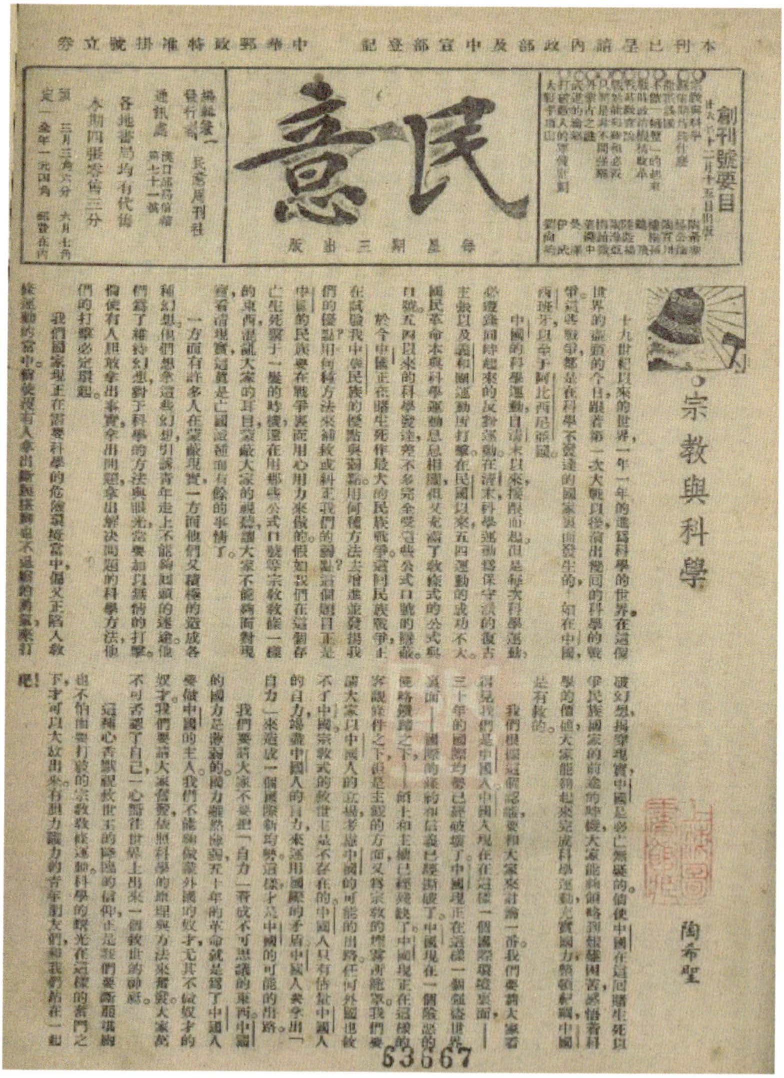

本刊已呈請內政部及中宣部登記　中華郵政特准掛號立券

民意

每星期三出版

創刊號要目

編輯兼發行者　民意周刊社
通訊處　漢口[illegible]第七十一號
各地書局均有代售
本期四張零售三分
定價　全年一元四角

宗教與科學

陶希聖

十九世紀以來的世界，一年一年的進為科學的世界，在這個世界的最前的今日，跟着第一次大戰以後演出幾回的科學的戰爭，這些戰爭，都是在科學不發達的國家裏面發生的，如在中國，西班牙，以至于阿比西尼亞國。

中國的科學運動，自清末以來，接踵而起，但是每次科學運動，必遭逢同時起來的反對運動，在清末科學運動遭保守派的復古主義以及義和團運動所打擊，在民國以來五四運動的成功不大，國民革命本與科學運動息息相關，但又充滿了教條式的公式與口號，五四以來的科學發達，差不多完全受了此公式口號的隱蔽。

於今中國正在賭生死作最大的民族戰爭，這回民族戰爭正在試驗我中華民族的優點與弱點，用何種方法去增進並發揚我們的優點？用何種方法來補救或糾正我們的弱點？這個題目正是中國的民族要在戰爭裏面用心用力來做的。假如我們在這個存亡生死緊于一髮的時候還在用那些公式口號等宗教教條一樣的東西，混亂大家的耳目，蒙蔽大家的視聽，讓大家不能夠面對現實，看清現實，這實是亡國速禍而有餘的事情了。

一方面有許多人在蒙蔽現實，一方面他們又積極的造成各種幻想。他們想拿這些幻想引誘青年走上不能夠回頭的迷途。他們爲了維持幻想，對于科學的方法與眼光常要加以攻擊的打擊。倘使有人肯敢拿出事實，拿出問題，拿出解決問題的科學方法，他們的打擊必定頻起。

我們國家現正在需要科學的危險環境當中，偏又正陷入教條運動的當中，假使沒有人拿出斷然膽識的勇氣來打破幻想，揭穿現實，中國是必亡無疑的。倘使中國在這回賭生死以爭民族國家的前途的時候，大家能夠領略到艱難困苦感悟着科學的價值，大家能夠起來完成科學運動，充實國力整頓紀綱，中國是有救的。

我們根據這個認識，要和大家來討論一番。我們要請大家看清楚我們是中國人，中國人現在在這樣一個國際環境裏面，——三十年的國際均勢已經破壞了，中國現正在這樣一個强盜世界裏面——國際的條約和信義已經撕破了，中國現在一個險惡的侵略鐵蹄之下，——領土和主權已經殘缺了，中國現正在這樣的客觀條件之下，但是主觀的方面又爲宗教的煙霧所籠罩。我們要請大家以中國人的立場考慮中國的可能的出路，任何外國也救不了中國，宗教式的救世主是不存在的。中國人只有估量中國人的自力，竭盡中國人的自力，來運用國際的矛盾，中國人要拿出「自力」來造成一個國際新均勢，這樣才是中國的可能的出路。

我們要請大家不要把「自力」看成不可思議的東西，中國的國力是薄弱的，國力雖然薄弱，五十年的革命就是爲了中國人要做中國的主人。我們不能夠做一外國的奴才，尤其不做奴才的奴才。我們要請大家督促按照科學的原理與方法來[illegible]大家[illegible]不可否認了自己，一心嚮往世界上出來一個救世的神話。

這種心香默祝救世主的降臨的信仰，正是我們要[illegible]也不怕由要打破的宗教教條[illegible]科學的眼光在這樣的營門之下，才可以大放出來，有胆力識力的青年朋友們，和我們站在一起吧！

《民意》创刊号封面

本刊为综合性刊物，周刊，每逢周三出版。16开本，铅印。竖版，三栏。本刊没有独立的封面。正文部分有上边栏及中间栏。1941年8月终刊，共出190期。现保存于中国国家图书馆、中国科学院图书馆、中国人民大学图书馆、北京大学图书馆、清华大学图书馆、北京师范大学图书馆、中国社会科学院近代史研究所资料室、南开大学图书馆、陕西省图书馆、甘肃省图书馆、辽宁省图书馆、吉林大学图书馆、上海图书馆、复旦大学图书馆、华东师范大学图书馆、贵州省图书馆、湖北省图书馆、南京图书馆、南京大学图书馆、安徽省图书馆、浙江图书馆、武汉图书馆、武汉大学图书馆、江西省图书馆、重庆图书馆、四川省图书馆、四川大学图书馆、湖南图书馆、厦门大学图书馆、桂林图书馆、广东省立中山图书馆、中山大学图书馆。

《农本》—《农本月刊》(1938年)

《农本》于1938年8月创刊，经济部农本局研究室编行（地址在重庆石庙子，后迁至李子坝）。后曾停刊。停刊期间（1940年7月到9月底）编有油印“通讯”，共计出版6期，仅面向本局及本局各附属机关发行。1940年10月复刊，续出第四十二期。1941年10月更名为《农本月刊》。1942年11月终刊，共出62期。

本刊内容主要是关于“棉业经济、政策、行政与业务之论述及翻译；各地花纱布产制运销及手纺、手织事业之动态；各地有关棉业之一般经济调查；各地棉业市况之调查通讯；其他有关棉业之各种论述（包括农业、工业、贸易、金融、运输诸部门）”。本刊设有论著、专载、工作报告、通讯、参考资料、讨论、我们的生活等栏目。

本刊为农村经济刊物，半月刊，自1942年3月第五十期起改为月刊。16开本，铅印。竖版，双栏。封面由两部分组成，上部分为刊名、出版项和期数，下部分为本期目录。现保存于中国国家图书馆、中国科学院图书馆、中国人民大学图书馆、中国社会科学院世界历史研究所资料室、南开大学图书馆、甘肃省图书馆、辽宁省图书馆、上海图书馆、复旦大学图书馆、南京图书馆、南京大学图书馆、武汉图书馆、四川省图书馆、重庆图书馆、厦门大学图书馆。

《社会经济月报》（1938年）

1934年在上海创刊，社会经济调查所编辑发行（地址在上海北京路255号），文瑞印书馆印刷（地址在上海四川路125弄30号），上海生活书店、上海现代书店、上海黎明书局、上海作者书社等全国各大书局代售。1938年春迁至汉口。同年8月第五卷第三期起迁至重庆出版，通信地址为重庆新街口川盐银行2楼中国航空公司秘书处转。

本刊内容主要是“调查农产品国内外市场的现实，观察国内外经济金融的一般状况，根据主要农产品的调查以及环境的认识”做出评论。

本刊为经济刊物，月刊。16开本，铅印。横版，单栏。全年12册为1卷。封面由刊名、卷期及本期目录组成。1939年2月出版第六卷第二期后终刊。现保存于中国国家图书馆、中国科学院图书馆、中国人民大学图书馆、北京大学图书馆、北京师范大学图书馆、首都图书馆、中国社会科学院世界历史研究所资料室、南开大学图书馆、山东大学图书馆、陕西省图书馆、甘肃省图书馆、兰州大学图书馆、辽宁省图书馆、大连图书馆、吉林大学图书馆、上海图书馆、上海科技图书馆、华东师范大学图书馆、南京图书馆、南京大学图书馆、浙江大学图书馆、江西省图书馆、湖北省图书馆、武汉图书馆、武汉大学图书馆、湖南图书馆、重庆图书馆、贵州省图书馆、云南大学图书馆、福建省图书馆、广东省立中山图书馆、中山大学图书馆。

《水利通讯特刊》—《水利特刊》（1938年）

1938年8月在重庆创刊，编辑沈百先，中国水利工程学会发行（会址在重庆适中花园纪明坊3号）。1939年2月改名为《水利特刊》。

本刊宗旨为“研究水利学术，促进水利建设，传达会员消息，介绍工程书报”。本刊刊载的文章主要介绍世界各国水利建设概况，刊登国内水道规划，报道会务消息等。

本刊为水利专业刊物，月刊。16开本，铅印。竖版，三栏。本刊没有单独的封面。1945年4月出版第六卷第二期后停刊。现保存于中国国家图书馆、中国科学院图书馆、甘肃省图书馆、南京图书馆、安徽省图书馆、湖北省图书馆、武汉大学图书馆、四川省图书馆、重庆大学图书馆。

《时与潮》+《时与潮增刊》+《时与潮副刊》+《时与潮文艺》（1938年）

1938年4月25日在汉口创刊，5月1日成立时与潮社（社址在汉口五族福星里13号），金长佑任社长兼总编辑，不久后由齐世英担任社长及总编辑。1938年8月自第一卷第五期起迁至重庆出版（社址在重庆米亭子16号，1939年迁至沙坪坝重庆大学附近），主编齐世英。本刊销量每期在15000份左右，是抗战时期大后方最畅销的刊物之一。1941年初，“皖南事变”发生后，齐世英改组《时与潮》，金长佑等人退出。《时与潮》在重庆连续出版直到抗战胜利。1946年6月16日出完第二十四卷第五期后停刊。1946年12月在上海复刊，发行人齐世英，编辑邓莲溪，时与潮社发行（社址先在上海长春路392号，后搬至上海梵五渡路618号），重庆时与潮书店分发行（地址在沙坪坝正街）。1949年2月终刊。共出版33卷。

本刊主要通过对国际国内战争形势的深入介绍和理性分析，“暴露敌人的弱点和阴谋，阐明我们不是一个孤立的民族，我们有千千万万的劳苦大众和世界上所有爱好和平的国家和人民，他们将和我们站在一条阵线共同奋斗”，并提出了一些抗日建国的合理主张，明确断言“团结”是这场战争胜利的根本。在上海复刊的《时与潮》，除了继续关注国际问题外，增多了对国内问题的评论，对国民政府的贪污腐化等问题多有批判。

本刊个别期为特刊，如第二卷第五期为“新年特大号”，第四卷第二期为“抗战建国二周年纪念号”，第四卷第五期为“民国二十八年纪念特大号”等。

1939年5月出版《时与潮增刊》，双月刊，不定期出版，64开本。其内容是将《时与潮》半月刊上的重要文章，以“增刊”的形式单独印发。1942年8月1日在重庆出《时与潮副刊》，月刊，1947年第七卷第一期起迁至上海出版，1948年12月出至第十卷第六期终刊，每卷6期，大32开本，综合性期刊。1943年3月15日出版《时与潮文艺》，双月刊，1943年9月15日第二卷第一期起改为月刊，1946年5月出至第五卷第五期终刊，第一卷出3期，第二至五卷每卷出6期，16开本，通俗性刊物，其内容以研究世界文学为主。

《时与潮》英文名称先后为*Time and Tide*、*Time & Tide*，1944年6月改为*SHI YU CHAO*直到终刊。封面上面三分之一为中英文名称及卷期，下面的部分或为形象生动的漫画，或为该期文章目录。本刊栏目在形式上有一定的版块划分，但并不严格，主要有社论、短评、专论、时与潮点滴等。

本刊在重庆出版时，经常用四川的土纸印刷，土纸薄厚不一，薄的地方字就要模糊些。但每期也会加印一定数量的白报纸本，以供收藏、装订合订本和赠阅之用。

本刊为时事评论刊物，半月刊，定于每月1日、16日出版，但初期常因战时各种限制而延期出版，直至1941年第九卷第六期始才做到严格按期出刊，极少例外。全年24期，6期为1卷。本刊不同时期开本不同，有10开本和16开本。篇幅基本保持稳定，汉口和重庆时期每期40~50页，迁上海后每期30多页。价格也随物价的波动而不同，总体来说售价不低。《时与潮》《时与潮增刊》《时与潮副刊》《时与潮文艺》现保存于中国国家图书馆、中国科学院图书馆、中国社会科学

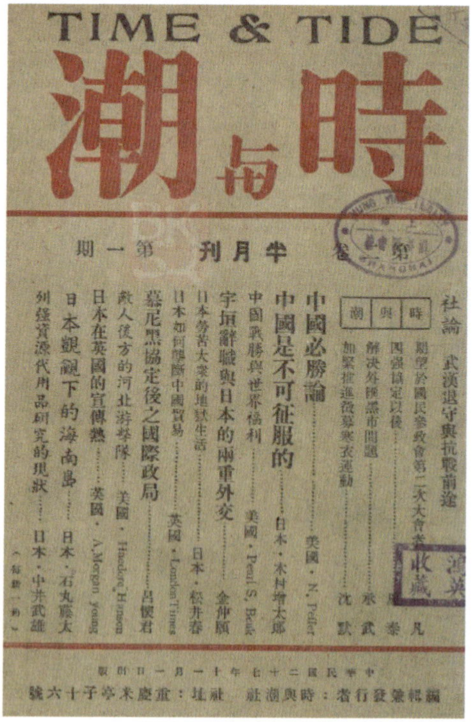

《时与潮》第二卷第一期白报纸本封面

院历史研究所资料室、中国人民大学图书馆、北京大学图书馆、清华大学图书馆、北京师范大学图书馆、南开大学图书馆、陕西省图书馆、甘肃省图书馆、辽宁省图书馆、吉林大学图书馆、吉林师范大学图书馆、上海图书馆、复旦大学图书馆、南京图书馆、南京大学图书馆、安徽省图书馆、湖北省图书馆、湖南图书馆、四川省图书馆、重庆图书馆、云南大学图书馆、桂林图书馆、广东省立中山图书馆、中山大学图书馆。

《突崛》(1938年)

1934年5月在南京创刊，南京中央政治学校附设蒙藏班（后改为蒙藏学校）的回族青年穆建业、穆成功与甘肃籍回族青年马继周、西康回族青年马俊荣、马裕恒等共同创办，首任主编穆建业。抗日战争期间，随着学校迁移，刊物先后在安徽九华山、江西庐山、湖南芷江印行。1938年8月迁至重庆界石200号，后又迁至重庆小温泉。突崛月刊社编辑发行，巴渝印刷所印刷。至1945年共出10卷120期。每年出12期为1卷。抗战胜利后，学校改称边疆学校，迁返南京。

本刊发刊词就刊物名称指出：“吾中华民族宜如何突破此危机，以突崛于此险象环生的境遇中，‘突崛’两字的联系语，别无它意”。本刊主张“唤醒中国回民，阐扬回教教义，倡导回民教育，联络回教民族”。本刊“揭露、批判民族内部极少数卖国叛教者的行径，抨击国民党推行的大汉族主义”，也刊登青海、宁夏回族军政人士的言论、主张。本刊撰稿人有穆建业、马裕恒、马祥鳞、穆成功、金式如、文远、张得善、马俊荣、金陵客人、金匀、汪沛等。

本刊受物质条件的限制，经常不能按时出版，每期出3000册均销售一空，不仅在国内各地发行，还销到世界各伊斯兰国家。本刊内容有关于回教的历史、文化、教理、教义、法律等的探讨研究，设有论坛、论著、教义、调查、叙述、转载、通讯、文艺等栏目。从第八卷第五、六期合刊起，加入“最近的回教世界”栏目。

本刊为宗教刊物，月刊。16开本，1942年改为32开本，铅印。竖版，双栏。现保存于中国国家图书馆、中国科学院图书馆、北京大学图书馆、陕西省图书馆、甘肃省图书馆、吉林大学图书馆、上海图书馆、上海科技图书馆、南京图书馆、南京大学图书馆、四川省图书馆、重庆图书馆、贵州省图书馆。

《小国民》(1938年)

1938年8月创刊，小国民出版社编行（社址在重庆大阳沟依仁小学内），何公超、黄尧、蒲敏若任编辑，生活书店总经售（地址在重庆北武库街）。

本刊旨在“鼓励儿童的抗敌工作，养成儿童的建国力量”，设有小评、歌曲、童话、童谣、儿歌、游戏、抗战卫生、抗战科学、抗战英雄故事、儿童园地、小国民信箱等栏目。其载文有《我们要回老家！》《打到日本鬼子》《老子和儿子》等。

本刊为儿童文学刊物，周刊，每逢周六出版。16开本，铅印。封面由漫画和文字组成。现保存于重庆图书馆、上海图书馆。

《中华法学杂志》(1938年)

1930年在南京创刊，南京世界学院中华法学杂志社编辑，国立北平研究院发行，谢冠生曾担任主编。1935年中华民国法学会成立后，“因复兴中华法学之热忱与《中华法学杂志》刊名相表征，杂志遂被学会归并升格为法学会会刊”，改由法学会编辑委员会（后改为出版事业委员会）编撰，但为纪念原杂志，原刊名、卷数均被保留，另从新编第一卷第一号起编，仍取月刊形式。

新编的《中华法学杂志》自1936年9月1日起改由中华民国法学会编辑委员会编辑，正中书局出版发行，卷期另起。1937年杂志在出满10期后被迫停刊，这期间曾在第一卷第五、六号策划了“中国司法制度专号”。1938年9月1日，杂志在重庆复刊，中华民国法学会编辑出版（会址在重庆太平门人和湾9号），出至第六期后再度停刊。1944年1月10日，杂志在重庆二次复刊，大东书局出版（地址在重庆林森路590号），此后运作渐入佳境。1946年迁至上海出版，中华民国法学会编辑，大东书局出版发行（地址在上海福州路310号）。到1948年10

月，共出版5卷48期。

本刊是当时具有一定影响力的法学月刊，“自发刊后，风行全国，为法界人士称颂”。本刊重在研讨法制、探究学理，对西方的法律规定、司法原则也非常关注，每期“译丛”栏目都用很大的篇幅翻译西方的法学著作和法律条文。其间曾编发“欧战后新兴与共和国宪法专号”“宪法专号”“中国司法制度专号”等。作为法学会的会刊，本刊被视为学会“同人贡献心得及研讨之枢纽，并藉以与会外交换意见之媒介”，编辑思想体现了法学会纲领的精神，除确立“研究三民主义之法学原理”“充实法制”“作法学之深邃研究”“谋法治精神之奠定”的宗旨外，尤其强调“研究三民主义之法学原理”“树立中华民国之新法系”的立场。本刊栏目有论说（阐明本会纲领并评论各项与法学有关之重要问题，专著（专载法学有关的系统的研究文本）、译述（翻译各国有价值的法学论文或资料）、判例研究、专载、本国重要法学消息或国外法学消息、书报介绍、本会会报等。每期字数约20万，前半部分多为论文，后半部分为司法及立法文件、国内外法学消息及书报介绍。本刊编辑委员会由22人组成，杨幼炯为编辑主任，为保证各期稿源充足，各组都有编辑委员专人负责，并在会外聘请专家担任撰述和编审。杂志作者由编辑委员会成员、学会内外法学家及有一定影响的知识分子组成，居正、王用宾、张知本、焦易堂、孙科、黄右昌、芮沐、吴祥、杨幼炯等都是杂志的撰稿人。

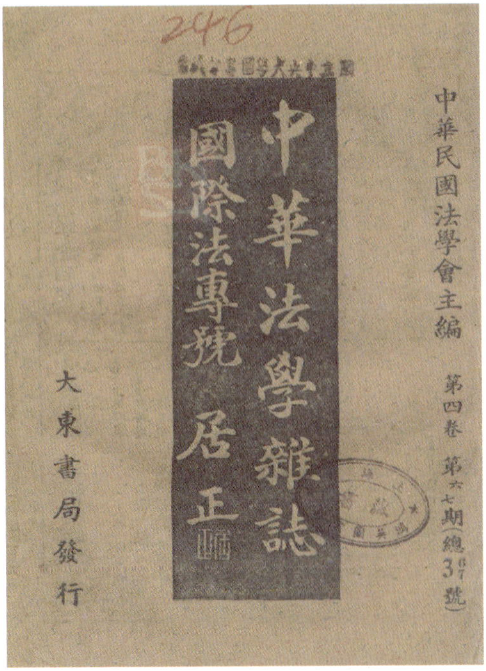

《中华法学杂志》1945 年第四卷第六、七期“国际法专号”封面

1938年本刊在重庆复刊后，为了编辑事务的正常进行，另外推选出新的负责人，同时由于局势的变化，对出版内容也做了新的调整，

“侧重抗战及抗战以后两时期的法律问题的研究”。个别分栏标题也做了更改，原来的“论说”改为“论著”，“专著”改为“专载”。1944年本刊在重庆二次复刊，在编辑委员会人事安排、组稿、出版印刷等方面做了新的尝试：以国立中央大学、西南联合大学、武汉大学、东吴大学、中央政治学校教授及立法司法部门任职者为依托组成新的编辑委员会；增加稿费，由千字一百元提高为千字二百元到三百元；加强与投稿人沟通联络，培养了相对稳定的作者群体；重视与发行部门的接洽，聘请大东书局正副总编辑梅仲协、林纪东为编辑委员，与大东书局签订出版合同，为杂志编辑工作提供很大的便利。本刊编辑方针仍然“注重抗战建国期中法治精神的发扬与法治基础的确立，以及复员后一切法律问题的探讨”。本刊还策划了专号，第三卷第五期的“宪政问题专号”，第四卷第六、七期的“国际法和国际问题专号”，第四卷第十期的“中国法治问题专号”，第五卷第二、三期的“宪法特辑”，第五卷第九、十期的“制宪专号”，主要是适应抗战后召开国民大会、建立民主国家的呼声，以及战后国际关系日益繁复、涉外问题激增的情势。

本刊为法学刊物，月刊。16开本，铅印。竖版，单栏。封面由刊名、版权项、卷期和本期目录组成，有时为横版设计，有时为竖版设计。目录页有简单的版块划分。每期页数不等，由原来的170页左右到120页再到50页左右。现保存于四川省图书馆、重庆图书馆等。

《丰都妇女》(1938年)

1938年9月8日在中共丰都临时县委领导下创办的妇女刊物，由地下党员朱泽淮主编，并吸收当时上中学的任在一、樊永惠、李琛（正英）协助工作。本刊由重庆新华日报社代为排印。

本刊希望丰都的妇女同胞，“开始认识自己的生活，认识丰都这社会，进一步认识中国与世界，了解妇女的出路与责任”，“在争取解放的途上，同心同德，携手并进。配合当前的抗日战争，发挥妇女的最大力量”。

本刊为妇女刊物，刊期不详。其他出版信息不详。保存地不详。

《时事月报》(1938 年)

1929 年 11 月创刊于南京，编辑发行者为时事月报社（社址在南京鼓楼）。1937 年 12 月 1 日在汉口出版的第十七卷第六期改为“战时半月刊”，编辑出版者为时事月报社（社址在汉口花楼街 16 号），发行印刷者为正中书局（地址在汉口花楼街 16 号）。1938 年 9 月 15 日迁至重庆出第十九卷第三、四期合刊（总 113 号），并改为月刊，地址先后在重庆储奇门羊子坝 9 号、重庆东水门石门坎 18 号、中山一路 280 号、中山一路 210 号。

本刊“以超然之态度，学术之立场，记载与研究中外大事，举凡世界政治、经济、社会科学、文化事件，无分中外，无不逐期敦请国内专家，作忠实之评述、学理之探讨，以供全国人士参考”。于右任题写刊名。专文栏目和时事新闻栏目构成了本刊的内容主体。其他还有科学漫谈、时事漫画、文艺等休闲科普性质的小栏目。此外，每期卷首几页刊登 10~30 幅铜版新闻照片，卷末几页是时事日志专栏，按日记录当月发生的较重要事件。本刊遇到重大事件也会出一些专号，专门针对某一特定时事热点问题进行报道与分析。如 1932 年第七卷第五期“特大号”，1933 年第九卷第四期“全国运动会专号”，1935 年第十三卷第五期“意阿战争专号”，1936 年第十七卷第四、五期“抗战特刊”等。

本刊为新闻时事刊物，月刊，1937 年改为半月刊。16 开本，铅印。竖版，双栏。自第一卷第一、二合期后以 6 期为 1 卷。1944 年出版第三十一卷第四期后终刊。本刊在时局纷乱的情况下连续发行时间达 15 年

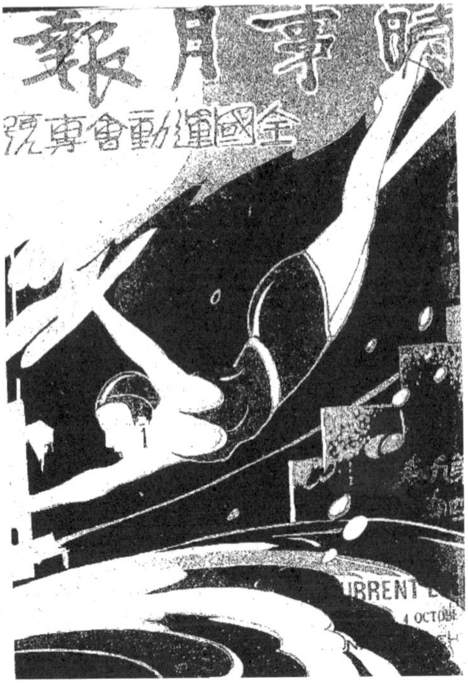

《时事月报》1933 年第九卷第四期
“全国运动会专号”封面

之久，在国内 40 余个城市设有发行点，是民国时期的大型时政类期刊。本刊创刊号多达 240 页，1937 年之后每期改为 100 页左右，印刷质量也有所下降。现保存于中国国家图书馆、中国科学院图书馆、中国人民大学图书馆、北京大学图书馆、清华大学图书馆、北京师范大学图书馆、首都图书馆、中国社会科学院世界历史研究所资料室、中共中央马克思恩格斯列宁斯大林著作编译局图书馆、南开大学图书馆、山东省图书馆、山东大学图书馆、陕西省图书馆、兰州大学图书馆、辽宁省图书馆、吉林大学图书馆、吉林师范大学图书馆、上海图书馆、复旦大学图书馆、南京图书馆、南京大学图书馆、安徽省图书馆、浙江图书馆、江西省图书馆、湖北省图书馆、武汉图书馆、武汉大学图书馆、湖南图书馆、重庆图书馆、四川大学图书馆、贵州省图书馆、云南大学图书馆、福建省图书馆、厦门大学图书馆、桂林图书馆、广东省立中山图书馆、中山大学图书馆。

《翻译与评论》（1938 年）

1938 年 9 月 20 日在重庆创刊，编辑高麟度、葛乔、吴茂荪、陈斯英等，发行人陈白蒴（发行所在上海杂志公司重庆支店，通信地址为重庆武库街 97 号）。先后由启文印书局（地址在重庆仓坝子 22 号）、重庆扫荡报社（社址在重庆小较场）印刷。

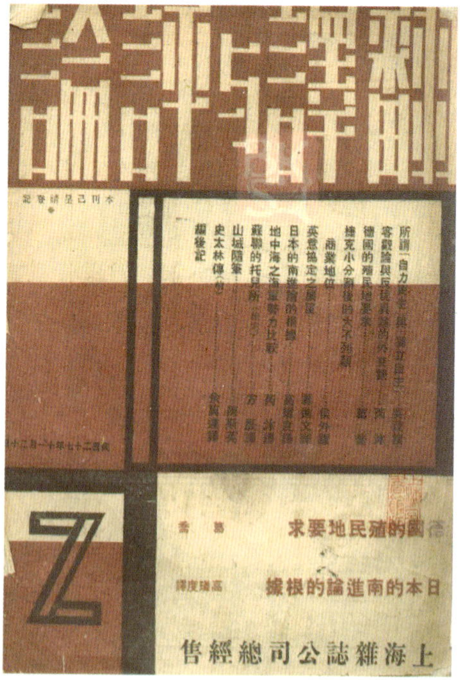

《翻译与评论》第二期封面

本刊主要发表文化、政治、国际关系、战时经济、儿童保育事业等方面的译文，还有短评、外论摘录等栏目。第一期由于印刷问题，延迟出版。第三期为日本问题特辑。第四期为文化运动特辑。本刊介绍了上海杂志公司刊行的“战地报告丛书”，还刊载了四川省银行办理商业业务及代理的广告、京华印书馆重庆分馆的承印广告。

本刊为综合性译文刊物，月刊。

由于印刷问题，后面几期延期出版。16 开本，铅印。竖版，双栏。封面由三部分组成，上部分是刊名，左下部分为空白或特辑名称，右下部分为目录。封二页为广告页。1939 年 3 月停刊，共出 4 期。现保存于北京大学图书馆、辽宁省图书馆、南京图书馆、南京大学图书馆、四川省图书馆、四川大学图书馆、重庆图书馆、桂林图书馆。

《抗到底》（1938 年）

1938 年 1 月 1 日在湖北武昌创刊，主编老向（王向辰），以“君文”的名义发行，汉口华中国书公司总经销。从 1938 年 5 月 16 日第十期起，改由何容主编，7 月 25 日出至第十三、十四期合刊后因武汉遭受日寇轰炸而休刊。1938 年 9 月 25 日迁至重庆继续出版，改由抗到底半月刊社发行，发行人王向辰，生活书店代售。

本刊“抱定不妥协、不屈服的宗旨，用抗到底的精神战胜一切困苦，取得抗战的最后胜利”。其主要内容包括组织和训练民众，分析军事上取得胜利的必要条件、抗战到底的经济基础，以及对抗战胜利前途的认识等。本刊主要撰稿人有老向、老舍、何容、冯玉祥、赵望云、苏子涵、穆木天、欧阳山、徐中玉、贾午、张申府、嵇文甫等。

本刊为抗战宣传刊物，半月刊。16 开本，铅印。竖版，双栏。封面由刊名、卷期、总理的话和本期目录组成。现保存于中国国家图书馆、重庆图书馆、上海图书馆、自贡市档案馆、甘孜藏族自治州图书馆。

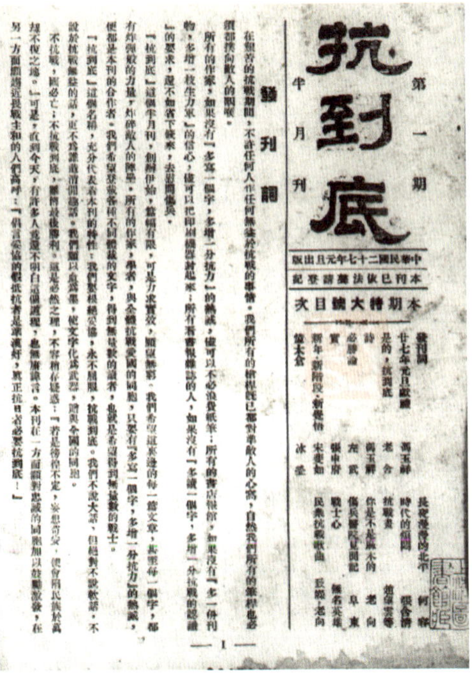
抗到底

第一期

半月刊

中華民國二十七年元旦出版

本刊已依法聲請登記

本期特大號目次

發刊詞

《抗到底》第一期封面

《黄埔》(1938年)

1938年9月在重庆创刊，黄埔周刊社编辑发行（社址在重庆周街楼11号），七七书店总经销（地址在重庆武库街78号）。

本刊主要供稿人有张彝鼎、陶希圣、邓文仪、贺衷寒、施德容、郭殿章、李国寿、温达初等，设有论述、论著、黄埔论坛、诗歌、社评、木刻、一周大事记、通讯等栏目。本刊主要介绍三民主义青年团的组织与行动，“探讨一般青年问题、抗战建国问题、科学教育问题，讨论军事学理及各种战术，分析国际形势及敌情”等。本刊为研究抗日战争时期的国内国际形势、青年问题、教育问题等提供了大量翔实的资料。其中刊有大量的军事理论以及战略战术的讨论，在军事刊物史上也占有重要的地位。

本刊为军校刊物，周刊。16开本，铅印。竖版，双栏或三栏。封面由图片和文字组成。正文部分有上边栏，第二栏与第三栏之间有细黑直线为分割线。1941年7月出版第六卷第十六期后停刊。现保存于重庆图书馆、上海图书馆。

《教与学》(1938年)

1935年7月在南京创刊，正中书局教与学月刊社编辑，正中书局发行（地址在南京太平路），正中书局印务所印刷（地址在南京童家巷）。1938年9月自第三卷第七期起迁至重庆出版，社址在重庆东水门石门坎18号。

本刊以探讨教育学术理论为主旨，主要刊登“介绍国防教育、科学教育、生产教育及其他实际教育问题的文章，还有介绍国内外教育新思潮的文章，刊登中小学及民众学校各科补充教材、某种教学法的实验及比较结果，刊登介绍各科学术演进变化、科学发明史的文章，介绍学理浅显、适合中小学教师的各科最新学说、图书评介、教学生活、文艺小品”。本刊主要撰稿人有顾颉刚、汤茂如、罗廷光、袁翰青、林贵华等，主要栏目有战教动态、教育评论、教育论著、教学法、补充教材、教育文化消息、书报评介、教育文艺等。

本刊为教学研究类刊物，月刊。16开本，铅印。竖版，双栏。封面由刊名、卷期、出版时间及本期目录组成。正文部分有上边栏和中间栏。1942年2

月出版第七卷第二期后停刊。现保存于中国国家图书馆、中国科学院图书馆、中国人民大学图书馆、清华大学图书馆、中国社会科学院世界历史研究所资料室、首都图书馆、山东省图书馆、陕西省图书馆、甘肃省图书馆、辽宁省图书馆、吉林大学图书馆、上海图书馆、上海科技图书馆、复旦大学图书馆、华东师范大学图书馆、南京图书馆、南京大学图书馆、安徽省图书馆、江西省图书馆、湖北省图书馆、武汉图书馆、武汉大学图书馆、湖南图书馆、四川省图书馆、重庆图书馆、贵州省图书馆、云南大学图书馆、福建省图书馆、厦门大学图书馆、桂林图书馆、广东省立中山图书馆。

《青年生活》(1938 年)

1938 年 9 月创刊，许晓轩编辑发行，青年生活社出版（社址在重庆售珠市 40 号楼上），生活书店总经售（地址在重庆武库街）。

本刊旨在“团结广大青年，指导青年合理生活，树立榜样，坚持抗战救国”，要求青年发扬“切实、伟大、坚强、宁静”的精神，改善自己的生活，以增强抗战力量。本刊报道前线将士的艰苦战斗生活和农民的困苦生活。黄炎培、沈钧儒、叶圣陶等曾为本刊撰稿。

本刊为青年刊物，半月刊。16 开本，铅印。竖版，三栏。本刊没有独立的封面。现保存于中国国家图书馆、甘肃省图书馆、上海图书馆、南京图书馆、四川省图书馆、重庆图书馆、云南大学图书馆、中山大学图书馆、贵州省图书馆。

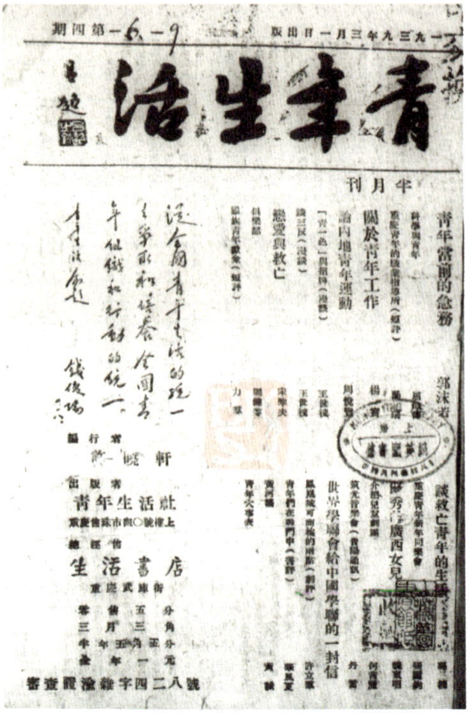
一九三九年三月一日出版
第四期
青年生活
半月刊
青年當前的急務 郭沫若
關於青年工作
論內地青年運動
戀愛與救亡
談救亡青年的生活
世界學聯會給中國學聯的一封信
編行者 許曉軒
出版者 青年生活社 重慶售珠市四〇號樓上
總經售 生活書店 重慶武庫街
零售 五分
三月 三角
半年 五角五分
全年 一元
審查證渝雜字四二八號

《青年生活》第四期封面

《大侠魂》(1938 年)

1932 年创刊于南京,其前身是 1923 年创办的《孤星》旬报。铸魂学社主办,大侠魂周刊社编辑发行。社长安若定,经理徐赤子,编辑沈涵虚、刘寿祥、徐霖、冯超如、方仲豪、蒋抱一。1938 年 1 月迁至汉口出版。同年 9 月第七卷第一期起改迁至重庆出版,卷期续前,地址先在重庆五福街五福里 29 号,后迁至上清寺中山四路 114 号、川东师范校内。

本刊“以提倡读书风气,鼓吹尚武精神,发挥大侠魂真理,主持正义人道,排除民族偷惰气质,贯彻救国救世人生观为宗旨”。搬迁至汉口后宗旨改为“发扬三民主义精神,指导抗敌救亡路线,研究抗战实际工作,分析时事问题”。本刊设有时评、论文、抗敌文艺、漫画、照片、通讯等栏目。本刊以白话文为主,其内容包括有关“革命理论之阐发研究,社会政治之实际问题之讨论批评,各国富强文化之因果本末”等。

本刊为社会科学综合性刊物,半月刊,自第六卷第一期起改为周刊,每逢周六出版,但经常未准时出版。16 开本,铅印。本刊没有独立的封面。1941 年出版第十卷第三期后停刊。现保存于北京大学图书馆、清华大学图书馆、中国社会科学院世界历史研究所资料室、陕西省图书馆、上海图书馆、上海科技图书馆、复旦大学图书馆、南京图书馆、南京大学图书馆、安徽省图书馆、江西省图书馆、湖北省图书馆、湖南图书馆、四川省图书馆、四川大学图书馆、重庆图书馆、福建省图书馆、厦门大学图书馆。

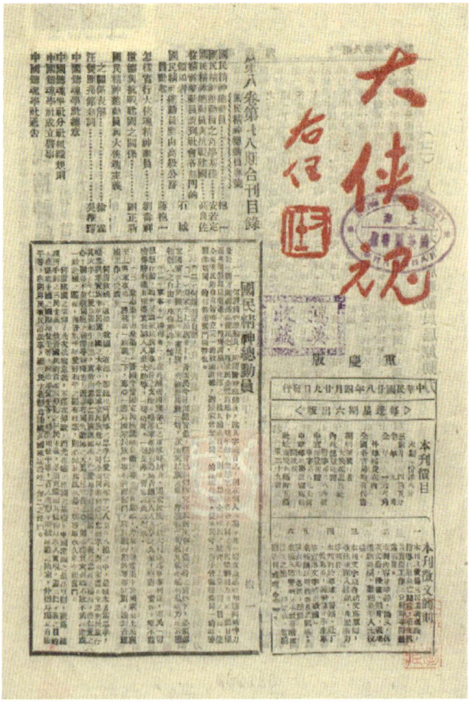
大侠魂
第八卷第七八期合刊目錄
國民精神總動員
重慶版

《大侠魂》第八卷第七、八期封面

《国魂》(1938 年)

1938 年 2 月 28 日在武昌创刊，国魂旬刊社编辑发行。同年 8 月迁至重庆出版（社址在重庆临江门大井巷 1 号）。1939 年因日机轰炸，社址于 1939 年 7 月迁至枣子岚垭 78 号。社长陈石泉。

本刊主张以“文武合一”来“复苏中国的国魂，并开展战时政治、经济、文化、教育等方面的政策研究”，分析报道国际形势，载有张冲的《西行杂记》(记访苏观感)，曾出版“中国制宪过程特辑”（第五十期）。本刊撰稿人有潘公展、胡秋原、陶希圣等。

本刊为综合类刊物，旬刊。16 开本，铅印。竖版，三栏。本刊没有独立的封面。正文部分有上边栏。约 1941 年停刊，共出 53 期。现保存于中国国家图书馆、上海图书馆、复旦大学图书馆、南京图书馆、南京大学图书馆、湖北省图书馆、重庆图书馆、四川省图书馆、四川大学图书馆。

國魂

發刊詞

——堅强信心和澈底自覺——

《国魂》创刊号封面

《经世》—《经世战时特刊》(1938 年)

1937 年 1 月在南京创刊，经世半月刊社编辑发行，1937 年 8 月出至第二卷第二期停刊。1937 年 10 月在开封复刊，改称《经世战时特刊》，期数另起，范文澜主编，社址在开封龙虎街 12 号。1938 年 1 月迁至汉口，杨兆龙、余协中主编。1938 年 9 月 1 日迁至重庆出版，社址为重庆北碚庐山路 2 号。1939 年 10 月第四十八期起因印刷关系改为季刊，卷期另起，出至第一卷第三期。1940 年 4 月

1 日第一卷第四期迁至成都出版，社长萧一山，主编顾颉刚、张维华，编辑王捷三、王文山。第二卷第三期主编为高享、张维华。1944 年 9 月第三卷第一期复迁至重庆出版。1945 年 3 月停刊。

本刊以刊登符合“经世致用”宗旨之文稿为初衷，载有《民族主义与国际现势》《王船山的经世思想》《科学化的中国文学》等文章。其内容侧重于对国内外战时政治、经济、教育、军事局势的分析与报道。本刊主要撰稿人有张师亮、李孟达、祝世康、张卫滨、周焕、范文澜、千家驹、黎锦熙等，栏目有时事评述、史料研究、社会漫谈等。

本刊为综合性社科刊物，先为半月刊，逢 1 日、16 日出版；1940 年 6 月改为季刊；1945 年 3 月又改为月刊。16 开本，铅印。竖版，双栏。封面由刊名、出版项及本期目录组成。现保存于中国国家图书馆、中国科学院图书馆、中国人民大学图书馆、北京大学图书馆、清华大学图书馆、北京师范大学图书馆、中国社会科学院近代史研究所资料室、南开大学图书馆、陕西省图书馆、甘肃省图书馆、辽宁省图书馆、吉林大学图书馆、上海图书馆、复旦大学图书馆、南京图书馆、南京大学图书馆、安徽省图书馆、江西省图书馆、武汉大学图书馆、四川省图书馆、四川大学图书馆、重庆图书馆、湖南图书馆、厦门大学图书馆、桂林图书馆、广东省立中山图书馆。

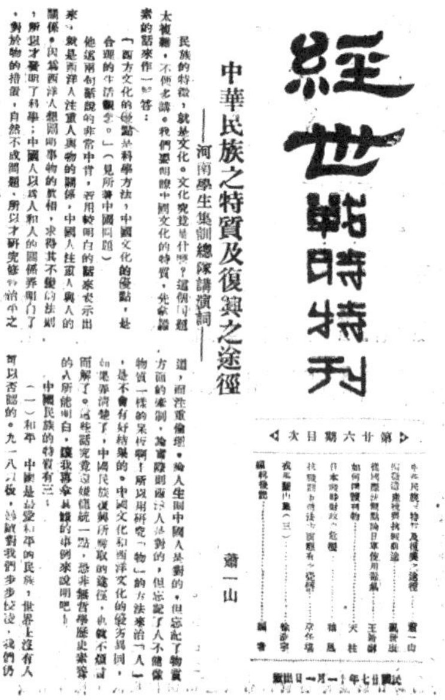
經世戰時特刊

中華民族之特質及復興之途徑
——河南學生集訓總隊講演詞——
蕭一山

◁第廿六期目次▷

民國廿七年十一月一日出版

《经世战时特刊》第二十六期封面

《戏剧新闻》(1938 年)

1938 年 5 月 15 日在汉口创刊，戏剧新闻编辑部编辑发行（地址在汉口中山路永康里 20 号）。同年 9 月迁至重庆续出第六期，中华全国戏剧界抗敌协会主办，编辑吴漱予（通信处为重庆售珠市 36 号收转）。

本刊是当时关于抗战戏剧的新闻报道性刊物，其宗旨是“扩大抗战戏剧的活动，对各地的戏剧活动进行及时报道与追踪，以各地戏剧活动中的实际经验促进中国戏剧的发展与繁荣”。本刊就抗战时期各地戏剧活动所进行的一些讨论，对于促进抗战时期中国戏剧的发展与繁荣起到过积极的作用。本刊主要撰稿人都是戏剧界各方面的专家，有洪深、宋之的、董每戡、刘念渠、余上沅、齐鲁山等。其他曾在本刊发表过文章的作者还有常任侠、阳翰笙、田汉、老舍等。本刊迁渝后，“为了使今后的戏剧运动对现阶段的抗战有更大的帮助和支持力，在内容上，较以前稍有改革”，设有论坛、论文、技术讲话、剧本选载、戏剧通讯、报告等栏目。

本刊为中华全国戏剧界抗敌协会机关刊物，戏剧刊物，周刊，每逢周日出版。迁渝后因印刷困难改为半月刊，每月 10 日、25 日出版。16 开本，铅印。竖版，双栏。1939 年 1 月 10 日出第八、九期合刊后停刊，共出 9 期。现保存于吉林大学图书馆、南京大学图书馆、四川省图书馆、重庆图书馆。

《戏剧新闻》第六期封面

《中华农学会报》（1938 年）

《中华农学会报》是中华农学会会刊。前身为《中华农学会丛刊》，后曾改名为《中华农林会报》《中华农学会报》。1917 年 1 月，留学回国的农学家王舜臣、陈嵘等发起成立中华农学会，公推张謇为名誉会长，陈嵘被选为第一届会长（任期为 1917—1922 年）。该会宗旨是“研究学术，图农业之发挥；普及知识，求农事之改进”。

本刊于 1918 年在上海创刊，中华农学会编辑（地址在上海金神父路 424 号），华丰印刷铸字所印刷（地址在上海浙江路 341 号）。1929 年 10 月第七十一期后移至南京出版，中华农学会事务所发行（地址先后在南京花牌楼 69 号、南京鼓楼保泰街 15 号、南京鼓楼双龙巷 14 号），先后由华丰印书馆和京华印书馆印刷，武昌、北京、安庆商务印书馆分馆分售。1937 年 8 月出版第一百六十三期后停刊。抗战爆发后，本刊随中华农学会西迁，会址先后在重庆国立中央大学农学院、重庆中华路 121 号、枣子岚垭 104 号。1938 年 9 月第一百六十四期在重庆复刊，1938 年 10 月第一百六十五期起于重庆续出，改用土纸，先后由南京京华印书馆重庆分馆（地址在重庆打铜街 38 号）和重庆印刷厂（地址在重庆枣子岚垭 1 号）印刷。1947 年第一百八十四期起，本刊又随中华农学会迁回南京（会址在南京鼓楼双龙巷 14 号），中国印刷厂印刷（地址在南京林森路估衣廊 39–41 号）。1948 年底，出至第一百九十期终刊。

《中华农学会报》第三十七期封面

本刊旨在“联络同志，研究农学，革新农业状态，改良农村组织，以贯彻民生主义”。本刊内容包括农业通论、农业经济、作物、森林、园艺、畜牧兽医、蚕桑、水产、农业化学、农业工学（垦殖、水利、农具及农业工程）、病虫害、农业教育、农林调查统计及杂著等。

1937 年《中华农学会报》出至第一百五十五期时，曾汇编目录索引一册。卷首为梁希所撰《弁言》。本刊编辑者除梁希之外，先后有陈嵘、胡昌炽、陈植、沈宗瀚、蒋涤旧、陈鸿佑等，尤以陈嵘的文章最多。

《中华农学会报》之外，又于 1940 年起在重庆编印《中华农学会通讯》，由吴觉农负责，24 开本，每期 15 页左右，内容主要是“沟通会员之间的信息，介绍学会的业务活动，报道国外农业科学动态”等。至 1947 年以第八十二期告终，保存了一些当时的资料。

本刊为农业刊物，是当时中国最权威的农业学术期刊，月刊。大 24 开本，铅印。竖版，单栏，1928 年改为横版。本刊虽为月刊，实则平均每年仅出版 6 期，平均每期 100 页。封面信息由中英文刊名及出版时间、发行者信息组成，后期封面信息增加了本期目录。中文刊名时为宋体，时为隶书。封面自始至终简单大方，无装饰。正文无边栏。现保存于中国国家图书馆、重庆图书馆、上海图书馆、四川省图书馆等。

《中央周刊》（1938 年）

1938 年 7 月在湖南长沙创刊，中央周刊社编辑发行。1938 年 9 月第一卷第五期迁至重庆出版。1946 年迁至南京，中央周刊社发行（社址在南京相府营 12 号），主编张文伯。后相继出版有西安版、桂林版、甘肃版、金华版、韶关版及海外版和江西航空版等。

本刊标榜为“阐扬国民党主张，传述国民党中央旨意，以研究国内外政治、经济、文化、教育等为使命，专载国民党中央法令、规章及政府施政方案，分析抗战局势，提倡抗战建国，发展以三民主义为中心的各种社会科学”。本刊设有评论、专著、一周大事、转载等栏目。

本刊为国民党中央机关刊物，周刊，每逢周四出版。16 开本，铅印。竖版，单栏、双栏、三栏或者四栏不定。1948 年 1 月出版第十卷第四十六期后停刊。现保存于重庆图书馆、上海图书馆、四川大学图书馆、甘孜藏族自治州图书馆、自贡市档案馆、绵阳市档案馆等。

《怒潮》(1938 年)

1938 年 10 月 1 日创刊，编辑者怒潮季刊社编辑委员会、重庆沙坪坝南渝中学怒潮剧社，主编符家钦、郑玲才，编辑委员王万钧、魏炳堃、石坚白、周昌胤，美术设计吴敬桓。

本刊内容为关于抗战的戏剧理论、剧本、戏剧团体介绍、救亡演剧通讯等。

本刊为戏剧刊物，不定期刊。16 开本，铅印。现保存于四川大学图书馆、上海图书馆、吉林大学图书馆。

《再生》(1938 年)

1932 年 5 月 20 日在北平发行，张君劢任主编，主要撰稿人有张君劢、张东荪、胡石青、诸青来、牟宗三、梁实秋等。编辑发行者再生杂志社（社址在北平宣内大街甲 92 号，1933 年第二卷第一期时迁到北平四城石板房 23 号），北平神州国光社总代售。后迁至武汉。

1938 年 10 月 1 日迁渝出版，期号另起，发行人张启明，再生周刊社编辑（通信地址为重庆中山四路 15 号转，1939 年社址迁到黉学街 10 号，1940 年再迁到重庆曾家岩 45 号，1943 年迁往汪山丁家坡 20 号），中国图书杂志公司总经售（地址在重庆黉学街 10 号）。1946 年 3 月迁至上海，发行所为再生社（地址在上海福州路 384 弄 9 号 3 楼），均益联合印刷公司承印。1948 年再生社迁到上海愚园路 749 弄 31 号，同时出有广州版。1949 年 4 月终刊。

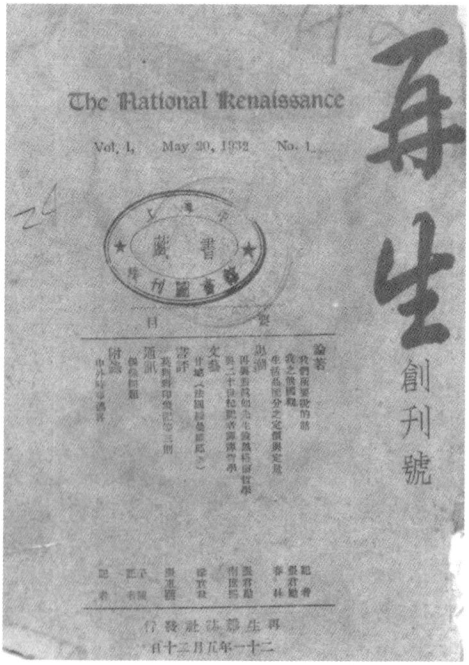

《再生》创刊号封面

本刊是国家社会党的机关刊物，20 世纪 30 年代《再生》与《独立评论》一起构成了自由知识分子的主要话语阵地，宣传国家社会党的政治纲领和主张。月刊，每月 20 日出版发行。1937 年 3 月改为半月刊，每月 15 日发行。1938 年 10 月改为周刊，1940 年又改为旬刊，每月逢 10 日、20 日、30 日发行。1946 年 3 月，再改为周刊，每逢周六出版。1948 年其广州版以半月刊形式发行。16 开本。本刊封面有三种样式，以文字为主，包含刊名、卷期、出版项及本期目录，均无图片。现保存于中国国家图书馆、中国科学院图书馆、中国人民大学图书馆、北京大学图书馆、清华大学图书馆、中国社会科学院世界历史研究所资料室、中共中央马克思恩格斯列宁斯大林著作编译局图书馆、南开大学图书馆、山东省图书馆、山东大学图书馆、甘肃省图书馆、陕西省图书馆、辽宁省图书馆、吉林大学图书馆、上海图书馆、复旦大学图书馆、华东师范大学图书馆、南京图书馆、南京大学图书馆、安徽省图书馆、浙江图书馆、江西省图书馆、湖北省图书馆、武汉图书馆、武汉大学图书馆、湖南图书馆、四川省图书馆、四川大学图书馆、重庆图书馆、贵州省图书馆、云南大学图书馆、福建省图书馆、桂林图书馆、广东省立中山图书馆、中山大学图书馆。

《现代警察》（1938 年）

1933 年夏创刊于南京。1938 年 10 月 10 日第三卷第四期在重庆复刊，现代警察社编辑出版（社址在重庆新市区中山一路 384 号）。发行人、主任编辑刘垚，编辑姜冕周、吴锦涛等 28 人。1939 年 1 月 15 日出版第四卷第一期后停刊。1944 年 12 月复刊第四卷第二期，编辑、发行者为现代警察社，代表人为祝维平、陈怀京，南方印刷书馆印刷（地址在重庆民权路 37 号）。

本刊《复刊词》中称，本刊为“警高毕业的一部分同学所组织”，“站在三民主义的立场，研究警察学术，促进警政之改良，探讨警察实际问题，沟通警察界思想”，设有论著、译述、特载、述要、调查、法规等栏目。

本刊为警务刊物，季刊。16 开本，铅印。竖版，单栏。封面由刊名、出版项、卷期组成。现保存于四川大学图书馆、上海图书馆、重庆图书馆。

《前途》（1938年）

1933年1月创刊于上海，前途杂志社编辑发行（社址在棋盘街宝善里5号），先后由福州国光社、宏文印刷所、太平洋印刷所印刷，上海新生命书局总代售。1936年1月迁至汉口出版（社址在汉口民生路街口），扫荡报工务课印刷。1936年9月16日第四卷第九期迁至南京出版，编辑发行者前途杂志社（社址在南京复成仓2号），南京印刷公司印刷（地址在南京成贤街66号）。1937年第五卷第三期社址迁往南京傅厚岗63号，开元印书馆印刷（地址在南京洪武路283号）。1938年4月5日迁至武昌出版第六卷第十期，编辑发行处在武昌涵三宫56号，汉口战门书报社、汉口华中图书公司、武昌拔提书店总经售，全国各大书坊代售。1938年10月15日第六卷第二十三期起迁至重庆出版，前途杂志社编辑发行（通信处为重庆武库街78号，后迁至中山一路嘉庐4号），正中书局杂志推广所总经售（地址在重庆中一路280号），全国各大书局代售。终刊号是1939年3月5日出版的第七卷第八期。

本刊设有论说、研究、介绍、译述、文艺、通信等栏目。在本刊出刊期间，其内容几乎涉及了1933—1939年所有的国内外重大事件，对当时入侵中国的日本的行动介绍得尤为详细。

本刊为社科类刊物，月刊，每月1日出版，每期160页左右，特大号为200页左右。1938年第六卷第十期改为旬刊，每月5日、15日、25日出版，每期20页左右。16开本。封面由上下两部分组成，上半部分为刊名及卷期信息，下半部分为本期要目。目录页有版块划分，最上方以图画作为上边栏，栏目字体醒目。现保

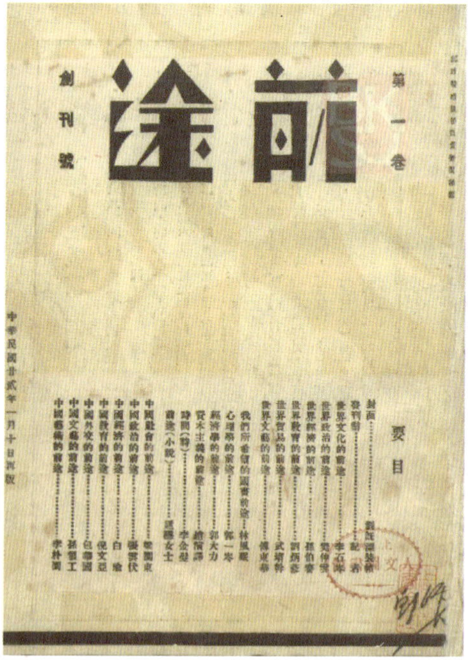

《前途》1933年创刊号封面

存于中国国家图书馆、中国科学院图书馆、北京大学图书馆、清华大学图书馆、首都图书馆、中国社会科学院世界历史研究所资料室、中共中央马克思恩格斯列宁斯大林著作编译局图书馆、南开大学图书馆、甘肃省图书馆、陕西省图书馆、大连图书馆、吉林大学图书馆、吉林师范大学图书馆、上海图书馆、复旦大学图书馆、华东师范大学图书馆、南京图书馆、南京大学图书馆、安徽省图书馆、浙江图书馆、江西省图书馆、湖北省图书馆、武汉图书馆、武汉大学图书馆、湖南图书馆、四川省图书馆、重庆图书馆、贵州省图书馆、云南省图书馆、云南大学图书馆、福建省图书馆、厦门大学图书馆、桂林图书馆、广东省立中山图书馆、中山大学图书馆。

《海潮音》(1938 年)

"海潮音"是取"人海思潮中之觉音"之意。所谓"海",就是指人间共有宇宙而言;所谓"潮",就是指人海中之思潮;所谓"音",就是指人海思潮中之觉音。其前身是《觉社丛书》。1918 年,太虚大师与陈元白、章太炎等人在上海创设觉社,主编《觉社丛书》(季刊)。1920 年 1 月第五期后在杭州改名为《海潮音》(月刊),编辑室净梵院,印刷与发行在上海。后来编辑与出版发行地址不断变动。

抗战爆发后,海潮音编辑部一再迁移,先后迁徙到衡阳、贵阳,1938 年 10 月 15 日在重庆出第十九卷第十期(地址在重庆罗汉寺),印刷者为励记启文印刷局(地址在重庆后伺坡苍坝子 26 号)。从第二十卷第三期起迁到昆明出版,交由尘空负责编辑及印发事宜,昆明朝报馆临时代印。第二十一卷起复迁重庆(地址在重庆北碚缙云寺),由法舫主编。1941 年 7 月,法舫法师奉太虚大师命赴印度留学,《海潮音》改由福善主编。1943 年 1 月,福善把原在北碚缙云寺发行的《海潮音》迁往成都大慈寺编辑发行。其后,本刊编辑部又多次迁移,于 1944 年底迁回重庆,地址在打铁街长安寺太虚大师寓所。1945 年 1 月自第二十六卷第一期起在渝继续出版。抗战胜利后迁至南京,1949 年 7 月终刊。

本刊设有佛学通论、佛教讲坛、佛学史料、学术讲座、法海业谈、学业僧文集、佛教春秋等专栏，内容包括建设理论学说、学说探讨、时政解读等，经常刊登连载一些学术前沿动态，如理论著作、演讲稿、学术论文等。本刊还登载一些借鉴西方新思潮对佛学进行的解读，如《佛教的唯物论》《唯识学与科学》《妇女学佛缘起》，参考了西方哲学、近代科学、女权主义等新元素。本刊的言论栏目，明显贯彻了太虚“人间佛教”的理论，积极向世俗靠拢。杂记类栏目，包括艺林、法苑艺林、诗林、雅园、众传等栏目，刊登僧俗的文艺作品，包括诗歌、小说、游记等。

本刊每季的第 1 个月附出增刊一种。第一季增刊是《佛教年鉴》，第二季增刊是《法海文澜》，第三季增刊是《禅苑诗藻》，第四季增刊是《觉社星讯》。本刊载佛学书籍及杂志广告，并且定期登载本刊每月的收支报告。

本刊作为民国时期影响最大、内容最丰富、连载时间最长的刊物，具体而鲜明地反映了当时佛教社会化、群众化情况，兼容佛教众多流派，兼收中西潮的多元化内容，增强了刊物在社会各群体中的影响力，是民国时期佛教世俗化的一个重要体现，是佛教界试图调和现代化变革和佛教发展的一次尝试。

本刊为宗教刊物，月刊，每月 21 日出版，后改为每月 15 日出版，每期约 120 页，抗战爆发后每期约 60 页。从 1920 年创刊之日起，连续发行至第三十卷第九期。16 开本，竖版。封面有简单的设计：上面部分是和平鸽衔着一个铃铛的图案，寓意和平；中间部分为刊名及卷期；下面部分为发行项。目录页上方有《华严经》名句，下方栏目有明显区分。正文中用图片显著划分栏目。现保存于中国国家图书馆、中国人民大学图书馆、北京大学图书馆、清华大学图书馆、首都图书馆、中国社会科学院世界历史研究所资料室、南开大学图书馆、陕西省图书馆、甘肃省图书馆、吉林大学图书馆、上海图书馆、复旦大学图书馆、南京图书馆、南京大学图书馆、浙江图书馆、湖北省图书馆、武汉图书馆、四川省图书馆、甘孜藏族自治州图书馆、重庆图书馆、云南大学图书馆、厦门大学图书馆、桂林图书馆、广东省立中山图书馆。

《新闻记者》(1938 年)

《新闻记者》是中国青年新闻记者学会（简称“青记”）会刊。1938 年 3 月 30 日该学会由范长江、陈农非（同生）、恽逸群等人发起组建，在武汉成立，是中国共产党领导的抗日民族统一战线组织，以团结广大青年新闻记者、促进抗日宣传为目的，在抗战时期影响较大。

1938 年 4 月 1 日本刊在汉口创办，编辑者中国青年新闻记者学会学术组，发行者中国青年新闻记者学会，总经售生活书店（通信处为汉口华商街济世总里 2 号），中外印刷所印刷（地址在汉口府东四路 28 号）。1938 年 10 月 15 日迁至重庆续出第六、七期合刊，地址在左营街 58 号。1941 年 3 月停刊。

本刊宗旨是“研究新闻学和新闻业务的园地，传播国内外新闻界信息，交流经验，提高青年记者的业务能力和理论水平”。本刊分短评、论著、通讯、会员生活散记等栏目。

本刊为新闻工作者刊物，月刊。16 开本，铅印。竖版，双栏。封面由两部分组成：上面部分为刊名及出版单位；下面部分为一整幅图片，图片右边为卷期，最下方为出版时间及卷期。目录页有简单的版块划分。每期约 30 页。现保存于中国国家图书馆、四川省图书馆、重庆图书馆、南京图书馆、南京大学图书馆等。

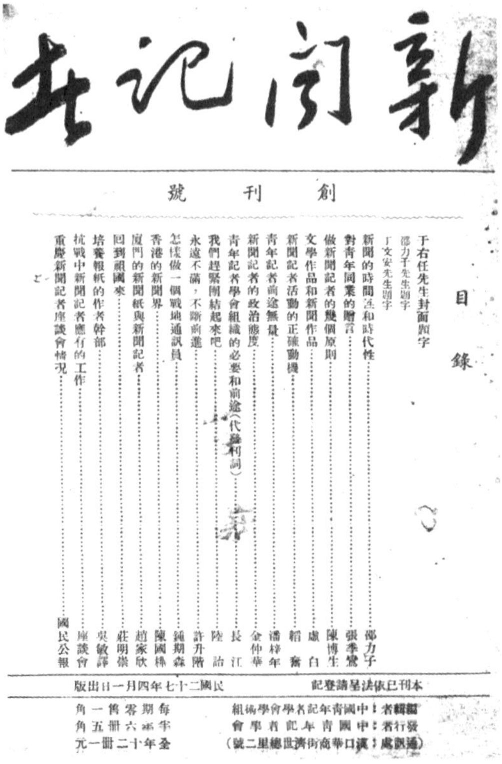
新聞記者

創刊號

目錄

本刊已依法呈請登記
民國二十七年四月一日出版
編輯者：中國青年記者學會學術組
發行者：中國青年記者學會
（通訊處：漢口華商街濟世總里二號）
每期零售一角
半年六冊五角
全年十二冊一元

《新闻记者》创刊号目录页

《边声》(1938 年)

1938 年 6 月 15 日创刊于湖南芷江，编辑者曹树勋，发行人吴铸人，发行所边声月刊社（社址在湖南芷江中央政校附设蒙藏学校），维新印刷公司印刷，边声月刊社代售。同年 10 月迁往重庆，曹树勋主编，编辑者边声月刊社（社址在四川巴县界石乡蒙藏学校），巴蜀印刷社印刷，重庆华中图书公司总经销。

本刊为抗战初期创办的旨在研究边疆社会发展及民族问题的专门刊物。本刊设有边事专论、边情纪述、时事论著、中外大事述评、连续消息汇志、杂俎、文艺等栏目。

本刊为边疆建设刊物，月刊。16 开本，铅印。竖版，单栏。目录页有简单的版块划分，并且有图片样式的上边栏。正文部分有上下边栏，专栏用明显的图片区分。本刊为增加读者兴趣，从第二期起，在目录页后面刊印各种关于边疆生活、人物、风景的边情照片。仅见 3 期。1938 年 11 月停刊。现保存于中国国家图书馆、甘肃省图书馆、上海图书馆、复旦大学图书馆、南京大学图书馆、安徽省图书馆、湖南图书馆、四川省图书馆、重庆图书馆。

《弹花》(1938 年)

1938 年 3 月 15 日在武汉正式出版,赵清阁主编,华中图书公司出版发行(地址在汉口湖北街汉澜里 11 号)。本刊刊名“弹花”寓意“抗战的子弹，开出胜利的花”，宗旨是宣传抗战。本刊在武汉出版了 5 期。1938 年 10 月 30 日,《弹花》第二卷第一期在重庆出版，发行地址在重庆武库街 7 号，后迁至美专校街 8 号隔壁楼上，再迁至北温泉公园琴庐 4 号。本刊在重庆勉强出了 5 期，改由赵清阁自办,正中书局总经售。复刊后,本刊陆续出版了 9 期,但经营愈发艰难。1941 年出版第三卷第八期后停刊。

从 1938 年在武汉创刊到 1941 年在重庆停刊，本刊出版了 19 期，每期一般刊登 15 篇左右的作品，体裁形式多样，发表了不少有影响力的作品，包括理论、小说、戏剧、散文、诗歌、随笔、报告文学、战地通讯以及外国文学、木刻、漫画等。

本刊为文学刊物，先为月刊，后改为双月刊。16 开本。竖版，三栏。封面由刊名、本期目录、发行者或一幅图画组成。目录页没有明显的版块划分。现保存于中国国家图书馆、重庆图书馆、四川省图书馆、自贡市档案馆。

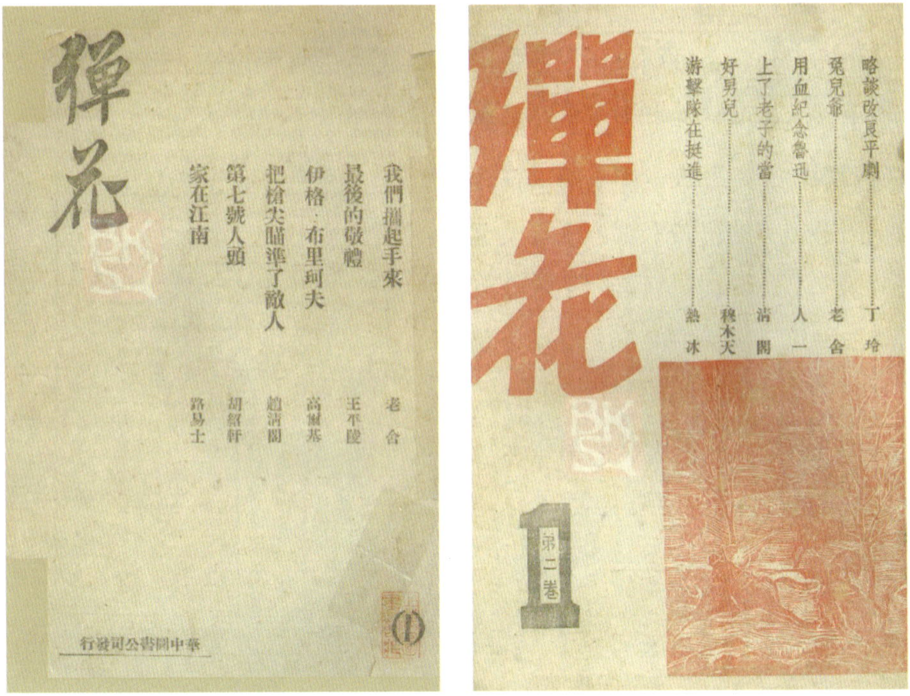

《弹花》创刊号封面和迁渝后第二卷第一期封面

《地质论评》(1938 年)

1936 年 2 月在北平创刊，中国地质学会编辑，总发行部为北平西城兵马司 9 号地质图书馆。1937 年迁至长沙，通信地址为长沙长黎家坡 33 号。1938 年 10 月迁至重庆出版，续出第三卷第五期，通信地址为重庆小樑子复兴观巷 5 号。1951 年终刊。

本刊“刊载会员平时调查研究之所得及每届年会与常会宣读之论文”。其内容“包罗地质学术之全部，间亦略及其相关科学，如矿冶、考古诸问题”。本刊栏目有论著、书报述评、地质界消息。

本刊为地质学术刊物，双月刊。16开本，铅印。横版。封面由刊名、出版项组成。现保存于中国国家图书馆、中国科学院图书馆、中国人民大学图书馆、清华大学图书馆、北京大学图书馆、中国社会科学院近代史研究所资料室、南开大学图书馆、吉林大学图书馆、上海图书馆、复旦大学图书馆、上海科技图书馆、华东师范大学图书馆、南京图书馆、南京大学图书馆、四川省图书馆、重庆图书馆、云南省图书馆、云南大学图书馆、福建省图书馆、中山大学图书馆。

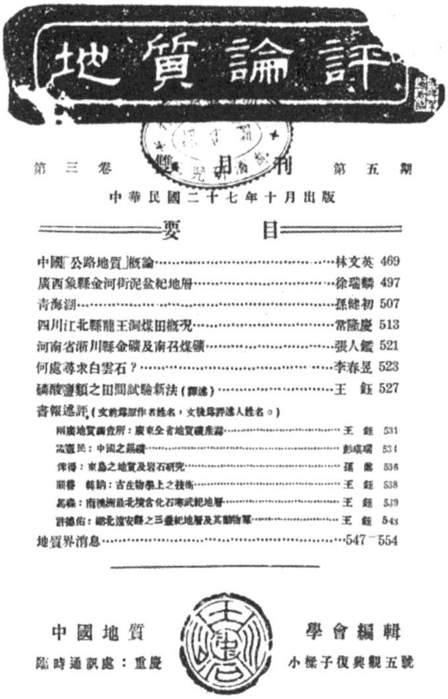
地質論評

第三卷　雙月刊　第五期

中華民國二十七年十月出版

要目

中國「公路地質」概論……林文英 469
廣西象縣金河街泥盆紀地層……徐瑞麟 497
青海湖……孫健初 507
四川江北縣龍王洞煤田概況……常隆慶 513
河南省淅川縣金礦及南召煤礦……張人鑑 521
何處尋求白雲石？……李春昱 523
磷酸鹽類之田間試驗新法（譯述）……王鈺 527
書報述評（文前為原作者姓名，文後為評述人姓名。）
兩廣地質調查所：廣東全省地質礦產誌……王鈺 531
[illegible]：中國之錫礦……彭琪瑞 534
[illegible]：東島之地質及岩石研究……孫鑫 536
[illegible] 韓納：古生物學上之技術……王鈺 538
[illegible]：南澳洲最北境含化石寒武紀地層……王鈺 539
許德佑：湖北遠安縣之三疊紀地層及其動物羣……王鈺 543
地質界消息……547—554

中國地質學會編輯
臨時通訊處：重慶小樑子復興觀五號

《地质论评》渝版第三卷第五期封面

《国论》(1938年)

1935年7月20日创刊于上海，国论月刊社发行（社址在上海赫德路赵家桥全秦坊11号），均益利国联合印刷公司印刷。常燕生编辑，第二卷第七期起由陈启天编辑，1937年6月停刊。1938年2月迁至成都出版，卷期另起。1938年10月迁至重庆出版（社址在重庆来龙巷7号），出版至1939年4月第十九期。1940年1月迁回成都复刊，卷期另起。1945年7月出第四卷第十期后停刊。

本刊主要发表政治、思想、经济、教育、国防等方面的论著和评论，探讨中国的国防和经济建设问题，研究国际政治和国际关系，介绍国外的国防建设及科学理论，并刊有文艺作品。本刊主要撰稿人为季子、李璜、常燕生、余家菊、陶元珍、华生、林时懋、丁谛等，设有论坛、短评、讲演、书评、文艺、国际事情、时代文献等栏目。

本刊为综合性刊物，月刊，1938年2月改为周刊，1940年1月又改为半月刊。竖版，单栏。封面由刊名、卷期、本期要目组成。目录页以图片为上边栏。正文部分有上边栏。现保存于中国国家图书馆、中国人民大学图书馆、北京大学图书馆、清华大学图书馆、首都图书馆、南开大学图书馆、陕西省图书馆、甘肃省图书馆、上海图书馆、复旦大学图书馆、南京图书馆、南京大学图书馆、安徽省图书馆、江西省图书馆、武汉大学图书馆、重庆图书馆、四川省图书馆、四川大学图书馆、湖南图书馆、贵州省图书馆、福建省图书馆、厦门大学图书馆。

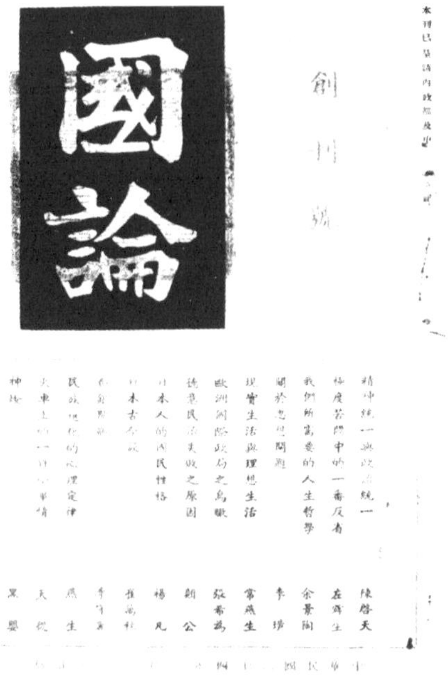

《国论》创刊号封面

《民族诗坛》(1938 年)

1938年5月在汉口创刊，于右任创办，主编卢冀野，发行人项学儒，独立出版社印行，正中书局总经售（地址在汉口花楼街16号）。1938年10月迁至重庆出版，通信地址为重庆米花街20号，发行地址在重庆石门坎18号。

本刊主要撰稿人有于右任、卢冀野、易君左、钱少华、王陆一等，曾琦、曾小鲁、陈家庆等也多有投稿。本刊内容包括诗录、词录、曲录、新体诗录、诗坛消息、诗评，以及有关诗词

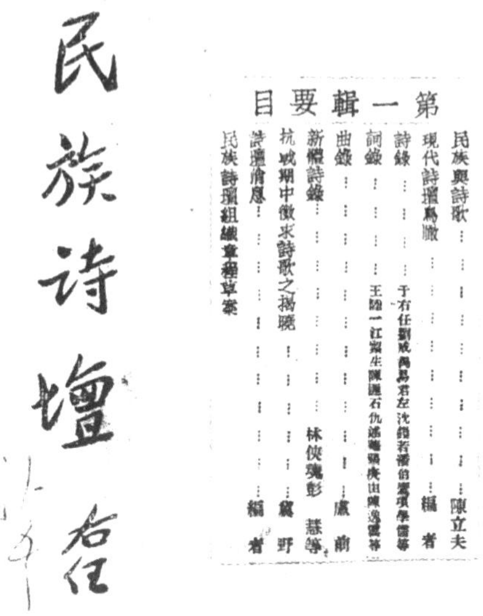

《民族诗坛》创刊号封面

发展历史及现状的理论文章。

本刊为文艺刊物，月刊。6 册为 1 卷。竖版，双栏。封面由刊名、卷期及本期目录组成。1945 年 12 月停刊，共出版 5 卷 29 册。现保存于陕西省图书馆、甘肃省图书馆、吉林大学图书馆、上海图书馆、复旦大学图书馆、南京图书馆、南京大学图书馆、安徽省图书馆、武汉大学图书馆、四川省图书馆、四川大学图书馆、重庆图书馆、贵州省图书馆、厦门大学图书馆、广东省立中山图书馆、中山大学图书馆。

《全民抗战》(1938 年)

1938 年 7 月 7 日在汉口创刊，由《抗战》三日刊和《全民周刊》合并，定名为《全民抗战》。社长沈钧儒，发行人李公朴，主编柳湜，编委有李公朴、钱俊瑞、柳湜、张志让、张仲实、王昆仑、张申府等。全民抗战社发行（地址在汉口交通路 63 号），生活书店总经售。1938 年 10 月迁至重庆，1938 年 10 月 15 日在渝出版第三十期。编委有沈钧儒、张仲实、艾寒松、胡绳、邹韬奋、柳湜，主编邹韬奋、柳湜，发行人邹韬奋，发行所全民抗战社（地址在重庆冉家巷 16 号），生活书店总经销。1941 年 2 月 22 日出至第一百五十七期被国民党政府查封。

保衛大武漢特輯刊
全民抗戰
抗戰到底
全民動員
編輯 韜奮 柳湜
三日刊 第一號
參加寫慰勞信的競賽！
保衛武漢特刊發刊詞

《全民抗战》第一号封面

本刊以“巩固全民族团结，提高民族意识，灌输抗战知识”为宗旨，注重贯彻“全民动员，抗战到底”的基本要求。其形式包括论文、通讯、散文、漫画、木刻等。主要栏目有社论、短评、时事解说、各地简讯、信箱、国际短讯、国际资料研究等。

1938 年 8 月 19 日，在武汉时增出《全民抗战保卫大武汉特刊》。1939 年 3 月 5 日，在重庆创办《全民抗战》（战地版），五天出一期，免费赠送，专供战地军民阅读。同年 8 月 12 日又创办《全民抗战》（通俗版），每周出一期，专供文化水平较低的人阅读，每期发行量最高达 30 万份。本刊是当时国民党统治区最受欢迎的刊物之一。

本刊为抗战宣传刊物，初为三日刊，每逢 3 日、6 日、9 日发行。1938 年 10 月 15 日第三十期起改为五日刊，每逢 5 日、10 日发行。自 1939 年 5 月 13 日第七十期起改出周刊，每逢周六发行。现保存于中国国家图书馆、中国科学院图书馆、中国人民大学图书馆、北京大学图书馆、中国社会科学院世界历史研究所资料室、中共中央马克思恩格斯列宁斯大林著作编译局图书馆、南开大学图书馆、甘肃省图书馆、陕西省图书馆、辽宁省图书馆、吉林大学图书馆、上海图书馆、复旦大学图书馆、南京图书馆、南京大学图书馆、安徽省图书馆、浙江图书馆、江西省图书馆、湖北省图书馆、武汉图书馆、武汉大学图书馆、湖南图书馆、四川省图书馆、重庆图书馆、贵州省图书馆、云南大学图书馆、福建省图书馆、桂林图书馆、广东省立中山图书馆、中山大学图书馆。

《行政院公报》（1938 年）

1928 年 11 月创刊于南京。1937 年 10 月停刊。1938 年 10 月复刊于重庆，卷期另起。

国民政府行政院秘书处主办，主要用于公布命令、法规、报告，设有法规、府令、院令、部令等专栏。

本刊为行政刊物，三日刊，1936 年 8 月起改为周刊，卷期另起，全年出 52 号。1939 年改为半月刊，每月逢 1 日、15 日出版。因印刷困难，1941 年 10 月第四卷第十九期起改为月刊，篇幅酌量增加。16 开本，铅印。竖版，单栏。正文部分有四边栏。1945 年 7 月停刊。现保存于中国科学院图书馆、中国人民大学图书馆、北京大学图书馆、辽宁省图书馆、上海图书馆、上海科技图书馆、南京

图书馆、南京大学图书馆、安徽省图书馆、湖北省图书馆、武汉图书馆、武汉大学图书馆、湖南图书馆、四川省图书馆、重庆图书馆、云南大学图书馆、福建省图书馆、广东省立中山图书馆。

《新经济》（1938 年）

1938 年 11 月 16 日在重庆创刊，新经济半月刊社编辑出版（社址在重庆戴家巷 12 号），正中书局发行。

本刊撰稿人主要由两部分人构成：一是任职于国民政府经济部、行政院政务处等部门的从政学者；二是仍在各大学、科研机构教书，从事科学研究的知识界人士。其主要撰稿人有翁文灏、吴景超、陈之迈、何廉、陶希圣、余长河、卢郁文、陈湘、汪似水、储安平、史国衡、周华章等。本刊设有论文、书评、现代经济、编辑后记等栏目，是抗战时期在西南大后方的重要经济刊物，以“革新经济，使中国产业发达、生计优裕，使社会组织、工作精神、生产能力都因充分改善而提高”为宗旨，“发表有关实业、金融、交通、建设方面的论文，与建国有关的原则和方法讨论，内政、外交、文化诸方面问题的商讨，并发布工商管理条例和经济政策，同时刊有经济类新书的书评与介绍”。此外，本刊也介绍了西方各国经济建设的经验教训与经济著作，对重庆政府战时经济法规、工作纪要也有所选登。

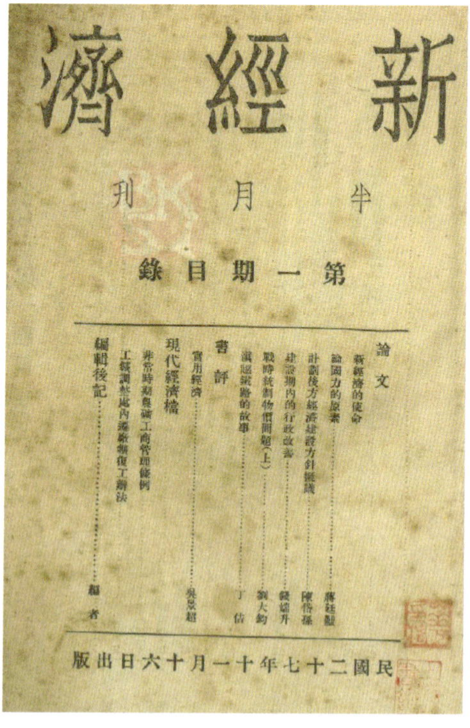

《新经济》第一期封面

本刊为综合性经济刊物，半月刊。16 开本，铅印。竖版，双栏。至 1945 年 10 月 1 日第十二卷第六期为止，共出 138 期。现保存于中国国家图书馆、中国科学院图书馆、中国人民大学图书馆、北京大学图书馆、清华大学图书馆、中国社会科学院近代史研究所资料室、南开大学图书馆、山东省图书馆、陕西省图书馆、甘肃省图书馆、吉林大学图书馆、上海图书馆、复旦大学图书馆、华东师范大学图书馆、南京图书馆、南京大学图书馆、安徽省图书馆、浙江图书馆、江西省图书馆、浙江大学图书馆、湖北省图书馆、武汉大学图书馆、福建省图书馆、云南大学图书馆、桂林图书馆、广东省立中山图书馆。

《中苏文化》（1938 年）

1935 年 7 月 25 日，中苏文化协会在南京成立，并于 1936 年创办会刊《中苏文化》。1936 年 5 月 15 日出版第一卷第一期，中苏文化杂志社编辑发行。1937 年 1 月 1 日发行《中苏文化：抗战特刊》创刊号，卷期另起，中苏文化杂志社编辑出版，正中书局发行。1937 年底迁至汉口出版。1938 年 11 月 7 日《中苏文化：抗战特刊》第二卷第四期迁至重庆出版，中苏文化杂志社编辑发行（地址在重庆观音岩义林医院内，后迁至中山一路 206 号），主编袁孟超，编辑金戈、赵康、蓬子、含沙、李孟达等。1939 年 6 月从第三卷第十二期起取消“抗战特刊”。《中苏文化》自 1946 年 9 月迁回南京出版，标为新一期，出至 1949 年 9 月第二十卷第九期停刊。

本刊以“介绍苏联情况，沟通中苏文化”为主旨，长期负责人为王昆仑、侯外庐。其“抗战特刊”设有抗战工作、对敌研究、前线、文艺、苏联研究、革命战争经验、欧局与远东、日寇在崩溃中等栏目，内容涉及社会、经济、历史、哲学、教育、科学、军事、文艺等方面。主要撰稿人有梁寒操、沈志远、傅抱石、姚雪垠、邵力子、邓初民、丁玲、臧克家、戈宝权、常任侠、葛一虹等。本刊曾出版特刊多种。如 1938 年 12 月发行《中苏文化：前线增刊》，1939 年 12 月发行《中苏文化：斯大林先生六十寿辰专号》，1940 年 3 月发行《中苏文化：中山先生逝世十五周年纪念特刊》等。

本刊为综合性刊物，先为半月刊，1939 年 8 月改为月刊，1940 年 4 月又改为半月刊，1944 年 1 月再改为月刊。16 开本。现保存于四川省图书馆、四川大学图书馆、重庆图书馆等。

《中苏文化》创刊号封面

《中苏文化：抗战特刊》创刊号封面

《建国教育》(1938 年)

1938 年 11 月创刊，中国教育学术团体联合办事处编行（地址在重庆中山四路曾家岩 112 号），正中书局杂志推广所总经售（地址在重庆储奇门羊子坝 9 号）。

本刊主旨是“在抗日救国期间致力于恢复和培养民族的自信力，同时报道各个教育学术团体平日研究所得”。其刊载内容包括文化教育、职业教育、儿童教育、社会教育、民生教育、卫生教育、健康教育、心理卫生、教育电影、体育等方面的研究论述。

本刊为教育刊物，季刊。16 开本，铅印。竖版，单栏。封面由刊名、卷期、本期目录组成。1941 年 2 月出版第二卷第二期后终刊。现保存于中国国家图书馆、辽宁省图书馆、上海图书馆、复旦大学图书馆、南京图书馆、南京大学图书馆、浙江图书馆、重庆图书馆、湖南图书馆、福建省图书馆、桂林图书馆。

《文化动员》(1938 年)

1938 年 11 月在重庆发行试刊号，1938 年 12 月正式创刊，由文化动员社编辑，重庆生存出版社发行。

本刊创刊宗旨在于“动员后方的文化”，载文谈论国内文化界、介绍乡村文化、发动后方民众。

本刊为综合类刊物，月刊。16 开本，铅印。竖版，双栏。封面由刊名、时间及本期目录组成。正文部分有上边栏和中间栏。1939 年 2 月出至第三期停刊。现保存于上海图书馆、广东省立中山图书馆。

《祖国》(1938 年)

1937 年 10 月 10 日在汉口创刊，1938 年 11 月在重庆复刊，续出第五期，在刊名右边印有“时代日报周刊”字样 。发行人龙取直、梅方义，主编高荣焌，编辑委员胡秋原、敬幼如、梅龚彬、彭芳草、胡业键、黄素心。发行所为祖国社（社址在重庆字水街 67 号）。1940 年 2 月 28 日出版第三十七期，社址迁到重庆中山一路 178 号，时代日报社印刷所印制，各大书局代售，出 4 期后停刊。

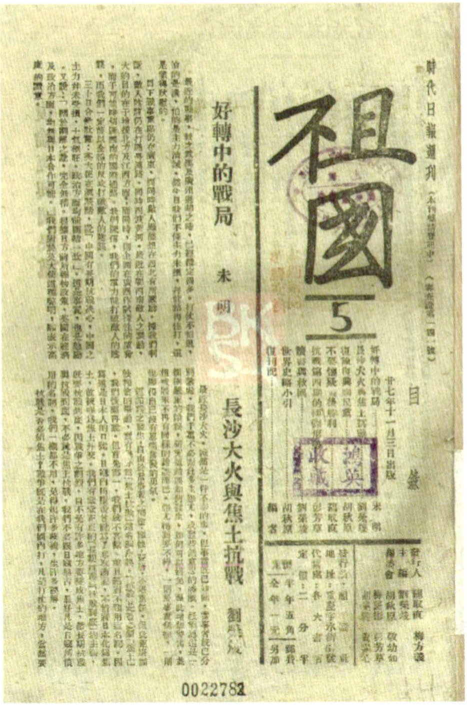

《祖国》1938 年在重庆复刊第五期封面

本刊宗旨在于“巩固统一，抗战到底”，宣传“民族主义与科学精神”。每期第 1、2 页为重要时事评论，由本社同人执笔。第 3、4 页为时事论著。第 5 页讨论国际问题或选译外论。第 6 页则专门讨论青年问题。第 7 页拟作通信论栏，专登讨论文字。第 8 页则专登长稿论著。本刊“研究抗战建国政策，研究青年问题及介绍国际知识”。

本刊为时事评论刊物，五日刊，1938年11月复刊后改为周刊，由于财力绵薄，每期只印8页。16开本，类似活页。从第三十七期起改为月刊。现保存于中国国家图书馆、陕西省图书馆、甘肃省图书馆、上海图书馆、南京图书馆、南京大学图书馆、江西省图书馆、重庆图书馆、四川省图书馆、四川大学图书馆、贵州省图书馆、中山大学图书馆。

《文摘战时旬刊》(1938年)

《文摘战时旬刊》刊名原为《文摘》，1937年1月1日创刊于上海，每月出版一期，出至第二卷第二期。刊物由孙寒冰以部分复旦大学师生为基础组成的文摘社编辑，上海黎明书局（孙寒冰与伍蠡甫、樊仲云等筹资创办）出版发行。1937年9月28日起改为《文摘战时旬刊》，期数另起，复旦大学文摘社编辑，上海黎明书局刊行（地址在上海四马路），民光印刷公司印刷。主编孙寒冰，编辑委员张志让、贾开基、汪馥泉、冯和法等，发行者徐毓源、吴道存。

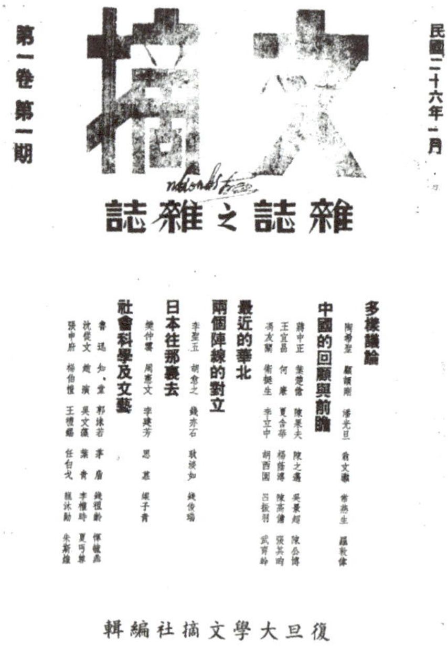

《文摘》创刊号封面

《文摘战时旬刊》1938年第三十号封面

本刊自 1938 年 3 月第十六号起迁至汉口出版，汉口黎明书局刊行（地址在汉口路保联里），主编、编辑委员、发行者等不变。1938 年 11 月，本刊自第三十四号起迁重庆出版，重庆黎明书局刊行，共出 136 期。主编、编辑委员、发行者仍不变。1940 年 11 月 11 日，本刊自第七十二号起由张志让任主编，吴南轩任社长。1945 年 12 月，本刊迁回上海，刊名改回《文摘》，1946 年 10 月 1 日出版第十卷第一期，以卷期计算，第十卷第一期即总号第一百三十七期。1947 年改为半月刊。复旦大学文摘社编辑，上海生活书店代理发行（地址在上海吕班路）。社长章益，主编张志让，编辑委员贾开基、汪衡、张明养、杨起森、曹孚、蒋学模。

《文摘》创办时的办刊原则是“暴露敌人阴谋，促进全国团结，为抗战做准备”。七七事变后，孙寒冰为适应抗战形势，将月刊改为旬刊，并将办刊方针改为“宣传抗战必胜，日本必败”。本刊不少文章附有图片、地图、漫画等，主要选摘国内外重要报刊的文章，中心思想是宣传“中国必胜，日本必败”，如策划连载了《两万五千里长征》（译自斯诺《西行漫记》中的章节）。旬刊自 1939 年 3 月第四十八号起，每隔三期单独出版一期《文摘战时旬刊文艺副刊》，64 开本，由端木蕻良等主编，每期发行 3 万份。

本刊为文摘刊物，原为月刊，每月 1 日出版，每卷 6 期，8 月、9 月休刊。1937 年 9 月 28 日起改为旬刊，每月 8 日、18 日、28 日出刊。1946 年 10 月 1 日改为卷期计算，每卷 10 期。1947 年后改为半月刊，每月 1 日、16 日出版，每卷 12 期。16 开本，特大号为 8 开本，竖版。有土纸印刷和白纸印刷两种。由于印刷成本问题，页数由初期的 200 页减至 24 页，最后减至 20 页。现保存于中国国家图书馆、中国科学院图书馆、中国社会科学院世界历史研究所资料室、中国人民大学图书馆、北京大学图书馆、清华大学图书馆、中共中央马克思恩格斯列宁斯大林著作编译局图书馆、南开大学图书馆、山东省图书馆、山东大学图书馆、甘肃省图书馆、辽宁省图书馆、吉林大学图书馆、吉林师范大学图书馆、上海图书馆、华东师范大学图书馆、南京图书馆、南京大学图书馆、安徽省图书馆、浙江图书馆、江西省图书馆、湖北省图书馆、武汉图书馆、武汉大学图书馆、湖南图书馆、四川省图书馆、重庆图书馆、贵州省图书馆、云南大学图书馆、福建省图书馆、厦门大学图书馆、桂林图书馆、广东省立中山图书馆、中山大学图书馆。

《文化批判》(1938 年)

1934 年 5 月在北平创刊，1935 年迁至南京出版，文化批判社编辑发行（社址在南京三条苍静思里 5 号），仁德印刷所印刷，中央书局总批发（地址在上海四马路上海杂志公司），南京正中书局、京华书局，上海开明书局、生活书店，北平岐山书店、文华书局，广州上海杂志公司支店，汉口现代书局，武昌文化书局，重庆中华书局，杭州现代书局等分售。1938 年 11 月 10 日第五卷第三期起迁至重庆出版，文化批判社编辑出版（社址在重庆南岸马家店南园），由于敌机对重庆的轰炸，发行地址迁至重庆东水门石门坎 18 号。1939 年第五卷第四期暂迁到西安粉巷 58 号，印刷厂先由合川印刷社后到中国印书馆，再到正安南大街 222 号的民意日报社，总批发处为正中书局杂志推广所（地址最初在重庆较场口百子巷，之后先后迁至重庆兴隆街 23 号、重庆中一路 280 号），在宁波、温州、福州、宜昌、成都、西安等地均设有代销处。1940 年出版第六卷第二期后终刊。

《文化批判》第三卷第一期封面

本刊内容有“研究抗战与建国、战争与石油、抗战与倭寇之危机、抗战中之中国、抗战与教育等论著”，以及小品、文化史料等，另设有海外通讯、文艺、学术研究等栏目。

本刊为文化刊物，创刊时为月刊，每卷出 6 期。但因迁移社址、改组内容及变更编制等，致使版期延误。本刊为扩大篇幅，充实内容，自第三卷第一期起改为季刊。16 开本。竖版。现保存于中国国家图书馆、中国科学院图书馆、北京大学图书馆、北京师范大学图书馆、中国社会科学院世界历史研究所资料室、中共中央马克思恩格斯列宁斯大林著作编译局图书馆、南开大学图书馆、大连图书馆、吉林大学图书馆、上海图书馆、上海科技图书馆、复旦大学图书馆、南京图书馆、南京大学图书馆、湖北省图书馆、四川省图书馆、四川大学图书馆、重庆图书馆、桂林图书馆、广东省立中山图书馆、中山大学图书馆。

《中山半月刊》—《中山月刊》(1938 年)

中山学社于 1936 年 7 月 12 日在南京成立，以“阐扬三民主义，力行三民主义”为宗旨。该社设理事会综理社务。《中山半月刊》为其出版的刊物。

本刊前身为在南京创刊的《中兴月刊》，1938 年 2 月后迁至武汉，改为《中山周刊》，主编邹明初，中山学社编辑发行（社址在汉口江汉路贯忠里 12 号）。1938 年 11 月 10 日迁至重庆，更名为《中山半月刊》，中山学社编辑，发行人梁寒操，主编郑公玄，常务编辑王琨仑、周一志、罗承烈等 9 人，编辑委员梁寒操、黄季陆、彭革除、陈铭德等 24 人，发行所在中山学社（地址在重庆大阳沟 30 号）。1939 年 5 月改名为《中山月刊》，1939 年 6 月 30 日第二卷第三期起改为月刊，卷期续前，迁至张家花园 3 号，后又迁至川东师范校内，发行人梁寒操，主编邓公玄，总经售大华图书公司。1941 年 4 月 25 日第三卷第九期主编

《中山半月刊》创刊号封面

为蒋子英，1942年1月因经费困难而停刊，1944年3月29日复刊。1944年9月出至第五卷第五期终刊。

周刊时期，本刊以刊载学术论文为主，主要内容有“三民主义与抗战建国，国民党组织机构改组，统一战线与国共关系，各地战事的报道与述评，战时农业、商业等统制政策，战时工业、交通等状况的调查，日本国内形势与对外关系，中美、中德关系研究等”。1938年冬，中山学社总社迁往重庆，周刊停刊，在重庆创立《中山半月刊》，所载内容“阐扬总理遗教，发挥抗战建国纲领，分析国际政治或介绍世界知识，研究各种学术，记载前方作战实况，描写沦亡区域的状况，叙述本社各地分社工作及社员动态，刊载激励民族精神的诗歌、小说、笔记或漫画等”。

本刊为综合性刊物，半月刊，每月逢10日、25日出版，1939年6月30日改为月刊，每月月底出版。16开本，铅印。竖版，双栏。封面由刊名和目录构成，刊内正文有上边栏。现保存于中国国家图书馆、中国人民大学图书馆、北京大学图书馆、清华大学图书馆、北京师范大学图书馆、南开大学图书馆、陕西省图书馆、甘肃省图书馆、辽宁省图书馆、吉林大学图书馆、上海图书馆、复旦大学图书馆、南京图书馆、南京大学图书馆、安徽省图书馆、湖北省图书馆、湖南图书馆、四川省图书馆、重庆图书馆、云南大学图书馆、桂林图书馆、广东省立中山图书馆、中山大学图书馆。

《青年月刊》(1938年)

1935年10月在南京创刊，青年月刊社编辑（社址在南京玄武门和平新村6号，1937年9月迁至南京玄武门昆仑路6号），正中书局发行。1938年1月从第五卷第三期起迁至武汉出版（社址在汉口后花楼街16号）。1938年11月15日从第六卷第五期“抗战特刊”第十号起迁至重庆出版（社址在重庆东水门石门坎18号，1939年2月迁至中山一路280号）。

本刊为纪念创刊两周年，“又适值全面抗战方兴之时”，1937年11月15日从第五卷第一、二期合刊起改为“抗战特刊”，之后仍按月出版，每期有一个中心主题，如第六卷第六期“抗战特刊”第十一号为“科学专号”，还有“抗战成绩检讨辑”“青年服务专号”等。1941 年 7 月 15 日从第十二卷第一期起，取消“抗战特刊”编号,特刊共出 41 号。本刊内容都是与青年有关的各种问题的论述、报道，也有少量文艺作品。先后设置的栏目有青年问题、青年生活、青年文艺、青年动态、青年论著、大学讲座、学术研究、外论选译、科学讲话等。

本刊自第七卷起又单独出副刊三种:《边疆问题》《时事研究》《战时经济》，随正刊发行。1939 年 1 月发行副刊《边疆问题》，边疆研究会主编，出版 4 期，其内容“以专题的形式突出边疆问题的解决及建设对抗战建国的重大意义”。1939 年 3 月 15 日第七卷第三期发行副刊《时事研究》，时事问题研究会主编，共出版 6 期，主要刊登反映世界各主要国家的政治、经济、军事、外交等方面情况的文章。1939 年 4 月 15 日第七卷第四期起发行副刊《战时经济》，金陵大学经济学会主编，共出版 5 期，其内容为“探讨统制外汇与稳定金融，筹集战费与增加军事力量，利用外资与开发富源，增加生产与安定民生等战时经济问题”。

本刊单独出版的副刊还有《文艺习作》《革命真理》《青年科学》《文学生活》。1939 年 10 月 15 日第八卷第四期发行副刊《文艺习作》，国立西北大学文艺习作社编辑，不定期出版，共出版 8 期，主要刊载文艺评论、小说、诗歌、散文等。1940 年 2 月 15 日第九卷第二期发行副刊《革命真理》，国立中山大学哲学研究会主编，共出版 2 期，主要宣传三民主义，主张从“历史自我”的找寻上“去研究中山主义的学术根据”。1940 年 3 月 15 日第九卷第三期发行副刊《青年科学》，武汉大学青年科学协会主编，共出版 2 期，其目标是“努力

《青年月刊》第五卷第一、二期合刊“抗战特刊”封面

于普及科学运动的宣传，使科学大众化”，“探求真理，发扬科学精神”，“侧重于抗战及国防有关的材料，以应时代的要求”。1940 年 6 月 15 日第九卷第六期发行副刊《文学生活》，国立中山大学中国语言文学研究会主编，不定期刊，仅见 1 期，黄光第撰写《卷头语》。

本刊为综合性青年刊物，月刊。16 开本，铅印，自 1942 年 7 月第十四卷第一期起改为 32 开本。现保存于中国国家图书馆、北京大学图书馆、陕西省图书馆、甘肃省图书馆、吉林大学图书馆、上海图书馆、复旦大学图书馆、华东师范大学图书馆、南京图书馆、南京大学图书馆、安徽省图书馆、浙江图书馆、江西省图书馆、湖北省图书馆、湖南图书馆、四川省图书馆、四川大学图书馆、重庆图书馆、云南大学图书馆、厦门大学图书馆、桂林图书馆、中山大学图书馆。

《中国的空军》（1938 年）

《中国的空军》第十六期封面

1938 年 2 月 1 日在武汉创刊，由蒋坚忍、梁又铭、陈布夫具体创办，航空委员会政治部中国空军出版社出版编辑发行。在汉口共出 15 期。1938 年 11 月 15 日第十六期起，迁至重庆出版并公开发行，社长简朴。第十七期在香港出版。第十八、十九期合刊，仍在重庆出版（地址在重庆太华楼巷 8 号或者重庆米花街 57 号）。黎明书局、七七书店、生活书店、上海杂志公司、华中图书公司代售，第二十二期起由正气出版社代售。1944 年 11 月 15 日第六卷第五期（总第八十期）时社址又迁至重庆菜园坝正街 26 号。1945

年 9 月 15 日出第八十七期后迁至南京，社长简朴，副社长诸祖荫、朱民威，主编邓漏禹，编辑陈榕甫。1946 年 1 月 10 日续出第八十八期。1948 年 12 月出版第一百二十期后终刊。

本刊内容有对实战生活的记录，有抗战的诗歌、短篇文艺创作，也有各种图画、木刻和照片等。本刊比较专业地介绍了抗日战争时期中国空军之战况、空军动态、空军英雄及航空知识、技术等。本刊是研究中国空军发展史及空军抗日史不可或缺的文献资料。本刊从第十六期起，增设“投考信箱”一栏，专门用来解答读者关于投考航校的各项疑问。

本刊为军事刊物，旬刊。16 开本，铅印。竖版，单栏。初创刊时每期发行 8000 份，后增至 2.5 万份，从第十一期起增到 5 万份，同时在广州出版华南版，发行 3 万份。第十六期起改为半月刊，公开发行 4 万份，后减为 3 万份。1939 年 2 月 1 日出版第二十期，改为月刊，每月 1 日出版，印 5 万册。1942 年 1 月 15 日第四十九期起改为以卷期计。1945 年 8 月 5 日出版第八十六期，取消卷期，仍续总期数。现保存于重庆图书馆、四川大学图书馆、南充市图书馆等。

《西南导报》(1938 年)

1938 年 5 月 25 日在汉口创刊，西南导报社编辑出版（社址在汉口湖北街汉安里 5 号），发行者华中图书公司。汉口交通路现代书局、汉口湖北街良友公司、武昌汉阳门北新书局、重庆武库街华中图书公司分店、宜昌通惠路华中图书公司办事处分发。1938 年 11 月 20 日第二卷第二期迁至重庆出版，西南导报社编辑发行（社址在重庆黄荆桥 24 号），生活书店特约代售（地址在重庆武库街 21 号），各地生活书店分销。1939 年 7 月出至第二卷第五期停刊。

本刊封面印有“策进新西南的建设，缔造新中国的基础”。本刊“以建设西南复兴中国为立场，努力从事于各项建设问题的探讨，与各项建设事业的策进，以加速抗战建国大业的完成为宗旨”。本刊设有短评、专载、地方通讯、参考资料、西南动态等栏目，从工业、农业、交通、贸易、金融等几方面分别论述了建设西南经济的原则。

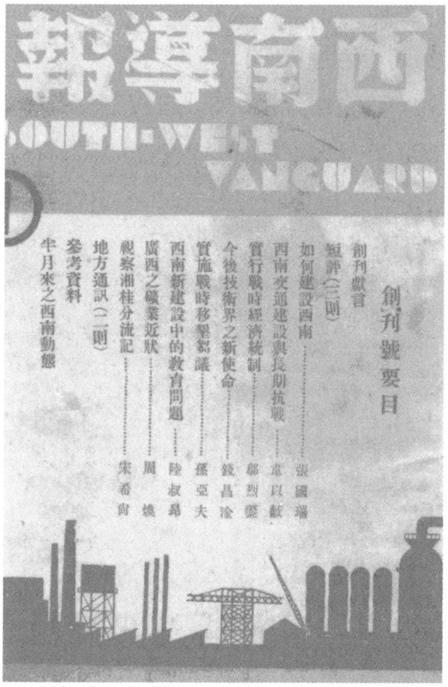

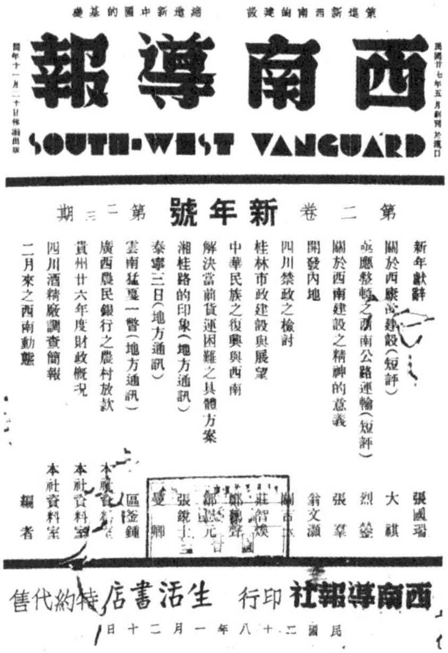

《西南导报》创刊号封面和迁渝出版的第二卷第二、三期合刊封面

本刊为综合性刊物，半月刊，每月 10 日、25 日出版。16 开本，铅印。竖版，双栏。现保存于中国国家图书馆、中国科学院图书馆、中国社会科学院世界历史研究所资料室、南开大学图书馆、上海图书馆、复旦大学图书馆、南京图书馆、湖南图书馆、四川省图书馆、四川大学图书馆、重庆图书馆、广东省立中山图书馆。

《华侨先锋》(1938 年)

1938 年 6 月在武汉创刊，中央海外部华侨先锋月刊社编辑并发行（社址在汉口江汉路四明里），汉口华中印刷公司印刷（地址在特三区湖北街）。1938 年 11 月迁至重庆，社址重庆九道门。后曾迁至香港出版，1941 年停刊。1943 年 1 月迁回重庆（地址在重庆林森路九道门兴华小学内），续出 5 卷，军事委员会政治部印刷所印刷（地址在重庆磁器口李家湾）。1946 年 9 月迁至南京出版复刊号，期数另起，社长谢澄宇，总编辑许建吾，美术王黑流。1947 年 2 月续出第九卷，终刊于 1948 年 9 月。

本刊以“阐扬三民主义之理论，发挥抗战建国之国策，报道国内之要讯，研讨海外党务侨务之问题，提供侨胞共同努力之方针”为旨趣。主要撰稿人有陈恩成、邓家彦、戴葆桑、许公武、周廷权、但焘、何承天、刘维炽、陈树人等。本刊栏目有论著、评论、文艺、专载、南洋问题讲座、华侨动态、一年大事记、华侨态度、小统计、诗坛、救侨特辑、国际一月、新闻等。

本刊为综合性刊物，原为半月刊，1943 年改为月刊。16 开本，铅印。竖版，双栏或三栏。现保存于中国国家图书馆、重庆图书馆、四川省图书馆、四川大学图书馆、复旦大学图书馆、江西省图书馆、清华大学图书馆、陕西省图书馆、武汉图书馆、福建省图书馆、厦门大学图书馆、桂林图书馆、云南大学图书馆、南开大学图书馆、甘肃省图书馆、山东省图书馆、辽宁省图书馆、湖南图书馆、武汉大学图书馆。

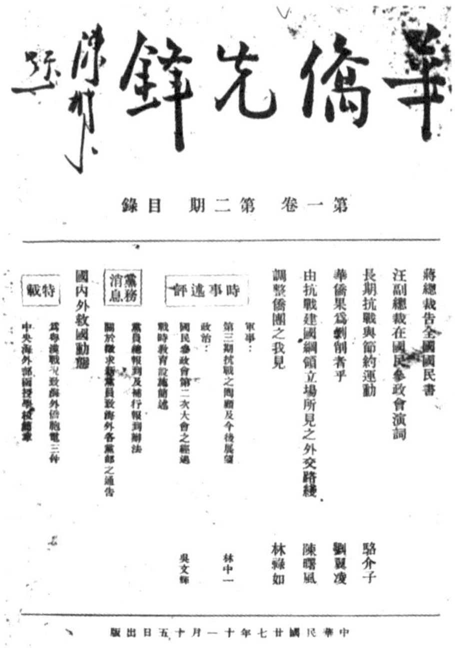
華僑先鋒

第一卷第二期目錄

蔣總裁告全國國民書

汪副總裁在國民參政會演詞

長期抗戰與節約運動　駱介子

華僑果為劊制者乎　劉翼凌

由抗戰建國綱領立場所見之外交路綫　陳曙風

調整僑團之我見　林彝如

時事述評

軍事：

第三期抗戰之開端及今後展望　林中一

政治：

國民參政會第二次大會之經過　吳文輝

戰時教育設施簡述

黨務消息

黨員總報到及補行報到辦法

關於徵求新黨員致海外各黨部之通告

國內外救國動態

特載

蔣總裁為粵漢戰況致海外僑胞電三件

中央海外部函授學校簡章

中華民國廿七年十一月十五日出版

《华侨先锋》迁渝出版的第一卷第二期封面

《金融专报》（1938 年）

约 1938 年 11 月在重庆创刊，中国银行、中央银行、交通银行、农业银行四联总处秘书处编辑出版。

本刊探讨抗战时期国内外金融市场及经济发展的理论与实践，发表银行的新、旧法规，附有大量统计资料，刊登反映各地金融商情等内容的文章。

本刊为金融刊物，季刊。1942 年 6 月停刊，共出 15 期。现保存于中国国家图书馆、南京图书馆、中国科学院图书馆。

《经理月刊》(1938 年)

1935 年 7 月 30 日在汉口出版，国民政府军事委员会委员长行营经理研究会编辑，经理月刊社出版，蒋用宏主编，武汉印书馆印刷（地址在汉口府北一路），中国农民银行各分支行代售。1938 年武汉失守后迁至重庆出版（地址在重庆龙溪镇 2 号），经售处为中国文化服务社（地址在重庆磁器口 47 号）。

本刊以“研究世界军需学术，改进中国军需业务”为宗旨，内容主要包括切合中国国情的会计、审计、统计、战时财政、战时经济、国防、实业、工业、农村合作、交通、资源等方面的论著及译述。本刊主要撰稿人有熊仲韬、曹贯一、陈达勋、丰子恺、郭宝珠、杨勇超、罗俊、王洁卿等。本刊设有专件、党训、学员教育计划表、漫画、照片等栏目。

本刊为军需刊物，月刊。16 开本，铅印。竖版，双栏。本刊封面由图片和文字组成。第一卷至第四卷每卷出 6 期。1940 年 9 月停刊。现保存于中国国家图书馆、北京大学图书馆、中国社会科学院世界历史研究所资料室、重庆图书馆、南开大学图书馆、陕西省图书馆、甘肃省图书馆、兰州大学图书馆、上海图书馆、复旦大学图书馆、南京图书馆、南京大学图书馆、湖北省图书馆、武汉大学图书馆、湖南图书馆、四川省图书馆、贵州省图书馆。

《经理月刊》创刊号封面

《蒙藏旬刊》（1938 年）

1931 年 9 月在南京创刊，出至 1937 年 11 月第一百四十期，12 月迁至武汉，社址在武昌候补街 32 号。1938 年 1 月 10 日续出第一百四十一期、第一百四十二期合刊，8 月出至第一百五十八期后停刊迁至重庆。1938 年 11 月在重庆复刊出第一卷第一期，发行人黄奋生，编辑黄次书、陈文鉴、刘家驹、杨质夫，地址先在重庆通远门外张家花园，后迁到重庆南岸玄坛庙南园。

本刊是以孙中山先生三民主义为宗旨的刊物。封二页上用蒙、藏、汉三种文字写着孙中山先生的遗嘱。本刊使用蒙、藏、汉三种文字，主要宣传对象是广大蒙藏同胞。本刊阐明了中华民族当前的危机和帝国主义侵略的本质，提出只有实行三民主义才能救蒙藏同胞的政治主张。一方面刊登国内外大事及蒙藏重要消息；另一方面选载有价值的讲述论著、评论以及蒙藏地方文艺作品和通讯。本刊栏目主要有社评、言论、蒙藏时闻、国内纪要、国际纪要、一旬大事日志、党义、调查、专载等。

本刊为社科综合性刊物，旬刊，1939 年 3 月第十卷第一期起改为月刊。16 开本，铅印。竖版，单栏。现保存于中国国家图书馆、中央民族大学图书馆、北京大学图书馆、山东省图书馆、甘肃省图书馆、上海图书馆、上海科技图书馆、安徽省图书馆、江西省图书馆、湖北省图书馆、湖南图书馆、重庆图书馆、四川大学图书馆、福建省图书馆、厦门大学图书馆等。

《世界政治》（1938 年）

其前身是 1936 年 5 月创刊的《中国国际联盟同志会月刊》，中国国际联盟同志会于 1919 年 3 月由汪大燮、熊希龄、梁启超、蔡元培等发起，在北京成立，以“研究国际问题，推动国民外交，促进国际合作及拥挤国际联盟，保障国际公理正义”为宗旨。

本刊为中国国际联盟同志会出版的刊物，1937 年 1 月在南京创刊，编辑者中国国际联盟同志会，正中书局发行。1938 年第三卷迁至汉口（编辑发行地址在汉口特三区洞庭街 17 号)，正中书局总经售（地址在汉口花楼街 16 号)。1938 年 12 月 1 日第三卷第九期起迁至重庆出版，中国国际联盟同志会编辑发行（地址在重庆上清寺聚兴新村 11 号)，华中图书公司代售（地址在重庆武库街 7 号)，扫荡报重庆社印刷（地址在重庆小较场)。1939 年 3 月迁至中山三路 67 号，1940 年 6 月世界政治社迁至两路口玉川别墅，1941 年 5 月社址迁到两路口两浮支路中央图书馆内，1942 年 5 月迁至巴县中学内。编辑人先后是杨公达、王铁崖。出至 1945 年 1 月第九卷第一期停刊。1948 年 4 月在南京复刊，联合国中国同志会编辑，卷期另起。约同年 8 月停刊。

本刊“一面宣传国内政治经济文化之进步情形于国外；一面介绍各国政治动态有正确之观念，对抗战益增必胜之信心”，设有专著、译述、选录、特载等栏目。

本刊为政治刊物，月刊，1938 年 6 月改为半月刊。大 32 开本，第七卷起改为 16 开本，铅印。竖版，双栏。从创刊到 1941 年，每期约 150 页。从 1942 年起，由于印刷困难，每期减为约 50 页。现保存于中国国家图书馆、中国人民大学图书馆、北京大学图书馆、清华大学图书馆、中国社会科学院世界历史研究所资料室、南开大学图书馆、山东省图书馆、陕西省图书馆、甘肃省图书馆、吉林大学图书馆、吉林师范大学图书馆、复旦大学图书馆、南京图书馆、南京大学图书馆、江西省图书馆、武汉图书馆、武汉大学图书馆、湖南图书馆、四川省图书馆、重庆图书馆、云南大学图书馆、厦门大学图书馆、中山大学图书馆。

《青年风》(1938 年)

1938 年 12 月 9 日创刊，青年风社编辑发行（社址在重庆麦子市 19 号)。邹曦主编。

本刊刊有各种学术论著、时事评论、青年读书及写作方法、青年修养与服务、青年婚姻职业及升学指导、人名传记、图书介绍、文艺、小说、诗歌、通讯、杂文等。

本刊为青年刊物，三日刊，逢 3 日、6 日、9 日出版。复旦大学图书馆保存有 1 期。

《战时教育》—《民主教育》(1938 年)

1937年9月25日在上海创刊，生活教育社编辑出版，发行人戴邦，主编陶行知，生活书店总经售。后迁至武汉，1937年10月25日在汉口出版第五期，生活教育出版社编辑发行。1938年迁至重庆，12月10日出版第三卷第八期，生活教育出版社编辑发行（地址在重庆武库街21号），主编陶行知。1945年停刊。1945年4月1日出版第九卷第一期，生活教育社编辑（地址在重庆管家巷28号），晓庄研究所出版，发行人戴邦。1945年5月出完第九卷第二期又停刊。抗战胜利后，因《战时教育》刊名已不适用，于1945年11月1日更名为《民主教育》，期号另起，生活教育社、晓庄研究所编辑出版，发行人戴邦，主编陶行知，生活书店总经售。1946年4月出至第六期后停刊。

本刊“以研究、号召、规划、执行战时教育为主要任务，宣传抗日救亡，鼓动民众参加探讨教育与抗战建国的关系”，并研究社会教育、家庭教育和学校教育的关系”。在渝出版的《战时教育》内容有社论、短评、教材、通讯等，栏目有行知衔谈、短评、论述、教学经验、生活讲座、时速谈荟、学府、读者问答等。更名为《民主教育》后，内容为“关于教育而又有助于民主政治之理论、方案、方法、材料、评介、报道、翻译等”。自第五期起，由李公仆主编，并成立了编辑委员会，成员有方舆严、孙茗熏、力扬、铁马、王有德等。《民主教育》曾提

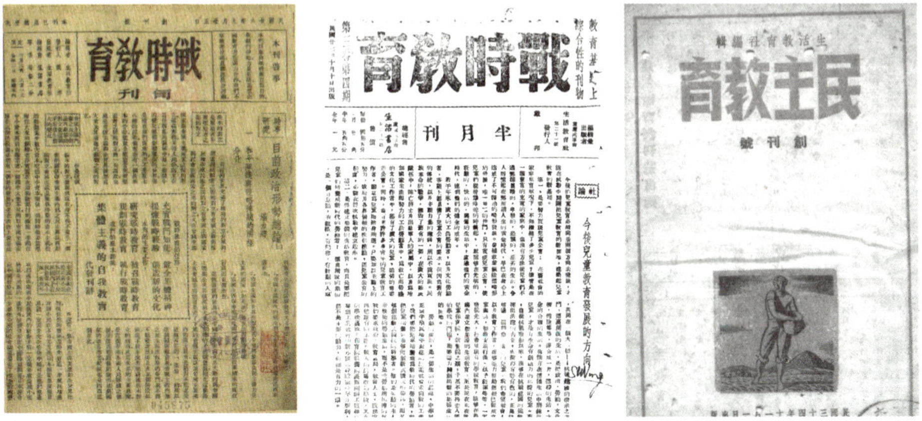

《战时教育》旬刊创刊号、半月刊第三卷第四期封面和《民主教育》创刊号封面

出“展开普及民主教育运动，展开大众自我学习运动，教育、文化艺术工作者，把老百姓的意见反映出来”。

本刊为抗战教育期刊，旬刊，每月5日、15日、25日出版，1938年第三卷第四期起改为半月刊，每逢10日、25日出版。1945年11月1日更名为《民主教育》，改为月刊，每月1日出版。16开本，铅印。竖版，三栏。正文部分有上边栏，第二栏和第三栏中间有分割线。本刊每卷出版12期。现保存于中国国家图书馆、清华大学图书馆、陕西省图书馆、吉林大学图书馆、上海图书馆、复旦大学图书馆、南京图书馆、南京大学图书馆、安徽省图书馆、江西省图书馆、湖北省图书馆、湖南图书馆、重庆图书馆、云南大学图书馆、福建省图书馆、厦门大学图书馆、桂林图书馆、广东省立中山图书馆、四川省图书馆、西昌市档案馆、南充市档案馆、四川大学图书馆。

《国民公论》(1938年)

1938年9月11日创刊于汉口，张仲实编辑并发行，国民公论社编辑。1938年12月16日第四号起迁至重庆和桂林，分两地出版，第一卷至第四卷每卷出12期。1941年12月1日出第五卷第一期后停刊。

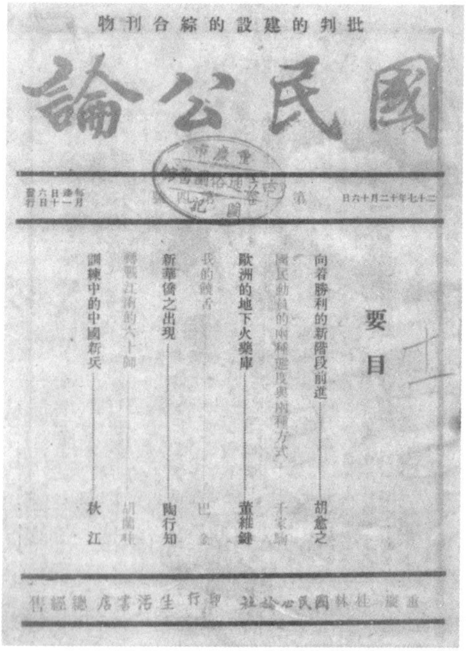

《国民公论》迁渝出版的第一卷第四号封面

本刊“刊登国内政治和国际形势短评，阐述抗战形势与任务，唤起国民在抗战建国中的批判精神和建设精神，分析抗战时期中国的抗建情况、战时经济、文化运动状况，报道国内战局、欧战内幕、苏日关系等”。主要撰稿人为胡愈之、夏衍、胡风、陶行知、巴金、千家驹、云彬等较有影响力的学者，并设有短评、社论等栏目，短评栏目刊登战事和时事新闻，如《加强经济反封锁》《苏芬和议成立》等。

本刊为综合性刊物，旬刊，1939 年改为半月刊，每月 1 日、16 日发行。16 开本，铅印。竖版，双栏或三栏。封面由刊名、卷期及出版项、本期目录组成。正文部分有上边栏。现保存于中国国家图书馆、中国人民大学图书馆、北京大学图书馆、中国社会科学院世界历史研究所资料室、中共中央马克思恩格斯列宁斯大林著作编译局图书馆、南开大学图书馆、陕西省图书馆、上海图书馆、吉林大学图书馆、复旦大学图书馆、南京图书馆、南京大学图书馆、安徽省图书馆、江西省图书馆、湖北省图书馆、四川省图书馆、重庆图书馆、贵州省图书馆、云南大学图书馆、福建省图书馆、厦门大学图书馆、桂林图书馆、广东省立中山图书馆。

《中央训练团团刊》—《复兴关》（1938 年）

《中央训练团团刊》于1938年12月18日创办，中央训练团编印（地址在重庆复兴关邮箱164号）。本刊为中央训练团团内刊物，“专供本团同事、同学阅读研究之用，并不对外发售”。自1944年7月14日第二百三十期、第二百三十一期合刊起，为表彰复兴的训练精神，更名为《复兴关》，金平欧任组长，复兴月刊社编辑委员会、中央训练团编纂组编辑发行，正中书局总经售。约1944年8月中央训练团由重庆复兴关迁至青村（即马家寺），本刊随团迁移。出至1945年初暂时休刊，同年5月1日复刊。

本刊内容分特载、专著、评述、法令辑目、参考资料、工作报告、读书报告、学员动态、通讯文告等。

本刊为政治性刊物，周刊。16 开本，铅印。竖版，三栏。1944 年更名后仍为周刊，期数续前；不久，改为半月刊。1945 年 5 月 1 日改为月刊，期号另起，每月 1 日发行。现保存于达州市档案馆、绵阳市档案馆、雅安市档案馆、四川大学图书馆、重庆图书馆。

《妇女新运》(1938年)

1938年12月20日创刊，新运总会妇女指导委员会编辑发行，启文印书局印刷，生活书店总经售。抗战胜利后迁至南京出版，卷期续前。1948年11月出至第八卷第九期停刊。

本刊以“报道该会的工作情况，指导全国妇女参加抗战建国工作，创造新中国新妇女的新生活”为宗旨，内容是向大后方妇女宣传全民抗战形势，并揭露汉奸、投降派的卖国投敌阴谋，指导妇指会工作、新运与妇女抗战工作等。主要撰稿人有张蔼真、宇华、安蛾、力奋、钮珉华、光灌、田雨、吴贻芳、易名鑫、徐士芬、禾子、茅仲英、刘清扬、王哲世等。本刊主要栏目有问题、时事、学术、文艺、史料、各地妇女通讯、家庭卫生等。

本刊为妇女刊物，其他题名有《妇女新运月刊》《妇女新运季刊》，原为季刊，1940年改为月刊。竖版，单栏。正文部分有四边栏。封面由图片和刊名等项组成。现保存于中国国家图书馆、北京大学图书馆、清华大学图书馆、中国社会科学院近代史研究所资料室、南开大学图书馆、山东省图书馆、陕西省图书馆、甘肃省图书馆、辽宁省图书馆、吉林大学图书馆、上海图书馆、复旦大学图书馆、南京图书馆、南京大学图书馆、安徽省图书馆、浙江大学图书馆、江西省图书馆、湖北省图书馆、武汉图书馆、湖南图书馆、四川省图书馆、贵州省图书馆、云南大学图书馆、福建省图书馆、厦门大学图书馆、桂林图书馆、广东省立中山图书馆。

《垫江通讯》(1938年)

1938年12月创刊，垫江县戊寅服务社创办(地址在垫江县寿佛殿)。社长邹昌平，编辑谭叔愚、尤守贤。

本刊经费由地方士绅捐助，宗旨为“宣传抗战，启迪民智，宣达政令”，以刊登国际国内消息和县内新闻为主要内容。

本刊为地方新闻刊物，两日刊。每次发行150份。1942年因纸张不足，改为三日刊。1949年因经费不足停刊。保存地不详。

《重庆》（1938 年）

1938 年 12 月创刊，重庆半月刊社编辑发行，发行人何仲极（通信处为重庆下陕西街 77 号）。

本刊内容有“开展春节活动、救亡工作、三青团与乡村工作、后方的责任、建设后方文化堡垒”等。

本刊为抗战建设刊物，半月刊。其他出版信息不详。现保存于重庆图书馆、四川大学图书馆。

《反攻》（1938 年）

1938 年 5 月在武昌创刊，东北救亡总会宣传部主编，地址在武昌明月桥 14 号。1938 年 12 月 16 日第四卷第一期起迁至重庆出版，地址在重庆两路口重庆村 17 号。1945 年 5 月出至第十七卷第五期终刊。

本刊主要“报道东北和华北人民抗日运动开展情况、东北义勇军战况，发表声讨敌寇在东北的罪行和汪伪政府的投降行径的各类文章，翻译抗日作品及小说、散文、杂文和诗歌等，并有国际时事报道”。邓颖超、陆定一、黄炎培、冯玉祥、臧克家、斯诺等人均在本刊发表过文章。

本刊为抗战宣传刊物，半月刊。16 开本，铅印。竖版，双栏。现保存于重庆图书馆。

《新政治》（1938 年）

1938 年 12 月在重庆创刊，国民党中央政治学校研究部新政治月刊社编，周子亚主编，刘振东发行。自 1939 年第一卷第五期起改由中华文化服务社总经售。1941 年 10 月因印刷困难而停刊，至 1943 年 10 月起复刊。1946 年 5 月由于国民政府迁回南京而停刊。现存 9 卷共 69 期。

本刊主要撰稿人有周子亚、刘振东、王镜清、钱安毅、王孟林、陆东亚、吴学义、剑君、萨孟武、杨玉清等，主要栏目有宪政专号、教育专号、县政专号、新政论坛、新书介绍、物价问题、书评、资料等。本刊作为在当时四川治下重庆出版的刊物，保留了大量有关四川县政实施及经济建设的史料。

本刊在抗战建国的大背景下创办，坚信“抗战必胜，建国必成”，以“研究学术，讨论时事问题”为主旨，期许“设法替民族在长期抗战中找出一条走到复生的通路”，讨论“如何运用战时之经验以开展战后建国之工作，利用战时之组织以完成战后之设施”的问题。其载文内容涉及政治、法律、经济、教育等多方面，还刊有一些文艺作品。

本刊为政治刊物，月刊。16开本，铅印。竖版，双栏。正文部分有上边栏。现保存于中国国家图书馆、中国科学院图书馆、中国人民大学图书馆、北京大学图书馆、南开大学图书馆、陕西省图书馆、甘肃省图书馆、吉林师范大学图书馆、上海图书馆、复旦大学图书馆、南京图书馆、南京大学图书馆、安徽省图书馆、江西省图书馆、武汉图书馆、武汉大学图书馆、四川省图书馆、重庆图书馆、贵州省图书馆、云南省图书馆、福建省图书馆、桂林图书馆、广东省立中山图书馆。

《群众》(1938年)

1937年12月11日在汉口创刊。社长潘梓年，许涤新、章汉夫先后任主编，主要撰稿人有于刚、戈宝权、周而复、朱世纶等。群众周刊社发行，读书生活出版社总经售（地址在汉口交通路31号）。1938年10月因日军进犯武汉，被迫停刊。自1938年12月25日第二卷第十二期起迁至重庆（与新华日报社在一起，地址在苍坪街69号），1939年第三卷起迁至重庆西三街2号，新华日报馆总经售（地址在重庆民生路208号）。1943年7月16日自第八卷第十一期起改为半月刊。1946年6月3日迁至上海恢复出版。1947年3月2日出至第十四卷第九期被迫停刊。在重庆出版的7年多时间里，共出185期。1947年1月曾办香港版，卷期另起，开展对海外的宣传工作，并在国民党统治区秘密发行。1949年10月20日出至第一百四十三期停刊。

本刊以“宣传中共抗日救国十大纲领和中共全面抗战路线为宗旨，并坚持以马列主义为武器，揭露日本侵华本质，批判各种不利抗战的言论，坚持团结、抗战、进步的原则”。本刊设有社论、短评、时评、国内一周、国际一周、信箱等栏目。

本刊是中国抗日战争时期和第三次国内革命战争初期在国民党统治区唯一公开出版的中国共产党机关刊物，由中共中央南方局领导。周刊，每逢周六出版。1943 年 7 月 16 日自第八卷第十一期起改为半月刊，每逢 1 日、16 日出版。1946 年 6 月 3 日迁至上海恢复出版周刊。第一卷至第三卷每卷出版 25 期，第四卷至第五卷每卷出版 18 期，第六卷出版 12 期，第七卷出版 24 期，第八卷出版 22 期，第九卷至第十卷每卷出版 24 期，第十一卷至第十三卷每卷出版 12 期。16 开本，竖版。其合订本均有分类总目。1955 年由人民出版社影印出版。现保存于中国国家图书馆、南京图书馆、上海图书馆、重庆图书馆、四川省图书馆等。

《群众》在渝出版的最后一期（1946 年第十一卷第三、四期合刊）封面

《战时书报评介》（1938 年）

1938 年 12 月底创刊，中国文化服务社编辑发行（社址在重庆武库街 4 号），建国印书馆印刷。

本刊分类介绍政治、经济、国际与外交、教育与文化、军事、民众运动等方面的近期新书和杂志及其主要论题，并报道新书书目。

本刊为综合性刊物，半月刊。16 开本，铅印。竖版，双栏。正文部分有四边栏，中间有分割栏。停刊时间及原因不详。现保存于中国国家图书馆、南京图书馆、南京大学图书馆、上海图书馆。

《布道杂志》（1938 年）

1928 年在长沙创办，编辑主任陈崇桂，事务主任饶培德，贾玉铭、成寄归等人编辑，长沙湖南圣经学校发行，长沙湘益印刷公司印刷。1938 年迁至重庆，社址在重庆放牛巷 14 号，重庆神学院编辑发行，民生印刷社代印，编辑主任陈崇桂。

本刊内容有社论、福音、祷告学、幽默、见证、名著、儿童园地、基督化家庭、神学院消息等。

本刊为宗教刊物，双月刊，1945 年改为月刊，后又改为双月刊，16 开本。出至 1949 年 11 月第十九卷第九、十期合刊后停刊。封面以纯文字设计为主，本刊目录均有英文翻译。第三卷至第十九卷现保存于重庆图书馆、峨眉山市档案馆。

《地质丛刊》（1938 年）

1938年在重庆创刊，四川省地质调查所与中国西部科学院合作编辑发行（地址在重庆小龙坎）。

本刊主要刊登四川省江河流域的地层、地形、地质构造和矿藏及矿产贮量的调查、分析报告以及论文。

本刊为地质学刊物，不定期刊。横版。现保存于中国国家图书馆、中国科学院图书馆、北京大学图书馆、上海图书馆、吉林大学图书馆、吉林师范大学图书馆、复旦大学图书馆、华东师范大学图书馆、四川省图书馆、重庆图书馆。

《妇女共鸣》（1938 年）

1929 年 3 月 25 日在上海创刊（通信处为上海法租界西门路 214 号）。自第三十八期起迁至南京出版，1931 年 11 月 15 日出第六十期后停刊。1932 年 1 月在南京复刊，后又迁往汉口（通信处为汉口四民街 51 号）。1938 年 8 月自第八卷第一、二期合刊起迁至重庆出版（地址在重庆上大樑子 108 号），1944 年 12 月出第十三卷第六期后停刊。本刊由上海妇女共鸣社编辑发行并出版，社长陈逸云，谈社英、王孝英先后任主编。

本刊主要撰稿人有黄丽辉、鸿梅英、叶克平、秋水、雪兰、蔡金瑛等，设有时事评论、妇女消息、小说、专载、杂感、诗歌等栏目。本刊主要发表时事评论，研究探讨各种妇女问题，报道妇女运动消息，并刊有少量文艺作品。载文有《被忽视的农村妇女问题》《妇女工作范围不能扩大之原因》《国际反侵略宣传周后妇女应有之努力》《妇女运动与心理建设》等。

本刊为妇女刊物，半月刊，以期计算；1932 年改为月刊，卷期另起，逢 5 日、20 日出版；迁至汉口后改为半月刊，1938 年改回月刊。16 开本，铅印。竖版，单栏或三栏。封面由图片和文字组成。现保存于中国国家图书馆、北京大学图书馆、北京师范大学图书馆、中国社会科学院世界历史研究所资料室、南开大学图书馆、山东大学图书馆、陕西省图书馆、甘肃省图书馆、吉林大学图书馆、上海图书馆、复旦大

《妇女共鸣》第七卷第七期封面

学图书馆、华东师范大学图书馆、南京图书馆、南京大学图书馆、安徽省图书馆、江西省图书馆、湖北省图书馆、四川省图书馆、重庆图书馆、湖南图书馆、贵州省图书馆、云南大学图书馆、福建省图书馆、广东省立中山图书馆。

《抗战画刊》(1938年)

1938年创刊，主编赵望云，编辑高龙生、汪子美，发行黄秋农。出版至1939年12月第二十九期停刊。1940年1月在重庆复刊出版第二卷第一期（地址在重庆武库街），华中图书公司总经销。

本刊有众多著名的特约撰稿人，包括冯玉祥、老舍、田汉、梁鼎铭、艾青、赵逸云、鲁少飞、卜少夫等。本刊设有画坛消息、报道漫画、名言摘录、旅行速写等栏目。其中“画坛消息”主要记载画坛最近的新闻和某位画家的近况，为当时画坛的内部联系提供了渠道。本刊鼓励抗战，用大量图画、诗词、木刻等文艺作品宣传全国人民抗战。本刊设有重庆版。

本刊为艺术画刊，原为旬刊，自1940年1月起改为月刊。16开本，铅印。竖版，双栏或三栏。封面由图片和文字组成。正文部分有上边栏。1941年出至第二卷第五期停刊。现保存于中国国家图书馆、辽宁省图书馆、吉林大学图书馆、上海图书馆、南京图书馆、四川省图书馆、重庆图书馆、贵州省图书馆、广东省立中山图书馆、中山大学图书馆。

《抗战画刊》第二卷第一期封面

《地理学报》(1938 年)

1934 年 9 月在南京创刊，中国地理学会编辑，总编辑张其昀，编辑吕炯、凌纯声，总代售处是南京钟山书局（地址在南京城北蓁巷 4 号）。1938 年迁至重庆出版，通信处为重庆国立中央大学地理系转。抗战胜利后迁回南京，正中书局印行。

1932 年，竺可桢、翁文灏等倡议组织中国地理学会，学会于 1934 年 3 月在南京正式成立，并创办地理学术期刊《地理学报》(中英文版)，于 1934 年 9 月创刊号出版，第一年出版两期，后来每年出版四期，特殊年份出版一期。学会从 1934 年成立以后，到 1937 年中，共计出版学报 11 期，刊登调查报告和论文专著等达百余篇，先后举行四次年会。抗战时期，学报从季刊改为年刊，每年出一期。征集稿件、编辑、排版、印刷、出版、经费筹集均颇费周折，有几年不得不用土纸印刷。1939 年本刊第六卷于重庆印刷出版，增聘李旭旦为编辑。1943 年 7 月第五届年会在重庆北碚与中国科学社等六团体联合举行，李旭旦当选总干事。

本刊为地理学术刊物，半年刊，后改为年刊，又改为季刊，后又改为月刊。16 开本，铅印。每期约 120 页，中文竖版，英文横版。现保存于中国国家图书馆、中国科学院图书馆、中国人民大学图书馆、北京大学图书馆、清华大学图书馆、南开大学图书馆、山东省图书馆、甘肃省图书馆、吉林师范大学图书馆、上海图书馆、华东师范大学图书馆、南京图书馆、浙江大学图书馆、武汉大学图书馆、湖南图书馆、重庆图书馆、四川省图书馆、四川大学图书馆、福建省图书馆、厦门大学图书馆、桂林图书馆、广东省立中山图书馆。

《伊光》(1938 年)

1927 年 9 月创刊于天津，主编王静斋。出刊地点随主编行踪而变动，先后在天津、武汉、河南郾城、重庆、甘肃武威、宁夏吴忠和银川等地出版。1938 年迁渝（临时通信处为重庆十八梯清真寺丁阿衡收转）。20 世纪 40 年代初停刊。

本刊内容丰富，有经训、教义、教法、教史及伊斯兰国家的现状等译文，也有评述、游记、人物介绍、专访、问题讨论、新闻报道、各地教务活动、答读者问等。本刊的内容大致可分为两个时期，抗日战争以前主要偏重于宗教，多刊载介绍伊斯兰教和各地宗教活动的文章。抗日战争开始后偏重于抗日宣传，刊载有关反对侵略战争的论述、时局评述和战时穆斯林的动态。

本刊为宗教刊物，不定期刊。4开4版。现保存于中国国家图书馆、重庆图书馆、上海图书馆。

《綦江铁矿志》(1938年)

1938年在重庆出版，中国西部科学院编。

綦江铁矿位于重庆市东南綦江县赶水区土台小鱼沱。1938年中国西部科学院李贤诚到该矿做地质调查，对土台矿区的露头浅部做了少量槽探等地表工作，对矿区储量和品位做了评价，著成《綦江铁矿志》。

本刊为矿产研究刊物，刊期不详。现保存于四川大学图书馆。

《警声周刊》(1938年)

1938年在重庆创刊，中央警官学校警声周刊社发行，中央警官学校印刷所印刷。

本刊以“宣传抗战，建立革命警察制度”为主旨。其载文“介绍警察学术专著，评论国内外政治经济，报道各地警察通讯，刊载抗战建国文艺作品”。本刊主要撰稿人有鲁士金、燕南、王松涛、罗章园、徐圣熙、李士珍等，栏目有校园、训育室通告、论述、校闻、毕业同学消息、两周来国内外大事记、党务消息等。

本刊为警校刊物，周刊，每逢周六出版。16开本，铅印。竖版，双栏。本刊封面前期由图片和文字组成，后期为纯文字布局。1940年2月1日停刊。现保存于重庆图书馆、上海图书馆。

《战胜文粹周刊》(1938 年)

1938 年在重庆创刊，编辑兼发行人许圜，总发行所为重庆第一模范市场锡福里蜀华公司 3 楼战胜文粹周刊社发行部。

本社同人"于神圣抗战中未敢自弃，私愿对于精神总动员的艰巨事业，竭尽绵薄"之力，本着"'战胜急于一切'的原则，发行本刊。所有选材，均以有利于抗战为准绳"。本刊最初与文摘一类的刊物大体相似，后逐渐以登载原创稿件为主。

本刊为抗战宣传刊物，周刊，每逢周六出版。16 开本，铅印。竖版，三栏。终刊时间不详。仅见创刊号。现保存于重庆图书馆。

《战时童子军》(1938 年)

1937 年 7 月在武昌创刊，1938 年迁往重庆，中国童子军总会编辑发行（通信处在重庆两路口市立中学内），启文印刷局印刷。

本刊"主要登载该会的规章、文牍，报道一周来童子军行政概况和抗倭情报，并解答童子军的一切困难、问题"，载文有《战时童子军的工作》《情报业务常识》《民族之光》等。

本刊为中国童子军总会刊物，月刊。16 开本。竖版，双栏。现保存于重庆图书馆、上海图书馆。

《司法公报》(1938 年)

1927 年 12 月在南京创刊，南京司法院秘书处编辑、印行。1927 年 12 月—1928 年 11 月出版第一期到第十九期。1929 年 1 月—1934 年 10 月出版新第一期到第一百五十六期。1934 年 11 月—1948 年 3 月出版新第一期到第八百二十一期。抗战期间迁至重庆观音岩出版，抗战胜利后，仍迁回南京。原由南京司法部公报处编，1934 年 11 月由《司法院公报》与《司法行政公报》合并出版，由司法院秘书处与司法部合编，期数又另起。

本刊“旨在公布司法过去之事实，藉以促进司法前途之进行”。本刊主要栏目有公文、专件、别录、杂录、法规、批文、解释、命令、公函、附录、报告、撰述、补录等。

本刊为司法专业刊物，周刊，1934 年改为五日刊。16 开本。每页有四边栏。现保存于中国国家图书馆、中国人民大学图书馆、山东省图书馆、陕西省图书馆、辽宁省图书馆、吉林大学图书馆、上海图书馆、南京图书馆、南京大学图书馆、安徽省图书馆、浙江图书馆、江西省图书馆、湖北省图书馆、武汉大学图书馆、湖南图书馆、四川省图书馆、重庆图书馆、云南大学图书馆、福建省图书馆、桂林图书馆、广东省立中山图书馆。

《学生自治会会刊》（1938 年）

1938 年创刊于璧山，四川省立教育学院学生自治会编印。

本刊刊载国民基础教育、青年训练、妇女运动、婚姻等教育与社会问题方面的文章，选登学生的文艺与诗歌创作作品，也登载该校学生自治会组织系统表、职员一览表等资料。

本刊为学生自治会刊物，不定期刊。16 开本，铅印。终刊时间不详。现保存于四川大学图书馆。

《四川省地质调查所矿产专报》（1938 年）

1938 年在重庆小龙坎出版，四川省地质调查所与重庆中国西部科学院合作编辑。

本刊为四川省的矿产调查报告集。每期为一专题，有《嘉陵江沱江下游间煤田》《犍为煤田地质》《四川省煤矿概况》《四川省铁矿概略》等。

本刊为矿业专业刊物，不定期刊。横版。正文部分有上边栏。约 1941 年停刊，共出 4 期。现保存于重庆图书馆、四川省图书馆、四川大学图书馆。

《上海童子军战时服务通讯》(1938 年)

1938 年在重庆创刊，中国童子军战时服务第一团出版（通信处为重庆杂粮市 3 号）。

本刊主要报道抗战时期各地童子军的消息，介绍童子军训练理论和宣传方法等内容，载文有《珍惜我们的力量》《做一个自造人》《服务在萍乡》等。

本刊为童子军刊物，月刊。16 开本，铅印。竖版，三栏或四栏。本刊没有独立的封面。目前仅见第二卷第二期和第四期。现保存于重庆图书馆。

《时代文学》(1938 年)

1938 年在重庆创刊，时代文学社编辑发行，主编康玖瑗、王鲁雨、何剑熏。经销地为重庆武库街。

本刊“决愿在百物昂贵的环境内宣传抗战，并针对当时文艺界的缺陷做实际而正确的批评”。载文有《论〈阿 Q 正传〉的改编和出演的失败》《新年》《钢铁商人》等。

本刊为文学类刊物，月刊。16 开本，铅印。竖版，三栏。本刊没有独立的封面。现保存于重庆图书馆、上海图书馆。

《时代文学》第二期封面

《国立中央大学校刊》(1938 年)

国立中央大学于 1927 年 6 月由国立东南大学改组并合并河海工科大学、江苏法政大学、江苏医科大学及南京工业专门学校、苏州工业专门学校、南京农业学校、上海商业专门学校等而成。初名为第四中山大学，1928 年 3 月改为江苏大学,同年 7 月改名为国立中央大学,随后《国立中央大学校刊》在南京创刊,国立中央大学校刊编辑委员会编辑，国立中央大学出版组发行。1938 年起迁至重庆出版，其间有休刊期。1946 年学校复员后，本刊迁回南京。

本刊刊载并介绍该校“注重培养新的精神与新的风气，以造就一般学生为建国干部，克尽其实行三民主义、建设国家之责任”的教育方针，要求全校师生“以勤俭、朴实、刻苦、耐劳之精神，造成中大之新风气”。本刊迁渝后，不仅介绍学校组织、制度、精神、校友动态、体育消息等内容，还加入了有关文学、经济等方面的专题演讲，如 1944 年第九期刊载了中国文学系第七次座谈会上宗白华教授主讲的《歌德及浮士德》。

本刊为大学刊物，周刊，1944 年起改为半月刊，卷期另起，出至 1945 年新第二卷第三期停刊。迁回南京复刊后又改为周刊,卷期另起。1948 年 12 月终刊。16 开本。封面简洁，正文有四边栏。现保存于重庆图书馆、四川省图书馆。

《复旦同学会会刊》(1938 年)

1929 年 7 月在上海创刊，1937 年随学校迁至重庆，1938 年在重庆续出第七卷第一期。1949 年 4 月出版第十四卷第一期后停刊。复旦同学会会刊编辑委员会编辑并发行。

本刊主要撰稿人有陆思安、陈鸿鼎、陈承荫、朱承洵、刘百年、童逊瑗、李云良等，设有通讯、母校消息、校闻、会务、文苑、校友动态、分会消息、杂俎、图书馆报告等栏目。专号有《复旦大学同学会十九年度会务汇报》等。本刊报道的各种关于复旦大学与复旦同学会的消息、报表、会议记录等，成为研究这两者的宝贵资料。

本刊为同学会刊物，其他题名还有《复旦大学同学会月刊》，月刊，1939 年第八卷起改为季刊。16 开本，铅印。竖版，三栏。本刊没有独立的封面，正文三栏之间都有分割线。现保存于中国国家图书馆、上海图书馆、复旦大学图书馆、南京图书馆、四川大学图书馆。

《民生教育》（1938 年）

1937 年 4 月在上海创刊，中国民生教育学会编辑，教育编译馆发行。主编邰爽秋、蒋连白。1938 年迁至重庆出版。

本刊以“阐明民生教育旨趣，介绍实施方法，刊载学会消息”为宗旨，“探讨民生本位教育的哲学、科学、政治、经济、社会、历史、地理、心理等基础”，撰稿人有叶青、潘公展、吴稚晖、邰爽秋等。

本刊为教育刊物，月刊。大 32 开本，铅印。竖版，单栏。正文部分有上边栏。1939 年 9 月终刊，共出 4 期。现保存于中国国家图书馆、上海图书馆、四川大学图书馆。

《税训通讯》（1938 年）

1938 年在重庆创刊，国民政府财政部中央直接税税务人员训练班同学会编辑。

本刊主要刊载税务论著，介绍税务训练班情况，报道税收情况和有关税务的各种消息及该班同学动态等。栏目有特载、专载、选载、消息、同学动态、论著。载文有《敌我财政现状之比较观》《论开征遗产税》等。

本刊为同学会刊物，刊期不详。16 开本，铅印。竖版，三栏。本刊没有独立的封面。仅见 1 期。现保存于重庆图书馆、上海图书馆。

《化学工程》(1938年)

1934年在天津创刊，约1938年迁至重庆出版。1948年迁回天津，1949年终刊。

本刊“介绍化学理论，刊登学术演讲，报道参观实习记录，选登同学毕业论著等”。载文有《管中流体流动速度之分配》《临界温度、临界压力与沸点之关系》《国产与外国纸张性质之测定》等。本刊还刊载业界要闻，介绍国内工业，介绍新书。

本刊为化学刊物，季刊。横版。现保存于重庆大学图书馆、重庆图书馆、上海图书馆。

《中央警官学校校刊》(1938年)

1936年9月，中央警官学校在南京成立。1936年10月28日在南京创办《中央警官学校校刊》。1937年中央警官学校迁至重庆弹子石，约1938年本刊在重庆复刊，于右任题写刊名。本刊由中央警官学校编译室编辑，中央警官学校发行，中央警官学校印刷所承印，中央警官学校消费合作社总经售，重庆各大书局代售。

本刊旨在“发扬警察学术，研究警政实际问题”，设有训词、讲词、特载、力行校风专栏。其内容以论著、专载、译述、转载等形式介绍了中国警察的沿革及世界各国警察的概况、警察应用技术等警察史料。

本刊为警察刊物，月刊。32开本，铅印。目前所见的最晚一期是1945年7月1日出版的第八卷第二期。现保存于重庆图书馆、四川大学图书馆、上海图书馆。

《商标公报》(1938年)

1923年5月4日，我国历史上第一个正式成立的商标局——北洋政府农商部商标局宣告诞生。商标局根据当时商标业务工作需要，于同年9月15日正式

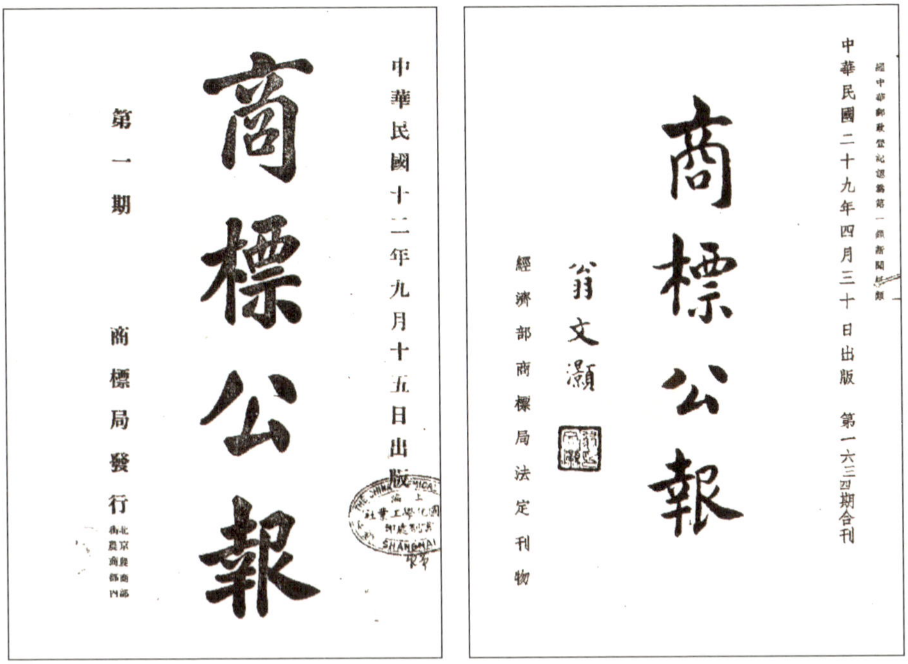

《商标公报》1923 年第一期封面和 1940 年第一百六十三、一百六十四期合刊封面

向中外各界发行由农商部商标局编印出版的《商标公报》，又名《商标公告》。据不完全统计，截至 1927 年 12 月 10 日共出版 124 期，刊登注册商标详细图样、文字资料 13380 件。

1927 年 12 月，国民政府在南京成立了专门办理商标注册等四项业务的全国注册局（商标局后改属实业部，继改属经济部，后又改属工商部）。因商标注册工作需要，全国注册局秘书处从 1928 年 2 月 15 日开始编印出版《全国注册局商标公报》，由实业部商标局编辑课编辑发行。1938 年本刊迁渝出版，编辑、发行、销售地址均为重庆武库街 15 号。1946 年迁至南京出版。

本刊刊登的内容有全国注册局颁布的《注册条例》，有经全国注册局修订的《商标法》和《商标法施行细则》及审定商标、商标补行注册表、商标注册须知等内容。《全国注册局商标公报》一共出版了 11 期。1928 年 12 月，因商标注册工作量大幅增多，商标注册工作从全国注册局职能中划出，单独成立商标局，隶属于工商部。为此，从第十二期起，原《全国注册局商标公报》改名为《商标公报》。从 1928 年到 1948 年，据初步统计共出版 289 期，刊登的商标有 5 万多件。

本刊为商标管理方面的综合刊物，月刊，1947 年改为半月刊。16 开本。本刊是政府商标注册管理部门编印出版的刊登有商标名称、商标图标等资料的定期刊物，也是将工商企业呈请注册的各类商标进行行政通告的法定刊物，更是研究我国近代各个时期商标发展历史的重要基础资料。现保存于中国科学院图书馆、中国人民大学图书馆、北京大学图书馆、北京师范大学图书馆、中国社会科学院世界历史研究所资料室、南开大学图书馆、甘肃省图书馆、吉林大学图书馆、复旦大学图书馆、南京图书馆、南京大学图书馆、江西省图书馆、湖南图书馆、四川省图书馆、重庆图书馆、贵州省图书馆、桂林图书馆。

《四川巴县县立初级中学 30 周年纪念册》（1938 年）

1938 年出版，巴县县立初级中学 30 周年纪念会出版部主编，编辑徐鸣亚。

本纪念册内容有该校的照片、校史、学校现状、机构设施、学生守则、各种公约、改进方案、历届校长名录、教职员表、历届学生一览表等。

本刊为中学纪念册。16 开本，铅印。44 页。现保存于四川大学图书馆。

《四川巴县县立初级中学 30 周年纪念特刊》（1938 年）

1938 年出版，巴县县立初级中学 30 周年纪念会出版部主编，编辑徐鸣亚。校长吴人初撰写发刊词。

本刊为中学纪念特刊。8 开本。单面，铅印，共出 3 期。现保存于四川大学图书馆。

《华侨动员》(1938 年)

1938 年在重庆创刊，华侨委员会侨务月报社编辑并发行（社址在重庆公园路 16 号），编辑者后改为华侨动员社（社址在公园路 3 号）。南京大东新兴印书馆印刷（地址在重庆办事处苍坪街 30 号）。1940 年 4 月 15 日停刊，共出版 22 期。

本刊以“动员华侨贡献抗战”为宗旨，刊登与华侨抗战相关的各类稿件、图画和照片等，其内容主要是有关中国的抗战情况，以及强调华侨在抗战中应具有的责任。本刊主要撰稿人有陈耀章、王基超、刘翼凌、翁之达、陈春圃、李朴生、王志远等，主要栏目有侨务政闻、华侨抗声、半月战况等。

本刊为政治性华侨刊物，半月刊。16 开本，铅印。竖版，三栏。封面由刊名、卷期、本期目录组成。正文部分有上边栏。现保存于中国国家图书馆、上海图书馆、南京图书馆、南京大学图书馆、江西省图书馆、重庆图书馆、四川省图书馆、四川大学图书馆。

華僑動員

半月刊

創刊詞

編者

《华侨动员》创刊号封面

《经济动员》(1938 年)

1938 年在重庆创刊，国民经济研究所编辑并发行（地址在重庆石灰市），重庆安庆印书局印刷。1939 年 6 月 15 日第三卷第一期起迁至昆明出版，云南财政厅印刷局印刷。1940 年 12 月停刊，共出 4 卷。

本刊主要撰稿人有周淑生、邹大钧、陈建棠、赵德民、蒋滋福、朱通九、祝世康、刘大钧等，设有战时经济消息、战时经济法规、战时经济统计、战时经济论文摘要等栏目。本刊的主要目标在于“使国人明了动员之需要，积极开发后方之产业，以增加我国之经济力量，从而加强抗战力量”。本刊的主要内容包括战时工农业生产、对外贸易政策、外汇、银行、金融等方面，同时还包括战时经济法令和各种资料等。

本刊为经济类刊物，初为半月刊，1940 年第四卷起改为月刊。16 开本，铅印。竖版，双栏。封面由刊名、出版项及本期目录组成。现保存于中国国家图书馆、中国人民大学图书馆、中国社会科学院近代史研究所资料室、南开大学图书馆、辽宁省图书馆、上海图书馆、复旦大学图书馆、南京图书馆、南京大学图书馆、安徽省图书馆、江西省图书馆、湖北省图书馆、武汉大学图书馆、四川省图书馆、重庆图书馆、贵州省图书馆、云南大学图书馆、福建省图书馆、厦门大学图书馆。

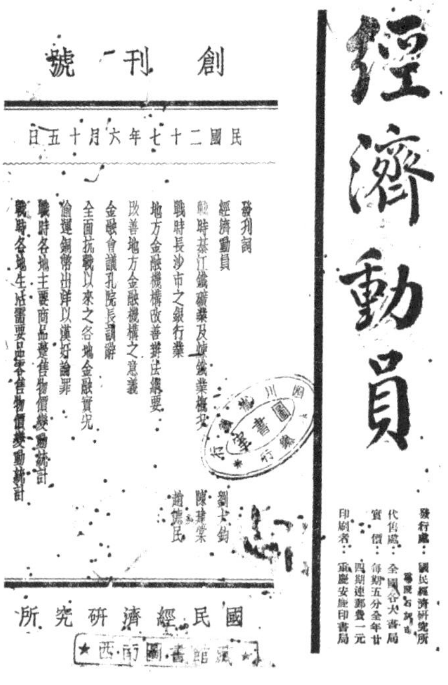

《经济动员》创刊号封面

《抗战青年》（1938 年）

1938 年在重庆创刊，中国抗战青年社编辑发行。

本刊宗旨是“为社会青年、青年学生提供讨论研究关于抗战、救国、就业、升学等各种疑难问题的指导”。

本刊为青年刊物，半月刊。16 开本，铅印。竖版，三栏。本刊封面由漫画、刊名、卷期及本期目录组成。正文部分有上边栏和中间分割线。1938 年 9 月停刊，共出 9 期。现保存于中国国家图书馆、陕西省图书馆、复旦大学图书馆、南京

图书馆、南京大学图书馆、重庆图书馆、福建省图书馆、厦门大学图书馆、中山大学图书馆。

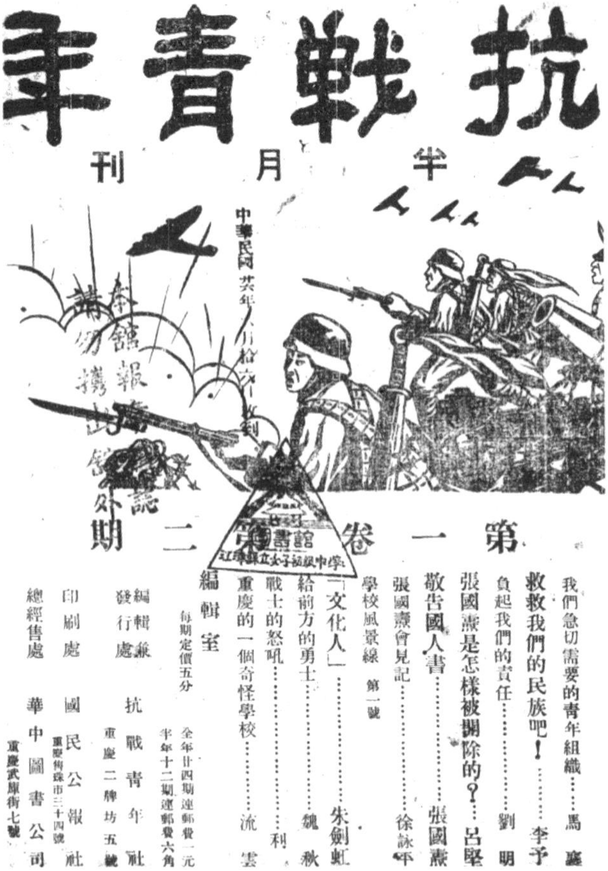

抗戰青年
半月刊

第一卷第二期

我們急切需要的青年組織……馬[illegible]
救救我們的民族吧！……李予
負起我們的責任……劉明
張國燾是怎樣被開除的？……呂堅
敬告國人書……張國燾
張國燾會見記……徐詠平
學校風景線 第一號
「文化人」……朱劍虹
給前方的勇士……魏秋
戰士的怒吼……利
重慶的一個奇怪學校……流雲
編輯室

每期定價五分
全年廿四期連郵費一元
半年十二期連郵費六角

編輯兼發行處 抗戰青年社 重慶二牌坊五號
印刷處 國民公報社 重慶角珠市三十四號
總經售處 華中圖書公司 重慶武庫街七號

《抗战青年》第一卷第二期封面

《抗敌导报》(1938 年)

1938 年在重庆创刊，重庆市各界抗敌后援会宣传组主编。

本刊主要刊载一系列与抗敌相关的消息，设有短评、专论、会务概况等栏目。

本刊为抗战宣传刊物，旬刊。16 开本，铅印。竖版，三栏。每期 10 页。现保存于中国国家图书馆、重庆图书馆、南京图书馆、四川省图书馆。

《妇女生活》(1938年)

1935年7月在上海创刊,战时先迁至武汉,1938年迁至重庆出版。沈兹九、曹孟君先后主编。初由上海书局出版,后改由生活书店出版。

本刊栏目有散文、述论、短评、座谈、图画、独幕剧、书评等。撰稿人有孙育才、曹聚仁、沈志远、茅盾、沈学源、陈方之、罗琼、君慧等。本刊主要介绍国内外妇女运动及其工作、生活情况,发表关于妇女的传记、小说、电影、诗歌等文学作品。

本刊为妇女刊物,月刊,第三卷至第八卷为半月刊,后改为月刊。初为32开本,第三卷起改为16开本,铅印。竖版,双栏。封面由女性照片、刊名、出版项组成。1941年1月出至第九卷第六期停刊。现保存于中国国家图书馆、中国人民大学图书馆、北京大学图书馆、清华大学图书馆、中国社会科学院世界历史研究所资料室、中共中央马克思恩格斯列宁斯大林著作编译局图书馆、南开大学图书馆、山东大学图书馆、陕西省图书馆、吉林大学图书馆、吉林师范大学图书馆、上海图书馆、复旦大学图书馆、南京图书馆、南京大学图书馆、安徽省图书馆、浙江图书馆、江西省图书馆、湖北省图书馆、武汉图书馆、四川省图书馆、四川大学图书馆、重庆图书馆、湖南图书馆、贵州省图书馆、云南大学图书馆、福建省图书馆、厦门大学图书馆、桂林图书馆、广东省立中山图书馆。

《指导通讯》(1938年)

约1938年在重庆创刊,国民党中央执行委员会社会部编行。封面标明“党内通讯,对外秘密”。

本刊初期内容分工作指导、工作记载、工作报告、法规诠释、问答等。1941年第二十二期于1941年12月31日出版,张自立题写刊名,内容分特载、专载、工作指导、政治指导、小组会议结论选辑、通告通令等。1943年第三期于1943年12月15日出版,李汉魂题写刊名,刊有《中国青年与青年中国》《军队党务工作历史的回顾》《空袭威胁下的日本》《本部工作动态》等。

本刊为党务刊物，旬刊。16 开本，铅印。竖版，双栏。1939 年第四期、1941 年第二十二期、1943 年第三期现保存于重庆图书馆。

《重庆趸售物价指数及趸售物价汇编》(1938 年)

约 1938 年在重庆创刊,四川省政府建设厅驻渝办事处印行。其《编制说明》中提及，“重庆为长江上游商埠、西南经济重心，又因战时物价变动剧烈，编制本刊”。

本刊为物价统计刊物，刊期不详。16 开本。现存最晚一期于 1940 年 12 月出版。现保存于中国国家图书馆、重庆图书馆。

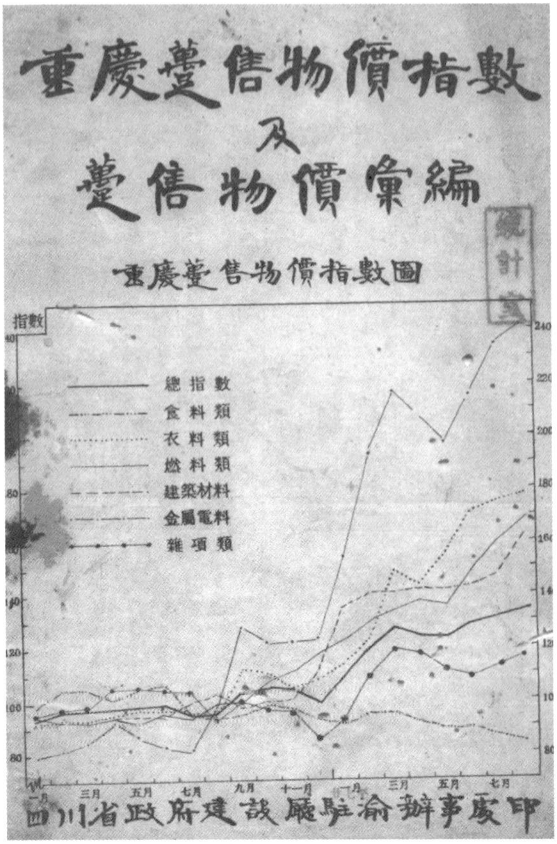

《重庆趸售物价指数及趸售物价汇编》封面

《抗战木刻选集》(1938 年)

中华全国木刻界抗敌协会为版画团体，1938 年 6 月 12 日创立于武汉，会址设于汉口花楼前街大蔡巷 112 号。该协会举办“木刻训练班”，出版《抗战木刻选集》第一集。该协会后迁往重庆，1938 年在重庆出版《抗战木刻选集》第二集，国民政府军事委员会政治部编印。

本刊第二集收入了马基光的《打回老家去》、罗工柳的《战士头像》《民众的先锋队》《夜袭》、卢鸿基的《抗战中诗人的任务》《故乡消息》、力群的《收获》等作品。

本刊为木刻版画刊物，不定期刊。16 开本。现保存于重庆图书馆、四川省图书馆。

《传道者》(1938 年)

约 1938 年创刊，重庆基督复临安息日会中华总会传道协会出版。主编人史华德，助编人季富德、孟昭义、巴文宝、林思翰。

本刊以“扩大传道，增进效能”为宗旨。本刊介绍了加入教会的方法、当地教会成功的方法、建立中国教会的方法及中华总会传道协会奖学金章程等内容。

本刊为教会刊物，月刊，1938 年自第二卷第五期起改为季刊。16 开本，铅印。横版，单栏。第一卷至第九卷现保存于重庆图书馆。

《政治通讯》(1938 年)

1937 年 3 月在南京创刊，1938 年迁至重庆，抗战结束后又迁回南京。国民政府军事委员会政治部编印。

在渝出版的《政治通讯》在封二页都刊载了国民政府军事委员会政治部工作人员信条：部属集体化、生活士兵化、工作学术化、行动军事化。本刊设有本部消息、业务指导、十日论坛、专载、杂组等栏目。

本刊为政治刊物，不定期刊。不对外发行。在渝出版的刊面有设计样式，标题为黑底白字，封二的信条有四边栏，目录页有上下边栏。现保存于中国国家图书馆、北京大学图书馆、甘肃省图书馆、上海图书馆、安徽省图书馆、浙江图书馆、四川省图书馆、厦门大学图书馆、重庆图书馆。

《四川植棉浅说》（1938 年）

约 1938 年创刊，荣昌中央农业实验所编行。

本刊介绍四川植棉概况、棉花栽培技术和棉花供销情况。

本刊为棉花专业刊物，刊期不详。1939 年 4 月终刊，共出 24 期。现保存于安徽省图书馆。

1939 年期刊

《中央政治学校校刊》(1939 年)

创刊于南京，时间不详。1939 年 1 月迁重庆发行，出版者为中国国民党中央政治学校编译部校刊社。每期封面均有总理遗嘱。1941 年 5 月 25 日在中央政治学校成立十四周年时出第一百八十八期纪念特刊。

本刊刊载了各区分部讨论今后教育方针、公务员训练部高等科开学、校本部纪念周活动概况、全校师生改编三大队、1940 年元旦举行隆重纪念、教务处为改进教学而召开的国文英文两科载入教员谈话会等校闻，发表了《小词集锦》《八声甘州》等诗歌。本刊还登载了校长事略、本班训练方针、三民主义的人、花溪巡礼等内容，以及各届毕业生名单。本刊还陆续刊载了学校图书馆新编中文书目及书目勘误的信息。1941 年本刊出版增刊，专门刊载了中央政治学校行政研究会成立的缘起、成立概况、成立意义与展望、行政研究会的任务与使命等内容。

本刊为校刊，先为半月刊，1941 年改为旬刊，1942 年后改为月刊。16 开本，铅印。竖版，双栏。重庆图书馆所存的最晚一期是 1944 年出版的第二百四十七期。绵阳市档案馆也存有部分。

《广播周报》(1939 年)

1934 年 9 月由国民党中央广播无线电台管理处创办，不仅是我国第一份广播节目报，也是近代中国出版时间最长、发行量最大的广播专业报刊。本刊第一期至第一百五十期在南京出版，编辑者为中央广播事业管理处（地址在南京丁家桥），在全国多地发行。1937 年底出完第一百五十期后停刊。1938 年 3 月国民党中央广播电台在重庆恢复播音，本刊于 1939 年 1 月复刊出第一百五十一期，中央广播事业管理处编辑、发行（通信地址为重庆上清寺聚兴村 6 号），正中书局为总代售处，1941 年 4 月出至第一百九十六期停刊。1946 年 9 月在南京复刊，刊数另起，中央广播事业管理处编辑、发行，至 1948 年 12 月终刊，共出 116 期。

本刊内容有国民党中央广播电台的节目预告、特约讲座、教育、音乐、文艺作品、时事性文章及广告等。1946 年复刊以后的刊物用彩印铜版纸做封面，内容涉及广播机构宣传、中外时事、中外风景等，这一时期的主要栏目有节目预告、特稿、专论、时论、学术讲话、广播文萃、特译稿、前一周、新闻线外、点滴、广播信箱、广播漫谈、编者广播、广播通讯、音乐园地等。复刊第十二期起开设《微波副刊》，收录了早先散见于其他版面的“五洲公园”“千嘘集”等栏目，另设有漫画、诗词、小品文、散文、游记、幽默、花边新闻、小掌故、奇闻趣事、科学常识、幕后新闻等栏目。

本刊为广播刊物，周刊。16 开本，铅印。抗战爆发后，因政治、军事、印刷和经费等方面的原因，改为不定期出版，但刊名仍为周报。现保存于中国国家图书馆、中国科学院图书馆、中国人民大学图书馆、清华大学图书馆、北京师范大学图书馆、中国社会科学院近代史研究所资料室、中国社会科学院世界历史研究所资料室、南开大学图书馆、山东省图书馆、山东大学图书馆、甘肃省图书馆、辽宁省图书馆、陕西省图书馆、吉林大学图书馆、吉林师范大学图书馆、上海图书馆、复旦大学图书馆、华东师范大学图书馆、南京图书馆、安徽省图书馆、武汉大学图书馆、湖南图书馆、四川省图书馆、四川大学图书馆、重庆图书馆、贵州省图书馆、福建省图书馆、厦门大学图书馆、桂林图书馆、广东省立中山图书馆、中山大学图书馆等。

《国民公报元旦增刊》（1939 年）

1939 年 1 月 1 日在重庆出版，社址在重庆售珠市 34 号。

本刊刊载的内容以反映当时的政治形势、时事政论、抗战运动、学生生活等为主。载文有翁文灏的《开发内地》、孙兆乾的《关于抗战一年来土地的保卫》、吴承洛的《建设西陲与永久的国防重心》等。

本刊为政论性刊物，不定期刊。16 开本，铅印。竖版，四栏。封面有林森题写的“以正确之言论作民众之导师”字样。现保存于上海图书馆。

《国民公报元旦增刊》1939 年封面

《海声周报》(1939 年)

1939 年 1 月 1 日创刊，主编周英才，发行人刘豁公，海声社发行（社址在重庆字水街 49 号）。

本刊设有社论、国际一周、国内一周、灯塔等栏目。本刊每期除少量发售供一般民众阅读外，其余均作慰劳前方将士之用。

本刊为综合性刊物，周刊，每逢周日出版。16 开本，散页。1939 年 5 月初停刊，共出 18 期。现保存于中国国家图书馆、重庆图书馆、南京大学图书馆。

《回教大众》(1939 年)

1938 年 2 月创刊于武汉，主编沙蕾（通信处设在武昌紫阳村 5 号，后迁至汉口）。同年 6 月停刊。1938 年底迁往重庆。1939 年 1 月 1 日在重庆复刊，卷期另起，回教大众社出版（地址在重庆中山一路新金饭店回教大众社），华中图书公司总经售（地址在重庆武库街 7 号），各省市大书局分售。1939 年出第三卷第三期后停刊。

本刊由回族知识分子创办。本刊设有伊斯兰史、圣贤传略、教义研究、民族论丛等栏目。

本刊为宗教刊物，半月刊。16 开本，铅印。每期约 20 页，每页以黑色细线分为两版。现保存于中国国家图书馆、陕西省图书馆、上海图书馆、复旦大学图书馆、南京图书馆、南京大学图书馆、重庆图书馆、四川省图书馆、四川大学图书馆、厦门大学图书馆。

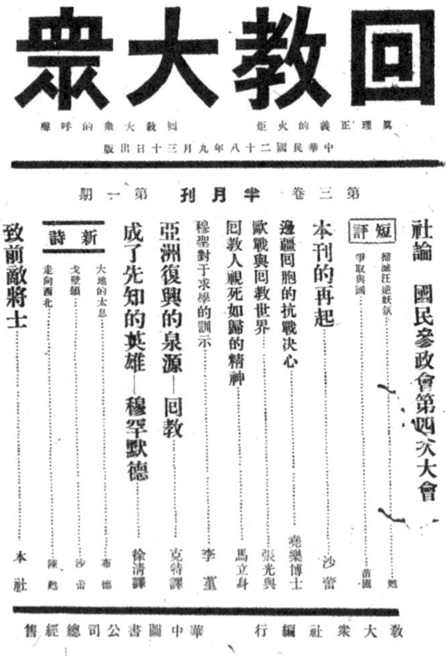

回教大衆

真理正義的火炬　回教大衆的呼聲

中華民國二十八年九月三十日出版

第三卷　半月刊　第一期

社論　國民參政會第四次大會

短評　掃滅汪逆妖氛……甦
爭取與國……蕾圃

本刊的再起……沙蕾

邊疆同胞的抗戰決心……堯樂博士

歐戰與回教世界……張光與

回教人視死如歸的精神……馬立身

穆聖對于求學的訓示……李董

亞洲復興的泉源——回教……克特譯

成了先知的英雄——穆罕默德……徐清譯

新詩
大地的太息……布德
戈壁頌……沙蕾
走向西北……陳甦

致前敵將士……本社

教大衆社編行　華中圖書公司總經售

《回教大众》1939 年第三卷第一期封面

《半月文摘》（1939 年）

1937 年 10 月在汉口创刊，主编陶涤亚，发行人唐性天，发行所华中图书公司（地址在汉口特三区湖北街）。1938 年 7 月出至第三卷第一期停刊。1939 年 1 月 10 日在重庆复刊，续出第三卷第二期，主编仍是陶涤亚，发行人唐性天，华中图书公司发行（地址在重庆武库街）。由于敌机轰炸，1939 年 7 月 10 日出版第三卷第八期后停刊。

本刊内容以文艺、政治为主，有半月漫画、抗战面面观、在抗战前线、抗战图片、战地通讯、见闻、半月来的世界和中国、战时人物专访、有关抗战的特译稿等栏目。“半月漫画”栏目的内容均以集中力量一致抗日为主题。

本刊为时事政治文摘类刊物，半月刊。16 开本，铅印。竖版，三栏。共出 3 卷，每卷 8 期。汉口版每期约 32 页，重庆版每期约 36 页。本刊内容图文并茂，漫画生动形象，能够满足当时民众的阅读及了解时事的需求。现保存于中国国家图书馆、清华大学图书馆、南开大学图书馆、陕西省图书馆、吉林大学图书馆、上海图书馆、复旦大学图书馆、南京图书馆、安徽省图书馆、武汉大学图书馆、湖南图书馆、四川省图书馆、四川大学图书馆、重庆图书馆、贵州省图书馆、福建省图书馆、厦门大学图书馆、桂林图书馆、广东省立中山图书馆、中山大学图书馆。

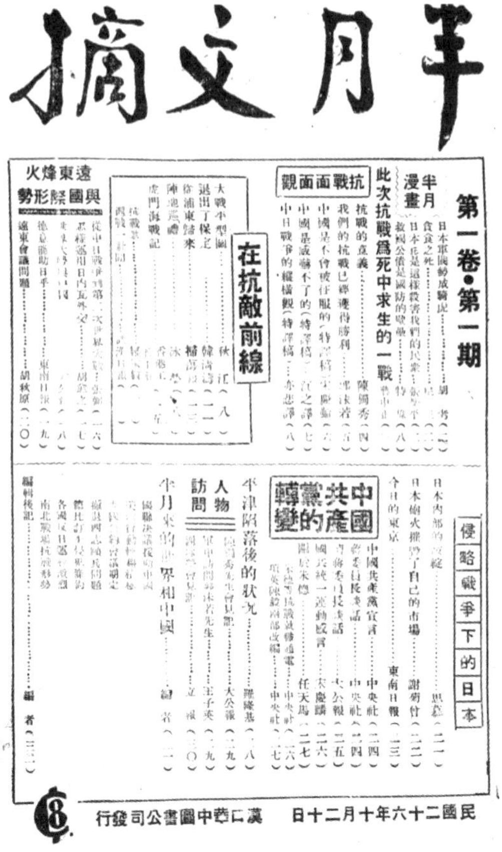

《半月文摘》第一卷第一期封面

《战时文化》(1939 年)

1938 年 5 月在汉口创刊，国民政府政治部第三厅下属的战时文化社主办，主编兼发行人张申府，战时文化社出版，读书生活出版社总经售。出版 6 期后迁至重庆（地址在重庆黉学街打锣巷 2 号），1939 年 1 月 10 日续出第二卷第一期，改为月刊，读书生活出版社总经售(重庆武库街 100 号),青年书店(重庆售珠市)、生活书店（重庆武库街）及全国各地书局分销。

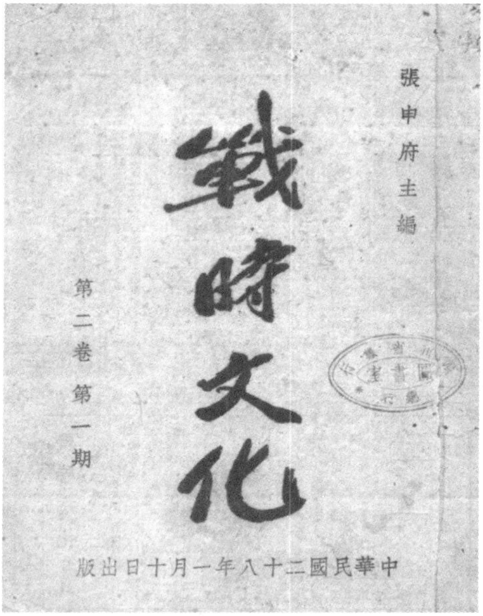

《战时文化》迁渝出版的第二卷第一期封面

本刊设有特载、论文、报告、书报评论、新书提要等栏目，主要反映战时各地文化动态。现存最晚一期是 1939 年 4 月出版的第二卷第四期。

本刊为战时文化刊物，半月刊，迁到重庆后改为月刊。半月刊每册 40 页左右，月刊每册约 80 页。64 开本，铅印。竖版，双栏。现保存于四川省图书馆。

《回民言论》(1939 年)

1939 年 1 月 15 日在重庆创刊，回民言论社编辑发行（社址在重庆上清寺聚兴新村 5 号）。1939 年 7 月改名为《回教论坛半月刊》。1941 年 6 月出至第五卷第六期停刊。

本刊宗旨在于“推动回民救国工作，发扬回教文化，研究回民切身问题，及促进我国与近东各回教国家之邦交”。其载文“纯属学术性质的回民救国言论，供全国同胞研究、批评和采纳，并作为回民救国工作的推动力量，刊载有关伊斯兰文化的介绍和研究”。

本刊为宗教刊物，半月刊。16 开本，铅印。竖版，单栏。正文部分有上边栏和四边框。现保存于中国国家图书馆、北京大学图书馆、清华大学图书馆、中国社会科学院近代史研究所资料室、山东大学图书馆、陕西省图书馆、吉林大学图书馆、上海图书馆、复旦大学图书馆、南京图书馆、南京大学图书馆、安徽省图书馆、重庆图书馆、四川大学图书馆、中山大学图书馆。

《安徽教育》(1939 年)

1939 年 1 月 16 日在重庆创刊，安徽教育通讯社编行（地址在长安寺半边街 11 号）。黄梦飞编辑，编委有胡梦华、陈东原、章柳泉、安事农、张友鸾、方浩重。

本刊发刊旨趣在于“评述省内外教育实况，沟通省内外教育工作者的意见，研究适合本省需要的教育理论与方法”。本刊设有论著、研究、通讯报告、教育文艺、青年园地、地方文化、模范人物、补充教材、教育新闻、专载等栏目。

本刊为地方教育刊物，半月刊。16 开本，铅印。竖版，三栏。正文部分有上边栏。现保存于上海图书馆、重庆图书馆。

《中国半月刊》(1939 年)

1939 年 1 月 17 日在重庆创刊，中央通讯处主办，任玲逊主编。

本刊为英文刊物，用于对外宣传。半月刊，逢 1 日、16 日出版。其他出版信息及保存地不详。

《东北论坛》(1939 年)

1939 年 1 月 20 日创刊，刘守光为编辑，吴焕章为发行人，东北论坛社发行（地址在重庆中一路 274 号 3 楼），正中书局经售（地址在重庆武库街 47 号）。

本刊内容是“有关东北现状的报告与描写，有关东北问题的理论与批评，有关远东国际形势发展的论文，有关日本侵略企图的政经情报，有关东北人的生活动态的记载，东北各文艺作家的创作，以东北为背景的文艺作品”。

本刊为抗战宣传刊物，不定期刊。16开本，铅印。竖版，双栏。封面有简单的颜色设计。正文部分右上方有上边栏。现保存于中国国家图书馆、北京大学图书馆、中国社会科学院近代史研究所资料室、吉林大学图书馆、上海图书馆、复旦大学图书馆、南京大学图书馆、安徽省图书馆、湖南图书馆、四川省图书馆、四川大学图书馆、重庆图书馆、中山大学图书馆。

《大众壁报》（1939年）

1939年1月28日出版，大众壁报社编辑。

本刊创刊宗旨为“宣传抗日，唤起民众，提高救亡情绪”，很多内容摘抄自《新华日报》中的文章。

本刊为抗战宣传刊物，周刊。出20期后停刊。保存地不详。

《财政评论》（1939年）

1939年1月在香港创刊，财政评论社编辑发行（社址在香港九龙大道13号），其重庆发行部地址在临江门川盐里30号，大东书局香港印刷厂印刷。1942年太平洋战争爆发后曾一度迁往重庆出版，社址在重庆临江门川盐里30号。1946年1月抗战胜利后又迁至上海出版（社址在上海中正东路97号）。1948年9月发行第十九卷第三期后停刊，共出110期。

本刊主要“探讨财政、经济及金融原理，论述我国战时财政政策、外汇管理、法币的前途等问题，研究各国战时财政”，刊登反映全球经济动态的译述、战时中国银行业动态的调查报告等。本刊主要撰稿人有陈静民、谭秉文、盛慕杰、罗敦伟、张白衣、李泰初、杨南植、张素民等。初期的主要栏目为论著、译述、通讯、文摘、讲座、统计、法规汇编、公债、股票、物价行市表，后又陆续增加了时评、史料、考据、书评人物、文选、专载、随笔、研究等栏目。

本刊为财经类刊物，月刊。16 开本，铅印。竖版，双栏。现保存于中国国家图书馆、中国科学院图书馆、中国人民大学图书馆、北京大学图书馆、中国社会科学院世界历史研究所资料室、南开大学图书馆、山东省图书馆、山东大学图书馆、陕西省图书馆、甘肃省图书馆、兰州大学图书馆、辽宁省图书馆、旅顺市图书馆、吉林大学图书馆、上海图书馆、复旦大学图书馆、华东师范大学图书馆、南京大学图书馆、安徽省图书馆、江西省图书馆、浙江大学图书馆、湖北省图书馆、武汉图书馆、武汉大学图书馆、湖南图书馆、四川省图书馆、重庆图书馆、贵州省图书馆、云南省图书馆、云南大学图书馆、福建省图书馆、厦门大学图书馆、桂林图书馆、广东省立中山图书馆。

《工程月刊》（1939 年）

1925 年 3 月创刊于上海，中国工程学会发行，吴承洛、顾毓瑔编辑。1939 年 1 月迁重庆出版第十二卷第五期，社址在重庆上陕西街 10 号。

本刊提出了“商量自己，立志牺牲，为人类开辟斗神的大道”的工程教育精神。其宗旨是“动员全国工程师一致奋起，积极抗战”。

本刊为工程刊物，初为月刊，后改为双月刊、季刊。迁渝后因为重庆印刷不方便，所以出刊时间不确定。16 开本。每页两版，横版。终刊时间不详。现保存于重庆图书馆、四川省图书馆、南京图书馆、南京大学图书馆。

《今天》（1939 年）

1938 年 4 月在长沙创刊，今天社编辑发行，通信处及发行处在长沙小学宫街崇文里 11 号。1939 年 1 月迁至重庆，社址在重庆千厮门下行街 38 号。

本刊所载内容有国内外政治、经济形势评论、外交路线分析、战时文化教育等论述，以及人物介绍、小说、诗歌等。作者多为国内知名人士，同时刊有记者与外国人士的谈话记录和部分译著。本刊也重点报道中日战争的战况、局势分析、对策等，介绍重大战役。

本刊为综合性刊物，旬刊，逢5日、15日、25日出版。16开本，铅印。竖版，三栏。封面有简单的设计。正文部分有上边栏。现保存于中国国家图书馆、吉林大学图书馆、上海图书馆、复旦大学图书馆、南京图书馆、南京大学图书馆、江西省图书馆、重庆图书馆、四川省图书馆、四川大学图书馆、广东省立中山图书馆。

《今天》第五期封面

《农放月报》（1939年）

1939年1月创刊于重庆，重庆中国银行四川农放工作组编辑发行。终刊时间不详。

本刊以“辅助农民，增加农业生产，厚培国力”为宗旨，“报道农业放款工作之改进、工作经验、农放消息、工作区概况；讨论农放工作中的问题，刊载农村调查报告”。本刊栏目有小言说、调查、工作经验、工作区概况、消息、工作讨论、报告等。

本刊为农业信贷刊物，月刊。16开本，手刻油印。竖版，单栏。现保存于重庆图书馆、上海图书馆。

《农放月报》第一卷第一期封面

《文学月刊》(1939 年)

据 1938 年 12 月 20 日重庆《民声报晚刊》第 3 版报道：“作家端木蕻良主编之纯文艺之《文学月刊》，定于下月出版。创刊号有萧红、罗烽等之小说，艾青、贺绿汀之诗歌，绿川英子、克夫曹娃、戈宝权、欧阳凡海亦有文章。由生活书店发行。”据此，当在 1939 年 1 月创刊，在重庆出版。保存地不详。

《乡建通讯》（1939 年）

1939 年 1 月在重庆永川出版，四川省第三行政督察区乡村建设设计指导委员会编（会址在四川永川专员公署内），永川专署编行。

本刊为乡村建设刊物，半月刊。16 开本，每页 3 版。约 1939 年 9 月停刊，共出 9 期。现保存于中国国家图书馆、重庆图书馆、南京图书馆。

《政治季刊》（1939 年）

1933 年 10 月创刊于南京，抗日战争爆发后，迁至湖南芷江印刷发行。1939 年 2 月 1 日在重庆续出第二卷第四期（此期为征文特刊），刘振东、程其保主编，中央政治学校研究部出版发行（地址在重庆界石场斗子坝，后迁至南温泉白鹤林），印刷者有华丰印刷铸字所、上海大东书局重庆印刷厂等，重庆中国文化服务社总经售（地址在重庆磁器街 40 号）。

本刊内容多为与古代、现代及国际政治、经济、法律等相关的专著和长篇论文，尤多以文字专论的形式讨论抗战期间中国的政治、经济、法律、教育及文化，还特别刊载了一些重要的图表资料。

本刊为政治学术研究刊物，季刊。16 开本，铅印。每页两版，每期约 150 页。现保存于重庆图书馆、四川省图书馆。

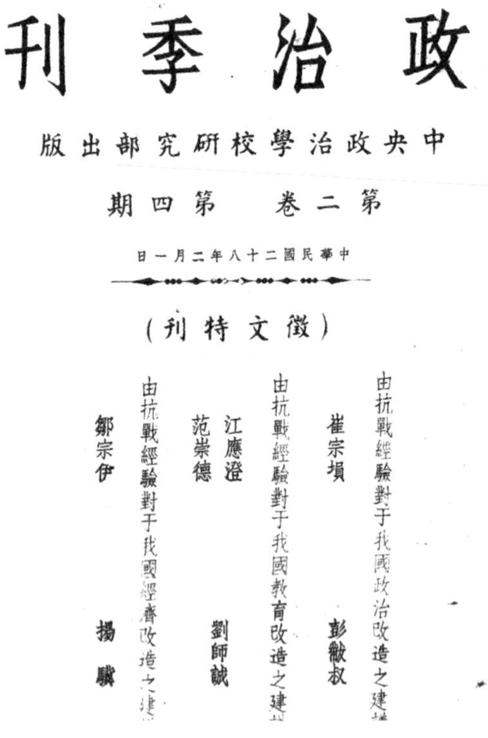

《政治季刊》第二卷第四期封面

《团务通讯》（1939 年）

1939 年 2 月 1 日创刊，中央社会部社会工作团编行（地址在重庆九道门）。1939 年 12 月停刊，共出 16 期。

本刊主要介绍国民党中央社会部社会工作团的各类消息，刊载团员文章等。

本刊为团务刊物，半月刊，逢 1 日、16 日出版。16 开本，铅印。竖版，双栏。本刊没有独立的封面。现保存于中国国家图书馆、重庆图书馆、上海图书馆。

《读书月报》（1939 年）

1939 年 2 月 1 日创刊，编辑人艾寒松、史枚，发行人徐伯昕，发行者生活书店。

本刊以“帮助青年自主学习，推进战时学术”为宗旨，载文介绍读书、学习的方法经验，评论书报内容，解答学习生活中的各种疑问，报道战时文化动态，刊载全国新书月报及全国报纸杂志一览等内容。主要撰稿人有潘梓年、向林冰、杜若君、邹韬奋、徐盈、余爽仁、元留、克柔等人。本刊主要栏目有读书的方法与经验、读物批评、读书问答、读书笔谈、时事月论、读书一得、新书内容提要等。

本刊为学习类刊物，月刊。现保存于重庆图书馆。

《读书月报》第一卷第一期封面

《组织与训练》(1939年)

1939年2月8日出版，国民党中央组织部印行。

本刊设有专载、组织指导举要、训练方案、党务视察、边区党务、军队党务、党员与党籍、法规诠释、党务通讯、党务消息、党义及党务专题研究等栏目。

本刊为党务刊物，刊期不详。现保存于重庆图书馆。

《国粹医药》(1939年)

1939年2月15日创刊，国粹医药月刊社编辑兼发行(地址在重庆市国医分馆上大樑子108号)，编辑主任金满成。吕超题写刊名。

本刊主要栏目有馆令、训令、指令、批答、公牍、专载、论说、专著、学术、药方、医案、杂文等。主要撰稿人有唐阳春、何颖扶、张乐天等人。其宗旨是“保存国粹，发挥我国固有的医药文化”，内容是收集国医秘方、国医典籍史料、江湖医士和民间流行的草药药方等。本刊刊登的文章对中央国医馆重庆市国医分馆的规章制度，对该馆的工作范围、内容、组织架构和分工、负责人及日常活动等细节进行了详细的描述。本刊还讨论了在抗战时期中医应当发挥的作用，认为“中医此时更应当向战时的需要倾斜，集中人力物力在伤科等重点领域，为抗战大局服务”。

本刊为医学刊物，月刊。现保存于重庆图书馆。

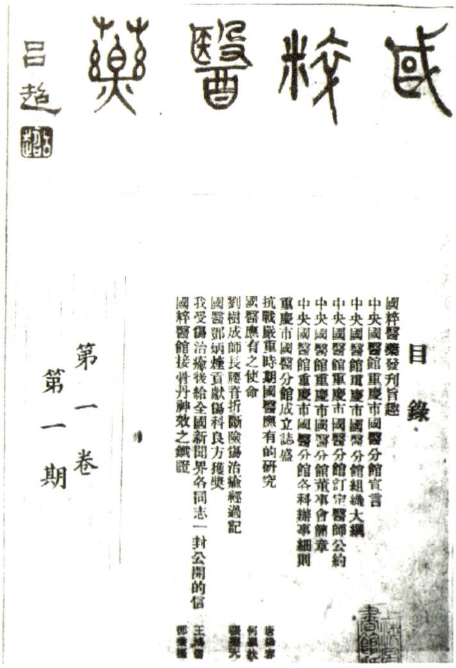
國粹醫藥
呂超
第一卷
第一期
目錄
國粹醫藥發刊旨趣
中央國醫館重慶市國醫分館宣言
中央國醫館重慶市國醫分館組織大綱
中央國醫館重慶市國醫分館訂定醫師公約
中央國醫館重慶市國醫分館董事會簡章
中央國醫館重慶市國醫分館各科辦事細則
重慶市國醫分館成立誌盛
抗戰嚴重時期國醫應有的研究　唐陽春
國醫應有之使命　何穎扶
劉樹成師長聽音折斷險傷治癒經過記　張樂天
國醫鄧炳煃貢獻傷科良方獲獎
我受傷治癒後給全國新聞界各同志一封公開的信
國粹醫館接骨丹神效之鐵證

《国粹医药》第一卷第一期封面

《中华邮工》(1939 年)

1935 年 3 月 5 日在上海创刊，全国邮务总工会宣传部发行。1939 年 2 月 16 日迁重庆改出战时半月刊，全国邮务总工会宣传部出版，全国各地邮务工会负责发行。

本刊“以综合全国邮工意见，发挥工人主张，增进国际劳工感情为宗旨”，设有论述、评论、短评、绿园、文艺、社会调查、科学研究、邮政常识、国内外工人大事记、邮政要闻、编后等栏目。

本刊为邮务工会刊物，原为月刊，迁渝后改为半月刊（1939 年在重庆出版的第一期又称“复刊号”），1947 年 5 月迁回上海后又改为月刊。16 开本，铅印。竖版，单栏。有时几期合订为一册出版，页数少时 16 页，多时 140 页。目前所见的最晚一期为 1949 年 4 月 20 日出版的第十期。现保存于上海图书馆、重庆图书馆。

《中华邮工》创刊号封面、1939 年复刊号封面

《战歌》(1939 年)

原名《战歌周刊》，于 1937 年 10 月在汉口创刊，中国作曲者协会主编（地址在汉口大和街 85 号）。1939 年 2 月迁至重庆出版新第一卷第一期，改名为《战歌》。中国作曲者协会编辑发行，战歌社编印（社址在重庆通远门外康宁路 10 号恬庐）。后迁至云南出版，出版者崇文印书馆，编辑雷石榆、罗铁鹰，发行者救亡诗歌社，总代售生活书店、读书出版社。

本刊主要刊登抗战歌曲，如《念老家》《募寒衣》《上，上，热河就在望》《中华》《和棉衣献给战士们》等。

本刊为歌曲汇编刊物，半月刊。现保存于中国国家图书馆、四川省图书馆、重庆图书馆、重庆大学图书馆。

戰歌
第二卷二期目錄

《战歌》渝版第二卷第二期目录页

《前锋儿童》(1939 年)

约 1939 年初创刊，丰都县前锋小学儿童社出版。封面印有“刻苦、奋斗、紧张、活泼”八个大字。目前所见的最早一期是 1941 年 6 月 10 日出版的第四、五期合刊，为“红色红五月专号”。

本刊“编后杂谈”中称本刊全是儿童作品，“内容简单，词意均无深刻与特殊的地方，它的幼稚不可讳言，但它是儿童们自己创造的园地。从多数作品可以看出儿童的天真活泼，可作为一般中心学校里小朋友们的参考”。本刊出版宗旨是“宣传抗日，反映前锋小学儿童的学习生活”。1942 年出版的第九期是“七七五周年纪念特辑”。本刊内容分论著、说明、记叙、诗歌、简讯、附载六个部分。每期前面刊有漫画。

本刊为儿童刊物，不定期刊。32 开本，石印。发行量初创时为 200 份，后增至 500 份。非卖品。现保存于中国国家图书馆、重庆图书馆。

《服务》（1939 年）

1939 年 3 月 1 日创刊，中央政治学校毕业生指导部出版（地址在重庆南温泉），余井塘、马星野主编，正文印书馆印刷。

本刊内容包括一般行政经验、特殊行政经验、各国青年动态的叙述等，主要栏目有服务经验特辑、专题讨论、名人言行录、著述介绍、海阔天空座谈会、素描集、问答选抄、特载、行有余力座谈会等。

本刊为行政刊物，月刊。现保存于上海图书馆。

《清华中学校刊》（1939 年）

1939 年 3 月 1 日出版，重庆清华中学编行。同年 11 月出第二期，以后未见出版。

本刊“保存重庆清华中学初创时期的珍贵史料，献给关心重庆清华中学的友人，以利于争取切实的指导，实行开门民主办学”。

本刊为中学校刊，半年刊。现保存于中国国家图书馆。

《军事杂志》（1939 年）

1928 年 7 月在南京创刊，国民革命军军事杂志社编辑及发行，上海会文堂新记书局印刷，各省大书房分售。抗战开始后迁湖南衡阳。1939 年 3 月 1 日第一百一十二期起迁至重庆出版，军事委员会军训部军事杂志社编辑兼发行（社址在重庆临江门西来寺 21 号），青年书店印刷所印刷（通信处在重庆邮局第 113 号信箱）。1943 年 10 月又迁至璧山。1948 年自第二百〇一期起迁回南京出版。目前所见的最晚一期是1948年10月出版的第二百一十期。

本刊辟有战术研究、兵器研究、外国军事、军事讲座、军事教育研究、战地通讯、抗战英烈录等栏目。其出版宗旨为“团结国民革命军的精神，引起研究学术的趣味，供给青年军官研究的材料，研究国家重要问题，普及全国民众在军事上的智识”。

本刊为军事刊物，月刊。16开本，后改为大32开本。停刊时间及原因不详。现保存于四川省图书馆、四川大学图书馆、重庆图书馆。

《军事杂志》1939年第一百一十二期封面

《贸易半月刊》(1939年)

1939年3月5日在重庆创刊，国民政府财政部贸易委员会编辑发行。

本刊主要栏目有论著、专著、译述、经济书评、经济文摘等，主要内容是与国际贸易、国际金融以及与主要出口商品有关的论著或者译述，主要撰稿人有冯和法、夏震、邹秉文、吕润璧、王元照等。本刊的主要目标“在研究国际贸易实况，讨论国际贸易问题。”本刊内容十分丰富，“有关于国内出口货物的生产、运销实况的研究；有世界市场、国际金融、国际贸易实况等方面的报道；还有在国际条约、国际政治中影响我国对外贸易方面的消息；更有敌人和其他各国的经济政策、经济实况、贸易情形等”。另外，本刊还摘录不少经济学家对经济方面的研究，同时还介绍各国的著名经济刊物，刊载各种经济书评。

本刊为商贸刊物，半月刊。现保存于上海图书馆、重庆图书馆。

《欧亚文化》（1939 年）

1939 年 3 月 15 日在重庆创刊，中国留法比瑞同学会编辑兼发行（地址在重庆龙王庙 4 号，后迁至上石板街 42 号、临江门顺城街 58 号），中国文化服务社总经售。封面标明，“中国留法比瑞同学会会刊”。吴敬恒题写刊名，毛庆祥撰写发刊词。本刊前身是在汉口出版的《中国留法比瑞同学会会刊》（半月刊，出 7 期后停刊）。中国留法比瑞同学会由鄂迁湘，再经滇迁渝，经理监会议决复刊，并更名为《欧亚文化》。

本刊出版主旨为“发表同学平素研究之心得，以资切磋。贡献有关抗战建国各部门之计划，以备采纳。借以沟通同学间之声气，并与社会人士相观摩”。本刊辟有专著、中法与法苏特辑、科学论文、杂俎、文艺等栏目，曾提出“到民间去”的口号。

本刊为同学会会刊，月刊。停刊时间不详。现保存于中国国家图书馆、四川省图书馆、四川大学图书馆、重庆图书馆。

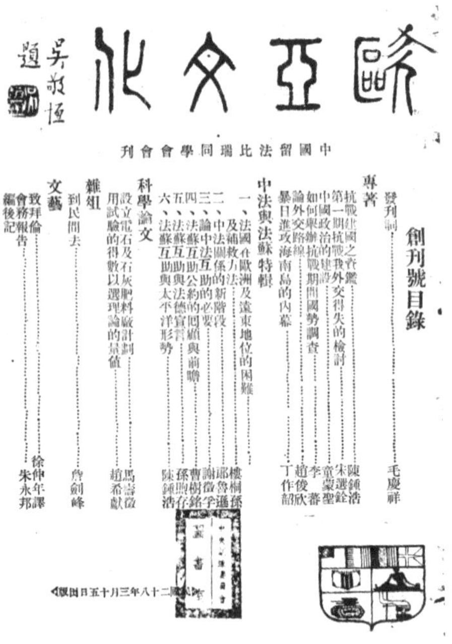
歐亞文化
吳敬恆題
中國留法比瑞同學會會刊
創刊號目錄
發刊詞……毛慶祥
專著
抗戰建國之資鑑……陳鍾浩
第一期抗戰我外交得失的檢討……朱選銓
中國政治的建設……童蒙聖
如何舉辦抗戰期間國勢調查……李蕃
論外交路線……趙俊欣
暴日進攻海南島的內幕……丁作韶
中法與法蘇特輯
一、法國在歐洲及遠東地位的困難及補救方法……樓桐孫
二、中法關係的新階段……邵魯邁
三、論中法互助的必要……謝徵孚
四、法蘇互助公約的回顧與前瞻……曹樹銘
五、法蘇互助與法德宣言……孫照存
六、法蘇互助與太平洋形勢……陳鍾浩
科學論文
設立電石及石灰肥料廠計劃……馬壽徵
用試驗的得數以選理論的最值……趙希獻
雜俎
到民間去……詹劍峰
文藝
致拜倫……徐仲年譯
會務報告
編後記……朱永邦
民國二十八年三月十五日出版

《欧亚文化》创刊号封面

《工合之友》（1939 年）

1939 年 3 月 15 日创刊，中国工业合作协会推进委员会编辑兼发行（地址在重庆吴师爷巷）。

本刊设有政论、工合情报、各地工合动态、工业常识、工合同志等栏目。其主要内容是“关于社内生产制造，货品销售情形；社员生活（工作、集会、学习、抗敌后援工作等）；当地生产情形及民众生活；在敌人后方，我们的生产工作与抗日英勇战争；经济建设运动中的英勇事迹；关于工业合作问题的意见”。本刊主要是“宣传工业合作社的意义和任务，提倡合作精神，报道各地工合情况，以推进工合运动的深入发展，争取抗战的最后胜利”。

本刊为工业合作刊物，半月刊。现保存于上海图书馆、重庆图书馆。

《工合之友》第一卷第一期封面

《敌情研究》(1939 年)

1939 年 3 月在重庆创刊，国民政府军事委员会政治部第三厅第三科编印。原名《敌情研究资料》，“由于内容与性质的关系”，改名为《敌情研究》，“计划每 10 日出版一期”。

本刊专送各高级机关及各级政治部作为研究敌情的参考资料，有时含有机密内容。

本刊为时政情报类刊物，旬刊。现保存于重庆图书馆。

《教育与农业》(1939 年)

1939 年 3 月创刊，教育与农业月刊社编辑发行（地址在重庆磁器口四川省立教育学院内）。

本刊出版宗旨为“研讨教育与农业实际问题，阐述乡村建设与方法”。其主要内容有专论、教育与农业之实际问题、研究报告、乡建通讯、教育消息、文艺、书报介绍等。

本刊为地方教育刊物，月刊。1939 年 6 月停刊，共出 3 期。16 开本。现保存于中国国家图书馆、南京图书馆、四川大学图书馆、南京大学图书馆。

《医育》(1939 年)

1935 年 10 月在南京创刊（通信处为南京教育部医学教育委员会），1939 年从第三卷第一期起迁至重庆出版，教育部医学教育委员会医育编辑社编行。1941 年 6 月出至第五卷第六期停刊。

本刊旨在“给一切从事医学教育的专家和工作人员，提供一个交换意见的中心，藉以讨论各种医学教育问题，实现教育的改进”。本刊主要“刊登与医学及医学教育有关的论著，讨论各种医学教育实际问题、医校之训育问题和教学方法，提供医学教育参考资料、医药助产护士及中小学卫生补充材料，介绍医学书报、医学专家对于各学科的教学经验和委员会颁布的各类章程规则、办事细则及奖学金办法，报道医学教育消息和各国医育教育概况等”。主要撰稿人有许雨阶、冯兰洲、何博礼、柳安昌、孟廷秀、郭绍周、尹莘农、鲁德馨、郭常升、顾学箕、葛成慧、胡定安、葛克全等。本刊设有论著、学说、专著、史料、边疆卫生、章程及办法、医事丛谈、生活写真、书报介绍、转载等栏目。

本刊为医学教育刊物，月刊。16开本，铅印。竖版，双栏。封面由刊名、卷期、出版项及本期目录组成。现保存于中国国家图书馆、中国科学院图书馆、首都图书馆、中国社会科学院世界历史研究所资料室、吉林大学图书馆、上海图书馆、复旦大学图书馆、南京图书馆、南京大学图书馆、重庆图书馆、四川省图书馆、厦门大学图书馆。

《资源委员会月刊》（1939年）

1939年4月1日在重庆创刊，经济部资源委员会编辑兼发行，南京劳益印刷所承印（地址在重庆定远碑3号）。

本刊主要栏目有附录、本会消息、本会法规、工作报告、本会事业状况及要闻、会外工业及市场调查、会外矿业及市场调查等。其中，“本会消息”栏目是对该会行政组织、人员变动等重要行政事务消息的报道与记录。“本会法规”栏目涉及的内容是资源委员会一些下设的机构或办理经营的企业的组织章程和办法等。“本会事业状况及要闻”栏目是对该会所经办的重要企业的新闻概述。“会外工业及市场调查”与“会外矿业及市场调查”栏目是针对非资源委员会管辖的国内外矿产、钢铁等重要战时资源与市场的调查报告。主要撰稿人有罗志如、李陵、翁文灏、钱昌照、陈大受、黄育贤、江鸿治、邢必信等。

本刊为经济刊物，月刊。现保存于上海图书馆、重庆图书馆。

《明耻》(1939 年)

1934 年在江西创刊，中央陆军军官学校特别训练班编印，南昌中山路艺文书社代印。抗战开始后曾停刊。1939 年 4 月 1 日在丰都复刊，丰都明耻半月刊社中央军校特别训练班编辑兼发行，卷期另起。同年末，训练班迁至合川。自 1940 年 1 月 16 日第二卷第一期起，本刊在合川出版，明耻半月刊社编辑兼发行（通信处为合川武字第 89 号信箱），合川文化服务社总代售。自 1940 年 10 月 1 日起改为月刊，编号另起，为第一卷第一期，明耻月刊社编辑发行。封面印有“理论的，批评的，报道的，综合的”十二个字。

本刊征求“阐扬总理遗教……之著述，哲学、文化、社会、国际、政治、经济、军事、自然科学等著译……敌情研究，战地及有报道价值之地方通讯，工作经验之报道及工作问题之讨论，有关抗战之文艺作品，有抗建意识之漫画、木刻”。

本刊为综合性刊物，半月刊，后改为月刊。16 开本，铅印。1943 年 4 月出版的第一卷第五、六期合刊是现存最晚一期。现保存于中国国家图书馆、四川大学图书馆。

《工业合作月刊》(1939 年)

1939 年 4 月 15 日在重庆创刊，中国工业合作协会推进委员会编辑，中国工业合作协会发行。

本刊内容包括“具有研究性质的工业合作问题专著，编译外国的工业合作问题论文，关于合作社的教育问题，各地工商业及各项经济实况调查，工业技术的研究与设计”。载文有朱玉昆的《抗战期中四川煤矿问题》、罗冕的《四川土法炼焦改良之研究》、周耀平的《工业合作运动的历史人物》、杨百先的《关于工业合作社登记上所遇的困难》等。

本刊为工业类刊物，初为月刊，后改为半月刊。现保存于上海图书馆、重庆图书馆。

《戏剧岗位》(1939年)

1939年4月15日在重庆创刊，熊佛西主编，刘念渠、王小涵编辑，华中图书公司出版发行（地址在重庆武库街7号）。

本刊内容包括“戏剧理论及技术研究之著述译著，创作剧本，演出及读物之评介，各地戏剧工作报道”等。本刊主要栏目有每月座谈、读物介绍、在岗位上、搜查、短讯、零讯、话剧的演谱、独幕剧、小剧场、写剧诸问题等。本刊主要撰稿人有熊佛西、陈治策、任钧、徐昌霖、刘念渠、阎哲吾、寇嘉弼等。载文有《政治、教育、戏剧，三位一体》《台下散谈》《论戏剧工作者的自学》《两年间抗战戏剧诸问题的检讨》《目前中国戏剧教育上的实际困难问题》等。

本刊为戏剧刊物，月刊。现保存于上海图书馆、重庆图书馆。

《理论与现实》(1939年)

1939年4月15日在重庆创刊，沈志远主编，徐伯昕发行。编委有沈志远、李达、艾思奇、千家驹、侯外庐、马哲民、曹靖华、潘梓年、钱俊瑞。约1941年1月停刊。1946年5月在上海复刊，1947年3月再次停刊。

本刊主要栏目有社论、专著、理论检讨、文艺理论与批评、中外名著评介等。本刊以“学术中国化”和“理论现实化”为办刊宗旨，主要探讨哲学、政治、经济、历史、科学、文艺等问题，内容有重大学术文化介绍、中国专题研究、敌国专题探讨、苏联问题研究、世界政治经济问题剖解、学术思想批判、文艺理论介绍、书报评价、论著及翻译等。本刊刊载了大量文化界名人的文章，如侯外庐的《中山先生宪法思想之理论与实际》、吕振羽的《关于中国社会史的诸问题》等，还翻译发表了许多国外政治、经济、文化论著，如《偶然性和必然性的辩证法》《资本主义国家新的经济危机及其特点》《列宁的文艺理论》等。

本刊为社科学术性刊物，原为季刊，复刊后改为双月刊。现保存于重庆图书馆。

《战斗美术》(1939 年)

1939 年 4 月 20 日在重庆创刊，主编为木刻家卢鸿基、王琦，编委会成员有骆风、王嘉仁、铸夫、丁正献、张望、李可染，战斗美术社发行，生活书店总代售。

本刊栏目有艺术理论、漫谈、通讯、批评、译作介绍等。本刊主张“不但和日本帝国主义战斗，而且还要和一切不正确的理论战斗”，主要“阐述艺术理论，介绍一系列唤起民众、鼓舞抗日的美术作品”。

本刊为美术刊物，双月刊。现保存于上海图书馆、重庆图书馆。

《战斗美术》第一期封面

《时代思潮》(1939 年)

1939 年 4 月在重庆创刊，时代思潮社编辑并发行。曾停刊，1941 年迁江西泰和复刊。1944 年 3 月停刊。

本刊是一份专门研究三民主义的理论刊物，其内容包括三民主义的哲学基础、进化论观点、历史观、思想演变等。本刊特设通信一栏，讨论读者来信中反映的与三民主义有关的问题，讨论内容有三民主义与社会主义的比较、三民主义的哲理内涵、三民主义的研究方法及论著等问题。

本刊为政治理论刊物，半月刊。现保存于重庆图书馆。

《今日儿童》(1939 年)

1939 年 4 月在重庆创刊，中华慈幼协会发行（地址在重庆会仙桥 28 号），编辑人黄百克，正文印书馆印刷。1939 年 6 月停刊，1944 年 8 月复刊，卷期另起。

本刊主要研究战时儿童，特别是难童的保障、救济、教养、卫生及心理、生理等方面的救助问题，向各界介绍中华慈幼协会的工作及难童的真实情况，唤起各界人士的同情并使其施以援助；同时也报道儿童在救济院的生活、学习情况，刊登儿童所写的文章，介绍管教难童的经验，报道该会会务消息、战后慈幼事业的计划等内容。

本刊为儿童教养刊物，半月刊，1944 年改为季刊。16 开本，铅印。竖版，三栏。正文部分有上边栏。现保存于中国国家图书馆、重庆图书馆、上海图书馆、南京图书馆、南京大学图书馆、复旦大学图书馆。

《现代邮政》(1939 年)

约1939年4月在重庆创刊，现代邮政月刊社出版（社址在綦江北街152号）。社长龙达夫，主编冯农。

本刊由王漱芳题写刊名，主要“刊载邮政政策、相关论著，介绍国外邮政情况，开设邮政小讲座，登载邮政消息以及邮人文艺”。

本刊为邮政刊物，月刊。现保存于上海图书馆。

《新意识》（1939 年）

1938 年 9 月 15 日创刊于上海，胡卓英编，新意识杂志社出版。后迁至汉口、衡阳、桂林，1939 年 4 月 25 日自第七期起在重庆出版（地址在重庆张家花园 36 号）。

本刊“是综合性的读物，尤注重国内时事动态的检讨、分析。针对现实需要，在意识上作新鲜的合理的提供。不仅发扬抗战建国的光明一面，并对大时代社会一般的落后性形态，予以严正的批评”。

本刊为时政评论刊物，半月刊，迁渝后改为月刊。1940 年 7 月出完第十七期后停刊。现保存于中国国家图书馆、浙江图书馆、贵州省图书馆、广东省立中山图书馆、重庆图书馆。

《胜利画报》（1939 年）

1939 年 4 月 26 日创刊，正气出版社出版发行，张文元主编，叶浅予、高龙生、汪子美、张东平等人撰稿。

本刊为抗战画报，旬刊。现存第一期，以后未见出版。现保存于上海图书馆、重庆图书馆。

《兵役月刊》（1939 年）

1939 年 4 月 30 日在重庆创刊，军政部兵役署编辑发行，生生印刷公司印刷（通信处为重庆邮政信箱 134 号）。

本刊办刊目的是“阐明兵役的理念，普遍宣传兵役法令，沟通各方面对役政的意见及唤起民众踊跃服役”。其内容涉及我国历代兵役制度的研究，现行兵役制度与兵役法的研究，各国兵役制度与兵役行政等。本刊设有特载、论著、专载、法令、惩奖、会议记录、兵役、兵役史话、消息等栏目。

本刊为军事宣传类刊物，月刊。16开本，铅印。自1944年6月第六卷第三期起，增印1000份，公开发行。1945年5月出版的第六卷第十期是现存最晚一期。现保存于四川大学图书馆、南充市档案馆、自贡市档案馆、甘孜藏族自治州图书馆、绵阳市档案馆、重庆图书馆。

《全民抗战等七大杂志联合特刊》(1939年)

1939年4月出版，重庆《全民抗战》《妇女生活》《战时教育》《世界知识》《文艺阵地》《读书月报》《理论与现实》七家杂志社联合编行。本特刊为全民总动员专号。其他信息不详。保存地不详。

《学林》(1939年)

1939年5月1日在重庆创刊，学林刊社发行，殷孟伦、潘重规、黄焯、钱堃新编辑（通信地址为重庆国立中央大学文学院殷孟伦收）。

本刊发刊词中说："窃欲总荟今古，发皇国闻，贞夫百虑于民族国家义帜之下"，"凡以论著、札记、文艺及前贤遗著未经刊行者"，均可发表。

本刊为综合性刊物，月刊。16开本。第二期于1939年10月1日出版，以后未见再版。其他信息不详。保存地不详。

《敌伪经济情报》(1939年)

1939年5月在重庆创刊，经济部秘书厅编辑。

本刊为经济刊物，月刊，但常脱期。16开本，油印。封面印有"密件"字样。1940年9月出版的第十二期是现存最晚一期。现保存于中国国家图书馆、清华大学图书馆。

《战地知识》(1939年)

1939年6月10日在重庆创刊,主编钱俊瑞,发行人夏石农,生活书店总经售,通信处为重庆学田湾生活书店转。编委会成员有王向予、李辉英、何家槐、季文甫、胡绳、柳乃夫、陈北鸥、张友渔、薛暮桥、钱俊瑞等14人。

本刊旨在"供给战区和敌后工作同志以各项较有用的材料,用战地的血肉斗争来鼓励后方同胞,帮助前方作战"。其内容有半月大势、舆论点滴、论文(主要讨论战区和敌后工作)、战地训练班(介绍宣传所用的材料,以及识字课本等),还有资料室、拔萃(摘录重要文章)和战地通讯、工作问答等栏目。

本刊为抗战宣传刊物,半月刊。1939年12月15日出完第十二期终刊。现保存于中国国家图书馆、四川省图书馆、自贡市档案馆、重庆图书馆。

《中国报导》(1939年)

约1939年6月(又一说1940年11月)在重庆出版,用世界语排印,每期在国内外发行5000~9000份,颇受欢迎。很多同情中国抗战的世界语者成为本刊的代销人。他们还将《中国报导》上的文章译成本国文字发表,扩大了本刊的宣传和影响范围。为使这些读者及早收到刊物,主办者特别用薄纸印了少量的"航空版"寄给他们。后因经费困难,改为32开本,不定期出版。叶籁士主编,霍应人编辑和翻译,乐嘉煊印刷并管理排字房,先锡嘉发行。本刊曾得到郭沫若的支持。绿川英子、钟宪民、许寿真、冯文洛、张闳凡等曾为本刊撰稿、译稿。

本刊宣传抗日战争,报道日本帝国主义对我国的侵略罪行,介绍新四军、八路军和抗日英雄事迹,还节译刊载了毛泽东的《论持久战》。约1945年3月后停刊。

本刊为抗战宣传刊物,先为半月刊,后改为不定期出版。先为16开本,后改为32开本。保存地不详。

《慰劳》(1939年)

1939年6月创刊，全国慰劳抗战将士委员会总会编辑兼发行（地址在重庆两路口），重庆化龙桥新蜀报印刷厂印刷（地址在重庆两路口陶业专校内）。共出29期。1941年9月10日出第二十九期后停刊。

本刊主要刊登慰劳抗日将士的文章和书信，并刊有小说、诗歌等作品。

本刊为抗战宣传刊物，半月刊。现保存于中国国家图书馆、四川省图书馆、南京图书馆。

《政治建设》(1939年)

1939年6月创刊于重庆，田雨时、高向杲编辑，中国政治建设学会发行。

本刊主要栏目有特辑、专著、译述、调查统计等，办刊宗旨是“以纯学术研究为立场，提供有关政治建设之具体方案”。本刊内容包括“促进地方自治与改革地方行政，对于战区政治之有效的推进，提高战时行政效率，根除贪污与厉整政治风纪，关于行政各部门之改进方案，各国现行政治制度比较之研究”等。

本刊为学术类刊物，月刊。现保存于上海图书馆、重庆图书馆。

《国立中央大学师范学院教育丛刊》(1939年)

1939年6月创刊于重庆，国立中央大学师范学院编辑，国立中央大学出版组发行，国立中央大学及重庆各大书局代售，国立四川造纸印刷高级职业学校工厂印刷。1940年6月30日出第五卷第一期后停刊。

本刊内容主要是关于师范教育和教育学术研究，设有论著和特载两个栏目，刊登的文章有许恪士的《教育政策与教育价值》、潘菽的《论中国大学教育所忽略的方面》、汪少伦《对于公民训育系的理想》、李清悚的《中等教育对于各级教育之关系》等。

本刊为教育学研究刊物，半年刊。现保存于中国国家图书馆、四川省图书馆、南京图书馆、上海图书馆。

《中工所通讯》+《工业中心》（1939 年）

两种刊物均由重庆国民党中央工业试验所编行。《中工所通讯》是油印刊物，约 1939 年上半年出版。同时还出有公开发行的不定期刊《工业中心》。两刊均由附设在窑业厂内的编辑室负责编印。编辑室主任原为袁可尚，后由石坤林接替。主编由所长顾毓瑔兼任。《工业中心》的内容皆为实验报告、学术论文。保存地不详。

《合作事业》（1939 年）

1939 年 7 月 1 日在重庆创刊，经济部合作事业管理局编印。

本刊内容有论著、合作新闻、经济要闻等，刊登有关合作政策及行政设施之叙述及研讨、合作理论之探讨及介绍、合作实务之研究及报告、合作问题之分析及讨论、合作及有关合作法规之研究等方面的文章。

本刊为合作专业类刊物，月刊。第一卷出 6 期，以后 10 期为 1 卷。抗战胜利后迁南京出版，约 1948 年 9 月终刊。现保存于四川省图书馆、四川大学图书馆、自贡市档案馆、重庆图书馆、云南大学图书馆。

合作事業
經濟部合作事業管理局編印
第一卷 第一期
本期目次
發刊詞

《合作事业》创刊号封面

《战时青年》(1939 年)

1938 年 1 月 10 日在汉口创刊，为中国学生救国会的机关刊物。自 1939 年 7 月 10 日第二卷第一期起迁至重庆出版，发行人何仲觉，战时青年社编辑出版(地址在重庆枣子岚垭 25 号)。

本刊《和读者相见》一文中说，本刊的任务是讨论青年的工作问题，讨论青年的生活和修养问题、青年的学习问题。

本刊是中共中央南方局青年组指导青年运动的刊物。杨培新曾参与本刊编辑工作。原为半月刊，迁渝后改为月刊，1940 年 9 月又改为半月刊，重新编号。出 7 期后于 1940 年 12 月被迫停刊。16 开本。现保存于中国国家图书馆、四川省图书馆、四川大学图书馆、重庆图书馆。

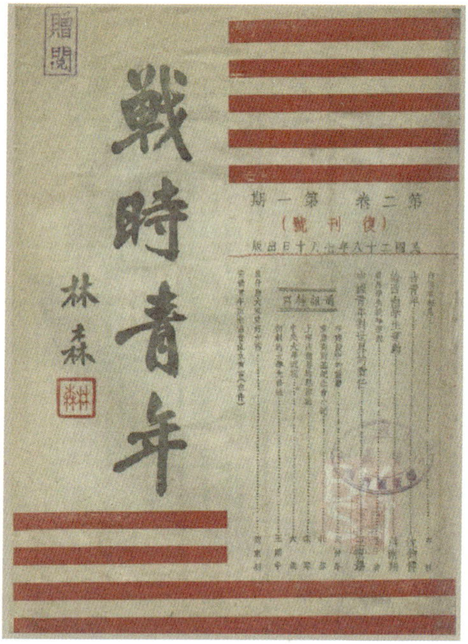

《战时青年》1939 年第二卷第一期封面

《青年科学》(1939 年)

1939 年 7 月 15 日创刊，中国青年科学社编辑发行(通信地址在重庆中一路 214 号)。本刊在重庆出完第一期后，即迁至成都，1939 年 8 月 15 日在成都出第一卷第二期。约 1940 年 4 月出至第二卷第四期停刊。

本刊内容“以合乎抗战建国为原则”，包括“通俗科学的著译、短评”，介绍“国内外新书、工厂、学校、研究机关及古今科学家、调查报告”等。

本刊为综合类通俗刊物，月刊。16 开本，每期 4 页，后增至每期 16 页。

现保存于中国国家图书馆、四川大学图书馆、南京大学图书馆、重庆图书馆、湖北省图书馆。

中國青年科學社出版

青年科學

第一卷 【月刊】 第一期

我們的使命

本期目錄

中華民國二十八年七月十五日

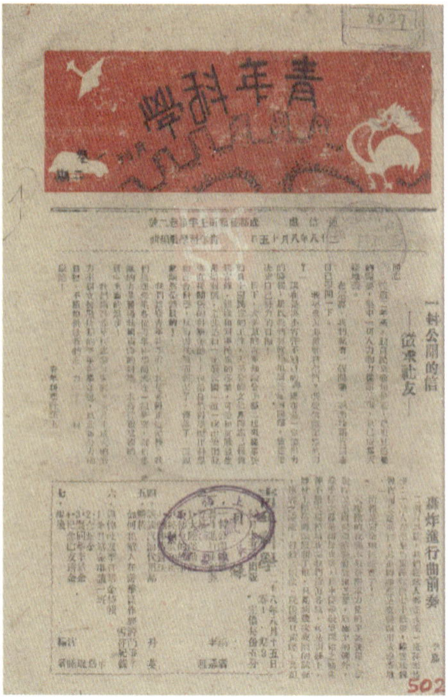
青年科學

一封公開的信

——致求社友——

轟炸進行曲前奏

《青年科学》第一卷第一期、第一卷第二期封面

《贸易消息》(1939 年)

1939 年 7 月 17 日在重庆创刊，财政部贸易委员会编印。1940 年 6 月 3 日出第四十七号。

本刊内容是关于中国进出口贸易的情况，以及各种统计等。

本刊为经济刊物，周刊，每周一出版。16 开本，每期 4 页。现保存于四川大学图书馆、重庆图书馆、复旦大学图书馆、南京图书馆。

《中国青年》(1939 年)

1939 年 7 月 20 日在重庆创刊，中国青年月刊社编辑（社址在重庆中一路 206 号），青年书店发行，扫荡报印刷所印刷。

本刊主要栏目有论著、译述、通讯、文艺、书报介绍与批评等。本刊以“鼓励青年参战的热忱，灌输青年建国的智能”为指导方针。

本刊为青年刊物，月刊。现保存于上海图书馆。

《中央党务公报》(1939 年)

1939 年 7 月 22 日在重庆创刊，国民党中央执行委员会秘书处编印。

本刊以“公布国民党内部文件为主，兼及社会事务的主旨不变”，内容有特载、通令通告、工作报告、训练、宣传、组织、社会、海外、法规、人事等。

本刊为政治刊物，原为周刊，1945 年 1 月 15 日第七卷第一期起改为半月刊。16 开本。抗战胜利后迁南京。停刊时间及原因不详。现保存于四川大学图书馆、峨眉山市档案馆、自贡市档案馆、遂宁市档案馆、南充市档案馆。

《新闻记者》(1939 年)

1937 年 6 月 5 日在上海创刊，顾执中编辑兼发行，新闻记者社出版，太平洋印刷公司印刷（通信地址为上海白尔路 80 号）。自 1939 年 7 月第二卷第一期起迁至重庆出版，顾执中主编兼发行。

本刊主要研究新闻学术，介绍国内外新闻事业、新闻人物等。

本刊为新闻工作者刊物，月刊。约 1941 年 3 月出第二卷第十期后停刊。现保存于四川大学图书馆、南京图书馆、重庆图书馆。

《新闻记者》创刊号封面

《反侵略》(1939 年)

1938 年 9 月在汉口创刊，反侵略周刊编辑委员会编辑，国际反侵略运动大会中国分会编辑委员会出版（地址在汉口特三区怡和街 13 号）。1938 年 10 月 29 日自第一卷第八期起迁至湖南衡阳出版。国际反侵略运动大会中国分会会长为邵力子，名誉主席陈铭枢。1939 年 7 月自第一卷第十期起迁至重庆出版，反侵略周刊编辑委员会编辑，国际反侵略运动大会中国分会出版（地址在重庆中四路 59 号）。出至 1940 年 8 月第三卷第十期停刊。停刊期间在《中央日报》副刊内设“反侵略论坛”，每周刊文一次。1942 年 1 月恢复单独出版，续出第四卷第一期，出至 1942 年 6 月 15 日第四卷第十期终刊。

本刊以宣传反侵略为宗旨，“对外为建立国际反侵略联合阵线制造舆论，报道各国反侵略战争动态；对内联络各抗日救亡组织和团体，报道中国英勇抗日的情况，宣传中国为维护人类正义和世界和平而战的意义”。本刊设有社论、专载、特载、短评、时评等栏目，文章以政论为主，间有报告文学、诗剧等。

本刊为政治刊物，周刊，每逢周六出版。1939 年 9 月 15 日出第二卷第一期后改为半月刊。16 开本，铅印。竖版，三栏。现保存于中国国家图书馆、中国科学院图书馆、清华大学图书馆、陕西省图书馆、吉林大学图书馆、上海图书馆、复旦大学图书馆、南京图书馆、南京大学图书馆、四川省图书馆、四川大学图书馆、重庆图书馆、湖南图书馆、贵州省图书馆、云南大学图书馆、厦门大学图书馆、福建省图书馆、广东省立中山图书馆、中山大学图书馆。

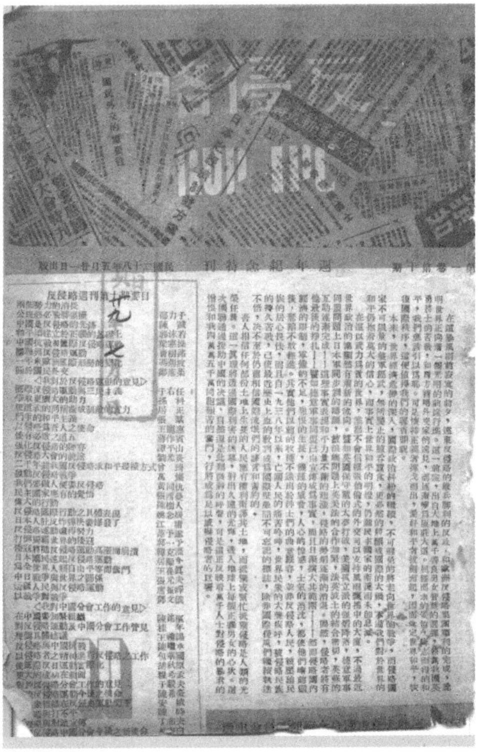

《反侵略》迁渝出版的第一卷第十期封面

《七月》（1939 年）

1937 年 9 月 11 日创刊于上海。出 3 期后，同年 10 月 16 日迁至汉口，出第一集第一期，6 期为 1 集。编辑人胡风，发行人熊子民，七月社编辑兼发行，生活书店总代售，新昌印书馆印刷。1939 年 7 月在重庆武库街续出第四集第一期，

4 期为 1 集，七月社编辑出版，华中图书公司发行。

本刊内容有短论、散文、通讯、特写、诗歌、小说、文艺理论，还有木刻画等，主要揭露日寇暴行，反映中国人民奋起抗日的英勇事迹，大量报道抗日前线、解放区、八路军、游击队的消息，还刊有“陕北通讯”，直接报道延安的消息。

本刊为文学刊物，是以胡风为代表的文学流派七月派的刊物。初为周刊，后改为半月刊、月刊。1941 年 9 月出第七集第一、二期合刊后停刊。1945 年 12 月在上海复刊，改名为《希望》。1946 年 10 月 18 日终刊。现保存于四川省图书馆、四川大学图书馆、重庆图书馆。

《七月》1941 年第七集第一、二期合刊封面

《扫荡报抗战二周年纪念特辑》(1939 年)

1939 年 7 月在重庆出版，扫荡报社编行。

本刊刊有《抗战二周年纪念日告全国军民书》《抗战二周年纪念日告战地民众》《抗战第二周年纪念日告友邦书》《抗战第二周年纪念日告日本民众书》《抗战两年证明我国必能得到最后胜利》等文章。

本刊为政治刊物，刊期不详。现保存于重庆图书馆。

《中国警察》（1939 年）

1939 年 8 月 1 日在重庆创刊，中国警察学会编辑兼发行，中国警察学会重庆市警察消费合作社印刷，正中书局服务部经售。

本刊刊载有关警察的各种文章，设有论著、抗战特辑、特约撰述、警察通讯、杂俎、警察文件、警察法令等栏目。

本刊为警察专门刊物，季刊。停刊时间及原因不详。现保存于峨眉山市档案馆、重庆图书馆。

《时代精神》（1939 年）

1939 年 8 月 10 日创刊，时代精神月刊社编辑（通信处为重庆江北香国寺上首独立出版社内时代精神月刊社），独立出版社印行。

本刊“发刊词”中说：“本刊命名为时代精神，目的在要依据目前这一时代中国国民所应有的精神，来检讨一切言论，研究一切问题，乃至介绍学术、分析时事，质言之，务使本刊的一字一句，一段一篇，尽为时代所必须，而足为抗战建国而助力。”本刊主要撰稿人有钱歌川、沈尹默、郑学稼、谭振民、彭芳草、周光琦、张君劢、胡秋原、叶青、周宪文等。

本刊为政治刊物，月刊。现保存于上海图书馆、重庆图书馆。

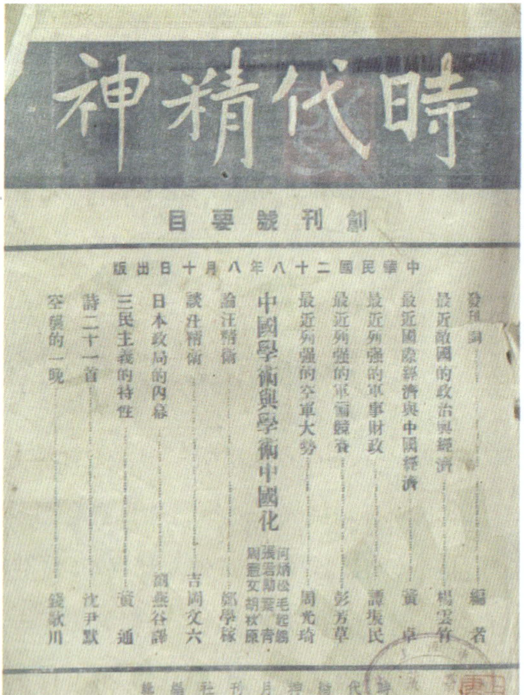

《时代精神》创刊号封面

《迁川工厂联合会会讯》(1939 年)

1939 年 8 月 13 日在重庆创刊，迁川工厂联合会编辑兼发行（地址在重庆新街口曹家巷 54 号）。翁文灏题写刊名。

本刊内容是“关于生产建设的论著，各项工业的发展及其改进的步骤的研究，阐扬新出产品的制造及其使用价值、国内外生产事业发展概况，说明货物的运输及其推销概况”，并有“本会各会员工厂间的联谊近况、各会员工厂职工近况、会员意见、工厂生活素描及工作趣闻的实录”等。本刊创刊号刊有《工业界切盼之保障》《努力完成生产建设》《会务报告》《本会运输处概况》《海防运输问答》《豫丰和记纱厂重庆分厂迁建近况》等。

本刊为工厂联合会会刊，刊期不详。现保存于重庆图书馆。

《指导通讯旬刊》(1939 年)

1939 年 8 月 21 日在重庆创刊,军事委员会后方勤务部特别党部政治部编印。俞飞鹏撰写发刊词。

本刊出版主旨：“一方面以传达中央命令，指导下级工作，用以指示各级党部之工作方针；一方面彼此沟通消息，交换意见，藉以建立纵的组织与横的组织之密切联系”。

本刊为党务刊物，旬刊，每月逢 1 日、11 日、21 日出版。对外保密，由各级党部保存。本刊“所载法规、通令、通告等件，不另行文，各级党部即以此刊存档”。现保存于上海图书馆、重庆图书馆。

《重庆市银行业学谊励进会成立特刊》(1939 年)

1939 年 8 月 22 日出版，重庆市银行业学谊励进会编行。

重庆市银行业学谊励进会“成立的意义在于针对抗战需要银行职员做出的努力，以及银行职员在自己职责上感到需要提升的方面，来适当地进行调整，因此该会的使命就在借学术探讨和业务研究，来提高各同仁的救亡意识与工作效率；举办正当娱乐，使各同仁的业务光阴不致浪费和虚掷”。本刊刊登了康心如的《对银行励进会的一点希望》、马寅初的《余对于重庆市银行业学谊励进会的希望》、罗承烈的《民生主义与计划经济》、顾敦夫的《经济群生活未来之导师》《重庆市学谊励进会章程草案》《筹备会议要案汇记》等。

本刊为银行业学会刊物，特刊。现保存于重庆图书馆。

《外交季刊》（1939 年）

1939 年 8 月 25 日创刊于重庆，中国国民外交协会刊行，中国编译出版社出版（地址在重庆武库街 9 号）。主编胡秋原、谢仁钊。

本刊以“研究国际问题及外交上各种专门问题”为主旨，目的是“研究国际情势，检讨各国外交政策，讨论我们的外交问题，藉以加强中国与友邦之合作与相互了解”，“面向有兴趣于国民外交和国际问题的同胞”。本刊设有专载、欧洲战争、世界和平方案、外交政策、敌情研究、调查与介绍等栏目，曾出版“太平洋问题专号”“美国问题专号”。载文有胡秋原的《德苏条约观感》、蒋子英的《波兰在东欧的地位》、王宠惠的《抗战二年来之外交》、张忠绂的《美国外交的动态》、王季高的《世界大势与中国前途》、谢仁钊的《两年来美国远东外交政策的动向》、程经远的《英对远东态度究竟如何》、张德流的《现代国民外交论》、常任侠的《文化使节与文化外交》等。

本刊为外交刊物，季刊。现存最晚一期是 1941 年 7 月出版的第二卷第一期。1943 年 3 月改版为《国民外交》。现保存于上海图书馆、重庆图书馆。

《银励》（1939 年）

1939 年 8 月创刊，重庆银行业学谊励进会编行（会址在重庆陕西街四川建设银行 2 楼）。封面标明“非卖品”，“重庆市银行业学谊励进会会刊”。1941 年 6 月 15 日出版第二卷第三期后即停刊。

本刊为银行业学会会刊，月刊。现保存于中国国家图书馆、重庆图书馆。

《阵中文艺》(1939 年)

1939 年 8 月在重庆出版，阵中文艺社发行（地址在重庆中一路 384 号 5 楼内）。1939 年 12 月发行第一卷第二、三期，约 1940 年 9 月停刊，共出 5 期。沙雁主编，谢冰莹、侯枫、王余杞、北鸥、万迪鹤、徐仲年、任白涛、雅尼、林谷编辑。

本刊刊登了沙雁的《给将士》、谢冰莹的《长坂坡前》、冯玉祥的《将士素描》、常任侠的《抗战十二月》等。

本刊为文艺刊物，不定期刊。现保存于中国国家图书馆、上海图书馆。

《抗战艺术》(1939 年)

1939 年 9 月 1 日在重庆创刊，国民政府军事委员会政治部编辑发行。

本刊旨在“发挥文艺在抗战中的特殊作用，帮助各种抗敌宣传工作”。本刊载有抗日剧本、歌曲、戏剧理论、绘画作品、摄影作品、抗敌宣传工作报告。贺绿汀、凌鹤、刘子清、龚孟贤、卢鸿基、辛汉文等曾为本刊撰稿。

本刊为抗战文艺类刊物，月刊。16 开本。非卖品。现保存于上海图书馆、重庆图书馆。

《抗战艺术》创刊号封面

《青年中国季刊》(1939 年)

1939 年 9 月 30 日创刊，中国青年季刊社编辑（地址在重庆上清寺街 71 号 2 楼），青年书店发行，扫荡报承印股印刷。

本刊内容是“关于政治、物质、心理、社会、伦理五大建设及关于本党一切政纲建国运动之理论与实际的研究；关于三民主义之社会学的、文化学的、经济学的、政治学的及哲学的研究；关于抗战及各种军事问题之专门研究；关于青年运动、组织、训练之理论与实际问题之研究；关于各国时代思潮、学术思想的介绍与研究；关于一般文化、哲学、教育、历史、文艺之理论的研究”。载文有《社会事业宣传的重要及其方法》《汉唐间西域之交通及其文化》《中国社会思想之新综合：论现阶段中国社会思想之最高综合形态》《三权分立与权能划分》《国际大势与中日战局》等。

《青年中国季刊》创刊号封面

本刊为政治类刊物，季刊。现保存于上海图书馆、重庆图书馆。

《半月文选》(1939 年)

1939 年 10 月 16 日在重庆创刊，半月文选社编辑发行。

本刊“主要将全国报纸、杂志所发表的有价值的抗战文字，加以选辑、分类，并围绕有关抗战的几个中心问题加以转载”。创刊号还辟有“第四届参政会议特辑”，载文有《我们对于过去参政会工作和目前时局的意见》和《我们对于国民参政会第四届会议的意见》等，主要介绍国共合作的会议意见。

本刊为时事政治类刊物，半月刊，每逢 1 日、16 日出版。现保存于上海图书馆、重庆图书馆。

《重庆市政府公报》（1939 年）

1939 年 10 月 21 日创刊，重庆市政府秘书处编印。贺国光题写刊名。

本刊主要内容有市政要闻、市内法规、命令、公牍等，主要栏目有计划、会议、法规、公牍、命令、警察、工务、卫生、布告、报告、专载、统计、附录等。

本刊为地方政府刊物，月刊。现保存于上海图书馆、重庆图书馆。

《燃料汇报》（1939 年）

1939 年 10 月在重庆北碚创刊，经济部矿冶研究所编辑发行。

本刊创刊号刊登了朱玉崑的《四川煤焦供求问题之研究》、张伯平和马濬之的《嘉陵江下游煤田调查报告》、王恒源的《綦江流域煤田调查报告》、马濬之的《重庆市煤焦运销概况》等。

本刊为矿产专业刊物，刊期不详。现保存于中国国家图书馆、重庆图书馆。

《中国回教救国协会会刊》—《中国回教协会会报》（1939 年）

1939 年 10 月创刊，中国回教协会编行（地址在重庆张家花园 62 号，后迁至中兴路）。后迁至南京出版，1948 年 10 月出版第八卷第二期后终刊。

本刊主要栏目有短论、调查、通讯、回民意见箱、会议记录、会务报告、分支区会活动情形、国内回教消息、国外回教消息。约 1944 年第五卷起改名为《中国回教协会会报》。

本刊为宗教协会刊物，原为半月刊，改名后变为月刊。16 开本，铅印。现保存于中国国家图书馆、四川省图书馆、四川大学图书馆。

《鲁迅逝世三周年纪念专辑》(1939年)

约1939年10月在重庆创刊。

本刊“号召民众在纪念鲁迅先生的同时，要坚持不妥协的精神，打倒日本帝国主义，消灭一切危害民族的汉奸卖国贼，团结起来，建立自由幸福的新中国。”其载文有《鲁迅先生的作品在苏联》《忘记了》《关于纪念鲁迅》《鲁迅与弱者》《亚细亚的清道夫》等。

本刊为人物纪念刊物，刊期不详。现保存于重庆图书馆。

《经济汇报》(1939年)

1939年11月1日在重庆创刊，中央银行经济研究处编辑兼出版，正中书局发行，五十年代出版社经售（总社在重庆邹容路40号）。

中央银行经济研究处的定期刊物有月报、周报及英文季刊三种，均在上海编印。“自总行西移，研究处各种刊物仍继续在上海出版，因战时交通困难，邮务阻碍，故刊发本刊。”本刊设有论著、专载、各地金融市况、国内外金融消息、法规辑要、统计等栏目，后来还增加国内外大事记。本刊创刊号刊登了《抗战以来吾国之法币与通货》《我国战期财政之特色》《我国现行之公库制度》《一九三九年上半期中国对外贸易状况之分析》等文章。

本刊为经济刊物，原为半月刊，逢1日、16日出版。1945年1月第十一卷起改为月刊。1945年8月出版第十一卷第七、八期后停刊。16开本。现保存于四川省图书馆、四川大学图书馆、重庆图书馆。

《重庆市物价指数专报》(1939年)

约1939年11月创刊，中央调查统计局特种经济调查处编辑发行。

本刊主要刊载重庆市物价指数，分趸售、零售两部。“趸售商品基期价格采取四川省政府建设厅驻渝办事处所编每月趸售物价指数之数字为主，零售部分则采取重庆市商会所编每月零售物价指数之基价。唯所选商品样本颇有出入，其基价均经推算插补，加以注脚，以便对照。”

本刊为经济刊物，月刊。现保存于上海图书馆。

《教育与服务》（1939年）

创刊时间不详，原在西安出版。教育部战区中小学教师陕西服务团编行（该服务团即教育部战区中小学教师第三服务团）。1939年冬迁至江津白沙镇，1940年3月迁至重庆南岸黄桷垭。

本刊主要报道“服务团的工作，反映团员生活，对时事进行分析评述”等。本刊内容包括论文、参考资料、实验报告、调查及统计、教育通讯、文艺杂俎等。本刊刊登过郭登敖的《教育与创造》、张登寿的《服务在教育上的价值》、周凤翔的《一九四〇的展望》等文章。

本刊为教育类刊物，月刊。16开本，每期4页。停刊时间和原因不详。现存最晚一期是1941年出版的第四十七期。现保存于中国国家图书馆、南京图书馆、四川大学图书馆。

《民族公论》（1939年）

1939年12月15日创刊，田树滋主编，民族公论社发行（社址在重庆七星岗水市巷22号对门）。

本刊发刊词中说：“‘民族’之含义，系指我中华五千余年来共生共息于共同文化之四万五千万同胞所熔成之伟大整体而言。‘公论’则须成为大众之喉舌，与发表万众一心之言论。……举凡提高民族意识，激发民族感情，坚定民族自信心与阐扬民族文化之工作，愿殚精竭虑，鼓吹宣传……本刊必将追随时代，不断努力，少空谈，尚实际，规划具体之方案，提供执政当局以及各界人士之参考，俾能践行于实行，造福民族。此外，对于其他学术以及技艺等部门之研讨介绍，亦为本刊所愿努力之工作。其他如海内外通讯、抗战建国之实录、民族英雄之事迹等，更愿多方搜罗。”本创刊号刊登了田树滋的《世界大战与中华民族复兴运动》、张道行的《综论世界局势》、江海潮的《以德国战斗力为中心的欧洲和战观》、曹贯一的《美日商约废止后敌人所受的打击》、白彻的《敌后方游击队的发动组织与训练》、杨惠敏的《为八百壮士献旗两周年的回忆》等文章。

本刊为综合类刊物，月刊。出至1940年3月停刊，共出3期。现保存于中国国家图书馆、四川省图书馆、四川大学图书馆、自贡市档案馆、重庆图书馆。

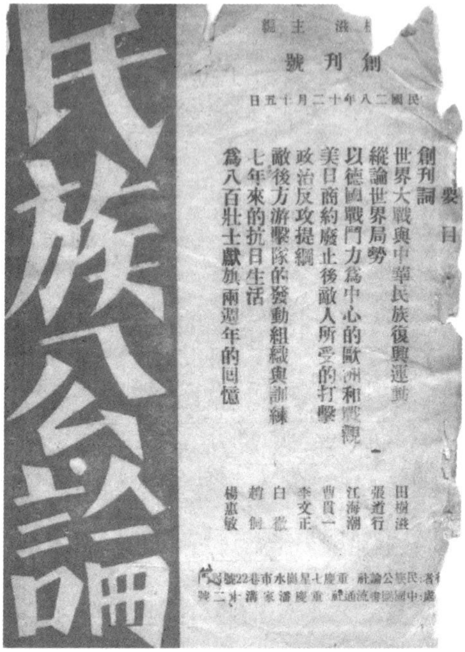

《民族公论》创刊号封面

《今日青年》(1939年)

1939年12月在重庆创刊，今日青年月刊社编辑，中国青年写作协会发行（地址在重庆民生路109号）。本刊封面注有“青年有的、青年读的、青年编的”字样。

本刊主要栏目有五分钟笔谈、经验与学习、生活与修养、卫生与健康、中学生园地、问答等。其载文有翁平权的《我应普考的经过》、刘振东的《五四运动之回忆与认识》、徐春秀的《募捐归来》、沈锜的《北欧大学参观记》、杨玉清的《中国社会本质与中国文化特征：战时文化建设问题讲座第三讲》、梁超史的《美国学生怎样援助我们？》

本刊为青年刊物，中国青年写作协会会刊，月刊。现保存于上海图书馆、重庆图书馆。

《今日青年》1940 年第五期封面

《中央训练团团刊》(1939 年)

1939 年 12 月创刊于重庆，中央训练团编辑印行。

中央训练团经常有国民党军政要人讲课。本刊主要为该训练团的教育服务，刊登时事政治论著、文艺、通讯以及书刊介绍等。

本刊为政治类刊物，内部刊物。初为周刊，1946 年 12 月在南京复刊后改为半月刊。停刊时间及原因不详。现保存于上海图书馆、重庆图书馆。

《难童教育》—《难童教养》（1939 年）

1939 年 12 月创刊，振济委员会儿童教养机关辅导队编辑发行（地址在重庆歌乐山大天池 6 号）。第二卷起改名为《难童教养》。

本刊为儿童教育类刊物，月刊。16 开本。1942 年 7 月 5 日出版的第二卷第十一、十二期合刊是现存最晚一期。现保存于四川大学图书馆、西南大学图书馆。

《国立编译馆馆刊》（1939 年）

国立编译馆于 1932 年 6 月 14 日在南京成立，直属国民政府教育部，是负责相关学术文化书籍及教科图书编译审查事宜的机关，是中华民国最高编译政府机构。《国立编译馆馆刊》于 1935 年 5 月在南京创办。抗战开始后迁至庐山、长沙，1938 年 2 月迁至重庆。约 1939 年续出，同年 12 月停刊。前后共出 39 期。

本刊主要刊登与该馆有关的公文，介绍该馆的工作情况、会议消息，如中小学教科书和大学生参考书的编译、审定名词的统一、辞典的编纂等，报道该馆新闻、人事、出版消息及新到图书情况。

本刊为国立编译馆的机关刊物，属于学术类刊物，月刊。现保存于中国国家图书馆、四川省图书馆、南京图书馆。

《军医公报》（1939 年）

1929 年 10 月在南京创刊，军政部陆军署军医司军医公报社发行。后迁至重庆出版，1939 年在渝出新 1 号和新 2 号，军事委员会军医署编辑发行，以后未见再出版。

本刊分社论、法规、命令、训令、指令、咨文、布告、呈文、函电、医药撰著、卫生常识、特载、统计及调查、附录等栏目。本刊的设立原为“宣达政令、沟通消息”，“外谋卫生事业之进展，内谋军医行政之统一”。

本刊为军医刊物，月刊。现保存于四川省图书馆、南京图书馆、北京大学图书馆等。

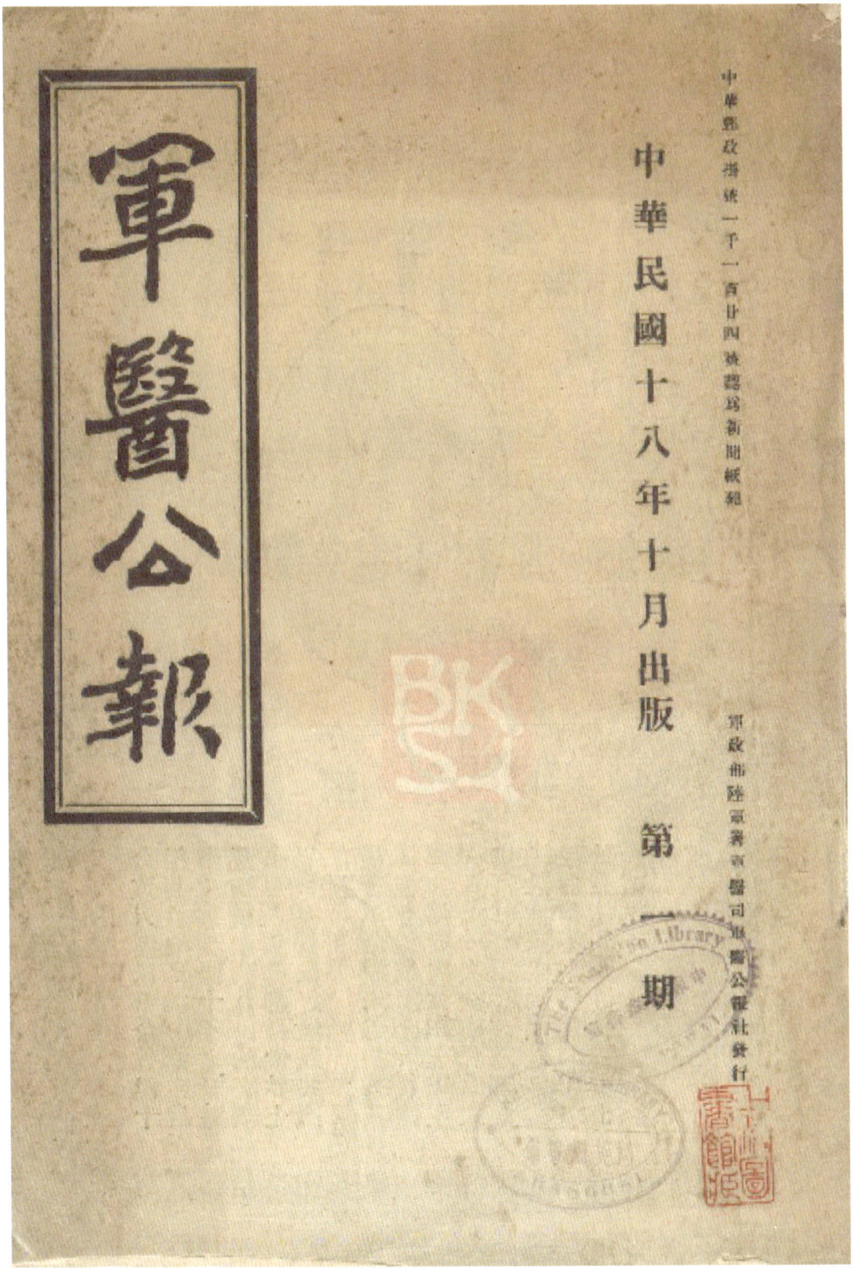

《军医公报》1929 年第一期封面

《战时医政》（1939 年）

1938 年在长沙创刊。1939 年第二卷起迁至重庆北碚出版，战时医政月刊社发行（地址在北碚新村 8 号）。社长胡定安，编辑邵象伊。

本刊主要“刊登有关医政及医学之一切论评、专著、报告以及小品、木刻、照片、图画等”。本刊为“表示对文字负责起见，所刊稿件一律用真实姓名（特殊情形须以笔名发表者需要书明真实姓名、地址供查对）”。现存最晚一期是 1944 年 9 月出版的第四卷第四期。

本刊为医药卫生刊物，初为旬刊，迁渝后改为月刊。现保存于中国国家图书馆、四川省图书馆、四川大学图书馆、重庆图书馆。

《四川省立教育学院学生自治会会刊》（1939 年）

1939 年创刊，四川省立教育学院学生自治会出版股编辑发行（地址在重庆磁器口）。梁漱溟题写刊名。

本刊内容为“阐述学生自治的目的和意义，讨论教育问题，报道学生自治会的工作等”。

本刊为学生自治会刊物，刊期不详。16 开本。现保存于中国国家图书馆、四川大学图书馆、复旦大学图书馆。

《中国回教救国协会第一届全体会员代表大会特刊》（1939 年）

1939 年 8 月 10 日在重庆出版，中国回教救国协会编行。

本刊主要记录了这次大会会务的基本情况、发言人的讲话等内容。

本刊为宗教协会刊物，特刊。仅见 1 期。现保存于四川省图书馆。

《敌伪纪要》(1939 年)

约 1939 年在重庆创刊，外交部亚洲司编。封面注有“机密”字样。

本刊宗旨“纯为提供敌伪资料，并非情报性质，凡一般刊物不便登载，或载而未详，或散见各处之重要事项，即使时间已过，亦拟择要补充，以备查考”。其内容有日本国内简要新闻、金融经济对策、《日本军事当局谈美机突袭日本》、《日本统一征收金属办法》、《敌倭中央协力会议第四次会议概要》等。

本刊为资料类刊物，刊期不详。现保存于重庆图书馆。

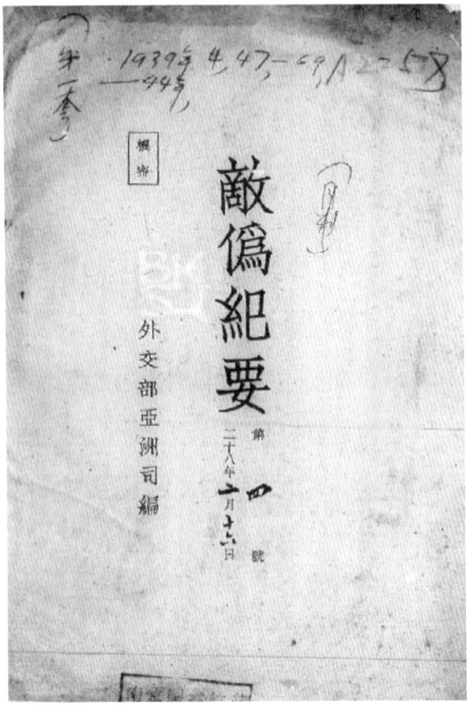

《敌伪纪要》1939 年第四期封面

《国立戏剧学校校友会会刊》—《国立戏剧学校校友通讯月刊》(1939 年)

约 1939 年在重庆创刊，国立戏剧学校编印。1940 年改刊名为《国立戏剧学校校友通讯月刊》。

本刊宗旨是“联络感情，交换知识，发掘戏剧艺术，帮助校友事业，补助母校发展”，刊有母校消息、校友消息、校友通讯鳞爪、会务报告和演剧消息。

本刊为校友会刊物，月刊。现保存于上海图书馆、重庆图书馆。

《中国地质学会志》(1939年)

原在北平出版，1936年迁至南京，1938年迁至长沙。1939年第十九卷第一期起迁至重庆北碚，中国地质学会编行。本刊大部分用英文。1946年迁回北平出版。

本刊为学会刊物，季刊。现保存于浙江图书馆、重庆图书馆。

《力行月刊》(1939年)

1939年创刊，力行月刊社编辑印行（社址在重庆观音岩临华街19号）。

本刊主要栏目有特载、论著、时评、青年园地、文艺等，载文有彭芳草的《苏芬战争对于欧洲大局的影响》、吴兴周的《特许进口制的技术问题》、彭昭文的《中国妇女经过了阅兵台》、孙介君的《总理历史哲学与革命的关系》等。

本刊为综合类刊物，月刊。现保存于上海图书馆、重庆图书馆。

《陇铎》(1939年)

1939年创刊，甘肃旅渝同学会编辑兼发行（会址在重庆国立中央大学校内）。于右任题写刊名。

本刊主要栏目有地方通讯、学府介绍、陇铎评坛、人物纪谈、论著、文艺、特稿等。主要撰稿人有魏宝珪、王荣祖、金启华、杜振中、庞敏修、安立绥、李世军、孙汝梓、王九菊等。本刊主要刊载政治经济、社会教育、风俗民情、历史文物等方面的作品，尤以西北政治经济评论与介绍居多，载文有《整理甘肃田赋与办理土地陈报》《如何促进西北的警政》《怎样启迪陇上女青年们的前进心？》《国民教育师资的训练与待遇》《蜀陇行心影》《在甘从改二年之回忆》《抗战三年的甘肃建设》等。

本刊为综合性刊物，月刊。抗战胜利后迁往南京出版，停刊时间及原因不详。现保存于上海图书馆、重庆图书馆。

《抗敌》(1939 年)

1939 年在重庆创刊，抗敌杂志社编辑发行。战文社总经售，重庆、桂林新华日报馆，延安解放社及全国各大书店经售。抗敌杂志社编辑委员会委员有朱镜我、李一氓、林植夫、夏征农、黄源、冯达飞、薛暮桥。

《抗敌》第七期于 1940 年 2 月 15 日出版，刊登了德谟的《民主·宪法·抗战》、醉涵的《论合法与不合法》、冯定的《美国与世界大战》、金程和朔望合译的《论最近国际局势》、王捷的《受伤在战斗胜利中》等。

本刊为抗战宣传刊物，半月刊。停刊时间不详。重庆图书馆保存有 1940 年第一卷第七期至第九期和第十一期、第十二期，1940 年第二卷第一期和第二期。

《外交研究》(1939 年)

1939 年创刊，外交问题研究会出版（地址在重庆公园路 16 号）。张道行、黄正铭任主编。

本刊“以分析国际形势，探讨各国外交政策，研究我国对外关系，及外交上各种专门问题为主旨”，载文有张道行的《九国公约与远东问题》、曹树铭的《英苏关系论》、黄正铭的《国联盟约与对日制裁》、王世杰的《目前两个重要外交问题》、程天放的《最近欧洲局势之观察》等文章。

本刊为外交专刊，双月刊。现保存于上海图书馆、重庆图书馆。

《万县县政旬刊》(1939 年)

1939 年创刊，万县县政府秘书室公报股编辑，万县县政府发行，华盛印务公司承印。

本刊主要栏目有专载、命令、公牍、法规，以及国内外大事和省县要闻等。第二期载有《中央警官学校组织条例》，第十五期载有《国民精神总动员纲领简明表》。

本刊为地方行政类刊物，旬刊。现保存于上海图书馆、重庆图书馆。

《新闻学季刊》(1939年)

1939年创刊，中央政治学校新闻学研究会编辑（地址在重庆小温泉），中央政治学校印刷所印刷，中国文化服务社总经售。1942年曾停刊。后于1947年5月在北京复刊，停刊时间及原因不详。

本刊设有论著、新闻界新闻、译述、新闻报道等栏目，载有谢开杰的《报纸之插图》、汪惠吉的《我国战时新闻检查制度概述》、曾美霞的《第三种社论之介绍》、胡健中的《怎样编辑新闻》、凌遇选的《军队新闻事业改进刍议》、张学远的《新闻记者史学家》、武月卿的《新闻的正确性》等文章。

本刊为新闻学刊物，季刊。现保存于上海图书馆。

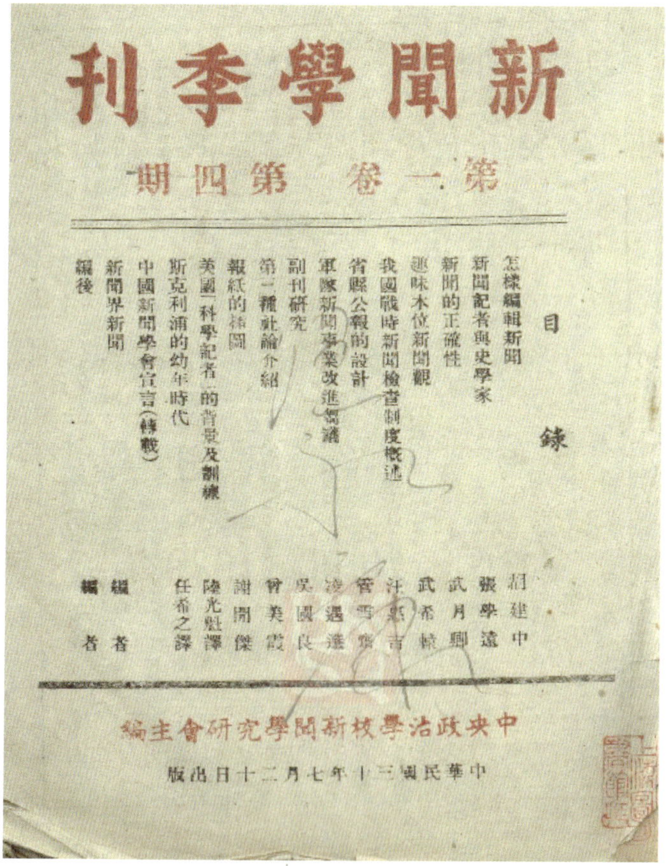
新聞學季刊

第一卷第四期

目錄

怎樣編輯新聞　胡建中
新聞記者與史學家　張學遠
新聞的正確性　武月卿
趣味本位新聞觀　武希楨
我國戰時新聞檢查制度概述　汪惠吉
省縣公報的設計　管雪齋
軍隊新聞事業改進芻議　凌遇選
副刊研究　吳國良
第三種社論介紹　曾美霞
報紙的插圖　謝開傑
美國「科學記者」的背景及訓練　陸光魁譯
斯克利浦的幼年時代　任希之譯
中國新聞學會宣言(轉載)
新聞界新聞　編者
編後　編者

中央政治學校新聞學研究會主編

中華民國三十年七月二十日出版

《新闻学季刊》1941年第一卷第四期封面

《宣传通讯》(1939 年)

1939 年创刊于重庆，俞仲萱为总编辑，国民党中央宣传部出版。

本刊主要栏目有总纲、关于一般宣传、关于新闻宣传、关于电影戏剧宣传等。其刊载内容有涉及宣传指导、时事报道、党派动态等。

本刊为政治刊物，国民党中央宣传部的密件，旬刊。现保存于上海图书馆。

《政治部公报》(1939 年)

1939 年在重庆出版，国民政府军事委员会政治部秘书处编行，秘书处设公报室主编。

本刊设人事、通令、通报、表式、法规、特载、附载等栏目，主要刊登政治部的训令、政令、规程、条例等。

本刊为政治部机关刊物，每三日出版一次。现保存于上海图书馆、重庆图书馆。

《乡》(1939 年)

约 1939 年创刊，维吾尔青年社编辑出版（社址在重庆骡马店街 105 号）。

本刊主要登载一些汉语与维吾尔语互译的作品和各类新闻。

本刊为维吾尔语刊物，刊期不详。现保存于上海图书馆。

《国民精神总动员》(1939 年)

约 1939 年创刊，生活书店发行。封面注有“军事第一，胜利第一，意志集中，力量集中”字样。

本刊是《全民抗战》《世界知识》《妇女生活》《文艺阵地》《战时教育》《读

书月报》《理论与现实》七大杂志联合特刊，“发表国民精神总动员的社论、问答和讨论大纲，进行反侵略的全民总动员”。载文有钱俊瑞的《反侵略的精神总动员》、史牧的《国民精神总动员纲领讨论大纲》、邹韬奋的《国民精神总动员的正确认识与迫切需要》、任初的《青年的精神总动员》等。

本刊为抗战宣传刊物，刊期不详。现保存于上海图书馆。

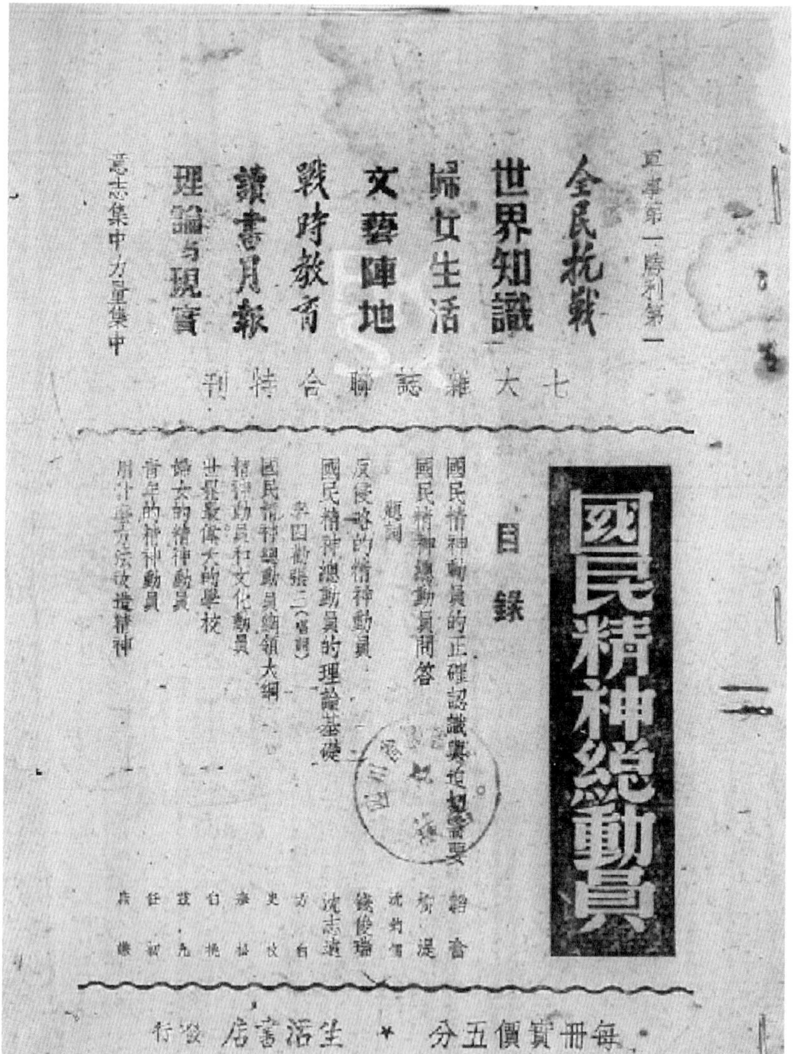

《国民精神总动员》封面

《政工通讯》(1939 年)

1939 年创刊，国民政府军事委员会政治部编印。

本刊设有政训、民训、宣传、经理、人事、训练、指导、研究、其他等栏目。其内容包括“军队和学校政训、医院监理及伤兵训育、军队党务；国民军训、民众动员、国民体育、敌后运动；国内外宣传、对敌宣传、敌后宣传；预算计算、领发保管、供给规定；组织编制、人事变动、特殊奖惩、家属问题；各干训团问题、一般训练问题等”。

本刊为政治类刊物，旬刊。现保存于上海图书馆、重庆图书馆。

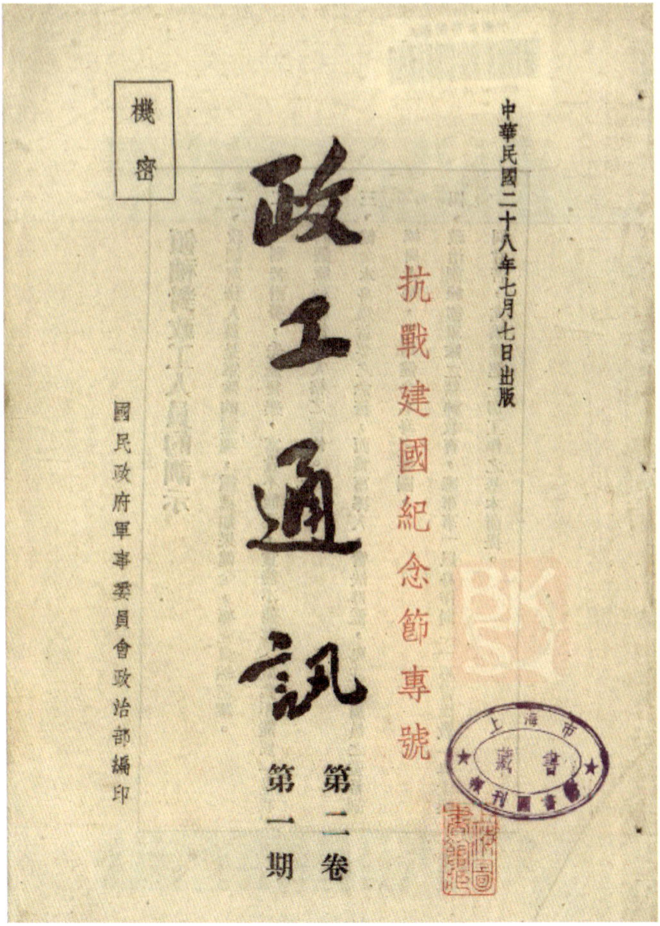

《政工通讯》1939 年第二卷第一期封面

《合作月刊》（1939 年）

1929 年 3 月在上海创刊，中国合作学社编辑发行，江湾劳大工厂印刷。第六卷起迁至南京编辑发行，1936 年出第九卷第七期后停刊。1938 年 4 月在湖南芷江复刊，期数另起。1939 年迁至重庆，卷期续前，王世颖、彭师勤任编辑，重庆南泉中央政治学校合作学院、中国合作学社编辑出版，中国合作学社发行。约 1944 年 12 月停刊。

本刊着力反映合作运动从理论到实践、从制度设计到现实运作的方方面面，早期不设置专门栏目，自第二十一期始，分设小评、论著、专论、特载、国外消息、编辑后记等固定栏目。本刊 1939 年 2 月 1 日出版第九、十期合刊，刊登了王世颖的《中国合作运动之新生》、彭师勤的《抗战建国之经济制度（续）》、程君清的《合作社查账之研讨》、马道隣的《工业合作之发生与成长》、何廉的《合作事业在中国经济建设上之重要》等文章。

本刊为经济类刊物，合作运动专业刊物，月刊。现保存于四川省图书馆、四川大学图书馆、重庆图书馆。

1940 年期刊

《复旦青年》(1940 年)

1940 年 1 月 1 日在重庆创刊，复旦青年社编辑兼发行（地址在重庆北碚黄桷树复旦大学内），京华印刷馆重庆分馆印刷，各地书局代售。出两期后停刊。1945 年 10 月迁至上海出版，期数另起。

本刊以研究学术、讨论青年问题为目的，除特约撰稿外，还设有时评、论著、译述、转载、人物传记、文艺、青年动态、通讯等栏目。本刊是“基于‘革命的基础，建筑在高深的学问’的训示……又体验到自己的问题，必须自己来研讨和解决，故创办此刊”。

本刊为复旦大学青年刊物，刊期不详。现保存于上海图书馆、复旦大学图书馆、重庆图书馆。

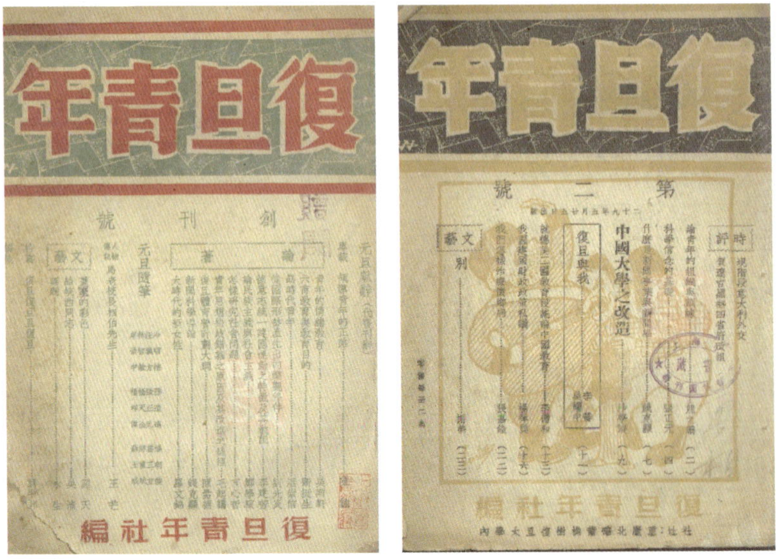

《复旦青年》1940 年创刊号、第二号封面

《实业通讯》—《西南实业通讯》(1940 年)

1940 年 1 月 1 日创刊，中国国民经济研究所编辑（地址在重庆曾家岩求精中学 2 楼），中国西南实业协会发行（地址在重庆小较场同仁里 6 号）。各地各大书局代售，集成印刷所印刷。编辑部后迁至重庆中山四路 98 号，又迁至白象街西南实业大厦。中国西南实业协会曾聘请史良为常年法律顾问。创刊号的刊名为《实业通讯》，后改名《西南实业通讯》。

本刊由张群撰写发刊词。本刊辟有特约著述、演讲记录、实地调查、实业动态、经济论文拔萃等栏目。

本刊为实业协会刊物，原为月刊，第十七卷起改为季刊。1947 年在上海出沪版，期号另起，1948 年 12 月停刊。现保存于四川省图书馆、雅安市档案馆、四川大学图书馆、甘孜藏族自治州图书馆、重庆图书馆。

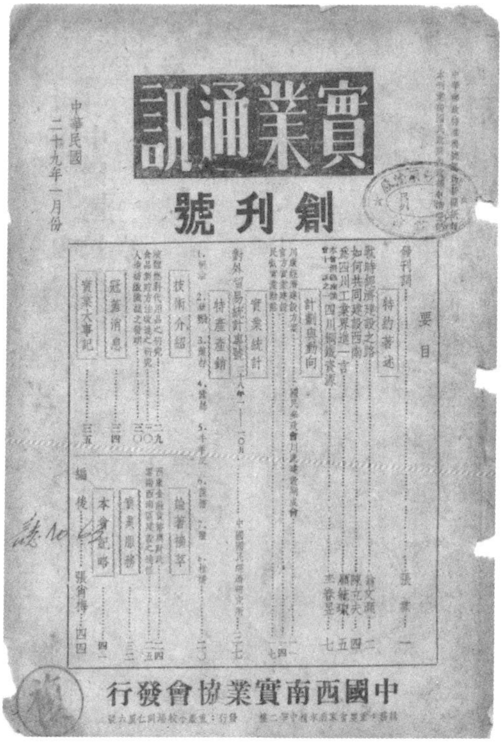

《实业通讯》创刊号封面

《新流》(1940 年)

1940 年 1 月 1 日在重庆创刊，新流社编辑兼发行（社址在重庆沙坪坝），时与潮社印刷所印刷，各地生活书店经售。封面注有“学术的、批判的、现实的、综合的”字样。

本刊的办刊宗旨是“在抗战建国艰辛缔造的过程中，竭尽全力进行新的文化启蒙任务；对进步的爱国理论加以引申和阐扬，对错误的有害于民族的企图加以指摘和打击”。载文有徐中玉的《对于一九三九年中国文学的感想》、杨律的《英法对德经济封锁之观察》、叶福超的《美国外交政策之史的演进》、鹿地亘和周寿藏的《战争中的文学》、陈伯劳的《文艺工作者在大后方的任务》、秋堂的《青年与写作》等。

本刊为综合性刊物，刊期不详。现保存于上海图书馆。

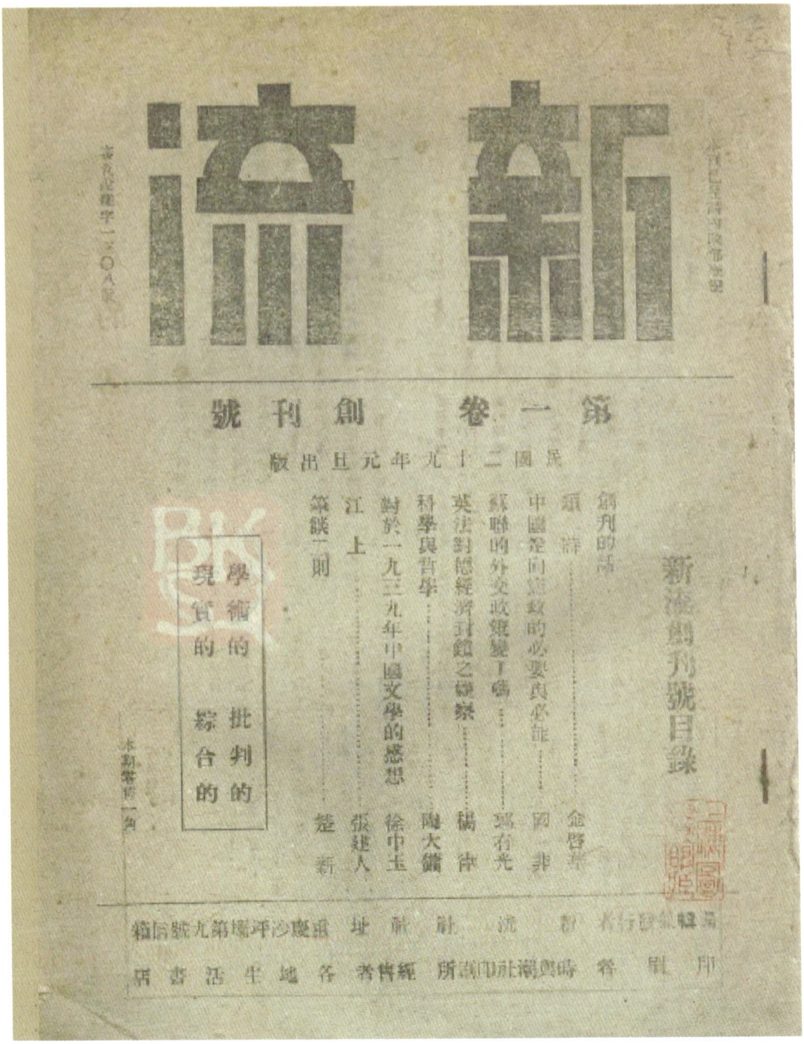

《新流》创刊号封面

《新音乐》(1940年)

1940年1月1日创刊，李绿永、林路主编。从1940年4月1日第一卷第四期起由李绿永、赵沨、盛家伦任主编，林路因事辞职。从1940年6月1日第一卷第六期起一直由李绿永、赵沨主编，直至终刊，本刊第一卷第一期在重庆编辑（地址最初在重庆武库街100号，后迁至重庆民生路124号、重庆民生路鲁祖庙街4号、重庆民生路188号等地）。刘麟负责发行，先后由桂林读书生活出版社、桂林立体出版社发行，读书生活出版社总经售。1941年10月1日第三卷第三期起迁至桂林出版（地址在桂林太平路33号），汤灏负责发行，桂林立体出版社发行，桂林科学书店总经售。1946年10月第六卷第一期起迁至上海出版（地址先后在上海西藏路南杨街桥市坊117号转、上海静安寺路1561号等），新音乐社出版，先后由陈良、陈新生发行，新音乐社上海总社发行，先后由上海书屋、学林书店总经售。1948年第七卷第四期起迁至香港出版。1949年6月1日第八卷第一期起迁至北京出版。

本刊办刊宗旨为："一、展开音乐艺术上各种问题的讨论，发扬对曲作及音乐运动的批判，以提高音乐艺术水准，归正音乐运动的发展。二、正对着中国今天抗战中大众音乐水准、需求，强调对民间音乐艺术优良遗产的深入研究、利用与发展，配合新的民族精神，接受五四以来新音乐及世界进步音乐成果，以创造新的民族化的大众化的音乐艺术，使它真正能深入大众中，真正能成为抗战建国最有力的武器。三、介绍世界进步歌曲与音乐译文，作为建立新音乐的参考。四、供给反映抗战现实、歌颂建国的音乐创作。五、联络各地音乐工作者。六、组织各地音乐工作经验"。本刊撰稿人主要为国内著名作曲家、词作家、钢琴家、音乐评论家，如李绿永、沙梅、赵沨、冼星海、吕骥、贺绿汀、王洛宾、洪遒、李焕之、田汉、郑律成、雷振邦、马克、李抱忱、孙慎、缪天瑞、薛良、徐厚仁、夏白、天风、王叔惠、明敏、张天授、林炳、沙可夫、郑律成、盛家伦、高咏、梁寒光、贺敬之、林予、林苗、金紫光、肖伶等。本刊主要栏目有短论、歌曲、通讯、论文、乐器、每月选词、声系组曲、乐器曲、音乐讲座、各地通讯、工作报导、音乐家介绍、新人创作精选、国外歌曲介绍，还有贝多芬专页、聂

《新音乐》创刊号封面

耳纪念特页、冼星海纪念专页、简谱系统问题讨论专页、柴可夫斯基专页、歌剧特辑、民歌特页、绥远民歌特辑等。

本刊是民国时期影响最大的进步音乐期刊。本刊刊登了许多音乐作品，反映了新音乐运动的发展历程，团结了广大爱好音乐的群众和音乐工作者，促进了音乐界统一战线的发展，为抗战胜利作出了突出贡献。本刊版权页上标注为每月 1 日出版，但实际出版日多有出入。自 1941 年 1 月 15 日第二卷第四期起，以实际出版时日刊出。月刊，每半年为一卷，每卷 6 期。后受资金不足、人力紧张等因素影响，并未能按月出版。现保存于上海图书馆、重庆图书馆。

《中农月刊》（1940 年）

1940 年 1 月 1 日创刊，陈清华、侯哲葊主编，中国农民银行总行发行，汉口汉光印书馆重庆分馆印刷（通信处在重庆苍坪街 79 号）。

本刊刊载内容有关“农村经济、农业金融及合作原理的探讨，学说的批评，制度的研究，新书的介绍，与有关问题的检讨等”。本刊刊登了侯哲葊的《农产品成本计算之重要与方法及其实施》、朱通九的《我国农业金融机关最近对于融通农业资金之鸟瞰》、邹枋的《有关合作工作人员的四个问题》等文章。

本刊为农业金融刊物，刊期不详。现保存于上海图书馆、重庆图书馆。

中農月刊
民國二十九年一月一日出版
創刊號要目
發刊詞
農業金融之使命
中國之合作運動
我國農業金融機關最近對於融通農業資金之鳥瞰
不動產金融之概念
農產品成本計算之重要與方法及其實施
農業金融之需要與供給
合作主義與自由主義
有關合作工作人員的四個問題
農業金融辭彙
中國農民銀行總行編印

《中农月刊》创刊号封面

《财政部公报》（1940 年）

原在南京出版。1940 年 1 月 1 日迁渝出版，卷期另起，国民政府财政部总务司编辑发行。约 1945 年 6 月停刊。

本刊设有任免、关务、税务、公债、钱币、国库、盐政、赋税、会计等栏目。其刊载的内容均与当时国民政府的战时财政政策息息相关。

本刊为财政刊物，半月刊。现保存于南京图书馆、重庆图书馆。

《抗建通俗画刊》(1940 年)

1940 年 1 月 1 日在重庆创刊，抗建通俗画刊社出版，青年书店发行，通俗印刷所印刷。本刊创刊后，基本能按时出版，唯第七期脱期。第七期于 1940 年 10 月 10 日出版，并从这一期开始改为两个月出一期。本刊 10 期为 1 卷，1942 年 1 月 15 日（即第十一期）为第二卷第一期，并改由重庆中国图书公司总经售。同年 7 月 1 日出第二卷第二期，抗建通俗画刊社出版，华中图书公司总经售，劝治印刷所印刷（通信处在重庆 158 号信箱）。

本刊编辑有王建铎、艾德榜、宋步云、何惟志、房公秩、邵恒秋、尚莫宗、黄子君、郑伯清。特约编辑有王琦、老舍、任志嵘、何容、何子星、李抱忱、李可染、孙伏园、张文元、张煌、陈治策、郭沫若、翟翊、熊佛西、虞鸿基等 27 人。本刊刊登通俗画、肖像、漫画、连环画、木刻，以及有关抗战建国的各种真实图片，也刊登文中附有插图的通俗文、散文、诗歌、剧本及歌曲等。其《发刊词》说："本刊以抗战建国为思想中心，以通俗文化为表现形式……使通俗文艺，真能成为一般民众精美的精神食粮。"其内容包括："一、图画，是直观教育的良好工具，占二分之一篇幅；二、散文及小说，除每期连载抗战史话外，并刊登短篇小说、小品文等；三、诗歌及音乐，介绍音乐常识，从事诗词及歌曲的制作；四、剧本。"本刊曾刊登过汪子美的《民歌情画》(四幅)、廖冰兄的《盈利乃国恩，报国当出钱》、黄茅的《节约，戒除浪费》、张文元的《把他从来的路上打回去》、邵恒秋的《太平洋战争进行曲》(连环漫画)等作品。

本刊为抗战宣传刊物，月刊，后改双月刊。停刊时间及原因不详。现保存于中国国家图书馆、南充市图书馆、重庆图书馆。

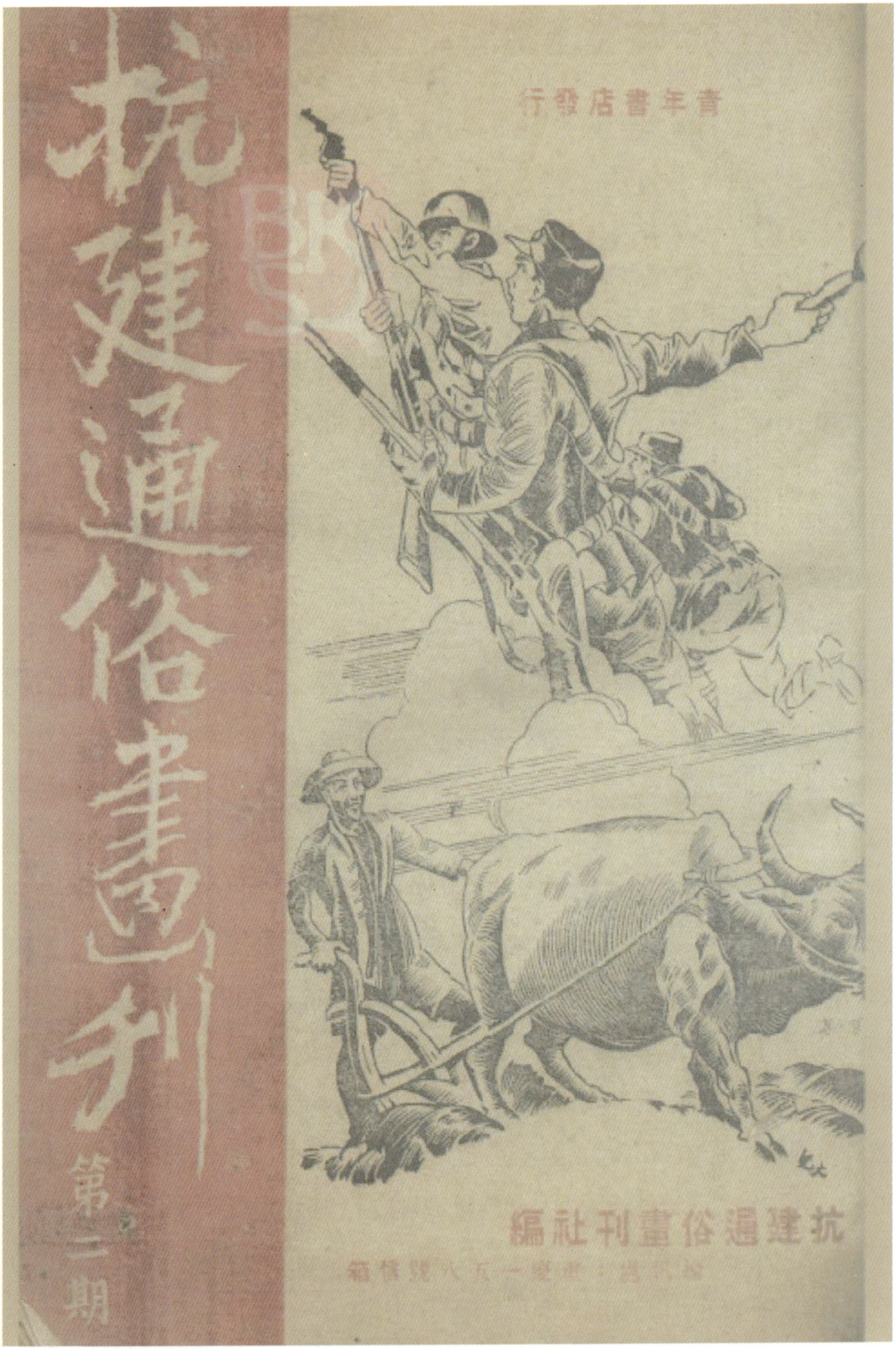

《抗建通俗画刊》第二期封面

《文学月报》(1940 年)

1940 年 1 月 15 日在重庆创刊，文学月报社编辑，黄洛峰为发行人，读书生活出版社发行（通信处为重庆邮箱 329 号）。

本刊主要栏目有小说、诗、报告、书等，主要文章有万迪鹤的《夹谷》、罗荪的《抗战文艺运动鸟瞰》、戈宝权的《一九三九年苏联文坛剪影》、戈茅的《红鼻子和老马的故事》等。

本刊为文学类刊物，月刊。现保存于上海图书馆、重庆图书馆。

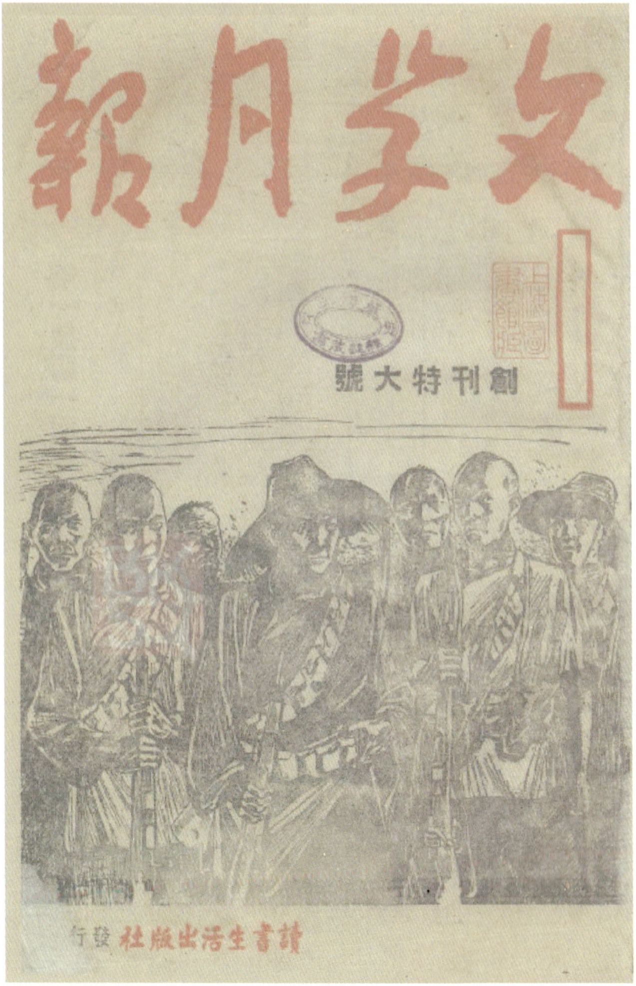

《文学月报》创刊特大号封面

《乐风》（1940 年）

1940 年 1 月 15 日在重庆创刊，乐风社编辑兼发行（通信地址为教育部音乐教育委员会转）。社长先后为胡彦久、熊乐忱，编辑主任缪天瑞，发行主任陈振铎，顾问有陈礼江、李抱忱、杨荫浏、张洪岛等。

本刊内容分歌曲、文章两部分，主要栏目有音乐新闻、社谈、音乐消息、音乐答问等，载有马思聪、贺绿汀、田汉等人的词曲，主要文章有贺绿汀的《嘉陵江上》、常任侠的《西域琵琶东传源流考辨》、杨荫浏的《国乐前途及其研究》、陆华柏的《故乡》、李元庆的《论音势》等。本刊音乐理论与音乐作品并重，以“促进音乐运动蓬勃发展”为己任，主要收录创作或改编的声乐器乐曲、民歌古曲、外国歌曲，也刊有音乐评论、理论技术、随笔等内容，曾出版“庆祝订立平等新约特刊”。

本刊为音乐刊物，刊期不详。现保存于上海图书馆、重庆图书馆。

《乐风》第一卷第一期封面

《计政通讯》（1940 年）

1940 年 1 月 15 日在重庆创刊，军政部会计处编行。

本刊设特载、学术讨论与业务报告、专载、法令通案、计政消息、人事动态、杂俎、信箱等栏目，“如有特殊稿件，则临时增开一栏刊载”。本刊“专为同仁及部派计政人员之参考，不得对外传阅”。本刊每年一卷，每月一期，每月 15 日出版，军政部会计处设编辑室、主编，编辑人选由会计长指派每科室及计政班各一人至二人兼任。

本刊为军事类会计刊物，月刊。现保存于上海图书馆、南京图书馆、重庆图书馆。南京图书馆、重庆图书馆现保存有第一期。

《刘上将逝世二周年纪念特刊》(1940 年)

1940 年 1 月 20 日在重庆出版,刘上将逝世二周年纪念特刊编纂委员会编印。

本刊刊登了邓锡候的《纪念刘上将和检讨川康继承的工作》、潘文华的《甫公逝世二周年感言》、贺国光的《刘故主席逝世二周年纪念感言》、彭焕章的《发扬四川人之自尊精神》、王白与的《甫公维护下之新闻事业》等文章。

本刊为纪念特刊。现保存于重庆图书馆。

《新评论》+《新评论副刊》(1940 年)

1940 年 1 月 20 日创刊，新评论社编辑出版，中国文化服务社经售（地址在重庆磁器街 22 号）。新评论社社址原在重庆来龙巷 36 号，后此处改为发行部，编辑部设在南温泉 500 号。1944 年社址迁至王爷石堡 5 号。第一卷出 10 期，以后各卷为 6 期。1942 年第六卷第五期（即总第三十六号）起改为双月刊，编辑兼发行人周子亚，先后参与编辑工作的有余新之、陈清竹，新评论月刊社发行，中央政治学校印刷所印刷，各大书店及中国文化服务社经售。

《新评论》创刊号封面

本刊“以评论时事，研究学术为目的”，内容侧重于外交和国际问题的研究，也涉及政治、法律、经济、教育各方面。

本刊为综合性社科刊物，先为半月刊，后改为双月刊。现保存于四川大学图书馆、重庆图书馆。1944 年 7 月 15 日，新评论社还发行了《新评论副刊》，半月一次，32 开本，全国各大书店经售。其宗旨是“促使国人在脑海中建立起一个空中观念，来适存于未来的空中时代”，“除专文外，均直接取材自国外报章杂志，纯粹以介绍国际情况为目的”。副刊现保存于西昌市档案馆、四川大学图书馆。

《行政评论》（1940 年）

1940 年 1 月 20 日创刊，行政评论社编辑兼发行（地址在重庆南温泉 20 号）。

本刊办刊宗旨是“阐扬行政理论，研究实际行政问题，促进行政研究兴趣及行政效率”。其内容是关于行政组织、人事行政、文书管理、财务行政、物材管理、战时行政问题、县市行政问题、行政研究及特种行政的短评、论著、讨论、通信等。本刊主要栏目有行政组织、行政效率、人事行政、省制问题、县制问题、区制问题等。

本刊为行政研究刊物，刊期不详。现保存于上海图书馆、重庆图书馆。

《主计通讯》（1940 年）

1940 年 1 月在重庆创刊，国民政府主计处编印。国民政府主计长陈其采撰写发刊词。抗战胜利后迁至南京，出至 1948 年 5 月第九十九期，自 6 月起改由主计部编印，期号另起，约出 3 期，到 8 月停刊。

本刊栏目分为人事、法规、纪录、国内外主计通讯及专载五类，后又增加明令任免、公牍栏目。本刊刊登了《本处职员任免》《主办人员任免》《佐理人员任免》《非常时期发给公务员生活补助费办法》《暂行营业基金预算科目》《暂行营业基金预算审表格式》《湖北省战时调查统计工作》《中国统计学社第九届年会记录》等内容。

本刊为财经专业刊物，月刊。16 开本。现保存于中国国家图书馆、四川大学图书馆、重庆图书馆、广东省立中山图书馆。

《星期文摘》（1940 年）

1940 年 1 月创刊，陶涤亚编辑，星期文摘社发行。

本刊着重于“时”与“事”，“时”即所选材料必须是新鲜的材料，“事”即所选材料必须是重要的事件。本刊摘录的内容为“有关欧战战况及各国军事外交的新闻及报道，国内抗战发展情形的介绍，以及有关国外政治经济等方面的报道、译述等”。

本刊为时事文摘刊物，刊期不详。现保存于上海图书馆、重庆图书馆。

《抗战画刊》（1940 年）

《抗战画刊》渝版第二卷第一期封面

1938 年 1 月 20 日创刊于武汉，出版 14 期后迁至长沙西湖桥出版第十五至二十期，后又迁至桂林出版第二十一至二十三期。1940 年 1 月迁渝出版第二卷第一期（通信处为重庆 108 号信箱璧山县西街 19 号）。现存最晚一期是 1941 年 1 月出版的第二卷第五期。共计出版 34 期。

本刊以抗战为宗旨，主编黄望云在迁渝出版的首期的卷头语中说，“本着抗战第一的宗旨，出版起这个画刊”。本刊特约撰稿人有冯玉祥、老舍、田汉、梁鼎铭、艾青、赵逸云、鲁少飞、卜少夫等。本刊设有画坛消息、报道漫画、名言摘录、旅行速写等栏目。其中“画坛消息”主要记载画坛最近的新闻和某位画家的近况，为当时画坛的内部联系提供了渠道。本刊鼓励抗战，用大量图画、诗词、木刻等文艺作品宣传全国人民抗战。本画刊设有重庆版。

本刊为艺术画刊，原为旬刊，自 1940 年 1 月起改为月刊。64 开本。封面由图片、刊名、出版项组成。现保存于中国国家图书馆、辽宁省图书馆、吉林大学图书馆、上海图书馆、复旦大学图书馆、南京图书馆、四川省图书馆、四川大学图书馆、重庆图书馆、贵州省图书馆、福建省图书馆、广东省立中山图书馆、中山大学图书馆。

《日本评论》(1940 年)

原名为《日本》，1931 年 11 月创刊于南京，日本研究会创办。“九一八事变”后，改名为《日本评论》，三日刊，在南京出版。1932 年后改为月刊，断续出至 1937 年 6 月 15 日第十卷第五期停刊。1940 年 2 月 1 日在重庆复刊，卷期续前，出第十一卷第一期，月刊，全年 10 期，5 期为一卷。日本评论社编辑（社址在重庆磁器街 22 号），社长兼发行刘百闵，重庆中国文化服务社总经售。自 1941 年 3 月 16 日第十三卷第三期起改为半月刊，全年 24 册。出至 1945 年 3 月第十八卷第三期终刊。

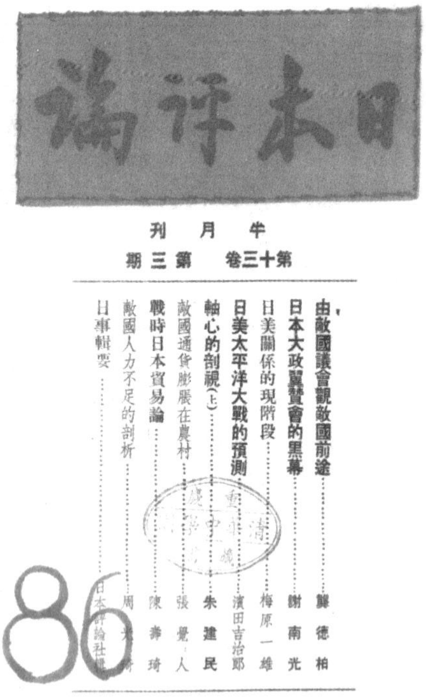

《日本评论》第十三卷第三期封面

本刊编辑委员有龚德柏、陈石孚、李秀谷、崔万秋、王沿津、许汝祉、朱云影、林纪东、陈寿琦等 9 人。本刊主要“刊登、创作或译述，凡与日本有关之军事、外交、政治、经济、社会、文化、教育、实业等”内容。其代表性文章有《倭军阀侵略东北之动机》《经济封锁对于日本产业的打击》《日本战时人口动态与人口政策》《日本之青年军事训练》《日本军需工业之发展》《太平洋问题与日本》《日美之谈判与战争》等。

本刊为抗战宣传刊物，在渝出版时先为月刊，后改为半月刊。16 开本。现保存于四川大学图书馆、重庆图书馆、南京图书馆、上海图书馆。

《伤兵之友》（1940 年）

约 1940 年 2 月在重庆创刊，新生活运动总会和军事委员会后方勤务部政治部合编，军事委员会后方勤务部政治部印刷所发行（通信处为重庆市信箱 158 号）。

本刊主要“报道伤兵之友社的工作情况，反映负伤官兵生活以及刊登研究伤兵工作问题的文章，同时刊登负伤将士的文学作品，宣传抗日英雄”。

本刊为军事后勤医学类刊物，半月刊。现保存于上海图书馆、重庆图书馆。

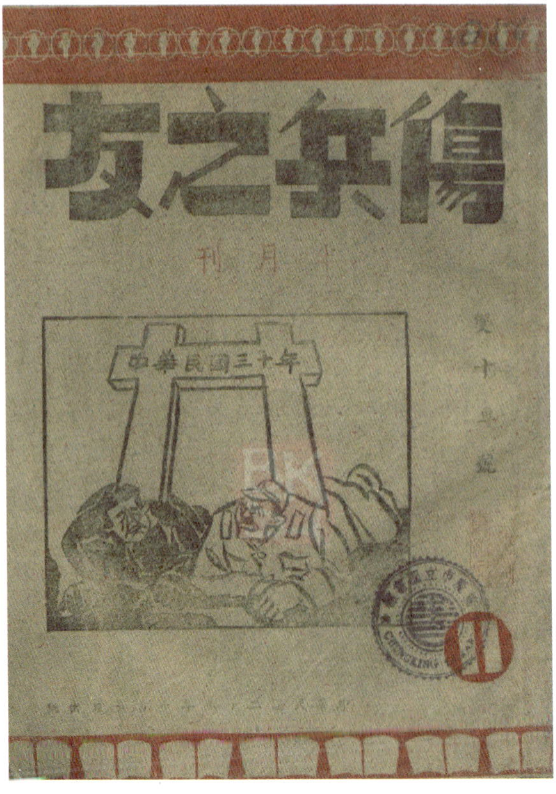

《伤兵之友》第十一期封面

《春秋》(1940年)

1940年2月在重庆创刊，刘玄一编辑，春秋社出版发行（社址在重庆中正路268号），四川嘉定三五书店印刷，中国文化服务社总社及各地分社经售。王星拱题写刊名。1940年10月15日出版第一卷第五期。约1942年12月出至第三卷第九期停刊。

本刊刊登了彭文凯的《英对倭屈让的失策》、天佑的《且看近卫的作风》、唯公的《论思想问题》、许孝炎的《新县制实施与民意机关》等文章。

本刊为政论性刊物，月刊。现保存于中国国家图书馆、四川省图书馆、重庆图书馆。

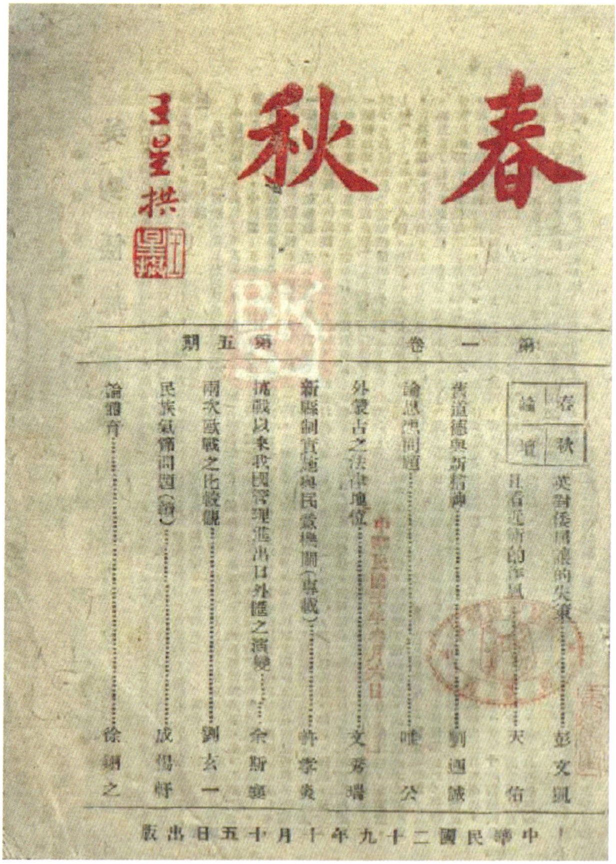

《春秋》第一卷第五期封面

《韩民》（1940 年）

1940 年 3 月 1 日创刊，韩国国民党宣传部发行（通信处为重庆邮箱 95 号），中国文化服务社总经售。出版 4 期后即休刊，原因不详。1941 年 6 月 15 日复刊，续出第一卷第五期。

本刊由金九题写刊名。其发刊词中说：“中韩在共同敌人、共同目的之下，相互关系犹唇与齿，故两者紧密之联系、步调之齐一，是自然而必需的。本刊因此产生，同人愿尽所能依下列三点而迈进！将中国英勇抗战的事实、坚韧不拔的精神，向韩人做详细报道；将日寇在韩国的军事高压、政治设施、经济榨取、教育限制的一切毒辣手段和恶果，尽情赤裸裸地暴露出来；将如待爆炸、火山烈焰似的韩国光复运动怒潮，向亲爱的中国战友，做忠实介绍”。第五期多载关于韩国独立党创立之文献。以后未见出版。

本刊为抗战宣传刊物，月刊。16 开本，铅印。现保存于四川省图书馆、四川大学图书馆、重庆图书馆。

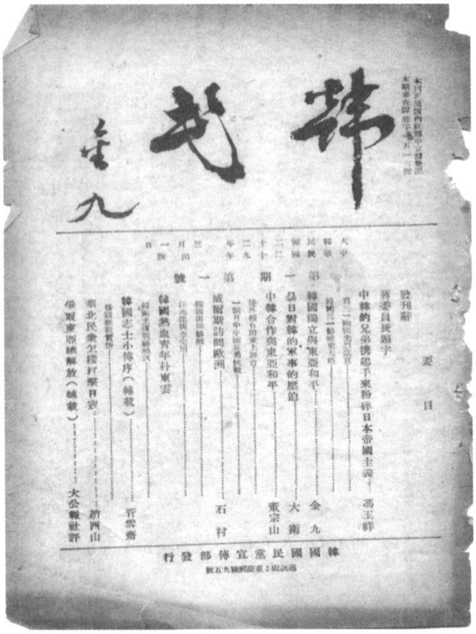
韓民
金九
大韓民國二十二年 中華民國二十九年 三月一日出版
第一期第一號
要目
發刊辭
蔣委員長題字
中韓的兄弟攜起手來粉碎日本帝國主義……馮玉祥
韓國獨立與東亞和平……金九
暴日對韓的軍事的壓迫……大衛
中韓合作與東亞和平……童宗山
威爾斯訪問歐洲……石村
韓國熱血青年朴東雲
韓國志士小傳序（轉載）……晉雲齋
東北民衆怎樣打擊日寇……許西山
爭取東亞總解放（轉載）……大公報社評
韓國國民黨宣傳部發行

《韩民》第一卷第一期封面

《东北》（1940 年）

1940 年 3 月 5 日创刊，东北问题研究社编辑发行（社址在重庆沙坪坝沙坪新村 4 号），各大书局总经售。

本刊“以研究东北问题，介绍东北史实，报道东北现状，揭发敌伪阴谋，提供参考资料，以及阐述东北安危与国家兴衰之重要关系，而唤起国人对于东北问题之注意为宗旨”。本刊为“揭发倭寇在东北的侵略暴行，借以推进收复失地工作，并介绍有关东北问题的过去、现在及将来各种言论的专门刊物，主要刊登与此性质相合的政治、经济、社会、军事、史地、文艺、等文字”。本刊内容分东北问题专论、东北文献、东北沦陷史料、东北消息、东北园地、东北青年、东北风土谈、文艺等栏目。除了“时事短评”栏，只刊载与东北问题有关的文字。

本刊为抗战宣传刊物，月刊，6期为1卷。现存最晚一期是1942年4月18日出版的第四卷第六期。现保存于中国国家图书馆、重庆图书馆、四川省图书馆、四川大学图书馆。

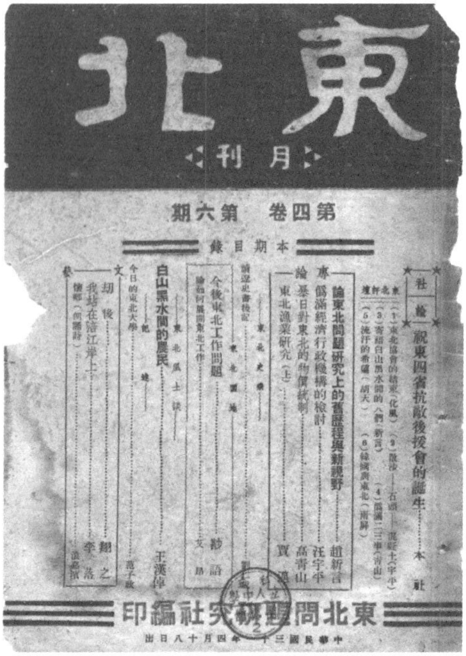

《东北》第四卷第六期封面

《川康工合》(1940年)

1940年3月16日创刊，中国工业合作协会川康区办事处编辑发行（地址在重庆海棠溪杨家山），重庆市沙坪坝印刷合作社印刷。李吉辰撰写发刊词。

本刊“研讨工会运动之理论与工作实际问题，交换同人知识与经验，报道本区各所室工作实况，互相观摩，互相勉进，并增进工合社友之工合见识及兴趣。俾本区整个工合事业能在有计划、有进程之领域中逐渐迈进”，还指出工业合作运动“是具有社会性的一种经济建设与改造运动”。本刊设有论坛、特载、报告择要、人事动态、工合情报、工合通讯、统计等栏目。其内容 为“关于工合问题之论著，关于工合技术之研究，关于本区各部门工作之调查、统计、报告、计划、通讯等项，其他有关工合之文艺及参考资料等”。

本刊为工业合作刊物，月刊。小32开本。约出5期，1940年7月停刊。现保存于中国国家图书馆、四川大学图书馆、重庆图书馆。

《川康工合》创刊号封面

《中国青年新闻记者学会二周年纪念特刊》（1940 年）

1940 年 3 月 31 日在重庆出版。丁右任、谷止纲、郭沫若、王芸生等为本刊题词。

本刊刊有“青记”会员分布图和组织系统表、“青记”产生与发展的介绍、“青记”简章、总会工作报告、职员表、各地方分会介绍等，还刊有邵力子的《在抗战中成长起来，为建国而奋勇前进》、邹韬奋的《集体力量的伟大》、潘梓年的《青年记者学会二周年纪念献词》等文章。

本刊为学会刊物，特刊。8 开本，油印。现保存于峨眉山市档案馆。

《教育心理研究》(1940 年)

1940 年 3 月创刊，国立中央大学研究院师范研究所教育心理学部编辑，国立四川造纸印刷职业学校印刷。

本刊宗旨是“阐发教育心理学学术，报告实验研究结果，并讨论教学上之一切问题及科学方法”。本刊主要内容涵盖了“教育心理学方面的论著及研究，国内外教育学新著介绍与批评，初等、中等学校教育方法，教学问答等方面”，主要栏目有论著、研究、新著评介、教学问答等。主要撰稿人有教育界著名专家艾伟、常导之、欧阳翥、萧孝嵘、潘菽、张德琇、孙邦正、赵廷为、朱道俊、萧承慎、方东澄、李清悚等。本刊汇集了当时国内著名的教育学和心理学专家，内容非常权威，为当时中国学者探讨研究教育心理学提供了交流的园地。此外，本刊还介绍国外教育心理学学术研究新著，也刊载教育学、生理学、神经学、统计学方面的论著，扩大了中国教育学界的视角。

本刊为教育心理学学术研究刊物。最初定位为月刊，但平均每年仅发行两期。1945 年 6 月出第三卷第二期后停刊，共出版 3 卷 10 期。现保存于中国国家图书馆、南京图书馆、南京大学图书馆、江西省图书馆、武汉大学图书馆、重庆图书馆、上海图书馆、复旦大学图书馆、湖北省图书馆、贵州省图书馆。

《中国女青年》(1940 年)

约 1940 年 3 月创刊，中国女青年社出版处编辑，中国女青年社发行（社址暂设在重庆沙坪坝国立中央大学驻渝办事处）。

本刊宗旨是“团结全国姐妹，推进妇女解放工作”，刊载了《今日西北的女青年》《普及妇女职业补习教育！》《妇女在原始社会的伟大贡献》《当今中国妇运动向之研究与批判》等文章。

本刊为妇女刊物，月刊。现保存于上海图书馆、重庆图书馆。

《精神动员》（1940 年）

1940 年 3 月创刊，国民精神总动员秘书处编行（地址在重庆九道门 7 号）。

本刊发刊词中说：“国民精神动员之目的，在集中振作国民之精神，为国家军事而奋斗，以完成抗战建国之事业。”本刊“以阐发推进国民精神总动员之效能为目标”，“其内容主要为二类：一、为精神动员问题之研究；二、为各地推行实况之报告”，设有训示、特载、论著、文艺、通讯、国内外大事纪要等栏目。本刊载文有《三民主义之体系及其实行程序》《中华民族建国的精神》《中华民族思想之检讨》《普及国术教练与抗战最后胜利》《精神总动员与抗战前途》等，主要“介绍国民精神总动员纲领之理论与方法，推进国民精神总动员和抗战最后胜利”。

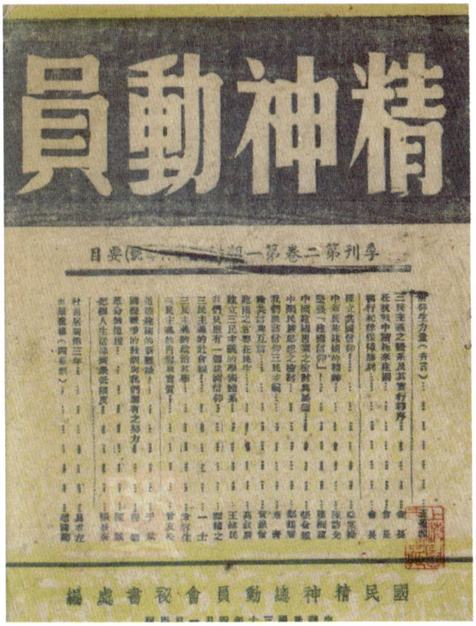

《精神动员》第二卷第一期封面

本刊为政治刊物，季刊。16 开本。目前所见最晚一期是 1941 年 10 月出版的第二卷第一期。现保存于四川省图书馆、四川大学图书馆。

《耕耘》（1940 年）

1940 年 4 月 1 日在重庆创刊，郁风编辑，黄苗子发行，耕耘社出版。

本刊主要“刊登文艺理论论著，注重美术理论及创作，介绍进步作品，以各种表现形式宣传教育大众”。本刊内容丰富，既有对中国艺术展览会的新闻报道、时人对中国绘画的意见，也有各种表现抗战主题的民谣、速写、诗歌、木刻、散文等，还有小说、对国内外著名漫画家的介绍等。主要撰稿人有郑可、适夷、叶灵凤、祝秀侠、丁聪、叶浅予、徐迟、艾青、林焕平等。曾发表任真汉、卢鸿基等人撰写的“对于现阶段中国绘画的意见”系列，包括《中国化》《漫画和一切绘画的路》《建立新漫画理论》《调整、补充与联络》《下乡去看看》等文章，“从多个方面和不同的角度探讨了对中国绘画发展的意见，多强调中国的画家应当打好更加坚实的基本功，从西洋画中吸收有益的因素融入中国画中，并号召画家更加贴近现实，创作出更多反映前线、反映农村的艺术作品”。本刊还载有袁水拍的《鲁迅六十诞辰献诗》、艾青的《女战士》、黄茅的《桂东南漫画流展小记》、廖冰兄的《一张破旧报纸在前线》、司马文森的《羊城断忆》等文章。

《耕耘》第一期封面

本刊为文艺刊物，季刊。1940年8月出版第二期后停刊。现保存于上海图书馆、重庆图书馆。

《抗战儿童》(1940年)

1940年4月1日在重庆创刊，抗战儿童社编辑发行。

本刊主要刊登独幕儿童剧本、抗战游戏、宣传抗日的木刻与连环图画、抗战儿童歌曲、儿童工作通讯、教育儿童的历史文化知识及游击区儿童的抗日小故事等内容。

本刊为儿童刊物，月刊。1940年12月因经费困难而停刊，共出7期。现保存于上海图书馆、重庆图书馆。

《学习生活》(1940 年)

1940 年 4 月 10 日在重庆创刊，赵冬垠、楚云编辑，黄涤峰为发行人，读书生活出版社发行。

本刊创刊目的是“帮助大众学习科学，认识生活，用最通俗的文字将哲学、自然科学、社会科学、文学等各方面知识介绍给读者”。其内容有时事专论、有关民族问题和民主政治的知识讲座、社会进化史讲话、中国近代史讲话、经济常识、文艺鉴赏、学习问答、介绍与批评等。主要撰稿人有柳湜、甘霖、楚云、伯韩、袁础、林雨、文廉、孟辨、曹伯韩、戈宝权、鲁山、赵冬垠、林雨、梅英等。本刊刊载的文章有《悼蔡孑民先生》《怎样研究资本论》《中国参加第一次欧战的经过及其教训》《从学生的苦闷说起》《科学界的伟人》等。

《学习生活》第一卷第一期封面

本刊为综合性文史刊物，半月刊，后改为月刊。停刊时间和原因不详。现保存于上海图书馆、重庆图书馆。

《海风》(1940 年)

1940 年 4 月 15 日创刊，海风月刊社编辑发行（通信处为重庆邮政信箱 260 号），巴渝印刷所印刷。于右任、朱家骅、邵力子、陈济棠、韩汉英等曾为本刊题词。

本刊宗旨是“研究海军学术，介绍海军知识，促进海军自强”。其内容包括“海军整建问题之研讨；海军战略、战术问题之研究；海军专门学术及新兵器之研究；关于海军教育问题之讨论、海军抗战史实之记述与批评；世界各国海军动态之分析，尤其有关敌国海军状况之研究；中外海军史绩及海军名将史料之记载与评述；关于海上各种生活之记述；有关党务、军事、政治、外交、经济及其他有关抗战建国，及海军之各项文字”。本刊栏目有社论、海军杂谈、长篇连载、文艺、海风信箱、敌情等。

本刊为海军学术刊物，月刊。1942 年 12 月出版的第二卷第一期是现存最晚一期。现保存于中国国家图书馆、四川大学图书馆、重庆图书馆。

《商务日报廿六周年纪念特刊》(1940 年)

1940 年 4 月 25 日在重庆出版，商务日报社编辑发行。

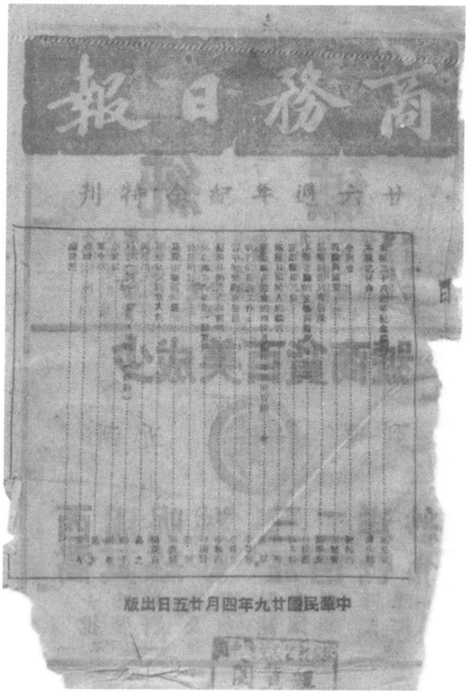
商務日報
廿六週年紀念特刊
中華民國廿九年四月廿五日出版

《商务日报廿六周年纪念特刊》封面

商务日报创始于 1914 年。本报“为一纯粹商办的报纸，所有一切经营，完全是自力更生，实行自给自足”。本报的目标，“我们国家现在有三大敌人：其一，是希望灭亡中国的倭寇。其二，是出卖祖国利益的汉奸。其三，是图谋不轨的反动派……因此，抗战、锄奸与肃反的三大工作……将为今后本报一切努力的目标”。本刊刊登了高允斌的《本报廿六周年纪念献词》、温少鹤的《本报之使命》、陈钟浩的《今与昔》、张九如的《谨赠报律三条》、陶秀的《商务日报同人的义舌》、勤斌的《新闻纸在社会的地位及编辑本报的旨趣》等文章。

本刊为报业纪念刊物，特刊。仅见 1 期。现保存于重庆图书馆。

《贸易月刊》(1940 年)

1940 年 4 月创刊,财政部贸易委员会编辑发行(地址在重庆海棠溪向家坡)。邹林题写刊名。1946 年停刊。

本刊继承自《贸易半月刊》，以研究和讨论对外贸易问题为主旨。其内容包括“国内外贸易状况的分析，贸易制度和政策的研究，贸易理论与学说的探讨，以及各国间贸易关系与商约的分析，进出口商品和相关市场调查统计资料等”。本刊主要撰稿人有叶理中、冯和法、王恩浩、吴觉农，主要栏目有论著、译述、调查、文摘、法规、统计、市况等。本刊刊载的文章有《欧洲动乱与日本之对外贸易政策》《德国对外贸易之政策及其机构》等，是研究第二次世界大战时期国内外贸易的重要资料。

本刊为商贸刊物，月刊。现保存于上海图书馆、重庆图书馆。

《交通月刊》(1940 年)

1937年7月在南京创刊，中国军事交通学会编辑兼发行，京华印书馆印刷。不久即停刊。1940年4月在渝复刊（地址在重庆中山二路飞来寺2号），编号另起。1947年7月迁回南京，编号又另起。约1948年12月停刊。

本刊主要研究战时的交通，以及与交通有关的问题。本刊设有图画、命令、法规、公牍、专件、报告、选论、译丛、交通新闻等栏目。

本刊为交通事业类刊物，月刊。现保存于四川省图书馆、四川大学图书馆、重庆图书馆、南京图书馆。

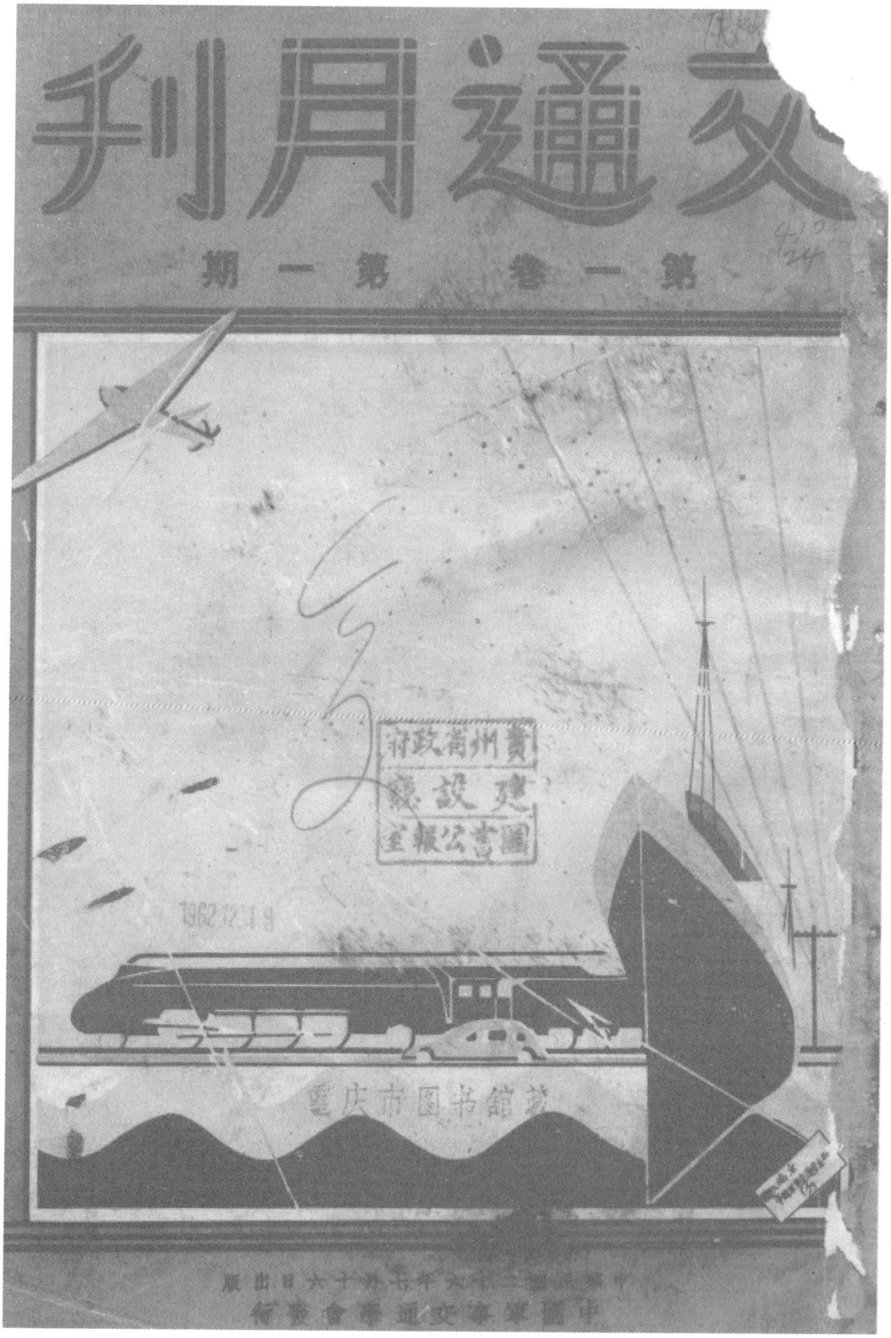

《交通月刊》第一卷第一期封面

《防毒月刊》(1940 年)

1940 年 4 月在重庆创刊,防毒月刊社编辑发行。1942 年出第二卷第三期后停刊。1943 年 1 月复刊,编号另起。同年 8 月终刊。

本刊内容是“讨论防毒心理上、技术上、战术上之难题,选登敌人用毒之动态及敌化学兵器之说明,介绍国内外最新防毒学说”。其载文有《德式防毒衣穿脱法》《战地防毒掩蔽部之讨论》《毒气及烟施放后之物理性质》《揭开了毒气战争之幕》《毒烟之生理性质及治疗》等。

本刊为防毒专业性刊物,月刊。现保存于上海图书馆、重庆图书馆。

《防毒月刊》创刊号封面

《农村建设》(1940年)

1938年9月在贵阳创刊，农村建设协进会主编，贵阳美丰印刷厂印刷，全国各大书店代售。吴鼎昌题写刊名。自1940年4月第二卷第一期起迁至重庆出版，农村建设协进会主编兼发行（地址在重庆曾家岩求精中学内），仅出1期。

农村建设协进会，即前华北农村建设协进会。本刊内容以“研讨农村建设的理论与方法，沟通农建运动消息，引起社会人士对农建之兴趣”为主旨。本刊设有论著、书评、调查报告、通讯、文艺等栏目。本刊创刊号刊登了方显廷的《农村建设与抗战》、吴景超的《苏联的集体农场》、黄肇兴的《中国棉花运销合作社组织之研究》、冯步洲的《近年来中国地方行政机构之改革》、章辑五的《怎样从事农村建设下层工作》等文章。第二卷第一期刊登了沈宗瀚的《改进农业生产技术之步骤》和《中国农业自给与外销》、高柳桥的《研究地方行政的方法》、徐雍舜的《县户籍行政制度之商榷》、徐幼芝的《湖南农村妇女教育及生活调查报告》等文章。

本刊为地方农业经济刊物，双月刊。16开本。现保存于重庆图书馆、复旦大学图书馆。

《农村建设》第二卷第一期封面

《中华农学会通讯》(1940年)

1940年5月1日在重庆出版，中华农学会编印（通信处在重庆沙坪坝国立中央大学农学院，后迁至重庆中华路121号、枣子岚垭104号）。主编吴觉奴。

抗战胜利后迁至南京出版，1948 年 1 月出版第八十一、第八十二期后停刊。

本刊主要报道农业界消息及中华农学会的工作情况，设有特载、小论坛、农业法规、农业通讯、会友动态、会务报告等栏目。本刊第八十一、第八十二期是中华农学会第二十六届年会暨农业界各专门学会联合年会、中华农学会成立三十周年纪念特刊，刊登了左舜生的《今后农林建设的方向》、王如海的《全国农业期刊调查报告》等文章。

本刊为农学刊物，月刊。大 32 开本。停刊原因不详。现保存于中国国家图书馆、四川大学图书馆、南京大学图书馆、重庆图书馆、雅安市档案馆。

《读书通讯》（1940 年）

1940 年 5 月 1 日创刊，中国文化服务社总社读书会编辑并发行（地址在重庆磁器口）。1946 年 5 月迁至上海出版，1948 年下半年停刊。

王世杰在本刊创刊号发表《写给青年读者（代发刊词）》称："集中全国专家、提倡读书运动、领导青年生活、指示求学途径、解除读书困难，等等，都是这个刊物的任务。"本刊主要栏目有文化新闻、新书消息、讲座、读书指导、生活指导、会员通讯、图书评介、名人传记、学术论著、时事论坛、学府风光等。主要撰稿人有张东荪、胡适、李四光、冯友兰、朱光潜、梁漱溟、王云五、黄建中、赵景深、吕思勉、陈寅恪。本刊刊发有"追悼史学家何柏丞先生专号""大学院系选习指导专号""读书兴趣特辑"等。本刊"为大中学生课外阅读及辅导自修的刊物，旨在鼓励青年多读书，增加各方面的知识，载文介绍读书方法及国内外优秀书籍，刊登新书报告，报导文化界新闻等"。

本刊为读书指导及自学类刊物，半月刊。现保存于上海图书馆、重庆图书馆。

《中国教育》（1940 年）

1940 年 5 月 10 日创刊，全国战时教育协会编辑（地址在重庆康宁路 5 号），华中图书公司印行。主编邱椿、朱启贤，发行人唐性天。编辑委员有王卓然、朱启贤、李建勋、邱椿、俞庆棠、张申府、陶行知、陈时、戴白桃。

本刊旨在："第一、研究现代中国教育，建立新中国教育理论体系，启示今后中国教育改造之途径，析解战时教育上之诸种实际问题；第二、沟通国内各地教育工作，介绍当前世界教育动态，揭发日本战时国内教育作法，及其在华实施奴化教育之实况；第三、比较论述各国革命期间之教育措施，批判地介绍近代教育思潮，科学地整理中华民族的文化遗产；第四、有计划地协助教育界同志，对于一般学术之进修，谋大家的独立意志之自由表达，并共同商讨大家的专业的合理生活。"本刊刊登了朱启贤的《"中国教育"的时代任务》、邱椿的《抗战教育的意义和理念》、张申府的《拟教育的宗旨》、黎锦熙的《社会教育的推进与注音汉字》、白桃的《教育上的两条战线》等文章。

中國教育
第一卷 第一期
全國戰時教育協會編輯 ● 月刊 ● 中華書局公司印行
"中國教育"的時代任務
朱啓賢
第一卷第一期目錄

《中国教育》第一卷第一期封面

本刊为战时教育类刊物，月刊，每月 10 日出版。16 开本。1941 年 4 月出版的第一卷第八期是现存最晚一期。现保存于中国国家图书馆、南京图书馆、四川大学图书馆、重庆图书馆。

《现代华侨》(1940 年)

1940 年 5 月 15 日创刊于重庆（因付印后刊版被日机炸毁，只好重排，实际是 7 月 23 日出版），现代华侨社编辑发行（社址在重庆公园路 3 号，后迁至林森路 590 号），国内各大书局代售。总编辑饶沙鸥，编辑先后是何汝津、李屏周。1942 年 4 月 16 日出版"十年侨务"专刊，作为《现代华侨》的第三卷第三期。

本刊旨在“沟通侨胞的情感”，“向侨胞报道祖国的需要与动态及发扬祖国的文化”，“刊登与华侨问题有关及为华侨所当知者之稿件”。本刊辟有短评、论著、战时特写、侨事报道、选载、各地通讯、文艺、读者信箱、漫画等栏目。

本刊为华侨问题刊物，月刊。16 开本。停刊时间及原因不详。现存最晚一期是 1942 年 10 月出版的第三卷第十期。现保存于四川省图书馆、四川大学图书馆、重庆图书馆、复旦大学图书馆。

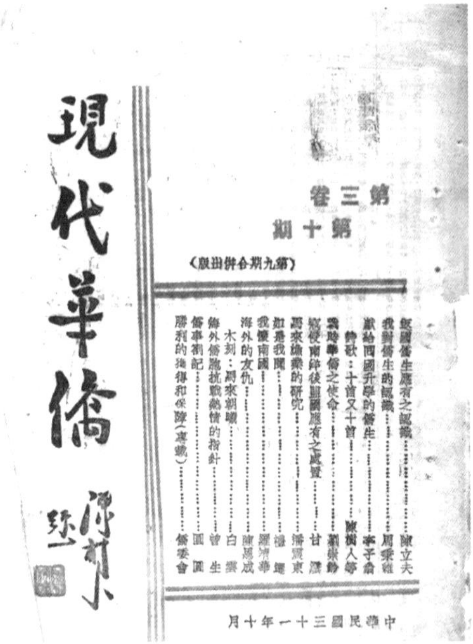

《现代华侨》第三卷第十期封面

《朝鲜义勇队》（1940 年）

约 1940 年 5 月创刊，朝鲜义勇队总队部编辑兼发行（地址在重庆南岸大佛段 123 号）。

本刊继承自《朝鲜义勇队通讯》，主要“刊载朝鲜义勇队的形成、发展概况，在中国参加抗战的英勇事迹，以及为光复祖国而做出的不懈努力”，另外“介绍日寇统治下的朝鲜国内情况以及日本本国的情况”，也刊载关于中国抗战形势变化、国内外时局分析的文章，还刊有少量宣传抗日的诗歌。本刊刊登了金若山的《三年来朝鲜义勇队与今后工作方针》、陶涤亚的《抗战与革命》、沈钧儒的《东方各弱小民族联合起来》、韩志成的《朝鲜义勇队三年来之工作总结》等文章。

本刊为抗战时事政治刊物，月刊。停刊时间及原因不详。现保存于上海图书馆、重庆图书馆。

《四川省立重庆大学校友会成立纪念特刊》(1940 年)

1940 年 5 月出版，四川省立重庆大学校友会成立筹备委员会编辑发行，巴渝印刷所印刷。四川省立重庆大学校友会位于重庆市商业场本大学办事处。

本刊刊登了胡庶华的《重庆大学校友会成立致词》、梅堃的《校友会成立致辞》、王克仁的《说说我对重大校友会的希望》等文章，以及四川省立重庆大学校友会组织大纲草案。

本刊为校友会刊物，特刊。现保存于重庆图书馆。

四川省立重慶大學校友會成立紀念特刊

葉元龍題

編輯者：重大校友會籌備委員會

印刷者：巴渝印刷所

民國二十九年五月

重大校友會成立專刊 (1)

重慶大學校友會成立致詞

胡庶華

重慶大學自劉甫澄先生創辦迄今，已有十年歷史。最初三年，係辦預科。至民國二十五年，始有第一屆畢業生爲社會服務。未幾，即有畢業同學會之組織。數年以來，因人事變遷未能充分發展。然畢業同學之在成渝兩地者，時有聚餐之舉。精神上仍時相聯繫。茲以畢業同學會範圍較狹，乃改爲校友會，凡在重大曾任及現任教職員均可參加，師生精神，永久弗渝。意至善也。余惟嚶鳴求友，古之所尚。一夕之話，勝讀十年。何況相處數載，誼切同窗，一旦別離，勞燕分飛。或天各一方，行蹤靡定。或多時不見，音問鮮通，今有此會，使同在一地者時相聚首，遠隔者得藉會刊以通消息。此其一。抵禦外侮，端賴團結。風雨同舟，相期共濟。國人如此，況屬同學。羣策羣力，成功之基。社會可作之事正多，而要在有志同道合之人，校友爲自然之結合，勝於尋常泛泛之交。此其二。重大畢業同學服務社會，多擁重任，而創造新事業者尤大有人在。觀摩之益，收穫校外。合作精神，發揚久遠，若母校地位之提高，所賴於校友者孟鉅。此其三。余以遠在西北，不克參加成立盛會。謹伸數義以爲校友諸君勗。

二九，四，二六，於西北大學。

校友會成立致辭

梅堃

吾重慶大學創立七載，畢業同學，散處四方，求始有校友會之組織，以通音問而聯情誼。自倭寇興，行都肇建，全國學子，鱗集是邦，學額由是驟增。校長葉公主以精勤，諸教職員，皆一時上選，於是校務蒸蒸，如日方升。二十九年，最高被同學蹈議組

《四川省立重庆大学校友会成立纪念特刊》封面

《乡村物价汇报》(1940 年)

1940 年 5 月出版，四川荣昌经济部中央农业实验所农业经济系编辑。

四川荣昌经济部中央农业实验所“为欲明了各地乡村物价变动情形及其影响农民之生计状况起见，特于 1940 年举行各地每月乡村物价调查，借作研究之依据。现该项材料虽经整理就绪，唯以印刷困难，不能按时出版。故将本年度之物价变动情形，按月用油印本提前发布，供各界参考。又将该项调查表之由各地寄回，须经一月后全部收齐，再加整理编制时间，所以现在每月所发布者为两个月以前之数字”。1940 年第一号刊登了《乡村物价调查统计之经过》《乡村物价变动之说明》等文章。

本刊为农村物价统计刊物，月刊，后改双月刊。约 1944 年 1 月停刊，共出 40 期。现保存于中国国家图书馆、南京图书馆。

《宣传资料》(1940 年)

1940 年 6 月 1 日在重庆出版第一期，重庆三民主义中央团部编印。封面标有“密件”字样。

本刊设有宣传指导、专载、转载资料、参考资料、宣传法规等栏目。

本刊为政治类刊物，刊期不详。32 开本，铅印。现保存于自贡市档案馆、重庆图书馆。

《工合特写》(1940 年)

1940 年 6 月 15 日出版，中国工业合作协会万县事务所编辑发行（地址在万县王家花园），万县华盛印刷公司印刷，生活书店特约经售。

中国工业合作协会万县事务所于 1939 年 1 月成立。本刊主要刊登“各社的业务报告、社务概况以及社员参加工合的感想等”。刊载了为之的《虽因抗战成残，依然要努力生产》、马骏的《万县第一个染织合作社》、王赞甫的《“大八乡”现在、过去与将来》、合生的《五樑桥针织合作社之缘起及经过》、惠英的《共患难的苗圃女子刺绣纺织合作社》、陈之真的《组织了服装生产合作社》等文章。

本刊为地方工业合作刊物，刊期不详。现保存于重庆图书馆。

《工合特写》1940 年封面

《学生之友》(1940 年)

1940年6月25日创刊,学生之友月刊社编印(地址在重庆北碚蔡锷路34号),社长兼发行者许心武。

本刊主要栏目有论著、学术研究、青年修养、读书指导、名著介绍、教育消息、文艺、青年园地、青年通讯等。本刊"指导青年立志、求学、就业、生活及思想修养,培养知识技能,提高品德人格,抗战御侮,建设现代新国家"。本刊"主要刊登一月国际时事、国内外各级学校学生生活素描,还刊有全国专科以上学校概况,供投考大学的学生参考"。主要撰稿人有梁实秋、郝更生、陈殿扬、翁之达、张景卿、李辰冬、史可京、许心武、汪清等。载文有《嘉陵江畔的复旦大学》《战时的复旦》《由边疆学校谈起》《怎样做一个抗战建国的青年》《现代青年体育训练的要点》《青年营养问题的商榷》《教育改造中的训育问题》《青年教育之本质》《怎样编出壁报》等。

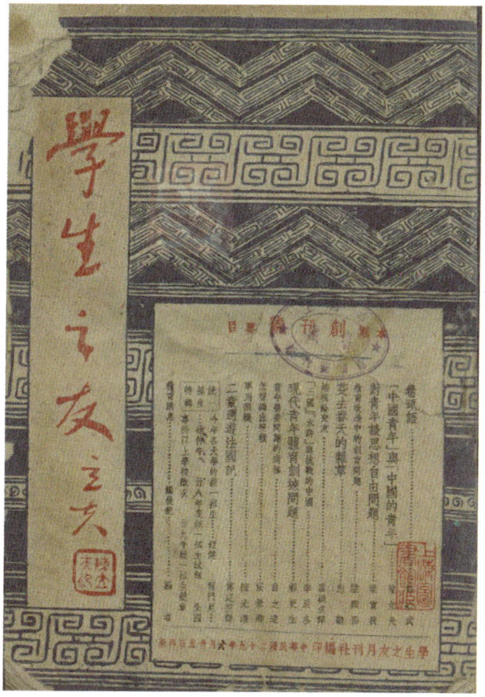

《学生之友》创刊号封面

本刊为青年刊物,月刊。停刊时间及原因不详。现保存于上海图书馆、重庆图书馆。

《计政季刊》(1940 年)

1940年6月30日创刊,中华计政学社编辑(社址在重庆张家花园55号),余成源发行。陈其采题写刊名兼写序。

本刊内容是“关于计政原理之剖析、制度之研究、工作之经验、书刊之介绍与问题之探讨等”，主要栏目有论著、书刊介绍、附录等。本刊刊登了曹颂彬的《公库制度与公库之审计》、何莲玉的《拟订工厂材料管理规程之商榷》、朱伟年的《健全主计机构与确定主计经费之探讨》、刘子谷的《会计独立与军需独立》等文章。

本刊为经济类会计刊物，季刊。停刊时间及原因不详。现保存于上海图书馆、重庆图书馆。

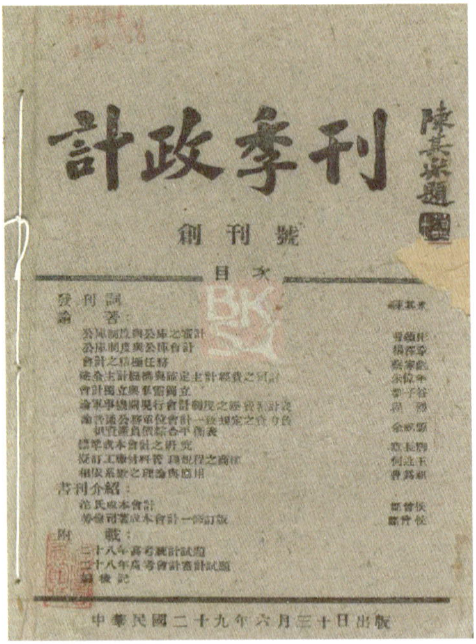

《计政季刊》创刊号封面

《国立中央大学师范学院教育丛刊》(1940 年)

原在南京出版，1937 年冬随国立中央大学迁至重庆。本刊于 1940 年 6 月 30 日续出第五卷第一期，国立中央大学师范学院编行，国立中央大学及重庆各大书局代售，国立四川造纸印刷职业学校工厂印刷。

本刊内容为关于师范教育及教育学术的研究等，设有论著、特载等栏目，刊登了许恪士的《教育政策与教育价值》、潘菽的《论中国大学教育所忽略的方面》、汪少伦的《对于公民训育系的理想》、吴蕴瑞的《体育之品格训练及我国国民之需要此种品格》等文章。

本刊为大学教育类刊物，半年刊，全年两册。16 开本。停刊时间不详。现保存于四川大学图书馆。

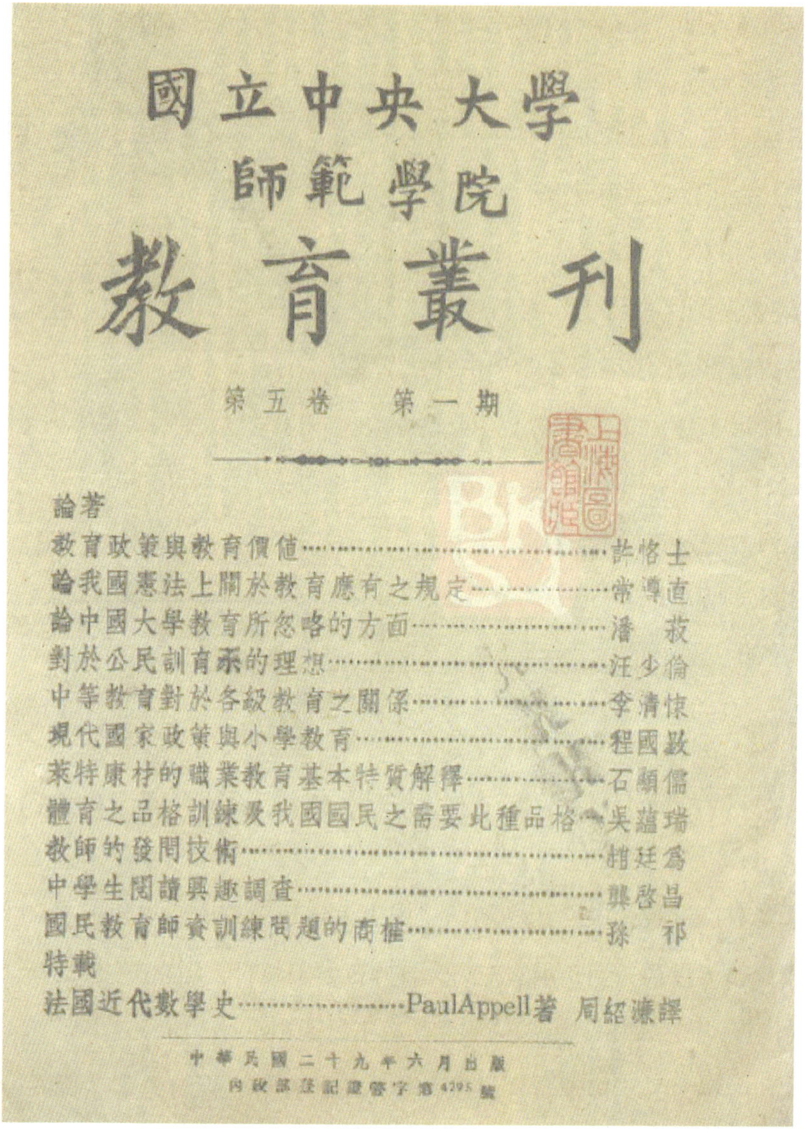
國立中央大學
師範學院
教育叢刊
第五卷 第一期

論著
教育政策與教育價值……許恪士
論我國憲法上關於教育應有之規定……常導直
論中國大學教育所忽略的方面……潘 菽
對於公民訓育系的理想……汪少倫
中等教育對於各級教育之關係……李清悚
現代國家政策與小學教育……程國[illegible]
萊特康材的職業教育基本特質解釋……石顧儒
體育之品格訓練及我國國民之需要此種品格……吳蘊瑞
教師的發問技術……趙廷為
中學生閱讀興趣調查……龔啓昌
國民教育師資訓練問題的商榷……孫 祁
特載
法國近代數學史……PaulAppell著 周紹濂譯

中華民國二十九年六月出版
內政部登記證警字第4295號

《国立中央大学师范学院教育丛刊》第五卷第一期封面

《新演剧》(1940年)

1937年6月在上海创刊，编辑章泯、葛一虹，发行人陈星，发行所新演剧半月刊社(地址在上海环龙路14号)。1937年8月停刊，共出刊1卷5期。

《新演剧》1940 年第一期封面

1938 年 5 月迁至汉口复刊，复刊号起有英文并列题名“New Theater”，至 1938 年 6 月共出新 1 卷 3 期，海燕出版社发行，后因武汉沦陷停刊。1940 年 6 月迁至重庆继续出版，后因国民党当局的压迫而停刊。

本刊“在进步的戏剧运动与民族救亡运动密切结合的形势下诞生，以研究戏剧理论与话剧、电影的表演、剧本创作为主，着重介绍外国戏剧的成就与经验，同时分析中国戏剧界的发展方向、戏剧在抗日战争中的作用、戏剧运动的发展等话题”。本刊还“报道宣传抗战的戏剧演出情况，介绍国外表演理论、著名剧目与影剧明星”。本刊每期以一个问题为中心，如第一卷第一期以评价莎士比亚为中心；第一卷第二期以演员的修养问题为中心。本刊主要供稿人有老舍、潘梓年、陈白尘、金竞、章泯、葛一虹、任钧、瞿白音、光未然等。

本刊为戏剧刊物，半月刊，逢5日、20日出版。现保存于中国国家图书馆、四川省图书馆、重庆图书馆、上海图书馆。

《工合通讯》(1940年)

1940年6月创刊于重庆，中国工业合作协会编行（地址在重庆歌乐山）。1940年9月出版的第四期为“第二届工作会议特刊”。1941年3月出至第二卷第四期停刊。1944年3月复刊，期数另起，仅见1期。

本刊主要“记录工业合作事业发展的进程及其趋势”，“探讨工业合作问题及对策，介绍各地工合动态和成就，刊登海外工合之友”等。本刊主要撰稿人有艾黎、立森、何奋、西凡、颜露尔、周炎、吴明、法祖等。本刊不同卷期的栏目稍有变化，如第一卷第五期设有会闻与人事动态等栏目，第二卷第一期设有简凡一束、福利事业、合作消息等栏目，第二卷第四期设有简讯、同工园地、工作讨论等栏目。

本刊为工业合作刊物，中国工业合作协会会刊，月刊。停刊时间及原因不详。现保存于中国国家图书馆、四川省图书馆、重庆图书馆。

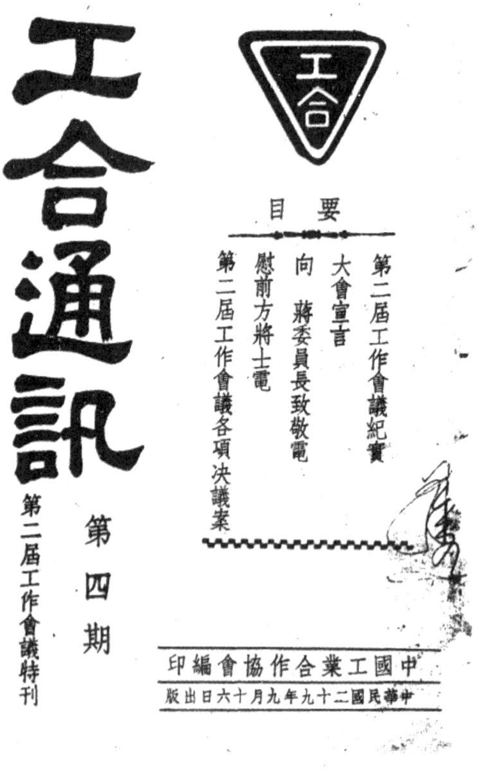

《工合通讯》1940年第四期封面

《国立中央工校电机工程学会会刊》（1940 年）

1940 年 6 月创刊于重庆，国立中央工校电机工程学会编辑出版股出版发行。魏元光题写刊名。

本刊内容包括学术研究、实习及工作报告、电工常识、工业消息、会员动态及其他，刊登了韩庆祥的《中央电机工程学会成立之经过》、佘国柱的《会务报告》、刘天祺的《增加矿石机音量法》、葛祖辉的《资源委员会中央电工器材厂概况》、曹廷禧的《周期性闪烁广告灯之开关制造法》等。

本刊为电机工程刊物，不定期刊。停刊时间不详。重庆图书馆现保存有创刊号和第二、三、四期。

《训练月刊》（1940 年）

1940年7月1日创刊，训练月刊编辑部编辑（通信处为重庆邮政信箱164号），中央训练团发行，正中书局服务部总经售。创刊号是“新县制专号”。

本刊刊载“阐扬总理遗教”，“研讨当前各种实际问题的论著，最近出版有关党政书籍的介绍与批评，各地政治、经济、社会等情况的通讯报道”。本刊主要栏目有通论、专论、各省实施计划、参考资料等。

本刊为社会综合性刊物，月刊，每月1日出版。16开本，铅印。竖版，双栏。现保存于上海图书馆、重庆图书馆。

《七七：抗战建国三周年纪念刊》（1940 年）

1940 年 7 月 7 日在重庆出版，东北抗战建国协进会编行。叶楚伧题写刊名。

本刊为抗战三周年出版的纪念刊物，“载文报道三周年内我国的建国努力，评论东北同胞的抗战精神等”，载有李梦庚、马毅、孙科、吴铁城、冯玉祥、万福麟等人写的纪念文章，以及分析国际形势的文章，如《庆幸中应有的警惕：为七七三周年纪念而作》《纪念七七应有之觉悟》《七七事变后国人对东北应有之认识》《东北同胞纪念七七抗战》《日本一九四〇年一般岁出预算对其国运之影响》等。

本刊为军事类纪念刊物，刊期不详。16开本。现保存于四川大学图书馆、复旦大学图书馆。

《中国工业合作协会二周纪念特刊》（1940年）

1940年7月8日创刊，中国工业合作协会编辑（地址在重庆歌乐山八块田2号），国立四川造纸印刷职业学校工厂印刷。

本刊主要栏目有论著、调查、报告、各地工作概况、转载等。本刊主要内容为“回顾两年来的中国工业合作运动，探讨推广工业合作的实践意义和发展前景，调查研究各地工合生产情况，介绍各省工作概况等”。本刊刊登了王毓麟的《工合运动在东南》、李吉辰的《川康区工合生产概况》、邹毓秀的《云南工合的种种》、王作田的《合作视察员任务的重要及应有之态度》、马万田的《晋南沦陷区的工合运动》等文章。

本刊为工业合作纪念刊物，特刊。现保存于上海图书馆、重庆图书馆。

《三民主义青年团两周年纪念特刊》（1940年）

1940年7月9日在重庆出版，三民主义青年团中央团部编辑印刷，青年出版社发行（地址在重庆两浮支路83号）。吴敬恒题写刊名。

本刊内容分团长训词、专论、纪念论文、青年修养问题、团务纪实等。

本刊为社团纪念刊物，特刊。非卖品。现保存于重庆图书馆。

《水利委员会季刊》（1940年）

1940年7月在重庆创刊，行政院水利委员会编行（地址在重庆歌乐山），中央日报承印部印刷。

本刊主要刊载有关水利的专门论著、译述及水利委员会发布的各项决定、公告、法规等，介绍水利知识和水利经验。本刊主要栏目有专载、论著、调查、法规、公牍、工务类、计政类、人事类等。

本刊为水利刊物，国民政府水利委员会机关刊物，季刊。现保存于上海图书馆、重庆图书馆。

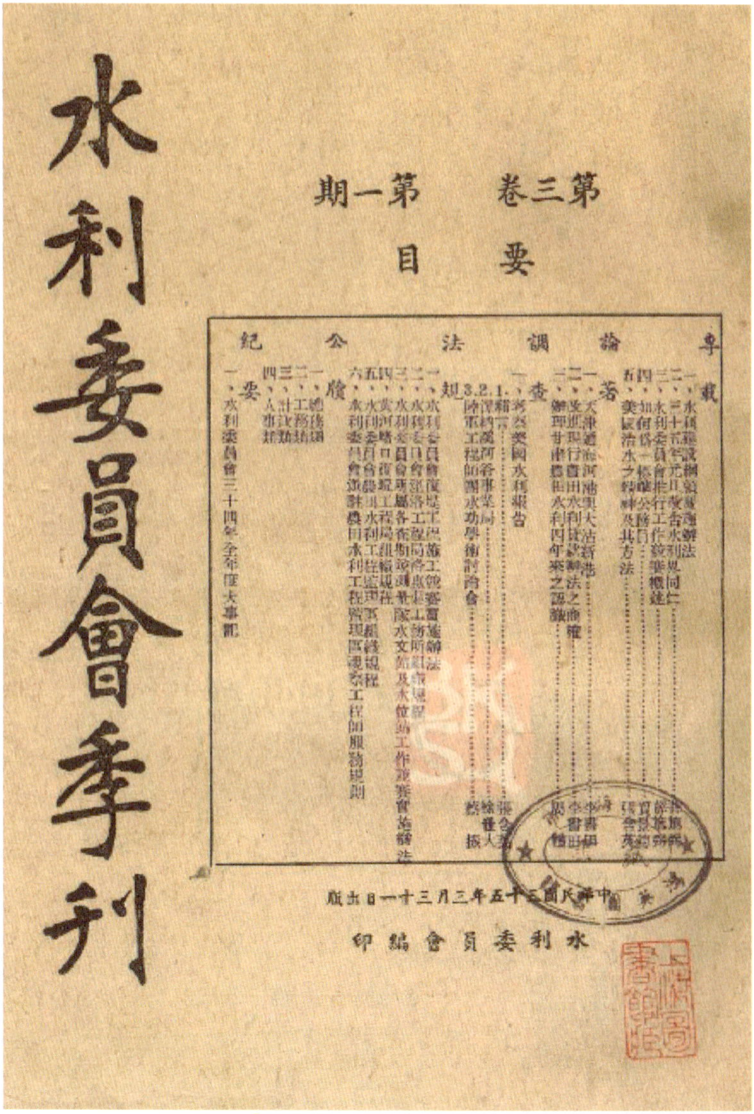

《水利委员会季刊》第三卷第一期封面

《土壤》(1940年)

1940年7月在北碚创刊，经济部中央地质调查所土壤研究室编辑，中央地质调查所发行，北碚夏溪口商务日报印刷工厂承印。1946年5月起迁至南京，续出第五卷第三期。1948年3月出版的第七卷第一期是现存最晚一期。

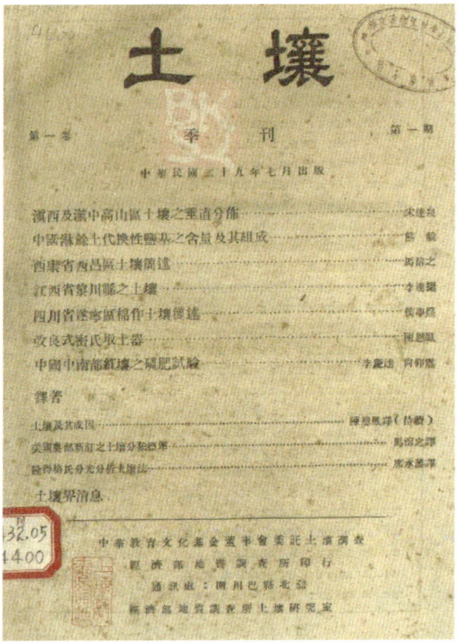

《土壤》第一卷第一期封面

本刊没有设置具体的栏目，其内容，“一是有关土壤考察方面的著作和译述”，“二是对国内大部分省份及江、河流域的土壤状况的实际考察报告等”，“三是刊载关于土壤与环境、农作物之间的联系和影响，以及对土壤的合理利用和保持水土的方法的论著”。

本刊为土壤研究学术刊物，季刊。16开本。终刊时间不详。现保存于四川大学图书馆、重庆图书馆。

《察省青年》(1940年)

1940年2月在陕西武功创刊，察哈尔省旅外同学会编行。约1940年7月迁渝出版第三期（地址在重庆沙坪坝国立中央大学内）。1946年自第四卷第二期起迁至北平出版。

本刊“以报道乡情，增进会友联络，提高学术研讨之兴趣为宗旨”，主要发表时事评论、政论、边疆问题及反映察哈尔省地方政治、经济、文化等方面问题的文章，辟有论著、抗建文艺、会友通讯等栏目。

本刊为综合性社科刊物，同学会刊物，月刊。16开本。终刊时间不详。现保存于中国国家图书馆、四川大学图书馆、重庆图书馆。

《县政计划年报》(1940 年)

1940 年 8 月创刊，行政院县政计划委员会编印。周钟岳题写刊名。

本刊主要栏目有综述、法规、计划、会务、附录等。本刊“为报告会务及工作而发，为县以下之各行政人员极有价值的参考，以为我国地方制度之重要史料”，主要内容包括行政院县政计划委员会概况介绍、工作汇报、年度工作计划、一年来公布的法规、会务情况等。

本刊为国民经济刊物，年刊。现保存于上海图书馆。

《统计月报》(1940 年)

1931 年 10 月在南京创刊，国民政府主计处统计局出版发行。陈其采题写刊名。1940 年 8 月自第四十八号起迁至重庆出版，国民政府主计处统计局编行。抗战胜利后迁回南京出版。1948 年停刊。

本刊以“全国性、综合性”为特色，“以各项统计的有连续性并可按期发表者为主题”。本刊内容大体分为统计资料、统计法令、统计消息及统计论著，按行政、司法、人口、教育、卫生、禁烟、金融商业、农业生产、赈济、营造、物价、贸易、财政、审计、交通运输、军事、监察、地方财政、价务等分类，曾刊发“农业普查”“移民统计方法概述”等专号。

本刊为统计资料刊物，月刊。16 开本，铅印。现保存于四川省图书馆、四川大学图书馆、绵阳市档案馆、重庆图书馆。

《航工季刊》(1940 年)

1940 年 9 月 1 日创刊于重庆，国立中央大学航空工程学会（该学会于 1940 年春季由国立中央大学航空工程系筹组）编辑兼发行，国立四川造纸印刷职业学校工厂印刷。编辑柏实义、董绍庸、陆孝彭。罗家伦题写刊名，罗家伦、卢恩绪撰写题词。约 1941 年 6 月出版第二卷第一期后停刊。

本刊“旨在联合国内各学术团体，吸收外国出版物的精华，交换知识，探讨学术，以促进中国航空事业的发展”，主要刊载“论著、翻译、文摘、报告、介绍以及各种类似文字”。载文有《飞机发动机复式联杆之研究》《航空发动机活塞涨圈制造之研究》《现代飞机发动机进展之研究》等。

本刊为航空工程学术刊物，季刊。现保存于中国国家图书馆、四川大学图书馆、重庆图书馆、南京图书馆。

《合作界》（1940 年）

1940 年 9 月 10 日创刊于重庆，中国合作事业协会（该协会于 1940 年 2 月正式成立，地址先后在重庆戴家巷 2 号、大河顺城街 17 号、南温泉松林堡等地）编印。会内刊物，不对外发售。

重庆合作界人士鉴于我国合作事业对于我国战时经济与战后建设之重要性，发起组织合作协会。该会。重庆的合作协会是总会，各地设分支会，“以团结合作力量、促进合作事业为宗旨”。

本刊为合作事业刊物，中国合作事业协会会内刊物，月刊。16 开本。约 1945 年 5 月停刊，共出 16 期。现保存于峨眉山市档案馆、南开大学图书馆、安徽省图书馆、重庆图书馆。

《青锋》（1940 年）

1940 年 9 月 15 日创刊，重庆青海同学会编辑兼发行（地址在重庆界石 200 号），中央政治学校印刷所印刷，兰州中国文化服务社、西宁青云书店经售。

本刊内容是“讨论边疆政治、教育、经济、宗教、民情、习俗”，设有边事评述、一般论著、生活素描、文艺写作等栏目。创刊号刊登了启民的《说真》、周莲的《自然科学与人生》、克雄的《怎么欣赏文艺》、天靖的《青年的苦闷与消极》等文章。第三、四期合刊于 1942 年 4 月 30 日出版，刊登了东阳的《青海行政地区划分概况》、舒人的《青海的小学教育》、鲁莲的《科学与作文》、王抡楦的《国立武汉大学近影》等文章。

本刊为综合性同学会刊物，刊期不详。创刊号和第三、四期合刊现保存于重庆图书馆。

創刊號

中華民國三十年九月十五日

目次

發刊辭……編者

說真……啓民

邊疆教育的本源問題……寶武

怎樣發展邊疆新聞事業……[illegible]

自然科學與人生……[illegible]

怎樣欣賞文藝……[illegible]

每月通訊

青年的苦悶與消極……天靖

短訊……編者

編後……編者

本刊已呈准內政部登記列置領證中

《青锋》创刊号封面

《边疆研究》(1940 年)

1940 年 9 月 18 日创刊于重庆，中国边疆文化促进会出版发行(通信处为重庆江北任家花园 8 号)，时与潮社印刷所印刷，中国文化服务社总代售。主编卞宗孟，副主编赵石溪。

本刊以“研究边疆问题，促进边疆建设”为主旨，内容涉及“对边疆文化之学术的研究与介绍，对边疆问题之专门的研究与设计，对边疆情况之忠实的报道与衡论，研究资料之介绍、编整与考证”。本刊主要栏目有边贤遗著、研究通讯、工作报告、藏书举要等，刊载了《二千年前东北之开拓者》《历史上之东北疆域》《“满洲”释名》《边胞称谓改正原则之商兑》《中国边疆之哥萨克民族》《新疆回教考》《海南岛的苗民生活》《苗族之语言》《唐蕃文化关系考》《英侵西藏关系文件》等文章。

本刊为边疆文化刊物，季刊。仅见 1 期。现保存于中国国家图书馆、四川大学图书馆、重庆图书馆。

《反侵略》(1940 年)

1940 年 9 月 18 日在重庆出版，国际反侵略运动大会中国分会辽宁、吉林、黑龙江、热河四省支会编行。

本刊刊登了于毅夫的《日寇榨取东北资料的失败》、徐寿轩的《李顿报告书的再检讨》、关梦觉的《东北与国际关系》、刘伯华的《纪念“九一八”应有的努力》、怀乡的《日寇铁蹄下的东北问题》、李恩浩的《一个惨痛的回忆》、包华国的《从反侵略说到永久的和平》等文章。

本刊为抗战宣传刊物，刊期不详。停刊时间不详。现保存于上海图书馆、重庆图书馆。

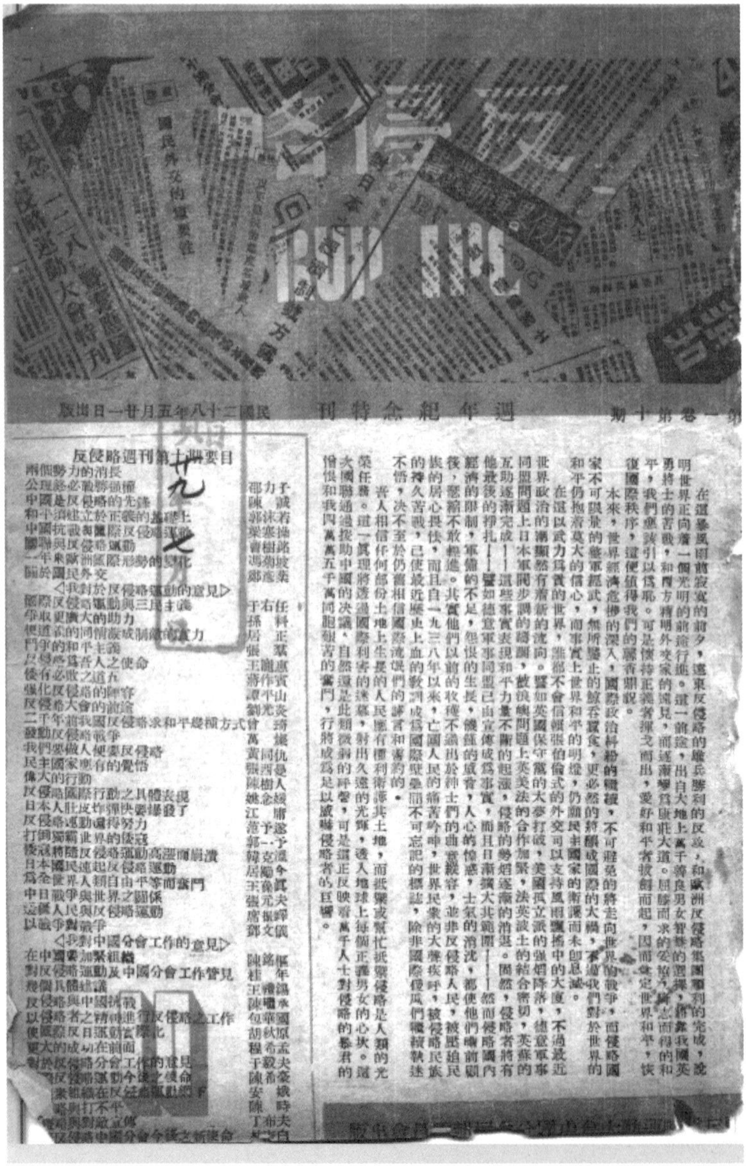

《反侵略》第一卷第十期封面

《九一八：九周年纪念特刊》（1940 年）

1940 年 9 月 18 日出版，东北抗战建国协进会编行（地址在重庆金汤街 78 号）。叶楚伧题写刊名。

本刊内容分为历史、军事、外交、政治、经济、青年问题、座谈等。本刊有居正、王世杰、潘公展的题词，刊有吴铁城的《九一八事变与全面抗战》、马占山的《纪念九一八》、卞宗孟的《如何不忘东北》、师连舫的《驱同胞自相残杀的伪“满”国兵法》等文章。

本刊为抗战宣传刊物，特刊。16开本。1941年9月18日东北抗战建国协进会又编辑发行了《九一八：十周年纪念特刊》。现保存于中国国家图书馆、四川大学图书馆、重庆图书馆。

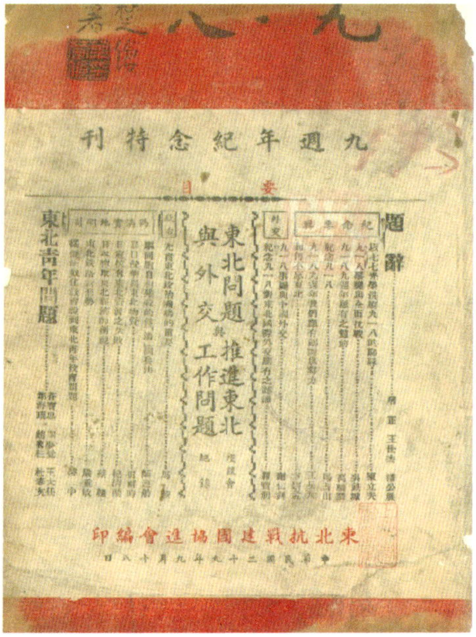
九週年紀念特刊
要目
題辭
東北問題與外交
推進東北工作問題
東北青年問題
東北抗戰建國協進會編印

《九一八：九周年纪念特刊》封面

《涛声》(1940年)

1940年9月20日创刊，重庆钢铁厂迁建委员会主编，职工福利处训育课编辑兼发行，秘书处统编课印刷房印刷。非卖品，专供重庆钢铁厂迁建委员会职工阅读。封面注有“本刊有机密性 专供本会职工阅读 请勿向外宣布”字样。本刊创刊后因种种问题停刊至1943年。1943年5月30日复刊出版第一卷第二期，复刊仍用旧名。约1946年2月出至第三卷第三期终刊。

重庆钢铁厂迁建委员会成立于1938年。本刊以“宣扬三民主义，增

《涛声》1943年第一卷第二期封面

强员工民族意识，及提高员工工程学说研究兴趣与认识，并交换一般常识为宗旨”。本刊设有专论、技术讲坛、会讯一束、读书笔记、工余园地、报告等栏目。自 1943 年第一卷第三期开始增加“抗战文艺”栏目。载文有杨继曾的《工商管理法之原则》、俞锡候的《消费合作与工厂员工福利》、大洪的《我们为什么要新式炼焦》、卢树屏的《读“中国之命运”书后》、文摘公的《一个人身上的数字》等。

本刊为企业内部刊物，月刊。现保存于中国国家图书馆、重庆图书馆。

《农林公报》（1940 年）

1940 年 9 月 30 日在重庆创刊，农林部总务司编辑兼发行。沈鸿烈题写刊名。

本刊内容为关于农林事业、渔牧、农村经济、垦务的命令、法规、公牍、公告等文件，主要栏目有命令、法规、公牍、附录等。

本刊为农业经济刊物，月刊。现保存于上海图书馆、重庆图书馆。

《上海童子军教育》（1940 年）

1940 年 10 月在重庆创刊，中国童子军战时服务第一团出版。

本刊以“发展儿童做事能力，养成良好习惯，使其人格高尚、常识丰富、体魄健全，成为智仁勇兼备之青年为宗旨”。本刊主要撰稿人有刘育才、郑吴樟、梅雨丝等。本刊刊登了《体育与童子军教育》《论养成良好习惯》《战时服务童军如何进修》《童子军侦探智囊》《童子军活动设计》等文章。

本刊为童子军教育刊物，月刊。现保存于上海图书馆、重庆图书馆。

《上海童子军教育》第一卷第二号封面

《现实版画》(1940 年)

1940 年 11 月 1 日创刊，现实版画月刊社编行（社址在重庆沙坪坝国立中央大学艺术系）。李慧中、梅健鹰、蒋定闽、罗颂清为编辑委员。约 1941 年 3 月出第五期后停刊，共出 5 期。

本刊以“提高兴趣，加强学习能力”为目的，内容以“抗战建国及后方生活为主”，主要栏目有木刻图画、报告、新闻、艺术、评论、美术教材、艺坛消息、读者投书等，刊登过罗颂清、梅健鹰、宗其香、尤玉英、李慧中、蒋定闽、刘文清等人的木刻作品，以及孙宗慰的《版画作家必要具备坚实的素描基础和充分的思想修养》、梅健鹰的《论木刻版画的绘画成份及雕刻成份》等理论文章。

《现实版画》创刊号封面

本刊为版画艺术刊物，月刊。现保存于中国国家图书馆、重庆图书馆、南京大学图书馆。

《防空节纪念特刊》(1940 年)

1940 年 11 月 15 日在重庆出版，航委会防空监部编印，成城出版社承印。林森题写刊名。

国民政府定 11 月 21 日为防空节，各地举办第一届防空节纪念大会。本刊旨在“祈求各方贤达，对于今后防空业务之指示”，“汇报各地防空实况为彼此之参证”。本刊栏目有特载、献辞、论著、业务报告、附录等。于右任、居正、贺国光、蒋鼎文、禄国藩等各界名人为本刊题词。本刊刊登了吴铁城的《首次防空节感言》、翁文灏的《中国建设空军之必要》、刘峙的《重庆防空业务之概况》、朱绍良的《防空节应有之认识与努力》、周至柔的《防空节献言》、简朴的《庆祝第一届防空节》等文章。

本刊为防空刊物，纪念特刊。32 开本。非卖品。现保存于四川大学图书馆、上海图书馆。

《防空节纪念特刊》封面

《星期评论》(1940 年)

1940 年 11 月 15 日创刊于重庆，星期评论社出版（社址在重庆小龙坎戴家院），中国文化服务社经售。主编刘英士，编辑高良佐。1942 年 2 月 14 日出第四十一期后停刊。

本刊主旨为“集中全国凡由了解而信仰，由信仰而力行三民主义之同志，各凭良心主张，本学术立场，体念环境需要，阐扬国父遗教，以期树立缔造新民族国家之中心思想”。本刊无明显的栏目划分，凡是涉及政治、经济、军事及教育等方面的评论文章皆有刊载。本刊刊登了罗家伦的《中国的出路：现代化》、顾毓琇的《科学与自然》、彭学沛的《新国民的起点》、陈之迈的《中华民国政制史》、刘国钧的《目前教育的危机》等文章。

本刊为政论性刊物，周刊。16开本，每期16页。现保存于四川省图书馆、四川大学图书馆、峨眉山市图书馆、重庆图书馆。

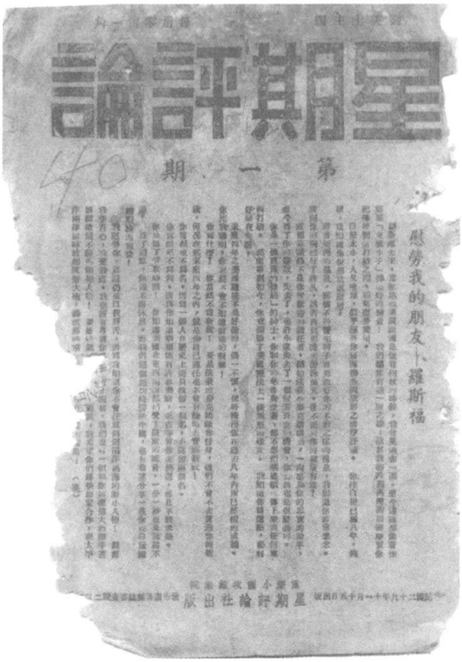
星期評論
第一期
慰勞我的朋友——羅斯福

《星期评论》第一期封面

《协导》(1940年)

1940年11月27日创刊于重庆，荣誉军人职业协导会出版发行（地址在重庆曾家岩46号）。

本刊以“协助指导荣誉军人从事职业，促进荣誉军人教养社会化”为宗旨，对“残废军人进行职业及心理上的训导”。本刊介绍荣誉军人职业，从知识、修养、工作技术等方面辅导荣誉军人，还报道该会的工作动态、调训情况等。本刊对荣誉军人实行免费赠阅，辟有时事述评、服务消息、名词浅释、通讯、常识、本会工作动态、本会调查统计等栏目。

本刊为荣誉军人救济刊物，原为周刊，每周三出版，1944年自第一百二十一期起改为半月刊。1944年6月出第一百二十九期后停刊。每期4开4版。现保存于四川大学图书馆、南京图书馆、广东省立中山图书馆。

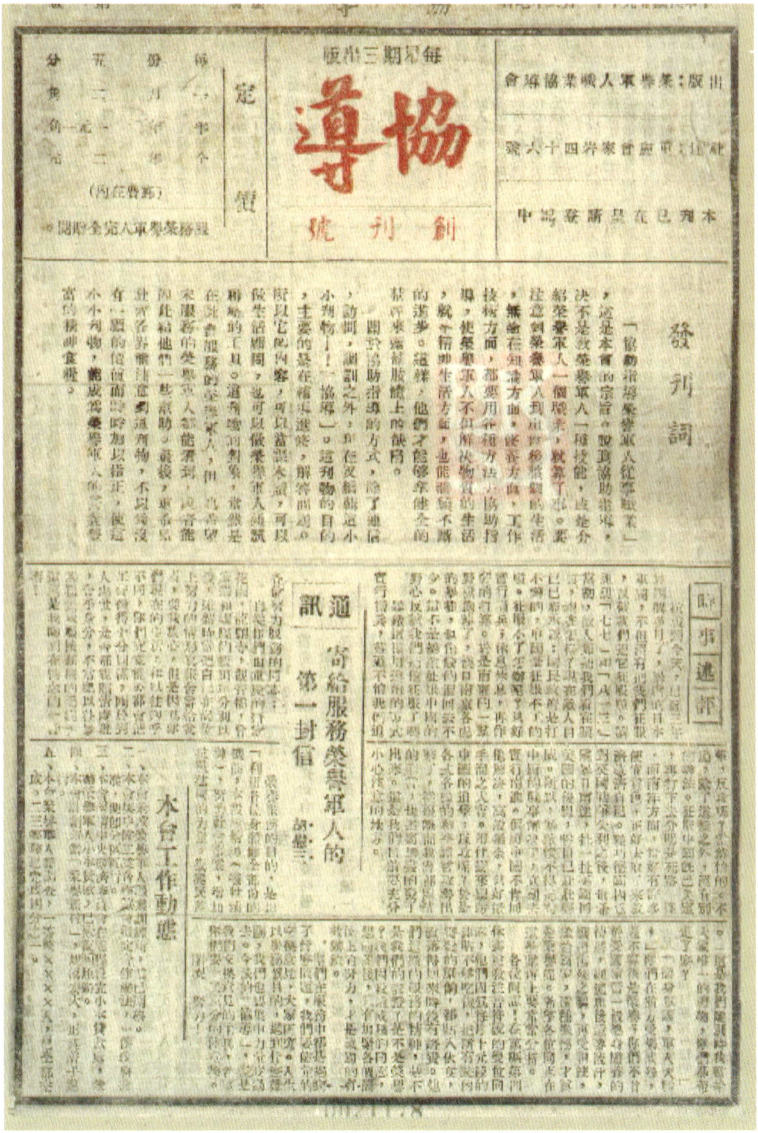
每星期三出版

協導

創刊號

出版：榮譽軍人職業協導會

本刊已在呈請登記中

定價

發刊詞

時事述評

通訊

寄給服務榮譽軍人的第一封信

本會工作動態

《协导》创刊号封面

《战时日本》(1940 年)

1938 年 8 月创刊于汉口，编辑人宋斐如，发行者战时日本研究会，生活书店、上海杂志公司、祖国书店、星星日报社经售。因局势紧张，刚满一月即迁广州、香港出版，后又迁至桂林、昆明。1940 年 11 月 25 日迁渝出版第四卷第二期（地址在重庆会府街 8 号前楼），主编宋斐如，主任宋子靖，编辑有王乃昌、李纯青、李万居、金长佑、金则人、梁式文、高磷度、张友渔、葛乔、陈乃昌、陈北鸥、刘达人、谢南光、谢东闵，民锋出版社督印，时与潮社印刷所印刷，国内外各大书局代售。其封面注有“日本军事政治经济社会文化综合研究刊物”字样。1942 年 1 月 15 日出版第六卷第二期后停刊，共计出版 6 卷 32 期。

战时日本研究会于 1938 年 7 月 2 日在重庆成立。该研究会“爰本知己知彼百战百胜之义”，以“深入研究日本本身及与日本有关的各种问题，并与政府机关及民众团体合作，提供各种资料及问题的解答，推进对敌工作，扩大国内外的宣传”为宗旨。

本刊内容主要包括：“一、深刻而真确地刻画日本帝国主义的真相；二、从日本本身系统研究日本各方面的问题；三、从中日战争去真切把握日本的危机；四、从瞬息千变的国际环境去观察孤立的日本；五、拟议各方面对敌工作的方策及实施办法，并密切联络国际抗日力量”。本刊“分析日本当前的各种问题，揭露敌人的弱点与危机，暴露敌人对我的阴谋，分析敌人与各国的关系，剖析日本帝国主义的本质，提议对敌宣传及工作的方案”。本刊设有时事述评、敌国资料、外论选译、专载、来件、人物评论、讲座、通讯、漫画等栏目，曾刊发“美日战争特辑”“日本南进问题特辑”“日本太平洋战略特辑”，载文有张铁生的《法日关系的恶化》、凌青的《对日抗战与国民参政》、杜若君的《日本的孤立》、思慕的《日本经济危机的现阶段》、宋斐如的《战时日本社会危机

《战时日本》第四卷第二期封面

的发展》等。

本刊为国际政治刊物，初为半月刊，迁渝后改为月刊。现保存于四川省图书馆、四川大学图书馆、重庆图书馆、南京图书馆。

《沙磁文化》(1940 年)

1940 年 12 月 5 日创刊于重庆，沙磁文化社编辑（社址在重庆沙坪坝国立中央大学内），沙坪坝青年馆发行，中央文化驿站印刷所印刷，全国各大书局代售。罗家伦题写刊名。

沙磁文化社由当时在重庆沙磁区的国立中央大学、四川省立重庆大学、四川省立教育学院、国立药学专门学校、国立中央工业职业学校共同组成。本刊“藉着纸和笔的威力，打破时空的限制，粗描淡画，把这里的形形色色，告诉关心我们的人们，使他们知道我们是在怎样生活着。这是本刊第一个中心目标”，“本刊第二个中心目标是联系青年朋友之感情，增进青年朋友之了解，砥砺青年朋友的学术和团结青年朋友的意志……再其次，在全民抗战的今日……作为知识分子，自也该站在文化的岗位上，举起文化的武器来，英勇向敌人搏斗。这是每一本抗战读物的刊行缘起，也就是本刊今后努力的第三个目标”。本刊辟有月谈、论著、学术研究、沙磁生活、文艺等栏目，涉及时评、生活记事、回忆录、小说、诗歌等文艺作品。载文有顾颉刚的《中华民族文化之优点》、黄炎培的《从现状下提供三个问题》、宋雅斌的《鹰之子》、曹泽清的《沙坪坝青年馆的使命和任务》、文靖珍的《韩国学生在中大》等。

本刊为综合性青年读物，月刊。16 开本。1943 年 4 月出版的第二卷第九期是现存最晚一期。现保存于中国国家图书馆、四川大学图书馆、重庆图书馆、南京图书馆。

《沙磁文化》1940年第一卷第一期、1943年第二卷第九期封面

《国立女子师范学院旬刊》—《国立女子师范学院院刊》（1940年）

1940年12月10日创刊，国立女子师范学院出版组编行（地址在重庆江津白沙镇）。

本刊主要反映“学院行政及学生生活情况，刊布各项章则外”，“酌登有关生活修养或学习方法之论文”。本刊也介绍学校各系概况及发展计划，设有文艺、小消息、毕业学生名录等栏目。主要供稿人有杜少昕、刘奇、黄墨谷等。本刊刊登的内容有《训育委员会会议记录》《教务处近况》《教育问题座谈会》《英语系琐闻》《我国古代对音乐之哲学观》《明清之际欧人东渡及西学东渐史自序》等。

本刊为师范学院院刊，不定期刊。第一卷出22期，大32开本，石印；第二卷出8期，改为16开本，铅印。自1942年1月起因“印刷关系”暂停出版。1942年12月出版第三卷第一期，改名为《国立女子师范学院院刊》。1944年出完第四卷第四、五、六期合刊后又停刊。1946 年 5 月该校奉令迁至重庆九龙坡。1948 年 4 月 30 日复刊，重新编号为第一期，国立女子师范学院出版。1949 年 1 月出完第七期后终刊。现保存于中国国家图书馆、四川省图书馆、四川大学图书馆、南京图书馆、重庆图书馆。

《国立女子师范学院院刊》1943 年第三卷第七、八期封面

《中国世界语者》（1940年）

1940年12月在重庆创刊，许寿真编辑刻印。后因许寿真离开重庆而中断出版，继由张闳凡复刊。前后出版4期，约1942年2月停刊。1940年3月，叶籁士等组织成立世界语教育团体“世界语函授学社”，先后由冯文洛、许寿真、张闳凡、张楠谷主持。

本刊为世界语刊物，刊期不详。油印。现保存于中国国家图书馆、南京图书馆。

《农村建设学校校友通讯》（1940年）

1940年创刊，重庆农村建设学校同学会编辑发行。重庆农村建设学校隶属于教育部第二社会教育工作团乡村施教区。

本刊以“联络感情，增进工作效能”为宗旨，设有专论、工作报告、工作特写，载有离校教师通讯调查、毕业同学最新通讯录及同学会会议记录等。

本刊为校友通讯刊物，刊期不详。油印。重庆图书馆存有创刊号。

《战时劳工》—《中国劳工》（1940年）

1940年创刊，中国劳动协会战时劳工协进社编辑出版（社址在重庆上清寺91号），新快报社印刷所印刷，先后由正中书局服务部、中国文化服务社总经售。1943年自第四卷第一期起改名为《中国劳工》。抗战胜利后迁至上海出版，劳工协进社编印。

本刊主要刊登“关于劳工运动的理论和意见，工会活动经验，工人抗建工作成绩与困难、问题，工厂矿场通讯，工人生活描述，国内外工运简讯，工人习作及其他可供工人阅读的小品文、诗歌、故事、谜语、特写、通俗讲话等”。本刊还专门连载《工人抗战史实》以反映劳工在抗战时期的贡献。1940年3月出版的第一卷第三期刊登了戴钧陶的《工人待遇问题》、董萌的《我们怎样冲破物价高涨的难关》、赵继舜的《当前几个劳工问题》、郑登云的《平汉员工西运的一瞥》、贾凤云的《这是我们公开说话的园地》等文章。

本刊为工运刊物，月刊。停刊时间及原因不详。1948 年 10 月出版的第八卷第十期是现存最晚一期。现保存于中国国家图书馆、重庆图书馆、四川省图书馆、复旦大学图书馆。

中國勞工

中華民國三十七年十月十五日出版

第八卷　中國勞工月刊　第十期

我們擁護勤儉建國運動

《中国劳工》第八卷第十期封面

《现代英文半月刊》(1940年)

1940年在重庆创刊，复旦大学现代英文读物社主编，中国编译出版社出版，大东新兴印书馆印刷，正中书局服务部经售，全国各大书局代售。社长温广彝，发行人张振玉，编译黄国英。南轩题写刊名。

本刊有全英文的文章，也有译注的文章。1940年4月出版的第一卷第二期刊登了杨岂深译注的《好的英文就是正确的英文》、达藻译注的《普希金：给西比利亚的口信》等。

本刊为汉英双语刊物，半月刊。停刊时间不详。重庆图书馆现保存有第一卷第二期。

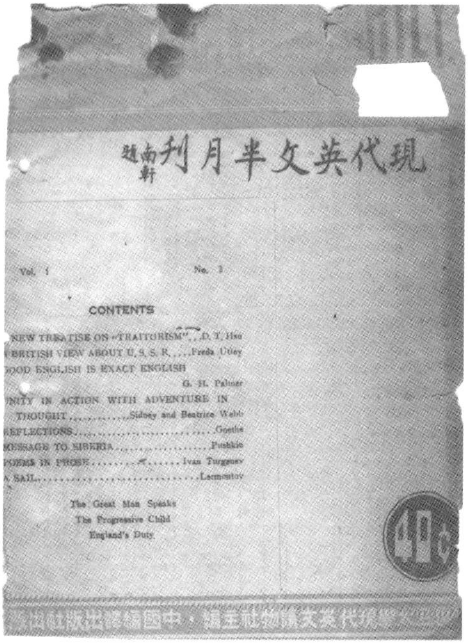

《现代英文半月刊》第一卷第二期封面

《立信月报》(1940年)

1936年8月在上海创刊，施仁夫主编，潘序伦发行，立信会计师事务所出版，人文印刷馆印刷。1940年自第三卷起迁渝出版，立信会计师事务所编行（地址在重庆林森路16号）。1946年自第五卷起迁回上海出版。1947年自第六卷第八期起改名为《立信月刊》。1949年4月停刊。

立信会计师事务所于1927年成立，并于1928年附设立信会计学校，1933年开始编纂立信会计丛书，“同人仍觉得未尽其职责，故编行《立信月报》”。本刊主要“刊登有关促进我国社会工商业发展、会计制度等方面的论文，重点论述所得税的问题，公布各级部门颁布的财政办法、实施条例、细则和统计资料，并报道该所所务情况、业务章程、事分统计表和中外经济消息”。本刊主要设置了论述、资料及消息、附录等栏目。

本刊为经济类刊物，月刊。16 开本，铅印。竖版，双栏。正文部分有上边栏。现保存于中国国家图书馆、中国科学院图书馆、中国人民大学图书馆、北京大学图书馆、中国社会科学院世界历史研究所资料室、南开大学图书馆、山东省图书馆、辽宁省图书馆、吉林大学图书馆、吉林师范大学图书馆、上海图书馆、复旦大学图书馆、南京图书馆、南京大学图书馆、安徽省图书馆、浙江图书馆、武汉大学图书馆、四川省图书馆、重庆图书馆、贵州省图书馆、福建省图书馆、厦门大学图书馆、广西桂林图书馆、广东省立中山图书馆、中山大学图书馆。

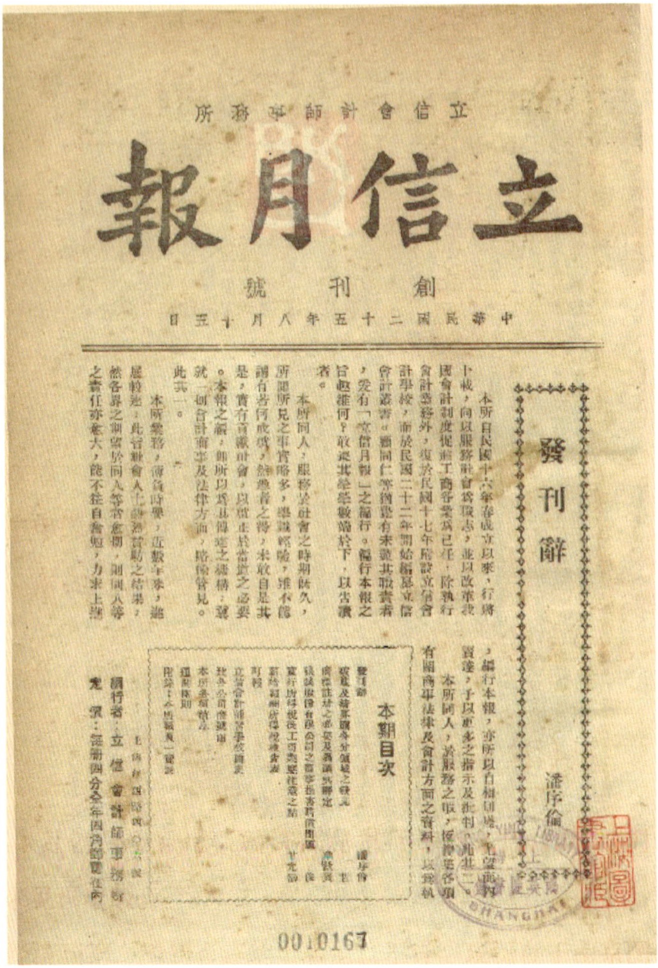

《立信月报》创刊号封面

《中国战时生产促进会会刊》(1940 年)

1940 年创刊于重庆，中国战时生产促进会编辑发行。于右任题写刊名。1940 年 12 月 1 日出版第二期。

本刊栏目有论著、产业界动态、资源调查报告、会务简讯等，刊登了毛庆祥的《农村副产工业化》、安忠义的《抗战艰苦期间如何踏进工业化的途径》、徐鸿涛的《化学与生产》、王药雨的《标准药业公司概述》、张敬的《天全硫磺矿视察报告》等文章。

本刊为产业协会刊物，刊期不详。重庆图书馆现保存有第二期。

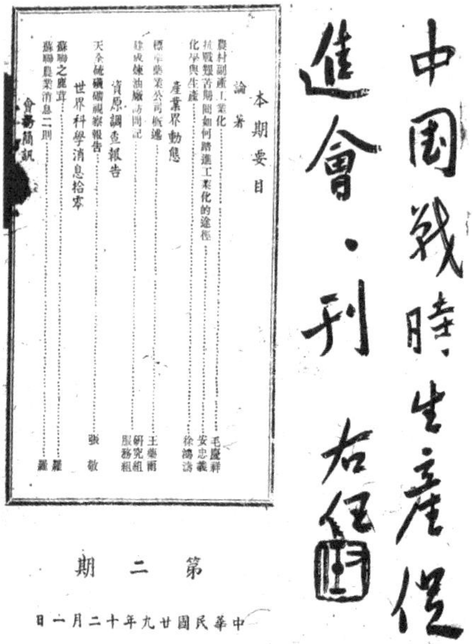

《中国战时生产促进会会刊》第二期封面

《募债动员》(1940 年)

1940 年在重庆出版，战时公债劝募委员会编辑发行。

国民政府行政院为战时募集公债以充要需，特设战时公债劝募委员会办理劝募事宜。本刊主要宣传战时公债的意义、作用，动员民众购买战时公债。本刊刊登了《战时公债劝募委员会工作同人宣言》《战时公债劝募委员会组织章程》《本委员会组织的经过及其意义》《公债在战时财政上的地位》《劝募公债工作的方针》《物价与公债》《目前时局与公债劝募问题》等内容。

本刊为战时公债刊物，刊期不详。停刊时间不详。重庆图书馆现保存有第一期至第八期合订本。

《新食谱》(1940 年)

1940 年创刊于重庆，编著者卫生署卫生实验处，发行者行政院营养改进运动，印刷者后勤部政治部印刷所。金宝善校阅。

本刊为行政院营养改进运动刊物之三，刊载了大量的表格数据，“以改良民众膳食，指导民众蔬菜栽培和禽类饲养”。第一册刊有《重庆日常膳食种类数量成分表》。第二册刊有《普通食物成分表》。

本刊为食品刊物，月刊。重庆图书馆现保存有第一期和第二期。

《重庆市银行学谊励进会征募寒衣话剧公演特刊》(1940 年)

1940 年冬在重庆出版。潘昌猷、杨晓波、浦心雅等为本刊题词。

本刊刊登了康心如的《为演剧响应征募寒衣感言》、李得钊的《本会一年来之回顾及此次应征寒衣公演话剧之感言》、吴晋航的《为“征募寒衣”公演“明末遗恨”的意义与价值》、程俊观的《“节储运动”之认识与推行》、苏怡的《介绍“明末遗恨”和导演人张雪峰先生》等文章。

本刊为戏剧刊物，特刊。现保存于重庆图书馆。

《战时儿童》(1940 年)

原在汉口创刊，抗战儿童社编辑，胡玉麟主编。后迁至重庆，1940 年在渝复刊，期数另起。

本刊有“时事播音”栏目，介绍抗战形势；“抗战课本”栏目，介绍文学、历史、地理、算术、自然等学科。本刊还有故事、诗歌、漫画等，培养学生爱国思想。本刊内容适合中小学生阅读。

本刊为儿童刊物，旬刊。现保存于重庆图书馆。

《群力》(1940 年)

1940 年在重庆创刊，群力月刊社编辑发行(社址在重庆中一路荫庐 2 号),总代售处中国文化服务社。封面注有“以积极代替消极，以建设代替破坏，以互助团结代替怀疑和排拒！——群力的真谛”字样。

1940 年 5 月 10 日出版第一卷第四期，刊有毅公的《怎样纪念民族革命的五月》、姜豪的《汪逆的死路和日本的崩溃》、万户的《辽吉黑热四省府改组》、晓秋的《精神战争与物质战争》等文章。

本刊为政治刊物，刊期不详。仅存 1 期。现保存于重庆图书馆。

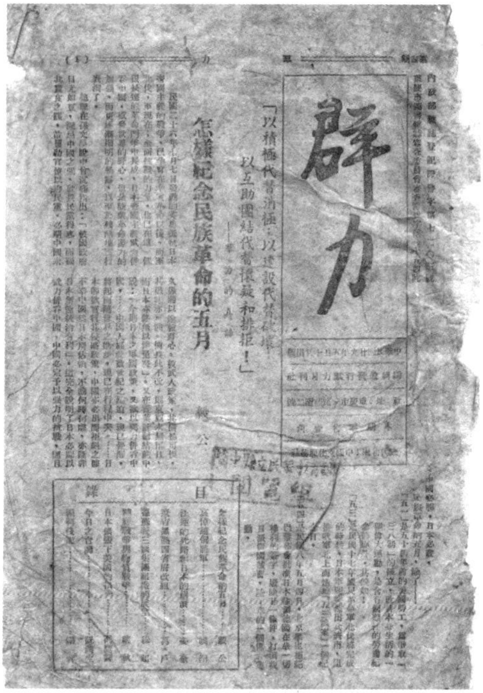
群力
「以積極代替消極，以建設代替破壞，以互助團結代替懷疑和排拒！」
——群力的真諦
怎樣紀念民族革命的五月
毅公

《群力》第一卷第四期封面

《蒙古语文研究专刊》(1940 年)

1940 年创刊，国民党中央组织部编印。

本刊主要“刊登汉蒙互译名词，公布国民党中央组织部边区语文编译委员会章程，用蒙汉文字对照形式刊登国民党党政机关名称及政治经济名词”，刊载的文章有《中央组织部边区语文编译委员会章程》等。

本刊为语言类刊物，不定期刊。停刊时间不详。现保存于上海图书馆。

《蒙藏月刊》(1940 年)

约 1940 年创刊，蒙藏月刊社发行。

本刊汉文、蒙文、藏文几种文字都有，栏目有论著、国内外时事论述、边情志要、漫画等，载文有《历代班禅史略》《边疆前进列车之开行》《建立国家财政经济的基础及推行粮食土地政策的决心》《论西藏文化的起源》等。

本刊为地方政治刊物，月刊。现保存于上海图书馆、重庆图书馆。

《水利特刊》(1940 年)

约 1940 年创刊，孙辅世、胡品元编辑，中国水利工程学会发行（通信地址为四川巴县新桥 1 号信箱）。

本刊封面注有本刊使命：“研究水利学术，促进水利建设，传达会员信息，介绍工程书报”。本刊“载文介绍世界各国水利建设概况，刊登国内水道规划，报道会务消息等”。曾出版“中国水利工程学会第七届年会特大号”特刊。本刊继承了《水利通讯特刊》的办刊宗旨，刊登了《桂江水道之初步整理》《三年来川康农田水利推进情形》《黄河上中游之减免黄患工作》等文章。

本刊为水利专业刊物，月刊。现保存于上海图书馆。

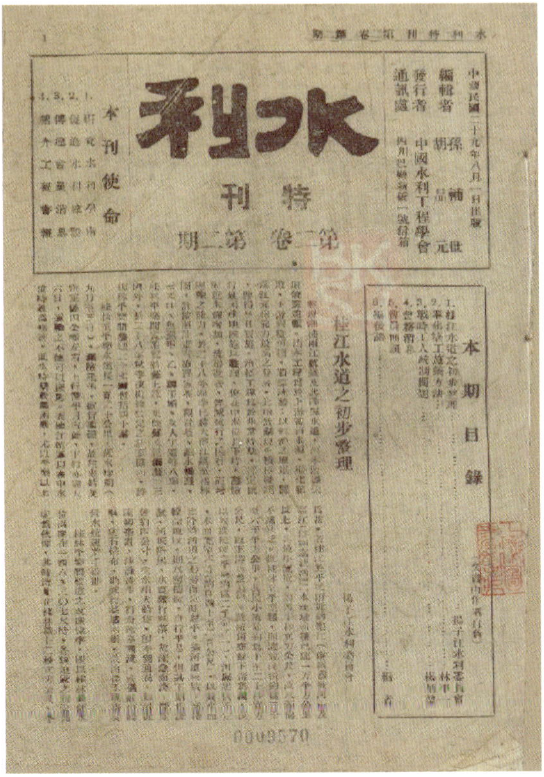

水利特刊 第二卷第二期

水利

特刊

第二卷第二期

中華民國二十九年八月一日出版

編輯者 孫輔世 胡品元

發行者 中國水利工程學會

通訊處 四川巴縣新橋一號信箱

本刊使命

1. 研究水利學術
2. 促進水利建設
3. 傳達會員消息
4. 介紹工程書報

本期目錄

桂江水道之初步整理

0009570

《水利特刊》1940 年第二卷第二期封面

《新认识》(1940年)

约1940年创刊，新认识月刊社编辑兼发行(社址在重庆南温泉100号)。1943年4月停刊。

本刊办刊宗旨为“愿本三民主义的立场，对中国学术有所贡献”。本刊内容包括“阐扬三民主义之理论者，提供各种政治、经济、教育、文化等建设方案者，国内外大事的评述，书评、传记与文艺等”。主要撰稿人有周可琛、王国栋、周子亚、蒋星煜、罗志渊、杨幼炯、黎东方、李长之、朱建民、张希哲、杨德荣等。本刊主要栏目有书评、编辑后记、代论、新书介绍等。载文有《孙中山先生的认识起源论》《东西政治哲学的比较观》《三民主义的经济基础》等。本刊对于研究三民主义和当时社会的新文化认知有很好的参考价值。

本刊为社会科学综合性刊物，月刊。现保存于上海图书馆、重庆图书馆。

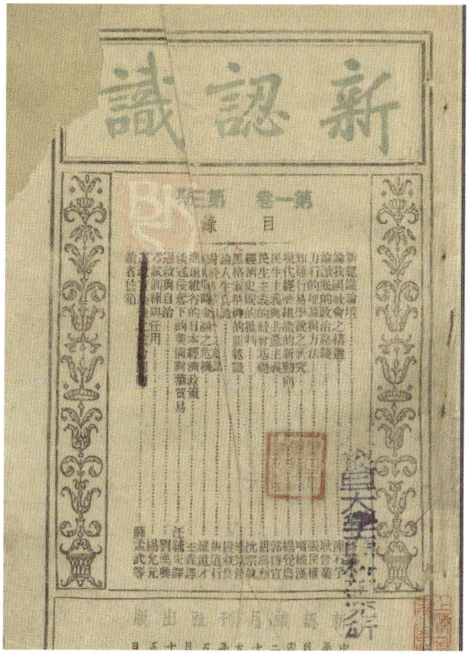

《新认识》第一卷第三期封面

《聚奎六十周年纪念刊》(1940年)

1940年在江津出版，私立聚奎学校校友总会编辑处编辑，私立聚奎中学印行。魏建功题写刊名。陈立夫、欧阳渐、邓石泉、郭有守等为本刊题词。

本刊主要介绍私立聚奎学校发展历史、人物、校旗校训等，报道该校奖学金、计划、教学等情况，刊载校友专著等。

本刊为中学纪念刊物，刊期不详。现保存于重庆图书馆。

《战时社会事业人才调剂协会工作汇报》(1940 年)

1940 年创刊，出版者不详。

本刊办刊宗旨是“为解决战时社会人才配合问题，俾收人尽其才、事尽其功之效，藉以加强抗战建国力量”，主要“登载人才调剂相关的论著，以及该会成立之经过、工作计划纲要、工作志要、章则等”内容。本刊主要栏目有专载、章则、附录等。本刊刊登了陈立夫的《人才调剂与抗战建国》、翁文灏的《共同努力贡献国家之必要》、黄炎培的《非常时期人才问题》等文章。

本刊为社会保障刊物，刊期不详。现保存于重庆图书馆。

《青年戏剧通讯》(1940 年)

约 1940 年在重庆创刊，主编鲁觉吾，中央青年戏剧社出版（社址在重庆两浮支路 83 号），青年书店发行。

本刊主要发表宣传抗日的话剧剧本，同时刊载戏剧工作论文，评论并报道全国各地戏剧界的活动情况。曾刊登张道善的《努力创作，努力表演》、洪深的《新的希望》、阳翰笙的《抗战戏剧运动的展望》、鲁觉吾的《一年来青年戏剧运动的总检讨》、吴觉的《西安的剧坛》等文章。

本刊为戏剧刊物，刊期不详。1942 年 2 月终刊。现保存于上海图书馆、重庆图书馆。

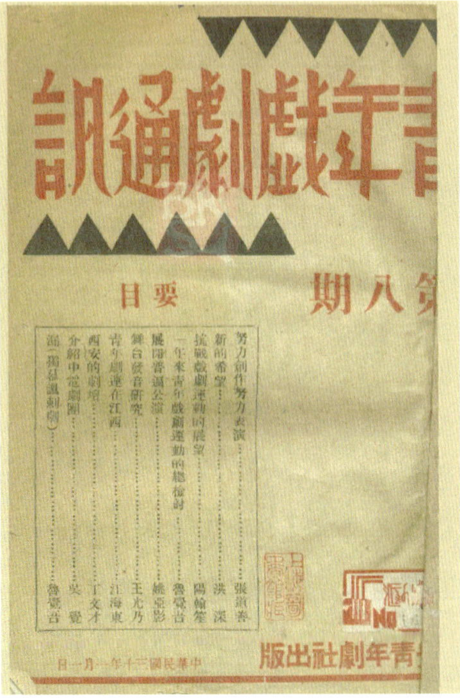

《青年戏剧通讯》1941 年第八期封面

《陆大季刊》—《陆大月刊》(1940 年)

1935 年 1 月创刊于南京，陆大月刊编辑委员会编辑发行（地址在南京薛家巷陆军大学校），大新印刷书馆印刷。1937 年七七事变后停刊。1940 年迁至重庆，改为季刊，以《陆大季刊》之名复刊（地址在重庆山洞第 2 号附 5 号），军学编译社承印（地址在重庆南岸弹子石大佛段 59 号）。1943 年 8 月后又恢复为《陆大月刊》。1944 年 6 月停刊。

本刊以“贡献军事知识，发展军事科学”为宗旨，“以研究国防及兵学为目的”，“介绍兵学理论与实际，研究古今中外作战经验教训，讲述建军整军方案，介绍各国兵学，并附有大量作战图”，“以供军界同胞之参考批评，以备爱国诸君之研究探索，以应用于御侮自救之资”。本刊栏目分为学术、论著、译述、专载、杂俎等，还辟有一月大事记栏目，对国内国际大事进行报道。本刊对传播军事知识、发展军事科学、补充学校教育起到了重要作用，也是研究抗战时期国民政府军事方针与政策和陆军大学校校史的重要资料。

本刊为军事学术刊物，初为月刊，迁渝后改为季刊，卷期另起；1943 年 8 月后又改为月刊，卷期再另起。16 开本，铅印。竖版，双栏。现保存于中国国家图书馆、北京大学图书馆、中国社会科学院世界历史研究所资料室、陕西省图书馆、甘肃省图书馆、吉林大学图书馆、上海图书馆、南京图书馆、南京大学图书馆、浙江图书馆、湖北图书馆、武汉图书馆、湖南省图书馆、贵州省图书馆、云南大学图书馆、桂林图书馆、广东省立中山图书馆。

《陆大月刊》原第一卷第一期封面

《会声月报》(1940 年)

1937 年 2 月在南京创刊，曾停刊。1940 年在重庆复刊，卷期续前，军事委员会中央各军事学校毕业生调查处编辑，巴渝印刷所印刷。1944 年 7 月出至第三卷第九期后停刊。

本刊主要内容为“有关政治、经济、社会、文化、党义、军事学术、国际问题之研讨与介绍，记载军队生活状况与作战经验、各地风俗人情、民间疾苦及农村经济状况的调查通讯，描述军队生活的文艺作品，中央军校及各校要闻、时事日志等”。主要撰稿人有雷雨田、饶四维、黄炎培、常健、林森、饶荣春、林实、田绍翰、叶琦、刘咏尧、张其昀、顾希平、陈叔渠、谢远灏、朱松等。本刊主要栏目有时论选辑、各校要闻、时事日志、本处消息、军人校训、先烈事略、各地通讯、国际轶闻、宪政座谈等。

本刊为综合性刊物，月刊。16 开本，铅印。竖版，单栏。封面由刊名、出版项及本期目录组成。现保存于上海图书馆、重庆图书馆。

《国立戏剧专科学校校友通讯月刊》(1940 年)

约 1940 年创刊，国立戏剧专科学校校友会编印。

本刊以“联络感情,交换知识,发掘戏剧艺术,帮助校友事业,补助母校发展”为宗旨，刊有母校消息、校友消息和校友通讯鳞爪等内容。

本刊为校友会刊物，月刊。现保存于重庆图书馆。

《进步英华周刊》(1940 年)

1930 年 10 月 18 日在上海创刊，总编辑胡宪生，主任兼编辑蒋凤溦，进步英华周刊社发行（社址在上海孟德兰路 26 号）。吴稚晖题写刊名。1940 年迁渝出版，重庆进步英华周刊社编辑发行，期数另起，编委有李炳瑞、郑耀坤、章楚、周庆、孟长泳等，发行人蒋凤溦。1941 年停刊，在渝出版 32 期。

本刊以“研究西方学理，弘扬译学”为主旨，主要栏目有人生与成功、三民主义节要、社交必读、现代论文等。

本刊为综合性英文期刊，周刊。现保存于上海图书馆、南京图书馆、四川省图书馆。

1941 年期刊

《市政评论》(1941 年)

原名《市政问题周刊》，1933年创刊于北平，为《华北日报》副刊，市政问题研究会编印。1934年更名为《市政评论》单独出版，总编辑殷体扬，编辑陈声聪、翟履道、汤用彬、杜俊东、张子明、王树芳、张训达、裘香华。1936年1月自第四卷第一期起迁至上海出版，中国市政协会上海分会编辑，市政评论社发行，总编辑殷体扬，编辑王树芳、刘丙庐、裘香华、唐应晨。1936年4月自第四卷第四期起迁至杭州出版，市政评论社出版发行，弘文印书局印刷，总编辑殷体扬，编辑唐应晨、乔天佑、费成南、王树芳。1937年出完第五卷后停刊。1941年1月1日在重庆复刊，续出第六卷第一期（总第八十三号），主编殷体扬，编辑胡梅邨，发行人张鸣钦，发行所市政评论社（社址在重庆上南区马路193号），印刷所新蜀报印厂。1946年11月迁上海出第八卷第九期（总第一百一十三号），中国市政协会上海分会编行。1949年4月出至第十一卷

市政評論
第六卷（月刊）第二期
本期要目
都市農村化
農村都市化

《市政评论》1941 年第六卷第二期封面

第四期终刊。

本刊旨在“灌输市政知识，促进都市建设”，其主要任务为：“一、宣播市政理论和学术；二、提供市政计划和方案；三、评述市政实施和得失；四、介绍市政成规和办法；五、传达市政要求和建议；六、报道市政消息和资料”。封面印有“都市农村化，农村都市化”的口号。本刊内容包括短评、论文、专载、游记、各都市市政通讯及调查、中外市政零讯及有关图片等，先后设立了讯论、社会、教育、公安、卫生、财政、公用、自治、市政论著、市政意见、市政鳞爪等栏目。

本刊为市政刊物，初为半月刊，第四卷起改为月刊。现保存于中国国家图书馆、四川省图书馆、四川大学图书馆。

《中国红十字会会务通讯》(1941年)

1941年1月1日创刊于重庆，中国红十字会总会编辑发行（地址在重庆小龙坎梅园新村3号）。刘云舫任主编。王正廷题写刊名。1944年更名为《中华民国红十字会会务通讯》，期号续前。约1945年6月停刊，共出33期。

本刊“介绍红十字会工作，刊登国外红十字会经验，刊载各地分会工作述评，发布抗战近况”等内容，设置了特载、本会会务纪要、分会消息、法令转载、公文摘录、医药新闻、信箱等栏目。

本刊为社会团体刊物，不定期刊。现保存于重庆图书馆。

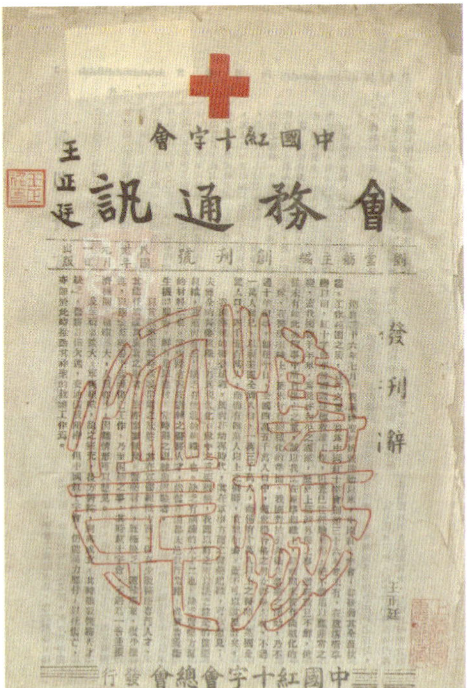
中國紅十字會
會務通訊
王正廷
劉雲舫主編　創刊號　民國三十年一月一日出版
發刊辭
中國紅十字會總會發行

《中国红十字会会务通讯》创刊号封面

《电影与戏剧》（1941 年）

1941 年 1 月 1 日创刊于重庆，电影戏剧出版社编行（地址在重庆上清寺康庄）。编辑人冯亦代，发行人张同时。

本刊内容有电影剧本、影评、剧运回顾等，设有短论、各地剧运报道特辑、技术讲座等栏目。本刊特约撰稿人有于伶、田汉、宋之的、老舍、舒湮、孙师毅、阳翰笙、章泯、曹禺、贺孟斧等。

本刊为电影刊物，双月刊。目前仅见 3 期。停刊时间和原因不详。现保存于上海科技图书馆。

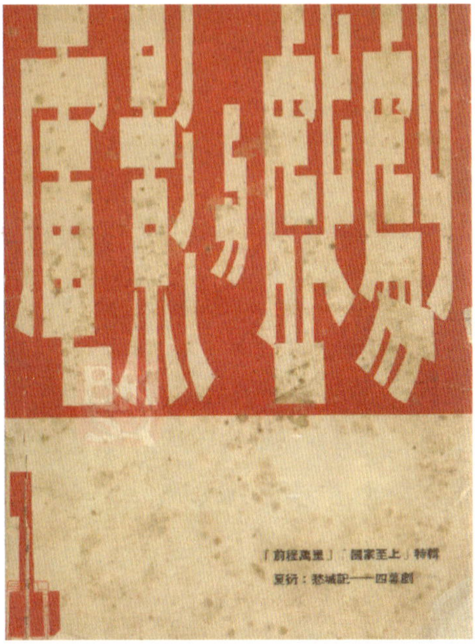

《电影与戏剧》第一卷第一期封面

《公共卫生月刊》（1941 年）

原名《卫生半月刊》，在南京创刊，1935 年更名为《公共卫生月刊》，南京卫生署编辑，1937 年 5 月出版第二卷第十一期后停刊。1941 年 1 月 1 日在重庆复刊，期号续前，出第三卷第一期，卫生署公共卫生月刊编辑委员会编辑，卫生署战时医疗药品经理委员会售品室经售，金宝善撰写发刊词；同年出至第三卷第三期停刊。1941 年第三卷第一期是“卫生行政技术会议专号”。

1939 年公共卫生署成立医疗防疫队总队部，编印《医防通讯》一种；1940 年成立各公路卫生站，复编印有《公路卫生通讯》，属于通讯性质，因无法满足国内卫生界之需要，所以恢复《公共卫生月刊》，即从第三卷起，将《医防通讯》及《公路卫生通讯》两种刊物归并于内。本刊以“发扬卫生技术，交换卫生知识，贯通中外卫生消息”为宗旨。其内容注重“介绍中外卫生界、医药界之学术研究，各地办理公共卫生事业之经验，及国内卫生设施动态与进行计划等”。

本刊为公共卫生专刊，月刊。现保存于上海图书馆、重庆图书馆。

《三十年》(1941年)

1941年1月1日在重庆出版，东北抗战建国协进会编行（地址在重庆金汤街78号），为“中华民国成立纪念特刊”。叶楚伧题写刊名。

本刊发表有关抗战建国与东北问题的文章，刊登了潘公展的《最后胜利已在目前》、万福麟的《民国三十年元旦告我东北同胞书》、王星舟的《中华民国成立纪念日对东北同胞献词》、莫德惠的《读美国务卿赫尔演说感言》、卞宗孟的《东北三十年》等文章。

本刊为抗战宣传刊物，特刊。现保存于重庆图书馆。

《气象学报》(1941年)

原名为《气象杂志》，1935年在南京创刊，中国气象学会编行。1941年1月1日迁渝续出第十五卷第一期，更名为《气象学报》，主编涂长生，编辑兼发行人吕炯，发行所中国气象学会编辑委员会（地址在重庆北碚象庄），印刷所国立四川造纸印刷科职业学校。1947年自第十九卷起迁回南京出版。至新中国成立前，本刊出刊6卷共9本，其中仅第十五卷第一、二期为单独出版，其余均为合期出版。

本刊主要“介绍气象学上的新发现和重要问题，报告每月全国天气概况，登载每月气象诸要素统计资料，刊登各地气象通讯，转载国内外气象会务消息及书报介绍，对由气象因素引发的环境问题发表论述，并附以英文摘要”。读者对象为气象业务部门、科研单位的专业人士、高等院校气象专业师生。本刊主要栏目有论著、短评、学术讨论、书评、工作简报、读者来信等。载文有吕炯的《中国东岸沿海风信力学的意义及其对于温度的影响》、赵九章的《活动中心之形成与力管场之关系》、张宝堃的《重庆之晴雨阴雾可能性》、郑子政的《重庆之雾》等文章。主要撰稿人有程纯枢、朱炳海、杨鉴初、易明晖、严振飞、黄绍先、王庭芳、郑子政等，赵九章、陶诗言、高由喜、张丙辰等著名气象学家也曾为本刊撰稿，“系统地检视了当时国内气象科技所取得的进展，代表了当时国内气象研究的整体水平”。

本刊为气象学术刊物，更名前为月刊，后改为季刊。32 开本。现保存于中国国家图书馆、北京大学图书馆、清华大学图书馆、首都图书馆、南开大学图书馆、山东省图书馆、兰州大学图书馆、陕西省图书馆、甘肃省图书馆、吉林大学图书馆、吉林师范大学图书馆、上海图书馆、上海科技图书馆、复旦大学图书馆、华东师范大学图书馆、南京图书馆、南京大学图书馆、安徽省图书馆、湖南图书馆、四川省图书馆、四川大学图书馆、重庆图书馆、福建省图书馆、厦门大学图书馆。

《本行通讯》（1941 年）

1941 年 1 月 1 日在重庆创刊，中国农民银行经济研究处编印。

本刊刊载该行规章制度、调查报告、业务研究及负责人讲话，介绍该行农贷、储蓄、信托等业务情况和人事安排、行员培训等，并有部分文学作品（如诗词、歌曲、随笔、杂记、小品等）。本刊主要栏目有专载、本行消息、四行消息一束、通函选录、人事动态、文艺、同仁园地、附录等。

本刊为银行业务刊物，半月刊。停刊时间及原因不详。现保存于上海图书馆。

《测量》（1941 年）

1941 年 1 月 1 日创刊，中国地理研究所大地测量组编辑，中国地理研究所发行（地址在重庆北碚中山路 15 号），南京京华印书馆重庆分馆印刷，重庆中国文化服务社及各地分社代售。黄国璋撰写发刊词。

本刊内容包括“各种理论性文字及实施工作报告，翻译或摘述欧美人士发表的有价值的测量短篇著作，介绍并批评新出版的测量书报，讨论及解答各种测量的疑难问题，刊登国内外测量界消息”等。本刊刊登了曹谟的《大地测量学术之研究》和《晚近国际大地测量学之发展》、王之卓的《航空摄影测量的应用问题》、夏坚白的《谈测量事业》、陈永龄的《国际测量师协会第六次大会记》等文章。

本刊为测量学术刊物，季刊。16 开本。1945 年 12 月出版的第五卷第四期是现存最晚一期。现保存于中国国家图书馆、四川大学图书馆、重庆图书馆、南京图书馆、云南大学图书馆。

《中学青年》(1941 年)

1941 年 1 月 1 日创刊于重庆，青年月刊社编辑发行（社址在重庆中一路 210 号），正中书局总经售。

本刊“除了代中学青年解决迫切的问题、供给必需的常识外，尽量刊登各种材料，以备补充学校课程的不足”，主要刊载有关青年修养的论述、各科参考资料、科学故事及文艺作品等，设有青年修养、生活修养、国文参考、中学园地、文艺创作等栏目。本刊刊登了任鸿隽的《我们怎样为学》、王鸿俊的《如何从事课外活动》、静波的《新文学与旧文学》、李家骥的《青年国文阅读之我见》等文章。

本刊为中学辅导刊物，月刊。1941 年 11 月出至第二卷第五期停刊。现保存于中国国家图书馆、甘肃省图书馆。

《中学青年》第一期封面

《交通建设季刊》（1941 年）

1941 年 1 月 1 日创刊于重庆，交通建设季刊社编行（社址在重庆上清寺 113 号）。

本刊内容是“关于交通建设、交通经济及运输通讯原理之探索，实务之研究，资料之调查，新书之介绍与其他有关问题之检讨等”，栏目有论著、研究、译述、调查、专载，刊登了薛光前的《交通建设与建设交通》、杨承训的《铁路行政概论》、凌鸿勋的《铁路在抗战中的表现及今后筑路的教训》等文章。

本刊为交通建设刊物，季刊。约 1942 年 1 月停刊，共出 4 期。现保存于中国国家图书馆、重庆图书馆。

《直接税月报》（1941 年）

1941 年 1 月 1 日创刊，财政部直接税处经济研究室编印（地址在重庆康宁路 19 号），中国文化服务社总经售。高秉坊撰写发刊词。

本刊主要刊载国民政府开征的所得税、遗产税、印花税等直接税的研究资料、学术论著，以及法令章则等，设有论著、编译、专载、报告、资料、法令等栏目。本刊刊登了高秉坊的《中国所得税初期史实》、崔敬伯的《直接税之理想与实际》、昂觉民的《我国所得税之展望》、凌舒谟的《所得税与抗战》、赵佩玺的《遗产税税率略论》、曹大纲的《论我国遗产税之税率及计算举例》等文章。

本刊为经济类刊物，月刊。1942 年 3 月出第二卷第一、二、三期合刊，为“财政部直接税处第四届业务会议专号”；1942 年 6 月出第二卷第四、五、六期合刊，为“营业税专号”，以后未见出版。现保存于重庆图书馆、四川省图书馆、四川大学图书馆。

《文史杂志》(1941年)

1941年1月1日创刊于重庆，文史杂志社编辑（社址在重庆上清寺聚兴村21号，后迁至小龙坎戴家院、柏溪宁静山庄、北碚黑龙江路52号），先后由独立出版社、重庆商务印书馆（1941年1月第一卷第三期起）、重庆中华书局（1944年1月第三卷第一期起）等印行，正中书局、中国文化服务社总经售。抗战胜利后曾两度在上海复刊，第一次是1946年7月出第六卷第一期，顾颉刚主编，杨宽编辑，张天泽发行；第二次是1948年，由文通书局出版了3期。1948年3月再迁至苏州，出苏州版（仍为第六卷第一期），同年10月出第六卷第三期后终刊。共出63期42册。

本刊原由朱家骅发起创办，社长为叶楚伧，创刊时主编为卢逮曾。1941年6月自第一卷第九期起直至停刊，顾颉刚任副社长兼主编，史念海、魏建猷等曾担任编辑。顾颉刚坚持自主办刊的方针，认为“文与史是民族文化的结晶，是唤起民族意识的利器”。

《文史杂志》创刊号封面

本刊宗旨是“弘扬中华民族优秀文化”，“传播世界文化精华”，“宣传激扬民族传统的爱国精神，为抗战胜利服务”，内容是“有关自然、社会等科学之研究性著述及文艺创作”，设有论文、译述、传记、小说、诗歌、戏本、散文等栏目，侧重中国哲学、文学、历史及民族学方面的论文，曾出过“中国社会史专号”“经济史专号”“古代史专号”“秦汉史专号”“唐代文化专号”” 宋史专号”“明清史专号”“近代史专号”“西北专号”“广东专号”“四川专号”“南洋史专号”“哲学专号”“佛教专号”“诗词专号”“小说戏曲专号”等。本刊刊登了叶楚伧的《文史与兴亡》、顾颉刚的《商王国的始末》、章士钊的《英诗翻译》、张忠绂的《清廷办理外交之机关与手续》、白寿彝的《读桑原隲藏蒲寿庚考札记》、宋彤的《中国农田水利事业的回顾与展望》、朱东润的《大慈恩寺三藏法师传述论》、傅惜华的《平妖堂所藏明代善本戏曲》等文章。

本刊为文史学术刊物，初为半月刊，第一卷第十一期起改为月刊，第二卷第五期后改为双月刊(两期合为一册)。现保存于中国国家图书馆、上海图书馆、重庆图书馆、四川大学图书馆。

《政工周报》(1941 年)

1941 年 1 月 1 日创刊，国民政府军事委员会政治部编印。

本刊设有长官训示、党务研究、论著、专载等栏目，主要刊登“阐发总理遗教之著述，研究政工业务之论文，报道各地工作实况与工作经验之通讯，有关国内外政治、经经、军事、文化、社会问题之译著，并有反映军中教育生活之特写等”。

本刊为政治工作刊物，周刊。12 期为 1 卷，每年出 4 卷。重庆图书馆保存有第三卷至第十六卷。

《人与地》(1941 年)

1941 年 1 月 5 日创刊于重庆，中国地政研究所人与地半月刊社编辑（社址在重庆南温泉文钦路 14 号，后迁上清寺蘅庐），中国文化服务社发行。张继题写刊名。

本刊“专门研究我国土地问题和其他有关的人生、社会、经济、政治等”，用“科学的方法分析这些实际问题，用公正的态度介绍有关的学说和知识，用热烈的情绪和努力引起多数人的注意，促进土地问题的解决”。本刊主要关注中国土地资源问题，“多角度多维度探索土地的解决之道”，还刊文“研究土地流转问题，提高土地的利用率，促进社会财富的积累，缓解人地紧张的矛盾”。

本刊为研究土地问题的经济类刊物，先为半月刊，从 1942 年 1 月第二卷第一期起改为月刊，人与地社编辑（社址在重庆上清寺蘅庐），吴铁城题写刊名。1943 年 12 月出第三卷第十二期后终刊。16 开本。现保存于中国国家图书馆、四川大学图书馆、甘孜藏族自治州图书馆、重庆图书馆。

請交換

人與地

第一卷 第二期

民國三十年一月二十日出版

勉地政司新任司長……介
平均地權不能坐失時機……萬國鼎
地政與抗戰無關嗎？……黃通
人與地之關係
貴州之播花地及其成因……唐
人地史話……孟
書報評介「人與地」……萬國
地政消息二則……佩
編輯後記……介

人與地半月刊社編輯
中國文化服務社發行
重慶磁器街三十四號

勉地政司新任司長　介

內政部地政司原任司長鄭震宇氏於上年十二月奉命出長甘肅民政廳，遺缺由李慶麐氏繼任，現李氏業於本月履新。李氏為我國名學者，又為我國土地改革運動之中堅份子，十餘年來從事於地政之研究，著述言論俱為吾人素所欣重。此次出長是司，在政府可謂知人善任，合於選賢任能之原則，而在李氏亦得藉此良機，大展其平生之學，為我國地政前途創造光明。故吾人於此願獻數言，聊以相勉。

一、我國政界向有做事做官不能兩全之劣習，年來政府力加改正，已逐漸進步，故政治較以往數千年之腐化情形，大不相同；然

《人与地》第一卷第二期封面

《文艺阵地》—《文阵新辑》(1941 年)

1938 年筹办于武汉，同年 4 月 16 日创刊于香港，以文艺阵地社的名义在广州排印出版，茅盾兼任主编、编辑、发行人，出版者文艺阵地社，生活书店总经售，生活印刷所印刷。1938 年 6 月因广州连遭敌机轰炸，自第一卷第四期起改在上海排印，然后由生活书店运至香港，再转发内地及南洋一带。1939 年从第二卷第七期起，因茅盾离开香港，改由楼适夷代编。同年夏，楼适夷离开香港赴上海，故从第三卷第五期起改在上海编辑，直至 1940 年 8 月第五卷第二期时被上海租界当局查禁停刊。1940 年冬，茅盾回到重庆，遂筹备本刊在重庆复刊。1941 年 1 月 10 日自第六卷第一期（总第五十一号）起在重庆复刊，刊名不变，文艺阵地社发行（社址在重庆学田湾 4 号附 1 号），主编茅盾，编委有叶以群、艾青、沙汀、宋之的、章泯、曹靖华、欧阳山。后因时局影响，多数编委陆续离开重庆，实际编辑事务由孔罗荪、叶以群执行。自 1942 年 8 月第七卷第一期起改由叶以群编辑。1942 年 11 月出第七卷第四期（总第六十号）后，因政府当局的迫害而停刊。1943 年 11 月，《文艺阵地》变通形式由叶以群继续编辑出版，更名为《文阵新辑》，共出 3 辑，至 1944 年 3 月终刊。

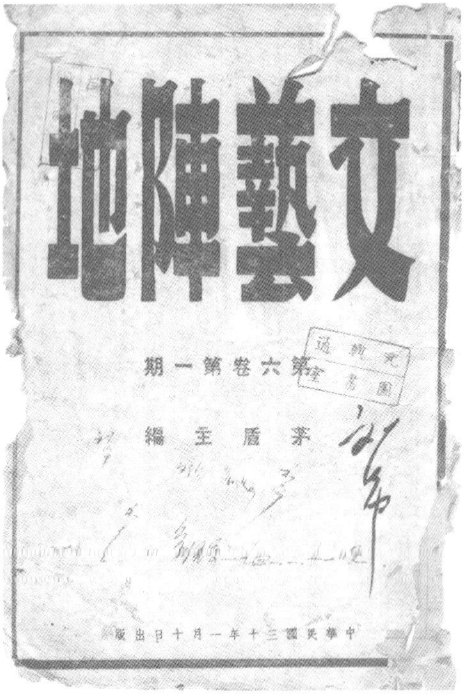

《文艺阵地》第六卷第一期封面

《文艺阵地》是抗战时期兼及创作、评论与翻译的大型文艺杂志，当时许多著名作家、艺术家（如茅盾、楼适夷、叶以群、老舍、夏衍、张天翼、丁玲、丰子恺、刘白羽、骆宾基、艾青、沙汀、艾芜、袁水拍等）都有作品在本刊发表。本刊没有较为固定的栏目，虽设有短评、诗抄、散文、小说等栏目，但时常变化调整，在文章体裁上大体包括评论、论文、散文、诗歌、小说等，先后就“歌颂与暴露问题、大众化与利用旧形式问题、现实主义与浪漫主义，以及通俗文艺、报告文学的写作”等问题进行讨论，推动了抗战时期中国文学艺术的进步与发展。《文阵新辑》主张“以文艺为武器，张扬爱国主义精神以启发民智，支持抗战”，没有专门的栏目设计，作品类型仅包括小说和诗歌两种，主要刊载中外小说和各国诗歌。

《文艺阵地》《文阵新辑》为文学类刊物。《文艺阵地》自创刊至第四卷均为半月刊，自第五卷起改为月刊（第五卷仅出两期，署名为茅盾、楼适夷主编，实际由楼适夷单独主编。这两期发往内地的称为第五卷第一、二期，分别标明七月号、八月号。而在上海发行的则改称《文阵丛刊》，第一期为《水火之间》，第二期为《论鲁迅》），16开本。《文阵新辑》刊期不定，共出3辑（1943年3月第1辑《法国》，1944年2月第2辑《哈罗尔德的旅行及其他》，1944年3月第3辑《纵横前后方》），24开本。两者合计共出版63期。现保存于四川省图书馆、四川大学图书馆、重庆图书馆。

《中国航业》（1941年）

1941 年 1 月 15 日创刊于重庆，中国航业学会编辑发行（地址在重庆陕西路 167 号 3 楼）。主编王洸，发行代表人魏文翰。张嘉璈题写刊名。

本刊主要探讨航业建设问题，刊发航运发展消息，内容有短评、学术讲座、专论、航界零讯等，曾出版“川江航运专号”。1942 年 2 月出版第二卷第一期后停刊。

本刊为航运刊物，月刊。现保存于中国国家图书馆、四川大学图书馆、重庆图书馆。

《中国航业》第一卷第二期封面

《捍卫月刊》(1941 年)

1941年1月15日创刊，捍卫月刊社编辑发行（社址在重庆中山一路128号），各大书店分售，实业印务公司印刷。

本刊认为“抗倭战争是为正义人道而战,为自由平等而战,为生存独立而战,军事若不准备充分、计划完密，不能驱逐敌人于国境之外，不达到最后的胜利，不能为光荣的和平,所以‘军事第一’‘胜利第一’的信念,吾人应当每饭不忘”，“一面抗战，一面建国，建国是需要学术，我们的武力也须建立在学术上面。所以要捍卫我们的国家民族，须筑成两道坚固不拔的军事国防与文化国防，才可以御侮图存”。出版本刊，“就是要大家起来努力捍卫这军事国防与文化国防，本三民主义的原则，促抗战建国的成功，作学术之研究，为文化的发展,使吾民族精神,宣扬于世界”。本刊主要刊登“富有研究性质之专著（如军事、政治、经济、哲学等类），有价值之译述，中外时事述评，写实的文艺作品，国外旅行实记”。

《捍卫月刊》创刊号封面

本刊为综合性刊物，月刊。约1945 年 2 月停刊，共出 34 期。现保存于中国国家图书馆、四川大学图书馆、重庆图书馆。

《回教论坛》(1941 年)

本刊继承自回民言论社编行的《回民言论半月刊》(1939)、《回教论坛半月刊》(1939—1940)。1941 年 1 月 15 日以《回教论坛》名义刊出（刊期续前，为第五卷第一期），回教论坛社编辑兼发行（社址在北碚天生桥正街）。

本刊宗旨为“推动回民救国工作，发扬回教文化，研究回民切身问题，及促进我国与近东各回教国家之邦交”，“载文纯属学术性质的回民救国言论，供全国同胞研究、批评和采纳，并作为回民救国工作的推动力量”，也刊载“有关伊斯兰文化的介绍和研究”，设有短评、论说、通讯等栏目。

本刊为宗教刊物，月刊。约1941年4月停刊。现保存于上海图书馆、重庆图书馆。

《第二届防空节特刊》（1941年）

1941年1月15日在重庆出版，航委会防空总监部编印。

本刊旨在“宣传防空知识，增强国人防空意识，探讨有关防空和空军建设问题，检讨防空工作中的问题，以及防空设施的理论问题”等。本刊辟有论著、业务检讨、特载、附录等栏目。

本刊为防空节纪念刊物，特刊。16开本。非卖品。现保存于四川大学图书馆。

《图书月刊》（1941年）

1941年1月31日创刊，国立中央图书馆编辑（地址在江津中白沙），三民主义丛书编纂委员会印行（地址在江津中白沙），中国文化服务社总经售（地址在重庆磁器街47号），中央文化驿站总管理处印刷所筹备处印刷（地址在重庆磁器口大杨公桥）。自1942年11月第二卷第一期起迁至重庆两浮支路编行。1945年12月出第三卷第八期后停刊。

本刊旨在“采集全国学术人士的文章，对眼前一切中西思想的渊源加以探讨，或辨明其真态，或确定其价值”，“报道国内外文化界消息”，“收集全国一切出版的新书，尽力加以介绍，使读者容易明了，也可作为一般购书参考”。本刊设有论著、出版介绍、文化界、新书汇报、书评辑目等栏目。

本刊为图书类刊物，月刊。每卷8期。现保存于四川省图书馆、四川大学图书馆、重庆图书馆。

《交通文摘》(1941年)

1941年1月31日在重庆出版，为《交通建设季刊》的副刊，编辑者交通文摘社（社址在重庆上清寺113号），出版者交通建设季刊社，印刷者南林印刷工业公司（地址在重庆两路口大田湾），中国文化服务社经售。主编薛光前，编辑蔡泽、沈昌焕、刘选萃、张昌华，顾问编辑彭学沛、潘光迥、章祜、凌鸿勋、赵祖康、陈延炯等，特约撰述茅以升、吴绍曾、吴元超、李景纵、黄宝贤、金士宣等。

本刊宗旨为“介绍各国交通学术，译述西洋杂志精华，选载古今交通经典名著，供应交通人员精神食粮”。本刊主要刊发国外学者对交通事业研究的论文的中文译本，没有固定的栏目，有少量专稿，其内容涉及国防交通的理论、民族教育与交通的关系和战后交通建设的状况等。

本刊为交通事业刊物，月刊。停刊时间及原因不详。1943年3月出版的第一卷第七期是现存最晚一期。现保存于中国国家图书馆、重庆图书馆、南京大学图书馆。

《中国电影》(1941年)

1941年1月创刊于重庆，中国电影出版社编辑发行（地址在重庆中一路238号），上海杂志公司总经售（地址在重庆武库街）。

本刊以“服务抗战宣传和电影学术”为宗旨，主要刊载关于电影制作、电影路线问题、电影规范、电影技术工程，以及介绍制片厂的论文、诗、短评等，并刊有商家、商品和新上映抗战电影的广告及大量抗战电影的剧照，也有国际影坛动态等。本刊设有影坛动静、每月笔谈、每月画选、银本位、银幕外史等栏目。本刊执笔者有夏衍、丁聪、王平陵、尹伯休、田汉、何非光、李芝清、余仲英、马彦祥、胡春冰、袁牧之、冯乃超、罗静予、冯天佑、郑伯奇等。

本刊为电影刊物，月刊。重庆图书馆保存有第一卷第一期和第二期。

《中国电影》第一卷第一期封面

《陆军经理杂志》(1941年)

约1941年1月出版，军政部陆军经理杂志社编辑发行（地址在重庆林森路镇守使街3号），军政部陆军经理杂志社印刷所印刷（地址在重庆回水沟永兴巷3号），全国各大书店代售。

本刊以“研讨军事经理之理论与实际，以期改进经理业务”为宗旨。其内容有“经理组织,经理人事制度,经理教育与训练,金钱经理有关事项（包括岁计、合计、审计及现金出纳），物品经理有关事项（包括粮秣、被服、阵营具及其他各种军用物品等之经理），军用建筑物之营造与保管，战时陆军经理管辖的后方勤务、军事抚恤、军需筹办、军需资源之动员准备与调查统计，军事合作社之经营管理，陆军经理史料介绍、经理业务报告、服务经理与心得，军事生活素描以及其他如政治、经济、财政、交通、科学管理等与经理业务有关各种问题之研究讨论”。本刊辟有特载、论著、业务检讨、译述、转载、服务经验、经理史料、书文评介、杂俎、经理法令、经理问答等栏目。曾出版“国家总动员专号”“战后中国建设复员问题专号”“欧美陆军经理特辑”等。载文有《军需教育问题之商讨》《吾国战时军粮之补给及其改进》《训练营连经理人员的一点经验》《战时铁道的运输与防护问题》《美国战时后方勤务》等。

本刊为军事刊物，月刊。6 期为 1 卷，每月于月末出版。目前所见最晚一期是 1944 年 9 月出版的第八卷第三期。现保存于四川大学图书馆、峨眉山市图书馆、自贡市图书馆、重庆图书馆。

《青年通讯》（1941 年）

约 1941 年 1 月在重庆出版，三民主义青年团中央团部编印。封面注有“国内刊物，对外秘密”字样。

本刊报道三民主义青年团的动态，刊登该团的章程、规则，涉及“团务之研讨、青年问题、各地团员工作实况及工作经验之通讯等”，设有专载、法令资料、团务特写、团务简讯、情报参考、忠勇事迹等栏目。

本刊为政治社团刊物，月刊。1944 年 11 月仍在出版，停刊时间不详。现保存于四川大学图书馆、重庆图书馆。

《全国农林试验研究报告辑要》（1941 年）

1941 年 1 月在重庆出版，农林部技术处编行。邓植仪主编。陈济棠撰写发刊词，邓植仪撰写绪言。

本刊“辑载全国各农林研究试验所得结果，一以宣扬业绩，藉鼓研究兴趣；一以相互参考，藉谋学术之沟通”，内容为关于农艺、园艺、病虫害、蚕桑、林业、畜牧、农林、农业经济等的论文、调查，以调查报告和实验结果介绍为主，包含大量农业科学技术方面的数据资料。陈济棠指出，“刊行本辑要，其内容即将各地工作报告及意见，提要钩玄，按期发布，使各地从事农业工作者更获研究实验之便”。本刊“体裁编制，乃参酌美国中央农业部试验场纪录辑要拟定，内容暂分……十一门类，并附专著于篇首，而以杂组副栏殿其后以供参考”，“取材注重国内农林试验研究及调查报告资料之已有整个结论，或已成段落结束者，其未有结论或只见片段之资料者，则暂予登记，俟其已有结论或已成段落结束，始行编印”。辑要中的专栏根据不同的农业技术方向进行划分，从大类上可以分为农业、林业、养殖制造业等，不同内容由不同编辑者负责，如农艺编辑为冯伯诚、林业编辑为白荫元等。

本刊为农业学术刊物，双月刊。16 开本。非卖品。约 1944 年 6 月出至第四卷第二期停刊，停刊原因不详。现保存于中国国家图书馆、四川大学图书馆、武汉大学图书馆、中国科学院上海分院图书馆。

《立信会计月报》（1941 年）

1941 年 1 月创刊，立信会计师重庆分事务所编行（地址在重庆林森路 16 号），立信会计图书用品社总经售（地址在重庆陕西路民生公司内 61 号）。编辑人潘序伦、陈文麟、王逢辛，发行人潘序伦。潘序伦撰写发刊词。

本刊宗旨为“研究会计学术，促进会计实务之改进及工商百业管理之健全”。“该月报为研究会计学术之公开园地，分论述、评议、讲演、制度、资料、附录等六类，以会计学之介绍、阐释、研究、拟议为主，并以有关之财政、税法及商事计政为辅”，“其内容三分之二属于会计学术之探讨，三分之一属于会计、时事之提示与评论”，并将原在上海出版的《立信会计季刊》和《立信月报》上“有价值之研究题材和较重要之实用资料，不避重复之嫌，摘要复排”。

本刊为会计类刊物，月刊。16 开本，4 版。目前所见最晚一期为 1943 年 8 月的第二卷第六期。停刊时间及原因不详。现保存于中国国家图书馆、四川省图书馆、四川大学图书馆、南京大学图书馆、江西省图书馆。

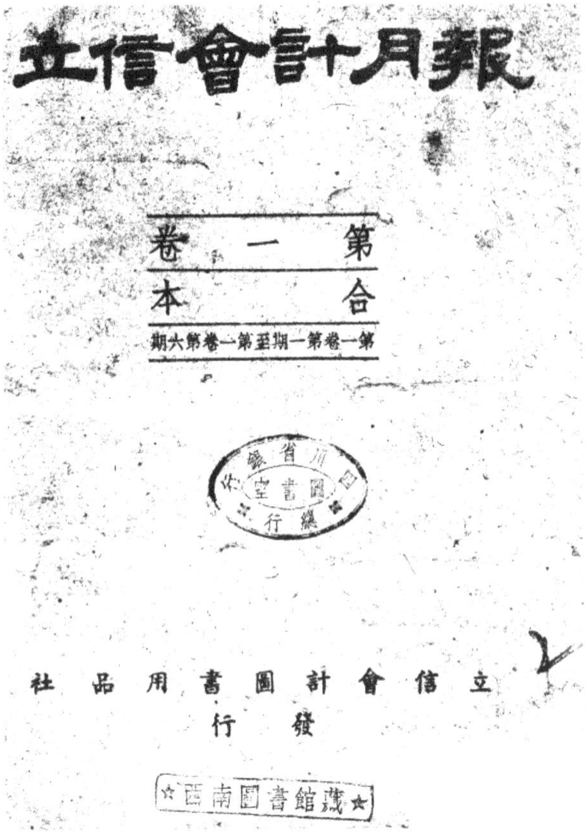

《立信会计月报》第一卷合本封面

《社会部公报》(1941 年)

1941 年 1 月在重庆出版，社会部总务司编辑兼发行。

社会部管理全国社会行政事务，在重庆、贵阳、桂林、衡阳设有社会服务处，旨在“发扬服务精神，促进社会事业，改善社会生活，沟通社会文化”，主要开展生活服务、人事服务、文化服务、经济服务等业务。本刊刊有国民政府颁布的有关法规、命令，该部总务、组织训练、社会福利、合作事业等内容，栏目有法规、命令、公牍、附录等。

本刊为政府机关刊物，季刊。16开本。约1945年1月终刊，共出17期。现保存于重庆图书馆、达州市档案馆、南京图书馆。

《三民主义周刊》—《三民主义半月刊》(1941年)

1941年1月创刊于重庆，三民主义周刊社编辑发行（社址在重庆体心堂12号，后迁至重庆春森路13号），中国文化服务社总经售（重庆磁器街42号）。发行人林桂圃。本刊在昆明、桂林、赣州、西安、兰州、成都等地出有航空版。1942年4月出第二卷第二十五期后改名为《三民主义半月刊》，期号另起，于1942年7月1日正式出版，三民主义半月刊社编辑及发行（社址迁至重庆两浮支路83号，再迁至大田湾139号附2号），南方印书馆印刷（地址在重庆民权路37号）。1946年8月自第九卷第一期起迁往南京出版。约1947年12月终刊。

本刊旨在“把三民主义融贯于各种学说之中，配合实际情形，阐明与发扬三民主义，并介绍各国国情，批判各家学说”。本刊内容涉及三民主义与世界民族问题、民族主义与东方诸民族的革命运动、民主与极权、科学民主与社会化、民生主义经济学的基本原理、民生主义的农业政策、三民主义宪法论、权能划分原则与五权宪法、三民主义与马克思主义的关系等。本刊宣传三民主义，搜集刊载国民党党史资料以及关于其他主义的评论与批判等。

本刊为政论刊物，原为周刊，更名后改为半月刊。现保存于南充市档案馆、绵阳市档案馆、自贡市档案馆、重庆图书馆。

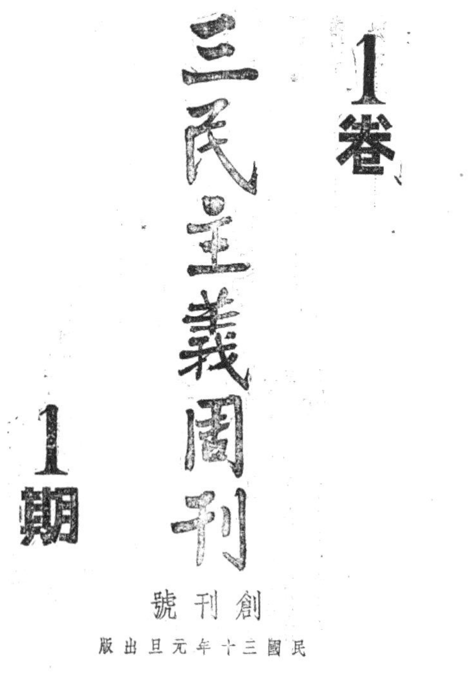

《三民主义周刊》创刊号封面

《山城邮讯》（1941 年）

约1941年1月创刊于重庆，辅文邮票公司发行（通信处为重庆邮箱第38号），民间报印刷厂印刷（地址在重庆大同路32号）。本刊曾一度停刊，1948年12月31日复刊，期号另起，出4期。

本刊“为提倡集邮，沟通集邮知识”而创办，刊登“有关邮学研究知识，各地集邮动态，及个人收藏心得”等，设有内地动态、各地通讯、琐闻杂记、集邮释疑、新刊目录、论评专载等栏目。

本刊为集邮刊物，月刊。停刊时间及原因不详。现保存于重庆图书馆。

《歌曲创作月刊》（1941 年）

1941 年 1 月创刊于重庆，革命乐社编印（通信处为重庆复兴关邮局转）。1941 年 11 月出版第九期后停刊。1942 年 11 月复刊，卷期另起，为新第一卷第一期。以后未见出版。

本刊“征求原创歌曲，以意识正确、适合抗战建国为原则”。本刊分歌曲和声乐两个部分，刊载了郭沫若、邱望湘、曾一佳等的歌曲作品和当时的声乐教学方法。

本刊为歌曲介绍刊物，月刊。停刊时间及原因不详。现保存于中国国家图书馆、四川省图书馆。

《歌曲创作月刊》第二期封面

《史学述林》(1941年)

1941年1月创刊于重庆，国立中央大学历史学会编辑发行（地址在重庆沙坪坝），国立四川造纸印刷职业学校工厂印刷。雪曼题写刊名。

该历史学会是国立中央大学历史系师生所组织的学术团体，“因时与地之便利，从事巴蜀史迹之考察，甲骨文字之整理”。本刊内容以历史学会师生有关中国古代经学和史学方面的研究论文为主，刊登了金毓黻的《释四通》、缪凤林的《汉武经略河西考》、姚薇元的《可汗称号源出中国考》、陶元甘的《秦汉之际百官考》、苏诚鉴的《西汉的重农抑商政策》等文章。其附录刊有《国立中央大学历史学会会务纪要》等。

本刊为历史学术刊物，双月刊。仅见1期。现保存于中国国家图书馆、四川大学图书馆、重庆图书馆、南京大学图书馆。

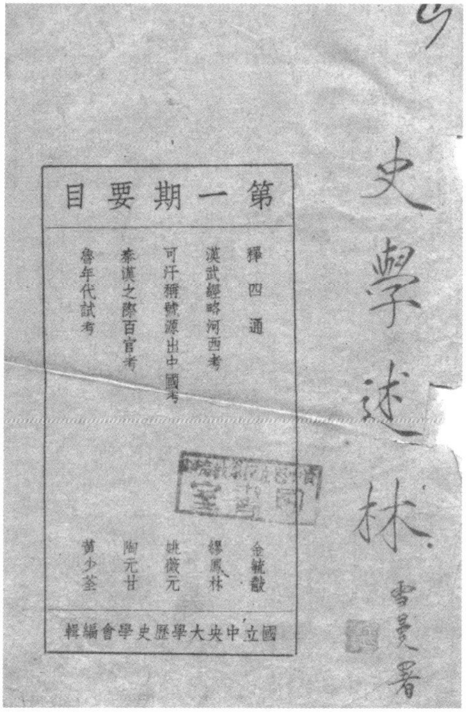

《史学述林》第一期封面

《经济新闻》(1941年)

约1941年1月创刊，重庆生活书店编辑出版。发行人黄季虬。

本刊曾刊登了吴永明的《利润之谜》、霍济的《重工业与轻工业》、朱剑农的《略论当前农贷》、严璞的《桐油推销问题的探讨》等文章。

本刊为经济刊物，周刊。停刊时间不详。重庆图书馆保存较多，清华大学图书馆存有第十六期。

《贯彻评论》（1941 年）

原在广州创刊，后停刊。1941 年 1 月自第三卷第一期起在重庆复刊，贯彻评论社编辑发行（社址在重庆枣子岚垭 89 号）。封面印有“社会政治经济月刊”字样。

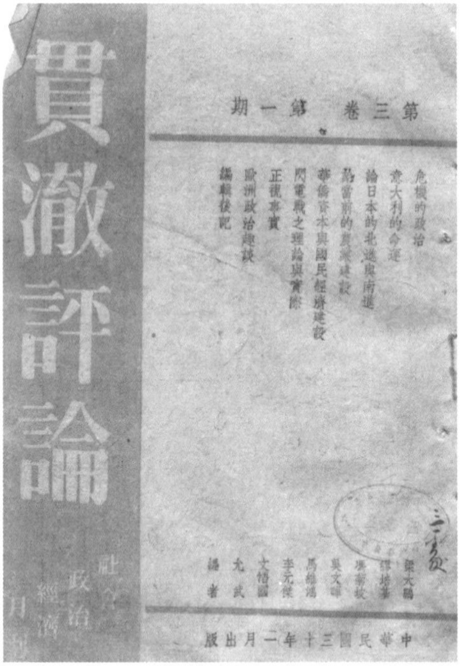

《贯彻评论》第三卷第一期封面

本刊主要撰稿人有梁大鹏、缪培基、冯菊坡、吴文晖、马维鸿、文悟国、允武等。本刊刊载的文章有《危机的政治》《意大利的命运》《论日本的北进与南进》《论当前的农业建设》《华侨资本与国民经济建设》《闪电战之理论与实际》《正视事实》《欧洲政治趣谈》等。

本刊为政治性刊物，月刊。16 开本。现保存于中国国家图书馆、四川大学图书馆、南京大学图书馆、重庆图书馆。

《经济参考资料》（1941 年）

1941 年 1 月创刊于重庆，经济部秘书厅编行。1942 年 12 月出第二卷第四十二期后未见再出版。

本刊为经济刊物，周刊。其他出版信息不详。现保存于南京图书馆。

《造纸印刷季刊》(1941 年)

1941 年 2 月 1 日在重庆创刊，国立四川造纸印刷职业学校主编，后改由造纸印刷季刊编辑委员会编辑。造纸印刷季刊社出版（通信处为重庆沙坪坝 58 号信箱）。石显儒题写刊名。同年 5 月 31 日出第二期。1944 年 12 月出第三期后未再出版。

本刊主要撰稿人有石显儒、崔永权、石志洪、马克清、苏士清、史中义、许秀廷、程冀野等。本刊设有论述、专著、研究、译述、调查、学术报道、文艺、补白、史实等栏目。本刊“旨在反映造纸业、印刷业现状及其发展”，目的在于“培植专门技术人才”，同时利用科学方法研究试验“以发扬富有历史意义的艺工”，内容是“分门别类地整理国立四川造纸印刷职业学校教师学生研究所得，用同学自造的纸，自己排印装订，以教育国内贤达”，“刊有造纸业、印刷业的调查报告、史实研究、译述，以及学术专著报道和对于职业教育的意见”，“介绍各种印刷术、造纸法，以及专著、统计与调查、技术研究等”。

本刊为学术研究刊物，季刊。现保存于中国国家图书馆、四川大学图书馆、复旦大学图书馆、重庆图书馆。

《造纸印刷季刊》创刊特大号封面

《盐工导报》(1941 年)

1941 年 2 月 1 日创刊，四川省盐业工会筹备委员会编行（会址在重庆两路口养花溪 5 号，后迁至春森路 5 号）。

本刊旨在“提高四川盐工的教育水平及改善他们的生活”，刊登有关盐工政策、盐工生活问题的短评，有关盐的科学常识及改进制盐技术的文章。盐业工会的使命，“主要是盐工训练工作和盐工之福利事业的推进，从事健全组织，加强训练，改进福利，以及增加产销”。所以，本刊是“盐业工人的训练教材，与改进盐业的研究刊物”，“以盐工为对象”。

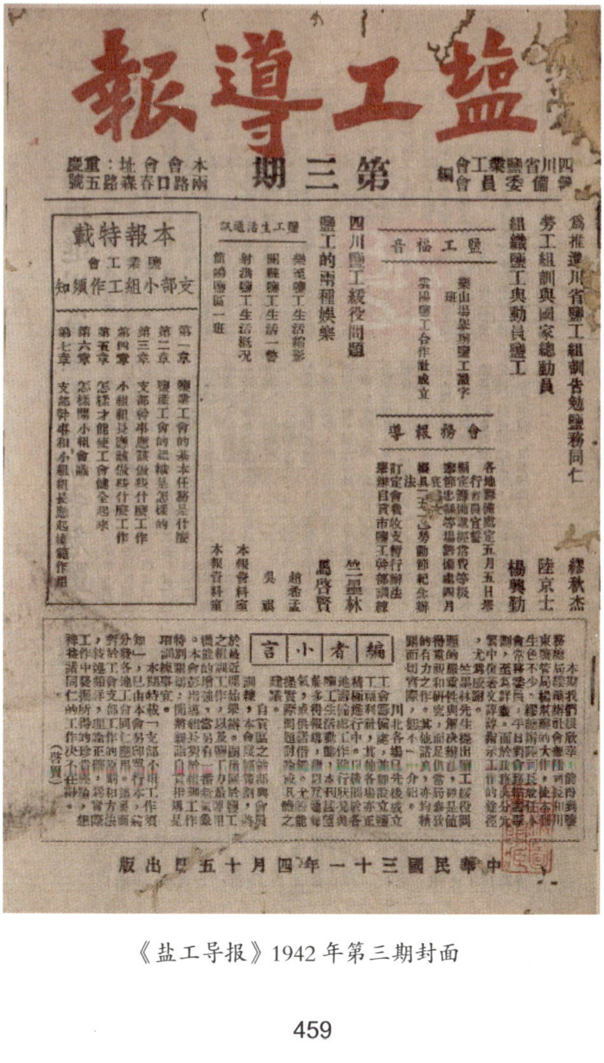

鹽工導報

四川省鹽業工會籌備委員會編

第三期

本會會址：重慶兩路口春森路五號

爲推進川省鹽工組訓告勉鹽務同仁　繆秋杰

勞工組訓與國家總動員　陸京士

組織鹽工與動員鹽工　楊興勤

鹽工福音

樂山場舉辦鹽工識字班

雲陽鹽工合作社成立

會務報導

各地籌備處定五月五日舉行首屆會員宣誓

規定籌備處經常費等級

慶祝「五一」勞動節紀念辦法

訂定會費收支暫行辦法

舉辦自貢市鹽工幹部訓練

四川鹽工緩役問題　竺墨林

鹽工的兩種娛樂　馬啓賢

鹽工生活通訊

樂山鹽工生活縮影　趙希孟

關於鹽工生活一瞥　吳琨

射洪鹽工生活概況　本報資料室

簡陽鹽區一斑　本報資料室

本報特載

鹽業工會支部小組工作須知

第一章　鹽業工會的基本任務是什麽

第二章　鹽業工會的組織是怎樣的

第三章　支部幹事應該做些什麽工作

第四章　小組組長應該做些什麽工作

第五章　怎樣才能使工會健全起來

第六章　怎樣開小組會議

第七章　支部幹事和小組組長應起模範作用

編者小言

中華民國三十一年四月十五日出版

《盐工导报》1942 年第三期封面

本刊为盐业刊物，不定期刊。16 开本。现存最晚一期是 1944 年 11 月出版的第二卷第七期。现保存于中国国家图书馆、南京图书馆。

《蜀道》（1941 年）

1941 年 2 月 20 日创刊，编辑人姚蓬子，发行人周钦岳，发行所重庆新蜀报社（社址位于重庆白象街）。

本刊主要刊登从《新蜀报》上选来的文章，也有未曾发表过的文章。本刊刊登了姚蓬子的《关于〈蜀道〉每月文集》和《〈蜀道〉的一九四一年》、茅盾的《我的一九四一年》、胡风的《也算是希望》、何容的《一只耕牛》、孙伏园的《惜别》、郭沫若的《续谈戚继光斩子》、柳亚子的《海国英雄叙》等文章。

本刊为抗战文艺刊物，月刊。仅出 1 期。16 开本。现保存于南京图书馆、重庆图书馆。

《蜀道》第一集封面

《近讯》（1941 年）

1941 年 2 月在重庆创刊，资源委员会矿产测勘处主办并发行。约 1946 年迁至南京继续出版。1950 年 12 月停刊，共发行 118 期。

本刊主要“介绍国内主要矿区情况，勘查我国地质，研究探矿新法与计创工程，统计工矿产量，记录会务消息，报导该处工作近况，进行矿量调查、矿物监定等”。主要撰稿人有南延宗、吴燕生、谢家荣、马祖望、杨博泉、王作宾、李志超、王嘉荫、刘祖彝、李庆远、黄先驯、孙云铸、殷维翰、赵宗溥、杨庆如、弋之、周泰昕等。本刊设有专题研究、特载、新知介绍、演讲、矿测随笔、本处工作近况、地质近事、海外来鸿等栏目。

本刊为矿业刊物，月刊。现保存于上海图书馆、山东大学图书馆、安徽省图书馆、重庆图书馆。

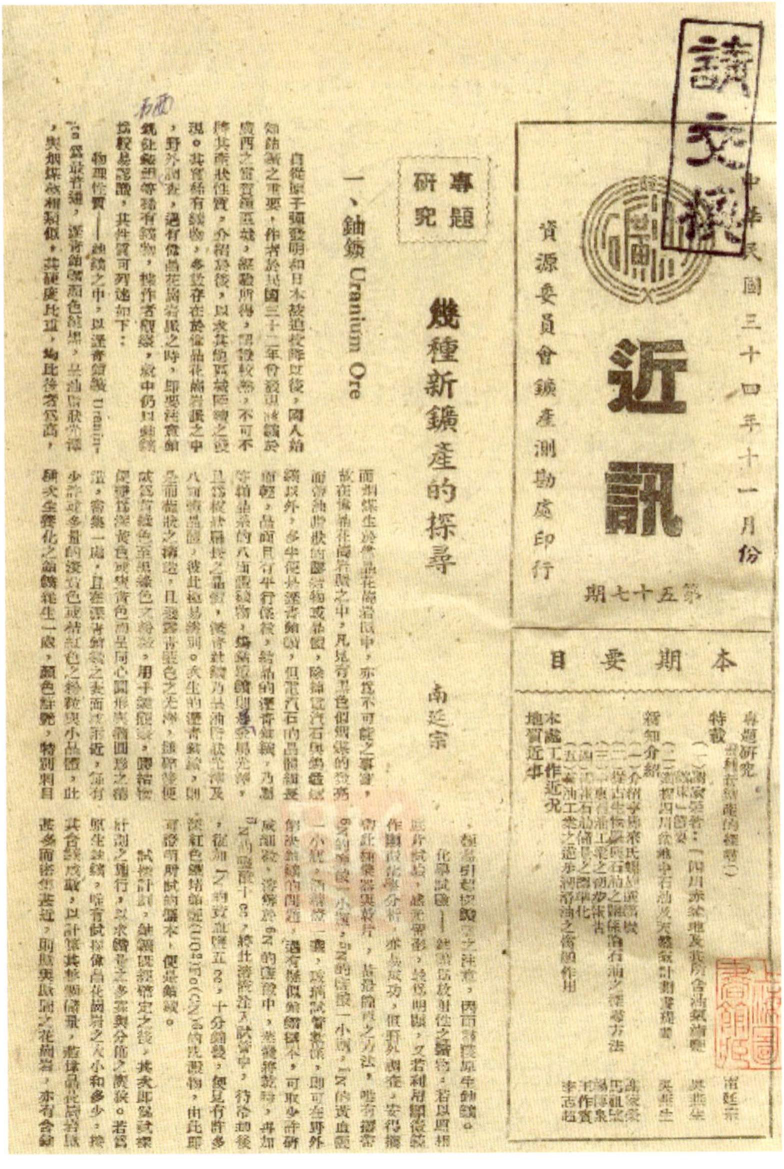

中華民國三十四年十一月份

近訊

資源委員會鑛產測勘處印行

第五十七期

本期要目

專題研究

特載

新知介紹

本處工作近況

地質近事

專題研究

幾種新鑛產的探尋

南延宗

一、鈾鑛 Uranium Ore

《近讯》1945 年第五十七期封面

《经济情报丛刊》(1941年)

1941年2月创刊于重庆,中央银行经济研究处编行。封面注有“密件”字样。

本刊每期有一个主题。1943年第十五期的主题是“战区金融问题及其对策”,第十六期的主题是“西北生产现状及改进办法”,第十七期的主题是“重庆市各业概况调查”。

本刊为经济刊物,刊期不详。约1943年11月停刊,共出18期。现保存于中国国家图书馆、南京图书馆。

《公路技术》(1941年)

约1941年2月在重庆出版,交通部公路技术座谈会编行。

本刊主要“刊登交通部公路技术座谈会会议讲演稿,研究有关公路建设的工程、勘测、养护及公路经济等方面的问题”。本刊栏目有讨论、演讲及交通部会议记录等。主要撰稿人不详。

本刊为公路专业刊物,不定期刊。非卖品。现存最晚一期是1942年2月出版的第五十期。现保存于中国国家图书馆。

《敌情月刊》(1941年)

1941年3月1日在重庆出版,敌情月刊社编辑,军事委员会政治部文化工作委员会发行,青年书店重庆印刷厂印刷,全国各大书店代售。

本刊旨在“介绍日本的政治、军事和战时经济动态,分析时局进展状况,提高对敌认识,促进抗战建设”,主要栏目有敌情资料、社论、对敌工作、敌国大事记、短评、附录等。本刊主要撰稿人有青山和夫、杜守素、怀远、于毅夫、潘念之、楚克、王壮文、马义、平默、啸冲、树萍、鹿地亘、光印、孟超、谢南光等。载文有《论日寇南进与中国抗战》《一九四一年敌情展望》《谈谈敌人的军纪和士气》《第二次近卫内阁的命运》《关于日美太平洋战争形势》等。

本刊为军事刊物，月刊。仅见 3 期。停刊时间不详。现保存于四川省图书馆。

《敌情月刊》第一期封面

《文艺青年》(1941 年)

1941 年 3 月 1 日在重庆创刊，为《文化新闻》的文艺副刊，文化新闻社文艺青年编辑部编辑（社址在重庆两浮支路 83 号），文化新闻社发行，中国文化服务社总经售。主编鲁觉吾，发行人吴吕才。本刊在西安、耒阳、金华、香港还出有航空版。1942年起,《青年戏剧》并入本刊出版。

本刊内容主要为文艺评论和文艺作品，文艺作品类型有小说、散文、诗歌、戏剧、译作等，多以抗日和民族危亡为时代背景，其中有许多是学生的作品。载文有《大时代文艺论》《三民主义文艺创作的形式》《惦念贵阳》《夜归》《施尔各夫式的袭击》等。

本刊为文学刊物,月刊。16开本。1942年4月出版的第三卷第四期是现存最晚一期。现保存于中国国家图书馆、四川大学图书馆、重庆图书馆、南京大学图书馆等。

《文艺青年》第一卷第一期封面

《今日戏剧》(1941年)

1941年3月1日在重庆创刊,今日戏剧社编行(社址在重庆中正路389号),德光印书局印刷，全国各大书店有售。

本刊内容侧重于“登载戏剧理论，介绍戏剧史和剧本，报道戏剧界的动态等”，其创刊号刊登了新演剧理论、新型剧作、舞台技术研究、当代名剧人传述及照片、各地工作报道、通讯及珍贵图片等。载文有《中国戏剧走向哪里》《戏剧哲学简论》《莎士比亚舞台的历史》《戏剧艺术家的人生哲学》等。本刊封面设计人是宋玉素、葛兴萼，特约顾问及撰稿人有王泊生、王云阶、余上沅、老舍、朱光潜、田汉、李剑晨、吴晓邦、郭沫若、张骏祥、陈白尘、唐隽、夏衍、曹禺等。

本刊为戏剧类刊物，月刊。仅存1期。现保存于四川省图书馆、南京图书馆、南京大学图书馆、重庆图书馆。

《今日戏剧》创刊号封面

《驿运月刊》(1941 年)

1941 年 3 月 1 日在重庆创刊，驿运月刊社编辑兼发行（社址在重庆上清寺聚兴新村 12 号），后方勤务部政治部印刷所印刷，各地书店及杂志公司代售。江波撰写发刊词《迎驿运年》。

本刊旨在沟通各地驿运消息。其内容为有关驿运事业的论著、调查及改良驿运工具的创造发明、牲畜饲养术、各地驿运通讯、游记文学等作品。1941 年 5 月出版的第三期是“驿运警察特辑”。

本刊为运输事业刊物，月刊。每卷出 3 期。约 1942 年 4 月出至第三卷第一期停刊。现保存于中国国家图书馆、峨眉山市档案馆、四川大学图书馆、重庆图书馆。

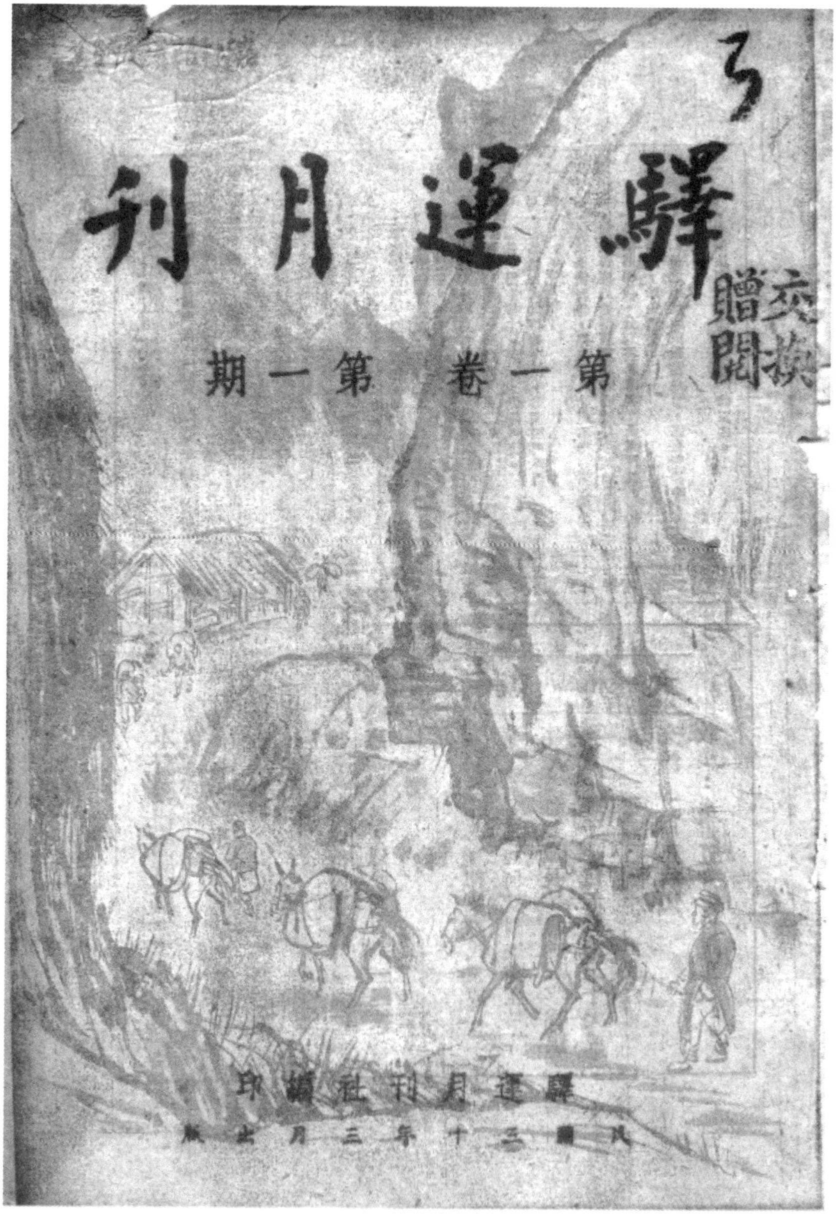

《驿运月刊》第一卷第一期封面

《中央警官学校二、三、四周年纪念合刊》（1941年）

1941年3月3日在重庆出版，中央警官学校编译股编辑，中央警官学校印刷所印刷。戴传贤题写刊名。

本刊“刊载该校校长留影及学校校景，记述该校校长、院长、部长和教育长训词，刊登校务纪要，介绍学校工作概况，公布毕业生统计图表等”，内容涉及的时间段为1937年9月至1940年8月。本刊设有训词、转载、特载、工作概况（教务、训练、事务、会计、党政、毕业员生概况）、校务纪要、附载（统计图表）等栏目。

本刊为警校纪念刊物，刊期不详。非卖品。仅见1期。现保存于上海图书馆。

《文摘月报》（1941年）

1941年3月10日创刊于重庆，陶涤亚编辑兼发行，文摘月报社出版（社址在重庆民族路216号），新生图书文具公司发行（地址在重庆民族路226号），全国各大书局销售。

本刊所刊文章基本是从其他公开发行的刊物上重新编辑而成的，有时事政治、军事分析、学术、文学、评论、特稿等内容，侧重于当时的国内外政治、经济和社会局势，文学类作品有小说、诗歌、戏剧、散文等。本刊还刊登漫画及各种商业广告。

本刊为综合性文摘刊物，月刊。停刊时间及原因不详。现保存于上海图书馆、重庆图书馆。

《社讯》（1941年）

1941年3月10日创刊于重庆，中华职业教育社编辑出版（社址在重庆张家花园56号）。

本刊旨在“为个人谋生做准备，为服务社会、发展社会生产力做准备”。其内容为“探讨职业教育问题，介绍专科学校、职业学校及各级各类学校并提供职业指导，同时报道总社和分支单位的活动，报道社员、校友情况以及海外的职业教育情况，沟通社员、校友之间的联系”等。本刊设有社务报告、世界大事、生活缩影、社员通讯、职业谈话、社务动态等栏目。

本刊为学会刊物，不定期刊。非卖品。停刊时间及原因不详。现保存于上海图书馆、重庆图书馆。

《中等教育季刊》（1941年）

本刊创议于1940年4月第二届高级师范教育会议，由各师范学院共同负责编辑。1941年3月15日创刊于重庆，中等教育季刊社出版并发行，第一卷由重庆沙坪坝国立中央大学师范学院编辑，国立四川造纸印刷职业学校工厂印刷，中国文化服务社总经售；自1942年6月第二卷第一、二期合刊起由陕西城固国立西北师范学院编辑。1942年12月出第二卷第三、四期合刊，并登启事：“本刊第二卷共出合刊两次，现已编完。惟下卷（第三卷）主编者系何院校，迄未奉到部令。”以后未见出版。

本刊旨在“研究中等教育理论及实际上之各项问题”，并“检讨我国中等教育现状，刊载专科教材及教学方法，公布教育法令，刊登参考资料”。本刊栏目有论著、课程问题、训导问题、专科教材教法研究、中等教育重要消息与法令、参考资料等。载文有《我国中等教育之史的检讨》《中等教育辅导工作之检讨》《今后中学教育改进之途径》等。

本刊为教育类刊物，季刊。16开本。现保存于四川省图书馆、四川大学图书馆、重庆图书馆。

《五十年代》（1941年）

1941年3月16日创刊于重庆，五十年代杂志社编行（社址在重庆谢家湾7号谟庄楼下），中国文化服务社总经售。主编钟天心，发行人周一志。编辑委员有王季高、包华国、何义钧、巫启圣、周一志、胡彦云、孙静工、凌其翰、童蒙正、杨玉清、黎东方、谌小岑、钟天心、缪培基、缪崇群、韩侍珩等。约 1941 年 5 月停刊，仅存 4 期。

本刊载文涉及政治、经济、社会、文艺、教育、经济等方面。在政治方面，本刊注重国内外时政新闻，特设微言栏目，对国际新闻进行评论。本刊曾特别报道了赛珍珠呼吁美国政府帮助中国抗战的言论。载文有《鄂西：陪都的外围堡垒》《从全民教育到全民政治》等。

本刊为综合类刊物，半月刊。现保存于中国国家图书馆、南京图书馆、重庆图书馆。

《五十年代》创刊号封面

《新闻战线》(1941 年)

1941 年 3 月 16 日在重庆创刊，中央政治学校新闻系新闻学研究会主办，新闻战线社编辑发行（社址先在重庆江北新村，不久迁中山二路 236 号，1943 年又迁至会府街曹家巷 16 号）。于右任题写刊名。

本刊主要“研讨新闻理论与实际问题”，“介绍国内外新闻广播事业及各地报业动态”等，既有抗战相关的新闻论题，也有关于新闻理论、行内建制及新闻事业等的文章，还记述新闻记者的组织系统、日常生活、道德修养和社会地位等内容。主要撰稿人有张四翼、周九思、黄少谷、张志智、赵敏恒、李麓水、彭乐普、解钟元、马星野、鲁觉吾等。本刊设有理论与实际、岗位上的话、各地报业动态、新闻界珍闻、新闻界人物志、新闻信箱、本刊特写、编辑室广播、我们的话等栏目。

本刊为新闻学刊物，月刊，每月 16 日出版。16 开本。第一、二卷共出 10 期。1945 年 5 月 16 日出版的第五卷第二、三期合刊是现存最晚一期。停刊时间不详。现保存于中国国家图书馆、四川省图书馆、重庆图书馆、南京大学图书馆。

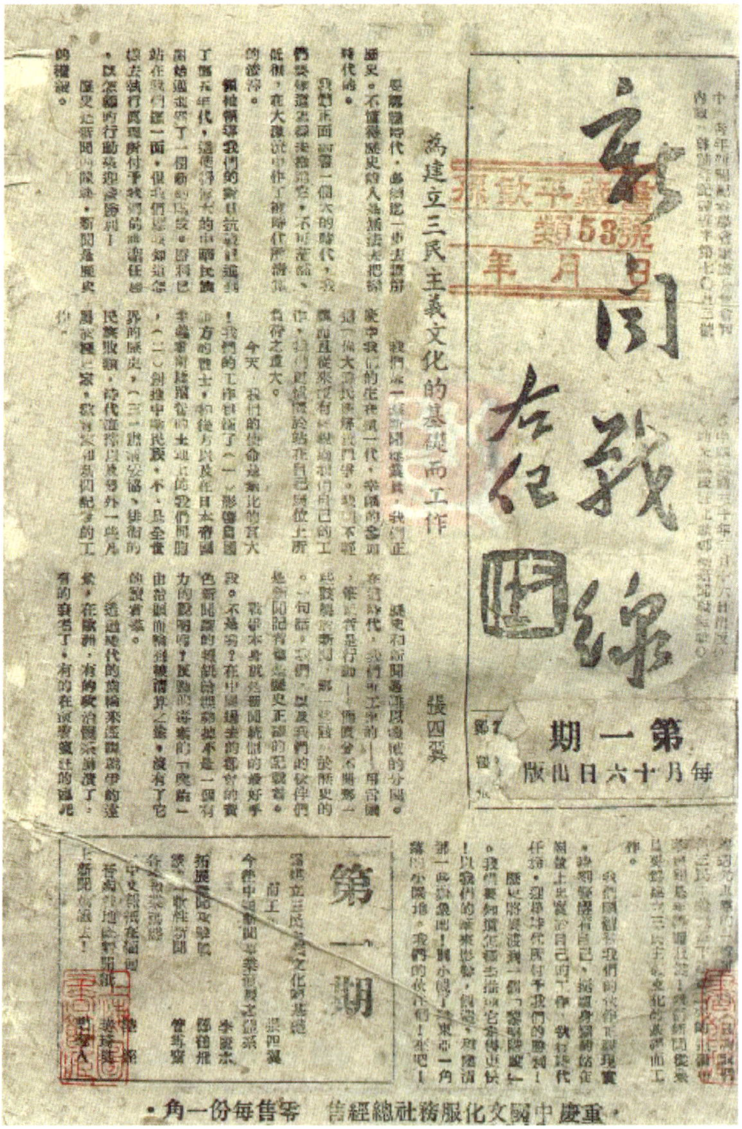
新聞戰線
第一期
每月十六日出版
為建立三民主義文化的基礎而工作
第一期
重慶中國文化服務社總經售　零售每份一角

《新闻战线》第一期封面

《化工通讯》(1941 年)

1941 年 3 月 20 日创刊于重庆,中央工业专科学校化学工程学会出版股编辑,化学工程学会发行。编辑者谢良锋。魏元光题写刊名。谢良锋撰写发刊词。

本刊为化学类刊物，刊期不详。非卖品。现保存于重庆图书馆。

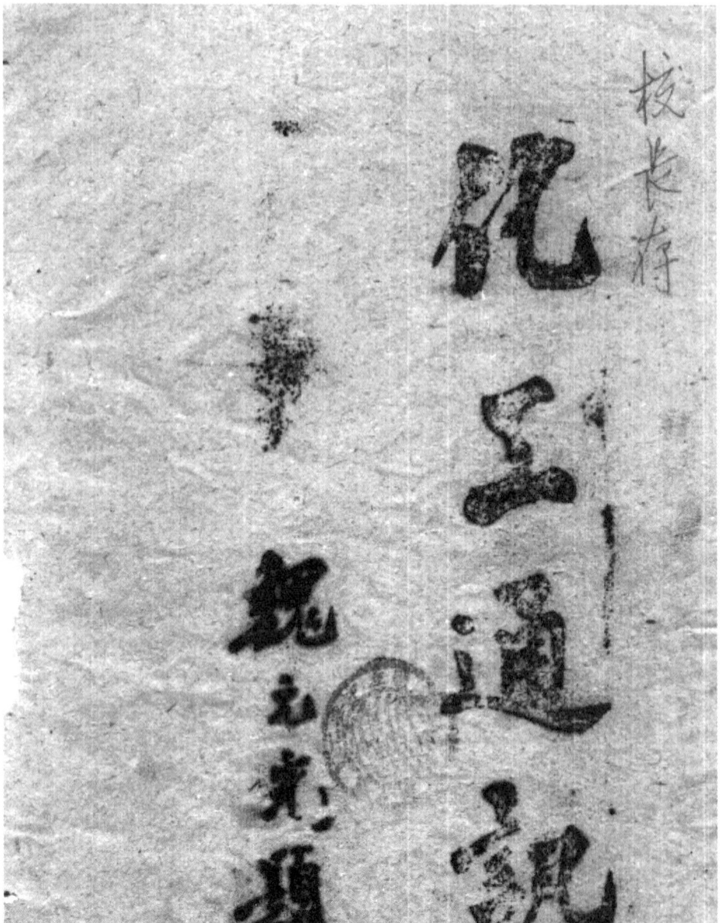

《化工通讯》创刊号封面

《军事与政治》(1941年)

1941年3月26日创刊于重庆，国民政府军事委员会政治部军事与政治月刊社发行（社址在重庆两路口28号），青年书店印刷所印刷。向理润主编。

本刊内容为“抗战之理论与实际各项有关军事问题的专门研究”，“国内外政治、经济、文化、社会各项时事问题之论著，关于各国时代思潮、学术思想的介绍与研究，以及关于抗战建国的文艺作品和漫画等”。主要撰稿人有张治中、方秋苇、蒋益明、梅电夔、黄正铭、谢仁钊、刘振东、张道行、江生、曹树铭、罗敦伟、陈定闳等。本刊设有“欧战新形势特辑”“世界宗教研究专辑”“当前太平洋问题”等专栏，载文有《德国春季攻势之方向与敌之南进》《德国春季攻势与欧局前途》《希特勒的潜艇闪击战》《太平洋上的新形势》《欧局的演变与日本南进问题》等，还有文章讨论抗战胜利后对日本的处置问题等。

本刊为军事政治刊物，月刊。全年12册。现存最晚一期是1946年12月出版的第八卷第十一、十二期合刊。现保存于四川省图书馆、四川大学图书馆、重庆图书馆、广东省立中山图书馆。

《江津县政府公报》(1941年)

约1941年3月出版，江津县政府秘书室编辑。

本刊主要“刊登有关战时经济政策的论著，颁布江津县政府法规、训令，记录江津县政府召开的会议，国内外大事记以及四川省消息和江津县消息”。

本刊为地方行政刊物，刊期不详。现保存于中国国家图书馆、自贡市图书馆、重庆图书馆。

《国立江苏医学院院刊》(1941年)

1941年3月在重庆北碚出版，国立江苏医学院编辑出版。胡定安题写刊名，并撰写发刊词。出至1941年10月终刊，共出8期。

本刊设有院闻点滴、同学论文、小新闻、文艺园地、毕业同学通讯等栏目，内容有“国立江苏医学院行政方面的人事变迁，设备充实，部令院规的奉行与执行，关于研究、教育各种事项的动态，学生的各种课外活动，毕业同学在社会上的动态等”。

本刊为医学院刊物，月刊。现保存于重庆图书馆、南京图书馆。

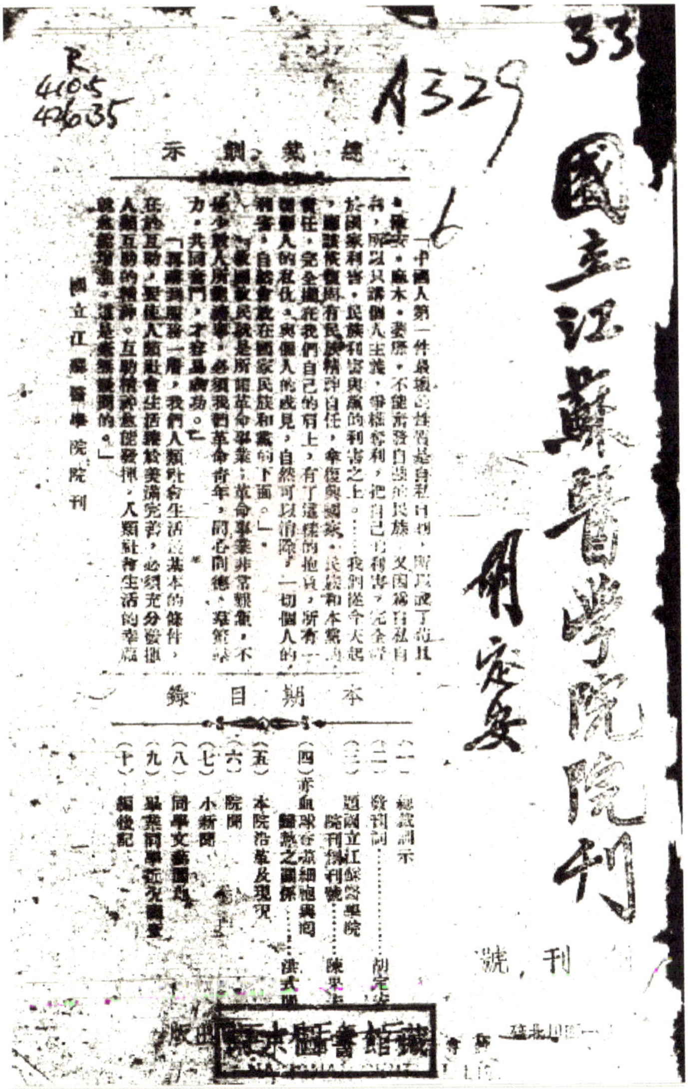

國立江蘇醫學院院刊

胡定安

創刊號

總裁訓示

「中國人第一件最壞的性質是自私自利，所以說了苟且・偷安・麻木・妄懈，不能奮發自強於民族，又因為有私自利，所以只講個人主義，爭權奪利，把自己的利害，完全看於國家利害，民族利害與黨的利害之上。……我們從今天起，應該恢復固有民族精神自任，拿復興國家，民族和本黨為責任，完全擔在我們自己的肩上，有了這樣的抱負，所有一切個人的私仇，與個人的成見，自然可以消除，一切個人的利害，自然會放在國家民族和黨的下面。」

「我們國家民族是所謂革命事業；革命事業非常艱鉅，不是少數人所能成事，必須我們革命青年，同心同德，羣策羣力，共同奮鬥，才容易成功。」

「尋求與服務一層，我們人類社會生活之基本的條件，在於互助，要使人類社會生活臻於美滿完善，必須充分發揮人類互助的精神，互助精神愈能發揮，人類社會生活的幸福就愈能增進，這是永無變易的。」

國立江蘇醫學院院刊

本期目錄

（一）總裁訓示
（二）發刊詞……胡定安
（三）題國立江蘇醫學院院刊創刊號……陳果夫
（四）赤血球容積細胞與間歇熱之關係……洪式閭
（五）本院沿革及現況
（六）院聞
（七）小新聞
（八）同學文藝園地
（九）畢業同學近況調查
（十）編後記

出版

《国立江苏医学院院刊》创刊号封面

《高等教育季刊》(1941年)

1941年3月创刊于重庆，高等教育季刊社编辑发行（通信处为重庆青木关6号信箱），国立四川造纸印刷科职业学校印刷，中国文化服务社总经售。一年共出4期，于3月、6月、9月、12月出版。从第二卷起改由独立出版社印刷发行，吴敬恒题写刊名。

本刊“以商榷高等教育之理法，增进高等教育之效率，暨阐扬部定关于学术文化之方针，提倡学术研究之风气为宗旨”。其内容包括“高等教育理论、高等教育改革、各国高等教育状况，以及专科以上学校设施研究和课程、教材、教法暨训导问题的讨论，国内外高等教育动态、学术研究消息、国际文化消息的记述，大学用书的批判与介绍，高等教育法令等”。本刊设有大学训导问题、研究所工作报告、高等教育动态、学术研究消息、高等教育法令选集、附录、编后记等栏目。第一卷第三期是“大学课程问题特辑”，第二卷第三期是“大学国文教育问题特辑”，第三卷第一期是“法律教育特辑”。主要撰稿人有阮真、谷琦、潘菽、朱自清、李仲珩、刘仙洲、朱光潜、黎东方、姜琦、章之汶、周绍濂、林天兰、毛礼锐、杨端六、徐诵明等。

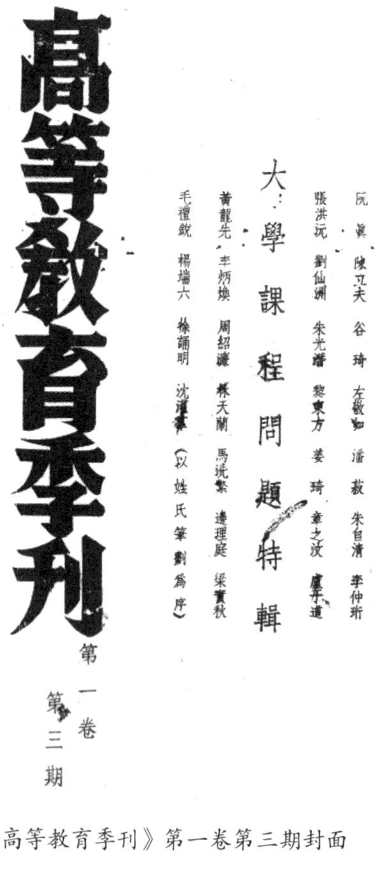

《高等教育季刊》第一卷第三期封面

本刊为高等教育刊物，季刊。1943年12月出版的第三卷第四期是现存最晚一期。现保存于中国国家图书馆、四川大学图书馆、重庆图书馆、复旦大学图书馆。

《乐风副本》(1941 年)

1941 年 4 月 1 日在重庆创刊，乐风月刊社编印（通信地址为重庆青木关教育部音乐教育委员会转）。乐风月刊社社长熊乐忱，编辑主任缪天瑞，发行主任陈振铎。1944 年 1 月停刊。

本刊撰稿人都为词曲作者，主要有贺绿汀、马思聪、钱仁康、陈田鹤、罗根、张文纲、王陆一、常任侠、王沛纶、彭一叶、田汉、卢冀野、江定仙、杨仲子、李抱忱、吕伯攸、陆华柏等。本刊为歌曲集，刊登儿童歌曲、独唱曲、合唱曲、钢琴曲谱，歌曲内容包括动员抗日保家乡、歌唱中华民族、军民联欢、出征凯旋等。贺绿汀是本刊的骨干，其作品有《出征》《凯旋》《中华儿女》等。本刊“以抗日救国为创作原则，发动词曲作家为抗战而创作”。

本刊为音乐刊物，不定期刊。现保存于上海图书馆。

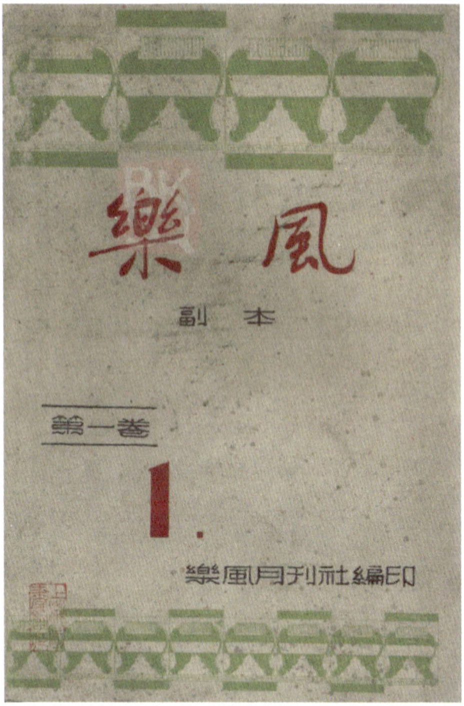

《乐风副本》第一卷第一期封面

《审查通讯》(1941 年)

1941 年 4 月 1 日在重庆创刊，中央图书杂志审查委员会编辑并发行（潘公展时任中央图书杂志审查委员会会长）。封面注有“会内刊物,对外秘密”字样。

本刊“制定图书出版审查标准及审查意见，颁布重要法规和通令，各省书刊出版工作会议记录”，刊有每月查禁图书一览表、免审刊物一览表等。主要撰稿人有青鸟等。本刊主要栏目有专载、会务、法规、指示等。载文有《审查标准的价值及其运用方法》《省市图书杂志审查处组织通则》等。1944 年第六十三、六十四期合刊是“各省市图书杂志审查处卅二年度经审杂志特辑”。

本刊为图书出版刊物，半月刊。1944 年出版的第六十三、六十四期合刊是现存最晚一期。停刊时间及原因不详。现保存于上海图书馆、南京图书馆、重庆图书馆。

審查通訊

半月刊

第六十三、六十四期

中央圖書雜誌審查委員會編

民國三十三年元月十五日出版

會內刊物

對外祕密

各省市圖書雜誌審查處卅二年度經審雜誌特輯

重慶市審查處三十二年度經審雜誌一覽（十二月底調查）

名稱	刊期	地點	發行人	編輯人
中央週刊	週刊	中一支路四十九號	陶百川	同上
文化新聞	同右	棗子嵐埡四十二號	陳西賢	黃顯灝
經濟新聞	同右	中四路九八號	張樑任	王沿津
文化先鋒	同右	曹家巷一六號	張道藩	李辰冬
世界週報	同右	公園路特三號	夏國賓	鄧式鏞 覲惠良
強者之報	同右	民權路關廟街七十八號	程登科	任白烏
社會服務	同右	兩路口五號	王克	謝爽秋
文匯週報	同右	美專校街一〇六號	孫伏園	同上
國風	同右	中一支路四九號	陶百川	姚蘇鳳 陳炳一
圖書副刊	同右	民生路二九號	英大使館新聞處	王友槐
世說週刊	同右	美專校街	同右	同右
大華週報	同右	保安路一一九號	王慶孫	吳呂才
萬象週刊	同右	新生路六十五號	陳晴南	劉自勤

《审查通讯》第六十三、六十四期合刊封面

《地理》(1941 年)

1941 年 4 月 1 日在北碚创刊,中国地理研究所《地理》编辑委员会编辑(地址在重庆北碚中山路 15 号),中国地理研究所发行(中国地理研究所于 1939 年 12 月筹设,1940 年 8 月在重庆北碚正式成立,内分人生地理、自然地理、大地测量、海洋学四组),南京京华印刷馆重庆分馆印刷,中国文化服务总社及各地分社代售。黄国璋撰写发刊词。

本刊“以比较短篇通俗的文字,以传布地理的知识,增加一般人对于地理的认识与兴趣,以藉与海内同道相研讨,期收集思广益之效果;而其中心的目的,则在于广立我国地理学的基础,谋我国地理学长足的进步”。本刊发行对象“主要的只是一般大学地理系、地学系或史地系的学生,中等学校的地理教师,及一般对于地理感兴趣而有志于地理研究的人”。本刊设有理论及通论、区域地理、地理游记、地理教学、地理学史、译述、摘要、书报介绍及评论、国内外地理学界消息、中西地理著作介绍、读者疑难地理问题解答等栏目,也刊登一些地理调查报告、地图及统计表等。载文有《德国兵要地理之研究》《我国各战场军事地理之研究法》《土地利用之理论与研究方法》《北碚土地利用志》《论土地利用的调查》等。

本刊为地理专业刊物,季刊。16 开本。1945 年 12 月出第五卷第四期后迁南京出版。停刊时间及原因不详。现保存于四川大学图书馆、重庆图书馆、上海图书馆、南京图书馆、中国社会科学院图书馆。

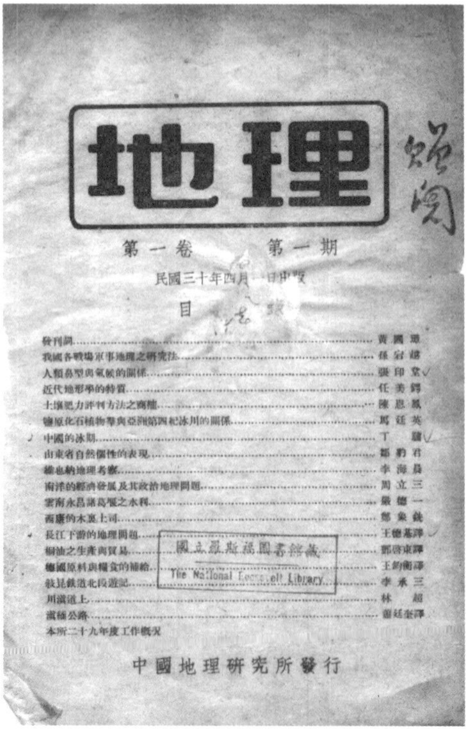

《地理》第一卷第一期封面

《储汇服务》(1941年)

1941年4月15日在重庆创刊，邮政储金汇业局编辑发行。张嘉璈题写刊名。封面注有“本刊专供本局同人阅读”“非卖品”字样。曾休刊，1946年6月15日第五十九期起发行地移至南京，停刊时间不详。

本刊主要撰稿人有公羊、祝纪和、左拉、鲁迅、李家安、妙人、陶启沃、曾宏型、厉晋元、杨荫溥、董昌达、惟中、叶知秋、程子汶、谷春藩、李俊国、惟力、钟顺光、羊恭、陈纪滢等。本刊主要栏目有银行储汇分社社务动态、雨丝风片、人事汇志、本局业务近况、时事述评、读者专栏、通讯、本局简讯、物价动态、法令、人物小计、应用算术等。其中“时事述评”栏目为叶知秋撰稿，于第七十二期时暂停该栏目。第七十四期增加了“文摘”与“进修”两个栏目。本刊有部分英文内容。

創刊號
儲滙服務
張嘉璈
郵政儲金滙業局發行
1
淪陷區域內之貨幣金融問題

《储汇服务》创刊号封面

本刊为邮电经济刊物，月刊。现保存于上海图书馆、重庆图书馆。

《重庆市生活费指数》(1941年)

1941年4月在重庆创刊，国民政府社会部统计处编辑发行。

本刊主要刊载重庆市工人和公务员对食物、房租、衣着、燃料、杂项等生活所关物项的消费指数，以及每月物价的统计资料，分析并指出其变化趋势。本刊《编制说明》指出：“编制生活费指数之科学方法多以举办家计调查为入手，据以取得生活必需物品之消费数量或数值，以为选定调查物品及其加权之准标。”

本刊内容经多次调整完善，先后增加连环基期指数、生活必需品物价比较表，修正工人与公务员良种生活费指数所取之物品及其权数列表，将工人分为产业工人与职业工人分别统计等。

本刊为经济统计类刊物，月刊。现存最晚一期是 1942 年 6 月出版的第二卷第六期。停刊时间及原因不详。现保存于中国国家图书馆、云南大学图书馆、清华大学图书馆。

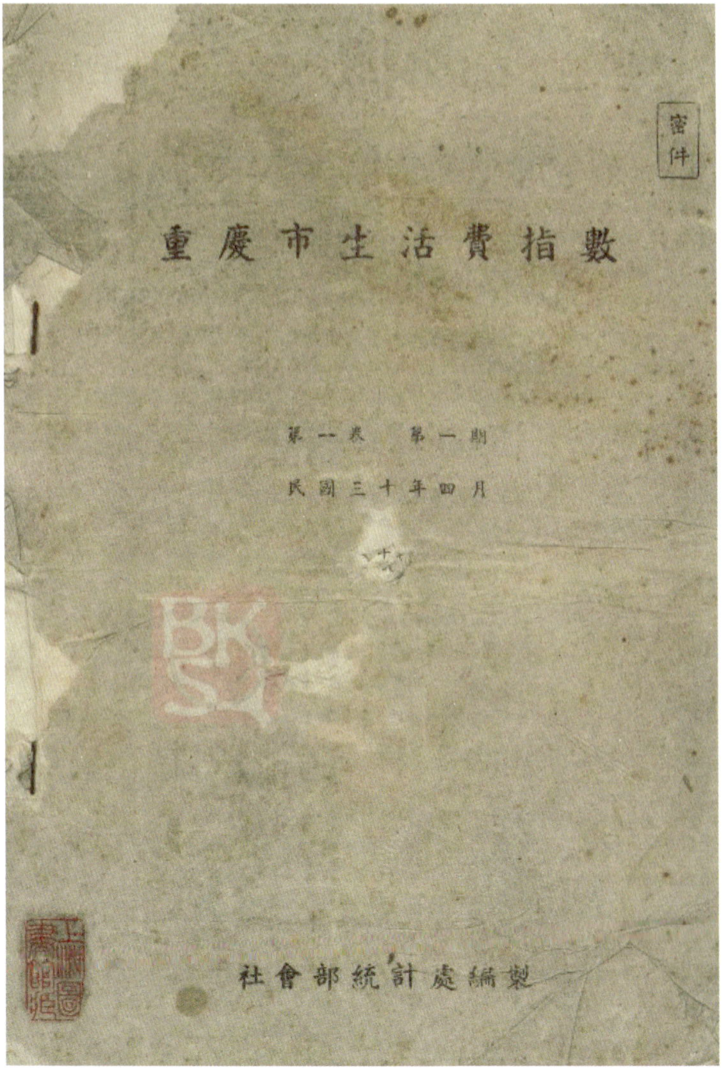

《重庆市生活费指数》第一卷第一期封面

《中农训练周刊》(1941 年)

1941 年 4 月在重庆出版，三青团中央团部中国农民银行本班分团部编印。

本刊内容包括道德修养及教育、班务情况及该班大事记，栏目有特载、文艺、班务、一周大事记、本班通告。

本刊为政治社团刊物，周刊。油印。现保存于重庆图书馆。

《中国博物馆协会会报》(1941 年)

1935 年 9 月在北平创刊，中国博物馆协会编辑出版兼发行（地址在北平陟山门大街 3 号）。马衡题写刊名。1937 年 5 月停刊。1941 年 4 月在重庆复刊（地址在重庆海棠溪百子桥 4 号），卷期另起，仅见 1 期。

本刊以“研究博物馆学术，发展博物馆事业，并谋博物馆之互助”为宗旨，发表研究有关博物馆问题的论文和博物馆的工作报告及计划，报道该会会务及国内外博物馆的情况，并介绍考古发掘、文物考察等方面的新著。本刊设有记载、

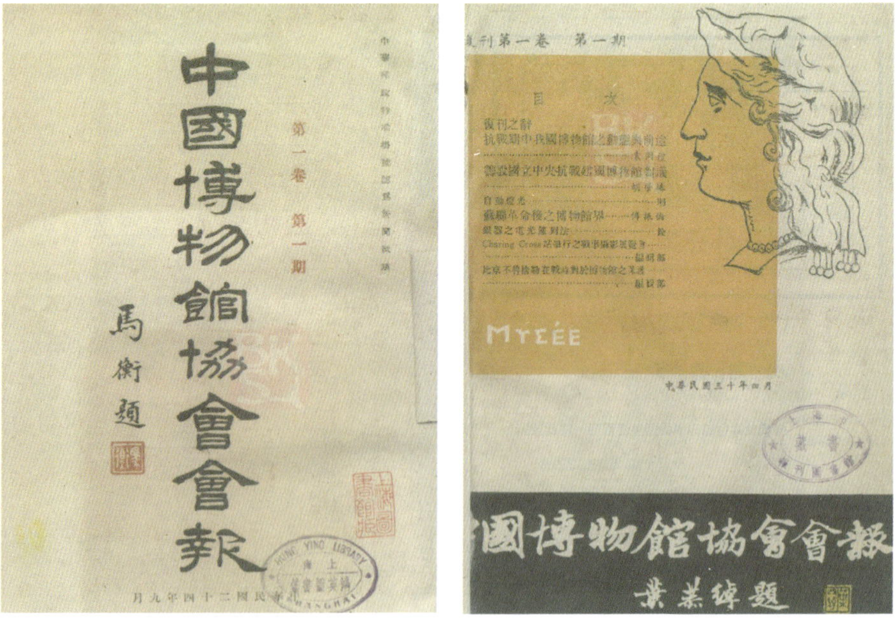

《中国博物馆协会会报》1935 年第一卷第一期、1941 年复刊第一卷第一期封面

报告、会务纪要、博物馆界、新书介绍等栏目。

本刊为博物馆协会刊物，双月刊，每年 7、8 两月停刊。16 开本，铅印。竖版，双栏。创刊初期的封面为纯文字布局，复刊后的封面由图文组成。停刊时间及原因不详。现保存于上海图书馆、浙江图书馆、重庆图书馆、中山大学图书馆。

《政教研究》（1941 年）

1941 年 5 月 1 日创刊，四川省第三行政区专署政教研究社编辑（地址在重庆永川县），社长兼发行人沈鹏，红炉月刊社发行，各大书店有售。

本刊“刊登有关新县制及国民教育的理论与实施的研究，管教养卫四大建设实际工作的探讨；中心学校、国民学校各种实际活动的报道；国民教育教师进修资料（各科讲话），儿童及民众补充教材的介绍，各种教育学说的批判，书报评介，教育文艺，以及一切关于新县制及国民教育的论著”。吴舒国、李秀峰、陈龙章、任伦防、李纪生为本刊撰写发刊词《新研究运动——我们对于新县制及国民教育的意见》。本刊主要撰稿人有沈鹏、张登受、李震川、李纪生、秀峰、陈龙章、李志平等。

本刊为国民教育刊物，月刊。仅见 1 期。现保存于中国国家图书馆、陕西省图书馆、重庆图书馆。

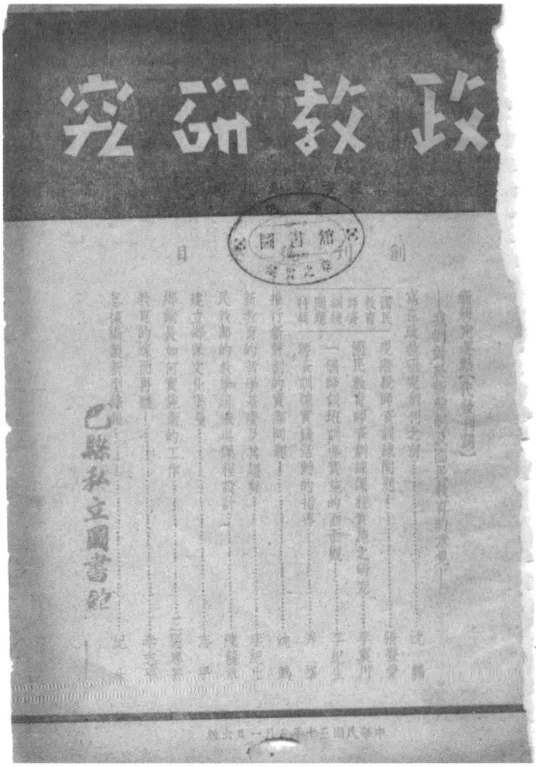

《政教研究》第一卷第一期封面

《国民兵教育季刊》(1941年)

1941年5月10日在重庆创刊，国民政府军事委员会军训部国民兵教育季刊编辑委员会编印（地址在璧山军训部国民兵教育处）。于右任、张治中、商震、周亚卫、刘士毅、阮肇昌、毛福成等曾为本刊题词。

本刊“以研究国民兵教育之理论与实际，期能改进其实施，而使其日臻向上为目的”。其内容包括“关于国民兵教育之各项论著及改进意见，对于国民兵建设学理之研究，各国国民兵军事教育之研究及介绍，有关国民兵教育之史料及调查统计、活动、图片，各地国民兵组训实际状况之报告及通讯，关于有趣之文艺及小品文字”。本刊设有专载、论著、特辑、参考资料、通讯、文艺、法令规章等栏目。主要撰稿人有刘文辉、程泽润、郝更生、刘翰东、黄剑雄、欧阳新、管贻谋等。

本刊为军事教育刊物，季刊。16开本。现保存于中国国家图书馆、四川省图书馆、重庆图书馆。

《重庆青年》(1941年)

1941年5月16日创刊，重庆青年社编辑发行（社址在重庆神仙洞街109号）。

本刊设有论著、科学知识、青年通讯、青年文艺、青年生活等栏目。创刊号《写在前面》一文中说：“我们《重庆青年》是枪尖和笔尖打成一片，要作革命青年的据点。愿所有的热血青年们，都来站在一线。”

本刊为青年刊物，半月刊。16开本。现保存于中国国家图书馆。

《献机专刊》(1941年)

1941年5月30日创刊，合川各界筹献合川号飞机征募委员会编辑。

1940年和1941年合川遭日机四次轰炸，遭受了重大损失。为了“对付敌人”，“以牙还牙”，“赞助政府，充实防空建设”，合川各界发起献机运动，并出版本刊。

本刊记述了献机活动的全过程及有关文件。

本刊为献机运动专刊，特刊。32 开本。现保存于四川大学图书馆。

《工商管理》(1941 年)

1941 年 5 月创刊，重庆大学工商管理学会编辑并发行（地址在重庆沙坪坝），重庆市沙坪坝印刷生产合作社印刷。翁文灏题写刊名。1942 年 11 月停刊。

本刊宗旨是“研讨学术，阐扬科学管理”，“一切辅助、津贴之类，均与本刊绝缘……除办事费用概由同人自捐外……不得已将负担加于读者身上”。其内容是“谈论最新工商业研究，报道国内工商业主状况，介绍管理方法，解答各种疑问，报道该会消息等”。本刊主要撰稿人有周定勋、何兆青、刘纯武等，主要栏目有社论、时论、今日工商、译载、特载等。本刊对研究抗战时期后方学术界对于工商管理问题的思考，以及当时中国工商领域的具体状况等都有一定的参考价值。

本刊为大学学术刊物，月刊。现保存于上海图书馆、重庆图书馆。

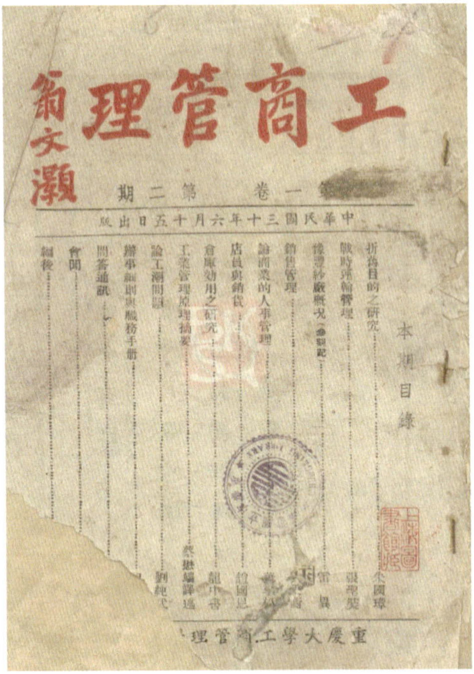

《工商管理》第一卷第二期封面

《新建筑》(1941 年)

1936 年 10 月在广州创刊，停刊于 1937 年 6 月，共出 6 期。1941 年 5 月迁渝，出渝版第一期，中国新建筑社编辑发行（通信处为重庆中二路 11 号转或桂林马房背 8 号楼上），发行人霍云鹤、莫汝速。1941 年 12 月停刊，出版 2 期。1946

年6月又迁至广州出版1期“新胜利版”。

本刊以“发扬建筑学术”为宗旨，内容包括对建筑书籍文献的研究、建筑评论、建筑家介绍、建筑工学常识、建筑设计与市场调查等。本刊主要栏目有国际建筑情报、天才与建筑、建筑知识、住宅及室内、1935—1936世界建筑名作选、高层建筑论、市价调查等。主要撰稿人有赵平原、史永浩、任华源、魏信凌、陈逢光、黄理白、李金培等。载文有《新生活之小型住宅设计》《论山洞厂房与地质之关系》《都市防空建筑之研究：民众防空避难室的计划（附图）》《都市计划与未来理想都市方案（附图）》等。

本刊为建筑类刊物，双月刊。现保存于重庆图书馆、南京图书馆。

新建築

新建築戰時刊

SIN GAINZHE
NEW ARCHITECTURE
DIE NEU BAUKUNST
НОВАЯ АРХИТЕКТУРА
LARCHITECTURAL NEUROUT
NUESTRA ARCIRTECTURE

一九三六年創刊·渝版第一期

A joual of new architecture
Edited and publilished by
THE NEW ARCHITECTURE SOCIETY OF CHINA

復刊之話　本社同人

本期要目

《新建筑》渝版第一期封面

《师友通讯》(1941年)

约1941年5月在重庆出版，北碚师友通讯社编行。1941年12月停刊，共出7期。

本刊主要报道北碚地区各地师友的生活情况及活动情况等。载文有《抗战三年中鲁西师友的救亡工作》《乡村建设纲领》《熊十力先生论学》《渝地师友假地勉中公祭梁贞瑞公》《丰都育才中学业已开学》等。

本刊为通讯社刊物，月刊。停刊时间及原因不详。现保存于中国国家图书馆。

(2)

師友通訊

第六期

民國三十年十月出版

特訊

梁漱溟先生於港創辦光明報

梁先生今春於渝出席參政會後，即應請赴桂林於廣西大學及無錫教育學院講學，題爲「鄉村建設」與「中國文化要義」，五月間由桂赴港，創辦「光明報」，館址設於香港擺花街三七號三樓，由梁先生任社長。該報言論宗旨：「對內以誠懇態度，體察國內需要，祈求團結，鼓勵民治，協助抗建大業之進展；對外以客觀立場，分析國家情勢，擁護民主各國合作，反對法西斯侵略，促成世界和平實現。」觀此宗旨，亦可見出梁先生對於目前大局之希望。該報內容，除爲一般新聞刊載外，並有週刊二種：一爲「鷄鳴」，一爲「中國問題」，中國問題週刊由梁先生受任主編，內容以與讀者共同討論中國問題及積極性建議爲主旨，同時歡迎讀者發表意見，並將由梁先生作答。復於每星期日附印增刊一頁，特約專家編撰，內容分（甲）「青年顧問」—對一般青年在思想上事業上生活上之各種問題供給適當參考意見，（乙）「一時代動向」—對一週間之時事作綜合的評述，指出其發展之趨勢。聞梁先生於港籌備該報開辦時，異常忙碌，該報於本年「九一八」之日出版，梁先生常於夜半起床寫稿直達天明，復以經濟關係，飲食自炊，生活備嘗辛苦。

要目

梁漱溟先生於港創辦光明報
熊十力先生論學
悼亡友李瑞雲先生
熊十力先生關於勉仁書院的談話
師友事業（六則）
師友動態
生活自述（二篇）
抗戰三年中廣西師友的救亡工作
編後話

《师友通讯》第六期封面

《士兵半月刊》(1941 年)

1941 年 6 月 1 日创刊，国民政府军事委员会政治部编行。

本刊刊登了《军人读训图说》《谈闪击战》等文章。

本刊为军事刊物，半月刊。现保存于重庆图书馆。

《时论月刊》(1941年)

1941年6月15日创刊于重庆,时论月刊社出版(地址在重庆民生路147号,后迁至九道门药材公会3楼),刘光炎编辑,沈竣声发行,大东书局重庆印刷分厂印刷。封面印有“世界杂志精华,中外言论总汇”字样。

本刊发刊词指出:“为文化服务,为社会尽报道之责任,就我们力之所可能,搜集海内外重要报章杂志有价值的论评,以问题为经,以时间为纬,提要钩玄,分类编列,按月介绍于读者之前。同时,或精选名著,或笔记座谈,补报章杂志之不足。其目的,务期读者藉此《时论月刊》,即可经常的获得一般舆论趋势的印象”。此外,每期还精选一两篇文艺作品。本刊主要栏目有新政之回声、燃犀录、世说新语、敌情资料等。其中“新政之回声”是重庆各报言论的特辑,分为政治、经济、军事、外交、教育等篇目,反映了当时战时状态下中国各领域的政策和应对措施。“燃犀录”则主要揭露汪伪政权及其主要人物的活动和内部斗争。“世说新语”一栏主要介绍一些奇珍异闻,如介绍无翼的新飞机、苏联拍摄的华语影片等。“敌情资料”一栏则是一些有关日本的政治、经济、文化等领域的研究资料,曾刊出有关日本文化界动态的文章。本刊还特别关注世界范围内的反法西斯战争动向,在分析中国抗战形势的同时,还报道欧洲战事进展状况,介绍各国领导人,对世界范围的战争内幕和作战情况进行分析(如比较苏日综合实力,报道珊瑚海及中途岛之役)等。主要撰稿人有徐世勋、王芒、陶希圣、李麟角、冰心、徐骏等。载文有《德日苏之综合观》

《时论月刊》第二卷第一期封面

《中国之声》《美国人对轰炸日本之观感》《川陕两省的言论》《胜利的号角》等。

本刊为时事刊物，月刊。16开本。1943年出至第二卷第一期停刊，共出13期。现保存于中国国家图书馆、四川大学图书馆、甘孜藏族自治州图书馆、重庆图书馆。

《国立中央大学农学院森林系系讯》（1941 年）

1941 年 6 月 30 日出版，国立中央大学森林系发行（地址在重庆沙坪坝）。

本刊主要“介绍该系概况，讲解学术问题，报道系中琐闻，刊登同学动态等”。

本刊为学校院系刊物，刊期不详。仅见 1 期。现保存于上海图书馆。

《中国诗艺》（1941 年）

1938 年 8 月创刊于长沙，中国诗艺社编辑，仅出 1 期即停刊。1941 年 6 月在渝复刊，期数另起，中国诗艺社发行（社址在重庆上清寺 35 号），明华印刷社印刷，各地各大书店经售。主要编辑有徐仲年、徐迟、袁水拍、常任侠、孙望、林咏泉等。

本刊“主要刊登各种新诗和诗论，以创作诗歌为主，翻译次之”，设有创作、译诗、诗论等栏目。本刊发表的诗作既有浪漫的抒情诗，也有写实的生活诗，还有描写抗战生活的政治诗词，如柳无忌的《试问》、李广田的《给爱星的人们》、程千帆的《一个“皇军”的墓铭》等。本刊刊载的诗词理论研究文章主要探讨诗词的意象、思想、创作方式等，如李长之的《新诗诗话》、臧云远的《诗的“意识”和“形象”》、陈才的《诗歌的语言艺术及其他》等。主要撰稿人除编辑外，还有汗铭竹、上官柳、李白凤、吕亮耕、宗白华等。

本刊为诗歌刊物，月刊。在长沙时出版的是 20 开本的中型月刊，迁渝复刊时因重庆的印费昂贵等，改为 32 开的小型月刊。停刊原因及时间不详。1941 年 10 月出版的第四期是现存最晚一期。现保存于四川省图书馆、重庆图书馆。

《中国诗艺》复刊第一期封面

《金讯》(1941 年)

1941 年 6 月创刊于重庆，金城银行重庆管辖行稽核室编印。封面注有“本刊专供本行同人阅读，非卖品”字样。

本刊设有论著、调查、本行章则、行务简报、人事动态、同仁消息、编辑寄语等栏目，刊登了《金城银行重庆管辖行稽核室办事细则》《各地金融及一般经济概况》等文章。

本刊为银行业刊物，刊期不详。约 1945 年 12 月停刊，共出 165 期。现保存于南开大学图书馆。

《金讯》第七十九期封面

《侨民教育》(1941 年)

1941 年 6 月创刊于重庆，侨民教育季刊社编辑（社址在重庆北碚蔡锷路 34

号，后迁至北碚温泉公园松林别墅 28 号），国立四川印刷造纸职业学校工厂印刷。社长兼发行人李清悚，编辑委员有吴俊升、顾树森、余俊贤、刘树斋、林乾祜、钟道赞、戴应观、吴研因、金采之、薛天漠、翁之达、朱锦江、李清悚，设计委员有吴俊升、周启刚、谢作民、童行白、吴研因等。李清悚撰写发刊词。

本刊“以讨论侨民教育实际问题，研究侨民教育之理论与实施为目的”，“尤注重侨民学校教材与教学方法之讨论，以期供给侨民学校教员之参考，增进其进修机会，提高其研究兴趣”。本刊也刊登改进侨胞教育的制度、课程、教学法、设备和卫生等方面的内容，报道有关法令消息及海外华侨教育社团的概况。本刊设有专论、通论、实际问题、教材与教法、教育史料、教育文艺、统计、训育与教学、史料等栏目。载文有《侨民教育问题蠡测》《南洋华侨教育之史的回顾》《侨民小学公民教育之实施》《侨民地理教育之商讨（附表）》《战时侨民教育》《侨民教育训导问题》等。

本刊为教育类刊物，季刊。16 开本。1942 年 8 月出版的第二卷第四期是现存最晚一期。现保存于中国国家图书馆、重庆图书馆、四川大学图书馆。

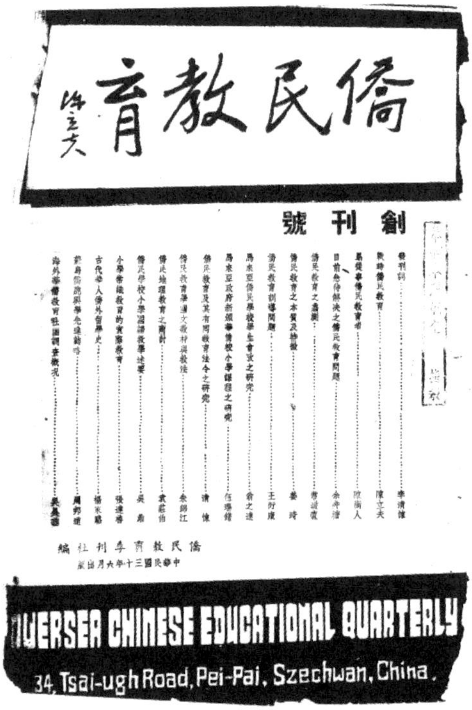

《侨民教育》创刊号封面

《物价问题丛刊》（1941 年）

1941 年 7 月 7 日在重庆出版，中央银行经济研究处编印（地址在重庆川盐银行 5 楼），中国服务社及各大书局代售。

本刊出版缘于“物价问题，已成为中国今日严重之经济问题，政府力筹统制之方，社会盛唱平抑之论，出版《经济汇报》，年来对此问题发表论文多矣。搜集而编印之，曰《物价问题丛刊》，于抗战四年之际出版”。本刊汇编有关物价问题的专著，对抗战时期的物价上涨问题进行探讨，“采取战时物价统制措施，稳定物价，借鉴国外战后物价管理，制定调整我国物价的方案”，还载有非常时期有关平价的法规、当时国内的经济数据表和统计资料等。载文有杨蔚的《论物价统制》、包华国的《重庆市的物价与平政》、朱祖晦的《战后物价之展望及调整》等。

本刊为经济类刊物，半年刊。停刊时间及原因不详。现保存于重庆图书馆。

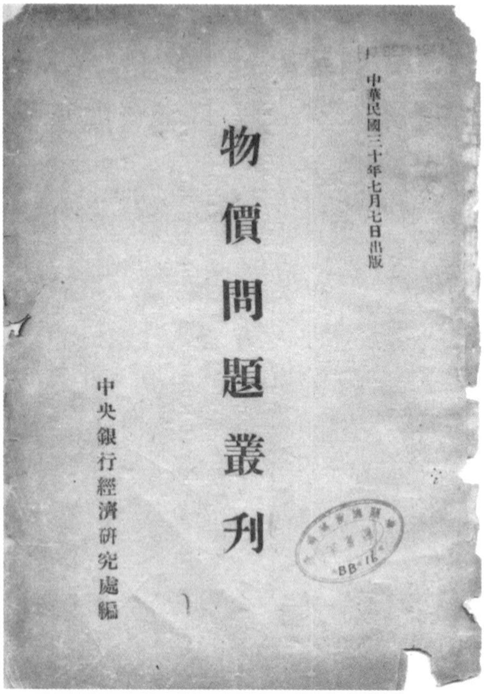

《物价问题丛刊》封面

《工业青年》（1941年）

1941年7月15日创刊于重庆，中央工校出版委员会工业青年季刊编辑部编辑并发行（地址在重庆沙坪坝），各地中国文化服务社及各大书局代售。魏元光撰写发刊词。

本刊旨在“唤起国内的青年对于工业的认识，鼓舞起他们学习工业的兴趣”，“培养工业技术青年，以适应抗战时期建设的需要，并为制定工业政策，改良工业技术，推进工业建设献计献策”。本刊发表的文章以青年学生的稿件占多数，主要“谈论当时的工业教育，介绍最新的工业技术，译述国外工业动态，也刊载独幕剧等形式的文章，为该校学生作品提供发表平台”。本刊设有论坛、专著、研究、译述、调查、书报评介、通讯、国内外消息报道、文艺等栏目。本刊主要撰稿人有毛韶青、胡星伯、谢墨樵、王器之、张子石、李耀先、刘锡晋、王景斯、王良楣、关长卿、孟尔盛、刘天祺、葛祖辉、王蕴卿等。载文有《工业教育之重要性》《工业青年应有的认识》《抗战以来中等技术教育之发展》《战云弥漫中美国重工业的新姿态》等。

本刊为学校刊物，季刊。16开本。约1942年1月出完第二、三期合刊后即停刊。现保存于中国国家图书馆、四川省图书馆、重庆图书馆。

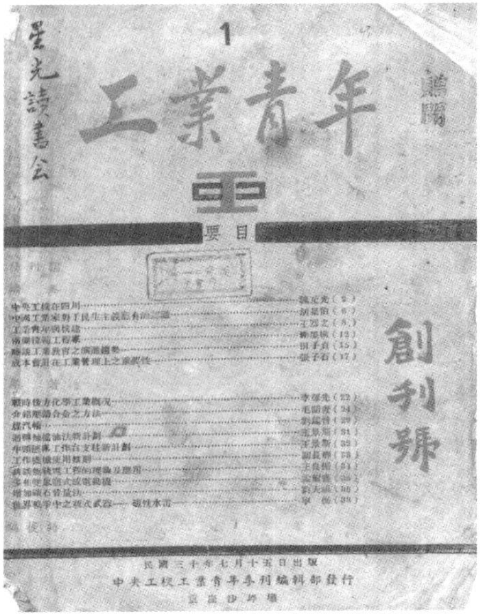

《工业青年》创刊号封面

《资源委员会公报》（1941年）

1941年7月16日创刊于重庆，经济部资源委员会秘书处编行（地址在重庆曾家岩58号），先后由文信书局、福利印刷所、中国文化服务社印刷厂等承印。1945年自第九卷起迁南京出版。约1948年12月终刊。

本刊“为刊布经济部资源委员会或政府颁布与会有关之法令，及其他官方文字之刊物”，“刊载之法令、公文自到达各机关之日起与正式单行文书有同等遵守之效力”。本刊辟有命令、法规、公牍、统计、附录、专载等栏目，主要刊载国民政府、经济部、资源委员会令，发布政府及该委员会法规，公布总务类、工业类、矿业类、电业类、料运类、财务会计类公牍，统计该委员会机关职员薪俸、各省主要市县货物价格等，报道该会要事新闻。载文有《中国经济建设的前瞻》《中央银行外币外汇存款支付办法》《糖类统税稽征规则》《货物税条例》等。

本刊为政务公报类刊物，月刊。16开本。现保存于四川省图书馆、宜宾市图书馆、重庆图书馆。

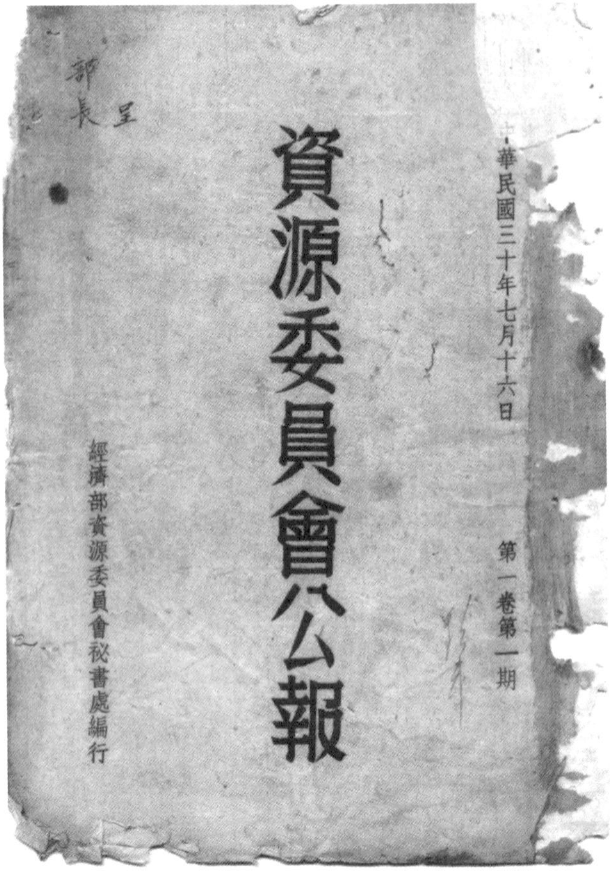

《资源委员会公报》第一卷第一期封面

《中行农讯》(1941 年)

1941 年 7 月 25 日创刊于重庆，中国银行总管理处编行，编辑事务由各分行农贷股主任与总处指派人员共同主持。宋汉章题写刊名。1942 年 8 月出至第十四期终刊。

本刊为“同仁刊物”，“它的价值将视同仁供给材料如何而定”。本刊旨在“沟通消息，集中意志；交换经验，研讨实务”。本刊主要刊登“有关农贷之论著、生产调查、特种农贷办理方法、农村社会风尚、农贷实务讨论、业务消息、同人公余生活等”。载文有《四行农贷现阶段之动向》《本行农贷之时代精神》《农贷与合作贷款的区分》《各方瞩目之今后农业及合作金融问题》等。

本刊为银行经济刊物，月刊。现保存于重庆图书馆。

中行農訊

宋漢章署

第一期

民國卅七年七月廿五日出版

本行農貸之時代精神

霍寶樹

我國數千年來，以農業爲主要生產方式；歷代盛衰，莫不與農業之榮枯有密切關聯。回溯本行辦理農貸，適承二十年水災及「九一八」「一二八」兩大事件之後，當時國計民生，疲乏已達極點，生產萎縮，百業凋零，益以國際貿易失其平衡，白銀源源外運，全國遑遑，不可終日。當時本行有鑑於復興農村爲先務，着眼于斯。蓋農村復興，生產率因以增加，購買力自然向上，社會方可安定，國力從而培養。本行爲國際匯兌銀行，吾人應知國際匯兌基于國際貿易，而國際貿易，實基于國內生產。本行之毅然致力農貸者，即以增加生產爲手段，促進國際貿易爲目的。意義在此。

本行初期農貸，因農村凋敝，種籽，肥料，家畜，農具莫不欠缺，故貸款重在使農民獲得此類生產工具之補充，以恢復生產力量。經數年之努力，貸款區域，遍及華北及東南各省，凡經本行貸款之處，其較爲顯著之收穫有：（一）因低利農貸之推行，農村借貸利率降低，農村金融，漸見蘇活。（二）農民因有補充生產工具之機會，農作生產，漸復舊觀。（三）因以有組織之農民團體爲貸款對象，養成農民合作觀念，合羣心理，從而促進農村細胞組織之健全。此爲本行農貸之初期工作，亦即本行農貸之第一階段。

抗戰軍興，軍糈民食外匯之需取給于農村者尤屬殷切，本行農貸，至此亦由調劑向建設之途邁進，轉移區域至西南西北各省，作普遍深入之推進。貸款種類增多，貸款手續簡捷，一區之內，貸款務求普及全體農民，尤注意于：（一）水利之振興，（二）耕地面積之推廣，（三）農村副業之提倡，（四）各類農作之增產，（五）特種農作物之增加。至今農貸區域已達十七省三百餘縣，遠及戰區邊區，推及藏民番民，所收成果，亦較初期爲優。因區域普遍，種類廣泛，手續簡便等原因，不獨生產增加，農民收益日豐，其結果除社會更爲安定外，並增強農民對政府之信賴，充裕長期抗戰之力量。

檢討以往，本行之辦理農貸，以促進國際貿易爲出發，在每一時期中，均能完成其任務，充分發揮與時俱進之精神。今當抗戰進入第五年，勝利日近，困難更多，本行農貸對國家社會所應負之責任，亦益感繁重，

第一期目錄

— 1 —

南方印書館承印

《中行农讯》第一期封面

《中农经济统计》(1941 年)

1941 年 7 月 31 日创刊于重庆，中国农民银行经济研究处编印。

本刊主要刊载记录全国农产统计、金融统计、物价统计、市场调查及世界经济统计等内容，“所载各项统计，主要部分系根据本处调查所得材料，其余部分则采取国内外书报刊物所发表之数字，加以整理编制而成。至涉及范围，除将调查所得结果（如全国各重要城市零售物价指数等）及本行业务统计随时发表外，并着重农业金融、乡村物价及农业生产等项统计，此外沪港金融行市，亦将按期刊布。每期首载论文，研讨各项专门问题，次为本处调查编制之统计，再次为各种统计表，表前并列有简要说明，说明其意义”。本刊设有论文、物价指数、统计表等栏目。本刊统计信息涉及面广，分类详细，以农产统计为例，其包括小麦、棉花、大豆等作物的种植面积、产量指数等，并细化至各地方城市（如重庆、桂林、兰州、西安、上海等）以便对比各个城市间的物价差距，还将数据绘制成折线图等形式，以便反映价格的涨幅。本刊还载文分析国内经济概况，并刊载国外相关经济研究译著。

本刊为经济类刊物，先为月刊，1945 年第五卷起改为季刊，1946 年第六卷起又改为半年刊，并迁至南京出版。1947 年 12 月终刊。16 开本。现保存于四川省图书馆、重庆图书馆、南京大学图书馆、复旦大学图书馆。

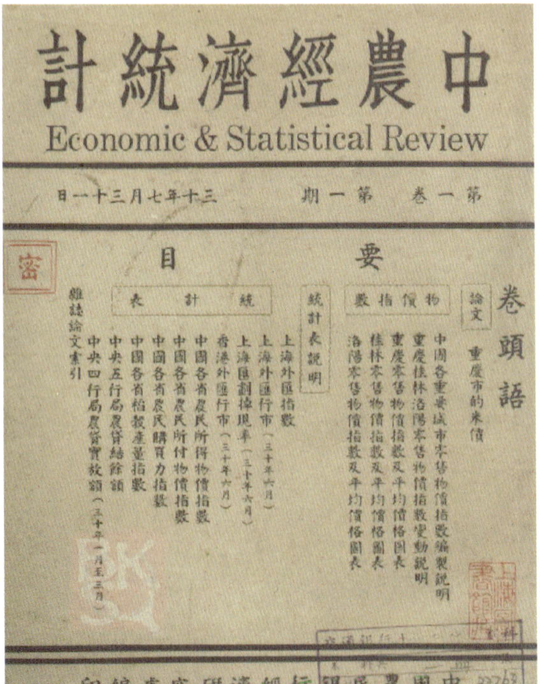

《中农经济统计》第一卷第一期封面

《真理的斗争》(1941年)

1941年夏在重庆创刊，鹿地亘主编，“反战同盟”出版。

本刊印出后送国民党前线作战部队中散发，“向侵华日军指出中日战争的性质，揭露日本军阀发动侵华战争给中日人民带来的灾难，呼吁停止战争”。鹿地亘因此被东京的《都新闻》咒骂为“一亿臣民的叛徒”。1941年8月，国民政府军事委员会发出解散“反战同盟”的命令。“反战同盟”几经争取，重庆本部得以保留。但从此以后，大后方的日人反战运动逐步被瓦解，本刊亦因此停刊。

本刊为对敌宣传刊物，刊期不详。保存地不详。

《慰劳专刊》(1941年)

1941年8月1日在重庆出版，中国妇女慰劳自卫抗战将士总会编辑（地址在重庆曾家岩求精中学内），巴渝印刷所发行。宋美龄为本刊撰写前言。

本刊内容“以报道慰劳总会工作为主，刊登慰劳总会的组织、工作计划、慰劳战士的照片等”，设有特载、论述、工作概况、特写、文艺、文电、附录等栏目。载文有《中国妇女慰劳自卫抗战将士总会三十年度工作计划》《慰劳工作之重要与改进》《英国妇女战时组织概况》等。

本刊为妇女社团刊物，抗战慰劳刊物，刊期不详。16开本。非卖品。仅见1期。现保存于中国国家图书馆、四川大学图书馆。

《慰劳专刊》封面

《荆凡》(1941 年)

1941 年 8 月 8 日创刊于重庆，编辑兼发行人陈民耿（通信处为重庆北碚信箱 1000 号，出卷二时地址改在重庆上清寺街 80 号），大公报馆代售。吴敬恒题写刊名。陈民耿撰写发刊词。

本刊自称“为远东唯一讨论大地政治问题之刊物”，其“讨论大地政治学，所讨论之范围上至天气，下至地质，大之及于山林河海，小之及于蚊蚋鱼鳖，均所包含……讨论国家兴衰之事，明了国际政治之趋势”。本刊内容涉及国家地域、地理形势、自然环境、战争、资源、气候等。本刊辟有论著、移译、杂纂、时评等栏目。主要撰稿人有陈民耿、曾石虞、张其昀、殷祖英、张威廉、沙学浚、李旭旦、丁山、袁寿椿、南浦、李耀先、王文元、张印堂、孙宕越、常燕生、凌乃锐、任美锷等。载文有《政治统一为国家生存之本》《地缘政治命名之起源》《日本南进在地理政治上的检讨》《欧洲在东亚之地位回顾与展望》等。

本刊为政治地理刊物，月刊。创刊时为卷一，32 开本；1941 年 9 月出卷二，改为 32 开长条式。仅出 2 期。现保存于中国国家图书馆、四川大学图书馆、南京大学图书馆、复旦大学图书馆。

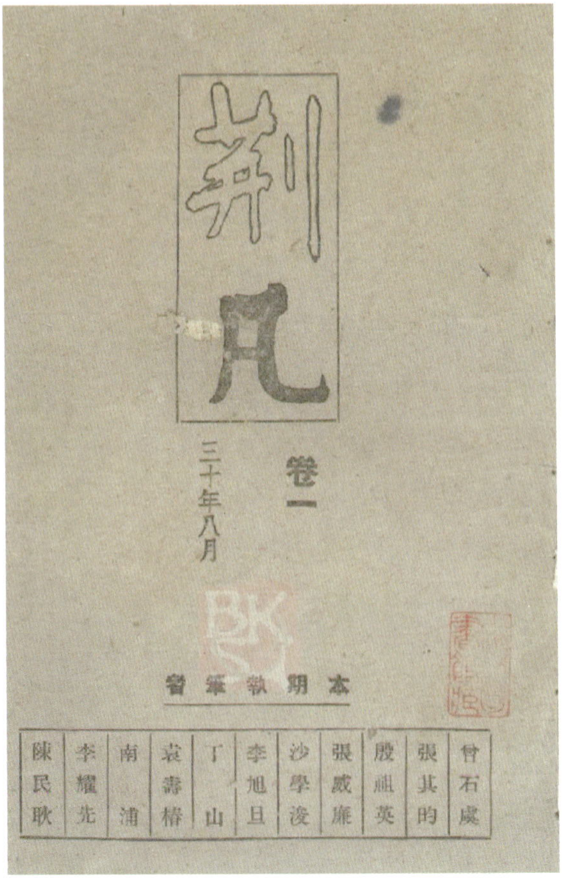

《荆凡》卷一封面

《边政公论》(1941年)

1941年8月10日创刊于巴县，中国边政学会编辑，边政公论社发行（社址在重庆巴县西永乡花房子28号）。1946年7月自第五卷第一期起迁至南京出版。1948年12月终刊。

本刊“以研究边疆政治及其文化，介绍边疆实际情况为目的”，“探讨边政建设的重要性，研究中国边疆建设的方法，发表边疆消息，提供边政资料”，主要介绍边疆政治、经济、交通、教育、民族、宗教、语言和史地情况，也刊载专著及考古调查报告。本刊辟有论著、译述、书评、纪行、边地通讯、边政资料、读者通讯、文艺、专载、考古调查报告等栏目，以论著栏为主体，不时增开各种专栏。主要撰稿人有徐益棠、张西曼、胡翼成、李景汉、王文萱、李安宅、张少微、仲昭、丁骕、闻宥、吴其昌、王一影、蒋君章、刘家驹、张印堂、陶贤、丁实存、凌纯声、陶云逵、梁园东、黄明信、陈正祥等。载文有《地理与我国边政与外交》《边政学发凡》《泛论边疆交通》《中国边疆研究计划与方法之商榷》等。

本刊为边疆建设刊物，原为月刊，自第五卷第一期起改为季刊。16开本。现保存于四川省图书馆、四川大学图书馆、峨眉山市档案馆、重庆图书馆。

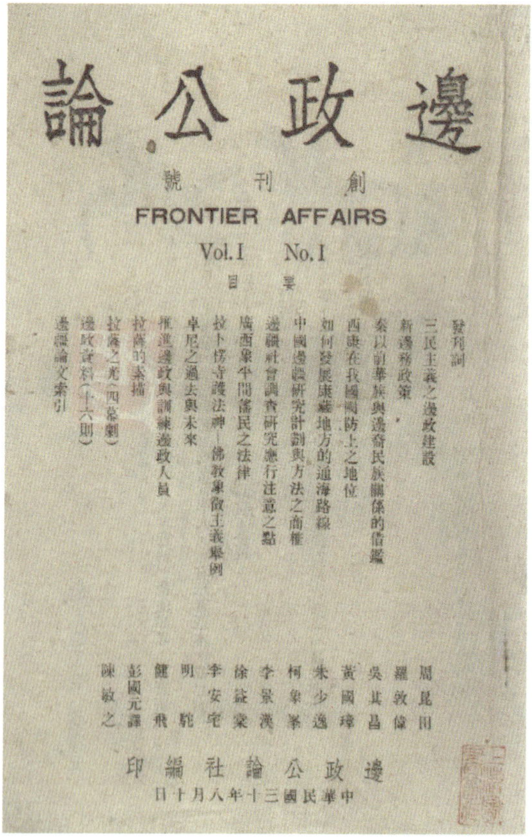
邊政公論
創刊號
FRONTIER AFFAIRS
Vol.I No.I
目要
發刊詞
三民主義之邊政建設
新邊務政策
秦以前華族與邊裔民族關係的借鑑
西康在我國國防上之地位
如何發展康藏地方的通海路線
中國邊疆研究計劃與方法之商榷
邊疆社會調查研究應行注意之點
廣西象平間傜民之法律
拉卜楞寺護法神—佛教象徵主義舉例
卓尼之過去與未來
推進邊政與訓練邊政人員
拉薩的素描
拉薩之光(四幕劇)
邊政資料(十六則)
邊疆論文索引
周昆田
羅敦偉
吳其昌
黃國璋
朱少逸
柯象峯
李景漢
徐益棠
李安宅
明駝
健飛
彭國元譯
陳敘之
邊政公論社編印
中華民國三十年八月十日

《边政公论》创刊号封面

《国民教育指导月刊》(1941 年)

1941 年 8 月 15 日创刊于重庆，教育部国民教育司、重庆市社会局合编，重庆市社会局发行。出 8 期后停刊。1943 年春，“本市教育设局专管，即感教师进修缺乏参考资料”，故于 11 月 15 日复刊，续出第九期，为第二卷第九期，重庆市社会教育局编辑。约 1944 年 12 月出至第三卷第十一期终刊。

本刊旨在“使学校变成社会的中心，教师成为全民的教师”，“所刊载的文章目的在于研究实际问题，供给具体资料”，设有教育讲座、行政计划、教材教具、教导方法、实况介绍、实验报告、调查统计、书报介绍、通讯研究、教师园地等栏目。本刊稿件大多来自各级国民教育工作人员及研究国民教育之学者，每期一个专号，如第一期为“小学教员训练专号”，还出过“国民教育行政专号”“成人教育号”“小学教师待遇专号”“家庭教育联合特辑”等。载文有《国民教育的师资训练问题》《重庆市一年来之小学行政》《国民教育经费之筹集》《学校教育与家庭教育联系之具体办法》等。

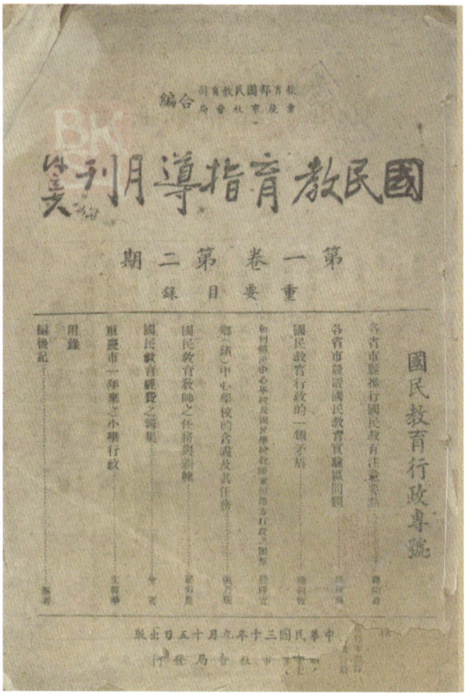

《国民教育指导月刊》第一卷第二期封面

本刊为国民教育刊物，月刊。16 开本。现保存于四川大学图书馆、重庆图书馆。

《科学青年》(1941 年)

1941 年 8 月 20 日创刊于重庆，中国青年科学协进会编辑，青年月刊社发行（社址在重庆中一路 210 号），正中书局经售。于右任题写刊名。任鸿隽为本刊题词。朱元懋撰写发刊词。

本刊“从青年的角度出发，关注抗战时期我国科学事业及科学教育的发展概况，介绍国内外相关学科的具体问题研究”，“介绍科学常识，宣传科学知识，以增进国民对于科学的认识，提高科学技能”。本刊除“科学碎谈”（阐述当代人对于科学的直观理解）、“科学消息”（报道战时全国各地的工程建设情况）栏目外，没有固定的栏目设置。载文有《应用计算尺解答一元二次三次四次方程式》《两物质邻接面上的电场》《化学反应之分类》《建国的青年科学家》等。

本刊为科学类刊物，双月刊。仅见1期。停刊时间及原因不详。现保存于南京大学图书馆、复旦大学图书馆。

《科学青年》创刊号封面

《情参月报》（1941年）

1941年9月1日创刊于重庆，出版者不详。

本刊目的“在藉‘情报第一’之真谛之阐扬，促成国军情报组织之健全及情报技术之进步，俾确实达成抗战胜利、民族复兴之信心与愿望”，“唤起我负抗战之重责大任之忠勇将士对于情报之重视，加强我服务情报参谋业务之诸同志在情报方面之知识与技能”。本刊主要栏目有专载、论著、野战情报研究、敌情研究、杂俎等。载文有《情报之重要与情报人员之修养》《敌据点之攻略方法之研究》《日本的情报组织》等。

本刊为陆军大学刊物，月刊。现保存于上海图书馆。

《战地党政月刊》(1941 年)

1941 年 9 月 1 日创刊于重庆，军事委员会战地党政月刊社编辑室编辑(社址在重庆巴县歇马场珠市堡)，军事委员会战地党政委员会发行，实业印务公司印刷。主编尹述贤。程潜题写刊名。

本刊“宣传抗战,促进军民合作”，“以政略的进攻达成战略的反攻为目的”，发表“研讨战地问题之专门论文，战地工作原则上之指导文字，战地实际情形之报道通讯，战地英勇壮烈之短小新闻”，以及战地党政委员会“关于工作技术及原则理论问题之研究与设计，关于战地党务政治、军事、经济、文教实际问题之研究，关于国际学术和时事之译著，揭发敌奸阴谋与活动之论文，战地通讯，文艺创作”等。本刊设有特载、论著、战地通讯、敌伪资料等栏目。

本刊为战地宣传刊物，月刊。16 开本。现存最晚一期是 1942 年 11 月出版的第二卷第二期(总第十二期)。现保存于中国国家图书馆、重庆图书馆。

《国民体育季刊》(1941 年)

1941 年 9 月 15 日创刊于重庆，教育部体育委员会国民体育季刊社编辑(社址在重庆青木关)，正中书局发行、印刷。

本刊意在成为“供给体育界研究之园地与参考资料，使理论益臻合理健全，方法日趋完美一致，教材逐渐切实丰富，然后体育能发挥最宏大之效果”，“以商榷国民体育推行方法，供给国民体育适用教材，暨提倡体育学术研究为宗旨”。其内容包括“体育学术的论著、译述及研究报告，体育实施方法问题的讨论，体育教材教法的介绍与研究，国内外体育消息的记述，体育工作概况的报告，体育法令的辑要等”。本刊设有特载、研究论著、专题讨论、教材教法、体育史料、体育动态、体育法令等栏目。载文有《体格与人格》《国民体育与民族精神》《恢复民族体育与抗战最后胜利》《中国体操学校简史》等。

本刊为体育刊物，季刊。16 开本。现保存于中国国家图书馆、四川省图书馆、四川大学图书馆、重庆图书馆。

《国民体育季刊》创刊号封面

《县政旬刊》(1941年)

1941年9月在重庆巴县出版，巴县县政府秘书室编辑发行，后改为编译室编辑。沈鹏题写刊名。

本刊是巴县县政府为便利政令传达、加强行政效率而创办，主要刊载巴县县政府的政令、法令、法规等，内容分为专载、政闻、案头备忘录、法令汇录、巴县各乡镇通讯等。

本刊为县政刊物,旬刊。16开本,铅印。1944年11月出版至第一百〇二期。停刊时间及原因不详。现保存于四川省图书馆、南京图书馆。

《妇女月刊》(1941 年)

1941 年 9 月创刊于重庆，陆翰芩、林苑文、陆晶清等编辑，妇女月刊社出版发行（社址在重庆南岸清水溪放牛坪 8 号），南方印书馆印刷，中国文化服务社总经售，全国各大书局分销。1945 年 11 月出至第四卷第六期停刊；1946 年 11 月复刊出第五卷，出版地改为南京。1948 年 11 月出第七卷第五期后停刊。

本刊旨在“引起对妇女问题的重视，提高妇女的觉悟，即开创一片让妇女同志们倾吐和控诉的园地，让封建的罪恶暴露出来，提供理论和常识供妇女同志工作研究与生活参考”。本刊载文多以女性为主题，探讨妇女参政、妇女贞操等相关话题，刊载关于妇女地位问题、夫妇生活论等方面的文字，以及介绍闽北、台湾、广西等地区妇女生活的通讯、炊事常识等，还有一些短小的文艺作品。本刊设有妇女消息、论著、短评、通讯、特写、科学小品、妇女史话、世界妇女、文艺、家庭指导、读者园地、杂俎、文坛消息等栏目。主要撰稿人有宗白华、曹诚英、赖素心、吴越、寒梅、亚萍、寒波、彭道真等。载文有《大学招收女生始自北大：蔡元培先生倡导之功》《罗斯福夫人论动员妇女》《西班牙妇女联盟》《今日的中国妇女运动应从哪里着手？》《娼妓制度与家庭》等。

《妇女月刊》创刊号封面

本刊为妇女文学刊物，月刊。先为 16 开本，复刊后改为大 32 开本。现保存于中国国家图书馆、四川大学图书馆、甘孜藏族自治州图书馆、自贡市档案馆、重庆图书馆。

《世皇论坛》(1941年)

约1941年9月在重庆綦江县创刊，系国民党少校营长张世皇所办。

1941年张世皇在綦江养病时，为把他历年记载的有关国民党腐败现象的日记公布于众，于9月创办《世皇论坛》。当局以"言论荒谬，诋毁党国尊严，影响党团威信"为由，向綦江地方法院起诉。本刊被勒令停刊。

本刊为地方刊物，不定期刊。16开4版，铅印。保存地不详。

《资源委员会季刊》(1941年)

1941年9月创刊于重庆，经济部资源委员会编辑发行。抗战胜利后迁至南京出版。1948年9月停刊。

本刊主要"研究四川、贵州、湖南、西北、云南、江西等地煤、铁、铅、锑、铜等矿产资源分布情况，报告世界各矿业近况，刊有各国经济资源统计，国内经济参考资料索引"等，主要栏目有论著、统计、报告等。本刊曾出版"矿业专号"(2册)、"西北专号"(2册)、"亚澳经济资源专号"(4册)等。主要撰稿人有严庄、彭琪瑞、朱玉仑、王德滋、刘兴亚、程文勋等。载文有《四川之钢铁》《云南之煤矿》《西北畜牧调查报告及设计(附表)》《大渡河计划及川西区水力开发展望(附图表)》《中国之燃料资源及火力发电之展望(附表)》等。

本刊为矿产资源刊物，季刊。现保存于上海图书馆、重庆图书馆。

《重庆市工人生活费指数》(1941年)

1941年9月创刊于重庆，社会部统计处编制。

本刊主要刊登重庆市工人食物类、日用品类、衣着类、杂项类、燃料类、房租类等生活费指数统计表，以及本周物价与上周物价之比较表。

本刊为物价统计刊物，周刊。现保存于重庆图书馆。

《赣声》（1941 年）

1941 年秋创刊于重庆，北碚复旦大学赣学会编行（该学会由复旦大学江西同乡所组织），北碚京华印书馆印刷。

本刊发刊词中指出，出版刊物“以期同人互收切磋砥砺之益”，“以成其观摩督进之效”。创刊号刊有专论、学术性文章、文艺作品、通讯、会务报告等。

本刊为同学会刊物，刊期不详。16 开本。创刊号现保存于四川大学图书馆。

《统计界简讯》（1941 年）

1941 年 10 月 10 日创刊于重庆，国民政府主计处统计局编印并发行。

本刊“主要刊载中央、省、市县级组织的设置，有关法规、条例和业务报告，各类调查统计概况及统计数，统计专著，书刊介绍，有关重要统计和文件等”。本刊设有统计组织、统计业务、统计著作、统计消息、统计人物、专载等栏目。

本刊为统计刊物，月刊。16 开本。停刊时间及原因不详。现存最晚一期是 1943 年 12 月出版的第二十七期。现保存于四川省图书馆、四川大学图书馆、复旦大学图书馆、南京图书馆、重庆图书馆。

《税务月报》（1941 年）

1941 年 10 月 15 日在重庆创刊，财政部税务署编行。张静愚撰写发刊词。1945 年 3 月出至第六卷第二期停刊。

本刊创办主旨是“传布政令，诠释规章，研讨新政实施，改进税务设计”，内容主要包括“论述税务工作意义，税务新条例之分析，税务机关之调整与改革，调查土产、国产货物产量，颁布税务法规及各种国产货物的货物税暂行条例等”。本刊设有论著、命令、法规、条例、附录、译述、调查等栏目。主要撰稿人有张静愚、鲁超、王承翰、邵元济、汤静吾等。载文有《财务行政之司法监督》《矿产税之整理与改进（附表）》《十年来财政之决策与税务之改进（附表）》《战时全国税务机关之调整与改进》《川康国产货物产量调查表》等。

本刊为税务刊物，国民政府财政部税务署机关刊物，月刊。现保存于四川省图书馆、重庆图书馆等。

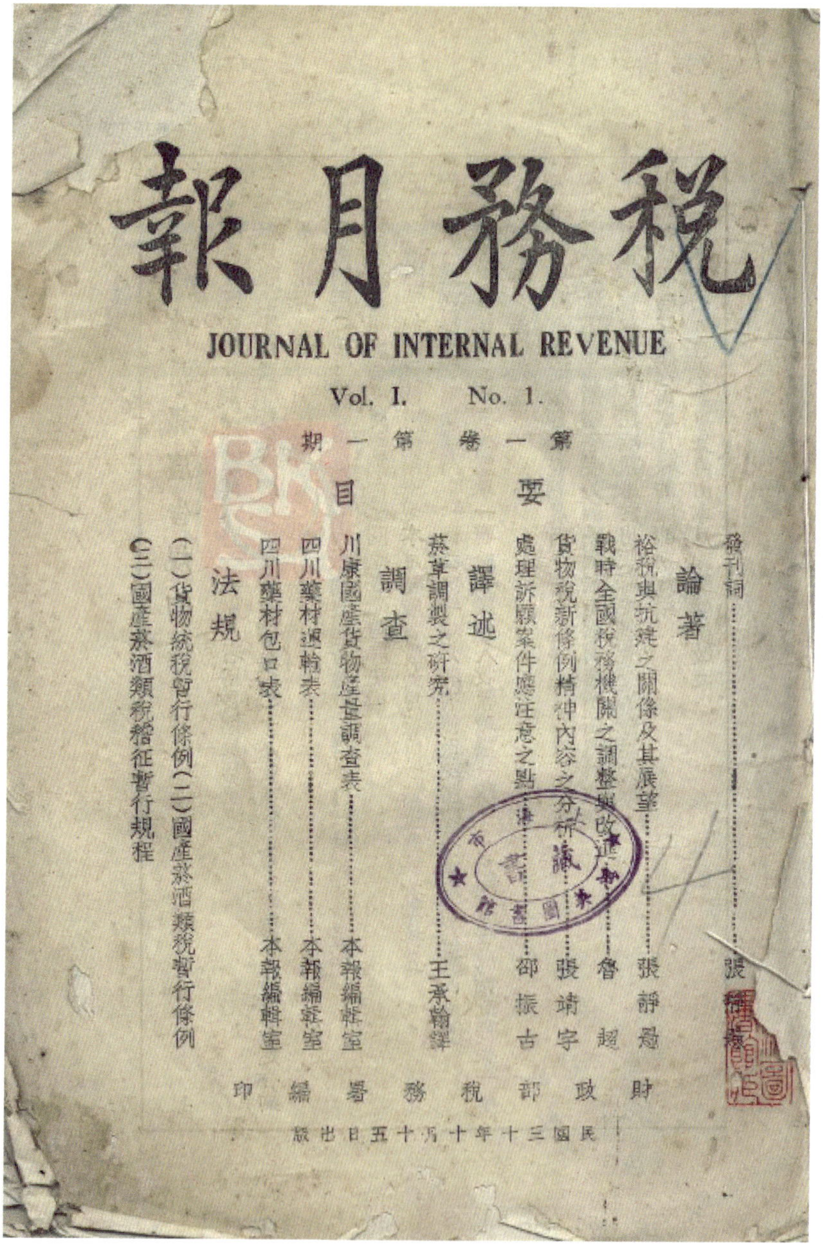
稅務月報

JOURNAL OF INTERNAL REVENUE

Vol. I. No. 1.

第一卷第一期

要目

論著

發刊詞……張

裕稅與抗戰之關係及其展望……張靜愚

戰時全國稅務機關之調整與改進……魯超

貨物稅新條例精神內容之分析……張靖宇

處理訴願案件應注意之點……邵振古

譯述

菸草調製之研究……王承翰譯

調查

川康國產貨物產量調查表……本報編輯室

四川藥材運輸表……本報編輯室

四川藥材包口表……本報編輯室

法規

(一)貨物統稅暫行條例(二)國產菸酒類稅暫行條例

(三)國產菸酒類稅稽征暫行規程

財政部稅務署編印

民國三十年十月十五日出版

《税务月报》第一卷第一期封面

《化学工业标准起草委员会通讯》（1941 年）

1941 年 10 月创刊于重庆，经济部全国度量衡局编印（地址在重庆北碚新村）。

本刊主要刊载化学工业标准起草委员会题名录、会议摘要、工作近况，以及中国化学工业标准目录和各国化学工业标准目录。

本刊为化学工业刊物，刊期不详。现保存于重庆图书馆。

《公路研究》（1941 年）

1941 年 10 月创刊于重庆，公路试验所编印。

本刊研究的对象是人、车、路及其与土地使用、房屋建筑等综合环境之间的相互关系，“以求得运输系统的最优化”，主要刊登公路填土、石块路面泥土剪力等方面的试验资料，以及中国公路史料等方面的内容。载文有陈锦松的《填土新术（附图）》、郃光谟的《中国公路史料编例》、方福森的《低价之石块路面与其大量推广之可能性》、方左英的《泥土剪力试验在桥梁基础之应用（附图）》等。

本刊为公路学术刊物，刊期不详。非卖品。现保存于中国国家图书馆、南京图书馆。

《回教文化》（1941 年）

1941 年 10 月创刊于重庆，中国回教救国协会编辑出版。

本刊旨在“与教内外人士共同研究回教文化，介绍回教学术、文学等，务期教内人士日更坚其信仰，教外人士愈益理解回教教义及其真正精神之所在，以泯灭向来一切因不理解回教而产生之弊害，使我整个民族契合无间，团结日坚，并以实现总理‘联合世界弱小民族共同奋斗’的主张”，设有论著、史料、译述等栏目。

本刊为宗教刊物，名为季刊，实则不定期出版，至 1943 年共出 4 期。现保存于中国国家图书馆、南京图书馆、重庆图书馆。

《林学》(1941年)

1925年10月在南京创刊，初名《森林》，中华林学会刊行，曾停刊。1929年10月复刊，为新第一号。自1941年10月第七号起迁渝出版，中华林学会编辑发行（地址在重庆北碚檀香山桥中国科学社生物研究所内），成都市蓉新印刷工业合作社印刷，各大书局代售。

本刊以“研究林学，建设林政，促进林业”为宗旨，“阐述治水与治山的关系，探讨森林保护问题、造林技术问题，调查森林状况，进行林业建设和林业教育，研究林业资源发展计划、森林保护开发等”，主要刊登有关林业建设的研究文章、调查报告、计划书及重要消息等内容。本刊在扉页刊登《中华林学会职员录》，设有论说、调查、研究、计划、森林消息、译述等栏目。主要撰稿人有姚传法、唐燿、程复新、李寅恭、郑万钧、黄中立、邵维坤、熊文愈、鲁昭祎等。载文有《中国林学研究之展望》《抗建期间中国木材利用问题》《如何改进四川伐木事业》《四川主要药用森林植物之研究》《战时林业问题》《民生主义的森林政策》《改进我国林业教育之商榷》《树木病虫害之一斑》等。

本刊为林业学术刊物，初为双月刊，后改半年刊，1941年后改为不定期刊。1944年4月起，期号改为第三卷第一期（即第十一期），也是现存最晚一期。停刊时间及原因不详。现保存于中国国家图书馆、四川大学图书馆、雅安市档案馆、重庆图书馆。

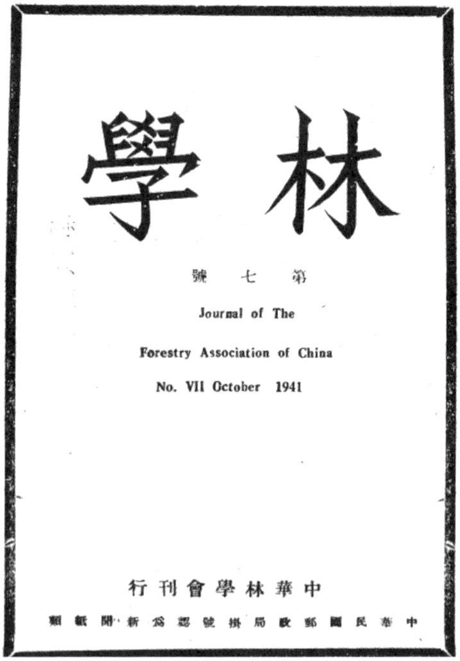

《林学》第七号封面

《国立社会教育学院院刊》(1941 年)

1941 年 11 月 1 日创刊于重庆，国立社会教育学院文书组编行（临时院址在璧山后侗坡）。1941 年 12 月停刊，共出 5 期。抗战胜利后该院迁至苏州，1946 年 12 月复刊，期号另起。

国立社会教育学院以研究社会教育学术、培养社会教育人才为宗旨。本刊创刊目的为“以院刊问世，使海内外关心社会教育者，知吾国当戎马倥偬之际，犹急急于社会教育”，所刊内容均反映学院自身情况，发行对象为该院师生。

本刊为学校刊物，旬刊，复刊后改为月刊。停刊时间及原因不详。现保存于中国国家图书馆、南京图书馆、重庆图书馆。

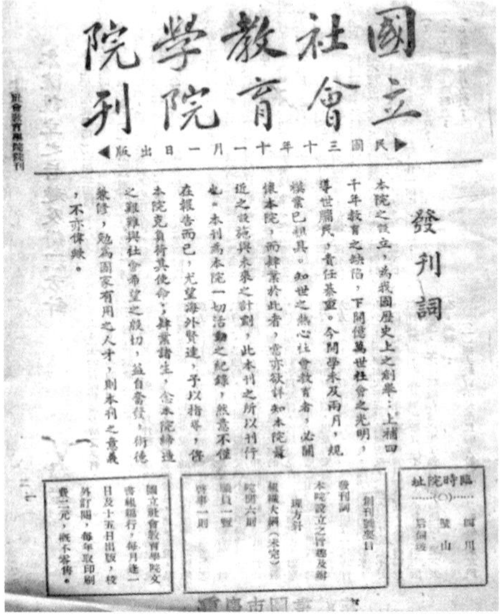

《国立社会教育学院院刊》创刊号封面

《中华司机》(1941 年)

1941 年 11 月 1 日创刊于重庆，杨炳泉主编，中华汽车司机周刊社编行。张嘉璈、赵祖康、林世良等为本刊题词。

本刊“除特约专家撰述并鼓励驾驶同志创作外，主要刊登管理制度、汽车试验记录、驾驶生活、公路交通动态、驾驶学术研究、汽车技术问题等方面的文章，并介绍各种汽车，以使社会各界了解汽车司机的生活”。本刊设有管理制度、试验记录、汽车介绍、驾驶生活等栏目。载文有《汽车驾驶员的本位救国》《司机管理和运输管理》等。

本刊为汽车司机刊物，周刊。仅出 1 期。现保存于中国国家图书馆、重庆图书馆、重庆大学图书馆。

《田赋通讯》(1941年)

1941年11月1日创刊于重庆，财政部整理田赋筹备委员会编印，重庆安庆印书局印刷。

本刊以研究整理田赋为主旨，主要讨论国民政府的土地税收政策，刊登有关“田赋理论、田赋史实之论著，改进意见、整理方案之提供，以及各国土地税制之比较研究”。本刊设有专载、法令、论著、消息、资料、报告、工作述评等栏目。主要撰稿人有金田锡、吴致华、孟宪章、张碧笙、徐自昌等。载文有《对整理田赋应有之认识》《现代中国田赋问题鸟瞰》《财政部整理田赋筹备委员会规程》等。

本刊为经济类刊物，半月刊。共出46期。停刊原因不详。现保存于四川省图书馆、重庆图书馆。

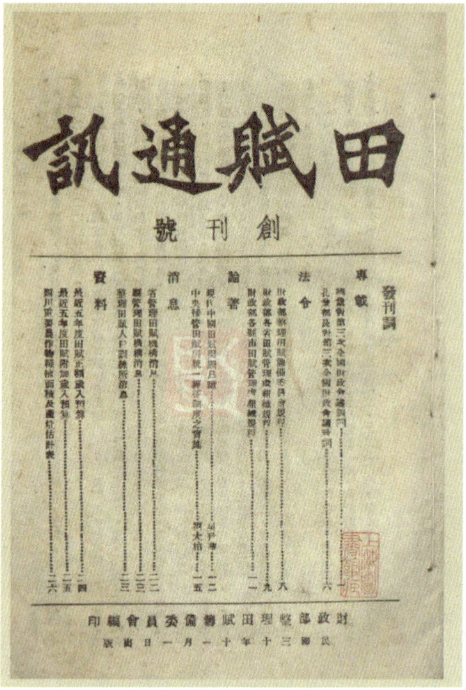

《田赋通讯》创刊号封面

《诗垦地》(1941年)

1941年11月5日创刊于重庆，诗垦地社发行（社址在重庆北碚黄桷树），复旦大学学生邹荻帆、姚奔主编，发行人彭作民，互生书店总经售。

本刊“是一批青年诗人的创作园地”，以宣传抗日的内容为主，主要刊载有关革命、政治、反法西斯的诗歌、散文、译诗和论文等。主要撰稿人有孙演、丁然、徐迟、令狐简青、李嘉、邹缘芷、师穆、杨芸、绿原、陈辉、曾卓、邹荻帆、姚奔、杜谷、史放、方敬、赵蔚青等。作品有《入情入理与实情实理》《论当前诗的三种恶劣的倾向》《诗的道路》《战火燃烧在苏联》等。

本刊为文学刊物，双月刊。16 开本。共出 6 期。现保存于中国国家图书馆、吉林大学图书馆、上海图书馆、四川大学图书馆、重庆图书馆。

《中国劳动》（1941 年）

1941 年 11 月 10 日创刊于重庆，主编朱学范、王觉源，中国劳动协会发行（地址在重庆九道门 7 号），鸿福印书馆印刷，全国各大书店代售。朱学范撰写发刊词。

本刊宗旨在于“讨论劳工问题，研究劳工政策，促进劳工运动，发扬劳工文化”。本刊主要登载与劳工相关的文章，包括劳工政策、劳工问题、劳动讲话、劳工管理等，设有论著、文艺、通讯、资料等栏目，也刊载中国劳动协会的相关资讯。载文有潘公展的《劳工与抗战》、楼桐荪的《劳动生产与抗战建国》、祝世康的《民生主义与劳动保险》、王健民的《抗建国策与中国工人》、罗敦伟的《中国劳动问题的特质》、范才骢的《第二十六届国际劳工大会的前夕》、谭振民的《敌国的战时劳务动员》等。

本刊为劳工刊物，月刊。16 开本。约 1945 年 10 月出至第八卷第六期停刊。现保存于中国国家图书馆、四川大学图书馆、重庆图书馆、武汉大学图书馆。

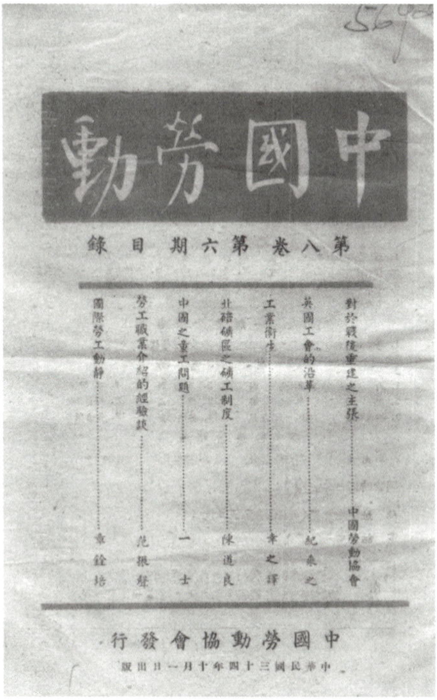

《中国劳动》1945 年第八卷第六期封面

《国立重庆商船专科学校校刊》（1941 年）

1941 年 11 月 11 日创刊于重庆，为纪念该校两周年校庆而出版，国立重庆商船专科学校出版组编辑发行（地址在重庆江北溉澜溪）。宋建勋题写刊名。

本刊宗旨是“造就航务及造船技术人才”，主要介绍造船工业的概况与理论，并刊载职员与校友及学生之论著、演讲稿、校闻、校友动态及文艺作品等。本刊发刊词中说：“学问与道德之成就，校务之进行，师生校友之动态，均将有所记载。是今日之校刊，明日之校史也。”载文有《吾国木船考略》《造船工业之生产设计》《从战时交通谈到改良水运》《记国立商船学校》等。

國立重慶商船專科學校校刊
宋建勳題
中華民國三十一年六月十一日
第七八期
建國序程中如何發展造船工業
本期目次
建國序程中如何發展造船工業
從戰時交通談到改良水運
蘇聯遠東區之鐵礦
商船學校學生的一日
記國立商船學校
閒話北碚夏令營
外論一斑
本校組織大綱（專載）
校聞

《国立重庆商船专科学校校刊》
第七、八期合刊封面

本刊为学校刊物，月刊。16开本。1942年6月出版的第七、八期合刊是现存最晚一期。现保存于中国国家图书馆、四川大学图书馆、复旦大学图书馆、重庆图书馆。

《合作评论》（1941年）

1941年11月15日在重庆创刊，合作评论社编辑出版（通信处为重庆鹅公岩邮局代转）。约1947年迁至南京出版。

本刊主要刊登以合作运动为主题的专题文章，“侧重介绍合作事业的方案与纲领，普及各类合作指导制度，检讨数年来合作事业的得失，研究合作事业中的金融与农业问题，提出发展合作事业的具体措施”，也刊登书评类文章，书评所涉及的书目基本是以合作事业为主题，“在内容上侧重介绍西方各国合作事业的发展历史与经验教训，译介现代经济学和金融学的学术流派与学术概念”，还刊登各地开展合作事业的新闻资讯等。载文有《重庆市工业合作的分析》《泛论我国合作教育》《论合作行政与合作指导》《合作供销与合作金融》等。

本刊为合作事业刊物，月刊。停刊时间及原因不详。现保存于中国国家图书馆、南京图书馆、重庆图书馆。

《智胜月刊》（1941 年）

1941 年 11 月创刊于重庆，陆军第五十五师特别党部政治部智胜月刊社编印（社址在重庆万县高笋塘）。

本刊主旨是“激发抗战情绪，阐述革命理论，叙述作战事迹，介绍国际消息，并对各种实际问题作有系统的研究”，内容有“对国际、国内时事的分析论述，抗战实况报道，对敌我军事、政治、经济等问题的研讨”。本刊设有抗战文艺作品、一月国内外大事记等栏目。

本刊为军事政治刊物，月刊。16 开本，铅印。1942 年 6 月出第七、八期合刊。停刊时间及原因不详。现保存于四川大学图书馆。

《银行界》（1941 年）

1941 年 11 月创刊，重庆市银行业学谊励进会编辑委员会编辑，银行界出版社发行（地址在重庆都邮街新生市场 27 号），进文书店总代售。

本刊刊载有关银行业务、金融经济及行员生活等的内容，设有专论、译著、讲座、文艺、实务讨论、通讯、金融资料、国际金融等栏目。

本刊为经济金融类刊物，月刊。16 开本。约 1943 年 6 月出至第二卷第二期终刊。现保存于中国国家图书馆、四川省图书馆、四川大学图书馆、南京图书馆。

《银行界》第一卷第一期封面

《中国农民银行四川省农村经济调查委员会调查报告》（1941年）

1941年11月创刊于重庆，总编辑潘鸿声，发行人乔启明、杨寿标（通信处在重庆化龙桥，以后各号发行人不变），中农印刷所印刷，中国文化服务社总经售。

该委员会主任委员为乔启明、杨寿标，委员有卜凯、赵兰坪、张闻声、宁向南等人。本刊刊载的调查报告内容涵盖四川省的自然环境、农场经营、粮食成本、租佃制度、农业金融、粮食运销、农村物价等各个方面。“总论”主编为王友竹，“农场经营”和“粮食成本”主编为戈福鼎，“租佃制度”主编为应廉耕，“农业金融”主编为欧阳苹，“粮食运销”主编为潘鸿声，“农村物价”主编为胡国华。

本刊为经济调查刊物，刊期不详。1941年11月第一号至第七号同时出版发行。16开本。现保存于中国国家图书馆、上海图书馆、重庆图书馆。

《儿童月刊》（1941年）

1941年12月10日在重庆出版，儿童月刊社编辑发行（社址在重庆天官府14号）。社长曹孟君。

本刊为儿童刊物，月刊。因印刷困难，1942年曾停刊。1943年1月10日复刊。其他出版信息不详。现保存于重庆图书馆。

《儿童月刊》新一号封面

《世界经济》(1941 年)

1941 年 12 月创刊，外交部情报司编辑出版。

本刊“以介绍各国经济情况，供给研究世界经济问题者之参考资料为目的，所刊内容和统计数字系驻外人员报告及其他资料汇编而成”。

本刊为经济刊物，不定期刊。约 1943 年 2 月停刊，共出 19 期。现保存于中国国家图书馆、南京大学图书馆、南开大学图书馆。

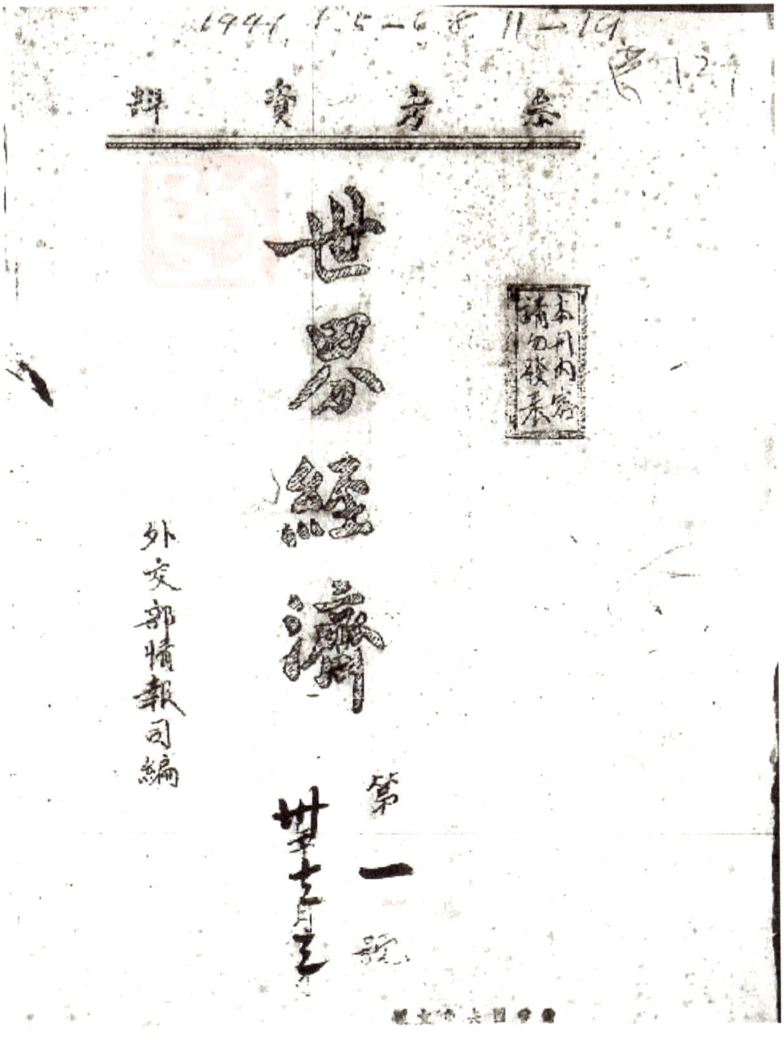

《世界经济》第一号封面

《经济部矿冶研究所钢铁汇报》—《经济部矿冶研究所专刊》(1941年)

1941年12月创刊于重庆，经济部矿冶研究所编行（地址在重庆江北白庙子）。后改名为《经济部矿冶研究所专刊》。

本刊宗旨是“竭力设法促进钢铁事业之发展，以应抗战建设之必须”。本刊第一期（即第一号）为“钢铁汇报”（四川专号），是小型炼铁炉特辑，“将该所各项有关炼铁的报告汇编成册，提供全国矿冶专家参考”。1944年出“炼铅专刊”，1945年出“选矿专刊”和“钢铁专刊”，1946年出“燃料专刊”。

本刊为矿冶专业刊物，不定期刊。1948年出第八期后停刊。现保存于中国国家图书馆、北京大学图书馆、重庆图书馆。

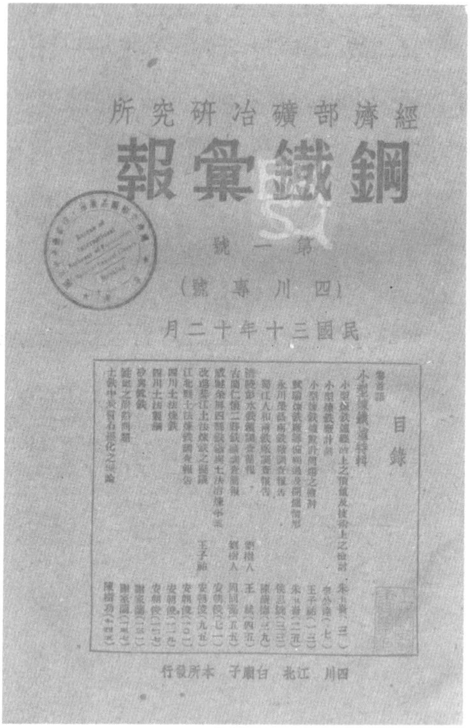

《经济部矿冶研究所钢铁汇报》第一号封面

《农场经营指导通讯》(1941年)

1941年12月在重庆创刊，农林部农场经营改进处编行（地址在重庆上清寺，后迁至巴县），巴渝印刷所印刷。1942年11月出版第十二期。1943年5月出版改版号第一卷第一期。约1945年4月出版第三卷第四期后停刊。

本刊旨在“阐明农场经营理论，传播各项政令，介绍实际资料，交流工作经验”。本刊“报道农场工作中应该注意的事项，反映各地农场工作动态，加强各地联系，刊载参考资料，用知识来促进农场发展”，还开设栏目，“增强农场经营指导刊物与读者间的互动”。主要撰稿人有刘醒群、杨开道、彭驿、陈显钦等。本刊栏目有专载、论著、通讯、工作要闻、碎锦、小言等。载文有《农林部辅导北碚自耕农场办事处创新经过》《改革农制之目标及其实施》《中国农业问题的两大基本问题》《重划耕地与增加农产》《苏联集体农场之生产分配》等。

本刊为农业经营刊物，初为月刊，16开本，油印；1943年起改为双月刊，铅印，卷期另起；自第二卷起又改为月刊。现保存于中国国家图书馆、南京图书馆、复旦大学图书馆、四川大学图书馆、重庆图书馆。

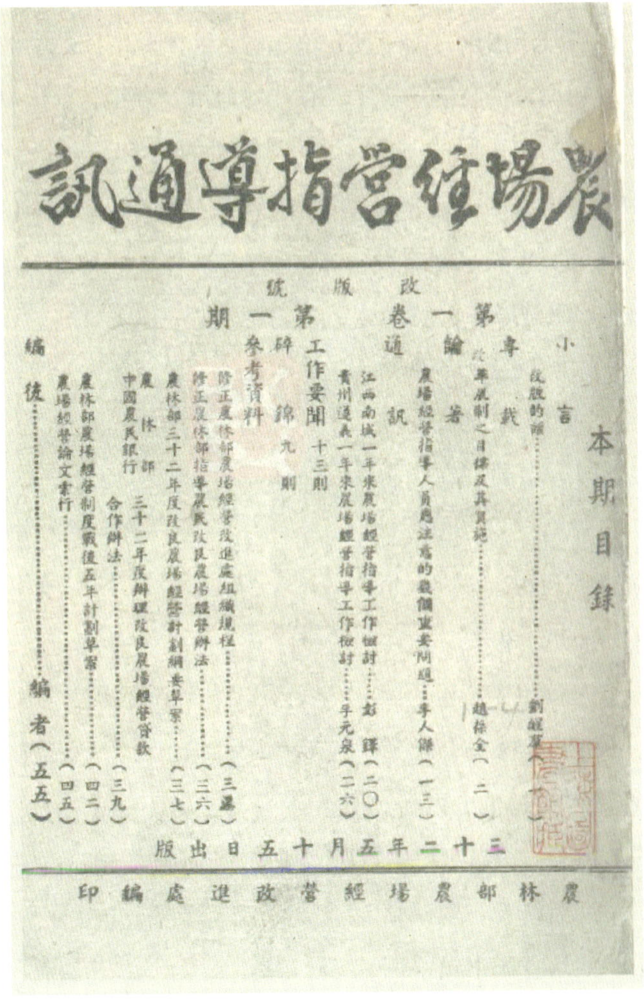
農場經營指導通訊

改版號

第一卷 第一期

本期目錄

小言 改版的話……劉醒羣（一）

專載 改革農制之目標及其實施……趙保全（二）

論著 農場經營指導人員應注意的幾個重要問題……李人傑（一三）

通訊 江西南城一年來農場經營指導工作檢討……彭驛（二〇）

貴州遵義一年來農場經營指導工作檢討……李元泉（二六）

工作要聞 十三則

碎錦 九則

參考資料 修正農林部農場經營改進處組織規程……（三三）

修正農林部指導農民改良農場經營辦法……（三六）

農林部三十二年度改良農場經營計劃綱要草案……（三七）

農林部 中國農民銀行 三十二年度辦理改良農場經營貸款合作辦法……（三九）

農林部農場經營制度戰後五年計劃草案……（四二）

農場經營論文索引……（四五）

編後……編者（五五）

三十二年五月十五日出版

農林部農場經營改進處編印

《农场经营指导通讯》改版号第一卷第一期封面

《中国滑翔》（1941年）

1941年12月在重庆创刊，中国滑翔出版社编辑，中国滑翔总会发行（地址在渝蓉线青木关），安庆印书局印刷，中国文化服务总社总经售（地址在重庆磁器街）。编辑人朱惠之，发行人郝更生。

20世纪30年代末，在成都开办的“滑翔训练班”标志着中国滑翔运动正式开展。1941年中国滑翔总会成立，在成立之初，隶属于航空委员会，但对外属于民众机构，是国民政府对滑翔运动进行管理的主要机构。本刊为中国滑翔总会的会刊，是当时国内仅有的一种介绍、讨论和研究滑翔运动的专门性报刊，旨在“普及滑翔知识，提高滑翔技术，有计划地培养青年学子”。本刊刊文论证国防、空防、滑翔与空军间的关系，说明滑翔机的种类、设计原则、性能估计法及滑翔场地、曳引方法等，介绍当时世界滑翔状况与实际面临的问题等。本刊设有专论、研究、史料、图画等栏目。载文有《论模型滑翔机》《提倡滑翔运动的理由和希望》《现阶段的中国滑翔事业》《航空文化与滑翔运动》《滑翔运动的现在和将来》等。

《中国滑翔》创刊号封面

本刊为航空类刊物，季刊，每3个月出1期，每期约80页，全年共出4册；从1943年第二卷开始改为双月刊，每期约50页，全年共出6册。16开本。每页分两版，有艺术样式的上边线。1944年3月出版第二卷第六期后终刊。现保存于重庆图书馆、四川省图书馆、四川大学图书馆。

《文化动态》(1941 年)

1941 年创刊于重庆。本刊为秘密发行，按期分送有关机关。

1938 年 7 月，国民党成立“中央图书杂志审查委员会”(地址在重庆储奇门羊子坝 18 号，各地也陆续成立了相应的机构)，负责人刘百闵。1941 年元旦，该委员会由原纯粹的党务机构改隶行政系统，直属行政院，与中央各部及省政府同级，国民党中央常委潘公展任主任委员。该委员会设有许多附属机关，主要搜集文化、艺术方面的情报，并于同年编辑出版本刊。该委员会化名“钟圣辉”(“中审会”的谐音)，经常与中统、军统交换文化情报。1945 年 10 月，国民政府废止图书杂志原稿审查办法，该会被撤销，本刊亦停刊。

本刊为文化情报刊物，半月刊。保存地不详。

《土壤特刊》(1941 年)

1935 年在北平创刊，1941 年迁至重庆续出第四期(地址在重庆北碚)，国立北平研究院地质学研究所等编辑出版。

本刊是英文刊物，除封底有中文外，其余全为英文，主要刊登土壤学、土壤生态学、土壤化学等领域具有创新性的研究成果及前沿报道等。

本刊为地质学刊物，不定期刊。停刊时间及原因不详。1944 年出版的第五期是现存最晚一期。现保存于上海图书馆、兰州大学图书馆、重庆图书馆。

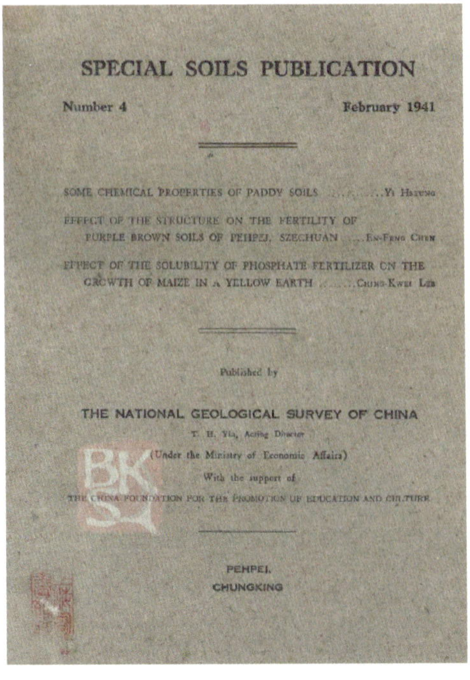

《土壤特刊》第四期封面

《夜星》(1941年)

1941年创刊,仅出1期即停刊。1942年1月15日复刊,续出第二期。发行人温广经,社长王志光,编辑王采,通信处在重庆中兴路韩家巷9号。其他信息不详。重庆市北碚图书馆现保存有第二期。

《工商调查通讯》(1941年)

1941年创刊于重庆,四联总处秘书处编行。

本刊主要“介绍国内重要工商事业概况及动态,并刊登详细统计调查资料”,内容涉及“电力、药业、煤气炉、桐油、耐火材料、机械、运输等各业”。如1941年第4号调查刊发了重庆自来水公司的沿革、组织及人事、设备情形、业务情形、财务情形、总评等。

本刊为工商业刊物,二日刊。油印。现存最晚一期是1944年8月出版的第473号。现保存于中国国家图书馆。

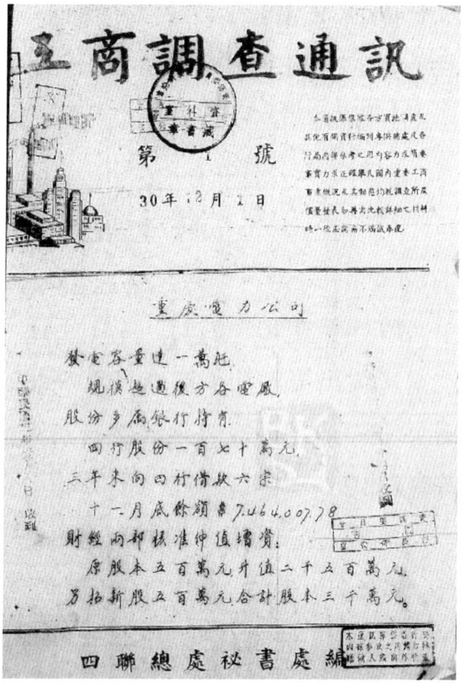

《工商调查通讯》第1号封面

《音乐艺术》(1941年)

1941年创刊于重庆,主编李凌、赵沨,发行人陈云龙,发行者中华音乐教育社(社址在重庆江北观音桥新村49号),后由艺术出版社出版(社址在重庆相国寺江北新村30号)。1944年11月出版第四期。编辑委员有孙慎、舒模、丁力、赵启海、李仁荪、明敏、夏白，特约编辑有石林、甄伯蔚、徐守廉、席零、杜巴、王抒情、赵野雪、庄严等。1946 年迁上海继续出版。

本刊“翻译世界名曲和国外著名作曲家的作品，并刊有歌词、曲谱，介绍国内乐坛新创作的音乐作品、抗战歌曲、民歌及划时代的苏联音乐，登载音乐理论专著和声乐知识”，设有译曲、创作、民歌等栏目，曾出“音乐专号”“歌曲专号”“纪念罗曼·罗兰专号”等。本刊作者有李凌、赵沨、郭沫若、聂耳等。

本刊为音乐类刊物，不定期刊。停刊时间及原因不详。现保存于四川大学图书馆、重庆图书馆。

《音乐艺术》第四期封面

《党工通讯》（1941 年）

1941 年在重庆出版，国民党中央组织部编行。

本刊为党务刊物，刊期不详。油印。1943 年尚在出版，停刊时间不详。现保存于重庆图书馆。

《星光会刊》（1941 年）

1941 年在重庆创刊，星光读书会出版股编辑发行（会址在重庆沙坪坝国立中央工校）。

本刊为校园刊物，刊期不详。油印。其他信息不详。现保存于重庆图书馆。

《重庆市粮物工价指数周报》(1941 年)

1941 年创刊于重庆，行政院经济会议秘书处编。封面注有“机密”字样。

本刊按照粮价、物价、工资分类，刊登粮物工价总指数比较、趸售物价指数分类比较、零售物价指数分类比较、工人生活费指数分类比较、工厂工人工资指数分类比较、劳役工人工资指数分类比较等数据。

本刊为物价工价刊物，刊期不详。保存地不详。

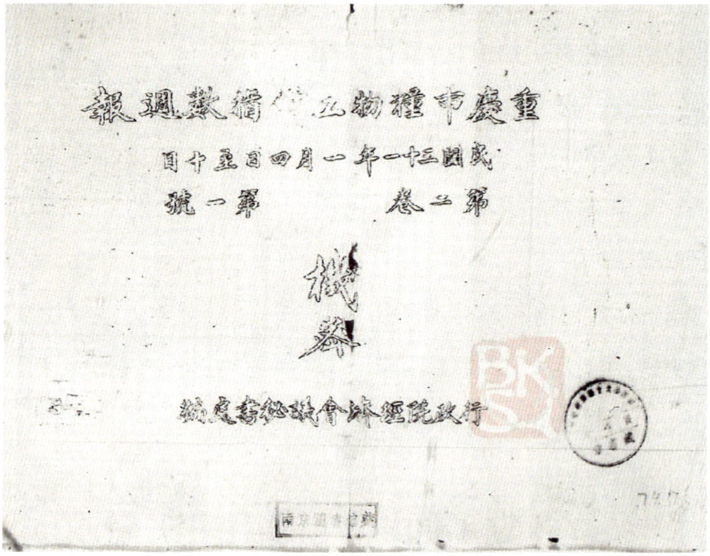

《重庆市粮物工价指数周报》第二卷第一号封面

《电工通讯》(1941 年)

1941 年创刊于重庆，方纪难、杨宝如编辑，资源委员会中央电工器材厂编行。1946 年 3 月自第五十一期起迁至南京出版。约 1948 年停刊，共出 83 期。

本刊为资源委员会中央电工器材厂厂刊，主要刊载该厂工作计划，“指导员工工作，介绍管理方法，报道厂务、人事动态，反映工余生活等”。主要撰稿人有汤明奇、恽震、吴佩三、唐振勋等，设有专载、规章、厂闻汇志、文艺等栏目。载文有《中央电工器材厂消费供应社章程》《职员请假逾期扣发薪津办法》《战后中国之电工》等。

本刊为企业经济刊物，月刊。现保存于重庆图书馆。

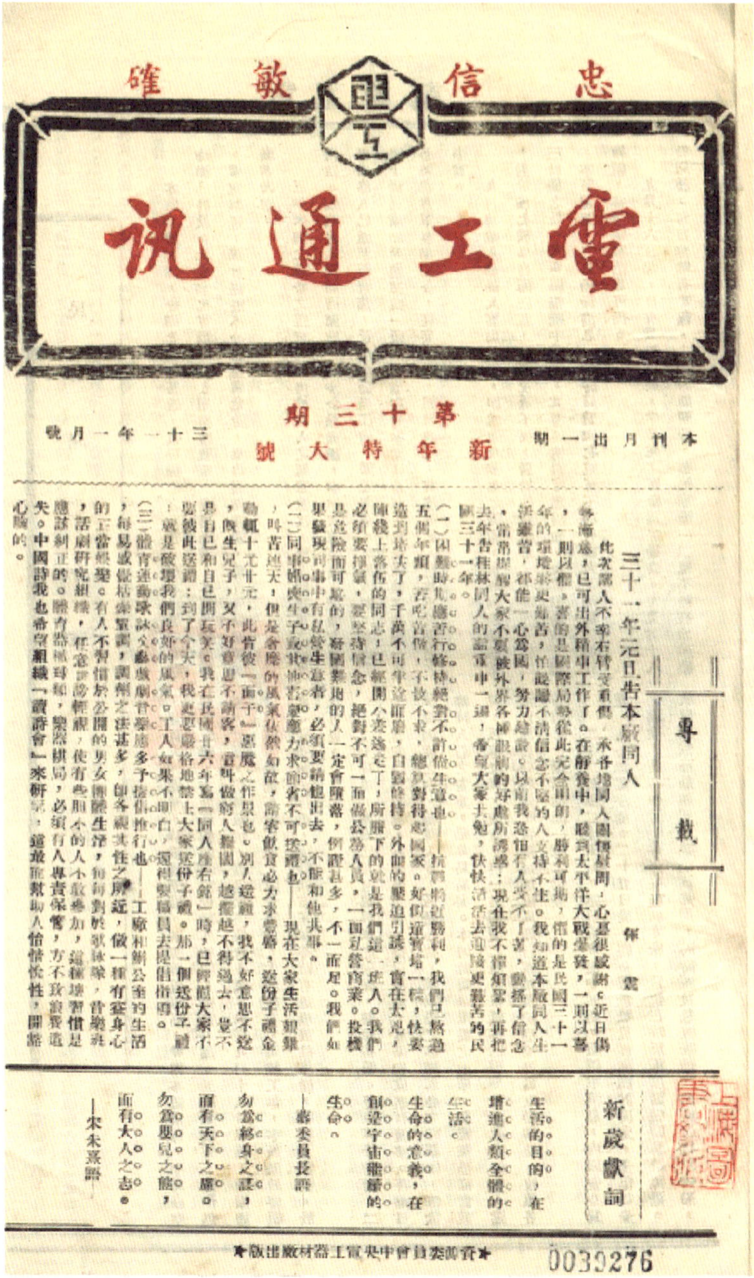

忠 信 敏 確

電工通訊

本刊月出一期

第十三期

新年特大號

三十一年一月號

專載

三十一年元旦告本廠同人

惲震

新歲獻詞

生活的目的，在增進人類全體的生活。生命的意義，在創造宇宙繼起的生命。

——蔣委員長語

勿爲一身之謀，而有天下之慮。勿爲嬰兒之態，而有大人之志。

——宋朱熹語

★資源委員會中央電工器材廠出版★

0039276

《电工通讯》第十三期封面

《史地杂志》(1941年)

1937年5月在杭州创刊，国立浙江大学史地学系编辑并发行，不久即停刊。1941年在重庆复刊，卷期另起。后迁至贵州出版。约1942年3月出版第二卷第二期后终刊。

本刊为史地学派出版的学术刊物，“重视史学发展的动向，同时注重史学界的交往和沟通”，所刊文章涉及中国史、西洋史、考古、历史教学、中国地理、世界地理、地质学、气象学等多个方面。顾颉刚、孟森、张其昀等知名学者都在本刊发表过文章。载文有《山海经图与外国图》《中国之植物区域》《湄潭地形》《播州杨保考》《贵州矿产述要》《中国历史上之国防区域》《太平洋战争之地理基础》等。

本刊为历史学、地理学学术刊物，双月刊。16开本，铅印。竖版，双栏。封面由刊名、出版时间、出版卷期、出版单位组成。现保存于中国国家图书馆、中国科学院图书馆、北京大学图书馆、清华大学图书馆、中国社会科学院历史研究所资料室、南开大学图书馆、山东省图书馆、陕西省图书馆、上海图书馆、上海科技图书馆、复旦大学图书馆、南京图书馆、浙江图书馆、江西省图书馆、湖北省图书馆、武汉大学图书馆、四川省图书馆、四川大学图书馆、重庆图书馆、福建省图书馆、中山大学图书馆。

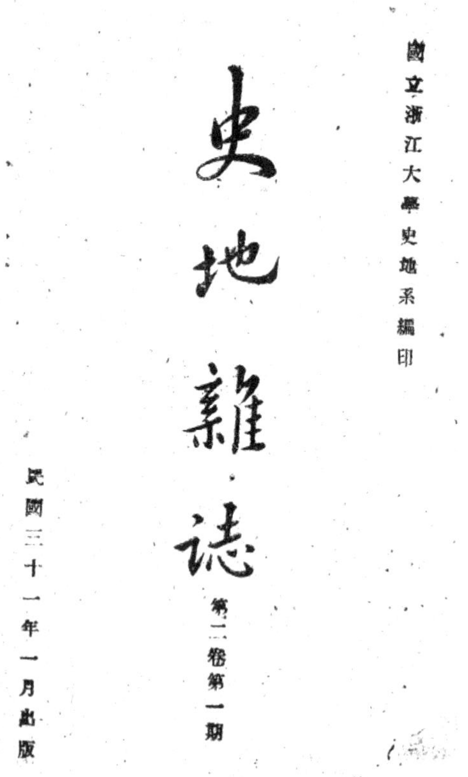

《史地杂志》第二卷第一期封面

《国际知识丛刊》（1941 年）

1941 年创刊于重庆，英国驻华大使馆新闻处编行。

本刊主要介绍英国的外交政策、时事政治和军备等情况，以及第二次世界大战的战况，刊登了《同盟国在海上胜利之重要性》《缅甸之重要》《英国将继续作战直至日寇崩溃》《喷火式飞机的历史》等文章。

本刊为综合类刊物，不定期刊。其他信息不详。现保存于重庆图书馆。

《经济部中央工业试验所研究专报》（1941 年）

1941 年创刊于重庆，经济部中央工业试验所研究专报编辑部编辑并发行。

本刊刊载的内容有“造纸、制革、手工制造锅炉工艺，电阻标准精确测量法，国产植物油制磺酸化油的试验报告，成都木材业的调查等”。主要撰稿人有杜春晏、黎煜明、张力田、李尔康、范从振、陈学俊、王恺、林梦彰、施汝砺、戈福祥、王善政、张永惠、洪盈等。载文有《中国造纸原料之研究》《干电池暂行标准及试验方法》《四川糖业之改进方法》《国产植物油制磺酸化油报告》等。

本刊为工业科技刊物，不定期刊。停刊时间及原因不详。现保存于上海图书馆、重庆图书馆。

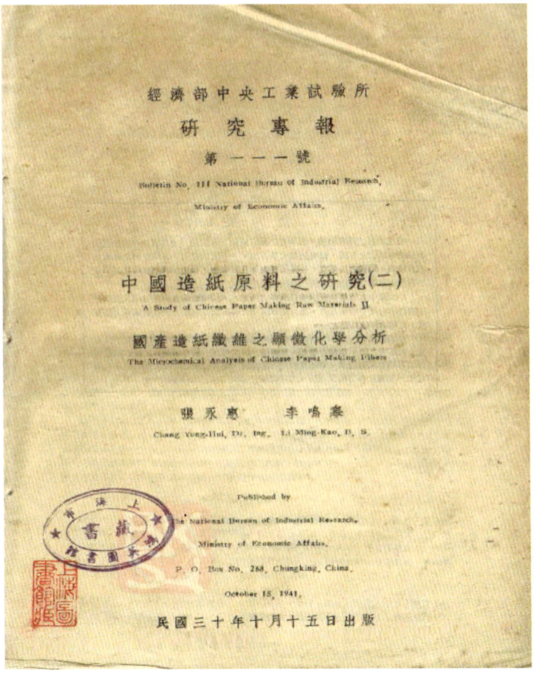

經濟部中央工業試驗所
研究專報
第一一一號
Bulletin No. 111 National Bureau of Industrial Research,
Ministry of Economic Affairs,

中國造紙原料之研究(二)
A Study of Chinese Paper Making Raw Materials II
國產造紙纖維之顯微化學分析
The Microchemical Analysis of Chinese Paper Making Fibers

張永惠　李鳴皋
Chang Yung-Hui, Dr. Ing.　Li Ming-Kao, B. S.

Published by
The National Bureau of Industrial Research,
Ministry of Economic Affairs,
P. O. Box No. 268, Chungking, China.
October 15, 1941.
民國三十年十月十五日出版

《经济部中央工业试验所研究专报》
第一一一号封面

1942 年期刊

《督导通讯》（1942 年）

1942 年 1 月 1 日创刊于重庆，粮食部督导室编辑发行。同年 7 月停刊，共出 7 期。

本刊刊载的内容有产销供应、仓储运输、生产调查、敌国粮情、各地粮价动态、征购实况、各地粮政人员工作经验、各地粮政拾零、粮政法规、附录等，主要撰稿人有郑延卓、徐堪、邹明初、郭良夫、赵伯峰、廖砥行等。

本刊为粮政刊物，月刊。现保存于四川省图书馆、重庆图书馆。

《金融知识》（1942 年）

1942 年 1 月 1 日创刊于重庆，邮政储金汇业局编辑发行（地址在重庆上清寺）。主编刘攻芸、杨荫溥、徐继庄。特约撰述刁培然、王澹如、何维凝、吴承禧、唐庆增、赵晚屏、潘世杰、于启民、王宗培、朱通九、沈光沛、金捷琼、祝世康、夏高波、张一凡、邹宗伊、寿勉成等。张嘉璈题写刊名。约 1945 年 7 月出至第四卷第二期停刊。

本刊内容“以研究及介绍货币、银行、金融、财政、经济学术之理论与实际为范围”，“包括著述或译作、新书介绍、学说介绍与批判，以及国内外金融之调查、银行经营或财务行政经验之报道等”。本刊辟有金融特辑、金融专著、金融外情、金融实况、金融实务、金融学说、金融统计、金融常识、金融动态、金融书评、金融资料、金融文纲、战后金融问题等栏目，其中“金融特辑”每期有不同的主题，专载不同种类的研究文章，如物资特辑、银行问题特辑、经济特辑、利用外资问题特辑等。除正文外，本刊还刊有不少邮政储金汇业局、中国农民银行、中国茶叶公司等金融经济机构的商业广告。载文有《我国战时之金融机构》《我国战时金融政策之回顾与前瞻》《重庆市之钱庄业》《论重庆市银钱业及银行管理》等。

本刊为经济金融刊物，双月刊。16 开本。现保存于四川省图书馆、自贡市档案馆、峨眉山市档案馆、四川大学图书馆、重庆图书馆。

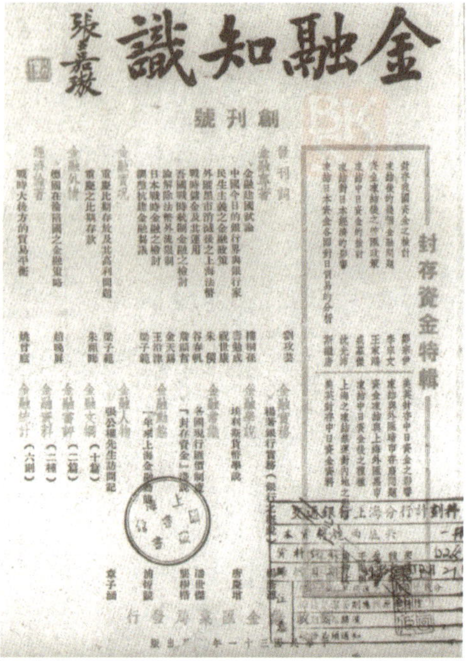

《金融知识》创刊号封面

《V 字月刊》—《胜利月刊》（1942 年）

1942 年 1 月 1 日创刊于重庆，V 字月刊社编辑发行（社址在重庆化龙桥龙隐路 39 号），国民公报印刷厂印刷，新生图书公司总经售（地址在重庆民族路）。1942 年 2 月改名为《胜利月刊》，续出第二期（地址在重庆化龙桥龙隐路 32 号）。发行人丁懋德。编辑委员有张峪嵫、赵培芝、周本渊、庾家骅。

本刊以“反对侵略战争，呼吁世界和平”为主旨，号召“全世界结成伟大的洪流——V字运动”，“把闪横的轴心强盗——德、意、日——击倒而恢复世界的真正自由和平”。本刊刊文分析太平洋战争中各方军事力量和战势，战争对各国政治、经济造成的种种影响，以及中国各抗日战场的情况，并载有少量文艺作品和新书介绍。本刊不设栏目。主要撰稿人有李昂、赵中昂、谢爽秋、谢仁钊、赵培芝、刘光炎、徐盈、王云槐、王树艺、沈蝶影等。载文有

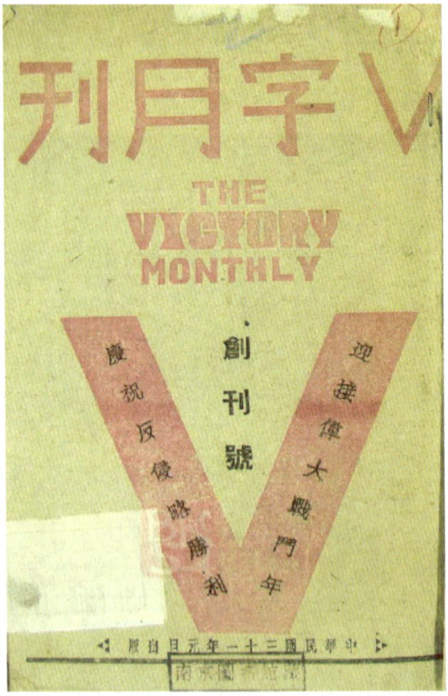

《V 字月刊》创刊号封面

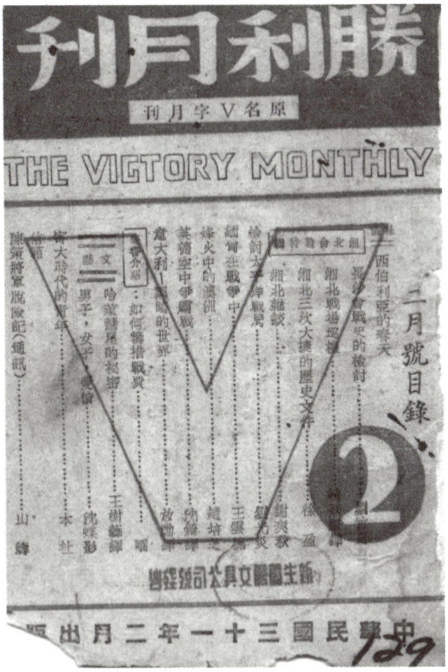

《胜利月刊》二月号封面

《V：胜利自由的信号》《太平洋大战》《美国如何解决日本》《论太平洋战争的前途》等。

本刊为时论性刊物，月刊。16 开本，铅印。停刊时间及原因不详。前者现保存于四川大学图书馆，后者现保存于南京图书馆、重庆图书馆、四川省图书馆。

《中信通讯》(1942 年)

1942 年 1 月 1 日创刊于重庆，中央信托局编行。约同年 6 月停刊。

本刊设有专载、论著、演讲、业务概况、业务介绍、信托实务、业务调查等栏目，内容主要是“介绍信托投资业务，有中央信托局工作总结和如何提高业务工作效率的讨论以及公司预算报告、经济问题讲座、各地金融工作概况等内容，也发表译述文章，介绍发达国家保险业特点”。本刊主要撰稿人有陈钟声、陈郁、李晓、费起鹤、罗北辰、项声吾、许性初、张椿、潘文治、刘德长、蔡正性等。

本刊为信托业务刊物，月刊。共出 6 期。现保存于重庆图书馆。

《学术季刊：文哲号》（1942 年）

1942 年 1 月 1 日创刊，中国学术研究会编辑发行（地址在重庆牛角沱 27 号）。1943 年 9 月停刊。

本刊主要撰稿人有程衡、梁宗岱、沙学浚、胡世华、林国光、洪谦等。本刊主要刊登哲学、历史、地理、经济、文学方面的学术论著，如张骏祥的《喜剧的导演》、顾颉刚的《中国古代史述》、冯至的《浮士德里的魔》等，也刊有《现代哲学的新趋势》《论传记》《文化思想之冲突与调和》等文章。

本刊为文哲学术刊物，季刊。现保存于上海图书馆、重庆图书馆。

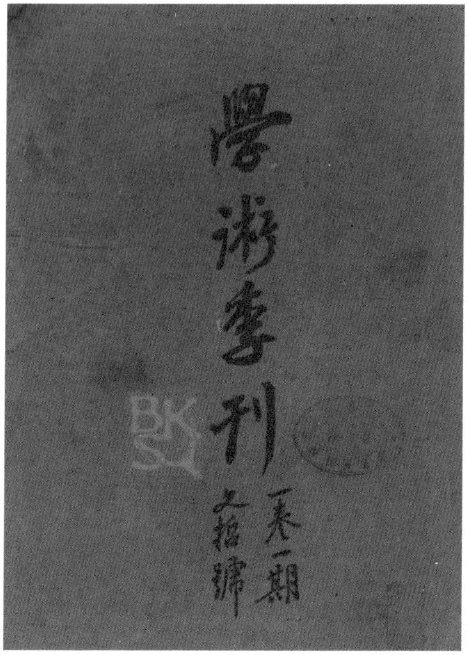

《学术季刊：文哲号》第一卷第一期封面

《教育与社会》（1942 年）

1942 年 1 月 1 日创刊，国立社会教育学院研究部编辑出版组编辑（地址在璧山后伺坡）。创刊号是"本院成立纪念特刊"。1942 年 12 月 15 日出第一卷第二、三、四期合刊，此卷即出完。1944 年 5 月出第二卷第一、二、三、四期合刊，为"社会事业专号"。1944 年 12 月出第三卷第一、二期合刊，为"图书博物馆专号"，此卷即出完。1946 年 5 月出第五卷第一、二期合刊。自第五卷第三期起随校迁苏州出版，约出至 1948 年 12 月第七卷第四期停刊。已知共出版 22 期。吴敬恒题写刊名。

本刊"以研究社教之理论与实施为主"，指出"学校教育之外更应该重视以整个人生为施教时间，整个社会为学校，全民为对象，生活和一切事象为内容之社会教育”。本刊主要内容为研究社会教育理论方面的专著、一般教育学术论著、社会教育实况、国内外社会教育动态及书报评价、实验报告、参考资料（包含消息法规）等。主要撰稿人有顾颉刚、陈礼江、江长炳、瞿菊农、徐家麟、熊毓文、徐朗秋、董渭川、许公鉴、金翰海、王文新等。载文有《民间流行的两种社会教育及其改良：说书与连环图画》《民众教育馆的历史背景及其现代使命》《三十年来中国之社会教育概况》《战后中国社会教育建设之路向与要领》《英美教育广播的检讨》《英国的成人教育》等。

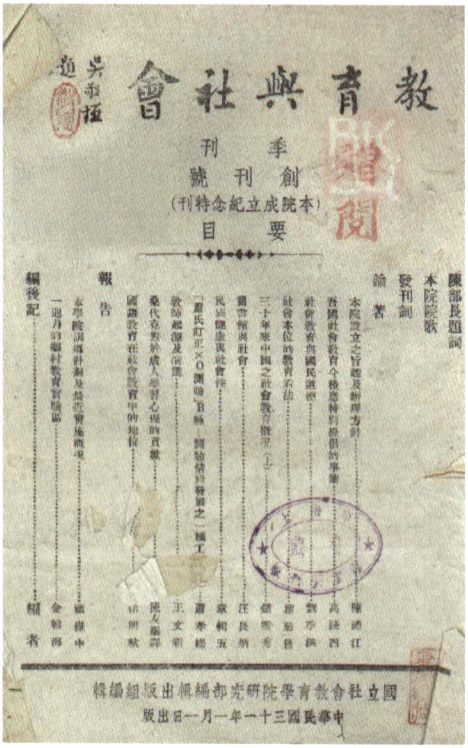

《教育与社会》创刊号封面

本刊为社会教育刊物，季刊。16 开本。现保存于中国国家图书馆、四川省图书馆、四川大学图书馆、重庆图书馆。

《世界学生》—《世界文艺季刊》（1942 年）

1942 年 1 月 25 日创刊于重庆，世界学生月刊社编辑出版（社址在重庆中三路 189 号），文信书局总经销（地址在重庆保安路 170 号）。杭立武撰写发刊词。社长杭立武，主编杨振声、李广田。从第十期开始，增辟“文艺”栏目，还出过一期“文艺专号”。自 1944 年第三卷起改为纯文艺性的月刊，出 3 期后停刊。1945 年 8 月复刊，更名为《世界文艺季刊》，每期约 10 万字。1946 年迁南京，出版 4 期后于 1946 年 11 月终刊。

本刊内容包括“本国及世界学生劳动服务之资料，本国及世界青年学生战时生活动态之报道和描述，国防科学技术之基本知识”，还有青年读物及读书方法，文艺创作（小品、戏剧、诗歌）等”。本刊栏目有学生服务之意见、论著、艺文、学校生活、游记、特载、书评等。载文有《重庆沙磁区学生服务社之概况》《培养读书的习惯》《大时代中青年应努力之新动向》《战时的剑桥大学》《我对于五四运动的感想》《五四精神与中国外交》《小说与社会》等。

本刊原为针对学生群体的综合性刊物，月刊；后改为文学类刊物，季刊。先为 16 开本，复刊后改为 32 开本。现保存于中国国家图书馆、四川省图书馆、四川大学图书馆、重庆图书馆、南京图书馆。

《宝元通简讯》(1942 年)

约 1940 年秋冬在泸县出版。自 1942 年 1 月 25 日第二十九期起迁至重庆陕西街 218 号出版，发行人黄潦尘，重庆翰文印书馆印刷。本刊于 1945 年 2 月 1 日才领得内政部警字第 9807 号登记证。

本刊辟有通论、杂俎、各号动态（各号即宝元通总号、南号、叙号、江号、泸号、渝号）、书报介绍、代邮等栏目，内容有商业经营知识、各分号动态，以及对宝元通企业的介绍、论述等。第五十一期为“故总经理熊郁村先生纪念特刊”。

本刊为地方企业经济刊物，月刊。大 32 开本，油印，迁渝后改为铅印。非卖品。现存最晚一期是 1949 年 4 月出版的第八十三期。现保存于宜宾市档案馆、重庆图书馆，上海图书馆保存有第五十一期至第八十三期。

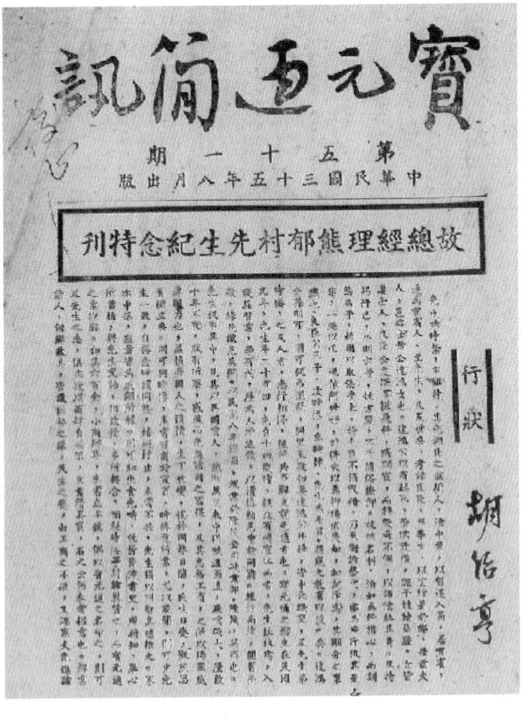
寶元通簡訊
第五十一期
中華民國三十五年八月出版
故總經理熊郁村先生紀念特刊
行狀

《宝元通简讯》1946 年第五十一期封面

《盐务月报》（1942 年）

1942 年 1 月 31 日创办，财政部盐务总局编辑发行（地址在重庆中正路 169 号）。缪秋杰题写刊名。抗战胜利后迁南京继续出版。约 1948 年 10 月停刊。共出 7 卷。

本刊内容有论著、大事述要、公文露布、服务经验、法规、图表、附录等。本刊“为盐务范围内唯一刊物，也是盐务同人或研究盐务学者的公开园地”，“内容并重理论检讨与事实说明，除事实说明，以公文为主”。“公文露布”栏有若干重要公文。

本刊为盐务刊物，月刊。16 开本。现保存于中国国家图书馆、四川省图书馆、重庆图书馆、南京图书馆。

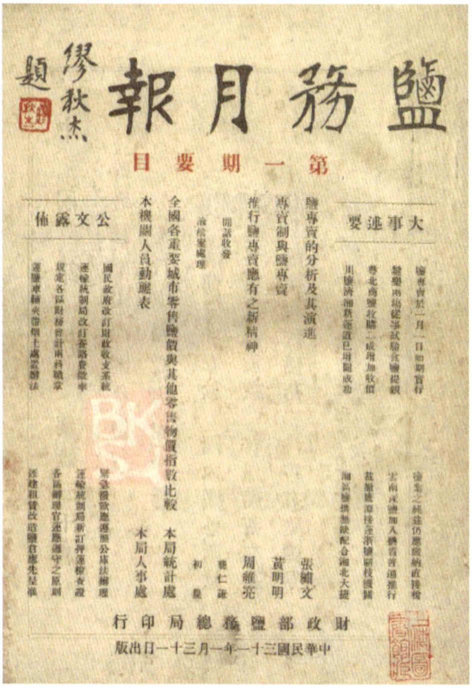
鹽務月報
繆秋杰題
第一期要目
鹽專賣的分析及其演進　張輔文
專賣制與鹽專賣　黃明明
推行鹽專賣應有之新精神　周維亮
全國各重要城市零售鹽價與其他零售物價指數比較　本局統計處
本機關人員動態表　本局人事處
大事述要
公文露佈
財政部鹽務總局印行
中華民國三十一年一月三十一日出版

《盐务月报》第一期封面

《中国边疆》（1942 年）

1942年1月31日创刊于重庆，中国边疆学会编行（地址在重庆玄坛庙南园）。1944年8月出至第三卷第七、八期合刊后停刊。1947年3月在南京复刊，同年6月终刊，停刊原因不详。

本刊旨在“建立治边理论……希望可能的成为解决边疆问题的健全的理论基础；研究建边方案……作各种建设方案的研究，作为施政者的参考；介绍边地知识……尤希望大中学校的青年学生诸君，对这方面多加吸取，以充实边疆知识”。本刊注重“在三民主义指导下从事边疆理论的探讨和建边方案的研究，还通俗地将边疆的政教、史地、社会各方面的情形介绍给内地读者，加强边疆和内地的沟通”。主要撰稿人有赵守钰、许崇灏、顾颉刚、黄奋生、刘家驹、黄次书、皇甫珪、黄绥光、钟天山、马鹤天等。载文有《谈边人参政》《琉球与中国历代之关系》《大小凉山之土官制度》《唐代经营西北的规模》《中国边疆民族之语言文字及其传授方法》等。

本刊为地理学刊物，月刊。16 开本。现保存于中国国家图书馆、四川省图书馆、自贡市档案馆、南京图书馆、重庆图书馆。

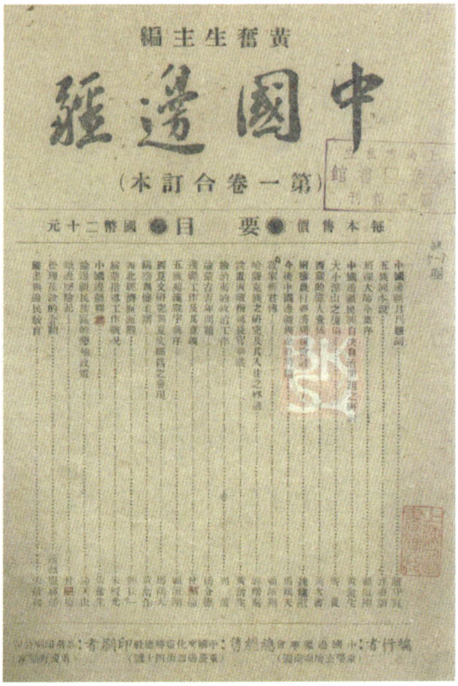

《中国边疆》第一卷合订本封面

《合作业务通讯》（1942 年）

约 1942 年 1 月在重庆出版，全国合作物品供销处推进组编辑（通信处在重庆大河顺城街 17 号），全国合作物品供销处发行。

本刊主要“从思想、政策、实力等三方面阐述了合作运动在中国的发展前途”，登载全国合作社物品的交易、售价等情况，并对相关主题与数据作对比分析处理，也刊有社会学人对合作社以及合作运动发表的感想与建议。本刊设有合作社统计、合作简息等栏目。

本刊为合作业务刊物，月刊。现存最晚一期是 1944 年 11 月出版的第二十八期。停刊时间及原因不详。现保存于中国国家图书馆、重庆图书馆、南京图书馆。

《海军杂志》(1942 年)

前身为 1932 年 9 月创刊于南京的《海军期刊》，后改名为《海军杂志》，海军部海军编译处编辑发行，正中书局代售（地址在南京太平路），华丰印刷铸字所印刷。1942 年 1 月迁重庆出版，文友图书印刷总社印刷（地址在重庆南岸马鞍山 31 号），生活书店、中国文化服务社、开明书店、青年书店、新生图书公司代售。

本刊主要介绍世界各国海军现状、历史及研讨海军技术发展趋势，“刊登新科学材料和各种有益海军的学说，实事求是，文字浅显”，栏目有海军学术、世界海军要闻、特载、别刊论文专载、论述、科学、历史等。载文有《中国的太平洋——论我国策之基点》《日俄海战纪要》《实用航海学》《鱼形水雷之概要》《航空母舰在海战之威力与美国造舰方针之改变》等。

本刊为海军学术刊物，月刊。16 开本，铅印。横版。目前所见最晚一期为 1945 年 12 月出版的第十八卷第六期。停刊时间及原因不详。现保存于上海图书馆、重庆图书馆、四川省图书馆等。

《海军杂志》第十四卷第九期封面

《月华》(1942 年)

原在北平出版，北平月华报社编辑发行。“七七事变”后迁至桂林，于 1938 年 4 月复刊。约 1942 年 1 月自第十四卷第一期起迁至重庆出版，至同年底出完第十四卷停刊。1946 年 1 月又复刊，续出第十五卷。1947 年迁回北平，约1948年6月停刊。

本刊宗旨为“研究回教文化，介绍回教教义，提倡回民教育，促进回民生产，增进回民知识与地位，报道回教世界消息”，刊载内容以学术为主，主要有“关于伊斯兰教研究的著译，回族和伊斯兰历史的研究，回民问题的探讨，回民教育和生计问题的讨论等”，此外还有“各地回民情况调查、各地回民重大事件和伊斯兰教国家情况的报道等”。本刊在抗战期间还“加强了伊斯兰教有关反对侵略战争和各地回民抗日救亡活动的文章和宣传报道”，设有论坛、教义、新书介绍、海外鳞爪、伊斯兰消息等栏目。

本刊为宗教刊物，原为旬刊，1938年复刊后改为月刊。迁渝后为16开本。现保存于南京图书馆、四川省图书馆、四川大学图书馆、北京大学图书馆、重庆图书馆。

《农本副刊》(1942年)

1942年1月创刊于重庆，经济部农本局研究室编行。

本刊“有各部门业务情况和人事变动的报道，也有简讯、文艺作品等内容，还有专栏供职工发表创作”。本刊设有论坛、生活漫谈、文艺、工作报道、各地风光等栏目。主要撰稿人有张光钰、瞿咏莪、李炳峰、张琦、秋苇、毕云程、陈震西、穆藕初等。

本刊为农村经济刊物，月刊。至1943年2月共出9期。停刊时间及原因不详。现保存于中国国家图书馆、重庆图书馆。

《农本副刊》第三期封面

《社会服务》(1942 年)

1942 年 1 月创刊于重庆，1943 年 2 月改季刊为周刊，期数另起，社会服务周报社编辑，中国社会服务事业协进会出版发行（地址在重庆两路口 5 号）。

本刊宗旨为“发扬服务精神，促进社会事业”，“致力于阐扬社会服务及社会问题之正确理论，鼓励社会人士努力服务工作之热情，交换各个人各团体服务之经验，介绍友邦战时服务及社会事业之活动和经验、专家及团体，报道国内各地及世界各国之社会生活，从事社会教育及调查”。本刊辟有短评、本报特写、本报专访、生活报道、保健常识、读者信箱等栏目。郭沫若、陶行知、金宝善、宋蔼龄、黄炎培、杨杰、丁殊等曾为本刊撰稿。载文有《社会服务的理论与实际》《服务是最有力的宣传》《社会服务的目的》等。

本刊为社会服务类刊物，原为季刊，1943 年 2 月改为周刊。16 开本，铅印。停刊时间及原因不详。现保存于中国国家图书馆、四川大学图书馆、南京图书馆。

《研究专刊》(1942 年)

1942年1月创刊于重庆，农业促进委员会出版（地址在重庆张家花园72号），乔启明、蒋杰主编，王光仁、林锡麟编辑，黄国华、羌绍桢助理。穆藕初撰写发刊词。

本刊目的在于“针对现实农业问题，举行普遍调查，加以分析统计，并提供改进意见，藉备施政参考”。本刊第一号是“战时各省粮食增产问题”专号，主要内容有“近年各省粮食生产概况、可能增产量之估计、影响粮食增产之问题等”。第六号是“实物贷放与农村金融”专号，该期由程炳华编著，程洪祖、羌绍桢负责统计。

本刊为农业经济刊物，月刊。非卖品。停刊时间及原因不详。重庆图书馆现保存有第一号、第六号。

《出版通讯》(1942 年)

1942 年 1 月创刊于重庆,中央宣传部出版事业处编印。出 10 期后暂时停刊。1943 年 5 月复刊出第二卷第一期，自第二卷起改由出版通讯社编印（社址在重庆江北香园寺任家花园 11 号）。1943 年 6 月出版第二卷第二期后即终刊。

本刊旨在“努力于文化建设，为文化宣传与服务，沟通文化消息”，内容是关于出版业务方面的建议、指导、调查，以及各种合作和出版消息等，包括出版指导、出版情报、出版业务、出版论著、出版调查及出版规程与办法等。

本刊为出版事业刊物，月刊。64 开本。现保存于中国国家图书馆、四川大学图书馆、绵阳市档案馆、复旦大学图书馆、南京图书馆。

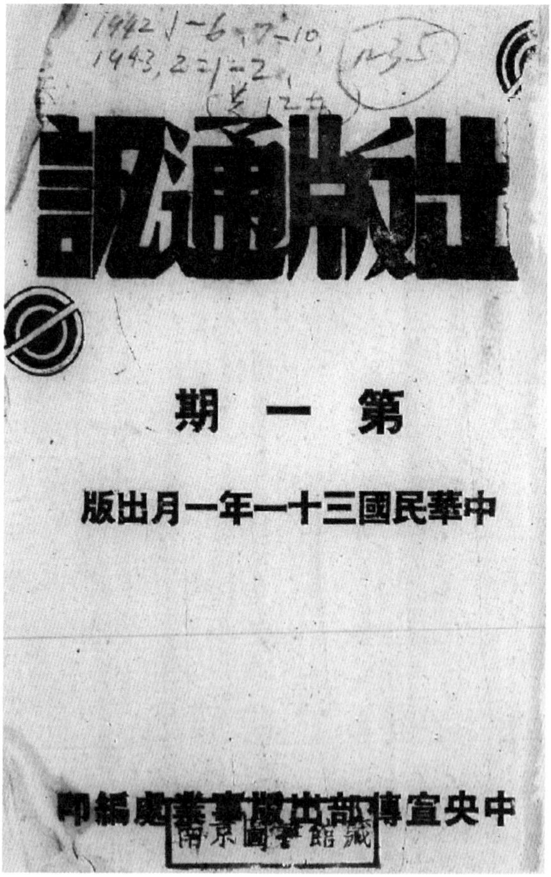

《出版通讯》第一期封面

《生力》(1942 年)

1942 年 1 月在璧山创刊，陆军战车防御炮教导总队将校团生力刊社编辑出版，璧山军政公用消费合作社印刷部印刷。程潜、商震、徐永昌、张治中、王世杰、朱家骅、潘公展等人为本刊题词。

本刊内容包括“阐扬总理遗教之各种论著，战车防御炮及各种机械化学术研究，抗战经验以及教育训练心得之介绍，战车防御炮部队参加重要战役之记述及批评，军队生活之素描及改善意见，精神教育之研究，战车战术之研究，各国军事学术及军备设施之介绍，国际及国内外时事之分析与论述，敌人阴谋与弱点之揭露，敌国政治、经济、社会情形之研究及检讨，经济建设各种问题之研究，前方士气之激励及后方民众自卫救援运动之鼓吹”等。

本刊为军事刊物，刊期不详。非卖品，有余数也向社会发行。现保存于重庆图书馆。

《生力》创刊号封面

《全国注册商标索引》(1942 年)

1942 年 1 月创刊于重庆，经济部商标局编印。翁文灏题写刊名。

本刊“以历年商标公报为主，凡经该局核准注册之商标均包括在内，登载全国注册商标第一号至第三八七一三号止”。

本刊为经济类刊物，年刊。现保存于重庆图书馆。

《复苏》(1942 年)

1942 年 2 月 1 日创刊于重庆，发行人为薛明剑、厉无咎，发行处为重庆无锡同乡会（地址在重庆望龙门 1 号、民族路特 5 号），重庆新新印刷所印刷。编辑有孙德先、孙翔风、张国权、李惕平、华普吉、薛毅君等。吴敬恒题写刊名。孙樾撰写发刊词。

本刊旨在“恢复江苏”，“复苏江苏”，“复苏中国以至世界”，内容包括“时事论著，时事特写，江苏问题专辑，以文艺的手法报道沦陷区情况及同胞的动态，以沦陷区和国统区同胞的动态为题材的连载小说，长篇连环画、漫画及随笔”，设有人与事、文艺、特论、社评、陷区百相、故乡杂忆、复苏史料、复苏茶座等栏目。载文有《团结江苏人》《江苏与中国文化》《战后江苏农业复兴计划》《建设新江苏与苏北物产》等。

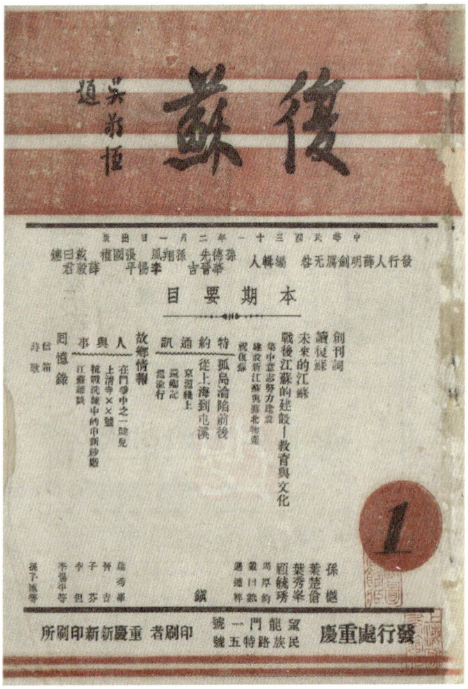

《复苏》第一卷第一期封面

本刊为时政评论类刊物，月刊。16 开本。现存最晚一期是 1945 年 2 月出版的第三卷第一期。现保存于四川大学图书馆、重庆图书馆、南京图书馆。

《新运总会陪都新运模范区周年纪念特刊》(1942 年)

1942 年 2 月 19 日在重庆出版，陪都新运模范区周年纪念特刊筹备会编辑发行。黄仁霖题写刊名。吴铁城、于右任、张治中、朱家骅等为本刊题词。

重庆自 1939 年 8 月以来，“敌机肆虐，滥行轰炸，城区颇受影响，商业精华，悉付一炬，遍地烧夷，灾民流离，情况至惨。而各方认为，物质可毁灭，精神不可动摇，抗战信念愈益增强”，于是新运总会“协助政府恢复市容，促进新运”，“并择定夫子池旧地为新运模范区。经过 6 个月建设成模范区”，“即为此出周年纪念刊”。本刊刊载有大量相关的名人题词、各种图片，以及有关专论、纪念感言、纪念文章、陪都新运模范组织训练工作和各项活动统计图表等，设有专论、纪念感言、工作报道、附载等栏目。载文有《节约建国与新运》《新运实现后之理想社会》《陪都新运模范区体育组工作报告》等。

本刊为新运纪念刊物，特刊。16 开本。非卖品。现保存于四川大学图书馆、重庆图书馆等。

《新运总会陪都新运模范区周年纪念特刊》封面

《中国农民》（1942 年）

1942 年 2 月 28 日创刊于重庆，中国农民经济研究会编行（地址在重庆下罗家湾 35 号）。代表人为李汶，编辑委员有王亚明、王沿津、陶涤亚、董时进、魏绍征、孟宪章、谭振民、刘光华、朱剑农等 25 人。

本刊主张“抗战需要农民，建国尤其需要农民”，期望“成为农民的喉舌，农民的指针，农民的木铎”，其内容主要有关于农民经济、农业改进方面的论著和译述，以及农民文艺、农村通讯等。本刊设有论著、技术指导、农民讲座、专载等栏目。本刊曾出版“粮食问题专号”“农业金融专号”“战时经济专号”“合作专号”“农村工业化专号”。载文有《中国农村经济的特质》《四川田赋征购实物问题》《农村工业与合作社》《论中国近代农村改良运动》等。

本刊为农业刊物，月刊。现存最晚一期为 1945 年 11 月出版的第五卷第一、二期合刊。停刊时间及原因不详。现保存于四川大学图书馆、南京图书馆、重庆图书馆、上海图书馆。

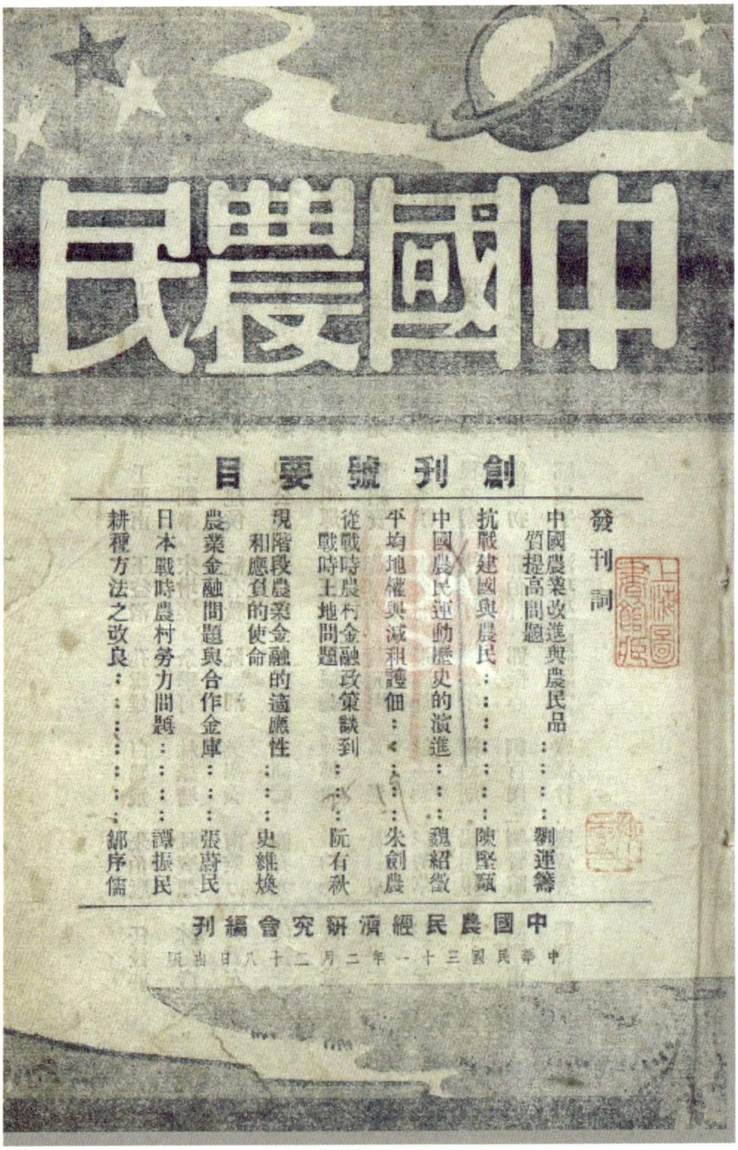

《中国农民》创刊号封面

《农贷通讯》（1942 年）

约 1942 年 2 月在重庆创刊，中国农民银行重庆分行、成都支行合编，中农印刷所承印。

本刊主要刊登有关农业贷款的法规章程、农民银行工作重点摘要，报道有关农村贷款情况，刊载短小经济新闻、农村贷款统计资料一览表、四川省农村经济概况等。

本刊为农业信贷刊物，刊期不详。现保存于上海图书馆、重庆图书馆。

《公路工程》（1942 年）

1942 年 3 月 1 日在重庆出版，运输统制局公路工务总处编印（地址在重庆上清寺孝友村）。何应钦题写刊名。康时振撰写发刊词。

本刊旨在“研究学术，报导业务，集思广益，改进公路建设，适应国防与交通经济新形势”，“专供公路建设机关同人阅读”。本刊设有论著、专载、记事、工程记载、处闻摘录等栏目。载文有《我国公路建设之检讨》《美国修筑混凝土路面之经验》《电焊在钢桥上之应用》等。

本刊为公路工程刊物，不定期刊。半年后出第二期；1942年12月出第三期；1943年7月出第四期，以后未见出版。16开本。非卖品。现保存于中国国家图书馆、四川大学图书馆、复旦大学图书馆。

《文摘副刊》（1942 年）

1942 年 3 月 1 日创刊于重庆，复旦大学文摘社编辑发行（社址在重庆临江门川盐三里）。社长吴南轩，副社长江一平，主席编委张志让，编辑委员有贾开基、汪衡、冯和法等。中途曾停刊。1945 年 1 月复刊，复刊后由孙寒冰担任主编。

本刊除登载文学内容外，对时局也多有涉猎，还有一些对科学知识的介绍。主要撰稿人有张志让、汪衡、贾开基、曹孚等。载文有《民治与战争》《日本最后的赌博》《欧洲的广播战》《活跃的苏联游击队》等。

本刊为综合类刊物，月刊。停刊时间及原因不详。现保存于上海图书馆、重庆图书馆。

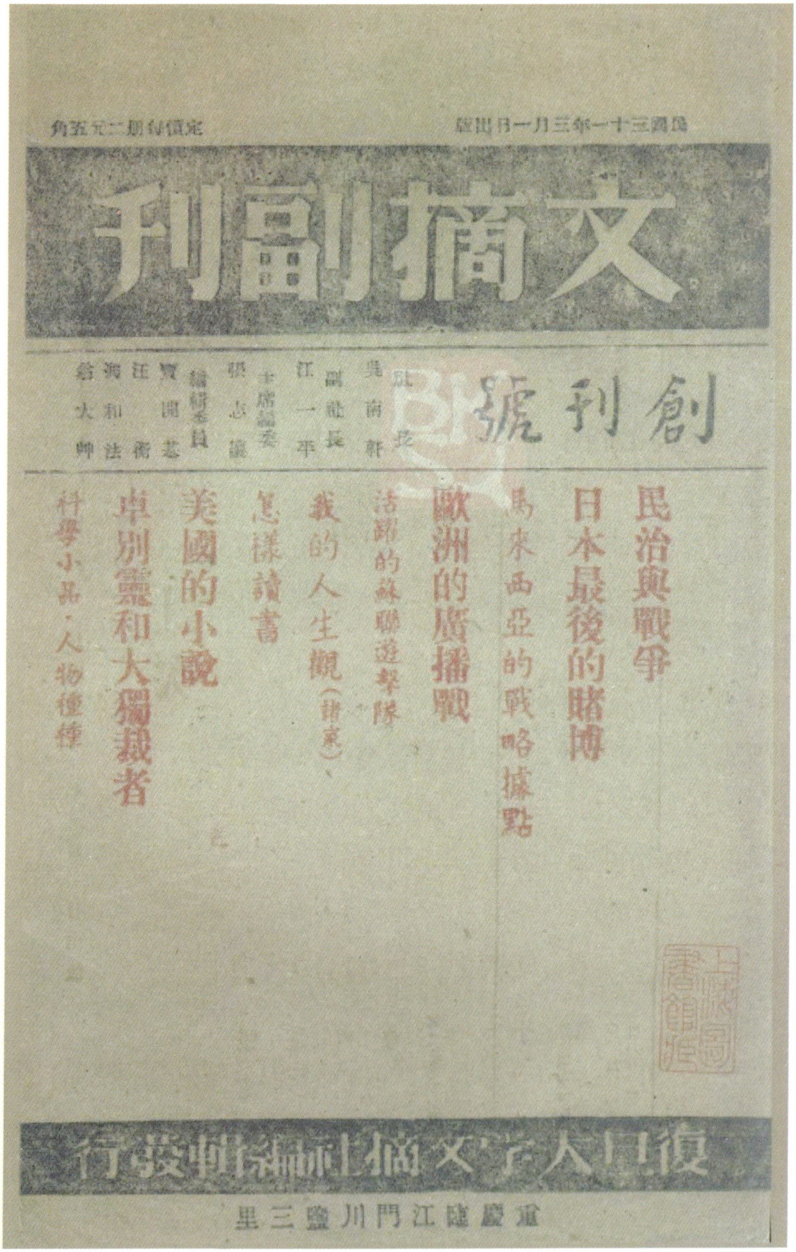

民國三十一年三月一日出版
定價每期二元五角

文摘副刊

創刊號

社長 吳南軒
副社長 江一平
主席編委 伍志讓
編輯委員 賈開基 汪衞 海和法 翁大帥

民治與戰爭
日本最後的賭博
馬來西亞的戰略據點
歐洲的廣播戰
活躍的蘇聯遊擊隊
我的人生觀（諸家）
怎樣讀書
美國的小說
卓別靈和大獨裁者
科學小品·人物種種

復旦大學文摘社編輯發行
重慶臨江門川鹽三里

《文摘副刊》创刊号封面

《青年音乐》(1942 年)

1942 年 3 月 5 日创刊于重庆，青年音乐月刊社编辑发行，后改由三民主义青年团、青年音乐月刊社联合编行，中华图书公司经售（地址在重庆民生路 101 号）。

本刊发刊词《现阶段的音乐运动与青年》指出其责任是“供给青年歌唱的材料，建设青年的音乐园地，便是使青年生活跃进向上，也便是供给青年们以有力的武器，来发扬祖国的伟大文化，建树民族的精神堡垒”，故以“大众联合一致，为建设民族音乐的伟大事业而努力”为目标。本刊设有论坛、歌曲、专载、特写、音乐消息、音乐史话、音乐常识讲话、理论技术讲话等栏目。载文有《谈中国的器乐》《音乐名词术语解析》《音乐家的民族思想问题》等。

本刊为音乐类刊物，月刊，实际发行时间不定。32 开本；自第二卷第二、三期合刊始改为 16 开本。停刊时间及原因不详。现保存于重庆市北碚图书馆、重庆图书馆。

《青年音乐》第二卷第二、三期合刊封面

《诗丛》(1942 年)

1942 年 3 月 10 日创刊于重庆，诗丛社编辑发行，东方印书馆印刷（通信处为重庆沙坪坝邮箱第 10 号）。编辑宋瑚、晏明、菲北，发行人郭灿。

本刊所载之诗歌有短诗、长诗、诗集、散文诗、译诗等，还有部分关于诗歌的论文和诗坛点滴。本刊曾刊发北野的《寻找及梦》、胡拓的《星星》、方渐的《真理之林》、常任侠的《冬天的树》、泰戈尔的《恶邮差》等作品。

本刊为诗歌刊物，刊期不详。约 1945 年 5 月出至第二卷第一期停刊。现保存于中国国家图书馆。

《诗丛》第一期封面

《现实评论》(1942 年)

1942 年 3 月 15 日创刊于重庆，现实评论社编辑发行（社址在重庆两浮支路 84 号）。

本刊“旨在阐扬国策，对国内外现实各种问题予以客观而忠实的检讨与批判”。本刊“以客观评论国内外各种现实问题为主，还针对国统区的党治与民主、政治革新、科学文化诸问题进行研究探讨，发表评论”。此外，本刊还刊登有一些国外各报时政译文、书评及文学评论文章等，辟有社论、小言论、现实鳞爪、三民主义讲座、青年问题讲座、书评、艺文丛坛、人物故事等栏目。主要撰稿人有林桂圃、谌小岑、杨家驹、苏振东、王觉源、史可京、周之鸣、刘子健、唐绍华等。

現實評論
半月刊
本期目錄
編前記

《现实评论》第一卷第一期封面

本刊为时事政治刊物，半月刊。16 开本。1942 年 11 月 20 日出至第二卷第四期停刊。现保存于四川大学图书馆、南京图书馆、北京大学图书馆、广东省立中山图书馆、重庆图书馆。

《电讯》(1942 年)

1942 年 3 月 16 日创刊于重庆，交通部电信职工总通讯处编印（地址在重庆上清寺街 83 号 3 楼）。沈祖衡撰写发刊词。

本刊“为全体电信职工共有之读物，自应为全体同人发挥意见之公共处所，亦应为电信界之舆论中心”。其内容为“报道电信职工的工作、生活，介绍国外电信状况和新技术，以及对国内电信技术的探讨，还有国内外电政消息等”。本刊主要撰稿人有沈祖衡、陶凤山、王文山、季源溥、韦以黼、王运桢、汪启堃等。载文有《抗战以来之电政设施及其展望》《电信技术的新应用》等。

本刊为电信刊物，月刊，10期为1卷；自1949年第三卷第一期起改为双月刊。16开本。停刊时间不详。现保存于中国国家图书馆、重庆图书馆、南京图书馆。

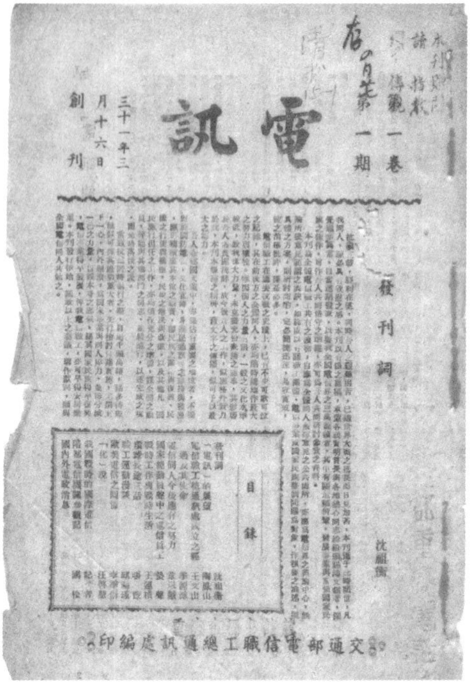

《电讯》第一卷第一期封面

《文坛》(1942年)

1942年3月20日创刊于重庆,发行人姚蓬子,编辑有老舍、赵铭彝、姚蓬子、徐霞村，作家书屋发行(地址在重庆白象街88号)。

本刊“以发表文艺史料与资料、作家作品研究、文艺短论、出版信息、文艺通讯等文章为主”，还介绍国外新书及国内外文坛近讯等。主要撰稿人有孙伏园、老舍、臧克家、叶知秋、郭沫若、张静庐等。载文有《文学遗产应怎样接受》《两个文学团体的宣言：史料杂钞》《烽火中的海外文坛》《略论文学的语言》等。

本刊为文学刊物，创刊时为小报形式，半月刊；出版时间经常延后，到1943年3月只出到第八期。1943年4月出第二卷第一期(总第九期)时改版为32开80页的书籍形式。该期的《文坛杂粹之一》即为“改刊词”，其中说明改刊“原因之一是读者要求出单本以便保存，同业也希望改为杂志形式便于寄递和陈列；二是编辑部人手有限，半月一张无法正常维持，改为单本后可两月出刊一次；三是单本容量较大,可刊登一些篇幅较长的稿件”。1943 年出版第九期，为土纸印刷，随后终刊。终刊原因不详。现保存于重庆图书馆。

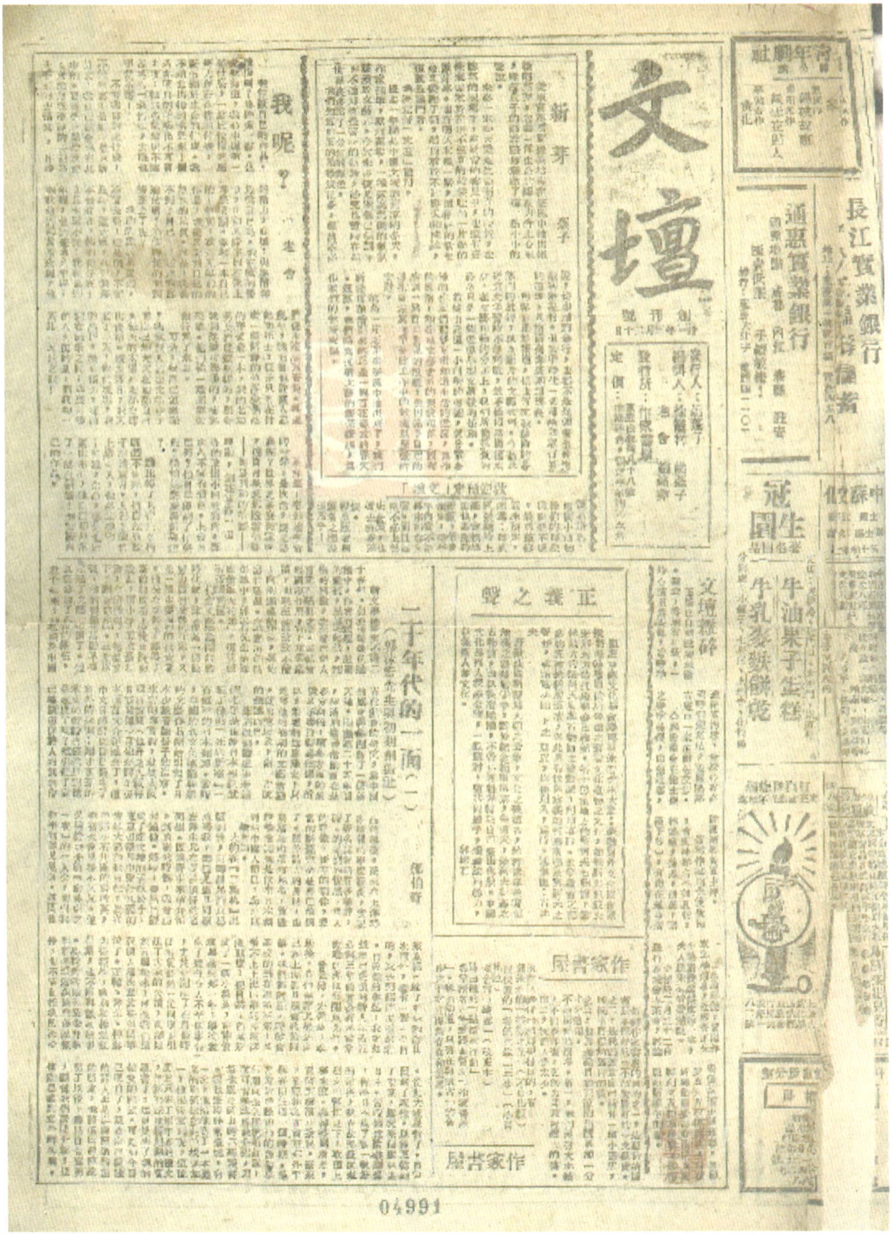

文壇

創刊號

新芽

我呢？

正義之聲

一千年代的一面

文壇雜碎

作家書屋

長江實業銀行

通惠實業銀行

冠生園

牛油果子蛋糕

牛乳麥麩餅乾

04991

《文坛》创刊号封面

《士兵月刊》(1942年)

1942年3月创刊，军委会政治部编印并出版。1944年8月31日停刊，共出30期。后由《士兵周刊》接办。

本刊设有时事谈话、士兵教片、重要时事、军事常识等栏目。本刊专为士兵编印，“旨在让士兵了解国内前线战况”，“介绍同盟国战场现状”，“着重宣传日军节节败退、损失惨重的情况和盟军奋勇杀敌、凯歌高奏的场景，同时也能消遣娱乐”。本刊载文“介绍军事常识，教导士兵救护知识，刊登时事评论，讲述古典故事等，使士兵在作战暇余时既能了解当前战事，又能得到娱乐”，“突出宣传抗战前途光明、抗日必胜、日本必败的信念”。主要撰稿人有祝玉魁、杨尚怡等。其内容“有宣传英勇抗战的人物事迹，期望全民积极参与抗战，号召士兵同仇敌忾；有教育大家以机智灵活的方法、忠勇顽强的精神抗击日寇；有介绍军器常识、地理常识；有介绍国内国际新闻”。

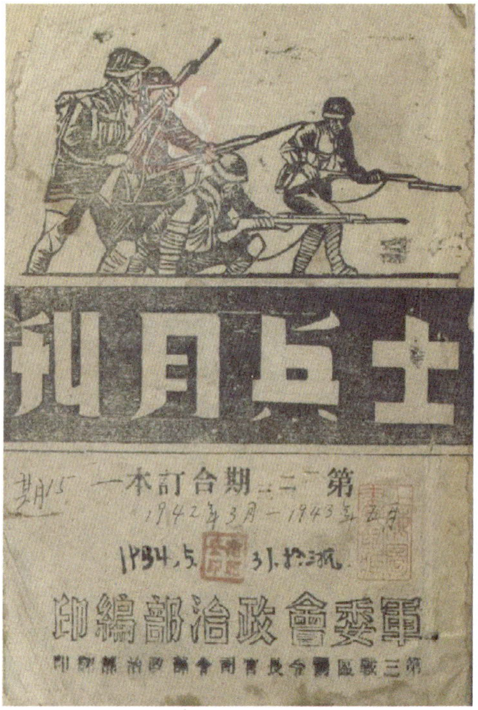

《士兵月刊》第一、二、三期合订本封面

本刊为军政刊物，月刊。现保存于上海图书馆、重庆图书馆。

《现代史学》(1942年)

1933年1月创刊于广州，最初由国立中山大学史学研究会编辑发行，广州现代书局总代售。1942年3月自第四卷第四期起迁至重庆出版，改由国立中山大学文学院编印，国立中山大学出版组发行。1944年6月在广东坪石出版的第五卷第三期是现存最晚一期。

本刊“注重历史之现代性，现代治史方法之应用，现代史之研究”。其内容涉及史学理论、经济史、社会史、教育史、古代婚姻制度、文化运动史、宗教史、考古学及史料考证等。本刊设有史学理论、文化史及社会史、历史辅助科学、辨伪及考证等栏目，曾出版“中国经济史专号”“文化评论特辑”“史学方法论特辑”三个特辑。主要撰稿人有朱谦之、陈安仁、傅衣凌、戴裔煊、陈啸江、谢富礼、梁瓯第、王兴瑞等。载文有《文化哲学》《中国文化演进史观》《书院制度研究》《中国现代革命史论》《太平天国对于东西革命思想的影响》《中国海关总税务司之起源》等。

本刊为历史学术类刊物，季刊，但发行多无确定规律，因时局动荡、经费短缺、学校迁移，每期篇幅差别较大。本刊发行时间超过十年，刊登论文总字数超过二百万字，反映了当时中国史学界特别是中山大学史学系的研究水平与方向。停刊时间及原因不详。现保存于四川大学图书馆、重庆图书馆、南京图书馆、北京大学图书馆。

《全国天气旬报》(1942 年)

1942 年 3 月创刊，中央气象局编印（地址在重庆沙坪坝）。

本刊创刊目的在于“以气象情报迅速供给有关各方参政”。本刊内容“应用取材以各地逐日气象电报为主，正式记录仍以本局出版之月报、年报为准，记录平均温度、雨量、云量、最高最低气温等”。

本刊为气象刊物，旬刊。现保存于重庆图书馆。

《全国天气旬报》第一卷第一期封面

《工程讨论》(1942年)

1942年3月创刊于重庆，中国工程师学会大渡口分会与钢铁厂迁建委员会编行(地址在重庆大渡口)。

本刊宗旨在于“促进国家工业化，力谋主要物资之自给，推行工业标准化，配合国防民生之需求”，分论著、译述、报告等栏目。1942年第一集内容是杨君毅和翁耀民的讲演，题目分别是《中国工业的展望》和《漫谈川省炼钢铁问题》。1944年第二集刊登了杨继曾的《如何踏上工业化的途程》、李祖承的《分光光度计之应用》等文章。

本刊为工程技术类刊物，不定期刊。非卖品。现保存于四川大学图书馆、重庆图书馆。

《工程讨论》第二集封面

《现代防空季刊》（1942 年）

1942 年 3 月创刊于重庆，现代防空出版社编辑（社址在重庆复兴关），防空总监部民防处发行，同文印刷所印刷。主编张峻。

本刊以“介绍先进军事技术，促进中国军事水平的提高为目的”，内容涉及“普及防空知识，检讨防空业务，译述防空学术著作，总结防空经验等”，还附有图画。本刊主要刊登“关于航空学术之著作译述，发展防空建设论著，防空武器论著，防空情报论著，国民防空论著，防空协同之研究，新都市营建之研究，防空业务之检讨，防空阵中日记及战争之记载，最近中外防空通讯及史料之拾零，防空防护人员生活之素描”等。主要撰稿人有胡定安、王鹗、何绥武、罗明远、林适存、赵启田、卢玉正、徐盈等。本刊辟有技术研究、译述、防空文艺等栏目。载文有《科学技术与防空》《论防空都市之建立》《现阶段的防空建设》《燃烧弹的性能及其扑灭法》《钢铁构造框架式楼宇应用于防空建筑之研究》《从防空生活中学习防空经验》等。

本刊为防空技术刊物，季刊。大 32 开本。1944 年 1 月自第三卷第一期起改为 16 开本的双月刊。约 1944 年 11 月出版第三卷第六期后停刊。现保存于中国国家图书馆、四川大学图书馆、甘孜藏族自治州图书馆、自贡市档案馆。

《现代防空季刊》创刊号封面

《音乐月刊》(1942 年)

1942 年 3 月创刊于重庆，音乐月刊社编辑发行（社址在重庆复兴关歇台子 16 号）。主编缪天瑞、刘雪厂、陈田鹤。负责人胡然。胡然撰写发刊词。

本刊旨在“介绍较高深的乐曲”，“登载关于技术探讨与各种理论研究的文字”，主要“刊载音乐技术探讨及各种理论研究的专著，讲解各种音乐流派、交响曲的构成、音乐的教学和训练、钢琴的弹奏方法和艺术等”，“发表抗战歌曲，报道各地音乐消息”。本刊收录的歌曲不仅有完整的歌词，还配有五线谱。曾刊载田汉的《胜利进行曲》、陈田鹤的《制寒衣》、王云阶的《儿童歌声训练法》、冯玉祥的《丘八歌与丘八》等作品。

本刊为音乐类刊物，月刊。第一卷出 6 期。1943 年 5 月出第二卷第一期，以后未见出版。停刊原因不详。现保存于重庆图书馆、上海图书馆。

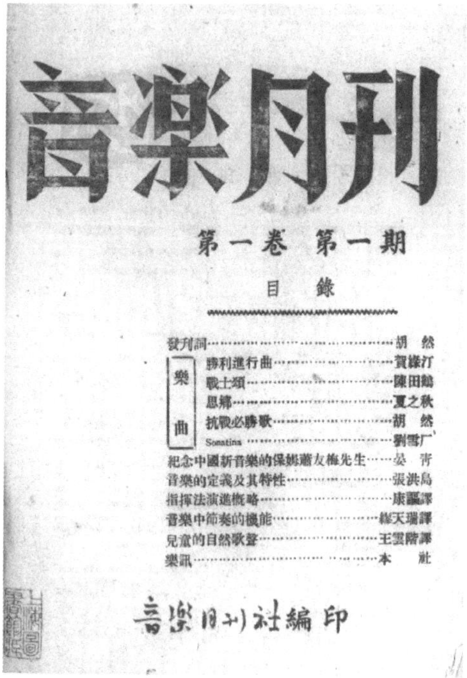

音樂月刊

第一卷 第一期

目 錄

發刊詞……胡 然

樂曲

勝利進行曲……賀綠汀

戰士頌……陳田鶴

思鄉……夏之秋

抗戰必勝歌……胡 然

Sonatina……劉雪厂

紀念中國新音樂的保姆蕭友梅先生……晏 青

音樂的定義及其特性……張洪島

指揮法演進概略……康謳譯

音樂中節奏的機能……繆天瑞譯

兒童的自然歌聲……王雲階譯

樂訊……本 社

音樂月刊社編印

《音乐月刊》第一卷第一期封面

《经纬》(1942 年)

1942 年 4 月 1 日在重庆创刊，经纬出版社编辑发行（社址在重庆林森路 34 号），经纬印刷所印刷，中国文化服务社总经售。

本刊主要“评述国内外局势，报道‘二战’期间欧洲战场战况，解读战时各国政治、经济政策和策略，记载历史事件，介绍历史人物”。本刊刊登的文章有“表现政治上的用人、对傀儡政权的悲愤、对战争取胜的信念和对于建军的几点看法”，有“从学校教育和知识青年的从军问题出发，论述英雄主义在学校训育中的地位和作用，以及知识青年从军中出现的问题，从一定程度上反射出当时的若干社会现状”，有“关于战争时期的苏联电影、戏剧和音乐发展的研究”，有“从历史的角度出发，探讨我国古代边疆宗族政策问题，以及以王阳明为中心的思想学说的研究”，还有“研究欧洲战场战况的文章”等。主要撰稿人有高龙生、黎圣伦、杨昌溪、李卓之、程伫、林适存、萧克念、马鹤天、陆曼炎、冯友兰、李瑞安、方秋苇、何凤山等。载文有《国防与文化》《知识青年从军与青年问题》《我国边疆宗族政策及今后责任》《世界大战的新检讨》《新儒林外史》《建立国际和平机构应循之途径》等。

本刊为时政刊物，半月刊；自1943 年 10 月第二卷起改为月刊；抗战胜利后迁至上海继续出版，期号另起，并改为周刊。1946 年 11 月出版第三卷第三期（每卷 12 期）后未再出版。停刊原因不详。现保存于中国国家图书馆、四川省图书馆、重庆图书馆、上海图书馆。

《经纬》创刊号封面

《行政院水利委员会季刊》（1942 年）

1942 年 4 月 1 日在重庆创刊，行政院水利委员会编行（地址在重庆歌乐山生机路 13 号），大众印刷所印刷。

本刊设论著、专载、论述、调查、法规、公牍、附录等栏目。

本刊为水利刊物，原为季刊，1944 年 1 月 31 日起改为月刊，期号另起。出至 1945 年 12 月第二卷第十二期停刊。1946 年初迁南京，同年 3 月续出第三卷第一期，出至第三卷第四期终刊。现保存于中国国家图书馆、四川大学图书馆、重庆图书馆。

《考核汇刊》（1942 年）

1942 年 4 月在重庆创刊，党政工作考核委员会秘书处编印（地址在重庆林森路），中央文化驿站总管理处印刷所印刷。

本刊栏目有特载、论著、记述、法令与附录等，主要刊载有关党政工作考核的论著、法令等，内容包含对党政机关以及党政工作人员的考核方针、意义、方法、范围、制度、操作以及对考核工作本身的检讨，另有对国外考核与督察制度的介绍。

本刊为政务刊物，不定期刊。停刊时间及原因不详。现保存于重庆图书馆。

《中央陆地测量学校校刊》（1942 年）

约 1942 年 4 月创刊于重庆，出版者不详。

本刊创刊目的是“本着接受科学而学科学的原则，广泛接触社会科学人士，交流学术经验，切磋测量专业理论问题”。本刊栏目有论著、译著、纪事、校闻、校友动态、测界消息、漫谈等。载文有《测量事业之重要性概观》《地球之形状与大小》《中国地图投影之检讨》《美国判定图形优劣公式之检讨及新算式之推求》等。

本刊为陆地测量学校刊物，月刊。停刊时间及原因不详。现保存于重庆图书馆。

《侨务十年》（1942 年）

1942 年 5 月在重庆创刊，侨务委员会编印。陈树人题写刊名，并写序。1945 年出版《侨务十三年》，1947 年出版《侨务十五年》。

本刊“总述侨务工作，并刊有侨民管理工作报告”，内容有侨民经济、教育、文化事业概况，国民大会侨民代表选举经过，以及侨务统计资料、人事概况、侨务委员会经费运用概况、现行侨务法规选篇等。

本刊为侨务工作刊物，不定期刊。现保存于上海图书馆。

《物价周报》（1942 年）

1942 年 5 月在重庆出版，国家总动员会议秘书处调查室编印。封面有“机密”字样。

本刊主要刊登重庆及全国重要省会城市主要物品零售价格指数及价格变动情况，食物、衣着、燃料及职业工人工资情况表，价格变动统计，金融行情等。

本刊为物价刊物，周刊。油印。现存最晚一期是 1945 年 2 月出版的第四十九期。现保存于中国国家图书馆、南京图书馆。

《会计读物》（1942 年）

1942 年 6 月 1 日创刊于重庆，会计读物编辑部编辑发行（地址在重庆陕西路赣汀街特 1 号）。1944 年末出第二卷第五期。闻亦有撰写发刊词。

本刊主要“研究会计学原理、会计制度，介绍有关法令、新书等”，设有转载、专论、译述、讲座、制度研究、资料、问答等栏目。载文有《简易商业会计制度之设计》《差异成本之研究》《政府会计讲义》等。

本刊为会计专业刊物，月刊。32 开本。停刊时间及原因不详。现保存于中国国家图书馆、四川大学图书馆、重庆图书馆、复旦大学图书馆。

《渝池通讯》—《渝池讯息》（1942 年）

1942 年 6 月 15 日在重庆创刊，出版者不详。第二期改名为《渝池讯息》。

本刊主要“报道重庆地区电池工业的相关情况，专载厂务会议记录及厂内新闻，另载有家常琐事、文艺小品等内容”。载文有《渝市点滴》《本厂成立三周纪念会纪要》等。

本刊为电池工业刊物，刊期不详。油印。现保存于重庆图书馆。

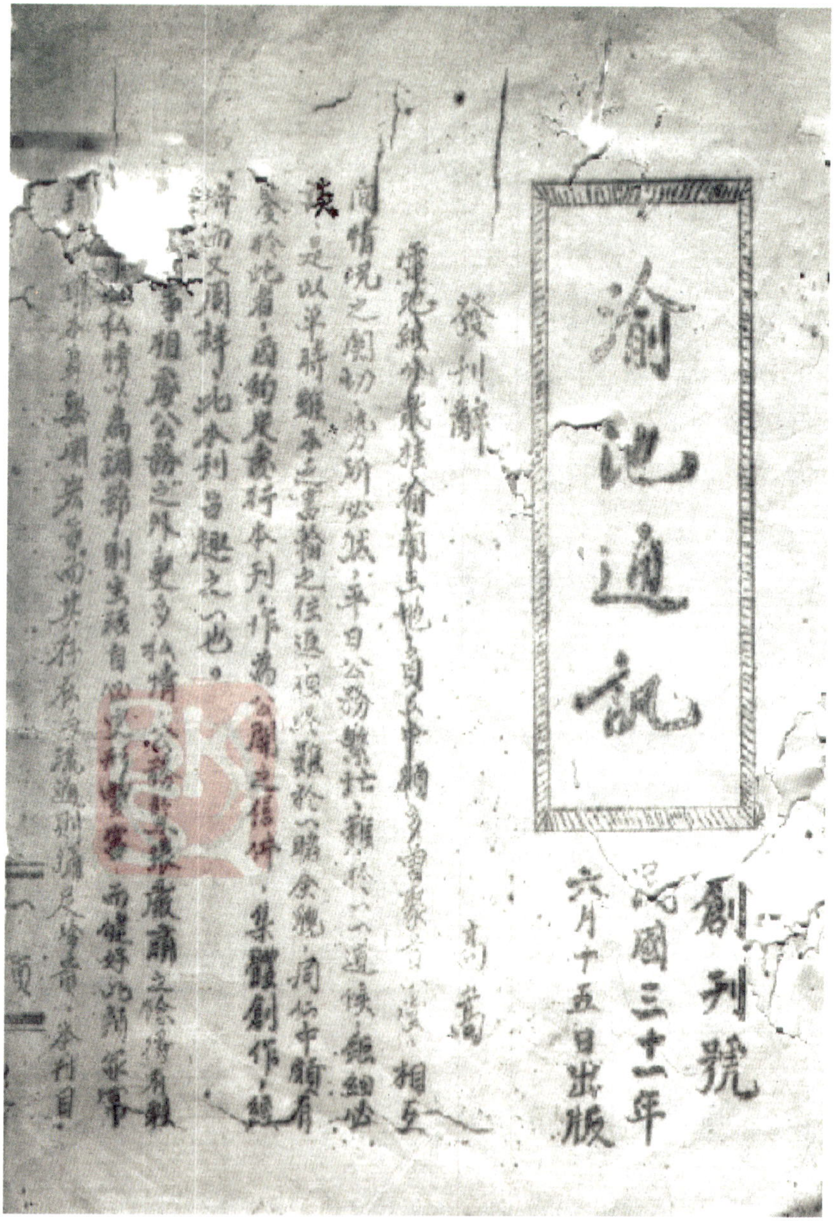

《渝池通讯》创刊号封面

《文学修养》(1942 年)

1942 年 6 月 20 日创刊于重庆，青年写作指导会编行（地址在重庆观音岩临华街 4 号)。自 1943 年 10 月 20 日第二卷第一期起，改由文学修养社编辑出版（社址在重庆林森路塞家巷 23 号)，建国书店总经销。主编钟宪民，代理发行人唐秉彝。

本刊设有论著、作家研究、修养讲话、文艺思潮、文艺史、小说、戏剧、诗歌、文艺批评、作家经验、文坛信息、新书评介、读者信箱等栏目。“论著”栏目以学术类文章为主，刊文如《关于美的一个基本问题》《托尔斯泰论艺术》。末版刊有书店促销和售书的广告。主要撰稿人有老舍、茅盾、常任侠、曹禺、邹荻帆、王平陵、丰村、徐盈、任钧、梅林等。

本刊为文学类刊物，月刊。1944 年 6 月 20 日出第二卷第四期后终刊。停刊原因不详。现保存于四川省图书馆、四川大学图书馆、重庆图书馆。

《文学修养》第二卷第一期封面

《胜利画报》(1942 年)

1942年6月25日创刊于重庆，胜利月刊社画报出版委员会出版，胜利月刊社发行，锦庆印务局印刷，V字出版社总经售（社址在重庆化龙桥龙隐路32号）。胜利月刊社画报出版委员会委员有丁懋德、李景芳、王云槐、李忠义、唐庚康、张汉书。于右任题写刊名。

本刊《发刊词》中说，“画报，比较上可以称为一种综合性的精神食粮”，“希望他（它）能为抗战尽一点小小的力量，并望他（它）为读者诸君多多提供一些精神食粮。更要声明，这儿是公众的园地，而不是少数人的私产”。本刊曾刊有“飞虎队及缅境我军战绩等珍贵照片”。

本刊为综合性画刊，月刊。16开本。停刊时间及原因不详。现保存于中国国家图书馆、重庆图书馆。

《重庆物价专刊》（1942年）

1942年6月在重庆出版，西南经济建设研究所、邮政储金汇业局编印。王仲武主编。张嘉璈题写刊名。封面注有“密件”字样。

本刊刊登了《重庆趸售物价指数各分类指数图表》《重庆市趸售物价变动之分析》《重庆市各项商品趸售物价及价比表》等资料。

本刊为物价统计刊物，刊期不详。停刊时间及原因不详。现保存于重庆图书馆。

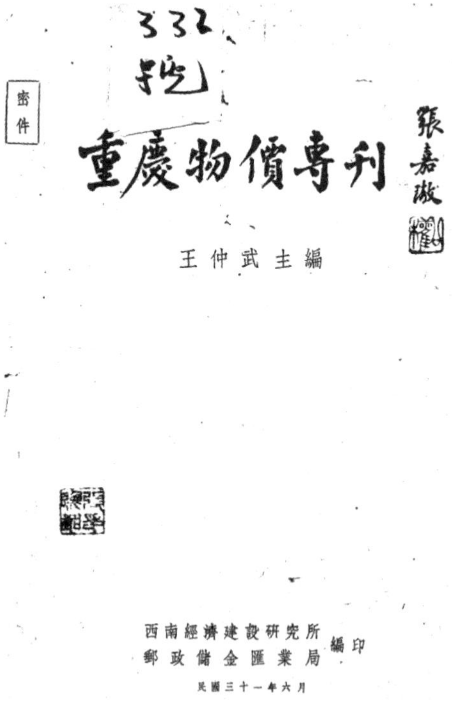

《重庆物价专刊》1942年封面

《医学文摘》(1942 年)

1942 年 6 月创刊于重庆，中华医学会编辑发行（地址在重庆歌乐山）。编辑委员会委员有王历耕、王鹏万、甘怀杰、阮尚丞、沙克非、吴执中、林文秉、胡懋廉、凌敏猷、陈翠贞、贾魁等。干事为朱席儒。特约顾问有王子轩、朱恒璧、李宗恩、李雨生、汪元臣、俞松筠等。金宝善、朱恒璧撰写发刊辞。

本刊为“中华医学会之学术研究刊物，主要摘录各国医学文献资料，也设有专题介绍、原著、诊例报告等部分，服务于国内医界同仁”，“载文内容注重临床科目，也兼顾公共卫生及理论医学等方面”，“设世界医学文献摘要、专题介绍、原著及诊例报告、简短消息及法令条例等四栏”，其中世界医学文献摘要为主体。载文有《维生素以外之事物对于免疫力之影响》《怎样保护肝脏》《战时创伤之化学治疗》《鼠疫之防治问题》《血凝问题与临床医学》等。

本刊为医学类刊物，双月刊。约 1943 年 4 月终刊，停刊原因不详。现存 6 期。现保存于四川省图书馆、重庆图书馆。

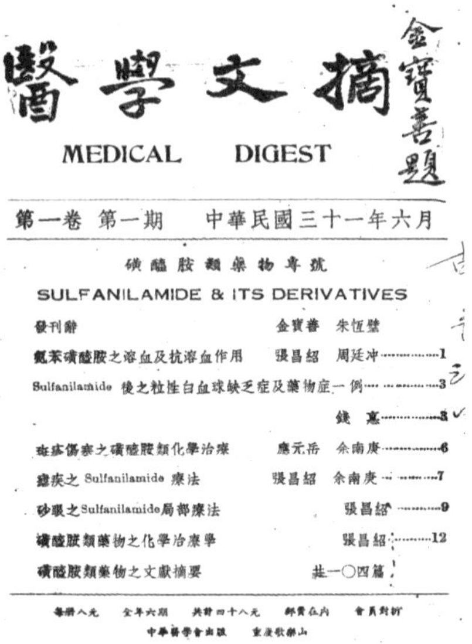
醫學文摘

金寶善題

MEDICAL DIGEST

第一卷 第一期　　中華民國三十一年六月

磺醯胺類藥物專號

SULFANILAMIDE & ITS DERIVATIVES

發刊辭	金寶善　朱恒璧	
氨苯磺醯胺之溶血及抗溶血作用	張昌紹　周廷冲	1
Sulfanilamide 後之粒性白血球缺乏症及藥物症一例	錢　悳	3
斑疹傷寒之磺醯胺類化學治療	應元岳　余南庚	6
瘧疾之 Sulfanilamide 療法	張昌紹　余南庚	7
砂眼之Sulfanilamide局部療法	張昌紹	9
磺醯胺類藥物之化學治療學	張昌紹	12
磺醯胺類藥物之文獻摘要	共一〇四篇	

每册八元　全年六期　共計四十八元　郵費在內　會員對折

中華醫學會出版　重慶歌樂山

《医学文摘》第一卷第一期封面

《金融》(1942 年)

1942 年 6 月创刊于重庆，金融月刊社编辑发行（社址在重庆中三路 166 号附 2 号），森森印刷公司印刷。

本刊主要“刊登金融工作者和专家撰写的文章，讨论当时金融方面的主要问题，并附有我国金融业历史资料和全国各地银行调查统计资料，包括资金统制、货币管理、保险业务、信托投资等”。本刊设有短评、论著、史料、调查、统计、法规等栏目，1943 年曾出版“储蓄专刊”“保险专刊”。本刊卷首卷末登载有较多银行等机构的金融广告。载文有《四联总处修正国内汇款统一征费实施细则》《成都市银钱行庄调查》《发行准备金与货币价值》《论统一发行》等。

本刊为金融类刊物,月刊。现存最晚一期是 1943 年 7 月出版的第二卷第二、三期合刊。停刊时间及原因不详。现保存于四川省图书馆、重庆图书馆。

《胜利版画》(1942 年)

1942 年 6 月在重庆出版，英国驻华大使馆新闻处编辑发行，主编梅健鹰。刊尾印有“同盟国家联合起来决心铲除轴心，俾使全世界人民得以永享自由”字样。

本刊刊登的全为木刻作品，其出版目的在于“藉本刊向读者昭示吾人之盟邦英美两国，现在从事于伟大之作战努力，用以早日促成民主国家反侵略阵线之最后胜利”，以及“中国艺术家在战时的贡献”。本刊内容主要是反映抗日及盟军作战的木刻作品，也包含风景画，并配有解说文字。本刊刊载的作品有《盟机轰炸日本》《重庆跳伞塔》《中国战时大学》《英勇射手》等。

本刊为木刻刊物，月刊。16 开本。1942 年 8 月出版第三期后停刊。现保存于中国国家图书馆、重庆图书馆。

《重庆合作》(1942 年)

1942 年 7 月 4 日创刊于重庆，先后由重庆市社会局合作指导室、重庆市社会局合作指导室与消费合作社、重庆合作编辑委员会编印。包华国题写刊名。

本刊“旨在推进、指导全市合作事业，训练合作人才”，“内容注重阐扬合作理论，公布有关法规，传达合作消息及随时指示各社业务之推进方法与注意事项“，其内容有“关于合作理论之论著，关于合作事业进展实况之报道，关于合作实务之研究与设计，关于实际工作经验及问题之讨论和关于合作运动之文艺创作”等，也刊载关于合作事业的训令、章程、电文、会议记录、统计数据和其他相关的官方文件。载文有《重庆市各合作社业务概况一览表》《渝市工业合作生产社之组织经营及改进意见》《重庆市三十二年度合作事业报告》等。

本刊为地方合作事业刊物，原为月刊，实际多未能按期出版；后改为半月刊。约1944年11月出至第四卷第十一期停刊。现保存于中国国家图书馆、四川大学图书馆、重庆图书馆、南开大学图书馆。

重慶合作

創號刊

中華民國三十一年七月四日出版
重慶市社會局合作指導室編印

紀念二十屆國際合作節

要目

紀念第廿屆國際合作節（代發刊詞）	陳先鵬
紀念今年的國際合作節	喩林炎
重慶市消費合作社聯合社之成長	曹海秋
重慶市合作社組織與指導	張玫非
消合作社計口授糧	趙聰秋
合作法規	
合作消息	

《重庆合作》创刊号封面

《宪兵杂志》(1942 年)

1933 年 4 月创刊于南京，宪兵杂志社编辑发行（社址在南京道署街宪兵司令部）。约 1942 年 7 月在重庆复刊，宪兵司令部宪兵杂志社编辑发行（社址在重庆临江路)，东方印书馆印刷。吴敬恒题写刊名。贺国光撰写复刊词。

本刊旨在“阐明宪兵理论，研究实际勤务，启迪官兵职能，普及军事常识”，“报道日、法等各国宪兵的情况”，“刊有反映宪兵官兵生活实况的文章”，设有特载、论著、法学、业务研究、宪兵论坛、文艺、重要文献、名人传略、部闻等栏目。主要撰稿人有徐永昌、吴鼎昌、何辑五、陈远湘、于文瑞、周锡侯、卓建安等。载文有《指纹法在美国军队中之应用》《法国宪兵法规（附表)》《宪兵教育之效果》等。

本刊为军事类刊物，月刊。非卖品。停刊时间及原因不详。现保存于重庆图书馆、甘孜州档案馆等。

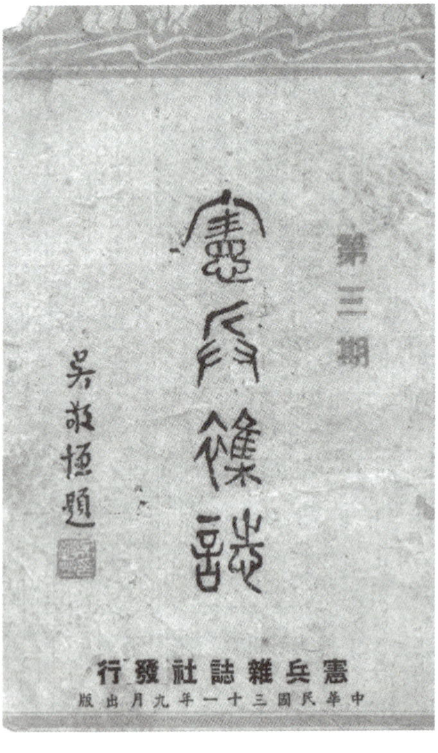

《宪兵杂志》1933 年第一期、1942 年第三期封面

《测量专刊》(1942 年)

1942 年 7 月创刊于重庆，中国地理研究所大地测量组编辑发行。1944 年 12 月停刊，共出 11 期。

本刊为测量学刊物，不定期刊。现保存于中国国家图书馆、南京图书馆、重庆图书馆。

《国立江苏医学院院友录》(1942 年)

1942 年 7 月创刊于重庆北碚，国立江苏医学院出版组编辑（地址在重庆北碚苏医村）。

国立江苏医学院由前江苏省立医政学院及南通学院医科合并改组成立。本刊主要内容包括本院现任职教员录、本院离院职教员录、本院在院同学录、本院毕业同学录、前江苏省立医政学院职教员录、前南通学院医科职教员录、前江苏省立医政学院毕业同学录及前南通学院医科毕业同学录等。

本刊为学院院友录，刊期不详。现保存于上海图书馆。

《国立江苏医学院院友录》封面

《经济建设季刊》(1942 年)

1942 年 7 月创刊于重庆，中国经济建设协会编辑发行（地址在重庆牛角沱 26 号），新新印刷股份有限公司印刷。总编辑吴半农，干事田文彬、李宏建、张祖良。编辑委员会委员有方刚、石志仁、沈怡、沈百先、沈宗翰、何尚平、吴半农、吴景超、吴绍曾、李赋都、谷春帆、周茂柏、马群等。

本刊主要“论述国内经济建设问题，制定战时经济建设的方针和政策”，“刊有工业、农业、商业、金融、交通、水利、工矿等各业经济资料和统计资料，以及经济法规及经济论著的评介”，设有论文、经济资料、书评、统计资料、法规等栏目。载文有《我国工业建设之方针》《中国农业建设之方针》《电信建设之方针》《水力建设刍议》《战后钢铁工业建设方针之商榷》《战后公路建设与经济复员》《抗战以来后方十五省历年主要作物面积及产量估计》等。

本刊为经济刊物，季刊。1945年1月出版第三卷第三、四期合刊后停刊。现保存于四川省图书馆、重庆图书馆。

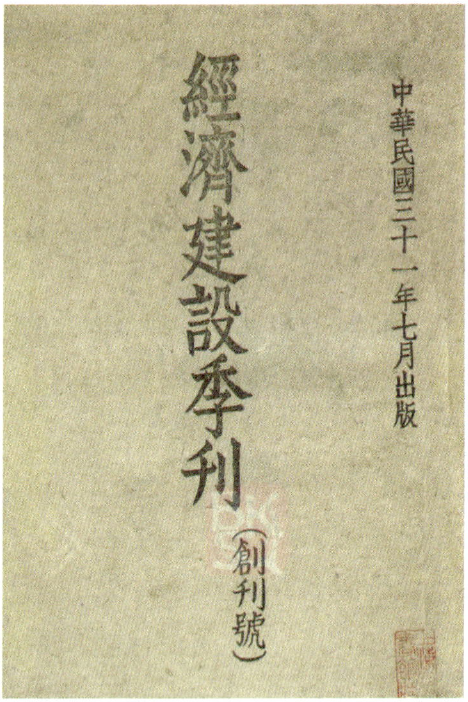

《经济建设季刊》创刊号封面

《平剧旬刊》(1942年)

1942年7月创刊于重庆，平剧旬刊社编辑发行（社址在重庆民生路第134号）。发行人蔡光德。

本刊“以研究和振兴京剧艺术为目的”，“刊登剧评、改良或创作之剧本、平剧音韵研究、乐器研究、化装、伶史、伶工、名票访问、梨园掌故、平剧活动通讯及剧院消息等”，设有戏剧漫谈、菊瓣纷飞、刁琴须知、剧坛逸闻等栏目。载文有陈豫源的《论改革之路》、康铁夫的《平剧释名》及《陪都平剧角色简评》、夏绳祖的《文丞相尽忠剧本序》等。

本刊为戏剧刊物，旬刊。出第二卷第十五期后，自 1943 年 5 月起期数另起。1943 年 12 月停刊。现保存于重庆图书馆。

《平剧旬刊》第一卷创刊号封面

《钢铁界》(1942 年)

1942 年 7 月创刊于重庆，钢铁界季刊社编辑（社址在重庆两路口两浮支路 81 号），第九区金属品冶制工业同业公会发行，文化建设印刷公司印刷。翁文灏题写刊名。

本刊内容涉及“钢铁工业建设之理论和技术的研究，一般工业建设问题的研究，各国钢铁工业建设情形及改进发明方面的译著或调查，经营铜铁事业之服务经验及心得的报告，以及钢铁资源产销、工厂管理、工人生活方面的研究调查或其他资料等”，设有论著、研究报告、钢铁事业介绍、世界钢铁工业、工建动态、法规汇辑、文献选辑等栏目。载文有《中国钢铁界之使命》《钢铁与钢铁建国》《论中国工业发展之途径》等。主要撰稿人有胡秋原、朱玉仑、黄汲清、李裕译等。

本刊为钢铁工业刊物，季刊。1943年6月出第三期后未见出版。现保存于四川省图书馆、四川大学图书馆、重庆图书馆。

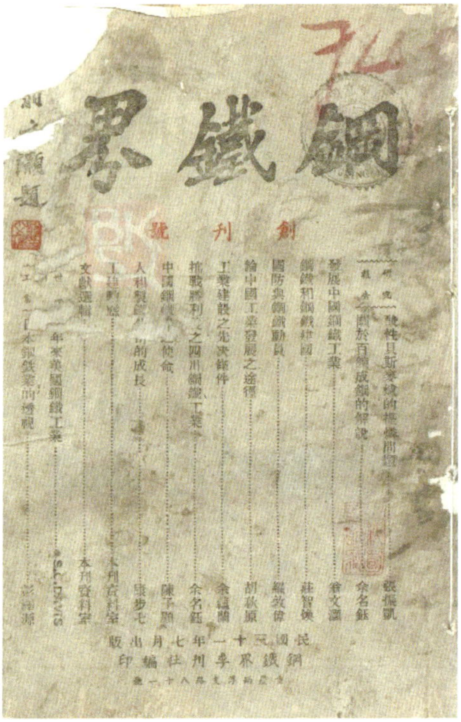

《钢铁界》创刊号封面

《航空建设》(1942年)

1942年8月1日创刊于重庆，中国航空建设协会总会编辑发行（地址在重庆民生路韦家院坝第1号）。1947年4月迁至南京大悲巷续出第二卷第三期。

本刊主要目的是“研究航空学术，介绍我国空军建设”，刊载了“中国航空建设的动向、计划、新发明以及飞虎队等相关内容”，也有关于航空的小品文及通讯、小说、诗歌，空中英雄的战绩与传略等内容，还刊登了译自外国的航空理论著作。本刊设有论著、航建动态、译述、文艺、记载、人物志、通讯、小品等栏目。主要撰稿人有陈庆云、康乃馨、王惠云、吴学迈、丁布夫、陶在湄、傅丘平、鲁觉等。载文有《航空建设与国家现代化》《中国伞兵》《空中战斗怎样演进到今天》《陈纳德是怎样干的？》《青年心理与航空模型运动》《从全世界扩充空军谈到中国空军人员的来源》等。

本刊为航空刊物，双月刊。16 开本。自 1947 年 7 月第二卷第四期起改为月刊。现存最晚一期是 1948 年 6 月出版的第三卷第三期。现保存于四川省图书馆、四川大学图书馆、重庆图书馆。

《说文月刊》（1942 年）

1939 年在上海创刊，卫聚贤创办并发行（地址在上海金神父路花园坊 65 号），卫聚贤、陈志良编辑。1941 年 12 月出第三卷第六期后因上海沦陷而停刊。1942 年 8 月 15 日在重庆复刊（地址在重庆陕西街 19 号），续出第三卷第七期，说文月刊社编辑，卫聚贤发行，实业印务公司印刷。

本刊“纯以研究学术，发扬文化，提倡纯正思想为宗旨”，因“研究文字稿件较多，故取名《说文月刊》”。本刊“以弘扬民族文化为目的，注重文史方面的研究，为经济、文学、历史、考古专门刊物”，“注重研究国学的起源与发展”，内容侧重于文字、训诂、语言、历史、考古、古钱、文艺等方面。本刊主要撰稿人多为当时著名的专家和学者，如卫聚贤、孔令谷、傅振伦、马叙伦、郭沫若、胡理兹、吕思勉、胡朴安、陈志良、陈邦福、朱右白、高本汉、吴敬恒、金毓黻等。载文有《说文解字六书疏证摘记》《训诂学史序》《历代钱谱序》《古文今文释名》《音学书目提要》《上海的反切语》《中国哲学史讲话》《中国建筑史概论》《漫谈巴蜀文化》《蜀王本纪考》《华西的史前石器》《中国文字形体的演变》《西王母考》《学兰亭帖之方法》《论简易字之形成》等。本刊渝版第一号（即第三卷第七期）为“巴蜀文化专号”，第二号为“编史方法采访专号”，第三号为“四川的治水者与水神专号”，第四号为“汉

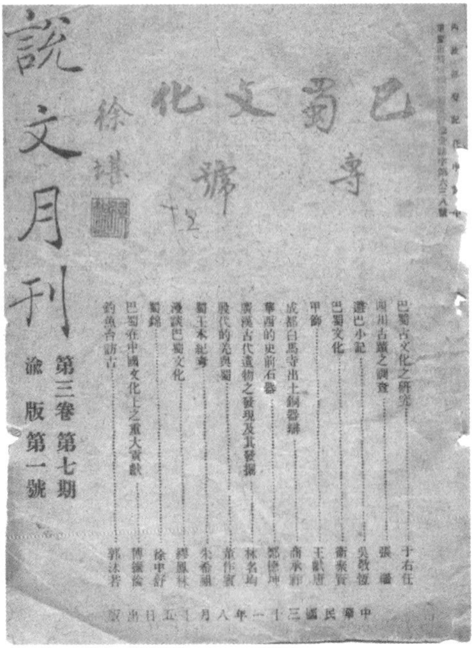

《说文月刊》第三卷第七期封面

墓专号”，第五号为“西北文化专号”。

本刊为社科学术刊物，月刊。本刊出版所需经费多依靠募捐，又因印刷关系，常不能按时出版。约 1947 年 1 月出版第五卷第五、六期合刊后停刊。现保存于中国国家图书馆、四川大学图书馆、南充市档案馆、重庆图书馆。

《海洋集刊》(1942 年)

1942 年 8 月创刊于北碚，中国地理研究所编辑发行（地址在重庆北碚中山路 15 号），国立四川造纸印刷科职业学校印刷。

本刊主要“刊载中国地理研究所与福建省气象局等合作在闽东山县一带调查海洋学上诸问题的研究报告和学术论文”，主要涉及海洋地理、生物、水产、气象、航海等方面，还刊载有海洋学研究成果、资料和学术动态等。载文有《东山之潮汐与海流》《闽海岸化石蟹穴之初步研究》《闽海岸线之变动》《东山海水盐分之半日周期变异（附表）》《由化石植物生态推测亚洲新生代——冰川之地质时代及其发达之规模》等。

本刊为海洋学学术刊物，不定期刊。仅见 2 期。现保存于上海图书馆、吉林大学图书馆、南京大学图书馆、重庆图书馆。

《科学记录》(1942 年)

1942 年 8 月创刊于重庆，国立中央研究院编行，荣盛合作出版社印刷。主编吴有训。姜立夫、李四光、茅以升等为编辑委员会成员。1947 年迁上海印行。

本刊内容覆盖地理、物理、化学、生物、数学以及工程技术等学科，用英文发表当时国内具有重要意义的科学研究成果。本刊栏目按学科划分，有数学、化学、地理、动物学、植物学、气象学等栏目。本刊主要撰稿人有朱家骅、华罗庚、苏步青、陈省身、茅以升、李四光、程民德等。

本刊为学术类刊物，季刊。停刊时间不详。现保存于上海图书馆、重庆图书馆。

《中大化工》(1942 年)

1942 年 8 月创刊于重庆，国立中央大学化学工程学会编辑发行（地址在重庆沙坪坝国立中央大学内）。

本刊主要“刊载国立中央大学化学系所发表的论文”，“报道化学界的消息及其他”，内容包括“研究考察报告，有关化工的论著及译述，会员简讯与动态”等。主要撰稿人有卢玉川、徐英煊、王昶、张余善、张国炳、杜长明等。载文有《论提高科学的研究》《上海化学工业之近况》《自流井、盐火井之考察》《化学及冶金学对近代文化之贡献》等。

本刊为化学类刊物，刊期不详。非卖品。约 1944 年停刊。仅见 2 期。现保存于重庆大学图书馆、南京大学图书馆、复旦大学图书馆。

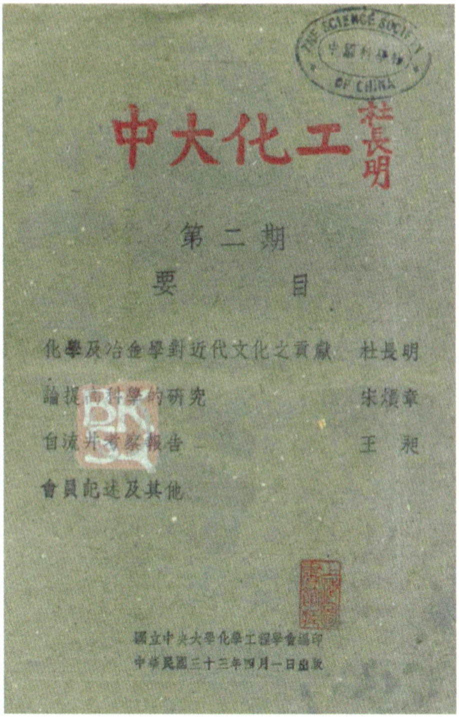

《中大化工》第二期封面

《卫理公会通讯》(1942 年)

本刊在上海创刊，创刊时间不详。太平洋战争爆发后迁往重庆，1942 年 9 月 1 日在重庆复刊，中华基督教卫理公会通讯社编辑发行。

本刊“刊行之宗旨，原为供给教会消息，俾便互通声气，登载静修文字，冀能提倡自修，至于讨论教会，□兴应革问题，尤在欢迎之列”。本刊主要发表教会新闻、个人消息，设有中外大事记、教会消息、静修等栏目。载文有《大时代中的卫理宗》《人生问题的三种态度》《战后我国的基督教》《成都教区主日学训练班纪要》等。本刊撰稿人有张仕章、陈文渊、罗运炎、罗定兴、唐一澄、黄云松等。

本刊为基督教刊物，月刊。停刊时间及原因不详。现保存于上海图书馆、重庆图书馆。

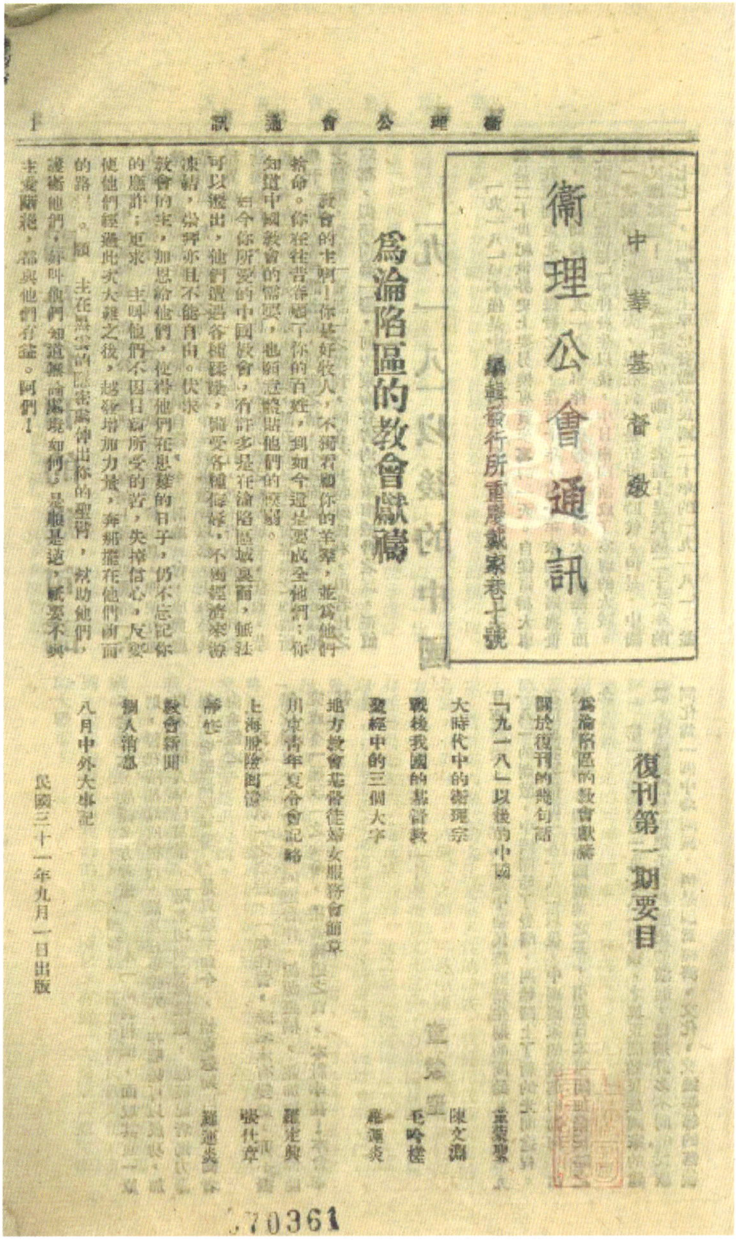

衛理公會通訊　　一

中華基督教

衛理公會通訊

編輯發行所重慶戴家巷十號

為淪陷區的教會獻禱

教會的主啊！你是好牧人，不獨看顧你的羊羣，並爲他們捨命。你在往昔看顧了你的百姓，到如今還是要成全他們；你知道中國教會的需要，也顧念體貼他們的軟弱。

如今你所愛的中國教會，有許多是在淪陷區域裏面，無法可以遷出，他們遭遇各種蹂躪，備受各種侮辱，不獨經濟來源凍結，崇拜亦且不能自由。伏求教會的主，加恩給他們，使得他們在患難的日子，仍不忘記你的應許；更求主叫他們不因目前所受的苦，失掉信心，反要使他們經過此次大難之後，越發增加力量，奔那擺在他們前面的路。……願主在黑暗的區域裏伸出你的聖臂，救助他們，護衛他們，並叫他們知道無論處境如何，是艱是逆，祇要不與主斷絕，都與他們有益。阿們！

復刊第一期要目

為淪陷區的教會獻禱
關於復刊的幾句話
「九一八」以後的中國
大時代中的衛理宗　陳文淵
戰後我國的基督教　毛吟槎
聖經中的三個大字　羅運炎
地方教會基督徒婦女服務會簡章
川東青年夏令會記略　羅定興
上海脫險回憶　張什章
靜悟　羅運炎
教會新聞
個人消息
八月中外大事記

民國三十一年九月一日出版

《卫理公会通讯》复刊第一期封面

《中国新闻学会年刊》(1942 年)

1942 年 9 月 1 日创刊于重庆，中国新闻学会编辑发行，重庆大公报馆印刷。

本刊宗旨在于“集中全国意志，宣导国家政策，争取民族自由，完成抗建伟业”，“在抗战宣传中建立中国特有新闻学”。本刊“对报业技术、战后新闻事业的概况、新闻记者的职业问题，以及各地报业现状等都有所研讨”。本刊设有论文、记事、调查、附录等栏目。主要供稿人有程沧波、邵力子、赵敏恒等。载文有《一年来中国新闻界大事记》《陪都各报之沿革与现状》《抗战以来之上海新闻事业》《报人当前的天职》《新闻的选择与编辑》《抗战中的国际宣传》等。

本刊为新闻类刊物，年刊。16 开本。现存最晚一期是 1944 年 11 月出版的第二期。停刊时间及原因不详。现保存于中国国家图书馆。

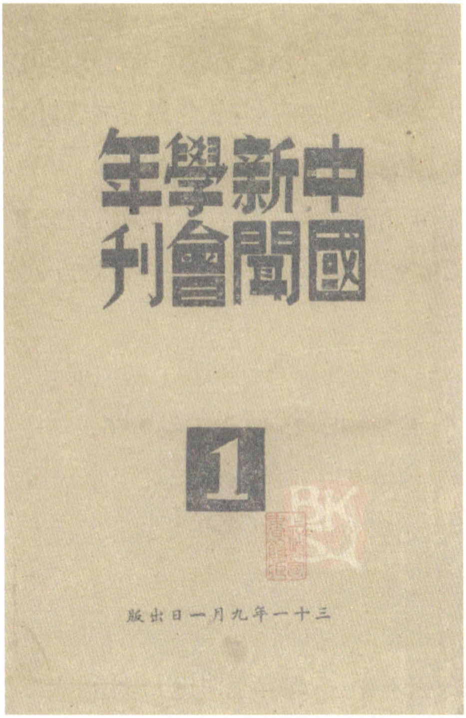

《中国新闻学会年刊》第一期封面

《文化先锋》(1942 年)

1942 年 9 月 1 日创刊于重庆，主编李辰冬，编辑李辰冬、徐文珊，发行人张道藩，发行所中央文化运动委员会文化先锋社（社址在重庆会府街曹家庵 16 号）。

本刊旨在“以三民主义的宇宙观与哲学观，重新建立各种学术的体系以及一切文化事业的中心”，“促进文化事业”。其自称是“学术性刊物”，“是供全国哲人、学者发挥议论的园地”。本刊将文化划分为精神文化和物质文化两类，认为社会科学的研究专家是精神文明的建设者，自然科学的专家学者是物质文明的建设者，因此所刊文章涵盖社会科学与自然科学两个领域。本刊设有短论、论著、抗战史话、科学讲座、专载、文艺、文化消息、问题讨论、现代史话、青年园地、书评、通讯等栏目。主要撰稿人有张道藩、李长之、林超、徐仲年、卫聚贤、王平陵、孙道昇、沈从文等。载文有《论大学教育之改进》《论历史教育》《现代思潮批判》《论青年精神读物之急需及其编辑方法》《对于吾国地理研究与地理教育方针之意见》等。

本刊为综合性刊物，初为周刊，全年 50 期，25 期为 1 卷。16 开本。自 1946 年 7 月第六卷起迁南京出版并改为半月刊，主编华仲麟，发行人张道藩。现存最晚一期是 1948 年 10 月出版的第九卷第七期。停刊时间及原因不详。现保存于四川大学图书馆、自贡市档案馆、峨眉山市档案馆。

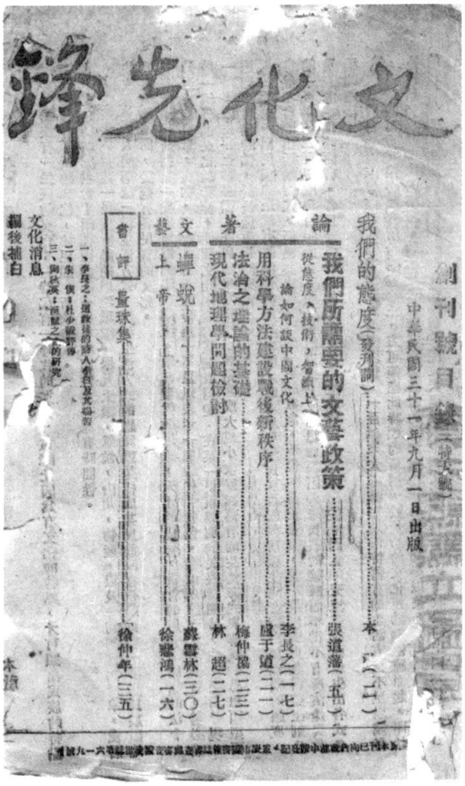

《文化先锋》创刊号封面

《重庆防毒通讯》(1942 年)

1942 年 9 月 15 日创刊于重庆，重庆防空司令部第四处编印，重庆良华印刷所印刷。总编辑陈瑞淇。

本刊“旨在传播防疫常识，介绍防疫措施，推广防毒业务，研究防毒理论”，辟有专论、特写、通讯、化学战语浅释等栏目，刊有《光气之毒害与救护》《返职后如何展开防毒业务》《卅一年度办理市民防毒口罩供应经过报告书》《陪都防毒的当前急务》《防毒油膏》《闲话漂白粉》《预防鼠疫常识》等文章。

本刊为防疫防毒刊物，半月刊。16 开本，每期 8 页。非卖品。现保存于四川大学图书馆、重庆图书馆。

民國卅一年十一月十五日出版

重慶防毒通訊

重慶防空司令部第四處編印

賀國光

第五期

半月刊

非賣品

總編輯：陳琮淇　印刷者：重慶良華印刷所

閒話漂白粉

繹

漂白粉市名氯化石灰，其製法係將消石灰（Slaked lime）於外形似烟囪內分若干層之高塔內緩緩撒下，而以氯氣壓至塔下，上升之氯與下撒之消石灰直接化合成漂白粉，其變化之方程式如下：

$Ca(OH)_2 + Cl_2 \rightarrow CaOCl_2 + H_2O$
消石灰　氯　漂白粉　水汽

漂白粉即可於塔底裝箱，水汽及一部氯於塔上口逸去，漂白粉之臭味與氯相同，即因其中含有氯氣之故。

據研究知漂白粉之分子構造式為 $Ca\langle^{OCl}_{Cl}$ 放置水後即發生下列之變化：

$2CaOCl_2 + 2H_2O \rightarrow Ca(OH)_2 + CaCl_2 + 2HOCl$
漂白粉　水　氫氧化鈣　氯化鈣　次亞氯酸

次亞氯酸極不安定，即變成氯化氫（即鹽酸）與初生態氧，

$HOCl \rightarrow HCl + (O)$
次亞氯酸　鹽酸　初生態氧

初生態氧（O）與分子式之氧 O_2 不同，前者有極強之氧化力量，可以漂白色質，可以殺菌，故普通工業用漂白粉溶液以漂白布匹紙漿，或飲水中用漂白粉消毒滅菌，皆因其能產生初生態氧之故。

漂白粉與芥氣之作用，亦因其所產生初生態氧將芥氣氧化為亞碸、及碸無毒作用。

$(ClCH_2CH_2)_2S + CaOCl_2 \rightarrow (ClCH_2CH_2)_2SO + CaCl_2$

是項反應能發生熱量極多，並放出氯化氫，芥氣蒸汽，其構造尚未確定之產物，惟因溫度升高過多，每使附近之乾草紙片自行着火，故用漂白粉消毒時，應先將其與水混合使成漿狀，或與土混合可使溫度不致過高，否則此極多之熱量，可助附近之液體芥氣揮發至空中，造成較高之濃度，常聞有人以為漂白粉中含有石灰，石灰為鹼性，故能消毒，實屬錯誤。漂白粉因係氯化石灰，故不宜侵入眼睛，又如燒灼傷之皮膚，亦不能塗以漂白粉漿，尤於毒傷急救時切須注意。

漂白粉之效用，視其所含次亞氯酸根—OCl之多寡而定，故分析化學中定次亞氯酸根之含量，以表示漂白粉之是否有效，名之曰有效用之氯 Available Chlorine。普通漂白粉中有效用氯之含量為31%至35%，受潮後次亞氯酸即放出初生態氧，使其喪失效用，以至10%以下，甚至變成氫氧化鈣 $Ca(OH)_2$ 與氯化鈣 $CaCl_2$，即毫無用處。

如漂白粉內之次亞氯酸根含量極多，以致成為次亞氯酸鈣 $Ca(OCl)_2$ 時，即俗名謂

— 1 —

《重庆防毒通讯》第五期封面

《好男儿》(1942年)

1942年9月15日创刊于重庆，全国慰劳总会编行(地址在重庆南纪门韩家巷9号)，中国文化服务社总经售。詹絜悟主编。

全国慰劳总会(即全国慰劳抗战将士委员会)为全面抗战时期国民政府设立的慰问前线抗日将士的组织。本刊旨在“供给前方作战将士暨后方训练部队、医院伤病官兵之精神食粮”。其内容以军事为主，设有时事述评、专论、慰劳动态、士兵乐园、中外大事记等栏目。主要撰稿人有谷正纲、方秋苇、萧文哲、任钧、老舍、黄冰、张品端等。载文有《陪都文化劳军竞赛，工商界互争前茅》《慰劳工作的检讨与展望》《文化劳军与抗战力量》《抗战的前途》《陪都赞》等文章。

本刊为军事文化刊物，月刊。至1943年4月共出8期。停刊时间及原因不详。现保存于四川省图书馆、重庆图书馆。

《好男儿》第一期封面

《联合画报》(1942年)

1942年9月25日创刊于重庆，主办单位是中、英、美三国人士创立的联合国幻灯电影供应社(地址先在重庆南岸黄家巷21号，后迁保安路211号，在成都、昆明等地设有办事处)。主编舒宗侨。发行人先后为美国人温福立、司徒华、杭勤斯。

本刊刊名之“联合”意指“联合一切反法西斯国家，打倒共同的敌人”。本刊刊登摄影照片、漫画、无线电传真、地图、木刻、时事报道、战地通讯、小品文等。相对其他报刊，本刊在印刷、纸张、发行等方面存在诸多有利条件，“图版材料由盟国及时供应；中国及印、缅战场，随时有通讯部队拍摄新闻照片；在重庆还设有无线电传真接收站，重要新闻照片三四天即可见报。画报社自身也拍摄新闻照片，并与国内新闻单位保持联系，提供图片……成为战时大后方颇有影响的画报，而且发行到多处有盟军的地方，还通过盟国飞机执行任务时，投向敌占区”。

本刊为社科综合画报，原为半月刊，后改为周刊，逢周五出版。1945 年 11 月停刊。1946 年 10 月在上海复刊（地址在上海百老汇大厦）。1949 年 4 月终刊。现保存于上海图书馆、重庆图书馆。

《联合画报》创刊号封面

《重庆市物价指数》（1942 年）

1942 年 9 月在重庆出版，经济部编行。封面印有“机密”字样。

本刊主要内容为重庆市物价指数、趸售物价指数、零售物价指数、公务员生活费指数等，多为表格。

本刊为物价刊物，月刊。16 开本，石印。约 1946 年 12 月出至第五卷第十二期停刊。现保存于中国国家图书馆、四川大学图书馆、南京图书馆、复旦大学图书馆、重庆图书馆。

《战时火柴专卖统计提要》(1942 年)

1942 年 9 月创刊于重庆，火柴专卖公司会计处编制。

本刊是“为设计、筹备与实施期中对全部火柴工业调查统计资料，及专卖实施以来业务活动纪录汇编撮要，以供主管者及从事事业者之参考”，主要内容为系统图表、会计报告、实务统计、调查统计、附录等。

本刊为经济统计刊物，不定期刊。现保存于上海图书馆。

《诗家丛刊》(1942 年)

1942 年 9 月在重庆出版，诗家丛刊编委会编著，王郁发行，戏剧文学出版社出版，五十年代出版社总经售。

本刊内容以国内诗词名家的作品为主，也有部分国外诗歌的翻译作品。载文有任钧的《重逢》、郭沫若的《易水寒》、臧克家的《从冬到春》、姚奔的《战旗》、冯先的《向布拉格致敬》、邹荻帆的《春蚕》、徐铁石的《蓝色曲折的小河》、沙鸥的《播种外》等。

本刊为诗歌文学刊物，年刊。1943 年 9 月出第二集。停刊时间及原因不详。现保存于重庆图书馆、上海图书馆。

《诗家丛刊》第一集封面

《药讯期刊》(1942 年)

1942 年 9 月创刊于重庆，国立药学专科学校学生自治会主编。发行人谢星汉。编辑何庆钵，特约编辑有周太炎、刘永和、金理文、王叔明、蒋春林等 17 人。林森题写刊名。孙科、朱家骅、马超俊、吴铁城、傅秉常为本刊题词。在重庆出版 4 期。1947 年 5 月迁至南京续出第五期。1948 年 12 月停刊，共出 6 期。

本刊宗旨为“介绍药学理论，普及药学知识，加强同行交流，共谋药学发展”，出版本刊，“以期与有关各方面互通声息，互相携手，共谋药学之发展。于消极方面，则作药学之介绍与宣扬，使药学知识普及，而减少药学发展上之困难。故本刊内容，即本此旨取材编辑而成”。本刊主要刊载药理研究、药物成分分析、中草药种植情况调查等内容，设有著述、综合、提炼、制剂、药理、文摘、本校概况等栏目。本刊顾问有陈思义、雷兴翰、陈振鹏、刘宝光、吴荣熙、任邦哲、张昌绍、刘宝善、顾学裘等。载文有《目前药学教育刍议》《论促进中国制药工业之先决条件》《关于唐新修本草》《什么是药学》《中国药学前途之展望》等。

本刊为医药刊物，年刊。16 开本。现保存于四川大学图书馆、重庆图书馆、南京图书馆、复旦大学图书馆。

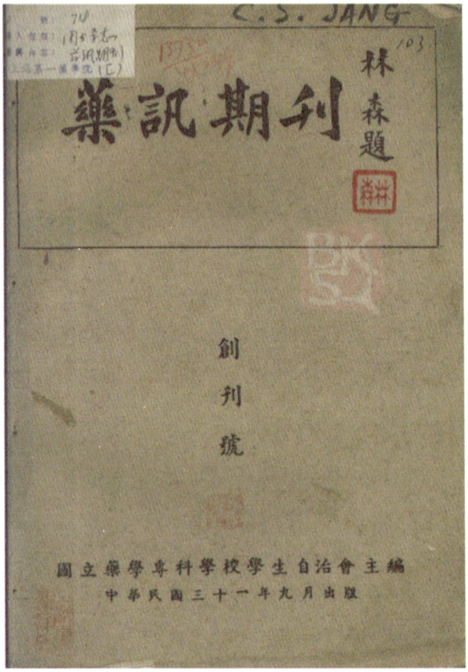

《药讯期刊》创刊号封面

《世说》(1942 年)

1942 年 9 月创刊于重庆，英国驻华大使馆新闻处编辑发行（地址在重庆民生路）。

本刊主要刊载"'二战'时期与英国有关的内容以及国际时事"，并"通过介绍新知常识和解答问题，吸引广大读者，扩大影响"。本刊所刊关于英国的内容有战时英国的衣食住行、伦敦的广播电台、战时英国的青年、英国的下议院、英国人心目中的战时中国、英国的海军训练等，关于其他国家及国际时事的内容有中东方面的战役、柏林轰炸目击记、印度战时风景、欧洲上空的空战等。本刊每半月还出版一期图画副刊。

本刊为综合类刊物，周刊，每逢周六出版。停刊时间及原因不详。现保存于重庆图书馆。

《关声》(1942 年)

1928 年创刊于上海，海关外班华员俱乐部编辑并发行（通信处为上海北四川路靶子路 111 号），海关印刷厂印刷，主编张韵。1941 年太平洋战争爆发后，日军占领上海租界，本刊被迫停刊。1942 年秋迁重庆出版，重庆区海关华员进修学会编印，约出版 17 期。陈汉玉主编。1947 年在上海复刊，期号另起。1949 年 5 月上海解放，上海军事管制委员会接管海关和总税务司署上海办事处。1949 年 8 月出版"解放号"，10 月出版最后一期。

本刊以"增进海关人员道德修养，提高业务水平，谋求共同福利"为宗旨，内容有短评、社论、海关人事动态、海关工作情况等。重庆版《关声》除报道抗战消息、海关动态外，还刊登关员关于改革不合理制度、改善海关员工待遇等的要求与呼声。本刊主要栏目有文艺小品、秘书处报告、会务记录、杂荟谈片、随笔、通讯、部员消息、本部标语、经济论业、意见、零碎、记载、诗集、国际关税、时人语录、专件、画报等。主要撰稿人有丁贵堂、徐贤良、章明古、胡愈之、周志扬、鲁一萍等。载文有《海绥运输盘纠纷解决真相》《海关税则简史》《关员的民族意识》《敌人控制下之海关近态》《检讨输入许可制的实施》《海关同人关税问题研究大纲》《对于币制改革的两种看法》《我们对于监察和稽查人员应有的认识》等。

本刊为对外贸易刊物，月刊。1937 年 8 月改为周刊，同年 10 月改为半月刊。

1943 年 4 月起，因战时物资匮乏，改为季刊。1947 年在上海复刊后改为月刊。16 开本，铅印。竖版，双栏。封面由图片、刊名、出版卷期构成。正文部分有中间分割栏。现保存于中国国家图书馆、中国人民大学图书馆、中共中央马克思恩格斯列宁斯大林著作编译局图书馆、上海图书馆、南京大学图书馆、武汉图书馆、四川省图书馆、重庆图书馆、广东省立中山大学图书馆。

《文艺先锋》（1942 年）

1942 年 10 月 10 日创刊于重庆，发行人张道藩，编辑人王进珊，文艺先锋社出版（社址在重庆会府街曹家巷 16 号）。自第二卷起主编为徐霞村、李辰冬。第五卷时主编为赵友培，编辑丁伯骝，文艺先锋社印行。后赵友培参军，编辑者只署“文艺先锋社”。约 1946 年 5 月自第八卷第五期起迁至南京出版，发行人张道藩，中央文化运动委员会印行。

本刊以“促进三民主义的文艺建设”为宗旨，创刊号刊有张道藩的《敬致

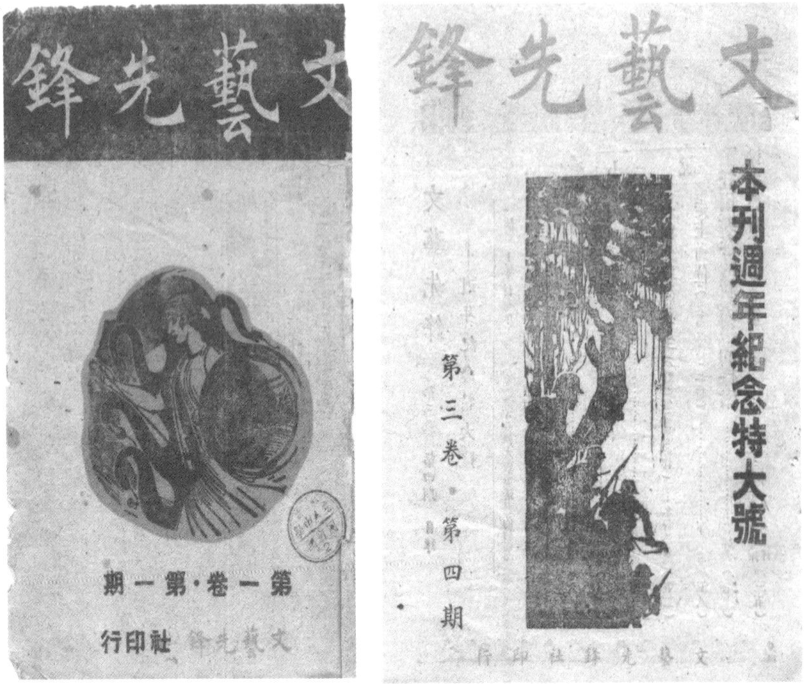

《文艺先锋》1942 年第一卷第一期、1943 年第三卷第四期封面

作家与读者》，写明创办刊物的目的在于："一、加强全国文艺界总动员；二、补充全国读者精神食粮；三、供给全国作家发表作品；四、促进三民主义文艺建设。"本刊先后辟有短论、论著、小说、名著研究、散文随笔、演技研究、诗园地、遗珠录、攻玉集等栏目，重视文艺理论和文艺批评。本刊撰稿人有茅盾、老舍、王平陵、姚蓬子、易君左、谢冰莹、张骏祥、臧克家、张道藩、徐仲年等。载文有茅盾的《走上岗位》、沈从文的《"文艺政策"探讨》、丁伯骝的《除夕："古老的故事"之一》、李辰冬的《六年抗战与民族文学》、臧克家的《宣传画》等。

本刊为文学类刊物，初为半月刊，自第二卷第一期起改为月刊。16 开本。约 1948 年 9 月出第十三卷第三期后终刊。现保存于四川大学图书馆、重庆图书馆。

《职工通讯》(1942 年)

1942 年 10 月 10 日创刊于重庆，职工通讯月刊社编辑（社址在重庆两路口巴县中学内，后迁中山三路 187 号附 2 号），中央文化驿站印刷所印刷。发行者袁其炯。

本刊是"作为从事矿业的同人们相互砥砺、相互研究的信箱，更作为我们民族生产战士们自我教育的园地"，内容有"企业职工的工作经验交流，国外实业界和劳工界情况介绍，职工业余文体生活报道及部分文艺创作"。

本刊为企业职工刊物，月刊。64 开本。现存最晚一期是 1945 年 10 月 25 日出版的第四卷第六、七期合刊。停刊时间及原因不详。现保存于中国国家图书馆、四川大学图书馆、重庆图书馆、南京图书馆。

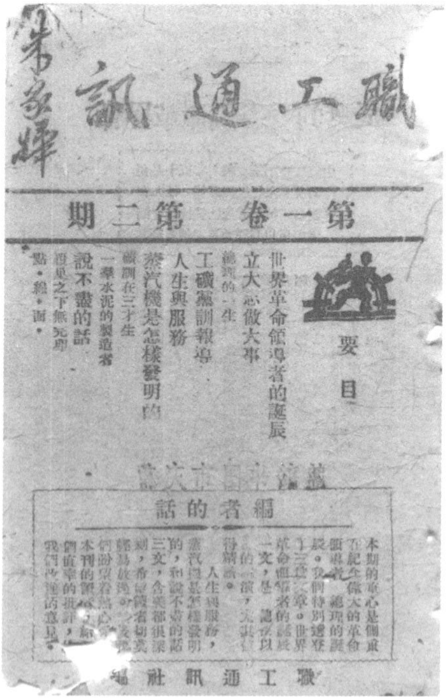

《职工通讯》第一卷第二期封面

《今文月刊》(1942 年)

1942 年 10 月 15 日创刊于重庆，今文月刊社编辑，文信书局印行（地址在重庆保安路 170 号）。主编颜悉达、汪应文、陈叔渠，发行人王君一。封面印有“杂文、散文、评论、新型综合刊物”字样。

本刊“刊有具哲学思辨性质的论文，文学史论注重古典文学涵养，反对拘古泥古”，“文言与今文皆可刊载，凡言之有据、读之有味的文章皆所欢迎”。主要撰稿人有颜悉达、汪应文、张恨水、闵孝吉、易君左、王靖国等。载文有颜悉达的《我们所能认识的真理》、汪应文的《谈名称的起源》、易君左的《大禹治水考》、黄一仲的《漫谈战时档案处理》等。

本刊为文学刊物，月刊。约 1944 年 2 月出至第三卷第二期终刊，停刊原因不详。现保存于中国国家图书馆、四川大学图书馆、重庆图书馆、复旦大学图书馆。

《今文月刊》创刊号封面

《国际新闻周报》(1942 年)

1942 年 10 月 19 日创刊于重庆，英国驻华大使馆新闻处编印，世说周刊社发行。出版地先后为重庆、成都、桂林。

本刊内容“以报道二次大战各战场最新战况，介绍各国军事行动趋势为主，并阐述了各国战时外交政策”，设有国际简讯、述评、战讯时事等栏目。载文有《英国在埃及之新攻势》《德军在苏之攻势停顿》《德军退出科西嘉》等。本刊作为《世说（重庆）》的衍生物，随其发行，不再另外收取费用。

本刊为军事新闻刊物，周刊。约 1944 年 7 月停刊，停刊原因不详。现保存于上海图书馆。

國際新聞週報

第一期・一九四二年十月十九日至廿五日

英國駐華大使館新聞處編印

英國在埃及之新攻勢

英空軍猛炸意大利軍事中心

英潛艇在地中海活躍

德軍在蘇之攻勢停頓

新幾內亞澳軍擊退倭寇

《国际新闻周报》第一期封面

《江苏旬刊》（1942 年）

1942 年 10 月创刊于重庆，江苏旬刊社编辑发行（社址在重庆新生路 3 号），新新印刷公司印刷（地址在重庆望龙门 4 号）。编辑巢桢。吴敬恒题写刊名。

本刊主要“宣传三民主义，介绍江苏施政工作，刊登学生赴内地消息”及“抗日战报、敌情和奸伪消息等”。本刊栏目有专载、史料、教育、组训等。载文有《江苏省立旅川临时中学概述》《一年来之苏教统计》《三民主义的革命人生观》《江苏省干部训练团第三期学员》等。

本刊为江苏省政府机关刊物，旬刊。1943 年 9 月出至第二卷第二期停刊。现保存于南京图书馆。

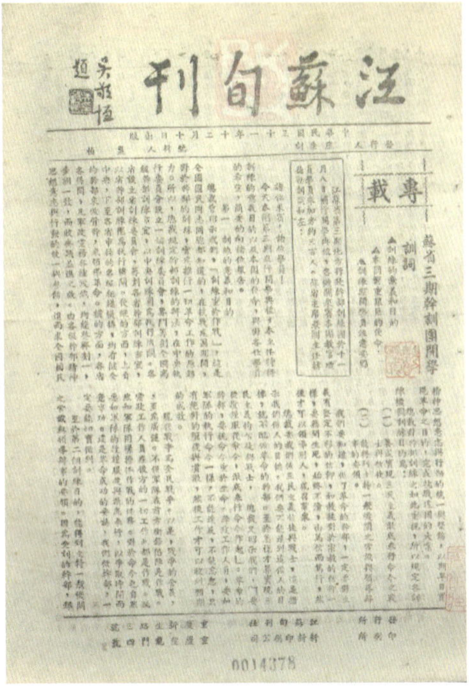

《江苏旬刊》第一卷第四期封面

《邮政月刊》（1942 年）

1942 年 10 月创刊于重庆，交通部邮政总局刊发。张嘉璈题写刊名，后由曾养甫题字。封面注有“本刊专供邮局同人阅览”字样。

本刊主要“登载邮政总局颁发的各种业务、行政指令和文件”，设有法令、业务、人事、文牍、特载等栏目。载文有《我国邮政业务发展概况与今后之展望》《整顿就地投送邮件事务》《各省县颁发土地管业执照办法》《沟通康藏邮运》等。

本刊为邮政工作刊物，月刊。16 开本，油印。约 1945 年 8 月停刊，共出 35 期。现保存于四川省图书馆、南充市档案馆、重庆图书馆。

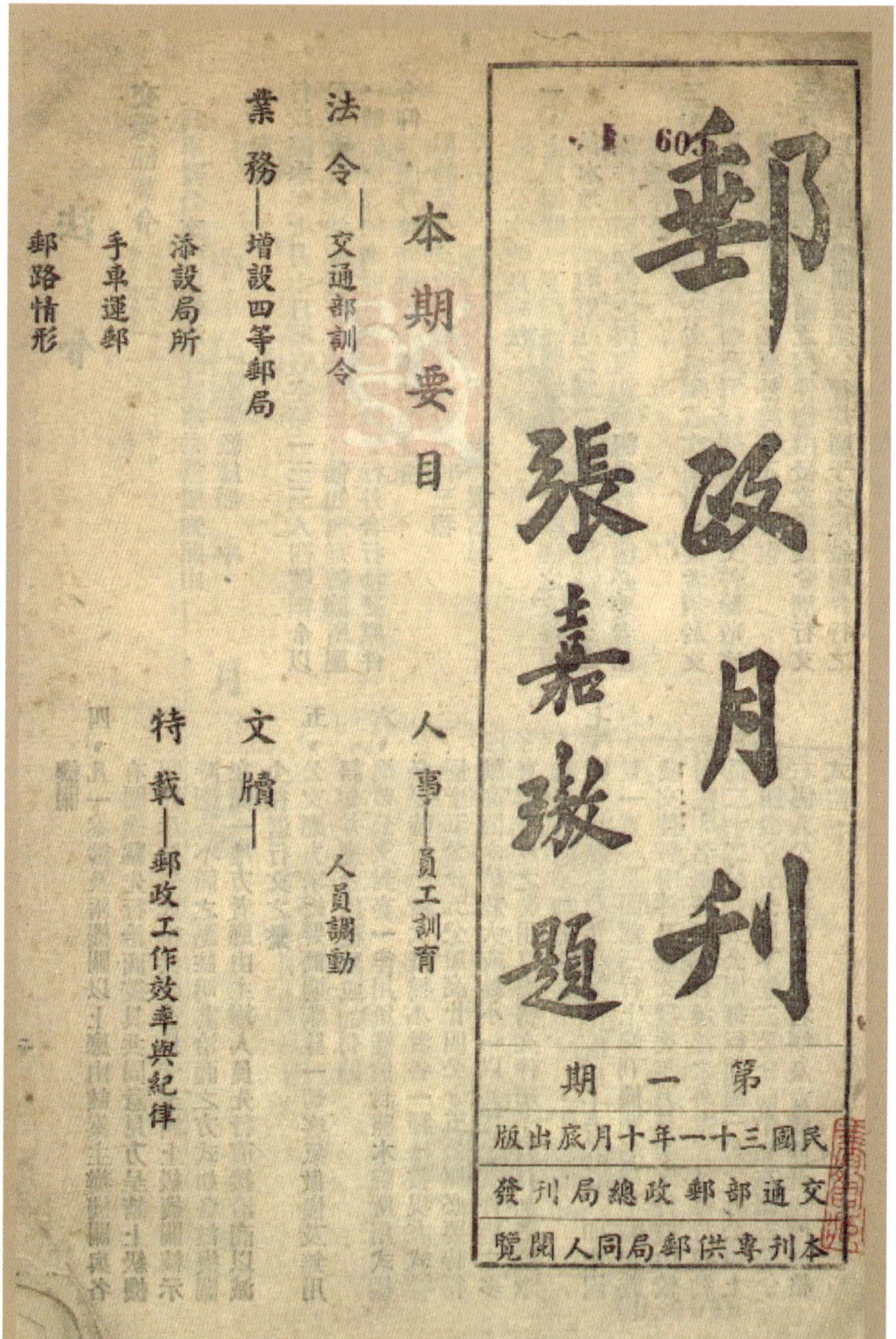
郵政月刊
張嘉璈題
第一期
民國三十一年十月出版
交通部郵政總局刊發
本刊專供郵局同人閱覽

本期要目
法令——交通部訓令
業務——增設四等郵局
添設局所
手車運郵
郵路情形
人事——員工訓育
人員調動
文牘——
特載——郵政工作效率與紀律

《邮政月刊》第一期封面

《国立中央大学四川省政府川西科学考察团报告第一号》（1942 年）

1942 年 10 月创刊于重庆，编辑者不详，国立中央大学发行。

川西科学考察团名录：名誉团长张群、顾孟余，团长胡焕庸，副团长张更、邹钟琳，地理队队长李旭旦，地质队队长张更，生物队队长陈义，森林队队长于铎，昆虫队队长邹钟琳。本刊刊登了胡焕庸的《峨眉山之气候》，从气压、气温、降水、雨日、雪与雪日、天气等多方面记录了峨眉山地区的气候情况。本刊未设置栏目。

本刊为地质考察刊物，刊期不详。现保存于上海图书馆。

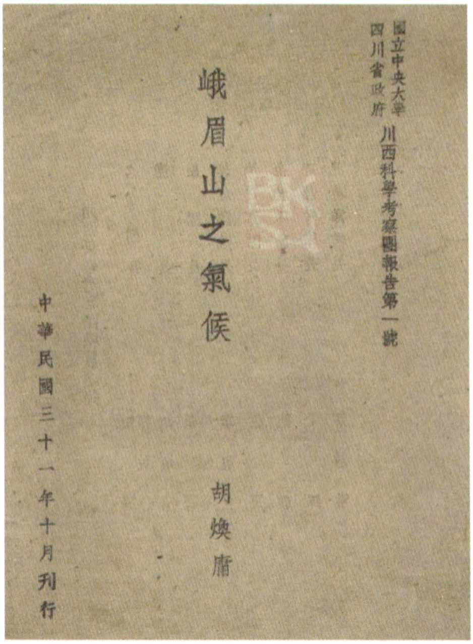

《国立中央大学四川省政府川西科学考察团报告第一号》封面

《国立中央大学理科研究所地理学部专刊》（1942 年）

1942 年 10 月创刊于重庆，胡焕庸等编辑，国立中央大学地理系发行，军事委员会政治部印刷所承印。

本刊内容学术性较强，每期十几页，仅刊登一篇最新的研究文章。载文有《峨眉山之气候》《新疆与印度间之交通路线》《中国各地之高度》《甘肃之气候》《中国之霜期》等。

本刊为地理学刊物，季刊。到 1945 年 7 月共出版 8 号。停刊时间及原因不详。现保存于中国国家图书馆、中国科学院上海分院图书馆、四川大学图书馆。

《地理集刊》(1942 年)

1942 年 10 月创刊于北碚，中国地理研究所编行（地址在重庆北碚状元碑）。封面注有“暂行本”字样。

本刊“立足西南，通过田野调查、实地勘测的研究手段，深入地对四川、重庆、云南地区的地理环境进行考察，并对这些地区的地形、地貌、地质进行勘测比较”，“为中国地理研究所下一步任务的开展提供参考”，载文主要涉及对西南地区自

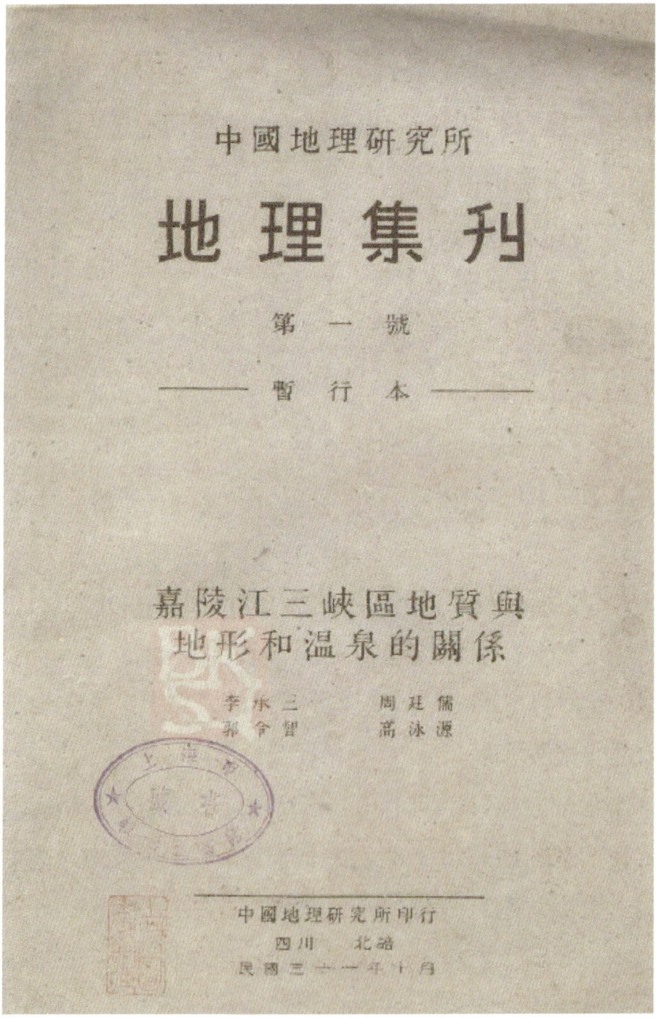

《地理集刊》第一号封面

然地理现象的考察和对考察报告的汇编。本刊刊发的文章有《嘉陵江三峡区地质与地形和温泉的关系》《北川铁路沿线煤矿区区域地理：地质与开矿事业》等。

本刊为地理学刊物，双月刊。1942 年 12 月出第二号。先为石印，1943 年 1 月改为铅印，重新编号，刊期不详。现保存于中国国家图书馆、四川省图书馆、四川大学图书馆、重庆图书馆。

《边疆通讯》（1942 年）

1942 年 11 月 1 日创刊于重庆，蒙藏委员会边疆政教制度研究会编辑发行（地址在重庆巴县两永乡花房子 28 号）。吴忠信题写刊名。1945 年 12 月在渝出完第三卷后停刊并迁往南京。1947 年 1 月在南京续出第四卷第一期。

本刊旨在“介绍研究边疆问题，沟通联系边疆，提供各种资料给边疆，加强边疆间的相互合作”，主要刊载关于边疆政治、经济、文化建设等的研究论著、资料、消息等，设有论著、边政资料、边务消息、书报评介、通讯等栏目。本刊撰稿人有李安宅、李中定、左仁极、沈忱农、马成浩、冷亮等。载文有《实地研究与边疆》《康区的习惯法》《新疆水利问题》《关于蒙藏二十个习见名词之解释》《胜利与边防工作》等。

本刊为边政问题刊物，月刊。16 开本。现存最晚一期是 1948 年 11 月出版的第五卷第十、十一期合刊。停刊时间及原因不详。现保存于四川大学图书馆、西昌市档案馆、南京大学图书馆、重庆图书馆。

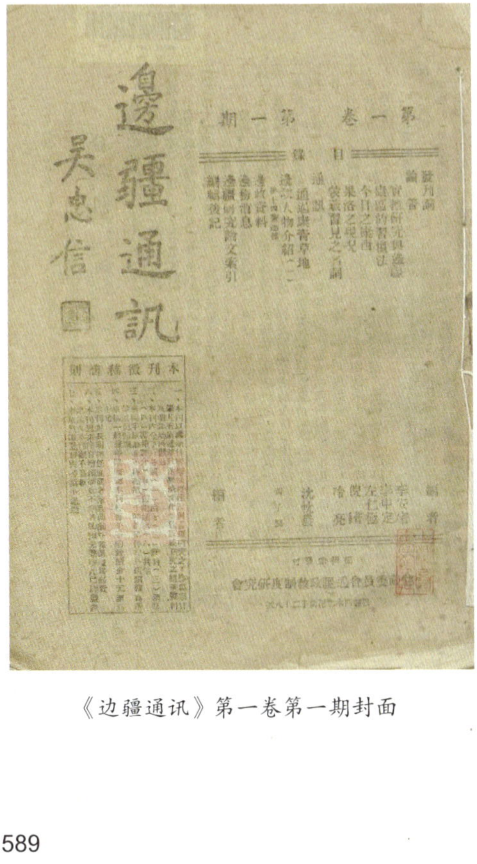

《边疆通讯》第一卷第一期封面

《国风》(1942 年)

1942 年 11 月 1 日创刊于重庆，中央周刊同人主办（地址先在重庆中一支路 49 号，后迁民生路 236 号附 1 号），大东书局出版发行。先后任主编的有陶百川、陈丙一、姚苏凤。

本刊“讨论各国时政，介绍各国上层社会社交礼仪、人物修养”，“描写国内外战时生活及各种见闻，介绍各地自然、人文风光及文坛名人轶事等”。载文有《美国战时生活素描》《踏月访问孤军八壮士》《六张七李去成都》《贵阳度岁小记》《美国空运新计划》《战后的新建筑》等。

本刊为综合性刊物，半月刊。先为 64 开本，第九期起改为 32 开本，第四十六期起改为长条形 32 开本，并从这一期始，“篇幅扩大，编成政治的、斗争的、趣味的刊物”。约 1945 年 12 月出至第四十九期停刊。现保存于中国国家图书馆、四川省图书馆、四川大学图书馆、自贡市档案馆、重庆图书馆。

《国风》创刊号封面

《团务指南》(1942 年)

1942 年 11 月 1 日创刊于重庆，中国童子军总会编行（地址在重庆青木关长岗坡）。

本刊主要“对童子军团的训练、组织、行政、制度、活动等问题作实际的讨论与阐述，提供和介绍适当的教材、教具、童子军常识及科学知识等”。

本刊为童子军刊物，月刊。重庆图书馆现保存有创刊号至第十四期。

《大中国》(1942 年)

1942 年 11 月 1 日创刊于重庆，发行人兼主编方秋苇，大中国杂志社印行，重庆文信书局发行（地址在重庆李子坝三江村 2 号）。

本刊内容包含政治、军事、经济、法律、哲学、科学、历史、地理、教育、文学等方面的论著，“特重时代思想与民族复兴之关系”。本刊主要关注“抗战建国时期中各项理论与实际问题之研讨”，“国家现行政策之研讨，并重战时决规之诠释与实施”，“我国固有文化、民族思想及国父遗教之阐扬”，“中外学术思想之介绍与研究”，“国际政治、军事形势之分析与研究”，“不良风气之纠正”，“并重青年修养有关各种问题之研讨等”。主要撰稿人有方秋苇、刘光炎、萨孟武、李鼎芳、陈谦子等。自第一卷第三期开始，辟有“小雨点”专栏，专载对时事、人物的评论，旨在“主张正义，提倡公道”。载文有《大中国之讴歌》《民族道德与战时风气》《如果鲁迅还活着》《要彻底解决日本》《从孙子兵法论日本必败》《马列主义“中国化”》等。

本刊为社科综合性刊物，半月刊。16 开本。1943 年 1 月自第二卷第一期起改为月刊，出完第二卷第二期后终刊。现保存于中国国家图书馆、四川省图书馆、重庆图书馆。

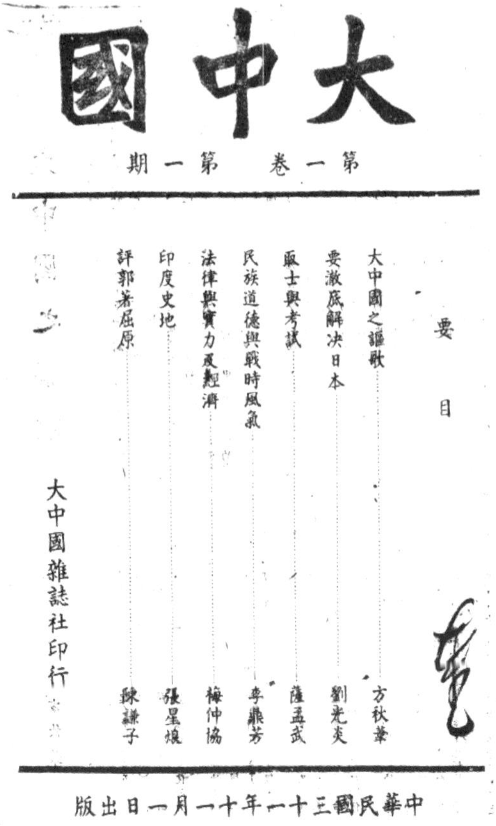
大中國

第一卷 第一期

要目

大中國之謳歌……方秋葦
要澈底解決日本……劉光炎
取士與考試……薩孟武
民族道德與戰時風氣……李鼎芳
法律與實力及經濟……梅仲協
印度史地……張星烺
評郭著屈原……陳謙子

大中國雜誌社印行

中華民國三十一年十一月一日出版

《大中国》第一卷第一期封面

《荣誉军人月刊》(1942 年)

1942 年 11 月 10 日创刊于重庆，荣誉军人月刊社编辑发行（社址在重庆江北陈家馆街 224 号），国际问题研究所印刷厂印刷。

本刊“以宣扬荣誉军人英勇事迹，报道荣誉军人动态，指导荣誉军人之生活，加强其抗建意志，激励其抗建情绪，巩固其对三民主义、总理遗教之信念，并检讨荣誉军人问题为宗旨”。本刊主要刊登“记述荣誉军人之英勇事迹者，报道荣誉军人之生活（包括工作、学习）情形者，荣誉军人自传，荣誉军人之负伤、医疗、归编、服务经过及感想，荣誉军人与民众联络之记载，荣誉军人之英勇故事，激励荣誉军人之小说、戏剧、诗歌、图画及曲谱，阐扬三民主义、分析国际政治抗建局势之通俗论文，检讨荣誉军人问题之论文，其他能直接激励荣誉军人之译著”等。

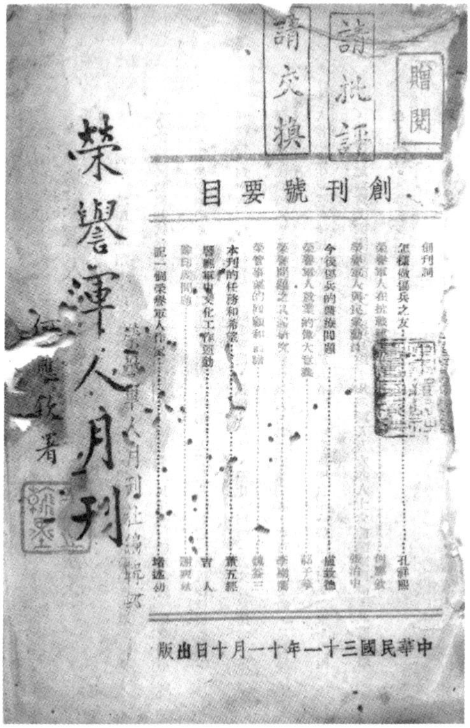

《荣誉军人月刊》创刊号封面

本刊为军队刊物，月刊。32 开本。停刊时间及原因不详。现保存于重庆图书馆、重庆市北碚区图书馆。

《心理建设》(1942 年)

1942 年 11 月 15 日创刊于重庆，中国心理建设学会编行（地址在重庆神仙洞街 204 号），汉日新快报印刷所印刷。发行人王寒生。

本刊为“心理建设之园地”，“以心理建设为基准，宣传力行精神、民族气节，以期完成普遍的心理改造运动”，内容无论是“创造或译述，必须关于力行哲学、民族气节及其他有关发扬民族精神、心理建设之文字”。本刊无特色栏目设置，曾出版“新风气专号”。主要执笔者有王寒生、秦世杰、袁第锐、王有亮、王叔惠、梁乙真、黄楚青等。载文有王寒生的《怎样建设心理国防》、金雪欧的《论中国民族精神之核心》、袁第锐的《力行哲学之史的发展》、梁乙真的《论民族气节》、黄幼勤的《中国政治的改造》、王有亮的《中华民族的生命》等。

本刊为社会心理学刊物，月刊。1943 年 10 月终刊，共出 5 期。现保存于中国国家图书馆、重庆图书馆。

《心理建设》创刊号封面

《财政学报》(1942 年)

1942 年 11 月 15 日创刊于重庆，中国财政学会编印(地址在重庆林森路 1 号)，国际问题研究所印刷厂印刷。发行人刘振东。编辑委员会主任委员刘振东，副主任委员刘秉麟，编辑委员有方东、王孟邻、戴世光、汤占禾、刘国钧、李锐等。

本刊内容主要是“关于财政、金融、经济、贸易、汇兑等问题之探讨，学理之研究，制度之阐述，新书之介绍，史料之编撰，及其他一般问题之研究与著述”，设有论著、译述、书评、法规、资料、史料等栏目。主要撰稿人有李锐、何维凝、刁培然、武修文、罗敦伟、杨寿标、杨泽章、郭垣、张白衣、孙善甫、黄宪章、朱家驹等。载文有《经济因素与国际失调》《日本自治体之财政》《改进我国农业金融制度刍议》《论直接税与战时财政》《我国战时租税政策之检讨及其改进》《中国信用货币之起源》《秦汉时代之币制》等。

本刊为财政学术刊物，双月刊。16 开本。现存最晚一期是 1944 年 5 月出版的第二卷第四期。现保存于中国国家图书馆、四川大学图书馆、重庆图书馆、上海图书馆。

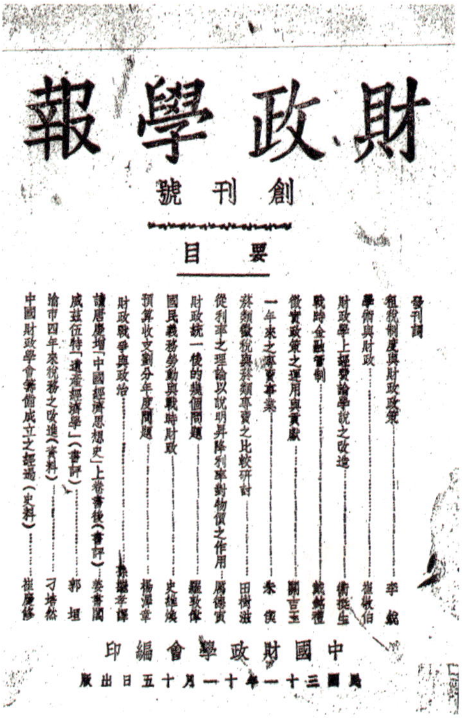

《财政学报》创刊号封面

《演剧生活》(1942 年)

1942 年 11 月 25 日创刊于重庆，新中国剧社出版委员会编辑，群益出版社发行。1943 年 1 月出版第三期后停刊。

本刊主要介绍抗战时期重庆的演剧活动和戏剧节，刊有演剧摘邮、中艺一年、重庆剧历等内容。本刊旨在“从新的姿态、一致的步伐和共同的方向，获取集体学习的成果，使技术在实践中得到完善”。载文有《重庆的五个戏剧节》《看戏杂记》《从“文人相轻”谈起》《有感于英文剧〈重见天日〉》等。

本刊为戏剧刊物，月刊。现保存于中国国家图书馆、南京图书馆。

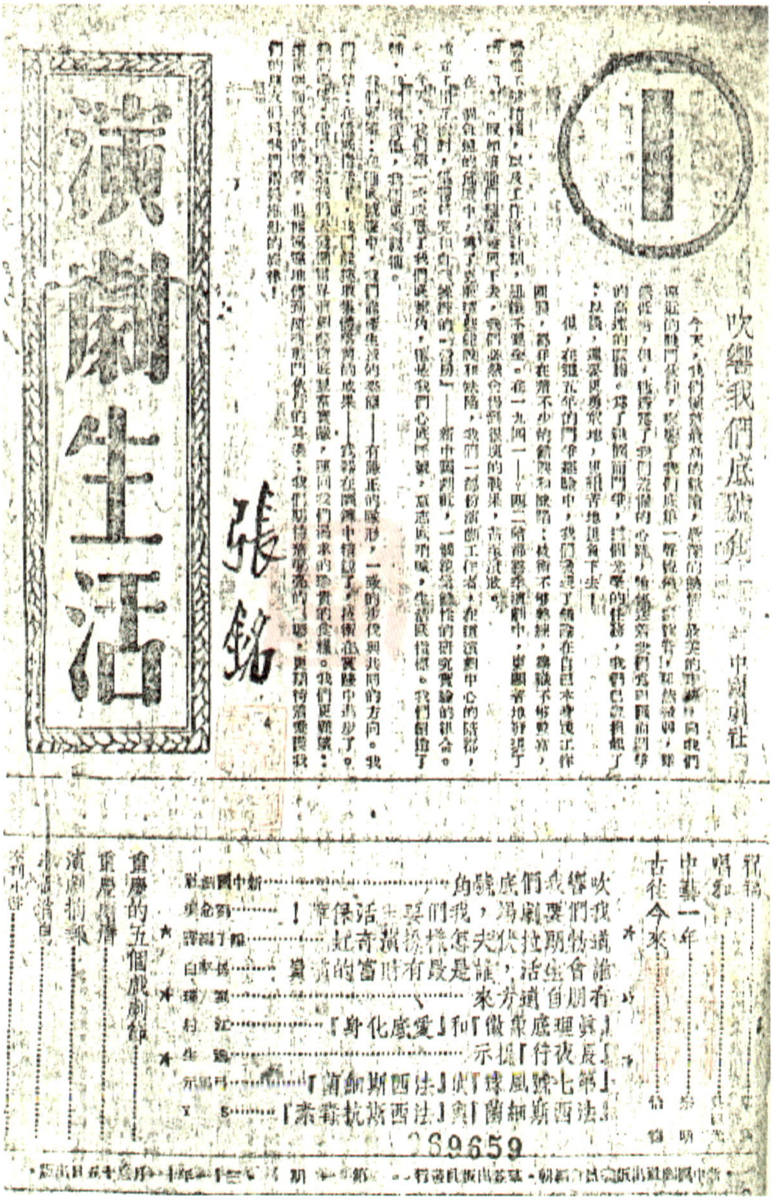
演劇生活

張銘

重慶的五個戲劇節

中藝一年

古往今來

《演剧生活》第一期封面

《学术汇刊》(1942 年)

1942 年 11 月创刊于重庆，国立中央研究院学术汇刊编辑委员会编辑，国立中央研究院出版，国立中央研究院学术汇刊经理部发行，成都市蓉新印刷工业合作社印刷。编辑委员会主任编辑叶企孙，编委翁文灏、李书华、曾昭抡、王家楫、傅斯年、汪敬熙。

本刊主要登载“国内外某科学近年之整个发展情形，国内外对于某科学中之一专门范围最近之研究趋向、推进情形及已有结果，关于促进国内某科学之建议”等，“刊有生理学、人类学、水利工程学、动物学、天文学、电机工程学、植物学、植物病理学、无线电学、气象学、畜牧学等方面的科学论文提要，科学家传记，学术记事”，以及相关的科学“研究、调查、采集、考察、观测报告等”。本刊设有论述、专载、论文提要、学术记事等栏目。主要撰稿人有汪敬熙、李四光、李良庆、曾呈奎、谭娟杰、竺可桢、吴定良等。载文有《中国冰期之探讨》《星能之来源》《中国境内地磁观测之总检讨（附表）》《中国颅骨学之发展》等。

本刊为科技学术刊物，不定期刊。1944 年 12 月出第二期后未再出版。停刊原因不详。现保存于中国国家图书馆、四川大学图书馆、重庆图书馆、上海图书馆。

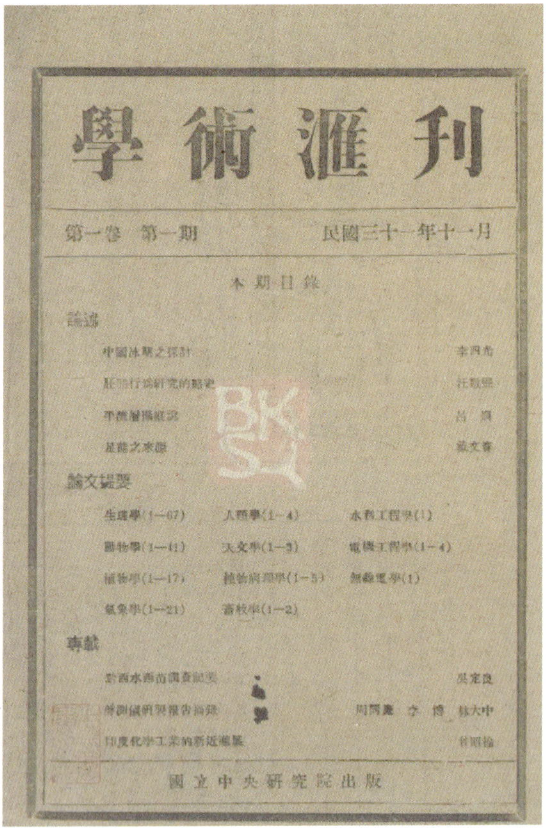
學術滙刊

第一卷 第一期　民國三十一年十一月

本期目錄

論述

中國冰期之探討　李四光

[illegible]研究的[illegible]　汪敬熙

平流層[illegible]　呂炯

星能之來源　[illegible]

論文提要

生理學(1—67)　人類學(1—4)　水利工程學(1)

動物學(1—41)　天文學(1—3)　電機工程學(1—4)

植物學(1—17)　植物病理學(1—5)　無線電學(1)

氣象學(1—21)　畜牧學(1—2)

專載

[illegible]調查記要　吳定良

[illegible]報告[illegible]　[illegible]

印度化學工業的新近進展　曾昭掄

國立中央研究院出版

《学术汇刊》第一卷第一期封面

《新公路》(1942 年)

1942 年 11 月创刊于重庆，运输统制局公路工务总处、重庆大学工学院公路研究实验室编辑发行（地址在重庆沙坪坝）。张洪沅撰写发刊词。

重庆大学于抗战期间成立了公路研究实验室，本刊主要发表该实验室的研究成果。本刊内容包括“我国公路建设问题之研究，公路工程、管理、运输之论著，公路事业之观察报告，土壤力学之研讨”等，主要栏目有论著、书评、附录等。主要撰稿人有崔龙光、张洪沅、周桢华、刘作霖等。载文有《我国公路事业之回顾及其今后建设应取之途径》《三十一年度本室之工作计划》《工程土壤之透水性及其应用于公路排水》《桥梁设计之演进》《土壤之工程性质》等。

本刊为交通运输刊物，月刊。1943 年 2 月出第二卷第二期后停刊，共出 4 期。非卖品。现保存于中国国家图书馆、复旦大学图书馆。

《新公路》创刊号封面

《会讯》(1942 年)

1942 年 11 月在重庆创刊，交通银行总管理处同人联谊会编印。

本刊宗旨是“联络同人感情，交换知识，砥砺学行，锻炼身体，增进服务技能，共谋同人福利”，内容有本行消息、同人动态、会务报告、体育素描、杂讯、文学作品等。

本刊为银行联谊会刊物，刊期不详。非卖品。现保存于上海图书馆、重庆图书馆。

《服务员之友》(1942 年)

1942 年 11 月创刊于重庆，中国童子军总会编辑并发行（地址在重庆青木关长岗坡）。

本刊“注重童子军的训练和教育”，每期篇幅不多，文章均是研讨童子军教育、发展和开展童子军服务活动等事宜。本刊刊登了胡立人的《服务员的分析》、李泽民的《怎样使儿童亲近你》、黄右前的《与一位英国童子军服务员的一段对话》等文章。

本刊为童子军教育刊物，中国童子军总会会刊，不定期刊。现存最晚一期是 1943 年出版的第 6 期。停刊时间及原因不详。现保存于重庆图书馆。

《理想与文化》(1942 年)

1942 年 12 月 1 日创刊于重庆，理想与文化社编行（社址暂设在江津旅宜四川中学内，第二期时社址改在重庆上清寺特同鲜宅），江津森森印刷公司印刷。编辑者周辅成、程行敬、吴汉骥。社长兼发行者廖闻天。1944 年 2 月自第五期始，因便利编辑和印刷，改在成都出版（地址在成都半边桥街 58 号路明书店）。

本刊旨在“研讨学术文化，激发并充实人类的理想，侧重研究历史文化问题”，刊登有关哲学、历史、宗教、文学、儒教文化等方面的学术论著。主要撰稿人有唐君毅、李源澄、牟宗三、程兆熊、王恩洋、熊十力、张君劢、李长之、张嘉谋等。载文有唐君毅的《宋明理学之精神论略》、程兆熊的《儒家学说与国际社会：战后人类精神及世界文化与文明之改造》、李源澄的《论经学之范围、性质及治经之途径》、熊十力的《十力语要》、梁漱溟的《理性与宗教》、张嘉谋的《现代欧洲生存哲学思想之源流》、王树椒的《论北魏孝文帝之新政》、李源澄的《论春秋战国之转变》、李长之的《孟轲之生平及其时代》等。

本刊为社科学术刊物，月刊。16 开本。1946 年 5 月出第八期后未见再出版。现保存于中国国家图书馆、四川省图书馆、四川大学图书馆、南充市档案馆、重庆图书馆。

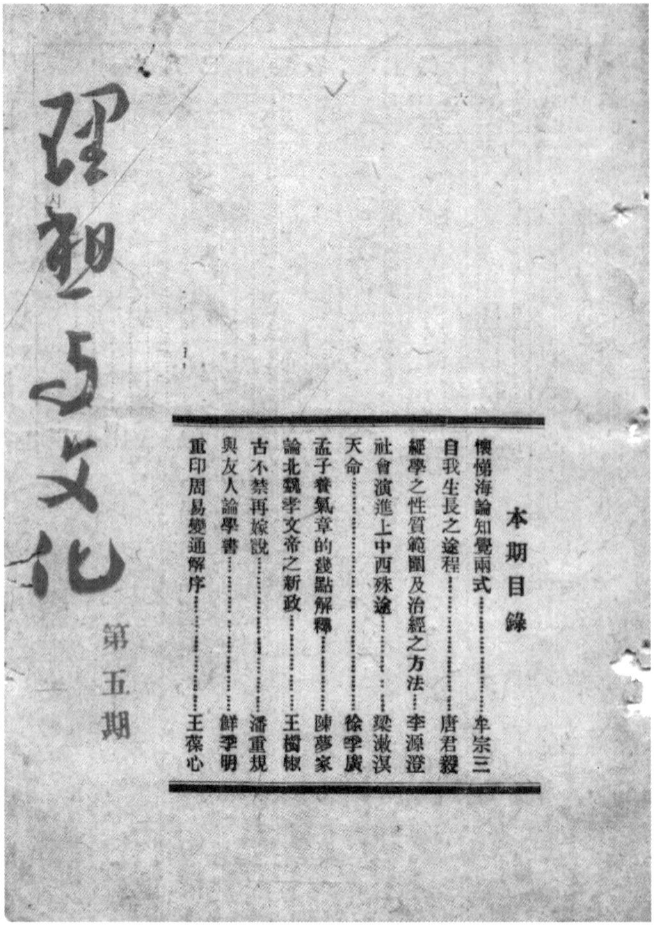

理想与文化

第五期

本期目錄

《理想与文化》第五期封面

《黄白丹青特刊》(1942 年)

1942 年 12 月创刊，中央银行同人业余剧社发行，演出委员会设计组编辑，京华印书馆承印。

中央银行同人业余剧社为演出反映银行行员参加抗战的舞台剧《黄白丹青》而编印本刊，刊登了《建设军中文化与建设银行文化》《抗战期中银行业作了些什么》《国家总动员与银行员》《敌寇在华中施行金融侵略政策之演进》等文章。

本刊为舞台剧刊物，特刊。现保存于重庆图书馆。

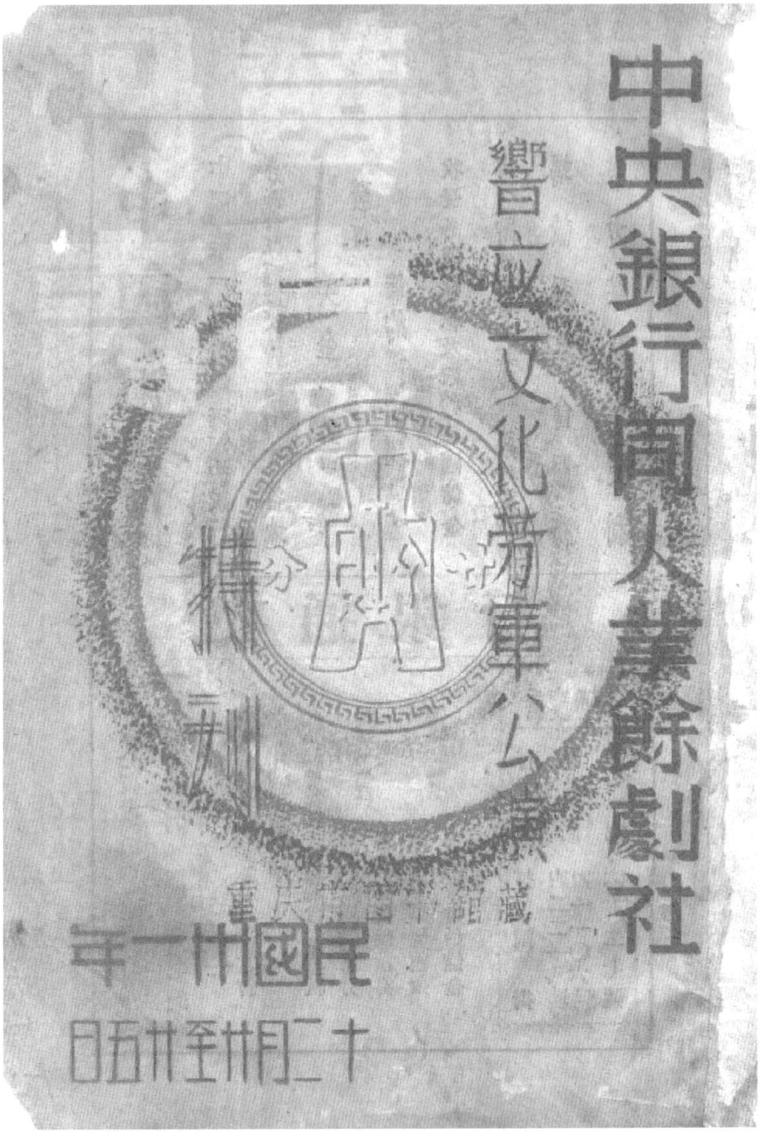

《黄白丹青特刊》封面

《东北前锋》（1942 年）

约 1942 年 12 月创刊于重庆，东北四省抗敌协会编辑出版及发行，军学编译社印刷工厂印刷（地址在重庆金汤街 78 号）。

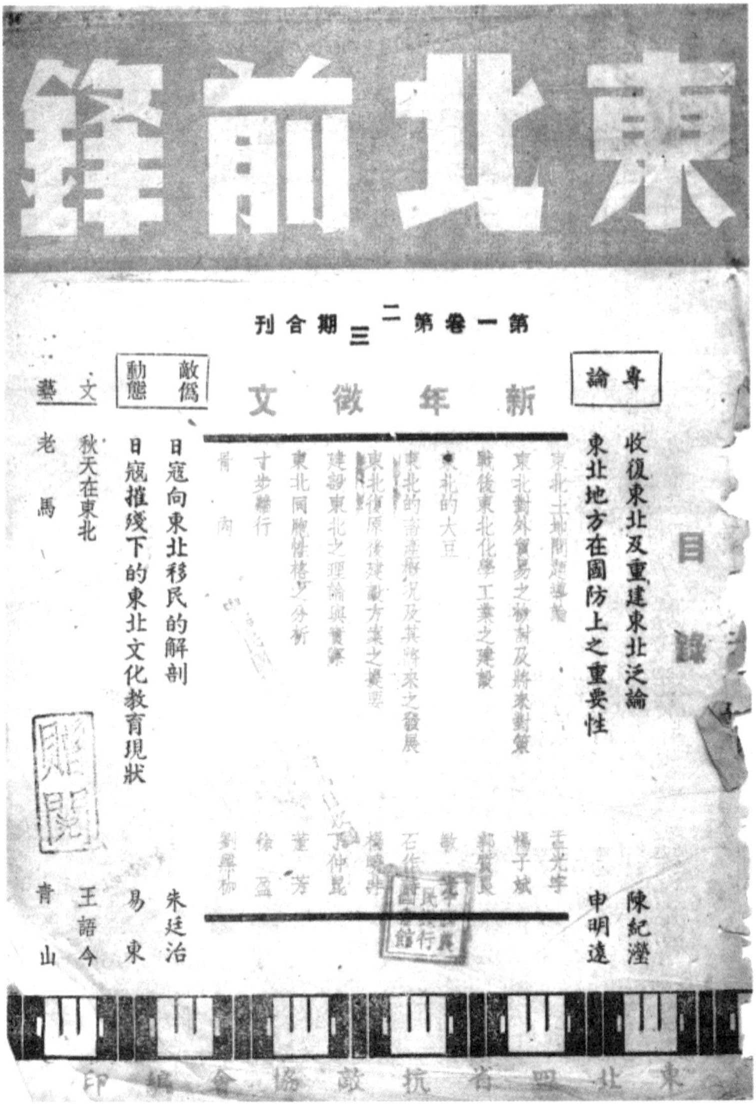

《东北前锋》第一卷第二、三期合刊封面

本刊设文告、东北史料、文艺、敌伪动态等栏目，“刊登有关东北过去、现在及将来之各种言论及著述，与前项特质相合之政治经济、社会、军事、史地、文艺、资料等作品”。

本刊为有关东北的综合性刊物，月刊；1945 年 12 月改为周刊，期数另起，约出 3 期后停刊。现保存于四川省图书馆、重庆图书馆。

《人事行政》(1942年)

1942年12月创刊于重庆，中国人事行政学会编印（地址在重庆康宁路51号，后迁上清寺陶园），时代印刷出版社代印，中国文化服务社经售。戴传贤题写刊名。

本刊“研究人事行政之理论与实务”，旨在“促致人事行政学术之进步，使其知识与技术水准日见提高，更期藉集体之观摩与砥砺，以增进从事人事行政业务者之服务道德及伦理观念”。本刊内容除有关人事行政制度的论说、介绍外，亦有公务员日常行政工作的随笔、感想等刊载，还有会议记录、数据调查统计等。主要撰稿人有吴铁城、吴思豫、甘乃光、钱卓伦、李培基、金铨、陆东平、苏雷、明仲祺等。本刊刊登了《中国人事行政学会各省市分会组织通则》《中国人事制度发展的趋势》《当前公务员待遇问题》《厘定党务军政军官职俸等级表刍议》《人事行政人员之修养》等文章。

本刊为行政理论类刊物，年刊。16开本。1943年10月出版第二期，以后未见出版。现保存于中国国家图书馆、四川大学图书馆、重庆图书馆。

《安中校友会会刊》(1942年)

约1942年在重庆出版，万县安中校友会编辑股编辑并出版，华盛印刷公司代印。宗汉题写刊名。

本刊主要记录安中校务及学生的一些情况。本刊“为全体校友共同写作之园地，欢迎全体校友踊跃投稿以充实内容”，“凡有关校友及母校之文字均极欢迎”。本刊主要栏目有会务概况、散文、诗、笔墨、校友来信、母校点滴、生活杂俎等。

本刊为校友会会刊,刊期不详。目前仅见1942年5月出版的第一卷第二期。停刊时间及原因不详。现保存于上海图书馆。

《川东师范校友会沙磁分会会刊》(1942 年)

1942 年在重庆出版，编印者不详。甘绩庸、聂荣藻为本刊题词。

本刊主要刊登新修川东师范学校记、校友动态、川东师范学校近况、川东师范校友会会务报告、校友会简章和各地通讯等，还介绍了川东师范的日常学习生活情况、战后川东师范的情况等。载文有刘念的《川东联立师范学校复兴记》、聂荣藻和余雪曼的《川东联立师范学校三十年兴衰记》、中书的《沙磁文化与川师校友》、王哲的《劫后的母校》等。

本刊为校友会刊物，刊期不详。停刊时间及原因不详。现保存于重庆图书馆。

《江津青年》(1942 年)

1942 年在江津出版，三民主义青年团重庆支团江津分团部编行。

本刊目的是提倡“三民主义文艺”，“激励青年写作”。载文有郑彦棻的《征印三民主义一百万册运动的教育意义》、周名孝的《由百万册运动想到认识三民主义的迫切性》、吴康的《伦理以民族为第一》、孙伏园的《人生以劳动为第一》等。

本刊为政治社团刊物，月刊。停刊时间及原因不详。重庆图书馆现保存有 1944 年 6 月出版的第三卷第五期。

《金矿丛刊》(1942 年)

1942 年在重庆出版，国民政府经济部采金局编辑出版（地址在重庆枣子岚垭怡庐）。

国民政府经济部采金局成立于 1941 年，其目的在于办理各省的采金事宜，并与各省地方政府合作开办金矿。本刊选材范围以采辑与黄金有关的资料为限，率先出版《采金述要》，介绍有关采金之地质理论、采冶方法，以及各项法令；继之出版各省金矿专号，有“川康专号”“粤桂专号”“滇黔专号”“江西专号”等，分别介绍四川、广西、云南、江西等各省金矿在各地区的分布情况、产金地的地形与地质、砂金形状及来源、金矿纯度等。

本刊为矿业刊物，刊期不详。16开本。停刊时间及原因不详。现保存于四川大学图书馆。

《艺声月刊》(1942年)

1942年在重庆出版，军政部兵工署航空兵器技术研究处训育课特别党部第七区党部第五区分部中山室文化组编印。

本刊设有技术研究、时事论文、讲词特载、文艺、工友园地等栏目。

本刊为技术研究机构内部刊物，刊期不详。非卖品。现保存于重庆图书馆。

《戏剧生活》(1942年)

1942年创刊于重庆，发行人方守谦，编辑李庆华，出版者戏剧生活社（社址在重庆中三路295号）。

本刊刊登了刘念渠的《演剧工作者的真实》、余师龙的《剧场问题》、厚生的《到小剧场去演独幕剧》、黄若海的《现实是源泉》、余上沅的《公演〈哈姆雷特〉之意义》、张定和的《戏剧界与音乐界在演出上合作问题》等文章。

本刊为戏剧刊物，刊期不详，年内出版4期。停刊时间及原因不详。现保存于中国国家图书馆、南京图书馆、重庆图书馆。

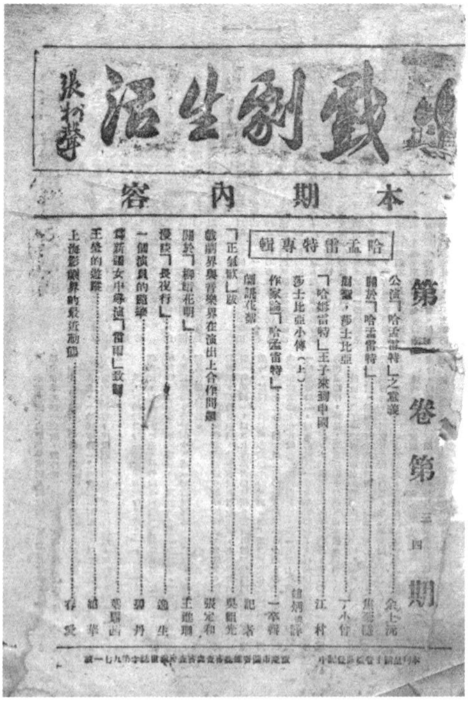

《戏剧生活》第一卷第三、四期合刊封面

《东吴通讯》（1942 年）

1942 年在重庆出版，东吴大学同学会编行。陈其采题写刊名。

本刊刊登了贝祖诒的《校董会改组迁渝始末记》、董承道的《协助迁校委员会工作报告》、江一平的《筹募迁校费用概况》等文章。

本刊为同学会刊物，刊期不详。约 1944 年 9 月停刊，共出 4 期。现保存于中国国家图书馆、复旦大学图书馆、重庆图书馆。

《财政评论》（1942 年）

1939 年 1 月在香港创刊。太平洋战争爆发后，于 1942 年迁至重庆出版，财政评论社编辑出版（社址先在重庆临江门川盐三里 10 号，后迁至重庆中正路中信大厦 122 号）。罗吟圃编辑。1943 年起，社长由凌宪扬担任。抗日战争胜利后，于 1946 年 1 月迁上海续出第十四卷第一期。约 1948 年 9 月停刊，共出 110 期。

本刊主要“探讨财政、经济及金融原理，论述我国战时财政政策、外汇管理、法币的前途等问题，研究各国战时财政，还有反映全球经济的译述”，并刊登关于“战时中国银行业动态的调查报告”等。本刊初期的主要栏目为论著、译述、通讯、文摘、讲座、统计、法规汇编、公债、股票、物价行市表，后又陆续增加了时评、史料、考据、书评人物、文选、专载、随笔、研究等。主要撰稿人

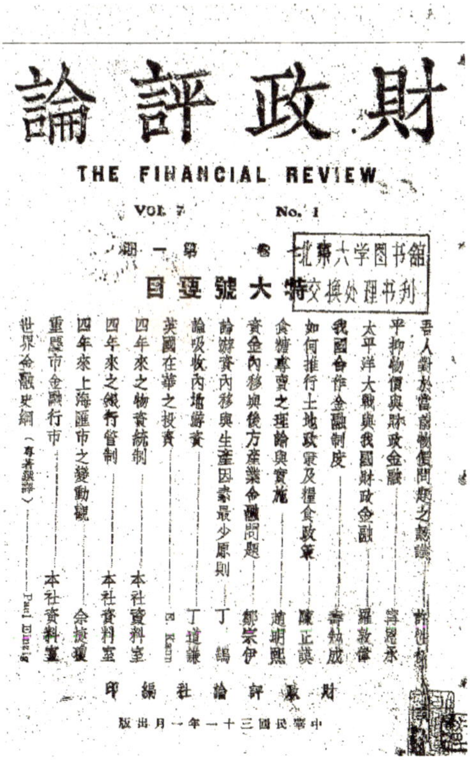
財政評論
THE FINANCIAL REVIEW
VOL. 7 No. 1
第七卷 第一期
特大號要目
吾人對於當前物價問題之認識……[illegible]
平抑物價與財政金融……[illegible]
太平洋大戰與我國財政金融……羅敦偉
我國合作金融制度……壽勉成
如何推行土地政策及糧食政策……陳正謨
食糖專賣之理論與實施……[illegible]
資金內移與後方產業金融問題……鄒宗伊
論游資內移與生產因素最少原則……丁鵠
論吸收內地游資……丁道謙
英國在華之投資……E. Kann
四年來之物資統制……本社資料室
四年來之銀行管制……本社資料室
四年來上海匯市之變動觀……余捷瓊
重慶市金融行市……本社資料室
世界金融史綱（專著譯）……Paul Einzig
財政評論社編印
中華民國三十一年一月出版

《财政评论》第七卷第一期封面

有陈静民、谭秉文、盛慕杰、罗敦伟、李泰初、杨南植、张素民等。载文有《我国战时财政金融法规汇编》《太平洋大战与我国财政金融》《资金内移与后方产业金融问题》《平抑物价与财政金融》《论吸收内地游资》《商业银行的出路》《通货紧缩之检讨》《我国专卖史考略》等。

本刊为财经类刊物，月刊。6期为1卷。现保存于四川省图书馆、达州市档案馆、自贡市档案馆、重庆图书馆。

《中国工程师学会会务特刊》（1942年）

原在上海出版，抗战时期因印刷困难，一度改在香港出版。约1942年在重庆复刊，中国工程师学会出版发行（地址不详，通信处为重庆邮箱268号）。翁文灏题写刊名。首页印有“会内刊物，战时机密，勿轻视人，负责存用”等字样。抗战胜利后迁南京出版。约1948年9月出至第十三卷第二期终刊。

中国工程师学会成立于1912年，会长翁文灏，副会长茅以升，总干事顾毓琇，总会计师朱其清，总编辑吴承洛。自1912年始，该会每年有会务报告。1914年1月开始，按月发行《中国工程师学会会务月刊》，旨在记录与展示该会的活动。本刊以发表中国工程师学会各类文献为主，包括总会与分会的活动情况、年会的各种报告、学会的章程及会员名单、学会通过的各项议案、学术研究论文及题录等。载文有《中国工程师信条》《兰州年会重要消息》《中国工程师学会三十年至三十一年职员清单》《工程史科编纂委员会工作计划概要》等。

本刊为学会刊物，不定期刊。停刊时间及原因不详。现保存于重庆图书馆、南京图书馆。

《川师沙磁校友分会会刊》（1942年）

1942年在重庆出版，四川师范学校校友会重庆沙磁分会编印。

本刊“旨在互通声息，建筑友情，以极忠诚的态度，来保留各校友的作品真面目”，主要刊登了四川师范学校沙磁校友分会会员的各类文学作品。载文有

《寄语川师母校别忘了你自己》《我的希望》《嘉陵路》《改岁言怀》《清明游华严寺》等。

本刊为校友会刊物，刊期不详。停刊时间不详。现保存于重庆图书馆。

《党史史料丛刊》(1942 年)

约 1942 年在重庆出版，国民党中央党史史料编纂委员会编辑并发行。

本刊宗旨在于“辑录总理暨革命先烈致力革命之文献，发扬本党悠久光荣之历史”，主要“登载本党出版之公报、期刊、报纸、书籍与一切印刷品，记述本党史实之文集、书画，本党总理暨先烈先进之著述、函札及其他书画等原件”等。“本刊取材以本会库藏史料为准，本刊所载各文悉依其原文。”本刊设有笔战缤纷录、先烈名著选、革命文艺选等栏目。创刊号后附有《党史史料编纂委员会史料征集简则》《党史史料编纂委员会协征人员征集史料办法》等相关规定。载文有宋教仁的《我之历史：开国纪元四千六百零二年》、章太炎的《革命之道德》、廖仲恺的《钱币革命与建设》、陈去病的《鉴湖女侠秋瑾传》等。

本刊为文献类刊物，刊期不详。1944 年 11 月出第三期，1945 年出第四期。停刊时间不详。后由《革命文献丛刊》继承。现保存于上海图书馆、重庆图书馆。

《牧声》(1942 年)

原名为《末世牧声》，1922 年创刊于上海，史约翰、蔡书绅编辑，上海时兆报馆发行，计出 21 卷。1942 年迁至重庆出版，改名《牧声》，时兆报馆编行，卷期另起，在渝出版 4 卷。1946 年 1 月迁回上海续出第二十六卷。约 1950 年出完第三十卷第一期后停刊。

本刊旨在传播基督教，初期设有家庭布道部、道行示范、教士之助、论坛、教会新闻、青年之友等栏目，后期不再设固定栏目。

本刊为基督教刊物，以月刊或半月刊形式出版。现保存于四川省图书馆、重庆图书馆、上海图书馆。

《工程》（1942 年）

原名为《中国工程师学会会刊》，20 世纪 20 年代在上海创刊。抗战开始后迁香港出版。约 1942 年迁重庆出版，中国工程师学会编行，中新印务公司印刷。编辑人吴承洛，发行人罗英。1948 年迁回上海出版，同年 4 月终刊。

本刊以刊登中国工程师学会的各类文献为主要内容。载文有《科学与工程》《手摇离心机制糖试验》《非常时期桥梁建筑之经验》《四极管及聚射管之调幅研究》等。

本刊为学会刊物，双月刊。现保存于四川省图书馆、重庆图书馆、重庆大学图书馆。

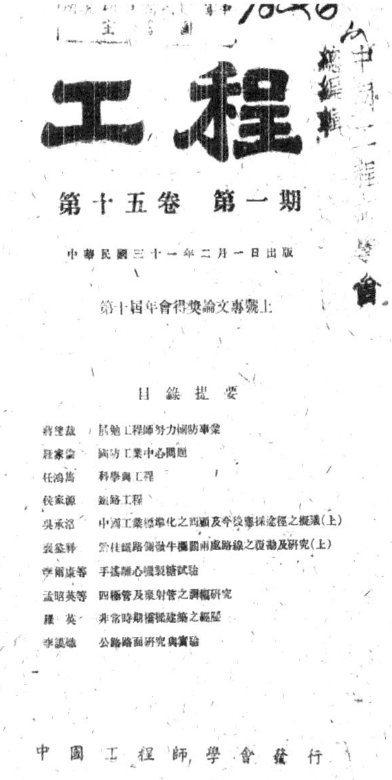

《工程》1942 年第十五卷第一期封面

《团员训导》（1942 年）

1942 年在重庆出版，三民主义青年团四川支团编行。封面注有“此系团内刊物，不得对外公开”字样。

本刊目的在于“组织开展团务工作，进行团员训导”，栏目有论著、转载、政治情报、团务动态等。

本刊为政治社团刊物，刊期不详。重庆图书馆现保存有第一卷第四期。

《豫丰事刊》(1942 年)

1942 年在重庆出版,豫丰纱厂合川支厂编辑室编辑发行(地址在重庆合川)。

本刊“主要记述和报导豫丰纱厂在抗战时期的生产和生活情况，并宣传抗战救国精神，激励工人一齐抗战保国”。本刊栏目有论著、记述、报导等。

本刊为纺织工业刊物，刊期不详。重庆图书馆现保存有第四、五期合刊。

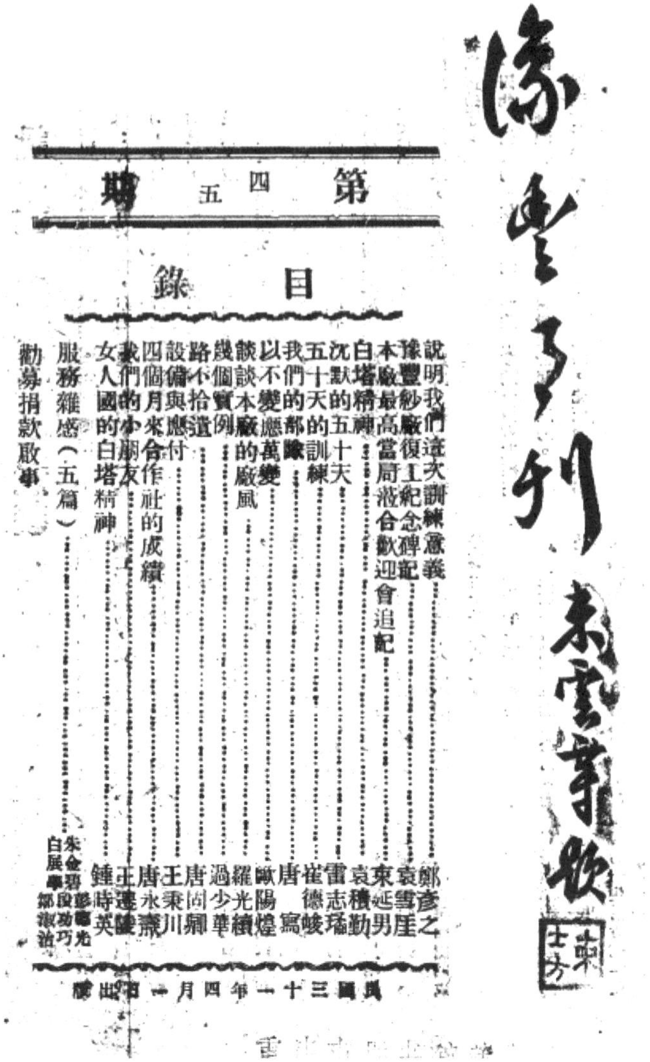
豫豐事刊

第四五期

目錄

民國三十一年四月一日出版

《豫丰事刊》第四、五期合刊封面

《监运导报》(1942 年)

1942 年在重庆创刊，军事委员会运输统制局监察处编印。

本刊设有专载、特载、业务指导、党务研究、法令规章、工作报告、时事述评、杂俎等栏目。本刊旨在“交换工作经验，研究工作技术”。本刊刊登了《加强监运工作之意见》《检查人员注意事项十条》《检查人员训练班工作概况》《交通部取缔公商汽车空驶办法》等文章。

本刊为监察业务刊物，月刊。现保存于上海图书馆、重庆图书馆。

《监运导报》第一卷第一期封面

《资源委员会矿产测勘处 1942 年度年报》(1942 年)

1942 年创刊，出版者不详，出版地在重庆。

本刊主要“刊登资源委员会矿产测勘处事务性工作，包括测绘图件、购置设备、财务概况和矿产调查、区域调查以及这些勘测调查工作的重要成果”。

本刊为矿产测勘工作刊物，年刊。现保存于上海图书馆、重庆图书馆。

1943 年期刊

《川康建设》(1943 年)

1943 年 1 月 1 日创刊于重庆，川康建设杂志社编辑发行（社址在重庆临江路 38 号），南方印书馆印刷。主编傅况麟。同年 8 月出第二、三期合刊并改为季刊。此期载有郭沫若、杨沧白、田汉、谢冰莹、记者徐盈的文章和诗。第一卷出 6 期。1945 年 1 月出第二卷第一期，为“新年号青年从军特辑”。1945 年 8 月出第二卷第二期，为“四川基层政治特辑”，是现存最晚一期。此期标明社长为傅况麟，编辑王平陵、尹雪曼。

本刊设有人物志、短写、四川政治史料、四川建设史料等栏目，刊登了朱家骅的《边疆问题与边疆工作》、傅况麟的《建设新川康与社会风俗之改良》、徐盈的《西昌及其四围》、胡焕庸的《峨眉山之气候》、谢冰莹的《嘉陵江与北温泉》、田汉的《赤地三千里》等文章。

本刊为地方建设刊物，季刊。16 开本。现保存丁中国国家图书馆、四川省图书馆、四川大学图书馆、雅安市档案馆、重庆图书馆。

《川康建设》第一卷第一期封面

《经济论衡》(1943 年)

1943 年 1 月 1 日创刊于重庆，经济论衡编辑委员会编辑，民生主义经济学社发行（社址在重庆上清寺春森路 4 号）。

本刊以“提倡经济学术，论衡经济设施”为宗旨，“凡关于财政、金融、农业、工矿、贸易、合作、土地、经济等，均在讨论之列”，也刊有海内外经济理论探讨、经济调查、相关史料等内容。本刊辟有评论、研究、专著、译述、史料、调查、书报介绍等栏目。主要撰稿人有胡焕庸、孙拯、尹文敬、程绍德、夏炎德、余长河、陈余年、杨骥、周佐治等。载文有《现代经济学发展的趋势》《民生主义经济学论》《战后我国外汇管理政策应否放弃》《抗战以来物价与生产的转变》《民生主义与战后经济建设的资本问题》《美国战后物价》等。

本刊为经济类刊物，初创时为双月刊，第一卷出 4 期；第二卷起改为月刊。约 1944 年 12 月出版第二卷第十二期后停刊。现保存于中国国家图书馆、四川大学图书馆、自贡市档案馆、重庆图书馆、上海图书馆。

《新南洋》(1943 年)

1943 年 1 月 1 日创刊于重庆，南洋研究所编辑发行（地址在重庆山洞新开市 24 号）。

本刊以“研究南洋之一切知识为宗旨，检讨批判旧南洋，确立宣扬新南洋，希望通过三民主义使南洋摆脱帝国主义统治，建成民族自由、民权平等、民生乐利的新天地”。本刊内容有“南洋诸国历史、政治、经济、法律、外交等问题的研究，南洋华侨与当地居民关系及发展情况，南洋大事记等”。本刊辟有论著、译述、参考资料、文艺、书评、特载、南洋大事记等栏目。主要撰稿人有余俊贤、章力生、黄天爵、段文燕、陈正祥、李加勉、刘伯奎、蔡文星、黄雄略、朱杰勤、罗香林、汤德明、曾松友等。载文有《日本对南洋之初期贸易》《南洋华侨之法律地位问题》《中越关系之史的探讨》《马来的对外贸易》《战前缅甸侨情与缅人动态》《南洋之范围》《洪武年间之海禁》等。

本刊为南洋研究刊物，季刊，实际于 1944 年 1 月出版第二期后即停刊。16 开本。现保存于中国国家图书馆、重庆图书馆。

《现代妇女》(1943 年)

1943 年 1 月 1 日创刊于重庆，主编曹孟君（中共地下党员，时任中苏协会妇女委员会副主任委员），现代妇女社发行（社址在重庆中一路 198 号附 2 号，后迁捍卫新村 128 号）。发行人先后有戴绣虹、张静珍。编委会成员先后有季洪、朱艾江、林琼、杜君慧、陈凤兮、彭子岗、陆慧年、黄静汶、黄为之等。抗战胜利后，自 1946 年 5 月第七卷第五期起迁至上海继续出版。迁沪后，由于编委会中一部分人分散到各地工作，又陆续增加了彭慧、徐镜平、刘海妮、倪雯君、陈蕙英、鲁白沙等人为编委。1948 年曹孟君离沪后，委托胡绣枫主持刊物工作。1949 年 4 月出版第十三卷第四期后被查封。本刊最早的专职编辑是朱艾江，第三期后是林红，1944 年 10 月至 1947 年 6 月是黄为之，1947 年秋至 1948 年 10 月是彭虺、彭瑾、陈蕙英，再以后是鲁沙白。

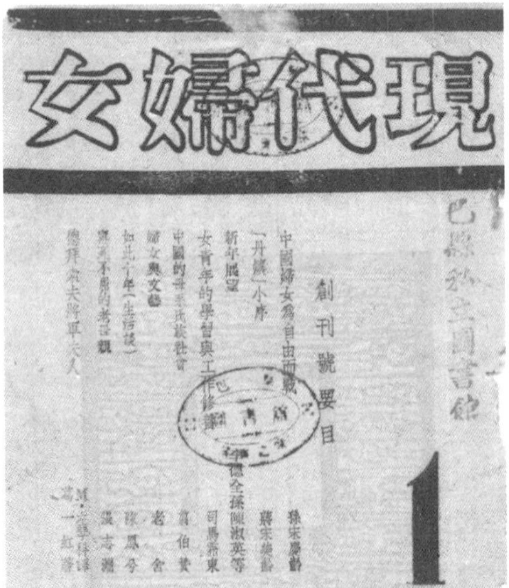

《现代妇女》创刊号封面

本刊“以社会各阶层姊妹们的兴趣与需要为编辑方针”，“旨在动员妇女参加抗战，推进民主政治，争取妇女自身的独立解放”。其内容“有国内外政治形势述评，经济形势分析，对国内外重大事件和妇女问题的短评，有关妇女、儿童、婚姻、家庭问题的专论，妇女人物介绍，思想修养学习，法律问题，医药问答等”，还刊有介绍妇女工作经验、生活常识及世界各国妇女动态，讲述妇女参加抗战的故事及小说、诗歌、戏剧等文艺作品。本刊的撰稿人除编委会成员外，还有妇女界的爱国进步人士、中共地下党员、妇女儿童作者以及女作家、女文艺工作者、女记者，如罗叔章、胡子缨、浦熙修、葛琴、刘清扬、金枫、安娥等，还有其他社会知名人士、作家、翻译家为之撰稿。本刊刊载过金仲华、沈志远、孙起孟、傅彬然、夏衍、臧克家、戈宝权、翦伯赞等的文章。载文有《中国今日的女子教育》《现代妇女与中国儿童教育之出路》《扩大托儿事业帮助职业妇女》《战争与和平声中的“三八”妇女节》《台湾妇女是怎样与生活斗争》《屠格涅夫作品中的女性人物》《扩张主义面对着“先进亚洲”而战栗》《被蹂躏的养女生涯》《一个被虐待的女性》《潮汕的抽纱工业与女工生活》《女工问题及其保护立法》《对巴县妇女工作实施区的希望》等。

本刊为综合性妇女刊物，是在中共中央南方局妇女组领导下的进步妇女刊物，月刊。16开本。现保存于四川省图书馆、四川大学图书馆、自贡市档案馆、复旦大学图书馆、重庆图书馆、南京图书馆。

《实验卫生》(1943年)

1943年1月1日创刊于重庆，中央卫生实验院实验卫生编辑委员会编辑，中央卫生实验院发行（地址在重庆歌乐山）。金宝善撰写发刊词。1946年9月出至第四卷第二期停刊。

本刊旨在“发展医药卫生事业，提高研究医药卫生的学术水平，以期更好地服务于全国民众”。其内容有关于医药卫生的论著、研究、译述、摘译、报告、消息等。载文有《学校卫生教育与师资问题》《抗疟药之疗效研究》《重庆市酒类成分之分析（附表）》《三十一年度新桥灭蚊抗疟工作报告》等。本刊还曾出“妇婴卫生特辑”。

本刊为医药卫生刊物，季刊。16开本。现保存于中国国家图书馆、南京图书馆、重庆图书馆。

實驗衛生

第一卷　第一期

要目

中央衛生實驗院編　民國三十二年三月出版

《实验卫生》第一卷第一期封面

《工程学报》(1943年)

1943年1月1日创刊于重庆，工程学报社编辑发行（社址在重庆国府路学田湾5号附3号），泰山实业公司发行。编辑委员会委员有陈克诚、汪季琦、张宝龄、夏行时、吴世鹤、钱康衡。约1945年10月停刊，共出7期。

本刊以“阐述工程学理，介绍技术经验，传达工程消息，讨论战时及战后建设问题”为主旨，设有论著、研究、问题讨论及工程新闻等栏目。载文有《近代工业在中国发达略史》《泛论治河》《滑翔机及其设计》等。

本刊为工程学术刊物，季刊。现保存于中国国家图书馆、重庆图书馆。

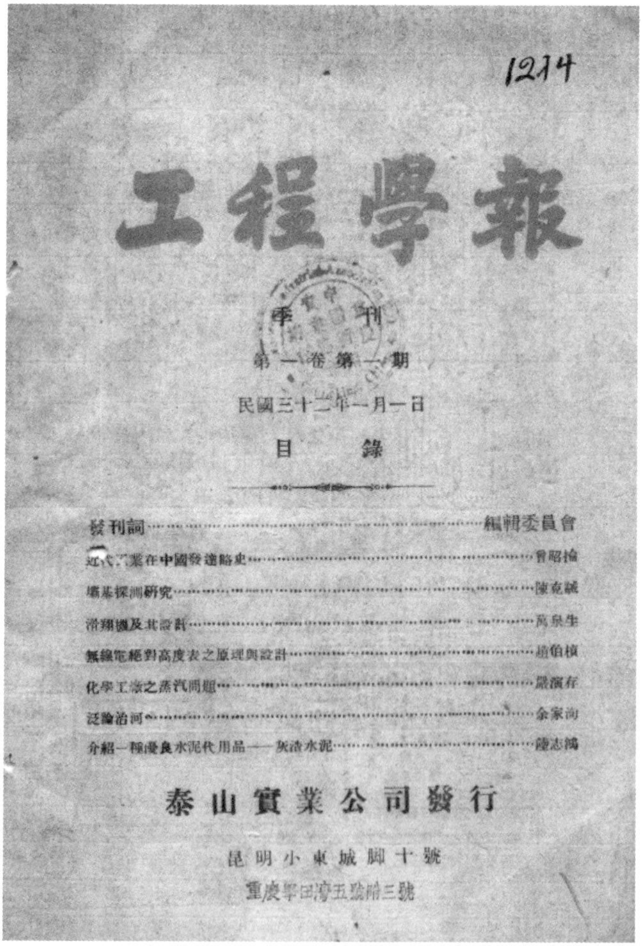

工程學報

季刊

第一卷第一期

民國三十二年一月一日

目錄

泰山實業公司發行

《工程学报》第一卷第一期封面

《强者之报》（1943 年）

1943 年 1 月 1 日创刊于重庆，强者之报总社编印（总社地址在重庆民权路关岳庙内，分社有重庆大学分社、中大分社、武大分社、重师分社、西南联大分社、交大分社、南开分社等）。发行人程登科。总经理吴太威，主编江南鸥，编辑部主任白金，编辑刘炬、徐逸安、傅润芳。

本刊“期望彻底完成建国建军之使命，及建立最健全之国民体格，国防之基本，使确实打定现代化‘强者中国’之基础”。载文有《强与美》《武德》《重庆报纸上的体育消息》《名武家万籁声离渝之前》《血洒关外红满沈阳：三百英雄列传》《脏腑下垂之运动疗法》《萧伯纳体育生活》等。

本刊为体育教育刊物，不定期刊。停刊时间及原因不详。现保存于重庆图书馆。

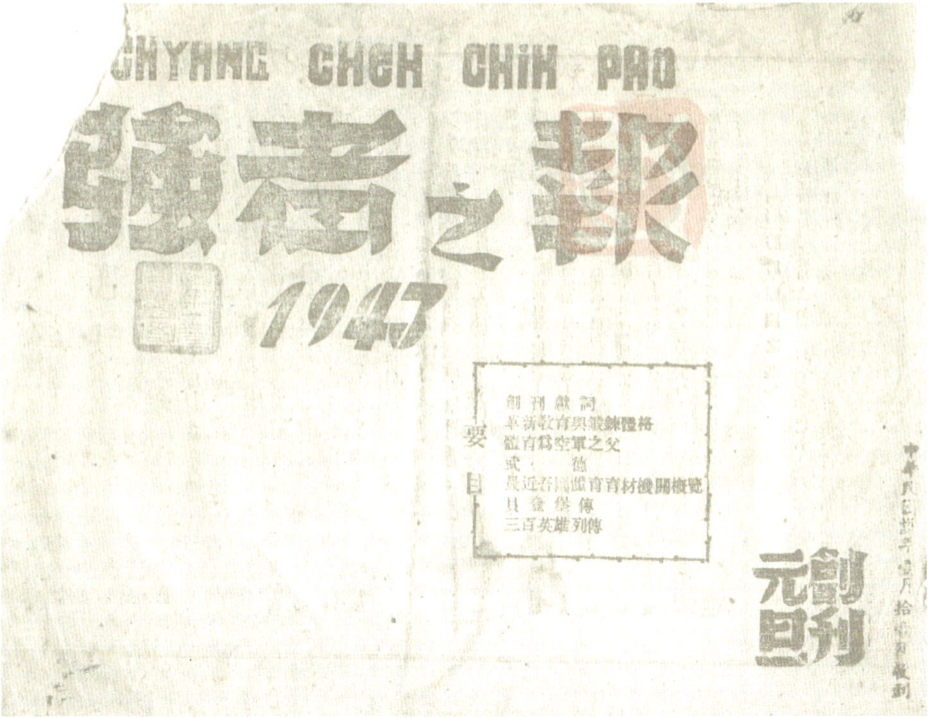

《强者之报》创刊号封面

《万忠》（1943 年）

1943 年 1 月 1 日创刊于重庆万县，万忠师管区司令部编印。

本刊旨在“对本部各项业务予详细之记载，俾能有一检讨，使过去之缺点，得有切实纠正之标准，过去之优点，得有尽量发挥之机会”。本刊设有特载、论著、业务检讨、附录等栏目。本刊刊登了徐思平的《万忠师管区成立一周年纪念辞》、李彦生的《建国与建军》、曾德威的《对于目前征补训之我见》、陶经镕的《视察役政感想》等文章。

《万忠》周年特刊封面

本刊为地方役政刊物，刊期不详。仅见 1 期，为万县万忠师管区成立一周年纪念刊。现保存于上海图书馆。

《中国学报》（1943 年）

1943年1月1日创刊于重庆，方湖（即汪辟疆）主编，中国学报社发行（社址在重庆小龙坎周家湾22号）。

本刊主要刊登“有关中国经学、史学、文学、哲学、目录学、艺术、政治、经济之专门论著与前贤未经刊布遗稿等文件”，设有文艺、讲演、青年论坛、革命史料、学术文献、专著、附录等栏目。本刊“学术文献”栏目专门收录“最近五十年中学者和学人的行述、墓志、家传、学记、轶事和著述之已刊、未刊目录”。载文有李翊灼的《中国学术与中国学报》、朱希祖的《广州征记・南明史料记》、张德钧的《经术与经学》、方湖的《跋千顷堂书目》、熊公哲的《商君兵农政策之检榷》、鲍先德的《论西汉政治思想》等。

本刊为学术类刊物，不定期刊。停刊时间及原因不详。现保存于上海图书馆、重庆图书馆。

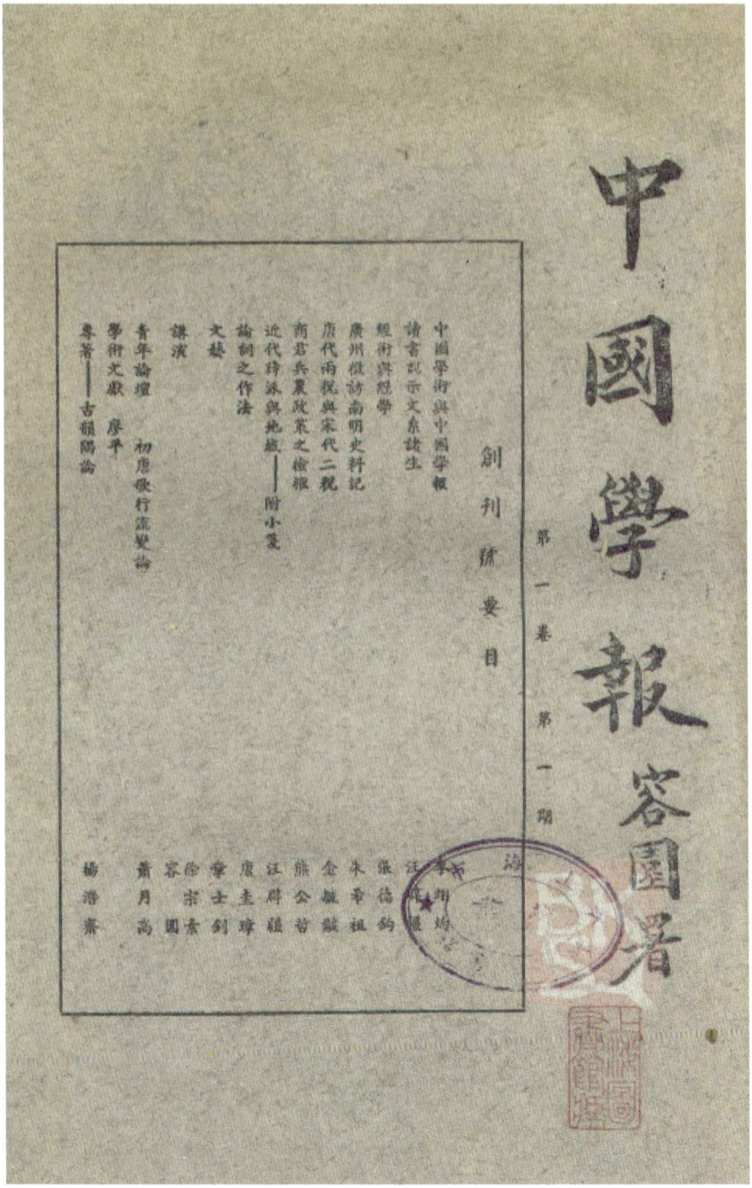
中國學報

容園署

第一卷第一期

創刊號要目

中國學術與中國學報

讀書敬示文系諸生

經術與經學

廣州徵訪南明史料記

唐代兩稅與宋代二稅

商君兵農政策之檢榷

近代詩派與地域——附小箋

論詞之作法

文藝

講演

青年論壇 初唐歌行流變論

學術文獻 廖平

專著——古韻隅論

張德鈞 朱希祖 金毓黻 熊公哲 唐圭璋 章士釗 楊潛齋

《中国学报》创刊号封面

《中华海员季刊》(1943年)

原名为《海员通讯》，在香港出版。1941年太平洋战争爆发后，海员通讯出版社、所有的图书杂志及其他参考资料全都毁于炮火，于是停刊。1943年1月20日在重庆复刊，并改名为《中华海员季刊》，续出第二卷第一期，李剑白主编，中华海员工会特派员办事处发行。1943年出第二卷第二期后停刊。

本刊"为我国研究海员及海运问题的唯一综合刊物，也为海员工友自己的园地"。本刊设有特载、论著、海员知识、会务报道、海事新闻、文艺等栏目，刊登了杨虎的《海员当前的任务》、李剑白的《发展我国海运的重要》等文章。

本刊为海员工会刊物，季刊。现保存于中国国家图书馆、重庆图书馆。

《司法行政公报》(1943年)

本刊原在南京出版，后停刊。1943年1月31日在重庆复刊，编号另起，司法行政部公报室编辑，司法行政部驻渝办公处发行。

本刊主要刊载国民政府令、院令、部令、公牍等，设有法规、命令、公文、指令等栏目。

本刊为司法行政类刊物，月刊。1944年9月出至第二卷第九期终刊。现保存于中国国家图书馆、四川省图书馆、重庆图书馆。

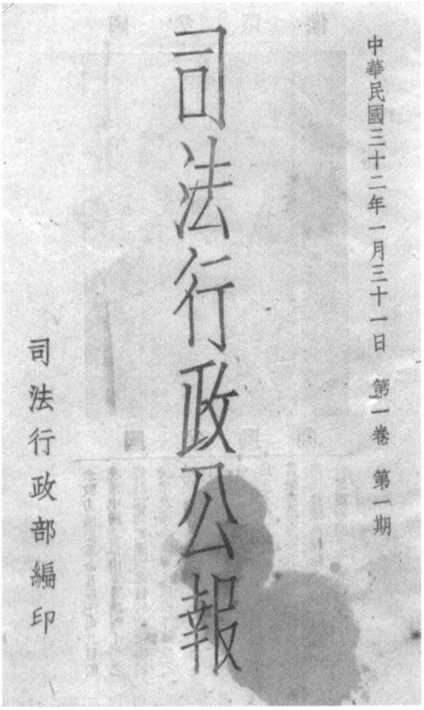

《司法行政公报》第一卷第一期封面

《化学工业（重庆版）》（1943 年）

原名为《中华化学工业会会志》，1923 年创刊于北平，中华化学工业会创办。中华化学工业会于 1922 年成立，并于次年出版会刊《中华化学工业会会志》。1926 年停刊。1929 年该会会址迁到上海，改刊名为《化学工业》，卷次续前，出第四卷。1939 年后曾停刊。1943 年 1 月在重庆复刊，续出第十四卷第一期，中华化学工业会编辑发行（地址在重庆化龙桥对岸中华化学工业研究所内，通信处为重庆邮政信箱第 15 号），军委会后勤政治部印刷所印刷（地址在江北适中村第 11 号）。1946 年迁回上海出版。1949 年 12 月出完第二十一卷第四期后停刊。本刊第一任主编为俞同奎，其后陈聘丞、吴承洛、王琎、戴济、徐作和、曹梁厦、王箴陆续担任过主编或总编纂。

本刊“发表化学工业技术方面的专门论著及有关我国化学工业现状的论述与调查报告，报道国外化学工业之发展，并刊登该会会务纪事，介绍化学新著”。本刊设有本会纪事、专门著述、调查录、化学工业新闻、化学新著介绍、来件、论著提要、机械介绍、学会通讯等栏目。主要撰稿人有吴承洛、陈世璋、汪度、何庆曾、余仲奎、秦子青等。

本刊为化工学术刊物，中华化学工业会会刊，原为半年刊，后改为季刊。停刊时间及原因不详。现保存于上海图书馆、重庆图书馆。

《文史哲季刊》（1943 年）

1943 年 1 月创刊于重庆，国立中央大学文史哲季刊编辑委员会编辑（地址在重庆沙坪坝），国立中央大学出版部发行。自第二卷第一期起改由商务印书馆发行（地址在重庆白象街）。1945 年 12 月自第三卷第一期起迁至南京出版。约 1946 年 3 月出至第三卷第二期停刊。

本刊以“发表关于文学、史学、哲学之论著为宗旨”，主要刊载文学、哲学、史学三个领域的学术研究成果。主要撰稿人有范存忠、罗根泽、唐君毅、金毓黻、贺昌群、唐圭璋、屈万里、韩儒林、陈康等，校内外学者均有投稿。本刊未设置具体栏目，刊登了《十七八世纪英国流行的中国思想》《孔子大同小康说之现实价值》《墨子探源》《希腊悲剧中的人生观》《古代中国的创世纪》《吐蕃古史传说研究》《汉王劫五诸侯兵考》《宋代兵制考实》等文章。

本刊为社科学术刊物，季刊。16 开本。竖排。现保存于四川省图书馆、四川大学图书馆、南京大学图书馆、重庆图书馆。

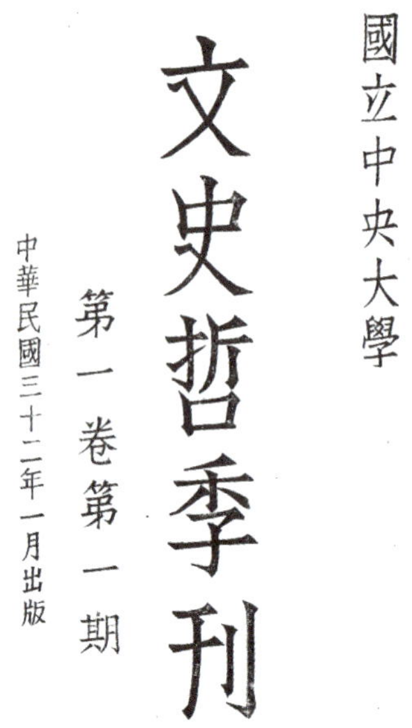

《文史哲季刊》第一卷第一期封面

《戏剧月报》(1943 年)

1943 年 1 月在重庆出版，戏剧月报社编辑，五十年代出版社印刷发行（社址在重庆新生路 40 号）。发行人金长佑。编辑委员有郁文哉、凌鹤、贺孟斧、陈白尘、曹禺、赵铭彝、陈鲤庭、张骏祥、潘孑农。1944 年 4 月停刊，共出 5 期。

本刊创办宗旨除“进行戏剧艺术的探索”外，还旨在“推动戏剧为抗战服务”。其内容大致分为戏剧作品和戏剧理论两大部分，中外、古今兼而有之。在戏剧作品方面，刊文有吴祖光的《风雪夜归人》、夏衍的《水乡吟》

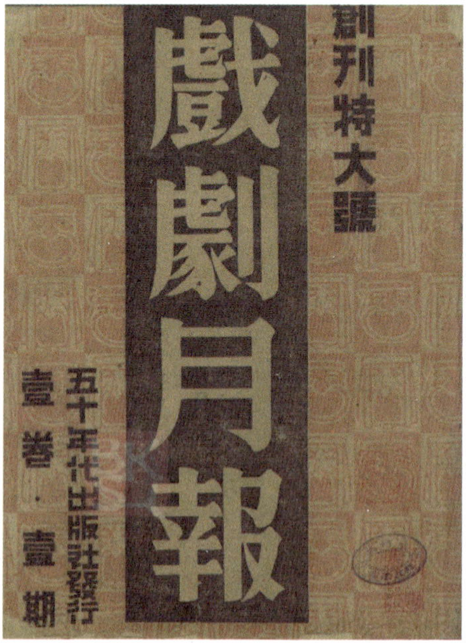

《戏剧月报》创刊特大号封面

等；在戏剧理论方面，有郭沫若的《历史·史剧·现实》、黄芝冈的《川梆子的导源人——李调元先生》、李天济的《论剧作“家”中的人物创造》等。本刊每月设有“简论”一栏，形式简短，富有针对性，每期刊登数目在 3 篇左右，主题涉及“莎士比亚”“论文明戏”“戏剧的现实生存状况”等，如《声音表现》《人物怎样到你笔下的》《论演员的适应能力》等。

本刊为戏剧刊物，月刊。16开本。现保存于中国国家图书馆、四川省图书馆、四川大学图书馆、重庆图书馆。

《各重要市县工资指数》(1943 年)

1943 年 1 月创刊于重庆，社会部统计处编印。抗战胜利后迁南京出版。约 1948 年 9 月停刊。封面注有“仅供参考，请勿发表”字样。

本刊为研究各市县城市发展、各行业生活水平以及各阶层生活状态的重要参考文献。本刊主要选取成都、西安、兰州、贵阳、昆明等重要城市作为调查对象，主要内容包括职业工人工资指数、产业工人工资指数、指数变动说明、职业工人工资率对基期之比较、各业工人实际收入对基期之比较、职业工人工时、产业工人工时等。本刊内容与《全国各重要市县工资指数》基本相同，所统计的数字基本一致，后者只有中文，可以相互参照。

本刊为统计类刊物，月刊。封面刊名、目录及表格中的名称、日期、职业等为中英文对照。停刊时间及原因不详。现保存于甘肃省图书馆、云南大学图书馆、重庆图书馆、上海图书馆、南京图书馆等。

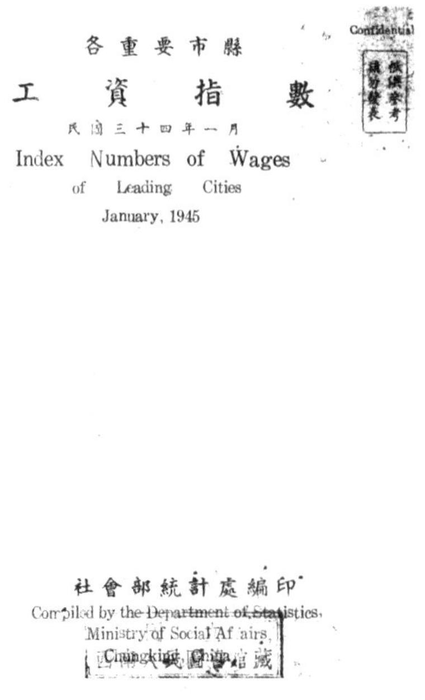

《各重要市县工资指数》1945 年封面

《交通建设》(1943 年)

1943 年 1 月创刊于重庆，交通部出版物委员会编行（地址在重庆上清寺）。曾养甫题写刊名。约 1945 年 3 月出至第三卷第三期停刊。

本刊内容是“关于运输通信事业，如铁路、公路、水运、航空、驿运、电信、邮政等项，所有建设方案、工程计划、设备及业务管理之改善，原理学说之介绍，实务之讨论，调查之记录，及其他有关事项”。本刊设有特载、论著、研究调查、译述、研究报告等栏目，曾出版“电信专号”“驿运专号”“水运专号”“邮电专号”“公路专号”等。载文有《电信界之新贡献》《重庆公共汽车之设备及管理概况（附图、表）》《洋灰之制造》《美国铁路客车之设备与业务》等。

本刊为交通运输刊物，月刊。16 开本。现保存于四川大学图书馆、重庆图书馆、上海图书馆、南开大学图书馆。

《新中华》(1943 年)

1933 年 1 月在上海创刊，1937 年 8 月出第五卷第十五期后曾休刊。1943 年 1 月在渝出复刊号（地址在重庆民权路 41 号），新中华杂志社编辑，中华书局发行。代表人金兆梓、钱歌川、章丹枫。1945 年 2 月起金兆梓任社长，姚绍华为主编。1946 年自复第四卷第一期起迁至上海出版，至 1948 年 12 月出完复第六卷第二十四期。自 1949 年 1 月起，卷期重新自创刊时算起，为第十二卷第一期。1951 年 12 月出完第十四卷第二十四期后终刊。

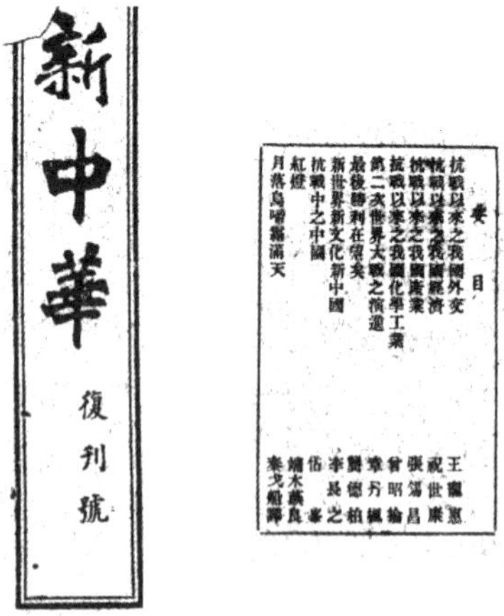

《新中华》复刊号封面

本刊宗旨为“灌输时代知识，发扬民族精神”，“兼作学术界商榷意见之机关”，内容“取材务求广博，凡国家建设、民族生存诸问题，以及国际时事、经济状况、各种学说、文艺作品，不论撰著、翻译”，均在刊载之列。本刊栏目有时论摘粹、文苑谈往、国际时事、国内时事、社声、现代史料、人物素描等，每期前面有少量时事新闻图片、漫画。曾出版“农村经济建设专号”“罗斯福纪念号”“淞沪抗战专号”“教育专号”等特刊。主要撰稿人有宗白华、金兆梓、舒新城、郁达夫、梅龚彬、巴金、周宪文、陈光甫、丰子恺、钱歌川、陈铭枢等。载文有《科学与军事》《战后产业复员问题》《未来之太平洋大战与吾国之地位》《怎样打开中国经济的出路》《专技运动与技术教育》《最近中国教育思想的转变》等。

本刊为综合性刊物，原为半月刊，迁渝复刊期间改为月刊，迁回上海后又改回半月刊。大 32 开本。现保存于中国国家图书馆、四川大学图书馆、自贡市档案馆、重庆图书馆。

《健与力》(1943 年)

1938 年 12 月创刊于香港，编辑徐应昶、赵竹光等，发行人徐应昶，商务印书馆香港分馆发行。1941 年 8 月出第三卷第八期后停刊。1943 年 1 月在重庆复刊续出第四卷第一期，王学政主编，健与力月刊社发行（社址在重庆白象街），商务印书馆印刷厂印刷。1946 年 4 月起迁上海出版，1947 年 9 月出第六卷第十二期后停刊。

《健与力》复刊特大号封面

本刊旨在“普及体育知识，阐明健身运动的方法，树立良好的心理状态，使每个人都有健壮的体格”。其内容“包括体育原理，介绍有效而实用的健身方法、卫生与医药常识、营养、休息等一切日常起居及精神健康须知”，并配有照片、漫画等，还刊有体育家传记及故事，“介绍各种自卫术，报道体育消息等”。主要撰稿人有黄金鳌、赵竹光、王学政、万籁声、鹤镇、王益等。载文有《国民体育的推进》《力之秘诀（附图）》《我们为什么需要运动》《徒步旅行须知》《器械操之运动学原理》《国术强国与大精武主义》《体育之历史制度与背景》等。

本刊为体育与卫生刊物，月刊。16 开本，铅印。横版，双栏。现保存于中国国家图书馆、北京大学图书馆、清华大学图书馆、山东省图书馆、陕西省图书馆、甘肃省图书馆、辽宁省图书馆、吉林大学图书馆、上海图书馆、复旦大学图书馆、南京图书馆、南京大学图书馆、安徽省图书馆、江西省图书馆、湖北省图书馆、湖南图书馆、四川省图书馆、贵州省图书馆、重庆图书馆。

《社会科学季刊》（1943 年）

1930 年 12 月在南京创刊，国立中央大学社会科学季刊编辑委员会编辑，国立中央大学社会科学研究会发行（地址在南京大石桥），南京东方印刷公司印刷。于右任题写刊名。曾停刊。因抗战爆发，随学校内迁，1943 年 1 月在重庆复刊，卷期另起，国立中央大学社会科学季刊编辑委员会编辑（地址在重庆沙坪坝），国立中央大学出版组发行，正中书局经售。

本刊“介绍一些欧美的思潮，藉他山之石，来分析中国的实际情况，以便就症开方”，内容“以政治、社会、经济、法律、哲学、历史等社会科学文章为限”，一是“对西方思潮的介绍”，二是“对当时中国社会现状的分析与讨论”。载文有《论社会资本及所得》《唯物史观的考证与解释》《两汉政治制度论》《战争与条约》《社会学体系发凡》等。

本刊为社科学术刊物，名为季刊，实为不定期刊。现存最晚一期是 1944 年 12 月出版的第二卷第一期。停刊时间及原因不详。16 开本，铅印。竖版，单栏。封面为纯文字布局。现保存于中国国家图书馆、上海图书馆、四川大学图书馆、重庆图书馆。

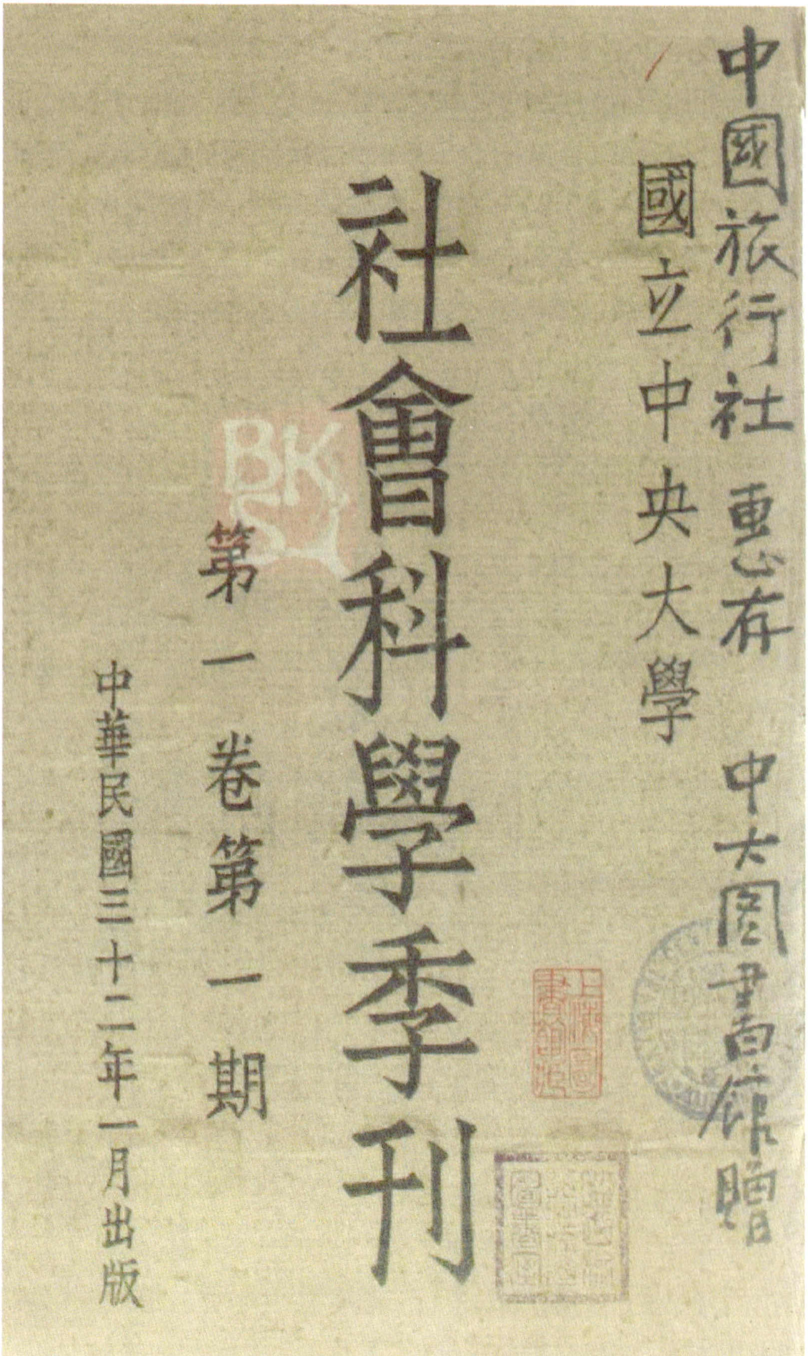

《社会科学季刊》第一卷第一期封面

《会计丛刊》(1943 年)

约 1943 年初创刊于重庆，编辑者赵华等，发行者中国会计学社（社址在重庆牛角沱对岸董家溪，通信处为国民政府主计处会计局转）。

本刊“本学术立场，以研究会计学理论及实际上各项问题为宗旨”。

本刊为会计刊物，月刊。1943 年 10 月出版第十期。停刊时间及原因不详。现保存于重庆图书馆、四川大学图书馆。

《妇女合作运动》(1943 年)

1943年2月5日创刊于重庆，社会部合作事业管理局、全国合作社物品供销处、各机关公务员工眷属生产合作推广部编行（地址在重庆九道门羊子坝12号）。

所谓“合作运动”，即组织职工家属参加生产劳动。本刊“提倡建设妇女合作组织，解放妇女劳动生产力，鼓励妇女走上社会，从事各项社会生产活动”，内容有“眷合理论、合作论著、生产文艺、生产技术等”。除报道相关工作动态外，还“指导妇女合作社业务经营及传授生产技术知识”。载文有《从三八节谈到妇女合作运动》《怎样建立妇女劳动心理》《现阶段妇女合作之推进问题》《论眷合竞赛运动》《各机关公务员工眷属生产合作推广部指导规则之规定》等。

本刊为妇女刊物，双月刊。16开本。现存最晚一期是 1944 年 12 月出版的第二卷第五、六期合刊。停刊时间及原因不详。现保存于四川大学图书馆、重庆图书馆、上海图书馆。

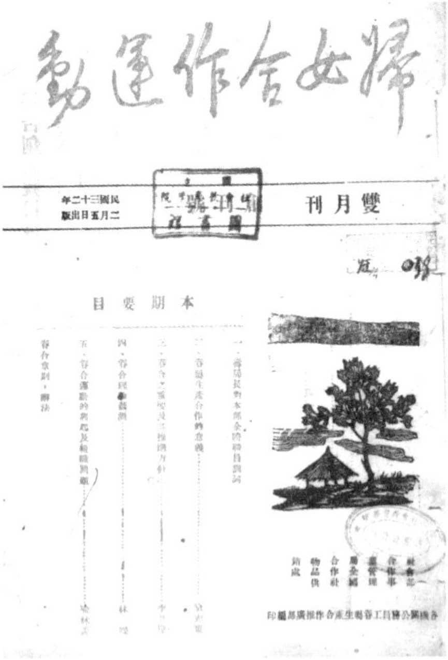

《妇女合作运动》创刊号封面

《风云》(1943 年)

1943 年 2 月 15 日创刊于重庆，风云月刊社编辑发行（社址在重庆南纪门仁爱堂街 6 号），中心印书局印刷，华中图书公司总经售。

本刊是“由新闻界创办的，所刊载的文章多为驻外使节及记者所写”。本刊刊登了邵力子的《古比雪夫的战时景色》、赵敏恒的《新闻圈外（一）》、徐世勋的《推云拨雾看日本》、徐兆镛的《英国会访华团花絮》、燕锡之的《美国钢城巡礼》等文章。

本刊为综合类刊物，月刊。到 1943 年 6 月共出版 5 期。停刊时间及原因不详。现保存于中国国家图书馆、复旦大学图书馆、重庆图书馆。

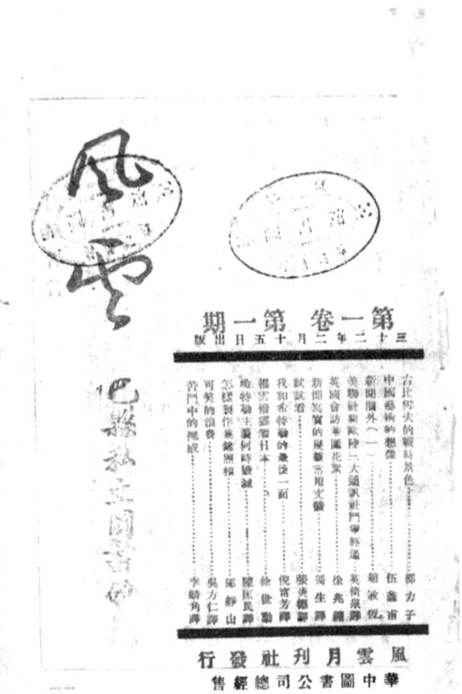

《风云》第一卷第一期封面

《药报》(1943 年)

1943 年 2 月 15 日创刊于重庆，药报社编辑发行（通信处为重庆青木关第 6 号信箱）。主编葛克全。陈璞撰写发刊辞。于右任题写刊名。

本刊由中国药学会创办，以记载“人和事的动态为主”，刊载药学界的消息，也“介绍一点国外有关药学学术之学说”。本刊刊登了胡定安的《利用国产药物之基本工作》、连瑞琦的《今后药品之供应问题》、孙云焘的《法国药学教育概观》、许植方和郑重知的《福建沙县产红菇之研究》等文章。

本刊为医药刊物，双月刊。共出 2 期。约 1943 年 4 月停刊。现保存于重庆图书馆、南京图书馆。

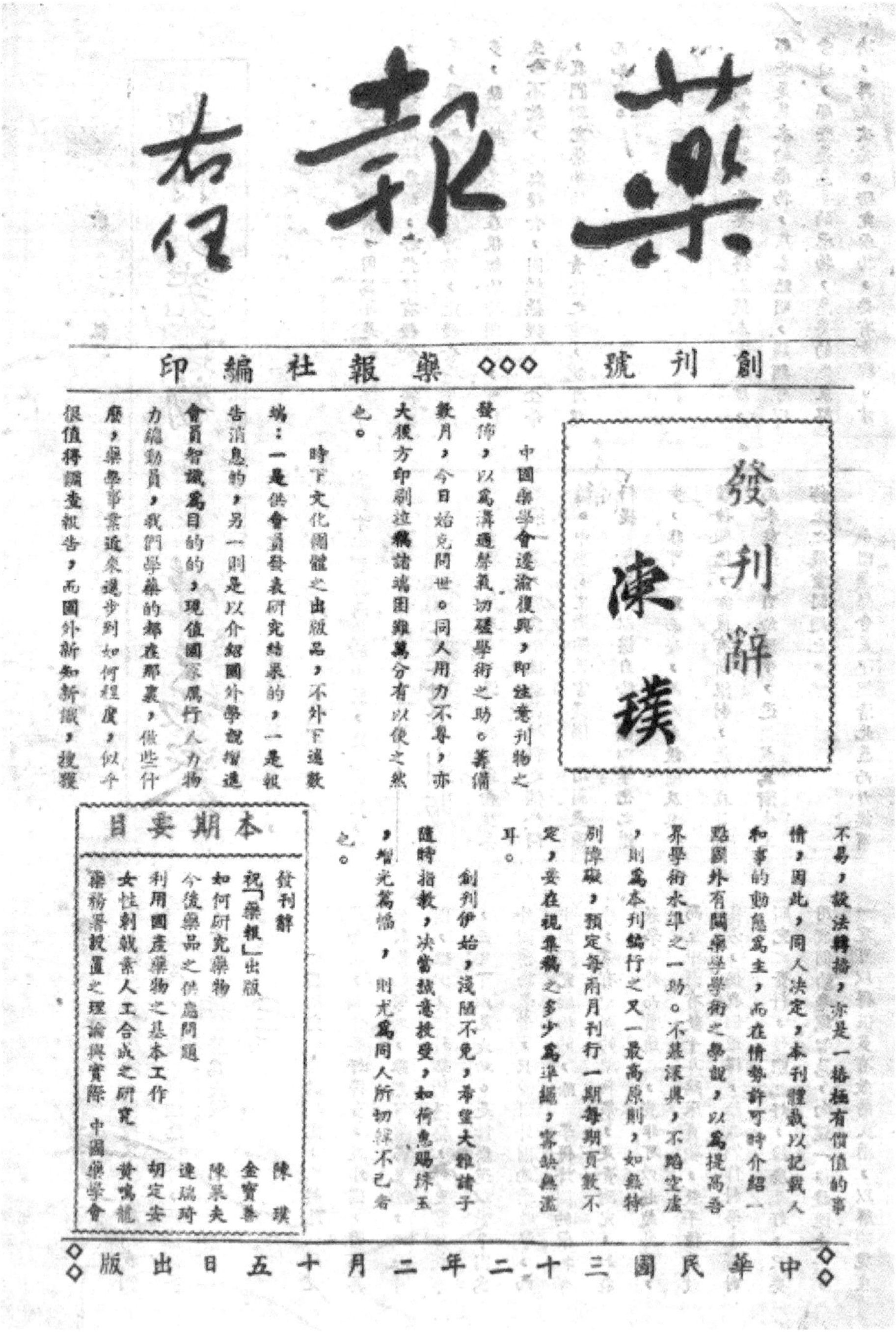
藥報
右任
創刊號 ◇◇◇ 藥報社編印
發刊辭
陳璞
中國藥學會遷渝復興，即註意刊物之發佈，以爲溝通聲氣切磋學術之助。籌備數月，今日始克問世。同人用力不尋，亦大後方印刷拉雜諸端困難萬分有以使之然也。
時下文化團體之出版品，不外下邊數端：一是供會員發表研究結果的，一是報告消息的，另一則是以介紹國外學說增進會員智識爲目的，現值國家厲行人力物力總動員，我們學藥的都在那裏，做些什麼，藥學事業近來進步到如何程度，似乎很值得調查報告，而國外新知新識，搜獲不易，設法轉播，亦是一椿極有價值的事情，因此，同人決定，本刊體裁以記載人和事的動態爲主，而在情勢許可時介紹一點國外有關藥學學術之學說，以爲提高吾界學術水準之一助。不慕深奧，不蹈空虛，則爲本刊編行之又一最高原則，如無特別障礙，預定每兩月刊行一期每期頁數不定，要在視集稿之多少爲準繩，寧缺無濫耳。
創刊伊始，淺陋不免，希望大雅諸子隨時指教，決當誠意接受，如侑惠賜瑤玉，增光篇幅，則尤爲同人所切禱不已者也。
本期要目
發刊辭 陳璞
祝「藥報」出版 金寶善
如何研究藥物 陳果夫
今後藥品之供應問題 連瑞琦
利用國產藥物之基本工作 胡定安
女性刺戟素人工合成之研究 黃鳴龍
藥務署設置之理論與實際 中國藥學會
◇中華民國三十二年二月十五日出版◇

《药报》创刊号封面

《募债通讯》(1943 年)

1943 年 2 月 15 日创刊于重庆，财政部公债筹募委员会编行。

本刊“旨在沟通本会和分会的募债消息，将本会工作材料整理编印，供从事募政的同人参考”。本刊设有本会消息、分会消息、海外之音、法令解释、债讯点滴、他山之石等栏目。

本刊为公债刊物，月刊。约 1944 年 9 月停刊，共出 6 期。现保存于中国国家图书馆、南京图书馆、甘肃省图书馆、重庆图书馆。

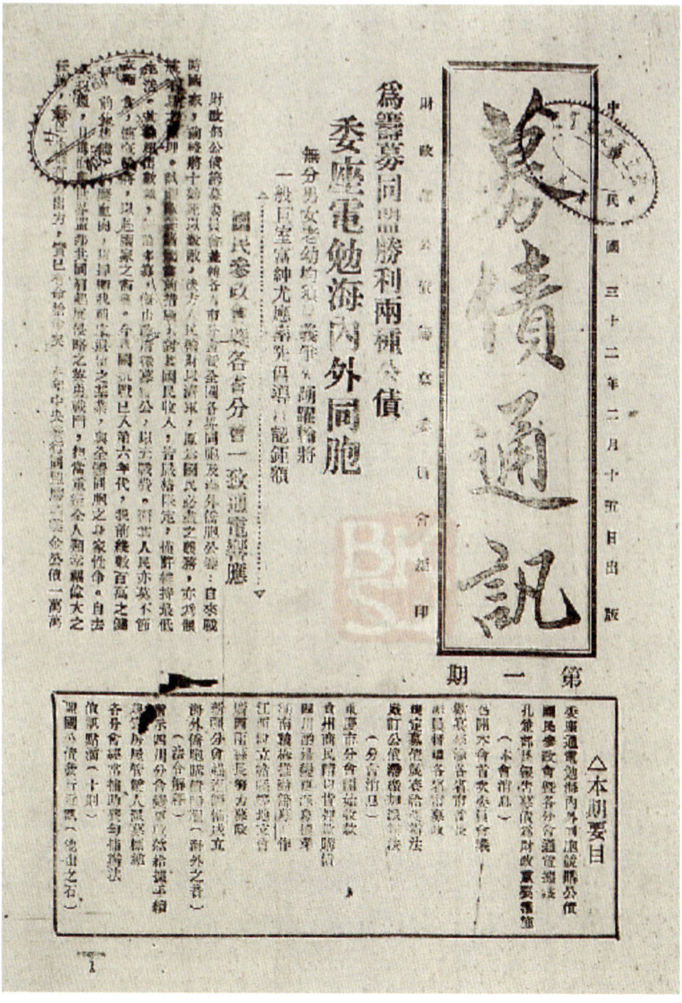
募債通訊

中華民國三十二年二月十五日出版

第一期

財政部公債籌募委員會編印

爲籌募同盟勝利兩種公債

委座電勉海內外同胞

一致通電響應

△本期要目

(本會消息)

(分會消息)

(海外之音)

(法令解釋)

債訊點滴(十則)

(他山之石)

《募债通讯》第一期封面

《自由东方》—《自由导报》(1943 年)

《自由东方》于 1943 年 2 月 20 日在重庆创刊，国际出版社出版（通信处为重庆信箱 58 号），自由东方社发行（社址在重庆民生路 28 号），五十年代出版社总经售（社址在重庆上清寺 232 号）。社长司徒德，主编马义。孙科题写刊名。撰稿人有宋庆龄、张继、邵力子、张道藩、赵素昂等。其内容主要“介绍‘二战’后期中国、菲律宾、韩国、缅甸、日本等国家的战事状况，以及东亚地区与整个世界政治形势的关系”等，代表性文章有《东方的新时期——开罗会议的收获》《中国的两大任务》《日寇怎样统治南洋》《南洋女侨胞在日寇铁蹄下》《大韩独立宣言》等。

1945 年抗战胜利后，中共中央南方局王若飞指示田钟灵和李学民，“办个以工商界为对象的刊物，为工商界争民主，揭露四大家族垄断中国经济命脉、扼杀民族工商业”的事实。由于注册登记办刊困难，最终商定买下《自由东方》的登记证，以改组为名接办《自由东方》。1945 年 10 月 22 日《自由东方》出完第二卷第三期后更名为《自由导报》，重新编号出版。

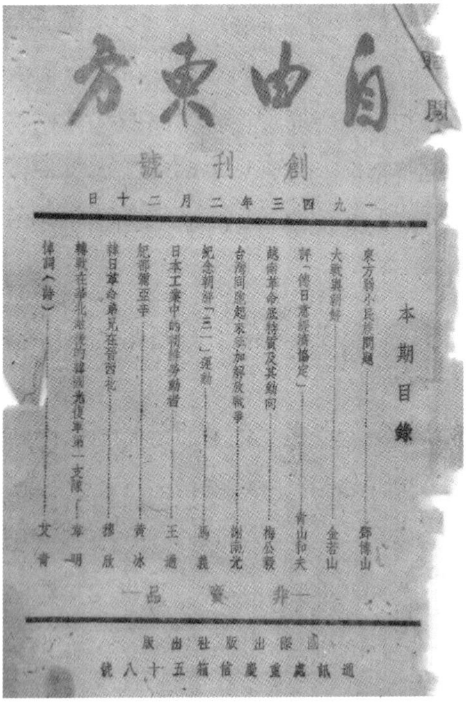
自由東方
創刊號
一九四三年二月二十日
本期目錄
東方弱小民族問題……鄧博山
大戰與朝鮮……金若山
評「德日意經濟協定」……青山和夫
越南革命底特質及其動向……梅公毅
台灣同胞起來參加解放戰爭……謝南光
紀念朝鮮「三一」運動……馬義
日本工業中的朝鮮勞動者……王通
[illegible]……黃冰
韓日革命弟兄在晉西北……穆欣
轉戰在華北敵後的韓國光復軍第一支隊……李明
[illegible]（詩）……文青
一非賣品一
國際出版社出版
通訊處重慶信箱五十八號

《自由东方》创刊号封面

《自由导报》于 1945 年 11 月 17 日在重庆正式出版（地址在重庆中正路 251 号），三联书店总经售。田钟灵（笔名为“苏东”）任主编，杜国庠任总编辑，李学民任经理。编委会成员有杜国庠、邵荃麟、侯外庐、马寅初、田钟灵等。邵荃麟负责文艺版，勇桂龙编辑国防新闻和经济版，吴紫光任记者，张林冬负责发行。主要撰稿人有冯玉祥、沈钧儒、黄炎培、章乃器、陶行知、许涤新、张友渔、孙起孟、侯外庐、茅盾、叶圣陶、郭沫若、李公朴、宗云彬、冯雪峰、黎明、王亚平、陈白尘等。为了与《自由东方》相区别，本刊刊号前都加有“革新号”字样。本刊宗旨在于“为工商界争民主，揭露四大家族垄断中国经济命脉、扼杀民族工业的倒行逆施，宣传中国共产党的方针政策”，着力“呼吁社会各界联合起来，争取和平民主，反对内战，团结中小工商业，反对官僚资本”。载文有《如何解救工业危机》《民族工业与自力更生》《中小工厂联合会简章草案》《荒凉的南京》《特权、人权与法权》《永久停战与工业建设》《如此经济建国能成乎》等。本刊因言论进步，屡遭国民党当局迫害。1945 年 12 月 25 日，重庆警察局四分局令三联书店停止经售《自由导报》，并到各书店查禁本刊。经过斗争，本刊于 1946 年元旦恢复出版，并于当天发表了社论《我们的控诉》。1946 年 4 月，重庆杂志界联谊会组织 27 家杂志联合出版《联合三日刊》，《自由导报》是其中之一，苏东还是《联合三日刊》主编之一。《联合三日刊》仅出 8 期便被迫停刊，《自由导报》继续出版。约 1947 年 3 月被迫停刊。

《自由东方》为政治评论类刊物，月刊；16 开本，每期 8 页；现保存于四川省图书馆、四川大学图书馆、上海图书馆、广东省立中山图书馆、重庆图书馆。《自由导报》为政治评论类刊物，半月刊；现存最晚一期是 1946 年 6 月出版的第二卷第二期；现保存于上海图书馆、重庆图书馆。

《时代生活》（1943 年）

1943 年 2 月 20 日创刊于重庆，时代生活出版社出版（社址在重庆中正路中信大厦 210 号），中央日报社印刷，新生图书公司总经售。编辑兼发行人周新。1946 年 5 月自第三卷第一期起迁上海出版。

本刊主要发表政治、经济方面的专论及有关战局的报道，同时刊有通俗科学知识、诗歌、散文、译作、国外通讯、人物专访等，设有时代进展、专论、通俗科学讲座、书库、人与地、小说、国际风云线、健康与卫生、读者园地等栏目。主要撰稿人有胡秋原、叶浅予、高平叔、徐盈、徐迟、凌云、鲁佩璋、虚白、王亚平、祝秀侠等。载文有《论改善我国银行制度之急要》《现代文化之衰落与新生》《通俗科学对于复兴民族的责任》《新闻学之理论与实用》《中国经济地位一百年》《生活的谣歌》《二十九国游记》《略论曹魏之选举制度》《日本在东北的移民政策及其机构》等。1943年出版的第一卷第二期是“蔡元培逝世三周年特辑”，专门介绍蔡元培生平事迹。

本刊为综合性刊物，月刊。16开本。现存最晚一期是1946年5月出版的第三卷第一期。现保存于中国国家图书馆、四川大学图书馆、重庆图书馆、南京图书馆、上海图书馆。

《时代生活》创刊号封面

《合作通讯》(1943年)

1943年2月在重庆出版，重庆邮工消费合作社编辑发行。封面注有“为社员作报导，为社员作喉舌”字样。

本刊设有社员通讯、社员动态等栏目。

本刊为合作社刊物，月刊。非卖品，专供社员阅读。1945年5月停刊，共出28期。现保存于重庆图书馆。

《私立求精商业专科学校立校三周年纪念刊》(1943年)

1943年2月在重庆出版，私立求精商业专科学校编印。

本刊主要刊登学校各部门沿革及业务概况、校董录、教职员表、第一届毕业学生表等，刊首载有杨重熙、罗志如的《创立本校之旨趣》一文，点出了学校的创办宗旨，即“商科之高等教育，其质与量皆大有推进之必要。同人等欲在此方面尽一分之力量，爰有本校之设立”。

本刊为校庆纪念刊物，特刊。现保存于重庆图书馆。

《钢铁厂迁建委员会成立五周年纪念刊》（1943 年）

1943 年 3 月 1 日在重庆出版，钢铁厂迁建委员会编辑发行。

本刊刊登了《本会迁建概况》及各种统计表格等。

本刊为钢铁厂内部刊物，特刊。现保存于四川大学图书馆、重庆图书馆。

《天下文章》（1943 年）

1943 年 3 月 15 日创刊于重庆，天下文章月刊社编辑出版（社址在重庆民族路 224 号）。主编吴熙祖、周彦、徐昌霖，督印张维良，发行人戴行遥、唐秉彝。

本刊为选编性质的综合杂志，内容有三分之二的篇章均为当时著名刊物已发表过的文章，以文艺作品为主，反映抗日战争后期国统区进步文学的概貌，“希望任何陷在踌躇思想的青年都能在这里找到正确的解答”。本刊栏目设置较多，主要有特稿、专辑、每月论战、小说选、诗丛、杂文荟、报告、剧本评汇、专题研究等。载文有《盟国战时人物素描：陈纳德是怎样干的？》《日本经济危机特辑：日本工业之发展及其停顿》《论心理作战与闪击战：德国心理作战原理及其阵容》《重庆廿四小时（三幕喜剧）》《谈笔战之道》等。本刊曾出有“战后和平问题特辑”“战后教育特辑”“小说特辑”“戏剧电影专号”“国际问题专号”“文艺

天下文章

第一期創刊特大號

特稿

每月論戰

專輯

小說選

詩叢

雜文

《天下文章》第一期创刊特大号封面

专号”等。

本刊为综合性刊物，月刊。共出 12 期。现存最晚一期是 1945 年 6 月出版的第二卷第五、六期合刊。停刊原因不详。现保存于中国国家图书馆、四川省图书馆、四川大学图书馆、重庆图书馆、南京图书馆。

《东方杂志》(1943 年)

1904年3月由夏瑞芳提议在上海创办，商务印书馆印行。刊名最初定为《东亚杂志》，但因德国驻上海总领事馆出版有德文《东亚杂志》，为避同名而改为《东方杂志》。先后在上海、长沙、香港、重庆等地出版（因日军侵华造成三次休刊，又分别于1932年10月、1938年1月、1943年3月复刊）。1948年12月终刊，共出44卷。

1943 年 3 月 15 日自第三十九卷第一号起在重庆复刊，东方杂志社编辑发行（社址在重庆白象街）。复刊时社长为王云五，编辑苏继庼。王云五撰写复刊词。

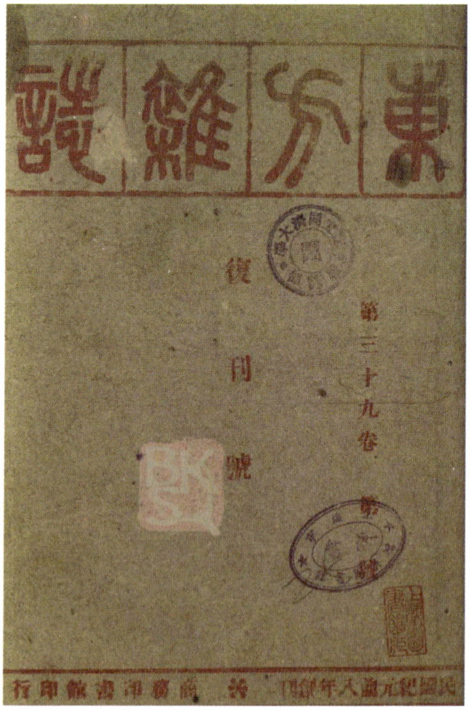

《东方杂志》第三十九卷第一号封面

本刊渝版复刊词指出，刊物“以阐明学术为主旨，所刊各文见解力求客观，议论务期平允。注重新知之介绍，然力避武断，期无悖研究之精神。内容则人文自然，中外新旧，兼收并录。然由于沿革关系，取材以涉及国际问题者为多。按其性质，以类相从，冠以国际问题从向例也。殿以文艺，依通例也。其他则略仿图书分类，序其先后，期便读者”。本刊内容初期多辑自国内外各种报刊，分社说、军事、外文、教育、财政、实业、交通、商务、宗教、小说、文艺、时事日志、译件、丛谈、记载、现代史料等栏目；后来扩增字数和插图量，多刊登有关政治、经济、思想、学术、社会问题的撰述文章和翻译文章，增设科学杂俎、时事评论、世界新潮、文苑等栏目。主要撰稿人有罗家伦、沈鸿烈、王鹤仪、张道藩、汪少伦、王学政、周子亚、陈望道、张天泽、方豪等。载文有《从复兴民族说到经济建设》《中英美平等新约与远东和平》《由西西里海峡望轴心崩溃》《“欧洲堡垒”的真相》《从物理学立场话空袭》《战后和平机构之我见》《从废除不平等条约说到世界永久和平》《中国农业之改造》《中国科学研究的过去与未来》《二十世纪社会思潮》《再论中国人的组织力》《缙云游草》《巴山夜雨话香江》等。

本刊初期为文摘类刊物，后逐步成为以时事政治为主的社科综合性刊物。本刊创刊时为月刊，自第十七卷起改为半月刊，后又恢复为月刊。现保存于上海图书馆、重庆图书馆。

《战士月报》(1943 年)

1943 年 3 月 15 日创刊于重庆，战士月报社编辑发行（社址在重庆纯阳洞 55 号），祖国出版社印刷所印刷。

本刊刊登了关于如何开展军中文化运动的讨论，发表反帝反侵略的论文，报道抗战中的优秀妇女、优秀战士事迹、战士诗歌等，主要栏目有特载、论著、报道、战士诗园、战士信箱等。主要撰稿人有张治中、郭沫若、胡秋原、冯玉祥、邓锡侯、任钧、曹雪松等。载文有《胜利声中的陪都》《抗战中的中央大学》《战士如何学习与创作》《远征的女战士》《论废除不平等条约》《疏散！警报！》等。

本刊为军队文化刊物，月刊。现保存于上海图书馆。

《国民外交》(1943 年)

前身为1939年创刊于重庆的《外交季刊》，1943年3月15日在重庆改版新出，中国国民外交协会主编（地址在重庆九道门7号），祖国出版社发行。吴铁城题写刊名。

本刊《改版启事》解释其改版原因有三：“第一，国际形势瞬息万变，季刊难以反映世界局势变迁；第二，平等新约订立之后，中国政治取得平等地位，责任更加重大，将来中外关系也更趋复杂，因此每一个国民都有了解国际及外交知识的必要；第三，本会有许多会员都请求改办月刊。”本刊旨在“评述国际问题，研究外交政策”，内容涉及“分析日本侵华外交政策之得失、西方各国对日意见、中日俄外交与东北抗日的关系”，对外交史、各国外交关系、外交政策发展演变的回顾，以及对中国外交政策和世界战争形势的报道等。本刊设有短评、战事新闻、每月外交大事记、会务通讯、资料、外交文献等栏目。载文有《卡萨布兰卡之会》《战后国际司法问题》《日寇之失败与挣扎》《国际货币基金宣言全文》《论不平等条约之取消》等。

本刊为外交刊物，月刊。16 开本。现存最晚一期是 1944 年 5 月出版的第二卷第一期。停刊时间及原因不详。现保存于中国国家图书馆、南京图书馆、重庆图书馆。

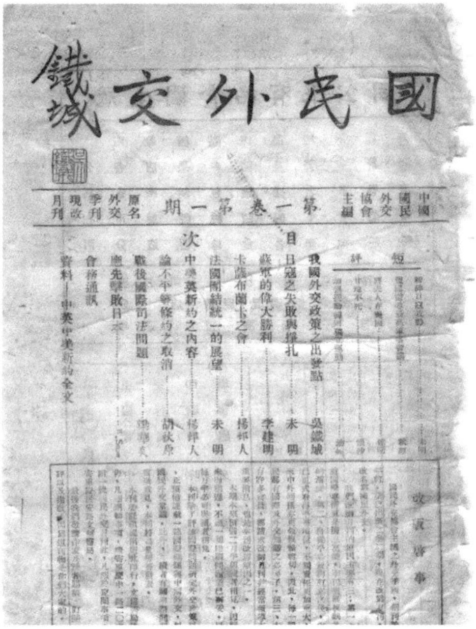
國民外交 鐵城

中國國民外交協會主編 第一卷第一期 原名外交季刊 現改月刊

目次

短評

我國外交政策之出發點……吳鐵城

日寇之失敗與掙扎……未明

蘇軍的偉大勝利……李建明

卡薩布蘭卡之會

法國團結統一的展望……未明

中英美新約之內容

論不平等條約之取消……胡秋原

戰後國際司法問題

應先擊敗日本

會務通訊

資料——中英中美新約全文

改版啓事

《国民外交》第一卷第一期封面

《侨声报》（1943 年）

1943 年 3 月 18 日创刊于重庆，侨声报社出版（社址在重庆两路口）。发行人朱培璜。

本刊主要“宣传抗日，探讨太平洋战争的形势及战后的政治、外交、侨务、经济建设等问题，同时反映世界各地华侨近况”，另刊有部分文艺作品和英文文章。本刊“认为日本战败已成定局”，并在 1945 年初发起签名运动响应“请政府征用美存款改良士兵生活”的提议。载文有《中国命运关键所在》《美国的警觉性》《如何轰炸日本》《马来华侨在渝的组织》《改善各国对华侨的待遇》等。

本刊为综合性华侨刊物,周刊。停刊时间及原因不详。现保存于上海图书馆、重庆图书馆。

《社会教育季刊》(1943 年)

1943 年 3 月 31 日创刊于重庆,社会教育季刊社编行（社址在重庆青木关）,独立出版社发行及印刷。

本刊“研究社会教育学术，讨论社会教育实施方法”，以“促进社会教育发展”为主旨，主要刊登“关于社会教育原理、政策及制度的论著，研究施教方法、实行计划、教材、教具等各种实际问题”，并编制社会教育论文索引。本刊栏目有论著、研究、教材教具、计划报告、社教消息、社教法令、书报评介等。载文有《中国社会教育建设的途径》《民众教育馆组织问题的研究》《补习教育之检讨》《推进妇女补习教育问题》《国语教育》《艺术与社教》等。

《社会教育季刊》创刊号封面

本刊为教育类刊物，季刊。1943 年 12 月出版第四期后终刊。除创刊号外，其他三期分别为“补习教育专号”“三界全国美展专号”“全国社会教育概况专号”。现保存于四川省图书馆、重庆图书馆。

《协进》(1943年)

原名为《中华归主》，20世纪20年代创刊于上海。中华全国基督教协进会编行，发行至1941年2月休刊。1943年3月迁往重庆复刊，更名为《协进》，中华全国基督教协进会编行（通讯处在重庆戴家巷10号）。陈文渊撰写复刊词。1946年7月又迁回上海发行。

本刊主要“发表宗教论著及译述，刊载教会实际问题研究，报道国内外协进会动态”，“刊载宗教诗歌、教会名人传”及该会有关消息等，设有世界教会动态、国内教会动态、本会事工述要、国内基督教运动要闻等栏目。

本刊为宗教类刊物，月刊。停刊时间及原因不详。现保存于上海图书馆、重庆图书馆。

《图书季刊》(1943年)

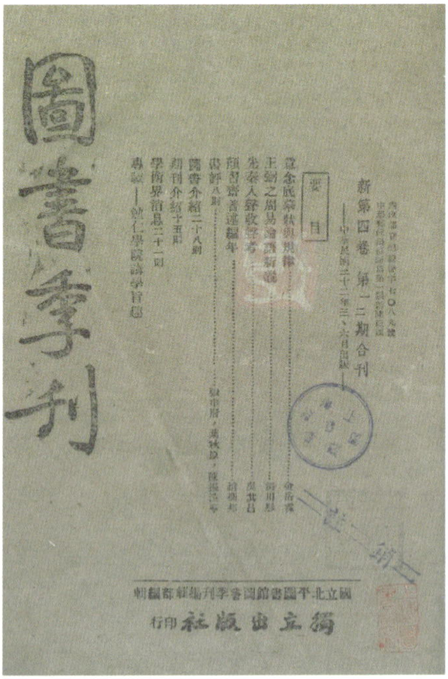

《图书季刊》新第四卷第一、二期合刊封面

1934年3月在北平创刊，世界文化合作中国协会出版，图书季刊社发行。“七七事变”后休刊。1939年3月起先后在昆明、香港复刊，卷期另起，并标以“新”字以作区别，又分中文本、英文本和中英文合订本。1942年，“因印刷障碍，又停一年。兹以中西学术交通渐见改善，推进国际文化交流尤为普遍之呼声，乃决定移渝续刊。仍照旧例，年出四期。并为与昆明所刊三卷衔接，卷次从新第四卷起”。故于1943年3月在重庆复刊出新第四卷第一、二期合刊，国立北平图书馆图书季刊编辑部编辑（通信处为重庆沙坪坝国立北平图书馆驻渝办事处),独立出版社发行。1945 年 6 月自新第六卷第二期起迁至上海出版，金屋书店发行，但重庆的通信处不变。1947 年 6 月自新第八卷第二期起迁至北平文津街，商务印书馆印刷发行。约 1948 年 12 月出版新第九卷第三、四期合刊后停刊。

本刊“阐扬学术，介绍书报”，刊载学术界的动态，“旨在向国内外人士传达学术界消息，促进中外学术交流”，“以为和平辟未来之新路”，内容分论著、书评、图书介绍、期刊介绍、学术界消息、书录、专载等。主要撰稿人有金岳霖、汤用彤、吴其昌、张申府、王重民、岑仲勉、石峻等。载文有《东洋天文史研究》《新罗史研究》《利玛窦遗牍与传教录之再版》《最近各国的历史教学》《考据举例》《图书介绍：普慧大藏经之编印》《图书介绍：中国史学纲要》《期刊介绍：说文月刊》等。

本刊为学术刊物，季刊。现保存于中国国家图书馆、四川省图书馆、四川大学图书馆、重庆图书馆。

《广播通讯》(1943 年)

1943 年 3 月创刊于重庆，中央广播事业管理处编辑发行。

本刊内容“包括中央广播事业管理处会议记录、要闻及广播花絮，介绍世界大战中的无线电及全国各地广播电台收音概况等”。1944 年第十期为“中央创办广播事业十五年纪念特刊”。

本刊为广播事业刊物，月刊。1944 年 4 月终刊，共出 10 期。现保存于重庆图书馆。

《重庆营业税月报》(1943 年)

1943 年 3 月在重庆出版，财政部重庆市营业税月报室编辑(地址在重庆石灰市)，财政部重庆市营业税处发行，更生印刷厂印刷。

本刊“旨在推动税务，发布商情和财政部重庆市营业税处计划”。本刊刊登

“经济研究论著和翻译，税务问题之探讨，各地财政状况之调查”。本刊栏目有专载、论著、法令、统计、商人问答等。

本刊为财税刊物，月刊。仅见第一期。现保存于重庆图书馆。

《中华图书馆协会会报》(1943年)

1925年在北平创刊。抗战开始后迁至昆明。1940年10月30日在成都出版第十五卷第一、二期合刊，中华图书馆协会理事会编辑发行（通信处在成都金陵大学文学院），主编刘国钧。1943年3月迁至重庆出版（通信处改在重庆沙坪坝），戴传贤题写刊名。抗战胜利后迁至南京，1946年12月15日出第二十卷第四、五、六期合刊。1948年5月31日出完第二十一卷第三、四期合刊后停刊。

本刊以“研究图书馆学术，发展图书馆事业，并谋图书馆之协助”为宗旨，内容为“关于图书馆事业的论著，各地图书馆的动态”，还刊有协会年度报告、协会规程、研讨会纪要、出版史料及各类图书馆的相关调查报告等。

本刊为社团刊物，中华图书馆协会会刊，双月刊，6期为1卷。现保存于四川省图书馆、四川大学图书馆、重庆图书馆。

《组织》(1943年)

1943年4月1日创刊于重庆，组织旬刊社编辑发行（社址在重庆中三路187号附2号）。戴传贤题写刊名。

本刊旨在分析“组织的理论，组织的历史，组织的经验，组织的方法，组织的技术”，“不论是关于党、政治、军事、经济、社会、国际、古与今，举凡直接间接与组织有关的问题，我们都应该仔细研究”，“探讨有关国民党的组织问题，分析比较各国的行政组织”，以达到“给同志以组织理论的指导”和“给工作同志以报道他们宝贵经验的机会”。本刊设有论文、介绍、讨论、解答、通讯等栏目。主要撰稿人有王宠惠、楼祖诒、陶希圣、褚辅成、邵力子、杨佛士、冯自由、高廷梓等。

本刊为政治类刊物，旬刊。16 开本。1944 年 6 月出版的第三卷第九期是现存最晚一期。现保存于四川大学图书馆、自贡市档案馆、重庆图书馆等。

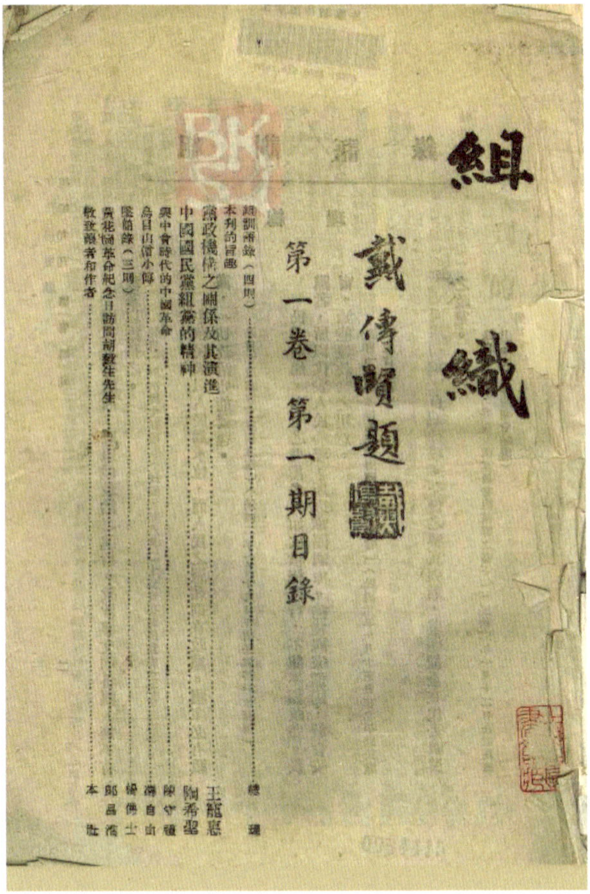

《组织》第一卷第一期封面

《物价报告》(1943 年)

1943 年 4 月 3 日创刊于重庆，国家总动员会议物资处调查室编。

本刊刊登内容主要为重庆及全国重要市县两周物价变动概况及重庆市趸售、零售物价表。

本刊为物价刊物，双周刊。现保存于重庆图书馆。

《征信新闻》(1943 年)

1943 年 4 月 5 日创刊于重庆，联合征信所编辑发行（地址在重庆林森路下黉学巷 4 号）。主编杨爱全。抗战胜利后，联合征信所总所迁上海，重庆保留分所。1949 年重庆解放后，西南贸易部接管该所及刊物。

联合征信所是当时中央、中国、交通、农民四银行联合办事处（即四联总处）的金融征信机构，于 1943 年 3 月成立，受四联总处领导。本刊内容分两部分，一是报道国内和本埠的经济、金融、财政、交通、工商业等新闻，刊发专职记者、外埠特约记者采访的重要消息，“凡政府发布的有关财政金融和工矿企业贸易等的公报，以及四联总处公布的贷款条例”，均由本刊公布。二是发布当日金融行情和物价行情，包括外埠和重庆的黄金、美钞行情，如中央银行每日挂牌利率等。其刊发的市场物价行情分为粮食、棉纱、布匹、百货、五金、中药、纸张、建材、文具等十余类，均派具有经济学识、富有商业经验的记者采访。每日还报道各市场行情动态，每周末发表一篇对各市场物价起落或平稳的概况及未来

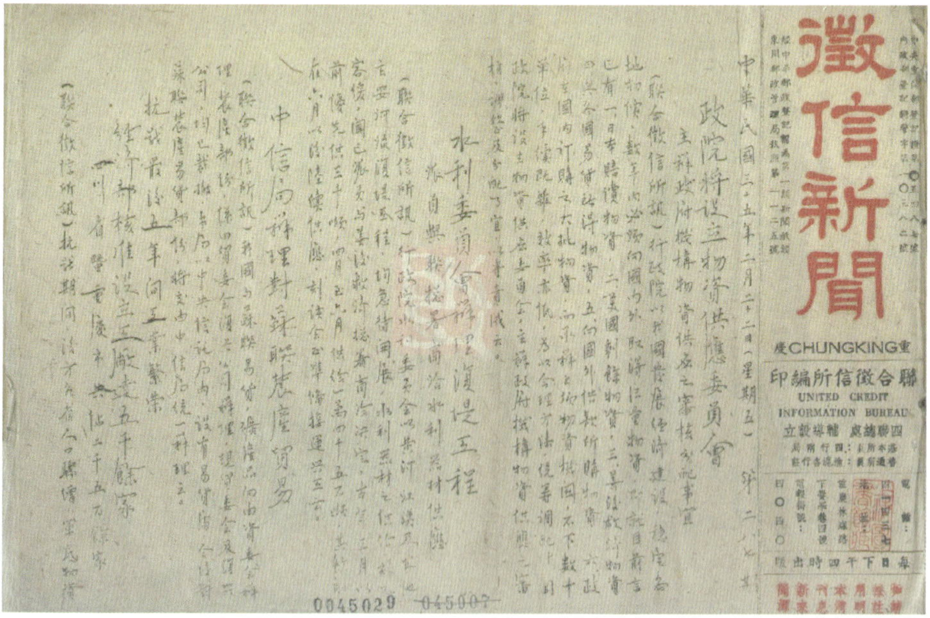
徵信新聞
CHUNGKING
聯合徵信所編印
UNITED CREDIT INFORMATION BUREAU
政院将设立物资供应委员会
水利委员会修理渡堤工程
中信局办理对苏联农产贸易

《征信新闻》第二百八十七期封面

趋势的分析。本刊以金融业和大中型工商户为主要发行对象，《大公报》特辟专栏登载本刊的物价行情。抗战时期，本刊只在重庆一地发行，日销两千五六百份。1947 年曾开设“渝市一周金融动态”专栏。载文有《改革币制之前后》《发行新公债》《利发昌玻璃号倒闭》《张元昭接任邮汇局渝分局经理》《川蜡运沪日多价格下落》《川盐亟谋外销湘楚：自贡盐商筹组川盐运销公司》等。

本刊为经济刊物，日刊，除周日及假期外，每日下午 4 时出版。16 开本，每期约 10 页。油印，后改为铅印。现存最早一期为 1946 年 2 月 22 日出版的第二百八十七期，现存最晚一期为 1950 年 4 月 1 日出版的第一千六百○四期。停刊原因不详。现保存于上海图书馆、重庆图书馆。

《文学》（1943 年）

1943 年 4 月 10 日创刊于重庆，文学月刊社编辑发行（社址先在重庆南纪门韩家巷 9 号，后迁坎井街 11 号），重庆新知书店发售。朱培璜编辑。

本刊主要刊载小说、散文、诗歌、通讯、评论、剧本等，设有创作、诗辑、翻译等栏目。本刊刊载的作品有《结婚》《作家的厄运》《费解的性格》《新歌剧运动》《诗歌与创作》《略谈诗的形式》等。本刊第二卷第一期是“屠格涅夫特辑”，第二卷第二期是“戏剧专号”。

本刊为纯文学刊物，月刊。1944 年 11 月出版第二卷第四期后休刊。1945 年 8 月又出一期后终刊。现保存于中国国家图书馆、四川大学图书馆、上海图书馆、重庆图书馆。

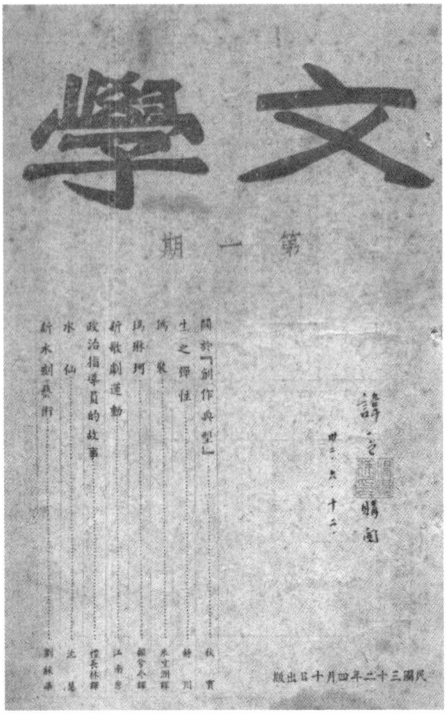

《文学》第一卷第一期封面

《粮政月刊》—《粮政季刊》(1943 年)

1943 年 4 月 16 日创刊于重庆，粮食部督导室编辑出版（地址在重庆康宁路 7 号）。徐堪题写刊名。1945 年改名为《粮政季刊》，期号另起。

本刊旨在“阐述中央粮食政策，报道各地粮政消息，指示储运加工技术，研究战后粮政设施，介绍各国粮管措施，发布粮管法规资料，以及其他与粮政有关的财政、农政等研究报告”。其内容为“有关粮政设施及战时、战后粮食问题之研究，历代民食史料之汇撰与各国粮情之报道等”，设有专载、论著、粮政报道、各国粮情、资料、法规、调查研究等栏目。本刊的具体内容涉猎广泛：有对国内实际粮食产量的普查、预估资料，有对粮食生产的宣传资料，还有对粮食生产、管理、立法等理论问题的探讨等。撰稿人有朱剑农、周国材、庞松舟、宋同福等。载文有《民国三十一年各省主要冬季作物面积最后估计》《川省粮食管制实施办法暂行细则》《美国战时粮食管理概况》《桑弘羊论平准均输之利》《陪都民食供应概述》《论粮政研究之重要》《论中国战后粮食政策》等。

本刊为粮政刊物，先为月刊，1945 年改为季刊。16 开本。停刊时间及原因不详。现保存于绵阳市档案馆、重庆图书馆。

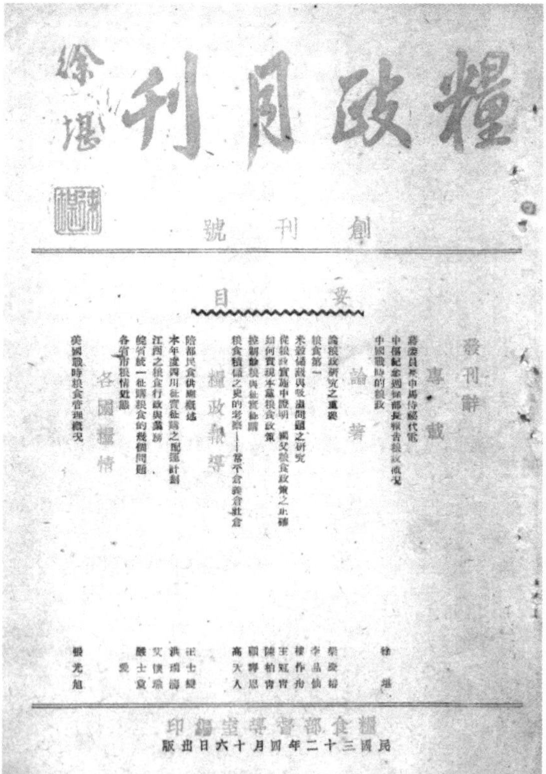

《粮政月刊》创刊号封面

《驿讯》(1943 年)

1943 年 4 月 16 日创刊于重庆，交通部驿运总管理处编辑发行（地址在重庆江北董家溪 2 号）。

本刊旨在“研究驿运业务，增强驿政效力”，“专供驿运同仁阅读”，栏目有论著、调查、游记、文艺等。

本刊为交通运输刊物，半月刊，每月 1 日、16 日出版。1944 年 11 月终刊，共出 40 期。现保存于中国国家图书馆、重庆图书馆、四川大学图书馆、南京图书馆。

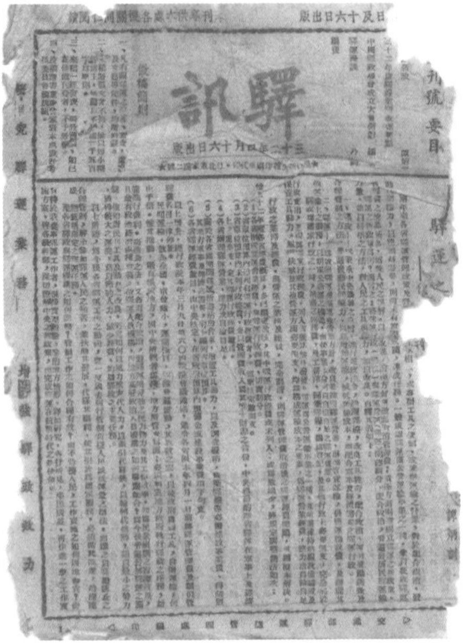
驛訊

《驿讯》第一期封面

《今日电影》(1943 年)

1943年4月在重庆创刊，何酩生、康幼甫主编兼发行，莫理欢、梁惕乾编辑，今日电影社出版（社址在重庆邹容路花菜园），今日文化服务社发行。封面注有“关心电影与戏剧者的良友”字样。约1945年5月休刊。1946年6月由何酩生在上海复刊出第五十六期，今日电影社编辑，上海五洲书报社出版。

本刊主要登载影剧介绍、影评、拍摄和上演情况、艺人动态、剧界大事等，还刊有一定数量的医学类、日常生活类广告。载文有《抓住电影这武器》《评“蝴蝶梦”》《美国影片中的“中国”》《“中国女郎”电影故事》《银坛尘梦录》等。

本刊为电影刊物，半月刊。停刊时间及原因不详。现保存于中国国家图书馆、南京图书馆、重庆图书馆。

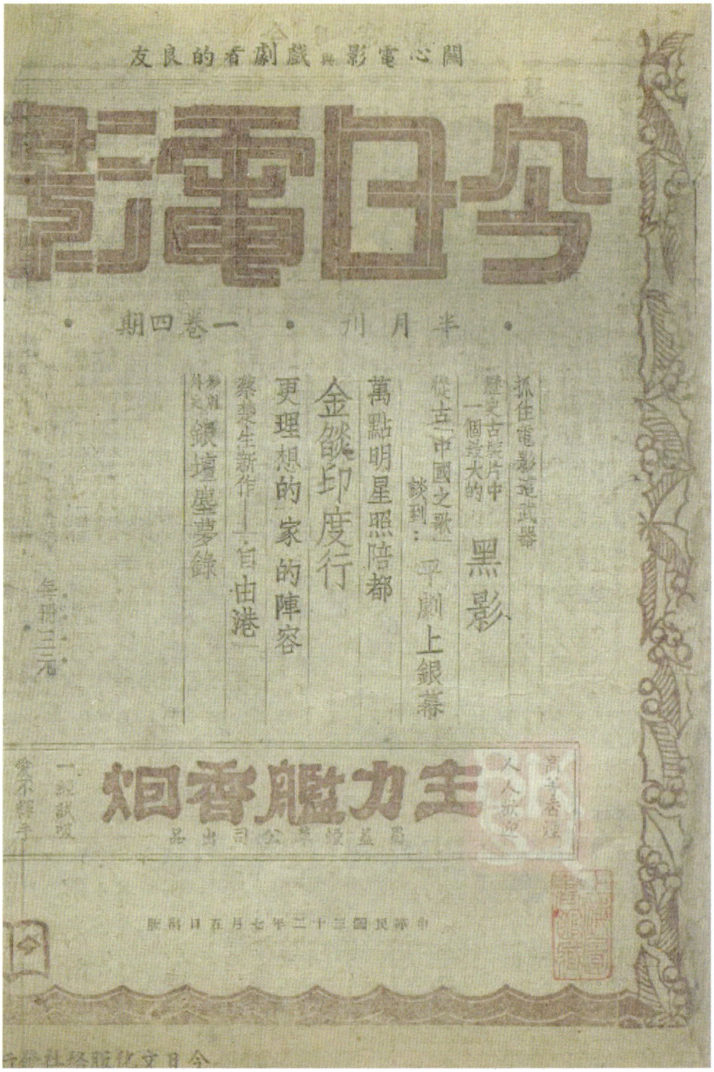

《今日电影》第一卷第四期封面

《盟利周刊》（1943 年）

1943 年 4 月创刊于重庆，盟利周刊社编辑发行（社址在重庆李子坝三江村 400 号）。发行人高辛庐，主编人梅子、兰似。1943 年 12 月停刊，共出 12 期。

本刊内容广泛，刊载关于哲学、军事、人物、游记、文学、政治、科技、

《盟利周刊》第五期封面

心理学等方面的作品，主要栏目有周末笔谈、盟利信箱、拾零等。供稿人有高辛庐、一凤、禾子、蔚南、兰似等。载文有《螟蛉心理》《轿子与包车》《文字的灵魂》《崇高的感觉》《恋爱与结婚》《怎样选择理想的职业？》《长沙保卫战的回忆》《闲话天皇》《唱针的新发明》《美国的妇女辅助军团》等。

本刊为社科综合类刊物，周刊。停刊原因不详。现保存于中国国家图书馆、重庆图书馆。

《中国纺织学会会刊》(1943 年)

1943 年 4 月创刊于重庆,中国纺织学会编辑发行(地址在重庆江家巷 26 号经纬纺织机制造公司内)。发行人蒋迪先。

本刊旨在“介绍新说,贡献心得,沟通声气,表示主张”,“调剂人材,奖掖后进,备当局之咨询,供斯业之顾问,策群力以争上游”,内容以研究中国纺织业的文章为主,刊载“关于纺织染问题之探讨,技术及管理之研究,新式机件及书籍学说介绍,调查记事,纺织染消息,及一切有关纺织染之著述”。撰稿人有朱仙舫、陆绍云、张文潜、蒋迪先、戴文伯、杨显东等。载文有《中国纺织业实施计划刍议》《抗战期中纺织业应有之认识》《合川豫丰纱厂复工纪念碑记》《国产颜料之发明与制造渐增》《重庆市棉货及工资限价办法》《纺织工厂科学管理法》《我国棉业复兴之途径》等。

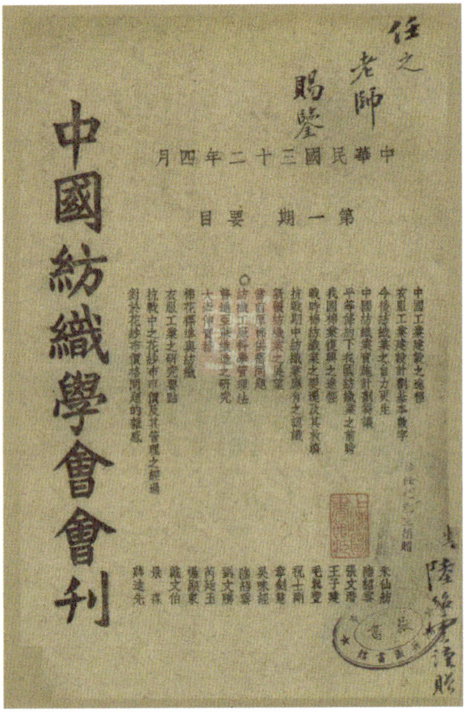

《中国纺织学会会刊》第一期封面

本刊为纺织工业刊物,不定期刊。仅见 2 期。现存最晚一期出版于 1944 年 12 月。停刊时间及原因不详。现保存于中国国家图书馆、复旦大学图书馆、上海图书馆。

《社会调查与统计》(1943 年)

1943 年 4 月创刊于重庆,社会部统计处编行。抗战胜利后迁至南京继续出版。约 1948 年 9 月停刊。

本刊刊有“调查与统计的理论、方法和对所得资料的分析论文,调查与统计的规章、方案、实例、调查书表、文件等”，还有各种调查与统计资料，设有论著、章则、消息、资料等栏目。载文有《北碚社会概况调查》《重庆工人家庭生活程度》《关于抽样应有之基本认识（附图表）》《十四重要城市产业员工调查》《家计调查述要（附表）》等。

本刊为社会统计刊物，季刊。停刊原因不详。现保存于重庆图书馆。

《中山文化季刊》（1943 年）

1943 年 4 月创刊于重庆，为《中山文化教育馆季刊》的续刊，中山文化教育馆季刊委员会编辑发行（地址在重庆北碚中山路）。约 1945 年 9 月出至第二卷第二期停刊，共出 6 期。

本刊以“阐扬三民主义，奠定中国新文化的基础”为宗旨，刊载“关于阐扬三民主义及以三民主义为理论指导之学术论著，建设之具体方案，世界学术思想之介绍与批判”。本刊还载文分析国内外时事、政治、经济和社会现状，探讨哲学、历史、法律、教育、社会学方面的学术思想，并介绍欧洲现代革命思潮及其他文史论著。本刊还登载有大量文化供应社印行的书刊的广告。当时学术界名人王亚南、侯外庐、翦伯赞、萨孟武、邓初民、闻一多、杨国荣、聂绀弩、史维焕等都曾为之撰稿。载文有《从汉至唐官史薪俸制度的研究》《经济地理学的理论与应用》《废除不平等条约与今后外人土地权问题》《落后国家工业化与国际分工问题》《中国银行业的起源》《中国中古时期之门阀》《论战后

《中山文化季刊》第一卷第一期封面

世界币制问题》《论司马迁的历史学》《由民族文化到世界文化大同》《世界新秩序的重建与国际法的改造》等。

本刊为综合性文教刊物，季刊。停刊原因不详。现保存于中国国家图书馆、四川大学图书馆、重庆图书馆。

《文汇周报》(1943年)

1943年5月1日创刊于重庆，主编陈翰伯、石啸冲，发行人孙伏园，中外出版社出版发行（社址在重庆美专校街106号）。抗战胜利后迁至上海出版。

本刊“试图做到介绍中国以外重要的事件与有关问题”，“快速的反映海外人士的看法、想法和他们实际的经验”，“主要针对第二次世界大战前后世界及国内的政局、战争情况进行评论、报道”，此外还有一些经济、文化等综合消息”。载文有《转变中的亚洲》《日寇在南洋》《德国潜艇的秘密》《废除在华特权与东方民族平等》《集体安全制为和平的门径》《北非大捷后的法国本土》《美国读书界与出版界的今昔》《从魁北克到三国会议》等。

本刊为综合类刊物，周刊。1946年4月出版第一百二十二期后停刊。现保存于上海图书馆、重庆图书馆。

《时代青年》(1943年)

1943年5月1日在重庆出版，时代青年编辑委员会编辑，时代青年社发行（通信处为四川巴县兴隆场第2号信箱）。每卷6期，出至1945年第三卷第六期停刊。

本刊的使命是“阐扬三民主义，纠正错误思想”，“引导青年，真正为三民主义的实现而奋斗，真正作一个时代青年”。本刊辟有时代言论、时代论著、青年生活报道、文艺、书的春秋等栏目。本刊特约撰述有王觉源、王平陵、周自达、李立中、陶百川、徐旭、严明等。载文有《三民主义之理论与实践》《崇高的图书》《三民主义文艺政策的提出和其意义》等。

本刊为青年刊物，月刊。现保存于四川省图书馆、四川大学图书馆、复旦大学图书馆、重庆图书馆。

《当代论坛》(1943 年)

1943 年 5 月 16 日创刊于重庆，主编刘光炎，编辑吴方仁、赵钟简，发行者联合文化编译社（社址在重庆李子坝三江村 400 号）。

本刊载文有《建设之条件》《由东条内阁改组看日本动向》《战后世界通货问题》《坐井观天谈》等。冯友兰、梁实秋、朱光潜、刘英士、周宪文等都曾在本刊发表作品。

本刊为综合性刊物，半月刊。16 开本，每期约 16 页。1943 年 11 月出版第十三期。停刊时间及原因不详。现保存于中国国家图书馆、四川省图书馆、四川大学图书馆、南京图书馆、重庆图书馆。

《当代论坛》第一期封面

《青年杂志》(1943 年)

1943 年 5 月 16 日创刊于重庆，青年杂志社发行（社址在重庆中二路 116 号，后迁重庆李子坝三江村 404 号）。主编冯放民、周以洞、青云梯等。1944 年 10 月出版第二卷第五期后停刊。

本刊以“提示青年修养途径，增进青年学识技能，加强青年政治认识”为宗旨，内容包括“各种科学论著、各种科学研究大纲、经验与学习、生活与修养、青年动态、书报评介、历史故事、文艺、名著译介、传记等”，还设有科学漫谈、女学讲话、青年信箱等栏目。载文有《士风与国风》《当代青年五大问题》《经济学的轮廓》《怎样欣赏法国文学》《考试英文时应注意的问题》《英美的大学教育》《国防原理》《化学战争》等。

本刊为青年刊物，月刊。16 开本。停刊原因不详。现保存于四川省图书馆、重庆图书馆。

《青年杂志》第一卷第一期封面

《哲学评论》(1943 年)

1927 年 4 月创刊，北平尚志学会编辑发行。1936 年自第七卷起改由中国哲学会编行。1943 年 5 月迁重庆，中国哲学会编辑出版（地址在重庆民权路 37 号），南方印书馆经售。编辑委员会主任为冯友兰，委员有汤用彤、张东荪、瞿菊农、宗白华、黄建中、刘衡如、范寿康等。1946 年 10 月自第十卷起迁上海出版，上海开明书店发行。1947 年 11 月出至第十一卷第二期终刊。

本刊以“介绍西洋现代思想”为主旨，涉及“哲学思想，研究哲学领域的各种问题”，包括中国哲学、逻辑学、教育哲学、法律哲学、宗教哲学、伦理、美学诸方面的研究。本刊设有书评、介绍与批评、本会纪事、学术通讯、论文摘要、国外新出书报介绍等栏目。撰稿人有金岳霖、冯友兰、瞿菊农、贺麟、熊十力等。载文有《势至原则》《新理学的形上学系统》《新理学在哲学中之地位及其方法》《辩证哲学》《新唯识论问答》等。

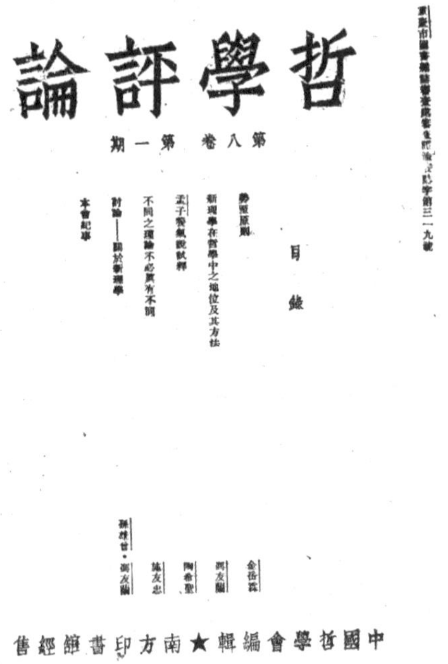

《哲学评论》第八卷第一期封面

本刊为哲学刊物，双月刊。16 开本。现保存于中国国家图书馆、中国科学院图书馆、南京图书馆、四川大学图书馆、重庆图书馆。

《重庆市趸售物价指数周报》(1943 年)

1943 年 5 月创刊于重庆，经济部日用必需品管理处编行。

本刊主要刊登重庆每周食用类、粮食类、燃料类、五金电料类、建筑材料类、纸张类、什项类趸售物价指数表。

本刊为物价刊物，周刊。油印。1945 年 12 月出至第二卷第三十五期停刊。现保存于中国国家图书馆。

《大公园地》(1943 年)

1938 年初，曹谷冰、李清芳曾先后到重庆筹备渝版《大公报》，因经费和人力所限，渝版《大公报》未出版。1938 年 9 月 9 日开始发行重庆航空版，在重庆下新丰街 19 号设立办事处，另在重庆中山一路 96 号设立营业部。张季鸾主持，总编辑王芸生，编辑部成员有孔昭恺、赵恩源等，经理曹谷冰，经理部主要成员有李清芳、袁光中等，外勤记者徐盈、子冈等（基本上是该报汉口版原来的人员）。《大公报》（渝版）于 1938 年 12 月 1 日正式出版。1943 年 5 月，办事处决定刊发《大公园地》。

本刊于1943年5月在重庆出版。封面注有“大公报社同人半月刊（非卖品），不供社外人员阅读”字样。主编许君远，编辑陈伟球、刘北汜等。1947年5月迁至上海复刊，期号另起，曹谷冰撰写复刊词。约1949年1月停刊。

大公園地
大公報社同人半月刊（非賣品）不供社外人員閱讀
復刊詞
目錄

《大公园地》复刊第一期封面

本刊是《大公报》为向同人“报道社务”“互通消息”“相互切磋”而出版的社内刊物，是“调剂各馆同人公余生活的一种杂志类型的刊物，因此它的编排与出版时间，便没有报纸那么容易，在编、排、印等方面，皆是各同人工作以外的工作，因此本刊的产生，是报馆同人在正当工作之外，抽出一部分时间来弄。为了不妨碍大家正当的工作以及又求其不脱期，只有将编排、印刷的时间提前，才能按期出版”。本刊刊载了很多有关大公报社的日常情况、讯息、趣闻轶事等，也登载有时事类、评论类文章等。载文有《桂林之忆》《忆重庆夜餐》《资料室一年半》《校对的苦痛（被人遗忘的夜工作者）》《通信课个案》《没有结婚的同事们》《编辑部素描》《漫谈经济新闻》等。

本刊为综合类刊物，半月刊。现存 25 期。停刊原因不详。现保存于重庆图书馆等。

《监察院公报》（1943 年）

1931 年 5 月在南京创刊，曾停刊。1943 年 5 月在重庆复刊，卷期另起，国民政府监察院编行。1945 年 5 月停刊，在渝共出 5 卷。

本刊主要刊载监察院的法规、条例、章程、规则及相关命令、训令、指令等公文，并发布其他重要文件等，栏目有法规、审计、公文、记载、弹劾案、纠举案、建议案、监试、视察调查、院会记事等。

本刊为行政刊物，刊期不详。现保存于四川省图书馆、南京图书馆、重庆图书馆。

《银行通讯》（1943 年）

1943 年 6 月 1 日创刊于重庆，重庆市银行界同人进修服务社编行。1945 年 9 月出至第二十五期停刊。1945 年 12 月迁上海复刊，卷期另起，改由银行通讯社编行。约 1948 年 10 月终刊。

本刊“希望以阐扬主义政策，介绍学术思想，供银行界同人切磋研讨为主要任务。其次，联络银行界同人的感情，沟通其意志，也是本刊主要目的之一”。本刊主要“介绍银行界从业人员的生活和工作学习状况，刊有银行界同人进修服务社工作简报”等，设有金融界简讯、银座漫谈等栏目。撰稿人有徐柏园、孔雪雄、林文祥、吴茂荪、范鹤言、叶克廉、何福元等。载文有《四国家银行之简史及其组织》《中国通商银行总管理处移渝》《交通银行设立信托部》《金融界从业员生活之另一面》《重庆钱业公会市场特写》《游资与利息》等。

本刊为金融刊物，月刊。停刊原因不详。现保存于中国国家图书馆、重庆图书馆、复旦大学图书馆。

《大战画集》（1943年）

1943年6月10日创刊于重庆，大战画集社发行，文化建设印刷公司印刷正张，中信局重庆印刷厂印刷封面，联合出版社经售（社址在重庆保安路211号，后迁中华路至诚巷8号）。主编兼发行人舒宗侨，编辑张同、罗成荏、李仲源。约1945年6月停刊，共出5集。

本刊是“以记载第二次世界大战为任务的大战画集”。本刊的出版目的，“一方面是纪念全世界在前方、后方，在天空、在海底作战牺牲的无名英雄；一方面是要让后死者的我们，知道胜利一定是属于为正义而战的人，解放必归诸为真理而奋斗的我们”。本刊用西报纸和胜利纸两种纸张印刷，主要栏目有行伍生活杂写、世界时事漫画选、战争与妇女、国际大事小镜头、儿童动态等。撰稿人有叶浅予、庄黎明、沙清泉、张文元、张光宇等。本刊刊载的作品有《盟军胁制下的太平洋》《日寇零式机的故事》《美国人民的战斗精神》《战斗法国之姿态》《飞过喜马拉雅山之巅到抗战司令塔——重庆（附照片）》等。

本刊为战争时事刊物，不定期刊。16开本。现保存于中国国家图书馆、四川大学图书馆、重庆图书馆。

《世界周报》（1943年）

1943年6月14日在重庆试刊，由一部分在渝的武汉新闻界人士创办，发行者为世界周报社理事会（社址在重庆江北），印刷所为新快报印刷所，新中国文化社经售（地址在重庆夫子池）。发行人夏国宾。理事长万克哉，编辑龚啸风。

试刊出至 1944 年 1 月，共出 30 期。1944 年 9 月正式发刊，到 11 月共出版 8 期。目前仅见 1944 年 10 月出版的第三、四期合刊（即总第卅五、卅六号）。

本刊内容以时事评论和文艺作品等为主，也刊有部分文艺理论作品。撰稿人有黄若海、陆合、彭荔、王进珊、于玲等。本刊刊载的作品有《论贪污》《我怎样演王熙凤》《英国的新艺术时代，中国艺术界的借鉴》《欧风美雨》《秋虫的祝福》等。

本刊为综合性刊物，周刊。停刊时间及原因不详。现保存于中国国家图书馆、南京图书馆、重庆图书馆。

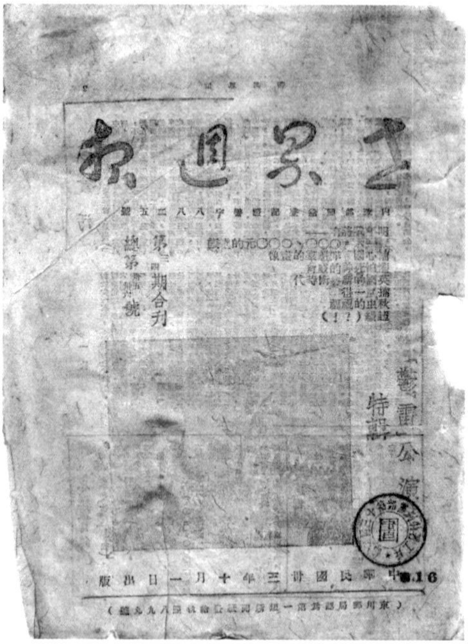

《世界周报》第三、四期合刊封面

《中原》（1943 年）

1943 年 6 月 21 日创刊于重庆，郭沫若主编，沈硕甫发行，群益出版社出版并发行（社址在重庆临江路西来街 20 号）。

郭沫若在创刊号《编者的话》中指出，本刊对那种“思想上袒护法西斯主义”，“即使稍微带些那样的气息”的文稿，一概“敬谢不敏”，“内容是兼收并蓄，只要是合乎以文艺为中心的范围，只要能认为对于读者多少有一些好处，我们都一律欢迎。因此创作也好，翻译也好，小说、诗歌、戏剧、评论以及关于其它姊妹艺术部门的研究介绍，我们都一视同仁”。本刊内容包括剧本、小说、诗、散文、剧论、每月论战、小说选、专辑等。撰稿人有茅盾、臧克家、阳翰笙、徐迟、闻一多、蔡仪、姚奔、老舍等。本刊刊登了《论演员的想象》《古装影片和历史剧》《清代宫廷戏剧考》《出版物的营养问题》《不成问题的问题》《艺术的内容与形式》《战时盟国人物素描》《论现代英国小说："材料主义"的倾向及其前途》等文章。

本刊为综合性文艺刊物，月刊。16 开本。第一卷出 4 期。第二卷出 2 期。约 1945 年 10 月停刊。停刊原因不详。现保存于四川省图书馆、四川大学图书馆、复旦大学图书馆、上海图书馆、重庆图书馆。

《中原》创刊号封面

《地政通讯》(1943 年)

1943 年 7 月 1 日创刊于重庆，地政署地政通讯社编行（地址在重庆江北香国寺）。主编吴文晖。编辑委员会主任委员张光军，委员有何崇杰、陈正模等。郑震宇题写刊名。出至 1944 年 8 月第十四期休刊。1947 年 5 月复刊。1947 年 8 月自第十九期起迁南京出版，到 12 月出至第二十四期。1948 年 2 月起编号为第三卷第一期（即总第二十五期）。

本刊主要刊载地政署的各种地政业务信息、相关研究论著和法律法规等，包括经济、财政、社会、粮政、农林、水利、垦务、交通等。本刊设有专论、法规、

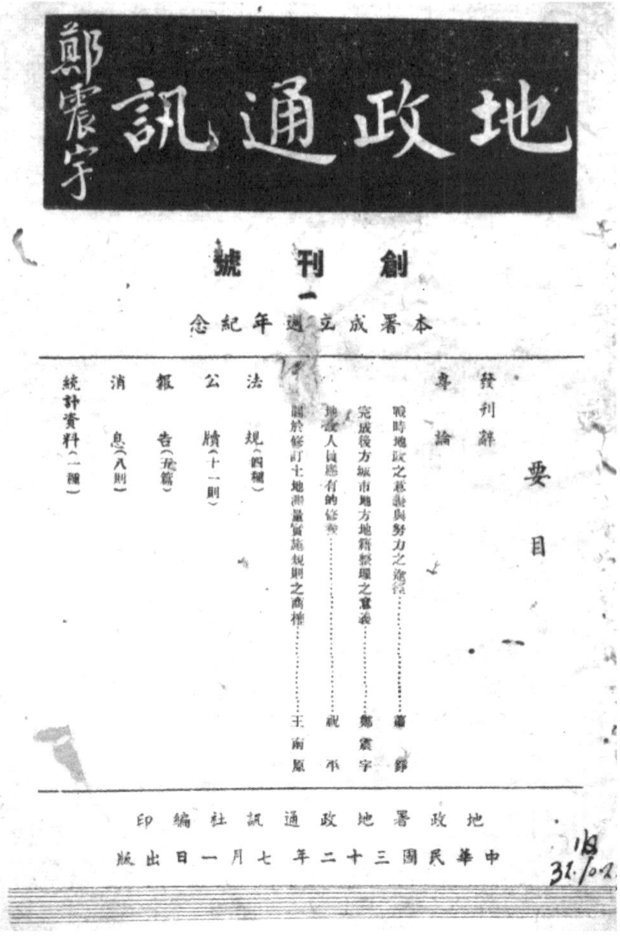

《地政通讯》创刊号封面

公牍、报告、消息、统计资料等栏目。载文有《一年来之地籍整理（附表）》《关于修订土地测量实施规则之商榷》《地政署组织法》《战时地政之意义与努力之途径》《盐井盐灶之登记》《解释耕地产物疑义》等。

本刊为地政刊物，属于地政署公报，月刊。16开本。非卖品。现存最晚一期是1948年11月出版的第三卷第十期。停刊时间及原因不详。现保存于中国国家图书馆、北京大学图书馆、四川大学图书馆、重庆图书馆。

《沙坪合作》（1943年）

1943年7月3日创刊于重庆，重庆市沙坪坝消费合作社编辑发行。封面注有“社内刊物,非卖品”字样。胡焕庸撰写创刊词。约1945年7月停刊。共出19期。

本刊旨在“举合作理论、社务报告、战后计划、社员意见，使社员得明了当今合作事业之趋势及本社之现状，收互相研究、交换意见之功；使社会人士指合作事业之意义，引起其兴趣，共起组织实行，收提倡合作、普遍推广之效”。本刊也刊载关于合作理论、战时物资分配、战后经济政策等方面的文章。本刊曾刊登了吴朗西的《怎样才使消费合作社办得下去》、孙光远的《合作社之质地改进》、杨仲逸的《从单独消费说到消费合作》、廖时务的《略述消费合作社会计之要点》、刘崐水的《合作呼声：健全组织争取物资》等文章。

本刊为合作事业刊物，原为不定期刊，自第八期起改为月刊。现保存于中国国家图书馆、重庆图书馆。

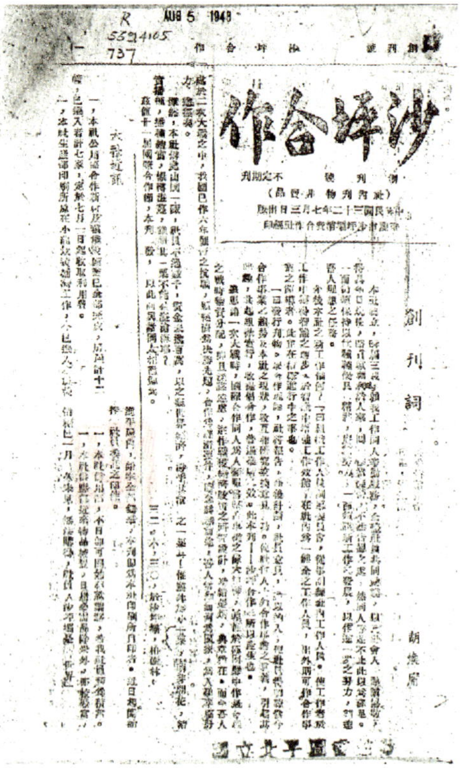
沙坪合作
創刊詞
胡煥庸

《沙坪合作》创刊号封面

《民族文学》（1943 年）

1943 年 7 月 7 日在重庆创刊，民族文学社编辑，青年书店印行。陈铨主编。1944 年 1 月出至第一卷第五期停刊，共出 5 期。

本刊以“提倡民族文学运动”为宗旨，刊载有民族文学运动、文学与语文、中国文学的世界性等方面的文章，还有中外文化名人、名作、名剧介绍等，偏重于文学评论和中外文学研究，兼顾文学创作。主要撰稿人有朱光潜、陈铨、沈从文、吴达元、黎锦扬、金启华、朱文振等。载文有沈从文的《找出路》、朱自清的《北望集序》、朱光潜的《文学与语文》、陈铨的《花瓶》、吴达元的《法国戏剧诗人高乃依》、梁宗岱的《莎士比亚的商籁》等。

本刊为文学类刊物，月刊。现保存于重庆图书馆。

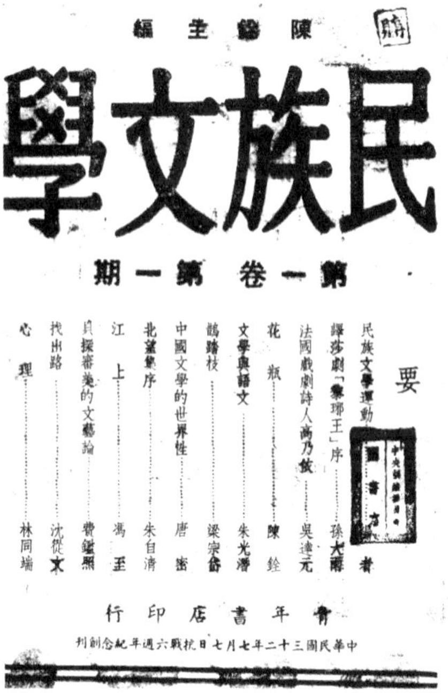
陳銓主編

民族文學

第一卷第一期

要目　　　　　　著者

民族文學運動
譯莎劇「黎琊王」序……孫大雨
法國戲劇詩人高乃依……吳達元
花瓶……陳銓
文學與語文……朱光潛
鵲踏枝……梁宗岱
中國文學的世界性……唐密
北望集序……朱自清
江上……馮至
貝探審美的文藝論……費鑑照
找出路……沈從文
心理……林同端

青年書店印行

中華民國三十二年七月七日抗戰六週年紀念創刊

《民族文学》第一卷第一期封面

《振济委员会战区内迁妇女辅导院二周年纪念特刊》（1943 年）

1943 年 7 月 15 日在重庆出版，妇女辅导院编辑发行。

本刊刊登了黄若瑾的《检讨过去，展望未来》、丁志诚的《我们的日子》、王芸华的《院庆纪实》、寒光的《我们的欢笑》、易漱泉的《流亡姊妹之家（生活报告）》等文章。

本刊为妇女刊物，纪念特刊。现保存于重庆图书馆。

《国际编译》(1943年)

1943年7月15日在重庆创刊,国际编译社出版(社址在重庆大田湾59号),世界书局发行。社长兼主编董霖。董霖撰写发刊辞。

本刊“发行于物资紧缩，纸源欠畅之际，篇幅务求节省，品质力持精良。各期内容原因时因事而异，编排方式自不必讲求划一，然大体言之，可分世界舆情、学术译著、出版报导及文艺批判等类，而尤侧重于国际大事述评及学术书刊介绍”。其内容包括第二次世界大战各国军队的动态、战争的反思、战后世界经济问题、能源问题、种族主义心态分析、欧洲的前途、各国的外交政策、各国的现代派艺术盛衰等，还刊有各国会议公报全文、协定全文等。撰稿人有张振汉、连椒生、郑师许、陈钟浩等。本刊主要栏目有社论、译著、出版报道、国际文献等。载文有《如何解决战后问题》《著名哲学家罗素论战后问题的解决》《什么是“无条件投降”？》《意大利对德宣战后的局势》《战后侨务问题》《航空时代的地理》《英语世界之将来》《组织中国国际公法学会之商榷》等。

本刊为时政刊物，月刊。每卷6期。24开本。1945年1月出至第四卷第一期停刊。现保存于中国国家图书馆、四川大学图书馆、南京图书馆、重庆图书馆。

《全国工作竞赛给奖典礼纪念特刊》(1943年)

1943年7月7日抗战六周年时国民政府在重庆举行全国工作竞赛，同月便出版本纪念特刊。全国各项工作竞赛给奖典礼筹备会编辑发行。吴铁城题写刊名。林森、吴铁城、沈鸿烈、翁文灏、曾美甫等为本刊创刊题词。

本刊刊登的内容主要涉及工作竞赛的意义、作用、方法，以及苏联开展工作竞赛的经验等，栏目有给奖典礼优胜者题名录、给奖典礼大会纪事、论文、业务概况及检讨等。载文有《给奖典礼纪盛》《论工作竞赛》《工作竞赛与社会运动》《公路工作竞赛略述》《水运和驿运的工作竞赛》等。

本刊为工作竞赛刊物，特刊。内部刊物。16 开本。仅见 1 期。现保存于甘孜州档案馆。

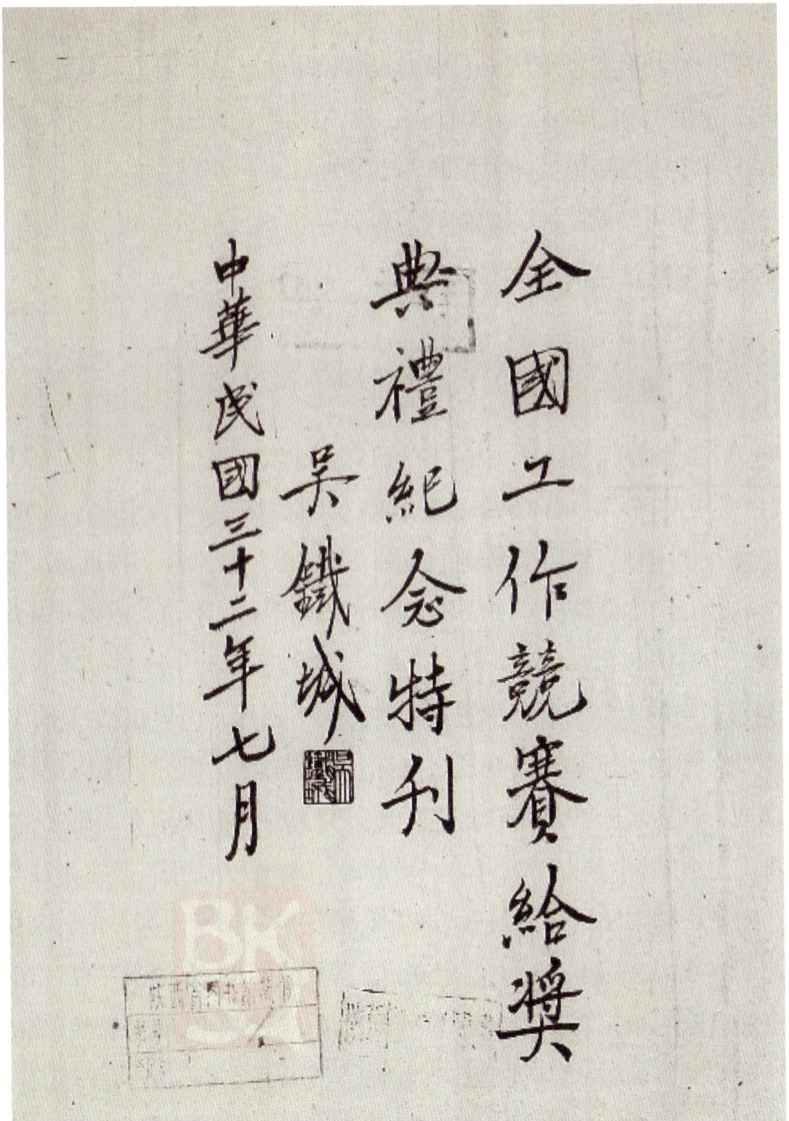

《全国工作竞赛给奖典礼纪念特刊》封面

《制图汇刊》(1943 年)

1943 年 7 月创刊于重庆，经济部中央地质调查所编辑发行。

本刊第一号刊有曾世英所编《中国实测经纬度成果汇编》及其附表、附录；第二号刊有曾世英和方俊的《中国舆图用亚尔勃斯投影表》及其附表；第三号刊有方俊的《中国舆图用兰勃脱投影表（附图）》。

本刊为自然科学刊物，不定期刊。1943 年内出 3 期后停刊。现保存于兰州大学图书馆、中国社会科学院图书馆。

《书学》(1943 年)

1943 年 7 月创刊于重庆，中国书学研究会编辑（地址在重庆北碚蔡锷路 51 号），文信书局发行。主编商承祚、沈子善、朱锦江，发行人王君一。为提高刊物的理论性和学术性，编委会聘请了马衡、沈尹默、张宗祥、许世英、胡小石、宗白华、顾颉刚等 61 位海内外书法名家担任编辑指导委员。约 1945 年 9 月停刊，共出 5 期。

本刊以“阐扬中华书学，推进书学教育”为宗旨，内容包括“中国文字之研究与整理，中国文字起源与变迁之研究，中国书法之研究，中国历代书家之介绍与研究，前贤墨迹碑版拓片之考证与研究，中国书法标准之研究，中国书学教育推进之方案，中国书学教育之实验报告，中国书法应用工具之考证与研究，外国人士对于中国书法研究之消息与实况”等。本刊设有中国书学研究会近讯、书学问题解答、书家逸事、通讯、研究论文等栏目。“研究论文”栏目刊登了当时海内书法名家的相关文章，主要涉及碑刻考证、书法教育、学书经验、笔法探究、书法与诗画的关系、王羲之年谱、近三百年书学等方面。载文有商承祚的《说篆》、于右任的《标准草书范本千字文序》、胡小石的《中国书学史绪论》、曾履川的《学书经验谈》、潘伯鹰的《题十七帖》、张宗祥的《与沈子善论书函》、沈子善的《学书捷要》、王东培的《昭通汉碑考》、马宗霍的《学书三要》等文章。

本刊为书法刊物，不定期刊。现保存于中国国家图书馆、四川大学图书馆、吉林大学图书馆、重庆图书馆。

《重庆市物价月报》(1943 年)

1943 年 7 月创刊于重庆，重庆市政府统计处编辑发行。

本刊内容涉及重庆市零趸售国货价格指数、价格表，重庆市机关办公用品价格指数、价格表，公务员生活必需品物价表，公务员生活费指数，产业工人、职业工人生活费指数，重庆市利率统计录，国内各重要城市零趸售物价指数比较表，国内各重要城市公务员生活费指数比较表等。

本刊为物价统计刊物，月刊。约 1949 年停刊，共出 58 期。现保存于中国国家图书馆、南京图书馆、重庆图书馆。

《陪都邮声》(1943 年)

1943 年 7 月创刊于重庆，重庆市邮票研究会编行。约 1945 年 12 月停刊，共出 11 期。

本刊介绍国内外邮票知识及邮票消息，旨在“切磋邮学，报道邮闻，沟通情感,服务邮人”,还发表各地有关集邮以及邮票发布的信息。本刊创刊号的《陪都邮声创刊献辞》一文阐明了刊物的发行背景："集邮风气，传自欧美……有赖于专门研究，西人命称集邮学，各国均有专书，定期刊物尤不胜枚举，于是邮票会之产生，乃自然之需要实现。国人自办邮票会，有上海之中华，倡始于前；杭州之新光，亦多有小规模之邮票会先后成立。为适应集邮家之需要，均有邮票刊物之发行，中华之邮乘，尤为脍炙人口，凡研究邮识，介绍一闻，记载邮市动态，报道邮人消息，以及票名之交换流通，悉邮刊是赖，凡集邮家莫不人手一篇，于是邮刊乃成为邮人之宝典，邮会之灵魂焉。”本刊撰稿人有绣石、大镛、晋康、枕鹤、元俊、蔼云、恒生等。载文有《中信版及百城版邮票纪要》《如何推进集邮运动》《邮海译丛》《华邮新咏》《各地发行改值之种类》《国邮的编排分类法》《邮票的本质》《集邮之乐》《集邮与邮刊》《集邮三十戒》《透印票之我见》《新邮缤纷录》等。

本刊为集邮刊物,双月刊。非卖品。现保存于中国国家图书馆、南京图书馆、重庆图书馆。

《驿政季刊》(1943 年)

1943 年 7 月创刊于重庆，中国驿政学会编辑委员会编辑发行（地址在重庆曾家岩 32 号）。

本刊“一方面为向社会介绍驿政，一方面为供政府推动驿政的参考，使当前革命化、民众化的驿运新政能够建立起来”。本刊内容包括“驿政与驿运之学术论著、译述，实况调查，以及有关驿政驿运之文艺”等作品。本刊设有特载、论著、调查报告、研究资料等栏目。本刊供稿人有谭炳训、王炳南、徐邦裕、孙书元、马振刚等。载文有《全国驿运工作之展望》《地方驿政机构之拟议》《驿政与驿运》《重庆驿运服务所概况》《川黔线驿运概况》《推进各省驿运工作纲要》《板车制造概述》等。

本刊为交通运输刊物，季刊。仅出 1 期。停刊时间及原因不详。现保存于中国国家图书馆、四川省图书馆、复旦大学图书馆。

《青年与科学》(1943 年)

1943 年 8 月 1 日创刊于重庆，青年与科学月刊社编辑，青年书店发行（通信处为重庆沙坪坝邮局第 23 号信箱），军事委员会政治部印刷所印刷。主编陈邦杰，特约编辑胡焕庸、曾昭抡、卢于道、郑衍芬、戈定邦。胡焕庸撰写发刊词。

本刊以“提倡科学研究与普及科学知识”为宗旨，“登载有关自然科学及应用科学的稿件，并介绍国内外最近科学消息”，内容“注意介绍科学高深学理及科学上之新发现，并注重以浅近文字把科学真理及自然界之现象及其与人生的关系，介绍与普通民众，促进他们对科学的注意”。本刊设有科学通论、科学专论、科学丛谈、航空讲话、天文讲话、气象讲话、地质旅行、科学记闻、科学知识、科学问答等栏目。本刊刊登了何兆清的《谈科学与哲学之关系》、曾昭抡的《肥皂制造原理》、柏宝义的《航空的故事》、朱炳海的《四川的夏天》、陈邦杰的《壁虎》、孙鼐的《地球的由来》、李晓舫的《天体概观》、戈定邦的《龙的世界》等文章。

本刊为科普类刊物，月刊。现存最晚一期是 1945 年 6 月出版的第二卷第六期。停刊时间及原因不详。现保存于中国国家图书馆、四川省图书馆、四川大学图书馆、重庆图书馆。

《重庆舆论周报》(1943 年)

1943 年 8 月 8 日创刊于重庆，重庆舆论周报社编辑（社址在重庆保安路），文化广播社发行。沈善铁、杨丙初编辑。

本刊发刊词《“舆论”的使命》一文阐明其宗旨为“宣扬三民主义文化，拥护抗建国策，介绍全国优秀社论，汇集万象文摘”，其内容主要是摘录抗战时期全国各地报刊中的重要文章，也登载关于政治、经济前途和国际大事的论述及文艺作品等。本刊刊登了老舍的《听相声》、徐旭生的《在战争中，谁能吃苦，谁就可以胜利》、张芸的《重庆夏景》、陕客的《从日本归来：日本东洋大学教授赴山城访问记》、黄焕文的《中国军事政治新动向》，以及摘录自《新疆日报》的《忠实奉行清廉政策》、摘录自《纽约前锋论坛日报》的《战争只有一个》等文章。

《重庆舆论周报》创刊号封面

本刊为政论类刊物，周刊。1943 年 11 月出第一卷第十一期。停刊时间及原因不详。现保存于中国国家图书馆、南京图书馆。

《文化建设》(1943 年)

1943 年 8 月 16 日创刊于重庆，文化建设出版社发行（社址在重庆顺城街 39 号），后方勤务部政治部印刷所印刷（地址在重庆江北陈家馆适中村 11 号）。社长胡文彬，主编陈责，编辑人丁孟牧、周澧。林森题写刊名。

本刊设有短论、论著、文艺、通讯等栏目。主要撰稿人有陈责、胡文彬、翁文灏、雷殷、胡秋原、李宗义、王平陵、吕民魂等。本刊刊登了《敬悼林国府主席》《为义国人民设想》《再不能让日寇坐大》《由德作战力的弱点论欧洲战局》《经济建设在中国》《最近之内政》《民族与文学》《英国的青年生活与民族性》《谈今年上半年重庆演出的新剧本》等文章。

文化建設 林森
半月刊
中華民國三十二年八月十六日出版
創刊號
第一卷第一期目錄
發刊詞
短論
敬悼 林國府主席
爲義國人民設想
再不能讓日寇坐大
論著
由德作戰力的弱點論歐洲戰局
經濟建設在中國
最近之內政
地方自治建設之檢討
倫理與政治
民族與文學
英國的青年生活與民族性
文藝
談今年上半年重慶演出的新劇本
鬼火（小說）
記三遊洞
大娘行
陪都雜詠
通訊
台灣同胞在呼喚
海外義勇隊
文化線上
編輯後記

《文化建设》创刊号封面

本刊为综合类文化刊物，半月刊。现存最晚一期是 1945 年 1 月出版的第三卷第一期。停刊时间及原因不详。现保存于中国国家图书馆、重庆图书馆。

《孔学》(1943 年)

1943年8月27日创刊于重庆，孔学会编辑兼发行（地址在重庆中四路31号），中国学报社印刷，全国各大书店经售。

本刊宗旨在于“建立民族文化，阐扬大同真义”，主要刊登“整理发掘孔子及其先后承继者学术思想之稿件”。本刊设有专载、读书指导、书报介评、青年论坛、史料、文苑、会闻等栏目，刊登了张继的《儒墨并用》、何键的《孔子之教义与人生哲学》、方觉慧的《孔子学年之研究》和《孔子年鉴》、熊十力的《研究孔学宜注重易春秋周礼三经》、章炳麟的《书潭文勤遗事》、周通旦的《先秦经学论》、顾实的《孔学史观》等文章。

本刊为文化类刊物，季刊。现存最晚一期是 1944 年 7 月出版的第二期。停刊时间及原因不详。现保存于中国国家图书馆、四川省图书馆、重庆图书馆。

《中外春秋》(1943 年)

1943 年 8 月 30 日创刊于重庆，中外春秋社编辑委员会编辑，中外春秋社出版（社址在重庆国府路 304 号附 2 号）。社长林啸谷，发行人章苍萍，主编王平陵、徐叔明，后又增加张光亚。1944 年 8 月出版的第二卷第五期是“第二战场特辑”。约 1945 年 6 月出至第三卷第五期停刊。

本刊在《大公报》上刊出广告时自谓为“新型综合性、批判性杂志”，倡导“文章节约”，以“提高文化水准，充实文化内容”为宗旨，着力“沟通中外文化，解答现实问题，建立公正舆论，改造社会风气”，“凡国际间的政情、战况、战时生活、文化动态、书刊批评、中外政治、教育问题，以及关于敌国的种种，本刊都予以捕捉发表，以便为社会提供正确的知识”。本刊设有今日微言、珍闻、拾遗、人物春秋、文艺作品、通讯等栏目。“今日微言”栏目以短小篇幅的文字发表对国际国内最新政治、经济以及社会生活各方面的看法。本刊对战时人们所关心的法律、卫生、生产等方面的

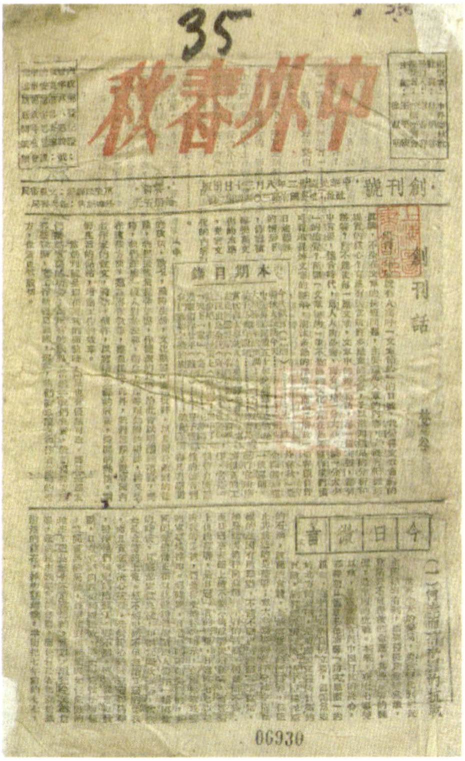
35
中外春秋
創刊號
本期目錄
創刊話
今日微言
06930

《中外春秋》创刊号封面

知识也尽量邀请专家撰文，也刊登国内名作家的散文、诗歌等方面的作品。本刊主要撰稿人有林啸谷、丰子恺、许士英、茅盾、郭沫若、朱家骅、黄炎培、王梦鸥、徐石麟等。载文有《春秋大义话今天》《中美英苏五十年同盟之建议》《大战胜利年的预测（世局展望）》《从千岛被炸说起》《日寇的末日何时到来》《工业化的前提》《战后社会救济问题》《新狂飙时代》《漫画创作二十年（随笔）》《半年来的重庆舞台：我看了廿七个戏》等文章。

本刊为综合性刊物，月刊。16 开本。停刊原因不详。现保存于中国国家图书馆、四川大学图书馆、甘肃省图书馆、重庆图书馆。

《国防无线电》（1943 年）

约 1943 年 8 月创刊于重庆，国防无线电出版社编辑出版（社址在重庆沙坪坝柏树林 34 号），主编江之凡（通信处为重庆沙坪坝第 35 号信箱）。

本刊刊载的内容为无线电专业领域的知识，有无线电学术研究试验报告、无线电机研究装配心得、无线电工业材料研究报告、无线电新知识原理介绍、无线电界动态及业余无线电知识等。本刊设有论坛、专载、学术讲座、实用资料、无线电新知识、电人生活等栏目。载文有《交流收音机中电源变压器之设计（附图）》《无线电真空管的应用（附图表）》《半波长输电线与电力输送》《无线电与国防军事通讯》《我国业余无线电分区问题》等。

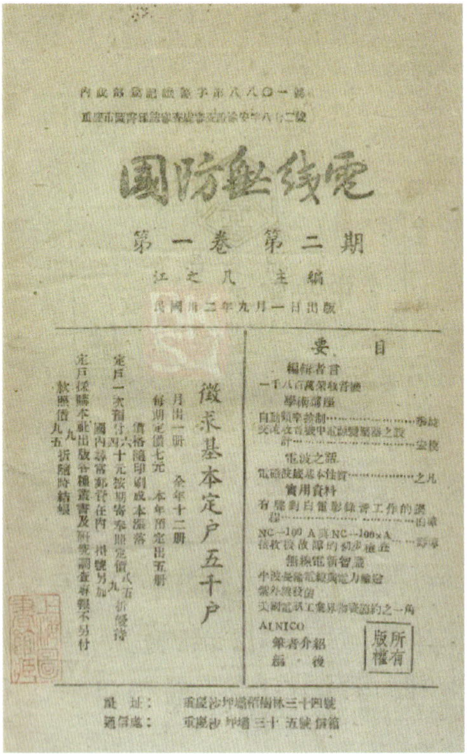

《国防无线电》第一卷第二期封面

本刊为无线电学术刊物，月刊。

32 开本。现存最晚一期是 1944 年 4 月出版的第二卷第二期。停刊时间及原因不详。现保存于中国国家图书馆、四川大学图书馆、重庆大学图书馆。

《工业生产指数》(1943 年)

1943 年 8 月创刊于重庆,经济部工矿调整处编印,后改为经济部统计处编行。

本刊为手写体，刊有《编制我国工业生产指数表的经过（附表）》《1938—1942 年我国生产用品、消费用品工业生产指数变动趋势图》《1930—1936 年各国工业生产指数（表格）》等内容。

本刊为工业统计刊物，刊期不详。16 开本。油印。约 1945 年 2 月出版第二卷第二期后停刊。现保存于中国国家图书馆、重庆图书馆。

《应用科学》(1943 年)

1943 年 9 月 1 日在重庆出版，应用科学杂志编译社编辑发行。名誉社长凌鸿勋，名誉总编辑朱皆平。吴稚晖撰写发刊词。

本刊旨在“刊登应用科学领域学术前沿，推广尖端科研成果，保证最新应用科学技术知识更好的服务人类生活”。本刊以“应用科学”为名，而实以“科学之应用”为归，“故一方面介绍成熟之科学知识，一方面在研究科学之应用条件，内容固以分析与综合并重，而目的则在后者方面之阐发例解，庶使科学知识由综合联系而益显其功效，应用范围由通力协作面更合于理想”。本刊设有论著、译著、附录等栏目，每期择一中心题目，编行专辑，第一卷 10 册。第一卷第一册为“效率专辑”。撰稿人有凌鸿勋、朱皆平、赵志德、刘曙光、胡筠等。载文有《苏联工业生产之发展》《工作的效率》《效率观念与心理资源》《“斯达哈诺夫运动”开始时之数学记录比较：用压气开挖机之挖煤纪录》等。

本刊为应用科学刊物，刊期不详。停刊时间及原因不详。仅存 1 期。现保存于中国国家图书馆、四川大学图书馆、复旦大学图书馆。

《世界文学》(1943 年)

1943 年 9 月 1 日创刊于重庆，编辑者世界文学社(通讯处为重庆沙坪坝国立中央大学外文系转)，发行者中西文化印书馆、世界文学社，全国各大书局代售。主编徐仲年、柳无忌、钟宪民，发行人吴柱存。约 1943 年 11 月停刊。

本刊内容几乎全部是西方文学评论和诗歌的译作，包括小说、散文、论文、戏剧、书评、诗歌等。作译者有杨宪益、钟宪民、曹鸿照、孙晋三、周煦良、罗念生、张镜潭、徐迟、潘家洵、柳无忌、袁昌英等。载文有《英国散文的源流与特质》《苹果树》《战争前一日》《异乡》《美丽的火》《当代英国诗钞》《月亮下落》《高于一切》《人质》等。

本刊为文学类刊物，双月刊。仅出 2 期。现保存于中国国家图书馆、重庆图书馆、南京图书馆。

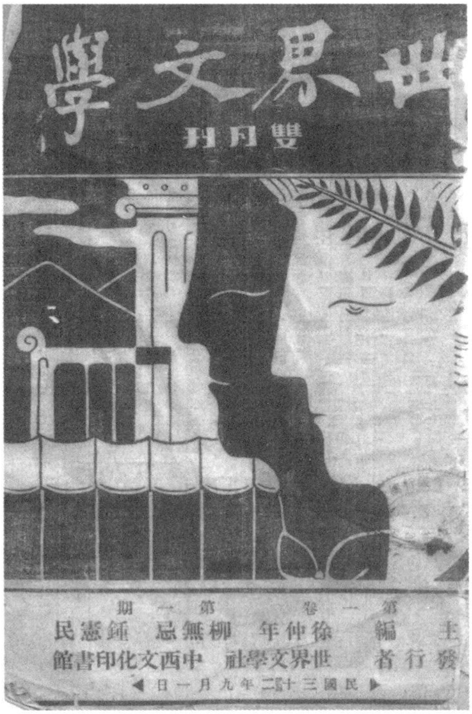

《世界文学》第一卷第一期封面

《学术杂志》(1943 年)

1943 年 9 月 1 日创刊于重庆，常任侠、潘菽主编，学术杂志社发行(社址在重庆民生路 79 号楼上)。编辑委员有李士豪、商承祚、宗白华、黄国璋、梁希、黄正铭、徐悲鸿、傅抱石、陈之佛、卢于道。

本刊为“专门性、综合性并偏重于理论性的刊物”，“以公开诚恳的态度，我们希望在人文科学方面、自然科学方面、艺术与文学理论方面，都有多量的专门研究者来参加”。本刊以“传播介绍学术为使命，促进社会进步，开启新时代的学术思潮”，刊登内容有研究论著、重要历史文献及书评等，载文有《人类进化与政治问题》《中国原始的音乐舞蹈与戏剧》《论杜甫诗的儒家精神》《五代之瓷器》《现代社会学在学术界的地位》《十七世纪英国的科学与经济》《中世纪亚伯拉哲学》《人类进化与政治问题》《绘画改良论》等。

本刊为综合性学术刊物，双月刊。16 开本。仅出 1 期。现保存于中国国家图书馆、南京图书馆、四川大学图书馆、重庆图书馆、复旦大学图书馆。

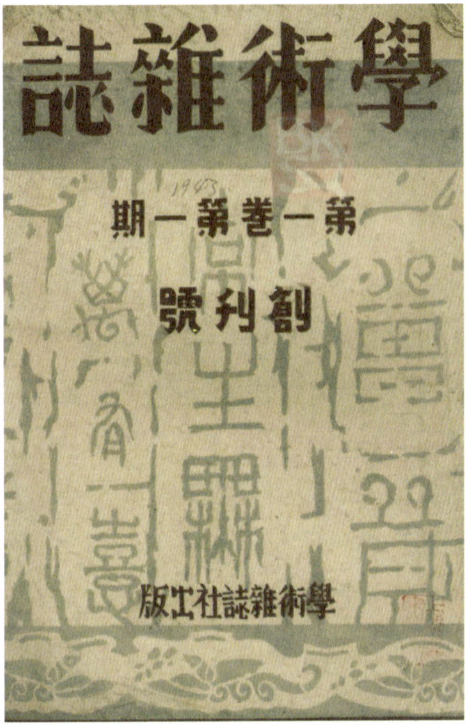

《学术杂志》第一卷第一期封面

《士兵周报》（1943 年）

1943 年 9 月 6 日创刊于重庆，军事委员会政治部士兵周刊社编辑发行。本刊“是士兵的课堂，是士兵的园地，是士兵的好朋友，是士兵的俱乐部”。本刊为军事教育刊物，周刊。停刊时间及原因不详。现保存于重庆图书馆。

《粮情通讯》（1943 年）

1943 年 9 月 24 日创刊于重庆，粮食部调查处编印（地址在重庆康定路）。

本刊发刊词提到：“凡关于粮情查报工作方法的讨论和粮情查报工作进展的检讨，均将为本通讯的主要内容。”本刊除刊登“工作中的经验、心得以及改善意见等外，每期还刊有一篇上月份全国粮价鸟瞰”。

本刊为经济类刊物，原为月刊，每期6页，每月24日出版，从第十六期起改为双月刊。16开本。约1945年3月停刊，共出10期。现保存于中国国家图书馆。

《新少年》（1943年）

1943年9月创刊于重庆，新少年月刊社编辑（社址在重庆民生路），黎锦晖为主编，俞树立为发行，青年书店出版发行。

本刊内容有常识、故事、短篇小说等。本刊刊登了陈铨的《告新少年》、王金镐的《卫生讲座》、王辉的《夜光珠》、雷璜的《檐下龙门阵》、立锦晖的《庆新约》、骆宾笙的《血书》等文章。

本刊为青少年刊物，月刊。共出4期。现保存于四川大学图书馆、南京图书馆、甘肃省图书馆。

《新少年》第一期封面

《运输研究》（1943年）

1943年9月在重庆出版，中国运输学会编辑发行。

本刊以“联络运输同志，研究运输学术，协力发展中国运输事业”为宗旨。其内容主要涉及“中外各国各种形式的运输问题、如何提高运输效率、某种形式的运输在某个区域的重要性”等。本刊刊登了许靖的《我国津浦铁路列车载重调整吨数办法之检讨》、薛饶伯的《液体燃料之装运》、尤光九的《铁路之坡度与曲度》、王辅宜的《对于中国运输学会的希望》、王洸的《水运政策与战时航政》、王炳南的《配合运输与我国运输政策》、吴君实的《战后铁路资产重估价问题发凡》等文章。

本刊为交通运输经济类刊物，季刊。约 1945 年 10 月停刊。停刊原因不详。现保存于南京图书馆、南京大学图书馆。

《民族学研究集刊》（1943 年）

1936 年 5 月在上海创刊，中山文化教育馆编辑，商务印书馆印行。“第二期稿件收集后，因抗战军兴，商务印书馆工厂南迁，故延至民国二十九年（1940 年）3 月始在香港印行。” 1941 年太平洋战争爆发后又迁至重庆北碚。1943 年 9 月在渝出版第三期，“因印刷困难，暂改为不定期刊”，中山文化教育馆民族问题研究室编辑（地址在重庆白象街），商务印书馆印刷厂印刷，商务印书馆发行。主编黄文山，发行人王云五，编辑卫惠林、戴裔煊，特约撰稿人有李济、凌纯声、蔡孑民、徐益棠、吴文藻、何联奎、徐中舒、吴定良等 21 人。1946 年 4 月出版的第五期是在重庆出版的最后一期，发行人李叔明。1948 年 8 月迁至上海出版第六期，发行人李虞杰，名誉主编黄文山，主编卫惠林，编辑戴裔煊等，特约撰稿人增至 27 人。

本刊主要“汇集我国与其他国家、地区有关民族学诸方面的专题研究材料”，也刊载神话、传说等方面的研究或调查。载文有《民族学与中国民族研究》《民族生活的进化因素》《法国民族学之过去与现在》《民族学实地调查方法》《功能派社会人类学的由来与现状》《苗瑶之起源神话》《中国古代图腾制度论证》《羌民的经济活动形式》《凉山罗夷的族谱》《中国古代巫师的种类》等。

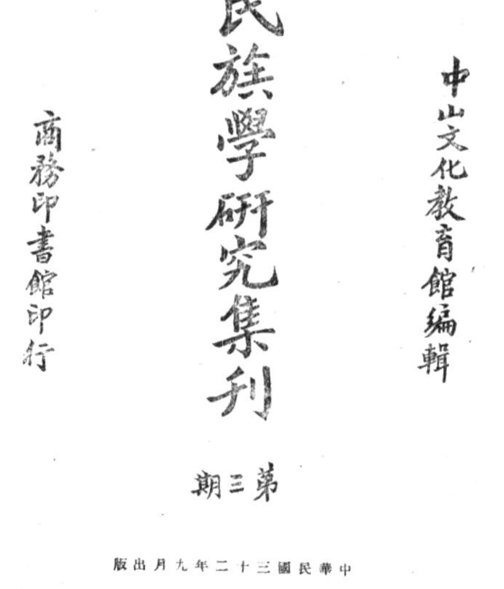

《民族学研究集刊》1943 年第三期封面

本刊为民族学学术刊物，不定期刊。16 开本，每期页数均有 150 页以上。停刊时间及原因不详。现保存于中国国家图书馆、四川大学图书馆、复旦大学图书馆、重庆图书馆。

《战教通讯》(1943 年)

1943 年 9 月在重庆出版，教育部战区教育指导委员会编辑发行。

本刊刊登了《战区教育之原则》《战区教育之创办》《战区教育之督导》《战区教师之救济》《战区青年之招致与训练》等文章。

本刊为教育类刊物，刊期不详。仅出 1 期。非卖品。现保存于重庆图书馆、南京图书馆。

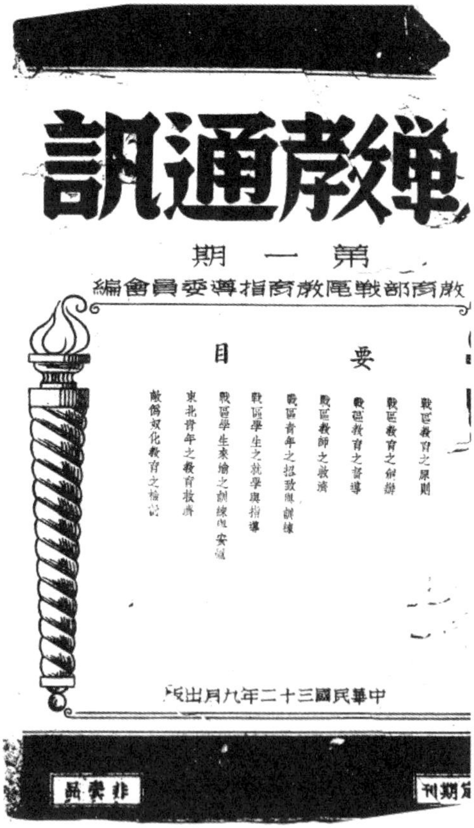

《战教通讯》第一期封面

《卫生工程》(1943 年)

1943 年 9 月创刊于重庆,中国卫生工程学会编辑发行(地址在重庆歌乐山),中央卫生实验院卫生教材制造厂印刷。封面注有“中国卫生工程学会年刊”字样。

本刊刊登了朱皆平的《卫生工程之国防价值》、过祖源的《战后建国中之卫生工程》、刘景异的《高架水枢设计》、汪德晋的《热酸酵堆肥处理粪便垃圾法之介绍》等文章。

本刊为卫生科学刊物，年刊。仅出 1 期。现保存于重庆图书馆。

《交大土木》(1943 年)

1943 年 10 月 10 日创刊于重庆，国立交通大学土木工程系系会（后改为土木工程学会）编辑并发行（地址在重庆九龙坡）。编辑委员会主任委员薛传道，副主任委员蔡听涛，总务刘克、蔡定一，出版人袁森泉、邓辛犁，总编辑薛传道，编辑沈乃萃、陈迈。1946 年迁回上海出版。

本刊旨在“刊行同学们课余研讨所得，供诸学友砥砺切磋之需，于学术之钻求探索裨助非浅”。本刊内容主要有土木工程的学术研究、战后土木工程建设的讨论及其他有关土木工程求学方法、工作心得等。本刊没有设置专栏，曾刊登了《谈谈求学之道并论工程与管理之关系》《我国的铁路：过去铁路之发展史略》《战后我国之港埠建设》《战后吾国铁路公路之建设问题》《复员以来的交大土木系》《抗战中的上海交大》《漫忆滇

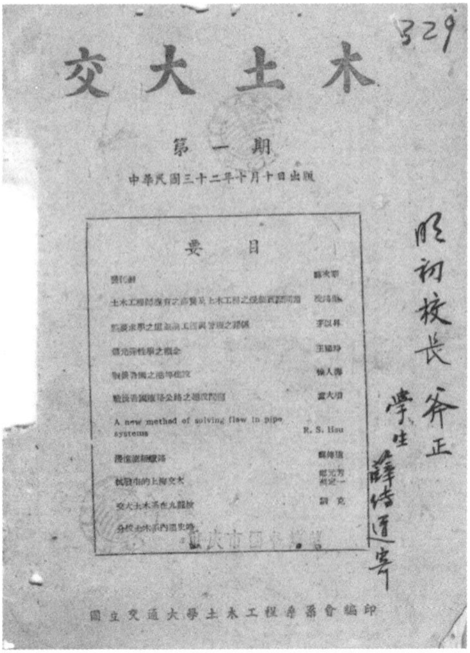

《交大土木》第一期封面

缅铁路》《钱塘江桥设计及筹备纪略》等文章。

本刊为工程学刊物，年刊。现存最晚一期是1946年出版的第四期。仅见4期。停刊时间及原因不详。现保存于中国国家图书馆、重庆图书馆。

《国民教育月刊》(1943 年)

1943 年 10 月 10 日创刊于重庆，国立社会教育学院国民教育实验区编辑出版（地址在重庆璧山）。陈礼江题写刊名。到 1943 年 12 月共出版 3 期。

本刊刊登了陈礼江的《社会教育与国民教育》、杨百元的《几个实际问题的研讨》、黄文浩的《全人的教育》等文章。

本刊为教育类刊物，月刊。停刊时间及原因不详。现保存于中国国家图书馆、重庆图书馆。

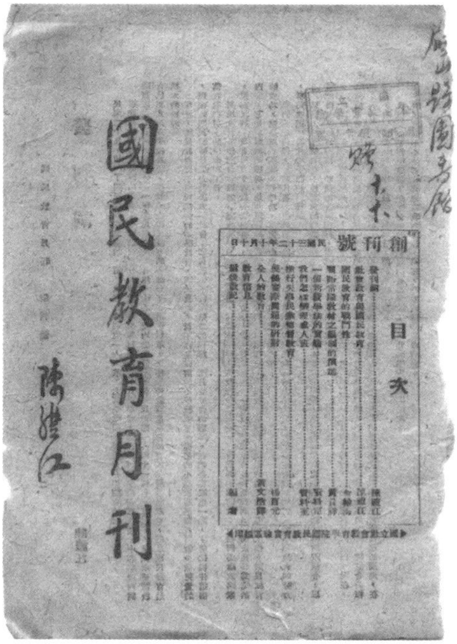

《国民教育月刊》创刊号封面

《工业通讯》(1943 年)

1943 年 10 月 10 日创刊于重庆，中国全国工业协会编辑兼出版（地址在重庆复兴路 15 号）。发行人潘仰山。1944 年 10 月出版第十三期后休刊。1947 年 2 月在上海复刊。上海解放后，于 1949 年 9 月出版新一号。

本刊旨在“联合全国工矿业共谋发展”，内容为关于工业化、工业经济、战后工业设施等方面的论述，以及工业界动态、会员、工厂介绍等，主要“发布政府及各方面的相关法令、章则、函电等，介绍总会与各界往来工作情形，报道各分会工作情形和当地工业动态等”。本刊设有小谈、专文、工厂史、参政资料、会务报告等栏目。主要撰稿人有章乃器、翟开明、陈丰镐、康际武等。载文有《中国全国工业协会组织系统暨办事细则》《物价稳定与工业经营》《战后经济建设的途径》《产业界应如何来渡过难关》《劳资协调之路》《四川长寿工业勃兴，工厂纷纷建立》等。

本刊为工业刊物，月刊。16 开本。现保存于四川大学图书馆、南京图书馆、重庆图书馆。

《公路月报》（1943 年）

1943 年 10 月创刊于重庆，交通部公路总局编辑发行（地址在重庆上清寺）。

本刊旨在“成为工程界的良友，主张将行政和技术上的理论与心得，贡献给公路界同仁研究切磋”。其内容除刊登交通部和公路总局有关的法令、计划、工作述要、视察报告外，还刊有公路事业建设方案、管理制度和技术研究方面的论述、交通界名人传记以及游记、诗歌等文学作品。本刊设有特载、论著、法令、工作概况、公路简讯、交通圈内、交通文摘等栏目。本刊刊登了《抗战以来我国国际运输》《公路总局之使命与任务》《中国公路之前途与我们应负的责任》《四川新疆间驿运开办》《重庆哈密驿运畅通》《设立中央路工研究实验机构之刍议》《西南公路工务局本年水毁工程述要》等文章。

本刊为交通运输刊物，月刊。现存最晚一期是 1944 年 12 月出版的第十五期。停刊时间及原因不详。现保存于中国国家图书馆、南京图书馆、重庆图书馆。

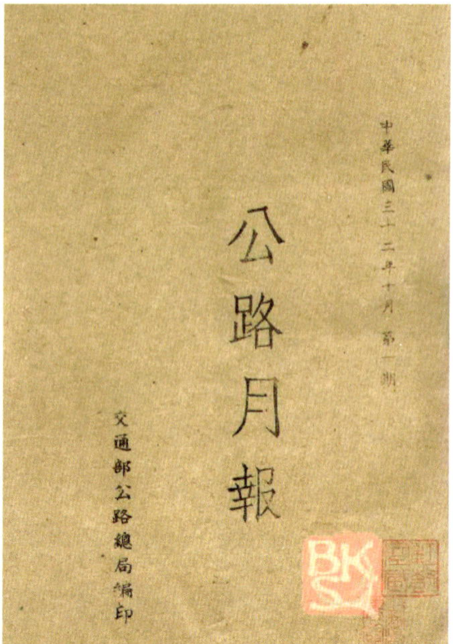

《公路月报》第一期封面

《乡风》(1943年)

1943年10月创刊于重庆,江阴旅渝同乡会编辑并出版。约1946年4月停刊。共出4期。

本刊主旨是“团结乡谊,联络感情”,侧重“评述江阴政治面目,揭载人事概况,报道乡讯与会讯等”。本刊设有乡讯一束、会讯一束、旅渝同乡动态、同乡消息等栏目。主要供稿人有方骥龄、赵继生、吴永才、薛明剑等。本刊刊登了《包炎民先生殉国事略专辑》《旅渝同乡成立江阴县建设协进会》《江阴八年来的政治面》《本邑恳请省府免购军粮事纪要》《建设新江阴:组织促进委员会》《返乡慰劳纪行》等文章。本刊对于了解、研究该同乡会,及近代江阴县的政治、人事状况具有一定的参考价值。

本刊为同乡会刊物,不定期刊。现保存于上海图书馆。

《中华医学杂志》(1943年)

1915年在上海创刊,中华医学会编行,出版28卷。抗战爆发后,中华医学会总会自上海迁至重庆。1943年10月在重庆复刊(地址在重庆歌乐山),刊期续前。主编张昌绍,编委有王历耕、谷镜汧、袁贻瑾、陈翠贞、应元岳等。1945年12月出版第三十一卷第六期后迁回上海出版。

本刊为中英文双语刊物,以高、中级医药卫生人员为读者对象,主要“介绍国内外医学经验,刊登各类医学书刊评介、新医疗器械和新药品介绍”等,还刊有防病的方法、医疗卫生常识、卫生饮食法和一些病症的治疗经验,以及医学方面的学术论文等。本刊设有言论、纪事、舆论一斑、文牍、医学文摘选集等栏目。载文有《抗网状细胞毒素血清》《创伤防腐法之最近进步》《吸烟及手术后肺部并发症》《菌痢之磺胺胍治疗》《大出血后之休克》《肺炎之血清化学合并疗法》《肺炎化学治疗中之抗体反应》等。

本刊为医学刊物,中华医学会机关刊物,双月刊。停刊时间及原因不详。现保存于上海图书馆、重庆图书馆。

《中国经济建设协会第五届会员大会特刊》（1943 年）

1943 年 10 月在重庆出版，中国经济建设协会编印。

本刊以论述中国战时经济及战后经济建设为主要内容。本刊栏目有特载、演讲、报道、记录、论著。载文有《关于中国工业化的几个问题》《中国经济建设几个基本问题》《中国经济建设协会第五届会员大会决议意见及其说明》等。

本刊为经济建设刊物，特刊。现保存于重庆图书馆。

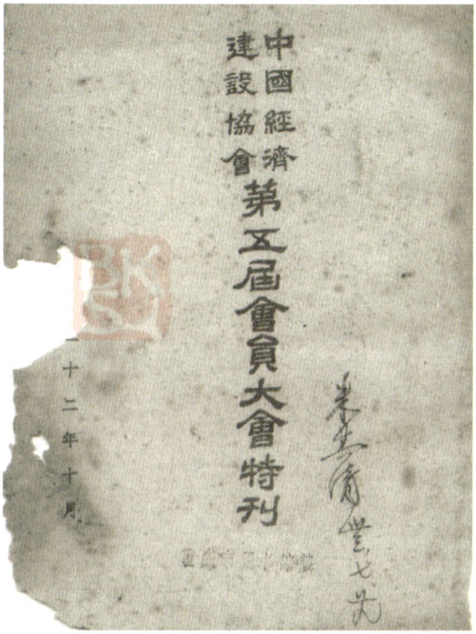

《中国经济建设协会第五届会员大会特刊》封面

《农民通讯》（1943 年）

1943 年 10 月创刊于重庆，职工通讯月刊社编辑（社址在重庆中三路 187 号附 2 号），中央文化驿站印刷所印刷。袁其炯发行。

本刊“既为农民垦殖的园地，她所负的使命，自然是为农民说话，为农民服务，凡阐扬三民主义，给予农民现代文明，足以使农民生活改进，社会安宁，生产技术进步，地方自治开展，副业得以加工，农村赖以繁荣，均为本刊同仁与农民通讯同志共同努力奋进之目标”。本刊设有农讯一束、农业常识、小消息等栏目。载文有《给农友们的一封信》《我怎样种田》《中国小农之现在及其将来》《肥料与种子》《农训试办在巴南》《春耕（木刻）》等。

本刊为农村刊物，月刊。约 1945 年 4 月出第三卷第三、四期合刊后停刊。现保存于重庆图书馆。

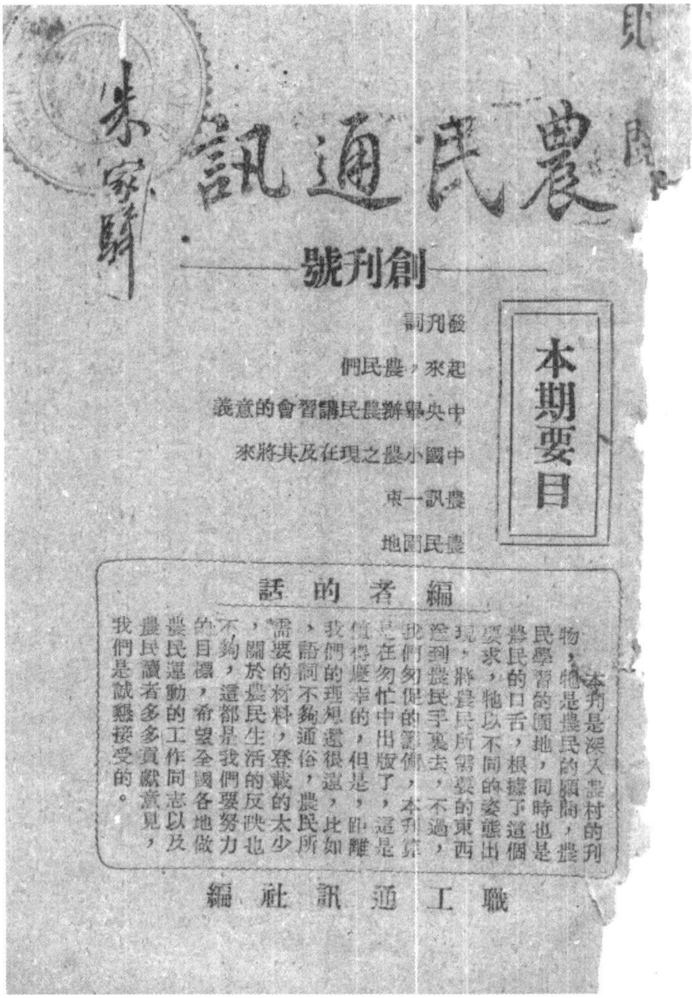

朱家驊

農民通訊

創刊號

本期要目

發刊詞

起來，農民們

中央舉辦農民講習會的意義

中國小農之現在及其將來

農訊一束

農民園地

編者的話

本刊是深入農村的刊物，牠是農民的顧問，農民學習的園地，同時也是農民的口舌，根據了這個要求，牠以不同的姿態出現，將農民所需要的東西送到農民手裏去，不過，我們匆促的籌備，本刊竟是在匆忙中出版了，這是值得慶幸的，但是，距離我們的理想還很遠，比如，語詞不夠通俗，農民所需要的材料，登載的太少，關於農民生活的反映也不夠，這都是我們要努力的目標，希望全國各地做農民運動的工作同志以及農民讀者多多貢獻意見，我們是誠懇接受的。

職工通訊社編

《农民通讯》创刊号封面

《外部双周刊》(1943年)

原名为《外部周刊》，1934年3月在南京创刊，外交部情报司等编辑并发行。本刊第二十二期至第一百〇三期由外交部外部周刊编辑委员会编辑。后改名为《外部双周刊》。1943年10月迁至重庆出版，卷期另起，外交部情报司编行。约1944年3月停刊，在渝共出6期。抗战胜利后迁回南京出版。

本刊为国民政府外交部宣传刊物，以报道及评论时事特讯、政党秘闻、文化情报等为内容，也刊载国内外发生的要闻、外交部消息、国内一周大事、外交同仁略历、外交论文撮述等内容。本刊主要栏目有特载、本部消息、使领馆消息、国内时事、杂俎等。“使领馆消息”栏目的文章大多是关于华侨的活动或使领馆与当地政府交涉的情况，还载有各地总领事馆的一些通讯稿等。主要撰稿人有钱存典、缪仁麟、黄安礼、颜肇省、郑平甫等。载文有《现阶段的日本政局》《法国国民争购国防公债情形》《英美关系与海上自由问题》《中苏文化协会举行理事会议》《国际远东禁贩妇孺会议开会情形》《国际“中国观”的转变》《日英关系与中国》等。

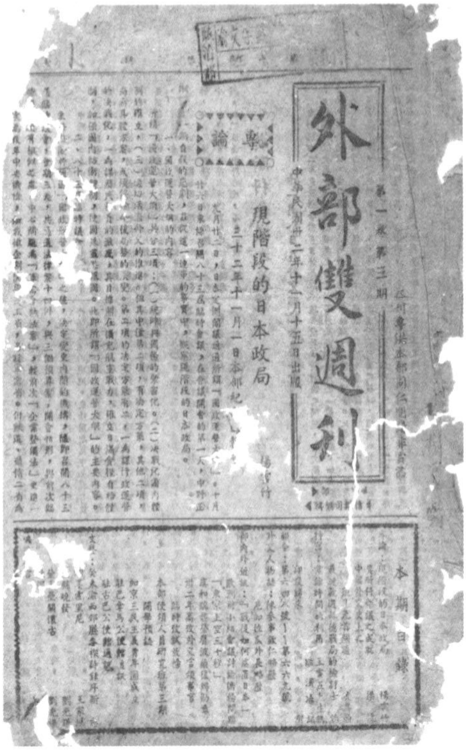
外部雙週刊
第一卷第三期
中華民國卅二年十二月十五日出版
專論
現階段的日本政局
本期目錄

《外部双周刊》第一卷第三期封面

本刊为外交刊物，迁渝出版时期为双周刊。停刊时间及原因不详。现保存于南京图书馆、重庆图书馆。

《音乐导报》(1943 年)

1943 年 10 月在重庆出版，中华交响乐团音乐导报社编辑发行（通信处为重庆江北观音桥新村），文汇书店重庆办事处经售。发行人王平明。

本刊载文有《小提琴史话》《合唱与指挥》《名音乐家介绍》《英国音乐在莫斯科》《夜间》等。

本刊为音乐刊物，月刊。1944 年 6 月出完第二卷第四期后停刊。现保存于重庆图书馆。

《音乐导报》1943 年第三期封面

《邮讯》(1943 年)

1943 年 11 月 1 日创刊于重庆，鱼光邮票社编辑发行（通信处为重庆第 8008 号信箱）。主编张枕鹤，发行人郭晋康。封面注有“社员赠阅”字样。1945 年 7 月出至第二卷第二期休刊。1949 年 10 月复刊出第一期，同月出第二期后停刊。

本刊的创办目的是“增进邮政知识，报告新邮消息”。其内容有票品出售信息、集邮收藏家动态、集邮社友名录等。本刊设有邮讯、随笔、论述、杂文、邮人小传、邮坛广播、新消息、集邮谈屑、独幕剧、邮学谈座、邮事问答、邮坛风光等栏目。本刊主要撰稿人有刘恒生、忆云生、郭晋康、翁博炎、廖俊才、胡宝书、林萍湘、程立孙等。载文有《上海发行收回租界纪念邮票》《重庆邮票会近讯》《中国邮票上之趣点》《收藏中外邮票的旨趣》《俄国纪念邮票 ·览》《望票兴叹》《邮迷逸事》《题傅子德霖中信版漏齿票集》《邮经》等。

本刊为集邮刊物，月刊。现保存于南京图书馆。

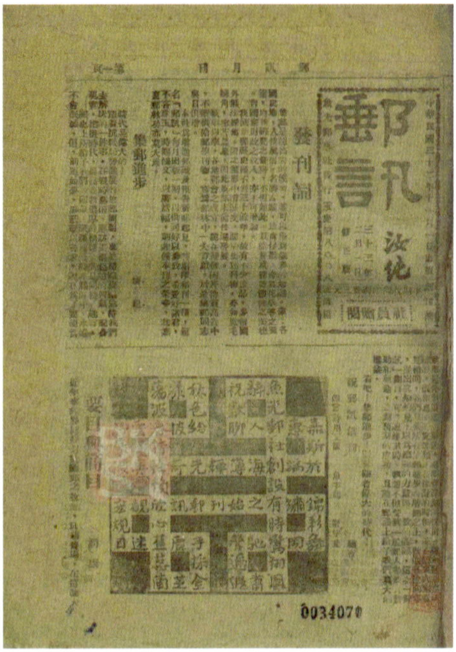
郵訊
發刊詞

《邮讯》创刊号封面

《社会教育辅导》(1943 年)

1943 年 11 月 1 日创刊于重庆，国立中央民众教育馆社会教育辅导社出版(通信处在重庆化龙桥)。陈立夫题写刊名。主编谢东平，助编杨履武，发行人马宗荣。编辑委员有王朝昭、杨顺、许用保、张渊扬、洪宝林等 22 人，特约撰稿人有王义周、洪深、黄炎培、刘国钧、陶行知、潘公展等 83 人。

本刊旨在“促进我国社会教育事业的发展”，侧重“研讨社会教育、学术、施教方法，并辅导各省市县民教馆事业之发展”。本刊主要“发表本馆人士研究的成果和海内外社教专家的宏言论著”，“披露省市县民众教育馆提出的意见和困难，请专家解答”，“系统介绍社教的理论与实际及办理各项社会教育事业的方法，供各级民众教育馆职员进修”，还“登载各种社教教材等”。本刊设有论著、讲座、辅导报告、教材选辑、社教消息、书报介绍等栏目。载文有《中日苏意英美六国民众教育馆概述》《人范故事：孤军抗敌的谢晋元》《以礼治军的戚继光》《社会教育的教材问题》《艺术作品之分类》《生活教育论》《电影节目对儿童需要之适应性的研究》《戏剧批评》《休闲教育》《社会风气与社会教育》《论民众读物的写作》《名词浅释：学习能力曲线》等。

本刊为社会教育刊物，不定期刊。现存最晚一期是1945年3月出版的第四期。仅见4期。停刊时间及原因不详。现保存于中国国家图书馆、四川大学图书馆、重庆图书馆。

《戏剧时代》（1943年）

1943年11月11日创刊于重庆，中央青年剧社戏剧时代月刊社编辑，文风书店出版发行。发行人邹杰夫。编辑委员有洪深、吴祖光、马彦祥、焦菊隐、刘念渠等。

本刊旨在“建立正规的、严肃的演剧风气，及提高演剧的水准，更广泛而深入地推进乡村演剧工作”。其内容与当时的抗战状况紧密相连，“自觉将戏剧运动奉献于国家民族命运这一伟大事业，对诸如怎样利用地方戏作抗战宣传等问题进行深入探讨”，涉及戏剧“旧形式的运用、整理及新形式的追求，国际戏剧文化的动态，及重要理论的介绍研究，国内剧坛动态报道，及重要公演的纪录与批评”等，还载文探讨戏剧艺术方面的问题，如“剧本写作手法、舞台装饰的节约、剧务的职责、表演的舞台艺术、如何导演业余演员”等。本刊

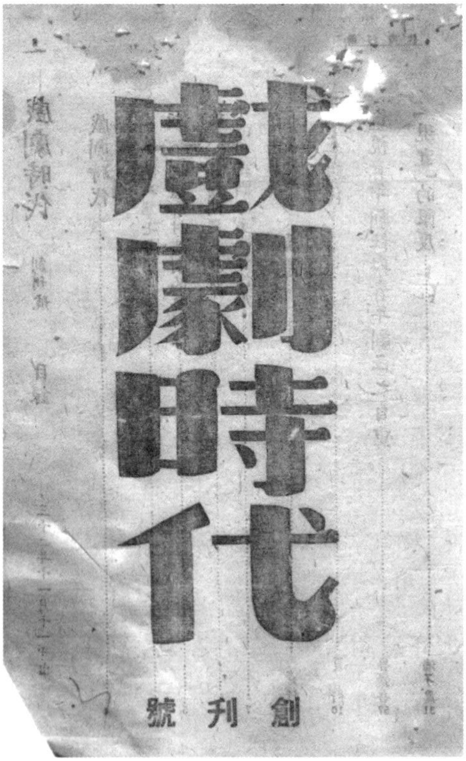

《戏剧时代》创刊号封面

还刊载各地的戏剧动态，如桂林的西南戏剧展览会、上海的话剧以及重庆、贵阳、成都、赣州等地的剧坛纪事等。本刊辟有短论专栏，每期刊载约4篇短篇时文，有关于戏剧票价、乡村演剧、舞台新人、保障戏剧工作者生活等方面的议题。载文有《表演的舞台技术》《剧务的职责》《表演是创造的艺术》《民众的戏剧》《锦城之夏：成都剧坛纪事》《镀金（独幕剧）》《一九四二至四三雾季重庆舞台上的演技观感》《苏联的戏剧》《参战后的美国剧坛》《战时英国皇家剧院的复兴》等。

本刊为戏剧刊物，月刊，实际未能按时出版。16 开本。约 1944 年 10 月出版第一卷第六期后终刊。现保存于四川省图书馆、四川大学图书馆、南充市图书馆、重庆图书馆。

《节建月刊》（1943 年）

1943 年 11 月 15 日创刊于重庆，全国节约建国储蓄劝储委员会重庆分会宣传组编辑出版（地址在重庆观音岩张家花园 56 号）。吴敬恒题写刊名。

本刊旨在“鼓励储蓄，以发展生产建国事业”。其主要内容包含节约储蓄的相关论文，以及节约建国的相关宣传文件资料等，刊登了《论中国工业化与妇女运动》《我们怎样轰炸日本》《重庆市过分消费搭销储蓄券票实施办法》等文章。

本刊为储蓄宣传刊物，月刊。现保存于重庆图书馆。

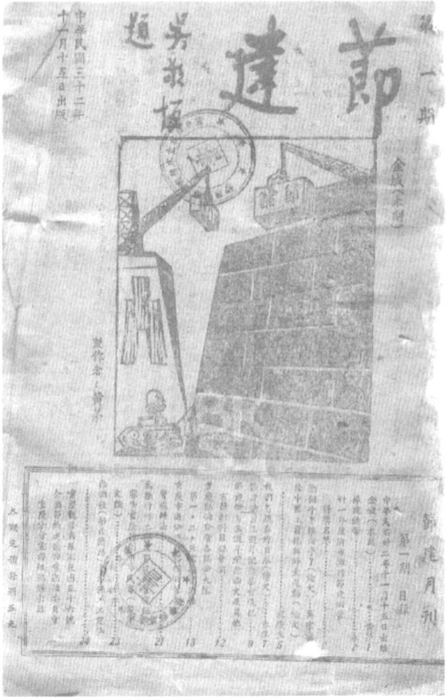

《节建月刊》第一期封面

《工作竞赛月报》（1943 年）

1943 年 11 月 15 日创刊于重庆，工作竞赛月报社出版兼发行（社址在重庆张家花园 70 号）。发行人谷正纲、李忠襄、杨博清，编辑有鲁觉吾、吴承洛等。王宠惠题写刊名。抗战胜利后迁至南京出版。

本刊旨在“宣传报道工作竞赛的各类信息，并作为一个平台供专家学者进行探讨”，其目的是要求“各行各业通过生产竞赛，达到多、快、好、省的生产原则”，除有关提高工作效率的理论研究外，也介绍国外先进工作管理模式，还刊载政府机关在工作竞赛方面的行政报告等。本刊设有社论、专论、记述、资料、竞赛消息等栏目。载文有《工作竞赛在交通事业界中之运用》《工作竞赛与生产事业》《全国工作竞赛给奖典礼素描》《重庆市娱乐场所清洁之整理与竞赛》《战时粮政工作与竞赛》《农林工作竞赛的意义及其实施》《工作竞赛的心理基础》《渝区六大学：演讲竞赛》《什么是竞赛精神》《工作竞赛小言》《工作竞赛的社会价值》《提高工作效率之商讨》《技术训练的几条基本原则》等。

本刊为工作竞赛宣传刊物，月刊。现存最晚一期是 1948 年 8 月出版的第五卷第五期。停刊时间及原因不详。现保存于上海图书馆、重庆图书馆。

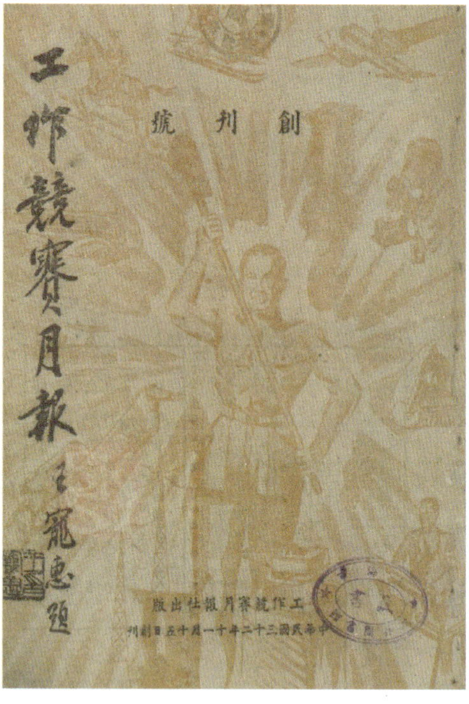

《工作竞赛月报》创刊号封面

《科学与技术》（1943 年）

1943 年 11 月创刊于重庆，科学与技术月刊社编辑，国防科学技术策进会发行（地址在重庆歌乐山停车场 5 号），中国文化服务社印刷厂印刷，中国文化服务社经售。

本刊主要刊发“国防科学技术理论，国防科学技术之实际探讨（如设施讨论、实验记录、调查报告、新发明新方法之试验结果），国内外国防科学技术之研究情形，及发明、创作、改良、制造与代替品等之消息，国内各项资源生产、消费、设备等统计，世界各国资源、工业建设、军备等统计”，以及有关国防科学技术的图画、照片、小说、诗歌、电影剧本等。本刊辟有论著与译述、专题讨论、科学技术消息、表解等栏目。“科学技术消息”栏目分为国内消息和国外消息两部分，分别登载国内外的新技术消息。本刊创刊号特别设置了“科学技术之奖进”栏目，登载了1943年11月国防科学技术策进会发布的《国防科学技术策进会专题悬奖》。载文有《千分计在工厂之应用（附图）》《电信在国防上的新应用》《天时与近代战争》《抗战以来之科学进展》《未来之中国居室与美国居室之比较》《从动物界学得的伪装术》《今后的理工教育（附表）》《奇异金属》《炼钢新法》《无线电与国防》《美国人造橡皮业之现状与展望（附表）》《工业用之“液状煤”》《要科学化必须数学化》等。

本刊为科学技术刊物，月刊。16 开本。现存最晚一期是 1944 年 11 月出版的第一卷第五期。停刊时间及原因不详。现保存于中国国家图书馆、四川大学图书馆、重庆图书馆。

《新检月报》(1943 年)

原名为《新检旬报》。1943 年 11 月在重庆出版，国民政府军事委员会战时新闻检查局编行。商震、贺国光等先后题写刊名。约 1945 年 5 月停刊。共出 20 期。

本刊主要刊发与新闻检查相关的法令、法规、局务要闻、指示文电、各地检讯、各处室处理不妥稿件摘要、人事动态等内容，设有指示文电、会议记录、各地检讯、工作概况等栏目。载文有《四川处工作概况（三十二年十一月份）》《关于美军消息务须依照在华美军战讯检查联系办法办理》《有伤盟国感情及咨敌之新闻应严禁发表》等。

本刊为新闻检查类刊物，月刊。现保存于重庆图书馆。

《民权政治集刊》(1943年)

1943年11月创刊于重庆，中山文化教育馆编辑，中华书局印刷厂印刷（地址在重庆李子坝），中华书局发行。

本刊现仅见第一辑，第一期为“地方制度改进专刊”（分上、下两卷），内容为围绕各省政治建设及改进地方制度所撰写的论文，既有理论，也有各地实践经验介绍。上卷内容为有关地方制度与地方行政机关的理论、职权、机构组织、权力行使等，下卷内容为各地行政首长对地方行政的意见及各地方行政推行概况。载文有《今后地方制度改进之理论与实际》《自治财政之整理与改进》《四种政权的行使与训练》《改进地方行政与推行地方自治之商榷》《广东省实施新县制之展望》《福建省实施新县制之过去与现在》等。

本刊为政治类刊物，刊期不详。仅见1期。现保存于四川省图书馆、重庆图书馆。

《文风杂志》(1943年)

1943年12月1日创刊于重庆，文风月刊社编辑，文风书局印行（地址在重庆中山一路107号）。第一期至第五期由侍桁主编，编辑为周圣生，发行人为邹杰夫。第六期为“法律科学专号”，由国立贵州大学法律学系编辑。萧同兹撰写发刊词。

本刊内容以学术性论文为主，在学术上探究中国传统文化思想脉络、文明起源等，也涉及政治、经济、文化、历史、哲学、文学等领域，关注国际局势、中国外交以及战后建设问题，还登载新闻史料、文学理论及文学作品等。撰稿人有蒯伯赞、马星野、黄席群、胡秋原、孙伏园、夏衍、老舍、邓初民、黄炎培、侯外庐、鲁彦、聂绀弩、陈纪莹等。本刊刊登了《略论殷商的青铜器文化》《功利主义的墨家之文学观》《历代建都考》《精神食粮问题》《先秦思想序说》《土地利用趋势论》《中华新韵》《中国戏剧中的小丑》《旧时游踪》《战后建设之问题》《现代日本史料》《欧风美雨》《火线上的人物画》

等文章。

本刊为社科学术类刊物，月刊。16 开本。1944 年 8 月出版第六期后即停刊。现保存于四川省图书馆、四川大学图书馆、复旦大学图书馆、重庆图书馆。

《文风杂志》创刊号封面

《东青通讯》(1943 年)

1943 年 12 月 5 日创刊于重庆，教育部东北青年教育救济处编印（地址在重庆青木关）。

本刊创刊词中称刊物“为东北青年精神上聚会之园地”，“东北青年之警钟”，“发表东北问题之喉舌”，是“大后方东北青年学生进德修业之动力，并藉以沟通消息，期成东北青年研究东北复员工作之讲坛”。

本刊为青年刊物，不定期刊。16 开本，每期 16 页。非卖品。1944 年 9 月 5 日出版第二期。仅出 2 期。现保存于中国国家图书馆、四川大学图书馆。

《出版界》(1943 年)

1943 年 12 月 15 日创刊于重庆，出版界月刊社编辑发行（社址在重庆林森路羊子坝 18 号）。发行人徐蔚南。约 1945 年 3 月出至第二卷第一期停刊。共出 13 期。

本刊“以报道出版界之趋势，指导青年读书方法，评介新书为目标”。其内容有学术论著、新书提要、著译指导、读书指导、图书评介、统计调查、出版消息、文化动态等。曾出“商务印书馆专号”“正中书局专号”。本刊刊登了潘公展的《出版趋向的过去与将来》、刘百闵的《关于中国文化服务社》、钟宪民的《最近重庆市图书出版概况》、陈铨的《谈读书方法》、易君左的《青年如何读传记写传记》、李鼎芳的《史地新书过眼录》等文章。

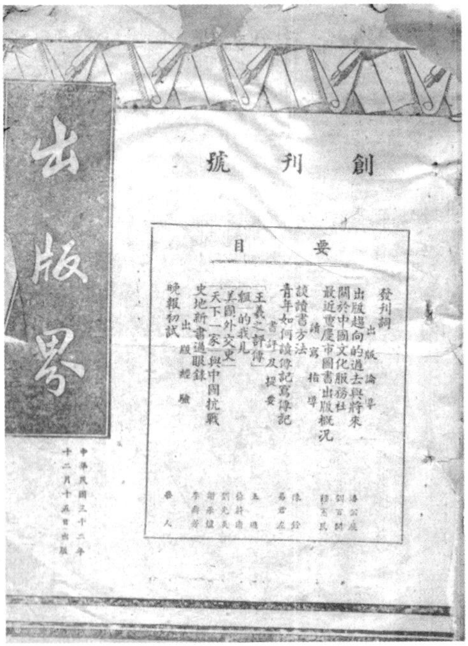

《出版界》创刊号封面

本刊为图书出版刊物，月刊。16 开本。现保存于中国国家图书馆、四川大学图书馆、重庆图书馆、南京图书馆等。

《四川经济季刊》（1943 年）

1943 年 12 月 15 日创刊于重庆，四川省银行经济研究处编辑（地址在重庆新桥）。潘昌猷题写刊名。

本刊以“促进四川经济之发展，并协助抗建国策之进行”为宗旨。其内容包括“叙述四川一般经济、工矿、农林、牲畜、交通、金融、财政、合作等实际状况或作理论分析的著述或调查报告”，设有四川经济专论、一般经济论著、战后经济问题、四川经济调查等栏目。本刊创办目标为“普遍调查四川经济，切实研究四川经济，积极协助四川经济建设”。主要撰稿人有潘昌猷、施复亮、陈豹隐、李紫翔、董时进、伍玉璋等。本刊刊登了《我们的经济研究计划与对于各界人士的希望》《民生主义经济学之特质与体系》《抗战以来四川之工业》《四川粮食问题导论》等文章。

本刊为经济类刊物，季刊。现保存于上海图书馆、重庆图书馆。

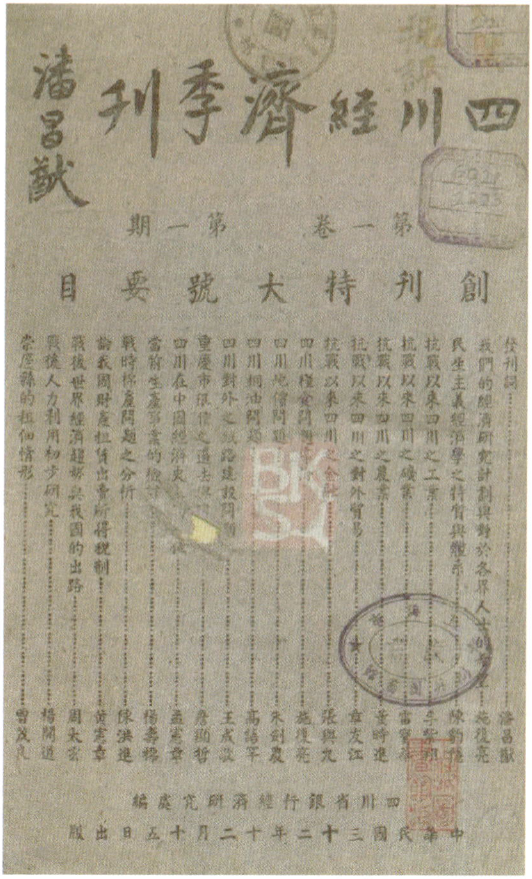

《四川经济季刊》第一卷第一期封面

《江声》(1943年)

1943年12月20日创刊于重庆，江声月刊社编辑发行（社址在万县县党部），川东万州川快联合报印刷厂印刷。社长李登高，发行人刘庭槐。

本刊创办目的为“宣达抗建国策，阐扬三民主义，以期集中全民意志，共赴于复兴运动之一途，而完成神圣之使命”。本刊设有论著、散文、短论、诗集等栏目。主要撰稿人有湛卢、李登高、寒梅、文启蛰、周密、崔庆修等。

本刊为文学刊物，月刊。每期发行数百份。因经费不足，于1944年5月出至第二卷第四期停刊。现保存于中国国家图书馆、重庆图书馆。

《江声》创刊号封面

《木刻艺术》(1943年)

1941年9月在浙江丽水创刊，木刻艺术社编行，发行人潘仁。1943年12月自第二期起迁至重庆出版，中华全国木刻协会编辑，中国木刻用品合作工厂发行，东南合作印刷厂印刷。在渝仅出1期即停刊。1946年8月在上海复刊，期号另起，出新一号，中华全国木刻协会编辑。

本刊内容包括木刻及艺术论文、短评、随笔、书评等，设有文告、刀尖、我与木刻、木刻画等栏目。本刊旨在“提倡结合抗战和工农业建设的实用木刻”，主要“介绍木刻理论，发表并评介木刻作品，并刊登木刻史话、学界动态、创作经验和中国木刻研究会章程及工作通讯”等。载文有《中国木刻史略》《略谈连续木刻》《木刻艺术与民主运动》《重新握起刻刀来》《罗丹的影响》《美专第六次木刻研究会速写》《木刻艺术今后发展的方向》等。

本刊为木刻艺术刊物，月刊。现存最晚一期为 1946 年 9 月出版的新二号。停刊时间及原因不详。现保存于四川省图书馆、重庆图书馆等。

《木刻艺术》第二期封面

《地理专刊》(1943 年)

1943 年 12 月创刊于重庆，中国地理研究所编辑发行（地址在重庆北碚状元碑）。封面注有“暂行本”字样。中国地理研究所在出版本刊的同时，还出版有《地理》《地理集刊》。

本刊主要刊载中国地理研究所对四川地形地貌的考察报告与研究论文。第一号是《汉中盆地地理考察报告·地形篇》，内容包括地质基础、地形区域、水系、水文观测等。1944 年 6 月出版的第二号是《汉中盆地地理考察报告·气候篇》，内容包括气压与风向、雨量及其季节分布、温度及其季节变化、气候区域等。本刊还刊发了《川东地理考察报告》《嘉陵江流域地理考察报告》等考察报告，本刊载文除了文字论述，还配有相应的插图和统计表等。

本刊为地理学刊物，不定期刊。原为石印，1946 年 1 月起改为铅印，重新编号出版。现存最晚一期是 1946 年 12 月出版的第四号。现保存于中国国家图书馆、四川省图书馆、四川大学图书馆、重庆图书馆。

《市政工程年刊》(1943 年)

1943 年创刊于重庆，中国市政工程学会编印（地址在重庆上清寺聚兴府 12 号）。发行人凌鸿勋。吴敬恒题写刊名。出版第一期后，于 1946 年迁至南京出版第二期，后未再出版。

本刊旨在“肩起建设新时代的市政，互相策励，征集各项资料及同人研究心得之论著”。本刊辟有论著、计划、会务、转载、调查报告、附录等栏目。“论著”栏目主要刊载与城市建设、土地政策、都市建设的发展等相关的论述文章。“计划”栏目主要刊载国内各城市的建设计划或者是国外城市建设的计划介绍等。本刊刊登了杨耀德的《工程学与工程教育》、张维翰的《工务行政》、朱泰信的《实业计划上之城市建设（附图）》、吴华甫的《陪都市政建设》、潘光旦的《工与中国文化》、谭炳训的《战后我国之都市建设》、段毓灵的《战后我国建筑风格之趋势》等文章。

本刊为市政工程刊物，年刊。现保存于中国国家图书馆、云南大学图书馆、甘肃省图书馆。

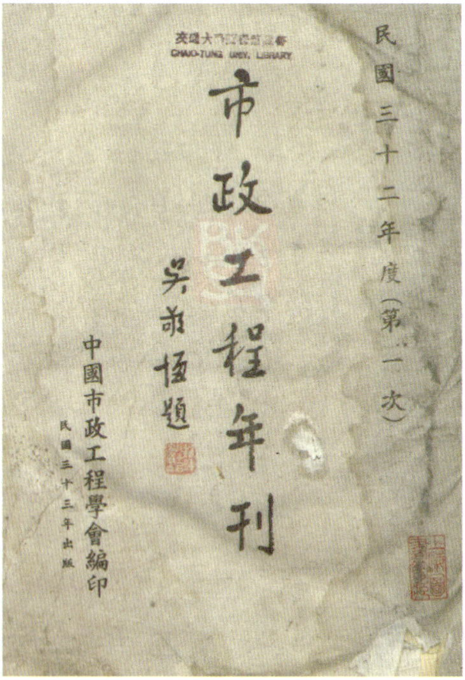

《市政工程年刊》第一期封面

《实验工作通讯》（1943 年）

1943 年创刊于重庆，出版者不详。

本刊主要刊登社会部合作事业管理局的消息、工作指示和局长训示等。

本刊为通讯刊物，月刊。油印。停刊时间及原因不详。现保存于重庆图书馆。

《卫工文摘》（1943 年）

1943 年创刊于重庆，中国卫生工程学会编辑发行。

本刊旨在“介绍英美杂志之重要作品及其他卫生技术之材料，以供全国卫工人员之参考，借资研究进修而为他日应用”。本刊刊登了李万英的《水管怎样锈蚀的？》、杨钦的《续配水网设计及实地测验》、过祖源的《近年给水处理方法之演进概况》等文章。

本刊为卫生工程文摘刊物，月刊。1943 年内出版 6 期，以后未见再出版。现保存于重庆图书馆。

《经济资料索引》（1943 年）

1943 年在重庆出版，中央银行经济研究处资料室编辑发行。

本刊为经济刊物，半月刊。油印。约 1945 年 2 月出至第三卷第二十期停刊。停刊原因不详。现保存于中国国家图书馆、南京图书馆、重庆图书馆。

《国立中央工校铜梁学友会会刊》（1943 年）

约 1943 年创刊于重庆，国立中央工校铜梁学友会编行（通信处在重庆沙坪坝国立中央工校）。

本刊旨在“使家乡人士明白工业现状、国家所需及学会会员的生活片段”，刊登了梁维的《航空救国》、宋登华的《怎样研究科学》、刘文化的《我国工业》

等文章。

本刊为学友会刊物，不定期刊。第二期于 1943 年 12 月 31 日出版。现保存于重庆图书馆。

《建筑》(1943 年)

1943 年创刊于重庆，国立中央大学建筑工程系主办并发行。

本刊目的在于“发扬建筑学知识”，载文主要论述建筑与文化、建筑历史、建筑样式，介绍建筑材料、国内外建筑等。本刊是“学生发表论著、交流学术、获取知识的园地”，刊登了《我国建筑装饰纹样与图腾主义（附图）》《路的进步》《建筑与机械》《对“建筑”未来的希望》《中国建筑与西方建筑》等文章。

本刊为建筑学术刊物，月刊。停刊时间及原因不详。现保存于上海图书馆、重庆图书馆。

《粮情周报》—《粮情旬报》(1943 年)

1943 年在重庆出版，粮食部调查处编辑发行。抗战胜利后迁至南京出版。在渝出版的第一百三十七期至第一百六十八期名为《粮情周报》，自 1944 年第一百六十九期至 1948 年第三百二十八期改名为《粮情旬报》。

本刊旨在“迅速报导国内各地粮价的变动”，关注的重点省份包括川、黔、豫、桂等，并以陪都重庆为重心；迁至南京出版后，侧重苏、浙、皖一带的粮价变动。本刊内容主要分为资料收集和数据分析两大类，资料收集主要分为重庆粮价、四川省各市粮价以及全国各省粮价；数据分析则结合季节、旱涝、丰收歉收等影响因素进行价格分析，所分析的粮食包括熟米、玉米、高粱、小麦、大麦，还包括蚕豆、豌豆、大蒜等。本刊统计数据后通常附有粮价变动说明。本刊曾出版“战时粮价特辑”，还刊发过“世界各国小麦生产和出口”“我国粮食的对外贸易”等专题数据资料。

本刊为经济类刊物，先为周刊，后改为旬刊。停刊时间及原因不详。现保存于上海图书馆、重庆图书馆。

《天地画报》(1943 年)

1943 年创刊于重庆，天地画报社出版，时代印刷出版社印刷（社址在重庆民生路 178 号）。发行人宗亮晨。编辑有钱歌川、特伟、孙翔风、陶汝良、李任子、陆钦元。

本刊每期刊载国内外新闻事件及照片，附以简短说明性文字，主要介绍国际战场情况和国内前后方抗日活动情况，关注战时工业及生活，刊载儿童新闻等。苏、美、英驻华使馆新闻处的焦敏之、钱歌川、王槐乡长期为刊物提供新闻图片，漫画家廖冰兄、作家王亚平、民主人士邓初民等经常为本刊供稿。本刊曾登载《北非战场盟军大捷》《中国工业在抗战生长》《战时工业建设之一角》《育才学校》《为了孩子们》《工业漫话》等作品。

本刊为时政画刊，半月刊。双色套印。约 1945 年夏停刊。现保存于上海图书馆。

《边疆服务》(1943 年)

1943 年在重庆出版，中华基督教会边疆服务部编辑并发行。林森题写刊名。出版发行地点有成都、重庆、南京三地。

本刊以“研究边疆问题，促进边疆建设”为主旨，着力“启发边胞知识，救济边胞疾苦，改善边胞生活，促进民族团结，充实国家力量”。本刊主要栏目有边疆服务模范人物、本部消息、论述、通讯、边疆大事、边务要闻等，内容涉及边疆建设的政治、文化、社会保障、军事等领域。其内容包括“对政治人物访问边疆的报道”，“报道筹募教育基金、创办诊所等事项”。本刊有基督教会背景，故刊载了许多传教、受洗、牧师大会、庆祝圣诞等宗教性质的内容。载文有《边疆服务的基础》《西康区卫生工作》《西昌纪行》《西昌学生暑期服务团工作经过》《川西边地之新气象》《川西区农业调查》《两位藏事专家在成都》《教育部边疆教育现况》等。

本刊为边疆研究刊物，月刊。停刊时间及原因不详。现保存于上海图书馆、重庆图书馆。

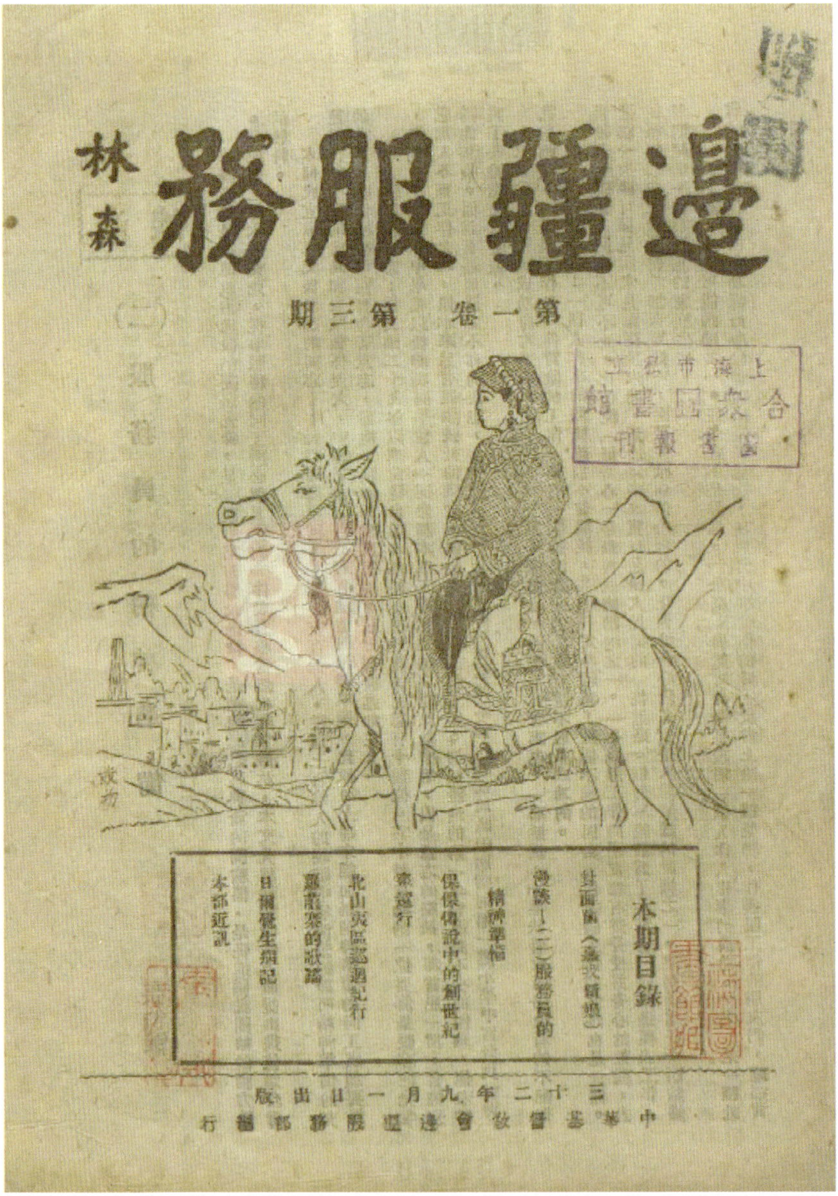

《边疆服务》第一卷第三期封面

《合作周刊》(1943 年)

1943 年创刊于重庆，社会部合作工作辅导第二团编辑发行。

本刊刊登了汪鸿鼎的《合作与复员》、徐恭慧的《工合的动向》、施文的《突击声中合工人员的使命》、寿勉成的《加强合作者创造意识》等文章。

本刊为合作事业刊物,周刊。到 1944 年共出版 50 期。停刊时间及原因不详。现保存于重庆图书馆。

《平中校友通讯》(1943 年)

1943 年创刊于重庆，太原平民中学校友总会编行（通信处为重庆春森路 14 号韩宅转）。

本刊主要介绍太原平民中学校概况、校友总会成立近况，刊有时事评论、校友动态和校董会议纪要等。

本刊为校友会刊物，刊期不详。1943 年 9 月出版第四号。非卖品。停刊时间及原因不详。现保存于重庆图书馆。

《沙坪坝消费合作社三周年纪念特刊》(1943 年)

1943 年在重庆出版，重庆市沙坪坝消费合作社编辑发行，生产部印刷所印刷。谷正纲题写刊名。胡焕庸撰写序言。

本刊内容为关于合作理论的文章，涉及战时物资分配、战后经济政策的制定等，设有论文、报告、名录、章则等栏目，登载了重庆市沙坪坝消费合作社成立三周年以来各种工作情况报告，“使社员和民众了解合作事业之趋势及合作社的业务情况”。载文有寿勉成的《沙坪坝消费合作社三周年纪念感言》、包华国的《示范社之意义与使命》、张洪沅的《消费合作与物价》、孙光远的《合作与连锁》、何廉的《战时消费合作之任务》、熊祖同的《物资管制与分配》、吴朗西的《沙坪坝消费合作社前途的展望》等。

本刊为地方合作事业刊物，特刊。非卖品。停刊时间及原因不详。现保存于重庆图书馆。

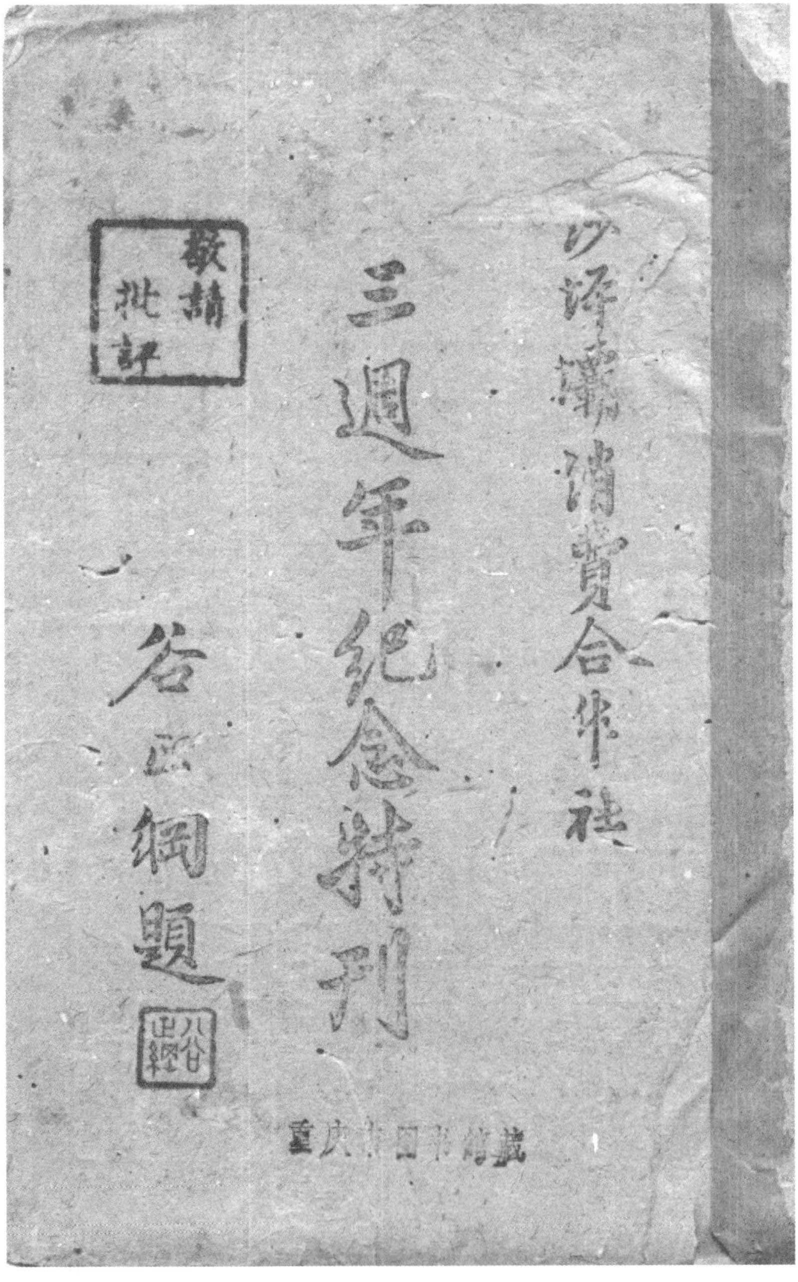

《沙坪坝消费合作社三周年纪念特刊》封面

《会员通讯》(1943 年)

1943 年创刊于重庆，中央训练团党政高级训练班国父实验计划研究分会编行（通信处为重庆上清寺邮局第 5050 号信箱）。

本刊以研究实业计划为宗旨，主要刊载该会的工作训词、会务情况、各处通讯、会员动态、附载办法等内容。

本刊为研究学会刊物，刊期不详。停刊时间及原因不详。现保存于重庆图书馆。

《抗战五年专刊》(1943 年)

1943 年创刊于重庆，出版者不详。林森、孙科、于右任等为本刊题词。

本刊主要介绍了抗战五年以来国民政府在党务团务、军事、内政、国际外交、经济建设、教育文化以及社会、敌情、文学艺术等方面的情况。本刊设有综论、抗战第五年国内外大事记、党务团务、军事、内政、外交新动态、经济建设、教育文化、社会、敌情、文学艺术、附录等栏目。载文有《〈各省征收实物调查报告〉摘要》《综论抗战第五年》《从日寇政略上判定日寇必败》《敌之必败与我之必胜》《国家总动员之内容与实施》《展望烽火中的文学园地》《中国战时粮政（附表）》等。

本刊为抗战宣传刊物，刊期不详。停刊时间及原因不详。现保存于重庆图书馆。

《陪都童子军纪念旬特刊》(1943 年)

1943 年创刊于重庆，中国童子军重庆理事会编印发行。

本刊主要记载了中国童子军三十一周年大会及第十六届中国童子军节纪念大会的会长训词、理事长讲词，以及大会盛况和工作报告等内容，主要分为训词部分、论著部分和报告部分。撰稿人有陆震元、胡立人、雷啸岑等。载文有《中国童子军创始三十一周年纪念大会盛况》《培植新国民的基础》《童子军教育的真谛》《陪都童子军纪念活动详记》等。

本刊为童子军刊物，刊期不详。仅见 1 期。现保存于重庆图书馆。

1944 年期刊

《朝阳学院校刊》(1944 年)

原在北平出版，后迁湖北沙市等地。1944 年 1 月 1 日在重庆巴县复刊，为第一号，朝阳学院教务处出版组编辑发行（地址在巴县兴隆场）。该校董事长居正题写刊名。

本刊旨在“增进校友联系，介绍朝阳学院近况，刊登各地校友消息及在外服务的经验感想”。本刊第一号主要介绍该校各方面的情况，包括校歌、学校五年计划、学校教授的情况、各专业男女生人数等。第二号于 1944 年 8 月 1 日出版，内容是校内动态报道。载文有《五年计划，三个步骤》《本院教授新阵容》《居董事长手订校训校歌》等。

本刊为学校校刊，刊期不详。16 开本。仅见 2 期。现保存于四川大学图书馆、复旦大学图书馆、南京图书馆、重庆图书馆。

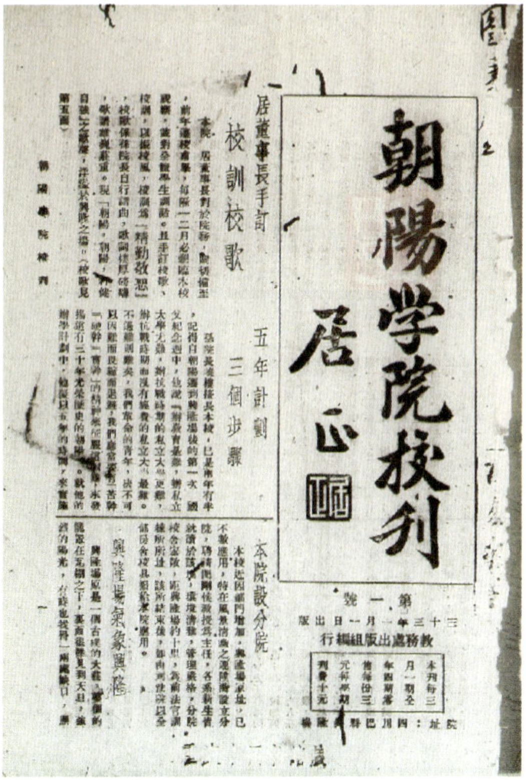
朝陽学院校刊
居正
第一號
三十三年一月一日出版
教務處出版組編輯發行
居董事長手訂
校訓校歌
五年計劃
三個步驟
本院設分院
興隆場氣象異常

《朝阳学院校刊》第一号封面

《中华英语半月刊》（1944 年）

1944 年 1 月 1 日在重庆创刊，中华英语半月刊社编辑，中华书局发行（通信处在重庆民权路中华书局 3 楼）。发行人姚戟楣，主编钱歌川。

本刊“以语学为基干，以趣味为中心。寓文学于语学，寓新知于时论”。本刊载文有当代主题、世界事务、英语研究、中国小说翻译等短片阅读材料，以中英文对照或以中文注释等形式，以帮助中学生与大学生学习与提高英语水平为宗旨。

本刊为英语学习刊物，半月刊。自 1946 年 1 月 5 日第五卷第一期起迁上海出版，1950 年 6 月终刊。现保存于中国国家图书馆、四川大学图书馆、重庆图书馆。

《中华英语半月刊》第一卷第一期封面

《外交部半月刊》(1944 年)

1944 年 1 月 1 日在重庆创刊，国民政府外交部情报司编辑并出版。封面注有“本刊专供本部同人阅读，非卖品”字样。

本刊主要“介绍欧洲的外交政策及动向，刊载外交人物志，汇报国内外成果”等，设有专论、部令、国际人物志、部内外近讯、文艺等栏目。主要撰稿人有靳志、龚骏、吉符、士钧、王家鸿、林仲明等。本刊第一卷第一期的《编后小言》提及，“本司前编之《外部周刊》，在渝复刊出版第二十六期，卅二年十月奉命改为《外部双周刊》，前后共出五期。最近经部务会议决改名为《外交部半月刊》，自卅三年一月起实行。本期为新年特大号，因稿件增多，致未能按时出版，谨向读者道歉。本年本部同仁学术研究入选者共十二篇，已由本司函请人事处交由本刊分期刊载，特此预告”。载文有《一九四三年欧洲各国之外交政策及其动向》《过去一年内苏联外交之检讨及今后之展望》《李鸿章参观英国博物馆轶闻》等。目前未见其他期。

本刊为外交刊物，半月刊。仅见 1 期。停刊时间及原因不详。现保存于上海图书馆。

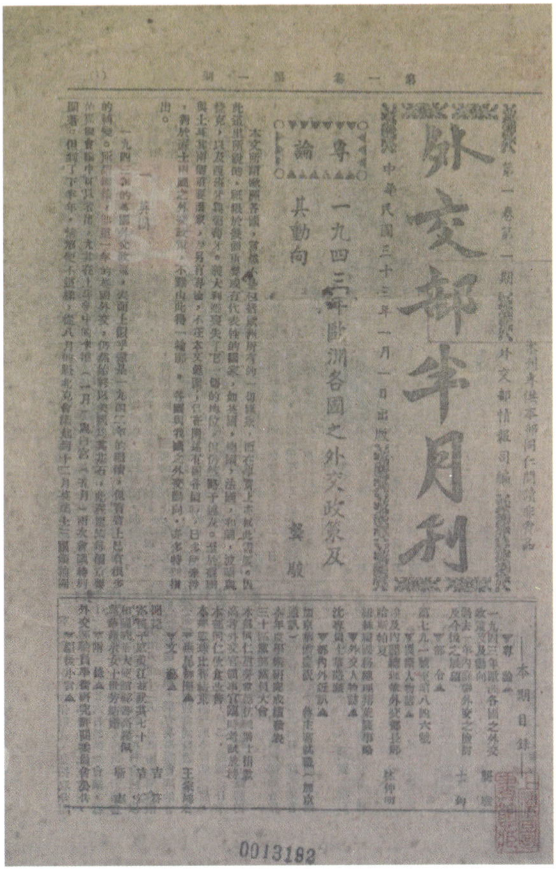
外交部半月刊
第一卷第一期
中華民國三十三年一月一日出版
外交部情報司編
專論
一九四三年歐洲各國之外交政策及其動向
龔駿
本期目錄

《外交部半月刊》第一卷第一期封面

《两路员工通讯》(1944年)

1944年1月1日创刊于重庆，李兆瀛主编，张光明发行，陶诒经设计，中华印书馆重庆工厂印制。

本刊“专供两路同仁阅览”，“京沪、沪杭甬铁路撤退员工为联络感情起见，特刊行本刊”。本刊宗旨是“研究学术，相互协助、准备战后复员工作，报道员工在战事紧张时所从事的活动和工作，记述各方在沦陷区艰苦奋斗的事迹，实施战后复员计划及路政的改进”。其内容有两路员工通讯录、工作计划大纲、工作进度表等。

本刊为通讯刊物，月刊。停刊时间及原因不详。现保存于上海图书馆。

《宪政》(1944年)

1944年1月1日创刊于重庆，主编张志让，发行人黄炎培，发行所国讯书店（地址在重庆张家花园56号）。编辑委员有戴修瓒、褚辅成、杨卫玉、黄炎培、傅斯年、章友江、章行厉、陆鸿仪、陈北鸥、祝世康、江问渔、向乃祺、王芸生13人。创刊号发行万余份。抗战胜利后，本刊与其他进步杂志掀起声势浩大的“拒检运动”。1946年4月出至第二十七期停刊。

本刊“力谋沟通政府与民间关于宪法问题及其他有关政治问题之意见，研究宪法及有关宪政诸问题，协助政府从事关于提倡实施宪政之宣传，收集国内外关于宪政的各项资料，介绍世界关于宪政或民治之新著述”。撰稿人大多为当时有志参与政治的知识精英，如黄炎培、邵力子、章乃器、张志让、孙科、周谷诚、沈志远等。本刊内容主要围绕宪法制定以及宪法周边问题的讨论，如宪政与国民经济、民权、舆论、妇女等议题的关系。本刊设有最近宪政文献、各界意林、当前问题的探讨、宪政研究特辑等栏目。

本刊为政法类刊物，月刊。现保存于中国国家图书馆、四川省图书馆、四川大学图书馆、自贡市档案馆、重庆图书馆。

《法令周报》（1944 年）

1944 年 1 月 15 日创刊于重庆，编辑梅仲协、林纪东，沈骏声发行，大东书局出版（地址在重庆中华路 84 号）。

本刊主要刊登中央及地方政府各种重要法令、司法机关之解释判例、司法统计，解答法律问题，宣传国家政令，灌输法律知识，每期均刊有国民政府新颁法令。

本刊为法律刊物，周刊。32 开本。1945 年 7 月终刊。共出 3 卷，每卷 26 期。现保存于四川省图书馆、四川大学图书馆、南充市档案馆、南京图书馆、重庆图书馆。

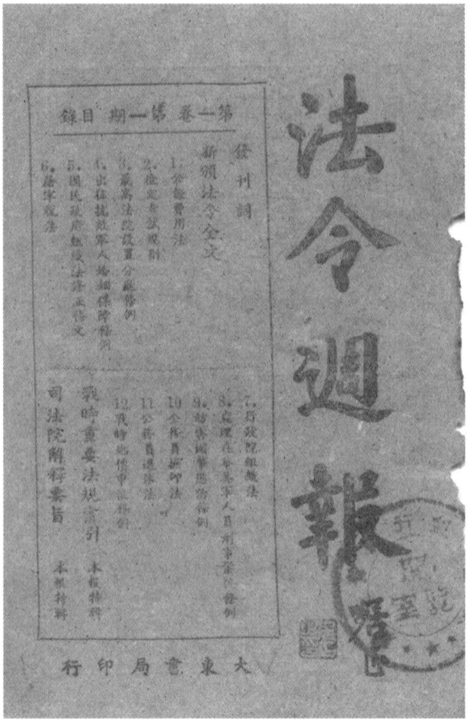

《法令周报》第一卷第一期封面

《社会工作通讯》（1944 年）

1944 年 1 月 15 日创刊于重庆，社会工作通讯月刊社编辑发行（社址在重庆林森路 590 号）。谷正纲题写刊名。1946 年 3 月自第三卷第三期起迁至南京出版。约 1948 年 3 月停刊。

本刊旨在“帮助明了社会行政与社会工作的理论和实际”，“供从事社会行政及社会工作者交流经验，沟通上下意旨，传达方针政策，解释社政法令”，设有专论、工作报告、法令文献、统计资料、社工消息、图书书评等栏目。载文有《人力动员与劳动行政》《社会救济法与社会救济事业》《社会救济法的立法精神》《社会部组织系统图》《各省市社会行政机构一览表》《中国新兴社会事业之功能与目的》等。

本刊为社会行政刊物，月刊。现保存于四川省图书馆、四川大学图书馆、重庆图书馆。

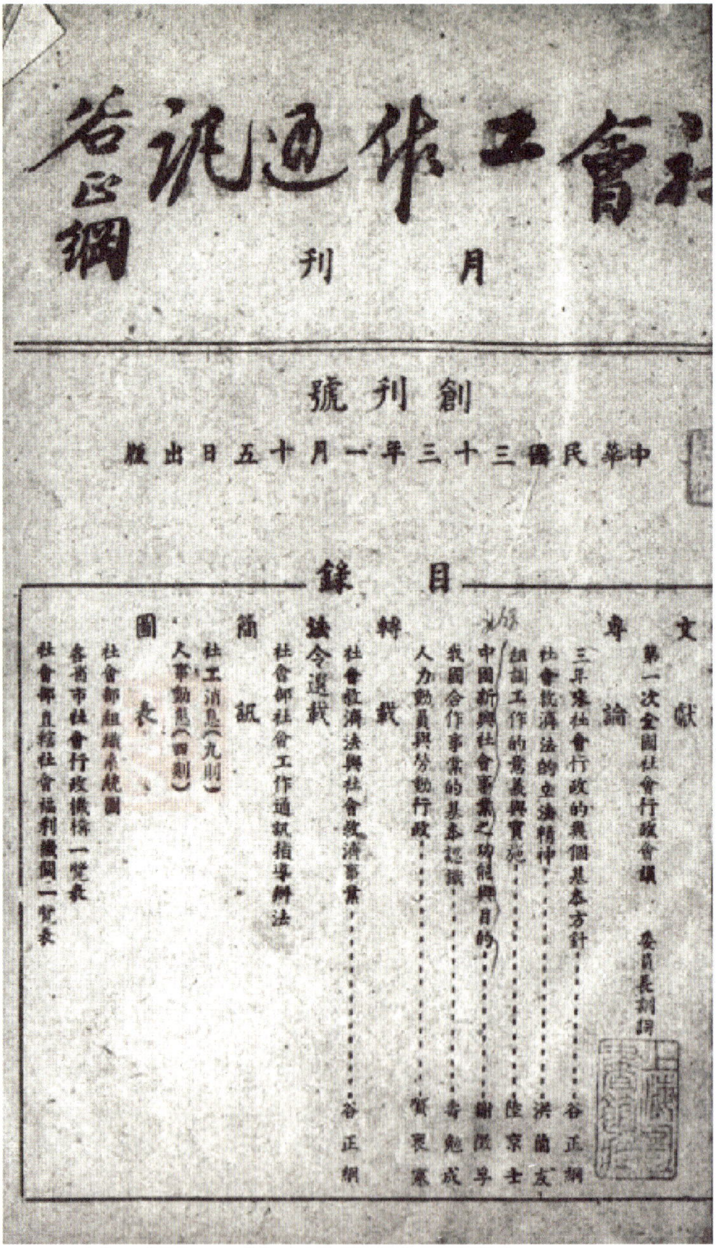

社會工作通訊

月刊

谷正綱

創刊號

中華民國三十三年一月十五日出版

目錄

文獻

第一次全國社會行政會議　委員長訓詞

專論

三年來社會行政的幾個基本方針……谷正綱

社會救濟法的立法精神……洪蘭友

組訓工作的意義與實施……陸京士

中國新興社會事業之功能與目的……謝徵孚

我國合作事業的基本趨勢……壽勉成

人力動員與勞動行政……賀衷寒

轉載

社會救濟法與社會救濟事業……谷正綱

法令選載

社會部社會工作通訊指導辦法

簡訊

社工消息(九則)

人事動態(四則)

圖表

社會部組織系統圖

各省市社會行政機構一覽表

社會部直轄社會福利機關一覽表

《社会工作通讯》创刊号封面

《印刷通讯》（1944 年）

1944 年 1 月 15 日创刊于重庆，印刷通讯社编辑发行。编辑人涂传杰，发行人沈骏声，商务印书馆重庆工厂印刷，第二区印刷工业同业公会印行（地址在重庆民生路莲花池正街 7 号）。1944 年 4 月出第二期，以后未见出版。

本刊旨在“促进机器之选购，技术之训练，同业之团结，事业之发扬，期与世界印刷业相抗衡”，主要反映重庆的印刷工业同业公会的情况，“刊登会议

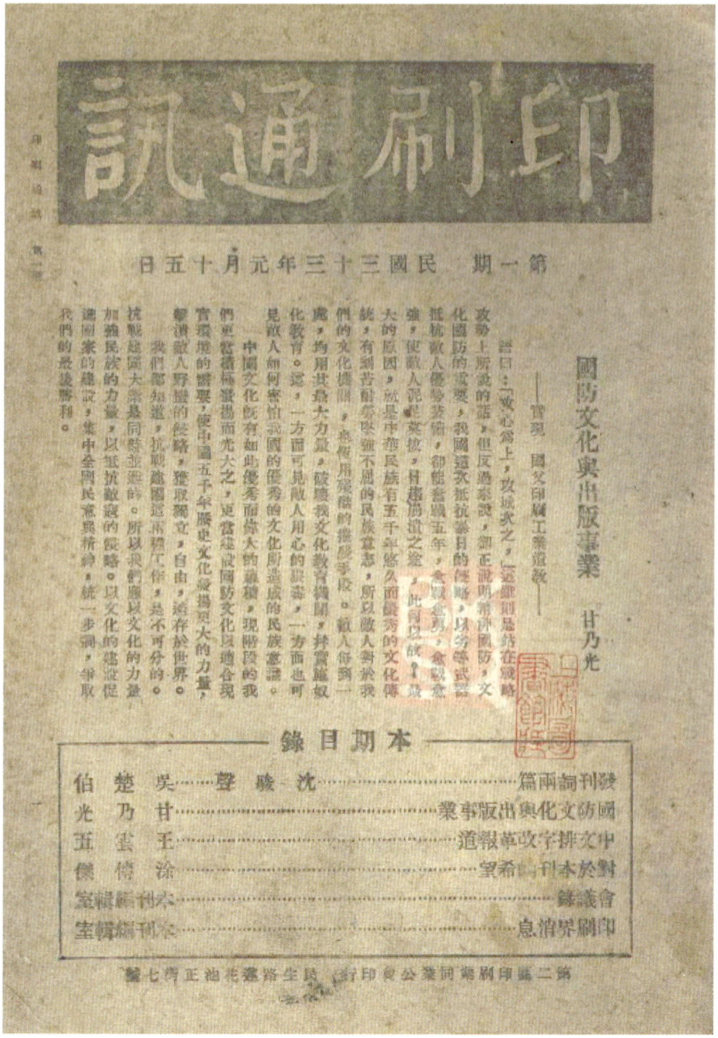

印刷通訊

印刷通訊 第一期

第一期 民國三十三年元月十五日

國防文化與出版事業　甘乃光

——實現 國父印刷工業遺教——

語曰：「攻心為上，攻城次之，」這雖則是對在戰略攻勢上所說的話，但反過來說，卻正說明精神國防，文化國防的重要，我國這次抵抗暴日的侵略，以劣等武器抵抗敵人優等裝備，卻能奮戰五年，愈戰愈勇，愈戰愈強，使敵人泥足莫拔，日趨崩潰之途，此何以故？最大的原因，就是中華民族有五千年悠久而優秀的文化傳統，有刻苦耐勞堅強不屈的民族意志，所以敵人對於我們的文化機關，必極用殘酷的摧毀手段。敵人每到一處，均用其最大力量，破壞我文化教育機關，并實施奴化教育。這，一方面可見敵人用心的狠毒，一方面也可見敵人如何害怕我國的優秀的文化所造成的民族意識。

中國文化既有如此優秀而偉大的蘊積，現階段的我們更當積極發揚而光大之，更當建設國防文化以適合現實環境的需要，使中國五千年歷史文化發揚更大的力量，擊潰敵人野蠻的侵略，爭取獨立，自由，適存於世界。

我們都知道，抗戰與建國是兩種工作，是不可分的。抗戰建國大業是同時並進的。所以我們應以文化的力量加強民族的力量，以抵抗敵寇的侵略。以文化的建設促進國家的建設，集中全國民意與精神，統一步調，爭取我們的最後勝利。

本期目錄

第二區印刷業同業公會印行 民生路蓮花池正街七號

《印刷通讯》第一期封面

记录及收支报告表，报道印刷界的重要新闻，研究出版事业的相关问题”。载文有甘乃光的《国防文化与出版事业》、王云五的《中文排字改革报道》、涂传杰的《对于本刊的希望》等。

本刊为印刷业同业公会刊物，季刊。现保存于中国国家图书馆、复旦大学图书馆。

《中国文学》（1944 年）

1944 年 1 月 21 日创刊于重庆，中国文学月刊社编辑（通信地址为重庆沙坪坝国立中央大学转），华北作家协会刊行，发行所文信书局。发行人马骕程，后又增加王君一。

本刊以“研究中国文学，发扬民族精神”为主旨。其内容涉及经学、史学、哲学、文学理论及文学史专题研究等。本刊设有诗录、词录、文录、艺文丛话等栏目。撰稿人有胡先骕、徐中玉、宗白华、罗家伦、章士钊等。载文有《论诗话之起源》《乐府指迷笺释引言》《补唐书韦应物传（附证）》《校定宋临川内史谢灵运集后记》《中国历史语音学之方法》《国立中央大学中国文学系三十二年度常年大会记》等。

本刊为文学学术类刊物，不定期刊。大 32 开本。现存最晚一期是 1945 年 4 月出版的第一卷第五期。停刊时间及原因不详。现保存于中国国家图书馆、四川大学图书馆、南京大学图书馆、复旦大学图书馆。

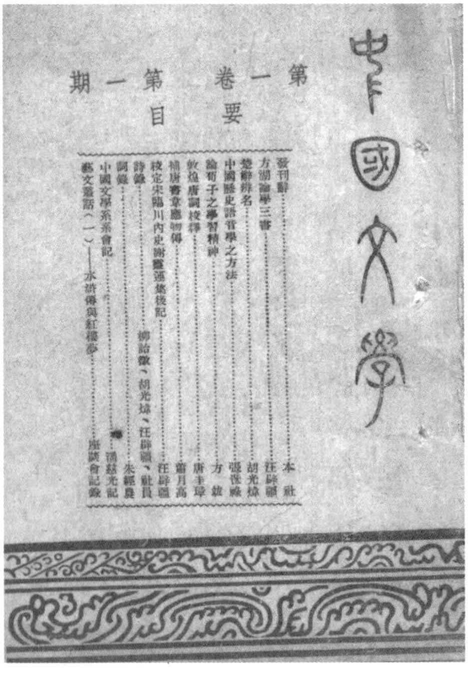

《中国文学》第一卷第一期封面

《新使命》(1944 年)

1944 年 1 月 30 日创刊于重庆，新使命月刊社编辑发行（社址在重庆中三路 187 号附 2 号），中国文化服务社总经售，警声生产合作社印刷部印刷。

本刊内容为“关于政治、军事、经济、教育、文史哲等的专题研究，国父遗教的阐扬与研究，国际问题的分析与报道，抗战建国事业的报告文学或珍闻，以及富有文学意味的散文、随笔或小说、诗歌”。本刊设有论著、时论选萃、文艺、参考资料等栏目。本刊主要撰稿人有朱家骅、周兆棠、杨杰、颜悉达、程泽润、史美煊等，曾刊登了《五权宪法中考试权之运用》《青年从军与学习》《论国防军之建设》《科学研究之意见》《三民主义者的新使命》《经济建设与建军前途》等文章。

本刊为社科综合性刊物，月刊。1945 年 6 月出版的第二卷第六期是现存最晚一期。现保存于中国国家图书馆、四川省图书馆、四川大学图书馆、重庆图书馆。

《重庆市政》(1944 年)

1944 年 1 月 31 日创刊于重庆，重庆市政府秘书处编审室出版（地址在重庆康宁路 13 号附 4 号）。编辑有刘世善、周策纵、汪凤翔等。贺耀组题写刊名。

本刊目的在于“研讨市政理论与实际，促进本市及全国市政建设”，其载文“坚持理论与实际互相配合、主义与问题交相印证原则”，设有特载、专论、本府动态、本府大事记、附录等栏目。本刊“具有学术性刊物及政府公报之特性”，主要刊载“本学术立场阐扬市政理论或制度的论说，提供建设新市政的各种具体方案，本三民主义立场对国内外市政问题所作的分析、批评及建议，介绍重庆市政现状或提供改进意见以及其他有关市政或行政的专论文字”，并附有重要统计表。载文有《重庆市政建设与地政》《市政建设要义》《古人论为治之体》《论都市的住宅问题（附表）》等。

本刊为行政类刊物，月刊。现存最晚一期是 1944 年 12 月出版的第二卷第六期。停刊时间及原因不详。现保存于上海图书馆、重庆图书馆。

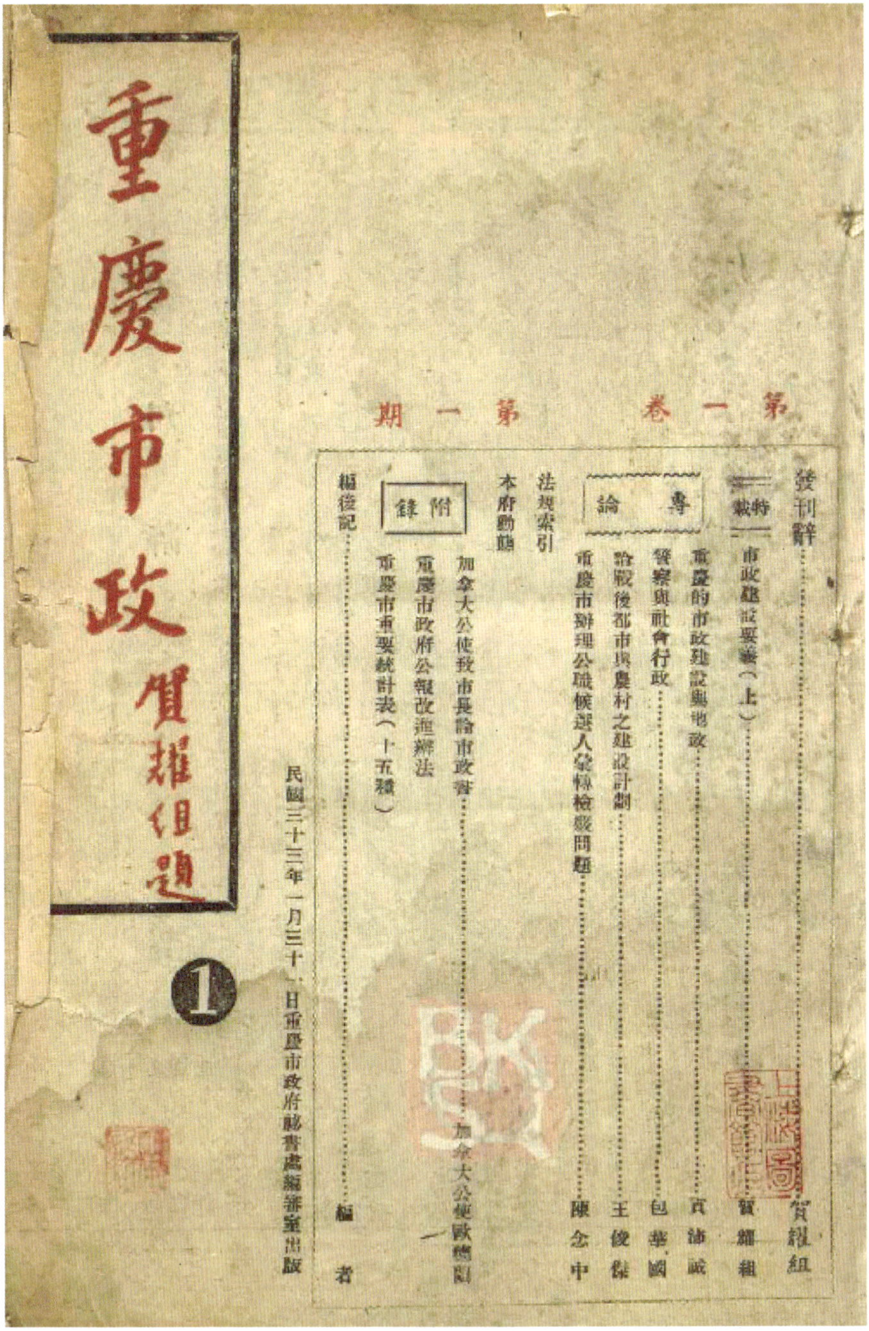

重慶市政
賀耀組題
第一卷 第一期
發刊辭……賀耀組
特載 市政建設要義（上）……賀耀組
專論 重慶的市政建設與市政……貢沛誠
警察與社會行政……包華國
論戰後都市與農村之建設計劃……王俊傑
重慶市辦理公職候選人彙集檢覈問題……陳念中
法規索引
本府動態
附錄 加拿大公使致市長論市政書……加拿大公使歐德閣
重慶市政府公報改進辦法
重慶市重要統計表（十五種）
編後記……編者
民國三十三年一月三十一日重慶市政府秘書處編纂室出版

《重庆市政》第一卷第一期封面

《风物志》(1944年)

1944年1月31日创刊于重庆，顾颉刚、娄子匡主编，中国民俗学会出版，风物志社发行（社址在重庆化龙桥龙隐路），中央日报社印刷，人文书店总经售。封面注有“民俗学、民族学、文化史、社会史集刊”字样。

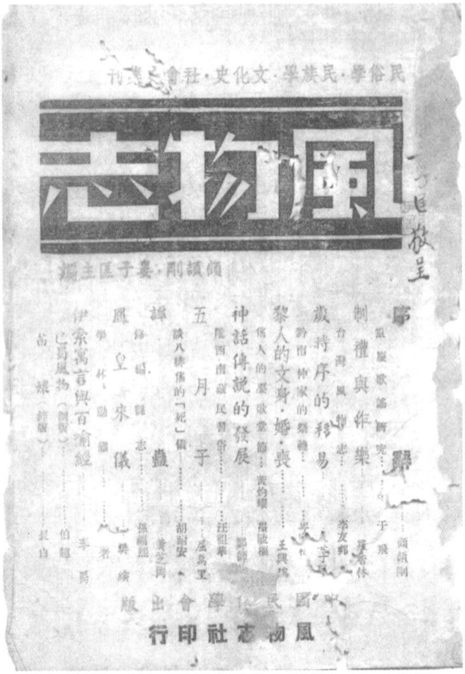

《风物志》第一期封面

顾颉刚撰写《序辞》。《序辞》中说：“《风物志》是民俗学、民族学、文化史、社会史的理论和资料的集刊，是一本学术性的集刊。”本刊刊登了岑家梧的《黔南仲家的祭礼：作桥的道场与经典》、孙福熙的《修编县志》、郑师许的《中国古史上神话与传说的发展》、李友邦的《台湾风物志》等文章。

本刊为社科学术类刊物，仅出第一期。现保存于中国国家图书馆、四川大学图书馆、重庆图书馆。

《科学》(1944年)

1915年1月创刊于上海。1944年1月自第二十七卷第一期起迁至重庆出版，中国科学社编辑（通信处为重庆北碚第4号信箱），中国文化服务社印刷、发行。主编卢于道，后为张孟闻。发行人先后为刘百闵、杨孝述。抗战胜利后，自第二十八卷第二期起迁回上海出版，中国科学社编辑发行。

本刊旨在“传播世界科学知识，提倡科学精神”，内容涉及自然科学和社会科学，有“近世科学的宇宙观介绍，教育之性质与本旨的解释”，也有达尔文动植畜养论的研究等，“促进全民族科学文化素养的提高”。本刊常设有科学消息、调查、杂俎、附录、通论、专著、研究简报、论文、记事、报告、书报评介及专载等栏目。撰稿人有任鸿隽、胡明复、杨铨、王彦祖、陈藩、孙昌克、胡适、赵元任等。载文有《国际科学合作的先决条件》《美国战时营养研究》《X射线治疗》《彗星光谱》《大豆内所含的维生素》《中国产油植物之概述（附表）》《十年来中国木材研究之进展》《四川桐树与桐油之研究》《成败所系之气候预测》《营养与皮肤》《陪都地质展览会盛况》等。1944年12月出版的第二十七卷第九至第十二期合刊是中国科学社成立三十周年纪念特大号。

本刊为科学刊物，月刊。现保存于中国国家图书馆、南京图书馆、上海图书馆、四川省图书馆、四川大学图书馆、重庆图书馆。

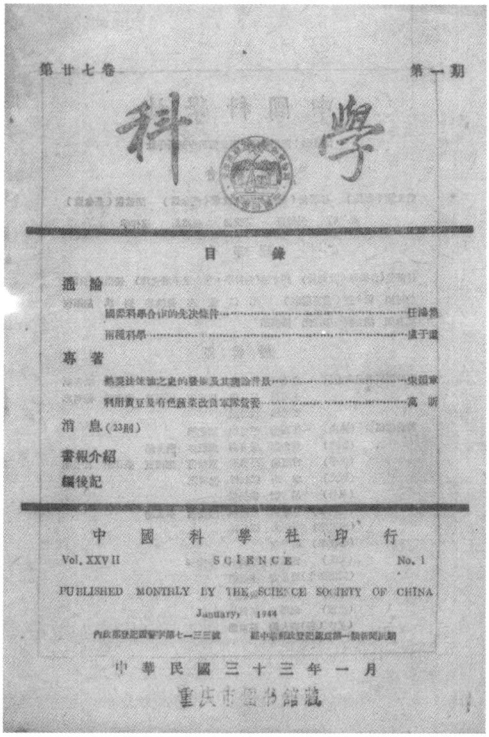

《科学》第二十七卷第一期封面

《中华少年》（1944年）

1944年1月在重庆创刊，中华少年杂志社编辑（地址在重庆中华书局3楼），中华书局有限公司发行（地址在重庆民权路41号），中华书局印刷厂印刷。主编张梦麟。

本刊发行对象是青少年，旨在“灌输科学常识，注重身心修养，介绍最新发明，阐发宇宙神秘”。本刊栏目有科学知识、社会知识、修养读物、卫生常识、各科教学、人物传记、时事常识、文艺读物、家庭娱乐、读者通讯等。

本刊为青少年刊物，月刊。1946 年 1 月自第三卷第一期起迁上海出版。1947 年自第四卷起改为半月刊。1949 年出至第六卷第二十四期终刊。现保存于四川省图书馆、四川大学图书馆、重庆图书馆、南京图书馆。

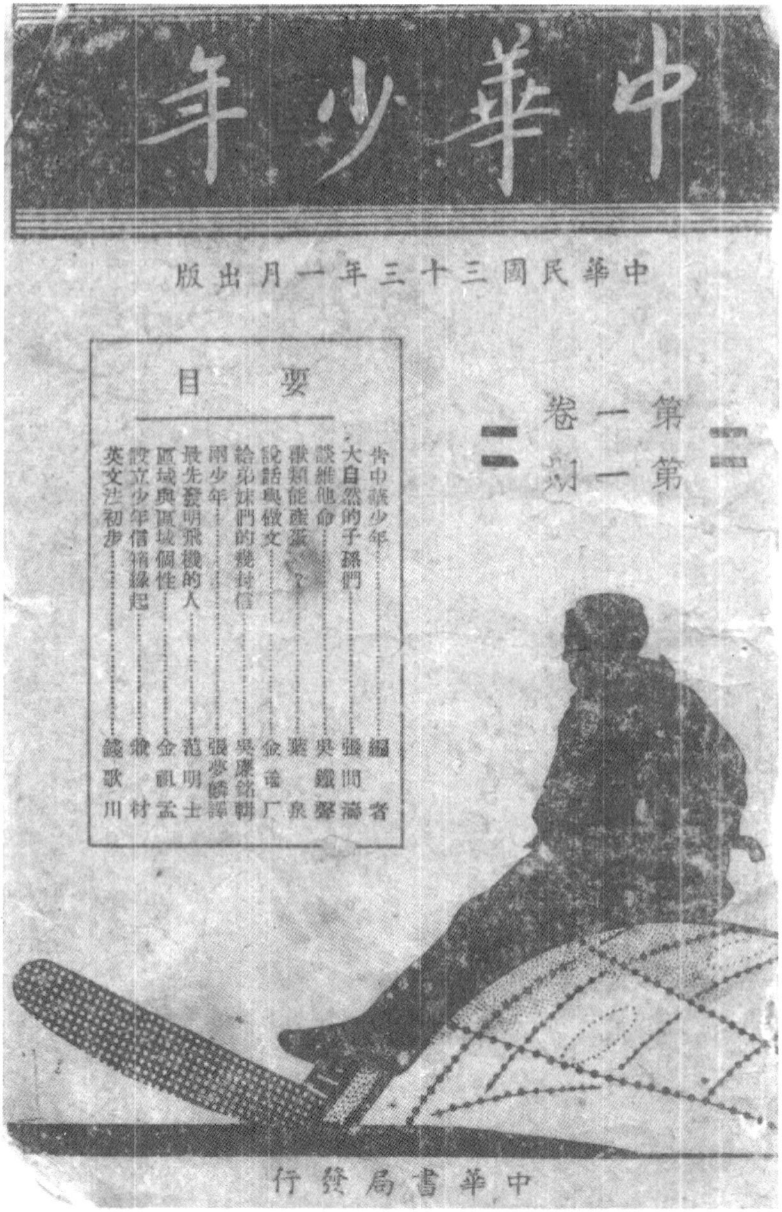

《中华少年》第一卷第一期封面

《中国新论》(1944 年)

原在南京创刊，约 1937 年 11 月停刊。1944 年 1 月在重庆复刊，中国新论社编辑，续出第四卷第一期，以后未见出版。

本刊宗旨是“发扬民族精神，灌输时代知识”。其内容包括政治、经济、社会、教育、文艺及“关于民族复兴，强固国防之资料”。本刊第二卷第八期内刊有关于成都“大川事件”的报道。

本刊为学术类综合刊物，月刊。停刊时间及原因不详。现保存于四川大学图书馆、贵州省图书馆等。

《资源通讯》(1944 年)

1944 年 1 月创刊于重庆，资源委员会秘书处编行。

本刊以“研究学术，推进业务，加强会属各单位间的联系，提高工作兴趣”为宗旨。其内容涉及重工业的建设论述、厂矿管理经验、欧美工业论著及员工生活动态等，主要登载有关抗战期间国家的资源建设。

本刊为工业经济刊物，月刊。1945 年 6 月出版第三卷第六期。停刊时间及原因不详。现保存于中国国家图书馆、四川省图书馆、重庆图书馆。

資源通訊
中華民國三十四年一月十六日出版
第三卷·第一期
資源委員會秘書處編行
本刊新展望
吳兆洪
本期目錄

《资源通讯》第三卷第一期封面

《浪花》（1944 年）

1944 年 1 月创刊于重庆，重庆邮政储金汇业局编辑发行。封面注有“同仁刊物，非卖品”字样。

本刊主要载文“分析与报道国内外的形势，论述抗战的一般问题，提高民众的觉悟，纠正对抗战前途的信念，加强团结，唤起抗战工作”。

本刊为抗战宣传刊物，半月刊。约 1948 年停刊，共出 94 期。现保存于四川省图书馆、重庆图书馆。

《工商界》（1944 年）

约 1944 年 1 月创刊于重庆，发行人成栋材。封面题名“工商界”，逐页题名“中国工商界月刊”。

本刊撰稿人有章乃器、马寅初等。本刊主要载文“分析国内外经济状况，探讨工商界问题，刊登经济论文及文摘”。

本刊为工商业刊物，月刊。现保存于上海图书馆、重庆图书馆。

《真理杂志》（1944 年）

1944 年 2 月创刊于重庆，方豪主编，真理杂志社发行（社址在重庆中三路天坛新村 3 号内），南方印书馆印刷。1944 年 10 月出版的第四期是现存最晚一期。

本刊“辑录众学科名家文章，是杰出文化名人思想交汇的博物馆，是读者接触了解璀璨文化的大平台，有利于严谨学风的蔓延及科学文化的普及”。本刊主要撰稿人有顾颉刚、陈垣、李源澄、方豪、王利器、谭其骧等，设有圣咏选译、汉译圣咏选等栏目，“选录历史名人文章，宣传古典文化”。本刊内容还包括介绍中西文化传统差异、名人读书体会等。四明银行、金城银行等在本刊刊发有广告，侧面上对研究民国银行业务和金融发展等有一定帮助。

本刊为社科学术刊物，双月刊。16 开本。仅见 4 期。现保存于中国国家图书馆、四川大学图书馆、重庆图书馆。

《新军：文艺双月刊》（1944 年）

1944年2月创刊于重庆，编辑者新军社（社址在重庆民生路230号附11号），发行者骆驼社，国民公报印刷厂印刷。发行人王志光、鄢祚发。1944年4月出版第二期后停刊。

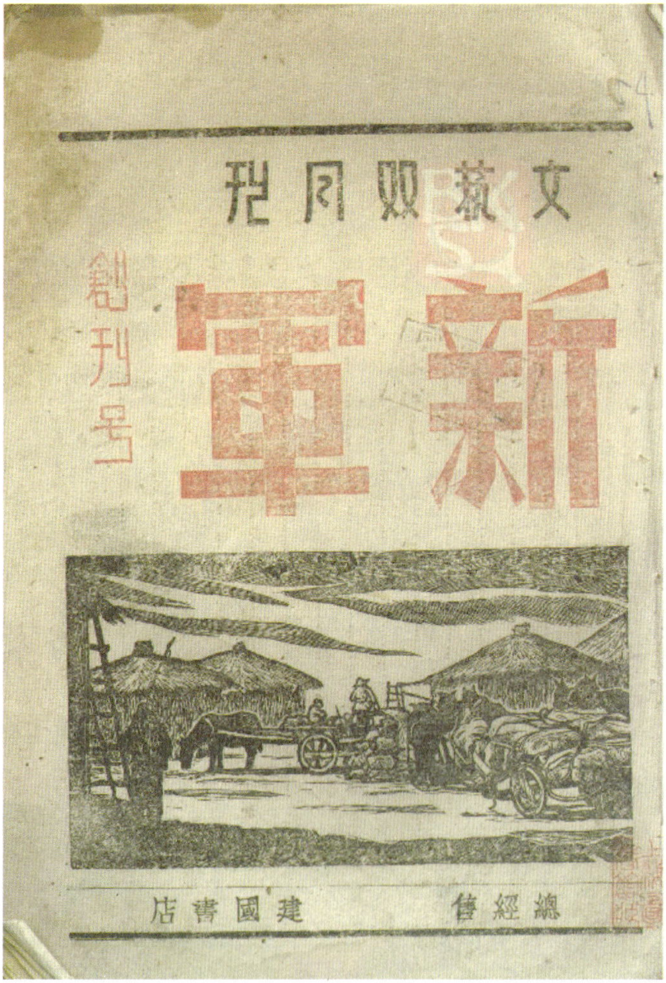

《新军：文艺双月刊》创刊号封面

本刊编者希望通过本刊来“播撒文艺的种子，希望以此来促进文学的发展，普及民众的文学知识”。本刊提倡“描写活的真实的人的文学”，希望“在这块地上撒播下能够开花结实的文艺种子”，以刊载诗歌、中短篇小说为主，兼有剧本、散文、独幕剧等。主要撰稿人有鲁山、徐盈、藏云远、田涛、碧野、白莎、王采、方殷、王志光、徐昌霖、王亚平、田仲济、李岳南等。本刊刊发了林曦的《发挥大众语的音韵美》、芦慈的《想象与真实》、徐盈的《沦陷区的故事》、徐昌霖的《生产线上》、王志光的《忧郁》、李岳南的《我的歌》、戈茅的《诗论丛谈》等作品。

本刊为文学刊物，双月刊。16 开本。现保存于中国国家图书馆、复旦大学图书馆。

《农林部中央林业实验所研究专刊》（1944 年）

1944 年 2 月在重庆创刊，中央林业实验所编印，成都市容新印刷工业合作社代印。出 3 期后停刊。1946 年 4 月迁南京复刊，期数另起。约 1948 年停刊。

本刊主要登载中央林业实验所的实验报告，主要记录实验所对林苗、竹材等植物生存环境、状态等情况的实验情况的记录、分析，如《竹材之物理性质及力学性质初步实验报告》《林苗与林地生态关系之研究》等。

本刊为林业科学刊物，刊期不详。现保存于中国国家图书馆、上海图书馆。

《北大化讯》（1944 年）

1944 年 3 月 10 日创刊于重庆，国立北京大学化学系同学会出版（地址在重庆小龙坎正街 279 号）。张力田撰写发刊词。1946 年 9 月迁北平出版。

本刊宗旨为“积极发扬孑民校长培育的兼容并包，大公无私的北大精神，在学术上，研究和应用并进，现实与实际并重；在感情上，共信共谅，自尊尊人；在事业上，互勉互助，牺牲小我，成全团体；在精神上，以利群服务为无上光荣”。

本刊内容主要是“互通消息，报道同学会的活动”，介绍该系校友情况，发表校友们的文学创作，刊布该系同学录，还刊登化学、化工方面的论文和译著，介绍我国的化学工业状况。

本刊为同学会刊物，双月刊。1947 年 3 月停刊。共出 19 期。现保存于中国国家图书馆、四川大学图书馆、重庆图书馆。

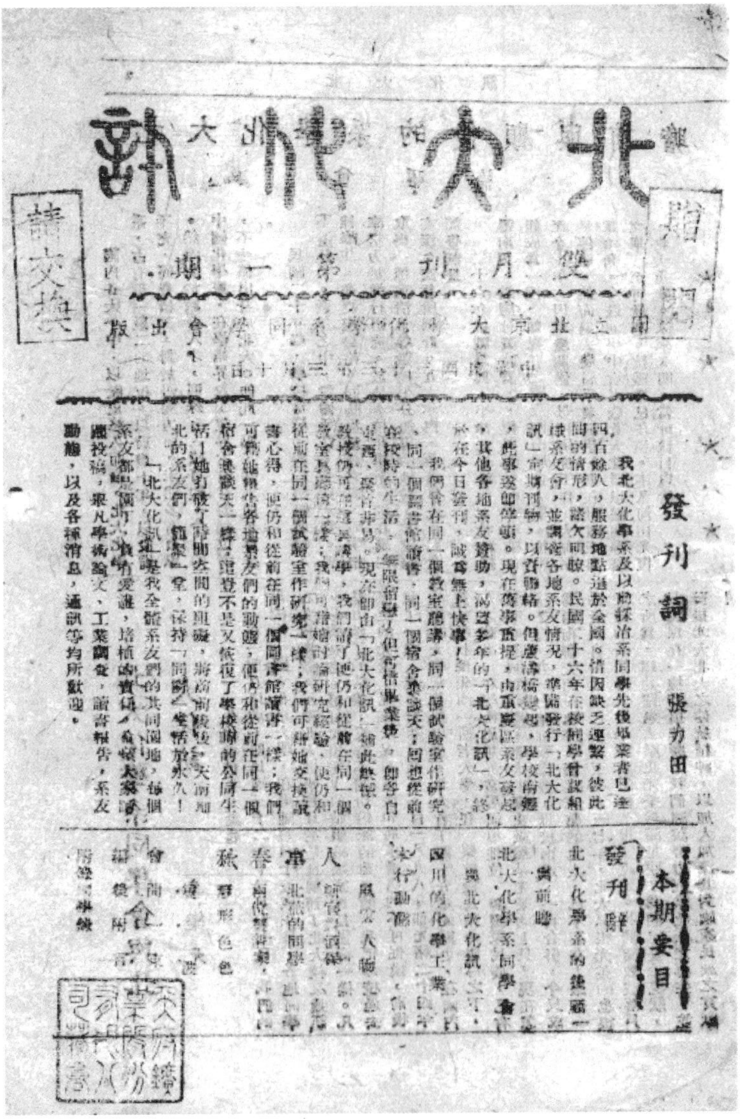
北大化訊

雙月刊 第一期

國立北京大學化學系同學會出版

發刊詞

張力田

本期要目

《北大化讯》第一期封面

《升学与就业》(1944 年)

1944年3月29日创刊于重庆，升学与就业季刊社编行（通信处为重庆两浮支路83号中央团部青年工作管理处转），中央青年印刷所印刷，青年书店总经售。张治中题写刊名。

本刊以“研讨青年工作管理之理论与实际问题”为目的。其内容为“关于青年升学就业的论著、译述、求学服务经验、书评、统计资料、学校及机关近况介绍等”，辟有论著、学术研究、升学指导、名人传记、学府介绍、青年技术训练、书报评介、文艺等专栏。

本刊为青年刊物，季刊。16开本。1944年12月30日出第一卷第三、四期合刊。停刊时间及原因不详。现保存于四川大学图书馆、重庆图书馆。

《升学与就业》创刊号封面

《粮食问题》(1944 年)

1944年3月创刊于重庆，粮食问题出版社编辑出版（地址在重庆上清寺），军事委员会政治部印刷所印刷。濮孟九发行。

本刊是“国内唯一专事研究粮食问题之刊物，刊载各项名贵之资料图表”，“刊登关于粮食问题之探讨、学理之研究、实地调查报告、新书之介绍、史料之汇撰及其他一般有关问题之研究与著述”。本刊“关注国民经济中重要物资粮食的生产分配、交换、消费等，旨在解决我国战时及战后的粮食问题。战时的粮食问题不仅关乎民食，而且关乎军需，以较强的理论性文章试图给粮政部门提供参考”。本刊设有研究与调查、译述、国际、资料、粮食新闻集锦等栏目。本刊刊登涉及粮食问题的国内与国际研究成果以及研究战时和战后粮食政策的文章，还讨论粮食问题与政治的关联等。本刊还载有关于农业、粮食的诗歌，如《除螟歌》《粮食节约歌》等。

本刊为粮食问题研究刊物，双月刊。仅见3期。停刊时间及原因不详。现保存于重庆图书馆。

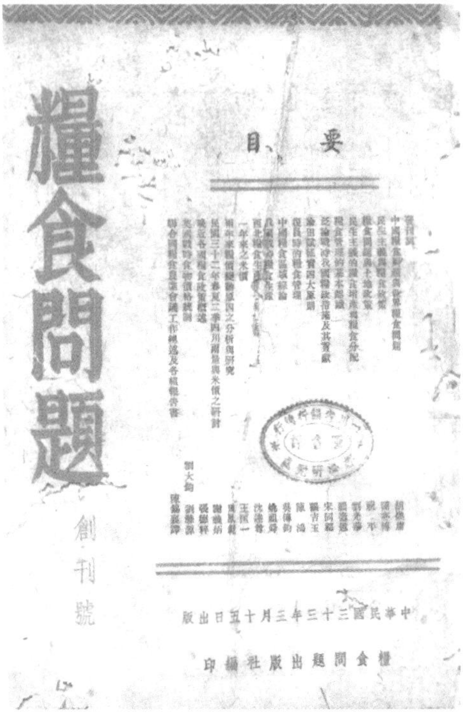

《粮食问题》创刊号封面

《重庆工合》（1944年）

1944年3月创刊于重庆，中国工业合作协会西南区重庆事务所、重庆市工业生产合作社联合社主编。李在耘题写刊名。

本刊主要介绍了重庆地区工业合作经济与工业合作社的情况及相关法令、章程，对研究抗战时期的经济有一定的参考价值。本刊载文有《重庆市工业合作社联合社概况》《重庆市工业生产合作社联合社信托业务暂行规则》《筹组合作社的方法与步骤》《重庆工合信托部存款章程》等。

本刊为地方工业经济刊物，刊期不详。1944年10月4日出版第七、八期合刊。仅见1期。停刊时间及原因不详。现保存于上海图书馆、重庆图书馆。

《全国公路展览会特刊》(1944年)

1944年3月创刊于重庆，中国旅行社编行，中央青年印刷所印刷。曾养甫题写刊名。

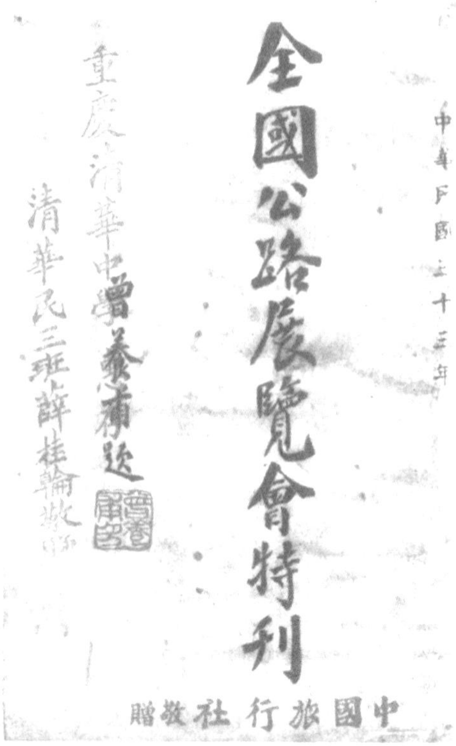

《全国公路展览会特刊》第一卷第一期封面

本刊创办是“为了服务的主旨，将近年公路交通的设施状况，略为申述，对于公路施政有一个明确的认识，并加以研讨”。本刊主要介绍了西南公路、西北公路、川陕公路、川滇公路、川滇西路、川康公路、川湘鄂区汽车联运处、重庆之公共汽车等内容。

本刊为公路运输经济刊物，刊期不详。非卖品。仅见1期。现保存于重庆图书馆。

《话友》(1944年)

约1944年3月创刊于重庆，话友月刊社编行。张骧题写刊名。

本刊“专供电信同仁阅览，旨在研究电信理论，交流电信业务技术，促进电信事业的发展”。本刊主要栏目有短评、论述、通讯、文艺、诗叶、散文、信箱、长短波等。

本刊为电信事业刊物，月刊。约1949年2月出至第五卷第十一期停刊。现保存于南京图书馆、浙江图书馆。

《文化旬刊》(1944 年)

约1944年春创刊于重庆,杨吉甫、杨培新主办。

杨吉甫是四川省立万县中学校长,应一批进步教师要求而出面创办本刊。其创办目的在于“团结知识青年与反动势力作斗争,扩大文化阵地”。本刊主要登载文学作品,曾刊载过吕剑、周季之、向云鹄、刘叶隆(白峡)等人的作品。1944年出版6期后即被当局指为“异党活动”而遭查封。

本刊为文学刊物,旬刊。保存地不详。

《雪山关》(1944 年)

1944年约三四月间创办于重庆,雪山关社编辑委员会编辑,雪山关社发行。于右任题写刊名。1944年6月出版第二、三期合刊后停刊。1945年迁古蔺复刊,同年内停刊。

约1943年秋,旅居重庆的古蔺县人在重庆保安路176号附6号古蔺旅渝同乡会内,筹组以家乡雪山关山命名的雪山关社,并筹办了本刊。本刊的稿件主要由编委成员撰写,设有时评、专述、闲话集、文艺、杂俎、通讯等栏目。1944年6月20日出完第二、三期合刊后,因徐中齐离职前往成都,其他人员先后返回古蔺,雪山关社解散,本刊停刊。1945年春,胡季华、王垫林等人以古蔺县齐安宫县立城镇中心学校为据点,挂出“雪山关社古蔺分社办事处”的牌子,复刊《雪山关》。袁虞若任发行人,教师余辉、刘觉、陈德昌、邓理吾参加办刊工作。1945年6月,余辉请邱泽仁(中共地下党员)任主编,余辉、刘觉为编辑。本刊内容主要反映下层人民的生活,每期发行百余份,特殊情况加出油印版。后国民党古蔺县县党部以“言论过激”为由将本刊查封,并将余辉撤职,《雪山关》于1945年10月停刊。

本刊为同乡会刊物,月刊;复刊后改为半月刊。16开本。套红印刷。非卖品。中国国家图书馆现保存有第二、三期合刊。

《火之源》(1944 年)

1944年4月1日创刊于重庆，中国新诗写作研究会创办，火之源社出版（地址在重庆捍卫新村2号）。发行人李时杰，主编周牧人。

《火之源》第一卷第一期封面

本刊内容偏重新诗创作。第一至三期是以诗为主的文艺刊物。第四期起为纯诗刊。本刊曾刊登了程康定的《绯色的篮》、常任侠的《布谷鸟》、孟阳的《愿望：假如我是一只鸟，我得歌唱起不幸与悲苦》、刘溶池的《墓碑：广渺无垠的沙漠洲》等。

本刊为文艺刊物，不定期刊。约1945年秋停刊。共出6期。现保存于四川大学图书馆、吉林大学图书馆、重庆图书馆。

《青年文艺》(1944 年)

1942年10月10日创刊于桂林，主编葛琴，发行人罗洛汀，白虹书店发行（地址在桂林中南路75号）。撰稿人有茅盾、艾芜、胡风等。1943年7月出版6期后休刊。1944年4月1日迁至重庆出版，重新编号，为新一卷第一期，主编以群，发行人罗洛汀，青年文艺社编辑（地址在重庆兴隆街27号，后迁蹇家巷3号），发行所重庆建国书店（地址在重庆林森路特24号）。1945年2月出版新一卷第六期，为“新春特大号”；1945年3月出版新一卷合订本。在渝约出版7期。

本刊以“灌输文学知识，推荐新人作品”为宗旨，介绍作家们的学习和工作经验，研究文艺创作中的问题，同时刊载文学作品等，“启发对现实生活、历史的理解”，使刊物成为“文艺工作者的交流地、竞技场”。本刊辟有诗、小说、名著选译等栏目，载有艾青、茅盾、巴金、臧克家、沙汀等的作品。本刊刊载的作品有茅盾的《闻笑有感》、沙汀的《向生活学习》、臧克家的《生活的尖兵》、徐迟的《论袁水拍的诗》、艾芜的《鼓励者》、王亚平的《丰收的土地》等，以及译作《我的道路》《新生命的降生》《我怎样学习写作》等。

本刊为文艺刊物，双月刊。大32开本。停刊时间及原因不详。现保存于中国国家图书馆、复旦大学图书馆、上海图书馆、重庆图书馆。

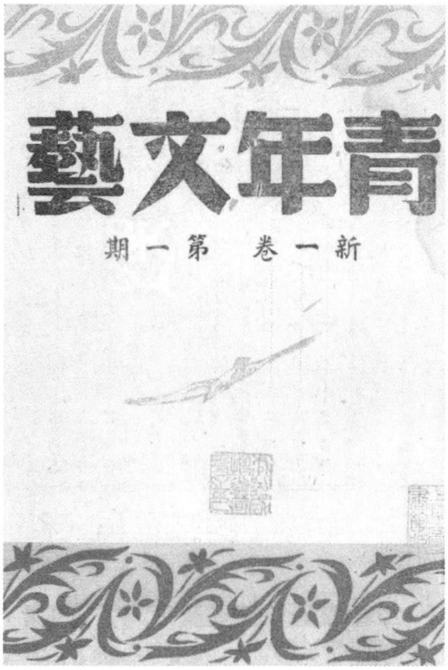

《青年文艺》新一卷第一期封面、新一卷第六期封面

《经济通讯》(1944年)

1944年4月16日创刊于重庆，总处设计处编印。

本刊刊载有重庆与各地的金融动态，重庆与各地的棉、油、粮等物价的市场行情，工矿与交通情况动态，还有经济法令通报等内容。

本刊为经济刊物，周刊。现保存于上海图书馆。

《金融周讯》(1944 年)

1944年4月18日创刊于重庆，金融研究社编辑发行（地址在重庆市银行公会内），汉口白鹤印书馆印刷。1945年3月出第二卷第九期后，自4月起，卷期另起。

本刊设有社论、专载、经济金融消息、调查统计等栏目。其载文主要“探讨抗战时期国内外金融市场及经济发展的理论与实践，发表银行的新、旧法规及重庆银行商业同业公会通知，介绍国内交通、水利等领域的发展状况，附有大量统计资料，刊登反映各地金融商情等内容的文章”。

本刊为金融类刊物，周刊。约1946年11月出至第四卷第九期停刊。现保存于中国国家图书馆、重庆图书馆。

《旅行杂志》(1944 年)

1927年创刊于上海，上海银行旅行部编辑发行，后改由中国旅行社编行。陈光甫撰写发刊词。1944年4月30日自第十八卷第四期起迁至重庆出版，中国旅行社编辑发行（地址在重庆中正路205号）。1946年1月自第二十卷起迁回上海出版，编辑人赵君豪，发行人唐渭滨。约出至1954年7月休刊。1955年后改名为《旅行家》。

《旅行杂志》第十八卷第四期封面

本刊旨在“阐扬名胜，助展交通”，“一方面供旅游者长途跋涉时之流（浏）览，能如得一良伴，而增加旅途之兴趣；又一方面则希望家居者手此一编，亦得‘卧游’之乐。且从而熟知各地风土与旅行情况，他时旅行时无生疏之感，而恍若旧地重游”。本刊无固定的长期栏目，刊行文章大多是游记、小说、散文等。其内容为介绍国内外名胜山川古迹、旅行路线、风土人情、旅游游记及各线路车船时刻表、里程数表、来回价格图等，后来还增加了对沦陷区的报道，也刊登旅游胜地的风景照和山水画等。在渝出版时有东南西北、交通参考资料栏目。载文有《嘉陵江颂》《峨嵋夜月》《昆明鳞爪》《桂林山水记》《从重庆到昆明》《成都坊巷古迹考》《粤汉沿线的温泉》《青海行》《海外风光杂忆》《旅游中的道德问题》等。

本刊为综合性旅行刊物，初期为季刊，后改为月刊。现保存于中国国家图书馆、四川省图书馆、四川大学图书馆、重庆图书馆。

《粮食生产情报》(1944年)

1944年4月在重庆出版，粮食部调查处编辑发行。

本刊主要通报各省、县粮食生产概况，“对一段时间内的粮食产量、生长状况、雨量、种植面积、收成、物价等进行统计、分析，多用表格、数字进行记录”，还附录《粮食部粮食生产情报查粮须知（民国三十四年元月修正）》《各省雨量农情概况表》《三十四年夏季主要粮食作物面积最后估算表》等文件。本刊对促进当时粮食作物的生产，了解当时的粮食生产情况具有一定的参考作用。

本刊为粮情刊物，不定期刊。现存最晚一期是1945年12月出版的第五期。仅见5期。停刊原因不详。现保存于重庆图书馆。

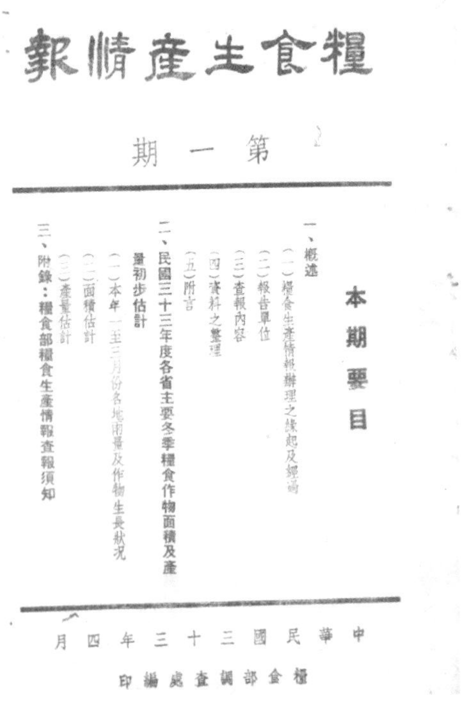

《粮食生产情报》第一期封面

《国立中央大学科学季刊》（1944 年）

1944年4月在重庆创刊，国立中央大学科学季刊编辑委员会编辑，国立中央大学出版组发行，文化生活出版社总经售。

本刊内容是关于理工农医各门科学的学术论文，主要“刊登医学研究，观察动植物变化，发表最新科学论著”等。

本刊为大学校刊，季刊。停刊原因不详。现保存于四川大学图书馆、重庆图书馆。

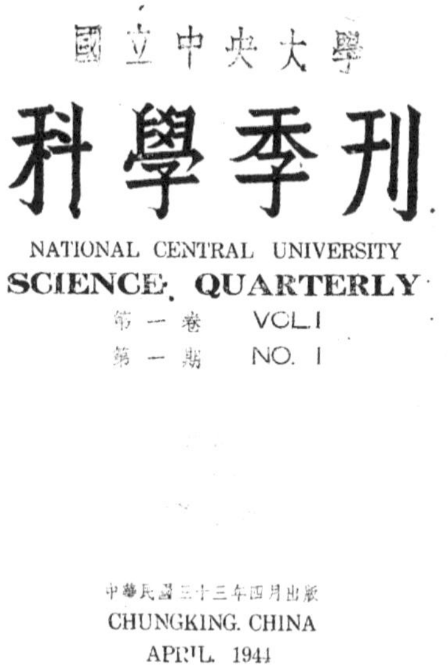

《国立中央大学科学季刊》第一卷第一期封面

《国是》（1944 年）

1944年5月1日创刊于重庆，国是社出版（社址在重庆林森路334号）。发行人林紫贵，编辑委员刘英士、刘光炎、张铁君、唐绍华、周寒梅、王进珊、王健民。

本刊辟有论著、小评、国是座谈、国是通讯、影剧评介、文艺、名流等栏目，每期十余万字。教育部训育委员会1944年6月16日专门发函给各地学校，要求订阅本刊，称其“内容精辟，堪为训导人员及中等以上学生之参考读物”。本刊主要撰稿人有健民、周尚、郊奔、王进珊、周寒梅、周之鸣、许君武等。本刊“同人凭借着一片诚挚之情，力图养成国人畅谈国是的风气，发扬明辨是非的精神，扫除莫谈国是与盲从附和的积习，其宗旨为以大众、公开的角度，抒发民意，建立公论，藉以促进心理、伦德、社会、政治、经济五大建设”。本刊在1945年5月出版的第十二、十三期合刊为“工业建设特辑”，专门讨论了战后工业建设问题。本刊内容涉猎广泛，尤其关注政治和民生问题，是反映抗战反攻阶段国内外形势的一份重要资料。

本刊为综合性刊物，月刊。16开本 。约1945年6月停刊。共出14期。现保存于四川省图书馆、绵阳市档案馆、重庆图书馆。

《时论摘要》(1944 年)

1944年5月5日创刊于重庆，中央设计局调查研究处编辑发行。

本刊主要刊登政治、经济、人文科学、文化教育、经济建设、民生、土地、农业、水利、工业、军事、国民教育、外交、卫生、工商、社会工作等方面的时论和专载摘要，摘自当时国内出版的近一百种定期刊物。曾刊有“复员问题专号”“中国战后建设专号”“工业建设专号”“新生活运动专号”。

本刊为时论刊物，双月刊。约1945年11月停刊。共出11期。现保存于中国国家图书馆、南京图书馆。

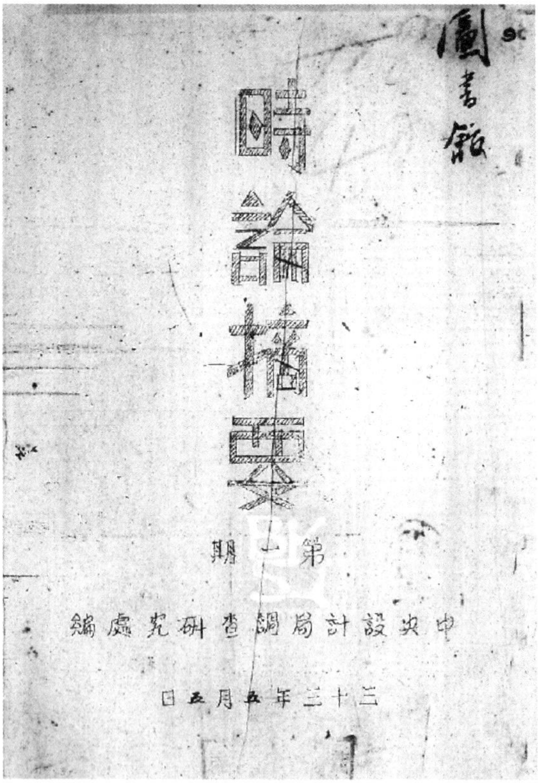

《时论摘要》第一期封面

《民主世界》（1944年）

1944年5月5日创刊于重庆，主编钟天心，发行人郑坚，民主世界杂志社发行（社址在重庆枣子岚垭86号）。

本刊“以研讨本国宪政及战后世界建设问题，报道世界政治、经济、军事、文化动态为宗旨”。主要撰稿人有邵力子、吴铁城、张知本、钟天心等，曾刊登了《侵略者必亡论》《美国及其将来》《科学战线上的参谋长》《中国国民党与宪政》等。1945年，本刊与重庆其他进步刊物一起发起成立重庆杂志界联谊会，并参加十大杂志《联合增刊》，在重庆掀起抗议国民党对图书杂志的审查规定，宣布拒绝原稿送审。

本刊为综合性刊物，半月刊。16开本。第一、第二卷各出14期。1946年5月自第三卷第一期起迁上海出版，1946年12月出至第三卷第九期终刊。现保存于中国国家图书馆、四川大学图书馆、南充市档案馆、重庆图书馆。

《民主世界》创刊号封面

《发明》（1944年）

1944年5月15日创刊于重庆，中国发明协会编辑（地址在重庆中山三路巴县中学内），主编朱其清，商务印书馆发行。

本刊主要撰稿人有张连华、陈熙明、巴人等，设有专载、丛读、发明家介绍、发明故事、书报介绍、消息、儿童园地等栏目。本刊“旨在启发发明思想，促进发明事业，提高国人对科学的研究兴趣，内容以介绍国内外科学新发明为主，也刊登有关科学发明的史话、纪闻、掌故、随笔，介绍古今中外科学发明家、国内外新近科学书刊，报道国内外科学发明消息”等。本刊“以中学生为主要读者对象”，“内容力求通俗、新颖、有趣”，“范围力求广泛，物理、化学、动物、植物、医学、工程等各种学科之发明均涉及”。

本刊为中国发明协会会刊，季刊。1945年10月停刊。共出5期。现保存于中国国家图书馆、重庆图书馆、上海图书馆。

《民宪》(1944年)

1944年5月16日创刊于重庆，编辑兼发行人左舜生，民宪半月刊社发行（地址在重庆信义街39号）。主编左舜生，发行人后为郑振文。编辑委员有张澜、张君劢、沈钧儒、李璜、罗隆基、章伯钧、张申府、梁漱溟。

本刊“主要刊载有关民主宪政方面的论述，还发表少量关于经济、教育与妇女问题的文章，并刊登世界军事人物的材料”。本刊坚信“中国必须是一个和平民主统一的国家”。1945年8月，本刊与其他进步杂志一起发表“拒检声明”，并发起成立重庆杂志界联谊会，掀起轰轰烈烈的拒检运动。1945年8月25日出完第二卷第三期后被封。1945年9月在广西八步复出东南版，至11月共出3期。

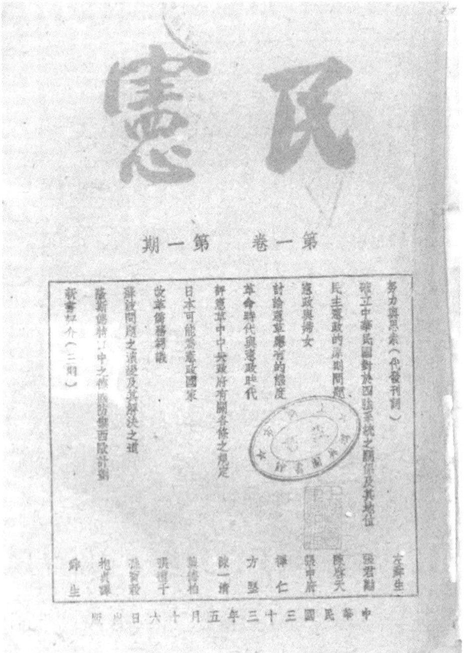

《民宪》第一卷第一期封面

本刊为政治类刊物，半月刊；复

刊后改为月刊。现保存于中国国家图书馆、四川大学图书馆、自贡市档案馆、重庆图书馆、南京图书馆。

《东南海》(1944 年)

1944年5月30日创刊于重庆，东南海杂志社编辑委员会编印。发行人王泉笙、林锡钧。

本刊主要内容是福建各地通讯、关于福建政治经济社会之调查研究、福建乡土文学、关于台湾问题、关于南洋华侨事业、战后中国海洋及国防问题、战后中国航海事业、战后建国与华侨投资、各国殖民政策等。载文有王泉笙的《东南海放谈》、林锡钧的《东南海前途展望》、谢南光的《应该怎样准备收复台湾》等。

本刊为地方综合类刊物，刊期不详。约1945年2月停刊。共出9期。现保存于重庆图书馆、四川省图书馆。

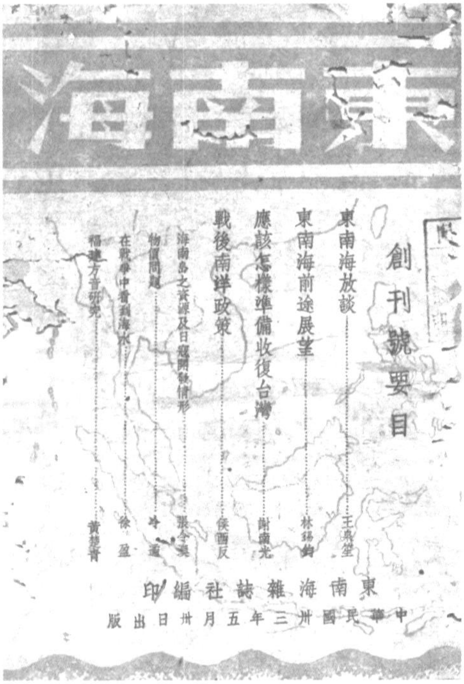

《东南海》创刊号封面

《县政学报》(1944 年)

1944年5月30日创刊于重庆，中国县政学会县政学报社编辑发行（社址在重庆中兴路凉亭街37号）。主编孙克宽，编委有李宗黄、孙慕迦、庞镜塘、曹钟麟、王殿之、王斌、李善鋆、孙克宽等9人。

本刊旨在“宣扬三民主义之县政、地方自治理论，灌输民治思想之基本认识，交换县政及自治工作者实际经验，促进县市地方社会经济建设”。其主要内容是“对现行政制及有关法令的评论，对县政及自治建设有关问题的研究，交流县政及地方自治工作经验，并刊载有关调查资料和报告”。本刊辟有评论、专著、报告、书评、杂俎、资料等栏目。本刊主要撰稿人有李宗黄、程泽润、金宝善、萧文哲、萧明新、孙克宽等。

本刊为地方自治建设刊物，双月刊。16开本。约1946年4月停刊。共出8期。现保存于中国国家图书馆、四川省图书馆、四川大学图书馆。

《赣学》(1944 年)

1944年5月创刊于重庆，国立中央大学江西同学会赣学编辑委员会编辑，国立中央大学江西同学会发行（地址在重庆沙坪坝国立中央大学）。总编廖祖述，编辑委员有黄德瑞、罗时钧等十几人。

本刊《发刊辞》中说：“江西历史厚重，人杰地灵，希望把这块园地学术化，发扬前人主张，坚持自己成见，培养一个‘同’的观念，一个‘同’的情感，同时向渴望上大学的年青家乡人尽一点报道的责任。遂成立赣友会，并办刊物”。本刊设有专论、短评、文艺、通讯等栏目，“介绍赣友会，并传播江西文化，团结家乡人，增进情感”。本刊主要刊登国立中央大学江西同学会会务、会员录，介绍大学各院系及赣江中学概况。

本刊为同学会刊物，刊期不详。仅见创刊号。现保存于重庆图书馆、上海图书馆。

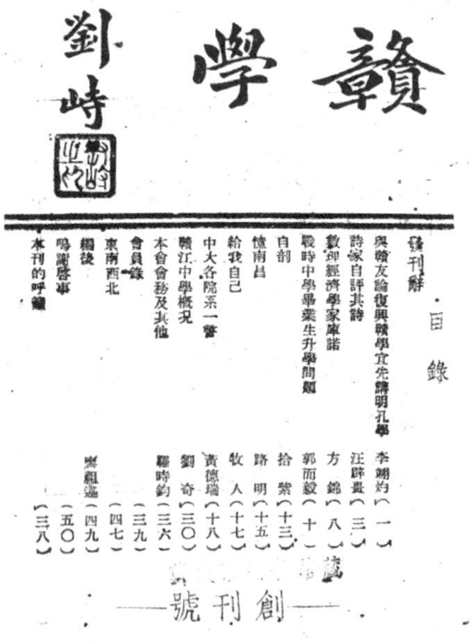

《赣学》创刊号封面

《国防经济》(1944 年)

1944年5月创刊于重庆，国防经济双月刊社编辑发行。主编李炳焕，社长李超英。1944年10月出版的第二期是现存最晚一期。

本刊《发刊词》中说："同人鉴于战时经济问题之严重与战后经济复员之切要，爰有《国防经济》之刊行，举凡国防经济理论、战时经济问题、经济复员计划、各国国防经济设施等都是属于讨论的对象。本刊发行的动机，不但研究目前经济问题，而且对于战后财政、金融、产业、贸易、交通、复员等项亦预为探讨，以供当同参考。"主要撰稿人有凌舒谟、孙宕越、张礼千、段文燕、李超英、李炳焕、张正元等。本刊主要设有论著和译述两个栏目。

本刊载文对国防经济体系、国防与铁路、水陆交通、金融货币、国防工业和资源以及外国战时经济比较和军费等问题均有论述。本刊一方面登载大量翻译文章，如《联合国战费的估计》《美国物价管制之成就》《处置战败德国的态度与政策》《战后贸易与东亚之关系》等，介绍世界各国国防经济设施与战时经济政策、战后各国发展及对战败国的处置方针，乃至战后世界贸易、经济恢复等方面的内容；另一方面从国防经济建设、国防经济问题、国防经济理论等角度出发，分析报道本国国防建设的发展情况，如李圣三的《铁道与国防建设》、孙宕越的《当前之沦陷区水陆交通》等。同时，本刊还关注世界大战局势、战后贸易与东南亚的关系、商业计划等问题，发表了一系列分析讨论美国、日本等国军费、实力比较的文章，如李炳焕在《同盟国与轴心国的国防经济》一文中，通过分析同盟国与轴心国的资源比较、人力比较、运输量比较、军事力量比

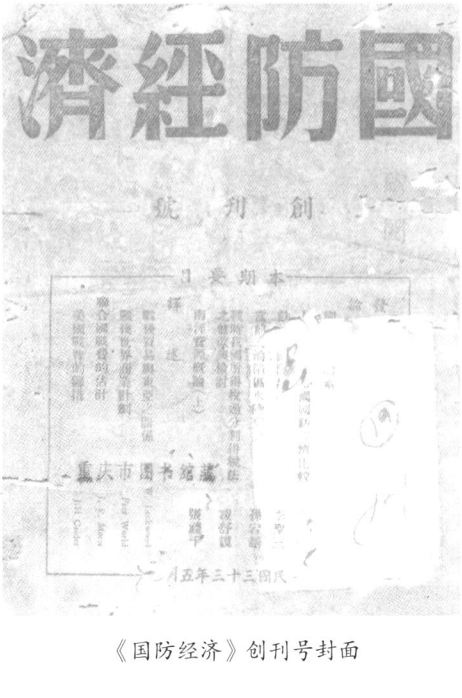

《国防经济》创刊号封面

较、轴心国的危机等方面，得出轴心国终将一败涂地的结论。本刊有助于人们了解时人对国内外国防经济的关注，以及发展本国国防经济的努力等。

本刊为经济评论类刊物，双月刊。现保存于复旦大学图书馆、南京图书馆、重庆图书馆。

《民教通讯》(1944年)

1944年6月1日创刊于重庆，国立中央民众教育馆编辑发行。

本刊创办目的在于“联络各省民教馆，介绍各馆所需参考材料及意见，以发展各馆的民教工作”。其内容包括该馆工作概况，“报道重庆社会动态，政府颁行的有关社教法令之推行及社教工作实施的检讨，各地民教馆最近工作的介绍及对一般社教设施的检讨”等。

本刊为民众教育刊物，半月刊，每月1日、15日出版。1945年3月出至第二卷第四期终刊。现保存于四川省图书馆、重庆图书馆。

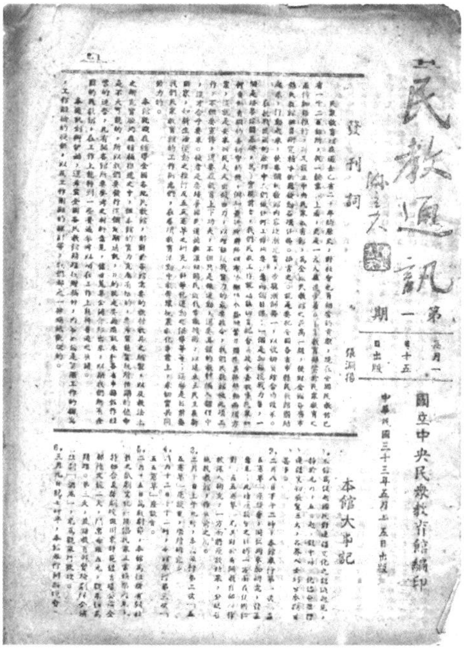
民教通訊
第一卷 第一期
國立中央民衆教育館編印
發刊詞
本館大事記

《民教通讯》第一卷第一期封面

《缉政月刊》(1944年)

1944年6月1日创刊于重庆，财政部缉私署编辑印行。石祺德为本刊题词。

本刊“趋重缉私理论之阐扬，后重业务之研究”。本刊《发刊词》中提及，“缉私工作能增长国力，对抗战和建国都有基本且决定的作用，是经济作战中最积极且最直接的作用。然而大家对缉私工作认识不清，需要建设缉私理论，在行动中不断检讨。为共同促进缉私工作开展，编辑本刊”。本刊设有专载、论著、业务研究、法令、人事动态、文艺等栏目。载文有《缉政论》《统一缉私办法》《缉私心理之改造》《缉私计政的重要性》《缉私与征税配合运用办法》《财政部查缉人员服务规则》等。

本刊为缉私刊物，月刊。仅见第一卷第一期。停刊原因不详。现保存于上海图书馆、重庆图书馆。

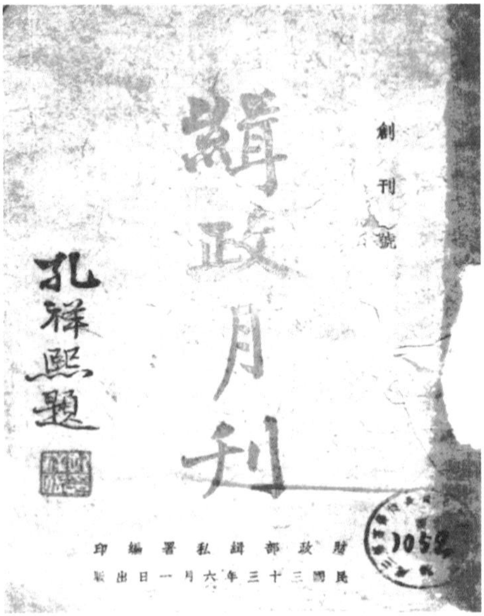

《缉政月刊》创刊号封面

《社会卫生》（1944 年）

1944年6月1日创刊于重庆，编辑兼发行者社会卫生月刊社（地址在重庆民生路下安乐洞街慎善医院）。社长兼总编辑俞松筠。在渝共出版7期。1946年1月自第二卷第一期起迁至上海出版，总编辑谢筠寿。

本刊宗旨为“宣扬社会卫生，促进民族健康”，“一方面根据我国民间固有的卫生习惯，一方面吸收现在各国的长处，努力从事普及社会卫生教育来增进我们国家民族的健康，来增进我们国家民族的生命”。本刊主要“介绍国内外医疗卫生研究成果，提出各种新的观点，促进抗战时社会卫生知识的发展与普及”。本刊设有论评、专著、报告、译述、讲坛、通讯等栏目。载文有《卫生建设应遵循的途径》《四川泡菜与传染病关系之研究》《我国卫生行政的回顾与前瞻》《儿童卫生与民族竞争》《从比较心理及生理心理说到心理卫生对于社会进化的价值》等。

本刊为医疗卫生刊物，月刊。现存最晚一期是1947年12月出版的第二卷第十一、十二期合刊。停刊原因不详。现保存于中国国家图书馆、四川省图书馆、上海图书馆、重庆图书馆。

《求精学校募捐运动特刊》(1944 年)

1944年6月8日在重庆出版，求精学校为筹募建设基金委员会宣传股印行。

本刊《序》中提及，“学校立则教育兴，教育兴则民智开。求精中学自土沱迁返，经费困难。故求精学校之募捐运动，乃校董校长及全校师生之热切合作下，应运而生。苟海内贤达、社会诸公，能合理维持，解囊相助，始有一线之生机，而大求精之建设计划，方可预期完成也。”本刊介绍该校募捐运动及募捐情况，刊文论述对募捐运动的认识等，积极支持抗战募捐。载文有《募捐运动在求精》《由国家教育谈到募捐运动》《有钱出钱有力出力，建设大求精》等。

本刊为中学建设刊物，特刊。仅见1期。现保存于上海图书馆、重庆图书馆。

《求精学校募捐运动特刊》封面

《时代纪录》(1944 年)

1944年6月16日在重庆出版，时代纪录半月刊社出版印刷（地址在重庆青年路），时代纪录半月刊社总发行所发行（地址在重庆民生路97号）。发行人郭尹昌，主编人李鲁子、唐绍华、郭孝昌。

本刊以“让天下有话的人都在这块小小的园地上说个痛快”为办刊目的，主要内容包括“歌颂忠诚战士、英雄伟人，抨击乱臣贼子、贪官奸商，记录适合时代的事迹，抒发一些体会人生的感触，报道时事新闻”，除收入国内文学作品外，还“介绍世界的新奇事物”。本刊设有专访、欧洲通讯、奇异的世界、我们的话、今文观止、时代文选、经验之谈、时代纪录等栏目。载文有《看“两面人”演出》《悲剧的亲属关系》《拍马术》《姓氏谈》《重庆人话》《“大丈夫”与“好汉”》《“民主”风，时代病！》《论语新编》等。

本刊为社科综合性刊物，半月刊。现存最晚一期是1944年7月出版的第三期。停刊原因不详。现保存于上海图书馆、重庆图书馆。

《校声》(1944 年)

1944年6月18日创刊于重庆，求精中学学生自治会校声社编辑。雷啸岑题写刊名（雷曾任重庆市教育局局长）。

本刊记录学校的历史和基本概况及与学校相关的人物，收入诗歌、论文、译文、创作等，还刊载了一些国内外时政等。载文有《青年对于战后实施宪政应有之认识》《转移社会风气与青年心理建设》《数学的演进》等。本刊旨在“追溯过去，评论现在，展望将来，号召青年学子担负起支撑抗战与抗战后建国的大任”。

本刊为中学校刊，刊期不详。仅见1期。停刊原因不详。现保存于上海图书馆。

《校声》创刊号封面

《辅导通讯》(1944 年)

1944年6月在重庆出版，考试院人事处编印（地址在重庆陶园）。戴传贤题写刊名。抗战胜利不久，本刊迁南京出版发行。

本刊《发刊词》中提及，“本院成立十有七载，用人必出于考试，为中央既定之方针，也为建国必由之途径”，“改旧弊制，立新制，解决就业现状，为本院办此刊之缘由”。本刊以“辅导考试及格人员之进修及就业，并谋相互间之联系”为宗旨，设专载、报告选辑、法令选辑等栏目，收入《考试及格人员动态》《考铨行政要闻》《三十六年之辅导工作》《考试院之地位组织与职权》《考证学会集锦》《外交部的第九届高考同年》《协助粤省考铨工作近况》等文章。本刊主要“介绍考铨制度资料之研究，考试及格人员相关文告、报告及从政经验、进修、就业问题等”，为考试人员提供较专业的指导。

本刊为教育类刊物，季刊。约1948年9月停刊。共出19期。现保存于重庆图书馆、上海图书馆。

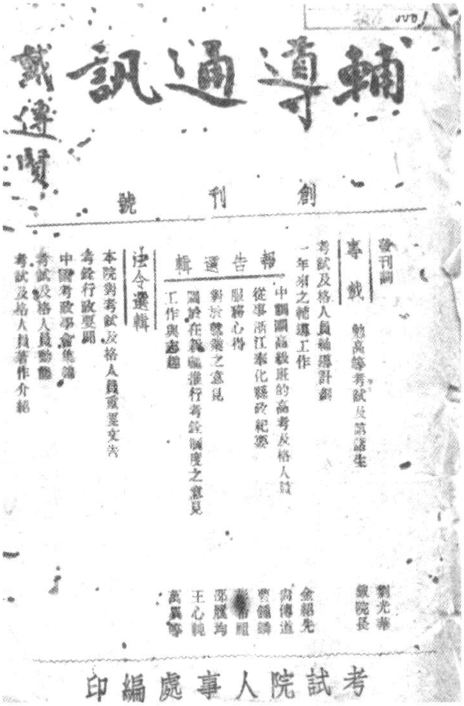

《辅导通讯》创刊号封面

《龙门学报》(1944年)

1944年6月创刊于重庆，编辑傅佛崖，发行人曾咏曦，重庆龙门学报社编行（社址在重庆南岸下浩鄂中里4号）。

本刊第四期刊有《对于中学国文教育的一点意见》《文化运动的基本观念》《推行法治》《中国统一之症结》等文章，并有少量广告，第4版为文艺副刊。本刊提出新的文化思想、建议，对思想的更新、进步有一定的作用。

本刊为青年刊物，月刊；自第五期起改为半月刊。1944年11月停刊。共出6期。现保存于南京图书馆。

《气象丛刊》(1944 年)

1944年6月在重庆出版，中央气象局编辑发行（地址在重庆沙坪坝）。

本刊主旨为介绍气象知识，每期一个主题，刊登一位作者的气象科学专题论文。本刊除介绍理论文章外，还收入大量的气象图表，分析详细、透彻，具有说服力。本刊传播了多区域、多样化的气象知识，对研究当时全国的天气和探究战时人们的生活有重大意义。

本刊为气象专业刊物，不定期刊。现存1944年6月第一卷第一号至第四号，1945—1947年第二卷第一号至第四号。现存最晚一期为1947年出版的第二卷第四号。停刊原因不详。现保存于中国国家图书馆、重庆图书馆、上海图书馆、四川省图书馆、南京图书馆。

《史料与史学》(1944 年)

1944年6月在重庆出版，国立中央研究院历史语言研究所编辑，独立出版社发行（社址在重庆江北香国寺上首）。傅斯年撰写发刊词。

本刊是国立中央研究院历史语言研究所集刊外编之二。本刊主要刊登史学论文，反对“以空论为学问”，主张“就史料以探史实”。

本刊为史学刊物，不定期刊。约1945年停刊。仅出2期。现保存于四川省图书馆、重庆图书馆、北京大学图书馆。

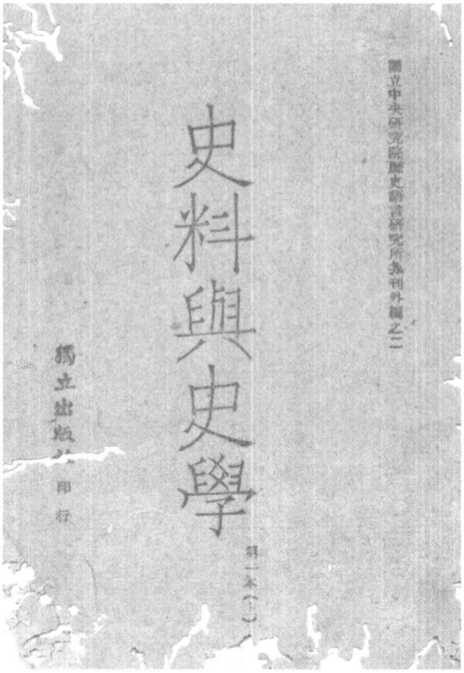

《史料与史学》第一本（上）封面

《少年学园》(1944年)

1944年6月创刊于重庆，少年学园社编辑发行（社址在重庆香国寺江北新村30号），新知书店出版。本刊名誉指导有马超俊、许孝炎、洪兰友、杨公达、张伯苓、胡庶华、潘公展、邵力子、张治中等。

本刊是“综合性的少年读物”，内容包括生活指导、科学知识、人物传记、游记故事、诗歌童话、体育游戏、少年习作等各类作品。本刊刊登了竞文的《创刊告新少年》、明诺的《铅笔不是铅做的》、陆诒的《张自忠将军二三事》、李凌的《少年怎样自学音乐》等文章。

本刊为少年文学刊物，双周刊。1944年11月出至第二卷第六期终刊。现保存于中国国家图书馆、四川省图书馆、重庆图书馆。

《少年学园》创刊号封面

《工业标准通讯》—《标准》(1944年)

1944年7月1日创刊于重庆，经济部工业标准委员会编辑发行（地址在重庆北碚民生路7号）。翁文灏题写刊名。在重庆共出3期。1944—1946年刊名为《工业标准通讯》，1947年第六期起更名为《标准》。1946年起迁南京续出在重庆编辑的第四期，后由经济部中央标准局编印为《标准》。自第十期起，改由工商部中央标准局编印。

本刊介绍、推广发源于德国的“合理化运动”，希望“将标准化的生产模式引进我国，提高劳动生产率，促进实业发展”。本刊辟有本会近况、国外标准消息、附录、特载等栏目，其主要内容为“制定推行工业标准，翻译国外有关标准的论著，报道国内外标准消息及本会会务工作等情况，以促进我国标准化事业，利于战后工业建设”。本刊刊载了《草拟及推行工业标准方案》《中国工业标准产生程序图》等具体的实施性方案。本刊还广泛引进外国标准化运动的相关经验，在“国外标准消息”栏目中系统介绍国际标准协会中的美国、英国、法国、意大利等国标准协会的机构设置、主要领导人、工作概况、章程等。

本刊为工业标准刊物，季刊。1948年10月停刊。共出11期。现保存于中国国家图书馆、四川大学图书馆、南京图书馆、重庆图书馆、上海图书馆。

《合作生活》(1944 年)

1944年7月1日创刊于重庆，中国合作生活服务社编行（地址在重庆沙坪坝），出一期后停刊。1945年7月7日复刊，期数另起，合作生活服务社编行，仅出1期又停刊。以后未见再出版。

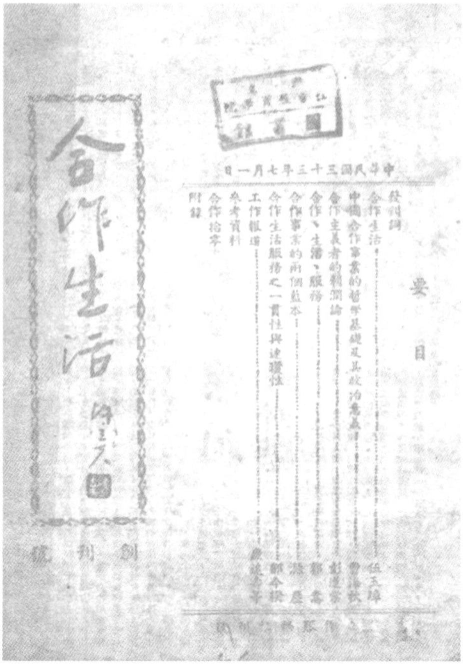

《合作生活》创刊号封面

本刊《发刊词》一文中对“合作”和“合作生活”作了解释：合作便是“人民的生活，社会的生存，国民的生计，群众的生命。人固不可离开合作以生活，亦莫不为生活而合作。此之为合作，此之谓合作生活。”本刊发行一为“阐扬合作之真谛”，一为“更思从生活方面切合作者间的联系，而扩大生活合作之范围，以服务于人群，造福于社会”。本刊旨在“发扬合作文化，倡导合作生活，助成整个合作运动之发展”，设有社论、选著、论坛、合作拾零、合作故事、合作动态、时事纪要等栏目。本刊载文主要收入研究性文章，有许多关于“合作”“合作生活”的观点、看法，如《中国合作生活服务社工作纲要》《中国合作事业的哲学基础及其政治意义》《合作主义者的利润论》《合作事业的两个蓝本》《一个合作社经理的自白》《合作生活服务之一贯性与连环性》等。

本刊为经济类刊物，不定期刊。仅出2期。停刊原因不详。现保存于中国国家图书馆、上海图书馆、重庆图书馆。

《林讯》(1944年)

1944年7月1日创刊于重庆，农林部中央林业实验所编辑发行（地址在重庆歌乐山）。沈鸿烈题写刊名。

本刊旨在促进“中国林业的振兴与改进”，以期“对中国林业史上有所贡献”。本刊设有论著、报告、国内林业动态、国外林业动态等栏目。“论著”栏目主要为与林业研究相关的论文、改进林业工作的意见等；“报告”栏目为各地林业部门关于林业的研究调查报告、工作计划等；“国内林业动态”栏目为本刊的主体、“精神之所寄托”，主要报道农林部直属各林业机关的动态、各省县农林机关的动态、各林科学校的动态、各团体及从业人的动态等；“国外林业动态”栏目主要刊载一些外文林业资料，为国内林业的发展提供参考。载文有《建设中国林业应有的认识》《农林部中央林业试验所森林昆虫之防治试验》《北碚缙云山寺庙林调查摘要》《谈谈保林》《八角树栽培浅说》《木屑的新用途》等。

本刊为林业刊物，双月刊。16开本。约1946年12月出至第三卷第三期停刊。停刊原因不详。现保存于中国国家图书馆、上海图书馆、南京图书馆、重庆图书馆。

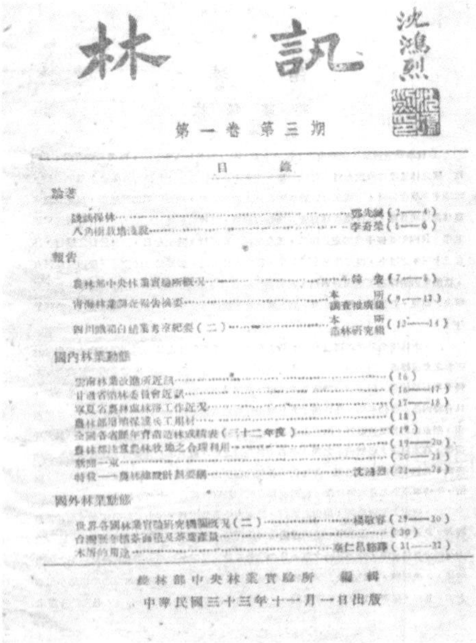
林訊
沈鴻烈
第一卷 第三期
目錄
論著
報告
國內林業動態
國外林業動態
農林部中央林業實驗所 編輯
中華民國三十三年十一月一日出版

《林讯》第一卷第三期封面

《农业经济集刊》(1944 年)

1944年7月1日创刊于重庆，国立中央大学农业经济学会农业经济集刊编辑委员会编辑，国立中央大学农业经济系发行（地址在重庆沙坪坝），重庆市沙坪坝印刷生产合作社印刷。1945年7月1日出版第二期后停刊。1948年7月1日在南京复刊，续出第三期。1948年11月1日出版第四期后停刊。

本刊“提倡重视农业，发展农业经济学”，主要“研究农业经济，分析农业管理，解析国外农场先进经验，规划我国经济农业”。本刊设有论著、译述等栏目，主要收入研究农业的学术性论文。撰稿人有刘庆云、刘世超、吴文晖、冯泽芳、朱世贤等。载文有《计划经济与农业计划》《农业立地之研究（附表）》《农村人口基本组合之比较研究（附图）》《评布勒克等四人合著〈农场管理学〉》等。第四期为“地租论研究”专刊。

本刊为农业科学刊物，初为年刊，后为不定期刊。共出4期。现保存于中国国家图书馆、四川大学图书馆、南京大学图书馆、重庆图书馆。

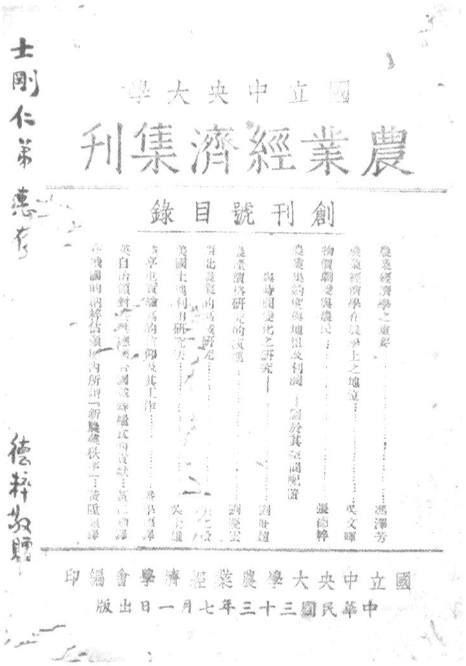

《农业经济集刊》创刊号封面

《手工艺》(1944 年)

1944年7月1日创刊于重庆，中国国际救济委员会手工艺组编辑发行（地址在重庆南纪门马蹄街84号）。抗战胜利后迁上海出版，第九期改由上海中国手工艺协进会编行。

本刊主旨为“复兴手工艺”，主要“介绍中国的传统工艺及其制品，报道会务消息，公布有关法规，详细说明手工艺的技术、材料、工具、制作及工艺品的设计、制作、改进等问题”。本刊保存了中国手工艺技术，促进了手工艺的发展。

本刊为手工艺刊物，月刊。在渝出版第一至第八期。1948年9月停刊，共出24期。每年出合订本，共出4本。现保存于中国国家图书馆、南京图书馆、四川省图书馆、重庆图书馆、上海图书馆。

《消费合作》(1944年)

1944年7月1日在重庆出版，重庆市消费合作社联合社编委会编辑发行。1944年12月21日出第二至六期合刊，为“罗虚戴尔百周年纪念特刊”，同时也为“合作列宪运动专辑”。

本刊主旨为“普及合作，发展消费合作”，开辟有研究、论著、参考资料、专载、合作漫谈、本社近况等栏目。其主要“收入合作理论之著述，合作社业务等实际问题之报道及社员教育等类著述；对消费合作社社务、业务各项实际问题之研讨文字；合作及有关之各项消息；含有合作意义及有关一般社会教育之文艺作品等”。本刊对合作消费理论及本合作社的情况进行了介绍，对合作的利弊进行了合理阐述，对发展消费合作有一定的指导作用。

本刊为经济合作类刊物，月刊。多以合刊形式出版。1945年7月7日出第七至十二期合刊后停刊。共出3册12期。现保存于重庆图书馆。

《消费合作》创刊号封面

《今日东北》(1944 年)

1944年7月15日在重庆创刊，今日东北社出版（地址在重庆沙坪坝杨家坟特3号）。主编钟原，发行人陈非尘。第一至四期在渝出版。1946年3月自第二卷起在长春出版，改由今日东北社编委会编辑，今日东北社发行。

本刊编者在《今日东北（代发刊词）》一文中指出，“今日东北处于忧患中，但民主的声音在靠近，对收复东北充满信心”。《编后》一文中提及，“这里的声音和故事是陌生的，它们是发自万里外沦陷已久的地方，我们这些流浪者已很少，要用声音和故事充实它”。本刊刊行目的在于“团结东北人，唤醒人民的民族觉醒”。本刊刊载论著、散文、诗歌、通讯等，设有社论、短评、信箱等栏目，主要“研究东北问题”，“收入有关东北的消息，抒发流浪外乡对东北的思念”等。撰稿人有李原、白鸥、肖野等。载文有《柳哨子响的季节：故园追怀集之一》《流浪者信钞》《沦陷后东北民意分析》《从街村制的成长观东北农村》《今日东北青年之路》《长春留置场铁窗生活纪实》等。

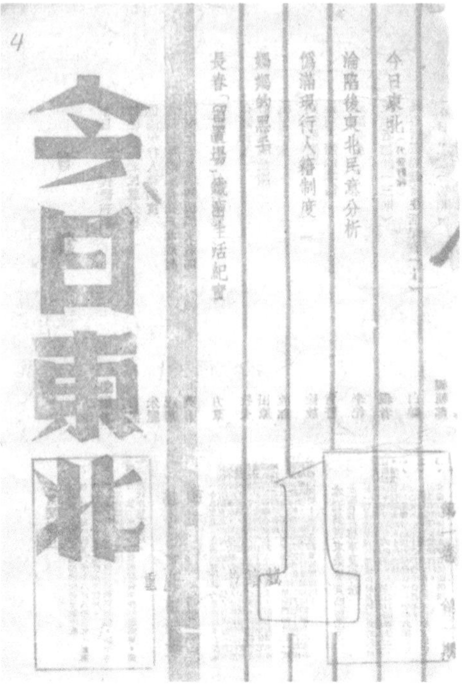

《今日东北》第一卷第一期封面

本刊为政治评论类刊物，月刊。1946年11月出版的第二卷第六期为“纪念鲁迅逝世十周年特辑”，该期发表了《致读者的最后一信》，宣布“为了经济和其他种种关系，我们不得不把本期作为终刊号了”。此后停刊。本刊第一卷出4期，第二卷出2期，共6期。现保存于中国国家图书馆、四川省图书馆、四川大学图书馆、南京图书馆、重庆图书馆。

《四川经济通讯》（1944 年）

1944年7月15日创刊于重庆，四川省银行经济研究处编辑发行（地址在重庆新桥）。潘昌猷撰写发刊词。

本刊主要“刊登各地经济通讯，俾供明悉本省经济动态之助”，侧重“对四川地区的经济发展情况进行调查”，并“刊载本处关于经济调查方法之商榷以及本处调查工作之进展”等，“长期赠送通讯调查员，作为读者自耕自获的园地”。本刊辟有经济通讯、金融动态、通讯写作、通讯常识、四川经济简报、工作报道、问题解答等栏目。主要撰稿人有赵诚修、蔡贵先、陈锦余、李玉璋、陈鸿佑等。载文有《磨难中的四川工业》《四川铁路问题》《巴中第一区地理环境》《安岳农田与租佃情形》《渝市联合票据承兑所设立的意义》《北碚朝阳镇的农作概况》《璧山的手工纺织业》《铁路与公路》《造酒与肥料的关系》《怎样写经济通讯》等。

本刊为经济刊物，月刊。1944年12月15日出第四期后停刊。共出4期。现保存于上海图书馆、吉林大学图书馆、重庆图书馆。

《政治生活》（1944 年）

1944年7月16日创刊于重庆，政治生活社出版发行（社址在重庆神仙洞街2号）。主编何凤山，总经理吴佺保。

本刊创办目的是“从政治中充实生活，从生活中反映政治”，刊载关于政治、经济各方面的内容，如刊登了《美国与美国人》《美国的黄金》《漫谈王安石》《清代外交史料之一》等。本刊介绍国内外政治、军事、经济情况，侧重于介绍国际政治动态，分析欧战局势变化，对中国历史上的一些政治改革也有所阐述，对国际国内的形势进行了很好的分析，为了解战时的政治情况提供了很好的渠道。

本刊为政治刊物，半月刊。每卷12期，共出27期。约1945年9月出至第三卷第三期停刊。现保存于中国国家图书馆、四川大学图书馆、南京图书馆、重庆图书馆。

《建军导报》(1944 年)

创刊时间不详。1944年7月29日在重庆复刊，国民政府军事委员会国民党特别党部主办，建军导报社发行（地址在重庆老街32号约慈居），先后由军令部印刷所、中国学报社印刷所印刷。社长袁守谦为发行人，编辑人卢建人。封面注有“综合性的建军读物，革命性的军中文化，社会性的军事常识，趣味性的战斗说明”字样。后迁南京、上海，由建军导报出版社发行，时任社长易舜钦，副社长聂晓春，主编赵潜修。

本刊主旨在于“增进国人对建军整军之认识与建军学术之阐扬和探讨”，主要介绍军队、战略等知识，“研究军事教育、建军问题，重视军队的地位，为建军整军服务”。本刊设有时事小言、论著、重要文献、学术、诗文、译作、海外消息、敌情研究等栏目，收入《军事基本原理》《英国国防与建军》《美国建军问题》《兵役法概述》《三民主义和战争》《青年与战争》《决心与判断》《建军上的“质量”问题》《劣势军的战术思想》《敌军战略战术的检讨》《建军与军学思想独立之关系》等文章。

本刊为军事类刊物，月刊。现存最晚一期是1947年7月出版的第五卷第七期。停刊原因不详。现保存于重庆图书馆。

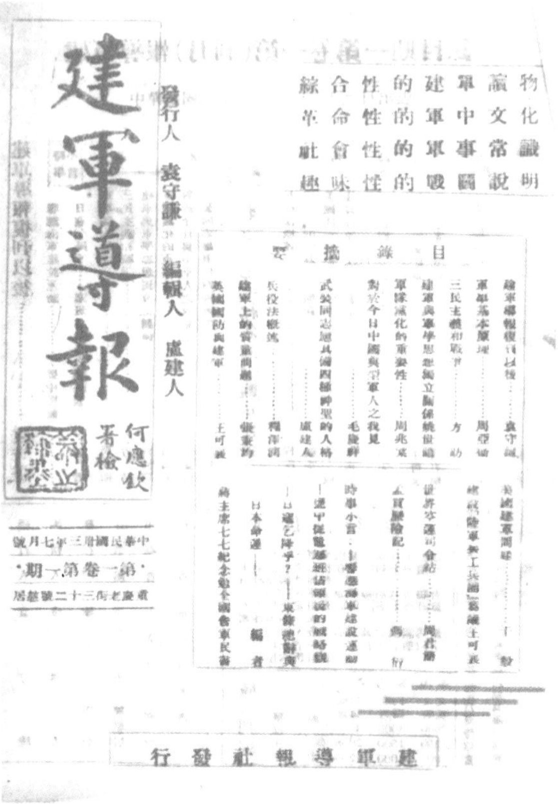

《建军导报》第一卷第一期封面

《聚兴诚银行总渝同人进修会会刊》(1944年)

1944年7月31日在重庆出版，聚兴诚银行总渝同人进修会编行。

本刊宗旨为“报道会务动态、全行同人之生活，提倡同人写作兴趣，促进同人对现实问题之注意与研究，砥砺学术，敦笃友谊，以期发扬进修会之精神，而促进行务之发展”。本刊“欢迎经济论著、时势述评、金融问题及银行实务研究、修养问题、行务与会务问题及对行务与会务之建议、调查统计资料、欧美名著译述、艺文等类内容”。创刊号注明下一期更名为《聚兴诚银行同人进修会会刊》，未见出版。

本刊为银行业刊物，刊期不详。重庆图书馆现保存有创刊号。

《社会建设》(1944年)

1944年7月创刊于重庆，社会建设月刊社编辑发行（地址在重庆林森路590号）。第五期于1946年4月在重庆编辑，7月迁至南京刊印，后停刊。1948年5月在南京复刊，卷期另起，至1949年1月出第九期后终刊。

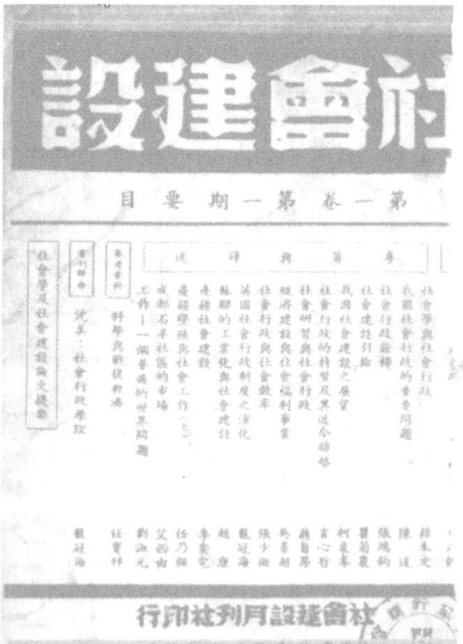

《社会建设》第一卷第一期封面

本刊《发刊词》提及创刊的理由为“抗战胜利，建国事业紧急，集中各种专家学者共同研讨战时和战后社会建设理论与实际问题，提升社会学理论与社会技术，为建国伟业做出贡献”，“本刊的使命是集全国社会学者与社会技术专家，共同研究社会建设的各项理论与实际问题”。本刊以“研究社会问题，介绍社会工作方法，促进社会建设”为宗旨，设有社会论坛、专著与译述、参考资料、书刊评介、社会学及社会建设论文提要等栏目。本刊主要介绍国内外社会建设动态，探讨社会学、社会行政、社会福利、战后社会救济等理论问题和各种实际问题，对抗战后社会建设有重要的指导意义。

本刊为社会学刊物，月刊。在渝出版前5期。现保存于四川省图书馆、重庆图书馆。

《诗前哨丛刊》(1944 年)

1944年7月在重庆万县创刊，李文钦发行，穆静（潘标）、周昌歧编辑，委员东英、湛庐（王文深），编辑部地址在万县环城路146号。郭沫若题写刊名。稿费由蔡月牧、张泽厚、南章等人捐赠。

本刊主要探讨新诗创作的题材、语言、表现手法等问题。其主要栏目有：“国内新诗”，主要抒写大自然及美好的事物，同时也表现了对未来新世界的向往；“外国译诗”，翻译一些外国著名诗人（如海涅、朗法罗）的诗歌；“书报新志”，主要介绍一些新近出版的书刊杂志等。本刊主要撰稿人有臧克家、张泽厚、李岳南、夏舒雁、沙鸥、武戈等。本刊刊载的作品有《论诗经的韵律》《新诗之路》《走向田野》《春天的歌》《往事》等。

本刊为诗歌刊物，刊期不详。仅见1期。停刊原因不详。现保存于重庆图书馆、上海图书馆。

《诗前哨丛刊》第一辑封面

《四川经济研究专刊》（1944 年）

1944年7月在重庆出版，主编兼发行人施复亮，四川省银行经济研究处编辑发行（地址在重庆新桥）。

本刊共出4期。第一号为王成敬编著的《四川东南山地区之经济地理与经济建设》，内分7章，介绍了四川东南部山区的自然环境、土地利用、矿产资源分布与开采、交通等情况。1945年2月（或5月）出版的第二号为王成敬编著的《成渝路区之经济地理与经济建设》，分8章，介绍该路区的自然环境、土地利用、矿产资源、制造业、交通、人口与经济聚落之分布等情况，并讨论经济建设问题。1945年8月出版的第三号为史道源编著的《四川省之猪鬃》。第四号为《四川蚕丝业》，内分6章，介绍该省蚕丝的生产、运销情况及战时蚕丝管制工作等，还附录有关生丝之法令两种及四川蚕丝业论文索引。随即终刊。

本刊为地方经济学术刊物，不定期刊。16开本。现保存于中国国家图书馆、四川大学图书馆、重庆图书馆、上海图书馆。

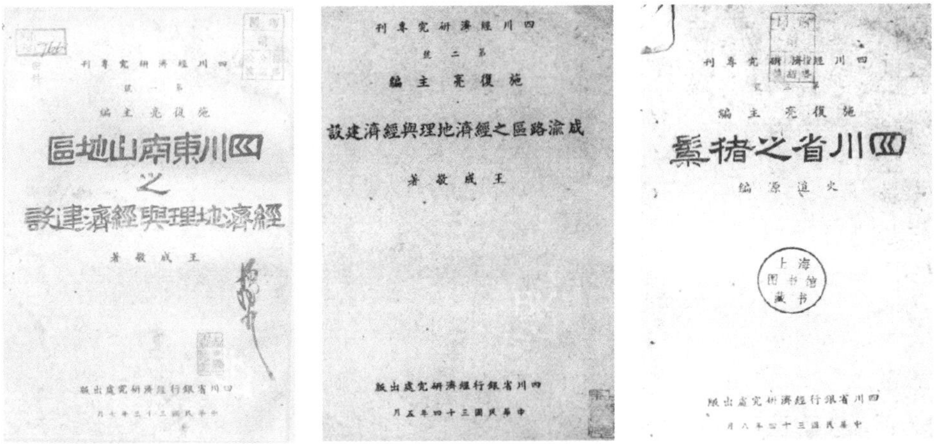

《四川经济研究专刊》第一号、第二号、第三号封面

《西风》(1944 年)

1936年9月创刊于上海，后迁桂林，1942年2月出完第六十五期停刊。1944年7月在重庆复刊，西风月刊社出版发行（社址在重庆中一支路神仙洞街188号），续出第六十六期。顾问编辑林语堂，主编兼发行人黄嘉音、黄嘉德，助理编辑朱绮。1945年12月迁回上海续出第八十一期。1949年5月出至第一百一十八期终刊。

本刊封面上印有“译述西洋杂志精华，介绍欧美人生社会”字样，体现了本刊的主旨。本刊设有专篇·通讯、思想·文化、科学·自然、医药·生理、军备·战争、妇女·家庭、社会·暴露、小西风、风土·人情、心理·教育、我的特写、逸话·珍遗等栏目。战时在重庆出版时扩大了征稿范围，增加战争经历、人生教训、好的教师等栏目。本刊对军事、思想文化、社会生活等都有所涉及，内容丰富，特别是反映了战时人们的生活情况，是研究战时社会各方面的重要资料。

本刊为综合性刊物，月刊。32开本。在渝出第六十六至八十期。现保存于中国国家图书馆、北京大学图书馆、重庆图书馆、四川省图书馆、四川大学图书馆。

《西风》第六十六期复刊号封面

《中国医药月刊》(1944 年)

1944年7月创刊于重庆，主编马云（编辑部在重庆金汤街5号），社长吴永康（社址在重庆纯阳洞10号），发行人邓炳奎，汉口新快报印刷所印刷。约

1946年7月出第七至九期合刊后停刊。焦易堂题写刊名。

本刊以“传达医药界消息，以浅显文字，发挥精奥医药原理，普及民众医药卫生知识，增进民族健康”为宗旨，着意“弘扬中国固有之医药文化学术，汇通西洋最新之医理药理，融合为一，使成为世界医药”。本刊主要栏目有法令、消息、言论、药物研究、医学常识、医学研究、简效灵方、医案医话、专著、特载、杂俎等，还开辟了“读者园地”“医药问答”栏目以与大众交流病症信息。本刊除刊登中医研究、医案、方剂、药物等类文章外，对抗日战争时期国内医学界的动态、学术团体和医师公会的章程、医师培训机构及考核情况均有报道。载文有《中国药物应当如何研究》《卫生胜于医药说》《中医考试法则之建议》《头痛症之研究》《改进中医之我见》《中医学派演变》《麻疹之研究》《陪都国医外科讲习所招生》《渝卫生局严厉执行医师法》《人人宜具之药物常识》等。

本刊为医药刊物，月刊。仅见9期。停刊原因不详。现保存于四川省图书馆、重庆图书馆、上海图书馆。

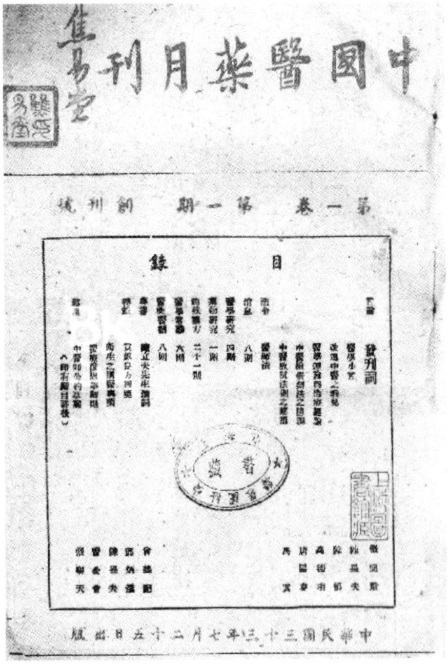
中國醫藥月刊
焦易堂
第一卷第一期創刊號
目錄
中華民國三十三年七月二十五日出版

中國醫藥月刊
焦易堂
第一卷第七八九期
目要
中華民國三十五年七月二十五日出版

《中国医药月刊》第一卷第一期、第一卷第七至九期合刊封面

《明社消息》(1944 年)

创刊于上海，后迁桂林，明社总务组编辑，开明书店出版。1944年下半年迁至重庆，重庆开明书店出版。1945年11月出版第十二期后迁至上海。1946年5月出版第十三、十四期合刊。

“明社”是开明书店在抗战时期成立的同人组织，由桂林开明同人发起，后推广到各地分店，成为全店性的同人组织。本刊是开明书店的内部刊物，对该社及书店的工作动态进行了记录，主要反映开明书店的动态，“大至店事、国事，小至同人生儿育女、婚丧喜庆，都有详略不一的阐述或报道”，还收入大量该社同人的照片、姓名及题词等信息。载文有《明社章程》《中国之命运：记明社第三次演讲会》《夏丏尊先生追悼会》《“开明风”与“开明人”》《开明二十周年纪念献辞》《太平洋战时上海同人生活拾零》等。

本刊为书店内部联谊刊物，不定期刊。16开本。先为油印；1946年5月后改为铅印。现存最晚一期是1948年出版的新一期。停刊原因不详。现保存于重庆图书馆、上海图书馆。

《大同学志》(1944 年)

1944年8月1日创刊于重庆，大同学会编行（地址在重庆民权路78号），大同学会售书处发行，南方印书馆印刷。代表人汪秉乾、陈翰屏、刘树仁。许世英题写刊名。

创刊号刊有“大同学会启事”，称：“本会宗旨遵奉国父遗教，研究大同学说，促成世界大同任务：一、阐明大同真谛；二、实践圣学实功；三、草拟大同政治方案；四、沟通中外文化；五、筹办大同学院；六、出版《大同学志》及其他刊物。”本刊又发表宣言说：“宣扬大同学说，普及大同思想，研究政治方案，以供我国及世界之采纳实施。”本刊“旨在发扬中国固有道德，恢复民族健强精神，以公平中正之道，转科学为正用，以刚大无敌之法息战争的残酷，意欲建设国家，进而建设世界，行人人自由、国国平等之大同之道”。本刊“取材专重各科、各部门的大同学说”，“以切近事实或汇事实之同以立言者”，设转载、史料等栏目。载文有《科学的大同文化》《大同之声》《世界大同之促进及其教育之方针》等。

本刊为政论性刊物，双月刊。16开本。共出6期。1946年2月出第六期后终刊，停刊原因不详。现保存于中国国家图书馆、南京图书馆、上海图书馆。

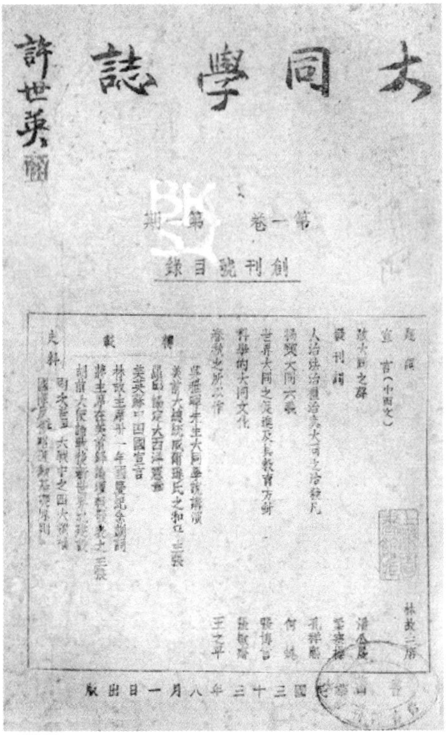

《大同学志》创刊号封面

《政治家》（1944 年）

1944年8月15日在重庆出版，政治家月刊社编辑兼发行（地址在重庆民生路65号），社长王冠英，发行所中国书店重庆总店，印刷者中国书店重庆总店印刷厂。

本刊创办的目的“为研究一切政治理论与实际问题”。其主要收入政治学理论；中外政治局势、政治建设、政治家传略名著等研究；我国的政治思想、政治制度性质与效率等内容。本刊介绍国内外政学权威、名流及政治人士的先进政治理论、政治思想，推动政治学研究。载文有《政治科学之新论证》《政治本质论》等。

本刊为政治类刊物，月刊。仅见1期。停刊原因不详。现保存于重庆图书馆、南京图书馆。

《微波》（1944 年）

1944年8月在重庆出版，编辑者微波社（地址在重庆中三路269号），文信书局、文聿出版社、间中出版社、联营书店等发行。

本刊收入创作或翻译的小说、散文、杂文、诗歌、戏剧、书评等，以散文、杂文和小说居多。“微言”栏专载短小的杂文，针对当时社会或文艺的某些颓风加以针砭，活泼尖锐，较有特色。本刊撰稿人有姚雪垠、袁水拍、茅盾、臧克家、碧野、田仲济、陈纪滢、陶雄等。本刊多以现实生活为题材，通过各种文学体裁来表现对社会的观点、看法，有较强的时代感和踏实的作风。

本刊为文艺刊物，不定期刊。仅见2期。约1945年2月出第二期（改为微波社编辑兼发行）后停刊，停刊原因不详。现保存于四川省图书馆、重庆图书馆、复旦大学图书馆。

《新闻资料》（1944 年）

约1944年8月在重庆出版，重庆美国新闻处编辑发行。1948年1月迁往上海出版第173期。1949年5月又迁回重庆，期号另起，于同年6月25日出渝版第一期；10月20日出渝版第五期，以后未见出版。

本刊主要刊登美国报刊发表的热门文章，其内容包括对国际形势的评述及分析，美国政治、经济和文化状况，美国重要的政界人物的生平事迹，美国重要研究性文章的译文等。每期8~14页，有8~10篇报道。本刊渝版第四期为“美国文学艺术小辑”。本刊载文有《前途无量的小罗斯福》《美国防部长詹森》《我对苏联人的认识》《一个黑人成功者的自述》《杜鲁门总统画像》《马歇尔计划第一年》《美国现代艺术的根源》《一个天才音乐家的成功史》《女作家赛珍珠小传》《与郭沫若论历史剧》等。

本刊为时事文摘刊物，原为周刊，1947年8月改为半月刊；再出渝版时为月刊。现存渝版仅见第一期至第五期。停刊原因不详。现保存于四川大学图书馆、重庆图书馆。

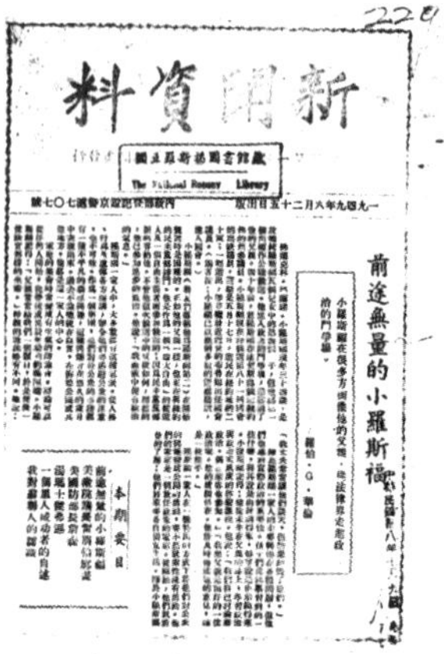
新聞資料
前途無量的小羅斯福

新聞資料
杜魯門總統畫像

新聞資料
與郭沫若論歷史劇
美國文學 藝術小輯

《新闻资料》渝版第一、二、四期首页

《西北晨钟》（1944 年）

1939年12月在西安创刊，西北晨钟社编辑出版（地址在西安梁家牌楼公字7号），全国各大书局代售。发行人冷少颖，顾问编辑黎锦熙、顾颉刚、李宜琛等，编辑有温槐三、马建中、王正海、史开明等17人。1944年9月1日迁重庆（地址在重庆七星岗德兴里1号）续出第六卷第九期。1946年1月又迁北平出第八卷，发行人冷少颖，编辑有王正海、史开明等。1946年4月更名为《中国晨钟》。

本刊以“研究学术，探讨西北各种实际问题，供政府作建设西北之参考，并团结社会各阶层优秀分子，促进中国之建设与民族之复兴”为宗旨。本刊内容主要是“有关西北问题之论述与一般政治、经济、军事学术之研究”，讨论“建设西北及抗战建国大业的问题”，也收入一些长短篇小说及文艺作品。本刊设有时论、论著、译著、文艺、青年园地、杂俎等栏目。载文有《中外注目之西北》《交通与西北》《中日事变后之县政》《对目前时局之认识》《未来的航空时代》《乡村教育的改良法》《迈进中之青海民众识字工作》等。

本刊为时事政论综合类刊物，初为半月刊；1941年自第二卷第一期起改为月刊。在渝出版第六卷第九期和第七卷。现存最晚一期是1948年10月出版的第十卷第十期。停刊原因不详。现保存于中国国家图书馆、南京图书馆、上海图书馆、重庆图书馆。

《艺新画报》(1944 年)

1944年9月1日在重庆出版，艺新图书社编辑（地址在重庆青年路口），发行所艺新图书社（地址在重庆南岸马鞍山），印刷者润华印书馆。主编郑克基，发行人鲍敬仁。1944年10月出第二期，1945年11月出第三期，后停刊。

本刊主要设图画和文字两部分。“图画”即“国内一切有价值之新闻摄影、美术摄影，发人深省之讽刺漫画，趣味性之生活素描，有价值之版画等，除照片外，用黑色墨水绘制”；“文字”即“各栏艺术论著、时事短评、小说、散文、报告文学、诗歌、漫谈、艺坛等”。本刊主要内容有关于国内外各地战事新闻、社会生活的图片，包括新闻摄影、漫画、木刻、美术作品等；战后美术界大发展建议及有关绘画理论的研究性文章。本刊对抗战后期及战后的文化艺术建设进行了许多探索，提出了很多很好的建议。

本刊为综合性画报，不定期刊。仅出3期。现保存于四川省图书馆、重庆图书馆、南京图书馆、上海图书馆。

《艺新画报》创刊号封面

《中华全国体育协进会体育通讯》(1944 年)

前身为中华全国体育协进会重庆分会主办的《体育周讯》。1944年9月1日改名为《中华全国体育协进会体育通讯》在重庆出版，中华全国体育协进会体育通讯社编印（地址在重庆两路口大田湾31号，后改为大田湾282号）。主编兼发行人董守义，总编辑梁锺溶，编辑陈海涛、赵国庆。张伯苓题写刊名。1946年2月出版36期后，自3月1日起改期号为第三卷第一期出版。以后未见出版。

本刊主要刊载社会体育史、中国体育事业相关论著，发表体育学术研究报告、史料、书评，报道各地体育动态及实施计划、文体竞赛活动，解答各地读者疑难问题等。本刊设有学术讲座、专论、陪都动态、各地通讯、读者信箱等栏目，自第三期起增辟“大众体育”栏目，介绍浅显易懂的体育理论、体育运动的历史及体育常识。载文有《中国体育事业之检讨》《篮球掷篮之理论研究》《篮球裁判法》《妇女体育事业》《新疆各族歌舞竞赛》《竞赛谈判问题研究》《如何挽救国民体力下降的危机》《发展中国舞蹈的第一步》《苏联的体育制度》等。

本刊为体育类刊物，半月刊。共出37期。停刊原因不详。现保存于南京图书馆、上海图书馆、湖北省图书馆、重庆图书馆。

《儿童世界》(1944年)

1944年9月4日创刊于重庆，儿童世界社编辑，星洲出版社出版发行。社长倪斐君，主编何公超，编辑吴克强、柯槐青，发行人陈三洲。抗战胜利后迁上海续刊。倪斐君撰写沪版发刊词。迁上海后，编者每周将重庆版再版一期。沪版从第二卷第一期算起，始自1946年新年。

《儿童世界》创刊号（沪版）封面

本刊内容“以灌输科学和民主精神为主，报道时事为辅”，收入大量适合儿童的科学知识、自然知识、故事、寓言、儿歌、笑话等，为儿童解答各种疑问，并附有丰富的图片。本刊设有常识、故事、儿歌等栏目。“常识”栏目主要刊载与战时相关的战时常识，如《重庆的防空洞》《战时的育婴常识》等；“故事”栏目又分为科学故事、卫生故事、语言故事等子栏目；“儿歌”栏目既有歌词，也有曲谱，词曲简单，风格轻快明朗。本刊刊载的代表性作品有《没有孩子的城》、《小蜘蛛冒险记》、《羊老师的卫生课》、《小娃娃》（儿歌）、《垃圾堆里的玫瑰》（童话）、《电影的秘密》（科学世界）、《蜜蜂》（自然讲话）等。

本刊为儿童刊物，月刊。在渝共出1卷12期。现存最晚一期是1948年出版的第五卷第五期。停刊原因不详。现保存于上海图书馆。

《考政学报》(1944 年)

1944年9月9日在重庆出版，中国考政学会编辑（地址在重庆上清市陶园考政学报编辑委员会）。主任委员周邦道，副主任委员有丁植圃、王锡庚、仲肇湘等。发行者侯绍文。原计划每年出4至6期，1945年5月出第二期后未见再出版。

本刊辟有论著、研究、杂纂、诗录、法规选载、会务辑要、会员动态、补白、考政纪事等栏目，主要登载考政制度法规及该会相关情况。本刊“以研究完善国家各级行政技术人员考试秩序为宗旨，专载研究论著，论述历代考试制度和现有考政制度中的问题”。载文有《中国政治之基本精神》《考试与民主》等。

本刊为考政刊物，年刊。仅出2期。现保存于中国国家图书馆、重庆图书馆、四川大学图书馆、上海图书馆。

《考政学报》创刊号封面

《工业合作：技术副刊》（1944年）

1944年9月10日创刊于重庆，中国工业合作协会编辑出版。

本刊主旨为“研究、发展工业技术，刊载新的、好的技术，研究情况、结果及各先进工业国家的技术发明，并附基础技术知识讲座”。本刊设有专论、制革、纺织、钢铁、陶瓷等栏目，稿件来自研究所皮革室、研究所化验室、研究所制图室、研究所资料室等部门，还有王毓鳞、张铨等个人。本刊刊登的文章内附有大量的图表，清晰明了。本刊“介绍各种技术及研究情况，促进工业技术的革新、推广，供有志进修者自学”。

本刊为工业技术刊物，不定期刊。仅出2期。1945年5月1日出第二期后停刊，停刊原因不详。现保存于上海图书馆。

《晨光歌选》（1944年）

1944年9月创刊于重庆，编辑阮伯英，发行人张友松，重庆晨光书局发行（地址在重庆民生路181号）。

本刊主要收入《抗战必胜》《九一八》《农家乐》《国庆祝歌》《秋夜》《前进》《炮兵歌》《巷战歌》《胜利进行曲》等歌曲，“多为爱国歌曲和抗战歌曲，配词配谱，宣扬爱国情感，鼓励参战”。

本刊为音乐刊物，刊期不详。1944年共出5期。总期数和停刊原因不详。第1期、第3期和第5期现保存于重庆图书馆。

《晨光歌选》第1期封面

《民教导报》(1944 年)

1944年9月创刊于重庆，发行人黄楚青，重庆市立民众教育馆民教导报社编辑（地址在重庆中央公园），重庆市立民众教育馆出版（地址在重庆朝天门沙井湾9号）。

本刊主旨为发展民众教育，主要内容有“社会教育理论，政治、经济、社会、自然、史地、人生、时事等问题之论述，各种民众通俗知识之介绍，反映民众生活之小说、诗歌、短剧、小品及报告文学等，反映民教工作之通讯报道，连环图画、木刻等作品，有关民众生活之调查研究资料，社会新闻等”。本刊收入《社会教育扩大运动的意义》《英国的教育》《古今货币展览》《冬至谈节气》《北平变了》《我国社会教育的性质和现阶段的任务》《民众教育经验谈》等文章。本刊第二期为民教馆与说文社合办的“绣花展览特刊”，第三期为“社会教育扩大运动特刊”，第四期为“古今中外货币展览”，第六期为“宗教民俗专号”。本刊“主要介绍各地民教通讯和社教动态，以及适合民教社会工作者阅读的各种文字、资料或论述，介绍各种社会情况，促进社会教育的推广与发展”。

本刊为民众教育刊物，月刊。1945年2月12日出版第六期后停刊。共出6期。现保存于中国国家图书馆、四川大学图书馆、重庆图书馆、南京图书馆。

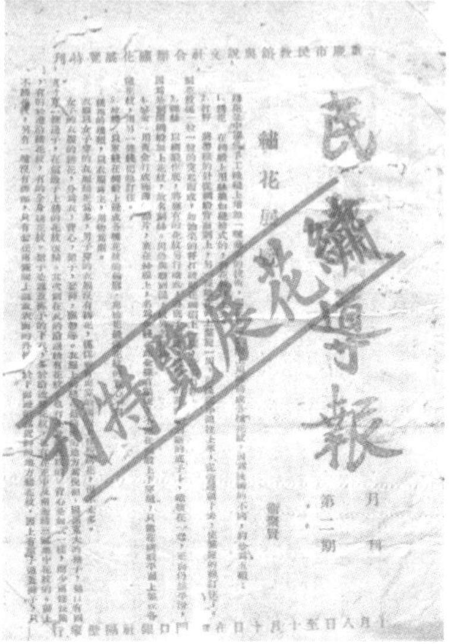

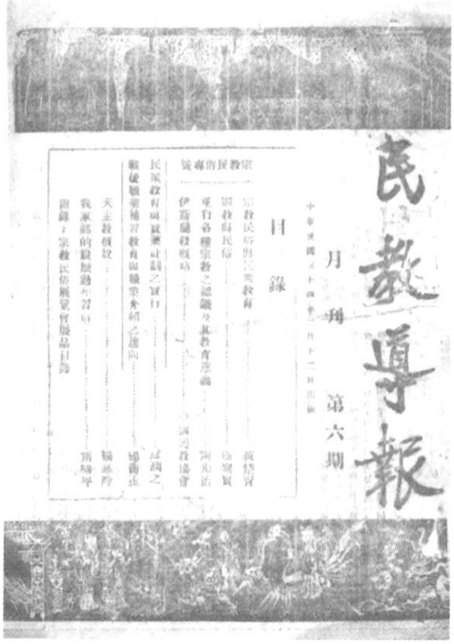

《民教导报》第二期、第六期封面

《药学文摘》(1944年)

1944年9月创刊于重庆，药学文摘社编辑发行（通信地址为重庆歌乐山中央卫生实验院药理室）。

本刊“内容包含生药学、药物化学、药剂学、药理学、细菌学、治疗学等研究，如对新药的化学成分、用法剂量、优缺点做详细分析”。本刊所载文章主要摘录于国内外各医药专业杂志、各学报中药学论文、实验报告等，对于药学的研究具有重要的参考价值。

本刊为药学文摘类刊物，双月刊。约1945年3月出第三期后停刊。共出3期。现保存于南京图书馆、南京大学图书馆、重庆图书馆、上海图书馆。

《金融季刊》(1944年)

1944年10月1日在重庆出版，财政部金融研究委员会编辑（地址在重庆中三路166号），大华书局发行。代表人龙之鹏。

本刊以研究学术、阐扬国策为宗旨，收入有关金融、财政、经济之论著，以及译述等内容，有论文、书评、法规、统计、补白等栏目。本刊前后多刊登各地银行、储蓄局、信托局等金融机构的广告。

本刊为金融刊物，季刊。仅见1期。总期数和停刊原因不详。现保存于重庆图书馆、南京图书馆、复旦大学图书馆、上海图书馆。

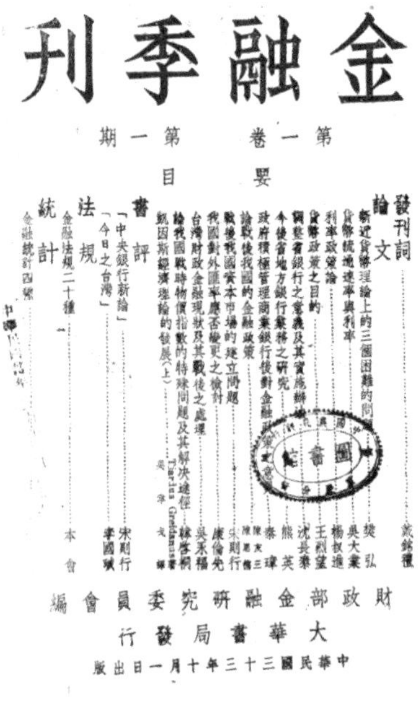
金融季刊
第一卷 第一期
要目
發刊詞……戴銘禮
論文
新近貨幣理論上的三個困難的問題……樊弘
貨幣流通速率與利率……吳大業
利率政策論……楊叔進
貨幣政策之目的……王烈望
調整省銀行之意義及其實施辦法……沈長泰
今後省地方銀行業務之研究……熊英
政府積極管理商業銀行後對金融[illegible]
論戰後我國的金融政策
戰後我國資本市場的建立問題……宋則行
我國對外匯率應否變更之檢討……康倫先
台灣財政金融現狀及其戰後之處理……吳承禧
論我國戰時物價指數的特殊問題及其解決途徑……林崇墉
凱因斯經濟理論的發展(上)……[illegible]
書評
「中央銀行新論」……宋則行
「今日之台灣」……李國璜
法規
金融法規二十種……本會
統計
金融統計四類
財政部金融研究委員會編
大華書局發行
中華民國三十三年十月一日出版

《金融季刊》第一卷第一期封面

《经纬副刊》（1944 年）

1944年10月1日在重庆出版，总校萧作霖，主编陆印泉，经纬出版社印行（地址在重庆临江门外华一村35号）。

本刊主要“收入涉及国内外政治内幕的文章和描述生活的文学作品等”。本刊辟有生活特写、经纬曲线、远古神话、国内外通讯等栏目，介绍社会情况及小说、诗、报告文学、杂文等文艺作品。本刊对一些社会现象、社会动态进行评价，并通过文学作品体现作者对社会的观点。

本刊为社科综合性刊物，月刊。仅见6期。目前所见最晚一期为1945年5月15日出版的第一卷第六期。停刊原因不详。现保存于上海图书馆、重庆图书馆。

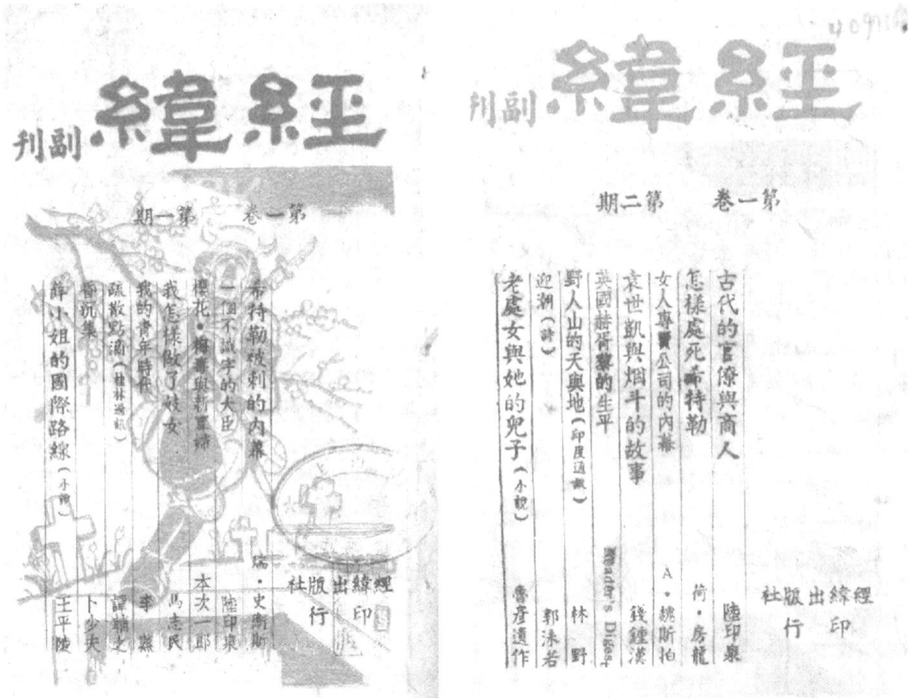

《经纬副刊》第一卷第一期、第二期封面

《公路展览特刊》(1944年)

1944年10月5日在重庆创刊，国民政府交通部公路总局主办、发行。

1944年10月，国民政府交通部公路总局基于“抗战以后，政府西迁，铁路大都沦陷，水运亦多阻塞，公路运输跃居主要地位”的情况，特举办公路展览会，同时，创办《公路展览特刊》，旨在检讨铁路运输任务“所能达到之程度如何”，并“将公路现状展布于国人之前，以期获得邦人君子之教益”。本刊所介绍的各公路局展品类别涉及历史文化资料、现代文化资料、地方风俗资料、名胜风景等，其中物品多以图书、地图、照片、实物、模型等方式参展。本刊主要撰稿人有葛沣、张子孚、赵祖康、曾养甫、谢文龙、龚继成、李温平等。本刊内容主要涉及西北、西南、滇缅公路公务局等交通管理部门陈列品情况的介绍，同时还载有阐述抗战时期公路建设的文章。本刊所载内容略述了20世纪三四十年代中国西南、西北等地区交通建设所取得的成绩，为抗战时期国人了解中国西南、西北两地区的公路里程、线路、沿途概况、物资转运等状况提供了一个有效的信息渠道。

本刊为交通刊物，刊期不详。仅见1期，共4页。总期数和停刊原因不详。现保存于上海图书馆。

《巴声》(1944年)

1944年10月10日创刊于重庆，巴县参议员刘尧夫与国民参政员靳鹤声创办，巴声社编行（地址在重庆南温泉）。

本刊《创刊词》提及，“中国是一个由农村组成的国家，因此一切基础都在农村……关于乡村建设运动已有二十多年的历史，已有过不少的人做过不少的工作，但我们对农村的真实状况还是缺乏了解，这是《巴声》创刊的缘由。本刊编辑的宗旨是真正为巴县人说话，并把话说得恰如其分。”本刊旨在“报道巴县军政社会消息”，主要内容有“地方自治之理论，地方建设之理论，地方行政工作之理论或报道，地方行政之评议，巴县物产之调查，巴县民众之调查，乡村故事之记述，新旧文艺作品”等。本刊设有点滴、短评、工作报道、社声等栏目。本刊介绍和分析巴县各种社会情况，对巴县的建设有一定的参考价值。

本刊为地方政治刊物，刊期不详。现存1期，仅9页。停刊原因不详。现保存于重庆图书馆。

《复旦学报》(1944 年)

原名《复旦》，1935年创刊于上海，1935年6月更名为《复旦学报》，1937年6月后停刊。1944年10月在重庆复刊，国立复旦大学编辑委员会编辑及发行，期数另起。抗战胜利后迁回上海。1947年5月在沪出第三期，1948年2月出第四期后即终刊。

本刊主要收入长篇的文学、艺术、经济等文章，以及各学科理论性较强的文章，由知名学者和专家撰稿，如杨树达、周谷城、邓广铭、虞于道等，以供学术交流。渝版第一期为“文史哲号”，收入《中国史学之进化》《宋学之先驱》《造字时有假借证》《试论直觉与表现》等。1945年6月出版渝版第二期，为“科学号”，收入《北碚菊科植物志》《一种方阵变换》《青年新身心的类型问题》等。本刊介绍各科的学术问题，提出了新的观点，为学生了解各科知识提供了很好的渠道。

本刊为大学学术刊物，半年刊；复刊后改为年刊。在重庆仅出2期。现保存于中国国家图书馆、四川大学图书馆、上海图书馆、重庆图书馆。

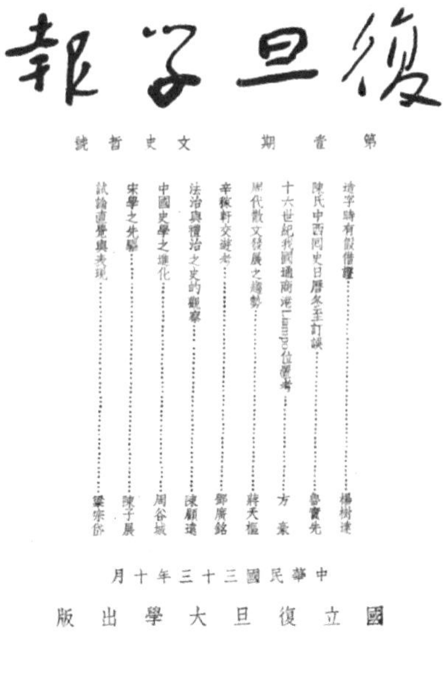

《复旦学报》第一期封面

《社会行政统计月报》(1944年)

1944年10月创刊于重庆，社会部统计处编行（地址在重庆林森路590号），社会部统计处印刷所印刷。约1946年3月迁南京，先出版了在重庆编辑的第二十二期。1948年9月出第四十八期后终刊。

本刊主要介绍各种社会行政的统计资料，分论著、统计资料、附录等栏目。本刊以统计资料为主，包含组织训练、社会福利、劳动行政、合作事业、一般行政等统计内容，采用数字、表格加以说明，成果多是该统计处的工作结果。刊名和目录有中英两种文字。本刊统计了社会行政的各种资料，是分析社会行政工作的重要参考资料。

本刊为社会行政类统计刊物，月刊。在重庆共出22期。现保存于四川省图书馆、重庆图书馆、上海图书馆。

《世界佛学苑汉藏教理院特刊》(1944年)

1944年10月在重庆出版，汉藏教理院出版处编辑出版，私立北泉图书馆人文印刷所印刷。

本刊《编辑后记》提及，本院创办于十三年前，“本年刚建讲堂，又值第四届同学毕业”，办此刊纪念。刊物“搜集十年来之史实及重要文选，编成一综合性之特刊。……教职人员之编译疏著讲演论文，同学之杰作创作诗歌小说等，均不克编入，所录学生文选，仅就最近两年间之短篇略选……”本刊设有记录、翻译、论撰、补白等栏目，载文有《略史及其

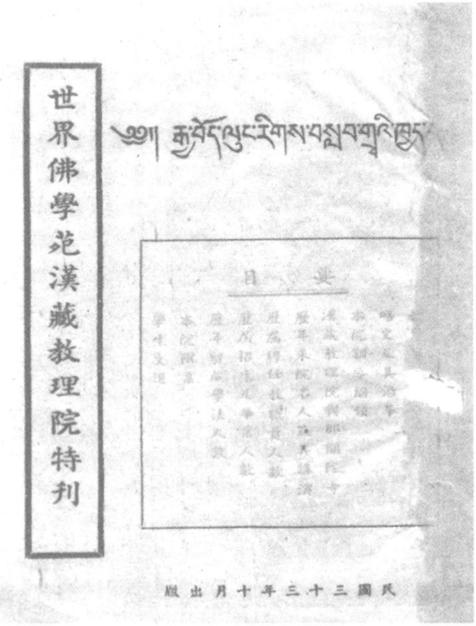

《世界佛学苑汉藏教理院特刊》封面

沿革》《本院训导纲领》《历年来院名人及其讲演》《宗教僧侣与世界文化》《常，无常——对立统一》等。本刊记录藏传佛教学院的情况、教学旨趣及历史沿革，介绍各级学生、教职员，同时详细讲解了藏传佛教的概念等，对佛教理念的归纳宣传、学院历史记载有一定的史料价值。

本刊为学院刊物，特刊。仅见1期。现保存于重庆图书馆、上海图书馆。

《华侨励志会周年纪念特刊》(1944 年)

1944年11月1日在重庆出版，华侨励志会总会编辑印刷。

本刊“以团结华侨，建设新南洋为主旨”。本刊收入约十篇文章，五篇是介绍南洋各地的政治、文化、教育、军事价值等，如《南洋与祖国》《缅甸之军事价值与日本》等；四篇是侧重说明华侨对祖国的贡献，华侨自身的地位与环境及应有之认识，如《抗战以来华侨对祖国之贡献》《新时代与新使命》《改进华侨社会刍议》等。其他则介绍该会一年来的情况。本刊“介绍南洋情况，团结华侨，为南洋和祖国的共同发展谋建议”。

本刊为侨务刊物，特刊。仅见1期。现保存于重庆图书馆、上海图书馆。

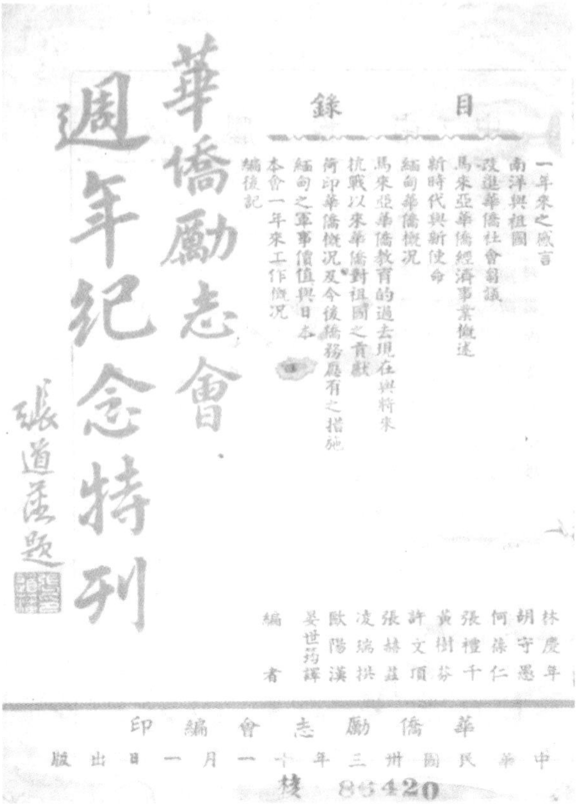
華僑勵志會週年紀念特刊

張道藩題

目錄

一年來之感言
南洋與祖國
改進華僑社會芻議
馬來亞華僑經濟事業概述
新時代與新使命
緬甸華僑概況
馬來亞華僑教育的過去現在與將來
抗戰以來華僑對祖國之貢獻
荷印華僑概況及今後僑務應有之措施
緬甸之軍事價值與日本
本會一年來工作概況
編後記

編者
林慶年 胡守愚 何葆仁 張禮千 黃樹芬 許文頂 張赫益 凌瑞拱 歐陽漢

華僑勵志會編印
中華民國卅三年十一月一日出版

《华侨励志会周年纪念特刊》封面

《集体创作》(1944 年)

1940年夏在昆明创刊，1941年冬末出第二、三期合刊后停刊。1942年秋又出革新第一号。1944年11月1日在重庆复刊，卷期另起，为新一卷第一期，华侨书店编辑部编印（地址在重庆民生路蜈蚣岭7号附1号）。发行人马扬生。

《集体创作》新一卷第一期封面

《不是复刊的话》一文中提及本刊“只要属于文学的著作”都收入，有散文、诗歌、戏剧及文化界信息等内容。

本刊为文艺类刊物，初为月刊，后改为双月刊。在渝仅见1期。停刊原因不详。现保存于四川大学图书馆、上海图书馆。

《民治》(1944 年)

1944年11月1日创刊于重庆，民治月刊社编辑发行（社址在重庆征收局巷4号）。发行人陈筱序。

本刊旨在“改造政治风气，发展国民经济，普及政治教育，使本刊成为大众发表意见的园地”。本刊收入关于国内外的政治问题、学术思想、地方自治等论述的文章及小品、杂文、通讯等，刊后多刊登广告。从各期编后语可知，刊物内容多有调整。本刊主要撰稿人有胡秋原、王平陵、易君左、宁墨公、庄智焕、余协中等，大多为当时文化名人。本刊“宣传自治思想，介绍国内外时局，推动文化进步”，是了解当时社会各种情况的重要资料。

本刊为政治刊物，月刊。16开本。1946年1月1日出第五期后终刊。现保存于四川省图书馆、自贡市档案馆、重庆图书馆、上海图书馆。

《华侨青年》(1944 年)

1944年11月15日在渝创刊，华侨青年社编辑发行（社址在重庆新开市16号）。吴敬恒题写刊名。

本刊“以指导华侨青年、研究华侨问题，讨论战后南洋及报道国内情况为宗旨”，有对各地华侨青年问题、情况的介绍，也有对国际问题等的介绍。本刊主要有论述、文艺、转载、侨生信箱、侨务简讯等栏目。其内容主要是关于国际时事、祖国的时政与文化、华侨教育、华侨的爱国情怀等。本刊载文有《华侨与祖国》《今后侨民教育的展望》《今后华侨组训的问题》《祖国文化的发展及今后的文化运动》等。本刊“为联结华侨与祖国的情感服务，为解决华侨的一些问题提供参考性建议”。

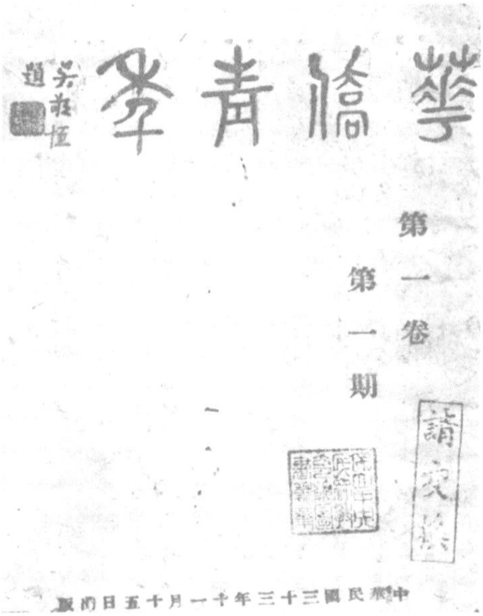

《华侨青年》第一卷第一期封面

本刊为综合性华侨刊物，月刊。现存最晚一期是1945年3月出版的第一卷第三期。停刊原因不详。现保存于中国国家图书馆、四川大学图书馆、南京图书馆、重庆图书馆、上海图书馆。

《现代中国》(1944 年)

1944年11月16日在渝创刊，现代中国社编辑兼发行（社址在重庆中一路164号），印刷者为说文社出版部（地址在重庆中一路86号）。

本刊“研究中国各种问题，包括政治建设、经济建设、工业革命、道德建设及文化建设、中苏关系、青年问题、教育与教授、戏剧人物取名等”。本刊收入《现代中国之政治建设》《现代中国之经济建设》《现代中国之道德建设》《现代中国之人民》《桂林山水与桂林文化》《调整战时生产的歧途与正路》《大学教育与大学教授》《太平洋政治问题与中国》等文章。本刊为了解当时中国的政治、经济、文化各方面情况提供了参考性资料。

本刊为社科综合性刊物，月刊。仅见2期。1945年出第二期后停刊，停刊原因不详。现保存于重庆图书馆、上海图书馆。

《职业妇女》(1944年)

1944年11月20日在渝创刊，职业妇女月刊社编行（通讯处在重庆七星岗金汤街13号），总经售三联书店。主编杜慧君（卢兰），后改为国勗青，发行人贾岚英，编辑有杨蕴、范恂、左诵芬、陈素珍等。

本刊宣称“职业妇女是妇女群体中最先觉悟、最具有进步性质的群体，既是劳动生产的推动力量，也是社会进步的促进力量，因此要宣告妇女的人权和独立。特别在抗战时期，为抗战建国服务。本刊要成为职业妇女相互交换意见、报道生活、讨论问题、讲信修睦的讲台”。本刊主要“倡导民主自由，鼓励妇女独立”，主要栏目有职业生活、星期讲座、书报介绍、生活自述、文艺作品等。本刊“刊载各种职业妇女的职业生活自述，介绍成功的职业妇女典型，关注战事动态，争取和平与民主”等。载文有《妇女职业问题》《论职业妇女》《妇女与经济》《延安的母亲们和她们的托儿所》《北平职业妇女的生活》等。

本刊为妇女刊物，月刊。每卷6期，共出12期。约1946年7月出至第二卷第六期停刊。现保存于中国国家图书馆、自贡市档案馆、重庆图书馆、复旦大学图书馆、上海图书馆。

《职业妇女》创刊号封面

《东方副刊》(1944 年)

本刊是商务印书馆办的《东方杂志》的副刊，故名《东方副刊》。原在香港出版。香港沦陷后，该馆迁至重庆，1943年3月《东方杂志》复刊。1944年11月出版了《东方副刊》，发行者商务印书馆（通信处为重庆白象街商务印书馆代转）。编辑兼发行人苏继廎，总干事王承绪，常务编辑谢志耘、冯润庠、朱树屏，编委会有王大珩等20人。

本刊《发刊词》提及，“缅甸失陷后，不但影响物资供给，且增剧文化封锁，尤以国外出版之图书杂志邮递困难，故集合各学科二十人组织成东方副刊编辑委员会，主办刊物给予补救”，“为之补救为符合《东方杂志》之体裁起见，偏重国际问题，篇幅分配以社会科学为主，理工科学为附，文艺次之，且以通俗介绍为目的。”本刊以“介绍最新学术与国际思想趋势”为主旨。其主要内容为最近国内外出版新书杂志提要，借以“打破我国所受之文化封锁”，收入《联合国对欧洲的进攻》《美国在世界经济中之地位——资本之动态》《英国外交行政》《英国战后政治机构》《太阳与地球间距离之测定》《哺乳动物之生殖力》等文章。本刊还介绍了美、英、苏等国政治、经济、文化情况和各国的关系、国际政局等。

本刊为综合性刊物，月刊。40开本。1947年1月出至第二十号终刊。共出20期。现保存于中国国家图书馆、四川大学图书馆、重庆图书馆、上海图书馆、甘孜州档案馆。

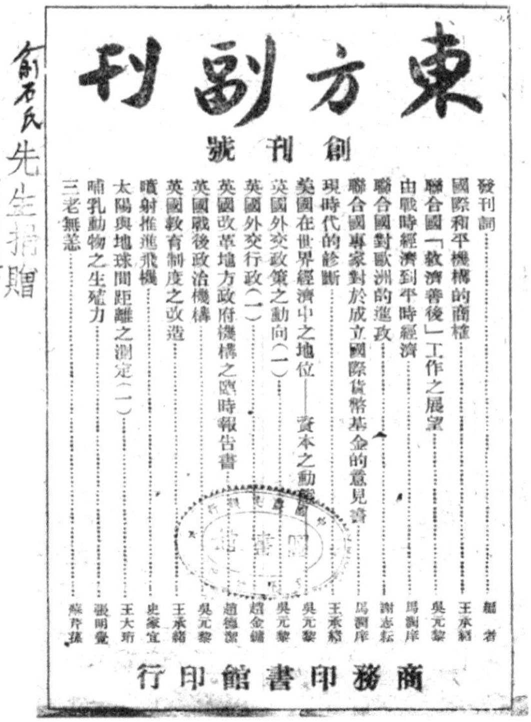

《东方副刊》创刊号封面

《华声》(1944年)

1944年11月在渝创刊，华声出版社编辑出版（社址在重庆芭蕉园9号，后迁保安路11号）。编辑翟桓、顾梁，发行王玉林，经理赵文璧。

本刊以探讨战后政治、经济、教育等问题为主，内容有各国民主政治的比较、美国大选的剖析、中共问题的探讨、黄金运用方法介绍、战后高等教育问题的讨论等，此外还收录了随笔、小说、书评、漫画等文艺作品，以及一些讨论联合国的文章。本刊撰稿者多是知名人士，有罗家伦、萧公权、张西曼、潘公展、老舍、赵敏恒、梁实秋、张申府、黄宗江、袁水拍等，还收有叶浅予的漫画等。本刊是研究当时经济、政治、教育、社会生活等各方面的重要资料。

本刊为时事政论性综合刊物，半月刊。16开本，每期30多页。1945年1月出第五、六期合刊，第一卷共出6期。1947年1月出第二卷第一期后停刊。共出7期。现保存于重庆图书馆、四川大学图书馆、南京图书馆、桂林图书馆、上海图书馆。

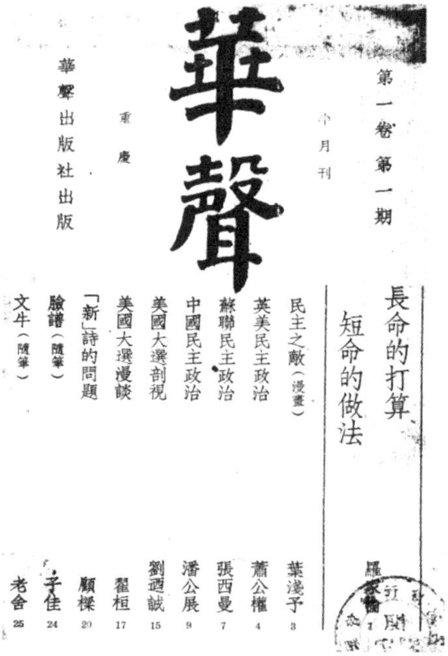

《华声》第一卷第一期封面

《新商业》(1944年)

1935年创刊于上海，周琎主编，抗战开始后曾停刊。1944年11月在渝复刊，卷期另起，新商业月刊社编辑部编辑（社址在重庆临江路14号），沪江大学商学院发行。发行人凌宪扬，主编曹国璋，顾问有杨开道、章乃器、杨荫溥等7人。

本刊主旨为发展商业。其内容包括一般工商贸易之学理、技术、计划之著述或译作；国内外工商实业之调查，工商业经营、管理、实际经验之报告；国内外工商动态之报道、新事业、新建设、新改革之介绍；国内外贸易等的论述、经验；商业成功人物分析介绍，商业常识释义，新书介绍与批评等。本刊聘有千家驹、王云五、王志莘、王亚南、马寅初等48位特约撰述人，设有论著、译述、研究、人物、讲坛、调查、史料、报道等栏目。本刊大量地提供国内外商业知识，报道和探讨在商业交换中的各种知识技能，同时介绍新的商业理论和学说，促进战后商业的发展和商业理论知识的研究。

《新商业》第一卷第一期封面

本刊为商业刊物，先为季刊，复刊后改为月刊。每卷6期。约1946年10月出第二卷第五、六期合刊后停刊，原因不详。现保存于重庆图书馆、上海图书馆、四川省图书馆、四川大学图书馆、吉林师范大学图书馆。

《永川教育旬刊》—《永川教育月刊》(1944 年)

1944年11月在渝创刊，永川县民众教育馆与国民教育辅导团合办（地址在永川文庙）。每期发行400份。因经费困难，于1945年1月停刊，共出8期。后经民教馆馆长邓崇仕筹募基金，于1945年8月复刊，更名为《永川教育月刊》，永川教育月刊社编行，编辑蒋顺刚、盈鼎成等，发行人邓崇仕。

本刊为“贡献各项实际教育资料，辅助教师而办”，包含论著、教导方法、研究史摘、时事评述、教育消息、研究报告等栏目，收入《现代教育人员应有之认识》《童子军教学应注意儿童学习活动的全部》《联合国歌全文》《农民爱国的故事》《补救失败教师的方法》等文章。本刊主要“介绍及交流教育的观点、主张，探讨教育问题，促进永川地区教育的发展”。

本刊为地方教育刊物，初为旬刊，复刊后改为月刊，月初发行，每期发行约200份。1948年本刊刊登了一篇《永川教育往哪里走》的文章指责一位校长在一则几十字的遗失启事中就有十几个错别字。该校长一时被传为笑柄，被撤去职务。邓崇仕因而被控告，打了一场官司。不久刊物停刊。《永川教育月刊》现保存于重庆图书馆。

《学生杂志》(1944年)

1914年创刊于上海，原名《学生》。1938年12月迁香港，1941年11月停刊。1944年12月15日在重庆复刊，续出第二十二卷第一期，商务印书馆学生杂志社发行（地址在重庆白象街）。编辑谭勤余、王学哲；不久后王学哲任主编，编辑潘大雄、曹维坚。1946年5月15日出完第二十三卷第五期后迁往上海，出至1947年8月第二十四卷第八期停刊。

渝版《复刊词》中提及本刊的历史，特别是办刊、停刊经过。本刊体例“除以介绍专家著述、各科知识、国际情势、文艺创作等为主外”，也刊载学校状况、教学生活素描、学生作品等。本刊内容以“供给中学生课外知识为主，以中学生为对象”。本刊设有论著、科学知识、国际知识、人物传记、医药卫生、文艺、新书介绍、学生园地等栏目，稿件多来源于该校学生，也收入王云五、张君劢等名人的文章。本刊断断续续存在了三十余年，传播各类课外知识，在当时的中学生群体中产生了广泛而深远的影响。

《学生杂志》第二十二卷第一期封面

本刊为中学生刊物，月刊。32

开本。在渝出版的第二十二卷共12期，第二十三卷共5期。1945年12月曾出版“复刊一周年特大号”。现保存于四川省图书馆、四川大学图书馆、重庆图书馆、上海图书馆。

《文学新报》(1944 年)

1944年12月20日在渝创刊，文学新报社编辑兼发行（地址在重庆两浮支路8号附1号），群益出版社总经销。主编萧蔓若，发行人汪啸凡。1945年9月10日出第二卷第一期，扩大篇幅，总经销变为文光书店（地址在重庆中山一路218号），原社址被废除，来稿由文光书店转接。

本刊出版于抗战后期的国统区。其《发刊词》强调“文学是战斗的武器”，反对“与抗战无关”的论调，认为文学工作者的责任“随着抗战的进展而加重”，愿将有限的力量“献给国家，献给人民”。本刊“提倡通俗文学，讨论文学艺术的民族形式，创作与译介并重，兼顾评论”，其文学创作以诗歌、小说为主。本刊曾刊登白帆、王亚平、邹绿芷、徐迟等的诗，艾芜、周而复的短篇小说和萧蔓若的长篇选载等。本刊的理论批评侧重于对外国作家作品的评介，对国内文艺运动与作家作品的研究批评甚少。第一卷第三期编刊的“罗曼·罗兰逝世纪念特辑”，发表了郭沫若、茅盾、葛一虹、萧蔓若的纪念文章。主要撰稿者除上述诸人外，还有任钧、臧克家、戈宝权、冼星海等人。本刊还收入外国文学译著，如朱笄译《罗曼·罗兰的历史剧》、张俗译《孤独》等。

《文学新报》创刊号封面

本刊为文学类刊物，先为半月刊，自第二卷第一期改为月刊。第一卷出6期，第二卷出4期。16开本。约1945年12月停刊，原因不详。现保存于重庆图书馆、四川省图书馆、四川大学图书馆、上海图书馆、吉林大学图书馆。

《经济世界》(1944年)

1944年12月23日在渝创刊，经济研究社编辑兼发行（地址在重庆老两路口27号）。

本刊收录有关经济财政等行政思想政策之论文、译述、资料、书评等，长设有时评、论文、书评、资料等栏目。本刊对抗战后期的经济形势进行分析、论述，提出了建议性的对策。

本刊为经济研究刊物，周刊，自第二十二期起改为半月刊。1945年7月1日出第二十二期，篇幅增多。1945年7月16日出第二十三期后停刊。共出23期。现保存于中国国家图书馆、南京大学图书馆、重庆图书馆。

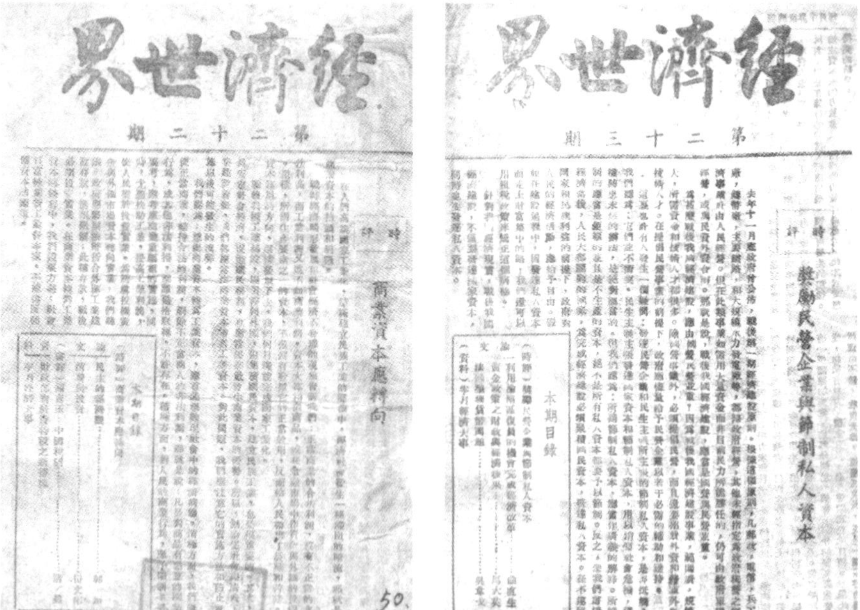
經濟世界
第二十二期
時評
商業資本應有的趨向
本期目錄

經濟世界
第二十三期
時評
獎勵民營企業與節制私人資本
本期目錄

《经济世界》第二十二期、第二十三期封面

《半月经济》(1944 年)

1944年12月在渝创刊，中国经济建设研究所编辑发行。

本刊对半月国内外经济情况进行论述，有半月述评（如《中国工业化过程中的几个实际问题》）、国内外经济简报（涉及工业、农业、贸易、水利、矿业、金融、财政等）、统计（如《半年来黄金市价变动表》《半年来黄金官价变动表》）等内容。本刊对抗战后期“国内外各种经济情况进行介绍、统计、分析、论述，为抗战建国提供一些参考意见”。

本刊为经济刊物，半月刊。油印。仅见1945年7月出版的第十五号。总期数和停刊原因不详。现保存于重庆图书馆。

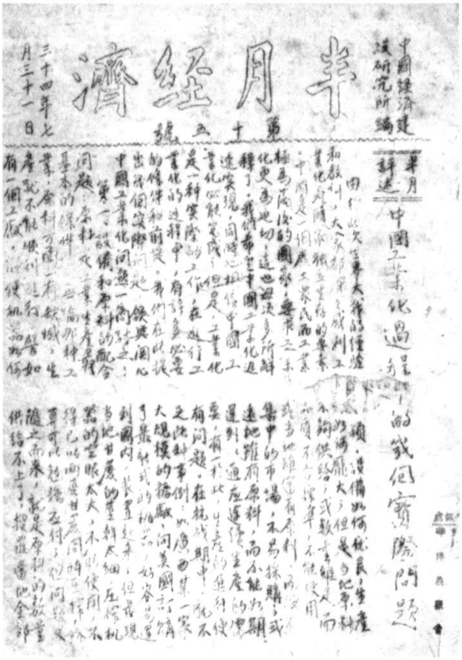
半月經濟
中國經濟建設研究所編
三十四年七月三十一日
第十五號
半月評述
中國工業化過程中的幾個實際問題

《半月经济》第十五号封面

《炼铝专刊》(1944 年)

1944年12月在渝出版，经济部矿冶研究所编辑发行（地址在重庆北碚白庙子）。

本刊目录为中英双语，撰稿者有王世丰、施家福、石充、张卯均，收入《经济部矿冶研究所炼铝实验始末》《中外铝矿分布情形》《炼铝简史》《电解炼铝之理论及其实施工作之研讨》等文章。本刊对中外炼铝情况进行分析，对专业炼铝方法进行了介绍。

本刊为冶金刊物，刊期不详。16开本。仅见1期。停刊原因不详。现保存于重庆大学图书馆。

《中学生》(1944年)

1930年1月创刊于上海，中学生杂志社编辑出版，开明书店发行，长期在重庆、成都、西安、昆明等城市销售。社长叶圣陶，编辑有丰子恺、夏丏尊、金仲华等。抗战开始后，本刊因印刷所被日军炮火轰毁，于1937年8月停刊，共出65期。1939年5月迁至桂林复刊，社长叶圣陶，出“战时半月刊”，每月5日、20日出版，期数另起。1941年10月出至复刊第四十九期，改为月刊。1944年6月出版复刊第七十六期后，因桂林疏散而停刊，并迁往重庆。1944年12月在渝续出复刊第七十七期（地址在重庆保安路132号），主编叶圣陶。自1945年9月复刊第九十一期始，本刊在渝出初版，在沪出再版。1945年12月出版的复刊第九十四期（即总第一百七十一期）是“复刊号”的最后一期，也是在重庆出版的最后一期。1946年2月本刊在上海续出，按总期数编号，为总第一百七十二期。自第二百一十六期起与《进步青年》合并，改名为《进步青年》出版，一直出至1951年12月的第二百四十二期。

本刊创刊号的《发刊词》提及，“中等教育为高等教育的预备，同时又为初等教育的延长，本身原已够复杂……大家对‘中学生’这词不清楚”，本刊的使命即“替中学生诸君补校课的不足，供给多方的趣味与知识，指导前途，解答疑问，且作便利的发表机关”，“彼此商量劝勉，共同学习实践”。1939年5月复刊时的《复刊献词》中指出：“野蛮与疯狂的法西斯侵略者，首先要把刀锋向着文化和智慧”，“可是文化和智慧也决不饶放过法西斯侵略者”，“旧的炸毁了，新的建造起来……只怕信念不坚，不愁事业不成。《中学生》杂志，是抱了这种坚定的信念，在西南抗战根据地宣告复刊的。在复刊之始，我们愿意和中学生诸君共相勉的：第一是努力追求文化与智慧。用文化和智慧的光辉，消灭世界上野蛮与疯狂的侵略者。第二是民族利益超过一切，牺牲一切个人的利益，时刻准备为救国救民而奋斗。第三是学习、工作、生活打成一片。生活是为工作，为工作而学习，而且从工作中学习。”本刊以中学生为主要对象，内容涉及各学科知识、国内外战事、科技、社会、文学等，设有卷头语、“中学生”的老朋友、世界谈荟、通讯问答、科学知识、青年论坛、青年文艺、读者之页等栏目，还刊有大量的出版物广告。本刊早期以趣味科学知识科普、西方文化介绍、文学艺术欣赏等内容为主；抗战时期，其内容以国际形势分析、青少年正确价值观引导为主。本刊执笔者有张铁生、胡愈之、张志让、冯友兰、吕叔湘、朱光潜、张天翼、丰子恺、朱自清、夏衍、范长江、臧克家等。本刊排版设计精美，封面常配有精美插图。载文有《中国科学的回顾与前瞻》《中学生的出路》《赫克尔“生命之不可思议”》《谈英语词类的转变和活用》《从数学问题说到我们的思想》《荷塘月色》《古代英雄的石像》《论当前中国战场》《北美洲的豪猪》《动物界的大力士》《动物智能之谜》《输血史话》《文学的魔术》等。

本刊为青少年刊物，刊期多次改变，在渝时期为月刊。本刊在渝出版复刊第七十七期至复刊第九十四期。在1945年的“拒检运动”中，本刊与其他进步刊物一起宣布拒绝原稿送审。叶圣陶还发表了《我们永不要图书杂志审查制度》的檄文，对当时的运动起到了重要的指导作用。现保存于中国国家图书馆、四川大学图书馆、上海图书馆、南京图书馆、重庆图书馆。

《中学生》创刊号、复刊第七十七期封面

《党史资料丛刊》(1944年)

1944年在重庆出版，国民党中央党史资料编纂委员会编辑，发行人高明强。1944年5月出版第二期。张建题写刊名。

本刊为“宣传党史史料专刊，取材首之以总理最早对外宣传之文稿，而次之以革命书刊选粹为中心”。本刊以“辑录总理暨革命先烈致力革命之文献，发扬本党悠久光荣之历史”为主旨，“取材以本会库藏史料为准，本刊所载各文悉依其原文”。本刊设先烈名著选、笔战缤纷录、革命文艺选等栏目，收入邹容的《革命军》、章炳麟的《驳康有为书》《驳革命驳议》《中国问题直解》、陈天华的《猛回头》《论势力范围》《六月霜传奇》、徐锡麟的《致知在格物义》等文章，还选入秋瑾、朱执信、吴樾的遗著。本刊还刊载征集党史史料的启事、简则、办法、要求等，是研究国民党党史的重要资料库。

本刊为文献类刊物，刊期不详。仅见2期。停刊原因不详。现保存于重庆图书馆。

《工商界》(1944年)

约1944年在重庆创刊，中国工商界月刊编委会编行（地址在重庆林森路双巷子4号）。社长柯尧放，发行人成栋材，主编周定勋。版权页又题名“中国工商界月刊”。

本刊旨在研究中国工商业，设有工业研究、商品研究、产业调查、书评、经济论文摘粹等栏目，载文有《一九四四年中国经济的回顾》《当前生产问题之检讨》《中国工业化及其有关问题》《世界各国之石油政策》《修正公司法则原则全文（附录）》等。本刊“分析当时工商业形势和问题，为工商业的发展提供建议，促进抗战建国”。

本刊为工商业刊物，月刊。1945年元月出第二卷第一期。现存最晚一期为1945年5月出版的第二卷第六、七期合刊，为“公司问题特辑”。总期数和停刊原因不详。现保存于中国国家图书馆、重庆图书馆、复旦大学图书馆。

《号角》（1944 年）

约1944年在重庆出版，蜀光中学编行。

本刊主要收入蜀光中学的校内校务活动、工作情况等。1945年出版的第四期记录了蜀光中学1945级级友总会成立的情况、章程等。本刊载文有《级友总会的成立》《关于我们的基金》《闲话成都》《母校近闻》《各地级友们生活梗概》《我们的游行》，以及诗歌《写给她》等。本刊是研究蜀光中学的重要资料。

本刊为中学校刊，刊期不详。仅见第四期，并在第四期刊末《编者之言》提及下期内容，但未见其刊。停刊原因不详。现保存于重庆图书馆。

《四川各地生活日用品价格指数计算表》（1944 年）

约1944年由运务处重庆区办事处编印。

本刊主要登载1943年1—12月重庆、北碚、合川、彭县、宜宾、成都、内江、资中、酉阳等地区生活日用品价格指数，分别介绍一地区一年内每月的食物类、衣着类、燃料类、杂项类四项的报价、加权指数等，以表格形式呈现。本刊对研究当时川渝地区的物价有很好的参考价值。

本刊为物价刊物，刊期不详。油印。目前仅见1册，约300页。现保存于中国国家图书馆、上海图书馆、南京图书馆。

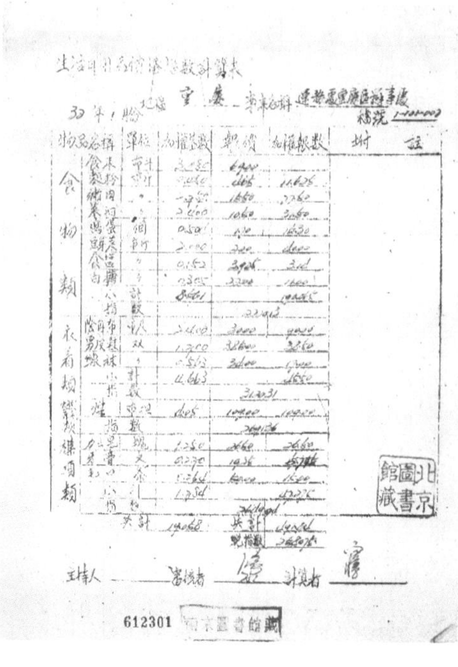

《四川各地生活日用品价格指数计算表》封面

《南浦新声》(1944年)

约1944年在重庆创刊，南浦新声季刊社编辑，万县旅渝同学会发行。具体出版期数不详。1945年3月为纪念万县旅渝同学会成立十周年复刊，重编期号为第二卷第一期，为“十周年纪念号”。编辑组刘功懋、高鸿鹄，发行组常裕如、陈鹏翮、潘标，资料组谭显微、户仁方等。

本刊《复刊词》提及，“万县旅渝同学会已岁长10年，停顿已久，中华民国‘新机幼苗，最易摧残’，能与列强并驾齐驱，真能维护世界之和平。故把握时机，努力新生，为爱国青年应有之态度，亦时机，献身祖国，此本刊复刊之着手处也。县为构成国家之单位，机体的细胞，身为某县之人，就近努力促进某县之事，收效也捷。任务欲完成，寄需各界青年、女士、贤达及各界人士者也。”本刊为万县旅渝同学会会刊，设有论著、东西南北、杂俎、学校介绍、广播等栏目，收入《旅渝同学会成立十年述感》《万县旅渝同学会之回顾与前瞻》《十年来本会会务之检讨》《识大体与端士习》《论智识大众化之必要》《建设新万县应有之观点》等内容。本刊对万县旅渝同学会的基本信息、会务工作进行了介绍，“刊登会员文章，团结会员，沟通情感”。

本刊为同学会刊物，刊期不详。仅见1期。停刊时间及原因不详。现保存于重庆图书馆。

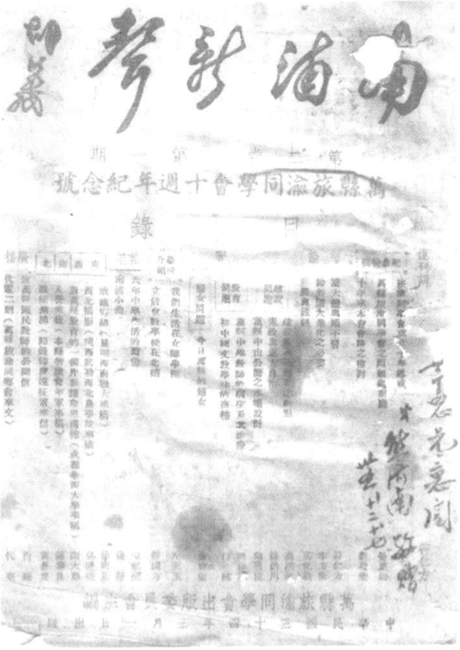

《南浦新声》第二卷第一期封面

《义声周刊》（1944 年）

约1944年在渝创刊，地址在重庆民权路27号。章伯钧与杨坤义创办。章伯钧为中华民族解放行动委员会主委（该会即农工民主党的前身）。杨坤义任社长（时为重庆岁丰面粉公司总经理兼厂长，负担本刊经费），汤海萍任总编辑，万钧涛任总经理（汤、万分别为西南润滑油制造厂厂长与副厂长）。

本刊主旨为“站在人民立场，虽不敢自誉为人民喉舌，至少代表着部分民意”，揭露国民党的专制独裁，横征暴敛，贪污腐败。每期发行3000份。约1947年5月，国民党重庆市党部书记龙文治借口换发“登记证”，扣留了《义声周刊》的登记证，本刊因而停刊。1949年11月30日重庆解放，《义声周刊》于12月1日复刊，出十多期后，因汤海萍、万钧涛离去而终刊。

本刊为政治类刊物，周刊。4开4版。保存地不详。

《战时儿童保育会六周年纪念刊》（1944 年）

约1944年在重庆出版，战时儿童保育总会编辑。宋美龄题写刊名。

本刊为纪念儿童保育会六周年而办，刊前有工作图片、题词、六年本会工作报告，刊后有木刻作品。本刊设有论著、教学经验、保育生作品等栏目。载文有《义童的福利工作》《保育工作的目的与希望》《如何发挥保育生军中服务精神》等。本刊“对保育会六年来工作概况、具体儿童保育工作进行了详细的记录，对战时保育工作进行了分析，提出了一些观点、看法”。

本刊为儿童福利刊物，刊期不详。仅见1期。现保存于重庆图书馆、上海图书馆。

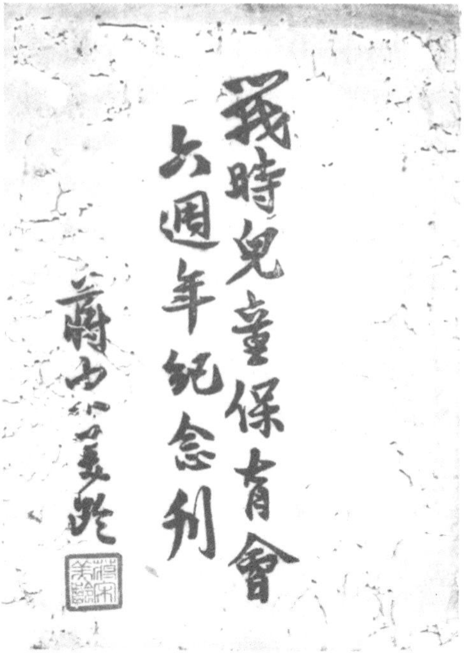

《战时儿童保育会六周年纪念刊》封面

《战时经济旬报》（1944年）

约1944年在重庆出版，出版者不详（地址在重庆天官府街14号）。

本刊主旨为分析战时经济形势，设有专论、经济新闻纪要、重庆市场、各地经济通讯、交通线上、工业界、幕后经济动态等栏目。其中“重庆市场”栏目介绍重庆物价、金融市场、郊区市场等情况；“工业界”栏目介绍工厂情况、工业近闻等内容；“各地经济通讯”栏目介绍外地（如西安、贵阳等城市）的经济情况。本刊以介绍并分析重庆地区经济概况为主，兼论其他地区经济，对战时经济进行了简要的论述，是研究当时各地经济的重要史料。

本刊为战时经济研究刊物，旬刊。目前仅见1945年1月30日出版的第十二期、2月14日出版的第十三期、2月28日出版的第十五期。停刊原因不详。现保存于重庆图书馆。

《战时经济旬报》第十二期目录页

《植川》（1944年）

约1944年创刊于重庆，经济部中国植物油料厂重庆办事处编。

本刊刊登各行各业的近况，设有简讯、统计、调查等栏目，主要供稿人有王剑青、吴鼎昌、岳嗣耀等，主要刊载各项统计数据及表格，有各地米盐市价、各地油料市价、重庆市粮食类食用类及服用类物价指数表、重庆市物价变动概述、行业调查及工会情况、人事消息和经建集锦等。本刊内容涉及多个行业，多统计、分析，为研究战时重庆的经济情况提供了翔实的数据。

本刊为经济刊物，刊期不详。仅见1944年6月25日出版的第七期。停刊时间及原因不详。现保存于重庆图书馆、上海图书馆。

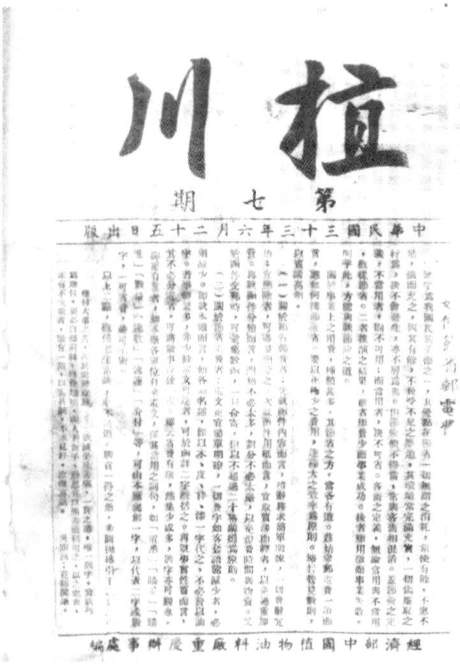
植川

第七期

中華民國三十三年六月二十五日出版

經濟部中國植物油料廠重慶辦事處編

《植川》第七期封面

1945 年期刊

《东吴法声》(1945 年)

1933年创刊于上海，1941年因东吴大学奉令内迁而停刊。1944年春，东吴大学法学院与沪江大学商学院在重庆联合复校。1945年1月1日本刊复刊，卷期另起，东吴大学法学院法律学系主编。总编辑张宗植，副总编辑钱一羽，发行人叶晓声，编辑委员有王香圃等17人。居正、孙科先后题写刊名。1946年迁回上海，续出复刊第四期。1948年1月出完复刊第五期后停刊。

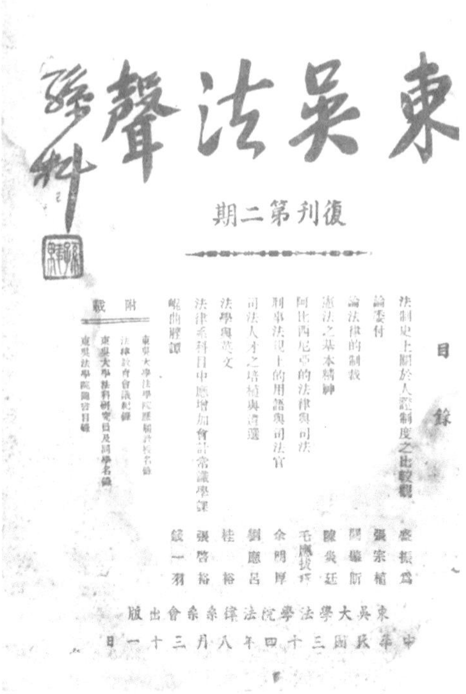

《东吴法声》复刊第二期封面

本刊主旨为研究法学，收入法律相关的各种研究性文章，如《论法律的制裁》《宪法之基本精神》《司法人才之培植与遴选》《法学与英文》等。刊后附录有东吴大学法学院历届教授名录、研究院及同学名录、图书目录等信息。

本刊为法学刊物，不定期刊。在渝共出3期。现保存于四川大学图书馆、重庆图书馆。

《光》—《光杂志》(1945年)

1945年1月1日创刊于重庆，光半月刊社编辑发行（地址在重庆神仙洞街188号），文化建设印刷厂印刷。主编兼发行人黄嘉音。封面印有“你们要做世上的光！”字样。1945年出版第十一期后迁至上海，同年12月出版第十二期，同月出版“上海航空版”创刊号。1946年8月1日自第十六期起改由光周刊社发行，自第十八期起又改名为《光杂志》。1947年6月出版第二十三期后停刊。

本刊旨在“报道文明进展，阐述世局演变”。本刊“适应自由中国读者的需要。需要《光》能以简洁、明快、生动、活泼的笔调，对文明的进展和世界大局的演变做扼要精辟的报道，帮助《光》的读者头脑清醒，走向开明进步的路”。第十六期《光周刊的态度》一文提及，“希望《光》成为一把历史的火炬，照亮今日历史的来从去迹，使读者对今日历史的趋向有个清楚而明确的概念。我们希望能不负我们的使命：帮助读者开明进步，促进中国安定、和平、民主！”本刊主要栏目有：星座（大世界的小事情）、望远镜（国外通讯）、显微镜（国内通讯）、走马灯（新闻背景）、光（科学、发明、医学、生理、教育、思想、艺术等方面的新发展）、艺术评介（对电影、戏剧、美术、音乐、书刊的批评介绍）、集光灯（人物介绍）、心理修养讲座等。载文有《抗战中国的无名英雄》《吾土吾民》《关门主义》《山穷水尽的德国》《超级飞弹轰炸日本》《清宫外史》《纸造的房子》《五彩电视：战后将应运而生》《在祖国的边缘》《斜坡上的巴东》等。

本刊为综合性刊物，初为半月刊，64开本；1946年8月自第十六期起改为周刊（名为周刊，实为半月刊）。16开本。在渝共出11期。现保存于上海图书馆、重庆图书馆。

《光》创刊号封面

《努力画报》(1945 年)

1945年1月1日在重庆出版，田家出版社编行（地址在重庆沙坪坝）。主编黄涛川，发行人张雪岩，特约编辑陈国桦、伍正谦、叶明勋。本刊前身为《田家画报》。

本刊第一卷第一期《编辑室》里提及本刊名“努力”，“用意是不管大事小事，唯有努力才能做得好，努力是工作者最基本的态度。希望大家努力，争取抗战胜利，以国家为前提，努力工作”。本刊设有努力论坛、时事与人物等栏目，以国内外时事为主，集论著、照片、漫画、音乐、诗歌等为一体。本刊所收文章多出自编辑，主要“登载兵民修筑公路，英、法、美盟军战图和俘虏德国士兵的照片等”。本刊“介绍各界在政治、军事、文艺等各方面为抗战建国所作的努力，图文结合”，是研究抗战的重要资料。

本刊为综合性画报，月刊。约1945年7月出第一卷第二期后停刊。仅见2期。现保存于四川省图书馆、上海图书馆。

《努力画报》第一卷第二期封面

《通讯》(1945 年)

1945年1月1日在重庆出版，通讯半月刊社编辑出版（地址在重庆九道门羊子坝18号），中心印书局印刷，文风书店总经售。编辑黄文耀、汤增启，发行人沈鄂、季灏。约1945年3月出版第一卷第六期后停刊。抗战胜利后迁至上海，1946年2月出版第二卷第一期后又停刊。

本刊旨在“宣扬中西文化，介绍世界知识及学术上诸问题之探讨”，内容有国际时事、经济实况、各科学说、文艺译述、读书心得、戏剧、教育、人物、国内外各地通讯、论著等。撰稿人有李继贤、沈颂芳、李鼎芳、潘公展等。载文有《文化的战斗性》《沙坪的羁棲》《华西坝观感》《中国大学的危机》《嘉庆前西洋画流传我国史略》《科学化与工业化》《战时生产与英国妇女》《人力经济学》等。

本刊为综合性刊物，半月刊。仅见6期。现保存于中国国家图书馆、重庆图书馆。

《一年间》（1945年）

1945年1月1日在重庆出版，国民公报社印行（地址在重庆民生路123号）。

本刊是为迎接1945年的到来而出版的，内容是“对1944年国内时局、经济、金融、财政、教育、生活等情况的回顾，特别是重庆的金融，谈及一些论调、看法”，载文有《川政四年来之回顾与前瞻》《卅三年我国金融之回顾》《论建国的经济政策》《中国国际收支均衡问题》等。在“文艺之页”栏目中刊有沙汀的《蹉跌》、艾芜的《婚姻》及一些诗。本刊是研究1944年各方面情况的重要资料。

本刊为综合性刊物，刊期不详。8开本。仅见1期。停刊原因不详。现保存于四川大学图书馆、重庆图书馆。

《中华体育》（1945年）

1945年1月1日创刊于重庆，中华体育学会编辑发行（通信处为重庆沙坪坝国立中央大学体育系转）。总编辑江良规，副总编辑俞晋祥，发行主任龚家鹿。

中华体育学会成立于1936年5月，由国立中央大学体育系创建，以“研究体育学术，改善民族体质”为宗旨。本刊《发刊词》一文中指出，“民族素质之改进，为奠立国家万年大基之先决条件。体育教育为锻炼人民体魄、繁荣人民生活、发扬民族精神与提高道德水准之有效方法。……发行本刊，藉以引起体育界同仁之研究兴趣，并愿以本刊为肇端，建立战后体育学术研究之广大园地！”本刊为“提高国民身体素质，探究各类体育锻炼的理论方法”，内容涉及体育教学方法、运动训练学、各国体育组织政策、体育活动与工作效能、运动与身体发育、各种运动价值及利弊等，也介绍体育史、国民体育工作概况及该会会务消息。载文有《体育与儒家思想》《田径赛教学要点》《篮球教学法之研讨》《“跑”的本质》《中西体育思想之史的对比》《中国体育之社会背景》《运动力学》《体育之心理基础》《舞蹈之意义》《运动会的筹备及举办（附表）》等。

本刊为体育类学术刊物，双月刊。1945年7月1日出版第四期后停刊。仅出4期。现保存于中国国家图书馆、复旦大学图书馆、上海图书馆、重庆图书馆。

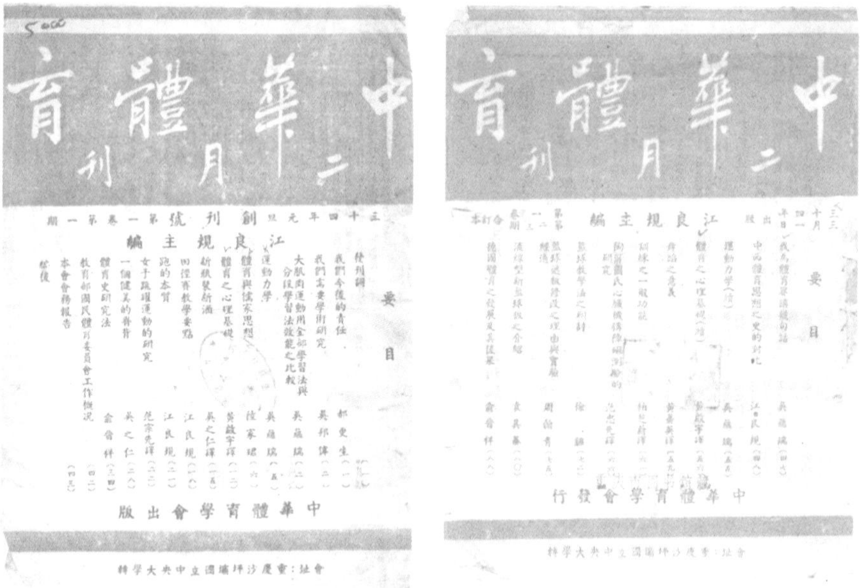

《中华体育》创刊号和第一卷第二、三期合订本封面

《复旦统计通讯》（1945 年）

1945年1月15日在重庆创刊，复旦大学统计学会复旦统计通讯社编辑发行。主编岳城，社长李玉文，副社长陈其福，出版人任清揆。

本刊“旨在联络会友，交换研究心得，发扬统计学术，报告毕业会友动态”。本刊设专论、通讯两个栏目。本刊主要执笔人有邹依仁、邓静华、薛仲

三、祁和福、李蕃、严明、高志瑜等。本刊主要内容包括“会计室发布的通讯社经济概况，登载捐款人姓名，发表与统计和数学相关的专业论著，普及统计学小史，最后刊登复旦统计通讯社社章”。“专论”栏目发表当时复旦教授和学者的统计学著作，载文有邹依仁的《常态曲线之演进史》、李蕃的《统计发展史中之皮尔生教授》、严明的《常态曲线公式之演讨》、邓静华的《概率之数理定义》等。“通讯”栏目主要是对该社日常大事件的记录，以及校友动态。本刊文章以专论为主，是复旦统计通讯社的机关刊物，对社会的一些情况进行了统计记录，为研究复旦统计通讯社和统计学演进提供了重要史料。

本刊为统计研究刊物，双月刊。油印。因经济困难，自第三期起发合刊，出第三至五期合刊。约1945年11月15日出第六期后停刊，原因不详。现保存于中国国家图书馆、复旦大学图书馆、上海图书馆。

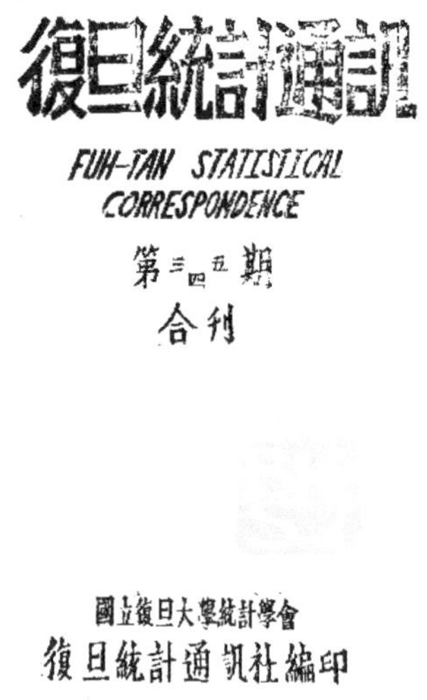

《复旦统计通讯》第一卷第三至五期合刊封面

《江苏青年》(1945年)

1945年1月15日创刊于重庆，江苏青年协会编行(地址在重庆林森路574号)。

江苏青年协会于1938年成立于重庆，以“团结江苏青年，砥砺学问，服务社会，从事救乡建国”为宗旨。本刊内容有论著、特写、演讲、忠烈介绍、文艺、纪事等，还有该会会员信息、会务简报、江苏建设及江苏青年运动的一些情况，以及诗歌、戏剧和散文等。

本刊为青年教育类刊物，月刊。16开本。共出10期。1946年1月10日出第九、十期合刊后停刊，原因不详。现保存于南京图书馆、上海图书馆、重庆图书馆。

《女青年》（1945 年）

1945年1月15日创刊于重庆，女青年半月刊社编辑兼发行（社址在重庆大田湾139号附1号）。

本刊设有短评、论著、文艺、妇女史话、妇女动态、科学小品、家庭常识、世界妇女、婚姻与家庭、妇婴卫生、读书指导、女青年园地、读者信箱等栏目。撰稿者有陈逸云、老舍、王新命、黛娜、周孝铨等。本刊“特别关注妇女，为女青年的喉舌”，意在“用女青年自己的力量来推动社会的进步，促进妇运的成功”，曾出版“教育特辑”“儿童健康特辑”。本刊旨在“解放妇女的思想，促进妇女的成长，为女青年提供一片精神园地”。

《女青年》第一卷第一期封面

本刊为妇女刊物，半月刊；自1945年7月第二卷第一期起改为月刊。16开本。约1946年10月出至第五卷第四期停刊，原因不详。现保存于四川省图书馆、四川大学图书馆、重庆图书馆、清华大学图书馆。

《艺文志》（1945 年）

1945年1月15日创刊于重庆，主编聂绀弩，发行人郭曙南，重庆文化供应社发行。1945年3月出第二期后终刊。

本刊“不分门类，不问性质，散文、杂文、报告、随笔、速写、通讯、游记、日记、小说、剧本、诗、学术札记等都可”。撰稿者有金满成、茅盾、秦牧、夏衍、沙汀等。本刊除收入国内的各类文学作品（如夏衍的《记“离离草”》、孙伏园的《乌云》、穆青的《夜船》、张恨水的《谈“上下古今”》、沙汀的《题“困兽记”》等）外，还介绍了许多国外优秀作品。本刊“对各类文学作品进行介绍、传播，成为人们的一片精神园地”。

本刊为文学刊物，月刊。仅出2期。现保存于中国国家图书馆、四川省图书馆、重庆图书馆。

《民主政治》（1945 年）

1945年1月16日创刊于重庆，社长兼主编胡秋原，经理杨振霖，民主政治社出版（社址在重庆中山一路206号附1号），文信书局发行。1945年11月出第十一期后终刊。

本刊“发刊词”中提及，“目前中国危亡，使我们不能不谈国事，不忍不谈国事，民主政治就是人人有权有责谈国事。我们办刊物的目的就是在联合大家研究中国的政治，并以实现民主政治为目标，讨论一切有关的问题，谈与中国相关的世界大事，与民主政治相关的学术文化等”。本刊为“自由主义的政治杂志，以实现民主的中国与世界为目的，讨论中国与国际政治及有关问题”。本刊主要内容有：“一、主为学术思想的文章；二、函件及报告：参政会、新闻界文化界之人士的公函”。本刊设有时评、论著、介绍、外论、文献、通讯、补白等栏目。黄炎培、冯玉祥、吴铁城、潘公展等都曾为本刊撰稿。载文有《由九一八谈到民主政治》《中国政治之前途》《自由与法治》《美国独立宣言法国人权宣言全文》等。本刊“对国内外时事进行介绍、分析、评论，传播民

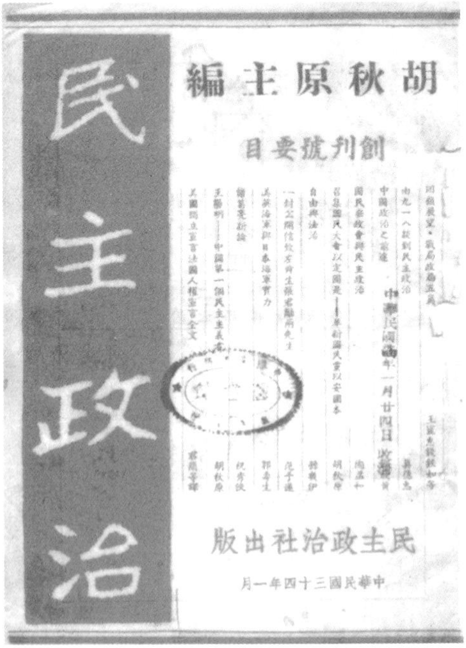

《民主政治》创刊号封面

主自由，促进抗战建国”。

本刊为时事政论类刊物，月刊。32开本。共出11期。现保存于中国国家图书馆、四川大学图书馆、重庆图书馆、南京图书馆、上海图书馆。

《重庆市国货厂商联合会八周年纪念特刊》（1945 年）

1945年1月20日在重庆出版，主编者朱联馥，发行人潘仰山，重庆市国货厂商联合会编辑发行。潘公展题写刊名。

本刊第十期收入潘仰山的《工商界的新使命》、潘公展的《论善用资本》、朱联馥的《对丝业前途概言》《战后发展南洋贸易刍言》《工矿现状之检讨与国货前途之关系》等文章，对一些重要行业进行介绍分析，提出发展建议；还有《会务回顾》对该会活动情况及出版物进行回顾。

本刊为工商社团刊物，刊期不详。仅见1期。现保存于重庆图书馆。

《国际知识》（1945 年）

1945年1月20日创刊于重庆，发行人罗坚白，编辑崔万秋（通信地址在重庆大田湾263号耐园）。

本刊“旨在普及国际知识”，“将同人调查研究所得，就正于海内外贤达先进，在社会上引起若干调查研究的兴趣，使国际事象较能获得普遍的认识了解”。本刊“调查研究倭寇文字较多，对抗战胜利有所裨益。本刊力求内容与形式通俗化，刊载与国际事象有关或相互印证的记述或描写”。本刊主要“收入对当前国际间政治、外交、军事、经济等问题有关之论著或译述，或介绍国际人物和学说及有历史价值之记载等，及政治漫画、国际趣闻等”。本刊曾刊载《太平洋的前途》《敌人的妄想与其结局》《太平洋战争前夕美日非正式谈话的纪录》《同日本再战五年与再战半年》《英国战后经济政策》等文章。

本刊为国际时事刊物，月刊。16开本。仅出3期。1945年3月出第二、三期合刊后停刊，原因不详。现保存于中国国家图书馆、南京图书馆、重庆图书馆。

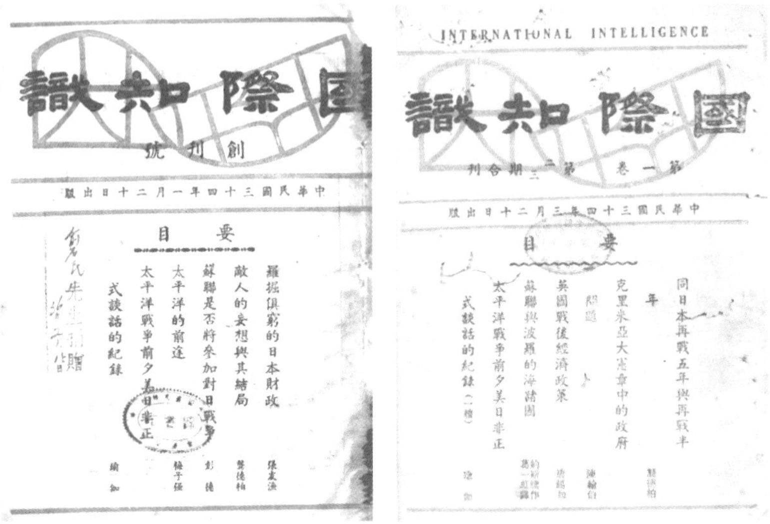

《国际知识》创刊号和第一卷第二、三期合刊封面

《新闻天地》(1945年)

1945年1月下旬创刊于重庆，新闻天地社编辑发行（社址在重庆中山二路170号）。主编卜少夫，总经理黄锦龄。发起人有毛树清、丁中江、丘南生、刘向渠等11位记者。1945年8月自第八期起迁至上海出版，卜少夫负责编辑。1946—1948年是《新闻天地》的全盛时期，发行了9个航空版。1949年4月迁至香港出版。约1950年6月停刊。

《新闻天地》第一期封面

本刊以“天地间皆是新闻，新闻中另有天地”为口号。第一期的《如是做，如是说》（渝版发刊词）一文中提及，“新闻不仅是生

活的放映，而且是生活的乳泉，全视角新闻的合理报道和人类生活方式的保育是分不开的。没有一种真实公正的报道风尚，和平幸福的新天地只是空洞的想象”，“中国新闻报道必须是有光、有热，是一颗巨星，为新中国新天地射出璀璨绚烂的光芒”。本刊初创时期发表了大量知名记者和军政要人的文章，后来主要报道国内外新闻，以轻松活泼、趣闻性内容为主，“偏重采用背景材料丰富的报道”。本刊报道的时政新闻配有大量的漫画、图片。本刊设有时事要闻、二战重要战事纪实、风土人物、天南地北、新闻信箱等栏目。本刊撰稿人有周天辉、柳达仁、鲁西源、黎君强、岳克基等。载文有《周恩来抵渝与新华日报》《成都妙联》《从历史看世界和平》《你也有机会坐超级空中堡垒》《马路新闻与新闻黑市》《菲律宾海战纪实》《敬悼罗斯福总统》《随中外记者团去柏林》《美国人的眼福》等。

本刊为综合性新闻刊物，刊期多次变更，在渝出版时为月刊；1948年1月起改为半月刊；1949年2月起改为周刊。16开本。在渝出版7期。现保存于中国国家图书馆、四川大学图书馆、自贡市档案馆、上海图书馆、重庆图书馆。

《公医》（1945 年）

1945年1月创刊于重庆，卫生署公医月刊编委会编辑发行（地址在重庆新桥）。第六期后每两期合为一期出版。1945年11月在重庆出第十、十一期合刊，在《读者注意》中提及第十二期迁南京出版，其后未见出版。

本刊以“辅导公医事业之推进，使他日公医制度能早日完成、早日普及”为目的。本刊为“使各方工作同仁互相交换工作经验，以资观摩起见”，内容主要为“记述个人实地工作经验、心得、感想，以及一机关一事业之创立经过、办理情形之作”，刊登有关医药卫生工作与研究成果，以及公共卫生、医政、医术、药理、营养和卫生防疫等方面的文章，同时介绍其他国家的医药卫生工作情况。本刊“为从医者提供经验与学术交流的场所，促进医药的探索、研究与发展”。

本刊为医学刊物，月刊。在渝出11期。现保存于四川省图书馆、重庆图书馆、上海图书馆。

《合川金融年报》(1945年)

1945年1月在重庆出版，合川银行商业同业公会编印，合川银行公会发行。李傥题写刊名。

本刊第一期内容是民国三十三年（1944年）底的合川金融报告，设有论述、附录、诗歌、座坛、杂写、合川金融周刊选载等栏目，“对合川的工商、银行的一些情况进行分析、论述、归纳，为来年的合川的经济进行指导”。本刊还收入一些诗歌赏析，“丰富金融业工作人员的生活”。

本刊为地方金融刊物，年刊。仅见1期。停刊原因不详。现保存于中国国家图书馆、四川大学图书馆、上海图书馆。

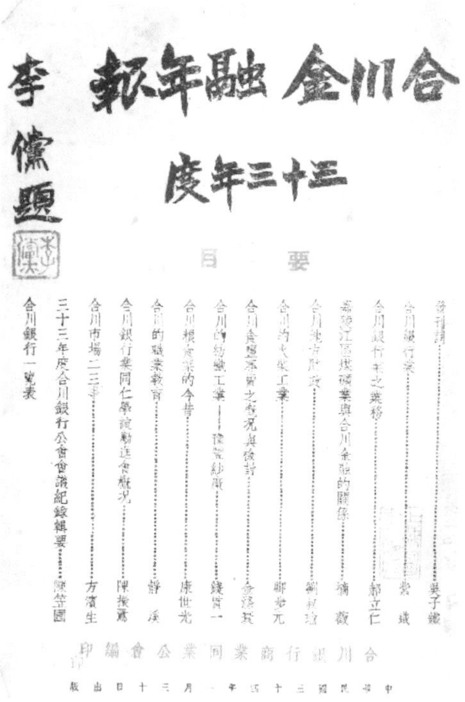

《合川金融年报》第一期封面

《民主与科学》(1945年)

1945年1月创刊于重庆，发行人兼主编张西曼（通信地址在重庆中一路198号），编辑吴燕生、陶大镛、丁雨山，助理编辑余逸君、万先荫、陈应新。1945年10月自第一卷第九、十期合刊起在上海印刷，12月出第十一、十二期合刊后停刊。

本刊“旨在争取国际民主团结及抗战胜利，同时促进科学教育，发扬科学建国精神，使国家、民族同跻于富强之林”。本刊主要“介绍民主国家模范作风，尤其关于国内外经济建设之宏规硕画，科学之发明”，主要收入与民主、科学相关的论述文章，还设有中国科学及经济建设要讯、时论选辑、小广播等栏目，介绍前沿的国内外政治、经济、科学信息。本刊每卷卷末会将前几期目录统一罗列。载文有《对开发西南实业应有的认识》《苏联科学与战争》《货币会议与中国》《中英生物科学的交流》《西北水利探源》《科学何以在中国不发达》等。

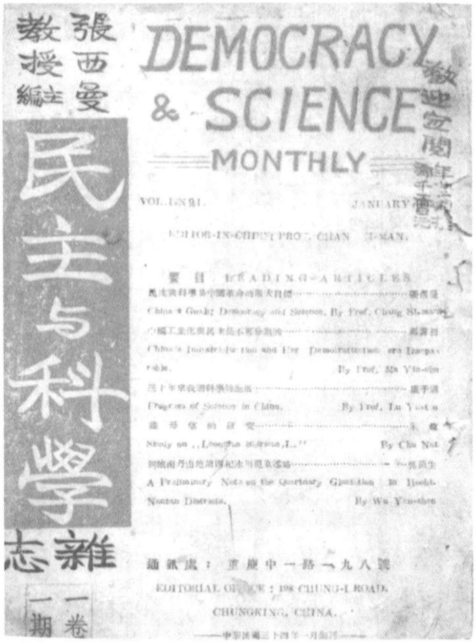

《民主与科学》第一卷第一期封面

本刊为综合性刊物，月刊。16开本。在渝共出8期。停刊原因不详。现保存于四川省图书馆、四川大学图书馆、重庆图书馆、清华大学图书馆。

《青年战士》(1945 年)

1945年1月在重庆出版，青年战士月刊社编辑兼发行（通信地址为重庆小温泉第235号信箱）。

本刊主要反映青年战士的情况，主要内容为“青年战士立场对政治、经济、社会诸问题，能针对现实作积极的批评、建议之文稿及军中生活、战斗经过，青年动态之通讯等”。本刊设有社论、短评、通讯、信箱等栏目，收入有关青年的政治、训练、教育等问题的论述性文章，还刊登一些小说、诗歌等。本刊“鼓励青年积极参加政治、经济、军事生活，并给予各种建议，给青年指明了道路，并丰富了其生活”。

本刊为青年政治类刊物，月刊。约1946年1月出至第二卷第二期停刊，原因不详。现保存于四川省图书馆、重庆图书馆。

《突兀文艺》(1945年)

1945年1月在重庆出版，北碚突兀文艺社编辑。

突兀文艺社是由重庆一群大中学校爱好文艺的学生组成的文艺团体，成立于1940年，社长杨木泉。“突兀”二字有“忽然崛起”之意。该社团主要在课余开展学习、讨论文学创作，主要活动是出版壁报、油印刊物，作品多反映社会现实。后来，突兀文艺社发展壮大成为跨校的学生文艺团体，有百余人。该社团先在北碚兼善中学内出壁报，后改为出油印刊物。茅盾支持该社团办刊，题写刊名并撰写《什么是基本的》一文对这些文学青年进行鼓励。本刊的一切费用由学生自筹，后来得到《新华日报》的支持和帮助，免费在报刊上刊登广告，影响很大。本刊登载的作品篇幅都较长，如1945年3月第三期发表了老舍在复旦大学的讲演《关于文艺诸问题》。

本刊为文艺类刊物，月刊。32开本。先为油印，后改铅印。1945年4月出第四期后停刊，原因不详。现保存于复旦大学图书馆。

《希望》(1945年)

1945年1月创刊于重庆，希望社编辑出版，总发行所为五十年代出版社（地址在重庆邹容路40号）。主编兼发行人胡风。本刊出版4期后于1945年12月停刊。1946年1月，本刊与《中原》《文艺杂志》《文哨》合出《中原·文艺杂志·希望·文哨联合特刊》。1946年5月本刊迁至上海续出第二卷第一期（总第五期），发行人胡国城，总发行所改为中国文化投资公司（地址在上海威海卫路587号）。本刊在上海续出期间，将原在重庆出版的4期内容重版发行。1946年10月本刊在第二卷第四期（总第八期）登出《紧要启事》：“因出版困难，以致脱期，能否下一期接着出版、如何出版，尚不能确定。”以后未见出版。

本刊《致读者》一文中提及：“本刊愿意收同好者的来稿，凡文艺创作和文化批评，除纯学术性文章，无论长短、无论类别都收”。本刊刊载各种文艺类作品，设有小说、诗歌、杂文、书评等栏目，有时也刊登一些插画。本刊撰稿人有胡风、阿垄、绿原、朱健、舒芜等。本刊内容主要为小说和诗歌，小说作品有《上海是一个海》《王兴发夫妇》《两个流浪汉》《名匠陆明》《山村小事》《黄河边上》等，诗歌作品有《第二代》《寒冷》《骆驼与星》等。本刊刊载的其他作品有《宰相怎样“代表”平民的》《青面生人》《哲学与哲学家》《论中庸》等。

本刊为文学刊物，月刊。现保存于四川大学图书馆、重庆图书馆、上海图书馆。

《希望》第一卷第一期封面

《小朋友》(1945 年)

1922年创刊于上海，首任主编黎锦晖。1926年5月，吴翰云出任主编。1937年10月出第七百七十七、七百七十八期合刊后停刊。1945年1月在重庆复刊，期号另起，小朋友杂志社编辑，陈伯吹主编，中华书局有限公司发行，代表人姚戟楣。1946年1月迁回上海出版，总期号续前，仍由陈伯吹主编。1950年12月自第一千〇一期起改为以小学低年级学生为对象的彩色画刊。1953年后改由上海少儿出版社编辑出版。本刊封面设计精美，刊名由小朋友撰写，每期都不同。

本刊以“陶冶儿童性情，增进儿童智慧”为宗旨，以年龄在十岁左右的小学中高年级学生为读者对象，提倡“用儿童自己的语言来办《小朋友》杂志”，强调“时时体贴小友们的心志，注意小友们的兴趣，谋划小友们的便益”。本刊“倡导儿童文学，宣传科普、社会知识、民间传说、儿童歌舞剧”，内容“力求丰富多彩、生动活泼、图文并茂、版式美观”，有小说、童话、戏剧、传记、诗歌、书信、笑话、游记等，“既推崇原创，也注重编译，还重视对民间文学的发掘”。本刊设有故事画、演讲台、小科学、小农场、小工艺、算术、游戏、幻术、谜语、世界新闻、儿童自由画、小朋友文坛等栏目，曾出版春季特刊《鲜花》、夏季特刊《凉风》、秋季特刊《明月》、冬季特刊《白雪》，以及“提倡国货”“抗日救国”“淞沪抗日战事记略”等专号。主要撰稿人有黎锦晖、吕伯攸、吴翰云、陈醉云、陆衣言、黎明、潘汉年、沈丽元、吴鸿志、张竹孙等，王人路等负责绘画。本刊在渝复刊时期刊载的作品有《假使你们希望做科学家》《不伤人的枪弹》《八百孤军》《怎样做个好学生》《笨哥哥的问题》《黑鸭比白鸭聪明》《有益处的东西》《平凡的童年》《暑天谈北冰洋》《把水装满篮子》《奇怪的旅行》等。

本刊为青少年刊物、儿童文学刊物，原为周刊，13期为1卷；1945年1月迁渝复刊时改为半月刊，在渝出版18期；1946年1月迁回上海后改回周刊。小32开本。停刊原因不详。现保存于上海图书馆、重庆图书馆。

《小朋友》复刊第七期、复刊第八期封面

《星期周刊》(1945 年)

约1945年1月创刊于重庆，星期周刊社编辑发行（社址在重庆中一路150号），社长刘光军，发行人徐景龙。

本刊主要刊载时事政治评论类文章，评论国民党政策，也发表一些小说、杂文、翻译等作品，另设有重庆人语、西洋幽默、西哲语录等栏目。本刊刊载了《责任和成功》《论中国外交政策》《倭寇特工队》《黄金案》《英国的情报部》《公务幽默》《第五纵队》等文章。

本刊为综合类刊物，周刊，每逢周日出版。仅见4期（1945年5月30日出版的第二十期至7月1日出版的第二十三期），每期四五页。停刊原因不详。现保存于上海图书馆。

《战斗中国》(1945 年)

1945年1月创刊于重庆，战斗中国出版社发行（社址在重庆新开寺东站对面），印刷者重庆扫荡报社。主编彭秉澄、罗敦伟，编辑委员有李立侠、易君左等9人。本刊在渝出完第一卷第十二期后于1946年迁上海发行（地址在上海南京路166号）。1946年5月在上海续出第二卷第一期后停刊。

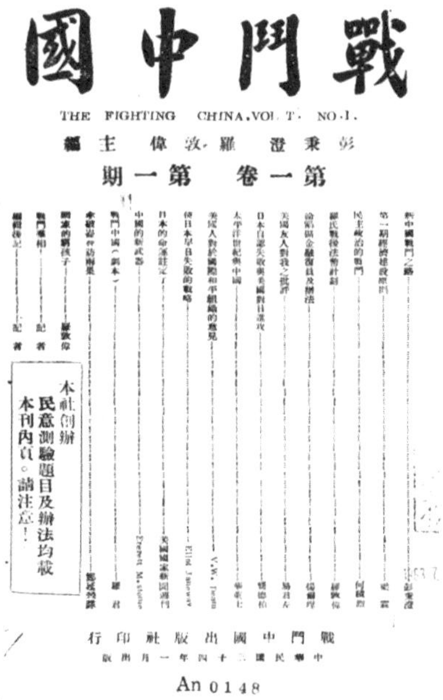

《战斗中国》第一卷第一期封面

本刊“以战斗中国全民族为目标，作为中国民众共同的绝对公开的刊物”，“呼吁用实际行动一切为前线、一切为胜利，痛自反省、详加批判、严加检劾”，主要“论述国内外政治、军事、经济、文学、艺术等”，并且有“本社创编民意测试题目及办法等”内容。本刊刊载了《太平洋世纪与中国》《美国友人对我之批评》《国防文化的分析》《日本的命运注定了》《论沦陷区金融复员问题》《使日本早日失败的战略》《日本之将来》《民主政治的战斗》《民主政治与世界合作》《五花八门的英选举宣传》《旧工业的新展望》等文章。

本刊为政论刊物，月刊。16开本。在渝出12期。现保存于中国国家图书馆、四川大学图书馆、重庆图书馆、上海图书馆。

《资源委员会业务统计月报》(1945年)

1945年1月在重庆出版，国民政府资源委员会经济研究室编行。约1945年12月停刊。

本刊主要刊登统计收支情形、人事状况、产销状况、产支状况、营业情形、运输状况、各业各月营业收入、主要产品各月产量指数图及变化图等内容，多图表、数字，分析细致透彻。本刊对资源委员会的基本资源、人事情况进行汇总、分析。

本刊为业务统计刊物，月刊。共出12期。现保存于中国国家图书馆、上海图书馆。

《民联》(1945年)

约1945年初在重庆出版，国民党左派组织三民主义同志联合会所办，谭平山、王昆伦、郭春涛、许宝驹、甘祠森等任编辑。1945年出2期。1946年，因民联中央迁离重庆而停刊。

1945年10月，在“民主同志座谈会”的基础上，“三民主义同志联合会”（简称“民联”）正式成立，谭平山、陈铭枢、杨杰、柳亚子等7人当选为常务干事，主持民联日常工作。本刊设有时局鸟瞰、短评、短文欣赏等栏目，刊登民联的文件及成员的个人文章，每期有一篇分析形势的论文。本刊记载了民联的组织活动、事件及成员对时局、事件的观点和看法，是该组织政治观点的主要宣传地，并扩大了其影响。本刊刊载的论文是一般公开刊物所不能发表的，因此刊物属于半公开性质，分送民联成员和群众，也分送各方面的进步人士。

本刊为时政评论性半公开刊物，刊期不详。共出4期。现保存于上海图书馆。

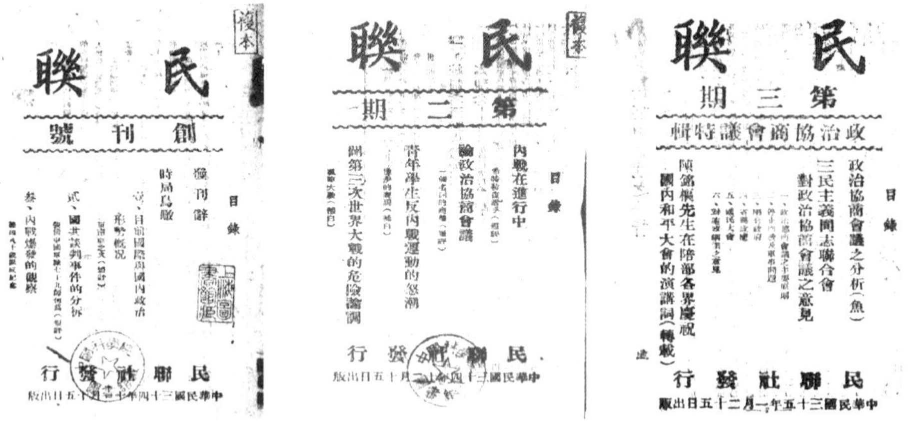

《民联》创刊号、第二期、第三期封面

《南风》（1945年）

1945年2月1日在重庆创刊，出版者南风社，南风编撰委员会编辑（地址在重庆中山三路218号）。编撰委员有潘公弼、陆丹林、徐府南、曾虚白、老舍、祝秀侠、谢冰等8人，发行人黄天鹏，经理张梅谷，庶务倪贻荪。吴敬恒题写刊名。

本刊“以论政、谈艺为经，新知、逸史为纬”，主要设时事论坛、文史丛载、世界名著、抗战史料、特辑等栏目。本刊不仅“讨论国内外时政，也介绍文艺、历史作品，内容丰富多样”。

本刊为综合性刊物，月刊。共出6期。1945年9月出第六期后停刊，原因不详。每期都有上一期的目录。现保存于四川大学图书馆、南京图书馆、复旦大学图书馆、重庆图书馆。

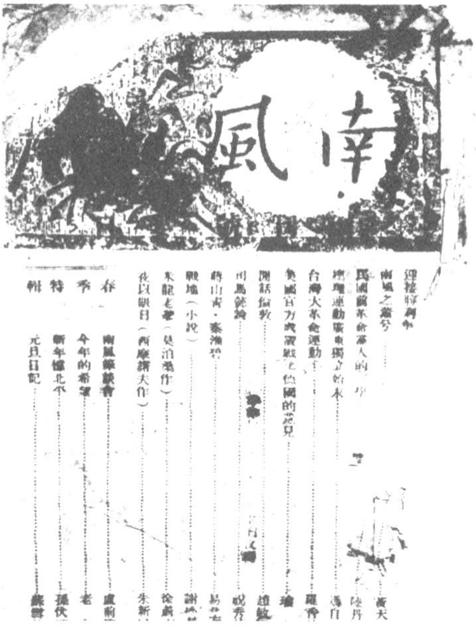

《南风》创刊号封面

《新生》(1945年)

1945年2月1日创刊于重庆，新生文艺社编辑发行（地址在重庆西三街5号）。约1945年4月停刊。

创刊号刊有类似发刊词的《我们的共信》一文。本刊主要“论述国内民主政治、经济建设、文化教育、社会生活的问题，提出一些合理的观点、看法、建议，兼论国外的一些情况”。载文有《黄金、美债与收缩通货》《罗斯福与新时代》《有朋自前方来》《对国民党今后政治纲领之意见》《谈经济建设》等。本刊篇幅较少，一般收录七至八篇文章。

本刊为时政评论类刊物，不定期刊。16开本。共出4期。现保存于中国国家图书馆、四川大学图书馆、南京大学图书馆、上海图书馆。

《新生》创刊号封面

《战时生产局公报》(1945年)

1945年2月1日在重庆出版，战时生产局编辑发行。

本刊设有公牍、附录、命令、法规等栏目，收入《战时生产局组织法》《战时生产局分处职掌规则》《战时生产局已成立各种顾问委员会一览》及“国民政府令”“行政院训令”“军事委员会代电”等内容。本刊记录战时与生产相关的各种法令法规，有一定的史料价值。

本刊为行政刊物，月刊。仅出2期，为第一卷第一、二期合刊。现保存于重庆图书馆、南京图书馆。

《中华论坛》（1945 年）

1945年2月1日在重庆创刊，主编章伯钧，中华论坛社出版（社址在重庆嘉陵新村内半山新村3号）。1946年迁上海出版，同年12月16日出第二卷第七、八期合刊，为“邓择生先生逝世十五周年纪念特刊”。此后停刊，共出2卷19期。

本刊以“全国人民的喉舌，民主政治的号角”为宗旨，“为彻底完成民族民主革命的双重任务，努力尽责”。本刊“内容包括政治、经济、社会、历史、哲学、文艺等部分，重视理论的探讨，学术的研究，以及各种实际问题之分析与批评”。抗日战争胜利前，本刊坚持抗战，要求民主，抨击国民党顽固派的独裁统治；抗日战争胜利后，本刊主张废除国民党独裁统治，实行和平民主，建立民主联合政府。文化界知名人士郭沫若、邓初民、许德珩、周谷城等经常在本刊发表政论文章。1945年7月1日出版第一卷第七、八期合刊，发表《中国民主同盟对时局的宣言》，呼吁抗战胜利后维持和平，并提出实现民主权利的四条要求。1945年8月17日，本刊与重庆其他十五家杂志社联合声明拒绝国民党图书杂志审查，在社会上引起强烈反响。1945年12月1日出第一卷第十、十一期合刊，为“第三党文献专辑”，由中华行动委员会编，刊有《中国第三党对时局宣言》，呼吁和平，反对内战；还刊有《本党概况》，介绍第三党的组建情况。

本刊为综合性刊物，中华民族解放行动委员会（即第三党）机关刊物，半月刊。16开本。在渝出第一卷第一至十一期。现保存于中国国家图书馆、四川省图书馆、自贡市档案馆、四川大学图书馆、重庆图书馆、上海图书馆。

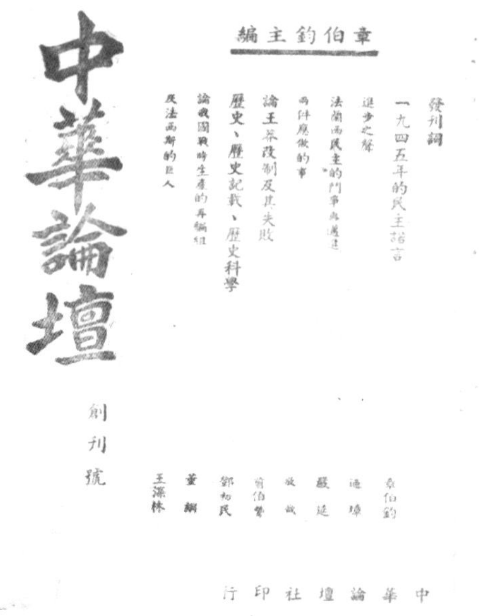

《中华论坛》创刊号封面

《自由》(1945 年)

1945年2月10日创刊于重庆，自由出版社出版(通信处为重庆中山三路313号人文书店转)。发行人黄季虬，编辑喻景师、刘荣棱、方荣欣、黄季虬、鲁丁、胡新夫。

本刊内容涉及“宇宙人生的探究，政治经济剖析，科学新知识的介绍，风土人情的叙述，乃至于人物个性的刻画，身边琐事的描绘。凡是以指示趋向，增加知识，促进努力，提高情操的，它都将兼收而并容”。本刊设有政治经济社会、国际、敌伪、文学艺术、通讯、时代点滴等栏目，收入《为什么要求民主》《不谈经济随笔》《你怎样疑难你的朋友》等文章。

本刊为综合性刊物，月刊。16开本。仅出创刊号。停刊原因不详。现保存于中国国家图书馆、四川大学图书馆、南京图书馆、南京大学图书馆、上海图书馆、重庆图书馆。

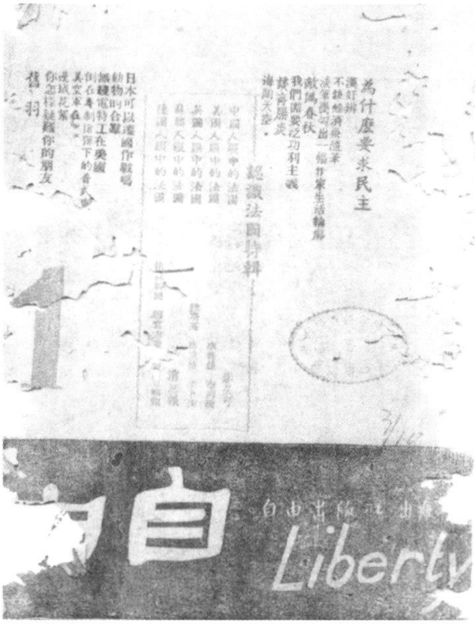

《自由》创刊号封面

《太平洋杂志》(1945 年)

1945年2月20日在重庆出版，编辑人查良镛，发行人张凤来，太平洋出版社发行(社址在重庆弹子石大有巷4号)。

本刊内容主要为“时事、学术、文艺、趣味的创作、翻译、节译等”，多数为译作，收入《关于爱因斯坦》《少年彼得的烦恼》《如花年华》《数学与和平》等文章。本刊内容丰富多样，旨在“传递正确多样的信息，提高读者的艺术能力”。

本刊为综合性刊物，刊期不详。第一期有下期目录预告，但仅见第一期。停刊原因不详。现保存于四川大学图书馆、重庆图书馆、上海图书馆。

《人生画报》(1945 年)

1945年2月28日创刊于重庆，发行所人生画报社（总社址在重庆夫子池大同路17号，分社址在昆明正义路396号）。主编周俊元，编辑张有为、张仲庆、姚正基，发行人许君武。

本刊主旨为“阐扬人生意义，指示人生途径”，“无非是供给并提高读者的人生趣味”。撰稿人有张同、张默生、吴泽、薛仲薰等。本刊设有农家乐、重庆生活、长篇连载、生活漫谈等栏目，收入照片、漫画、木刻、散文、诗和图画等，内容包括人物、风景、大事件、社会生活等。本刊以谈人生、论述人生追求等为主，并“由人的生命谈到动植物界的生命，激发人生向上，也兼论一些社会问题、政治问题及历史人物，从简单明了的图片、幽默风趣的文字中领悟人生的真谛”。

本刊为综合性刊物，月刊。16开本。1945年5月31日出第三、四期合刊后停刊。现保存于中国国家图书馆、四川大学图书馆、重庆图书馆。

《人生画报》创刊号和第三、四期合刊封面

《南开女中》（1945 年）

原在天津出版，后停刊。1945年2月在重庆复刊，期号另起，重庆南开女中编委会编辑。张伯苓题写刊名。

本刊设有论著、文艺、女中锁闻、故乡风土志、珍闻转录、活动记闻等栏目。“论著”栏目收入《知识青年当前的急务》《论思想自由》《论国文与各科之关系》《青年之敌》等；“文艺”栏目收入《秋月》《七绝二首》《大时代的小人物》等；“故乡风土志”栏目对各地方风土人情进行介绍；“女中锁闻”“活动记闻”栏目主要对该校的校务情况进行了记录。

本刊为中学校刊，月刊。1945年3月出第二期后未再出版，停刊原因不详。现保存于重庆图书馆、北京大学图书馆。

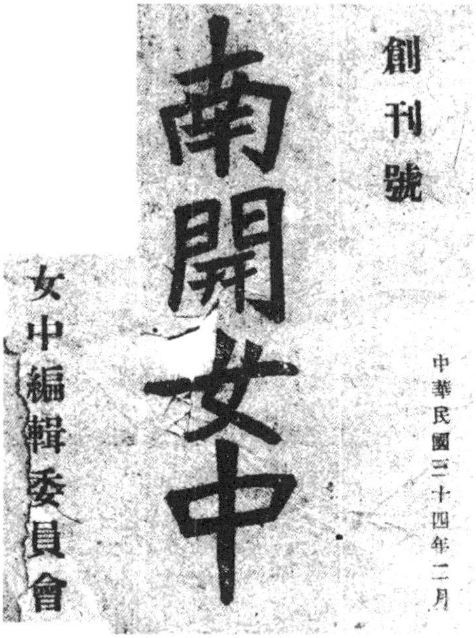

《南开女中》创刊号封面

《诗文学》（1945 年）

1945年2月在重庆出版，主编邱晓崧、魏荒弩，发行人邱晓崧，诗文学社出版（地址在重庆临江门顺城街22号）。

本刊主要收入诗歌，包括新作和译作。第一辑《诗人与诗》，刊有姚雪垠、王亚平的论文，袁水拍、邹荻帆的译著，艾青的诗集《强盗与诗人及其他》，何其芳的《谈自己的诗》等作品。1945年5月出版第二辑《为了面包与自由》，收入何其芳的《夜歌两首》、臧克家的《诗四首》等文学作品。本刊“为大家提供了一个文学作品交流的平台，特别是促进了诗歌的创作与传播”。

本刊为诗歌刊物，丛刊。仅出2期。停刊原因不详。现保存于中国国家图书馆、四川省图书馆、四川大学图书馆、重庆图书馆。

《诗文学》第一辑、第二辑封面

《新中华医药月刊》（1945 年）

1945年2月在重庆出版，中国医药教育社理事局高德明、胡光慈主编，沈炎南任社长兼发行人，新中华月刊社发行（社址在重庆观音岩临华街17号，后迁临华后街2号）。陈郁、叶楚伧等曾题写刊名。

本刊主旨是“使中华医药学术贡献于世界，展开新中华医药运动，完成中华医药学术的革新任务”。本刊主要栏目有论述、研究、专著、介绍与批判、杂俎、医药近讯、医药法令等，收入《药方类编自序》《实用外科学》《感冒漫谈》《医院诊所管理规则》《公私立医院优待警察机关伤病员警办法》《论国药》等文章。本刊内容丰富，对中医药学的学术交流、推广、普及、革新起到了一定的推动作用。

本刊为医药刊物，月刊。16开本。1948年5月25日出版第三卷第二、三期合刊后停刊。共发行3卷27期。现保存于中国国家图书馆、重庆图书馆、四川大学图书馆、上海图书馆。

《民主评论》（1945年）

1945年3月1日创刊于重庆，民主评论社编辑发行（地址在重庆人和街37号）。

本刊内容有社评、时事述要、学术论文，以及研究现代问题和外国人论中国方面的文章，“介绍国内外政治情况、经济建设建议，主要宣扬民主与民主政治，提出实现民主政治的观点、主张”。本刊收入《实现民主政治的必要前提》《现阶段的土地改革与工业化问题》《第一期经济建设原则》《国民党应有之政纲政策》《美国战争的目的》《如何走向政治民主之路》等文章。本刊还发表美国政界重要人物的访华观感。本刊“宣传政治民主，评论时事，为政治经济的发展提出建议”。

本刊为政治理论刊物，半月刊。16开本。共出4期。1945年5月1日出第三、四期合刊后终刊。现保存于中国国家图书馆、四川省图书馆、四川大学图书馆、南京图书馆、上海图书馆。

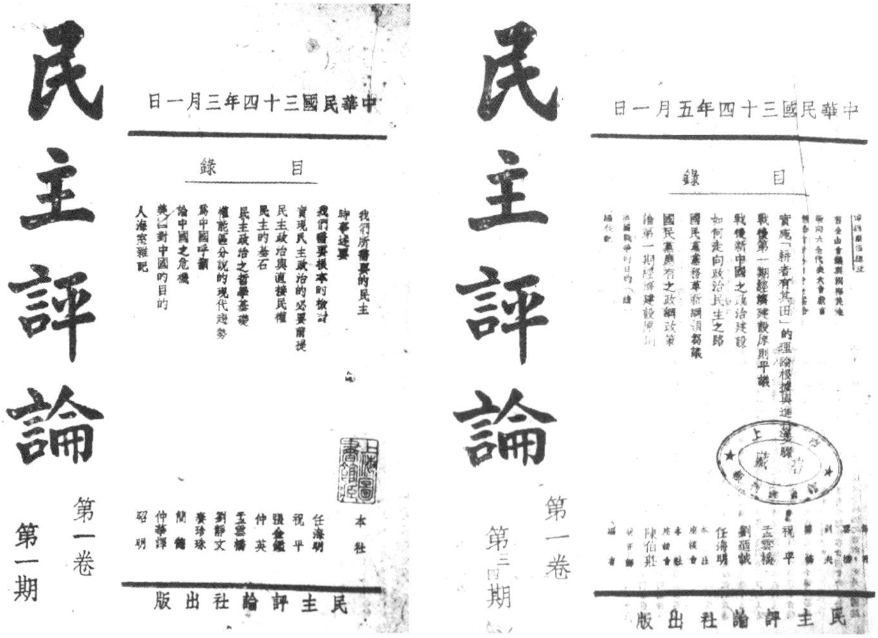

《民主评论》第一期和第三、四期合刊封面

《中国青年体育》（1945 年）

1945年3月29日在重庆出版，中国青年体育季刊社编辑发行。社长程登科，主编萧忠国，总编辑田汉祥，编辑戴仁声，经历杨文采。1945年12月出第一卷第三、四期合刊后即停刊。1947年5月在南京复刊（地址在南京中山路375号内3楼），续出第五期，并改名为《体育》，体育杂志社编辑兼发行。不久即停刊。

本刊旨在“研究体育学术，介绍健康知识，报道青年体育动态，提高青年运动风气”。本刊设有论著、研究、训练、行政、历史、体育专家、报道等栏目。本刊收入有关体育锻炼方法的文章，如《青年体操》《肌肉发达法》《急行跳远法》等，也有《体育的新认识》《战后我国青年体育之动向》《古希腊的体育》等体育理论研究类文章。第二期为“游泳特辑”。本刊“介绍的各种体育运动及相关的健康知识，对于增强青年体魄有一定的影响力”。

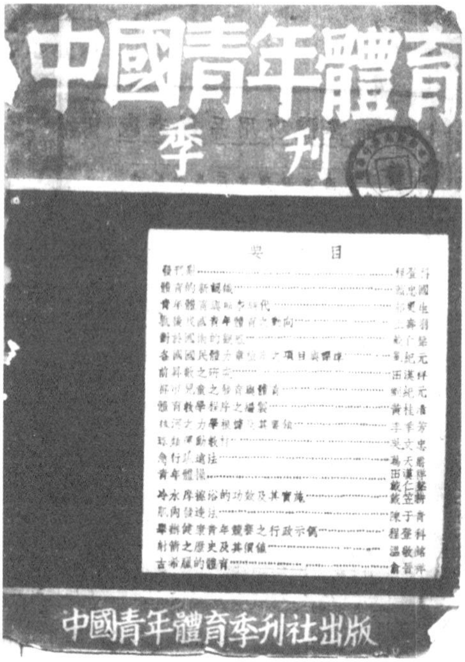

《中国青年体育》第一卷第一期封面

本刊为体育刊物，季刊。在渝出4期。现保存于中国国家图书馆、重庆图书馆、南京图书馆、中山大学图书馆。

《战运月刊》（1945 年）

1945年3月在重庆出版，军事委员会战时运输管理局印行。封面印有“本刊供本局同仁阅览”字样。战运即“战时运输”。约1945年5月停刊。

本刊“旨在发展交通运输，主要内容关于运输事业，如公路、铁道、驿运、空运等项之建设方案，工作计划，工程管理，设备改善，业务推进，研究结果，调查记录，原理学说之译述，及有关之专门论著，或运输界名人传记，书评，游记，诗歌与生活之描写，人生之经验，小品文等”。本刊设有法令（法规与训令）、业务报告、丛谈、交通文摘等栏目，“主要研究抗战时期国内的交通运输、通信设施的管理和改善等问题，汇集战时运输的有关命令和法律条文，发表战地随笔，报道运输消息等，还收入重要领导人物报告、讲词”。本刊刊载有《军事委员会战时运输管理局组织条例》《五年来公路交通管理的总检讨》《怎样统一运输机构》等管理、研究类文章，以及《西征吟雁》《山居杂记》《读行路之感》等文艺杂文。

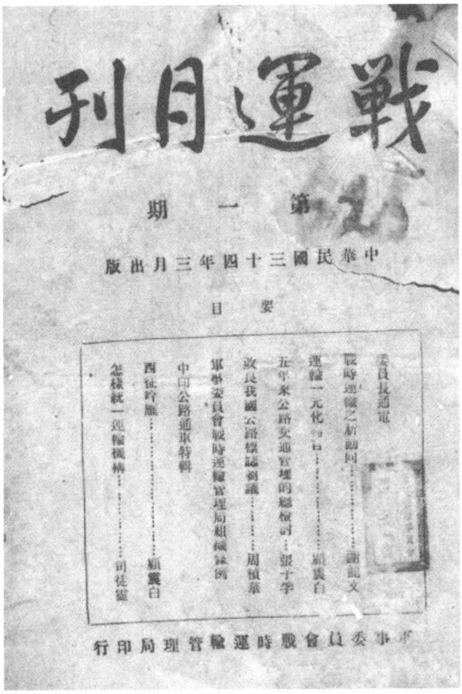

《战运月刊》第一期目录页

本刊为战时运输刊物，月刊。共出3期。现保存于上海图书馆、重庆图书馆、南京图书馆。

《新国风》(1945年)

1945年3月在渝创刊，新国风月刊社编辑发行。主编王孟邻、莫宣元、傅光海、贺严僧，发行人杨锦昱。王孟邻撰写《论科学方法、民主政治和法治精神（代发刊词）》。1945年4月出第一卷第二期；1946年10月出复刊号第一期，1947年2月出复刊号第四期后停刊。

本刊以“采取自由的研究，以科学的精神对社会与政治作客观的观察与批评，提出有建设性的建议，介绍新思想与新学术，为实现民主政治而努力”为宗旨。本刊“内容涉及社会、政治、经济、教育、外交、哲学以及史地的专门研究，有建设民主政治国家、太平洋战争局势、战后我国经济建设等问题的探讨”，还有“中外学术、中外民情风俗和文艺作品等”。主要撰稿人有程厚之、马大英、杨锦昱、金平欧、吴自强、姜季辛、高叔康、萨孟武等。载文有《论培养新国风》《改革政治的几件基本事项》《太平洋战争的新阶段》《认识美苏问题的焦点》《战后的中国农村经济》《细菌弹与原子弹》《玻璃是怎样发现的？》《两汉经学概论》《古泉闲话》等。

本刊为综合性社会科学刊物，月刊。仅见4期。停刊原因不详。现保存于上海图书馆、重庆图书馆。

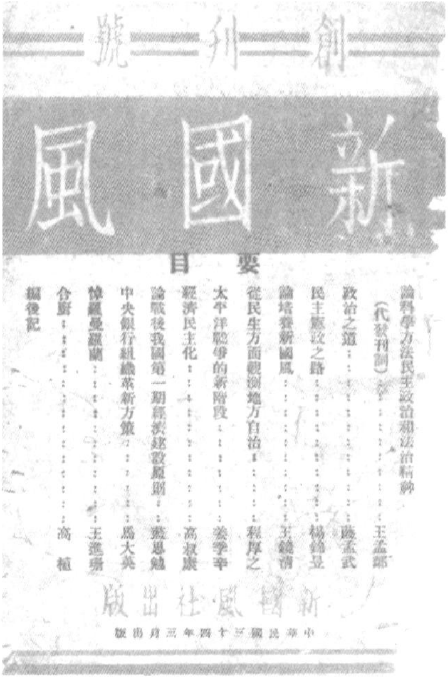

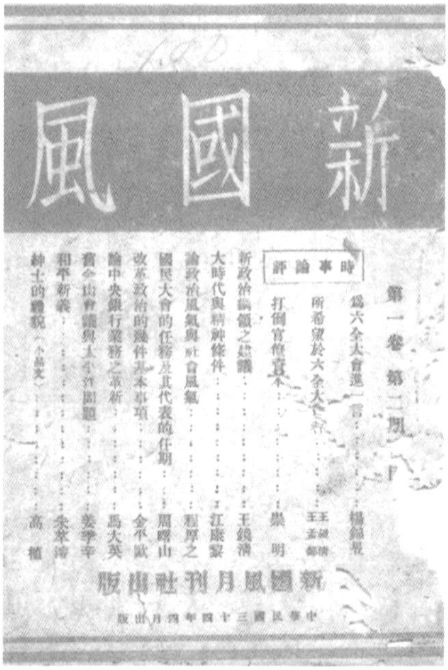

《新国风》创刊号、第一卷第二期封面

《中国农业推广协会会报》（1945年）

1945年3月在重庆出版，中国农业推广协会编辑发行（地址在重庆张家花园72号）。1945年12月出第二期。约1947年4月出第三期后停刊，原因不详。

中国农业推广协会于1939年5月在重庆成立。第一次大会即有创刊之意，但直到1944年10月第二届年会才决定编印此刊。本刊“以全国农业推广同志及会友为主要对象，介绍会友动态，反映国内外重要农推设施及本协会会务之进展等中心任务，使之成为会友间精神维系之连锁”。本刊宗旨为“普及农业科学知识，增高农民技能，改进农业生产方法，改善农村组织、农民生活，及促进农民合作”。本刊主要是关于农业推广的讨论、研究及消息报道的短篇作品，设有小论坛、论著、农林知识、通讯、本会消息、会友动态、国内农业消息、规章等栏目，记录了该协会“规章、活动、会员录等基本信息，并广征会友”，收入《农业推广协会与农业推广》《农业工作人员下乡问题》《推广工作与自我教育》《速成堆肥怎样制造的》等文章。本刊“报道农业推广的知识、研究性论述，真正为农民所需要，利于农业推广的开展”。

本刊为农业刊物，年刊。共出3期。现保存于中国国家图书馆、南京图书馆、重庆图书馆。

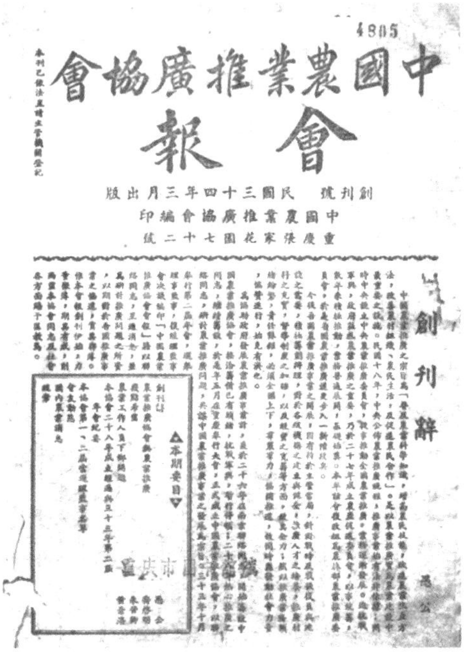
中國農業推廣協會
會報
創刊號 民國三十四年三月出版
中國農業推廣協會編印
重慶張家花園七十二號
創刊辭

《中国农业推广协会会报》创刊号封面

《绥远新生》(1945年)

1945年4月1日创刊于重庆，绥远省旅渝同学会绥远新生社主编（通信处为重庆南岸小温泉中央政治大学冯铭汤收转）。1946年3月1日出至第十二期停刊。1946年9月1日在南京复刊，1947年1月停刊。

本刊内容为“有关绥远省之政治、经济、教育、文化、史地、社会，及其他各种问题的论述，以及乡情报告、乡友动态，反映绥远民众生活等的文艺作品”。本刊旨在“团结绥远同学，沟通感情，了解家乡情况，促进家乡建设”。

本刊为地方时政刊物，月刊。16开本。现保存于中国国家图书馆。

《训练导报》(1945 年)

1945年4月1日在重庆出版，三民主义青年团中央团部编印。刊物原名为《青年通讯》。

本刊为“团部训练指导刊物，分发各级团队”。本刊辟有时论、论述、转载、忠勇事迹、工作时间、科学常识、军中文粹等栏目。本刊主要刊发三民主义青年团中央团部的活动动态、团长的讲话、青年训练的活动情况等，研讨青少年文化教育及政治教育问题等，收入大量“以三民主义为主评述时政的文章，宣扬民主政治，同时还介绍文学及科学知识”。

本刊为青年刊物，半月刊。16开本。每期约发行1500册。现存最晚一期是1946年9月1日出版的第四卷第一期。总期数和停刊原因不详。现保存于重庆图书馆、四川大学图书馆、上海图书馆。

《运输管理学报》(1945 年)

1945年4月8日在重庆出版，中国运输学会国立交通大学分会编辑发行（地址在重庆九龙坡）。

本刊内容主要是关于运输的评论性文章，也包括铁路、轮船、人提货等各种制度的情况，以及铁路货运和客运的制度规定、影响等。

本刊为运输管理刊物，刊期不详。16开本。仅见1期。停刊时间和原因不详。现保存于中国国家图书馆、复旦大学图书馆。

《影剧论坛》(1945 年)

1945年4月10日创刊于重庆，影剧论坛社编辑发行（地址在重庆会府街忠烈祠内）。主编张尧军，社长冯振亚。

本刊“主旨为研究影剧服务”，主要收入“有关影剧之评论、创作、影剧活动及演员生活报道等译著”。本刊“介绍剧目，研究影剧理论”，对促进影剧的发展有一定的影响。

本刊为影剧刊物，原定为半月刊，拟每月10日及25日出版，实为不定期刊。共出4期。约1945年7月停刊，原因不详。现保存于中国国家图书馆、南京图书馆、重庆图书馆。

《童军教育》(1945年)

1945年4月15日创刊于重庆，中国童子军教育学会主编（通信处为重庆中三路95号）。编辑有吴耀麟、萧忠国、傅治平、唐志衡、钱彬等。

本刊使命为“发扬童子军教育原理，研究童子军教育方法，讨论中国童子军问题，介绍各种童子军教材，指导各种童子军活动，报道中外童子军消息，推广中国童子军业务，改进中国童子军计划，协助童子军战时服务工作，发表童子军各种创作贡献等”。本刊旨在为童子军服务，设有各地童军活动、童军动态、童军园地、教学法、教材、特载、论著、训练标准、训导问题、童子军史料等栏目。本刊主要内容为“制定童子军的训练教学标准，报道各地童军消息和国外童子军动态”，还“介绍童子军游戏、童军在重庆的露营活动等”。

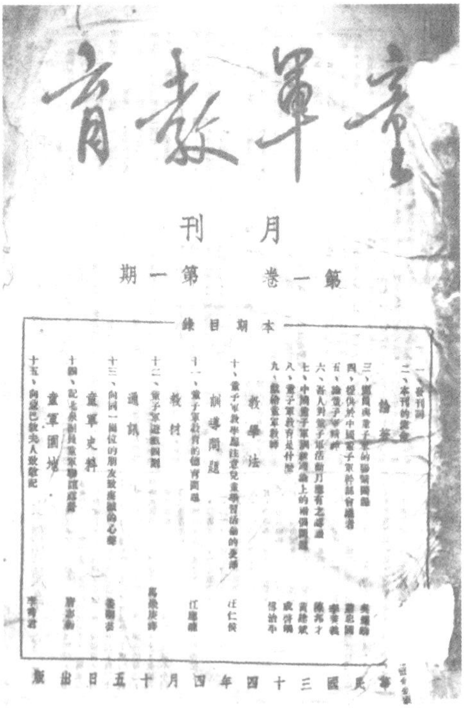

《童军教育》第一卷第一期封面

本刊为童子军刊物，月刊。仅见4期。1945年8月1日出第三、四期合刊。停刊时间及原因不详。现保存于重庆图书馆、上海图书馆。

《新战士》(1945 年)

1945年4月15日创刊于重庆，新战士月刊社编辑出版（地址在重庆复兴关青村1号）。1945年11月1日出第五期后停刊。

本刊是国民党青年军办的综合性读物，主旨为研究和发展新军，设有论著、生活修养、读书指导、军事知识、文艺、其他等栏目。本刊还请吴恩裕、任美锷等学者撰文，每期均有文艺作品和每月大事记。载文有《中国“民族创造”的精神原则》《第二次世界大战与国际法》《战后怎样提高学术水准》《美军的补给制度》《物价管制问题评论》《蒙哥马利的治军秘诀》《军中寄语》等。本刊“对当时国内外的政局进行介绍、分析，对新战士的生活、文化知识及军事训练等进行指导”。

本刊为军事政治工作刊物，月刊。16开本。现保存于中国国家图书馆、四川大学图书馆、重庆图书馆、上海图书馆。

《新战士》第三期封面

《台湾民声报》(1945 年)

1945年4月16日在渝创刊，出版者台湾革命同盟会（地址在重庆李子坝建设新村特19号）。发行人李万居，主编连震东。1945年10月7日出版第九、十期合刊后停刊。

本刊“探讨战后台湾问题，强调以三民主义为指导，号召台湾同胞迅速组织起来，发扬台湾同胞爱国爱乡的光荣传统”，“驱逐侵占台湾的日本军队，光复台湾”，还以相当的篇幅“揭露日本侵占台湾的罪行，报道台湾社会动态，介绍历史文物、民风民俗和一般民众的生活状况，强调台湾是中国的一部分，台湾人民是中华民族大家庭中的一员，呼吁全国人民支持光复台湾的斗争”。为本刊撰文的有连震东、谢南光、李万居、陈仪、纯青、谢东闵、吴金城等。载文有《由欧战结束谈到台湾问题》《日寇对台湾青年的征用与训练》《琉球与台湾》《台湾居民之由来》等。第五期是“台湾沦陷五十周年纪念特辑”。第九、十期合刊登出《紧要启事》：“本报议决自11期起，迁台湾出版。”

本刊为政治刊物，半月刊。16开本。共出10期。现保存于中国国家图书馆、四川大学图书馆、南京图书馆、重庆图书馆。

臺灣民聲報
第三期
國際託管制與台灣

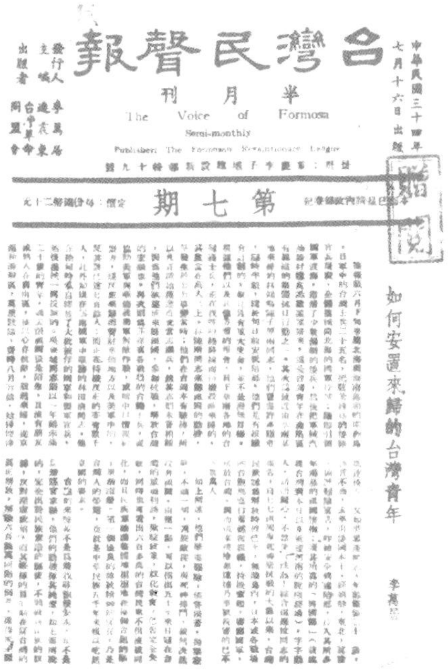
臺灣民聲報
半月刊
The Voice of Formosa
Semi-monthly
第七期
如何安置來歸的台灣青年

《台湾民声报》第三期、第七期封面

《国文杂志》（1945年）

1945年4月20日在渝出版，国文杂志社编辑（社址在重庆临江门大井巷10号），文光书店印行。主编叶圣陶、宋云彬，发行人杜铎。本刊于1942年8月12日在桂林创刊，1944年5月15日出至第三卷第二期停刊，迁往重庆。第三卷第三期（即总第十五期）于1945年4月20日作为复刊号重新出版。1946年2月1日出版第三卷第五、六期合刊后停刊。

本刊主旨为“辅导中学生学习语文”。本刊撰稿人有吕叔湘、朱自清、郭绍虞等，收文有《人物称数法》《怎样学习国文》《语文杂记》《行行重行行》《文章是怎样写成的》《关于今古文等》《研究诗歌的方法》《语文杂记》等。本刊对文字、文学、诗歌等语文知识进行分析、研究，提出很多有效的学习方法。

本刊为教学参考刊物，月刊。16开本。共出18期。现保存于中国国家图书馆、四川省图书馆、四川大学图书馆、南京图书馆、上海图书馆。

《两周评论》（1945 年）

1945年4月25日在渝创刊，两周评论社编辑发行（社址在重庆中山三路187号附2号）。沈尹默题写刊名。

本刊刊载时事短评，有《悼念罗斯福总统》《杜鲁门总统之措施》等，还收入《民生的现状与对策》《论中国民主政治之型》《现代的喀什米尔》等文章。本刊主要“对当前的时政进行评述，提出建设中国的观点、建议”。

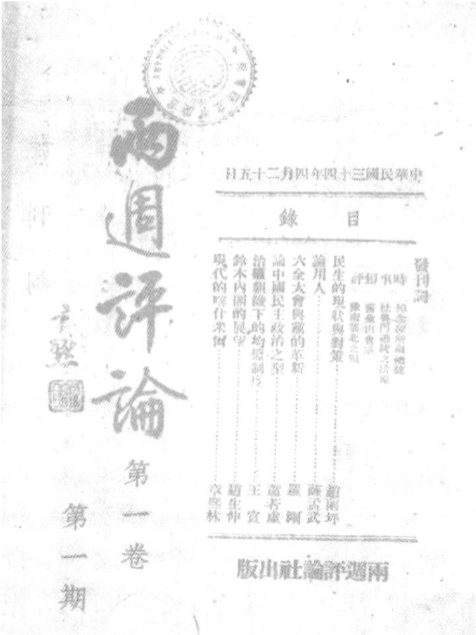

《两周评论》第一卷第一期封面

本刊为时事政治刊物，双周刊。16开本。第五期刊出《启事》：“本刊因性质变更。正另订发刊计划，所有订购事宜暂停办理。”实际第五期后即停刊。共出5期。现保存于四川大学图书馆、西昌市档案馆、重庆图书馆、上海图书馆。

《地政学报》(1945年)

1945年4月在渝出版，中国地政研究所编印（地址在重庆南温泉），地政出版社发行（地址在重庆上清寺蘅庐）。总编辑万国鼎。

本刊旨在研究土地问题。主要撰稿人有李绩新、西门宗华、王恒、潘信中、孟光与、钱家俊、萧铮等。本刊设有论著、评述、参考资料、书报述评、时论摘要、法令汇录、通讯、新闻、本会消息等栏目，主要收入关于土地的学术性研究报告，并有为利用土地资源而提供的物理、化学分析结果。本刊立足于农村土地问题，分析各时期农村推行的土地政策，促进各地土地问题、政策的研究，让人们对当时的土地政策有更好的了解和认识。

本刊为地政研究刊物，刊期不详。仅见1期。停刊原因不详。现保存于四川省图书馆、重庆图书馆、上海图书馆。

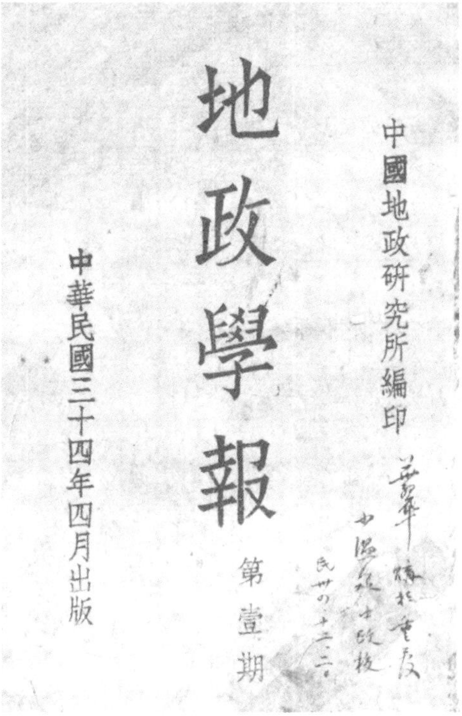

《地政学报》第一期封面

《儿童福利》(1945年)

1945年4月在渝创刊，中国儿童福利协会出版（地址在重庆北碚卢沟桥路1号）。总编辑马客谈，编辑委员艾伟、李洁悚、陈行恒、章柳泉、马客谈，发行人谢征景。约1946年3月停刊。

本刊“旨在研究推动儿童福利工作，主要为理论阐发、工作报告、研究心得及国外名著译述介绍”，“稿件多来源于从事儿童福利之研究者及工作者”。本刊设有儿童福利问题、教育问题、保育问题、专论、通讯、译著、附载等栏目，陶行知、陈伯吹、谷正纲等为本刊撰稿。本刊“研究儿童的各种问题，介绍分析国内外儿童福利的情况，交换意见，互相联系，促进国人关于儿童福利的研究与改善，推动儿童福利工作的开展”。

本刊为儿童福利刊物，月刊。16开本。共出10期。现保存于中国国家图书馆、重庆图书馆、重庆市北碚图书馆、上海图书馆。

《儿童福利》创刊号封面

《现代少年》(1945 年)

1945年4月在渝创刊，现代少年月刊社编辑（地址在重庆江北香国寺上首），独立出版社印行，正中书局、中国文化服务社等经售。

本刊旨在“促进现代少年各方面全面发展”。本刊收入的文章较少，“主要教导少年一些高尚的品格，通过一些富有哲理的故事、寓言来引出人生大哲理”。如第一期收入了何其强的《百善智为先》、于一奎的《沉舟》、金彗的《万象寓言》、向迪的《智为少年之宝》、骆宾笙的《小诸葛》、萧三梓的《剪痕》等文章。本刊“幽默风趣，寓意深刻，丰富少年生活，促进少年全面健康发展”。

本刊为少年刊物，月刊。1945年8月出第五期后停刊。现保存于四川省图书馆、南京图书馆、上海图书馆。

《役政月刊》(1945 年)

1945年4月在渝创刊，兵役部役政月刊社编辑发行（通信地址为重庆邮政信箱134号），国语千字报社印刷。约1945年9月出第六期后停刊。

本刊《发刊词》提及，“阐扬兵役国策，提出兵役理论，沟通各方面意见，宣达各地役政之实况，并检讨策进本身之工作，实为当前之要务，也为本刊旨趣”。本刊主要内容为“改进兵役的方案、建议，阐发的理论，记述研讨役政业务工作，宣传兵役的诗歌、小说等文艺作品，各种有关役政推行之军事、政治、经济、社会、文化等专门问题之论著”等。本刊是“研究兵役问题、发表役政意见的公开园地”。本刊设有特载、论著、资料、法规（研究）、文艺等栏目。载文有《现行兵役检讨》《论国民兵建设》《兵役制度原则之研讨》《各国兵役义务之比较》《开拓新兵源与建立新中国》等。

本刊为军事类刊物，月刊。16开本。共出6期。现保存于西昌市档案馆、四川大学图书馆、重庆图书馆、上海图书馆。

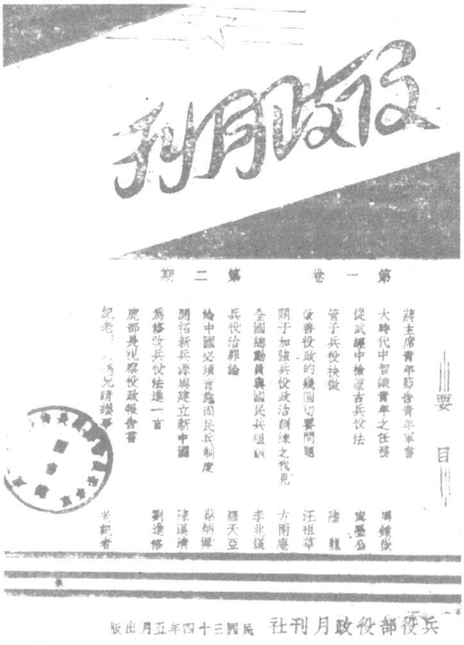

《役政月刊》第一卷第二期封面

《中国各重要城市粮食价格及指数专刊》(1945 年)

1945年4月在渝出版，粮食部调查处编辑发行（地址在重庆康宁路7号）。濮孟九主编，编辑姚同樾、王泰管、郑鸿。本刊为粮食部调查处丛书之二。

本刊内容多为表格，有各城市粮价指数表、指数位序表、粮食购买力表、中等熟米和小麦价格及指数表等，主要统计后方各重要城市米麦价格，分别以

1937年及1941年上半年为基期编制成粮价及粮食购买力指数图表。卷首有濮孟九的序及《粮价变动说明》一文。本刊通过表格数字对粮价的变动指数进行了介绍，对粮食价格猛涨的原因进行了分析。

本刊为物价统计刊物，刊期不详。仅见1期。停刊原因不详。现保存于重庆图书馆。

《北方建设》（1945 年）

1945年5月1日在渝创刊，北方建设月刊社编辑发行。发行人张聿飞，主编人张金鉴、张聿飞。

本刊主要内容有关“北方当前对敌伪们斗争诸问题，北方战后复员建设诸问题，北方之陷区通讯及后方各地有关北方之活动消息，北方之小说、故事及诗歌、文艺等”。本刊设论坛、通讯、资料、研究、编后记等栏目，收入《我们对北方建设的认识和主张》《山西的地理形势》《黄河文化与中国》《战后北方矿冶建设计划》《黄河下游的范围与特性》《周作人硬是不作“人”》《伪“满”大学教育失败的内幕》等文章。本刊“针对北方建设的政治、经济方面提出大量的建议、方法，号召大家为之奋斗”。

本刊为建设研究刊物，月刊。共出3期。约1945年8月停刊。现保存于重庆图书馆、南京图书馆、上海图书馆。

《北方建设》创刊号封面

《建国季刊》（1945 年）

1945年5月1日在渝出版，建国季刊社编辑发行。发行人王延松。

本刊《发刊词》提及其主旨有四：“发展工商业，促进经济建设”；“了解工商业之过去与现状，以促进策划未来之张本”；“研究国际工商业之关系与趋势，以适应时代之潮流”；“采工商界之意见，慎为取舍与归类，提供政府之参考”。本刊设有论著、战后问题研究、现状研究、名著介绍、各国经济状况等栏目，收入《我国的利率问题与利率政策》《论经济组织之本质》《战后中国工业化的几个问题》《西半球移植新农产品计划》《国际贸易统治论》《民生主义经济学说与中国哲学之关系》《由战后生产情形看战后国际经济关系之前途》等研究性文章。本刊主要“分析经济现状与过去，对比国内外状况，研究抗战后金融、经济等问题，意在推进战后经济建设”。

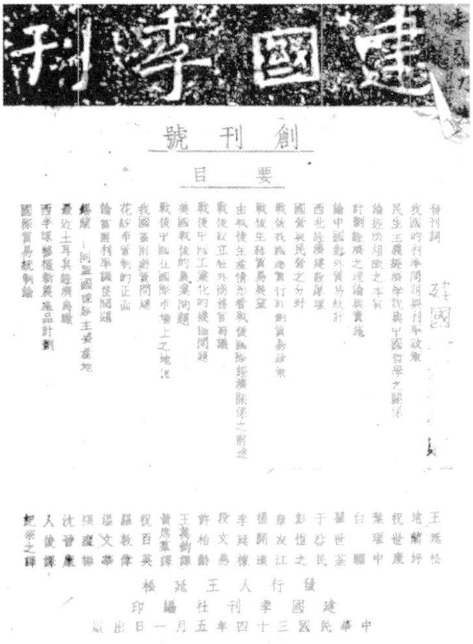

《建国季刊》创刊号封面

本刊为经济研究类刊物，刊期不详。仅见1期。总期数和停刊原因不详。现保存于复旦大学图书馆、重庆图书馆。

《新中国》（1945 年）

1945年5月1日在渝创刊，新中国出版社发行（社址在重庆两浮支路大水井1号）。社长李俊龙，主编吴英基，编辑委员有王鸩雏、老向、胡秋原等16人。

本刊主旨为“分析第二次世界大战后世界形势”，栏目有学术著作、学术讲座、时事论坛、国际知识、敌情研究、生活修养、兵学丛谈、战地通讯、文化消息、文艺创作等。本刊内容主要涉及第二次世界大战结束后国内外的社会、政治、经济、教育等诸多方面，此外，根据具体事件增设“旧金山会议特辑”“战后经济建设特辑”等内容。主要撰稿人有朱云影、朱恩隆、彭瑞夫、陈钟浩、王宣、胡秋原、张治中等。本刊曾刊载的文章有《国民革命的现阶段》《铃木内阁的透视》《在新世界中建立新中国》《欧战结束后的苏联远东政策之预测》等。

本刊为社科综合性刊物，月刊。16开本。1945年共出9期。1946年2月出第十期后停刊。共出10期。现保存于四川大学图书馆、复旦大学图书馆、重庆图书馆、湖北省图书馆、上海图书馆。

《英文月刊》(1945 年)

1945年5月1日在渝创刊，英文月刊社编辑出版，开明书店发行（地址在重庆保安路126号）。金仲华、顾均正、张沛霖、覃必陶、吕叔湘、杨承芳先后参与编辑。1946年7月自第十五期起迁至上海出版。1949年出第四十七期后停刊。

本刊是《中学生》杂志里“英文”栏目的扩大，“为了弥补一般英语教学上的缺陷和满足英语学习者的需要”，在内容上“最注意的一点，是怎样去适应读者的新需要。譬如读报的时候，常常碰到军事、政治、经济以及生活上的新名词，字典里也查不出，大家不免要觉得困难。又如和盟邦朋友交往，觉得需要会听、会说、会写……我们就想帮大家学习这些”，“供给大家切于实用的英语”。本刊介绍了英语的用法、特殊的含义，收入的文章多为中英双语，少数只有英文或中文。

本刊为教育类刊物，月刊。64开本。在渝出版14期。现保存于中国国家图书馆、四川大学图书馆、重庆图书馆、上海图书馆。

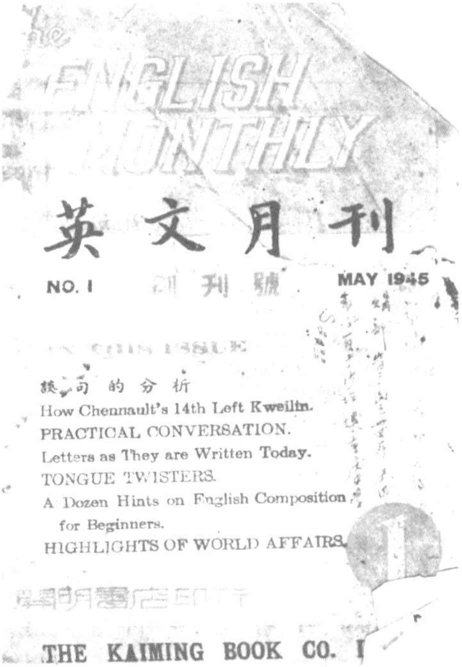

《英文月刊》创刊号封面

《中华乐府》(1945 年)

1945年5月1日在渝出版，中华乐府月刊社编行（地址在重庆九道门707号）。编辑者张庚由、卢前、刘延涛、庆深庵，发行人卫聚贤。于右任题写刊名。1945年7月1日出第三辑后停刊。

于右任题写《破阵子·祝中华乐府》作为代发刊词，指出当下“作家当战时”，“太平先有诗”，认为太平时代来临，作家应有所作为，创作更多的作品。本刊主要分诗、词、曲三个栏目，以诗词为主，曲较少。故本刊又名《诗词曲月刊》。每期前面有《本期作者姓名录》，主要作者有于右任、沈君墨、卢前、孙蔚如、谢无量等。收入的诗有于右任的《夜读幽风诗》、沈君墨的《春日杂咏十四首》；词有于右任的《齐天乐》、孙蔚如的《满江红》，还有《浣溪沙》《高阳台》《水龙吟》等；曲有于右任的《梦中有作》、卢前的《居延残简》等。本刊介绍了诗、词、曲等众多的作品，继承和发扬了传统文化。

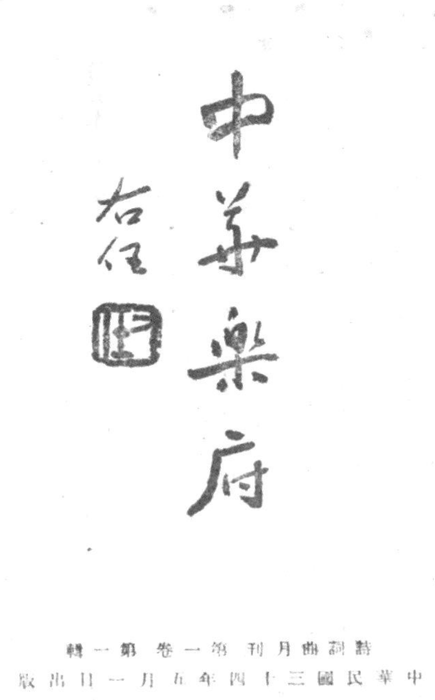

《中华乐府》第一卷第一辑封面

本刊为文学类刊物，月刊，每月1日发刊。共出3期。现保存于四川省图书馆、重庆图书馆。

《青苗》(1945 年)

1945年5月4日在渝出版，青苗月刊社编辑发行（地址在重庆赣江街85号）。发行人石孝先，主编人李岑峰。

本刊封二页有“谨以本刊纪念革命先烈石青阳先生”字样。郭沫若为本刊题词：“新鲜、健康、活泼，真像青翠的禾苗那样繁茂起来，得到丰盛的收获”。主编人李岑峰撰《青苗的歌唱和诅咒》作为代发刊词："1945年的春天来了，是胜利的春天，是民主的春天，是青苗的春天。青苗要歌唱，为每一个同胞而歌唱，青苗要诅咒，对敌人，对汉奸，土劣，和一切法西斯病菌诅咒。"本刊收入《战后币制问题答客问》《永生的友情》《人生的青苗》《琴师遇仙记》《青苗献词》《提倡体育如今后自强与国之要图》等文章，还有散文及一些诗歌、漫画等，具有文艺气息。本刊"为了迎接抗战的胜利而创办，歌唱同胞，诅咒罪恶"。

本刊为文学类刊物，刊期不详。仅见创刊号。停刊原因不详。现保存于中国国家图书馆、南京图书馆、重庆图书馆。

《青苗》创刊号封面

《文哨》(1945 年)

1945年5月4日在渝创刊，文哨月刊社编辑（社址在重庆林森路蹇家巷3号），重庆建国书店发行（地址在重庆林森路特24号）。编辑兼发行人叶以群。

本刊的口号是"向生活学习，向民众学习。从人民中来，到人民中去"。"文哨"意为"文艺阵地上的哨岗"。创刊号以《我们的方向》为题刊文强调要配合"目前民主运动的需要"，号召作家"面向农村"，"反映农村的生活和斗争"。创刊号《编后杂记》也指出："新文艺应突破知识分子和小市民圈子"，"扩大描写对象和读者范围"。本刊刊载文艺理论与创作评论、名人名作介绍、诗歌、小说、散文等，"采取创作、评论、翻译并重的方针"。本刊文体以小说、报告速写、诗歌为主，表现大后方人民的痛苦和民主要求，反映敌后抗日根据地和敌占区人民的斗争生活。本刊评论方面侧重探讨现实主义问题，有些短评触及战时文艺与大众的关系。本刊也翻译介绍了西欧各国的反法西斯文学。本刊曾出版5个纪念特辑：第一期有“罗曼·罗兰纪念特辑”，第二期有“欧战胜利纪念特辑”“战时法兰西文艺纪念特辑”“战时苏联文艺纪念特辑”，第三期有“抗战胜利纪念特辑”“茅盾先生五十寿辰暨创作二十五周年纪念特辑”。主要撰稿人有郭沫若、茅盾、夏衍、艾芜、沙汀、徐迟、袁水拍、叶圣陶、碧野、臧克家等。载文有《向人民大众学习》（郭沫若）、《笔的方向》（夏衍）、《江上行》（艾芜）、《悼罗曼·罗兰》（艾青）、《读书杂记》（茅盾）、《写与读》（老舍）、《春朝》（沙汀）、《上海之忆》（艾明之）等。

本刊为文学刊物，月刊。16开本。共出3期。1945年10月1日出第三期后停刊，停刊原因不详。现保存于四川省图书馆、四川大学图书馆、重庆图书馆、上海图书馆。

《文哨》创刊特大号封面

《新世纪》（1945年）

1945年5月4日在渝创刊，新世纪月刊社编辑发行（地址在重庆百子巷110号）。社长陈希诺，副社长甘德泽。约1946年停刊。

本刊旨在宣传国民党的政策，主要内容来源于文、法、商各部门。本刊设有社评、短评、论著、文艺、通讯、诗等栏目。本刊收入《新世纪与新中国》《民主政治的形式基础》《新世纪的展望》《对当前时局的意见》《中国政治社会中活跃的士阶层》《青年与成年》等文摘，介绍了国际国内时事，以及对新世纪新时期的期望、观点，特别对新世纪政治民主、青年教育提出要求。本刊“提倡民主、和平，希望建设一个富强的新世纪，为战后筹备新中国政治、经济、教育等方面提供一些建议”。

本刊为时政综合性刊物，月刊。共出4期。现保存于四川省图书馆、重庆图书馆、上海图书馆。

《星岛画报》（1945 年）

原在香港出版，曾停刊。1945年5月5日在重庆复刊，出版者星岛画报社（社址在重庆莲花池正街10号）。发行人胡好，主编麋文焕。本刊为胡好之父、香港报业巨子胡文虎创办的“星”字系列报纸之一《星岛日报》的副刊。出至1945年7月停刊。1945年胡好回港主持《星岛日报》复刊，本刊于1947年11月复刊。

本刊内容包括“抗战动态、新兵器、科学新发明、新建设、各地人民生活、新闻图片、电影戏剧、漫画、木刻”，以及“新闻资料、文艺论著、生活杂感、幽默小品、短篇小说、散文随笔等”。本刊主要刊载“有关国民政府的政治时事、外交形势、各地地理人文风情，以及国内外娱乐圈动态诸方面的摄影图片”。本刊内容多样，图文结合，“是人们了解社会的一个很好的渠道”。

本刊为综合性时事新闻画刊，月刊。8开本。在渝共出3期。现保存于中国国家图书馆、上海图书馆。

《中国星期报》（1945 年）

1945年5月6日在渝创刊，出版者不详（地址在重庆上清寺春森路12号）。

本刊自称是“时代综合的报道，人民忠实的喉舌”，设有“星期评论”“星期春秋”栏目，刊登专栏文章；“时事纵横”栏目，分析国内大事；“新闻侧写”栏目，登载本刊的特稿；副刊《星海》，由作家轮流执笔；“新幻想曲”“大重庆”栏目，报道山城故事；“经济圈内”栏目，报道工商界动态。此外，还有“星期座谈”“人物圈内”等栏目。

本刊为综合性刊物，周刊。1945年5月13日出第二期，以后未再出版。现保存于中国国家图书馆。

《春风文选》（1945年）

1945年5月10日创刊于重庆，春风社编辑发行（地址在重庆太平门四方街4号）。黄锡琪主编。

本刊的重要撰稿者有黄锡琪、王进珊等。本刊主要发表杂体散文，收入《面子问题》《生财之道》《天南地北中外古今》《乡下人的幽默》《假如我做了主管》《公文政治》等文章。本刊“风格轻松幽默，有些作品富有现实性和讽刺性，是读者很好的精神食粮”。

本刊为文学刊物，月刊。仅见第一期至第四期。停刊原因不详。现保存于重庆图书馆。

《热力光》（1945年）

1945年5月25日在渝创刊，热力光社编辑部编辑，发行者热力光社（地址在重庆千厮门镇江寺街60号）。发行人周铮。

本刊是通过购买别人的登记证而出版的。第一期为4开1张，内容主要是文学作品、杂文。1945年7月1日出第二、三期合刊，改为32开本的杂志，收入杂文、诗与散文、书评等。本刊内容是关于“时代呼吸的感觉，有热，有力的；关于时潮的，社会的，文艺的，尖锐的感评”，主要收入各类体裁的文学性文章，原创作品或者翻译作品均有，以杂文为主。本刊发表有叶圣陶的《文艺工作者之另种责任》、王亚平的《人民的歌谣》、胡风的

《热力光》第一卷第二、三期合刊封面

《我也在走路》，还曾发表许广平的作品、耿济之翻译的剧本，刘黑枷的短论《作者有其笔》被盖了“免登”字样，只保留标题，开了“天窗”。

本刊为文艺刊物，半月刊。仅出3期便被查封。仅见第二、三期合刊。现保存于中国国家图书馆、上海图书馆、重庆图书馆、南京图书馆。

《文艺杂志》（1945年）

1942年1月在桂林创刊，1944年停刊。1945年5月25日在重庆复刊，编号另起，创办人王鲁彦，发行人覃英，主编邵荃麟，总发行所人生出版社（地址在重庆邹容路苍坪新村附6号）。1945年9月15日出第三期后终刊。

本刊主要刊登小说、诗集、散文等，还收入一些报告、通讯、译著。本刊主要撰稿者有茅盾、雪峰、玉泉、欧阳山、蔡楚生等。本刊“让读者享受各种文艺作品，为人们提供精神食粮”。

本刊为文学刊物，月刊。在渝共出3期。现保存于四川省图书馆、四川大学图书馆、南京图书馆、重庆图书馆等。

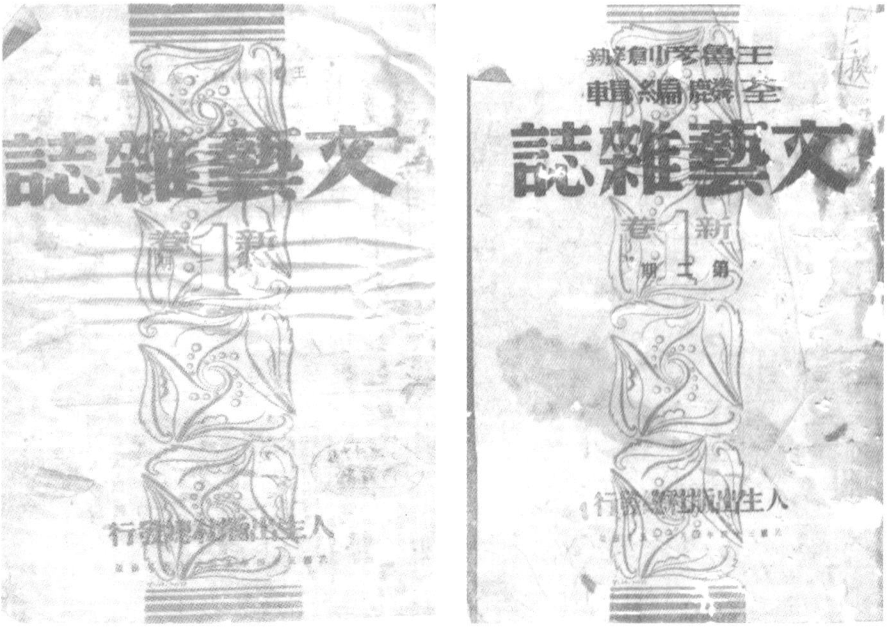

《文艺杂志》新一卷第一期、第二期封面

《运输周刊》(1945年)

1944年9月创刊于贵阳。1945年5月26日在渝复刊，续出第十五期，运输周刊社编辑发行（社址在重庆上清寺特园23号）。发行人高梓。据《大公报》1945年6月2日第一版广告，本刊“1944年9月1日在筑创刊，至第十四期后，黔边战事影响停刊。现在渝复刊”。

本刊“以阐发运输理论，报道运输动态为主旨”，设有短评、专载、专论、每周报道、读者之声、国际瞭望、人物介绍等栏目，“刊登政府部门颁发的交通法规、文件，报导行业消息，发表杂感小议，回答有关问题等”。本刊主要“刊载有关运输方面的学术论著，介绍国内外交通运输现状，为各类运输人员介绍业务、经验交流提供了平台”。

本刊为交通运输刊物，周刊。1945年11月1日出版第二十七、二十八期合刊，并登出《停刊启事》：“复刊以来，因受物价及印刷困难影响，时常脱期。……现抗战胜利复员，暂发行至第二十八期为止。”1946年改由运输周刊社广州分社编行，继续出版，期号续前。1949年4月出至第一百三十五期终刊。现保存于四川省图书馆、四川大学图书馆、重庆图书馆、上海图书馆。

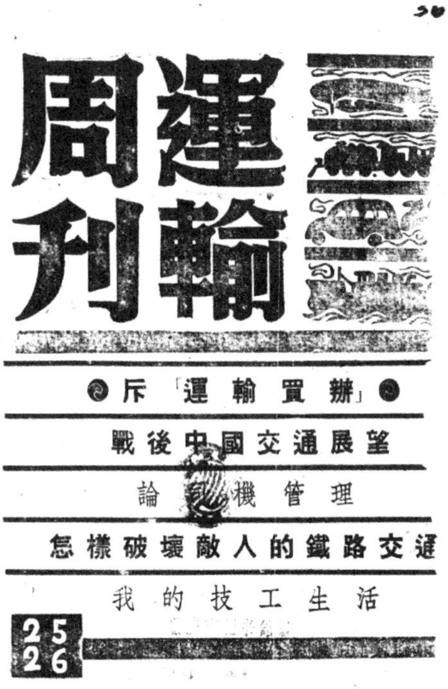

《运输周刊》第二十五、二十六期合刊封面

《地方自治专刊》(1945年)

1937年6月创刊于南京，出2期后停刊。1945年5月在重庆复刊，卷期另起，中国地方自治学会编行（地址在重庆遗爱祠51号）。后又迁回南京，约1948年2月终刊。

本刊主旨为“树立三民主义地方自治理论，灌输近代自治思想，调查各地方自治之推行与农村经济状况，注意自治史料之整理分析及各国地方自治制度之介绍比较”。本刊设有论著、法规、调查、各地消息、会务、文艺等栏目。本刊分析了与地方自治相关的各类问题，如地方自治与农民、警卫、财政、户政等，介绍了各地农村、农民的情况，对比分析了市自治、县自治及各地自治的情况，还提及国外一些自治情况，对于当时地方自治的推行起到了一定的作用。

本刊为政治类刊物，月刊。现保存于中国国家图书馆、四川省图书馆、上海图书馆、重庆图书馆。

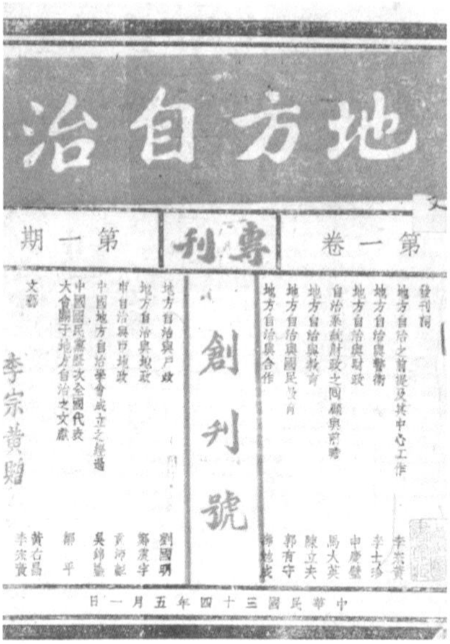

《地方自治专刊》复刊第一卷第一期、第二期封面

《教育世界》（1945 年）

1945年5月创刊于重庆，世界教育社编行（地址在重庆中山一路122号）。

本刊内容包括高等教育、中等教育、初等教育，以及研究报告、书报详介等。本刊对各种教育情况进行了介绍，对一些教育问题进行了分析，对研究当时的教育情况有一定的参考价值。

本刊为教育刊物，刊期不详。1946年4月出版的第三期是目前所见最晚一期。现保存于中国国家图书馆、南京图书馆。

《青鸟》(1945年)

1945年5月在渝创刊，青鸟社编辑，发行所自力书店（通信地址分别为重庆邮政信箱328号、北碚南京路4号)。发行人刘一村。

本刊主要收入诗歌、图画、小说、散文、漫画等，其中一部分为译作，撰稿者有廖冰兄、骆宾基、叶方、张光宇等。本刊后面多刊登书籍的广告。本刊“介绍各类文学和艺术作品，有助于陶冶人们的情操”。

本刊为文艺刊物，刊期不详。仅见创刊号，共72页。总期数和停刊原因不详。现保存于复旦大学图书馆、贵州省图书馆、重庆图书馆、上海图书馆。

《青鸟》第一卷第一期封面

《书摘》(1945年)

约1945年5月在渝出版，五十年代出版社编辑发行（发行所地址为重庆邹容路40号）。编辑人陈原，发行人金长佑等。

本刊主要收入小说、传记、旅记、译作等，对《春暖花开的时候》《延安一月》《罗斯福总统传》《苏联经济新论》《这是你们的战争》《第一阶段的故事》《大凉山夷区考察记》《苏联需要什么？》等著作做了介绍，指出书籍的大意、特点、精彩之处，为读者了解这些书籍提供方便。

本刊为图书摘要刊物，不定期刊。共出2期。1945年8月出第二集后停刊。现保存于重庆图书馆。

《书摘》第一集、第二集封面

《信义报》（1945 年）

原在汉口创办。1945年5月迁重庆出版，期数另起，出4期后，于1945年8月停刊。1947年初在汉口复刊，汉口中华信义会书报部编辑发行。主编陈建勋，业务主任魏蕴和，副主任邓恩庆。

本刊为了辅佐教会而创办，目录有中英双语。本刊设有每周谈话、讲经资取、杂俎、地方通讯、文艺、信效录、特载等栏目，在汉口复刊后改设社论、论坛、证道集粹、家庭讲座、小朋友园地、简讯、教会事工、宗教故事栏目。其内容多关于教会纪事、基督教言论、时事评述等。本刊对介绍信义会事务，扩大信义会的影响，传播基督教教义有一定的作用。

本刊为基督教刊物，月刊，后改为半月刊。约1949年终刊。总期数和停刊原因不详。现保存于浙江图书馆、武汉市图书馆、上海图书馆，重庆图书馆仅存汉口复刊号第一卷第十三期、第十四期。

《中国国民党第六次全国代表大会日刊》(1945年)

1945年5月在重庆出版,中国国民党第六次全国代表大会秘书处新闻组编行。

中国国民党第六次全国代表大会于1945年5月5—22日召开,共开18天。本刊篇幅较少,设有国内新闻提要、国际新闻提要、陪都各报舆论摘述、大会小掇、大会金玉等栏目,介绍中国国民党第六次全国代表大会准备及召开的全过程,刊载每日所发布的各种文件、公告,介绍会议进程等。本刊对中国国民党第六次全国代表大会进行了详细的报道,是研究该会的重要史料。

本刊为政党会议刊物,日刊。共出18期。现保存于浙江图书馆、上海图书馆。

《现代英语杂志》(1945年)

20世纪40年代创刊于广西桂林。1945年6月1日自第三卷第五期起改在重庆复刊,主编及代表人温致义,编辑刘慧、丘任远,现代外国语文出版社印行(地址在重庆七星岗金汤街12号),桂林亚洲印书馆、重庆联合印刷公司等先后负责印刷工作。抗战胜利后,1945年9月1日出版第四卷第二期后又迁至上海续出,总发行所在上海(分发行所在重庆七星岗金汤街12号),编辑有刘慧、丘蔼达、梅鼎梁、F.W.Smith等。约1949年1月停刊,共发行9卷54期。

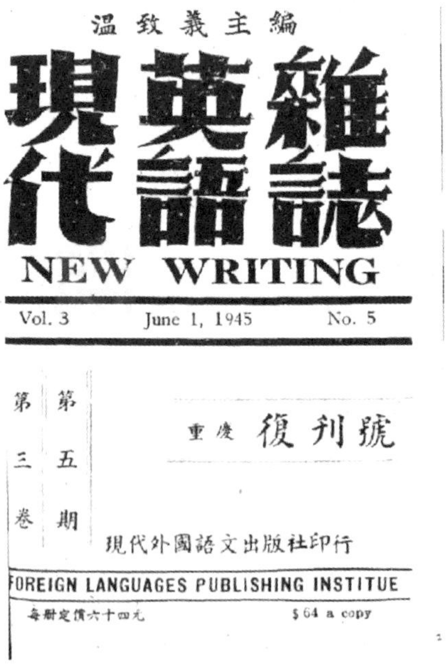

《现代英语杂志》重庆复刊号第三卷第五期封面

本刊又名《现代英语》《现代英语周刊》,主要撰稿人有谷正纲、戚桂华、梁中若、黄一民、黄国芳等。本刊认为“不读现代英语,英文无法进步”,并对中学生的英文予以特别关注,自称为“学校英语辅助教材，自修英语者之读物”。本刊主要栏目有社评、特载、通讯、文艺选读、英语会话、中学英文造句指导、一月世界大事、名著精读句选辑、书报评介、学生论坛、美语研究、小考据、幽默趣谈、教师论坛、悬赏竞赛、读者园地等。“中学英文造句指导”栏目详细对中学生造句提供实例，使读者能够获取直接的英文写作指导；“学生论坛”栏目保存了当时学生对于英语学习的认识，是了解当时学生学习情况的有价值材料。本刊还登载有大量与时局密切相关的文章，如抗战胜利后刊载的社评《日本无条件投降了！》一文将对日胜利提前到来的原因归为美国投下原子弹与苏联出兵东北。本刊刊载的文章还有《杜鲁门总统对旧金山会议欢迎词（中英文对照）》《我们需要和平！（中英文对照）》《远东之战》《论经济危机》《英文数字读法》《关于几种复杂句的翻译》等。

本刊为英语刊物，在渝出版时为月刊。在渝出版4期。现保存于重庆图书馆、上海图书馆。

《文艺月报》（1945 年）

1945年6月15日在渝创刊，亚洲图书社编辑发行（地址在重庆都邮街新生市场58号）。主编田涛，社长陈鸿谋，经理吴祺。1949年5月出特刊号时迁上海，文艺月报社出版，人间书屋发行。

《文艺月报》创刊号封面

本刊主要刊载各类文学作品，主要“论述艺术、历史、哲学，发表散文诗词，同时为读者发布创作短篇提供园地”，设有创作短篇、诗、翻译短篇、杂文、补白等栏目。撰稿人有刘白羽、白燕、梅林、臧克家、王亚平等。本刊介绍了一些文艺作品，刊载文艺评论文章，同时也是了解著名作家的窗口，加深读者对国内外文学作品的认识和理解，反映了当时文坛文艺思潮的取向，对于研究当时的文艺运动具有一定的参考价值。

本刊为文学刊物，月刊。16开本。仅见1期。停刊原因不详。现保存于四川大学图书馆、南京大学图书馆、复旦大学图书馆、重庆图书馆、上海图书馆。

《青年前锋》（1945 年）

1945年6月23日在渝创刊，青年前锋社编辑发行（社址在重庆枣子岚垭42号）。1945年10月出第十六期后停刊。1946年8月在南京复刊（地址在南京石婆婆庵慕慈医院内），期数另起，10月1日出第六、七期合刊后终刊。

本刊“以发扬青年革命精神，指导青年政治思想为宗旨”。本刊内容包括“对现实的政治、经济等各种实际问题的批判和讨论，对于未来战后复员和建国工作的计划和方案，新书报的介绍和批评，以及各地青年动态、文化新闻、地方建设、诗歌小说等文艺作品”。载文有《民主时代的政治风度》《革命哲学研究述要》《中山先生思想的来源》等。本刊对当时政治形势进行分析论述，“对青年问题进行指导，为其指明奋斗的方向”。

本刊为青年政治刊物，周刊。16开本。在渝出第一至十六期。现保存于四川省图书馆、四川大学图书馆、重庆图书馆、上海图书馆。

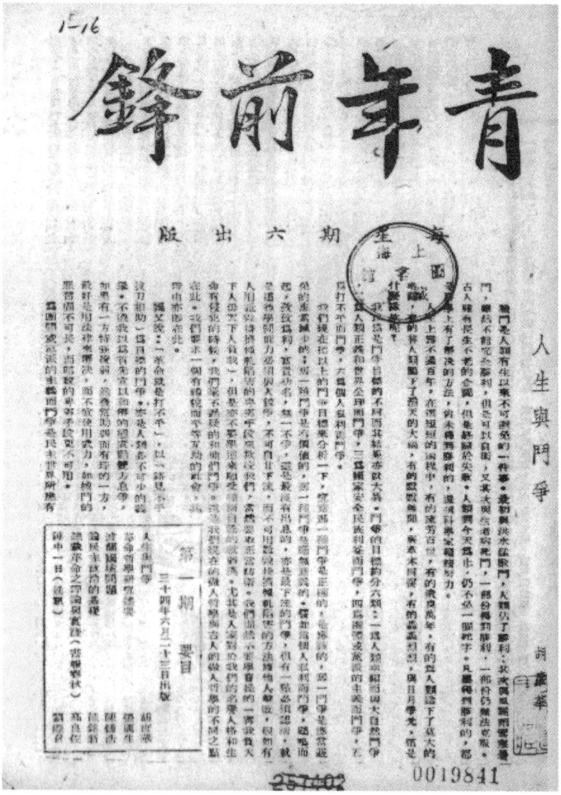

《青年前锋》第一期封面

《图书馆学报》(1945 年)

1945年6月30日在渝出版，中国图书馆学社编辑出版委员会编辑发行（地址在璧山县国立社会教育学院）。

本刊旨在“给图书界供给一个图书馆学术研究发表的园地”，“我中国图书馆界，当多多研究有关中国图书馆学术诸题材，解决中国图书馆各种实际问题，进以谋中国图书馆学术体系，以及事业制度的建立”。本刊主要内容为“关于图书馆之论著与译述及图书馆调查与动态的专著”，辟有论坛、专著、翻译、资料等栏目。本刊对图书馆学及与图书馆相关的知识进行了介绍，提出观点、建议，对战后图书馆工作的开展起了一定的推进作用。

本刊为图书馆学术刊物，刊期不详。仅见创刊号。停刊原因不详。现保存于四川大学图书馆、重庆图书馆、复旦大学图书馆。

《大觉佛学院院刊》(1945 年)

1945年6月创刊于重庆开县，开县大觉佛学院发行(地址在开县小西门)，万县文化公司代印。编辑者释惟贤，校对者张竹轩。太虚题写刊名。

本刊设有理论、专载、学生文选等栏目，刊登了太虚的《太虚大师手谕》、觉华的《现代僧青年应如何复兴佛教》、惟贤的《宿草堂寺忆杜工部》、宽瑞的《佛法的真谛》、雪松的《自我改造的学佛观》、原声的《大觉佛学院三年来事务的检讨》等。

本刊为学院刊物，刊期不详。仅见第一期。现保存于四川省图书馆、重庆图书馆。

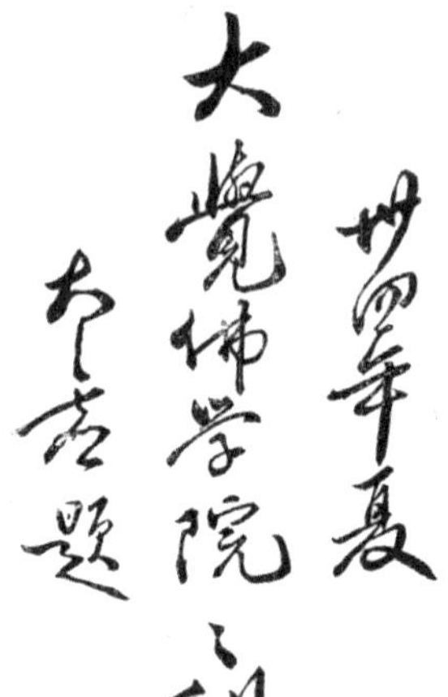

《大觉佛学院院刊》第一期封面

《演剧艺术》(1945年)

1945年6月创刊于重庆，演剧艺术社编辑发行，编辑人刘巍，中国文化事业社总发行（社址在重庆民生路冉家巷21号）。

本刊“希望成为戏剧工作者及爱好者学术上研究切磋的中心，并反映剧坛的各种现象，介绍较优良的作品，主为了解剧本及极有内容的专门论著，少有批判、介绍、报道等文章”。本刊主要内容为“戏剧理论，剧坛评论，编剧、导演、表演及舞台各部门之技术研究，创作的、翻译的、改编的多幕剧及独幕剧，国内外剧作家、导演、演员等介绍，国内外剧坛活动之报道，各种剧研究之资料，其他有关戏剧之稿件”。本刊设有剧坛短论、每月座谈、剧坛动态等栏目，收入《随感随缘》《关于游击作风的意见》《笑剧的导演》《一个演员如何排演他的角色》《论戏剧批评》《谈作风》《让更多的人走上舞台》等文章。本刊对当时的戏剧进行了介绍、宣传，对戏剧作品进行了评论，是研究当时戏剧情况的重要参考资料。

《演剧艺术》第一卷第一期封面

本刊为戏剧刊物，刊期不详。仅出第一期，其中刊有《本刊第二期要目预告》，未见第二期出版。停刊原因不详。现保存于四川省图书馆、重庆图书馆。

《青年知识》(1945年)

1945年7月15日在渝创刊，张铁生主编，青年知识社编辑发行（地址在重庆南纪门坎井街28号)。1945年12月出第一卷第五期后即改出第二卷。1946年6月出第二卷第二期后暂时停刊。1946年9月迁至上海继续出版，卷期另起。约1947

年9月停刊。

本刊主旨是“生活、趣味、学习报道”，主要内容包括“政治、经济、文化思想等新知识，同时介绍与青年息息相关的生活情况”。创刊号《代邮》提及本刊特别征求“青年生活”“青年通讯”栏目的稿件。本刊还设有短论、时事论文、经济论文、文化思想问题、名人评传、书志评介、文艺等栏目。本刊主要“反映青年的生活和学习，为青年了解社会、交流生活提供了很大的平台，丰富青年的学习生活”。

本刊为青年刊物，半月刊。在渝期间多未能按期出版。在重庆共出7期。在上海共出18期。现保存于中国国家图书馆、四川大学图书馆、重庆图书馆、上海图书馆。

《青年知识》创刊号封面

《开明少年》（1945 年）

本刊前身是创办于1936年1月的《新少年》。1945年7月16日创刊于重庆，叶圣陶、贾祖璋、唐锡光、叶至善编辑，开明少年社出版，开明书店发行（地址在重庆保安路126号）。1946年6月16日迁上海出版第十三期。约1951年12月终刊，共出76期。

本刊旨在“帮助少年们理解，不愿说什么夸张的话，只愿少年们读了，仿佛同见了个亲切的朋友。热心教育的教师们与家长们看了，认为这样的杂志够得上作他们的学生与子女的朋友。我们愿意尽可能地努力朝这种愿望做去”。本刊“收集国内外各种故事、寓言，还有绘画、音乐等知识，适合青少年趣味，有利于增强青少年的知识”，“刊前多有一篇致读者的文章，和读者形成友好互动；内部附有很多图画，丰富有趣，能吸引青少年阅读的兴趣；书前和书后多刊登开明书店新书的广告”。本刊收入多种形式的内容，为青少年开阔了眼界，增长了知识。

本刊为综合性少年刊物，月刊。40开本，自第六十五期起改为32开本。在渝出12期。现保存于中国国家图书馆、四川省图书馆、四川大学图书馆、重庆图书馆等。

《开明少年》1946年第十三期封面

《康声》(1945年)

1945年7月在渝创刊，康声月刊社编印（通信处为重庆五四路大华公司转）。1945年8月出第二期后停刊。

本刊内容为“康藏政治、经济、教育、文化、实业、交通等之研究，有关康藏史地之研究，康藏之时事报道，康藏建设之议论，时代学术之介绍，康藏青年之指导，其他有关边疆之著述、议论、写作、绘画、照片、雕刻等”。本刊“报导康藏各类的实际情况，研究各种问题，发扬康藏文化”，是研究康藏地区社会的重要资料。

本刊为地方综合性刊物，月刊。16开本。现保存于西昌市档案馆、重庆图书馆、南京图书馆。

《现代军事》(1945 年)

1945年7月创刊于重庆，陆军大学现代军事社编辑，陆军大学出版社发行（地址均在重庆山洞）。约1948年出至第三卷第八期停刊。

《现代军事》原名为《陆大月刊》，“为适应时代的需要而更名，仍本过去主旨——阐扬军事学术外，兹拟广为译介欧美近期出版之军事学术各杂志、新军制与大战役史料等，以及我国抗战之经验、研究、评述……”本刊主要内容为“兵学理论和实际，古今中外战争、欧美军学名文译介，新战术、新兵器、新军制的研究评述，建军整军方案，军人生活报道，中外军事轶闻，激昂慷慨的文艺创作或译著等”。本刊设有论文、战术、战史、后勤、杂俎等栏目，收入《炮兵今日之地位》《轰炸为吾人之职务》《由日本惨败回想到甲午中日战争》《春秋时代战争》《小战车群之追击战》《雷达》等文章。本刊对当时国内外军事理论、战术、装备等情况进行介绍、推广，对历史上重要战事进行分析，“总结经验教训，从而促进军事思想的学习、交流与发展”。

本刊为军事刊物，月刊。现保存于四川省图书馆、重庆图书馆。

《医学导报》(1945 年)

1945年7月在渝出版，医学导报社编辑发行（社址在重庆中山一路106号）。社长兼发行人韦宏岐，编辑潘国贤、王舜耕、黄坚白、沈仲圭，后有钱今阳、乐志仁等。1947年1月终刊。

本刊旨在“改进中医学术，弘扬中医理论”，认为中医典籍有近五千年的历史，但“固步自封、自我陶醉，明知其短却固作袒护，则势必愈趋愈下，若干年后甚至有被淘汰消灭的危险。要保存中医国粹，使其昌明于全世界，就必须结合同道，共谋改进”。其主要内容为“改进中医学术之论述，或经验良效之方药”。本刊“采取了开通、兼容、亲民的态度”，设有论谈、专著、介评、研究、卫生指导、译著、杂俎等栏目。本刊同时还发布各地中医师公会消息、法令等。本刊“对中医近况进行介绍，发表各类中医学术论文、经验方药、病症研究等内容，用科学方法对中医进行分析论述，深化中医理论，促进中医的改进与发展”。本刊是研究当时中医学发展情况的重要史料。

本刊为中医学刊物，不定期刊。大32开本。共出10期。现保存于中国国家图书馆、四川省图书馆、四川大学图书馆、南京图书馆、重庆图书馆、上海图书馆。

《农会导报》(1945年)

1945年8月1日在渝创刊，农会导报社编行（地址在重庆张家花园72号）。发行人陆京士，主编乔启明。1946年自第二卷起迁南京出版。约1947年7月停刊。

本刊“以研究农会理论与实际问题，宣扬有关政令，辅导各级农会会务与业务之发展，并沟通农业消息，介绍科学知识，俾期改进农民生活为目标”。本刊“以农民领袖、农会职员及农村工作者为主要的读者对象”，内容涉及“农会理论之开发与实际问题之讨论，农业建设与农民组训及福利事业之论述，农会会务与业务发展之研讨，各地农会事业动态、消息通讯，辅导农会工作报告、心得与经验谈，农业科学知识及新技术之介绍，农村文艺及木刻等方面”。本刊“希望通过农业的发展、农民的努力能够担负起建国的重任”，辟有论著、通讯、农业新闻、农业科学讲座、法规、农会消息、农会问答等栏目。主要撰稿人有杨琪、蒋荫松、樊子良、乔启明、任碧瑰、陈鸿佑等。本刊“介绍农会业务信息、农业法令、农业科技，及各地农业情况，为农民了解农业情况提供一个好的平台，促进农业的发展”。

本刊为农会工作刊物，月刊。16开本。在渝出1卷5期。现保存于四川省图书馆、四川大学图书馆、南京大学图书馆。

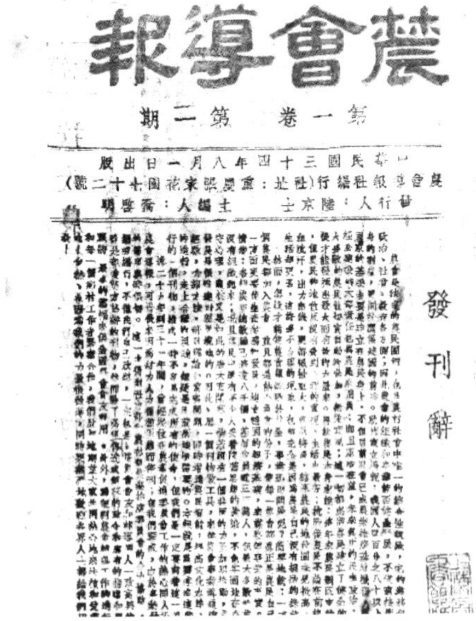
農會導報
第一卷 第二期
中華民國三十四年八月一日出版
農會導報社編行（社址：重慶張家花園七十二號）
發行人：陸京士 主編人：喬啓明
發刊辭

《农会导报》第一卷第一期封面

《军之友》（1945 年）

1945年8月13日在渝创刊，发行人刘德铭，军之友社出版（地址在重庆康宁路29号）。本刊发行于“八·一三”八周年纪念日。

本刊《编辑者言》中指出：“服务军队就是服务抗战。要供给军中文化食粮，沟通前后方的情感与意志，才能奠立宪政不拔的基础。一方面动员了各方面优秀的作家，为前方而写作；一方面欢迎前线的报道与批评以公之予后方。这正是本刊出版的目的。”“本刊除了登载与军事、军事学术、军事人物有关系的文章以外，特别注意武装同志所写的。‘我们的生活’‘我们的意见’‘文化勤务团’‘嘤鸣俱乐部’几栏，反映军人的生活与思想，为武装同志解答一切问题，使散在各地的朋友，无论已识或未识，都有互相通信，互相了解的机会。”本刊设有军中花絮、大时代·小事情、英雄之血·自由之花等栏目。撰稿者有作家张恨水、画家高龙生等。

本刊为军事刊物，月刊。16开本。仅出1期后停刊，停刊原因不详。现保存于上海图书馆、南京图书馆。

《国声》（1945 年）

1945年8月20日创刊于重庆，出版者不详（地址在重庆中华路215号附4号，后迁江北任家花园26号）。发行人连谋，主编王云，编辑委员杨玉清、胡君朴、贺岳僧、刘躬射、袁第锐。封面题“综合性之新型月刊”。1945年10月出版第三期后停刊。

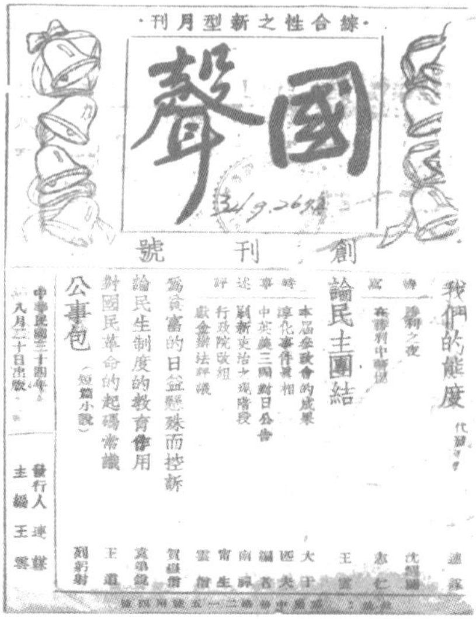

《国声》创刊号封面

本刊《我们的态度（代发刊词）》中说：“名为‘国声’，是含有‘国民的呼声’和‘中国的呼声’的两种意义。我们是要为大多数国民的利益而呼吁，为巩固国族安全而呼吁，为全世界的和平而呼吁。”本刊主要内容是“为大多数人利益而呼吁的论著、述评、通讯，以及具有文艺价值之诗歌、小说，饶有意义之小品、木刻等”。本刊设有论著、述评、通讯、传记、科学新闻、诗歌、小说、小品、木刻画等栏目，刊后多银行、药店的广告。载文有《提倡一人一事运动》《七十八年来的日本》《民族主义在台湾》《论民主团结》《胜利之夜》《论民主制度的教育作用》《对国民革命的起码常识》等。

本刊为综合性刊物，月刊。现保存于中国国家图书馆、四川大学图书馆、重庆图书馆。

《台湾重建协会成立大会特刊》（1945年）

1945年8月25日在渝出版，台湾重建协会编行（会址在重庆民族路236号2楼）。

本刊为台湾重建协会成立大会纪念刊物，收入罗香林的《台湾重建之历史根据与重大意义》、柯台山的《台湾重建协会缘起与任务》、郭绍宗的《对于台湾工业建设之意见》、吴建华的《论重建台湾政制之原则》等文章。本刊介绍台湾历史、地理及重建协会的情况，并为解决台湾重建问题提出在政治、工业、农业、金融、教育等方面的十分合理的建议。

本刊为协会刊物，特刊。仅见1期。现保存于重庆图书馆。

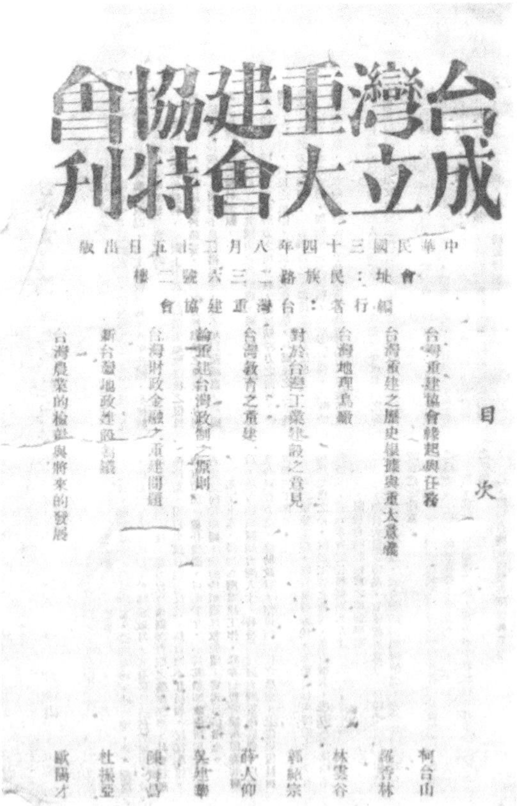
台灣重建協會成立大會特刊

中華民國三十四年八月二十五日出版

會址：民族路二三六號二樓

編行者：台灣重建協會

目次

台灣重建協會緣起與任務 柯台山
台灣重建之歷史根據與重大意義 羅香林
台灣地理鳥瞰 林雲谷
對於台灣工業建設之意見 郭紹宗
台灣教育之重建 薛人仰
論重建台灣政制之原則 吳建華
台灣財政金融之重建問題 [illegible]
新台灣地政建設芻議 杜振亞
台灣農業的檢討與將來的發展 歐陽才

《台湾重建协会成立大会特刊》目录页

《国立女子师范学院学术集刊》(1945 年)

1945年8月在渝出版，国立女子师范学院编辑兼发行（院址在江津白沙镇）。

本刊内容包括中文、数学、历史等学科的学术论文，如《四库提要之正统观念》《楚方城考》《永明四声论发微》《复数合同群之构造及其对于二元二次合同方程式之解之应用》等。本刊论述透彻，专业性强，为专家学者提供了一个学术交流平台。

本刊为综合性学术刊物，不定期刊。仅发行1期后停刊，停刊原因不详。现保存于中国国家图书馆、重庆图书馆。

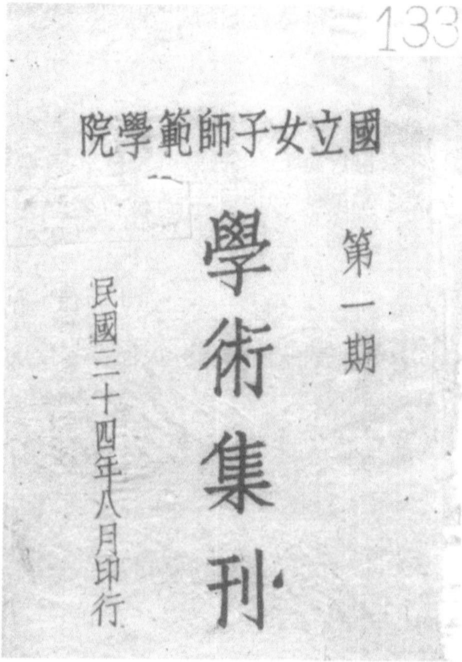

《国立女子师范学院学术集刊》第一期封面

《疫情情报》(1945 年)

1945年8月在渝出版，战时疫情联合办事处编辑发行。

1945年11月18日出第八号，主要介绍霍乱这种疾病“及其蔓延较广的情况下，统计在川、滇、桂、鄂、湘、甘等十一省，共六十四个市县、廿八个单位的基本分布情况”。本刊还介绍了天花、鼠疫、脑膜炎等疾病在一些地区的发病情况。本刊每月还出月报，详细介绍各地疾病的传播情况，对疾病的控制、治疗有一定的参考价值。

本刊为疫情管理刊物，月刊。总期数和停刊原因不详。现保存于上海图书馆、甘肃省图书馆。

《香槟》—《香槟报》(1945年)

1945年抗战胜利后出版（出版地在重庆保节院），主办人张钟灵。不久后停刊。1947年4月重新出版（迁到重庆上安乐洞258号），张钟灵发行，主编岚支，副主编宪戈，总经理冯忆之，撰述人立亭、吟声等。

本刊自称是“重庆指路碑，山城备忘录”，内容为“重庆掌故，轶闻趣事，社会黑幕，反映山城各色各样的奇形怪状及剧影评论等”，开辟有香槟谈、香槟光、龙门阵、社会怪相、新闻圈内、梨园圈内、重庆游艺等栏目。

本刊为综合性地方刊物，周刊。16开本。约1948年8月改名为《香槟报》。总期数和停刊原因不详。现保存于重庆市北碚图书馆。

《采风》(1945年)

1945年9月1日在渝创刊，国立礼乐馆礼制组采风编辑部编辑发行（地址为重庆北碚中山路23号）。

本刊内容为“各地域、各民族、各宗教婚丧礼之特异风俗，岁时祭礼之仪式，即山歌、童谣、民谚，靡不甄采。理论以民俗学为据，而重在保存资料之真实”。

本刊为民俗类刊物，月刊。8开4版，有时为8版。1946年1月出第五期后未见再出版。停刊原因不详。现保存于中国国家图书馆、广东省立中山图书馆。

《法治论坛》(1945年)

1945年9月9日在渝创刊，法治论坛社编辑发行（社址在重庆陕西街245号）。

本刊编者大都是在各大学任教的老师，他们利用业余时间办刊，旨在“宣传法治，促成法治”。本刊“用一种尽量通俗的话语宣传法治，为大众了解法治、懂得用法提供一个有效的途径”。

本刊为法治刊物，季刊。大32开本。1946年3月15日出第二、三期合刊，此后未再出版。停刊原因不详。现保存于中国国家图书馆、南京图书馆。

《民心半月刊》—《民心月刊》（1945 年）

1945年9月9日在渝创刊，民心半月刊社编辑发行（地址在重庆中山二路特1号），说文社印刷，大东书局等经售。发行人兼主编孙东城。吴敬恒题写刊名。1945年10月20日出第三、四期合刊，专为纪念抗日战争的胜利。1945年12月20日出第四、五期合刊，改名为《民心月刊》（吴敬恒题写刊名），民心月刊社编辑发行（地址在重庆中山二路特3号）。封面印有“表达民意，主持正义；介绍知识，服务社会”字样。

本刊主要“研究民心与政治的关系，重视民心、公平公正，希望建设一个民主的社会”。本刊“关注民众的生活、思想、健康等所有的问题，介绍政治、经济、文化等各类信息，是民众了解社会的一个大平台，有利于民众的全面发展”。本刊内容有政论性文章、诗集、翻译作品、幽默小故事等。撰稿人有孙东城、郑天民、老舍等。载文有《民主世界》《强化国民体质之有效办法》《老百姓的内心话》《怎样和英国人做朋友》《夫妇之间》《女人是否需要“美容”》《替未来人类担忧》等。

本刊为综合性刊物，先为半月刊，后改月刊。共出5期。停刊原因不详。现保存于中国国家图书馆、重庆图书馆、南京图书馆。

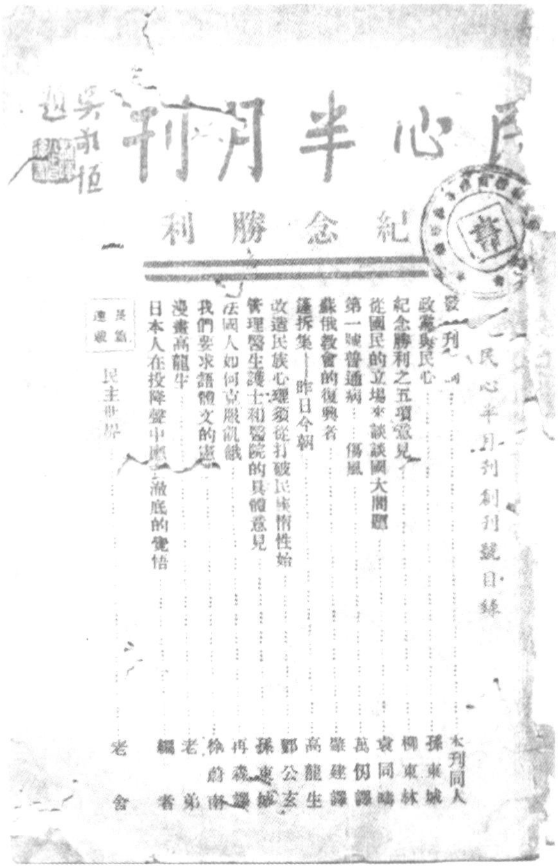

《民心半月刊》创刊号封面

《中国文化》（1945 年）

1945年9月15日在渝创刊，中国文化社编辑（社址在重庆璧山县来凤驿），璧山军训部合作社印刷部代印。钟芳铭发行。吴敬恒题写刊名。

本刊主旨在“发挥文化的意义，以为现实考镜，本此为宗，相互责励”。本刊有通论、专著介绍、书评、论述、译件等栏目，“对中国传统文化中与儒学、禅学、画、诗等相关的人物和作品进行介绍，对比研究，并得出独到见解，同时还介绍外国文学，传播文化思想”。

本刊为文化类刊物，不定期刊。16开本。仅出2期。1946年6月10日出第二期后停刊。现保存于四川省图书馆、四川大学图书馆、重庆图书馆。

《陪都教育》（1945 年）

1945年9月18日在渝出版，重庆市教育局编辑出版兼发行。

本刊主旨为“宣传教育，重视教育，倡导以三民主义为指导原则的教育理论，探讨教学中的实际问题，研究教学方法和教学计划，介绍学校情况”。本刊主要有教育言论、专载、学校介绍、简讯、国民教育指导等内容，“对抗日战争胜利后陪都地区教育甚至是国民整体教育情况进行了介绍、分析，为复兴陪都教育工作做了重大的指导，对师范教育的发展、调整有一定的影响”。

本刊为教育类刊物，季刊。实际未按期出版。1946年6月15日出第二期“推进师范教育特辑”后停刊，原因不详。现保存于四川省图书馆、重庆图书馆、上海图书馆。

《陪都教育》第一卷第一期封面

《美术家》(1945 年)

1945年9月在渝出版，刘铁华主编，发行人金长佑，五十年代出版社总发行（地址在重庆邹容路40号）。封面由著名漫画家廖冰兄设计。1946年4月15日出版第二期，编辑刘铁华、萧林，发行人为陈帆，发行所为普通出版社（地址在交道口南大街79号）。

本刊以发表美术理论为主，收入论文、绘画、木刻等各类作品。本刊作者包括小说家、诗人、历史学家、美术理论家和著名国画家、漫画家、版画家、雕刻家等。本刊不但在艺术上具有独特的见解和观点，而且为今天研究抗战时期重庆的美术活动提供了宝贵的第一手材料。

本刊为综合性美术刊物，刊期不详。32开本，土纸印刷。仅出2期。停刊原因不详。现保存于中国国家图书馆、四川省图书馆、四川大学图书馆、吉林大学图书馆、重庆图书馆。

《美术家》创刊号封面

《水利》(1945 年)

1931年1月创刊于南京，后迁杭州，约1937年停刊。1945年9月在重庆复刊，续出第十四卷第一期，中国水利工程学会出版委员会编辑（地址在重庆歌乐山），中国水利工程学会发行（通信处为重庆新桥1号信箱）。1946年3月自第十四卷第二期起即迁回南京出版。1948年3月出至第十五卷第二期终刊，停刊原因不详。

本刊以“研究水利工程学术，促进水利建设”为目的。本刊主要“探讨国内外有关水利大事，介绍疏江防泛、导淮治黄、农田水利、水文观察以及各国水利工程情报”，辟有论文讨论、设计资料、水工名词、水利新闻、会务消息等栏目。本刊对国内各地及国外的水利情况进行介绍，并分析研究，同时介绍该学会的会务情况，促进了各地水利事业的发展。

本刊为水利刊物，双月刊。16开本。在渝仅出1期。现保存于中国国家图书馆、上海图书馆、四川大学图书馆、重庆图书馆。

《天文台》(1945年)

1936年11月在香港创刊，又名《天文台半周评论》，并列题名“The Observatory”，约1941年10月停刊。1945年5月迁渝（地址在重庆中正路育婴堂街7号），9月正式复刊，卷期另起，发行人陈孝威。封面印有“弥缝地球分裂，争取人类生存”字样。1946年3月出至第四十期停刊。1947年9月迁至上海复刊，卷期又另起，主编兼发行人陈孝威，天文台出版社发行（地址在上海海宁路206号）。约1949年2月终刊。

本刊“纵谈天下事”，“报导国内外要闻，刊载知名人士之流行轶事，介绍优秀字画影片”等，“销路颇广，为读者了解天下事提供了一个平台”。其主要内容为外交、军事、政治、经济、哲学、历史之论述及时事评论，以及游记、小说、传记、诗歌、杂文、掌故等文艺作品。本刊文章多来源于政界官员、大学教授、媒体评论家等社会资深人士，如吴其玉、章士钊、陈孝武、张其昀等，“观点独特，影响较大”。载文有《和平为最大的战果》《从罗总统演词说起》《战时国际法的革命》《马歇尔之国防论》《工业建设、保护与生产》《二十年来的主义战》《静态经济与动态经济》《“新秩序”下的日本》《游欧琐记》《诗人谢无量》《中国现代语言变化的研究》等。

本刊为综合性刊物，初为三日刊，后改为周刊；1947年改为月刊。在渝共出40期。现保存于中国国家图书馆、南京图书馆、四川省图书馆、重庆图书馆、上海图书馆。

《文艺春秋》(1945 年)

1945年9月在渝创刊，文艺春秋社编辑发行（地址在重庆百子巷114号）。编辑有胡牧、陈颖、绿蕾、雪蕾等。

本刊内容分论著、小说、诗歌、散文、戏剧、报告文学、文艺批评及文坛消息、作品评述、原作及译稿等。撰稿者主要为本刊编辑，还收有沙鸥、青苗、张弓、陈竹等的作品。本刊为读者介绍各类文艺作品，内容丰富。

本刊为文学刊物，月刊。仅出2期。1945年10月1日出第二期后停刊，停刊原因不详。南京图书馆、重庆图书馆现保存有第二期。

《文艺春秋》第一卷第二期封面

《无线电世界》(1945 年)

1945年10月1日在渝创刊，中国业余无线电协会编辑发行。1946年迁至南京继续出刊，刊号另起。孙克铭任常务编辑。约1949年8月终刊。共出3卷。

本刊《主编的几句话》一文提及，“最先在重庆出版，采用报纸格式，半月一期”，出了两期，“因为胜利来临，大家准备复员，中国业余无线电协会于去年（1945年）迁南京”，刊物停刊。“江南物质条件比后方优越，本年（1946年）一月决定在南京复刊，并改为书本式，每月一期。以前在重庆出版的两期决定在京再版，充实内容。可是因为筹备得不充分，一切都不能达到理想（条件）”，“存在如材料、印刷和校对等的问题”。本刊旨在“研究无线电理论与技术，培养科技人才”，主要“介绍各国无线电发展史，选载国内名著与实验，编选无线电入门教材，报导无线电珍闻，刊载学术技术方面的论文”等。载文有《和平大同与无线电》《无线电波干扰与设立全国管理机构之建议》《无线电入门：磁学与电学》《无线电操纵之鱼雷》《接收机概述》《美国之军用通信器材》《美国广播业及其主管机关》等。

本刊为无线电专业刊物，半月刊，后改为月刊。在渝仅出2期。现保存于浙江图书馆。

《改造》(1945年)

1945年10月10日在渝创刊，改造社编辑发行（地址在重庆两路支路80号）。

本刊有短评、读者通讯、故事、诗词等栏目，内容有世界问题、国家大事、社会风俗、个人生活等。本刊旨在“唤起人们督促政府，对战后国内外，特别是国共两党的政局情况进行分析介绍，提倡民主、正义、公平，切切实实地改造国家、改造社会，建设一个真正的三民主义的新中国”。载文有《论世界思想的改造》《谈国计》《防止胜利投机》《大后方工人失业问题》等。

本刊为政治刊物，半月刊。约1945年11月出版的第三期中提及“第四期起移南京出版”，但仅见3期。停刊原因不详。现保存于重庆图书馆、贵州省图书馆。

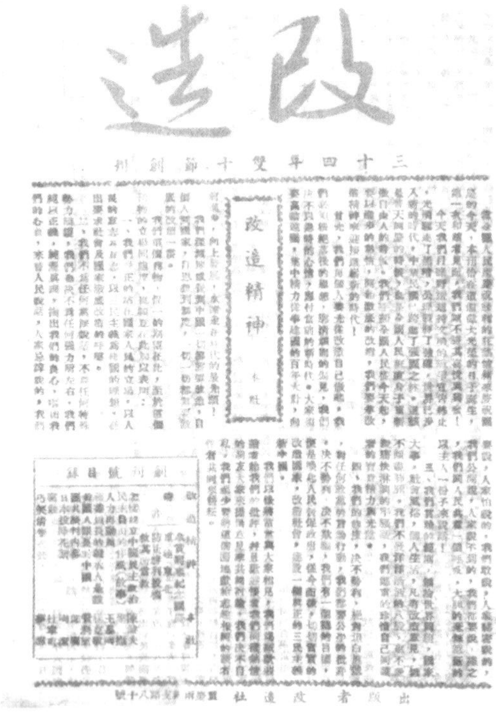
改造

三十四年雙十節創刊

改造精神

出版者 改造社

《改造》创刊号封面

《国际时论》(1945 年)

1945年10月10日在渝出版，中山文化教育馆国际时论编译委员会编辑，委员有叶秋原、梅汝璈等，重庆独立出版社发行，代表人卢逮会。

本刊《编者的话》提及，本刊主要是“选摘英美及其他各国著名杂志报纸上载的重要的论文后，加以翻译编辑而成”，内容上分为，“关于发扬或讨论民主政治问题的论文”，“关于讨论国际政治经济等重要大问题的文字”，“关于各国国内所发生的重要问题——特别是经济问题的论文”，“关于美英苏及其他国家战后复员和建设问题的讨论”，“他国舆论对于我们的批评”。本刊主要“记录国际政治经济问题，为国人了解世界各国动态提供了很好的窗口”。

本刊为政治经济时事刊物，不定期刊。仅见1期。停刊原因不详。现保存于重庆图书馆。

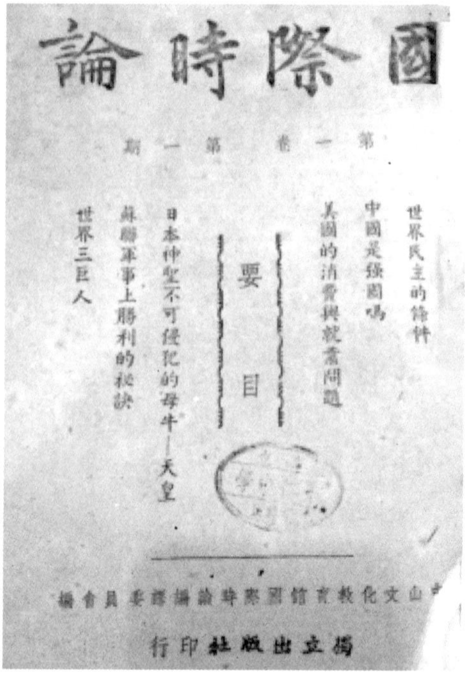
國際時論
第一卷第一期
要目
世界民主的條件
中國是强國嗎
美國的消費與就業問題
日本神聖不可侵犯的每牛—天皇
蘇聯軍事上勝利的秘訣
世界三巨人
中山文化教育館國際時論編譯委員會編
獨立出版社印行

《国际时论》第一卷第一期目录页

《古今谈》(1945 年)

1945年10月15日在渝创刊，古今谈月刊社编行（社址在重庆中一路156号），发行人颜尧江，主编朱养民，编辑为李世忠、徐旭庭、廖西北、张菊秋等。1946年3月1日出第一卷第六期后迁南京，8月1日出第二卷第一期，主编除朱养民外，新增张世惠，编辑由原来的9人增加为12人。1947年5月出第三卷第一、二期合刊，11月出第三卷第六期后停刊。

本刊“谈政治经济，也谈文化教育；谈世界大事，也谈个人生活；谈理论，也谈实际；谈古也谈今”。本刊“作风是用轻松的笔调谈严肃的内容。抗战胜利，建国工作艰巨，需要大家的才智、劳力”。“我们纯粹站在国民的立场，在建设富强康乐新中国的大目标下，作革命的先锋、民众的喉舌，介绍建设性的思想。”这是本刊创办的旨趣。本刊主要设有古今论坛、生活线上、历史杂话、海外风光、内地素描、陷区报道、学宫春秋、偷闲随笔、青年问题讲座、学术讲座、读书札记、文艺共12个栏目。文章多为编者撰述。本刊“对战后社会情况进行介绍分析，对建国工作提出政治、经济、文化等多方面的建议”。

本刊为社科综合性刊物，月刊。在渝共出6期。现保存于中国国家图书馆、重庆图书馆、南京图书馆、四川省图书馆。

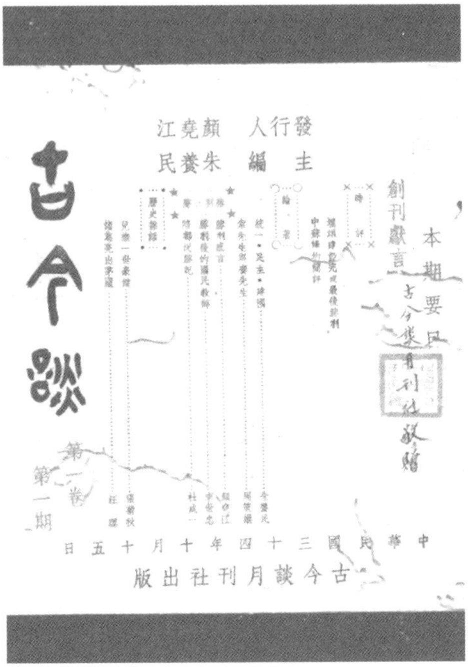

《古今谈》第一卷第一期封面

《战友》（1945年）

1945年10月15日在渝创刊，重庆荣誉军人互助社主办，战友社编辑。冯玉祥题写刊名。1946年8月31日自第十期起迁上海继续出版。

本刊“关注荣誉军人及现役军人的生活疾苦，尤其是退役、伤残军人生活现状，介绍军界人物传奇”，有社论、战友的话、战友信箱、致战友和读者等栏目。其中“战友信箱”栏目成为“战友互相联系的纽带”。本刊“介绍了军人的各种情况，表达对军人的关怀，加强军人间的联系，是社会大众了解军人生活的重要渠道”。

本刊为军人刊物，月刊。4开1张，迁上海后改为16开本，每期16页。停刊原因不详。中国国家图书馆现保存有第十期，上海图书馆现保存有第十二期、第十三期。

《中央边报》(1945 年)

1945年10月在重庆创刊，国民党中央组织部、教育部、蒙藏委员会、军令部、政治部联合编译出版。朱家骅题写刊名。

本刊“刊载国内外大事、边区新闻、通讯，介绍边区特色简志，设社论、时事述评、国内外大事记、科学介绍、地理知识等栏目”。本刊“介绍抗战后国内外的政治情况和相关的文件、法令，主要分析新疆、西藏等边疆地区的政治、军事情况，面向边疆民众宣扬中央政令政策、增进各族文化交流，为国家的国防建设提供一些有价值的建议”。

本刊为综合性政治刊物，月刊。16开本。在渝出3期。除中文版外，还有蒙文版、藏文版和维文版三种，各版按月发行。1946年7月1日自第四期起迁南京继续出版，改由国立边疆文化教育馆编行，发行人凌纯声。约1948年7月停刊。共出19期。现保存于中国国家图书馆、四川大学图书馆、南京图书馆、重庆图书馆、上海图书馆。

另，1946年1月凌纯声主办过同名的《中央边报》，地址在重庆川东师范学校内。不知是否为同一种刊物。

《中央边报》第四期封面

《客观》(1945 年)

1945年11月11日在重庆创刊，主办者客观周刊社（社址在重庆临江门大井巷9号），发行人张稚琴，编辑人储安平、吴世昌、陈维稷、张德昌等。

本刊“提倡民主、自由、进步、理性，从而想建立一个是非分明的社会”，开辟有客观一周、专论、译论、文学·艺术·音乐·戏剧、各地通讯、经济一周、边疆风光、民俗资料等栏目，以及副刊《副业》和《珊瑚》。主要撰稿人有张德昌、彭国栋、绀弩、郑曼青、储安平、李紫翔、金春生、李光、于右任、伍启元等。本刊主要“刊载政论性文章，有内战现况，探讨客观社会问题，也刊有音乐戏剧、文学艺术作品等”。本刊内容丰富，“从政论到文艺无所不包，民主客观，为建设新中国而努力”。本刊宣传“第三条道路”，是当时较有影响的刊物。1946年4月被查封，其第十八期《启示》中告知“本社移沪，渝版停刊”。1946年9月，储安平在上海出版《观察》周刊，1948年12月又被查封。

本刊为综合性刊物，周刊。在渝共出18期。现保存于四川省图书馆、重庆图书馆、上海图书馆。

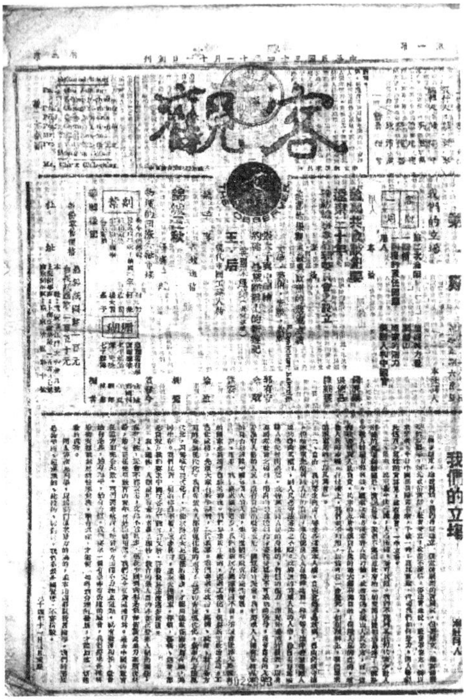
客觀
我們的立場

《客观》创刊号封面

《河北通讯》(1945年)

1945年11月15日创刊于重庆，旅渝河北同乡会、河北省复员协进会合办（通信地址为重庆中山一路四德新村河北同乡会转）。发行人王宣，主编曲直生、张希文、郭海清。

本刊主旨是“为战后河北的复员问题提供解决办法”，主要内容为河北同乡对本省复员及建设的意见及相关资料、消息，撰稿者多为河北同乡，辟有论著、转载、复员法令、复员消息汇志等栏目。本刊主要“介绍河北及京津等地区复员、收复土地等情况及相关法令，搜集各方对复员工作的意见、办法，以沟通消息，提供复员的参考资料，利于河北复员工作的顺利开展”。

本刊为同乡会刊物，月刊。1945年12月15日出版的第二期为“土地问题专号”。之后停刊，原因不详。现保存于四川大学图书馆、重庆图书馆。

《南强》（1945 年）

1945年11月创刊于重庆，南强月刊社编辑发行。发行人李维城（通信地址为重庆林森路聚兴诚银行），编辑人李青厓（通信地址为重庆汉渝公路柏树林梁家院子）。

本刊主要内容为战后国内外情况，多引用美、法、德等国刊物的作品或收入译作。本刊主要“刊载最新的科学成果和政治思想、国内战后的复员情况，希望将国家建设成民主与科学的新社会”。

本刊为综合性刊物，刊期不详。仅见1期。停刊原因不详。现保存于重庆图书馆。

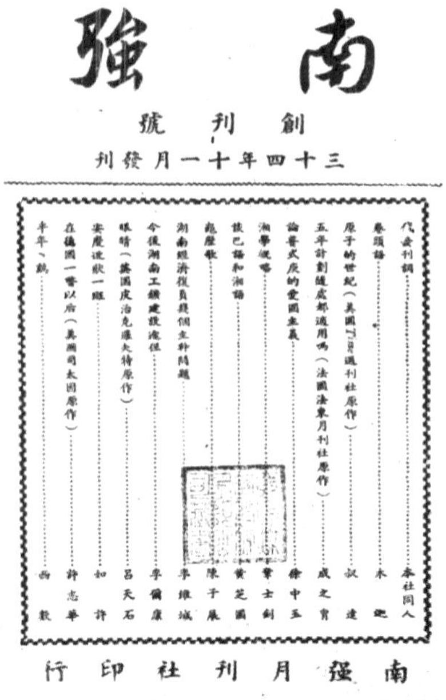

南強

創刊號

三十四年十一月發刊

代發刊詞……本社同人
卷頭語……
原子的世紀（美國「T.B」週刊社原作）……
五年計劃適應那適用嗎（法國法東月刊社原作）……成之
論晉式底的愛國主義……徐中玉
湘學概略……
讀巴協和湘協……黃芝岡
……陳子展
湖南經濟復員幾個主幹問題……李維城
今後湖南工礦建設途徑……
眼睛（英國皮治克羅夫特原作）……呂天石
安慶從獄一瞬……如許
在德國一響以后（美洲司太因原作）……許志華
……

南強月刊社印行

《南强》创刊号封面

《新闻杂志》（1945 年）

1945年12月1日在重庆创刊，新闻杂志社编辑出版，社长林真，主编朱迈之。1946年1月出第五期后休刊。1948年3月在南京复刊，卷期另起，发行人为冯爱群，经理孙先松。1949年后，主编兼总经理为朱迈之，副主编为周天行，发行人为新闻杂志社。1949年4月出版新第三卷第二期后终刊。

本刊“提倡言论绝对自由，侧重新闻性，大胆报道各党派及政治要人之间的关系、活动、秘闻，尤其注意报道、分析内幕新闻”。本刊重新闻性和政治性，提出“整肃内幕新闻”的观点，开中国内幕新闻之先河，设有新闻观察、新闻透视、新闻小说、新闻内幕、人物访谈、战局分析、小品、读者投书、各地通讯等栏目，还曾专门出版“国大专号”“新政府展望特辑”“清算豪门特辑”，并偶有时政漫画刊出，“图文并茂，逸趣横生”。本刊后期侧重对北平和谈的报道与评论，以及分析国民党的法币、银元、黄金等金融改革政策。主要撰稿人有任竹君、刻石、公孙、区锦汉、熊龄、鲁芬、林君慧等。载文有《四川政潮暗流》《川康的紧张局面》《从将领云集南京看大局》《从蒋夫人访美展望美援》《清华园是怎样解放的》《中央银行存兑黄金舞弊案》《新银元的幕后争执》等。

本刊为时政评论刊物，原为半月刊，逢10日、25日出版；1949年2月改为周刊，每逢周日出版。在渝共出5期。停刊原因不详。现保存于重庆图书馆。

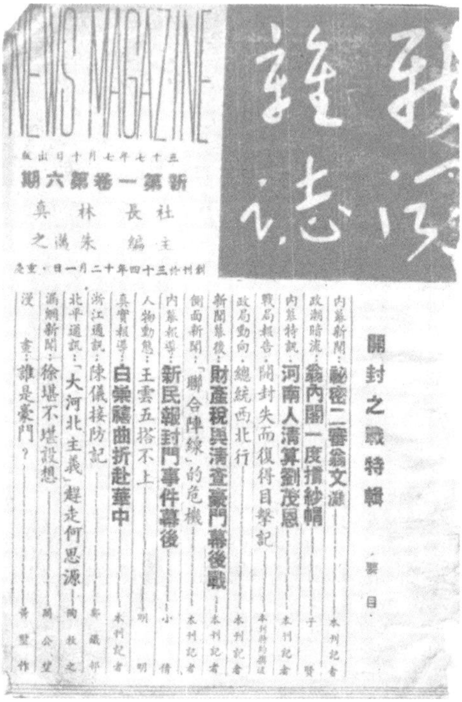
NEWS MAGAZINE
新聞雜誌
新第一卷第六期
社長 林眞
主編 朱滿之
創刊於三十四年十二月一日・重慶

開封之戰特輯 要目
內幕新聞：秘密二審翁文灝——本刊記者
政潮暗流：翁內閣一度搖紗帽——子賢
內幕特訊：河南人清算劉茂恩——本刊記者
戰局報告：開封失而復得目擊記——本刊特約撰述
政局動向：總統西北行——本刊記者
新聞幕後：財產稅與清查豪門幕後戰——本刊記者
側面新聞：「聯合陣線」的危機——本刊記者
內幕報導：新民報封門事件幕後——小倩
人物動態：王雲五搭不上——明明
眞實報導：白崇禧曲折赴華中——本刊記者
浙江通訊：陳儀接防記
北平通訊：「大河北主義」趕走何思源
滿洲新聞：徐堪不堪設想
漫畫：誰是豪門？

《新闻杂志》新第一卷第六期目录页

《史学杂志》(1945 年)

1945年12月5日在渝创刊，史学杂志社编辑（地址在重庆中山路220号），史学书局发行（通信地址为重庆千厮门行街11号）。主编顾颉刚、刘熊祥，发行者郑逢原。本刊创刊日为史学书局创办两周年纪念日。

本刊主旨为“发展史学”，“以期史学研究不断进步”，设有论著、史学人物介绍、史学消息、史学书评、附录等栏目。载文有《嬴秦为东方民族考》《战国时代的“插花地”》《从杜诗中窥见的盛唐政治作风》《敦煌艺术研究所发现六朝残经（附表）》《甲午战后李鸿章的同盟外交》《清季辅仁文社与革命运动的关系》《整理地方文献问题》《中国史学会章程（附表）》等。本刊对当时史学理论与研究状况、史家等情况进行介绍，“为史学界提供交流的平台”，反映了当时的历史学学术研究动态和研究水平。

本刊为专业性史学杂志，不定期刊。仅见1期。停刊原因不详。现保存于中国国家图书馆、南京图书馆、上海图书馆、重庆图书馆。

《户政导报》(1945 年)

1945年12月15日创刊于重庆，内政部户政导报社编辑委员会编辑，户政导报社发行（地址在重庆陈家桥）。社长包惠僧，编辑委员会主任委员萧明新，编辑委员有周中一、杨振青、陈振荣等。1946年迁南京出版。

口普查特辑”。载文有《户口普查的基本概念》《论户政之推进方法》《中国人口政策之研究》《中国人口密度之地理分析》《美国人口普查技术提要》《查记人口项目概述》等。本刊“对全国各地户口等信息进行统计，对户政理论、政策、业务工作进行分析研究，并提出合理的、建设性的意见”，是研究当时我国户政信息的重要参考资料。

本刊为户政问题刊物，年刊。共出4期，在渝仅出1期。停刊原因不详。现保存于四川省图书馆、上海图书馆、重庆图书馆。

《民主青年》(1945年)

1945年12月15日在渝出版，民主青年社主编并发行。后迁北平继续出版（通讯地址为北平58号邮箱）。

1945年3月13日中国民主同盟四川支部在重庆成立民主青年社，同年该社出版兼发行本刊。本刊“专为青年朋友而办，主要对象包括在校和在业的青年”。本刊“宣传青年民主，追求自由，重视青年思想发展，促进青年的交流与进步”。撰稿人有郭沫若、翦伯赞、叶圣陶、穆欣等。载文有《昆明学生的反战运动》《民主政治与民主教育》《人类的尊严与教育的自由》《不能坐待民主的到来》《时事交响诗》《献给大后方同学们的几句话》等。

民主青年
第四期
還我们的人權！
聲援聯大·雲大愛國同學的反內戰運動

《民主青年》北平版第四期封面

本刊为综合性青年政治刊物，原定为半月刊，实为不定期刊。共见9期。第一卷出6期。1946年2月出第二卷第一期，1946年6月出第二卷第三期后停刊。停刊原因不详。现保存于中国国家图书馆、上海图书馆。

《国立女子师范学院五周年纪念特刊》（1945 年）

1945年12月25日在渝出版，江津国立女子师范学院发行（地址在江津白沙镇）。文心纸张铅石印社印刷。

本刊主要“回顾女师院五年历程，介绍学院工作概况”，内容有院歌，第一、二届毕业生论文题目及译著，现任教职员名录，毕业生名录等。本刊为国立女子师范学院的纪念刊物，是研究该校的重要资料。

本刊为学校刊物，特刊。仅出1期。现保存于四川大学图书馆、重庆图书馆。

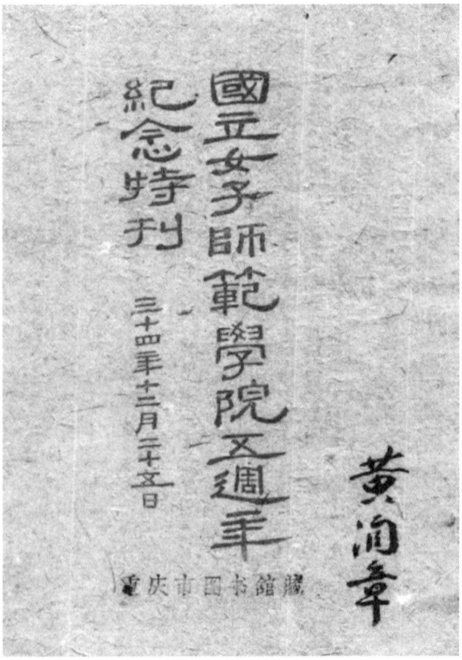

《国立女子师范学院五周年纪念特刊》封面

《东北光复纪念》（1945 年）

1945年12月在渝出版，今日东北社、东北前锋社编辑兼发行。刊前有吴铁城的“过去的东北，是抗敌的前锋。今日的东北，是建国的基石”题字。

本刊“以日本军国主义侵略中国东北的历史为主线，搜集了大量的历史图片揭示日寇侵略东北、扶助伪满傀儡政权的罪恶行径，记录了苏军出兵东北消灭日本关东军、东北人民欢庆光复的场面”。本刊选入大量的图片，形象真实，成为日本侵略中国东北的铁证之一。

本刊为时政类刊物，纪念特刊。仅出1期。现保存于上海图书馆。

《法国文学》(1945年)

1945年12月在渝创刊，徐仲年主编，世界文学社发行（社址在重庆领事巷12号）。

本刊《发刊词》提及“法国文学被介绍到中国已五十年，因一些障碍，还没有专门的刊物来介绍。创办《法国文学》主要介绍新知，即介绍当代或近代法国作家和作品；同时整理旧绪，即译著”。本刊主要内容为“法国文学名著之翻译，研究法国文学之论著，以及作家介绍、文学史料、文学评论、诗歌、小说等”。本刊“介绍值得推崇的法国作家、诗人，并刊登其优秀作品，为法国文学的传播提供了很好的平台”。

《法国文学》创刊号封面

本刊为文学刊物，月刊。16开本，竖排。共出4期。1946年4月出第一卷第四期后停刊，原因不详。现保存于四川大学图书馆、重庆图书馆、上海图书馆。

《文英杂志》(1945年)

1945年12月在渝创刊，编辑者潘新藻，发行人鄢慕荣，文英杂志社编辑发行（社址在重庆大田湾123号）。袁本汉撰写《文英杂志释名（代发刊词）》。于右任题写刊名。

本刊宗旨为“以平民而促进文化，以交换而研讨学术，以采风而资治道”。本刊“集合各类优秀作品，以求为建设美好国家服务”，内容包括时评、学术论文、人物传述、书报介绍、各地通讯、文艺作品（诗歌、散文、小说、戏剧）等，辟有时评、社论、特载、论著、诗、通讯、杂文等栏目。载文有《剑的自述》《中世纪精神》《归舟记：第一程：由重庆到宜昌》《中国合作事业之前途》《中国工业化的灯塔：北碚参观归来》《我国工业经营之商讨》等。

本刊为综合类刊物，月刊。仅见4期。停刊时间及原因不详。现保存于复旦大学图书馆、南京图书馆、重庆图书馆。

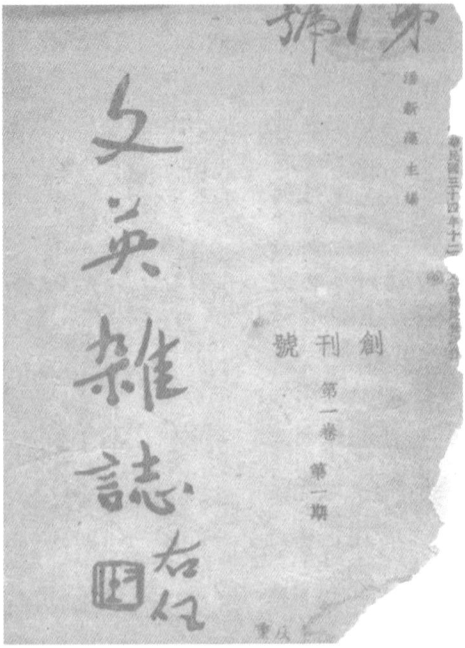

《文英杂志》创刊号封面

《重庆画报》（1945 年）

约1945年抗战胜利后在渝创刊，重庆画报杂志社发行（发行地址在重庆大同路20号，办事处地址在重庆南岸玄坛庙施家坡37号吴家花园）。社长贡学渭，发行人刘缄三，编辑柳阴。

本刊名为画报，但并未刊载大量图片、照片。本刊第四期为“胜利纪念号”，主要“刊登有关第二次世界大战战况的报道，评论战后国内外政局，介绍各国政党及名人轶事，并报道国内外影剧界新闻”。载文有《中外关心的东北问题》《孙立人与宋子文》《在重庆看到的上海》《复兴关下·嘉陵江畔：龙云重庆看龙灯》《政党介绍：民主同盟》《重庆学生：爱国大游行速写》《重庆各报解剖》等。本刊“对战后的国内外政局和社会生活进行介绍，展现了战乱到和平的转变”。

本刊为综合性新闻刊物，不定期刊。现仅见1946年4月出版的第四期。现保存于上海图书馆。

《交流》(1945年)

约1945年在渝创刊，具体时间不详，国立中央大学电机系三二级同学会编行。

本刊“内容多样，丰富学生的生活，加强学生间的交流”，主要对该校工作动态、该级学生的学习生活等进行记录，是我们了解该校信息的参考资料。

本刊为同学会刊物，刊期不详。油印。仅见第三期。总期数和停刊原因不详。现保存于重庆图书馆。

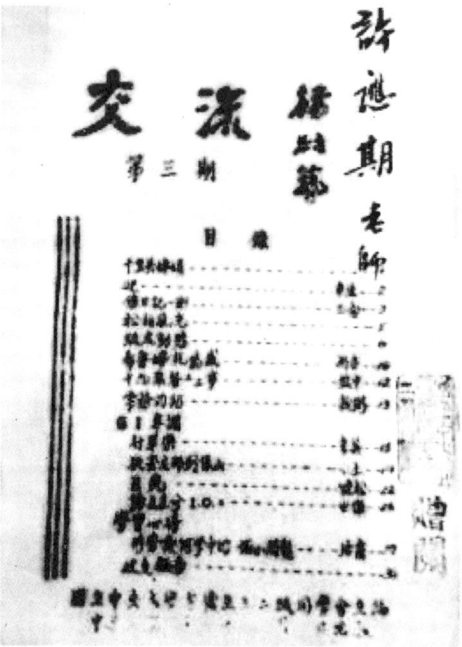

《交流》第三期封面

《文化散步》(1945年)

1945年在渝创刊，新知书店邮购科编辑、印刷、发行（地址在重庆民生路183号）。

本刊主要内容是“为读者提供一般性的书目，并且对最近几年来的优良读物进行简洁扼要的介绍推荐”，“力图积极推动新文化事业的发展，抵制包着糖衣的精神毒品渗入到各种各样的书籍中”，“希望以进步书籍的介绍来使读者警惕于自己的取舍”。本刊不仅介绍文学类作品，也介绍一些理论著作。本刊主要栏目有各类名著提要、社会科学类、文学译丛类、文艺创作类、戏剧类、诗类、儿童文学类、实用图书类、外文书类等。本刊还刊登少量名言警句作为补白。本刊推荐的图书有《悲惨世界》《猎人日记》《黎明》《科学的奇迹》《新经济学讲话》《近代经济学说史大纲》《中国史论集》《中国古代思想学说史》等。

本刊为图书目录刊物，刊期不详。仅见第一期。停刊原因不详。现保存于上海图书馆。

《文化散步》第一期封面

《中国矿业纪要》（1945 年）

1913年工商部地质调查所主持铁路沿线及滇、川、黔边界的地质调查事宜，地质调查所改隶农商部后，致力于纯粹地质与经济地质的调查工作，于1917年出版《中国铁矿志》；1921年刊行第一次《中国矿业纪要》。其后，1926年、1929年、1932年、1935年分别刊行第二、三、四、五次《中国矿业纪要》。抗日战争期间，又刊行第六、七次《中国矿业纪要》。第七次是1945年由经济部中央地质调查所在重庆印行的。

本刊刊载了“矿产额统计、各矿的分布及销售，还包括全国煤矿储量的新估计”，以及矿业之经济状况（如采矿成本之采访、产销相互之关系）等。其中，1935年第五次《中国矿业纪要》对四川的煤铁的记载是“煤矿储量为98.74亿吨，铁矿为11.72万吨”。本刊为战时国民政府对中国西南地区自然资源的了解提供了主要依据，为战时开发和直接利用这些资源奠定了基础。

本刊为矿业刊物，不定期刊。16开本，铅印。竖版，单栏。现保存于上海图书馆。

1946 年期刊

《科学与生活》(1946 年)

1946年1月1日在渝创刊，科学与生活社编行（通信处为重庆邮箱314号）。1946年12月停刊。

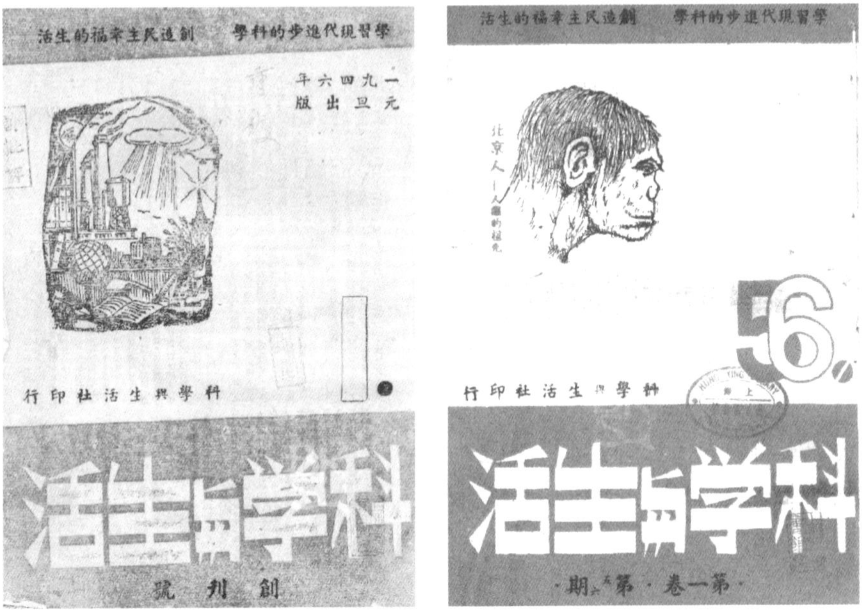

《科学与生活》创刊号和第一卷第五、六期合刊封面

本刊是在中共地下党直接领导下创办的通俗科学刊物，由老党员、物理学者、一直从事统战工作的严希纯任社长，中共地下党员蒋一苇任副社长兼主编。本刊成立有编委会，成员有进步教师陈元直、罗克汀、刘博禹和党组织介绍的薛宝鼎、蓝毓钟、黄继武、成善谋，以后又吸收唐自杰、王蔚然、谈锋、蒋学俊、林家桑、黄焕章等担任编委或通讯编委。本刊还得到一些进步学者的

支持，如郭沫若、梁希、潘菽、卢于道、丁瓒等。本刊封面上印有“学习现代进步的科学，创造民主幸福的生活”，设有科学信箱、心理常识漫谈、农村通讯、大众卫生院、珍贵的友声、科学人物、化学讲座、物理讲话、医药问答、科学短波等栏目。本刊主要刊登天文、物理、生物、医学等学科的科普文章，并刊有日常生活中的科学常识，另有介绍诺贝尔的文章以及陈述中国科学发展史的内容。本刊“提倡科学，为提高民众尤其是青年人的科学知识水平服务”。

本刊为科学普及刊物，月刊。16开本。共出8期。现保存于中国国家图书馆、四川省图书馆、四川大学图书馆、上海图书馆等。

《科学时代》（1946 年）

1946年1月1日在渝创刊，科学时代社编辑发行（通信处为重庆邮箱206号）。1946年自第七期起迁上海出版，于1950年12月停刊。

本刊“介绍时代的科学，创造科学的时代”，旨在宣传科学知识，主要对象是具有高中文化程度的读者。本刊内容主要为“国内外工厂与农场的特写，各种科研机关与团体活动、科研成果的报导，科学新知识介绍，科学方法、科学思想的创新，科学史，著名科学家传记，工艺、园艺、畜牧业介绍以及其他有关科学新知”。

本刊为自然科学刊物，月刊。在渝出6期。现保存于四川省图书馆、四川大学图书馆、上海图书馆、重庆图书馆等。

《科学时代》第一期封面

《人物杂志》(1946 年)

1946年1月1日在渝创刊，人物杂志社编辑兼发行（社址在重庆南纪门韩家巷9号）。主编张知辛，经费由他独立承担。编辑蒋一苇，记者王群青，发行人张如愚。出版、发行等事务由张知辛的妻子何蕴芝负责。1946年8月在上海设立分社，出上海版，每月出版时间较渝版晚，它是根据重庆版的纸型翻印的，除封面外，内容大致相同，目的是扩大发行量。重庆版于1949年4月停刊。解放后，重庆市军管会第一号通知其“批准复刊”，直到1951年6月终刊。重庆和上海两地社址皆屡次迁移。

本刊封二有“表扬好人，批判坏人”八个大字，作为本刊的宗旨。本刊《发刊词》提及，办刊起因于人们对“人物”的文字感兴趣，想办一专门刊物。本刊主要是“各种介绍与批判人物以及有关人物的文字，如传记、访问、速写、趣闻等。人物不分古今中外、地位高下，及其言行有良好影响而值得介绍，或对丑恶人物的评判，并附有一些人物图片”。主要撰稿人有郭沫若、邓初民、吴晗、周谷城、宋云彬、王芸生等。本刊所介绍的内容包括学府、历史、报界、戏剧、音乐、外交、国际、科学、政治、政党、军事、体育等方面的人物。本刊每期发行量高达20000份，是当时畅销的杂志之一，发行地、经销地也多。本刊“介绍和评论古今中外各种人物，人物复杂，使读者从中得到领悟、启发和吸取经验教训”。

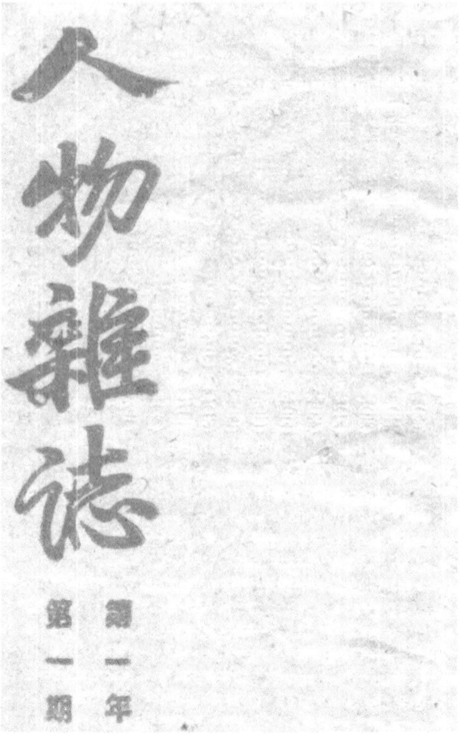

《人物杂志》第一年第一期封面

本刊为人物刊物，月刊，每月1日出版，每年12期，新的一年重新编号。16开本。现保存于中国国家图书馆、四川省图书馆、四川大学图书馆、重庆图书馆等。

《自由评论》(1946年)

1946年1月1日在渝创刊，自由评论社编辑发行（社址在重庆中山一路270号特1号）。

本刊代发刊词《说话自由》一文提及，创办本刊“无非想说说话而已”，“我们需要自由的陈述、辩论、讴歌、控诉，我们要把内心所思所感，形成声音，播扬在知我罪我的人群里”。本刊“评论时政，呼吁自由”，结合当时政治形势提出一些建议、主张。

本刊为政治评论刊物，刊期不详。16开本。仅见创刊号。停刊原因不详。现保存于中国国家图书馆、复旦大学图书馆、南京图书馆。

《报报》(1946年)

1946年1月5日在渝创刊，报报出版社发行（地址在重庆中山三路2号）。发行人兼总经理王镂冰，主编欧阳敏讷，编辑主任余络秋，编辑曹海泉、王永陵，特约编辑李秉诚、黄席群、茅于美、齐振绪等。

本刊在封面上印有“大众性、历史性的记事刊物”“报导性、建设性的综合新闻”“一周间之要闻、时论、文献、统计”“报之一周·一周之报”“为报纸介绍、记录、分析”等语。封底印有“本报特点：取材广泛，选录精密，既便阅览，又值珍藏，是报纸的报纸，是杂志的精华，是新闻的总汇”，“新闻资料的宝库，时事研究的指针”。第二期里刊出报社董事名单：董事长茅以升，秘书董事王镂冰，会计董事张自立，社董侯家源、王若僖、田定庵等22人。

本刊设有国际关系、舆论摘要、各国要闻、中央要闻、宪政与政党、外交、国防与军事、财政、交通、金融劳资、边疆、教育、体育、侨务、救济、对外贸易、农林渔牧、工矿、商业、卫生与医药、考铨监察司法、家庭、科学、工程、艺文志、史地志、出版界、合作事业、社团、时人志、地方新闻、物价、电影与广播、一周大事记等栏目。本刊“报道国内外各类新闻要闻，是人们获得信息的资源宝库”。

本刊为报刊文摘类刊物，周刊。64开本，每周六出版。每3月出1卷，每卷13期，每卷编有目录。共出39期。1946年9月出第三卷第十三期后停刊，原因不详。现保存于中国国家图书馆、四川省图书馆、四川大学图书馆、重庆图书馆。

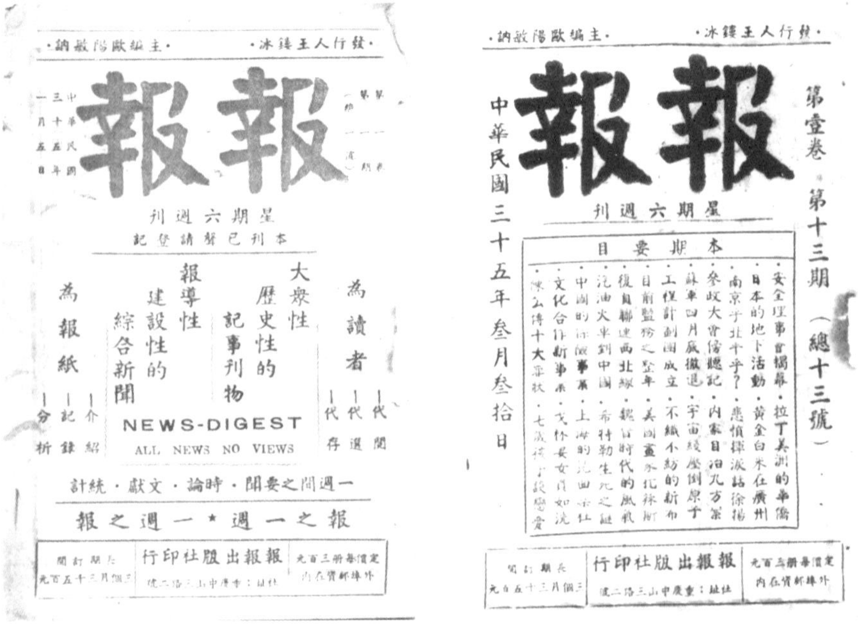

《报报》第一卷第一期、第十三期封面

《文联》(1946年)

1946年1月5日在渝创刊，中外文艺联络社编辑（社址在重庆中山一路218号，后迁上海中正中路610号），主编茅盾、叶以群，发行者陈安镇，发行所永祥印书馆。

本刊设有论文、报告文学、剧评、电影介绍、书评、漫画、报道、通讯、特写等栏目。撰稿人有茅盾、力扬、徐迟、冯乃超、夏衍、臧克家、袁水拍、沙汀、张骏祥、徐盈、何其芳、艾明之、杨刚、刘白羽、艾芜、陈白尘等。本刊主要刊有“报道各地文艺、文化活动的通讯及消息，反映各地人民生活及社会活动的通讯、报告、散文、速写或小说，以及各种文艺书刊的读后感”。本刊以理论批评和文艺创作为主，对文艺运动、文艺作品进行了介绍，内容独特，影响很大。

本刊在渝出5期后迁至上海，1946年4月15日在沪出第六期；6月16日出第七期，并登出启事宣布停刊。

本刊为文学类刊物，中外文艺联络社的机关刊物，半月刊。16开本。渝版共出5期。现保存于中国国家图书馆、四川大学图书馆、上海图书馆、吉林大学图书馆、重庆图书馆。

《文联》创刊号、第一卷第四期封面

《民主生活》（1946 年）

1946年1月9日在渝创刊，发行人沈钧儒，主编宋云彬，民主生活社发行（社址在重庆枣子岚垭83号）。

本刊《发刊词》提及，“抗战结束，内部冲突起来了，我们要号召团结，争取民主。本刊文字注重现实问题的批判与具体意见的贡献，不尚空言职责”。本刊宗旨为“阐扬民主理论，为实现民主服务”，设有短评、特载、诗歌、民主生活讲话、读者信箱等栏目。撰稿人有马寅初、沈志远、郭沫若、李公朴、茅盾等。本刊“论述民主反专制的理论，倡导民主政治、民主经济、民主文化，支持政治协商会议、宪法修正等活动，为民主服务”。

本刊为政治评论刊物，周刊，每逢周三出版，有时有拖延。1946年4月10日出第十二期，发表《启事》，指出“本刊准备迁移到上海，暂时停刊”。但此后未见发行。共出12期。现保存于中国国家图书馆、四川大学图书馆、重庆图书馆、南京图书馆、上海图书馆等。

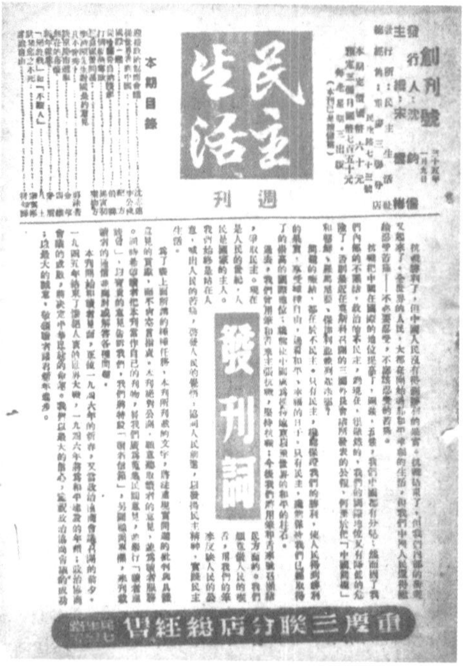

《民主生活》创刊号封面

《中原·文艺杂志·希望·文哨联合特刊》(1946 年)

约1946年1月上旬在渝出版，郭沫若、胡风、邵荃麟、叶以群主编。本刊是抗日战争胜利后复员期间，各杂志停刊迁移时，重庆四家杂志联合出版的临时文艺刊物。本刊由四家杂志社编辑兼发行，重庆三联分店总经售（通信处为重庆民生路73号三联书店转四文艺杂志联合特刊编辑部）。

本刊内容为“对当前文艺运动及作品的意见，以及关于各地文艺运动消息的报道”，设有短论、小说、散文、速写、书评等栏目。撰稿人有茅盾、何其芳、叶圣陶、郭沫若、老舍、艾芜、陈白尘、邵荃麟、路翎、冯雪峰等。本刊“收入各类文艺作品，介绍文艺运动、文艺会议及方针等，主要评论时事及文艺方面的问题，为读者了解文艺运动消息的最重要途径”。1946年6月25日出第一卷第六期，即终刊号。“特刊”停刊后，重庆文艺界接着又办了《萌芽》。“特刊”所有未发表的稿件，都转给了萌芽编辑部。

本刊为文艺类刊物，半月刊。仅出6期。现保存于中国国家图书馆、四川省图书馆、四川大学图书馆、重庆图书馆等。

《中原·文艺杂志·希望·文哨联合特刊》第一卷第一期、第六期封面

《文讯》（1946年）

1946年1月15日在重庆复刊，文讯月刊社编辑（地址在重庆中山一路神仙洞新街22号），文通书局发行。主编顾颉刚、白寿彝，编辑陈敬容、丁君匋。发行人华问渠。本刊于1940年10月10日创刊于贵阳，由文通书局编辑发行，发行人为华问渠。自1942年7月30日第三卷第一期起改署文讯月刊社编辑，谢六逸主编。1944年7月16日出版的第五卷第一期为“风物志专号”，由顾颉刚、谢六逸、娄子匡、岑家梧主编。该期《编辑后记》称“自此期起，本刊改为专号的形式出版”，但也自此期始，因受湘桂战争的影响而未能继续出版。自1946年1月起迁至重庆出版第六卷第一期（又称新一号）。1946年12月31日出完新第十号迁苏州，1947年6月15日续出第七卷第一期。第七卷第五期起又迁上海。约1948年12月出至第九卷第五期停刊。前后共出版55期。

本刊涉及“文艺、哲学、史地、时事及各种自然科学等，包括自著或翻译，特别是对于文化动向之探讨、学术消息之报道、学人生活之描述、新出书报之评论等”内容，主要刊载学术论著、文艺作品、名著提要、文化动态以及其他与出版事业有关的文字。主要撰稿人有丰子恺、茅盾、白寿彝、高寒、董每戡等。本刊是抗战时期以及后来一段时间在国民党统治区出版时间比较长的刊物，“收入大量时政、经济、文学、史学等作品，成为出版者、著作人、读者三方面在精神上彼此互相沟通的重要渠道”。

本刊为综合性文化刊物，月刊。16开本。在重庆约出10期。现保存于中国国家图书馆、四川大学图书馆、南京图书馆、重庆图书馆、上海图书馆等。

《文讯》新二号封面

《正气杂志》(1946 年)

1946年1月15日在渝创刊，正气杂志社编辑发行（社址在重庆复兴关青村1号）。约1946年5月停刊。

本刊《发刊词》对正气的定义进行了解释，并提到了本刊的任务：“一、弘扬正气；二、发挥社会科学的真谛，求理论与现实的并重；三、探求自然科学的真理，发挥求真求实的精神；四、阐发道德、文艺、美术的源泉，介绍古今优美的文艺作品”。本刊登载有关国际、政治、经济、外交、军事等时事论文及诗歌、小说等。本刊作者多为中央下属机关或学校等机构成员。本刊“弘扬正气，宣扬科学，探求真理，追寻文艺美”。

本刊为时事评论刊物，月刊，每逢15日出版。16开本。共出5期。现保存于四川大学图书馆、南京图书馆、重庆图书馆、上海图书馆等。

《新政论》（1946 年）

1946年1月30日在渝出版，发行人盛恺，主编夏炎德，编辑郑宏翔、朱树、盛世昌，新政论社编辑发行（通信地址为重庆北碚夏坝40号夏炎德先生收）。

本刊内容主要是“讨论国家各项要政，除政治外，法制、经济、文化也是重要内容，针对问题，提出建议，促进建设。树立正论，催生民主，是我们的责任，也是我们应有的权利。抗战结束，建国伊始，民主新政亟待建立”，“创办《新政论》月刊，思以不偏不倚之立场，发为至公至正之言论，借以慰为舆论，促成我国政治改造”。本刊设有社评、专论（内容包括政治、法制、经济、外交、社会、教育与文化等各方面）、讲座、舆论与政治、民主人物、书评、通讯等栏目。本刊“分析国内外政治，为新政策的制定提供建议、指导”。

本刊为政治刊物，月刊。1946年4月出第二期后停刊，原因不详。现保存于四川大学图书馆、重庆图书馆。

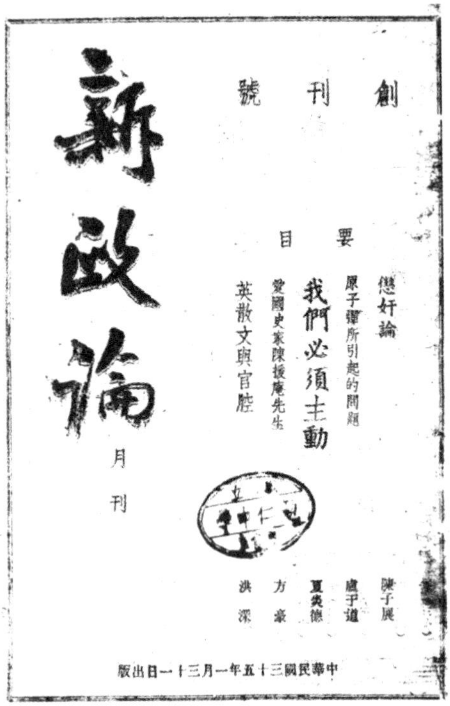

《新政论》创刊号封面

《经济知识》（1946 年）

1946年1月31日在渝创刊，重庆大学经济研究会编辑（地址在重庆沙坪坝）。发行人朱国璋。

本刊目的是“希望将刊物办成是普遍性的，使大多数人都有兴趣来读，主要为有关经济之著作、译述，或金融及工商知识之介绍，一为学术性的专著，即经济与金融的理论著作、译述；另一部分为知识介绍，最基础的经济理论、工商知识及有关的报道等”。本刊“介绍金融和工商论著和知识，题材重现实，知识新颖，为当时经济发展提供合理的建议”。

本刊为经济刊物，刊期不详。仅见1期。总期数和停刊原因不详。现保存于四川大学图书馆、南京图书馆、南京大学图书馆、上海图书馆。

《中国童子军总会公报》(1946 年)

1946年1月31日在渝创刊，中国童子军总会编行（地址在重庆复兴路64号）。1946年4月30日迁南京出版第一卷第四期。1948年6月30日出第三卷第一、二期合刊（即总第二十五、二十六期合刊）后停刊。共出26期。

本刊内容有公牍、人事、统计·一览、各地消息、总会动态、问题解答、工作报告、童讯点滴、国际鳞爪等。本刊“对中国各地童子军的情况进行介绍，并对中国童子军总会的工作、会务情况进行详细记录、介绍”。

本刊为童子军社团刊物，月刊。16开本。每卷12期。在渝出前3期。现保存于四川大学图书馆、重庆图书馆、上海图书馆。

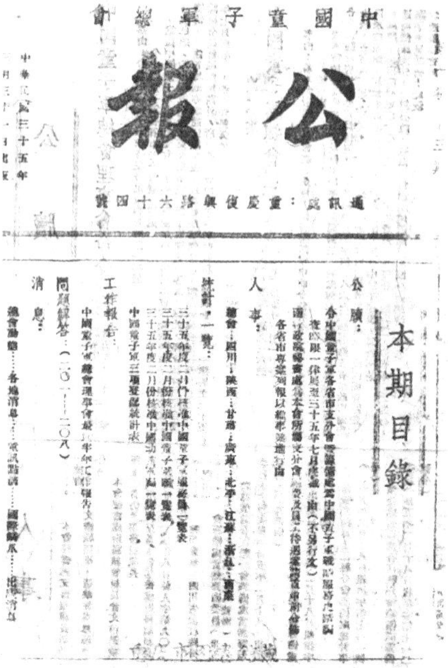
中國童子軍總會
公報
通訊處：重慶復興路六十四號
本期目錄
公牘：
人事：
統計·一覽：
工作報告：
問題解答：
消息：

《中国童子军总会公报》第一卷第三期封面

《妇女文化》(1946 年)

1946年1月在渝创刊，妇女文化月刊社编行（地址在重庆复兴关青村3号）。编辑李曼瑰、吴元俊、陆庆、陈衡哲，顾问谢冰心。

本刊目的在于“纠正社会对妇女的传统观念，提高妇女文艺水准，开辟妇女言论之园地”。其内容包括“发表学术研究心得，报道科学发明成果，刊载妇女的各种测验、调查统计资料，介绍各国妇女史料著作、文化消息、读者通讯、生活常识，也有一些漫画、木刻等文艺作品等”，设有读者来鸿、妇女消息、读者信箱、海外猎奇、诗歌、杂俎、文化消息、科学新发明等栏目。本刊撰稿人主要为妇女，有欧阳艾静、莫日芳、何定生、渌音、包凤仪、陶冰等。本刊“表达了对女性人格、权益的尊重和关注，向广大读者特别是女性读者提供了一个了解世界女性生活、参政、工作等方面信息的平台，帮助她们树立正确的价值观，适应世界的先进潮流”。

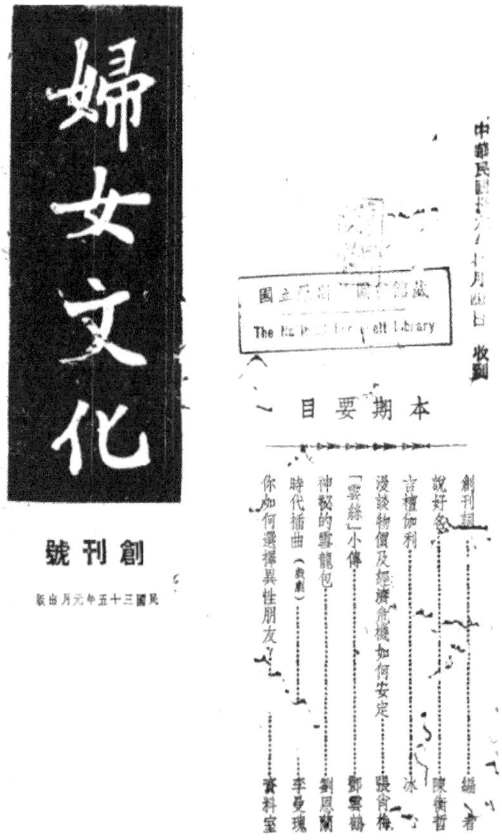

《妇女文化》创刊号封面

本刊为妇女刊物，月刊。共出17期。1946年出第一卷共6期，1947年出第二卷共10期。1948年4月出第三卷第一期后停刊。现保存于四川省图书馆、重庆图书馆、上海图书馆。

《科学中学生》（1946年）

1946年1月在渝创刊，黄荣显主编，新中国科学建设协进会、科学教育委员会发行（地址在重庆歌乐山枫香树5号本会编辑部）。

本刊主旨为宣传科学，稿件主要来自中学教师，设有科学讲话、中国科学伟人、学习辅导、科学漫谈、发明文摘、科学史话、医药科学、科学小说、趣味读物、科学新知等栏目。有数学、物理、化学、博物、天文地理、医药卫生等各类编辑。本刊“专业性强，为国人传播各种科学知识，弘扬科学精神”。

本刊为科学普及刊物，刊期不详。仅见1期。停刊原因不详。现保存于重庆图书馆。

《科学中学生》创刊号封面

《一般评论》（1946年）

1946年2月1日在渝创刊，一般评论社编辑兼发行（地址在重庆大田湾441号）。封面印有“评论的、学术的、综合性半月刊”。

本刊主要内容是“关于政治、经济、教育、历史、哲学、文艺等的学术研究，理论的检讨及各种实际问题的分析与批评”。本刊“对政治、经济、文化各方面进行分析、论述，从而为各种实际问题提供建议”。

本刊为综合性评论刊物，半月刊。16开本。共出4期。约1946年4月停刊。现保存于中国国家图书馆、四川大学图书馆、北京大学图书馆等，重庆图书馆仅存第二期，上海图书馆存有第一至第四期。

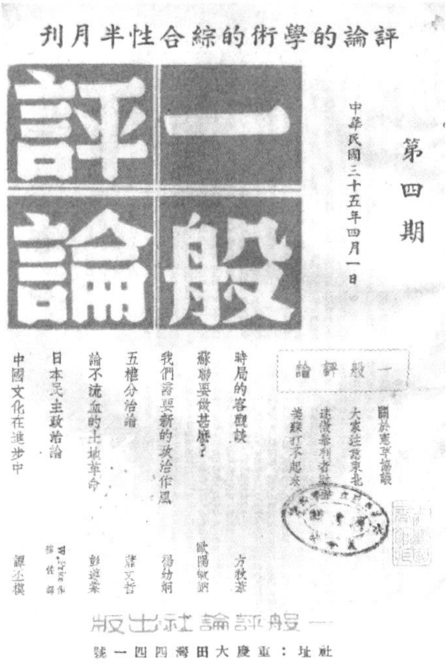

《一般评论》创刊号、第四期封面

《人民时代》(1946 年)

1946年2月16日在渝创刊，主编严信民，发行人杨子恒、于振赢，人民时代社发行（社址在重庆五四路95号）。

本刊创刊号指出，“人民时代就是一切由人民做主，人民的立场就是本刊的立场”。本刊“宣扬以人民的立场为立场，自愿将全部篇幅献给人民”，主要内容为“反映人民愿望，反映人民的生活，说人民要说的话”。本刊“从政经文等多方面谈及人民的利益、人民的权利，争取为人民的幸福提建议、作贡献”。

本刊为社科综合性刊物，半月刊，每逢初一、十六出版。16开本。共出4期。1946年3月16日出第二、三期合刊，5月10日出第四期后终刊。现保存于中国国家图书馆、四川省图书馆、重庆图书馆、上海图书馆。

《青年军》(1946 年)

1946年3月1日在渝出版，扫荡简报第一〇一班主编（地址在璧山县），青年军二〇一师政治部发行。

《编后》提及本刊的新要求，即“新闻杂志化”，“学术趣味化”，“期望做到作者、读者、编者三位一体，大家毫无距离地密切联系”。本刊主要刊载时事评论、学术论著、通讯特写、文艺等作品，开辟有短评、论著、资料、文艺、诗、集纳等栏目。本刊“为全师官兵提供各种信息，为军中的文化园地，丰富了士兵的生活”。

本刊为综合性刊物，半月刊。小32开本。现存最晚一期是1946年5月20日出版的第五、六期合刊，之后未见出版。仅见6期。现保存于四川大学图书馆、重庆图书馆。

《青年军》第一期封面

《诗歌月刊》(1946 年)

1946年3月1日在渝出版，诗歌社编辑发行（社址在重庆中山一路206号附1号）。徐建担任主编。

本刊“主以反映现实生活为原则，重视刊载关于诗歌创作方法和讨论研究诗歌的理论性文章，注重诗歌的理论建设”，“主张诗歌应该反映人性，赞颂民主自由，避免欧化和涩晦”。其内容包括译诗、民谣、儿歌、方言、可以谱歌的诗篇等。主要撰稿人有安娥、柳倩、禾波、戈矛、一川、吴视、端木蕻良等，闻一多、臧克家、郭沫若等著名诗人均有诗作发表于本刊。本刊对于研究当时的诗歌理论与当时的新诗歌发展状态，以及部分新诗人政治态度倾向具有重要的参考价值。

本刊为诗歌刊物，月刊。1946年6月出第三、四期合刊，7月出版的第五期是现存最晚一期。现保存于四川省图书馆、重庆图书馆。

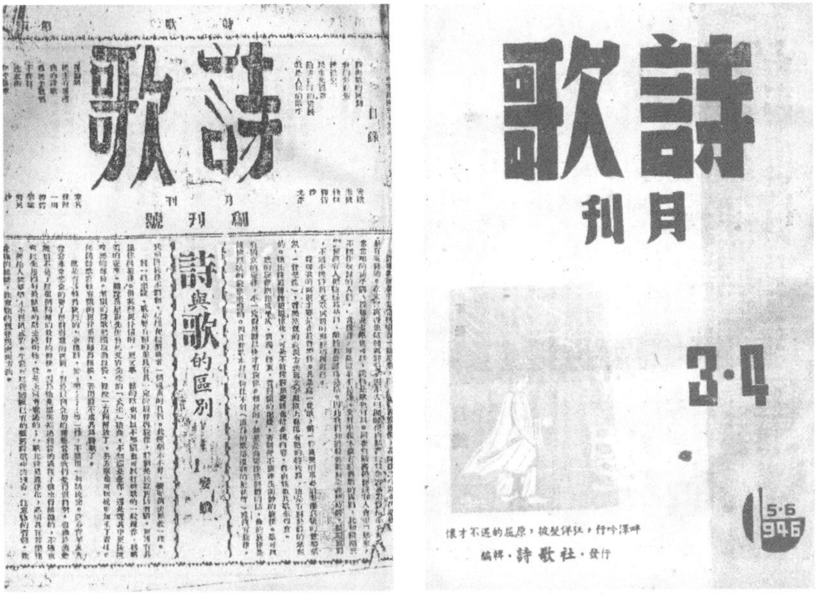

《诗歌月刊》创刊号和第三、四期合刊封面

《时浪》(1946年)

1946年3月15日在渝出版，重庆大学时浪月刊社编辑发行［地址在重庆沙坪坝小花园（重庆大学）内，通信地址为沙坪坝55号信箱］。发行人刘吉智，社长刘吉光，主编董融皋、范继淹等。

本刊“以超党派之立场，每期对时事作简短之评述”。本刊设有编辑前言、社论、论著等栏目，并设有副刊《浪花》，收入文艺小品、诗歌。本刊“发表时事政治、教育、实业、文化、财政、航空建设等方面的社论和论著及文艺类作品，希望为民主建国尽一份力”。

本刊为综合性刊物，月刊。共出3期。1946年4月出版第二期，5月出版第三期“经济专号”后停刊，原因不详。现保存于四川省图书馆、重庆图书馆、上海图书馆。

《艺术家》(1946 年)

1946年3月15日在渝创刊，主编为胡弗，艺术家月刊社编辑发行（社址在重庆北碚虎庐）。

本刊“介绍各项艺术及编著有关艺术之学术论文，发扬中国五千年有之文化，暨介绍西洋艺术，而创造适合我国之艺术，务期达成继往开来之使命”。本刊主要收入艺术及有关艺术的各种专著、翻译、书评、人物传记作品介绍及通讯等，其中艺术作品包含小说、木刻、戏剧、音乐等，还介绍艺术活动、艺术家的情况。 撰稿者有徐悲鸿、郭沫若、傅抱石等。本刊宣传了艺术及艺术工作，扩大了艺术的教育作用，“为当时艺术的发展努力、奋斗”。

《艺术家》第三期封面

本刊为文艺理论刊物，月刊。16开本。共出3期。1947年5月15日出第三期后停刊，原因不详。现保存于四川省图书馆、重庆图书馆、上海图书馆。

《国文月刊》(1946 年)

1940年6月创刊于广西桂林，“西南联合大学师范学院国文系中同人主编，邀请西南联合大学文学院中同人及校外热心于国文教学的同志合力举办”，开明书店印刷发行，主编先后有浦江清、余冠英等。本刊通过桂林、成都、重庆、昆明、贵阳、衡阳、金华等地发行所向全国各地发行。1945年出第四十期后停刊。后由开明书店在重庆复刊，1946年3月20日出第四十一期，编辑夏丏尊、叶圣陶、郭绍虞、朱自清，国文月刊社出版（社址在重庆保安路132号），开明书店发行。发行人范洗人，后为陆联棠。编辑委员有余冠英（主编）、罗常培、朱自清、罗庸、王力、浦江清、彭仲铎、萧涤非、张清常、李广田、沈从文等。后迁上海，1946年7月20日始出第四十五期。1949年8月出版的第八十二期为终刊号。

本刊宗旨是“战时促进国文教学及促进青年人国文程度的进步，补充青年学子自修国文的材料”。本刊主要“登载国学专家撰写的有关语言文字及文学基本知识，选登学生的作文和教师的著作，讨论国文教学各种问题”。其内容主要分为通论、专著、诗文选读、写作谬误示例。此外，还有学生习作选录、书报评介、答问、通讯等。

本刊为国文教学刊物，月刊，实为不定期刊。约每年1卷，每卷10期。在渝出第四十一至第四十四期。现保存于中国国家图书馆、四川省图书馆、四川大学图书馆、重庆图书馆、上海图书馆。

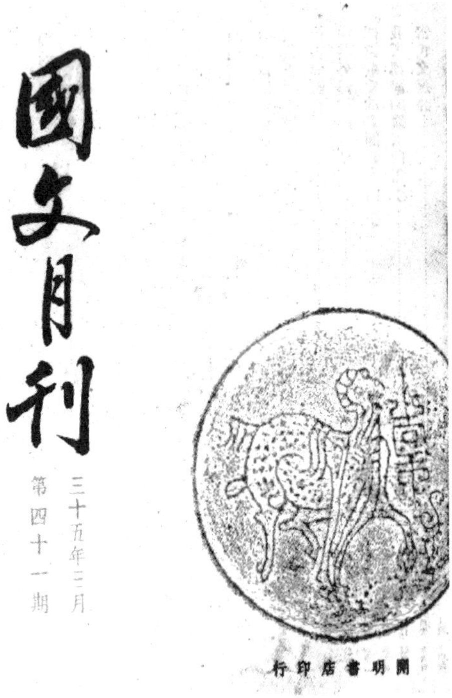

《国文月刊》第四十一期封面

《建国青年》(1946 年)

1946年3月在渝创刊，建国青年社编辑发行（社址在重庆两浮支路101号）。1946年4月26日出第一卷第四期后申明5月迁南京出版（社址在南京白下路270号）。1948年起与《时代》半月刊合并，改名为《时代》。约1949年4月终刊。

本刊使命“在于从横的方面，即简化机构、健全人事、确立责任观念、倡导科学精神这四个方面革新政治；在于从纵的方面，即使广大青年群体走进政治的领域以充实革命力，巩固政治革新的阵容”。本刊主要内容为时事评论、学术研究、建国之理论与实际、人物传记、山水游记、军民生活、民间疾苦、文艺写作等，“对象多为革命青年、战斗青年”。本刊设有国内大事、国际大事、学者论著、文艺等栏目。本刊“提倡政治革新，对青年组织、运动进行论述，促进青年的发展”。

本刊为综合类青年刊物，初为半月刊，1947年起改为月刊。现保存于中国国家图书馆、重庆图书馆、四川省图书馆、上海图书馆等。

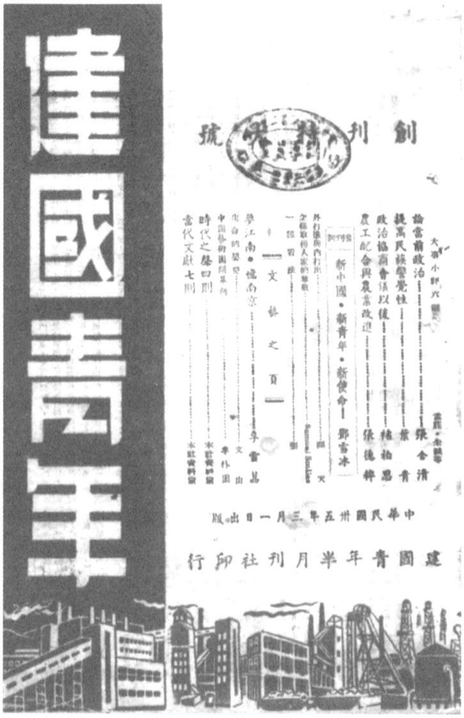

《建国青年》创刊特大号封面

《健康儿童》（1946 年）

1946年4月4日在渝创刊，中国儿童健康协会发行（地址在重庆两浮支路复兴路63号）。主编董广英，编辑方万邦、周尚等十余人，特约编撰数人。

本刊创刊号即为“儿童疾病预防治疗及护理专辑”，编者在《发刊词》中提到，想要一个“健康的儿童”，“为达到健康，一要深刻地了解儿童；二要积极地创造环境。为达到以上两点，需要我们交换意见和相互检讨”。封面题有“增进健康儿童更见健康·疗养虚弱儿童恢复健康”字样，体现本刊发行的目的与愿望。本刊旨在“增进儿童健康，注重儿童卫生常识之灌输，及儿童健康理论之阐发与实际之报道”。本刊“介绍与儿童相关的各类法规政策，为儿童的健康提出一些有效的、实用的建议，从而为儿童健康作出积极的贡献”。

本刊为儿童类刊物，季刊。仅见2期。停刊原因不详。现保存于重庆图书馆。

《时事论坛报》(1946年)

1946年4月5日在渝出版，时事论坛报社编辑兼发行（通信地址为重庆北碚黄桷镇邮箱20号）。

本刊内容主要是时事论文、文化机关介绍、各地政治文化动向等，设有国内外时事评论、时事人物、地方通讯、各地政治文化动向等栏目。本刊“分析当前国内和国际的时政局势，对人们了解时事有一定参考作用”。

本刊为时政刊物，半月刊。仅见1期。停刊原因不详。现保存于中国国家图书馆、复旦大学图书馆、上海图书馆。

《唯民周刊》(1946年)

1946年4月6日在渝创刊，主编邓初民，发行人邹趣涛，唯民周刊社出版（社址在重庆中山一路四德里5号）。

1941年3月，中共党员李相符、田一平、杨伯恺，民主人士邓初民、马哲民和刘文辉等13人，在成都成立“唯民社”，刘文辉任社长。该社宗旨是“全民团结，坚持抗战，反对独裁，实行民主”，接着在重庆创办《唯民周刊》。本刊设有政治讲座、哲学讲座、历史讲座、专论以及文学评论、文学作品等栏目。为之撰稿和主持讲座的有侯外庐、罗克汀、翦伯赞、邓初民等，郭沫若、陶行知、田汉、安娥等均曾在本刊发表文章。本刊“关注国内外形势，努力推动后方民主

《唯民周刊》第一卷第一期封面

和平，探讨青年问题、中国农村问题、教育改革、学生运动以及人民文艺等重要问题”。

本刊为社会科学综合性刊物，周刊，每逢周六出版。第一至第三卷各出12期。1947年3月出至第四卷第十期，因被当局查封而停刊。现保存于中国国家图书馆、上海图书馆、四川省图书馆、西昌市档案馆、峨眉山市档案馆、重庆图书馆等。

《职业青年》(1946 年)

1946年4月10日在渝创刊，主编沙扬，发行人鲁掖，职业青年社编辑发行（通信地址为重庆中一路四德里5号温诚转）。

本刊内容以反映职业青年生活为主，开辟有短论、信箱、资料、职业界、生活月报、生活笔谈、学习指南、诗、好书介绍等栏目。本刊“指导职业青年正确处理工作中人际关系、生活态度、学习进修、工作技艺等问题，刊登各行业青年的工作感想，为青年生活提供较为合理、有价值的指导”。

本刊为青年刊物，月刊。共见7期。第一卷共出6期。1946年11月10日出版的第二卷第一期是现存最晚一期。停刊原因不详。现保存于四川省图书馆、重庆图书馆、上海图书馆。

《职业青年》第一卷第五、六期合刊封面

《国际贸易》(1946年)

1946年4月15日在渝创刊，中国进出口贸易协会编行（地址先后在重庆沧白路51号、上海广东路87号）。第八期主编更改为中国国民经济研究所（地址在上海上春路390号），发行者为中国进出口贸易协会。1946年12月15日出第十四期后停刊。

中国进出口贸易协会于1944年10月3日在重庆沧白路51号成立，由邹琳、刘航琛等50多人发起组织，会员有98人。本刊的目的在于“辅导国际贸易的发展”，设有专论、贸易消息、贸易知识、贸易通讯、短评、商品调查、市场调查、演说辞等栏目。主要撰稿人有孔士谔、朱伯康、沈光沛、邱良荣、孙伯和等。本刊结合当时国际和国内的贸易情况进行分析和论述，细致把握国际贸易的发展情况，促进国际贸易，为研究当时我国的国际贸易概况提供了素材。

本刊为经济贸易刊物，半月刊。16开本。共出14期。现保存于甘孜藏族自治州图书馆、重庆图书馆、上海图书馆。

《国际贸易》创刊号封面

《追悼飞延遇难诸先生特刊》(1946 年)

1946年4月19日在渝出版，为《新华日报》出版的专刊。

“1946年4月8日，中共中央委员王若飞、秦邦宪，新四军军长叶挺，解放区职工联合会筹备会主任邓发，第十八集团军总部中校参谋李绍华，副官魏万吉、赵登俊，偕同贵州教育界前辈黄齐生及其孙黄晓庄，叶军长夫人李秀文及其女叶扬眉，子叶九，女工高琼，由重庆因公飞赴延安，不幸因气候变化，方向迷失，在当日下午，于山西兴县东南之黑茶山遇险机焚，与美军机师4人全体遇难。”19日，重庆陪都各界召开纪念王、秦、叶、邓诸先生大会，到会约六千人。《新华日报》正式出版此纪念专刊。本刊刊载了若干的悼念诗文，纪念、追悼各位革命人士，表达各界对他们的思念、惋惜之情。

本刊为纪念专刊，特刊。对开6版。现保存于重庆图书馆。

《江津县训》(1946 年)

1946年4月25日在渝创刊，何兴国、赵日宁主编，萧烈、罗镶泉发行，四川省江津县地方行政干部训练所出版、印行（出版地江津县）。萧烈题写刊名。

本刊主要撰稿人有萧烈、罗镶泉、何兴国、赵日宁、罗枝秋、杨咏常、吴功扬等，多为当地人士。本刊主要谈及地方行政建设和干部训练，“为其出谋划策，促进江津地方的行政建设”。

本刊为地方行政干部训练业务刊物，刊期不详。仅见第一卷第一期。停刊原因不详。现保存于重庆图书馆、上海图书馆。

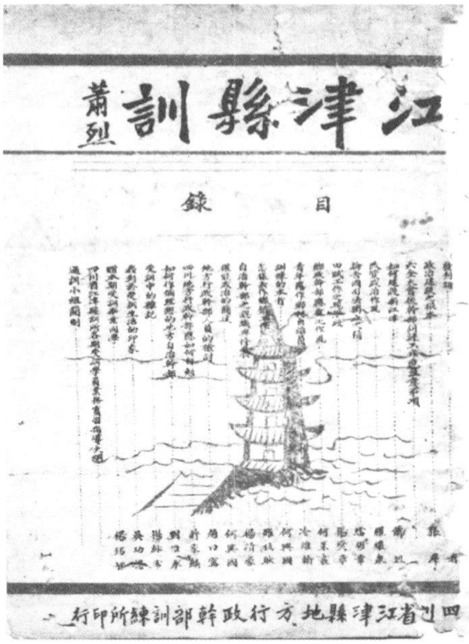

《江津县训》第一卷第一期封面

《时代》(1946年)

1946年4月在渝创刊，时代周刊社编辑发行（社址在重庆大田湾125号），后迁至南京（地址在思路松竹里2号）。第八期起在重庆、南京同时发行。1948年6月出第六十一期后停刊。1949年3月21日在南京复刊，时代杂志社编辑发行（社址在南京白下路279号），出版复刊号第一期。

本刊特约撰述有李旭、张太风、程勉予、唐君毅、邓熙、王民、王平陵、刘汉、张其昀等20余人。本刊主要栏目有时代论坛、时事述评、时代珍屑、漫画重庆、科学新知文艺、各地通讯、科学小品、人物素描、时事漫画，并刊有青年升学指导、青年学习讲话等内容。主要撰稿人有陈健夫、金峰、程大森、云梦、李万询、光宇、周明、孙春江等。本刊反映战后的社会政局、经济、科学、文艺等各方面情况，内容丰富，文字简洁，图画清晰，是研究当时社会的重要参考资料。

時代
週刊
第五期
時代的試驗

《时代》第五期封面

本刊为综合性刊物，周刊，封面又题“时代周刊”。目前所见有1946年第六期至1948年第六十一期、1949年复刊第一至第三期。停刊原因不详。现保存于中国国家图书馆、上海图书馆、四川省图书馆、重庆图书馆、南京大学图书馆。

《时代版画》(1946年)

1946年4月在渝创刊，时代版画月刊社编辑发行（社址在巴县人和镇上街77号）。编辑委员有梅健鹰、彭国平、刘代君、淡蔚文等。

本刊是由木刻爱好者所创办，内容为大量的木刻作品。本刊旨在“推广木刻，促进木刻艺术的发展”。本刊刊载了《木刻画的独特美》等文章，以及

《重庆街头》《塞外风光》《城门》《教师屋檐下》等作品。

本刊为版画刊物，月刊。仅见1期。现保存于中国国家图书馆、上海图书馆。

《新生代》（1946 年）

1946年5月4日在渝出版，重庆新生代周刊社编辑发行（通信处为重庆邹容路40号，后改为民生路151号）。

本刊为“歌颂新生的一代，呼唤新生的时代”而创办，主要刊登时政、经济类短评及各种社科类文章，如历史、散文、诗歌等，篇幅短小精悍。沈从文、梁漱溟、费孝通、臧克家等都曾为其投稿。本刊“为年轻人指明道路，树立好的标准，促使人们向‘新生代’去学习、成长”。

本刊为综合类刊物，周刊，逢周六出版。每期4页。1946年8月出版的第十四期是现存最晚一期。总期数和停刊原因不详。现保存于中国国家图书馆、重庆图书馆。

新生代

發刊詞

《新生代》创刊号封面

《育才通讯》（1946 年）

1946年5月5日在渝出版，育才同学会主编（通信地址为重庆和平路管家巷28号尤在先生收）。育才学校为陶行知创办，本刊封面有陶行知的话，“这是一张大嘴，要报告一个学校的消息，一点知识，一点力量，一点刺激，帮助大家完成一件大事，天下为公，人民第一”。

本刊“要把育才学校及其经验介绍给教育界及文化界的朋友”。本刊的内容“包括育才历年来的文献、各组成长的历史过程，以及同学自身改造经验同创作”。本刊是“育才同学会成立后的产物，其任务为联络校友情感、报道学校及校友动态、互相交换服务经验”。本刊主要刊载各地校友通讯，设有文献、校友动态、每月广播、红岩简讯等栏目。本刊记录了教育界动态，特别是育才学校的教育理念及其同学会的工作情况等，促进了校友交流，是了解育才学校的重要资料。

本刊为同学会刊物，刊期不详。仅见1期。现保存于重庆图书馆。

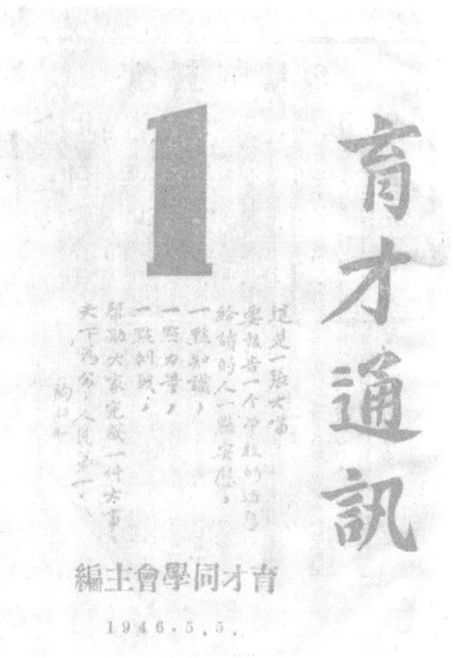

《育才通讯》创刊号封面

《四川妇女》(1946年)

1946年5月15日在渝创刊，四川妇女社编辑并发行（通信地址为重庆金汤街13号职业妇女社转重庆第10号信箱）。主编杨蕴，编辑杨天秀、伍昌娴。

本刊为重庆妇女联谊会的机关刊物，主要“讨论妇女解放运动、妇女的学习与生活问题，刊登各地妇女工作通讯和有关妇女的文艺作品，介绍古今中外杰出女性和健康知识”，设有短评、人物介绍、生活、学习、各县通讯、文艺、歌谣、闲话等栏目。本刊“强调男女平等，寻求妇女解放”，具有反独裁、反内战的进步倾向。

本刊为综合性妇女刊物，双月刊。1946年12月31日出第一卷第四期后停刊。共出4期。现保存于四川省图书馆、重庆图书馆、上海图书馆。

《民主文艺》(1946 年)

1946年5月20日在渝出版，民主文艺社编辑发行（社址在重庆市磁器口社农别墅）。

本刊“倡导民主，提倡以人民为本位的文艺，以散文、诗歌为主”。本刊“宣传民主化的文艺，刊登民主先进思想的文艺作品，促进人们的思想解放”。

本刊为文艺刊物，月刊。仅见1期。停刊原因不详。现保存于重庆图书馆。

《民主文艺》第一期封面

《活路》(1946 年)

1946年5月25日在渝创刊，大众文化社编行，后改活路月刊社编行（社址先在重庆邹容路43号新群图书社内，后迁枣子岚垭罗家湾24号）。

本刊“采用通俗化四川方言写作”，“粗识字的人看得懂，不识字的人听得懂”。本刊主要由中共地下党员组成的活路社所办，由杨仲明、黄友凡、岳平、田苗轮流编辑，参加刊物筹办、发行、撰稿、筹款、印刷等工作的还有吴秋凡（毅夫，中共党员）、陈楚云（中共党员）、沈嘉文（中共党员）、胡晓风、周维琳、力扬、廖薏林、胡锡培、沈迪群、杨家麟、张右铭等。本刊“深入浅出地宣传反内战、反独裁，宣传抗丁、抗粮、抗税”。本刊辟有老实话、街谈巷语、天南地北、七十二行、大众诗歌等栏目，以后又增加了龙门阵、唱词、天下大事、医药单方等栏目。本刊“追求和平、民主，用通俗易懂的话语，让读者特别是农民了解天下大事”。

本刊为综合性刊物，月刊。本刊出版后很受欢迎，每期销量在3000份以上。在最困难时，曾得到《新华日报》的大力支持。后来由于形势恶化，根据党组织指示，于1947年4月停刊，共出8期。现保存于中国国家图书馆、上海图书馆、重庆图书馆。

《活路》第一卷第一期、第五期封面

《化工》(1946年)

1946年5月29日创刊于重庆，国立中央工校化工科编辑发行（地址在重庆沙坪坝杨公桥34号）。

本刊“以服务社会，宣扬化工学术，促进化工事业为宗旨”，开辟有学术著译、化学小（工）艺、化工情况、通讯报告、文艺写作、友讯广播电台、补白等栏目。本刊“内容丰富，论述化学科学的同时，联系工友，丰富工友的生活，促进工友间的交流与学习，促进化学工业的发展”。

本刊为化工专业刊物，月刊。本刊后期出刊时间间隔较长，1947年9月出第十三期，1948年2月出第十四期。1948年6月出版的第十五期为现存最晚一期。停刊原因不详。重庆图书馆现保存有第十二至第十五期。

《金工》(1946 年)

1946年5月29日在重庆复刊，重庆技工学校总工程师室编辑发行。又名《金工月刊》，创刊地及相关信息不明。

本刊有专论、演讲记录、论著、杂俎、散文、技术介绍、普通科学、实用材料、同仁动态等内容。本刊主要“刊载金工专业的专论、译述，并设技术、科学、游记、文艺、卫生、转载、杂艺、通讯、儿童乐园等栏目，发表相关内容的文章”。本刊内容广泛，对该校组织结构、工作情况作简要介绍，对各种新技术进行论述，同时也有文艺类文章。本刊曾出版“运动会专刊”，如1947年10月出版的第十七期为“第七届运动会专刊”，1948年9月出版的第二十六期为“第八届运动会专刊”。

本刊为工业技术类刊物，月刊。复刊后共见32期。约1949年上半年停刊。现保存于重庆图书馆、重庆大学图书馆。

復刊

第一期

目錄

工業力	(專論)	高慶春
王乃寬先生演講詞	(演講記錄)	郭萬鑫 倪予青記
鐵屑的利用	(論著)	許光翼
介紹農礦軍用車輛	(技術介紹)	唐本慶
玻璃新用途	(技術介紹)	韓 良
雷達素描	(普通科學)	張鶴譯
原子炸彈	(普通科學)	張世仁
大戰中的雷克	(雜組)	編者
纖維平衡圖解	(實用材料)	朱瑞彬
車刀校正法	(實用材料)	編者

編輯：總工程師室　印刷：技工學校

中華民國三十五年五月二十九日

《金工》复刊第一期目录页

《友声月刊》(1946年)

1946年5月30日创刊于重庆，发行人钟永辉，编辑者友声月刊社（社址在重庆陕西路18号）。赵熙题写刊名。

本刊主要有专著、时评、论文、诗歌、小说、散文、杂感与随笔等内容，收入政治、经济、文艺等作品，“从政、经、文各方面介绍当时社会情况，愿社会和平、民主、富强”。

本刊为综合性刊物，月刊，每逢月底出版。仅见3期。1946年7月出第二、三期合刊。停刊原因不详。现保存于中国国家图书馆、南京图书馆、重庆图书馆。

《友声月刊》创刊号封面

《妇女与家庭》(1946年)

1946年5月创刊于重庆，主编李淑世，妇女与家庭杂志社编辑发行（社址在重庆四德村74号）。

本刊主要内容为“各阶层妇女生活，生动活泼，着重实际经验，富有教育意义”。本刊封面有“凡妇女皆离不了家庭，是家庭均不能无妇女”字样。本刊设有妇女职业、妇女评介、人物评介、儿童教育、卫生、婚姻问题、妇女生活、翻译小说等栏目，张恨水、亚群、李旭旦、夏良才、杨锡修、葵英等都曾为本刊撰稿。本刊“关注妇女、家庭，从妇女相关的各类问题出发讨论、分析，并提供建议、方法，促进妇女间的交流和进步”。

本刊为妇女刊物，双月刊。共出8期。1947年11月25日出第八期后停刊。现保存于重庆图书馆、南京图书馆、四川省图书馆等。

《联合经济研究室通讯》(1946 年)

1946年5月在重庆出版，联合经济研究室编印（地址在重庆民生路63号3楼）。主任委员刘航琛，常务委员有石竹轩、范崇实等，委员有宁芷邨、席新齐等。约1948年2月停刊。

本刊内容有评论、经济知识、经济消息、经济法规、经济统计、参加联合研究室的各公司介绍、附录等。本刊“对该室工作情况、各种经济信息进行介绍，对经济形势进行分析，并提供了重要的建议，促进当时经济的发展”。载文有《政府与实业界》《企业与企业家》《商业银行与高利贷》《我国的国民所得》等。

本刊为经济刊物，月刊。40开本。共出22期。现保存于中国国家图书馆、四川省图书馆、四川大学图书馆、重庆图书馆、上海图书馆等。

《明天》(1946 年)

1946年5月创刊于重庆，明天杂志社编辑发行。

本刊名为“明天”，“代表着希望与美好”。本刊设有社评、论坛、文摘、通讯、文艺等栏目。本刊“从时政、经济、社会、文艺等多方面论述，希望建设一个美好的明天，美好的未来社会”。

本刊为综合类刊物，半月刊。第二期改在长沙发刊（通信地址改为长沙玉泉街集成书店收转明天杂志社），但未见实物。仅见创刊号。现保存于重庆图书馆、复旦大学图书馆、南京图书馆。

《明天》创刊号封面

《农村杂志》（1946 年）

1946年6月1日创刊于重庆，农村杂志月刊社编辑发行（社址在重庆中三路270号）。

本刊“为了发展农村而办”，主要有反映农村生活的人物特写、调查、通讯、歌谣、漫画、理论、文艺等作品，特别是国际农村译述和农学院生活素描。本刊辟有农村播音、农村人物特写、世界农村报道、专论、中国农村剪影、家庭、农牧常识、野草闲花、农村信箱、农村拾零、农村诗歌、农谣一束、当代农诗选等栏目。本刊主要“介绍苏联、美国等国农业机械化、电气化发展情况，报道国内农业产销矛盾、各地灾情、减租与租佃矛盾、战后萧条情形等”，还有人物特写和农谣。本刊“从国内外反映农村的情况，为战后国内农村发展提供一些建议、方向，希望更多的青年走向乡村；同时收入很多文艺作品，丰富农民的生活”。

本刊为农村经济刊物，月刊。现存最晚一期是1946年7月出版的第二期。仅见2期。停刊原因不详。现保存于中国国家图书馆、南京图书馆、上海图书馆等。

《农村杂志》创刊号封面

《中国电讯》(1946 年)

1946年6月15日创刊于重庆，全国电信工会联合会筹备委员会编辑发行（地址在重庆金刚塔街63号）。

本刊宗旨为“辅助当局发展电信事业，团结同仁促进合理生活”。本刊主要“刊载同仁信息与各地工运动态，设有特辑、代表速谈、小说、同仁信箱、同仁的诗等栏目，对电信工会会务、电信事业的发展情况进行详细的介绍”。本刊还收入木刻、漫画等。本刊主要“介绍电信工会会务情况，阐扬电信工运理论，报道及检讨各地工运、电信学术研究及业务改进等”。

本刊为电信刊物，半月刊。1947年1月31日出第一卷第八期后停刊。共出8期。现保存于重庆图书馆、上海图书馆等。

《人生月志》(1946 年)

1946年6月16日创刊于重庆，人生月志社编辑，社长许晓泉，主编林蔚溪、贺若，进文书店发行（通信处在重庆民权路新生市场）。

本刊旨在“介绍中外知识，阐发学术思想，指导人生，评论时事，以促进社会建设，倡导世界和平，增进人类幸福”。本刊“内容轻松隽永，为人类提供新知识、新思想，为追求和平出一份力”。

本刊为社科综合性刊物，月刊。16开本。1946年7月16日出第二期，8月16日出第三期后终刊。停刊原因不详。现保存于中国国家图书馆、四川省图书馆、四川大学图书馆、上海图书馆。

《人生月志》创刊号封面

《中国文选》（1946 年）

1946年6月25日在重庆出版，中国文选社编辑发行（社址在重庆香国寺任家花园32号附1号），嘉陵印刷所印刷（地址在重庆香国寺新街17号）。

本刊收入政治评论、通讯、诗、小说、漫画等作品，“类别多样，知识丰富，收入内容为各类刊物之精华，为人们获得知识、更新思想提供较新的、较多方面的途径”。

本刊为综合类刊物，刊期不详。仅见1期。停刊原因不详。现保存于中国国家图书馆、重庆图书馆。

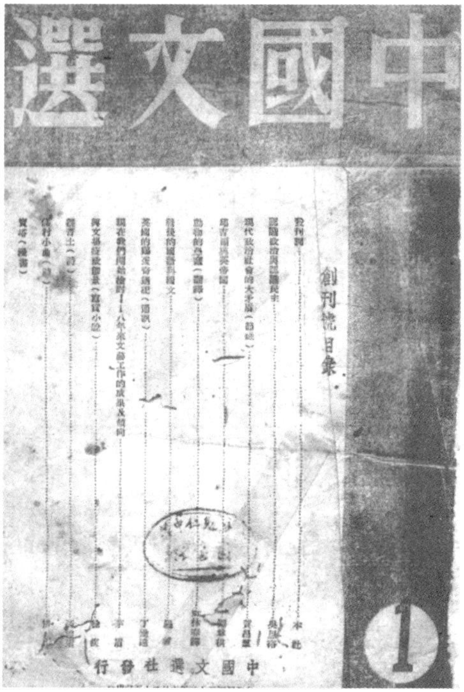

《中国文选》创刊号封面

《诗激流》（1946 年）

1946年7月1日创刊于重庆，诗激流社编辑发行（社址在重庆磁器口社农别墅，即四川省立教育学院）。社长兼发行人为赵无眠（曾昭眠），主编为夏渌（王先智）。郭沫若题写刊名。1946年初，中国共产党为团结进步作家、诗人及青年作者，为“争民主，反独裁，争团结，反内战”进行斗争，成立诗激流社，出版本刊。曾昭眠、王先智使用笔名赵无眠、夏渌分任社长和主编，并与王亚平、柳倩、禾波、吴视、冬池组成编委会。本刊稿件由夏渌从重庆寄到宜宾排印，后带回重庆青年书店发行。第一期发行1600册。第二期因内战爆发，白色恐怖加剧，闻一多被杀害，增到2400册，于8月出版。

《诗激流》第一期、第二期封面

本刊主要发表诗篇、富于现实性的短论或短评、新出诗集的评介、译诗等，开辟有诗辑、诗篇、译诗等各类与诗有关的栏目。撰稿人有李岳南、艾青、冬池、沙鸥、禾波、臧克家等。本刊的出版在社会上引起很大反响，被称为“沙漠中的绿洲”。《新华日报》免费为之刊登广告。本刊介绍及评论了各类诗集或诗篇，“开启了一场诗的盛宴，丰富了人民的情怀，启迪了人民的思想”。

本刊为诗歌刊物，月刊。第二期出版后，国民党宣布本刊为封禁刊物。第三期虽已编好，但无法印刷，被迫停刊。重庆图书馆、上海图书馆现保存有第一、二期，中国国家图书馆现保存有第二期。

《曙光》(1946 年)

1946年7月1日在渝创刊，曙光三日刊社编辑（社址在重庆国府路大溪别墅3号），嘉陵印刷公司印刷。发行人徐恒瀛。本刊原名《通讯周刊》。

本刊“希望为青年们提供各类信息，为他们提供曙光、光明”。本刊以重庆等西部地区为背景，介绍国家时事、政治、军事、教育、青年组织、文艺作品等，“给人们了解世界提供一个光明的大道”。载文有《西北当前的几个经济建设问题》《大人物与大事业》《联总物资继续运华》《晚祷》等。

本刊为综合性刊物，三日刊。每期4页。仅见第一期和第十期。总期数和停刊原因不详。现保存于上海图书馆。

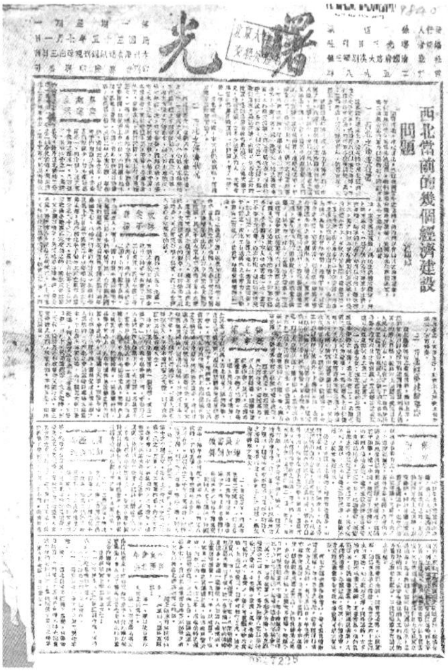
曙光
西北當前的幾個經濟建設問題

曙光
和平商談間接恢復

《曙光》第一期、第十期封面

《豫丰机声》(1946年)

1946年7月7日在渝创刊，重庆豫丰机声编辑室编行（通信地址为重庆柏溪第7号信箱）。创刊号因油印模糊，1947年元旦以铅印重版。

本刊设有论述、技术研究、技术讨论、海外鳞爪、人物介绍、厂事、杂俎、小电台、渝讯、沪讯等栏目。本刊对该厂的工作情况进行了详细的报道，旨在“联络感情，报告同人动态，增进技术研究”。载文有《谈美国机器工业》《本厂应以制造纺纱机为专业》《随便谈谈合金钢》《弹簧小论》等。

本刊为纺织工业企业刊物，月刊。初为油印，后改铅印。非卖品。仅见10期。1947年9月15日出版的第十期为现存最晚一期。停刊原因不详。现保存于重庆图书馆。

《萌芽》（1946 年）

1946年7月15日在渝创刊，中华全国文艺协会重庆分会编辑发行（通信处为重庆邮箱327号），三联书店总经售。主编邵荃麟、何其芳等。

本刊内容以文艺为中心，设短论、论文、文艺创作、通讯报告等栏目，还收入小说、诗、散文等，选刊茅盾、郭沫若、沙汀、朱自清、沈超予等的作品。本刊“收入众多出色的文艺作品，注重现实性与思想性，反映真实的现实，丰富并指导人们的生活”。

本刊为文学刊物，月刊。第二期是“追悼闻一多、李公朴先生特辑”。1946年9月15日出版第三期。1946年10月未出刊，11月15日出第四期后被查封。共出4期。现保存于中国国家图书馆、四川省图书馆、南充市图书馆、重庆图书馆。

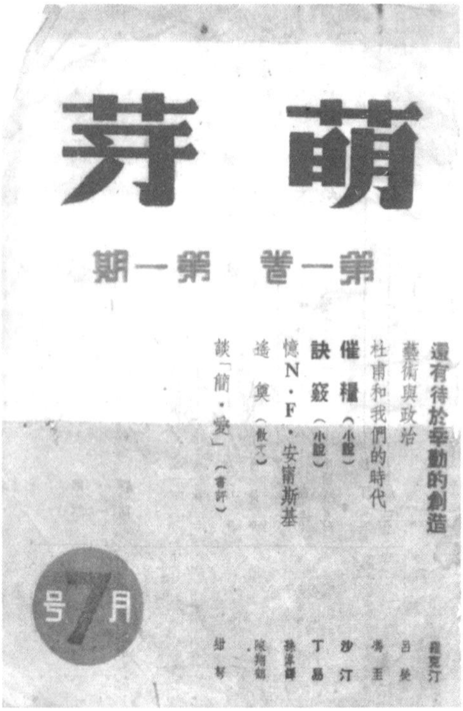

《萌芽》第一卷第一期封面

《青年建设》（1946 年）

1946年7月在渝创刊，中国青年建设学会学术组编辑，中国青年建设学会发行（地址在重庆小龙坎覃家岗5号）。

本刊宗旨在于“发扬自由学术之精神，故绝对公开”。本刊主要围绕政治、经济、社会、心理、伦理五项建设，设专载、论著、通讯、专论、散文、诗歌、小说、青年创作、会员活动情形等栏目，“文体多样，学术自由开放”。本刊收有李岳南、孙俍工、刘君山、刘矩之等的文章，文艺作品作者多用笔名，如一村、贤、野云、紫墟等。本刊“内容丰富，为青年学习的一个重要园地，促进青年思想的解放与进步”。载文有《文学与时代》《度义而后动》《社会建设之我见》《苦闷的日子》《文学杂感》等。

本刊为青年刊物，半月刊。仅见3期。1947年2月16日出第二卷第一期后停刊。停刊原因不详。现保存于重庆图书馆、上海图书馆。

《青年建设》第二卷第一期封面

《人民公论》(1946年)

1946年7月在渝出版，发行人汤直夫，人民公论月刊社编辑发行（社址在重庆市民生路报恩堂15号）。

本刊围绕“制裁政党非法活动，拥护和平统一政策”这两项主张，“要求停止不正当的、暴力的政党竞争，呼吁人民针对民主建国提出自己的主张与看法”。汤直夫、樊元彰、邓继禹、汤显钦、李国桢、金石等人都曾为刊物撰稿。本刊载文“讨论当前政治主张，提倡人民民主，研究经济发展，分析外交动态，探讨未来新政等”。本刊刊载了《建国与刷新政治》《四川之于中国》《中国经济建设之途径》《我国工商业前途之危机与挽救方法》等文章，对了解抗日战争结束后的中国建设具有一定的参考价值。

本刊为时政刊物，月刊。1946年8月出第二期。停刊时间及原因不详。现保存于中国国家图书馆、重庆图书馆、上海图书馆。

《工兵杂志》(1946 年)

1934年在湖南出版，原名《工校月刊》，后停刊。1946年8月16日迁至重庆出版，陆军工兵学校编审委员会编辑发行（地址在重庆红槽房，后迁安徽蚌埠）。

本刊主要内容为工兵部队的编制与装备、工兵教育训练、工兵之运用、工兵学术理论与实际、各国工兵学术介绍、工兵器材研究与发明，以及其他与工兵学术有关的战术、兵器、地形、通讯、测量、土木、机械等论著，还有工兵学校动态报道等。本刊设有学术论著、专载、特载、学术研究、专论、译述、通讯、杂俎、工兵信箱等栏目。撰稿者有孙良工、林柏森、徐广文、朱福熙、方相礼、何雨林、傅克军、姜君怡、张蔚棠等。本刊对国内外特别是国内工兵技术、器械、研究情况等进行介绍，“促进工兵学术的研讨”。

本刊为军事教育刊物，陆军工兵学校校刊，双月刊。16开本。1948年5月出至第二卷第三期终刊。现保存于中国国家图书馆、南京图书馆、重庆图书馆、四川大学图书馆、上海图书馆等。

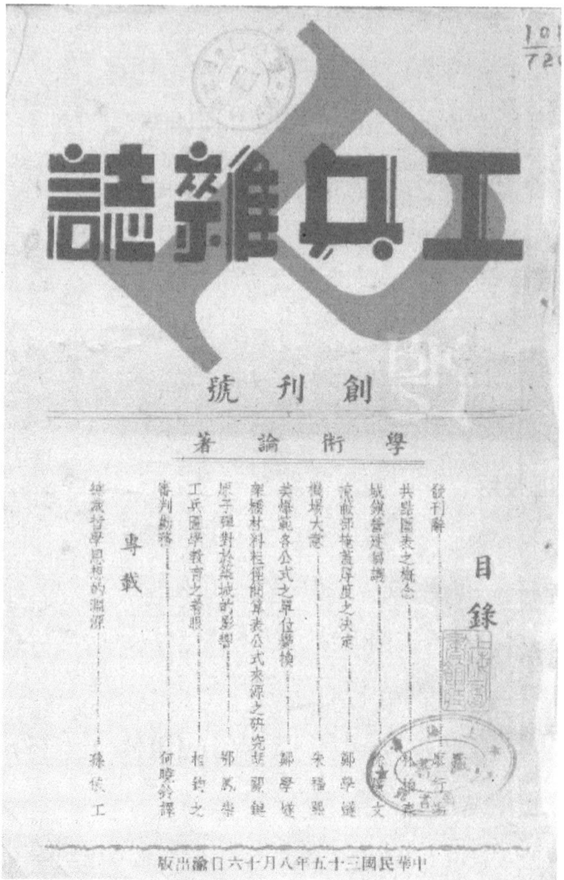

《工兵杂志》创刊号封面

《诗生活》(1946 年)

1946年8月在重庆璧山创刊，诗生活社编辑发行，负责人为丽砂、钟辛、李冈。据版权页载，本刊通信地址有两处，一为苏州拙政园周平野转；二为重庆中山一路233号贾施仁转。

本刊宗旨是“配合民主运动，推动诗歌发展”。本刊设有论文、诗歌、小诗选、诗辑、散文诗、长诗、译诗等栏目，主要撰稿人有玉果、钟辛、纪淙、吕亮耕、冯振乾、灰马、牧云、林采、端木蕻良、柳倩、邹绿芷等。本刊主要内容为“有关诗的方面的创作、论著、翻译、评介等”。本刊“主张民主，力推诗文，是诗歌爱好者研究诗论、评价诗文、发表作品、互相交流的园地”。

本刊为诗歌刊物，刊期不详。32开本。第二期于1946年10月25日出版后，即因刊物曾发表纪念昆明“一二·一”事件的诗文而被当局停刊。仅出2期。现保存于中国国家图书馆、重庆图书馆。

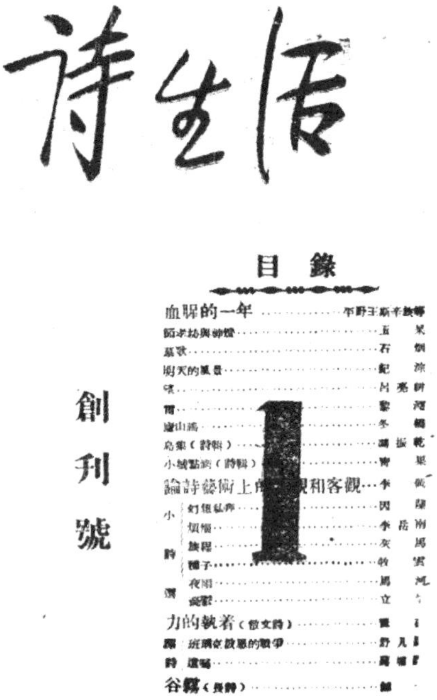

《诗生活》创刊号封面

《青年创作》(1946 年)

1946年9月10日在渝出版，青年创作社编委会编辑，青年创作社发行（通信地址为重庆青年路87号艺新图书社转）。

本刊是“青年朋友相互学习、相互研究的一个公开园地”。本刊曾在《新华日报》上刊登广告称，本刊为“青年的、现实的、大型的、文艺的”刊物，设有诗创作、小说创作、杂文等栏目。主要撰稿人为“青年朋友们、文艺界先进们”，如牧野、张周、丰村、丁易等。本刊收入各类文艺作品，为青年学习、交流文艺的重要园地。

本刊为文艺刊物，月刊。每期约10万字。仅见1期。总期数和停刊原因不详。现保存于南京图书馆、重庆图书馆。

《文艺垦地》(1946 年)

1946年9月25日在渝创刊，文艺垦地社编辑发行（社址在重庆老两路口28号特2号）。徐孝坤、何异等筹办，社长宋成凯。

本刊“编者都爱好文艺，旨在西南地区办一个公开的、纯文艺刊物”。本刊主要收入散文、诗、文艺论评、文艺理论、小说、戏剧等，撰稿人多为作家，如艾芜、方敬、王耐宇、向阳、雷鸣、吴似鸿、徐君慧等。本刊设有“新人评介”栏目，“对青年作者的来稿，把写得好的，向读者介绍；欠佳的，也写出编者读后的意见，并将编者的批评和修改意见也刊登在报刊上，让来稿人知道自己作品存在的问题”。本刊所载文学作品反映了抗战时期的文学理论思潮，对于研究抗战后期的文艺运动具有一定的参考价值。

本刊为文艺刊物，月刊，每月25日出版。仅见2期。1947年11月出第二期后未见再出版。停刊原因不详。现保存于四川省图书馆、重庆图书馆、上海图书馆。

《文艺垦地》创刊号封面

《重光体育季刊》(1946 年)

1946年10月10日在渝创刊，发行人董时恒，国立重庆大学重光体育季刊社编辑发行。

本刊由壁报发展而来。重光体育壁报是重大学生为宣传体育与学习写作而办的，“主要由董时恒、李季芳、杜化居、晏正鸽等人负责，每月一期，由体育科与全班同学及教师供稿。本是全校各院系壁报办得最出色者，其他科系同学常来阅读，持续十余年之久。后决定办季刊，仍由董、李、杜、晏等主办”。本刊旨在“阐述体育对建设国家和提高全民体质的作用”，“刊物对各校的体育概况进行了介绍，发表有关体育理论、体育训练方法的论述，介绍卫生健康知识，报道体育消息等，重视体育教育，提倡体育锻炼”。

《重光体育季刊》创刊号封面

本刊为体育刊物，季刊。1947年3月15日出第二期，1947年8月出第三期后停刊。共出3期。现保存于中国国家图书馆、贵州省图书馆、四川省图书馆、重庆图书馆、上海图书馆。

《书简杂志》(1946 年)

1946年10月10日在渝创刊，书简杂志社编辑部编辑，书简杂志社出版兼发行（社址在重庆中一路214号附1号）。

本刊以“研究书简应用文，专供读者各种书简”为宗旨，主要内容为“各种书简之论著、批评、介绍之文字，注释前代与现代名人未经发表之各种书简”。本刊“旨趣偏重于文艺及抒情，反映人物之情绪及个性，反映一时一地之特殊生活环境”等。本刊设有书简故事、义务信箱、联合信箱、短简等栏目，刊登有许学源、柳晓玉、刘后晨、鲁丁、锡九、余牧等人的文章。本刊“介绍有关写信的方法、艺术，书信与文学、书信与生活及与书信有关的故事，发表各种信简，还对书简文体的特性、源流等作具体的阐述”，“使人们了解书信属性、作用，增进人们对书信的应用，增强人们的写作能力，促进人与人之间的沟通与交流”。

本刊为书简刊物，半月刊。16开本。约1947年9月终刊，共出14期。停刊原因不详。现保存于四川省图书馆、四川大学图书馆、重庆图书馆、上海图书馆。

《书简杂志》第一期、第十四期封面

《邮侣》(1946 年)

1946年10月20日在重庆创刊，刘瑞章、蔡保德主编，邮侣社编辑（社址在重庆守备街花街子金家巷8号），景吕邮票公司发行。发行人杨安国，顾问王劳生、张枕鹤、刘恒生。自第二十四期起由时任重庆邮票会理事长郑汝纯题写刊名。

本刊主旨为发展集邮，刊载关于集邮之短评、译述、通讯、特写、史话、掌故、人事、动态、消息、杂记、趣闻等。主要撰稿人有施秉章、莫星白、刘恒生、王剑虹、陈炳议、罗哲智、徐昌云、章经邦等。本刊设有邮侣近讯、论述、邮坛浪墨、邮讯广播、邮商日记、邮志、邮林趣闻、诗歌等栏目，主要内容为邮会消息、新邮消息、集邮者的经验和感想等。本刊介绍了与集邮相关的各类信息，为研究解放战争时期重庆及全国的集邮活动提供了大量资料，具有重要的研究意义。

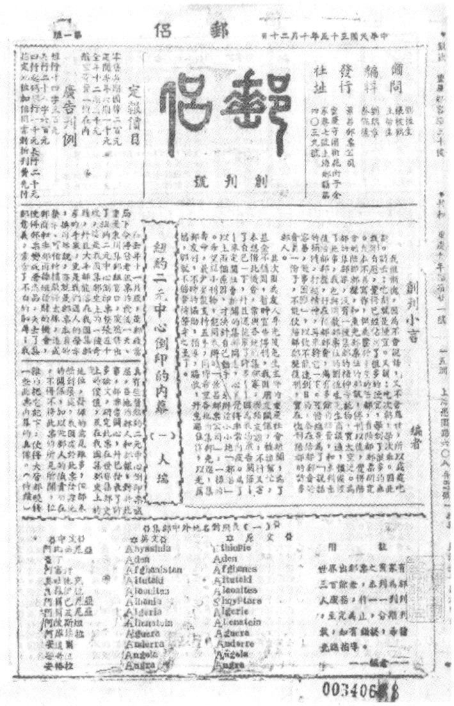
郵侶
創刊號
創刊小言
紐約二示中心倒印的內幕（一）

《邮侣》创刊号首页

本刊为集邮刊物，月刊。每期页面较少，仅4页。1946年出第一至第三期；1947年出第四至第二十七期；1949年出第二十八至第三十七期后，出第二卷第一期；1951年1月出第二卷第七期后停刊，原因不详。现保存于中国国家图书馆、重庆图书馆、南京图书馆、上海图书馆。

《故事杂志》（1946 年）

1946年10月在渝创刊，故事杂志社编辑（社址在重庆陕西路17号)。邓友星发行，邵子南主编。邵子南（1916—1955年），原名董尊鑫，字少南，四川资阳人，长期从事文艺创作，1946年4月调至重庆新华日报社，任采访部主任，主编《故事杂志》。

本刊宗旨为“不谈政治理论，不发空洞牢骚，特写当代人物，搜集民间故事，翻译西洋奇事，介绍科学新话，专刊中外童话，创作讽世传奇，整理掌故寓言，致力故事新编”。本刊设有民间故事、中外人物、今古奇观、西洋镜、人间事、笑林广记、新山海经、老生谈等栏目，作者多用笔名，如易人、老僧、文怡等。本刊通过故事的形式“启迪思想，感悟生活，丰富生动，意义重大深远”。本刊的创办受《人物杂志》的启发，但比《人物杂志》题材更加广泛，不限真人真事，巧用对比、暗示、影射的手法，与现实相联系。邵子南根据民间传说改写的《王抄手打鬼》就以这种手法讽刺国民党特务的贪婪愚蠢。本刊还刊载了《螳螂阻车》《老猫吃素记》《沈钧儒挨骂记》《文学家与苍蝇》《鬼想不通的道理》等作品。

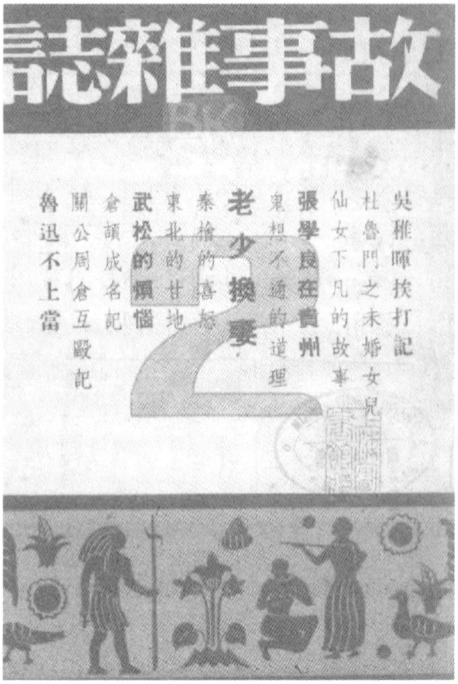

《故事杂志》第二期封面

本刊为通俗文艺刊物，月刊。本刊极受欢迎，第一期发行5000册，不久还再版。但因形势变化，仅出3期。约1947年1月停刊。现保存于四川省图书馆、重庆图书馆、上海图书馆。

《朝花》（1946 年）

1946年10月在渝创刊，编者陈更生，艺声周刊社发行（社址在重庆瞿家沟特1号），重庆民间报印刷厂印刷（地址在重庆大同路32号）。

本刊收入诗词、艺术、地理等类文章，内容丰富，主要“讲述男女关系、夫妻生活，反映人们的现实生活”。载文有《戒指的意义》《镜子与女人》《陋夫铭》《几种典型的太太》等。

本刊为通俗刊物，刊期不详。仅见1期，为艺声丛书第一集。停刊原因不详。现保存于重庆图书馆。

《政声月刊》(1946年)

1946年10月在渝出版，发行人张元良，政声月刊社编辑发行（通信地址为重庆第320号信箱）。张元良题写刊名。封面上有“渝版”字样。本刊之前曾在其他地方出版。

本刊主要刊载国民党要人“言行之论著，有关抗战建国工作及绥靖复员之研讨、批评、译述，实际从事政工及军中生活之通讯报告与业务研究，意识正确之文艺作品，木刻、漫画，政治、经济、教育专门译著等”。本刊设有专载、论著、业务指导、文艺、政工消息录志、研讨、批评、译述、木刻、漫画等栏目。

本刊为政治刊物，月刊。仅见4期。1947年元旦出版第四期，为“新年专号”，是现存最晚一期。停刊原因不详。现保存于中国国家图书馆、四川省图书馆、重庆图书馆。

《中小工业》(1946年)

1946年10月在渝创刊，主编兼发行人徐崇林，中小工业编委会编辑，中国中小工厂联合会出版（地址在重庆江家巷1号）。

本刊设有论中小工业问题、本会的主张和态度、工厂从业难度等栏目，文章多来源于《商务日报》《中央日报》等各大报刊及内部文件。本刊主要刊载探讨扶助中小工业发展的相关文章和社论，还刊发《会阅一束》，对中小工联的会议情况进行记录。本刊“介绍中小工联组织工作情况，对全国中小工厂的情况进行详细的分析与论述，并为发展中小工厂提出合理的建议”。

本刊为工业刊物，刊期不详。仅见1期。总期数和停刊原因不详。现保存于重庆图书馆、上海图书馆、南京图书馆等。

《中小工业》创刊号封面

《雪梅》（1946 年）

1946年12月1日在渝创刊，国立中央工校编辑，雪梅社印行。

本刊创刊宗旨为：“转移地方风气，传达各层情思，代述青年疾苦，以达成服务警醒、贡献互助之职务，并道言论与目的。希望刊物像雪梅一样的精神、优秀、清高，能为社会贤达、青年朋友所爱戴。我们是一群学识空虚、能力薄弱的青年，初次创刊希望大家给予指导。”本刊设有社论、教育、沙坪点滴、各地通讯等栏目。本刊“涉及时政、社会问题、教育、诗歌文学等多个方面，从学校的视角看社会，以服务、警醒社会”。

本刊为社团刊物，月刊。仅见2期。停刊原因不详。现保存于重庆图书馆、上海图书馆。

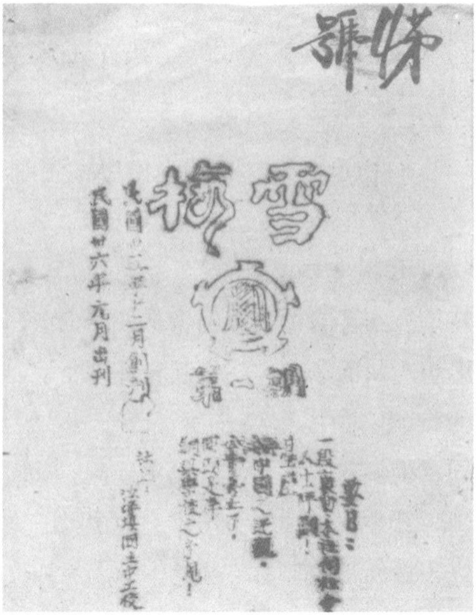

《雪梅》第一期封面

《宇宙文摘》（1946 年）

1946年12月1日在渝创刊，卓希陶主编，宇宙出版社编辑发行（社址在重庆临江门大井巷19号），中国文化服务社总经售。

本刊主要内容包括珍闻逸事、传奇特写、秘闻密纪、科学新知、幽默小品、历史掌故、名言警句、智力测验、珍贵统计、妇女家庭、优美诗文、故事谜语、精警论著、杂感随笔、人物素描、寓言漫画、木刻照片等。本刊开辟有幽默集锦、世界名人名言、世界婚俗猎奇、军事丛谈、知名人物故事、名词拾趣、文人逸话、妇女与家庭、瀛海谭奇、掌故与考证、统计知识、世界的“最”等栏目。本刊“内容为古今中外的旧闻新知，兼容并蓄，无所不包，趣闻繁多，全部材料皆选自国内外第一流的书报杂志，为大众节约了时间；内容十分珍贵，反映了大众的平凡、普通的生活”。

本刊为文摘类刊物，月刊。40开本。每卷10期。1947年12月出第一卷第十期。1948年12月出第二卷第十期后停刊，原因不详。共出20期。现保存于中国国家图书馆、四川省图书馆、四川大学图书馆、重庆图书馆、上海图书馆。

《民光》（1946 年）

1946年12月10日在渝出版，主编裘正，民光社发行（总社在重庆老街32号）。裘正为光复会常务委员。

本刊主要是纪念革命先烈，特别介绍了有关秋瑾的生平及革命思想。封面印有“高举起秋瑾烈士的旗帜，为民主事业而奋斗!”本刊宣扬妇女解放和实行民主建国，“呼吁中立党派为中国民主及国共之团结而不懈努力”。

本刊为政论性刊物，半月刊。16开本。仅见1期。有下期预告“十二月二十五出版徐锡麟烈士特辑”，但未见其刊。停刊原因不详。现保存于中国国家图书馆、上海图书馆、南京大学图书馆。

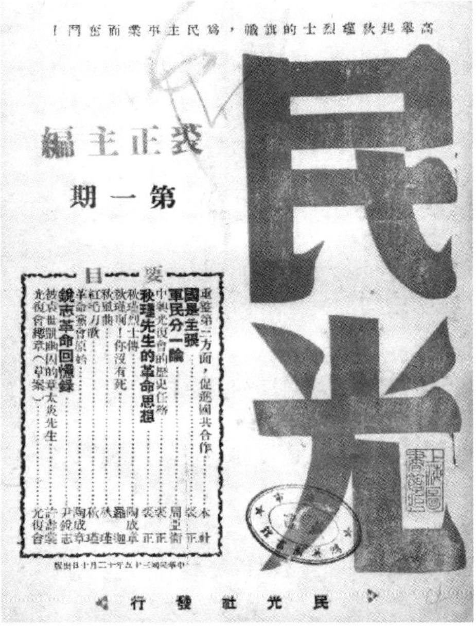

《民光》第一期封面

《蜀都中学校刊》（1946 年）

1946年12月25日在渝出版，重庆市私立蜀都中学生活指导室主编（蜀都中学校址位于重庆沙坪坝盘溪石家花园内原艺术学院）。

本刊设有专论、本校概况、生活圈内、新闻剪辑、文艺、附载等栏目，主要介绍蜀都中学校史、教员和学生人数、教务、训育、事务、体育及学校发展计划，并刊登有关教师和学生的学习、生活的文章。本刊“对私立蜀都中学两年来教育生活情况进行介绍”，是人们了解该校的重要资料。

本刊为中学校刊，刊期不详。仅见1期。停刊原因不详。现保存于重庆图书馆、上海图书馆。

《重庆市立女子中学立校六周年校庆特刊》（1946 年）

1946年12月在渝出版，重庆市立女子中学校编印。

本刊主要介绍重庆市立女子中学校史、校歌、校务等概况，以及办学六年来的教学、校务情况等，并统计该校历年学生人数、学习成绩及升学情况，还刊有该校生活照片、校舍平面图等图片。本刊对重庆市立女子中学的各种基本情况进行了介绍，是该校的重要史料。

本刊为中学纪念校刊，特刊。油印。仅见1期，篇幅较少。现保存于重庆图书馆。

《重庆市立女子中学立校六周年校庆特刊》封面

《沙坪邮风》（1946 年）

1946年12月在渝创刊，沙坪集邮会编辑发行（地址在重庆沙坪坝重庆大学）。

本刊“刊登有关集邮方面的各种知识，设集邮圈、新邮集锦栏目，主要撰稿人为本会成员”。本刊“介绍邮票沿革史，简述国内外邮票信息、各集邮会的信息与邮票相关的活动等，为集邮提供参考”。

本刊为集邮刊物，双月刊。先为油印后改为铅印。第二卷第五期刊登《本会结束启事》，“本会负责同人，行将纷纷离校，在校极少，无法继续成立，宣告停刊”。仅见1947年第一卷第三至六期、1948年4月第二卷第二期、1949年1月第二卷第五期。现保存于上海图书馆。

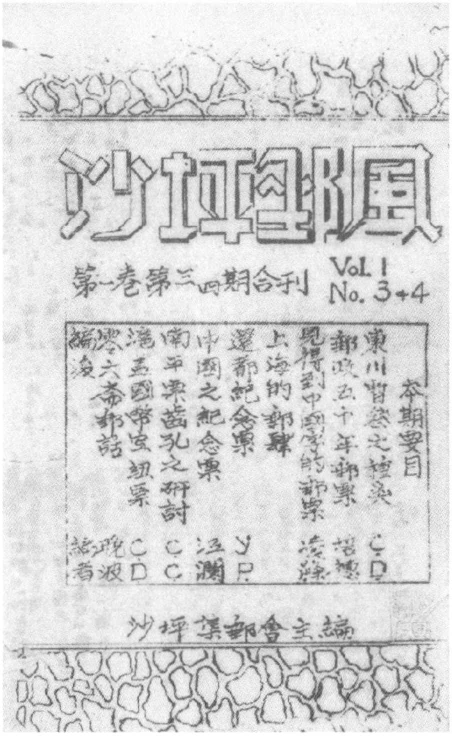

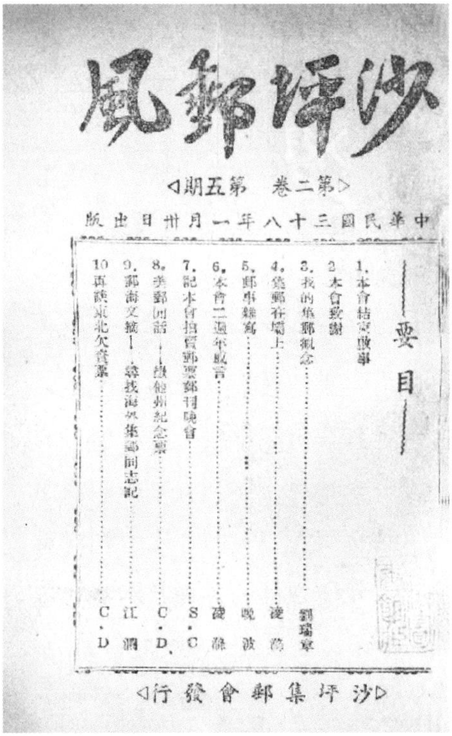

《沙坪邮风》第一卷第三、四期合刊及第二卷第五期封面

《巴川周刊》（1946年）

约1946年下半年在重庆出版，铜梁县巴川镇中心国民学校编行。

本刊栏目有教育战线、打头风、巴川点滴、学生园地等。

本刊为学校刊物，刊期不详。仅见1946年10月25日出版的第二期，仅1页。停刊原因不详。现保存于重庆图书馆、上海图书馆。

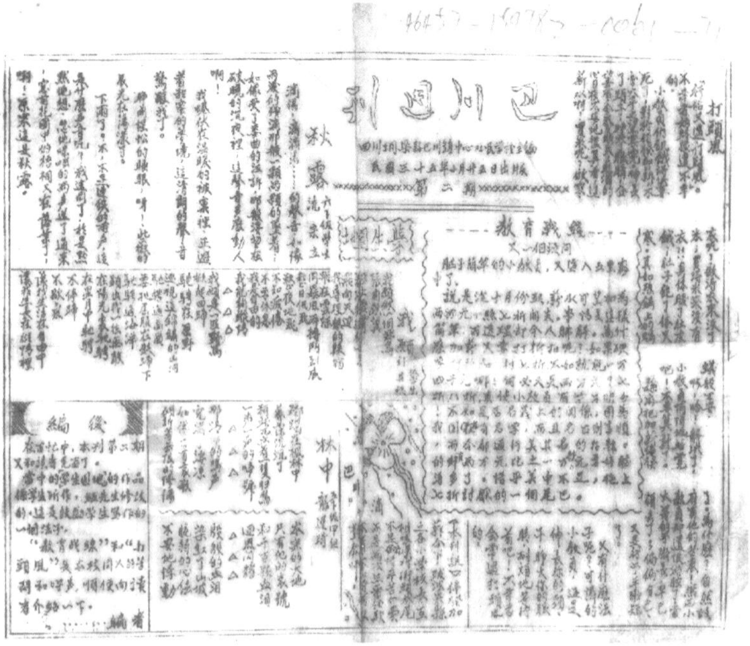
巴川周刊

第二期

秋露

教育战线

编后

《巴川周刊》第二期首页

《国立劳作师范校友会会刊》(1946 年)

约1946年下半年创刊于重庆，国立劳作师范（学）校校友会编行（地址在重庆青木关）。徐康民题写刊名，徐曾任该校校长。

本刊《创刊词》提及学校及本刊创办情况。该校“成立于1940年元月，创始人何明斋，1945年学校六周年时成立校友会，选举职员，各司其事，决定出版会刊，以作本会学术研究之中心”。“劳作”简明地说是“勤劳创作的活动”，“内涵包括筋肉的、身体的活动和脑力的、精神的活动”。本刊设有论述、通讯、消息、书刊介绍、附录、编后杂谈等栏目。本刊多为该校教师和学生撰稿，主要有熊仁安、陈文昂、游荣耀、陈大元等。本刊对该校劳作教育、校友会工作的情况做了详细的介绍和探究，并为劳作教育，特别是工艺教育提出建议。

本刊为校友会会刊，刊期不详。油印。仅出3期。现保存于重庆图书馆。

《国立劳作师范校友会会刊》第一、二、三期封面

《社救通讯》(1946年)

约1946年下半年在重庆出版，社会部重庆实验救济院编印。魏永题写刊名。

本刊以“研究社会救济学术，讨论社会救济实施方法，促进社会救济之发展”为主旨。其内容有“残教动态，社会救济原理，政策及制度之评论，社会救济各项实际问题及实施方法之研究，社会救济各项具体教材与教具之研究、编制与介绍等”。本刊“对本院情况和社会救济工作进行介绍，推进社会救济工作的开展”。

本刊为社会救济事业刊物，刊期不详。仅见1947年2月1日出版的第五期、1947年3月16日出版的第六期。停刊原因不详。现保存于上海图书馆。

《星期电影》(1946年)

约1946年下半年在重庆出版，现存最早一期为1946年10月1日出版的渝版第三期，发行人周狄云，主编莫理欢、东方，星期电影社编辑发行（社址在重庆林森路普安堂4号，营业部在民国路83号），国民公报社代印。封面注有“渝版”“新第×期”字样，可知以前在其他地方出版过。1947年出完12期后，

1948年重新编号出版，社长彭大刚，副社长刘桐生，发行人兼主编周狄云（社址仍在重庆林森路普安堂4号，营业部迁到重庆邹容路大众商场内）。

本刊主旨为“报道影剧动态，揭载银海珍闻”。本刊“报道国内外最新的电影界动态，介绍各类新的电影巨作，同时对影人、影院、电影公司等与电影相关的机构与人物进行介绍”。

本刊为电影刊物，先为半月刊，后改双周刊。仅见20期。约1949年停刊。停刊原因不详。现保存于重庆图书馆。

《前进中国》(1946 年)

1946年在渝出版，发行人郑业瑞，前进中国月刊社编辑发行（社址在重庆海棠溪盐店湾24号）。于右任题写刊名。

本刊设有专论、时代呼声、人物介绍、青年园地等栏目，“刊物提倡积极、向上、进取的思想，带给人们前进的动力，最终希望中国进步、富强”。载文有《青年中国的青年运动》《有东北才有中国》《中国现有各党派“小传”》等。

本刊为政治性刊物，月刊。仅见1期。创刊号里有“下期要目预告”，但未见出版。停刊原因不详。现保存于重庆图书馆、南京图书馆、上海图书馆。

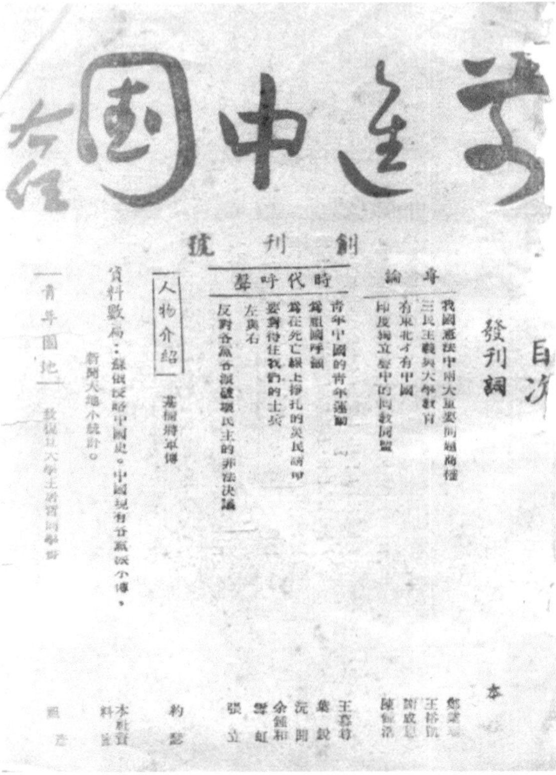

《前进中国》创刊号封面

《正心旬刊》（1946年）

1946年在渝出版，发行人詹纯鉴，青年远征军二〇八师政治部正心旬刊社编辑。

本刊“针对抗战胜利后部队士兵的内心想法”而办刊，开辟有短评等栏目。本刊主要介绍远征军的时事信息、思想生活及一些文艺类文章等。

本刊为军队政治工作刊物，旬刊。总期数和停刊原因不详。仅见1946年10月出版的第十期。现保存于上海图书馆。

《中央警官学校第四分校校刊》（1946年）

1946年在渝出版，中央警官学校第四分校编行。余锦源撰写发刊词。

本刊旨在“提升警员素质，让社会人士了解警察”，设有服务经验、文艺、法令、附录等栏目。本刊对警察规章制度、警界的重要活动进行了记录、分析、论述等，“讨论当今警察对于社会的重要性，详细讲解警察工作项目等”，“对加强警察队伍的建设、发展新警察制度有一定作用”。

本刊为警校刊物，刊期不详。仅见创刊号，《编后记》提及“本校将于新年出校刊特刊号”，但未见出版。停刊原因不详。现保存于上海图书馆。

1947 年期刊

《重庆清华》(1947 年)

1947年1月1日在渝创刊，重庆清华月刊社编辑（社址在重庆南岸土桥）。社长周光午，主编许光锐，发行人傅任敏。主编、编辑、发行人多有变化。梅贻琦题写刊名。

傅任敏在《发刊词》中提到，出版本刊是“为了联络校友，为了发扬清华精神”。本刊设有专载、校闻、教师素描、校友通讯、校友团体、文艺等栏目，有诗、文章、通讯稿等文体。本刊对该校“近况及教师、学生的一些动态进行叙述，对最新的教学教法、读物进行介绍，促进教学的进步，增进校友间感情”。

本刊为学校刊物，月刊。16开本。1947年出第一至十二期，1948年出第十三至二十一期，1949年1月1日出版的第二十二期为现存最晚一期。停刊原因不详。现保存于中国国家图书馆、上海图书馆、四川大学图书馆、云南大学图书馆、山东大学图书馆等。

重慶清華

梅貽琦題

第一期

發刊詞

傅任敏

心弦的共鳴

周光午

《重庆清华》第一期封面

《彷徨》(1947年)

1947年1月1日在渝出版，彷徨杂志社编辑兼发行（通信地址为重庆第45号信箱，社址在重庆枣子岚垭72号蒋一苇家），重庆开明书局经销。本刊于1946年9月开始筹备，曾出过两期油印版。出版之前，中共四川省委派何其芳领导《彷徨》的工作，规定其办刊方针是“灰皮红心”，即表面看来是迎合读者趣味，没有政治色彩的，但内容是健康的、进步的。本刊以社会青年为对象，并与《新华日报》副刊保持联系，《新华日报》副刊的来稿中适合《彷徨》的稿件通过何其芳转给《彷徨》。本刊经费靠筹措，主要由支持刊物的进步人士资助。本刊由蒋一苇负责，编辑还有唐自杰、吴子见（盛儒），会计张克岑，美术编辑吕品（雪棠），陈然负责读者来信，刘镕铸负责发行工作，协助工作的还有陈曦、朱诗静、许仁泽、陈义伦、戴乐天、蒋真、张子敏、薛映辉、向洛新、林彦、钟素华等。

《彷徨》新一期封面

本刊内容“以讨论个人切身问题及生活报道等为限，主要包括恋爱与婚姻、生活报导、职业技术介绍、讽刺诗、座谈、彷徨笔谈等”，辟有彷徨信箱、心理服务等栏目。本刊“针对青年人所关心的恋爱、交友、失学、职业、前途等问题，用书信、座谈、谈心等各种形式，旨在交换见解和经验，帮助青年人正确认识和处理问题，鼓舞青年战斗的勇气”。后来何其芳撤离重庆，但《彷徨》仍坚持既定方针，广泛联系社会青年，交知心朋友，以“彷徨社友”的名义组织小型读书会，达到教育、团结、组织群众的目的。本刊除关心青年的切身问题外，也有一些色彩不太浓的政治性文章，揭露和反驳一些社会问题。

1947年4月，彷徨杂志社陆续收到从香港新华社寄来的电讯稿和《群众》周刊，该社便利用这些材料出版油印的“无名小报”，即《挺进报》的前身。后来《彷徨》的主要人员都参加了《挺进报》的工作。

本刊为综合性刊物，月刊。1946年出新一至七期，1948年出第二卷第一期、第二期。停刊原因不详。现保存于重庆图书馆、上海图书馆、南京图书馆、广东省立中山图书馆。

《适存高商校校刊》(1947年)

1947年1月11日在渝出版，适存高商校校刊编委会编辑，适存高级商业职业学校发行，利群印刷所印刷。

本刊辟有统计资料、附录、教师的话、孩子的话等栏目，还有对该校资料的统计等。本刊“介绍适存高商校的过去，制订现在与未来的教育目标和计划”，“记载了教师对学生的期望、学生对学校的热爱”。载文有《重庆市私立适存高级商业职业学校招生简章》《感谢适存》《新校舍巡礼》《新的幼芽正在生长》等。

本刊为学校校刊，刊期不详。仅见1期，为迁校特辑。现保存于上海图书馆。

《适存高商校校刊》迁校特辑封面

《新音乐》(1947年)

1947年1月15日在渝出版，新音乐社编行（地址在重庆管家巷28号），中国文化企业公司总经售（地址在重庆中一路35号）。

本刊以“发扬西南和全国的音乐文化”为宗旨。本刊第一辑主题为“幸福之歌”。本刊有诗音专辑、星海纪念特页、歌剧拔萃、学习经验丛谈等内容，“介绍各种新音乐，陶冶人们的生活”。

本刊为音乐刊物，刊期不详。仅见1期。停刊原因不详。现保存于四川省图书馆、重庆图书馆。

《新音乐》第一辑封面

《新重庆》(1947年)

1947年1月30日在渝创刊，主编蒋用宏，发行人辜达岸，新重庆月刊社发行，重庆市政府造产委员会印刷厂印刷（地址在重庆民生路109号），中国文化服务社经售。

本刊旨在“发扬新重庆建设精神，奠定永久陪都之基础”。本刊内容主要为有关重庆之文字、文艺、照片、漫画、木刻等，发表重庆市政建设方面的论文及建议、计划等，刊登重庆古往今来的文人佳作等。本刊设有艺与文、一年来之重庆市政、图片、重庆漫画、重庆写生、专载、时言掇拾、采风录等栏目。创刊号是“重庆市政一年特辑”，内有《谢谢重庆》一文和丰子恺的漫画。后出有“社会问题专号”“都市建设专辑”“教育专号”“卫生专号”等。本刊“对重庆市政建设、卫生、教育、社会风俗等情况进行介绍，提出问题，并提供建议，促进新重庆的建设”。

本刊为地方市政建设刊物，月刊。16开本。1947年出第一卷第一至四期，1948年3月出版的第二卷第一期为现存最晚一期。停刊原因不详。现保存于中国国家图书馆、四川大学图书馆、重庆图书馆、南京图书馆、上海图书馆。

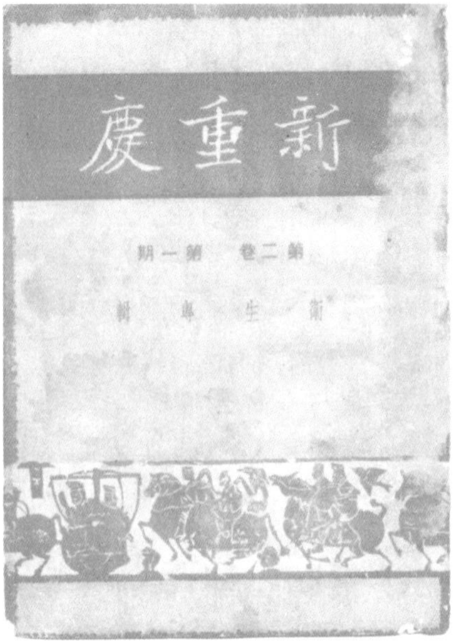

《新重庆》创刊号、第二卷第一期封面

《警声》（1947 年）

1947年2月1日在渝创刊，中华警察研究社四川分社江津支社主编（社址在江津县警察局）。

本刊“本纯粹研究警察学术之立场”，“发扬警察学理，研讨警察实务问题，记述警察史实，报道警政消息，介绍现代警察学术，以及有关警察之论著”。创刊号是“江津支社成立特刊”，内容有江津支社成立宣言、特载、支社组织章程、社员表、支社筹备情形等。本刊为“加强国人对警察之认识，引起海内外警察学者及各界人士对警察学术之研究兴趣起见”，除发行《警声》月刊外，还在《扫荡报》第四版，每逢周四出《警声专刊》一期。

本刊为警政刊物，月刊。16开本。宜宾市档案馆现保存有创刊号。

《晓声月刊》（1947 年）

1947年2月1日在渝创刊，创办人李忒、文衡、罗文光、亚嘉等，主编周燕影，助理编辑郭克，发行人罗滨，上海书店发行（地址在重庆邹容路91号），益世报印刷厂印刷（地址在重庆青年路67号）。

本刊“纯以推广文化，启发民智，服务人群为目的”，设有半月国际述评、文艺、科学杂论、学校园地、琐碎趣闻等栏目。载文有《谈火箭》《宇宙大战》《山城冬月》《我所见到的成华大学》《今天还不算是电世界吗？》等。

本刊为社科综合性刊物，月刊。仅见创刊号。停刊原因不详。现保存于重庆图书馆、上海图书馆。

《东川邮工》（1947 年）

1947年4月15日在渝创刊，重庆邮务工会宣传部编印。赵仲溥题写刊名。雷耕畲撰写发刊词。

本刊宗旨在于“发扬邮工精神，宣扬邮政业务，报道邮工生活及沟通社会文化，藉以发展邮政业务”，以“增进邮工福利为目的”，主要内容为“有关邮政事业的评述、邮工生活之报道及邮政有关之社会动态等”，具体栏目有邮运史话、每月短评、论文、随笔、内地通讯、文艺、人物介绍、会务动态、纪录等。本刊“对邮政历史与现状、工会情况等进行论述，促进邮政业务的发展，丰富邮工的生活”。

《东川邮工》创刊号封面

本刊为综合性邮政刊物，月刊。16开本。现存最晚一期是1947年8月

30日出版的第五期。停刊原因不详。现保存于南充市档案馆、重庆图书馆、上海图书馆。

《丽丽邮声》(1947年)

1947年4月16日在渝发行，编辑陈实，丽丽邮票公司编辑发行（地址在重庆沙坪坝67号）。1947年7月16日出第二卷第一期，除主编陈实外，还提及国邮编辑王寿松，西邮编辑亦邮。本刊英文刊名为*Lily Echo*。

本刊以“介绍邮票知识，提高集邮兴趣”为主旨。主要撰稿人为李铭、李思、亦邮、陈实等。本刊主要栏目有长篇集邮侦探小说、新邮消息、绿色圈等。本刊“介绍国内外集邮者、集邮会及各地邮商，研究本国古今邮票，报导国内新邮情况，分析评价票品图案，搜罗集邮珍闻等”。本刊内容涉及中国及世界各地集邮信息，对集邮资料进行了很好的收集，为当时的集邮爱好者提供了很有参考价值的信息。

本刊为集邮刊物，双月刊。现存最晚一期为1948年2月29日出版的第五卷第二期。1948年10月停刊。停刊原因不详。现保存于上海图书馆、重庆图书馆。

Lily Echo

主辦陳實　主編亦郵

本期要目

第二期通訊拍賣目錄 (3)
新郵消息 (6)
(7)
(7)
美國新郵一覽表 (8)
蛛網 (9)
綠色圈 (10)
麗麗郵票公司十五期售品目錄 (11)
首都集郵學會首次拍賣記實 (21)

《第五卷第二期》　本期零售金圓二角郵費另加

麗麗郵票公司發行

《丽丽邮声》第二卷第一期、第五卷第二期封面

《相辉校闻》（1947年）

1947年4月在渝创刊，发行人许逢熙，相辉学院编印（通信处为重庆北碚夏坝）。许逢熙题写刊名。

相辉学院创办于1946年9月，由卢作孚、于右任、钱新之等在北碚创办，私立。1947年更名为私立相辉文法学院，1951年9月停办。许逢熙曾为相辉学院院长。本刊是相辉学院的校刊，设有相辉镜头、文艺、论文、散文、译丛等栏目，主要反映该校动态、该校统计资料，登载一些文艺、散文类小文章。本刊“介绍本院教学情况、学生信息及教学研究等，丰富学生生活，加强学生对学校的了解”，是研究该校的重要资料。

本刊为学校校刊，月刊。现存最晚一期是1948年11月出版的第十八期。停刊原因不详。现保存于四川大学图书馆、云南大学图书馆、复旦大学图书馆、上海图书馆。

相輝校聞
許逢熙題
論文
論系統

《相辉校闻》第十二期封面

《中国各地短波无线电应用周率之预测》（1947年）

1947年4月在渝出版，中央广播事业管理处、中央电波研究所编辑发行（地址在重庆小龙坎横街59号）。

本刊每年出4期，按春分、夏至、秋分、冬至四个节气出版。本刊附有大量的图表，用数字、图、表格来说明各地短波无线电应用周率的变化情况，“藉以预测全国各地间各种无线电通讯之最佳应用周率”，“从而为现实服务”。

本刊为无线电专业刊物，季刊。共出11期。1949年10月出第十一期后终刊。现保存于中国国家图书馆、四川大学图书馆、重庆图书馆、重庆大学图书馆。

《展望文摘》(1947年)

1947年4月在渝创刊，中华基督教会全国总会边疆服务部印行（地址在重庆磁器街特15号）。

本刊“文章的来源，都是最近出版的报章、杂志、新书。文章的内容大半是关于当前的政治、经济、社会、文化等问题，我们希望藉着这份小小的刊物，能够增进大家的知识，启发大家的思想，所以定名为《展望》——从眼前的变化，看将来的发展”。本刊刊末附有“知识就是力量！书报杂志是新知识的源泉！”“人生，就是战斗；知识，就是力量”等文字。本刊设有论著、修养、通讯、教育、人物等栏目，“力求提高民众的知识水平，增加国家的精神文化”。

本刊为综合性文摘刊物，双月刊。24开本。每期发行1000册。在渝仅出创刊号，用白报纸印刷，共76页。第二期未及付印，总会即迁南京，具体出版情况不详。现保存于四川省图书馆、上海图书馆。

《展望文摘》创刊号封面

《文星》(1947年)

1947年5月1日在渝出版，文星编辑部编辑，文星半月刊社发行（社址在重庆江北廖家台27号）。

本刊主要内容有小说、诗歌、散文、戏剧、书评、文人轶事等，收入《色界天》《往事》《她》《凄落》《恶作梦》《玲小姐》等作品。本刊“决然地肩负起替文坛培植幼苗的责任”，“收入各类文艺作品，补给重庆地区人们的精神食粮，以陶冶情操”。

本刊为文学刊物，半月刊。仅见1期。现保存于重庆图书馆。

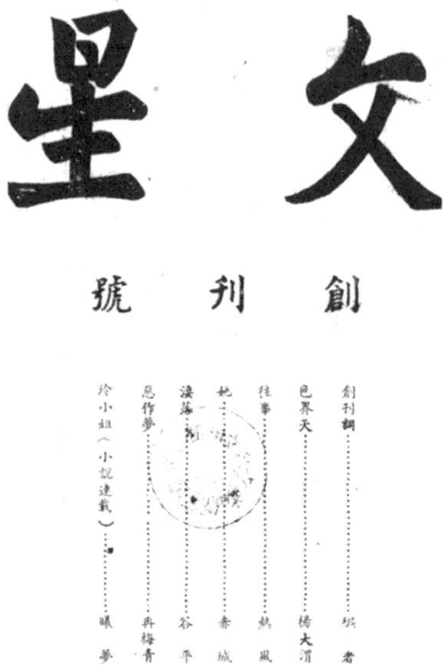

《文星》创刊号封面

《现代文摘》(1947年)

1947年5月1日在渝创刊，吴松年主编，现代文摘社编辑发行（社址在重庆上清寺美专校街7号附3号）。

第一期所刊《我们为什么要发行这个刊物》一文提及，“目前中外出版物众多，且精髓很少，所以出版刊物为读者弥补缺憾。目前我们收集了国内外著名刊物百余种，不拘是政治、经济、国际、社会、教育、科学、哲学、文艺等，凡是符合我们的条件而认为是好文章的，我们就把它的摘来献给读者”。“好文章的选择条件有：含有时代性；具有建设性；属于超然性，不为一党一派做宣传的；确有卓识独见；具有积极乐观论调；有益于读者、社会、国家暨世界人类的；与一般人的生活发生密切关系的；为人人所谈论的；为读者所极欲知道的”。本刊内容为摘选中外报纸杂志上的文章，设有时事分析、社会纪实、人物特写、佳书精华、国内政情、国际动态、生活园地、新知集锦、啼笑皆非、畅销书、会心微笑等栏目，“内容丰富多样，多为精选之精髓，为读者节约时间与金钱”。

本刊为综合性文摘刊物，月刊。40开本。共出6期。1948年4月出第六期后终刊。现保存于四川大学图书馆、重庆图书馆、中国人民大学图书馆、北京大学图书馆等。

《现代文摘》第一期、第六期封面

《晋语月刊》(1947 年)

1947年5月1日在渝出版，西充县旅渝同学会编辑，西充县旅渝同乡会发行。

本刊主要内容有：“一、专论：凡属于政治、经济、教育、农工、商业各类研究建设性之文章。二、通讯：凡属县内外之民间疾苦、风土人情、稗官野史、农村状况、工商小志、桑梓动态、学府风光等各种通讯。三、文艺：凡属诗歌、小说、散文、戏剧之简短精炼文章。”本刊刊载了《学校教育的回顾》《我们的态度与愿望》等研究性文章，还有《诗录》《旅湘杂记》《寄给故乡的姊妹》等文艺作品，另有《重庆学校介绍》，附录收入《四川省西充县旅渝同乡会章程》《四川省西充县旅渝同乡会大会会议录》。本刊“对重庆教育情况、同乡会等进行介绍，为乡友了解家乡、发展家乡起了很大作用”。

本刊为同学会会刊，刊期不详。仅见1期。停刊原因不详。现保存于重庆图书馆。

《钟声杂志》(1947年)

1947年5月1日在渝创刊，钟声杂志社编辑发行（地址在重庆歌乐山市立师范学校）。

本刊《编辑灯下》一文提及，《钟声杂志》的本名叫《曦报》，“我们想从多方面去作进步的学习，所以编出本志”。本刊设有小说、小品·散文、诗、论文、教学研究等栏目，收有论文、诗歌、小说等各种文艺性内容。本刊“把握时代的潮流，抓住有价值的东西，促进建设富强康乐的新中国”。

本刊为文艺刊物，刊期不详。油印。仅见创刊号。停刊原因不详。现保存于重庆图书馆。

《钟声杂志》创刊号封面

《大刚周刊》—《大刚》(1947年)

1947年5月31日在渝创刊，发行者大刚周刊社（社址在重庆民生路312号，后迁西大街2号2楼）。董事长郑洪福，副董事长陶叔渊，社长兼主编王宏力，副社长邬逸之，编辑人李型光（后为主编），发行人丁健民。约自第十四期起改称《大刚》。封面印有“至大至刚，聿正聿方，不淫富贵，不屈锋芒”字样。

本刊内容十分庞杂，设有一周大事、论著、通讯、内幕、人物小志、犀烛、乐园、文艺（精神堡垒）、妇女与家庭、影与戏、信箱等栏目。本刊“现实、客观、理智，绝不违背国家民族利益”，反映了当时社会的各种情况。载文有《我们对“大选”的看法》《石孝先竞选如何成功的？》《重庆总工会选举争夺战》《王陵基如何治四川》《漫谈“水浒外传”》等。

本刊为杂论性刊物，周刊，逢周六出版。第十一期《本刊改版启事》提及，“于第十一期起开始改为发行16开单行本”。第十一期为目前所见最早的一期，之前版面情况不详。1948年10月出完第二卷第二十期后停刊。现保存于四川省图书馆、四川大学图书馆、重庆图书馆、南京图书馆、上海图书馆。

大剛週刊
贈閱
逢星期六出版　第十一期　零售每份壹千元
中華民國三十六年十一月二十九日出版

《大刚周刊》第十一期封面

《巴县县政府公报》(1947年)

1947年5月在渝出版，巴县县政府秘书室编校，巴县县政府发行。县长杨思慈题写刊名。

本刊为“巴县县政府公布法令之定期刊物，主要收入法规、训令、人事等，法规包括中央法规和本府法规；训令包括民政、教育、建设、社会、警政、计政等”。其中有专号刊物，如第十期为“选举专号”，收入选举相关的法规、程序。本刊介绍了巴县县政府相关的各种法令，是研究当时地方政府政治制度的重要资料。

本刊为地方政府公报类刊物，旬刊。现存最晚一期为1948年10月出版的第四十一至四十三合期，为“基本教育实验季刊”，共76页。停刊原因不详。现保存于重庆图书馆、上海图书馆。

《北碚周刊》(1947年)

1947年6月1日在渝出版，北碚月刊社主编，重庆北碚管理局主办，在重庆印刷。编辑罗中典。

1947年8月18日出第八、九期合刊，其《革新的话》中提及，“出过七期了，主要介绍的是农民知识，为了实际需要，对象几乎整个为农友，有所‘偏’，也有所‘为’，对于刊名‘北碚周刊’，未能名符（副）其实。打算改变：一，内容上分两部分，一为普通的介绍，论文、报告、计划、事业进展消息，以至于文艺之类、乡村建设有关的内容都容纳，为本刊主要部分，作正刊；一则注重大众化，介绍教材、民众生活常识、建设事业之必须大众了解的材料，作副刊。二，取材上更广泛、灵活、实际，北碚的每个人、每件事都是资料。三、形式上多变换，避板滞，加入木刻之类”。本刊设有学术演讲、活动介绍、北碚两周、特载、北碚民众、家常话、三峡人物、生产知识、民教课文等栏目。本刊刊载了《如何从基层的“保”培育地方自治》《北碚平民教育促进会华西实验区卅七年度工作计划》《八月的纪念》等文章。本刊主要“介绍北碚各种乡村建设和民众情况，促进北碚的建设发展”。

北碚月刊社主編

北碚週刊

民國三十六年八月十八日出版　第八、九期

革新的話

本刊已出過七期，我們審以往所出的各期，具有一個檢討，在這七期中，主要介紹的是農民知識，對象幾乎整個爲農友，爲了實際的需要，雖然覺得不免有所「偏」，而我們知的雖是有所「爲」，不過，仔細檢討起來，對於「北碚週刊」，究竟還未能名符其實，對於我們創刊的宗旨，也多少不曾做到，因此，從本期起，打算把它逐漸改變一下：

第一、準備把每期內容分成兩部份，一部份是普遍的介紹，論文，報告，計劃，事業進展消息，以至於文藝之類，凡與鄉村建設有關的都容納，成爲本刊的主要部份，這是綜合的，各方面的，足以代表北碚的。一部份則注重大衆化，主要在介紹教材，民衆生活常識，建設事業之必須大衆了解的材料，我們暫且把牠作爲副刊；不過，正刊和副刊，常常起着連繫的作用。

第二、在取材方面，比以前更廣泛，更靈活，更切於實際，我們應該說，這刊物是北碚各事業機關的，也可說，是北碚每一個人的，因此，我們希望北碚的每一件事，都是我們的資料，北碚的每一個人，都是週刊的編輯。

第三，形式也要與以前略爲不同一點，以多變換，避板滯爲主，可能時，還想加入些圖案設計，與內容有關的木刻之類。

我們求進之心，必不弱於讀者愛護本刊之心，決當視力之所及，來進行我們的採編工作。自然，也知道這樣的希冀，有時也並不如想像那樣容易達到，不過，不斷努力，倒是我們可以自信的。

北碚週刊第八九期合刊目錄

革新的話

學術演講

如何從基層的「保」培育地方自治　孫則讓先生講　葛向榮記

建立鄉鎮財政完成縣政建設　孫則讓先生講　葛向榮記

活動介紹

北碚自耕農示範區及雙柏樹合作農場場員清潔檢查報告　北碚管理局農業推廣所

北碚兩週

「教師暑期講習」消息七則

特載

中華平民教育促進會華西實驗區卅七年度工作計劃

編後

北碚民衆

八月十三那一天

到傳習處讀書去

張三爺講莊稼（二）

八月的紀念

1. [illegible]

2. [illegible]

3. [illegible]

《北碚周刊》第八、九期合刊封面

本刊为地方建设类刊物，周刊。16开本。出第八、九期合刊后即停刊。现保存于重庆市北碚图书馆，重庆图书馆仅存第八、九期合刊。

《科学儿童》(1947 年)

约1947年6月初在渝创刊，科学儿童社编行（地址在重庆香国寺任家花园7号）。社长郭成中。

本刊主要“向儿童介绍科学知识、科学童话”，设有科学新闻、科学小把戏、科学问答、科学童话等栏目，刊载的文章有《自然太太》《白水变牛乳》《太阳请假的时候》《破面盆做火炉》《照像机真是小》《风吹不掉的帽子》等，还有歌曲(《八位顾问》)、歌剧(《化学之舞》)等。本刊目的在于“增加儿童科学知识，提高儿童的科学能力，丰富儿童的生活”。

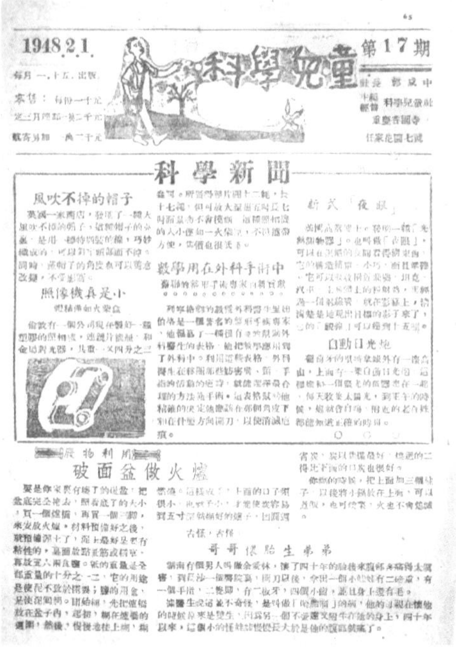
1948.2.1.
科學兒童
第17期
每月一、十五、出版
任家花園七號
科學新聞
風吹不掉的帽子
照像機真是小
數學用在外科手術中
新式「夜眼」
自動日光炮
廢物利用
破面盆做火爐
哥哥懷胎生弟弟

《科学儿童》第十七期封面

本刊为儿童科普刊物，半月刊。每期篇幅较少，仅4页。现存最早一期为1947年9月出版的第七期，现存最晚一期为第四十八期。约1949年5月中旬停刊，停刊原因不详。现保存于重庆图书馆、上海图书馆。

《邮汇通讯》(1947 年)

1947年6月15日在渝创刊，全国邮务总工会储汇工会重庆分会宣传科编行。张元昭题写刊名。

本刊旨在“研究邮务学术，改进本局业务”，主要内容是“有关改进邮汇业务报道、同人生活之论著、文艺诗歌及局方重要法令、特殊资料等”。主要撰稿人有厉晋元、朗蒙、刘强亚、章恩铸等。本刊收入《谈谈最近各国银行立法之新趋势》《我对于本局会计制度的看法》等工作研究，以及《重庆储汇工会职员工作分配表》《邮政储金汇业局重庆分局职员统计表》等统计资料，还收有《送友》《霎时》等诗歌，《闲话上海》等散文。本刊“介绍邮务职员工作看法、生活想法等，促进业务的发展与职员的交流”。

本刊为邮务刊物，月刊。1947年7月15日出第二期后停刊，停刊原因不详。共出2期。现保存于四川省图书馆、重庆图书馆、上海图书馆。

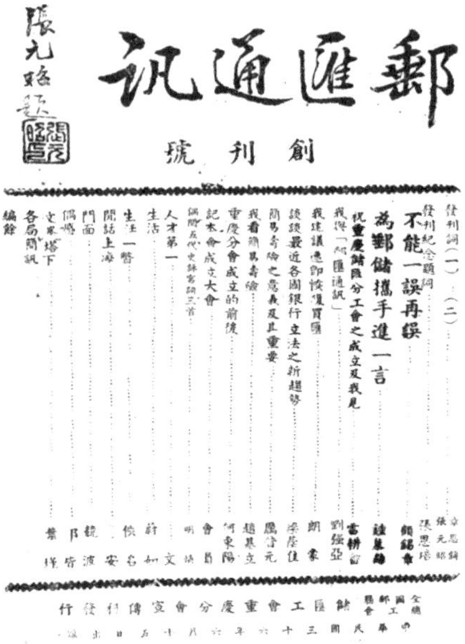

《邮汇通讯》创刊号封面

《宇宙新闻》(1947年)

1947年6月20日在渝创刊，宇宙新闻社总社文化部出版，宇宙新闻社总社出版部发行（社址在重庆林森路328号，办事处在重庆青年路15号）。社长兼发行人何瑜，主编岳叟，编辑谢启明、梅幼云。

本刊“以新闻、书报、杂志综合姿态出现，风格独特”，设有人物杂志、漏网新闻、观察新闻、惊人奇闻、科学珍闻、都市病院、宇宙天地、文化工作、影剧圈、社会相等栏目。1948年出版的第五期为“宇宙新闻社周年纪念特刊”，收入该社的工作计划、组织结构图及各界名人（如居正、朱绍良等）祝贺该社周年的纪念文摘、诗歌、致辞、题词。本刊主要内容是重庆及国内外的重大新闻及时事评论文章，此外还有小品、文艺、诗歌、漫画等，内容十分丰富。

本刊为综合新闻类刊物，月刊。共出5期。第五期后停刊，停刊原因不详。现保存于重庆图书馆、贵州省图书馆、上海图书馆。

《丰都县旅渝同乡会会刊》（1947年）

1947年7月在渝创刊，丰都县旅渝同乡会出版股编辑，丰都县旅渝同乡会发行（发行所在重庆千厮门行街17号）。

本刊刊前文章《几句交代》指出：“一、本刊虽由丰都旅渝同乡发行，但愿发展为全丰都全县民众，作为他们的公共园地。我们不仅代替丰都民众说话，而且欢迎他们自己在本刊来说话。二、我们认为中国政治，如不走向民主，是没有出路的。国政是这样，县政应当是这样。众人的事众人来管，全县的事，全县人民来管”。本刊收入《法律与人生之关系》《丰都与地府》《所望于参议会者》《感情理智》等文章，最后有附录《致参议会代电》。本刊“谈论时政、追求民主，为丰都县的发展谋计策，加深旅渝同乡间的交流”。

本刊为同乡会会刊，刊期不详。仅见1期。停刊原因不详。现保存于重庆图书馆。

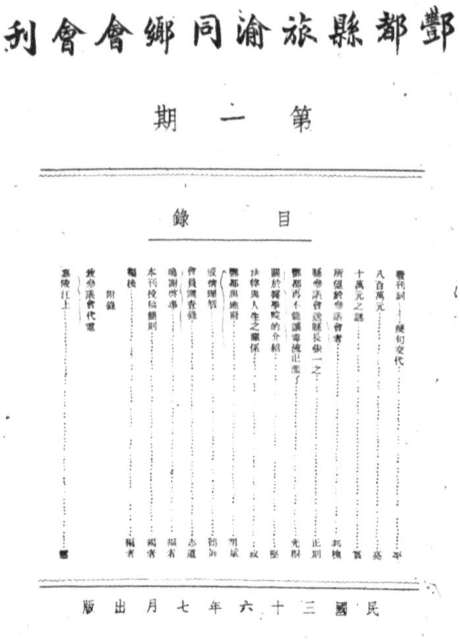
酆都縣旅渝同鄉會刊

第一期

目錄

發刊詞——幾句交代
八百萬元
十萬元之謎
所望於參議會者
縣參議會選縣長與一之
酆都再不能讓毒流氾濫
關於醫學院的介紹
法律與人生之關係
酆都與地府
感情理智
會員調查錄
鳴謝啓事……編者
本刊投稿簡則……編者
編後……編者
附錄
致參議會代電
嘉陵江上

民國三十六年七月出版

《丰都县旅渝同乡会会刊》第一期封面

《苏讯》（1947年）

1947年8月15日在渝创刊，江苏旅渝同乡会编印（地址在重庆民生路）。吴敬恒题写刊名。

本刊“出版之目的，即在集中同乡力量，号召同乡救乡之情绪，同心协力，完成我们救乡建乡的任务；另一方面尽可能的将家乡情况做一个简单翔实的报告，同时也将旅渝同乡的一切情形，传达到吾苏各地并冀能普遍至全区乡镇去。以该小小的刊物作为我们为同乡服务的工作站”。《本刊启事》提及，

“本刊暂定每月一期，专报道家乡消息、吾苏政情及社会动态，凡我们在苏及旅外旅渝诸同乡之家乡消息或有关书信、文件等”。本刊设有乡贤介绍、各县简讯、同乡动态、苏北通讯、特写、专载等栏目，收入《重庆行辕主任朱一民将军》《江南造船厂》《苏北灾祸概况》等文章，以及同乡的信息。本刊“团结同乡，为家乡的发展出谋划策”。

本刊为同乡会刊物，月刊。仅见1期。停刊原因不详。现保存于重庆图书馆。

《虹辰》（1947年）

1947年9月20日在渝出版，虹辰文艺研究社编辑发行（社址在重庆五四路74号内）。发行人李农廉，社长傅永康，副社长傅鼎中，编辑周德能、陈沂、申淳之等。

创刊号《我们的话》一文提及本刊创办的目的是“探索宇宙的真理，指导人类走入正确的方向，使青年不误入歧途，在爱的基石上，建设出人们共同美好的乐园”。本刊设有漫谈、书评、论文、报告文学、诗锦、散文、小说、杂文、文艺动态、虹辰信箱等栏目。本刊撰稿者多为编辑，有亦山、旭卢、周能、巴山等，收入《七月话沙坪》《沉沦》《我的太太》《人民是不朽的》《夜之一角》《飘零》《文艺应该服从政治吗？》《危运》等文章。本刊“给青年介绍各种文艺作品，传递正确的思想，促进青年的发展”。

本刊为文艺刊物，月刊。仅见2期。1947年11月20日延期出版第二期后未见再出版，停刊原因不详。现保存于重庆图书馆、上海图书馆。

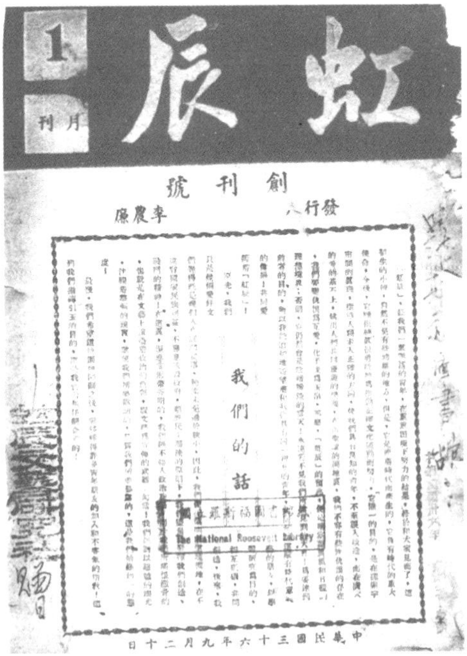
1
月刊
虹辰
創刊號
發行人 李農廉
我們的話
中華民國三十六年九月二十日

《虹辰》创刊号首页

《青年园地》(1947年)

1947年9月在渝出版，欧阳沙主编，艺新图书社编行。

本刊有小说、诗、论文、散文、书评、通讯、青年习作、诗论、民谣等栏目，收有郭沫若、青苗、李一痕、欧阳文辅等的作品，刊载了《我的历史研究》《灰色的悲哀》《诗人与诗》《狂想曲》《一个漂泊的消息》《雾之城》《娜拉的道路》《火》等文章。本刊“收入很多文艺类文章，是青年学习的园地”。

本刊为文艺刊物，半月刊。仅见2期。1947年11月出版第二期后未见再出版。停刊原因不详。现保存于四川省图书馆、重庆图书馆。

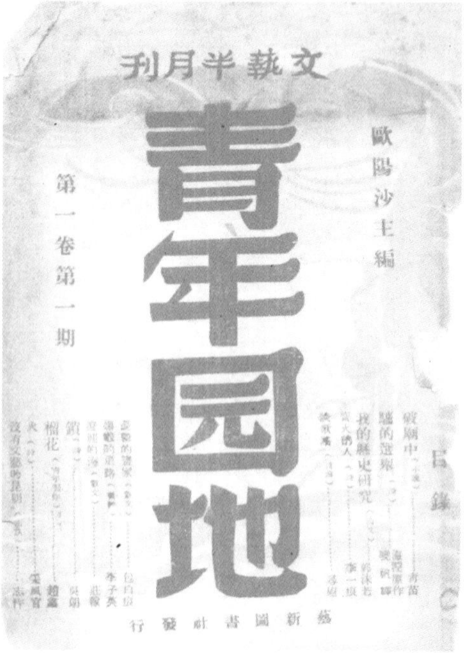

《青年园地》第一卷第一期目录页

《树人》(1947年)

1947年10月1日在渝出版，树人学校出版委员会编辑发行（地址在重庆小龙坎本校）。吕超题写刊名。

吕超（1890—1951年），字汉群，四川宜宾人，热衷捐资募款办学，曾任树人中学的董事长。编者在《发刊词》提及，“本刊由《树人校闻》扩展而成。每月印行一次，附于学生每月家书中，寄给家长，内容偏重学校文告及学生动态，希家长能更了解学校情况，进而协助学校以增强教育的效果。学校为了更好地与家庭沟通，且得到社会人士的同情与援助，并把我们的教学心得及工作经验，写成文章，汇写报告，公诸于世，藉此获得针砭并备采择，是我们从事教育的人应有的责任”。本刊原偏于文告及学生动态的简略报道，后扩成含专论、时事综述、学生习作的综合性刊物。本刊收入《我为何创办树人学校》《初中文言语体教授时间之商榷》《本期学校大事记》《校友简讯》《一月时事综述》及一些学生作品、学校消息等。本刊“对树人学校的历史、校务工作、大事记进行了陈述，对学校工作和学生的基本情况进行了反映，便于家长及社会了解该校”。

本刊为学校刊物，月刊，每月1日出版。先为油印，后改铅印。约1949年11月停刊。共出13期。现保存于重庆图书馆、上海图书馆。

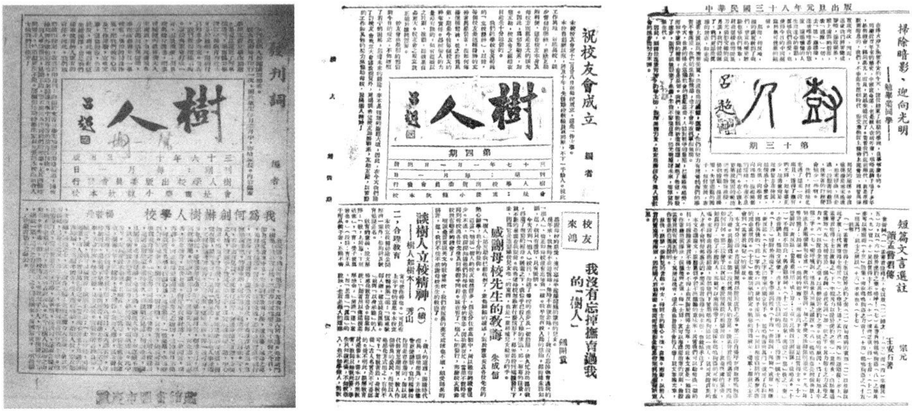

《树人》第一期、第四期、第十三期封面

《反攻》(1947年)

1947年10月17日创刊，在重庆出版。本刊没有公开的组织机构和固定地址，发行靠秘密传递。参加本刊工作的人都是中共地下党员和他们分别联系的进步人士。本刊主要工作人员有赵隆侃（赵令芹）、罗承勋、苏辛涛、李累、苏仲扶、陈明德、文炳煜（文履平）、向洛新、王达昭、蒋洛行、林筱卿、杨迅行、罗广斌、朱立彬等。1947年，《新华日报》被封以后，中共重庆市委秘密创办《反攻》，直接领导人是育才学校党支部书记廖意林。本刊创刊号的代发刊词《反攻献词》指出：“全国革命与反革命的总决战，已经全面的展开”，“这次战斗的胜利，将带来一个民主的联合政府的新中国。一个和平、民主、统一、富强、幸福的新中国”。“这个小小刊物”是“在总反攻、总胜利的革命浪潮中，作一只海燕”，“作一个哨（兵），一个服务员”。本刊内容多为转载新华社发表的评论、报道和文件，或原文刊登，或摘录，或经过综合改写。其他也有关于思想修养、工作方针和斗争策略的论述，以及时事评论等。创刊号全文登载了《中国土地法大纲》，以及关于土地法的说明。

本刊是以评论和综合报道为主的政治刊物，出版于解放战争开始战略反攻的初期。现存4期，即创刊号至第四期，出版时间分别是1947年10月17日，11月1日、16日、30日。刊物原由刘亮熙保存，后捐赠给重庆市博物馆。32开本，油印。总期数和停刊原因不详。重庆市博物馆现保存有前4期。

《儿童创作》(1947 年)

约1947年10月在渝出版，儿童创作社编辑并发行。封面印有“儿童创作是小朋友最好的伴侣，她能使小朋友精神愉快学问进步”字样。

本刊设有长篇图画故事、笑话、歌曲、童话、我的童年、生活常识、小问题、读书指导、好书介绍、名作选读等栏目，以及专门刊登小朋友作品的栏目“儿童的作品”“儿童佳作选载”。本刊与多所小学合作，内容十分丰富，内多图画、漫画，以吸引儿童注意。本刊收入《好勤劳》《伟大人物的少年时代》《印第安人的孩子》《怎样才是聪明的贼》《幸福国旅行记》《我的妈妈》《我们的学校》《可爱的菊花》《秋夜》等作品。本刊“给儿童提供一个了解外面世界的平台，并鼓励儿童创作，开拓儿童视野，促进儿童的发展”。

本刊为儿童刊物，半月刊，每月1日、16日出版。目前所见最早一期为1947年11月1日出版的第2期。仅见第2—6期。其中第6期《编后记》提及，会出版第7—8合期，但未见出版。停刊原因不详。重庆图书馆现保存有第2—6期，上海图书馆现保存有第6期。

《儿童创作》第 4 期封面

《风雨》(1947年)

1947年11月1日在渝创刊，黄嘉音主编，风雨月刊社编辑部编辑，风雨月刊社发行（社址在重庆中正路青年会）。实甫题写刊名。

本刊设有民主论坛、时谈、文艺、杂文、风雨信箱等栏目，收入《民主政治的意义》《谈立志》《秋夜》《谈谈中国女性》《论自力更生》《我对宪法之观感》《失恋的哀鸣》等文章。本刊“宣传民主思想，促进民主进步、社会建设”。

本刊为文艺刊物，月刊。1947年12月15日出版第二期，1948年2月1日出版第三期后停刊。共出3期。现保存于重庆图书馆。

《风雨》创刊号、第二期、第三期封面

《大兵》(1947年)

1947年12月1日在渝出版，大兵杂志社编行，主编刘德溥。

本刊《创刊词》说：“为了环境的需要和兴趣的驱使，才自动的，用自己的钱，来创办这份《大兵》杂志。”“当然是为读者大众说话，为公理正义说话。我们本着言论自由最高原则，不受任何有形或无形的限制，大胆的说话，大胆的写。”本刊认为，“生活即战斗，人人即大兵”。本刊辟有社论、散论、杂文、老粗文摘、新闻资料、花絮、抗战故事、译文、大兵乐府、天地人、诗歌、国际科学、日记、散文、会客室、文献等栏目。

本刊为综合类刊物，刊期不详。32开本。总期数和停刊原因不详。现保存于重庆市北碚图书馆。

《经济部重庆工业试验所研究专报》—《工商部重庆工业试验所研究专报》—《重庆工业试验所研究专报》（1947 年）

1947年12月15日在渝出版，经济部重庆工业试验所编行（出版地先在重庆上南区马路194号，后迁至上清寺45号）。1948年5月15日自第八号起，更名为《工商部重庆工业试验所研究专报》。但自1949年2月15日第二十二号始，又将“工商部”改回“经济部”。重庆解放后，刊名取消“经济部”三字继续出版。

本刊主要收录重庆工业试验所工业试验研究报告，每期有独立主题，主要为制造工艺方面的论文，以及该所进行各项专题试验的报告。撰稿人有彭光钦、温天时、李培森、童登孝、李种凯、黄凌云、刘言明等。本刊“介绍各种研究报告，对当前新兴的工艺技术进行了推广，促进技术的革新，推进经济的发展”。

本刊为工业研究刊物，半月刊。大32开本。1950年6月15日出第三十二号后停刊。共出32期。现保存于重庆图书馆、中国科学院图书馆、四川大学图书馆、北京大学图书馆、上海图书馆。

《非拉铁非》（1947 年）

约1947年下半年在渝出版，编者杜麦，出版者不详（地址在重庆新生村24号）。

本刊宗旨是“宣传基督教的精神”。本刊设有福音、祷告、安慰之声、名言录、聚会消息等栏目，收入《感恩》《信徒与患难》等文章。

本刊为基督教刊物，周刊，每逢周六出版。每期4开4页。目前所见最早一期为1948年1月24日出版的第十三期，最晚一期为1948年5月15日出版的第二十八期。停刊原因不详。现保存于上海图书馆。

《巴蜀青年》(1947年)

1947年在重庆出版（地址在重庆张家花园巴蜀学校），编辑徐庆坚，发行人周庄成。

本刊《发刊词》提及，“今日中学生知识水准的低下，原因是多方面的……增加学生课外读物，逐渐提高其知识水准，这是刊物刊行的第一个意义。今日中学生知识来源多为教科书，对自己周围所发生的现象，并无较明晰、较确切的了解……因此，《巴蜀青年》着重将重庆和四川的有关文物，乡土教材似的介绍于重庆和四川青年之前。这是刊行本刊的第二个意义。面临今日教育现状，不是空谈危机就能挽救，需要教育工作者不断努力。巴蜀学校有优良传统的作风，研究及工作经验所得，敢不贡献于社会。敬祈各方尽量指示教正，使教育工作稍有成效，或可挽救教育危机于万一，这是刊行本刊的第三个意义”。本刊主旨为“增加学生课外读物，提升学生知识水平”，开辟有时事讲话、俗曲研究、学术讲话、学生创作等栏目，载文有《从一个故事看美国人与日本人》《中国思想史概述》《科学与人生》《两条泪痕》《略谈初中国文教学》等。本刊“介绍各种知识，探讨教育经验，刊登学生的作品”，为了解当时巴蜀的教育提供了一些资料，具有一定的研究价值。

本刊为教育类刊物，刊期不详。仅见1期。现保存于重庆图书馆、上海图书馆。

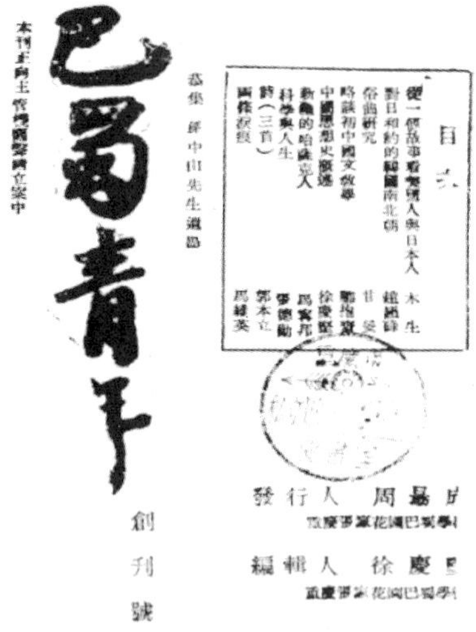

《巴蜀青年》创刊号目录页

《重庆市物价年报》(1947年)

1947年在渝创办，重庆市政府统计处编印。

本刊所载《重庆市物价年报总说明》提及，“本市为战时首都，西南重镇，战时物价上涨不可避免，涨之猛烈，实为近代经济史所罕见。本刊主要收入1936到1946年十年的物价动态情况，做简要分析供各方参考”，结论为：“除抗战胜利后物价一度稳定外，不断上升之势愈大，然而本市与其他市相比，物价较稳定，可见历任市长对本市物价措施之努力”。本刊内容方面有重庆市零趸售国货价格指数、价格表；重庆市机关办公用品价格指数、价格表，公务员生活必需品物价表，公务员生活费指数；产业工人、职业工人生活费指数；重庆市利率统计录。本刊还刊有国内各重要城市零趸售物价指数比较表、国内各重要城市公务员生活费指数比较表。本刊对研究1936—1946年重庆的各种价格和生活指数有一定的参考价值。

本刊为物价统计刊物，年刊。油印。仅存1期。停刊原因不详。现保存于重庆图书馆、上海图书馆。

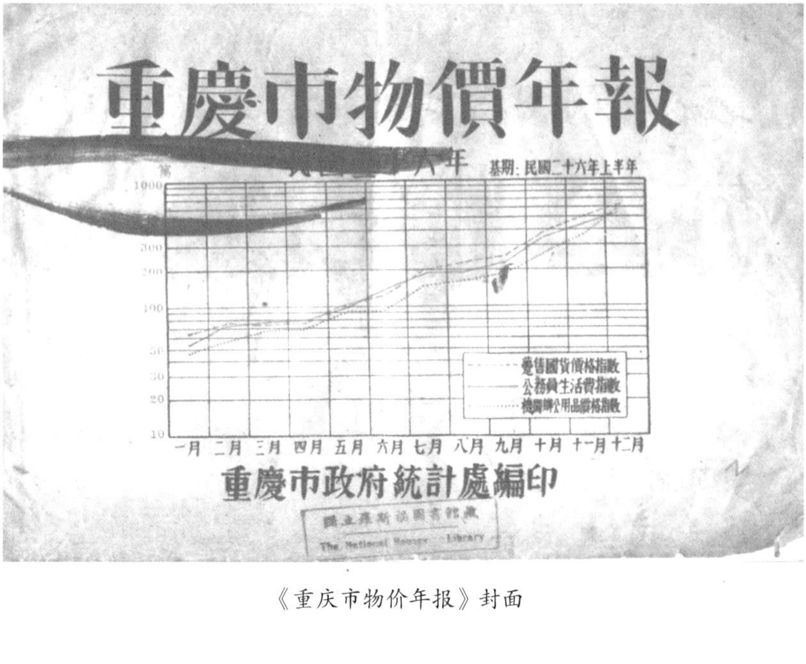

《重庆市物价年报》封面

《公教通讯》（1947年）

1947年在渝出版，重庆公教同学会编行（地址在重庆沙坪坝高家花园6号），学术股干事校对。天主教重庆教区主教尚惠准为本刊题名为“公教营阵”。

本刊《复刊词》提及，重庆公教同学会原为1943年12月26日在重庆沙坪坝高家花园6号组织成立的“重庆沙磁区公教同学会”，后北碚、白沙二地相继响应，而更名“重庆公教同学会”，“办刊物《沙磁通讯》，共出廿二期。因抗战胜利，多数同学复员，同学会停滞半年，至1946年6月恢复”，为“阐明教义，普遍宣传天主的真理，协助传教，更觅机与国内外公教团体，取得交换灵感的机会。今于圣诞节，复刊通讯，更名《公教通讯》”。本刊收入论述、诗歌等各类内容，刊有《我们与宗教信仰》《天主教与人生》《盼望》《落日》《十字街头》等文章。本刊宣传天主教的教义、理论等。

本刊为宗教刊物，刊期不详。仅见1期。现保存于重庆图书馆、上海图书馆。

《火星》（1947年）

约1947年在渝创刊，（古蔺）火星社编辑发行（社址在重庆磁器口斧头岩5号）。社长李天群，主编何宗麟，许华昆、颜思雄轮流编辑，何宗周绘漫画。

1947年，重庆大学中文系学生何宗麟在其老师、作家艾芜的影响下，参加了进步青年组织。他联系在重庆工作的古蔺同乡李天群，以及重庆大学学生颜思雄、许华昆、何宗周等人，成立以家乡火星山为名的“火星社”，并创办《火星》。本刊载文为纯手写，设有论评、通讯、小说、散文、诗、人物素描、火星文摘、简章等栏目，刊有《故乡风雨》《话三八》《“和谈”听罢记》等文章。本刊还设有“大众论坛”，其《编者的话》中说：“‘大众论坛’是开辟给大家说话的台子，不管是谁……只要是古蔺人，只要说古蔺事，都可以上台来说。说几句也好，说半天也好，只要对。”本刊“介绍家乡古蔺情况，加强古蔺人交流，联络情感，是古蔺人沟通的良好渠道”。

本刊为文学类刊物，不定期刊。约1949年新中国成立前夕终刊。目前仅见第5期、第7期和第8期。现保存于上海图书馆。

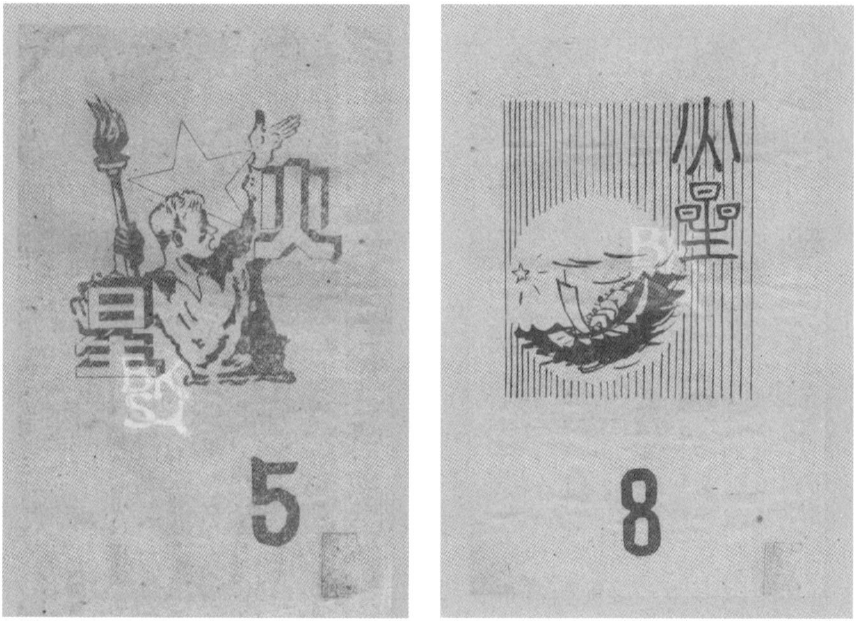

《火星》第 5 期、第 8 期封面

《同歆邮目》(1947 年)

创刊时间不详，负责人刘恒生，重庆同歆邮目社编行（社址在重庆太平门四方街2号）。

本刊《邮目革新前言》提及，“邮目是一种集邮邮票卖品价目表，是集邮家选购邮票的参考”。“重庆同歆邮目社成立于1936年，印发目录，达50余期，因抗战缺乏物资而停。”本刊内容除专载“中西票品”“集邮用具”“邮学刊物”“封片特载”等让品外，还按期轮流增刊“新邮消息”“邮讯简报”“集邮常识”“邮学文摘”等，“以助雅兴，籍供参考”。本刊对邮票界各种邮票信息进行了收集、详述，属于集邮参考资料。

本刊为集邮刊物，刊期不详。仅见1期。1947年10月1日出版的第十七期为革新第一号。现保存于重庆图书馆。

《正法久住》(1947年)

约1947年在渝出版，重庆护法会主编。

本刊“对护法会活动、国内佛教的大型活动、重要人物的事件等进行介绍、记录，传播佛法思想”。本刊收入《欧美人与中国人的宗教观念》《重建天彭龙与塔始末》《一般人对于佛学的误解》等文章。

本刊为佛学刊物，刊期不详。目前仅见1947年5月8日出版的第二期。停刊原因不详。重庆图书馆、上海图书馆现保存有第二期。

正法久住
第二期
歐美人與中國人的宗教觀念
重建天彭龍興塔始末
重建古益州龍興舍利塔碑記

《正法久住》第二期封面

1948 年期刊

《重庆南开校刊》（1948 年）

1948年1月30日在渝创刊，喻传鉴发行，重庆南开中学编辑出版。校长张伯苓题写刊名。

本刊《发刊词》提及，本刊创办之使命：“一为报道本校最近之实况；二为报道各地校友之动态；三为记载本校教育实施之结果，藉作后来改进之依据。”本刊开辟有本学期的回顾、校闻、简讯、校友动态、启事等栏目，收入《南开之希望》《四七校友的一封信》等文章，还收有《春季运动会结束续志》《保送南开大学学生》《初中直升学生共七十人》《免考暂行办法》等资料。本刊对重庆南开中校的校务工作、规章制度等情况进行了介绍、记录，对研究该校历史和当时的教育有一定的参考价值。

本刊为学校刊物，不定期刊。每期4页，篇幅较少。仅见3期。停刊原因不详。现保存于重庆图书馆。

《重庆南开校刊》创刊号、第二期、第三期封面

《摹仿》(1948年)

1948年1月在渝创刊，发行人孙俍工、黄石山，重庆摹仿社编行（通信处为重庆中华路41号）。1948年3月出第二期（通信处改为重庆邹容路43号春秋书局转）。

本刊开辟文艺论著、诗、小说、散文、速写等栏目，收入《山谷的传奇》（叙事诗）、《张福祥》（速写）、《奴隶的花果》（诗）、《怀念》（散文）、《寒夜》（小说）等内容。

本刊为文艺类刊物，刊期不详。仅见2期。停刊原因不详。现保存于复旦大学图书馆、重庆图书馆。

《摹仿》第一期封面

《文艺之家》(1948年)

1948年1月在渝出版，社长曾骞，文艺之家社编辑发行（社址在重庆中一路208号文风书局3楼）。

本刊主要内容为小说、散文、诗歌、小品、戏剧，以及论著、评介等，“为爱好文艺的读者开辟习作园地以练习写作”。主要撰稿人有黄自强、丽砂、向真、文铮、高植、胡牧、徐君慧、罗衫等。本刊收入《青春、爱和创作》《卖花词》《春天》《八月的乡村》《文艺作品的欣赏》《中秋节》《春天散曲》《江之子》《散文的新方向》《三人行》《雪冬二章》《小夜曲》《我们不能不歌唱》等作品。本刊内容丰富，题材多样，反映现实生活，“探讨文学创作和社会生活的突出问题，是文艺爱好者学习和交流的重要渠道”，对研究新中国成立前后的文学发展具有一定的参考价值。

本刊为文学类刊物，不定期刊。1948年6月1日出第二、三合期后停刊，停刊原因不详。仅见3期。现保存于四川省图书馆、重庆图书馆。

《渝行通讯》(1948 年)

约1948年1月在渝出版，中国银行重庆分行编辑发行。赵丘溥题写刊名。

本刊设有专载、金融经济（重庆、成都、雅安、万县等地）、渝行属人事动态、园地等栏目，主要撰稿人有章子良、王义仁、周仲眉等。本刊对该重庆分行及各地的金融情况、市场行情，各地的物资资源进行了介绍、分析，具有一定的研究价值。

本刊为金融刊物，月刊。现存最早一期为第七期，现存最晚一期为1949年7月出版的第十八期。仅见10期。停刊原因不详。现保存于上海图书馆、重庆图书馆。

渝行通讯
第七期
专载
我國國際貿易概況
本期要目
專載
我國國際貿易概況
金融經濟
重慶 成都 雅安
渝行屬人事動態
園地

《渝行通讯》第七期目录页

《四川经济汇报》(1948 年)

1948年2月15日在渝出版，四川省银行经济研究处编辑并发行（地址在重庆白象街15号），四川省银行印刷所印刷（地址在重庆信美街36号）。

本刊以“促进四川经济之发展并协助经建国策之进行”为宗旨，“登载关于四川一般经济、工矿、农林、牧畜、交通、金融、财政、合作等实际状况与理论分析之著述，关于四川各地经济状况之实际调查报告等”，开辟的栏目有时评、论著、译述、学术评介、经济动态、经济调查统计、经济法规辑要、经济消息汇志等。本刊“统计分析了四川各种经济状况，并给予建议，促进四川地区经济的发展”。

本刊为经济刊物，双月刊。现存最晚一期为1948年9月15日出版的第三、四合期。仅见4期。停刊原因不详。现保存于上海图书馆。

《渝工》(1948年)

1948年2月20日在渝创刊，渝工月刊编辑委员会编辑发行（地址在重庆上南区马路149号附6号）。

本刊由经济部重庆工业试验所办，该所有八个试验室、五个试验工厂，行政部分在重庆，试验室和试验工厂分别在重庆磐溪和北碚。全部职工二百余人，工人三百余人，除行政和事务人员外，大部分人员从事科学技术的研究和试验工作。本刊发表该所“对于一般工业问题的见解，介绍国内外工业学术和技术上的成就，供给开发中国资源的资料，并报告职工的工作和生活情形”。本刊主要收入《重庆工业试验所的使命》《重庆工业试验所一年来之回顾》《今日的氟化学》《粉末冶金术》《超声波学——科学研究的新领域》《研究人员应有之认知与训练》等文章，以及剪影、消息等内容。本刊“记录了该研究所的职工生活及工作情况，介绍最新的工业技术成果，促进当时科学技术的发展”。

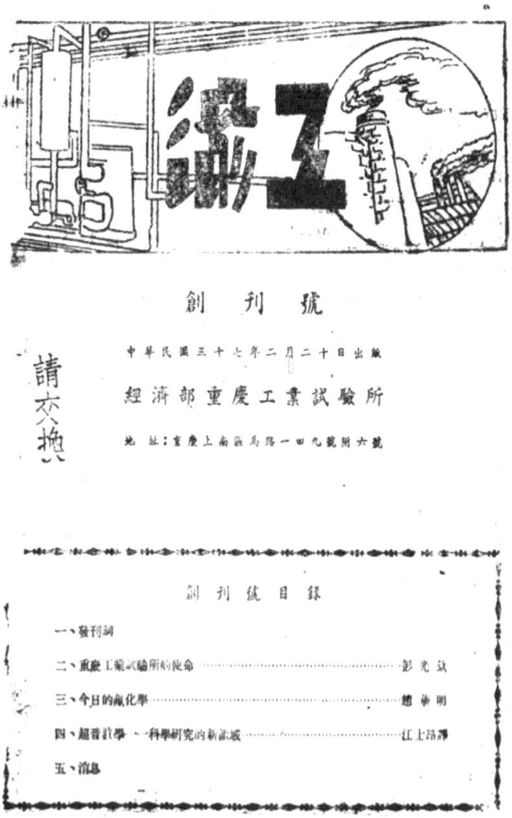

《渝工》创刊号目录页

本刊除月刊外，还有《渝工》春季、夏季两季刊，篇幅较多，14页。渝工季刊编辑委员会编辑发行（地址在重庆上清寺街45号）。

本刊为工业技术刊物，月刊。16开本，每期8页。约1948年12月30日出至第十二期停刊。现保存于四川大学图书馆、重庆图书馆、南京大学图书馆等。

《教育学术》（1948 年）

1948年3月15日在渝创刊，国立女子师范学院教育系教育学术月刊社编辑发行（地址在重庆九龙坡）。编辑委员有王衍康（主编）、张国安、许澄远、宗锡钧、张清津、高振业。后因主编离开重庆到国立贵阳师范学院讲学、其他编辑人员多有离散而停刊。1948年10月24日在贵阳复刊，出第一卷第三期，国立贵阳师范学院学术月刊社编辑发行，社长兼发行人萧文灿，主编王衍康，编辑委员有王学孟、吴作民、章新一、刘应文等。

本刊以“为教育界自由发表言论，交换知识经验，探求解决中国新式教育之问题为宗旨”。主要撰稿人先后有宗锡钧、许澄远、张安国、王衍康、萧文灿、章新一、张清津等。其内容主要为“有关教育学术之论著、译述、文艺及版画等，既介绍世界教育思潮，评述各国教育概况，也发表教育心理学论著和译述，刊登教育短评等”，还刊有比较教育参考资料。本刊的出版促进了西南地区教育事业特别是师范教育的进步，对于研究民国时期西南地区教育史、国立女子师范学院校史以及国立贵阳师范学院校史均有一定的参考价值。

本刊为教育学术类刊物，月刊。16开本。目前所见最晚一期为1949年5月25日出版的第四、五期合刊。停刊原因不详。在渝出5期。现保存于重庆图书馆、上海图书馆。

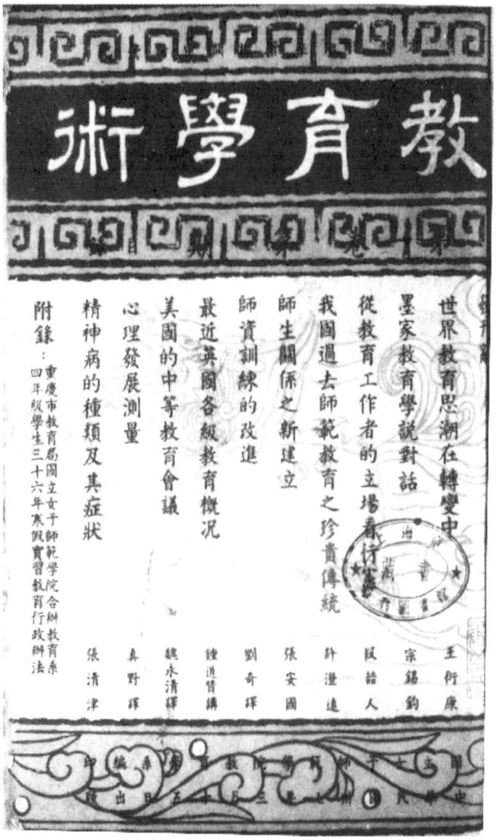
教育學術

世界教育思潮在轉變中　王衍康
墨家教育學說對話　宗錫鈞
從教育工作者的立場看行憲　段喆人
我國過去師範教育之珍貴傳統　許澄遠
師生關係之新建立　張安國
師資訓練的改進　劉奇譯
最近英國各級教育概況　鍾道贊講
美國的中等教育會議　魏永清譯
心理發展測量　真野譯
精神病的種類及其症狀　張清津
附錄：重慶市教育局國立女子師範學院合辦教育系四年級學生三十六年寒假實習教育行政辦法

《教育学术》第一卷第一期目录页

《铜梁县政府公报》(1948 年)

约1948年3月在渝创刊，出版者不详。县长徐竞存题写刊名。

第一、二合期刊文时间为1948年3月10日至3月31日，主要收入政闻要录、法规、中央和本县会议录、命令（训令）等，包括民政、户政、教育、地政、财政、粮政、警政等内容。本刊“对中央及该县的各种政策、法规、命令进行了统计、陈述”，是研究区县政治的参考资料。

本刊为县政府公报，旬刊。目前所见最晚一期为第二十八、二十九合期，刊文时间为1948年12月10日至31日。现存29期。停刊原因不详。现保存于重庆图书馆。

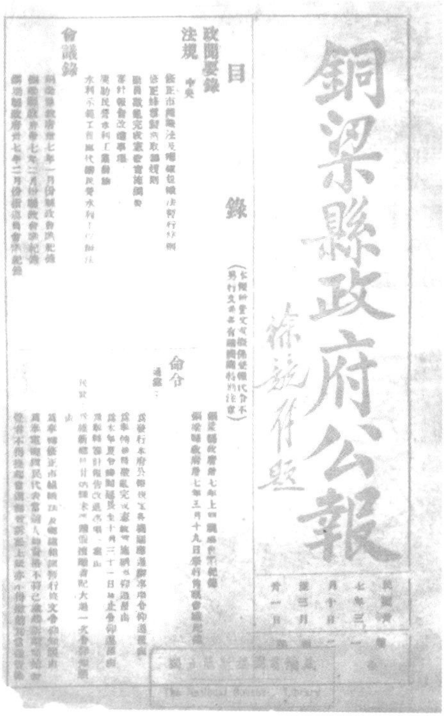

《铜梁县政府公报》第一、二合期目录页

《大竹旅渝同学会会刊》(1948 年)

1948年5月在渝创刊，社长甘立维、唐书甫，编辑陈浩问，大竹旅渝同学会编辑出版。

本刊设有现实论坛、特约专稿、来件、论述、通讯、学府介绍、科学、修养等栏目，还有文学散论、小说、诗、小品、杂文等各类文学体裁的文章。本刊收入《大学生的治学方法》《大竹矿产述要》《大竹旅渝同学会之回顾与前瞻》《论教育的目的》《大竹工业与水电》《给各地大竹旅外同学一封公开信》《生活在夏坝》《灯泡的认识》《现代青年应有的人生观》等文章，以及对国立重庆大学、四川省立教育学院、重华学院、乡村建设学院等学校的介绍。刊后还有对大竹旅渝同学会的基本情况的介绍。本刊“联系了旅渝的大竹人，并关注大竹的经济教育情况，介绍了各地的学校，分享了各种体裁的文艺作品，增强了大竹人的学习能力”，充分体现了本刊的主旨“加强联系，促进学习”。

本刊为同学会刊物，不定期刊。仅见1期。停刊原因不详。现保存于重庆图书馆、上海图书馆。

《大竹旅渝同学会会刊》第一期封面

《新生》(1948 年)

1948年5月在渝出版，新生文艺社编辑发行。

本刊设有短论、书评、报评、散文、诗·民歌等栏目，收入《论目前文艺的低潮》《一部人民的诗》《一颗发光的星》《人的黄昏》《笔》《我的笔和我》《激变时代的歌》《昨晚的消息》《穷人的命苦》等作品。本刊“收入各类文艺作品，陶冶情操，丰富了人们的思想，给人们以新生”。

本刊为文艺类刊物，刊期不详。仅见1期。停刊原因不详。现保存于重庆图书馆。

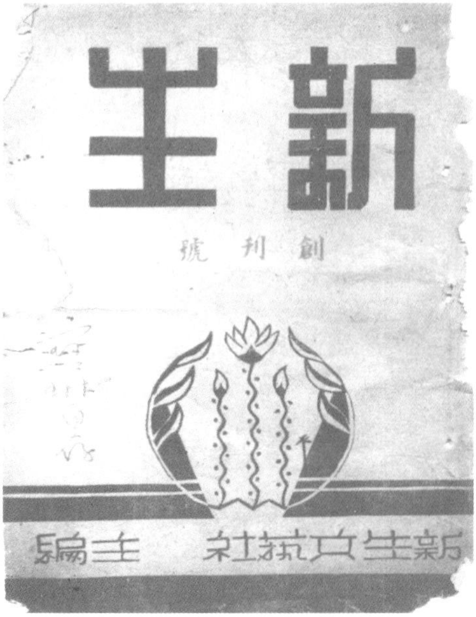

《新生》创刊号封面

《时论通讯》(1948年)

1948年8月24日在渝创刊，时论社编辑发行（社址在重庆中央公园市立图书馆）。自第三、四期合刊起，本刊封面刊名旁题有“超然立场、客观态度、时贤清议、舆论权威”字样。

本刊曾刊载《国民党该怎样改革?》《对币制改革的综合意见》《民主世纪之个体》《法国的政治危机》《评阅投考大学英文试卷有感》《怎样永久废止战争》《重建四川民团刍议》《介绍甘地的学与教》《一个新闻从业员的感想》等文章。本刊篇幅较小，“主要对国内外政治时事、教育、经济等进行评论，加强国人对国内外的了解”。

本刊为时事刊物，半月刊。1948年11月7日出版的第七期为现存最晚一期。停刊原因不详。现保存于四川省图书馆、重庆图书馆。

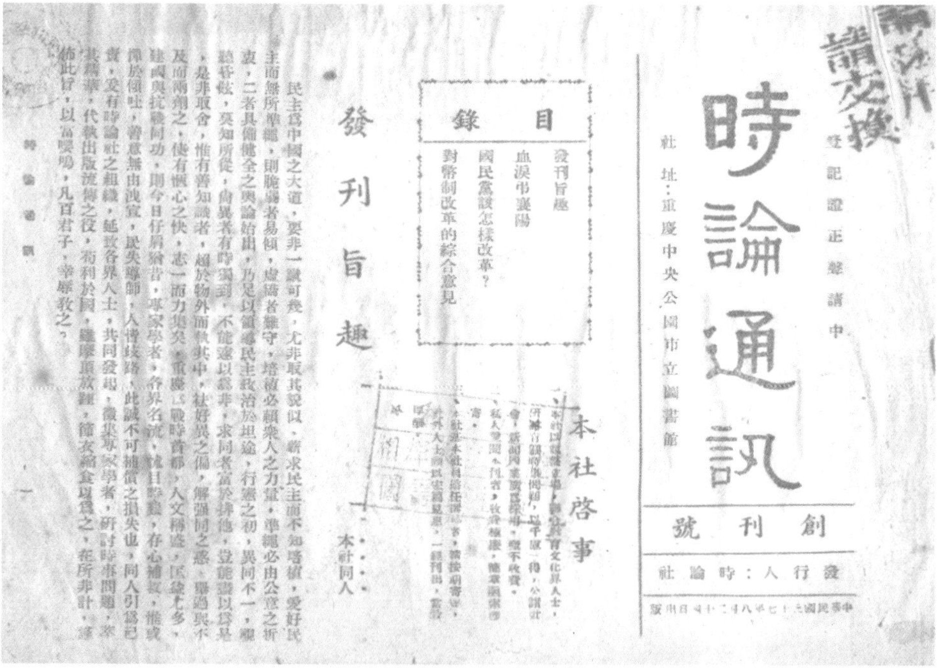

《时论通讯》创刊号封面

《学风》（1948 年）

1948年10月10日后在渝创刊，发行人刘汉，重庆捍卫中学校编辑发行。

本刊主要内容为教育论文、学术专论、专著译述等，收入《捍卫全貌》《我们的校长》《本校通讯》《本校启事》等对学校情况进行介绍，同时有《中国青年的出路》等针对青年发展的论述性文章。本刊是了解该校及当时教育情况的重要资料。

本刊为中学校刊，刊期不详。仅见1期，仅8页，内容较少。《本刊启事》提及本刊“原定于10月10日出版，因忙碌、印刷机构等各种原因延迟”，同时提及“以后应准时出版”，但之后未见出版。停刊原因不详。现保存于重庆图书馆。

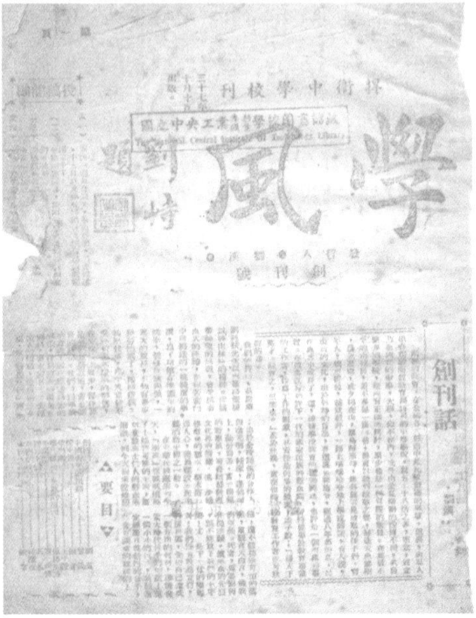
捍衛中學校刊
學風
創刊號
創刊話
要目

《学风》创刊号首页

《重庆灵甫接舰专刊》（1948 年）

1948年11月1日在重庆出版，主编者长风社，印刷者星岛日报。

本刊设有论序、生活素描、海外留痕、文艺、海军常识、照片专栏等栏目，收入《对英国海军之观察以及我国海军建设之意见》《灵甫简史及其性能》《夏季实习记》《海德公园之夜》《海军电术浅谈》《海洋和文学》等文章，附有《重庆军舰组织一览表》《灵甫军舰官员名册》《灵甫军舰士兵名册》等文件，收入《重庆号小景》《伦敦游行》《重庆舰全貌》等众多图片。本刊为重庆海军接收两艘新舰“重庆”“灵甫”而出版的纪念专刊，内容包括接收仪式的具体情况及一些海军官员的生活、学习情况，另外还有一些文艺作品，收入大量的人物、军舰图片，图文结合，形象生动，是了解两艘军舰的重要资料。

本刊为军队刊物，刊期不详。仅见1期。现保存于上海图书馆。

《巴中旅渝同学会会刊》(1948 年)

1948年12月在重庆出版，巴中旅渝同学会学术股编辑发行（通信处为重庆沙坪坝教院3宿舍9室李长庚收）。邱师广题写刊名。

本刊“旨在提高家乡文化水准，指示家乡同胞征服精神世界的道路，介绍新文化给各位乡胞”，设有学术专论、故乡建设、文艺诗歌、会友动态等栏目。本刊对该同学会的情况进行了介绍，还载文《从现行经济政策看我县县银行》《向巴中知识分子进一言》《巴中经济建设的可能发展》等对巴中县经济、教育情况进行了论述，同时对国立女师学院等进行了介绍，还刊登了诗歌、小说等文艺作品。

本刊为同学会刊物，刊期不详。仅见1期。第一期《祝同学会刊永生》一文中提及“现第二期将荣耀刊出”，但未见出版。停刊原因不详。现保存于重庆图书馆、上海图书馆。

《巴中旅渝同学会会刊》第一期封面

《广播歌剧选》(1948 年)

约1948年在渝出版，具体时间不详，仅见1948年10月出版的第五期。本刊由重庆万国、谷声、陪都广播电台三家共同编辑（万国广播电台位于民族路236号汇商公司4楼，谷声广播电台位于小米市市民大楼，陪都广播电台位于青年路华康大楼），文光印刷局发行（地址在重庆五四路40号）。

本刊刊登了大量歌曲和平剧唱段，如歌曲《妹相思》《何日君再来》《天涯歌女》等，平剧《空城计》《捉放曹》《失街亭》等，以及南北滑稽相声《老黄请医》《滑稽空城计》，越剧《步步高》《梁祝哀史》，扬州调《王瞎子算命》等。本刊“对各种戏剧、歌曲进行归纳、介绍，传播文化，丰富民众的生活”。

本刊为综合戏剧刊物，刊期不详。仅见第五期。停刊原因不详。现保存于上海图书馆。

《绿原》(1948 年)

1948年在渝创刊，东川邮务工会妇女运动委员会编辑出版发行。

本刊内容主要为“关于邮工运动的论著，个人生活之素描，报道各地情形之通讯及散文、小品、译述、分评等”。本刊收入《见面辞》《母子》《读吴梅村诗集后感》《法律常识》等文章，以及诗、梅夫人谈家政、局务锁闻、海外来鸿等内容。本刊“除介绍局务外，还提及妇女生活、社会常识、文艺欣赏等，丰富了女邮工的生活”。

《绿原》创刊号封面

本刊为妇女运动刊物，季刊。油印。本刊《编辑室启事》提及，该妇委会主任为贺德溥，副主任为徐秀群；“本刊第二期拟定于次年三八节出版，为扩大篇幅、充实内容，向读者征文”，但未见其出版。仅见1期。停刊原因不详。现保存于重庆图书馆、上海图书馆。

《铜中校刊》(1948年)

约1948年在渝创刊,铜梁县立中学学生自治会编辑发行(出版地在铜梁县)。

本刊旨在“联络校友,发扬校风,藉以推进学校发展”。第三期有论著、学校动态、校闻摘要、文艺等栏目,收有《我对于时局的意见》《中学青年应如何实践勤俭建国运动》《铜中两年》《铜中的新生》《送别诗四首》《留别诗一首》等作品,本期为“欢送特辑”,有《赠本届毕业同学》《赠别毕业同学》《礼赞毕业同学》等送别文章。本刊对铜梁县立中学的历史、教务工作、学生情况等进行了介绍,有一定的史料价值。

本刊为中学校刊,刊期不详。仅见1948年出版的第三期。停刊原因不详。现保存于重庆图书馆、上海图书馆。

《铜中校刊》第三期封面

《万国广播电台开幕特刊》(1948年)

约1948年在渝创刊,具体时间不详。该电台正式开播时间是1948年5月30日。

本刊主旨是“交流文化,普及教育,报道新闻,推行政令,提倡社会高尚娱乐”。本刊主要收入《庆祝开幕特别节目表》和大量题词。本刊记录了万国广播电台开幕的基本情况、详细节目单,有一定的历史参考价值。

本刊为广播电台刊物,刊期不详。仅见1期。现保存于重庆图书馆、上海图书馆。

1949年期刊

《佛光季刊》(1949年)

1949年3月在渝出版，綦江佛光社编辑发行（社址在重庆綦江中山路135号）。

本刊“内容以综合性，新颖方式，化导世道人心，而发扬佛学，促进世界文化”，主要为“有关佛教史迹及图书照片，警世导俗之漫画、连环图书及小说，国报奇闻并佛教方面消息，讨论理教之通讯等，以及旧藏珍本、现代杂志中有适合青年道德修养、社会信仰及具特殊价值之文稿也可摘录”。本刊收入《新佛教建设的两个问题》《佛教是消极的吗?》《“自由史观”与人类永久和平》《请行十善道德以求和平幸福》等文章，及《古剑山书感》《怅怀》《赠曾幻梦居士》等诗作，还刊登一些药方和药品广告，并有一些佛法大师为本刊创刊写的题词等。本刊“宣扬佛法思想，研究佛法理论，沟通各地佛教文化消息”。

本刊为佛教刊物，刊期不详。仅见1期。总期数和停刊原因不详。现保存于重庆图书馆。

《佛光季刊》第一卷第一期封面

《王劳生集邮让品》(1949年)

约1949年春在渝出版，重庆劳生书店编辑出版。

王劳生（1908—1961年），江苏无锡人，原名王学通，著名的摄影家。抗战后为了生计，开始经营邮票，成为著名的邮商、集邮家，创办了劳生公司，并创办本刊。本刊所收内容为王劳生的集邮珍藏。目前仅见1949年9月15日出版的夏季号、秋季号合刊。该期收入《集邮参考书》《集邮簿册》《服务简约》等资料，“国邮之部”栏目收入欠资邮票、战时纪念及附捐票、战后纪念及附捐票等各类邮票，供集邮爱好者选择。“外邮之部”栏目有美国、菲律宾、哥伦比亚等地邮票。本刊提供了各种集邮信息，是研究当时邮票的重要参考资料。

本刊为集邮刊物，刊期不详。总期数和停刊原因不详。现保存于重庆图书馆。

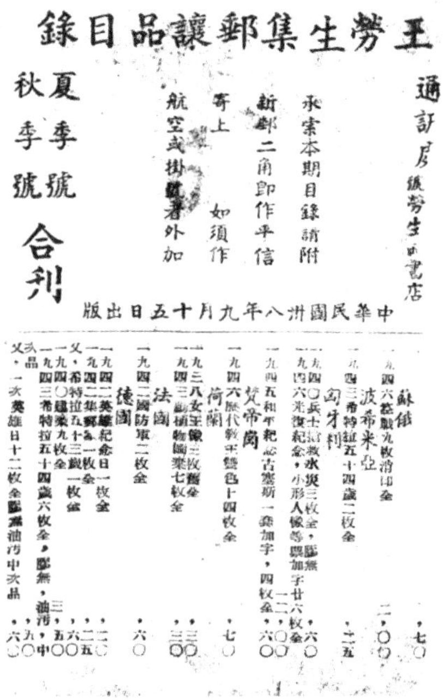

《王劳生集邮让品》夏季号、秋季号合刊目录页

《火种》(1949年)

1949年4月1日创刊于重庆，火种诗社编辑发行（社址在重庆市南温泉文泉路6号）。

本刊《编者的话》提及《火种》筹备于1948年冬天。本刊主要内容为诗歌，主要撰稿人有莎蒲、舒塞、沙陵、苏丹、洛晔、许凡、马瑞麟、游离等，收入《诞生的呼唤》《心理的竖琴》《暴风雨中》《鞭子》《筷子》《笔》

《我们有残烛的光》《诗人与诗散论》等篇目。本刊“内容爽快、响亮、健强而有力，体现了现实社会，反映了大众的喜乐悲哀”。

本刊为诗歌刊物，刊期不详。仅见创刊号，虽筹备有第二期，但未见出版。停刊原因不详。现保存于重庆图书馆、上海图书馆。

《火种》创刊号封面

《新本校刊》(1949 年)

1949年5月15日创刊于重庆，江津县私立新本女中编辑发行。蟾秋题写刊名。

本刊《发刊词》提及，“新本女校近年与社会脱离，会越来越孤陋，越落伍。而且学校位于江津白沙南的黑石山上，环境安静，但与都市离太远，交通不便，少社会督促，优点无法传播，缺点无法改进。综上原因所以创办此刊，藉以收社会与学校联系之功效”。本刊主要收入《本校史略》《级会素描》《漫谈衣食》等介绍学校情况的文章，还有“学生园地”栏目，收入一些学生的文章，如诗歌《秋夜》。本刊“为社会与学校的沟通联系提供了一个很好的渠道”。

本刊为中学校刊，刊期不详。仅见1期，仅4版。停刊原因不详。现保存于重庆图书馆、上海图书馆。

《主流》(1949年)

1949年5月15日在重庆出版，罗梦册等编辑，主流社印行。此为《主流》的西南版。约1945年末，国立中央大学教授罗梦册组织“主流党”。1946年5月该校复返南京，罗梦册于1947年1月5日创办《主流》月刊并任发行人。由于时局变化，1948年12月5日出完第二十四期后暂停。随着南京、上海相继解放，罗梦册又回到重庆，1949年5月出西南版，卷期另起。

本刊主要宣传“主流党”的主张和政治民主，收入《新革命运动与新革命者》《让我们来促成一个新革命运动》《从时代主潮看世界及中国前途》《万方多难望主流》《经济平等与政治自由》《从人与世界的再发现看今日之新文艺复兴》《哲学与政治》等文章。本刊主要“登载具有民主思想的青年和知识分子的文章，主张改良、新革命运动，倡导和平革命、民主救国”。

本刊为政治刊物，月刊。1949年6月30日出第二号，9月15日出第三、四号合刊。合刊上的《告读者》提及，“本刊总编辑王任重，编辑丁正伟、张信农，三人因公已离省，返省前本刊暂出合刊，总编辑由李继耳代理”。此后可能未再出版，未见其他期数。现保存于中国国家图书馆、四川省图书馆、四川大学图书馆、重庆图书馆、上海图书馆。

主流
1962.12.4
從時代主潮看世界及中國前途 羅夢冊
經濟平等與政治自由 李樹勳
羅素論社會主義 歐陽澄
論人的重新認識 李中嚴
粗描近百餘年來社會主義 楊戎
思潮之細波，巨浪與流向
萬方多難望主流 傅啓明等
第二號 主流社印行 三十八年六月三十日出版

《主流》第二号目录页

《勉仁文学院院刊》(1949 年)

1949年5月在渝创刊，勉仁文学院院刊编辑委员会编辑，勉仁文学院发行，北碚国华印刷社印刷。罗庸题写刊名。

著名学者梁漱溟为本刊写了发刊词《勉仁文学院创办缘起及旨趣》，“勉仁文学院创立是为要当前文化问题之研究，此漱溟之心愿”，“创一文化研究机构，萃聚师友以共同后事也”。本刊研究文化矛盾和文化转变问题，主要刊登有关文化的理论研究及中国古代文化与政治研究等方面的论文，收入《论家庭之道德理性基础》《北周之文化与政治》《曹魏官制》《论反切》等文章。本刊“探究政治、道德、佛学等多种文化”，对当时文化研究有一定的促进作用。

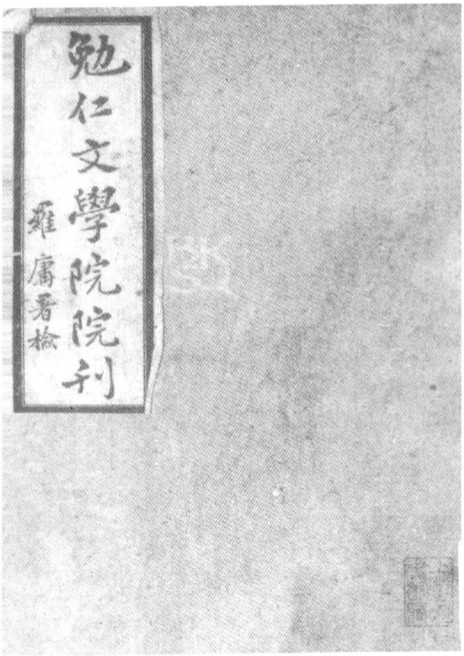

《勉仁文学院院刊》第一期封面

本刊为学术性刊物，刊期不详。仅存1期。停刊原因不详。现保存于四川省图书馆、上海图书馆。

《中国西南实业协会总会会报》(1949 年)

约1949年7月创刊于重庆，中国西南实业协会总会编辑发行，重庆联合征信所印刷厂承印。

本刊从1949年7月20日出版的第二期开始设有专论、西南经济消息（工矿业、金融、商业等）两个栏目，“专论”栏目主要收入《挽救当前的工业危机》《论管制物价》《纠正一种错误的认识——为解救工商危机贡一言》等评论性文章，“西南经济消息”栏目收入《电气工业在危难中》《德昌机器厂复工》《央行下月收回本票》《银行公会管理市场》《渝出口业萎靡不振》等文章。本刊于1949年9月30日出第十二期，此为最后一期，除专论、西南经济消息（收录时间为9月18日至24日）外，增加国际经济消息（商业、贸易）、实业服务（工商介绍）、实业人物动态等栏目。本刊主要采录了西南地区及国外经济贸易、公司、相关人物的情况，对研究新中国成立前西南地区经济情况有很大的参考价值。

本刊为经济刊物，周刊，每逢周五出版。本刊篇幅较少，除第十二期外，每期仅2页。共出12期。仅见第二至第十二期。现保存于重庆图书馆。

《霹雳》（1949 年）

1949年8月15日在重庆复刊，编辑委员有周有常、常枫、刘汉超、刘任之等，督印兼主编刘汉超，总经理刘仲华，重庆霹雳杂志社编辑发行（社址在重庆南岸前驱路124号，办事处在重庆白象街145号）。封面题有“霹雳一声揭出内幕新闻”字样。本刊最早于1947年3月创刊于湖北汉口（地址在汉口大楼隐寺街23号）。

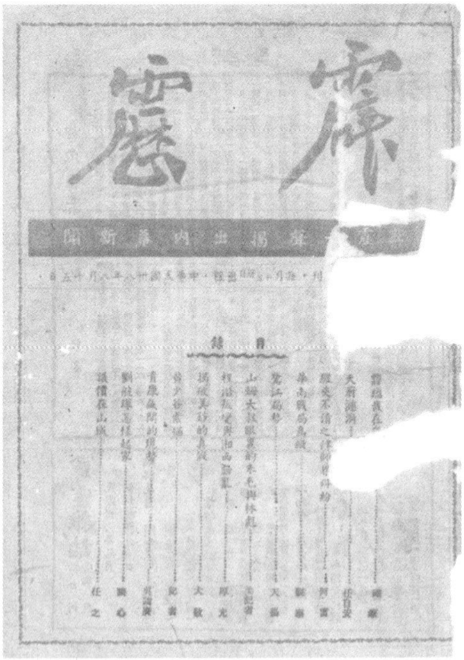
霹靂
目錄

《霹雳》渝版第一期目录页

本刊刊载了《华南战局鸟瞰》《青康藏问题的现势》《刘航琛怎样起家》《第三次世界大战何时爆发？》《飞虎将军陈纳德起家记》等文章。本刊主要介绍了国内外的政治事件、政界人士等，对了解当时国内外政局形势及相关人物有一定的作用。

本刊为时政刊物，半月刊，每月15日、30日出版。1949年11月15日出第五期后停刊，具体原因不详。现保存于重庆图书馆。

《文艺工作》(1949 年)

1949年9月15日出版，中国人民解放军第二野战军政治部宣传部编行。

本刊《编者的话》一文提及，“为了贯彻毛主席的‘为工农兵’的文艺方向……广泛地开展部队文艺创作活动。我们想：一方面使大家的作品得到发表机会，并及时地对现实起它应有的作用；一方面使各部队的作品和文艺工作经验尽快地相互交流”，所以创办本刊。本刊是“我们部队文艺工作者共同的园地，就是靠我们文工团、宣传队及其他爱好文艺的同志来共同耕耘”。本刊主要内容有：“一、部队文艺工作动态、经验总结及文艺活动的具体材料统计。二、文艺批评与优秀作品的介绍。三、文艺作品（歌剧、话剧、广场剧、快板剧、歌曲等）……四、文工团政治与业务学习情况与经验。五、文艺工作各种基本知识的介绍。六、各地民间艺术（旧剧、大鼓、曲调、舞蹈……）的调查研究材料及改造的作品”。本刊主要收入歌曲《草鞋歌》《挺进祖国边疆》《铁腿班》，歌剧《王学志》（附歌曲），秧歌舞《约法八章》（附歌曲）等内容。本刊介绍文艺作品，宣传文艺工作，交流工作经验，丰富了该部队的文艺活动。

本刊为军队文艺刊物，月刊。在重庆约出至1951年5月停刊，共出23期。停刊原因不详。现保存于中国国家图书馆、重庆图书馆。

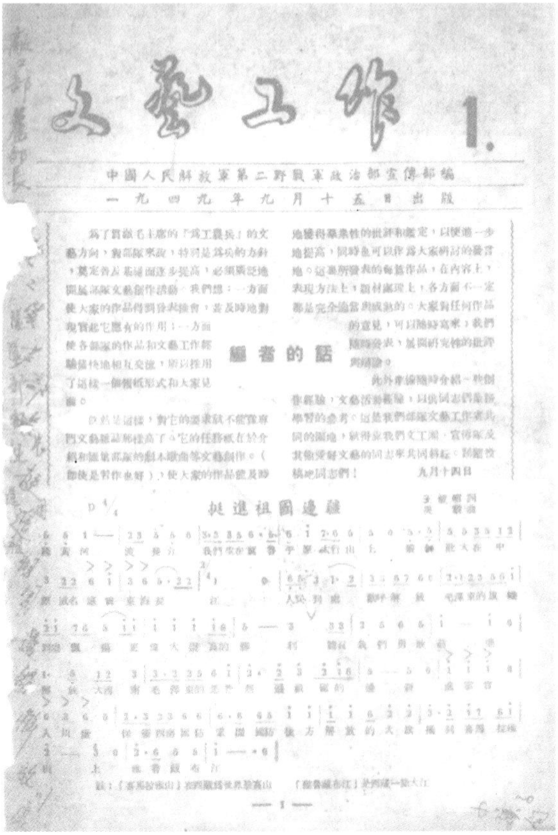

《文艺工作》第 1 期《编者的话》

《战斗与工作》(1949 年)

约1949年下半年在渝出版，中国人民解放军第三兵团政治部出版。

本刊有社论、批评与建议、经验交流、摘录、介绍、信箱等栏目，主要收入《开展反军阀主义斗争》《军团给十二军的复电》《肃清军阀主义倾向，耐心说服教育》《一点建议》《四川的民情风俗与帮会组织》《西南敌情介绍》《加强行军中的支部工作》《维护党的政策，开展反军阀主义斗争》等文章。本刊主要“宣传军队的政策和法规，对军队干部进行政治思想教育，介绍军队情况和敌情、军中工作，有利于促进军事研究”。

本刊为军队政治工作刊物，刊期不详。仅见1949年9月1日出版的第二期、9月6日出版的第三期。停刊原因不详。现保存于重庆图书馆、上海图书馆。

戰鬥与工作
第二期
一九四九年九月一日
★中國人民解放軍第三兵團政治部出版、對外秘密不准遺失★
社論
維護黨的政策
開展反軍閥主義鬥爭
（下轉第三版）
重庆市图书馆藏

《战斗与工作》第二期首页

附录

出版信息不详的期刊

《綦江》

1920年上半年在重庆出版。学生刊物。

《商学半月刊》

约1921年春季在重庆出版，华洋书报社发行。本刊的宗旨是“改良商界的恶习，增进商人的知识”。经济类刊物。月刊。

《人生》

约1921年上半年在重庆出版。本刊倾向于无政府主义。

《巴声》

1921年9月出版，重庆中学校巴县青年砥砺会创办。本刊宣传新文化运动。学生会会刊。出版周期不定。16开本。

《重庆》

1921年10月在重庆创刊，川东师范校友会编辑出版。半月刊。现保存于中共中央马克思恩格斯列宁斯大林著作编译局图书馆。

《人格》

1921年8月创刊，重庆二女师学生创办。学生刊物。日刊。现保存于重庆图书馆。

《友声》

1921年11月在重庆创刊，重庆联合中学校长熊浚等发起创办，重庆联合中学校校友会出版。

《锄刘特刊》

1922年创刊，南川旅外学会重庆分会编辑出版。本刊是南川旅外学会重庆分会在与团练局长刘树槐的斗争中出版的刊物。

《南平》

约1922年创刊，南川学绅所办。仅出1期。

《鹿鸣》

1923年前后，由在重庆求学的丰都青年创办，创办人为卢梦鹤、谌伟。本刊宣传新文化、新思想。

《旅渝会刊》

1923年前后，由在重庆求学的丰都青年创办，创办人为卢梦鹤。本刊宣传新文化、新思想。

《涪声》

1923年7月创刊，涪陵留渝学生会编辑出版，编辑主任盛守仁，副主任刘光奎。涪陵留渝学生成立涪陵留渝学会，1924年5月又成立“涪声社”，创办《涪声》，宣传新思想。

《改建周报》

1924年在重庆出版，发行人刘作新。其他信息不详。

《巴中半月》

约1924年创刊，巴县中学校友会出版。

《民权通信》

1925年3月在重庆申请立案，立案人钟伯泉。

《市政周刊》

1925年3月立案，立案人朱宗懿，重庆市政公所编辑。

《警察学刊》

1925年5月立案，立案人田书长，社址在重庆骡马店。

《隆声》

1925年8月12日创刊，隆昌留渝学生会创办。不定期刊。

《铜声》

约1925年下半年出版，为重庆学生办的刊物。

《旅魂》

约1925年下半年出版，为重庆学生办的刊物。

《GOON》

约20世纪20年代中期在涪陵出版。“GOON”是蠢人，或暴徒、打手的意思，以此作刊名，意为专门揭露坏人坏事。

《劝业周刊》

1926年3月由袁文森申请立案，地址在重庆巴县实业局。

《四川国民党周刊》

1926年4月，由陈敬修在重庆申请立案。

《涪陵周刊》

1926年7月，由李哲超在重庆申请立案。具体情况不详。

《夏令营会刊》

1926年夏出版，重庆青年会夏令营主办。

《先锋》

约1926年9月出版，巴县青年军人学会印行，发行处在巴县实业局。现保存于四川省图书馆。

《正义读书刊》

1926年创刊，涪陵县中学生会主办，主编黄射斗。同年停刊。

《华魂》

约1926年在万县出版，通信处在万县南蒲中学。国家主义派的刊物。

《重庆新闻》

1926年由萧荣爵申请立案，地址在重庆朝天门。

《鹤游》

约1927年初在涪陵鹤游坪出版。本刊是共产党员黎纯一为发动群众与当地恶霸斗争、联络鹤游旅外学生而创办的。16开本，油印。

《警钟旬刊》

约1927年3月在重庆出版，邓介雄主办。

《坦途周刊》

1927年10月10日在万县创刊，国民革命军第二十军政治部主办。

《宏育》

1927年10月20日创刊，重庆宏育中学校出版。自创刊至1929年1月13日共出6期。本刊宗旨为发展教育。周刊，实为不定期刊。16开本，铅印。现保存于四川省图书馆。

《新生活》

约1927年下半年在江津创刊。时值“三三一”惨案后，由曾在广州农民讲习所学习的刘文治等所办。半月刊。

《青天白日旬刊》

1927年在合川出版，由当地川军第三师政治学校所办。

《炸弹周刊》

约1927年在重庆创办，张象千主持。

《梁山三日刊》

约1927年在梁平创刊，傅香泉主持。本刊主要“宣传政令，提倡启民智，转载国内外新闻”。副刊《萌芽》由陈克农主办。本刊又称《市政三日刊》。4开4版，石印。

《革命青年》

1928年初出版，四川革命青年社印行，地址在重庆大樑子101号。本刊内容有论文、专著、文艺等。青年刊物。仅见第二期。现保存于四川省图书馆。

《岩梁旬刊》

1928年2月申请立案，主持人杨道源，地址在重庆半边街34号。

《摹索》

1928年3月20日出版，合川瑞山小学编印。月刊。但直到次年3月20日才出第二期。16开本，油印。现保存于重庆市北碚图书馆。

《重庆新民画报》

1928年3月申请立案，主要负责人余伯靖，地址在重庆商业场西四街。

《合川》

约1928年3月创刊，国民革命军第二十一军第三师政治部编印。

《平民之光》

约1928年春创刊于重庆，出版者为平民银行，周文钦为该行监委主席，并主管《平民之光》编发。本刊介绍平民银行的章程及相关事宜。

《民国画报》

1928年5月，由罗鸿章在重庆申请立案。

《大明季刊》

1928年6月创刊。

《乐园》

1928年9月7日创刊。

《四川省市指导半月刊》

1928年12月创刊。

《安居旬刊》

约1928年末在铜梁出版。

《总理遗嘱周刊》

1928年出刊，国民党璧山县党务指导委员会创办。约1929年停刊。

《劝业周刊》

1928年创刊，罗世辅编辑。

《铜梁旬刊》

1928年创刊，黄树玉编辑。

《县政周刊》

1928年在铜梁出版，铜梁县政公所张子文创办，约20世纪30年代初停刊。其内容为“传达市政消息，公布法令文件”。初为周刊，后改为半月刊。

《民联特刊》

约1928年在重庆北碚创刊，四川民联会创办。后因经费问题而停刊。本刊内容多是民联会的概况及团务消息等。

《新铜梁集刊》

约1928年在铜梁出版，主编是铜梁文教界资深人士刘春晖。本刊发行量较大。三日刊。

《枳江》

约1928年前后在丰都创刊，枳江社编辑发行。

《医学周刊》

约1929年1月创刊，重庆医师公所编辑。本刊宣传卫生及医学知识。其他信息不详。

《现代医刊》

1929年2月创刊，重庆东川医院创办，萧庶风、熊保纯主编。现保存于上海图书馆。

《巴江通信》

约1929年2月15日前在重庆出版。

《电铃》

约1929年2月15日前在重庆出版，后伺坡新进会编辑出版。

《通俗周报》

约1929年2月15日前在重庆出版，丰都通俗教育社编辑出版。

《廊清》

约1929年2月15日前在重庆出版，丰都通俗教育社编辑出版。

《重庆山货同乡公会旬刊》

1929年6月26日出刊。本刊主要介绍重庆山货同乡公会的概况及重庆山货的交易情况。

《团务汇刊》

1929年6月在江津县创刊。

《涪波》

约1929年下半年在涪陵蔺市出版，创办人张光玺。本刊主要内容以揭露驻军郭汝栋及当地区乡镇长预征粮税、敲诈贪污的事实为主。不定期刊。

《政务月刊》

1929年8月1日在涪陵出版，国民革命军第二十军政务月刊编辑部编辑，第二十军政务处发行。月刊。16开本，铅印。

《艺薮》

约1929年8月在重庆创刊。旬刊，但因制版困难，第二、三期均不能按时出版，改为不定期刊。

《余音》

1929年10月创刊，重庆已巳学社出版。

《政治评论》

1929年10月在重庆创刊。本刊宣传进步思想，随即被当局以“诋毁政府，鼓吹反动”的理由查封。政治刊物。月刊。

《工农兵》

约1929年冬创刊，中共四川省委创办的刊物。

《机械工人》

约1929年冬创刊，中共四川省委创办的刊物。

《教育半月刊》

1929年秀山县民众教育局创办，县邮政管理局次年接办。

《江北半月刊》

约1929年在重庆江北创刊。1930年6月被查封。政务刊物，半月刊。

《民国新闻》

1930年初在巴县出版。民营刊物。

《团务旬刊》

1930年3月由江津县团务委员会创办。

《正谊月刊五周年纪念特刊》

1930年铜梁正谊月刊社编委会编辑发行。本刊内容详见《正宜月刊》。现保存于四川省图书馆。

《几江日刊》

1930年在江津县创刊。

《合川建设局旬刊》

约1930年上半年创刊，合川建设局编辑发行。旬刊。仅见于1930年5月5日出版的《新都实来月报》第七期“本局最近收到各机关学校寄赠书报一览”中的记载。

《铜梁实业局月报》

约1930年上半年创刊，铜梁实业局编辑发行。月刊。仅见于1930年5月5日出版的《新都实来月报》第七期“本局最近收到各机关学校寄赠书报一览”中的记载。

《巴县建设局实业月报》

约1930年上半年创刊，巴县建设局实业局编辑发行。月刊。仅见于1930年5月5日出版的《新都实来月报》第七期“本局最近收到各机关学校寄赠书报一览”中的记载。

《赤焰》

约1930年秋在江津德感创刊，中共四川省委江津地下党创办。

《法专特刊》

约1930年底出版，重庆法政专门学校编辑印行，总编辑尹公煌，编辑杨喜闻、陈廷芳等。法政专题类期刊。16开本，非卖品。现保存于四川省图书馆。

《县政半月刊》

1931年5月创刊，由彭水县政府和县团务委员会合办。1932年1月停刊。16开本。非卖品，发给县内各机关团体。

《建设旬刊》

1931年8月20日创刊，涪陵县建设局所办。地方建设刊物。本刊介绍涪陵县各方面建设的情况。旬刊。16开本，铅印。

《反日画刊》

1931年10月10日创刊，“九一八”事变后，重庆美术专科学校为宣传反日而创办。本刊刊载揭露日本侵华野心及反对日本占领东北三省的图画。

《社会与教育》

1931年10月18日创刊，重庆平民书店出版发行。本刊刊载的内容都是以抗日为主题的。

《建设月刊》

约1931年出版，梁平县建设月刊社编行，梁山文萃石印局印刷。32开本，石印。现保存于重庆市北碚图书馆。

《绿洲》

约1931年在重庆出版，国民革命军第二十一军军部特务委员会编辑。半月刊。

《反省月刊》

约1932年初创刊，重庆反省院编印，编辑邹隐樵。

《中国植物学刊》

1933年8月创刊，中国植物学会在重庆北碚成立，同时创办本刊。植物学专业刊物，不定期刊。

《商务周刊》

1933年在丰都创刊，主编董豁然。本刊以振兴商情，发布商会法、工商同业公会法细则等法规为主要内容，刊登商情及商会公牍。商业刊物。

《工商业特刊》

1933年创刊，重庆市商会主办。本刊主要介绍重庆各商号的情况。仅出2期即停刊。现保存于重庆图书馆、南京图书馆。

《榴梿周报》

约1933年创刊，刘训煦创办。刘训煦是重庆两路口巴县中学商中部学生。约出版两年后停刊。文艺性刊物。

《澎湃》

约1933年创刊，秀山县民众教育馆主办，主编颜学彬。仅出2期即停刊。本刊宗旨在于“传播知识，启迪民众”，主要刊载秀山县民众教育馆的概况，以及组织活动情况。

《溅花周报》

约1933年前后在重庆创刊，编辑丁孟牧。文艺性刊物。

《今农月刊》

1934年1月出版，重庆市农会主办。

《社会经济月刊》

1934年1月在重庆创刊，社会调查研究所创办。经济刊物。

《四川省立女职校四周年纪念特刊》

1934年在重庆出版，四川省立女职校编辑发行。现保存于重庆图书馆。

《市政汇刊》

重庆市政府编纂委员会秘书处创办，具体创刊时间不详。1934年复刊。本刊刊有法规、市行政纪要、调查统计、专载、附录等。地方市政建设刊物。

《政务周刊》

约1934年在巫溪出版，巫溪县县长贺洵组织创办。本刊介绍巫溪县的法规、政府、公牍等。

《常识指导月刊》

约1935年3月出版，刘子嵋、龚一维创办。重庆民众常识指导委员会的机关刊物。

《艺薮画报》

约1935年8月前在重庆创刊。

《奉节三日刊》

1935年8月创刊，国民党奉节县党务指导委员会创办。

《长风三日刊》

约1935年秋在重庆出版，易锦、刘患余创办。刘患余曾为《广安公报》的发行人。

《党政旬刊》

约1935年在涪陵创刊。

《红岩》

约1935年创刊，重庆红岩社编辑发行。其他出版信息不详，共出9期。现保存于厦门大学图书馆。

《嘤鸣诗词季刊》

约20世纪30年代中期在涪陵出版，杜吉光、刘西池等创办。约出至第五期停刊。

《青年阵线》

1936年3月创刊，四川青年阵线社编辑。仅出1期。现保存于四川省图书馆。

《行市月刊》

1936年4月出版，重庆中华大药房编行。

《綦江周刊》

1936年11月创刊，綦江县县长黎师韩主持创办。1937年10月停刊，共出50期。本刊主要刊载綦江县政府的法令、法规、公牍等内容。县政刊物，周刊。

《戒烟月刊》

1936年12月在重庆创刊。本刊主要刊载了戒烟所收容瘾民和施戒情形，同时附有指拨经费、管理纪事、各项规则、重要文牍、月工作日记等。月刊。

《春天》

1936年在重庆出版。曾发表毛一波的译稿《英法市民文学》，以及李伏伽的作品。文学刊物。32开本，铅印。

《存心药报》—《民舆公报》

1936年合川存心药房总经理邓肃谦集资创办。1937年6月26日改名为《民舆公报》。因未备案，半年后停刊。后又继续出版，社长为段斧樵。

《教育旬刊》

约1936年在潼南出版。教育类刊物。

《教育周报》

约1936年在开县创刊。教育类刊物，周刊。

《永川周刊》

约1936年在永川创刊。

《云阳政务半周刊》

约1936年出版。本刊内容有云阳县教育、建设、财政方面的公牍、法规、新闻、专载和各地县政消息。县政刊物，三日刊。

《忠县中学校刊》

约1936年创刊，忠县中学校编辑出版。本刊介绍了忠县中学校的历史、变迁及学校的组织活动等状况。

《酉阳县政周刊》

约1936年出版。本刊内容有酉阳县教育、建设、财政方面的公牍、法规、新闻、专载和各地县政消息。县政刊物，周刊。

《实报》

创刊时间不详，在重庆出版。曾因“未办手续，重庆市政府令其暂行停刊”。1936年7月，“经省政府初审合格”，继续出版。

《现代世界》

约1937年春在重庆出版，重庆市中国杂志公司编行。

《南钟》

1937年4月1日创刊，重庆南岸中学学生创办。本刊介绍该校的历史、组织及活动概况等。

《新綦江公报》

1937年7月创刊，綦江县县政府编辑发行。本刊内容多以宣传抗日为主。

《独立新闻》

具体创刊时间不详，重庆独立新闻社出版发行。中国国家图书馆现保存有1937年8月出版的第四期。

《干报》

1937年11月15日出版，重庆新闻界人士创办，地址在重庆市商会内。

《抗日民族先锋队刊号》

约1937年创刊，石柱县青年学生创办的救亡刊物。

《方志》

约1937年在重庆巴县创刊。

《新诗月刊》

约1937年在重庆创刊。

《康庄半月刊》

约1937年在重庆创刊，酉阳、秀山、黔江、彭水旅渝学会编辑发行。半月刊。重庆图书馆现存有第四期、第七期。

《青城》

约1937年创刊，北新书局编辑出版，地址在重庆售珠市56号。

《异军》

约1937年底或1938年初在万县创刊。

《文艺半月刊》

约1937年底或1938年初在万县创刊。

《重庆画报》

1938年1月出版试刊号，重庆开明书店出版。

《南川三日刊》

1938年2月创刊，南川县政府、学术研究会、抗敌救国会主编。终刊时间不详。本刊以宣传抗日为主要内容。

《战友》

1938年6月在重庆出版，战友半月刊社编行。中国国家图书馆现存有第一期。

《西南旬刊》

约1938年7月30日前在重庆出版，西南旬刊社编行。

《安徽月刊》

约1938年7月30日前在重庆出版。

《抗战与社会》

约1938年7月在重庆出版，中国社会问题研究会重庆分会编行。

《七七特刊》

1938年7月出版，荣昌县私立棠香中学学生自治会编辑发行。本刊刊载了抗战两周年纪念文章。现保存于重庆图书馆。

《江苏情报》

约1938年8月创刊，地址在重庆临江门顺城街江苏同乡通信处。

《艺文》

1938年9月在重庆创刊。周刊，到12月共出13期。现保存于中国国家图书馆。

《谷音》

1938年秋出版，中共地下党员廖迪生在巫溪县宁厂镇创办。本刊主要宣传抗日，不久即停刊。

《时代月刊》

1938年12月在重庆出版，时代文学社编辑发行。

《时论选粹》

1938年出版，中国国际联盟同志会编印，地址在重庆上清寺聚兴村11号。英文刊物。

《抗战周报》

约1938年出版，中国国际联盟创办，地址在重庆上清寺聚兴村11号。本刊为英文、法文周报。

《梦蔓文刊》

1938年在重庆出版。

《国立中央研究院地质研究所简报》

1938年在重庆出版，国立中央研究院地质研究所与广西省建设厅合编。地质学刊物。现保存于华东师范大学图书馆。

《教育学》

约1938年出版，重庆市教育学月刊社编行。出至1940年第五卷第一期后停刊。现保存于甘肃省图书馆。

《远东周报》

远东新闻社于1933年在南京创立，1938年该社迁重庆，除继续发电讯稿外，社长许超林还出版发行《远东周报》。

《大地画报》

1939年1月在重庆创刊。

《今日评论》

约1939年1月在重庆创刊。

《团讯》

1938年7月在长沙创刊。1939年2月15日第二十八期起，迁重庆顺城街，不久又迁白象街。上海市商会社会童子军团出版。周刊。16开本，每期4页。本刊主要栏目有时事说坛、服务讲座、团讯、国外的一角等。1939年7月26日出版的第五十一期是现存最晚一期。

《新生新闻周刊》

1939年2月16日注册，发行人唐瑜，地址在重庆演武厅街17号。具体是否出版不详。

《世界周报》

1939年2月27日在重庆注册出版，发行人夏国宾。

《医防通讯》

1939年2月创刊，重庆医疗防疫队编行。不定期刊，同年10月出完第三期后未见出版。

《前锋画报》

约1939年初在丰都出版，丰都前锋小学创办。其他信息不详。

《民众周刊》

1939年初在石柱创刊，社长何代生，主编金玉凡，发行何子湘。同年3月底停刊。其他信息不详。

《联运通讯》

在重庆出版，四川交通部川湘、川陕水陆联运总管理处编行。月刊。据现存的1941年4月出版的第二十五期推算，约在1939年3月创刊。现保存于安徽省图书馆。

《全民通讯社通讯稿》

1939年3月在重庆创刊，全民通讯社编行。新闻刊物。到1940年9月，共出版300余期。

《新西北》

1939年3月在重庆创刊，朱绍良、曾扩情主办。月刊。其他信息不详。

《英文中国季刊》

原在南京出版，约1939年春在渝复刊，地址在重庆美丰银行5楼。陈炳章主编。其他信息不详。

《血汗》

1939年春在石柱出版，石柱职业中学学生会创办。本刊宣传抗日救亡，内容有每周战况、时事、小言论、文艺，经常转载其他报纸的社论，偶有特约撰稿。周刊。其他信息不详。

《世界文摘》

1939年4月7日创刊，中国编译出版社与迁渝的复旦大学文摘社合作编辑出版。月刊。全英文刊物。同年9月出版的第六期是现存最晚一期。现保存于重庆市北碚图书馆。

《国立中央大学土木水利工程学友会会刊》

1939年4月在重庆创刊。仅出1期。其他信息不详。

《救亡日报星期刊》

1939年4月由重庆新知书店创刊。其他信息不详。

《綦江县政公报》

1939年5月由綦江县县政府创办，重庆商务日报社代印，不久即停刊。其他信息不详。

《挺进》

约1939年上半年出版，重庆挺进出版社出版。三日刊。1940年3月出版的第五卷第一期是现存最晚一期。现保存于中国国家图书馆、中共中央马克思恩格斯列宁斯大林著作编译局图书馆。

《金工》

1939年上半年在重庆创刊，金工社编辑发行。年内出版9期。现保存于中国国家图书馆、南京大学图书馆。

《抗战科学》

1939年7月在重庆创刊，中国青年科学社编行。月刊。第一卷出6期，1940年2月出至第二卷第二期停刊。

《内外金融周报》

1939年7月创刊，重庆特种经济调查处编辑。自第十九期开始改由重庆战时经济研究所编行。1941年10月停刊，共出104期。其他信息不详。

《扫荡画报抗战二周年纪念特刊》

1939年7月在重庆出版，扫荡报社编行。其他信息不详。

《伊斯兰青年》

约1939年8月在重庆创刊，中国伊斯兰青年会编辑发行。1943年5月出至第三卷第三期停刊。其他信息不详。

《伤兵生活》

1939年8月创刊，军事委员会后方勤务部政治部主编，地址在重庆158号信箱。现保存于重庆市北碚图书馆。

《四川大学应用化学研究处报告书》

1939年8月创刊。年刊。1940年8月出第二卷。仅见此两卷。16开本。本刊"研究化工学术，辅助国内化工事业之发展为目的"，并负有"增进学术，辅助工业之发展，训练人才"的使命。其他信息不详。

《中法比瑞文化协会会刊》

1939年9月创刊。约出4期，1941年4月停刊。该会于1939年3月25日在重庆成立，吴稚晖任会长，周恩来、吴玉章等40人为名誉理事，毛庆祥等25人为理事。现保存于中国国家图书馆、南京图书馆、四川省图书馆。

《国际一周》

1939年9月在重庆出版，中央政治学校外交研究会编辑发行。1941年4月出至第二十三期后停刊。现保存于南京图书馆。

《中国合作导报》

1939年在昆明创刊，旬刊。同年9月第七期迁重庆出版，中国合作学社附设中国合作通讯社编行。后改为月刊，约1940年出至第五十一期停刊。现保存于中国国家图书馆、北京大学图书馆、南京图书馆。

《青科通讯》

1939年10月创刊，重庆青年科学社社刊。不定期刊。其内容为沟通社友间的情况，介绍该社成长过程，反映该社动态。其他信息不详。

《明日青年》

1939年10月在重庆创刊，明日青年社编辑出版。仅出1期，以后未见再出版。现保存于中国国家图书馆、上海图书馆。其他信息不详。

《统计通讯》

1939年10月在重庆创刊，国民政府主计处统计局编印。16开本。月刊。其内容有重要消息、书报介绍、人物介绍等。现保存于四川大学图书馆、南京大学图书馆、南京图书馆。

《工商协进通讯》

1939年10月在重庆创刊，中华工商协进社编行，康心之任该社名誉主席，温少鹤等7人为委员。现保存于中国国家图书馆。

《经建通讯》

1939年11月在重庆创刊，中国经济建设协会编印。月刊。1941年11月停刊，共出25期。其他信息不详。现保存于中国国家图书馆、南京图书馆。

《我们的生活》

1939年12月，重庆生活书店同人成立自治会。其宗旨是“提高同人之工作效率，增进同人之工作情绪，鼓励同人之学习修养，改善同人之日常生活”。该会举办读书、讲演、座谈、旅游等活动，并出版不定期的油印内部刊物《我们的生活》，反映同人的生活。其他信息不详。

《通讯网》

1939年12月在重庆创刊，现实文化出版社编辑出版。旬刊。约1940年1月停刊，共出3期。其他信息不详。现保存于中共中央马克思恩格斯列宁斯大林著作编译局图书馆、广东省立中山图书馆。

《朝光》

1939年12月创刊，朝光社编辑发行，地址在重庆骡马店街91号楼上。月刊。仅出1期。现保存于南京大学图书馆、南京图书馆、湖南图书馆。

《学生自治会会刊》

约1939年下半年在重庆出版，四川省立教育学院学生自治会出版股编辑委员会编辑。其他信息不详。

《中国艺术》

约1939年在重庆出版。月刊。其他信息不详。

《党部周报》

约1939年创办，国民党丰都县县党部执行委员会主办，编辑彭蜀琴。本刊刊登国民党的文件、政策等，宣传三民主义。出版数期，因无销路而停刊。

《战时儿童保育》

1939年在重庆出版，战时儿童保育会编行。其他信息不详。

《抗建》

1939年在重庆创刊，四川抗敌建设协会编行。仅出1期，后未见出版。现保存于四川省图书馆。

《励进会刊》

1939年创刊，重庆南开中学励进学术研究会主编。仅出1期。现保存于陕西省图书馆、甘肃省图书馆。

《电声》

1939年在重庆创刊，国立中央大学电工学会编辑出版。同年停刊，共出5期。现保存于南京大学图书馆。

《诗歌月刊》

约1939年在重庆出版，上海杂志公司创办。老舍、何容、胡风、方殷、袁勃、安峨负责审稿，杨骚、方殷、袁勃、安峨、李华飞、常任侠、贺绿汀负责月刊事宜。本刊主要向国内外介绍中国的抗战歌曲。其他信息不详。

《民乐公报》

创刊时间不详，约20世纪30年代末在合川出版。具体信息不详。

《抗宣旬刊》

创刊时间不详，约20世纪30年代末在合川出版。具体信息不详。

《春草集》+《春草诗丛》

1939年在重庆出版，春草社所办的进步刊物。其他信息不详。

《民众导报》

约1939年出版，巫山县民众教育馆主办，中共巫山县特支书记柳特因编辑。其他信息不详。

《正中通讯》

1940年1月在重庆创刊，正中通讯月刊社编辑发行。1944年7月终刊，共出4期。现保存于南京图书馆。

《战地文摘》

约1940年2月在重庆创刊，战地知识社编行。旬刊。本刊为《战地知识》的副刊，约同年5月停刊，共出12期。现保存于中国国家图书馆。

《前哨》

1940年2月在重庆创刊，新中国出版社编辑出版。半月刊。约出2期即停刊。现保存于中国国家图书馆。

《外交部参考资料》

约1940年2月在重庆创刊，外交部亚东司编印。16开本，油印。封面印有“机密”二字。月刊，但有时同一天出两期。停刊时间不详。现保存于中国国家图书馆。

《明德》

约1940年3月在重庆创刊，编者和出版者不详。月刊。从内容看，可能是中央军校毕业生调查处或是中央军校出版的。现保存于峨眉山市档案馆。

《卷烟统税公报》

原在南京出版，后停刊。1940年4月在重庆复刊，财政部卷烟统税处编行，编号另起。月刊。同年12月出新一卷第二期后未见出版。现保存于上海图书馆、中国人民大学图书馆。

《文化新闻》

约1940年4月在重庆创刊，中国文化服务社编辑发行。旬刊。1944年1月出版的第一百七十期是现存最晚一期。现保存于中国国家图书馆。

《时闻》

1940年5月1日出版，时闻月刊社编辑发行，社址在重庆北碚复旦大学。月刊。16开本。其内容为关于时事问题的论著、译述、通讯等。现保存于四川大学图书馆、重庆市北碚图书馆。

《抗敌漫画》

原在汉口创刊，中华全国漫画作家抗敌协会编辑。一度停刊，1940年5月31日在渝复刊，续出第十三期。同年9月1日出第十四期。

《国代通讯》

约1940年5月在重庆创刊，国民代表大会通信处编行。半月刊。该大会通信处由罗霞天等人筹组。其他信息不详。

《贵州》

1940年5月出版，贵州留渝沙磁区同学会编辑发行。约同年9月停刊，共出3期。现保存于南京图书馆、南京大学图书馆。

《汽车管理》

1940年5月在重庆出版，交通部汽车牌照管理所编行。仅出1期，以后未见再出版。现保存于中国国家图书馆。

《时代妇女》

1940年5月在重庆创刊，时代妇女月刊社编行。同年6月停刊，共出2期。现保存于中国国家图书馆、南京图书馆、贵州省图书馆。

《中国军事杂志》

约1940年5月在重庆出版。其他信息不详。

《职工生活》

约1940年6月中旬出版，中华职业教育社职工补习委员会主办，地址在重庆张家花园。周刊。其他信息不详。

《外汇管理通讯》

1940年6月在重庆出版，财贸部贸易委员会外汇处编辑发行。同年9月停刊，共出4期。

《中国劳动通讯》

1940年6月在重庆创刊，中国劳动协会编行。英文刊物。其他信息不详。

《政治旬报》

1940年7月11日在重庆出版，中央训练团特别党部编印。油印。本刊主要栏目有国际动态、敌情、国内政局、本团消息。现保存于绵阳市档案馆。

《战时华侨》

1940年7月在重庆创刊，战时华侨社编行。半月刊。约同年11月停刊，共出7期。现保存于中国国家图书馆、南京图书馆、中共中央马克思恩格斯列宁斯大林著作编译局图书馆等。

《东北青年学会会刊》

1940年8月1日在重庆创刊，东北青年学会编辑发行。以后未见出版。现保存于中国国家图书馆。

《函校校刊》

1940年9月在重庆出版，四川山洞侨民教育函授学校编辑发行。1941年11月停刊，共出10期。现保存于南京图书馆、复旦大学图书馆等。

《国立中央大学周刊》

1940年10月在重庆出版，国立中央大学编辑发行。约1945年5月停刊，共出147期。现保存于中国国家图书馆、上海图书馆、南京图书馆、南京大学图书馆等。

《新中学》

1940年10月创刊，重庆法华中学印行。其他信息不详。

《教育与文化》

1940年12月在重庆创刊，中国文化服务社编辑出版。周刊。约1941年8月停刊，共出30期。现保存于中国国家图书馆、南京图书馆。

《同济大学土木工程学会重庆分会通讯》

约1940年下半年出版，同济大学土木工程学会重庆分会编行。第一期刊有会员通讯、总会会章、总会规章制度，以及战时陪都建设问题等内容。仅见1期，以后未见出版。现保存于乐山市图书馆。

《中华全国美术会会刊》

1940年在重庆创刊，中华全国美术会编行。1941年9月停刊，共出8期。现保存于中国国家图书馆。

《小文艺》

1940年在重庆创刊，小文艺社编行。月刊。同年停刊，共出5期。现保存于中国国家图书馆。

《战地信箱》

1940年在重庆创刊，战地知识社编辑出版。约1942年12月停刊，共出9期。现保存于中国国家图书馆。

《重庆市劳动界零售物价指数》

1940年至1945年间出版，重庆市政府编行。其他信息不详。现保存于中国国家图书馆。

《青年》

1940年创刊，重庆青年社编辑发行。同年11月停刊，共出5期。现保存于中山大学图书馆。

《新识》

约1940年至1943年在重庆出版，新识月刊社编行。其他信息不详。

《重庆市平价物品价格统计月报》

1940年创刊，经济部平价购销处编辑。油印。本刊刊登1940—1942年重庆市平价物品平均趸售价及指数表，布匹、米、煤、食盐、纸张、肥皂等日用品逐日价格变动表。

《重庆市平价物品价格统计周报》

1940年创刊，经济部平价购销处编辑。本刊以该处的平价物品，或拟待平价的物品，或有关平价的物品为对象。

《重庆市平价物品价格统计日报》

1940年创刊，经济部平价购销处编辑。物价统计刊物。油印，每期3~4页。到1941年5月出至第一百二十五期。本刊刊登重庆市日用品类、燃料类、食用类平价物品零售，趸售价格统计数据。现保存于中国国家图书馆。

《金融周刊》

1940年创刊，中中交农四行联合办事处编辑发行。内部金融刊物。本刊详细记载了国民党统治时期的金融经济状况，一直到1946年第七卷第四十四期止均为油印刊物。其内容有译述、全国各大城市每周金融动态、一周金融经济述要、报章论文摘要、杂志论文摘要、本处章则案件汇录、每周金融行市、银行业务统计、物价调查统计等。

《璧山农村》

1941年1月出版，璧山县农业推广所编行。月刊。其他信息不详。

《朗诵通讯》

1941年1月出版，重庆文艺界抗敌协会诗歌朗诵队编印。其他信息不详。

《中国劳动协会第四届年会报告书》

1941年1月在重庆出版，中国劳动协会编行。约1943年4月停刊，共出4期。现保存于四川大学图书馆。

《兰州市批发物价指数》

约1941年1月在重庆出版，西北经济研究所编行。月刊。现保存于中国国家图书馆。

《中国劳动协会会务报告》

1941年1月在重庆出版，中国劳动协会编行。约1943年1月停刊，共出4期。现保存于清华大学图书馆。

《文艺工作》

1941年1月在重庆创刊，郭沫若、阳翰生、冯乃超主持，大东书局出版。文艺理论刊物。

《中国运输股份有限公司公报》

约1941年初在重庆出版，中国运输股份有限公司文书室编印。16开本，铅印。其内容主要是各类文电、规章等。

《东亚周报》

1941年2月24日在重庆创刊，纪凯夫主办。其他信息不详。

《新运通讯》

1941年4月15日创刊，四川省新生活运动促进会主编。该会约于1940年前后由成都迁到重庆，为“加紧上下联系，沟通彼此声息，交换各个意见，观摩相互工作”，故创办《新运通讯》。不对外发行。每月1日、16日出版。16开本，油印。现保存于达州市档案馆。

《戏剧批评》

1941年4月创刊，戏剧批评社编辑出版。月刊。同年6月停刊，共出3期。现保存于中国国家图书馆。

《中英文化会刊》

1941年4月创刊，中英文化协会编辑出版。1942年4月停刊。现保存于中国国家图书馆、南京图书馆。

《中国预防医学研究论文》

1941年4月创刊，中国预防医学研究所编辑发行，地址在重庆北碚新村8号。16开本，铅印。1943年10月停刊，共出11期。现保存于中国国家图书馆、上海图书馆。

《中华文化会刊》

1941年4月创刊，中华文化协会发行，地址在重庆两路口玉川别墅。月刊。16开本。其内容主要是该会及成都分会的动态、会员消息等。其他信息不详。

《正气画刊》

1941年约四五月间在重庆出版。其他信息不详。

《边疆青年》

原名《边锋月刊》，创刊时间不详。1941年5月1日改名为《边疆青年》，期号另起，重庆边疆青年月刊社编辑出版。仅出1期。现保存于中国国家图书馆、南京大学图书馆。

《每周情报》

1941年5月7日创刊，国民党中央执行委员会编辑出版。16开本，铅印，后曾改为油印。现存最晚一期是1944年1月1日出版的第一百三十八期。现保存于遂宁市档案馆。

《军需通讯》

1941年5月在重庆创刊。月刊。抗战胜利后迁南京，约1947年10月停刊。现保存于中国国家图书馆、北京大学图书馆、辽宁省图书馆。

《化学通讯会务特刊》

1941年6月5日在重庆沙坪坝出版，中国化学会主办，经理兼编辑高济宇。本刊主要刊载中国化学会总会、分会消息及收支报告等。仅见1期。现保存于四川大学图书馆。

《振济公报》

1941年6月出版，重庆振济委员会编行。月刊。仅出1期，以后未见出版。现保存于甘肃省图书馆。

《中国化学会会务特刊》

1941年6月在重庆出版，中国化学会创办。同年8月出第二期。现保存于中国国家图书馆、南京图书馆。

《各国政情》

约1941年6月在重庆出版，外交部情报司编辑发行。月刊。约1943年3月出至第二十二期停刊。现保存于中国国家图书馆、云南大学图书馆。

《边疆事业》

1941年6月在重庆创刊。月刊。其他信息不详。

《长寿周报》

约1941年7月在重庆长寿创刊。其他信息不详。

《敌情参考资料》

1941年8月创刊，国民政府军事委员会政治部文化工作委员会编印。月刊。非卖品。油印，后改为铅印。其内容为关于日本各种问题的研究资料。现存最晚一期是1944年6月出版的第三十二期。现保存于中国国家图书馆、北京大学图书馆、南京大学图书馆。

《国立社会教育学院校友通讯》

1941年8月在璧山创刊。不定期刊。抗战胜利后，随社会教育学院迁往苏州。现保存于中国国家图书馆、南京图书馆。

《重庆市主要日用品价格周报》

1941年11月创刊。周刊。油印。本刊主要刊载重庆市一周内主要日用品零售及趸售价格统计表，并附有物价变动说明。

《战时各地生活费指数简讯》

1941年11月在重庆创刊，中央调查统计局编辑出版。月刊。1942年3月停刊，共出5期。现保存于中国国家图书馆。

《开明英文半月刊》

1941年12月创刊，总编辑宗玮，发行人张玉民，发行所开明英文半月刊社，代表人陈荡。本刊文章大多为中、英文对照的时政评论、近代散文，并选登英文名歌、汉英名译、文法讲解等。其他信息不详。

《新政治论丛》

1941年出版，新政治月刊社编辑发行。仅出1期。现保存于南京大学图书馆。

《资源委员会西南矿产测勘处年报》

1941年在重庆出版，资源委员会西南矿产测勘处编印。至1946年共出6册。现保存于中国国家图书馆、上海图书馆。

《资源委员会西南矿产测勘处临时报告》

1941年在重庆出版。1945年停刊，共出50期。现保存于上海图书馆。

《东风》

1941年在重庆出版，东风月刊社编行。其他信息不详。

《重庆市粮物工价指数周报》

1941年出版，行政院经济会议秘书处编辑发行。现存最晚一期是1942年4月出版的第二卷第十四期。现保存于中国国家图书馆。

《盐运导报》

1941年在重庆创刊，军事委员会运输统制局监察处编印。其他信息不详。

《中国各主要城市零售物价指数专刊》

1941年出版，中国农民银行经济研究处主办。仅出1期。现保存于四川省图书馆。

《资源委员会通报》

1941年在重庆出版，资源委员会秘书处编行。其他信息不详。

《时代英文》

1941年出版，发行人、主编人蒋凤征，地址在重庆北碚天生桥。现保存于重庆市北碚图书馆。

《国立中央工业专科职业学校校刊》

1941年创刊，国立中央工业专科职业学校编辑发行。其他信息不详。

《海外通讯》

约1941年前后在重庆创刊，中央海外部第三处编印。1943年6月出到第六十期。现保存于中国国家图书馆。

《中国各重要城市零售物价指数月报》

1942年1月创刊，中国农民银行经济研究处编行。抗战胜利后迁南京出版，约1948年8月停刊。现保存于南京图书馆、四川省图书馆。

《农产促进会研究专刊》

1942年1月创刊，重庆农产促进会编行。月刊。同年3月出版的第三期是现存最晚一期。现保存于四川省图书馆。

《资源委员会经办生产事业统计月报》

1942年1月在重庆出版，资源委员会经济研究室编辑发行。同年10月停刊，共出10期。现保存于中国国家图书馆。

《重庆市粮食指数月报》

1942年2月出版，重庆市政府统计室编行。现存最晚一期是1943年1月出版的第十二期。现保存于中国国家图书馆。

《重庆市文具纸张指数月报》

1942年2月出版，重庆市政府统计室编行。到同年12月共出版11期，停刊时间不详。现保存于中国国家图书馆。

《朝暾》

1942年2月创刊，朝暾文艺月刊社编（通信处为万县沙河子金戈信箱125

号），集稿人孙钦平，编辑汪唯庸、孙钦平、黄明道、黄道礼、熊启宇，万县瑞华印刷厂印刷。32开本，铅印。其内容有小说、散文、诗、通讯等。同年6月20日出第二期后即停刊。现保存于重庆市北碚图书馆。

《棉市月报》

1942年2月在重庆出版，经济部农本局研究室调查科编辑发行。约1943年1月停刊。现保存于中国国家图书馆。

《綦讯》

1942年2月出版，綦江旅渝同乡会编辑发行（地址在重庆林森路390号）。半月刊。16开本，每期两页。其内容有社评、小评、綦江点滴等。约1949年春停刊。现保存于重庆市北碚图书馆。

《县政月刊》

1942年4月创刊，涪陵县县政府所办。其宗旨是“报道县闻，宣达政令，阐扬三民主义及抗建国策”。现保存于涪陵区档案馆。

《人才调剂通讯》

1942年4月在重庆创刊，战时社会事业人才调剂协会编辑发行。月刊。约1943年1月停刊，共出11期。现保存于南京图书馆。

《新湖北》

约1942年5月创刊，新湖北月刊社编辑兼发行（社址在重庆民权路37号附2号），发行人李立侠，编辑高叔康。半月刊，后改为月刊。约1945年4月停刊。现保存于四川大学图书馆。

《中国边疆问题研究会会务通讯》

1942年上半年在重庆出版，中国边疆问题研究会编印。不定期刊。同年10月停刊，共出3期。现保存于南京图书馆。

《垦讯》

1942年7月1日创刊，农林部垦务总局编行，通信处为重庆歌乐山99号信箱。半月刊，后改为月刊，实际为不定期刊。其内容为关于垦殖政策、垦殖业务、移民垦殖以及有关的统计资料、调查等。1945年1月停刊，共出8期。现保存于中国国家图书馆、南京图书馆、四川省图书馆、四川大学图书馆。

《重庆律师公会会刊》

1942年7月创刊，重庆律师公会编辑发行。半年刊。同年12月出第二期，以后未见出版。现保存于中国国家图书馆、南京图书馆。

《连环漫画文艺小品半月刊》

1942年7月在重庆创刊，其他信息不详。

《漫画列车》

1942年7月创刊，汪子美主编，地址在重庆中华巷8号。半月刊。

《中国预防医学研究所报告》

1942年8月在重庆出版，中国预防医学研究所编辑发行。仅出1期，以后未见出版。现保存于中国国家图书馆。

《文艺界》

1942年秋在重庆创刊，姚雪垠、任钧、列躬射、王草萍编辑。其他信息不详。

《史蠡》

1942年10月出版，国民政府国史馆筹备委员会编行。月刊。现保存于广东省立中山图书馆。

《戏剧知识》

约1942年10月创刊，徐苏灵、孔色时主编，南国戏剧知识社编辑发行（社址在重庆南岸玄坛庙）。半月刊，后改为月刊。16开本。同年12月出版的第四期是现存最晚一期。现保存于重庆市北碚图书馆。

《外交部参考资料》

约1942年11月在重庆出版，外交部欧洲司编印。月刊。停刊时间不详。现保存于中国国家图书馆。

《环球文摘》

1942年12月5日在重庆创刊，英国大使馆新闻处编行。英文月刊。其他信息不详。

《棉业经济参考资料》

1942年12月在重庆出版，经济部农本局研究室编行。不定期刊。约1943年9

月停刊，共出29期。现保存于中国国家图书馆。其他信息不详。

《陪都青工》

1942年创刊，陪都青工月刊社编辑，三民主义青年团重庆支团直属第三分团发行。铅印，16开本。不久即停刊。1944年4月1日复刊。本刊宗旨是“阐扬三民主义，鼓励工人努力生活”，辟有论著、各国工人生活、工界动态、工人常识、工人生活写真等栏目。现保存于重庆市北碚图书馆。

《巴县县政旬刊》

1942年出版，巴县县政府所办。其他信息不详。

《卫生公会通讯》

1942年在重庆创刊，卫生公会通讯社编行。约1943年停刊，共出12期。其他信息不详。现保存于南京大学图书馆。

《电教通讯》

1942年创刊，国立教育学院电化教育专科编印。仅出1期。现保存于南京图书馆、湖北省图书馆。

《文艺前锋》

1942年在重庆创刊，文艺前锋社编辑发行。其他信息不详。

《各省田赋征收物调查》

1942年在重庆创刊，农产促进委员会编行。同年内共出3期。现保存于中山大学图书馆。

《时代画报》

约1942年出版，三青团江津白沙镇分团部创办。该团由三青团重庆支团直接领导，同时还出版了《白沙青年》。出12期后停刊。具体信息不详。

《图画副刊》

1942年创刊，英国驻华大使馆新闻处编辑并发行。出版地有重庆、成都、桂林。其内容与该处出版的《世说》基本相同，多为照片，并作为《世说》的副刊发行。

《烟草专卖公报》

1942年在重庆出版，财政部烟类专卖局编行。其他信息不详。

《南洋华侨协会会务简报》

1942年在重庆出版，南阳华侨协会秘书处编行。其他信息不详。

《国立中央大学理科研究所地理学部专刊》

1942年出版，国立中央大学地理系编行（地址在重庆沙坪坝）。双月刊。到1945年5月共出版7号。现保存于中国国家图书馆、四川大学图书馆、中国科学院上海分院图书馆。

《军政部扩大兵役宣传周特刊》

1942年在重庆出版，军政部编行。其他信息不详。

《创作家》

1942年创刊，创作家月刊社编行（社址在重庆沙坪坝上海杂志公司），负责人李岳南。其他信息不详。

《合川教育周报》

约1942年前后在合川县出版，其他信息不详。

《英国文摘》

1943年1月创刊，英国大使馆新闻处编印（地址在重庆民生路29号），杨承芳主编。英文月刊，全年出10期。其他信息不详。

《乐教》

1943年1月创刊，乐教月刊社编辑发行。同年2月出版的第二期是现存最晚一期。现保存于复旦大学图书馆、南京图书馆。

《中国西南林区交通用材勘查总报告》

1943年1月在重庆出版，交通部、农林部林木勘查团编辑发行。仅出1期。其他信息不详。

《合作事业统计资料》

1943年1月在重庆出版，社会部合作事业管理局统计室编辑发行。月刊。约1945年9月停刊。现保存于南开大学图书馆。

《交大管理季刊》

1943年1月在重庆出版，交通大学管理学会学术股编辑发行。仅出1期。现保存于中国国家图书馆。

《各重要城市工人生活费指数》

1943年1月在重庆创刊，社会部统计处编行。月刊。现保存于中国国家图书馆、中国社会科学院图书馆、南京图书馆、云南大学图书馆。

《敌伪财政经济动态资料》

1943年1月在重庆出版，财政部财政研究会编辑发行。月刊。1944年10月停刊，现保存于清华大学图书馆。

《学习》

1943年1月出版，重庆工人学习写作社编辑发行。1945年4月出至第三卷第五期停刊。其他信息不详。现保存于南京图书馆。

《北碚实验简报》

1943年2月创刊，地址在重庆北碚黄桷树。其他信息不详。现保存于中国国家图书馆、重庆市北碚图书馆、复旦大学图书馆。

《重庆市五十五项物品价格统计》

1943年2月出版，经济日用必需品管理处编辑发行。停刊时间不详。现保存于中国国家图书馆。

《社会周报》

1943年3月28日在重庆创刊，王一士主办。其他信息不详。

《诗座》

1943年3月在重庆出版，诗座月刊社编辑发行。仅出1期。其他信息不详。

《学报季刊》

1943年4月在重庆创刊。编辑委员会成员有熊十力、冯友兰、邱椿、徐炳旭、宗向华、朱启贤、张松年等。封面有“哲学的、科学的高级理论杂志”字样。其他信息不详。

《钢铁季刊》

1943年4月出版，资源委员会资渝炼钢厂员工福利委员会学术部编辑发行。仅出1期。现保存于中国国家图书馆、重庆大学图书馆、上海图书馆。

《新闻半月》

1943年5月20日创刊，地址在重庆南温泉。其他信息不详。

《喑群季刊》

1943年5月创刊，江津喑群季刊社编辑出版。约1944年2月停刊，共出3期。其他信息不详。现保存于中国国家图书馆、南京图书馆。

《万象》

1943年6月26日创刊，万象周刊社编辑发行（社址在重庆新生路65号），陈璧雨等主办。约1945年停刊，共出115期。现保存于中国国家图书馆、上海图书馆。

《每月新书》

1943年6月出版，重庆建中社主办。小型图书汇报专刊。其他信息不详。

《外交部参考资料》

1943年7月在重庆出版，外交部情报司编印。周刊。约1944年夏停刊，共出50期。现保存于中国国家图书馆、南京图书馆。

《回教妇女通讯》

1943年8月创刊，中国回教协会总会编行。油印，周刊。本刊旨在“提高回教妇女同胞抗战情绪，加强宗教认识”，有古兰解释、妇女论坛、妇女动态、妇女信箱等栏目。

《綦江党务月刊》

1943年10月创刊，国民党綦江县县党部所办。其他信息不详。

《地方制度改进专刊》

1943年11月在重庆出版，中山文化教育馆编辑，中华书局印行。现保存于四川大学图书馆。

《华侨导报》

1943年12月9日出版，余俊贤主办，地址在重庆新开寺19号。其他信息不详。

《建国周报》

1943年12月创刊，建国周报社编辑发行。约1944年3月停刊，共出14期。现保存于南京图书馆。

《重庆市物价旬报》

1943年12月出版，中国工业经济研究所编辑发行。到1944年12月共出39期。停刊时间不详。现保存于中国国家图书馆。

《川陕公路工务局周刊》

1943年12月在重庆创刊，交通部川陕公路工务局编辑发行。本刊主要介绍该局组织结构、人员配置、业务范围及工作情况等。约1944年1月停刊，共出9期。现保存于复旦大学图书馆。

《正义通讯》

1943年下半年出版，盛超群与孙遐龄秘密编印。共出5期。因盛超群被捕而停刊。

《嘉陵江区煤矿业同业公会会报》

约1943年在重庆出版。每月出1期。其内容为汇集上个月该同业公会的各种通知、法令、会议记录、电文、报表等。非卖品。现保存于四川大学图书馆。

《石柱旬报》

1943年在石柱创刊，社长何代生，主编黎道湘。其他信息不详。

《陪都童子军纪念日特辑》

1943年在重庆出版，中国童子军重庆市理事会编辑发行。其他信息不详。

《中国妇女慰劳总会专刊》

1943年创刊，中国妇女慰劳自卫抗战将士总会编辑发行。年刊。1945年终刊。其他信息不详。

《白沙青年》

约1943年创刊，白沙青年周报社出版（社址在重庆江津白沙镇），冷维翰主编兼发行。16开本。第三十五期于1944年3月29日出版，是“青年节专号”，内有冯玉祥题词“为民先锋”。1945年出版的第五十四期是现存最晚一期。现保存于中国国家图书馆、南京图书馆。

《军事卫生计划通讯》

1943年在重庆出版，军医署会计室编行。当年即停刊，共出3期。现保存于中国国家图书馆。

《中国童子军总会简报》

约1943年创刊，通信处在重庆两路口两浮支路84号。刊期不详。本刊设有公牍、总会动态、各地消息、国际鳞爪等栏目。现保存于甘孜藏族自治州图书馆。

《战时粮价特辑》

1943年在重庆出版，粮食部调查部编辑发行。其他信息不详。

《美洲研究》

1943年创刊，外交部美洲司编辑发行。月刊。1944年9月停刊，共出8期。现保存于四川省图书馆。

《保育通讯》

约1943年创刊，战时儿童保育总会编辑出版。月刊。到1945年9月共出18期。现保存于中国国家图书馆、南京图书馆。

《宣传导报》

1944年1月20日在重庆创刊，三青团中央团部宣传处编行。周刊。现保存于上海图书馆。

《国际经济汇报》

1944年1月在重庆创刊，中国经济协会编辑发行。季刊。约1945年3月出至第二卷第一期停刊。现保存于南京图书馆。

《中国工商界旬刊》

1944年1月创刊，全国工业协会重庆市商会编辑发行。约同年7月停刊，共出20期。现保存于广东省立中山图书馆。

《气象通讯》

1944年1月在重庆创刊，中央气象局编辑发行。月刊。1946年1月停刊。现保存于中国国家图书馆。

《科学文汇》

1944年1月出版，中华自然科学社编行。其内容是“从美英所赠的科学影片中摘译翻印的，分物理、生物、工科三类，介绍国外最新科学技术，供我国科学界参考”。同年3月出第八期，以后未见出版。现保存于贵州省图书馆。

《护士季报》

1944年1月创刊，中央卫生实验院编行（地址在重庆歌乐山）。其他信息不详。

《教育视导集刊》

1944年2月创刊，教育部督导室编辑发行。旬刊。同年停刊，约出8期。现保存于中国国家图书馆、复旦大学图书馆。

《上海风》

1944年3月创刊，上海风周刊社编辑发行（社址在重庆邹容路43号）。1945年8月4日出第六十九期，是目前所见最晚一期。现保存于南京图书馆。

《綦江青年》

1944年3月创刊，三青团綦江县分团部主办，重庆商务日报社代印，綦江南州书局代售。16开本。月刊。

《烨讯》

约1944年春在重庆北碚创刊。16开本，油印。其内容为反映毕业离校同学的工作生活情况。同年9月出第三期。现保存于中国国家图书馆。

《国际新闻画报》

1944年4月26日由重庆国际新闻社创办。本刊新闻与图片并重。其他信息不详。

《中国经济》

1944年4月创刊，中国经济问题研究社编辑发行（社址在重庆陕西街218号4楼）。月刊。同年12月1日出第六期后即停刊。现保存于四川大学图书馆、复旦大学图书馆。

《花纱布》

1944年5月创刊，财政部花纱布管制局编辑发行。半月刊。约同年10月停刊，共出12期。现保存于中国国家图书馆。

《工业合作季刊》

1944年6月出版，中国工业合作协会编辑发行。仅出1期。现保存于中国国家图书馆。

《新中国建设》

约1944年上半年在重庆创办，新中国建设社编辑发行。同年9月出第二期。具体信息不详。现保存于南京图书馆。

《三日剧刊》

1944年8月19日在重庆创刊，三日剧刊社编辑出版。文艺刊物。本刊内容主要有影剧动态及学术理论等。仅出1期。现保存于中国国家图书馆。

《川农行情汇报》

1944年9月在重庆创刊，四川农业特种股份有限公司资料组编辑发行。商业刊物。月刊。刁培然题写刊名。约1945年9月停刊，共出6期。具体信息不详。现保存于中国国家图书馆、四川省图书馆、南京图书馆。

《儿童教养月刊》

1944年9月在重庆创刊，儿童教养月刊社编辑发行。现存最晚一期是1945年3月出版的第七期。现保存于中国国家图书馆、南京图书馆。

《资运月刊》

1944年9月在重庆出版，资源委员会运务处编行。约同年12月停刊，共出4期。现保存于甘肃省图书馆。

《战时林业》

约1944年秋在重庆创刊，农林部林业司编辑发行。林业刊物。1945年3月停刊，共出5期。现保存于中国国家图书馆、南京图书馆。

《正言月刊》

1944年10月1日在重庆创刊，正言月刊社编辑出版。本刊撰稿者有梁寒操、徐文珊等。同年11月25日出第二期后停刊。共出2期。本刊为兼论政论及学术的综合性刊物。现保存于贵州省图书馆、南京图书馆。

《监察通讯》

1944年10月10日在重庆创刊，中国国民党中央监察委员会秘书处编印。季刊。16开本。吴敬恒题写刊名。其内容分为工作、考核、法令、处分四栏。现保存于宜宾市档案馆。

《重庆市市政统计季报》

1944年10月出版，重庆市政府编行。统计刊物。1945年3月出第二期后停刊，共出2期。现保存于中国国家图书馆。

《大学生活》

约1944年10月在重庆北碚出版，复旦大学编行。日刊。油印。具体信息不详。

《三一级刊》

约1944年10月出版，重庆国立九中高一分校三一级校友会编印。本刊是九中三一级校友编辑的油印刊物。其内容为“回忆中学生活，交流现在情况”。原计划于1945年元旦出第二期，但未见实物。第一期现保存于四川大学图书馆。

《戏剧电影》

1944年10月在重庆创刊，戏剧电影社编辑发行。半月刊。约同年11月停刊，共出3期。现保存于中国国家图书馆、南京图书馆。

《学生评论报》

约1944年10月在重庆北碚出版，复旦大学编。日刊。油印。具体信息不详。

《中华营建季刊》

1944年10月在重庆创刊，中华营建研究会编辑发行。营建学术刊物。1945年9月停刊，共出2期。1947年8月复刊，为第二卷第一期，以后未见出版。现保存于中国国家图书馆、四川省图书馆。

《沙坪新闻》

1944年11月在重庆沙坪坝创刊，沙坪新闻社编。周刊。具体信息不详。

《影剧人报》

约1944年11月创刊，地址在重庆临江路特41号。具体信息不详。

《儿童福利工作人员会议特刊》

1944年12月在重庆出版，儿童福利工作人员会议编。本刊内容为1944年9月在渝召开的全国儿童福利工作人员会议记录，收录有大会宣言、大会决议工作检讨会记录、专题演讲等。

《新农民》

1944年12月出版，新农民编辑委员会编辑，新建农业出版社出版发行（社址在重庆林森路53号），发行人包望敏（时任湖北省立农学院教务长）。16开本。约1946年1月停刊。现保存于中国国家图书馆、南京大学图书馆、四川大学图书馆。

《新型报》

约1944年12月在重庆创刊。小型刊物。第二期里有王亚平、路翎、米夜等人的作品。具体信息不详。

《群力周报》

约1944年冬在重庆创刊，群力周报社编辑发行。约1945年4月停刊，共出22期。现保存于南京图书馆。

《医学文摘》

约1944年下半年在重庆出版，中央卫生实验所编行。约1945年3月停刊，共出3期。具体信息不详。

《CQ协刊》

约1944年出版，中国业余无线电协会发刊，通信处在重庆小龙坎树人新村内。月刊。具体信息不详。

《光华大学留渝同学会会刊》

1944年在重庆创刊，成都光华大学留渝同学会编辑发行。具体信息不详。

《抗日简讯》

1944年在重庆出版，复旦大学新闻系编行。同年11月出第二期。具体信息不详。

《双抗日简讯》

约1944年出版，石柱县县政府所办。其他信息不详。

《生草》

1944年在重庆出版，国立复旦大学茶业学会生草编委会编行。同年内出版6期。现保存于复旦大学图书馆、湖南图书馆。

《社会导报》

1945年1月1日在重庆创刊，社会导报社印行（社址在重庆新开寺东站对面特14号），发行人罗敦伟。16开本，半月刊。本刊是五十余个团体联合创办的刊物，“专载各社会团体、人民团体及个人之动态”，以中外文化报道为主。约同年6月停刊，共出3期。现保存于中国国家图书馆、南京图书馆。

《回教妇女》

1945年1月在重庆创刊，中国回教协会第二组编行。妇女刊物。仅出1期。现保存于中国国家图书馆。

《前导月刊》

1945年1月在重庆出版，前导月刊社编辑发行。仅出1期。现保存于桂林图书馆。

《川陕公路》

1945年初在重庆创刊，川陕公路管理局编行。约同年12月停刊，共出12期。现保存于四川省图书馆、南京图书馆。

《民意总汇》

约1945年初在重庆创刊。具体信息不详。

《师中简讯》

约1945年初创刊。主办人向国灵、李炳勋、喻惠明、高政国。刊名由中共地下党员向国灵书写。不定期出版。各校联合刊物。1945年1月28日，南川县立简易乡村师范学校、南川县立中学、南川县立简易乡村师范师资训练班毕业生联合组成“师中校友会”，会员有罗俊源、高政国等各校教师100多人。本刊是该会出版的油印刊物，其内容反映了当时南川的学生运动和教师的罢教斗争。

《大同周刊》

1945年2月注册登记，吴淦创办，地址在重庆征收局巷5号。具体信息不详。

《警训通讯》

1945年2月在重庆出版，四川警官训练所同学会编辑发行。月刊，每月25日出版。其内容有同学通讯、同学动态、同学会动态、长官训示等。具体停刊信息不详。宜宾市档案馆现保存有第二期。

《铁流》—《死亡线上》—《为什么》—《我们的》—《民主工人》

1945年2月至抗战胜利期间，中共南方局办的刊物。革命刊物。本刊先为油印，每期印几十份到一二百份，刊物的名称经常更换，先后用过《铁流》《死亡线上》《为什么》《我们的》等。抗战胜利后改为铅印，名称改为《民主工人》，由新华印刷厂代印，新知书店代售，每期发行一千多份。

《学府》

约1945年2月在重庆出版，作家书屋代发行。编辑委员会成员有老舍、周谷城、姚蓬子、侯外庐、郭沫若、翦伯赞、顾颉刚等。月刊。

《自由周报》

1945年3月7日注册，马汉岳主办，地址在重庆放牛巷12号3楼。

《敌伪财政经济动态月报》

1945年3月在重庆出版，财政研究委员会编辑发行。本刊设有专述、税制、金融、公债等栏目，对抗战时期敌伪地区财政情况进行记录，对研究战时其地的经济及社会情况有一定参考价值。到同年5月共出3期。现保存于中国国家图书馆。

《贵州建设》

1945年3月在重庆创刊，贵州建设半月刊社编辑发行。自1946年5月第二卷第五期起迁南京出版。现保存于中国国家图书馆、南京图书馆。

《民本周刊》

1945年3月在重庆注册登记，彭秉澄主办，地址在重庆新开市村12号。具体信息不详。

《音艺通讯》

1945年3月在重庆出版，音乐艺术社编辑发行。音乐刊物。油印。仅出1期。现保存于中国国家图书馆。

《法规劳工周刊》

据1945年3月28日《新华日报》第三版报道，本刊将于4月中旬在重庆出版，编辑洪鼎钟。其他信息不详。

《世风周刊》

1945年4月20日注册登记，黄克明主办，地址在重庆白象街50号。具体信息不详。

《前线》

1945年4月25日创刊，编辑成圣昌，发行人李俊龙，新中国出版社出版（社址在重庆两浮支路大水井1号）。16开本，周刊。同年5月2日出版第二期，5月16日出版第三、四合期，6月15日出第五期后即终刊。共出5期。封面印有口号“一切为了前线！前线决定一切！”具体信息不详。现保存于中国国家图书馆、四川大学图书馆、安徽省图书馆。

《奋斗》

1945年4月在重庆创刊，奋斗社编辑发行。周刊。1946年2月终刊，共出41期。现保存于广东省立中山图书馆、上海图书馆。

《工业通讯》

1945年4月在重庆出版，中国全国工业协会川东区分会编行。工业刊物。仅出1期。现保存于南京图书馆。

《数学新闻》

1945年4月在重庆出版，数学新闻旬刊社编辑发行。据1945年5月29日《新华日报》第3版“市闻一束”的报道，“该刊都是数学方面的内容，已出至第四期”。南京图书馆现保存有第二期。

《青年魂》

1945年5月在重庆出版，青年魂月刊社编辑发行。仅出1期。现保存于中国国家图书馆。

《世界语杂志》

1945年5月在重庆创刊，世界语杂志社编辑发行。季刊。语言类刊物。约1946年6月停刊，共出4期。现保存于中国国家图书馆、南京图书馆。

《艺术界》

1945年5月在重庆创刊，国立艺术专科学校艺术界社编辑发行。艺术研究刊物。本刊主要收入艺术短论、艺术界动态等内容，对当时艺术界的情况进行简要介绍、分析。仅出创刊号。现保存于中国国家图书馆、南京图书馆。

《应用文月刊》

1945年5月在重庆创刊，中国应用文进修社编辑发行。约同年7月停刊，共出3期。现保存于南京图书馆。

《远东》

1945年5月在重庆创刊，远东社编辑发行。仅出1期。现保存于四川省图书馆。

《青年中国》

1945年6月6日在重庆创刊，青年中国社编辑发行，通信处为重庆北碚黄桷树15号信箱。月刊。同年10月出第二期。具体信息不详。南京图书馆现保存有第一期，复旦大学图书馆和广东省立中山图书馆现保存有第二期。

《河北评论》

1945年6月在重庆出版，河北评论社编辑发行。月刊。同年8月停刊，共出3期。现保存于中国国家图书馆。

《民时》

1945年6月创刊，江津民时半月刊社编辑发行，社长兼发行人古基祥，主编兼副社长曾启能。半月刊。同年7月停刊，共出3期。现保存于中国国家图书馆。

《青年文化》

约1945年上半年在重庆出版，青年文化社编辑发行。同年内出8期。其他信息不详。现保存于桂林图书馆。

《白云》

1945年夏在綦江县创刊，屈先开创办。月刊，4开4版。约出3期后停刊。

《艺风》

1945年7月28日在重庆创刊，艺风社编辑发行（社址在重庆千厮门街42号），发行人石孝先、郑范畴，编辑舒禾、谢思。月刊。仅出1期。现保存于中国国家图书馆、复旦大学图书馆。

《工程导报》

1945年7月在重庆创刊。月刊。同年9月第三期起迁上海出版。1948年9月停刊，共计出40期。现保存于四川省图书馆、南京图书馆。

《石柱青年》

1945年7月创刊，三青团石柱县分团主办，孙剑寒任发行人。月刊，实为不定期编辑出版。不久即停刊。停刊信息、具体内容不详。

《星期新报》

1945年7月在重庆创刊，星期新报社编辑发行。仅出4期。具体内容不详。现保存于中国国家图书馆。

《战斗青年》

约1945年7月出版，重庆青年社编辑发行。青年刊物。仅出创刊号。现保存于中国国家图书馆。

《制糖》

1945年7月出版，中国制糖技术学会刊行，总编辑吴卓，编辑陆宝愈等10人，通信处为重庆民国路172号。其内容有论著、各地糖业、丛谈、参考资料等。仅出1期。现保存于中国国家图书馆、四川省图书馆、四川大学图书馆。

《中国进出口贸易协会通讯》

1945年7月在重庆出版，进出口贸易协会创办。月内出2期，后未见出版。停刊信息不详。现保存于中国国家图书馆、南京图书馆。

《周年工作概况》

约1945年7月创刊，农林部中央林业实验所常山种植实验场编辑出版（地址在重庆南川三泉公园），孙醒东编。16开本，铅印。农业推广刊物。停刊信息不详。四川大学图书馆现保存有1946年7月16日出版的第二号。

《乐干月刊》

创刊日期不详，仅见1945年8月26日本刊在重庆《大公报》上刊登的征稿启事："凡关于军事、政治、经济、文化之著作及译述均欢迎，稿寄重庆大□□家□园乐干月刊社。"具体信息不详。

《铜营一周》—《铜营》

约1945年8月在重庆铜梁出版，铜梁旬报社编辑。后改名为《铜营》。半月刊。具体信息不详。

《怎么办》

约1945年8月在重庆创刊，工人民主联合会编辑发行。本刊介绍了工人民主联合会的组织概况及工人运动的情况。同年10月出第四期。中国国家图书馆现保存有第三期和第四期。

《民主导报》

约1945年9月初在重庆创刊，民主导报社编辑发行。同月内出3期后未见继续出版。周刊。现保存于中国国家图书馆、四川省图书馆。

《科学新闻》

1945年9月创刊，中国科学工作者协会主编，通信处为重庆沙坪坝国立中央大学潘菽教授转。月刊。本刊后迁南京出版。约1947年9月停刊，共出6期。现保存于中国国家图书馆、安徽省图书馆等。

《月华报》—《月华旬刊》

1945年9月注册登记，发行人唐秋晖，地址在重庆中兴路132号。同年12月又重新登记，改名为《月华旬刊》。具体信息不详。

《中国农人》

1945年10月20日在重庆创刊。旬刊。停刊信息不详。北京大学图书馆现保存有1945年12月20日出版的第七期。

《护士通讯》

1945年10月在重庆出版，中国护士学会编辑发行。月刊。约1946年2月停刊，共出3期。中国国家图书馆现保存有最后一期。

《现实》

1945年10月创刊，现实出版社编辑发行，社址在重庆管家巷28号。在渝出11期，自1946年5月第十二期起迁上海出版。具体信息不详。

《东北文化周刊》

1945年12月初在重庆创刊，东北文化周刊社编辑发行。同月内出3期。现保存于北京大学图书馆。

《国立剧专校友月刊》

1945年12月在重庆出版，国立剧专校友总会编辑发行。仅出1期。现保存于南京图书馆、复旦大学图书馆。

《进步世纪月刊》

1945年12月创刊，万县进步世纪月刊社编辑出版，编辑王弼之、彭孔隆。仅出1期。现保存于中国国家图书馆、南京图书馆。

《永川通讯》

1945年12月出版，社长罗永模。三日刊，石印一中张。1946年5月改为周刊，每期发行500份左右。约出版70余期后停刊。

《证道》

1945年12月在重庆出版，基督教徒证道团编行。月内出2期。现保存于甘肃省图书馆。

《工化简报》

1945年在重庆创刊，中央卫生实验院编辑发行。年内出2期后停刊。具体信息不详。

《加拿大新闻报》

1945年出版，加拿大驻华使馆办的刊物，欧德伦编辑，地址在重庆大河顺城街15号。具体信息不详。

《金灯召》

1945年在重庆出版，神学院学生团编辑发行。季刊。1949年6月出至第五卷第一期停刊。现保存于四川省图书馆。

《邻碚》

1945年在重庆北碚创刊，邻水县旅碚同乡会编辑发行。16开本。本刊以“百分之百的爱护桑梓的立场，以百分之百的公正言论，促进我们家乡的进步”，辟有论著、建议与批评、学校生活、工农业统计、文艺、附录等栏目。现保存于重庆市北碚图书馆。

《美术界》

1945年在重庆盘溪创刊，国立艺专美术出版社编行。具体信息不详。

《人报》

约1945年在重庆出版。期数及具体信息不详。现保存于安徽省图书馆。

《诗羽》

1945年出版，万县诗羽社出版编行。具体信息不详。

《石东门》

1945年在重庆创刊，中央工校第一届校友编印，杜绍篪印行。具体信息不详。

《司机之友》

1945年出版，重庆市汽车业职业工会编行，刘光军主编并题写刊名。本刊为重庆市汽车业职业工会会刊，辟有论丛、技术、杂俎、专载、会报等栏目，“介绍公路运输、司机的一些情况，为广大司机提供了一个交流的平台”。年内出2期。现保存于中国国家图书馆。

《县训》

1945年出版，铜梁县训所编行。具体信息不详。

《校友通讯》

1945年出版，上海法学院万县校友会编辑发行，主持人雷震。具体信息不详。

《新丰都》

约1945年在丰都出版，戴蕴渠主编。具体信息不详。

《新生代》

约1945年在巫溪出版，周予明主办。具体信息不详。

《垃圾》

约1945年末或1946年上半年在重庆出版。仅出1期。具体信息不详。

《自由月刊》

约1945年或1946年在重庆或荣昌出版。具体信息不详。

《民主联合日刊》

1946年1月10日后创刊。1946年1月10日政治协商会议在重庆举行，在会议召开前和召开期间，各党派、团体纷纷发表谈话，提交意见书，要求“停止内战，修改宪章，成立联合政府，废止出版法等”。重庆《中华论坛》《再生》《民主星期刊》《国讯》《宪政》《民宪》《自由导报》《平民》《民主生活》9家杂志社联合出版发行《民主联合日刊》，并推《民宪》编辑委员罗隆基为发行人兼社长，经理、编辑亦由筹备会推定。本刊经费由民主同盟拨给300万元，各参加杂志社分担150万元。本刊着重报道政治协商会议的详情及各方面的意见，倡导民主。政治协商会议于1月31日闭幕，本刊约2月初停刊。

《青年远征军陆军第201师周年纪念特刊》

1946年1月在璧山出版。16开本。本刊内容为介绍青年远征军陆军第201师成立的经过，以及其组织、训练情况和官佐姓名等。

《群力月刊》

1946年1月在重庆创刊，群力社编辑发行。月刊。同年4月出版的第四期是现存最晚一期。现保存于甘肃省图书馆。

《民语》

1946年2月15日创刊，发行人张正之，社址在重庆沧白路48号。具体信息不详。

《剧影生活》

1946年3月出版，发行人胡天涯，剧影生活社编辑发行（社址在重庆冉家巷13号附6号）。仅出1期。停刊信息不详。现保存于中国国家图书馆。

《宁夏青年》

1946年3月在重庆出版，宁夏青年社编辑发行。仅出1期。现保存于中国国家图书馆。

《童言文艺》

1946年春，重庆垫江县教师刘德彬、蓝鸿恩、梅亚松、萧文仲等在垫江简易乡村师范学校和崇圣小学开办补习班，同时编辑出版《童言文艺》，揭露社会黑暗。共出7期。因当局追查而停刊。具体信息不详。

《民主工人》

1946年4月1日出版，民主工人社编辑发行，通信处为重庆中山一路206号附1号自由中国出版社转。月刊。本刊原定于3月1日出版，“因承印的印刷厂对工作不负责任，致令已印就之创刊号错误百出，实为痛心，为慎重起见，决将本期作废，重新排印”，推迟到4月1日正式创刊。本刊辟有时事报告、生活线、文艺、随便谈等栏目。约同年7月停刊，共出4期。现保存于中共中央马克思恩格斯列宁斯大林著作编译局图书馆、桂林图书馆。

《新闻快报周刊》

1946年4月3日创刊，社长厉百凡，主编白碧。新闻快报周刊社发行（社址在重庆临江路58号）。16开本。封面印有“新闻中的内幕，内幕中的新闻”字样。本刊内容为政场趣闻轶事，内幕新闻较多。1948年10月尚在出版，停刊时间不详。现保存于南京图书馆、自贡市档案馆。

《东亚画报》

约1946年4月创刊，东亚出版社发行，发行人兼主编沈沙，编辑何瑜，发行部在重庆民权路新生市场53号。其内容有中外摄影名著、消息、风景、漫画等。具体信息不详。

《艺风》

1946年4月出版，艺风社编辑发行。综合性刊物。16开本，共40面。本刊首期封三上注明每月出版1期。仅存此期。现保存于中国国家图书馆、复旦大学图书馆。

《中西医药杂志》

1946年4月出版，主办人周复生，中西医药图书社编辑发行。月刊。该社“为改进中西药文化学术之沟通起见，故聘请各地品学兼优人士相互研究”，“聘请杨医亚氏为顾问兼撰述主任”。约1949年3月停刊。现保存于四川省图书馆、北京大学图书馆等。

《大华新闻》

1946年5月9日创刊，发行人雷一鸣，社址在重庆青年路。具体信息不详。

《科学与建设》

1946年5月出版，科学与建设季刊社编辑发行。仅出1期。具体信息不详。

《五月》

约1946年5月在重庆创刊。半月刊。具体情况不详，仅见于1946年5月18日《新华日报》上的广告。

《永公报》

1946年5月发刊，地址在永川县文庙。周刊。本刊为永川县知名人士苏拭琴与宋子扬所办。只出2期便停刊。具体信息不详。

《中国史学》

1946年5月在重庆出版，中国史学会编辑发行。仅出1期。停刊信息不详。现保存于吉林大学图书馆、南京图书馆。

《白云》—《綦江周报》

1946年夏，重庆商校学生王念抚、王先炳创办。周刊。仅出1期。同年秋，在《白云》基础上改出《綦江周报》，屈开先任社长兼主编，杨国华任记者（或编辑），社址在綦江县合作金库（或曰北街支马路），后迁至大同路。本刊为石印，经费充足时也出铅印版，4开2版。名为“周报”，实为不定期出版。约1948年6月停刊。具体信息不详。

《一一闻》

1946年夏，一一闻刊社编辑出版，吴荣逵任社长，肖朝镛任编辑，社址设在城南路。4版小报，不定期刊。先为油印，后改石印，最后为铅印。本刊出版期数、具体内容及停刊信息不详。

《碚南简讯》

约1946年上半年出版，具体出版信息不详。本刊由南川县在重庆北碚读书的学生成立的旅碚学会所办。油印。本刊主要报道学校生活。当时南川县发生罢教运动，本刊发表了大量文章报道罢教动态，以示声援家乡的罢教斗争。未见实物。具体信息不详。

《交通部公路总局第五区公路工程管理局公报》

1946年7月在重庆出版，交通部公路总局第五区公路工程管理局秘书室编辑发行。仅出1期。停刊信息不详。现保存于浙江图书馆。

《燃料专刊》

1946年7月出版，朱玉仑等编著，经济部矿冶研究所编行，地址在重庆北碚白庙子。16开本。停刊信息不详。本刊对中国的煤矿等燃料工业进行了介绍，对促进战后燃料工业的发展和研究有一定作用。仅见1期。现保存于中国国家图书馆、四川大学图书馆。

《和平建国》

1946年8月在万县创刊。半月刊。具体信息不详。

《建国先锋》

1946年8月创刊，綦江县从征青年联谊会主办，联谊会常务干事马斌任发行人，常务监事万惠民任主编，编辑萧朝镛，记者高志远，社址在綦江县古南镇小学内。4开4版，石印。不定期出版。停刊时间不详。

《真理与正义》

1946年8月出版，荣昌真理与正义月刊社编行。仅出1期。具体信息不详。

《紫光月刊》

约1946年8月出版，重庆军需学校紫光月刊社出版。主编聂绩武，编辑梅克华、顾嗣惠、赵信斋，军需学校发行（地址在重庆巴县蔡家场）。16开本，非卖品。本刊内容主要是“报道学校动态，研究军需学术，反映学生生活”。第九号是该校成立36周年特刊。现保存于四川大学图书馆。

《音乐教育》

1946年9月在重庆创刊，音乐教育杂志社编辑发行。月刊。同年10月出第二期。现保存于安徽省图书馆。

《正声》

约1946年9月在綦江创刊。初为半月刊，后改为周刊。黎庭贵等人创办。

《民声周刊》

约1946年秋在重庆创刊，民声周刊社编辑发行。1948年6月出第九十七期。现保存于中国国家图书馆、南京图书馆。

《民主生活日刊》

约在抗战胜利后至1946年10月前在重庆创刊。具体内容及发行期数不详。

《卫生通讯》

约1946年10月在重庆出版，中央卫生实验院编辑发行。半月刊。约1947年4月停刊，共出12期。现保存于桂林图书馆。

《知行月刊》

约1946年10月在重庆创刊，知行报社编辑发行。约1948年3月停刊，共出18期。现保存于南京图书馆。

《大道音乐》

1946年11月12日创刊，主编谢直心、谭志勇，重庆大道社发行。16开本，石印。季刊。本刊主要刊载歌曲。仅见创刊号。停刊信息不详。现保存于重庆市北碚图书馆。

《竖琴》

约1946年11月在綦江创刊，黎庭贵、封思善等人所办。文艺性旬刊。石印，每期出8开一张。约出5期后停刊。具体信息不详。

《查学》

约1946年11月出版第一期，牟尼主编，重庆林森路144号联营书店经售。

《省涪中通讯》

1946年12月创刊，涪陵中学校编行，主编余尊山。具体信息不详。

《时代文摘》

1946年12月在重庆出版，时代文摘社编辑发行。月刊。约1947年4月停刊。共出5期。现保存于吉林大学图书馆。

《天下旬刊》

约1946年下半年创刊，傅伯侯、钟国宾、杨兆雪、周宗凡、刘守邦等创办，邀请郑许无为发行人，张其亮、刘树德、秦鹏程、林士政为编辑委员，地址在重庆丰都县公园民众教育馆内。易明盛印刷社印刷，每十天出版一期。本刊为不带党派色彩的综合性刊物。具体信息不详。

《民生文艺》

约1946年在重庆出版，民生文艺社编行。双月刊。具体信息不详。

《艺术导报》

约1946年或1947年在重庆出版，主编丁孟牧。周刊。本刊以社会新闻和川剧改良为主要内容，多在剧场中售卖。出版不久便停刊。1949年时又出了数期，但未见其刊，具体内容不详。

《制革通讯》

1947年1月1 日创刊，总编辑周焕章，中国制革工程学会出版（地址在重庆江家巷1号）。仅出1期。现保存于中国国家图书馆、四川大学图书馆、南京大学图书馆等。

《自治周刊》

1947年3月15日注册登记，发行人钟逸民，地址在重庆两路口27号。具体信息不详。

《抗联通讯》

1947年3月创刊，重庆学生组织抗日联合会宣传股印行。三日刊，从第四期起改为周刊。本刊由女师学院等一批大专院校的学生代表主办，出版不久即被当局取缔。具体信息不详。

《学府导报》

约1947年3月在重庆沙坪坝出版，周佐源创办。具体信息不详。

《南浦新闻》

1947年春在万县出版，发行人谭朝举（时任万县县政府合作室指导员）。只出数期即停刊。

《学习》

约1947年春出版，西南学院新闻系学生汪文风、刘定受、詹彻所办，校址在重庆南温泉。油印。尤再刻印，刘定受印刷。本刊歌颂民主自由，在校内有一定影响。

《西南快报》

1947年5月3日出版，发行人谭征辉，社长赵丕勋，地址在万县中正街16

号。周刊。现保存于南京图书馆。

《中工》

1947年5月4日在重庆出版，国立中央工业学校校友总会编辑发行。半月刊。1949年10月停刊，共出39期。现保存于南京图书馆等。

《新国民杂志》

1947年5月在重庆出版，新国民杂志社编辑发行。半月刊。仅出1期。具体信息不详。现保存于四川省图书馆。

《新闻世界》

1947年6月在重庆出版，新闻世界月刊社编辑发行。同年11月出第二期。具体信息不详。

《杂闻》

1947年7月在重庆创刊，杂闻出版社编辑发行。仅出1期。现保存于南京图书馆。

《镜报周刊》

1947年8月8日注册登记，发行人董新华，地址在重庆文化街86号。具体信息不详。

《乡建院刊》

约1947年8月创刊，私立乡村建设学院编纂委员会主编，地址在巴县歇马场。月刊，16开本。其内容为关于农村教育、乡村建设的论述，以及学校生活、学校动态等。1949年暑期出至第二卷第十期停刊。现保存于四川省图书馆、四川大学图书馆。

《重大化工》

1949年出版，国立重庆大学化学工程学会编辑发行。仅出1期。现保存于重庆大学图书馆。

出版时间不详的期刊

《重庆改建周报》

约20世纪20年代初在重庆出版。具体信息不详。

《读书丛刊》

具体出版时间不详，读书月报社出版（社址在重庆民生路73号），生活书店经售。主编胡绳。

本刊“旨在普及知识，为读者提供广泛的阅读视角”，“以帮助青年人自学，推进战时学术进步为目的”。本刊内容主要是“研究学术，评论时事，介绍外国学术动态”。本刊“对新书的内容进行简介，推荐大众阅读，偏重历史类书籍”。本刊设有历史散编、问题讨论、读书问答、杂感随笔、新书介绍、各学科讲座、每月新旧月报等栏目。撰稿人有范同敏、吴磊伯、丁力文、翦伯赞等。本刊第二卷第七期为“资本主义与社会主义”特辑，载文有《批评与介绍：从新“刊”里看中国》《论明代阉宦及阉党政治》《文学与科学》《如何划分历史阶段》《“超经济剥削”与“生产合理化”》《地球均衡论的辩证考察》等。

《读书丛刊》第二卷第七期封面

本刊为综合性读书指导刊物，月刊。仅见1941年出版的第二卷第七期。停刊原因不详。现保存于上海图书馆。

《安中校友会会刊》

具体出版时间不详，安徽中学校友会编辑股编辑并出版（地址在万县）。

本刊主要内容“与校友及母校相关”，“记录校园生活和校友会的会务情况”，涉及校友动态、学校生活描写、生活报告、学习心得、对校友会及本校的意见等，设有会务概况、散文、诗、疯子笔墨、校友通讯、母校点滴、生活杂俎等栏目。本刊“稿件来自全体校友”，撰稿人有王承植、王承桢、王德芳、向超凡、万涛、刘光藩、刘培生、唐燕谋、陈崇熠等。本刊还“将在校的校友姓名、离校校友的通信录、安徽旅鄂中学教职员姓名等以表格的形式公布，方便大家互相联系”。本刊对于研究该校校友会的组织和运营以及校园学习生活有一定的参考价值。

本刊为校友会刊物，刊期不详。仅见1942年5月28日出版的第一卷第二期。总期数和停刊原因不详。现保存于上海图书馆。

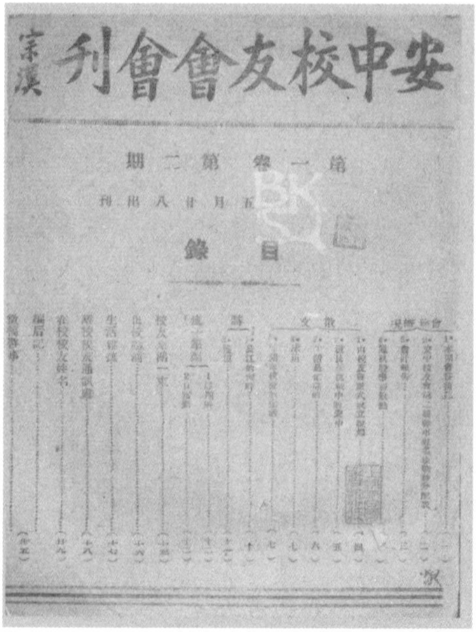
安中校友會會刊

第一卷第二期

五月廿八日出刊

目錄

《安中校友会会刊》第一卷第二期目录页

《励志》

1928年9月创刊于南京，励志社编辑，励志社宣传股发行。抗战期间迁至重庆出版，迁入时间不详，励志社重庆分社编印。封面印有“立人利己”“革命革心”字样。内页题名《励志月刊》。约1943年停刊。抗战胜利后迁回南京出版。约1948年10月终刊。

本刊旨在“振奋革命精神”，培养“笃信三民主义最忠实之党员，勇敢之信徒”，主要“介绍励志社的信条、宗旨，提高军人修养，普及军事知识，报告该社社员信息和工作情形等”。主要撰稿人有赵训伯、小鱼、石城、黎离尘等。本刊主要栏目有小言、社闻、丛话、通讯、报告、专载、启事等。载文有《进修与社会风气之改造》《对荣誉军人管教之经验》《励志社社员入社须知》等。本刊对研究国民党军队内的宣传及励志社的思想、宗旨等有一定的参考价值。

本刊为军事政治刊物，初为月刊，后改为周刊，再改为半月刊。现保存于重庆图书馆、上海图书馆。

《全国各重要市县工资指数》

具体出版时间不详，社会部统计处编制与发行。密件，仅供内部传阅。

本刊内容为各地职业工人、产业工人等各业工人的工资指数统计及比较，文字资料少，多以原始数据、图表的形式呈现全国范围内各重要市县的工资水平，包括昆明、西安、兰州、贵阳等城市，也涉及自贡、内江、乐山、万县等四川、重庆各地，涉及“人力车、滑竿、码头、水作、石作、理发、成衣等”职业及产业工种。本刊以表格的形式将各工种的计日工资、本月实际收入进行分析统计，按最低、最高、平均进行罗列，便于比较研究，是对当时各地经济情况的一种呈现，是经济研究的参考资料。本刊可与该处1943年创刊的《各重要市县工资指数》相参照。

本刊为经济统计刊物，月刊。总期数和停刊原因不详。现存最早一期为1944年1月出版，现存最晚一期为1945年8月出版。现保存于上海图书馆。

《农情简报》

具体出版时间不详，农林部农产促进委员会粮食组编印。

本刊主要“介绍全国各地年度秋收概况，包括陕西关中各地、甘肃陇南、广西靖西及宁夏、贵州、广东、云南、江西、福建、浙江、湖南、山西、绥远等各地秋收情况，并将各省各地的秋收概况用表格形式呈现”，表里附有各地“农情摘要”等内容。本刊对了解当时全国各地农业情况有一定的参考价值。

本刊为农业经济刊物，刊期不详。油印。仅见1944年12月出版的第九十五号，共9页。停刊原因不详。现保存于上海图书馆。

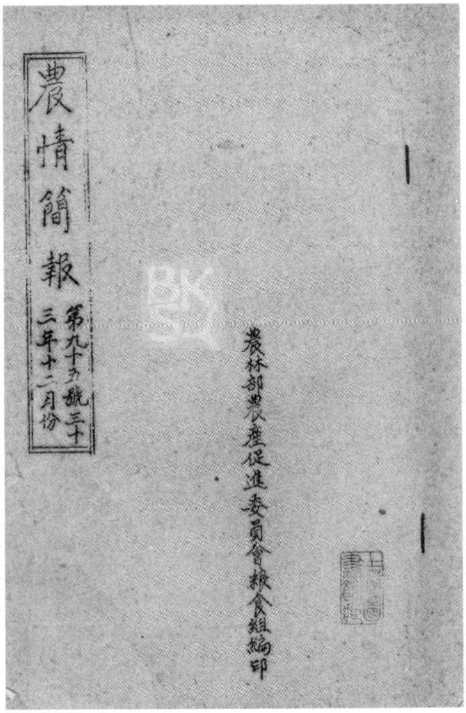

《农情简报》第九十五号封面

《五总》

具体出版时间不详，五总月刊社编辑发行（社址在重庆海棠溪孙家院第五军官总队）。余韶题写刊名。“五总”即第五军官总队。

本刊辟有特载、论著、小组讨论、通讯·报告·文艺·其他、科学新知、读者之页等栏目。本刊内容包含时事政治、国防问题研究、军队教育、旅行随笔、文学作品、科学知识等。本刊“对战后政治军事形势进行介绍，并普及社会、文化知识，丰富军队的生活”。载文有《国际政局与中国工业化》《我国国防科学研究的前途》《飞弹》《如何改进生活教育》《人生的评价》《南国之恋》《旅渝杂感》等。

本刊为社科综合性刊物，月刊。仅见1946年1月30日出版的第五、六期合刊。停刊原因不详。现保存于重庆图书馆、上海图书馆。

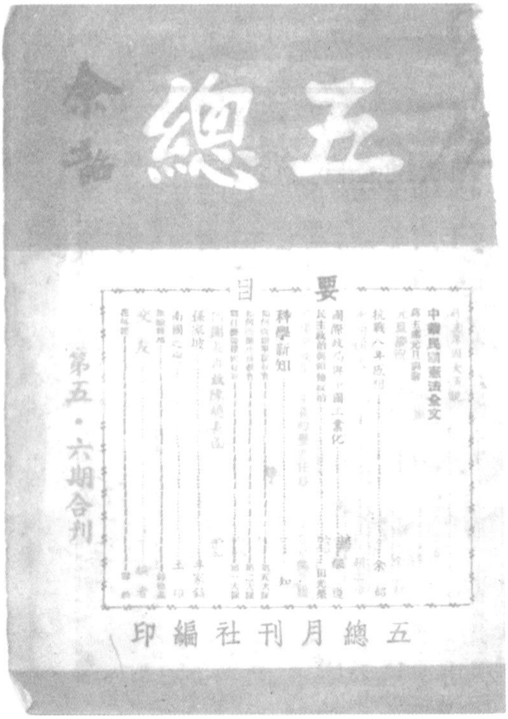

《五总》第五、六期合刊封面

《中国化学工程学会会务报告》

具体出版时间不详，中国化学工程学会编辑发行（通信处为重庆沙坪坝重庆大学应用化学研究室），重庆沙坪坝消费合作社生产部印刷所印刷。

本刊内容涉及中国化学工程学会和英国化学会的基本情况、中国化学工程学会会员信息及年会筹备情况等。本刊《启事》介绍了该会的各项经费情况，特别是入会经费。本刊主要对中国化学工程学会的会务情况、工作内容及与化工相关的国内组织作了介绍。

本刊为专业学会刊物，月刊。仅见1946年11月出版的第六卷第二期。停刊原因不详。现保存于重庆图书馆。

《中英周刊》—《中英半月刊》

抗战时期在重庆出版，具体时间不详，英国驻华大使馆新闻处编辑发行（地址在重庆民生路29号），侨光印书馆印刷（地址在重庆大同路特24号）。

《中英周刊》每期均刊载双语文章，未设置固定栏目，其内容主要有新闻类（报道世界各地政治、经济、军事、社会和文化等方面的内容）、文学类（主要有诗歌、散文、书信等）、生活常识类（主要介绍英国生活方式、风俗习惯等）。《中英半月刊》内容分为两部分：第一部分为英语学习文章，主要刊载有关英文学习的短文，题材分为英语学习、英国文化、名人轶事、论说文章等；第二部分为“New and Views”栏目，主要刊登国际新闻及评论。本刊“The Editor’s Note”（编辑的话）指出刊物由周刊变为半月刊主要有两个原因：“第一，半月刊有更多的篇幅去适应短或更长的文章；第二，内容可以包含更广的主题，刊物内容更丰富多样，且多样丰富更有利于激发强烈的兴趣”，“刊物一直遵守最初的三重目标：即文化的、文学的和语言学的”。本刊是研究民国时期英语在中国的传播及国人学习英语的方式的重要资料。

本刊为英语学习刊物，原为周刊，现存最晚一期为第一卷第七十五期；后改为半月刊，更名为《中英半月刊》。停刊时间及原因不详。现保存于重庆图书馆、上海图书馆。

《陪都慈云寺僧侣救护队纪念刊》

抗日战争时期在重庆出版。

《狮吼龙啸》

抗日战争时期在重庆出版。

《大众报》

抗日战争时期在奉节出版。

《新蓬溪》

约20世纪40年代由蓬溪人在重庆出版。铅印。

《艺术广场》

约抗日战争胜利后在重庆出版。

《渝讯特刊》

具体出版时间不详，国立肃州师范旅渝同学会编行（地址在重庆璧山）。

本刊记录了该校学生的学习情况和课外生活，“提供学习和生活上的服务”，“为学生给予一些指导、参考意见”，加强该校旅渝同学的交流与联系。载文有《漫谈我读外文系》《我怎样出来读书的》《三年来的社会风味》《沙坪坝、中大、我》《巴东之行》等。

本刊为同学会刊物，刊期不详。油印。仅见1期。现保存于重庆图书馆。

《美洲广播》

具体出版时间不详，出版地在重庆南岸黄山中正福幼村。主编彭望荃，编辑卓荣之，儿童通讯编辑叶刘涟，音乐编辑邱贞藕，集邮编辑谢朴。本刊分中文和英文，中文部分为石印，英文部分铅印。仅见1949年出版的一期。现保存于重庆市北碚图书馆。

《新声》

具体出版时间不详，重庆北碚新世纪学会主编。油印。仅见1949年出版的第一卷第六期。现保存于重庆市北碚图书馆。

《新流月刊》

新流月刊社编行（社址在重庆沙坪坝国立中央大学）。社长郭有光。

《增产半月报》

农林部粮食增产委员会陪都专员办事处编印（地址在重庆磁器口）。具体信息不详。

《民族与体育》

国立中央大学体育系编行（地址在重庆沙坪坝）。

《社会与经济》

南开大学经济研究所编行（地址在重庆沙坪坝南开中学）。季刊。

《新论周刊》

时与潮社编行（社址在重庆沙坪坝）。

《教院新闻》

四川省立教育学院出版（地址在重庆磁器口）。

《中国荣军》

出版地在重庆高滩岩。

《盟军》

在万县出版。

《教育新闻》

在万县出版。